D1674948

Fachwissen Hotel · Restaurant · Küche

Restaurant & Gast

Reinhold Metz
Hermann Grüner
Thomas Kessler
Conrad Krödel

11. Auflage

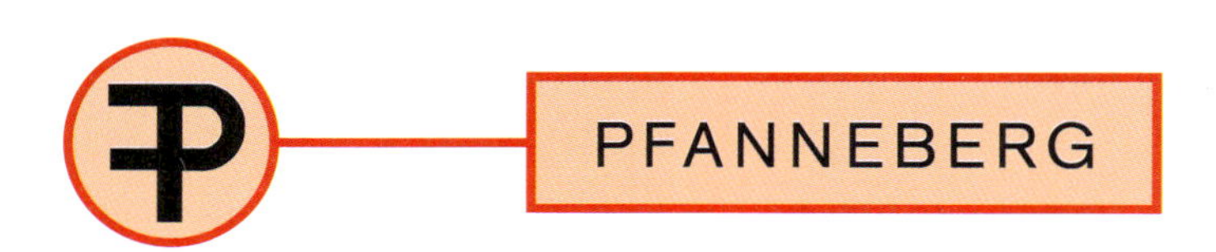

Bestell-Nr.: 04054

Autoren

Reinhold Metz	Fachlehrer und Küchenmeister	86825 Bad Wörishofen
Hermann Grüner	Studiendirektor	82467 Garmisch-Partenkirchen
Thomas Kessler	Fachlehrer und Hotelbetriebswirt	94469 Deggendorf
Conrad Krödel	Studienrat	25335 Elmshorn

Lektorat

Reinhold Metz

Verlagslektorat

Benno Buir

Bildbearbeitung

Verlag Europa-Lehrmittel 73760 Ostfildern

Das vorliegende Buch wurde auf der Grundlage der **aktuellen amtlichen Rechtschreibregeln** erstellt.

11. Auflage 2010

Druck 5 4 3 2 1

Alle Drucke derselben Auflage sind parallel einsetzbar, da sie bis auf die Behebung von Druckfehlern untereinander unverändert sind.

ISBN 978-3-8057-0650-6

Umschlag:	braunwerbeagentur, 42477 Radevormwald, unter Verwendung eines Motivs von Strandperle Medien Services e.K., 22761 Hamburg
Layout:	tiff.any GmbH, 10999 Berlin
Satz und Grafik:	Satz+Layout Werkstatt Kluth GmbH, 50374 Erftstadt
Druck:	B.o.s.s Druck und Medien GmbH, 47574 Goch

In der Reihe Fachwissen **Hotel • Restaurant • Küche** erscheinen die seit Jahrzehnten bewährten Standardwerke des Fachbuchverlags Pfanneberg für die Berufsausbildung im Gastgewerbe. Seit einigen Jahren sind die Lehrbücher erhältlich als **Medienpakete: Buch + Software + Internet.**

Restaurant & Gast ist das Medienpaket für die **Ausbildung zum Restaurantfachmann/zur Restaurantfachfrau.** Das Buch selbst ist nach Lernfeldern gegliedert und enthält alle Themen für die zweijährige Ausbildungszeit.

Die Bücher der Reihe Fachwissen Hotel • Restaurant • Küche enthalten **identische Seiten**, wenn für die Ausbildungsberufe nach KMK-Rahmenlehrplan **identische Ausbildungsinhalte** vorgesehen sind. So können in gemischten Klassen die Bücher parallel eingesetzt werden.

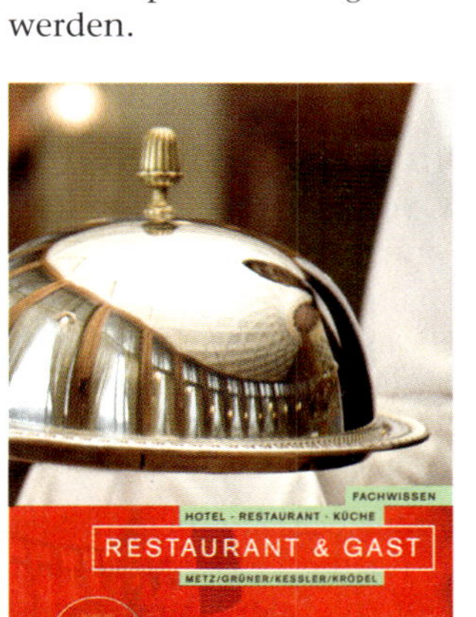

Das **Lehrbuch „Restaurant & Gast“** ist für den *handlungsorientierten und lernfeldorientierten* Unterricht konzipiert: Schülerinnen und Schüler werden beim selbstständigen Lernen unterstützt, indem sie Gesuchtes schnell finden und Zusammenhänge herstellen können. Gliederung und Präsentation des Stoffes entsprechen der Lernfeld-Didaktik.

Damit die Schüler selbstständig planen und gästeorientiert arbeiten können, bietet das Buch:

- Handlungsorientierte, praxisbezogene Empfehlungen und Beispiele: Vor allem im Lernfeld *Beratung und Verkauf im Restaurant* steht die Beratung des Gastes im Vordergrund, die an vielen Beispielen geübt werden kann („mit Worten Appetit machen“).
- Eine klare Beschreibung und Bebilderung von Arbeitsschritten und Arbeitsabläufen
- Projekte mit komplexen Aufgabenstellungen in allen Lernfeldern
- Englische und französische Übersetzungen der wichtigen Begriffe in den Überschriften
- Aufgaben zur Vertiefung des Lernstoffs am Ende der Abschnitte
- Erläuterungen wichtiger Fachbegriffe, auch fremdsprachlicher

Neu in der 11. Auflage:

- Durchgehende Aktualisierung der Texte und Abbildungen
- Berücksichtigung der aktuellen Gesetzeslage, auch im Bereich Wein (neue EU-Gesetzgebung)
- Neue Abbildungen und Gerichte, auch im Lernfeld *Beratung und Verkauf im Restaurant*
- Überarbeitung und Erweiterung des Lernfelds *Warenwirtschaft*, u. a. mit einer ausführlichen Darstellung der Zusammenhänge in einem Warenwirtschaftssystem

Dem Buch beigelegt ist eine CD mit vielen nützlichen Produkten, die den Unterrichtseinsatz ergänzen und abrunden, Hausarbeit und Vorbereitungen unterstützen sowie den Berufsalltag begleiten.

Unter anderem:

- *Elektronischer Prüfungstrainer* – eine didaktisch aufbereitete Software mit vielen Fragen zur Vorbereitung auf die Abschlussprüfung
- *Rezeptverwaltungs-Software* mit vielen Rezepten des Buches; eigene Rezepte können ergänzt werden, Nährwerte werden berechnet
- Alle *Abbildungen und Tabellen des Buches* zur Übernahme in Hausarbeiten und Arbeitsblätter oder zur Bearbeitung im Unterricht
- Ein elektronisches *Wörterbuch* wichtiger Fachbegriffe
- Die im Buch beschriebenen *Gesetzestexte*

Die Website **www.restaurant-und-gast.de** ist eine aktuelle und umfassende Informationsplattform für den Bereich Gastgewerbe, u. a.:

- Aktuelle Informationen zum Buch
- Support für die Software-Produkte der CD
- Interessante Beiträge aus der Redaktion des Verlages
- Unterstützende Materialien für Unterricht und Selbststudium
- **Zusätzlich kostenfreie Inhalte für registrierte Lehrkräfte**

Kein Schulbuch kann in jeder Unterrichtssituation gleich gut eingesetzt werden, kein Autor ist fehlerfrei: Für Anregungen und Kritik sind Autoren und Verlag jederzeit dankbar.

Wir wünschen Ihnen viel Erfolg beim Einsatz des Medienpaketes „Restaurant & Gast".

Im Herbst 2010 **Autoren und Verlag**

Erfolg mit System:

Im Fachbuchverlag Pfanneberg sind weitere Produkte für die Ausbildung erhältlich. Die Lehrmaterialien sind aufeinander abgestimmt und ermöglichen den Auszubildenden optimale Lernmethodik in jeder Lernphase.

Informieren: Das Lehrbuch bildet den Kern für die Lernprozesse mit Informationen, Fakten und Denkanstößen. Es wird ergänzt durch Software-Produkte und Web-Support.

Anwenden und verknüpfen: Methodisch abwechslungsreiche Arbeitsmaterialien erleichtern die Anwendung des Gelernten.

Einprägen und verfügbar machen: Bücher und Software zur Wiederholung und Prüfungsvorbereitung, auch fürs Rechnen, helfen beim Festigen des Erlernten.

INHALTSVERZEICHNIS

Vorwort ... 3
Inhaltsverzeichnis ... 5

Einführung

EINFÜHRUNG IN DIE BERUFE ... 13

1 **Geschichtliche Entwicklung des Gastgewerbes** ... 13
1.1 Gastfreundschaft ... 13
1.2 Gastgewerbe ... 13
1.3 Gastgewerbliche Betriebe heute ... 14

2 **Ausbildung** ... 14
2.1 Ausbildungsordnung ... 14
2.2 Ausbildungsberufe des Gastgewerbes: Übersicht ... 15

3 **Personal im Gastgewerbe** ... 16

HYGIENE ... 17

1 **Mikroben** ... 17
1.1 Vorkommen ... 17
1.2 Arten und Vermehrungsformen ... 17
1.3 Lebensbedingungen der Mikroben ... 18
1.4 Lebensäußerungen der Mikroben ... 20

2 **Lebensmittelinfektionen – Lebensmittelvergiftungen** ... 21
2.1 Salmonellen ... 22
2.2 Eitererreger (Staphylokokken) ... 22
2.3 Bodenbakterien (Botulinus-Bakterien) ... 23
2.4 Fäulniserreger ... 23
2.5 Schimmel ... 23

3 **Schädlingsbekämpfung** ... 24

4 **Reinigung und Desinfektion** ... 25
4.1 Reinigen in Lebensmittelbetrieben ... 25
4.2 Desinfizieren in Lebensmittelbetrieben ... 26

UMWELT- UND VERBRAUCHERSCHUTZ ... 27

1 **Umweltschutz** ... 27

2 **Verbraucherschutz** ... 29
2.1 Lebensmittel- und Futtermittelgesetzbuch (LFMG) ... 29
2.2 Kennzeichnung von Lebensmitteln ... 30
2.3 Verordnung über Lebensmittelhygiene (Basishygiene) ... 32
2.4 Lebensmittelüberwachung ... 37
Fachbegriffe ... 37
Aufgaben ... 37

Küche

ARBEITSSICHERHEIT ... 38

1 **Unfallverhütung** ... 38
1.1 Fußboden ... 38
1.2 Tragen und Heben von Lasten ... 38
1.3 Messer, schneidende Maschinen ... 39
1.4 Maschinen ... 39
1.5 Elektrische Anlagen ... 39
1.6 Feuerschutz ... 40
1.7 Sicherheitszeichen ... 41

2 **Erste Hilfe** ... 42
2.1 Schnitt- und Stichwunden ... 42
2.2 Ohnmacht und Bewusstlosigkeit ... 42
2.3 Verbrennungen und Verbrühungen ... 43
2.4 Nasenbluten ... 43
2.5 Fremdkörper im Auge ... 43
2.6 Unfälle mit elektrischem Strom ... 43
Aufgaben ... 44

ARBEITSPLANUNG ... 45

1 **Informationen beschaffen und auswerten** ... 45
1.1 Fachbuch ... 45
1.2 Fachzeitschriften /Fachzeitungen ... 45
1.3 Internet ... 46
1.4 Prospekte ... 46

2 **Planen** ... 46
2.1 Checklisten /Prüflisten ... 46
2.2 Ablaufplan/Zeitleiste ... 47
2.3 Tabellen ... 48
2.4 Rezepte ... 49
Aufgaben ... 51

ERNÄHRUNG ... 52

1 **Einführung** ... 52

2 **Kohlenhydrate** ... 53
2.1 Aufbau – Arten ... 53
2.2 Küchentechnische Eigenschaften ... 54
2.3 Bedeutung für den menschlichen Körper ... 56
2.4 Versorgung mit Kohlenhydraten ... 56
Aufgaben ... 56

3 **Fette** ... 57
3.1 Aufbau – Arten ... 57
3.2 Küchentechnische Eigenschaften ... 58
3.3 Bedeutung für den menschlichen Körper ... 60
3.4 Versorgung mit Fetten ... 61
Aufgaben ... 61

4 **Eiweiß (Protein)** ... 62
4.1 Aufbau – Arten ... 62
4.2 Küchentechnische Eigenschaften ... 63
4.3 Bedeutung für den menschlichen Körper ... 65
4.4 Versorgung mit Eiweiß ... 66
Aufgaben ... 67

5 **Vitamine** ... 67
5.1 Bedeutung für den menschlichen Körper ... 67
5.2. Aufgaben und Vorkommen ... 68
5.3 Erhaltung bei der Vor- und Zubereitung ... 68
Aufgaben ... 69

6 **Mineralstoffe** ... 70
6.1 Bedeutung für den menschlichen Körper ... 70
6.2 Vorkommen und Aufgaben ... 70
6.3 Erhaltung bei der Vor- und Zubereitung ... 70

7 **Begleitstoffe** ... 71
Aufgaben ... 71

8 **Wasser** ... 72
8.1 Wasserhärte ... 72
8.2 Küchentechnische Eigenschaften ... 72
8.3 Bedeutung für den menschlichen Körper ... 73
Aufgaben ... 73

9 **Enzyme** ... 73
9.1 Wirkungsweise ... 73
9.2 Bedingungen der Enzymtätigkeit und deren Steuerung ... 74

10 **Verdauung und Stoffwechsel** ... 75

11 **Vollwertige Ernährung** ... 77
11.1 Energiebedarf ... 77
11.2 Nahrungsauswahl ... 78
11.3 Verteilung der täglichen Nahrungsaufnahme ... 80
Aufgaben ... 81

12 **Alternative Ernährungsformen** ... 81
12.1 Vegetarische Kost – Pflanzliche Kost ... 81
12.2 Vollwerternährung ... 82

13 **Kostformen/Diät** ... 82
13.1 Vollkost ... 83
13.2 Leichte Vollkost ... 83
13.3 Natriumarme Diät ... 83
13.4 Eiweißarme Diät ... 83
13.5 Diabetiker-Kost ... 84
13.6 Reduktionskost ... 84
13.7 Begriffserklärungen ... 85
Aufgaben ... 85

14 **Berechnungen zur Ernährung** ... 86
14.1 Berechnung des Nährstoffgehalts von Speisen ... 87
14.2 Berechnung des Energiegehaltes von Speisen ... 88

15 **Qualität von Lebensmitteln** ... 89

16 **Haltbarmachungsverfahren** ... 90
16.1 Lebensmittelverderb ... 90
16.2 Werterhaltung ... 91
Aufgaben ... 94

ARBEITSGESTALTUNG ... 95

1 **Küchenorganisation** ... 95
1.1 Postenküche ... 95
1.2 Koch-Zentrum ... 96
1.3 Vorgefertigte Produkte ... 96
Aufgaben ... 99

2 **Arbeitsmittel** ... 99
2.1 Grundausstattung ... 100
2.2 Erweiterungen ... 100
2.3 Pflege der Messer ... 103
2.4 Unfallverhütung ... 104

3 **Kochgeschirr** ... 104
3.1 Werkstoffe für Geschirr ... 104
3.2 Geschirrarten ... 105

4 **Maschinen und Geräte** ... 107
4.1 Fleischwolf ... 107
4.2 Kutter ... 107
4.3 Fritteuse ... 108
4.4 Kippbratpfanne ... 109
4.5 Kochkessel ... 110
4.6 Mikrowellengerät ... 110
4.7 Umluftgerät ... 111
4.8 Herd mit Backrohr ... 111
4.9 Induktionstechnik ... 112
4.10 Garen unter Dampfdruck ... 112
4.11 Heißluftdämpfer/Kombidämpfer ... 113
Aufgaben ... 114

GRUNDTECHNIKEN DER KÜCHE 115

1 Vorbereitende Arbeiten 115
1.1 Einführung 115
1.2 Waschen 115
1.3 Wässern 115
1.4 Schälen 116

2 Bearbeiten von Lebensmitteln 117
2.1 Schneiden 117
2.2 Schnittformen 118
2.3 Blanchieren 118

GAREN VON SPEISEN 119

1 Grundlagen 119

2 Garen mittels feuchter Wärme 120
2.1 Kochen 120
2.2 Garziehen 121
2.3 Dämpfen 121
2.4 Dünsten 121
2.5 Druckgaren 122
2.6 Gratinieren oder Überbacken 122

3 Garen mittels trockener Wärme 123
3.1 Braten 123
3.2 Grillen 124
3.3 Frittieren 125
3.4 Schmoren 126
3.5 Mikrowellen 126
3.6 Zusammenfassende Übersicht 127

4 Zubereitungsreihen 127
4.1 Zubereitungsreihe Hackfleisch 127
4.2 Zubereitungsreihe Geflügel 129
4.3 Zubereitungsreihe Gemüse 131
Aufgaben 132

5 Erstellen von Garprogrammen 133
Aufgaben 133

6 Speisenproduktionssysteme 134

ANRICHTEN UND EMPFEHLEN VON SPEISEN 135

1 Anrichten von Speisen 135
Fachbegriffe 135

2 Beschreiben von Speisen 136

3 Bewerten von Speisen 138
Aufgaben 140

BERECHNUNGEN ZUR SPEISEN-PRODUKTION 141

1 Umrechnung von Rezepten 141
Fachbegriffe 141

2 Warenanforderung 142

3 Kostenberechnung bei Rezepten 143

4 Mengenberechnung bei Verlusten 144

5 Kostenberechnung bei Verlusten 145

6 Rezeptverwaltungs-Software 146

ZUBEREITEN EINFACHER SPEISEN 147

1 Speisen von Gemüse 147
1.1 Schnittarten bei Gemüse 147
1.2 Vor- und Zubereitung 150
1.3 Besonderheiten bei vorgefertigten Gemüsen 160
Aufgaben 161

2 Pilze 161
2.1 Vorbereiten 161
2.2 Zubereiten 161
Aufgaben 163

3 Salate 164
3.1 Salatsaucen – Dressings 164
3.2 Salate aus rohen Gemüsen/Rohkost 166
3.3 Salate aus gegarten Gemüsen 168
3.4 Anrichten von Salaten 168
3.5 Kartoffelsalate 170
3.7 Salatbüfett 170
Aufgaben 171

4 Beilagen 171
4.1 Kartoffeln 171
4.2 Klöße – Knödel – Nocken 179
4.3 Teigwaren 183
4.4 Reis 186
Aufgaben 187

5 Eierspeisen 188
5.1 Gekochte Eier 188
5.2 Pochierte Eier 189
5.3 Spiegeleier 189
5.4 Rühreier 189
5.5 Omelett 190
5.6 Frittierte Eier 191
5.7 Eier im Näpfchen 191
5.8 Pfannkuchen – Eierkuchen 191
Aufgaben 192
Projekt: Vegetarisches aus Bio-Produkten 193

Service

BASISWISSEN: GETRÄNKE 194

1 Wässer 194
1.1 Trinkwasser 194
1.2 Natürliches Mineralwasser 194

2 Säfte und Erfrischungsgetränke 195
2.1 Fruchtsäfte 195
2.2 Gemüsesäfte/Gemüsenektar 196
2.3 Fruchtnektare und Süßmoste 196
2.4 Fruchtsaftgetränke 196
2.5 Limonaden 196
2.6 Diätetische Erfrischungsgetränke 197

2.7 Fruchtsaftgehalt von Getränken 197
2.8 Mineralstoffgetränke 197

3 Milch und Milchgetränke 197
Aufgaben 198

4 Aufgussgetränke 198
4.1 Kaffee 198
4.2 Tee 199
4.3 Kakao 201
Aufgaben 202

5 Alkoholische Gärung 202

6 Bier 203
Aufgaben 207

7 Wein 208
7.1 Rebsorten 209
7.2 Gebietseinteilung 211
7.3 Weinbereitung 213
7.4 Güteklassen für deutschen Wein 214
7.5 Weinlagerung 215
7.6 Weine europäischer Länder 216
Französische Fachbegriffe 218
Italienische Fachbegriffe 219
Spanische Fachbegriffe 220
7.7 Beurteilen von Wein 220
7.8 Likörweine, Süd- und Dessertweine 221

8 Schaumwein 222

9 Weinhaltige Getränke 224
Aufgaben 224

10 Spirituosen 225
10.1 Brände 227
10.2 Geiste 228
10.3 Alkohol mit geschmackgebenden (aromatisierenden) Zusätzen 228
10.4 Liköre 229
Aufgaben 229

GRUNDKENNTNISSE IM SERVICE 230

1 Mitarbeiter im Service 230
1.1 Umgangsformen 230
1.2 Persönliche Hygiene 230
1.3 Arbeitskleidung 230
1.4 Persönliche Ausrüstung 230

2 Einrichtung und Geräte 231
2.1 Einzeltische und Festtafeln 231
2.2 Tischwäsche 232
2.3 Bestecke 236
2.4 Gläser 241
2.5 Porzellangeschirr 243
2.6 Sonstige Tisch- und Tafelgeräte 246
2.7 Tisch- und Tafeldekoration 247
Aufgaben 248

3 Vorbereitungsarbeiten im Service 249
3.1 Überblick Vorbereitungsarten 249
3.2 Herrichten von Servicetischen 250
3.3 Servicestation 250
3.4 Herrichten von Tischen und Tafeln 251
Aufgaben 260

4 Arbeiten im Service 261
4.1 Arten und Methoden des Service 261
4.2 Grundlegende Richtlinien für den Service 262
4.3 Richtlinien und Regeln zum Tellerservice 263
4.4 Zusammenfassung der Servierregeln 265
Fachbegriffe 266
Aufgaben 266

5 Kaffeeküche 267
5.1 Herstellen von Aufgussgetränken 267
5.2 Herstellen von alkoholfreien Mischgetränken 270
Aufgaben 271

6 Frühstück 272
6.1 Arten des Frühstücks 272
6.2 Bereitstellen von Frühstücksspeisen 273
6.3 Herrichten von Frühstücksplatten 274
6.4 Frühstücksservice 275
Aufgaben 281

7 Service einfacher Getränke 282
7.1 Bereitstellen von Getränken 282
7.2 Getränkeservice in Schankgefäßen 282
7.3 Ausschenken von Bier 283
Aufgaben 284
Projekt: Attraktives Frühstücksbüfett 285

Magazin

MAGAZIN 286

1 Warenbeschaffung 286

2 Wareneingang 288

3 Warenlagerung 289
3.1 Grundsätze der Lagerhaltung 289
3.2 Lagerräume 290
3.3 Lasten richtig bewegen 292

4 Warenausgabe 292

5 Lagerkennzahlen 293
Aufgaben 294

6 Büroorganisation 295
6.1 Schriftliche Arbeiten 295
6.2 Ablage- und Ordnungssysteme 295

7 Datenverarbeitung 296
7.1 Geräte 296
7.2 Software 297
7.3 Datensicherung und Datenschutz 297
Projekt: Arbeiten im Magazin 298
Projekt: Zwischenprüfung 299

Beratung und Verkauf

VERKAUFSABLÄUFE IM RESTAURANT 301

1 **Kaufmotive** 301

2 **Qualität im Service** 302

3 **Umgang mit Gästen** 303
3.1 Gästetypologie 303
3.2 Service bei speziellen Gästegruppen 305

4 **Verkauf im Restaurant** 306
4.1 Verkaufsgespräche und -techniken 306
4.2 Tischreservierungen 308
4.3 Gästeberatung 309
4.4 Zusatzverkäufe 310
4.5 Rechnungspräsentation und Verabschiedung 311

5 **Reklamationen** 312

6 **Rechtsvorschriften** 313
Aufgaben 316
Projekt: „Aktionswoche Spargel und Wein" 317

EMPFEHLUNG UND VERKAUF VON SPEISEN 318

1 **Vorspeisen** 318
1.1 Kalte Vorspeisen 318
1.2 Arten von kalten Vorspeisen 319
Aufgaben 323

2 **Suppen** 324
2.1 Klare Suppen 324
2.2 Gebundene Suppen 325
2.3 Kalte Suppen 326
2.4 Regionalsuppen 326
2.5 Nationalsuppen 327
Fachbegriffe 328
Aufgaben 329

3 **Zwischengerichte** 329

4 **Saucen** 330
4.1 Grundsaucen 331
4.2 Braune Grundsauce 331
4.3 Wildgrundsauce und Ableitungen 331
4.4 Eigenständige warme Saucen 332
4.5 Weiße Grundsaucen 332
4.6 Aufgeschlagene und gerührte Saucen 333
4.7 Eigenständige kalte Saucen 334
4.8 Beurteilungsmerkmale und Anrichten von Saucen 334
4.9 Buttermischungen 335
Aufgaben 336

5 **Hauptgerichte aus Fisch, Krebs- und Weichtieren** 337
5.1 Fische 337
5.2 Kaviar 343
Fachbegriffe 344
Aufgaben 345
5.3 Krebstiere 345
5.4 Weichtiere 346
Aufgaben 348
Projekt: Meeresfrüchte-Festival 349

6 **Hauptgerichte aus Fleisch** 350
6.1 Schlachtfleisch 350
6.2 Kalb 351
6.3 Rind 354
Aufgaben 358
6.4 Schwein 358
6.5 Lamm 360
6.6 Hackfleisch 362
6.7 Innereien 363
6.8 Fleisch- und Wurstwaren 364
Aufgaben 365

7 **Hauptgerichte aus Geflügel und Wildgeflügel** 366
7.1 Hausgeflügel 366
7.2 Wildgeflügel 367
Aufgaben 369

8 **Hauptgerichte vom Wild** 369
Aufgaben 371

9 **Beilagen** 371
9.1 Beilagen aus Gemüse 371
Aufgaben 377
Projekt: Aktionswoche Spargel 378
9.2 Hauptbeilagen (aus stärkehaltigen Produkten) 379
9.3 Salate als Beilagen 388

10 **Obst** 389
Aufgaben 393

11 **Käse** 394
Aufgaben 399

12 **Nachspeisen** 399
12.1 Warme Süßspeisen 400
12.2 Kalte Süßspeisen 402
Aufgaben 406

13 **Spezielle Gerichte** 407
13.1 Amuse bouche – Amuse gueule 407
13.2 Fingerfood 409
13.3 Sorbets 410
13.4 Vegetarische Gerichte 410
Aufgaben 412

Menü – Speisekarte

MENÜ UND SPEISEKARTE 413

1 **Menü und Menükarte** 413
1.1 Geschichte der Speisenfolge 413

1.2 Zusammenstellen von Menüs ... 415
Aufgabe ... 419
Aufgaben ... 420
1.3 Getränke zum Essen ... 421
1.4 Menüangebot, Menükarte ... 423
Aufgaben ... 427

2 Speisekarten ... 429
2.1 Arten der Speisekarten ... 429
2.2 Erstellen der Speisekarten ... 435
Aufgaben ... 438

Service Fachstufe

SERVICE FACHSTUFE ... 439

1 Empfehlung und Aufnahme der Bestellung ... 439

2 Servieren von Speisen ... 440
2.1 Vom Naturprodukt zum Servieren einer Speise ... 440
2.2 Gedeckbeispiele ... 441

3 Menügedecke ... 445

4 Festliche Tafel – Bankett-Tafel ... 446
4.1 Festlegen der Gedeckplätze ... 446
4.2 Eindecken der Bestecke und Gläser ... 446
4.3 Abschließende Arbeiten ... 446

5 Plattenservice ... 447
5.1 Arten des Vorlegens ... 447
5.2 Technik des Vorlegens ... 447
5.3 Besonderheiten beim Plattenservice ... 448
5.4 Vorlegen von der Platte ... 448
5.5 Darbieten von der Platte ... 449
5.6 Vorlegen am Beistelltisch ... 449
5.7 Nachservice (Supplément) ... 450
Aufgaben ... 450

6 Getränkebüfett ... 451
6.1 Getränkeangebot ... 451
6.2 Serviertemperaturen ... 454
6.3 Zapfen von Bier ... 455
Aufgaben ... 456
6.4 Büfettkontrollen ... 457
Aufgaben ... 459

7 Getränkeservice ... 460
7.1 Servieren von Wein in Flaschen ... 460
7.2 Servieren von Schaumwein ... 463
Aufgaben ... 465
Projekt: Weinprobe ... 466

8 Abrechnen mit Gast und Betrieb ... 467
8.1 Boniersysteme ... 467
8.2 Abrechnung mit dem Gast ... 470
8.3 Abrechnung mit dem Betrieb ... 472
Aufgaben ... 473

Marketing

MARKETING IM GASTGEWERBE ... 474

1 Besonderheiten im Gastgewerbe ... 474

2 Angebot und Nachfrage – der Markt ... 476

3 Unternehmensleitung ... 477
3.1 Unternehmensleitbild ... 477
3.2 Unternehmensidentität ... 478

4 Marketingkonzept ... 479
4.1 Marktforschung/Marktanalyse ... 479
4.2 Marketingziele ... 479
4.3 Marketingstrategie ... 481
4.4 Marketingplan ... 481
4.5 Marketing-Instrumente ... 481
4.6 Marketing-Mix ... 481
4.7 Kontrolle des Marketingerfolgs ... 482
Aufgaben ... 483

5 Kommunikation mit dem Markt – Kommunikationsinstrumente ... 483
5.1 Verkaufsförderung ... 483
5.2 Öffentlichkeitsarbeit ... 484
5.3 Werbung ... 485

6 Rechtsvorschriften ... 488
Aufgaben ... 489

Wirtschaftsdienst

WIRTSCHAFTSDIENST – HAUSDAMEN-ABTEILUNG ... 491

1 Materialkunde – Grundlagen ... 491
1.1 Werkstoffe – Gebrauchsgegenstände und ihre Pflege ... 491
Aufgaben ... 497
1.2 Natur- und Chemiefasern ... 497
Aufgaben ... 502
1.3 Reinigungs- und Pflegemittel ... 502
1.4 Reinigung von Wänden ... 504
1.5 Reinigung von Böden ... 505
1.6 Reinigung von Teppichen und Teppichböden ... 505
1.7 Wäschepflege ... 506
Aufgaben ... 510
1.8 Gästebetten ... 510
Aufgaben ... 516

2 Arbeitsabläufe ... 518
2.1 Arbeitsvorbereitung ... 518
2.2 Herrichten eines Gästezimmers bei Abreise ... 519
2.3 Herrichten eines Gästezimmers bei Bleibe ... 521

2.4 Kontrolle eines Gästezimmers ... 522
2.5 Sonstige Arbeiten auf der Etage ... 522
Aufgaben ... 526

3 Umweltschutz in der Hausdamenabteilung ... 526

4 Arbeitssicherheit ... 532

5 Rechtsvorschriften ... 532
Aufgaben ... 534
Projekt: Generalreinigung von Gästezimmern ... 535

Warenwirtschaft

WARENWIRTSCHAFT ... 536

1 Wareneinkauf ... 536

2 Warenannahme ... 542

3 Warenlagerung ... 543

4 Warenausgabe und Bestandskontrolle ... 546

5 Wareneinsatzkontrolle ... 548

6 Warenwirtschaftssysteme ... 549
Aufgaben ... 555
Projekt: Monatsinventur an der Hotelbar ... 557

Restaurantorganisation

RESTAURANTORGANISATION ... 558

1 Die Servicebrigade ... 558

2 Organisation ... 560
2.1 Eckpunkte zur Organisation ... 560
2.2 Ablauforganisation ... 560
2.3 Erstellen von Organisationsplänen ... 561
Aufgaben ... 562

Getränkepflege

GETRÄNKEPFLEGE UND -VERKAUF ... 563

1 Wein ... 563
1.1 Weinlagerung ... 566
1.2 Weinprobe ... 567
1.3 Verkauf von Wein ... 569
1.4 Kombination von Wein und Speisen ... 571

2 Likörwein ... 577

3 Schaumwein – Champagner ... 578

4 Spirituosen ... 579
Aufgaben ... 579

5 Bar ... 580
5.1 Arbeitsgeräte ... 580
5.2 Zutaten und Maßeinheiten ... 581
5.3 Arbeitstechniken ... 581
5.4 Rezepturen für Bargetränke ... 584
5.5 Garnituren für Mixgetränke ... 585
5.6 Barkarte ... 586
Projekt: Poolbar ... 589

Stationsführung

FÜHREN EINER STATION ... 590

1 Anforderung zum Führen einer Station ... 590

2 Besondere Gedeckausstattungen ... 590

3 Spezial-Gedecke ... 592

4 Arbeiten am Tisch des Gastes ... 596
4.1 Tranchieren am Tisch ... 597
4.2 Filetieren am Tisch ... 604
4.3 Flambieren am Tisch ... 607
4.4 Speisezubereitung am Tisch ... 612
Aufgaben ... 614

5 Zigarrenservice ... 615
Projekt: Mitarbeiterschulung Servicepersonal ... 616

Bankettbereich

ARBEITEN IM BANKETTBEREICH ... 617

1 Organisationsstruktur ... 617

2 Organisationsmittel ... 617

3 Vorbereiten und Durchführen eines Banketts ... 624

4 Büfett-Service ... 628
4.1 Planung ... 628
4.2 Durchführung ... 631

5 Blumendekorationen ... 633
Aufgaben ... 635
Projekt: Planen eines Banketts ... 636

Sonderveranstaltung

SONDERVERANSTALTUNGEN ... 638

1 Der Gast im Mittelpunkt ... 638

2 Aktionen ... 638

3 Planung und Durchführung ... 639
3.1 Jahresplanung ... 639
3.2 Detailplanung ... 639

3.3 Planungsbeispiel Service 639
3.4 Weitere Aktionen 644
3.5 Erfolgskontrolle und Manöverkritik 646
Aufgaben 646
Projekt: Festliches Essen 647

INTERNET-ADRESSEN 649

BILDQUELLENVERZEICHNIS 650

SACHWORTVERZEICHNIS 652

1 Geschichtliche Entwicklung des Gastgewerbes

historical evolution of the hotel and restaurant business

développement (m) historique de l'hôtellerie

Zu allen Zeiten waren Menschen aus unterschiedlichen Gründen unterwegs und in der Fremde darauf angewiesen, Obdach und Nahrung zu erhalten.

1.1 Gastfreundschaft

hospitality *hospitalité (w)*

Nicht immer hatten „Reisende" die „Taschen voller Geld". Außerdem waren sie als Fremde rechtlos und hatten weder Anspruch auf öffentlichen Schutz noch auf öffentliche Hilfe. Griechen, Römer und Germanen betrachteten es deshalb als sittliche Pflicht, Reisenden/Fremden Schutz, Obdach und Speise anzubieten, d. h. Gastfreundschaft zu gewähren.

Das Grundprinzip dieser Art von Gastfreundschaft ist die Gegenseitigkeit. Wer dem Fremden Speis und Trank, Bett und Sicherheit gewährte, durfte unter ähnlichen Umständen seinerseits Vergleichbares erwarten.

1.2 Gastgewerbe

hotel/restaurant business

hôtellerie (w) et restauration (w)

Mit dem immer stärker werdenden Reise- und Geschäftsverkehr im 12. Jahrhundert veränderte sich die Situation. Die ursprünglichen Einrichtungen waren den zunehmenden Anforderungen und Bedürfnissen nicht mehr gewachsen. Aus diesem Grunde entwickelte sich das **Beherbergen** und **Bewirten** immer mehr zu einem Gewerbe. Es entstand das, was wir das **Gastgewerbe** nennen. Zwischen dem **Gasthof** der Anfangszeit mit seinem bescheidenen und begrenzten Angebot und dem modernen **Hotel**, das höchsten Ansprüchen gerecht wird, liegt jedoch ein langer Entwicklungsprozess. Dieser Prozess war stets gekennzeichnet durch die enge Beziehung zwischen dem Gastgewerbe auf der einen und den Bedürfnissen der Menschen auf der anderen Seite.

Der Gast im Mittelpunkt

Anforderungen und Erwartungen des Gastes beeinflussen unser Handeln. Unser Ziel: Der zufriedene Gast.

Beherbergung
Empfang – Etage/Housekeeping

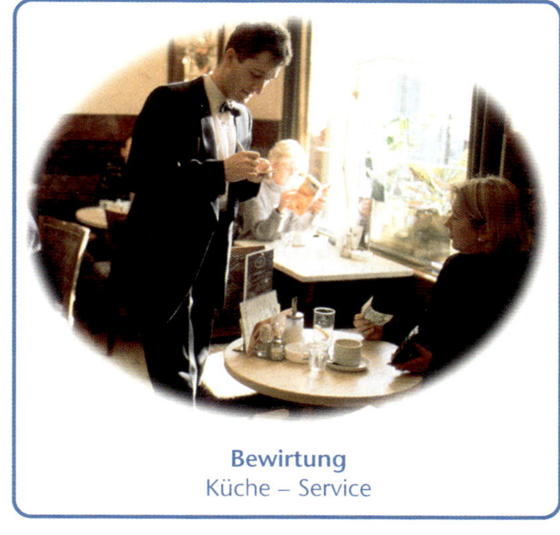

Bewirtung
Küche – Service

Der Gast steht im Mittelpunkt unseres Tuns, nicht nur, weil er Geld bringt, sondern weil wir als Gastgeber Verpflichtungen nachkommen wollen. Der Gast ist nicht für uns da, sondern wir haben für den Gast fit zu sein.

1.3 Gastgewerbliche Betriebe heute

hotel and restaurant commercial operations today

entreprises (w) de l'industrie (w) hôtelière d'aujour d'hui

Den beiden elementaren Angeboten Beherbergung und Bewirtung entsprechen die beiden Betriebsarten Hotel und Restaurant. Darüber hinaus gibt es heute eine Vielzahl abgewandelter Betriebsarten, die sich aus den unterschiedlichsten Bedürfnissen entwickelt haben. Ausschlaggebend für die Unterschiede sind:

- Zweckbestimmung,
- Art und Umfang des Angebotes,
- Art, Umfang und Komfort der Einrichtung.

Beherbergungsbetriebe

Beispiele: Hotel, Pension, Kurpension, Kurheim, Fremdenheim, Gasthof, Motel, Hotel garni.

Ein **Hotel** ist ein Beherbergungsbetrieb, der über eine größere Bettenzahl, eine anspruchsvollere Ausstattung der Zimmer und der sonstigen Räumlichkeiten verfügt. Es ist auf die Bewirtung der Gäste eingestellt und besitzt außer einem Restaurant für die Hausgäste meist ein zusätzliches Restaurant für Passanten.

- **Hotel garni**
  ist die Bezeichnung für ein Hotel, das zur Bewirtung lediglich Frühstück und u. U. kalte Speisen anbietet.
- **Gasthöfe**
  sind vorzugsweise in ländlichen Gegenden angesiedelt, haben eine geringere Anzahl von Betten und sind in ihrem Angebot auf bescheidenere Ansprüche ausgerichtet.
- **Pensionen,**
  auch in Form von Kurheimen, nehmen ausschließlich Hausgäste auf, Passanten bewirten sie nicht.
- **Motels**
  sind Betriebe, die vor allem auf motorisierte Gäste spezialisiert sind. Sie liegen in der Regel in der Nähe von Fernstraßen und bieten genügend Parkmöglichkeiten (oft direkt vor der Zimmertür) an.

Bewirtungsbetriebe

Beispiele: Restaurant, Gaststätte, Wirtshaus, Schnellgaststätte, Bistro, Autobahnraststätte, Bahnhofsgaststätte, Imbissstube, Kaffeehaus, Konditorei – Café

Ein **Restaurant** ist ein Bewirtungsbetrieb, der seinen Gästen eine größere Auswahl von Speisen und Getränken anbietet und der mit einem gewissen Komfort ausgestattet ist.

Die übrigen Bewirtungsbetriebe unterscheiden sich im Wesentlichen durch ihre jeweilige Zweckbestimmung.

Die **Systemgastronomie** bietet genau festgelegte (standardisierte) Speisen in mehreren Filialen gleichzeitig an. Meist wird an einer Stelle zentral für eine ganze Region produziert.

2 Ausbildung

education *formation (w)*

Den Anforderungen der modernen Arbeitswelt trägt die Neuorientierung der beruflichen Ausbildung Rechnung.

2.1 Ausbildungsordnung

training program

règlement (m) sur la formation

Grundlage für die Ausbildung ist die **„Verordnung über die Berufsausbildung im Gastgewerbe“**. In ihr sind die Berufe festgelegt und deren Ausbildungsinhalte beschrieben (Berufsbilder).

Berufsbezeichnungen

Die staatlich anerkannten Berufe sind:

- **Koch/Köchin**
- **Fachkraft im Gastgewerbe**
- **Restaurantfachmann/Restaurantfachfrau**
- **Hotelfachmann/Hotelfachfrau**
- **Hotelkaufmann/Hotelkauffrau**
- **Fachmann/Fachfrau für Systemgastronomie**

In der **Grundstufe** (erstes Ausbildungsjahr) werden die gemeinsamen Inhalte der Berufsgruppen in Betrieb und Berufsschule zusammen unterrichtet.

Gliederung der Ausbildung

Die Ausbildungsdauer für die Fachkraft beträgt **zwei** Jahre, für die anderen Berufe **drei** Jahre. Fachkräfte können ihre Ausbildung in einem dritten Jahr wahlweise als Hotel- oder Restaurantfachkraft fortsetzen. Diese Möglichkeit ergibt sich aufgrund der exakten Gliederung der Ausbildung (Stufenausbildung).

Ausbildungsrahmenpläne

Die Ausbildungsinhalte der einzelnen Stufen sind in der Verordnung vorgegeben. Darüber hinaus sind sie in den Ausbildungsplänen für Betriebe inhaltlich detailliert den jeweiligen Ausbildungshalbjahren zugeordnet. Daraus leiten die Betriebe die Ausbildungspläne ab.

2.2 Ausbildungsberufe des Gastgewerbes: Übersicht

trade professions of the hotel and restaurant business: Summary

métiers (m) de formation professionelle de l'industrie hôtelière: aperçu (m)

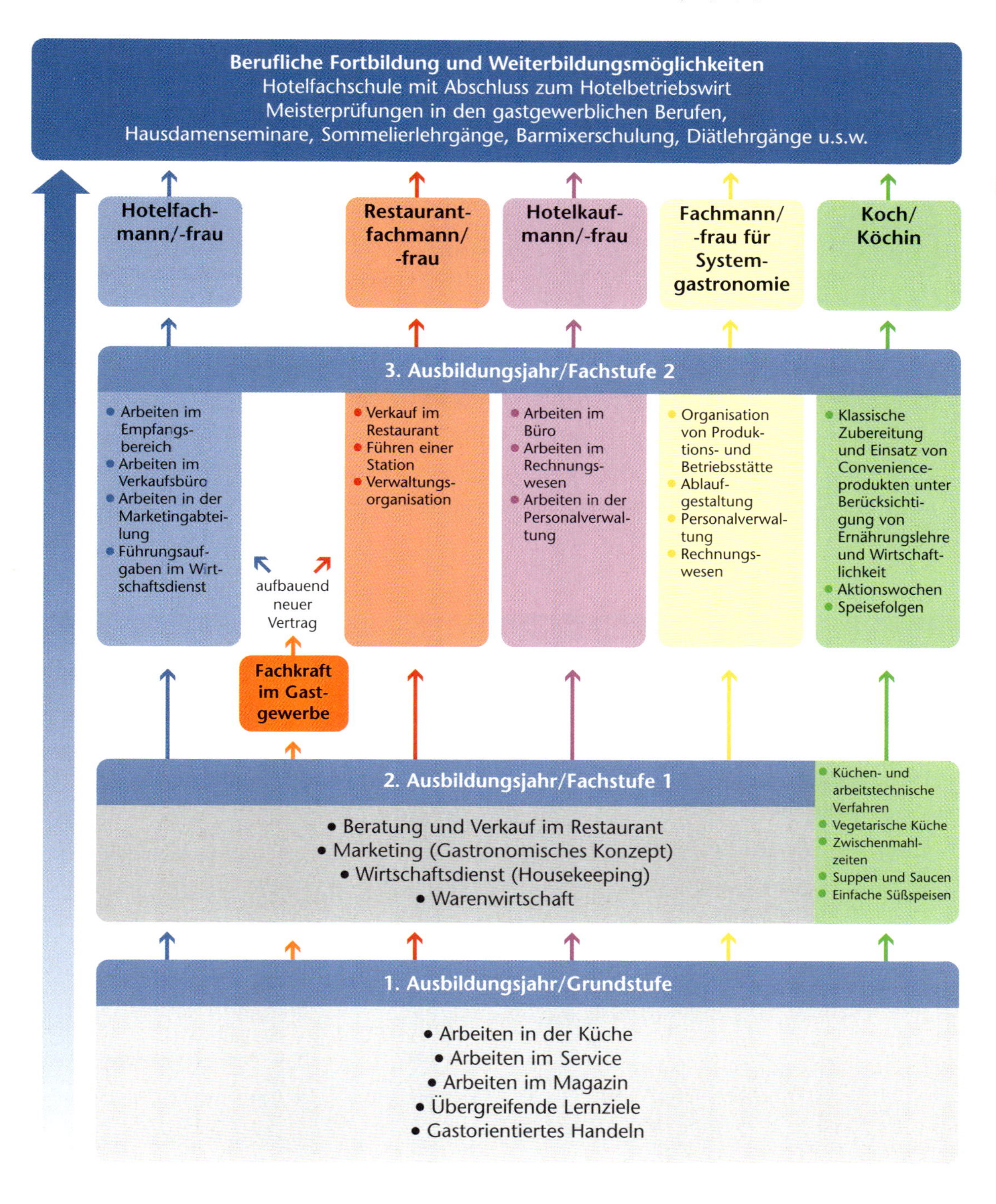

3 Personal im Gastgewerbe

staff in the hospitality trade *personnel (m) qualifié de l'industrie (w) hôtelière*

Die Organisationsformen werden durch die Größe des Hotels und der damit verbundenen, notwendigen Anzahl der Mitarbeiter bestimmt. In größeren Betrieben werden die hier dargestellten Bereiche weiter aufgeteilt. In kleineren werden mehrere Funktionen zusammengefasst. Nachfolgend ist ein Organisationsmodell eines mittleren Betriebes dargestellt.

Hotelleitung

Hoteldirektor/-in

Direktionsassistent/-in

Buchhaltung

Kaufmännischer Leiter
Personalchef
Hauptkassenverwalter
Kontroller
Auszubildende

- Verwaltung der Hauptkasse und Kontrolle der Bons
- Bearbeitung des Personalwesens mit Lohn- und Gehaltsabrechnungen
- Personaleinstellung und -entlassung
- Erstellen von Stellenbeschreibungen

Empfang

Empfangschef
Empfangssekretäre
Reservierungssekretäre
Kassierer
Auszubildende

- Reservieren und Vermieten von Zimmern
- Führen der Gästekorrespondenz
- Durchführen der Empfangsbuchhaltung
- Abrechnen mit dem Gast

Etage/Housekeeping

Hausdame
Hausdamenassistentin
Wäschereibeschließerin
Zimmermädchen
Auszubildende

- Reinigen und Pflegen der Gästezimmer, Flure und Treppenhäuser
- Pflege der Grünpflanzen
- Pflegen, Lagern und Ausgeben der gesamten Wäsche sowie des Reinigungsmaterials

Food-and-Beverage-Manager/-in

Magazin

Magazinverwalter
Magazinmitarbeiter
Auszubildende

- Kontrollieren des Wareneingangs
- Bereitstellen und Überwachung des Warenausgangs
- Überwachen der Warenbestände
- Durchführen von Bestandskontrollen (Inventuren)

Küche

Küchenchef
Souschef
Chef de partie
Commis de partie
Auszubildende

- Erstellen von Speisekarten und Menükarten
- Wareneinkauf
- Speisenherstellung
- Erstellen von kalten und warmen Büfetts
- Bereitstellen des Frühstücksbüfetts
- Zubereitung von Personalessen
- Catering

Service

Restaurantleiter
Chef de rang
Demichef de rang
Commis de rang
Auszubildende

- Gäste empfangen und beraten
- Speisen- und Getränkeservice durchführen
- Abrechnen mit Gast und Betrieb
- Frühstück- und Etagenservice durchführen
- Bankettveranstaltungen durchführen
- Tranchieren und Flambieren

Hygiene bedeutet: Lehre von der Gesundheit und der Gesundheitspflege des Menschen. Allgemein wird Hygiene als Sauberkeit verstanden; man sagt z. B. unhygienisch und meint meist unsauber. Lebensmittelhygiene umfasst mehr, nämlich

- Ursachen, die zum Verderb der Lebensmittel führen, und
- Maßnahmen, um den Verderb zu verhindern.

Damit dient die Lebensmittelhygiene dem Schutz des Verbrauchers und der Erhaltung seiner Gesundheit.

1 Mikroben *microbes* *microbes (m)*

Hauptursache des Lebensmittelverderbs sind die Kleinlebewesen. Wegen ihrer geringen Größe sind sie mit dem bloßen Auge nicht zu erkennen; erst die Vergrößerung durch das Mikroskop macht sie sichtbar.

Die Begriffe Kleinlebewesen oder Mikroorganismen oder Mikroben bedeuten dasselbe.

Obwohl die einzelnen Mikroben nicht zu erkennen sind, sind sie teilweise

- als **Kolonien sichtbar**, weil sie wegen der starken Vermehrung in sehr großer Zahl auftreten, z. B. als Schimmel auf Brot;
- an **Auswirkungen erkennbar**, z. B. an schmieriger Wurst, riechendem Fleisch, gärendem Fruchtsaft.

1.1 Vorkommen

Mikroben kommen **überall** vor. Besonders zahlreich sind sie jedoch im **Erdboden** und in **Abwässern** vorhanden. Durch die **Luft** werden die Keime[1] ebenfalls verbreitet.

Im **Umgang mit Lebensmitteln** treten die Mikroben vermehrt dort auf, wo Nahrung, Wärme und ausreichend Feuchtigkeit gleichzeitig vorhanden sind.

Beispiele

- **Hände**, die mit den unterschiedlichsten Gegenständen in Berührung kommen,
- **Handtücher**, besonders dann, wenn diese von mehreren Personen gleichzeitig benutzt werden (Gemeinschaftshandtuch) und mehrere Tage im Gebrauch sind,
- **Berufswäsche**, wenn sie nicht rechtzeitig gewechselt wird,
- **Reinigungswerkzeuge** wie Spüllappen, Schwammtücher, Spülbürsten, Topfreiber, wenn diese nach Gebrauch nicht gründlich ausgewaschen und getrocknet werden.

1.2 Arten und Vermehrungsformen

Im Zusammenhang mit den Lebensmitteln unterscheidet man folgende Mikrobenarten:

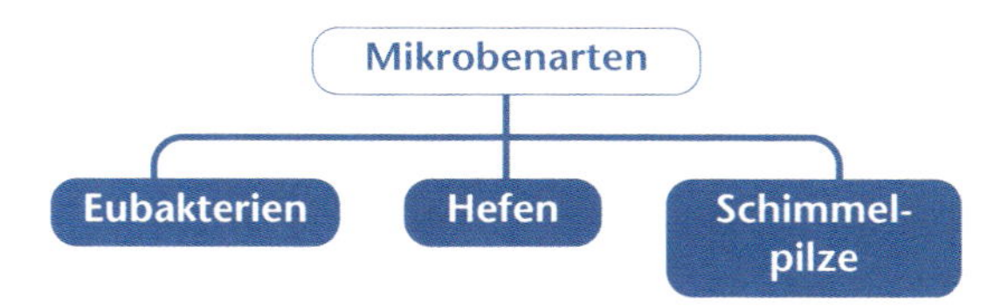

Eubakterien[2] sind Einzeller.

Bei günstigen Lebensbedingungen wachsen die Eubakterien innerhalb von etwa 20 Minuten bis zu einer bestimmten Größe und vermehren sich dann durch **Zellteilung** (Abb. 1).

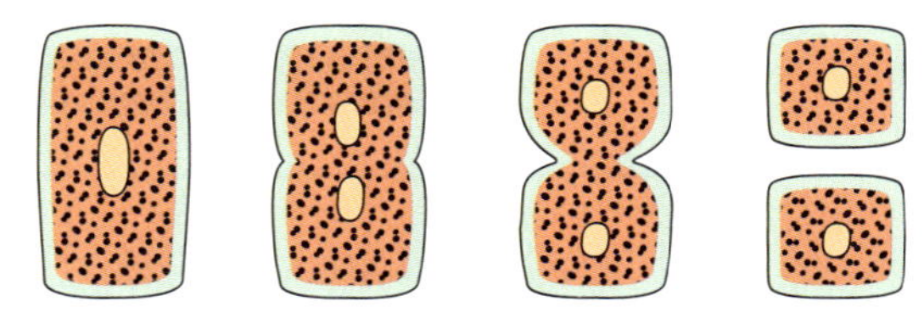

Abb. 1 Eubakterien vermehren sich durch Teilung.

Wenn die Lebensbedingungen schlecht sind, können die Bazillen, eine Untergruppe der Eubakterien, Sporen bilden. Sporen sind eine Überlebensform. Die Zelle gibt zunächst den Zellsaft weitgehend ab und bildet dann aus der

[1] Keime sind Mikroben, die Krankheiten hervorrufen können.

[2] Eubakterien ist ein Oberbegriff. Bazillen sind Arten von Eubakterien, die Sporen bilden können, Clostridien wachsen unter Sauerstoffabschluss. Der Begriff Bakterien ist als Gattungsbezeichnung nicht mehr gebräuchlich. Keime nennt man Arten, die Krankheiten verursachen. Für manche Lebensmittel, z. B. Speiseeis, sind Höchstwerte festgelegt. Auf eine Unterscheidung der Eubakterien wird verzichtet, weil das für die betriebliche Praxis ohne Bedeutung ist.

verbleibenden Zellhaut eine besondere Umhüllung. Eine **Spore** ist entstanden (Abb. 1). Alle Lebensvorgänge ruhen, und der Zellrest ist besonders widerstandsfähig gegen Wärmeeinwirkung und Desinfektionsmittel. Bei günstigen Lebensbedingungen werden aus den Sporen wieder Bazillen.

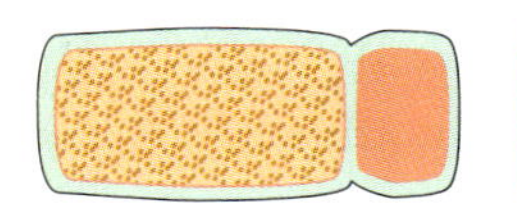

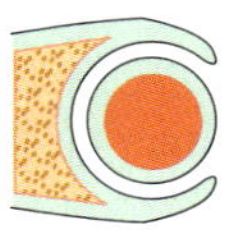

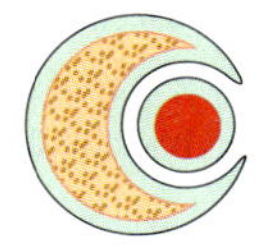

Abb. 1 Bazillen bilden Sporen.

Abb. 2 Hefen vermehren sich durch Sprossung.

Hefen sind Einzeller, die sich vorwiegend von **Zuckerstoffen** ernähren. Sie vermehren sich durch Sprossung; dabei sprießt aus der Mutterzelle jeweils eine Tochterzelle (Abb. 2).

Schimmelpilze (Abb. 3) sind Mehrzeller, die sehr anspruchslos sind und auch noch auf verhältnismäßig trockenen Lebensmitteln wachsen können. Sie vermehren sich auf zwei Arten: Auf dem Lebensmittel verbreiten sie sich durch **Sporen**, im Lebensmittel über das **Wurzelgeflecht (Mycel).** Vergleiche S. 23.

Pilzarten, die ungiftig sind und z. B. bei Käse mitgegessen werden, bezeichnet man als **Edelpilze** oder Edelschimmel.

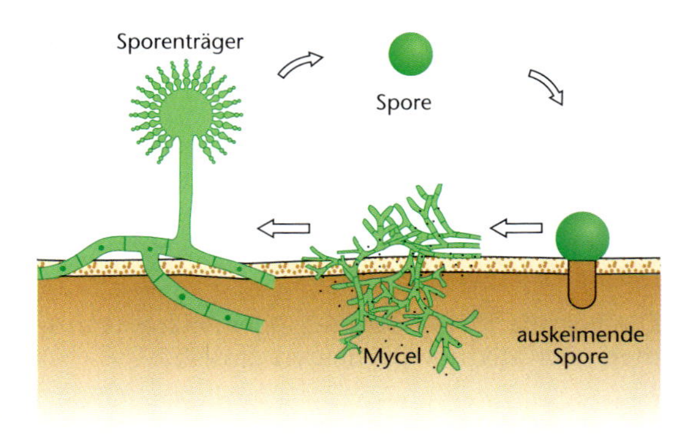

Abb. 3 Schimmel bildet Sporen.

1.3 Lebensbedingungen der Mikroben

Wie alle Lebewesen, so entwickeln sich auch Kleinlebewesen nur, wenn bestimmte Lebensbedingungen erfüllt sind. Bei eingeschränkten Bedingungen sind Wachstum und Vermehrung verlangsamt oder eingestellt; die Mikroben können auch absterben.

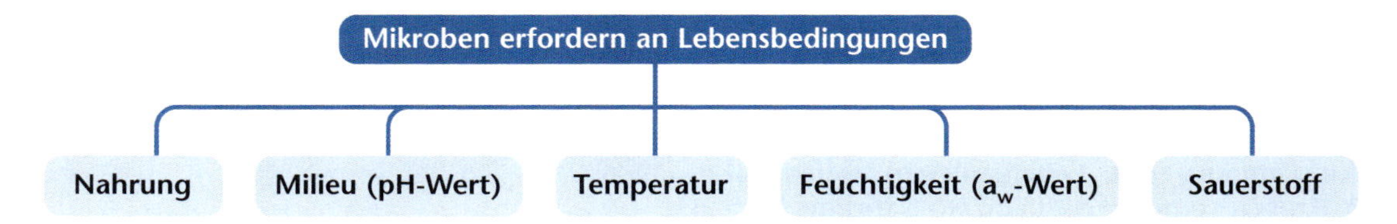

Nahrung

Die meisten Mikroben bevorzugen bestimmte Nährstoffe, folgende Grobeinteilung ist möglich.

Art	bevorzugt befallen	Beispiel
Eiweiß spaltende Mikroben	Fleisch, Wurst, Fisch, Geflügel	Salmonellen
	Milch, Frischkäse, Creme	Fäulnisbakterien
Kohlenhydrat spaltende Mikroben	Kompott, Fruchtsaft, Creme	Hefen
Fett spaltende Mikroben	Butter, Margarine, Speck	
Schimmel	alle Lebensmittel	Schimmelpilze

Milieu (pH-Wert)

Wie Menschen oft bestimmte Geschmacksrichtungen bevorzugen, so besitzen auch Mikroben vergleichsweise eine Vorliebe entweder für Säuren oder für Basen (Laugen).

Säuren sind gekennzeichnet durch **H^+-Ionen,**

Basen besitzen **OH^--Ionen.**

In reinem Wasser ist die Anzahl der H^+- und OH^--Ionen ausgeglichen. $H^+ + OH^- \rightarrow H_2O$.

Wasser hat den pH-Wert 7, es ist neutral.

Der **pH-Wert ist eine Messzahl,** die angibt, wie stark eine Säure oder Lauge ist.

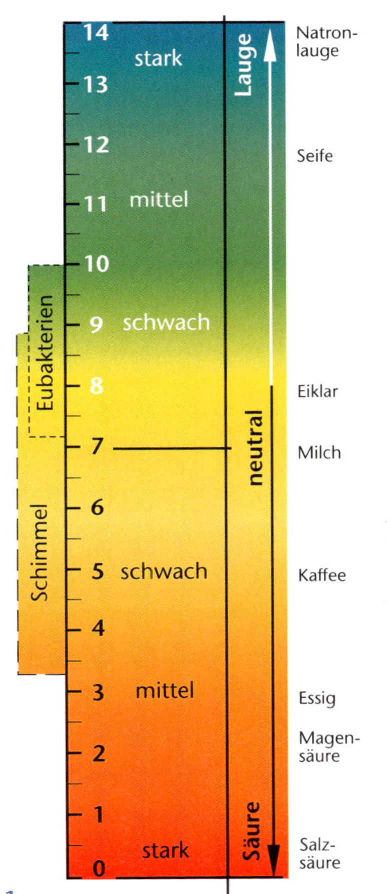

Abb. 1
pH-Wert mit Beispielen von Wachstumsbereichen

Die meisten Eubakterien bevorzugen neutrale bis schwach laugenhafte Umgebung. Durch **Säurezugabe** kann darum die Tätigkeit eingeschränkt werden.

Beispiele

- Fisch in Marinade,
- Essiggurken,
- Fleisch in Essigbeize, Sauerkraut.

Temperatur

Mikroben bevorzugen je nach Art bestimmte Temperaturen. Man unterscheidet drei Gruppen:

- **Niedrige Temperatur liebende (psychrophile)** ①
  Man nennt sie darum auch „Kühlschrankbakterien". Sie kommen vor allem in Verbindung mit Fleisch und Fisch vor.
- **Mittlere Temperatur bevorzugende (mesophile)** ②
  Dazu zählen die Darmbakterien, Fäulnisbakterien, aber auch Hefen.
- **Höhere Temperatur liebende (thermophile)** ③
  Hierzu gehören die sporenbildenden Bazillen.

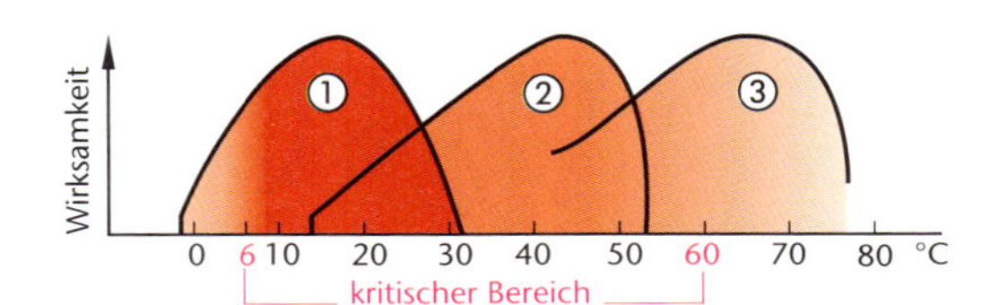

Abb. 2 Wachstumsbereiche für Mikroben

Zwischen +6 °C und +60 °C vermehren sich Kleinlebewesen am stärksten. Verarbeitung und Lagerung von Lebensmitteln in diesem Bereich können problematisch sein. Man spricht darum vom **kritischen Bereich.**

Feuchtigkeit (a_w-Wert)

Mikroben benötigen Wasser als Lösungsmittel für die Nährstoffe und als **Transportmittel,** um die Bausteine der Nährstoffe in das Zellinnere zu bringen. Da die Mikroben selbst zu etwa 70 % aus Wasser bestehen, ist das Wasser für sie auch **Baustoff.**

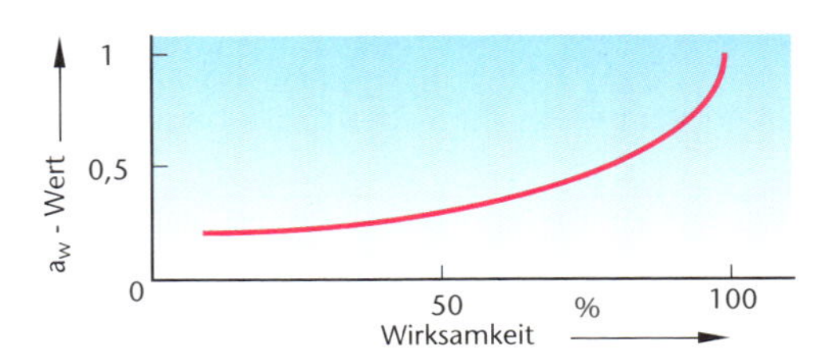

Abb. 3 Mikroben benötigen Feuchtigkeit.

Vom gesamten Wassergehalt eines Lebensmittels steht den Mikroben nur ein Teil zur Verfügung. Man bezeichnet diesen Anteil auch als das freie oder **aktive Wasser** und spricht auch von **Wasseraktivität,** gemessen als **a_w-Wert.**

Der a_w-Wert ist eine Messzahl. Reines Wasser hat den a_w-Wert 1,0; absolut wasserfreie Stoffe haben den a_w-Wert 0.

Die Lebensbedingungen der Mikroben können **verschlechtert** werden, wenn man den Anteil des aktiven Wassers verringert und damit den **a_w-Wert senkt.**

a_w-Wert-Senkung ist möglich durch:

- **Trocknen** – Wasser verdunstet und ist im Lebensmittel nicht mehr vorhanden, z. B. Trockenobst, Püree-Pulver, getrocknete Küchenkräuter;
- **Salzbeigabe** – Wasser wird chemisch an Salz gebunden und ist damit nicht mehr aktiv, z. B. Pökelwaren, Salzheringe;
- **Zuckerzugabe** – Wasser wird chemisch an Zucker gebunden, z. B. bei Konfitüre, Gelee, Sirup, kandierten Früchten o. Ä.
- **Frosten** – Wasser wird zu festem Eis. In diesem Zustand ist es nicht mehr aktiv.

Sauerstoff

Die meisten Kleinlebewesen sind auf Sauerstoff angewiesen. Es gibt aber auch Arten, die ohne Sauerstoff auskommen, und solche, die sowohl mit als auch ohne Sauerstoff leben können.

Aerobier	Anaerobier	Fakultative Anaerobier
benötigen Sauerstoff leben auf und in den Lebensmitteln	leben ohne Sauerstoff leben in den Lebensmitteln, in Konserven	leben mit und ohne Sauerstoff leben in und auf den Lebensmitteln
Bazillen, Fäulniserreger (s. S. 23) Essigbakterien, Schimmelpilze	Botulinus-Bazillen (s. S. 23)	Hefen Milchsäurebakterien, Fäulniserreger
Edelpilzkäse (Schimmelpilze)	**Bombage** (Botulinus)	**Roggenbrot** (Hefe)

1.4 Lebensäußerungen der Mikroben

Mikroben verändern die Lebensmittel auf zwei Arten:

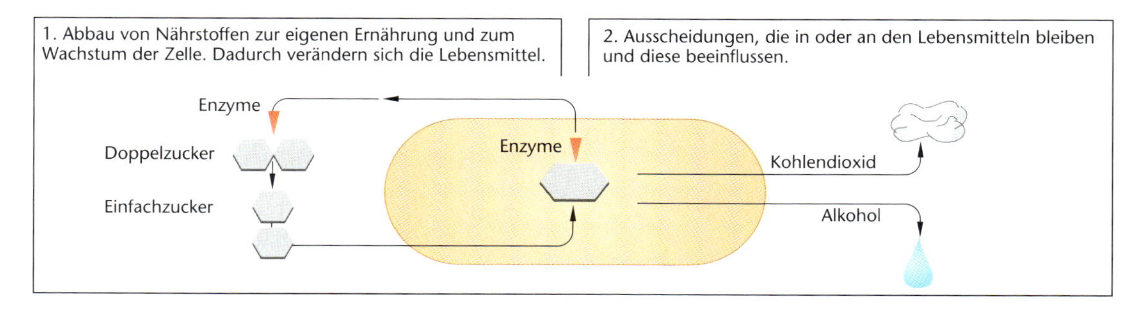

Abb. 1 Veränderungen der Lebensmittel durch Mikroben.

Bedeutung der Mikroben im Umgang mit Lebensmitteln

Verbesserung des Ausgangspunktes genutzt bei	**Schädigung des Ausgangspunktes** tritt auf als	**Schutz der Umwelt** durch
• Herstellungsverfahren, z. B. Bier, Wein, Brot; • Veredelungsverfahren, z. B. Bildung von Geruchs- und Geschmacksstoffen bei Brot, Sauermilch; • Konservierungsverfahren, z. B. Sauerkraut. Diese **erwünschten Veränderungen** werden durch gesteuerten Einsatz bestimmter Mikroben erreicht und bei der **Lebensmittelverarbeitung** behandelt.	• Lebensmittelverderb, z. B. Schimmelbildung, Gärigwerden, Ranzigwerden; • Lebensmittelvergiftung durch Ausscheidungen der Gift bildenden Mikroben; • Lebensmittelinfektion durch Übertragung der Krankheitserreger. **Unerwünschte und gesundheitsschädigende Veränderungen vermeiden. Siehe folgenden Abschnitt.**	• biologische Reinigung der Abwässer und natürliche Selbstreinigung der Gewässer; • Abbau von Abfällen und Resten zu organischen Substanzen (Kompost), die den Pflanzen wieder als Nahrung zur Verfügung stehen.

2 Lebensmittelinfektionen – Lebensmittelvergiftungen

food poisoning *intoxications (w) alimentaires*

Der Genuss verdorbener Lebensmittel führt fast immer zu Übelkeit, Kopfschmerzen, Erbrechen und Durchfall. Man unterscheidet:

- **Lebensmittelvergiftungen** werden von **Giften (Toxinen)** verursacht, die in den Lebensmitteln vorhanden sind und mit diesen aufgenommen werden. Beispiel: Botulinusvergiftete Bohnen oder Wurstkonserven. Die Beschwerden treten bereits nach einigen Stunden auf.
- **Lebensmittelinfektionen** werden von **krankmachenden Mikroben** verursacht, die in Lebensmitteln vorhanden sind und mit ihnen aufgenommen werden. Die Krankheit besteht in einem Kampf (Abwehrreaktion) des Körpers gegen die „Eindringlinge". Infektionen treten erst längere Zeit nach der Nahrungsaufnahme auf (Inkubationszeit).

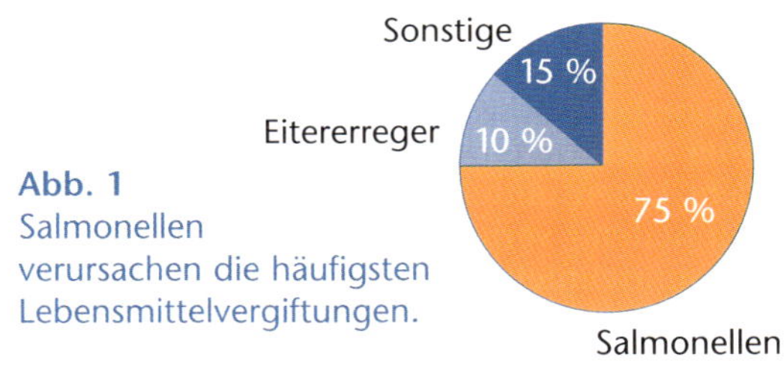

Abb. 1
Salmonellen verursachen die häufigsten Lebensmittelvergiftungen.

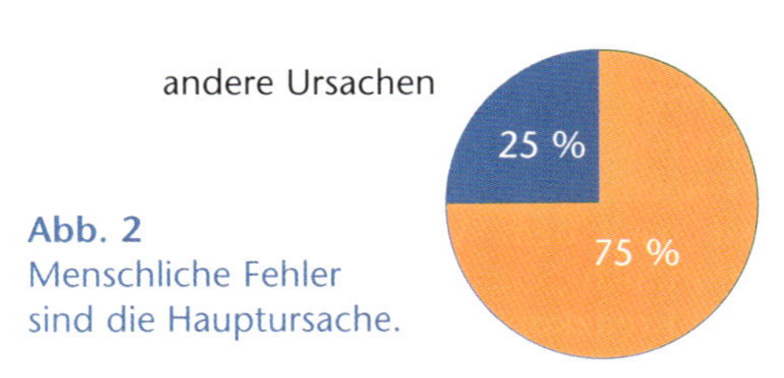

Abb. 2
Menschliche Fehler sind die Hauptursache.

Rund 75 % der durch Lebensmittel verursachten Krankheitsfälle werden durch Salmonellen hervorgerufen. Die Eitererreger stehen mit 10 % an zweiter Stelle (Abb. 1). Beide Krankheitserreger riecht und schmeckt man nicht, denn sie verursachen keinen unangenehmen Geruch oder Geschmack und sind darum besonders gefährlich.

Überprüft man die Krankheitsausbrüche, sucht nach den Ursachen und fragt man, wo Fehler gemacht worden sind, so stellt man fest: Menschliche Fehler sind die Hauptursache (Abb. 2).

Diese Tatsachen müssen beachtet werden, wenn man Krankheiten vermeiden will, die durch Lebensmittel hervorgerufen werden.

Schutz der Gesundheit bedeutet:

- Ansteckung der Lebensmittel durch Keime verhindern. Dazu muss der Weg der Krankheitserreger auf die Lebensmittel bekannt sein.

Einführung

- Keimvermehrung verhindern – Lebensmittel kühlen. Wie rasch sich Mikroben bei günstigen Lebensbedingungen vermehren können, zeigt die Grafik.

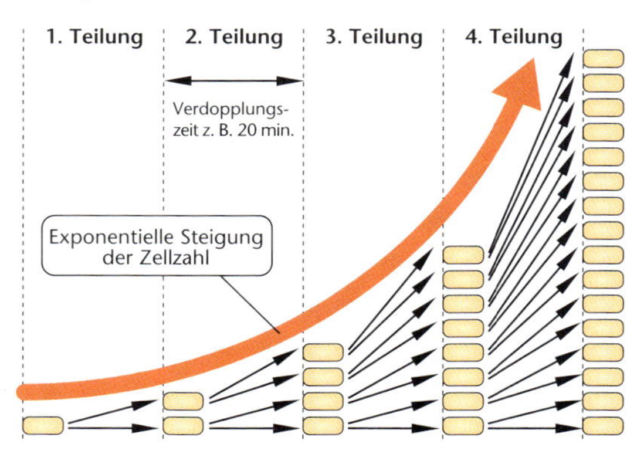

Abb. 1 Mikrobenvermehrung

Speisen entweder heiß bereithalten oder rasch abkühlen und bei Bedarf wieder erwärmen.

2.1 Salmonellen

Salmonella-Bakterien stammen **ursprünglich immer von Tieren**, sie werden aber auch über andere Lebensmittel wie z. B. Eier übertragen. Salmonellen verursachen beim Menschen Lebensmittelinfektionen. Sie können im Darm von Tieren und Menschen leben, ohne diesen unmittelbar zu schaden. Man nennt die Betroffenen **Dauerausscheider.**

Bei unzureichender Körperhygiene (Händewaschen) gelangen die Salmonellen an die Lebensmittel.

Keime können bei nicht fachgerechter Arbeitsweise auch von einem Lebensmittel auf ein anderes übertragen werden, so z. B. wenn Behältnisse nach dem Auftauen von Hähnchen nicht gründlich gereinigt werden. Man spricht dann von **Kreuzkontamination.**

Bevorzugt befallen werden tierische Lebensmittel wie Geflügel, Hackfleisch, Eier sowie Produkte aus diesen Rohstoffen wie Geflügelsalat, Cremes, Mayonnaise. Salmonellen sterben bei etwa 80 °C ab, das Gift wird beim Erhitzen zerstört.

Besonders gefährdet sind Personen mit einem geschwächten Magen-Darm-Trakt.

Pasteurisierte und sterilisierte Lebensmittel enthalten wegen der **Erhitzung** keine Salmonellen. Erkrankungen treten vor allem nach dem Ge-

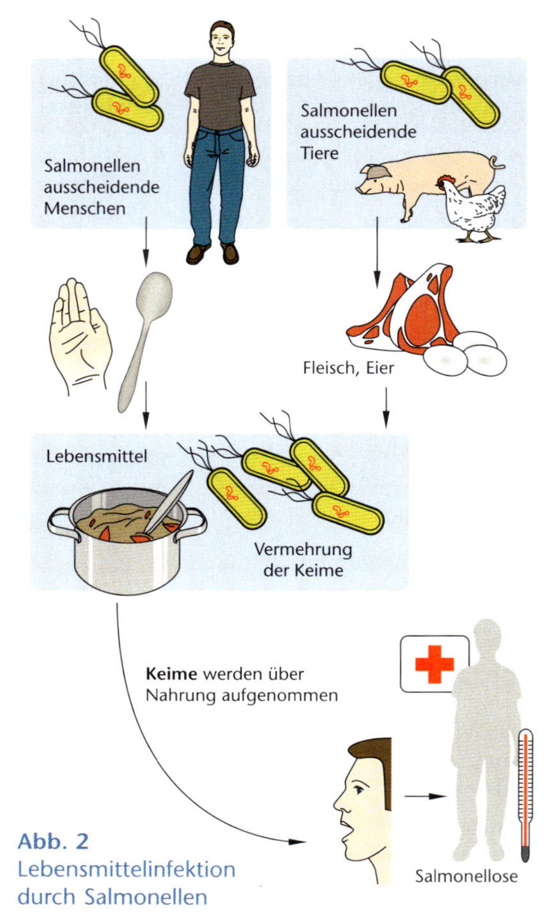

Abb. 2 Lebensmittelinfektion durch Salmonellen

nuss von infiziertem, rohem Fleisch, Geflügel und Eiern auf.

- Belehrungen des Personals sind vorgeschrieben.
- Verpackungsmaterial von tiefgekühltem Geflügel aus der Küche bringen, Tauwasser wegschütten.
- Nach Umgang mit Eiern Hände, Tisch usw. gründlich reinigen.
- Händewaschen schützt vor Übertragung.

2.2 Eitererreger (Staphylokokken)

Eitererreger kommen vor allem in **eitrigen Wunden** vor, werden aber auch bei **Schnupfen** über die Atemluft ausgeschieden.

Eitererreger bevorzugen Lebensmittel mit viel Feuchtigkeit und hohem Eiweißgehalt bei warmer Aufbewahrung. **Besonders anfällig** sind darum Salate, gekochter Schinken, Cremes und Tortenfüllungen.

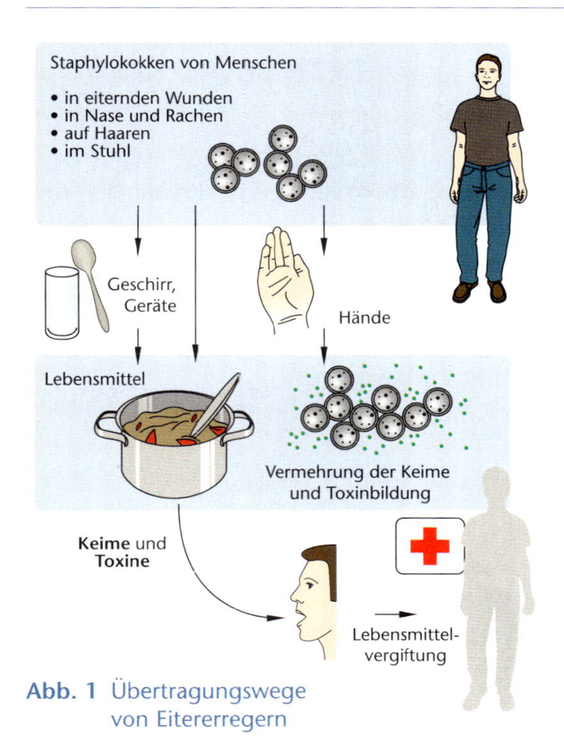

Abb. 1 Übertragungswege von Eitererregern

Die Eitererreger **sondern Gift (Toxine) ab.** Die Bakterien werden bei etwa 80 °C zerstört. Das Gift der Eitererreger ist jedoch **gegen Wärme widerstandsfähig.**

- Verletzungen vollständig mit wasserdichtem Material abdecken.
- Nicht unkontrolliert niesen.
- Cremes rasch abkühlen.
- Salate kühl aufbewahren.

2.3 Bodenbakterien (Botulinus-Bakterien)

Botulinus-Bakterien entstammen immer dem Erdreich. Besonders anfällig sind eiweißhaltige Lebensmittel unter Luftabschluss, z. B. **Dosen, Gläser, vakuumverpackte Waren.**

Bodenbakterien sind Anaerobier und können darum auch unter Luftabschluss wirken.

Befallene Lebensmittel haben einen üblen Geruch, bei Konserven ist die Flüssigkeit getrübt. Konserven sind aufgebläht (Bombage, s. Bild S. 20). Diese deutlich wahrzunehmenden Veränderungen lassen den Genuss vermeiden. Sporen der Bodenbakterien und die Toxine überdauern das Kochen.

- Gemüse sorgfältig waschen.
- Vakuumverpackte Lebensmittel kühl lagern.
- Bombagen nicht verwenden.

Die Erkrankung durch Bodenbakterien heißt **Botulismus.**

2.4 Fäulniserreger

Fäulniserreger kommen überall vor, besonders zahlreich im Erdboden und in Abwässern. An die Lebensmittel gelangen sie bei **unsauberer Arbeitsweise** und durch Übertragung von Insekten (Fliegen).

Fäulniserreger bevorzugen Wärme, können mit oder ohne Sauerstoff leben und vermehren sich vor allem auf eiweißreichen Lebensmitteln. Das Schmierigwerden von Fleisch und Wurst ist auf ihre Tätigkeit zurückzuführen.

Befallene Lebensmittel sind unansehnlich und riechen übel. Darum sind Vergiftungserscheinungen durch Fäulniserreger selten.

2.5 Schimmel

Die unerwünschten Schimmelpilze kommen als Sporen in der Luft vor und befallen **alle Lebensmittel.**

Schimmel ist anspruchslos, bevorzugt Backwaren, ungeräucherte Wurstwaren und Obst.

Schimmelpilze wachsen auf und in den Lebensmitteln.

Auf den Lebensmitteln wird der Schimmel als **Pilzrasen** sichtbar.

Die **Pilzwurzeln**, sie werden **Mycel** genannt, wachsen in den Lebensmitteln.

Schimmelpilze bilden Toxine (Gifte). Weil nicht erkennbar ist, wie weit das Pilzgeflecht reicht, sind vom Schimmel befallene Lebensmittel sorgfältig zu beurteilen, denn Pilzgifte schädigen die Leber.

- Kühle und trockene Aufbewahrung schützt vor Schimmelbefall.
- Schimmelige Lebensmittel wegwerfen oder Schimmel großzügig ausschneiden.

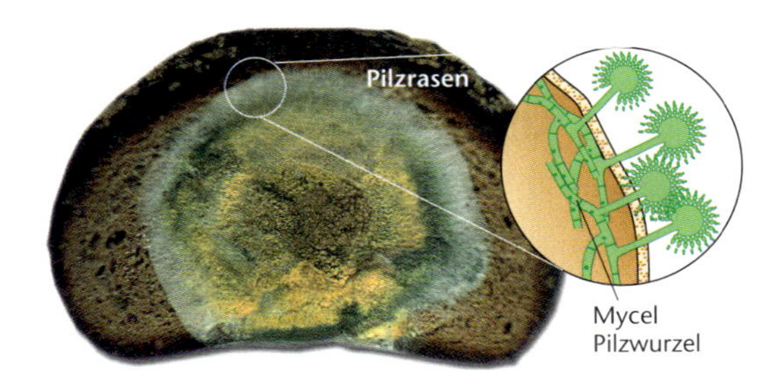

Abb. 2 Schimmel auf Brot

3 Schädlingsbekämpfung

pest control *lutte (w) antiparasitaire*

Als **Schädlinge** bezeichnet man Tiere, die Lebensmitteln Schaden zufügen. Diese Schädigung kann erfolgen durch

- Fraßschäden, z. B. Speckkäfer, Mehlmilbe,
- Verunreinigungen, z. B. durch Kot, Reste abgestorbener Tiere,
- Übertragung von Mikroben, z. B. durch Fliegen.

Moderne Bauweisen machen den Schädlingen das Einnisten schwerer als dies früher der Fall war. Dennoch finden sie vielfach Gelegenheit, Schlupfwinkel aufzuspüren. Da Schädlinge sehr scheu sind, wird ihre Anwesenheit oft nur an den „Spuren" morgens zu Arbeitsbeginn erkannt. Eine konsequente Bekämpfung hilft, Schäden und Reklamationen zu vermeiden.

Insekten: Schaben, Motten, Milben, Käfer

Insekten bevorzugen Wärme, leben in Ritzen und hinter Möbeln und Geräten. Sie schaden durch Fraß und Verunreinigungen.

- Abhilfe durch gründliche Reinigung.
- Mehrmalige Anwendung von chemischen Bekämpfungsmitteln, damit auch die später ausschlüpfende Brut erfasst wird.

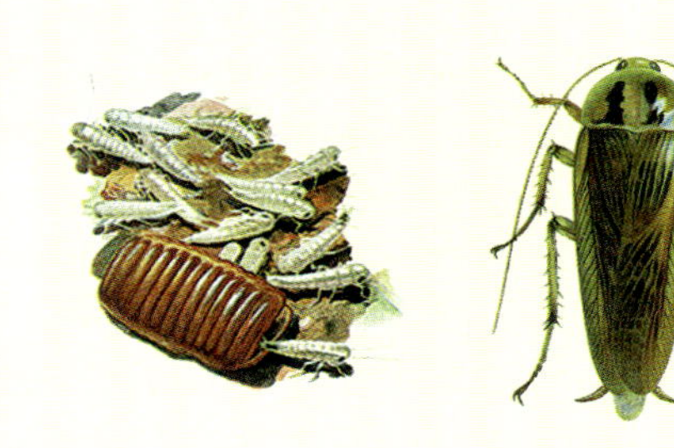

geöffnetes Eipaket mit **Jungschaben**

Deutsche Schabe Körper bis 12 mm lang, Spannweite bis 12 mm

Weizenkörner mit **Fraßschäden**

Raupe bis 6 mm lang in einem Weizenkorn

Getreidemotte bis 19 mm Flügelspannweite

Fliegen

Brutstätten sind Abfälle und Kot. Fliegen schaden durch **Übertragung** von Krankheits- und Fäulniserregern.

- Bekämpfung durch Fliegengitter.
- Abdecken der Lebensmittel, damit die Fliegen ferngehalten werden.
- Abfallbehälter gut verschließen und regelmäßig reinigen.
- Eventuell chemische Bekämpfungsmittel einsetzen.

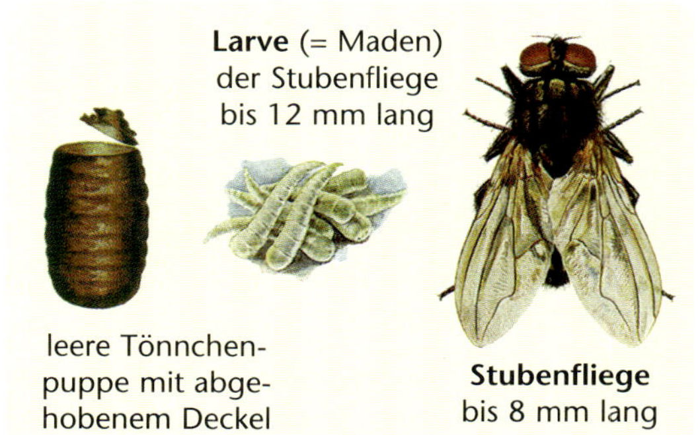

Larve (= Maden) der Stubenfliege bis 12 mm lang

leere Tönnchenpuppe mit abgehobenem Deckel

Stubenfliege bis 8 mm lang

Silberfischchen

Das scheue Nachttier lebt versteckt in Ritzen und bevorzugt Kohlenhydrate. Es schadet vor allem durch Verunreinigungen. Bekämpfung wie bei Fliegen.

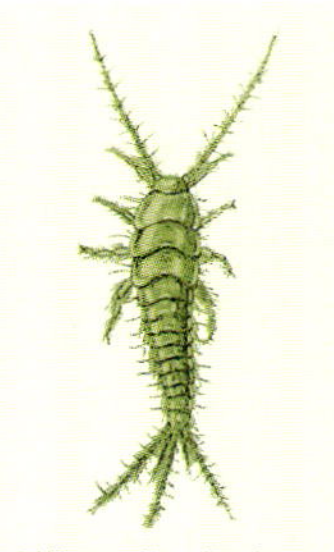

Silberfischchen

Nager: Mäuse, Ratten

Nager gelangen durch offene Türen, Kellerfenster und Rohrschächte in die Betriebsräume.

- Bekämpfung durch Gitter an den Kellerfenstern.
- Aufstellen von Fallen. Auslegen von Berührungsgiften; führen zu innerem Verbluten.

Schädlingsbekämpfungsmittel

- müssen so eingesetzt werden, dass Lebensmittel nicht geschädigt werden,
- dürfen nur nach Anwendungsvorschrift eingesetzt werden,
- sind in den Originalpackungen getrennt von Lebensmitteln zu lagern.

4 Reinigung und Desinfektion

cleaning and disinfection *nettoyage (m) et désinfection (w)*

4.1 Reinigen in Lebensmittelbetrieben

Reinigen ist das Entfernen von Schmutz oder Verunreinigungen. Als **Schmutz** bezeichnet man in Lebensmittelbetrieben alle Stoffe, die auf einer Oberfläche unerwünscht sind, also nicht nur die Erde, die Kartoffeln anhaftet, sondern z. B. auch Reste einwandfreier Speisen auf Tellern und Geschirren.

Verunreinigungen können gefährliche Brutstätten für Mikroben und Ungeziefer sein.

Rein sind Gegenstände, von denen Schmutz, Verunreinigungen und Mikroben weitgehend entfernt sind.

Als **sauber** bezeichnet man Gegenstände dann, wenn das Auge keinen Schmutz mehr erkennen kann.

Reinigen mit Wasser

Im Nahrungsgewerbe muss zum Reinigen **Trinkwasser** verwendet werden.

Das Wasser hat mehrere Aufgaben:

- **Auflösen von Schmutz**, z. B. Zucker, Salz, ungeronnenes Eiweiß;
- **Quellen von Schmutz**, z. B. Reste von Teigen, Teigwaren, Braten, Eierspeisen;
- **Abtragen von Schmutz**; die losgelösten Schmutzteilchen werden in der Schwebe gehalten und weggespült.

Wärme fördert die Reinigungswirkung, denn

- **Fett schmilzt** und wird leichter abgespült,
- **Auflösen und Quellen** gehen **rascher** vor sich.

Die günstigste Spültemperatur liegt um 60 °C. Zu heißes Wasser lässt den Schmutz „festbacken" und kann zu Verbrennungen führen.

Wirkung der Reinigungsmittel

Durch den Zusatz von Reinigungsmitteln wird das **Wasser entspannt**, es verliert seine Oberflächenspannung und **benetzt besser.** Dadurch schiebt es sich leichter unter den Schmutz und kann auch **Fett ablösen.** Die waschaktiven Teilchen legen sich dann um das Fett, **emulgieren** es und **halten es in der Schwebe**, sodass es sich nicht wieder festsetzt und abtransportiert werden kann (Abb. 1).

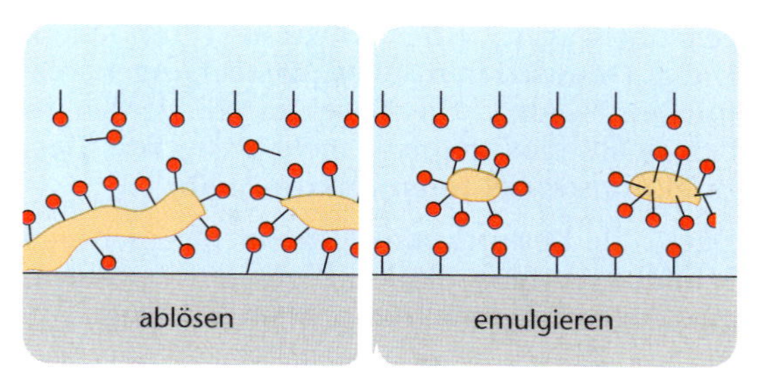

Abb. 1 Fett wird abgelöst und emulgiert.

Mechanische Einwirkung

Beim Reinigen kommen zu Wasser, Reinigungsmittel und Wärme immer auch mechanische Kräfte.

Das können sein:

- **Wasserdruck**, z. B. bei Spülmaschinen für Haushalt und Gewerbe. Die „Kraft" erhält das Wasser durch eine Pumpe. Die Düsen konzentrieren diese Kraft auf eine eng begrenzte Fläche, von der dann der Schmutz abgehoben wird.
- **Spüllappen oder Schwammtücher**, wie sie häufig beim Spülen von Hand verwendet werden.
- **Spülbürste und Reiber**; sie werden nur bei harten Gegenständen und festsitzendem Schmutz, z. B. festgebrannten Resten, verwendet.

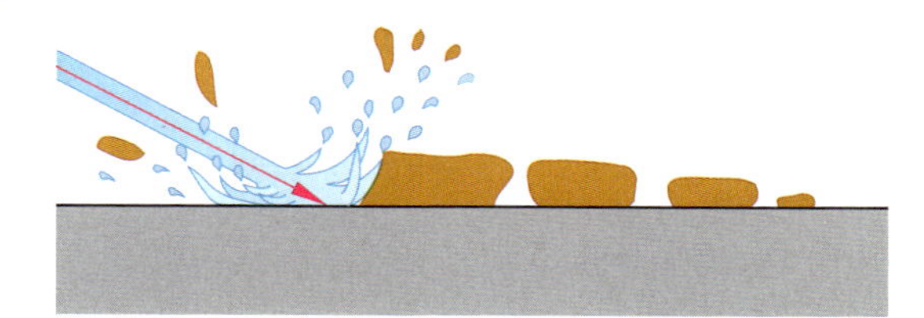

Abb. 2 Wasserdruck hebt den Schmutz ab.

Harte Gegenstände dringen in weichere ein. Darauf ist bei der Anwendung von Werkzeugen und Scheuermitteln zu achten, wenn Beschädigungen an der zu reinigenden Fläche vermieden werden sollen.

Achtung! Wenn Hochdruckreiniger in Räumen eingesetzt werden, kann Wasser in Fugen eindringen und Risse in Boden und Wänden bilden. An elektrischen Küchengeräten kann Spritzwasser zu Kurzschluss führen.

4.2 Desinfizieren in Lebensmittelbetrieben

Infizieren bedeutet anstecken, Krankheitserreger übertragen, eine Infektion verursachen. Durch **Desinfizieren** sollen **Ansteckungen vermieden** werden. Die Gegenstände werden so behandelt, dass sie nicht mehr anstecken. **Desinfektionsmittel töten Mikroben ab.**

Damit die Desinfektionsmittel nicht durch den Schmutz in ihrer Wirkung gehindert werden, gilt: **Zuerst reinigen, dann desinfizieren.**

Die **Wirkung der Desinfektionsmittel** ist abhängig von

- **Konzentration** der Lösung
  je konzentrierter, desto wirkungsvoller;
- **Anwendungstemperatur**
  je heißer, desto wirksamer;
- **Einwirkungszeit**
  je länger, desto wirksamer;
  je länger die Einwirkungszeit, desto geringer kann die Konzentration des Mittels sein.

Besser mechanisch als chemisch.
Besser heiß als ätzend.

Nach dem **Anwendungsbereich** unterscheidet man:

- **Grobdesinfektionsmittel** mit breitem Anwendungsbereich, z. B. für Küchen, in denen ja alle Nährstoffe vorkommen, und
- **Feindesinfektionsmittel** für Hände.

Arbeitsschutz

Unverdünnte Desinfektionsmittel sind in der Regel ätzend. Vorsicht im Umgang! Desinfektionsmittel müssen in besonderen Behältnissen aufbewahrt werden.

Warnhinweis ätzend

Schutzhandschuh

Schutzbrille

Umweltschutz

Reinigungs- und Desinfektionsmittel können die Umwelt belasten. Darum:

- **Möglichst wenig Chemie.**
- **Richtig dosieren**, denn zu hohe Zugabe bringt keine bessere Wirkung.
- Temperatur so hoch wie möglich halten, Einwirkungszeit so lange wie möglich.

Aufgaben

1. Die Hauptursache für den Lebensmittelverderb sind Kleinlebewesen. Nennen Sie mindestens fünf Beispiele
2. Im Zusammenhang mit Lebensmitteln wird von Koloniebildung gesprochen. Erklären Sie.
3. Nennen Sie Beispiele aus dem Küchenbereich, wo Mikroben vermehrt auftreten.
4. Erklären Sie im Zusammenhang mit der Aufbewahrungstemperatur von Lebensmitteln den „kritischen Bereich".
5. Manche Lebensmittel werden durch Säure haltbar wie z. B. Sauerkraut und Essiggurken. Begründen Sie.
6. Mikroben können in Lebensmitteln zu erwünschten Veränderungen führen. Geben Sie drei Beispiele.
7. Warum soll Verpackungsmaterial von tiefgekühltem Geflügel sofort entsorgt werden?
8. Ein Großteil des Lebensmittelverderbs ist durch menschliche Fehler verursacht. Geben Sie drei Beispiele.
9. Nennen Sie Schädlinge, die in Lebensmittelbetrieben vorkommen können.
10. Schädlinge werden oft nur an ihren „Spuren" erkannt. Was versteht man unter „Spuren"? Wo können sich Schädlinge „verstecken"?
11. Beschreiben Sie was geschieht, wenn ohne Spülmittel abgespült wird.
12. Worauf ist beim Einsatz von Hochdruckreinigern zu achten?

UMWELT- UND VERBRAUCHERSCHUTZ

1 Umweltschutz *environmental protection* *protection (w) de l'environnement*

Es ist bekannt, dass wir die Umwelt in absehbarer Zeit zerstören, wenn sich unser Verhalten nicht grundlegend ändert. Auf welche Weise belasten wir die Umwelt?

- **Wir verbrauchen unbedacht zu viel Rohstoffe und zu viel Energie.**
  Bestimmte Vorkommen sind in weniger als 100 Jahren erschöpft. Das zeigen uns Berechnungen für die Energiearten Erdöl und Erdgas und z. B. für die Rohstoffe Kupfer und Zinn.
- **Wir schaffen zu viel Abfall oder Müll.**
  Die Abfallmengen, insbesondere die durch überflüssige Verpackungen, sind zwar verringert worden, doch sind noch erhebliche Einsparungen möglich. Durch sachgerechte Sortierung des Abfalls ist eine höhere Recyclingquote möglich.
- **Wir belasten die Umwelt durch unser Verhalten.**
  Verbrennungsrückstände aus den Motoren sowie Treibgase gefährden die Luftschicht der Erde;
  Schwefel aus Verbrennungsrückständen führt zu saurem Regen, der wiederum Wälder vernichtet und die Gewässer belastet;
  Unkrautvernichtungs- und Schädlingsbekämpfungsmittel gelangen in Lebensmittel und Trinkwasser und schaden so unmittelbar unserer Gesundheit.

Umweltschutz ist nur im Zusammenwirken vieler möglich.

Einerseits muss **der Staat** durch entsprechende Gesetze und Verordnungen Rahmenbedingungen schaffen, die Behörden zum Handeln berechtigen und auch zum Handeln zwingen.

Andererseits ist aber auch die **Verantwortung des Einzelnen** gefordert. Entsprechend den Hauptbereichen der Umweltbelastung kann man unterscheiden:

Einsparung von Energie

Beispielsweise durch
- vernünftiges Heizen: Absenken der Raumtemperatur um 1 °C spart 6 Prozent Energie,
- richtiges Lüften: kein Dauerlüften, sondern kurzzeitig und dafür mehrmals (Stoßlüften),
- Beachten der Saisonzeiten bei Obst und Gemüse: Der Energieaufwand für Treibhäuser und für lange Transporte ist sinnlos,
- überlegte Benutzung der Verkehrsmittel.

Einsparung von Rohstoffen

Einsparung von Rohstoffen bedeutet Müllvermeidung, z. B. wenn
- Verpackungsmaterial (Papier, Kunststoffe) sinnvoll eingesetzt wird,
- Mehrwegflaschen statt Einwegflaschen verwendet oder Nachfüllpackungen eingesetzt werden.

Recycling

Recycling ist ein Wertekreislauf. **Abfall** wird **sortiert** und soweit möglich einer **Wiederverwertung** zugeführt.

Abb. 1 Recycling → re = zurück, cycle = Kreislauf

- **Glas** fällt in großen Mengen in Form von Flaschen an
- **Altpapier**, auch Verpackungsmaterial, jedoch ohne Kunststoffanteile, wird neu aufgearbeitet.
- **Verbrauchtes Fett**, z. B. aus der Fritteuse, ist getrennt zu lagern und wird als Sondermüll abgeholt. Nach entsprechender Aufarbeitung kann es für technische Zwecke genutzt werden.

- **Speisereste und Lebensmittelabfälle** werden am sinnvollsten als Vieh-(Schweine-)futter genutzt. Vor einer Verfütterung sind sie jedoch in eigens dafür zugelassenen Betrieben zu erhitzen, damit auf dem Weg über Speisereste keine Tierseuchen verbreitet werden.

Schutz des Abwassers

Beispiele:

- **Fettabscheider;** Fettreste, die beim Spülen vom Wasser weggetragen werden, kommen im Abfluss-System mit den kalten Rohren in Verbindung. Sie erstarren und haften an den Wänden. Mit der Zeit wird auf diese Weise der Querschnitt der Rohre immer enger und sie verstopfen. Außerdem können Fettreste von den Mikroben in den Faultürmen der Klärwerke nur schwer abgebaut werden.

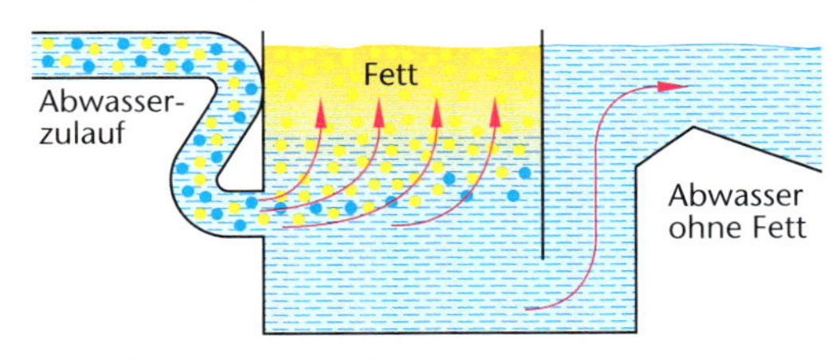

Abb. 1 Fettabscheider, Schema

- **Stärkeabscheider** halten die von den Kartoffelschälmaschinen freigelegten Stärketeilchen zurück. Diese würden sich auf dem Grund der Kanalrohre festsetzen und den Wasserdurchfluss hindern.
- **Richtige Dosierung von Spül- und Desinfektionsmitteln.** Jedes Zuviel der für Sauberkeit und Hygiene durchaus notwendigen Helfer der Chemie bleibt „unverbraucht“ und wirkt in der Umwelt weiter, dort aber als Belastung.

Bei der Lagerung von Abfällen ist unbedingt auf Sauberkeit und Ordnung zu achten. Hygiene und damit die Gesundheit ist wichtiger als Abfallverwertung.

Umwelt im Zusammenhang

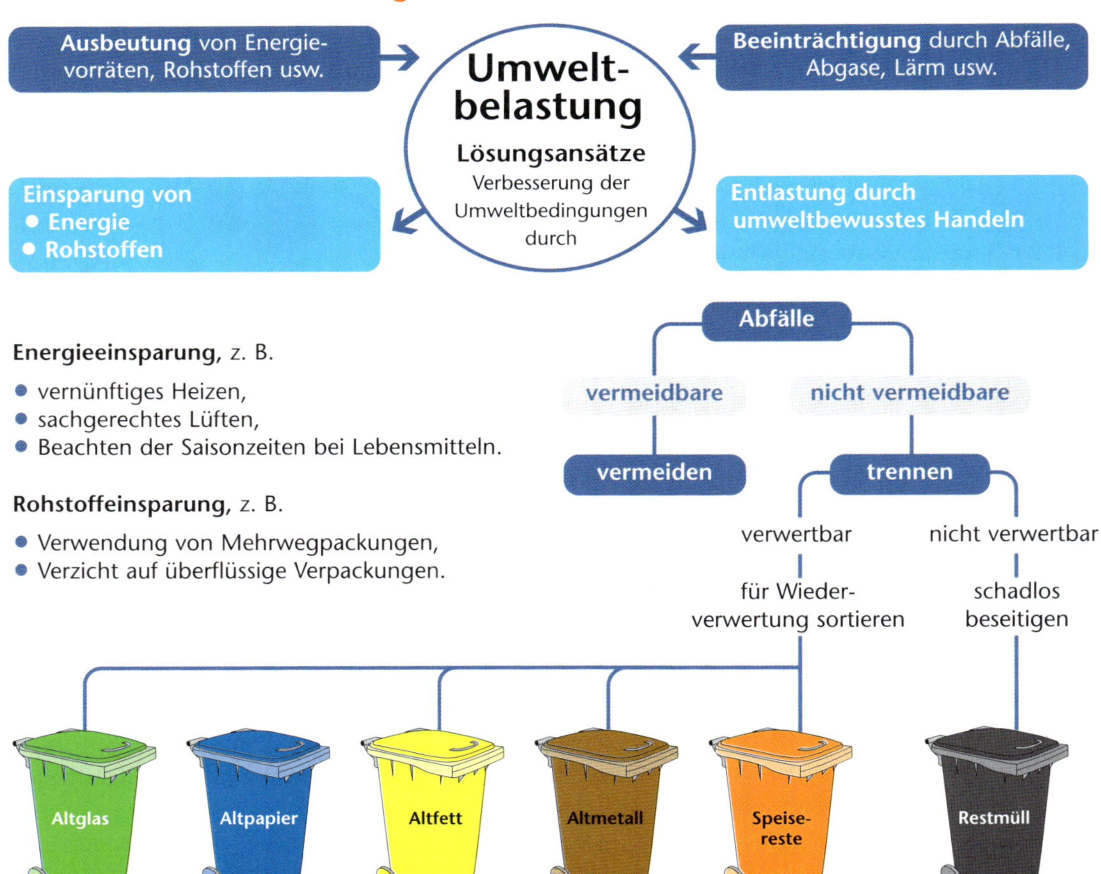

Energieeinsparung, z. B.

- vernünftiges Heizen,
- sachgerechtes Lüften,
- Beachten der Saisonzeiten bei Lebensmitteln.

Rohstoffeinsparung, z. B.

- Verwendung von Mehrwegpackungen,
- Verzicht auf überflüssige Verpackungen.

2 Verbraucherschutz

consumer protection *protection (w) du consommateur*

Als die Menschen noch von den selbst angebauten Feldfrüchten lebten und ihre eigenen Haustiere zur Fleischversorgung hatten, wusste man genau, was auf den Tisch kam. Doch schon im Mittelalter lebte der Bauer außerhalb der Stadt und der Handwerker im Stadtgebiet. Damit waren Erzeugung von Lebensmitteln und Verbrauch bereits damals voneinander getrennt.

Heute kann man den Weg eines Lebensmittels vom Erzeuger zum Verbraucher oft nicht nachvollziehen. Das ist der Grund, warum der Gesetzgeber **Verordnungen zum Schutz des Verbrauchers** erlassen hat. Diese Bestimmungen binden Erzeuger, Verarbeiter und Handel. Auch wenn man im Einzelfall, besonders als Betroffener, sich über Vorschriften beschwert: Der Schutz des Verbrauchers, des Gastes ist wichtiger als Erschwernisse in Produktion oder Vertrieb. Wichtige Vorgaben des Gesetzgebers zeigen die folgenden Beispiele.

2.1 Lebensmittel- und Futtermittelgesetzbuch (LFMG)*

food and feed article law *loi (w) sur la protection des produits alimentaires*

Das Lebensmittel- und Futtermittelgesetzbuch (LFMG) ist die rechtliche Grundlage im Umgang mit Lebensmitteln.

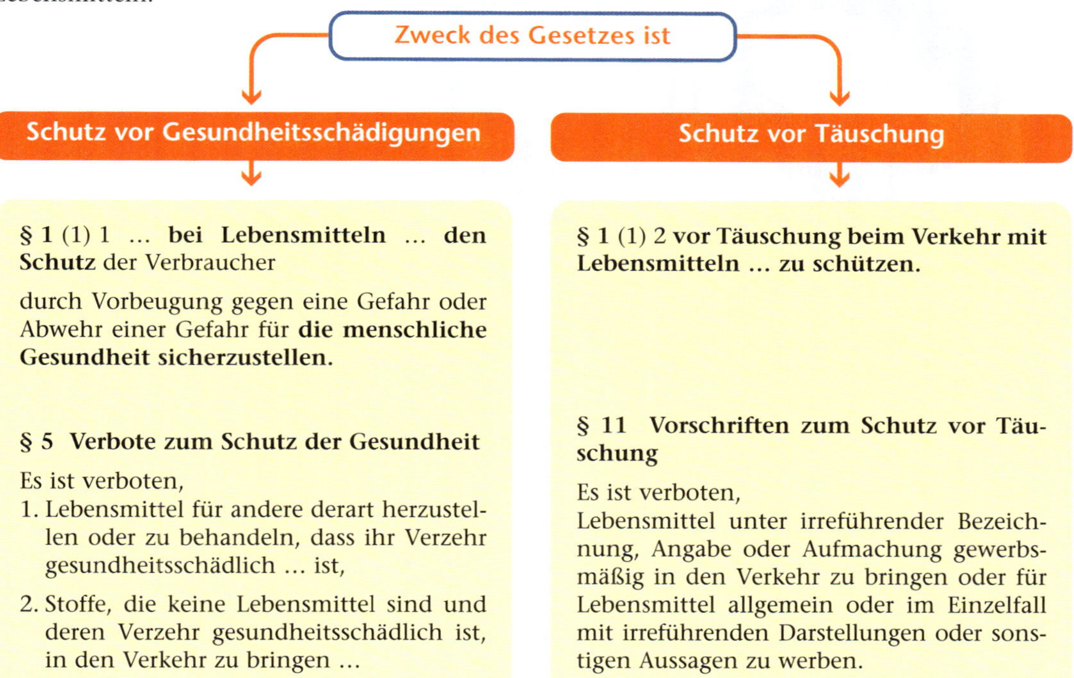

Während das Lebensmittel- und Futtermittelgesetz (LFMG) das Grundsätzliche regelt, bestimmen weitere Vorschriften die Einzelheiten.

Beispiele:

- **Gesetze**, z. B. Milchgesetz, Fleischbeschaugesetz,
- **Verordnungen**, z. B. Lebensmittelkennzeichnungsverordnung,
- **Leitsätze**, z. B. Leitsätze für Fleisch und Fleischerzeugnisse,
- **Richtlinien**, z. B. Richtlinien für Feine Backwaren, Richtlinien für Backmittel.

* Das bisherige Lebensmittel- und Bedarfsgegenständegesetz (LMBG) ist seit dem 1.1.2005 durch das Lebensmittel- und Futtermittelgesetzbuch (LFMG) ersetzt. Wesentliche Überlegung dabei: Sicherheit der Lebensmittel vom Acker oder vom Stall bis hin zum Verbraucher. Bisherige Vorschriften betrafen vorwiegend die Verarbeitung und den Handel. Nun ist auch die Produktion einbezogen.

2.2 Kennzeichnung von Lebensmitteln

labelling of foodstuffs *marquage (m) distinctif des produits alimentaires*

Wer in einer Bäckerei „offene Ware" wie Kleingebäck von der Verkäuferin erhält oder im Restaurant ein Menü bestellt und wissen will, welche Zutaten enthalten sind, kann das Personal direkt fragen. Anders ist es bei der Selbstbedienung.

Die Lebensmittelkennzeichnungsverordnung (LMKV) schreibt darum vor, was zur Information des Verbrauchers auf dem Etikett von verpackten Waren (Fertigpackungen) stehen muss.

Beispiel

Zutaten sind alle Stoffe, die bei der Herstellung eines Lebensmittels verwendet werden. Beim frischen Brot z. B. Mehl, Getreideschrot, Wasser, Salz und Hefe.

Diese Zutaten sind in absteigender Folge anzugeben, also die größten Anteile zuerst, die geringsten zuletzt.

Wenn nun das Brot geschnitten, verpackt und auf Vorrat gehalten wird, kann es leicht schimmeln. Darum gibt man manchmal Sorbinsäure als Konservierungsstoff bei. Konservierungsstoffe sind Zusatzstoffe (siehe rechts).

Wenn eine Zutat

- den Namen gibt, z. B. Roggenschrotbrot, Erdbeerjoghurt, oder
- wesentlich ist, z. B. Kräuterbutter,

muss der Anteil dieser Zutat in Prozent genannt werden. Man nennt diese Besonderheit auch **Mengenkennzeichnung** oder **QUID-Richtlinie.**

QUantitative	= mengenmäßige
Ingredient	= Zutaten-
Declaration	= angabe

Zusatzstoffe sind eine besondere Gruppe von Zutaten, die zugegeben werden, um besondere Wirkungen zu erzielen. Solche erwünschten Wirkungen können sein:

- *besondere Beschaffenheit,* z. B. Gelatine bei Joghurt, damit sich keine Flüssigkeit absetzt.
- *Erzielung bestimmter Eigenschaften oder Wirkungen,* z. B. Carotin, um dem Pudding/Creme eine schöne Farbe zu geben,
- *Konservierung,* die die Haltbarkeit verlängert.

Empfindliche Personen können auf bestimmte Stoffe **allergisch** reagieren. Diesen Menschen ist die Zutatenliste eine Hilfe, denn man kann dort ungünstig wirkende Stoffe erkennen und dann das Produkt meiden.

Jeder Zusatzstoff hat eine Nummer. Wenn auf dem Etikett nicht die genaue Bezeichnung des Zusatzstoffes genannt ist, sondern nur der Gruppenname, muss diese **E-Nummer** angegeben werden.

Beispiel

- Mit Konservierungsstoff Sorbinsäure oder
- Mit Konservierungsstoff (E 200)

Die Zusatzstoffe werden je nach der Verwendung in Gruppen eingeteilt.

Gruppenname	Wirkung	Beispiele	Anwendung z. B.
Emulgatoren	halten Gemische von Fett und Wasser zusammen	Mono- und Diglyceride	Fertigsuppen, Salatmayonnaise
Antioxidantien	hemmen die Verbindung der Lebensmittel mit dem Sauerstoff der Luft und verzögern so den Verderb	Ascorbinsäure (Vitamin C), Tocopherol (Vitamin E), Milchsäure	Konfitüren, Salatsaucen, Pflanzenöle
Farbstoffe	geben den Zubereitungen eine ansprechende Farbe	Riboflavin, Carotin	Cremespeisen, Pudding, Kräuterliköre
Chemische Konservierungsmittel	hemmen die Tätigkeit von Mikroben und verhindern so den Verderb	Benzoesäure, Sorbinsäure PHB-Ester	Feinkostprodukte wie Fleisch- oder Heringssalat, Toastbrot

Mindesthaltbarkeits- und Verbrauchsdatum

Lebensmittel sind nur beschränkt haltbar. Darum müssen die Hersteller den Weiterverarbeiter, den Händler und den Endverbraucher darüber informieren, wie lange ein Produkt bei sachgemäßer Lagerung *mindestens haltbar* ist. Diesen Zeitpunkt nennt das **Mindesthaltbarkeitsdatum.**

Haltbarkeit	vorgeschriebene Kennzeichnung
weniger als drei Monate	→ mindestens haltbar bis (Tag und Monat)
bis 18 Monate	→ mindestens haltbar bis (Monat und Jahr)
länger als 18 Monate	→ mindestens haltbar bis (Jahr)

Wenn die auf dem Etikett genannte Frist abgelaufen ist bedeutet das nicht, dass ein Lebensmittel verdorben ist, dass man es nicht mehr verwenden dürfte. Es muss jedoch sorgfältig auf Mängel geprüft werden.

Das **Verbrauchsdatum** ist bei leicht verderblichen Lebensmitteln wie z. B. Hackfleisch anzugeben.

Die Kennzeichnung lautet:

Verbrauchen bis spätestens 12. 10. ...

Nach dem genannten Termin darf das Lebensmittel dann **nicht mehr verwendet** werden.

Preisangaben

Sinn dieser Bestimmungen ist es, dem Verbraucher/Gast Preisvergleiche zu ermöglichen. Darum ist jeder, der Waren oder Dienstleistungen anbietet, zur konkreten Angabe der Preise verpflichtet. Die Preise müssen Endpreise sein, es dürfen keine weiteren Zuschläge hinzukommen. In der Gastronomie spricht man von **Inklusivpreisen.**

- Im Einzelhandel muss bei Lebensmitteln neben dem Gewicht und dem Einzelpreis auch der Preis pro kg (€/kg) genannt werden.

Salami (200 g Paket)
20,00 €/kg

- Gaststätten und Restaurants müssen neben dem Eingang ein Verzeichnis wesentlicher Speisen und Getränke anbringen. Das erlaubt dem Gast eine erste Orientierung vor dem Betreten des Lokales.
- Bei Getränken (außer bei Aufgussgetränken) muss neben dem Preis auch die Menge genannt werden. Also nicht: Glas Wein 4,00 €.
- Eine Angabe wie: „Forelle blau, nach Größe" ist nicht erlaubt.

Richtig ist es so:

Forelle (blau), nach Größe
Preis: xx,yy €/100 g

2.3 Verordnung über Lebensmittelhygiene (Basishygiene)

food hygiene regulations *décret (m) sur l'hygiène des produits alimentaires*

Für den hygienischen Umgang mit Lebensmitteln hatte bisher jeder Staat eigene Vorschriften, deren Einzelregelungen aber ähnlich und damit vergleichbar waren. Um den Warenaustausch zwischen den Staaten zu erleichtern, hat die EG eine Verordnung geschaffen, die in allen Mitgliedstaaten einheitlich gilt.

In Deutschland ist damit die bisherige Lebensmittelhygieneverordnung (LMHV) durch die **Verordnung über Lebensmittelhygiene** ersetzt. Wesentlicher Inhalt ist die Verpflichtung zu Eigenkontrollen nach HACCP.

HACCP-Konzept

HACCP ist ein Konzept für die Produktsicherheit. Mit Hilfe dieses Verfahrens wird jeder Abschnitt der Speisen- und Getränkeproduktion auf Gefahrenstellen für die Gesundheit unserer Gäste überprüft.

Was bedeutet die Abkürzung?

HACCP	wörtlich	singemäß
H = Hazard	= Gefahr, Risiko	Risiko-
A = Analysis	= Analyse,	analyse und
C = Critical	= kritisch	kritische
C = Control	= Kontroll-	Prüf- und Steuerungs-
P = Points	= Punkte	Punkte

Anmerkung: das englische Wort *control* darf hier nicht mit *Kontrolle* übersetzt werden. Hier bedeutet es *unter Kontrolle haben, beherrschen, steuern.*

Kontrollpunkte kann man auch mit **Schlüsselsituationen** übersetzen. An diesen Stellen muss man prüfen und nötigenfalls eingreifen. Dieses Wissen hilft, die Vorschriften zu verstehen.

Das HACCP-Konzept verlangt von jedem Betrieb

- selbst herauszufinden, wo „kritische Punkte" innerhalb des Betriebes bestehen,
- zu entscheiden, was unternommen werden muss, um Gefahren zu verhindern oder zu mindern,
- Prüfergebnisse festzuhalten (zu dokumentieren).

Die Verantwortung liegt beim Unternehmer.

Das Kontrollsystem umfasst drei Bereiche.

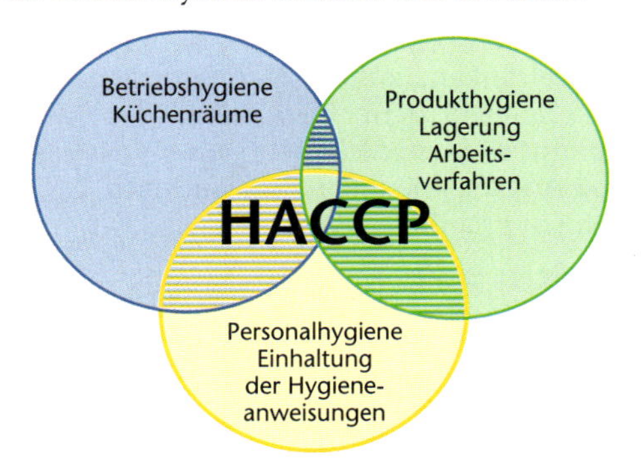

Die untenstehende Grafik zeigt, dass viele Erkrankungen in Verbindung mit Lebensmitteln durch menschliches Verhalten bedingt sind: Erhitzungsfehler, Übertragung durch Menschen, Hygienemängel, Herstellungsfehler, Lagerungsfehler. Alles Dinge, die nicht sein müssten. Das HACCP-Konzept dient der vorbeugenden Anwendung von Hygienemaßnahmen.

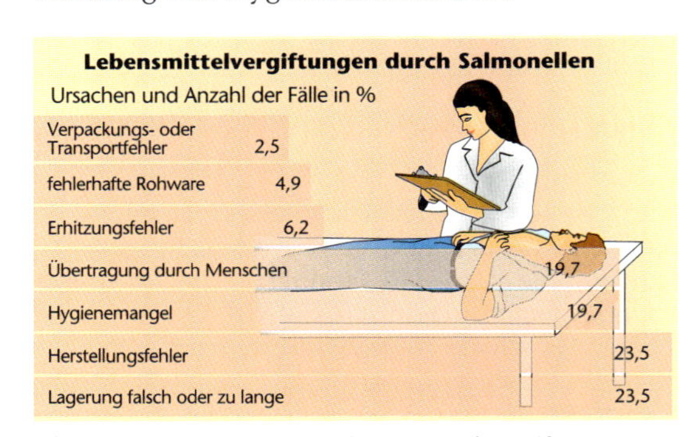

Abb. 1 Ursachen von Lebensmittelvergiftungen

Aus den vorangegangenen Abschnitten wissen wir von den Mikroben, ihren Vermehrungsweisen und ihren Lebensbedingungen. Nun geht es darum, entsprechende Hygienemaßnahmen anzuwenden.

Die Lebensmittelhygieneverordnung (LMHV) kennt **Bestimmungen über:**

- **Betriebsräume**
- **Personal**
- **Umgang mit Lebensmitteln**
  - Rohstoffe
  - Arbeitsverfahren
  - Vorratshaltung

Betriebsräume und Einrichtung

Hygienisch einwandfreies Arbeiten ist nur dort möglich, wo auch die äußeren Voraussetzungen dazu vorhanden sind. Zum Schutze des Verbrauchers nennen Gesetze und Verordnungen **Mindestanforderungen.** Die Betriebsräume müssen darum von den entsprechenden Behörden genehmigt werden.

Voraussetzungen sind:

Wände müssen hell und leicht zu reinigen sein. Nur so wird eine Verschmutzung leicht erkannt und ist problemlos zu entfernen. Darum sollen die Wände bis zu mindestens 2 Meter Höhe mit Fliesen belegt oder wenigstens mit heller Ölfarbe gestrichen sein.

Abb. 1 Hochgezogene Fliesen verhindern Schmutzablagerungen

Fußböden müssen wasserdicht sein. Darum verwendet man in der Regel Fliesen und verschließt die verbleibenden Fugen mit Zement. Die Rutschgefahr wird herabgesetzt durch eine besondere Oberflächengestaltung, wie z. B. durch Nocken oder Stege.

Toiletten müssen so angeordnet sein, dass sie nicht direkt mit den Produktionsräumen in Verbindung stehen. So wird die Gefahr der Keimverschleppung herabgesetzt.

Waschplätze müssen sich in der Nähe der Arbeitsplätze befinden und mit fließendem Wasser ausgestattet sein. Sie müssen getrennt von den Reinigungsbecken für Geschirr oder Rohstoffe angebracht werden.

Das Lebensmittelrecht schreibt vor, dass die **Einrichtungsgegenstände** so beschaffen sein müssen, dass sie bei bestimmungsgemäßem Gebrauch die menschliche Gesundheit nicht schädigen können. Darum dürfen sie nicht rosten und müssen leicht zu reinigen sein.

Neben den Eigenschaften des Materials, das zur Herstellung von Einrichtungsgegenständen verwendet wird, kommt es wesentlich auf die **Art der Formgebung** und Verarbeitung an. Wo keine Schmutzecken sind, kann sich auch kein Schmutz festsetzen. Daran sollte auch bei der Auswahl der Geräte gedacht werden.

Kühlräume sind sauber zu halten, denn Lebensmittelreste und Verschmutzungen bieten Bakterien Nahrung.

Zwischenreinigen verbessert die Hygiene. Nach jedem Arbeitsvorgang Arbeitsflächen und Geräte reinigen.

Tücher, die in der Küche verwendet werden, sind täglich zu waschen.

Bei **Spülmaschinen** dürfen Programme (Zeit, Temperatur) nicht geändert werden, denn sonst können Bakterien überleben.

Ungeziefer ist zu bekämpfen, denn es kann Keime übertragen.

Personal

„Alle Hygienemaßnahmen haben nur dann Aussicht auf Erfolg, wenn die persönliche Hygiene der Mitarbeiter einwandfrei ist.“

Dieser Satz aus einem Handbuch der Hygiene macht deutlich:

Das Verhalten der Menschen entscheidet wesentlich über den Stand der Hygiene innerhalb eines Betriebes.

Beschäftigte in Lebensmittelbetrieben

- erhalten eine Erstbelehrung über Hygiene durch das Gesundheitsamt,
- werden zu Hygienefragen durch den Betrieb geschult,
- müssen übertragbare Krankheiten melden,
- dürfen mit ansteckenden Krankheiten nicht beschäftigt werden.

Hygieneregeln

1. Vor Beginn der Arbeit Ringe und Armbanduhr ablegen.
2. Vor Beginn der Arbeit und nach dem Gang zur Toilette Hände gründlich waschen.
3. Beim Husten oder Niesen sich von den Lebensmitteln abwenden.
4. Verletzungen, z. B. kleine Schnitte an den Händen, mit wasserundurchlässigem Verband versorgen.
5. Beim Umgang mit Lebensmitteln ist eine Kopfbedeckung zu tragen.
6. Beim Umgang mit Lebensmitteln ist das Rauchen verboten.

Hände – Handtuch

Hände sind gefährliche Überträger von Mikroben. Darum muss die persönliche Hygiene besonders beachtet werden. Hände werden unter fließendem warmem Wasser gereinigt.

Seife hilft den Schmutz zu lösen. Seifenspender müssen mit der gewaschenen Hand nicht mehr berührt werden und verhindern darum die Übertragung von Bakterien.

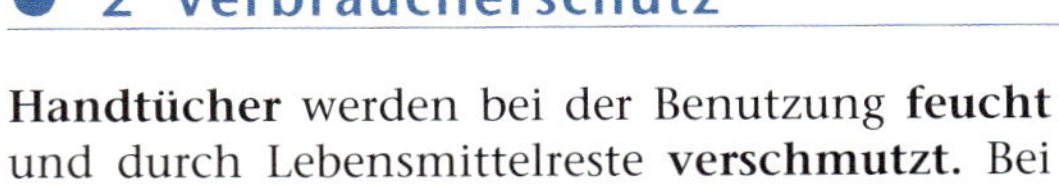

Handtücher werden bei der Benutzung **feucht** und durch Lebensmittelreste **verschmutzt.** Bei entsprechender Raumtemperatur bietet das Mikroben eine nahezu **ideale** Vermehrungsgelegenheit.

Übliche Handtücher sind darum eine **Gefahr für die Hygiene.** Besonders problematisch sind **Gemeinschaftshandtücher**, die von mehreren Personen benutzt werden. Sie bergen neben der Möglichkeit der Bakterienvermehrung auch die **Gefahr der Bakterienübertragung** von Mensch zu Mensch.

Darum hat man andere Möglichkeiten zum Trocknen der Hände geschaffen.

Papierhandtücher sind aus saugfähigem Papier und zum einmaligen Gebrauch bestimmt. Gebrauchte Stücke kommen in den Papierkorb und werden vernichtet.

Stoffhandtuchspender geben jeweils ein Stück frisches Tuch zur einmaligen Benutzung frei. Gebrauchtes Tuch und unbenutztes Tuch sind voneinander getrennt, sodass Bakterien nicht übertragen werden können.

Berufskleidung

Mit modernen Waschmitteln ist es zwar möglich, auch bei niederen Temperaturen weiße Wäsche zu erhalten.

„Weiß" ist aber nicht immer „hygienisch einwandfrei". Nur bei **hoher Temperatur** werden die **Mikroben** getötet. Für Berufswäsche, die ja bei fast allen Nahrungsmittelberufen auch mit eiweißhaltigen Speiseresten verschmutzt ist, empfiehlt es sich darum, die **Hauptwäsche bei 95 °C** durchzuführen.

Umgang mit Lebensmitteln

Lebensmittel können mit Keimen belastet sein. Vermehren sich diese während der Lagerung und Zubereitung, können sie zu einer Gesundheitsgefährdung für die Gäste werden.

Darum sind beim Umgang mit Lebensmitteln bestimmte Hygienemaßnahmen einzuhalten.

Warenannahme und Lagerung

- **Saubere Behältnisse** verhindern, dass Keime über Kontaktflächen (Regale usw.) verschleppt werden.
- **Verderbliche Lebensmittel** kühl lagern, damit sich Bakterien nicht vermehren können.
- **Fleisch und Fleischwaren** (rein) und unvorbereitete **pflanzliche Lebensmittel** (unrein) getrennt lagern und getrennt bearbeiten.

Verarbeitung

- **Tiefgefrorenes Fleisch und Geflügel** sachgerecht auftauen, Tauwasser wegschütten, Verpackung entsorgen, Tisch, Geräte und Hände reinigen.
- **Vorbereitete Lebensmittel** bis zur Weiterverarbeitung kühl lagern.
- **Zubereitete Speisen** bis zur Ausgabe entweder **heiß halten** oder **rasch abkühlen** und bei Bedarf **wieder erwärmen**, denn im kritischen Bereich (+ 6 bis + 60 °C) vermehren sich Bakterien rasch.
- **Abfälle** außerhalb der Küche lagern, damit Bakterien ferngehalten werden.

Sachgerechte kurzfristige Vorrätighaltung

Um den Spitzenbelastungen in der gewerblichen Küche gerecht werden zu können, muss ein Teil der Vorbereitungs- und Zubereitungsarbeiten im Voraus, unabhängig vom eigentlichen Service, erfolgen. Um zu verhindern, dass sich in der Zwischenzeit Bakterien auf den noch warmen Zubereitungen vermehren, muss für die Zwischenlagerung rasch abgekühlt werden.

Zeitliche und thermische Entkoppelung

Werden Vorbereitung und endgültige Zubereitung getrennt oder entkoppelt, spricht man von zeitlicher und thermischer Entkoppelung.

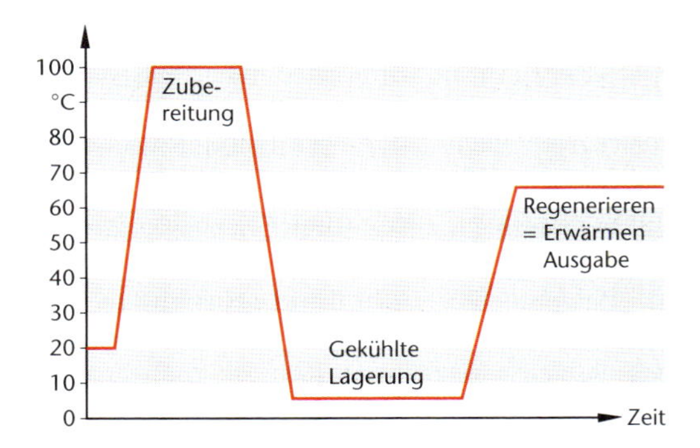

Abb. 1 Zeitliche und thermische Entkoppelung

Sachgerechtes Abkühlen

Je größer ein Lebensmittel oder das Gargeschirr, desto länger dauert die Abkühlung bis ins Innere.

Die Abkühlung fördern

- das Umfüllen in flaches Geschirr, denn die Wärme kann besser entweichen,
- Töpfe ohne Kompensboden, denn diese speichern die Wärme,

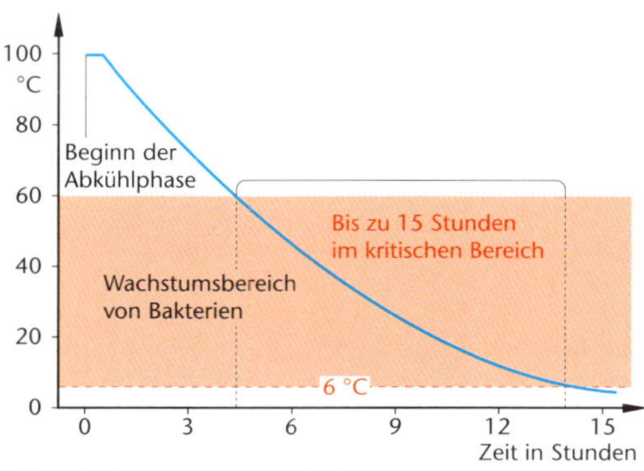

Abb. 1 Temperaturverlauf in einem Topf mit 25 Liter Sauce beim Abkühlen im Kühlraum

- Geschirr in kaltes Wasserbad gestellt,
- Das Einsetzen von Tauchkühlern

Tipp: Auch daran ist zu denken: Wenn eine Kühlmaschine ununterbrochen läuft, wenn sie nicht mehr abschaltet, ist sie überlastet. Eine ausreichende Kühlung ist nicht mehr gewährleistet.

Durchführung der Hygienevorschriften

Hier verlangt die Lebensmittelhygieneverordnung die **Eigenkontrolle** innerhalb der Betriebe. Die amtliche Lebensmittelüberwachung ist dann gleichsam die „Kontrolle der Kontrolle".

Die Betriebe müssen

- **Kontrollpunkte festlegen.** Darunter versteht man Schlüsselsituationen, an denen die Qualität oder die gesundheitliche Unbedenklichkeit eines Produktes gefährdet sein kann. Beispiel: Fleisch wird nicht im Kühlraum gelagert. Wird die Gesundheit gefährdet, spricht man von **kritischen Kontrollpunkten.**
- **Sicherungsmaßnahmen festlegen.** Beispiel: Die Anweisung „Fleisch, Fisch und Milchprodukte sind unmittelbar nach der Annahme der Waren in die entsprechenden Kühlräume zu bringen."
- **Einen Reinigungs- und Hygieneplan aufstellen.**
- **Die Maßnahmen an den kritischen Punkten** überwachen betriebseigene Kontrollen. Betriebseigene Kontrollen müssen durch die amtliche Lebensmittelkontrolle nachprüfbar sein.

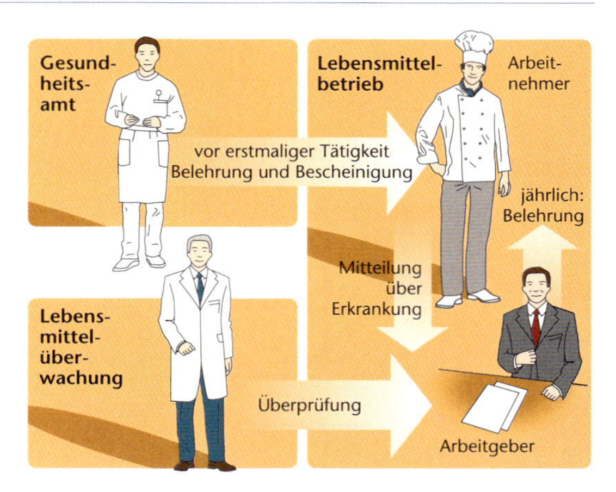

Abb. 2 Zusammenwirken von Behörde und Betrieb

Es ist darum sinnvoll, die durchgeführten Kontrollen und die Ergebnisse schriftlich festzuhalten, weil nur auf diese Weise die geforderte Sorgfalt nachgewiesen werden kann.

Schriftliche Pläne für Reinigungs- und Hygienemaßnahmen sind von Vorteil:

- Sie legen die geforderten Arbeiten unmissverständlich fest.
- Sie bleiben auch bei Personalwechsel bestehen.
- Sie dienen gegenüber dem Lebensmittelkontrolldienst als Nachweis.

Abb. 3 Beispiel einer Dokumentation

Wareneingang – Temperaturkontrolle

- Temperatur bei Wareneingang messen
- Stichthermometer zwischen Waren schieben
- Gemessene Temperatur eintragen
- Eintrag mit Unterschrift bestätigen

Lieferant	Datum	Frischfleisch max. +7 °C	Frischgeflügel Hackfleisch Wild max. +4 °C	Innereien max. +3 °C	Frischfisch max. +2 °C	Zurück an Lieferant	Unterschift des Kontrollierenden
Metzgerei Meier	24.8.	7	–	3	–	–	Krause
Metzgerei Meier	29.8.	10	–	–	–	✔	Krause
Geflügel Hahn	30.3.	–	4	–	–	–	Müller
Metzgerei Meier	30.3.	7	–	3	–	–	Müller

Einführung

Kontrollpunkte sind insbesondere an den Stellen erforderlich, wo die Verantwortung in andere Hände übergeht.

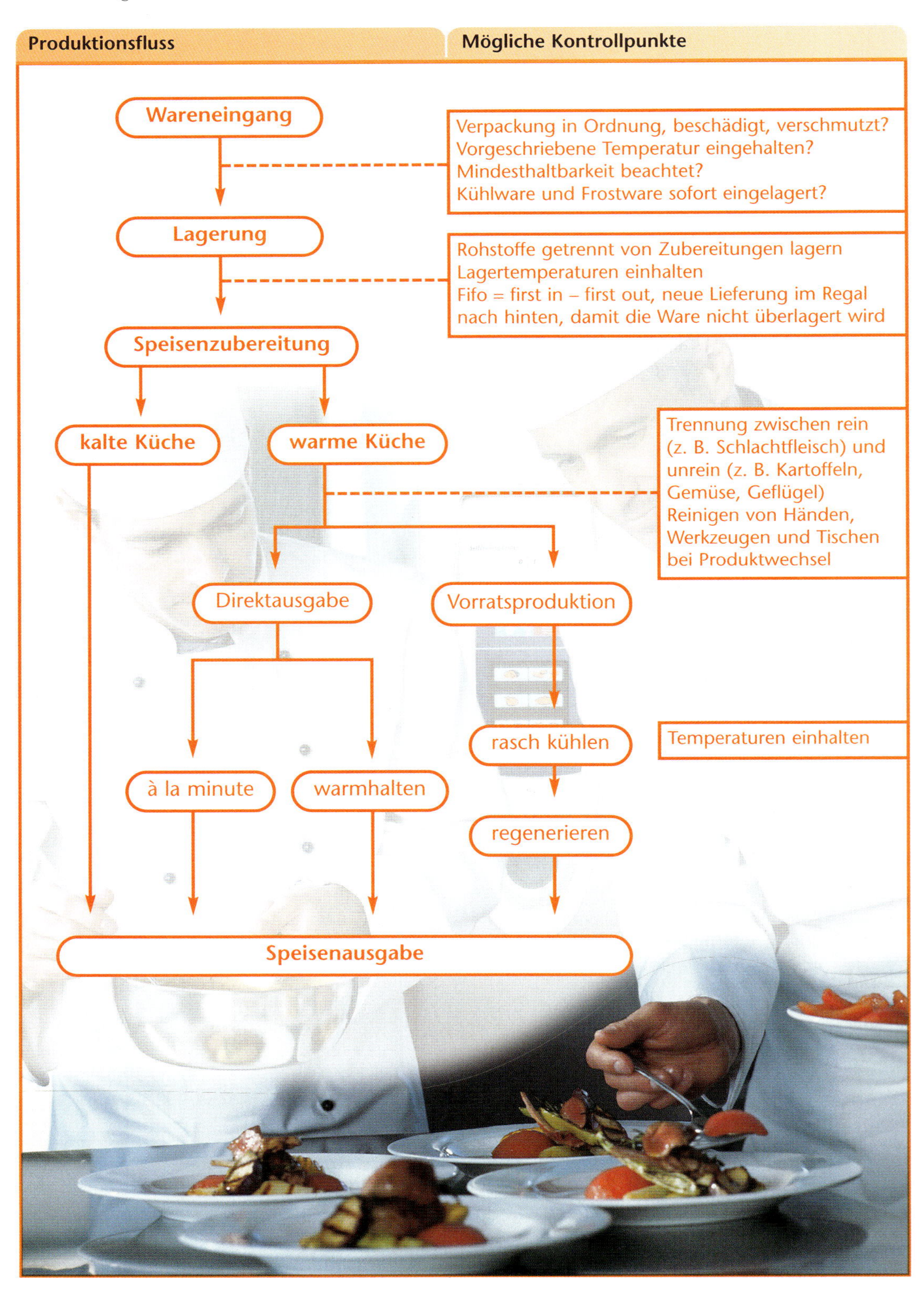

2.4 Lebensmittelüberwachung

food supervision

contrôle (m) des produits alimentaires

Was nützen die strengsten Vorschriften, wenn sie nicht kontrolliert werden?

Die Kontrolle der Lebensmittelbetriebe ist Sache der Bundesländer. Aus diesem Grund können die zuständigen Behörden unterschiedliche Namen tragen. Die Grundsätze der Verfahren sind dennoch gleich.

Überwachungsbeamte oder **Lebensmittelkontrolleure** sind fachlich ausgebildete Personen; oft haben sie einen Beruf aus dem Lebensmittelgewerbe und sind darum sachkundig.

Die Kontrollen werden nach dem Zufallsprinzip durchgeführt. Liegen Beschwerden von Verbrauchern/Gästen vor, wird die Kontrolle angeordnet. Der Betriebsinhaber und das Personal sind nach dem Gesetz verpflichtet, die amtlichen Kontrolleure nicht zu behindern. Sie müssen auch Fragen über die Rohstoffe und die Herstellungsverfahren beantworten.

Bei den **Kontrollen** dürfen sie während der Geschäftszeiten

- Räume und Einrichtungen des Betriebes auf den hygienischen Zustand überprüfen,
- Rohstoffe und Endprodukte auf Hygiene und die Einhaltung lebensmittelrechtlicher Vorschriften überprüfen (ob z. B. ein Wiener Schnitzel aus Kalbfleisch ist),
- Proben von Produkten nehmen und diese zur lebensmittelrechtlichen Untersuchung senden.

Werden **Proben** entnommen, so hat der Betriebsinhaber das Recht auf eine **Gegenprobe.** Diese kann er auf eigene Kosten untersuchen lassen. Damit hat er bei einer ungerechtfertigten Anklage ein wichtiges Beweismittel zu seiner Entlastung.

Fachbegriffe

antibakteriell gegen Bakterien wirkend

bakterizid Bakterien abtötend

desinfizieren Krankheitserreger unschädlich machen

Inkubationszeit Zeit zwischen der Ansteckung und den ersten Krankheitserscheinungen

Infektion Ansteckung durch in den Körper eingedrungene Krankheitserreger

Keime Krankheiten verursachende Mikroorganismen

Kontamination Verschmutzung, Verunreinigung, Übertragung von Keimen

Tenside Stoffe, die die Oberflächenspannung des Wassers herabsetzen

-zid (als Endsilbe) = tötend

Aufgaben

1 Welches sind die zwei wesentlichen Ziele des Lebensmittelrechts?

2 „Wenn ich verpacktes Brot kaufe, erfahre ich, welche Zutaten enthalten sind. Warum ist das für frisches Brot in der Bäckerei nicht vorgeschrieben?“ Welche Antwort geben Sie?

3 Worin liegt der Unterschied zwischen Zutaten und Zusatzstoffen?

4 Aus welchen Gründen können Zusatzstoffe beigegeben werden? Nennen Sie drei Bereiche mit je einem Beispiel.

5 Auf einem Becher mit Joghurt steht: „Mindestens haltbar bis 14.03. ...“. Im Kühlschrank ist ein Becher nach hinten gerutscht und übersehen worden. Darf man das Produkt am 20.03. noch essen?

6 Eine Packung mit Hackfleisch zeigt die Aufschrift: „Verbrauchen bis spätestens 04.09. ...“. Darf dieses Hackfleisch am 06.09. ... noch verarbeitet werden?

ARBEITSSICHERHEIT

1 Unfallverhütung *prevention of accidents* *prévention (m) des accidents*

Ein Blick auf die Unfallstatistik zeigt, dass innerhalb des Hotelgewerbes die Küche der gefährlichste Bereich ist.

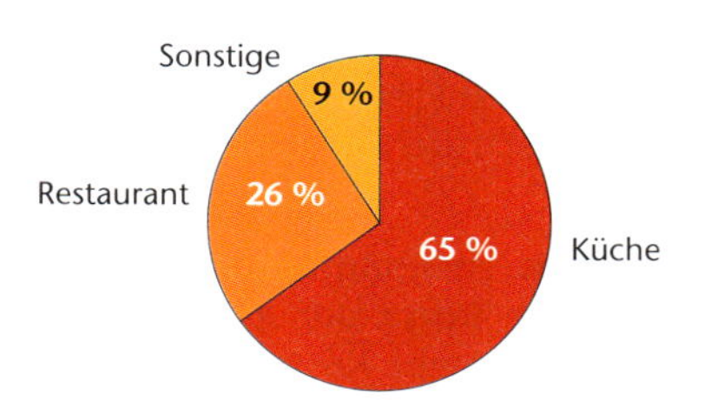

Abb. 1 Unfallbereiche

Betrachtet man die Unfallschwerpunkte, stehen die so genannten Wegeunfälle im Vordergrund. Ein Großteil davon entfällt auf Verletzungen, die beim Laufen, Gehen und Steigen auch außerhalb der Küche entstehen. Im Bereich des Restaurants überwiegt diese Art. In der Küche stehen Schnittverletzungen im Umgang mit Messern und Geräten im Vordergrund, gefolgt von Unfällen, die im Umgang mit Maschinen entstanden sind. Aber auch falsches Heben und Tragen führt zu Verletzungen.

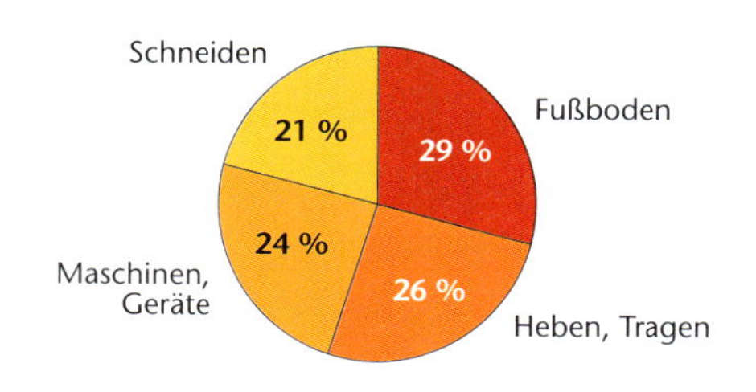

Abb. 2 Unfallschwerpunkte

1.1 Fußboden *floor* *plancher (m)*

Etwa 20 % der Unfälle, die sich in der Küche ereignen, sind Stürze. Wenn auch oft Eile und Hast zum Sturz beitragen, so sind die eigentlichen Ursachen meist

- ein verschmutzter und damit nicht rutschfester Boden,
- Gegenstände, die im Laufbereich abgestellt und vom Verletzten übersehen worden sind.

Stürze können vermieden werden. Deshalb

- Wege frei halten,
- Schuhe mit rutschfesten Sohlen tragen; abgetragene Straßenschuhe taugen nicht für den Beruf,
- Verschüttetes sofort aufwischen,
- kleinere Fettmengen am Boden mit Salz bestreuen,
- vor dem Betreten des Gefrierraumes Schuhsohlen abstreifen, denn an feuchten Sohlen bildet sich sofort eine Eisschicht.

1.2 Tragen und Heben von Lasten

Das Heben und Tragen ist nicht nur mühsam, es belastet auch die Wirbelsäule. Diese besteht aus fein gestalteten, nicht austauschbaren Wirbelkörpern, die zusammen eine leicht geschwungene S-Form bilden. Zwischen den Wirbelkörpern sind die Bandscheiben eingelagert. Dieses faserige Knorpelgewebe ermöglicht die Beweglichkeit der Wirbelsäule.

Wer falsch hebt und trägt, wird auf die Dauer nicht ohne Bandscheibenschäden bleiben. Diese können von einfachen Schmerzen beim Aufrichten des Körpers bis zu Ischias und Lähmung reichen.

Beim **Tragen von Lasten** soll der Körper gleichmäßig belastet werden, damit Spannungen in der Wirbelsäule vermieden werden. Darum ist die Last nach Möglichkeit auf beide Arme zu verteilen (Abb. 3).

Abb. 3 Falsches und richtiges Tragen

Lasten werden aus den Knien aufgenommen. Dann ist die Belastung auf die Wirbel gering und gleichmäßig verteilt. Die „Arbeit“ leisten die Beinmuskeln (Abb. 1).

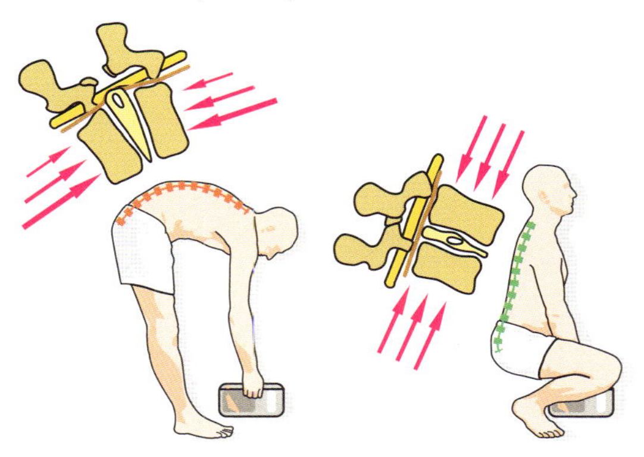

Abb. 1 Falsches und richtiges Heben

1.3 Messer, schneidende Maschinen

knives/cutting machines
couteaux (m)/machines (m) à couper

In Verbindung mit Messern und schneidenden Werkzeugen entstehen etwa 12 % der Unfälle im Gastgewerbe. Auf die Beschäftigten in der Küche bezogen, geschieht jeder dritte Unfall in Verbindung mit Messern. Mit zu den schlimmsten Unfällen in der Küche gehören die „ausrutschenden Messer“ bei der Fleischzerlegung.

Besonders gefährdet sind:

- Hände (Schnitt- und Stichwunden).
- Bauchgegend (Darmverletzung).
- Oberschenkel (Schlagader).

Wirksamen Schutz bei der Fleischzerlegung bieten:

- Stechschutzschürze,
- Stechschutzhandschuh.

Schneidewerkzeuge nie ins Spülwasser legen! Wer nicht Bescheid weiß, greift in das Wasser und verletzt sich.

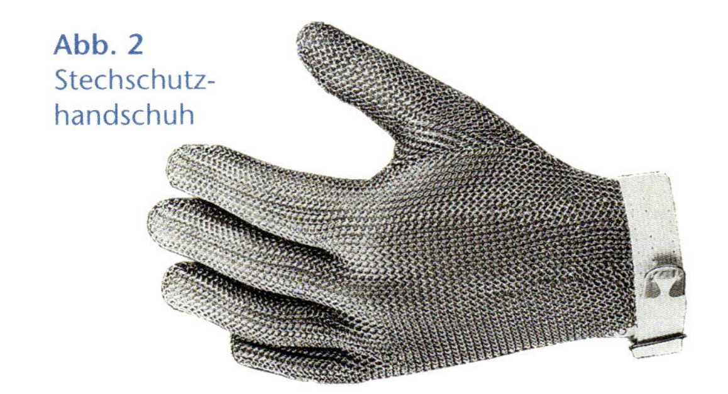

Abb. 2 Stechschutzhandschuh

1.4 Maschinen

machines *machines (w)*

Die Berufsgenossenschaft prüft neue Maschinen und Geräte, ob sie den Unfallverhütungsvorschriften entsprechen, und stellt darüber ein Prüfungszeugnis aus. Auf dieses Prüfungszeugnis ist beim Einkauf zu achten, denn der Betriebsinhaber ist verpflichtet, dafür zu sorgen, dass die im Betrieb verwendeten Maschinen unfallsicher sind.

Schutzvorrichtungen dürfen nicht entfernt werden.

In diesem Buch sind die Schutzvorrichtungen jeweils bei den entsprechenden Maschinen beschrieben.

Maschinen und Geräte dürfen nur dann benutzt werden, wenn sie den jeweiligen Sicherheitsvorschriften entsprechen. Da der Unternehmer im Gastgewerbe nicht alle Vorschriften für Technisches kennen kann, wird empfohlen, bei der Bestellung zur Bedingung zu machen, dass die Maschinen den anerkannten sicherheitstechnischen Regeln entsprechen.

Hersteller, die ihre Maschinen und Geräte prüfen lassen, erhalten von der Prüfstelle eine Prüfbescheinigung mit dem GS-Zeichen. **GS** bedeutet **G**eprüfte **S**icherheit.

Abb. 3 GS-Zeichen für geprüfte Sicherheit

1.5 Elektrische Anlagen

electrical appliances
système (m) électrique

Bereits Spannungen über 50 V können zum Tod führen, wenn sie durch den menschlichen Körper fließen.

Für gewerbliche Räume sind Geräte und Steckvorrichtungen mit Schutzkontakt vorgeschrieben. **Isolationsfehler** werden dabei nach außen nicht wirksam, weil Fehlspannungen über den Schutzleiter abgeleitet werden und nicht durch den menschlichen Körper fließen.

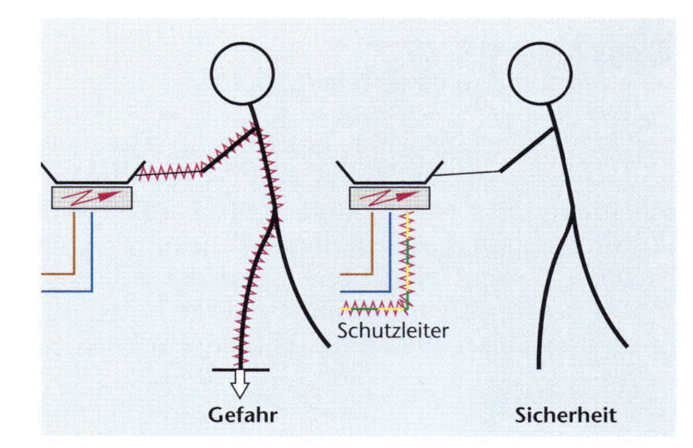

Abb. 1 Wirkung des Schutzleiters

Verlängerungskabel ohne **Schutzleiter** setzen die Schutzwirkung außer Kraft.

Beispiel

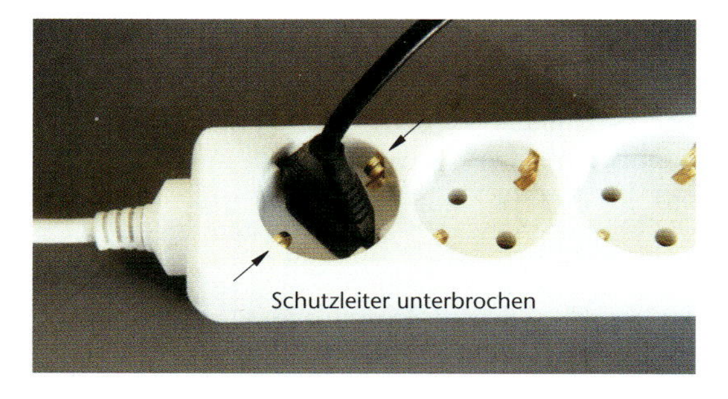

Abb. 2 Unterbrochene Schutzleitung

Wer an Geräten mit Schutzleitungen oder Schuko-Steckdosen Änderungen vornimmt, handelt verantwortungslos. Eine kleine Verwechslung, und der Schutzleiter kann todbringend sein.

Nur der Elektrofachmann darf installieren und Änderungen vornehmen.

In der Küche ist es besonders gefährlich, beschädigte Leitungen selbst zu reparieren, denn bei Feuchtigkeit kann der elektrische Strom die Isolierung überwinden und dadurch zu Unfällen führen.

Schutzmaßnahmen bei elektrischen Unfällen

Elektrischer Strom wirkt nur, wenn er fließen kann.

Darum:

- Vor Rettungsmaßnahmen Stromkreis unterbrechen (Sicherung, Retter ist isoliert, z. B. auf Unterlage von Karton).
- Nach einem „Stromschlag“ zum Arzt, denn die elektrische Spannung kann die Herztätigkeit beeinflussen.

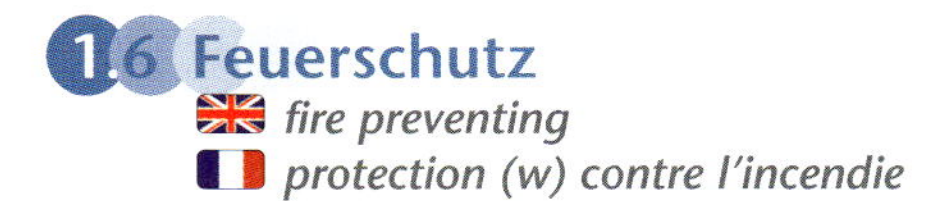

1.6 Feuerschutz

fire preventing
protection (w) contre l'incendie

Wenn ein Brand entsteht, wirken zusammen:

- brennbarer Stoff,
- Sauerstoff,
- Entzündungstemperatur.

Abb. 3 Brandfaktoren

Soll ein Brand gelöscht werden, muss mindestens einer dieser Faktoren ausgeschaltet werden.

Wasser entzieht die Entzündungswärme.

Als Löschmittel ist Wasser aber nur geeignet bei Bränden mit Holz, Pappe und Papier.

Es ist ungeeignet für Öl, Fett, Benzin usw., denn diese flüssigen Stoffe würden bei Wassereinwirkung nur verspritzen und damit den Brandherd vergrößern.

Feuerlöscher entziehen den Sauerstoff.

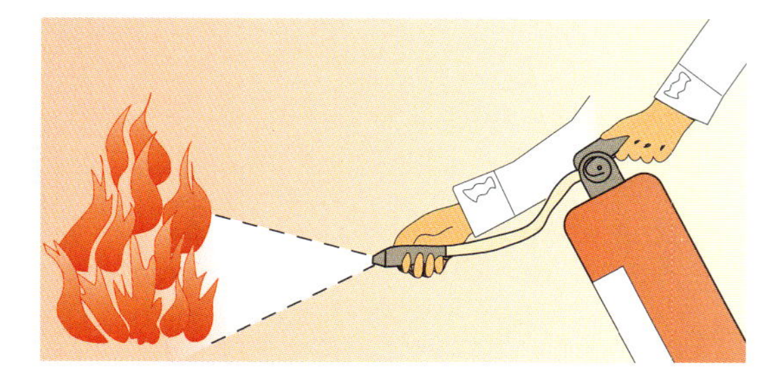

Abb. 4 Trocken-Feuerlöscher

Grundsätzlich wird die Brandstelle von unten her bekämpft. Das verhindert den Sauerstoffzutritt und erstickt die Flamme.

Bei der Anschaffung von Feuerlöschern ist eine Beratung durch den Fachmann erforderlich, denn entsprechend dem möglichen Einsatz ist die zweckmäßigste Art des Löschmittels zu wählen.

1.7 Sicherheitszeichen *security signs* *signes (m) de sécurité*

Sicherheitszeichen geben Informationen in bildhafter Form. Durch die Art der Gestaltung sollen sie, ohne weitere Erläuterung, „für sich sprechen". Ähnlich wie bei den Verkehrszeichen macht schon die Form und Farbe Aussagen über die Art der Information.

Warnzeichen

Gefahrenstelle

Leicht entzündlich

Ätzend

Giftig

Gesundheitsschädlich

Umweltgefährlich

Verbotszeichen

Verbot mit Wasser zu löschen

Rauchen, offenes Licht und Feuer verboten

Rauchen verboten

Kein Trinkwasser

Gebotszeichen

Gehörschutz tragen

Augenschutz benutzen

Schutzhandschuhe tragen

Schutzschuhe tragen

Hinweiszeichen

Fluchtweg

Erste Hilfe

Krankentrage

Feuerlöscher

2 Erste Hilfe *first aid* *premiers secours (m)*

Erste Hilfe hat die Aufgabe, bei Verletzungen oder Unfällen weitere Schäden zu vermeiden.

Es ist falsch, Verletzungen selbst kurieren zu wollen und den Weg zum Arzt als überflüssig anzusehen. Kleinere Verletzungen müssen nicht sofort behandelt werden. Es genügt, wenn innerhalb von sechs Stunden, also z. B. in der Zimmerstunde, der Arzt aufgesucht wird.

Selbst die kleinste Wunde kann zu einer Entzündung der Lymphgefäße, der sogenannten Blutvergiftung, oder zu einem Wundstarrkrampf führen oder „wild", also mit Wucherungen, ausheilen.

2.1 Schnitt- und Stichwunden

Im Umgang mit Messern kommt es, besonders bei Beginn der Ausbildung, häufig zu Schnitt- und Stichwunden. Dabei kann der harmlos aussehende glatte Schnitt über tieferliegende Verletzungen hinwegtäuschen.

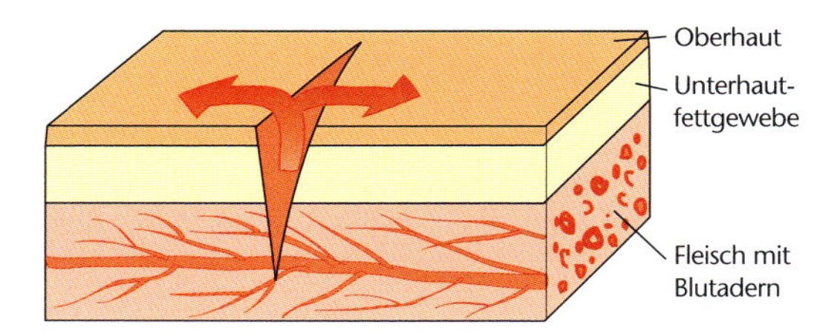

Abb. 1 Schnittwunde

Es ist dringend zu beachten:

- Wunden nicht auswaschen.
- Keine keimtötenden Flüssigkeiten und Puder anwenden.

Maßnahmen:

Wunde mit keimfreiem Verband abdecken, das verletzte Glied hochlagern. Die Blutung wird dadurch geringer. Bei stärkerem Blutverlust Druckverband anlegen. Dazu legt man über den keimfreien Verband eine weitere Binde und zieht diese fester an. Abbindungen dürfen nur in Notfällen vorgenommen werden, der Verletzte muss anschließend sofort zum Arzt.

Wunden sollten nach der Ersten-Hilfe-Leistung bald, jedoch innerhalb von sechs Stunden von einem Arzt versorgt werden.

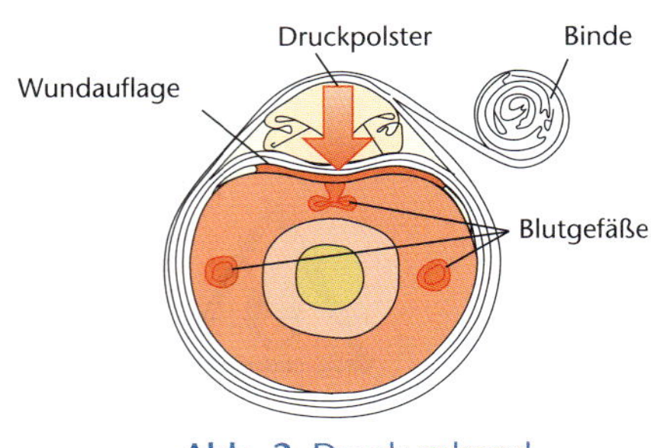

Abb. 2 Druckverband

2.2 Ohnmacht und Bewusstlosigkeit

Bei einer **Ohnmacht** ist der Mensch kurze Zeit (1 bis 2 Minuten) „ohne Macht über sich selbst".

Bewusstlosigkeit ist länger andauernd. Der Mensch ist in diesem Zustand hilflos, es droht Erstickungsgefahr durch Verlegung der Atemwege.

Ursachen können sein: Sauerstoffmangel (schlechte Luft), große Hitzeeinwirkung, elektrischer Strom sowie Missbrauch von Alkohol und Drogen. Auch plötzliche Aufregung und großer Schmerz können die Bewusstlosigkeit auslösen.

Bewusstlosigkeit erkennt man daran, dass die betroffene Person nicht ansprechbar ist.

Ohnmächtige und Bewusstlose werden

- an die frische Luft gebracht (Sauerstoff),
- in Seitenlage gebracht,
- von beengender Kleidung befreit,
- in ärztliche Behandlung übergeben.

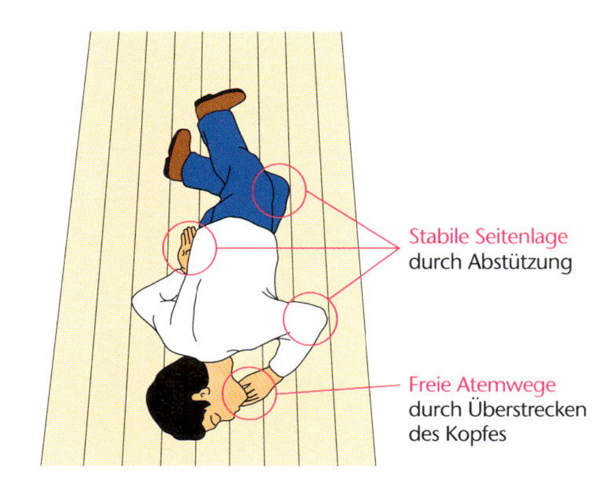

Abb. 3 Stabile Seitenlage

2.3 Verbrennungen und Verbrühungen

Verbrennungen und Verbrühungen sind in der Küche sehr häufig, sie sind zudem äußerst schmerzhaft.

Jede Verbrennung oder Verbrühung ist eine Schädigung der Haut. Je nach Schwere unterscheidet man:

- Verbrennungen 1. Grades: die Haut wird rot,
- Verbrennungen 2. Grades: es entstehen Blasen,
- Verbrennungen 3. Grades: Haut und darunterliegende Gewebe verkohlen oder verkochen.

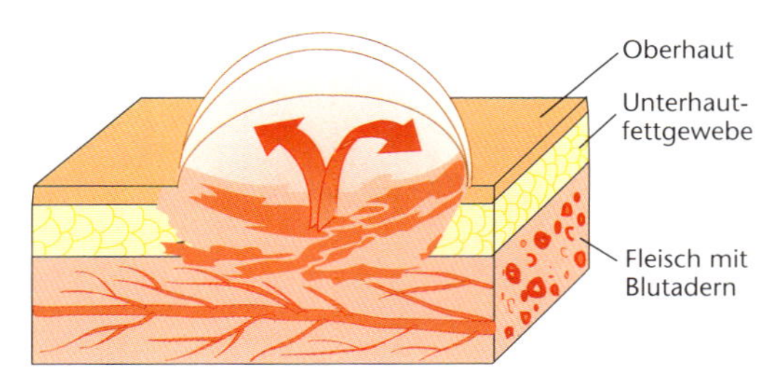

Abb. 1 Brandblase

Erste Maßnahmen

Bei **Verbrennungen** an Armen und Beinen den betroffenen Körperteil in kaltes Wasser tauchen – und zwar so lange, bis die Schmerzen aufhören. Das dauert etwa 15 Min. Kein Eiswasser verwenden, denn das würde zu weiteren Schädigungen führen.

Bei **Verbrühungen**, z. B. durch kochend-heiße Flüssigkeit oder Dampf, die Bekleidung aufschneiden und vorsichtig entfernen. Auf keinen Fall vom Körper reißen, das würde die schützende Haut zerstören.

Dann:

Nur bei leichten Verbrennungen (1. Grad: leichte Rötung der Haut) darf Fett oder Salbe zur Schmerzlinderung verwendet werden. Brandblasen nicht aufstechen!

Bei Verbrennungen 3. Grades, z. B. durch Frittürenfett, ist die Haut zerstört. Die Stelle ist darum wie eine Wunde mit einem keimfreien Verband zu behandeln.

Unbedingt sofort zum Arzt!

Bei größeren Verbrennungsflächen (z. B. Kleidung hat Feuer gefangen) den Verletzten zudecken. Schluckweise alkoholfreie Flüssigkeit zu trinken geben, damit die Nieren durch die Giftstoffe nicht geschädigt werden. An der Haut festklebende Kleidungsstücke nicht abreißen. Krankenwagen rufen, nicht selbst ins Krankenhaus transportieren.

2.4 Nasenbluten

Nasenbluten entsteht bei hohem Blutdruck, der als Ursache Überanstrengung, Aufregung, aber auch äußere Einwirkungen haben kann.

Man beugt den Kopf leicht vornüber und legt kalte Umschläge in den Nacken (s. Abb. 2).

Ist die Blutung nicht stillbar, Arzt rufen.

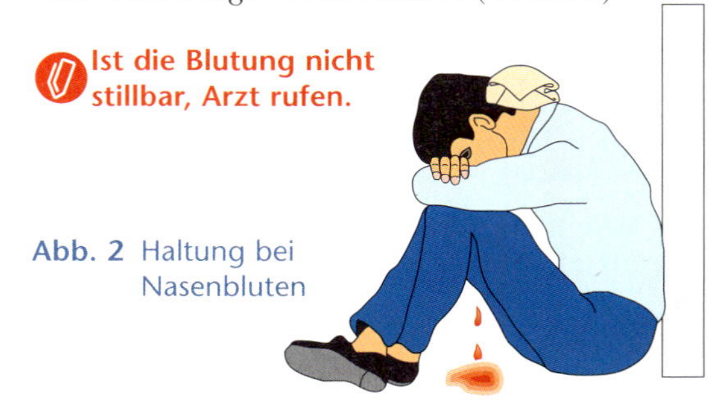

Abb. 2 Haltung bei Nasenbluten

2.5 Fremdkörper im Auge

Fremdkörper unter dem Oberlid: Oberlid über Unterlid ziehen und wieder nach oben schieben. Die Wimpern des Unterlides halten den Fremdkörper fest.

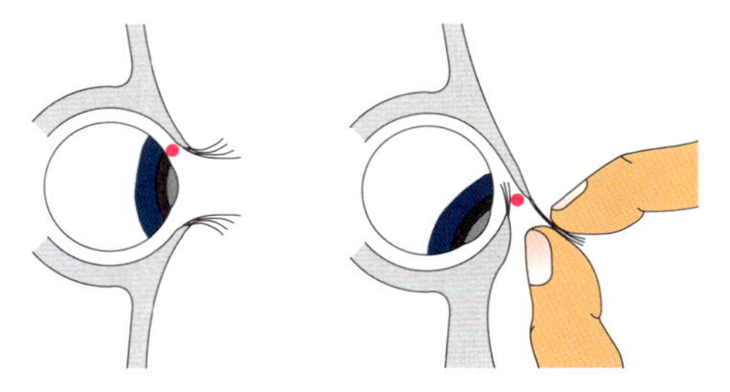

Abb. 3 Fremdkörper im Auge unter dem Oberlid

Fremdkörper unter dem Unterlid: Verletzten nach oben sehen lassen und das Unterlid herunterziehen. Mit Taschentuch vorsichtig zur Nase hin herauswischen.

2.6 Unfälle mit elektrischem Strom

In Küchenbetrieben arbeitet man mit Spannungen von 230 und 400 Volt. Die Stärke des „Schlages“, den man beim Berühren einer elektrischen Leitung erhält, hängt von der Leitfähigkeit des Bodens ab.

Bei Stromunfällen zuerst Strom abschalten.

Dazu:

Schalter betätigen oder Stecker herausziehen oder Sicherung herausdrehen.

Ist das nicht möglich, den Verletzten mit **nicht leitenden, trockenen Gegenständen** (siehe Abb. 1Ⓑ) aus dem Stromkreis retten.

Dabei auf **Bodenisolierung** (siehe Abb. 1Ⓐ) achten, z. B. Karton, Küchentücher.

Den Verletzten flach lagern; ist er scheintot, mit Wiederbelebung beginnen; wenn er wieder bei Bewusstsein ist, Wasser zu trinken geben.

Ein durch Stromeinwirkung Verunglückter muss auf jeden Fall zu einem Arzt gebracht werden, auch wenn keine Gefährdung erkennbar ist.

Der Stromfluss durch den Körper kann zu Herzstörungen führen.

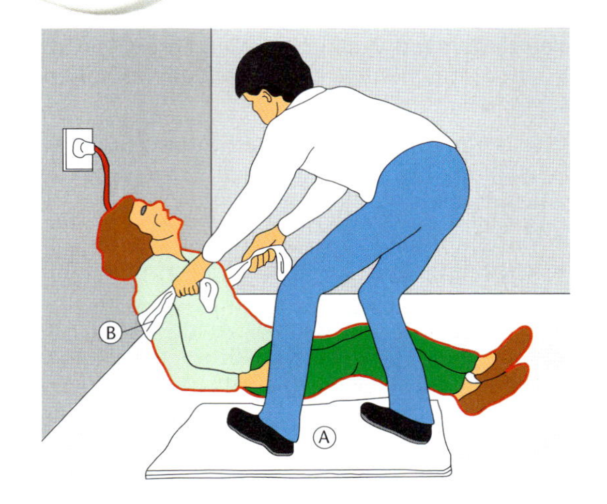

Abb. 1 Rettung bei Stromunfall

Aufgaben

1 Nennen Sie die Hauptgründe für Sturzunfälle.

2 „Zu einem Brand kann es auch kommen, wenn gar keine Flamme vorhanden ist," sagt Karl. Heiner meint: „Das gibt es nicht!" Nehmen Sie Stellung.

3 Nach welchem Prinzip wird ein Brand mittels eines Feuerlöschers bekämpft? Warum muss man mit dem Feuerlöscher „von unten gegen den Brand angehen"?

4 Erklären Sie, wie ein Druckverband wirkt.

5 Worin liegt der Unterschied zwischen Bewusstlosigkeit und Ohnmacht? Wie leisten Sie jeweils Erste Hilfe?

6 Michael hat sich heißes Frittürenfett über den Fuß geschüttet. Was unternehmen Sie?

7 Ihr Kollege „hängt am Strom". Sie wollen helfen und zuerst den Stromkreis an der Sicherung unterbrechen. Doch der Sicherungskasten ist abgesperrt. Was unternehmen Sie?

ARBEITSPLANUNG

Wichtige Ziele der Berufsausbildung sind Selbstständigkeit und fachliche Sicherheit. Diese Fähigkeiten werden für so wichtig erachtet, dass sie im Mittelpunkt der Abschlussprüfung stehen.

Beispiele aus den Prüfungsanforderungen:

- Ausbildungsberuf Koch:
  Selbstständig nach Vorgaben ein Menü erarbeiten und mit einem Arbeitsablaufplan versehen.
- Ausbildungsberuf Restaurantfachmann/-frau:
  Planen des Services für eine Veranstaltung. Dazu: Ablaufplan sowie Menüvorschläge einschließlich korrespondierender Getränke und eine Liste organisatorischer Vorarbeiten erstellen.
- Ausbildungsberuf Hotelfachmann/-frau:
  Planen einer verkaufsfördernden Maßnahme … Ablaufplan erstellen … Prüfliste erarbeiten.

Um diese Anforderungen erfüllen zu können, muss man fähig sein

- Informationen zu beschaffen und auszuwerten,
- Arbeitsabläufe zu organisieren und das
- Ergebnis zu bewerten.

Diese Überlegungen bestimmen die folgenden Abschnitte.

1 Informationen beschaffen und auswerten

optaining and analysing information *collecter et depouilerr des informations (w)*

Niemand kann alles wissen, das ist auch nicht notwendig. Wichtig ist: man muss wissen, wo etwas steht und wie man damit umgeht. Das nennt man Beschaffen von Informationen.

1.1 Fachbuch

Das **Inhaltsverzeichnis** zeigt die Gliederung und den Aufbau eines Buches. Es verschafft einen Überblick und steht meist am Anfang.

13 Geflügel und Wildgeflügel 377
13.1 Bedeutung für die Ernährung 377
13.2 Hausgeflügel 377
13.3 Wildgeflügel 381
Aufgaben 382

14 Wild 382
14.1 Bedeutung für die Ernährung 382
14.2 Gesetzliche Bestimmungen 383
14.3 Arten und Verwendung 383
Aufgaben 385

15 Fisch 385
15.1 Aufbau 385

Abb. 1 Beispiel eines Inhaltsverzeichnisses

Das **Sachwortverzeichnis** verweist auf Einzelheiten, auf die sinntragenden Wörter, die im Text meist hervorgehoben sind. Es führt ins Detail und steht am Ende des Buches.

Sucht man nach einem bestimmten Begriff, von dem man nicht weiß, in welchem Abschnitt er behandelt wird, dann schlägt man im Sachwortverzeichnis nach. Es ist nach dem Alphabet geordnet.

Q
Qualitätsnormen 89
Qualitätsschaumwein 223
Qualitätsverlauf 90
Qualitätswein 214
Qualitätsweine b.A. 212
Quarkkäulchen, sächsische 613
Quarkklößchen 418
Quellstärke 334
Quellwasser 194
Querbrüche 251
QUID-Richtlinie 30

R
Raclette-Käse 351
Radicchio rosso 308
Radieschen 306
Radler 206
Raffinade 332
Raffination von Fett 57
Ragout 488, 500
Reis 331
Reis Trauttmansdorff 568
Reis, gekocht 186
Reis, wild 332
Reispanade 573
Reispudding 552
Remouladensauce 453
Renken 387
Resorption 75
Restaurant 14
Restaurantfachmann/-frau 15
Restauranttisch 249
Restsüße 216
Retinol 68
Rettich 306
Rezept 49, 136
Rezeptbuch 50
Rezeptmenge 141
Rezeptordner 50
Rezeptverwaltungsprogramm 50
Rhabarbersorbet 567
Rheingau 212

Abb. 2 Beispiel eines Sachwortverzeichnisses

1.2 Fachzeitschriften/-zeitungen

Fachzeitschriften und -zeitungen können immer aktueller sein als Fachbücher, denn sie erscheinen monatlich oder wöchentlich.

Wer Neues sucht, wer Entwicklungen beobachten will, wird sich darum laufend aus der Fachpresse informieren.

Abb. 1 Fachzeitschriften/-zeitungen

Es macht aber keinen Sinn, Fachzeitungen einfach zu „sammeln“. Bei Bedarf weiß man nur: „Da war doch …“ und dann beginnt das große Suchen.

Um einen Überblick zu erhalten ist es sinnvoll,

- interessante Beiträge auszuschneiden oder zu kopieren und
- geordnet abzulegen.

Zu Ablagemöglichkeiten siehe Abschnitt Büroorganisation.

1.3 Internet

Das Internet bietet eine Fülle von Informationen, allerdings in unterschiedlicher Art und Qualität.

- **Angebote für Lebensmittel und Geräte** erhält man über die Seiten der einzelnen Firmen. Diese haben ein Interesse, leicht gefunden zu werden und gestalten darum ihre Web-Adresse auch entsprechend. Ein Versuch mit www.Firmenname.de oder … .com lohnt meist.
- **Rezepte** gibt es unter vielen Adressen. Ein „Profi“ sollte jedoch bedenken, dass manches, was im zahlenmäßig kleinen Bereich einer Familie ein netter Gag, eine Überraschung sein kann, im gewerblichen Bereich allein wegen des Zeitaufwandes nicht machbar ist. Es gilt, kritisch auszuwählen. Ein zusätzlicher Rat: im „Ernstfall“ arbeitet man nur mit Rezepten, die man bereits erprobt hat.

1.4 Prospekte

Prospekte dienen zunächst der Werbung. Sie informieren aber auch z. B. über Tischporzellan, Besteck oder Wäsche. Man erhält sie, wenn man Firmen anschreibt oder Ausstellungen besucht. Wenn man die Anschriften nicht kennt, versucht man es im Internet z. B. www.Firmenname.de oder sieht im Anzeigenteil der Fachzeitung nach. Prospekte müssen kritisch gelesen werden. Nicht alles, was geschrieben wird, stimmt auch.

2 Planen

planning *projeter*

Beim Planen werden die gesammelten Informationen „auf die Reihe gebracht“, also geordnet und für den jeweiligen Zweck ausgewählt.

2.1 Checklisten/Prüflisten

Wer kennt das nicht: das Problem hatten wir doch schon einmal. Wie haben wir es damals gemacht? Eigentlich müssten wir das doch noch wissen. Warum haben wir es nicht notiert?

Sinn einer Checkliste ist es, einmal Gedachtes, bereits Bewährtes festzuhalten und damit für die Zukunft

- die Arbeit zu erleichtern und
- Sicherheit zu haben.

Die in einer Checkliste festgehaltenen Überlegungen, ergänzt durch Erfahrungen,

- lassen rationeller arbeiten,
- führen zu Perfektionierung,
- geben Sicherheit und
- entlasten im Tagesgeschäft.

Anlegen von Checklisten

- Bei Vorgängen
  1. die gesamte Aufgabe in Teile zerlegen,
  2. die Teilschritte in die richtige zeitliche Reihenfolge bringen und festhalten,
  3. eine Kontroll- oder Prüfspalte anbringen.
- Bei Zusammenstellungen/Auflistungen
  1. alle Teile einzeln – wirklich einzeln – auflisten,
  2. Ähnliches zu Gruppen zusammenfassen, z. B. Lebensmittel, Geschirr, Besteck usw., denn das erleichtert die Arbeit,
  3. Kontrollspalte (zum Abhaken) anbringen.

Eine Checkliste kann erstellt werden

- mit Hilfe eines Lineals (am einfachsten)
- mit Hilfe eines Rechners über
  - Tabulatorfunktion oder
  - Tabellenfunktion (in der Textverarbeitung)
  - spezielle Software

Wird der **Tabulator** verwendet, legt man die Abstände der einzelnen Spalten mit Tabstopps im „Lineal" fest.

Die **Tabellenfunktion** kann über Fenster oder Symbol aufgerufen werden. Anzahl der Spalten und deren Breite werden entsprechend eingestellt.

Checkliste für Hochzeit Müller, Herbststraße 4			
Anzahl	Gegenstand	Erl.	Bemerkung
	Geschirr		
4	Chafing dish		
85	Suppenteller		
85	Teller tief		vorwärmen!
85	Brotteller		
	...		

Abb. 1 Checkliste

2.2 Ablaufplan/Zeitleiste

Wer rationell arbeiten will, muss die einzelnen Arbeitsschritte in einer sinnvollen Reihenfolge erledigen, also den zeitlichen Ablauf planen. In der Praxis sagt man auch: „Man muss die Sache auf die Reihe bringen."

Dabei sind in der Küche z. B. Garzeiten zu berücksichtigen oder Zeiten, in denen eine Creme stocken (fest werden) muss.

Im Service ist z. B. an das Kühlen von Getränken oder die Beschaffung von Blumen zu denken.

Beispielmenü (einfach) für untenstehenden Ablaufplan

Kraftbrühe mit Grießnocken

Wiener Schnitzel mit Kartoffelsalat

Erdbeercreme

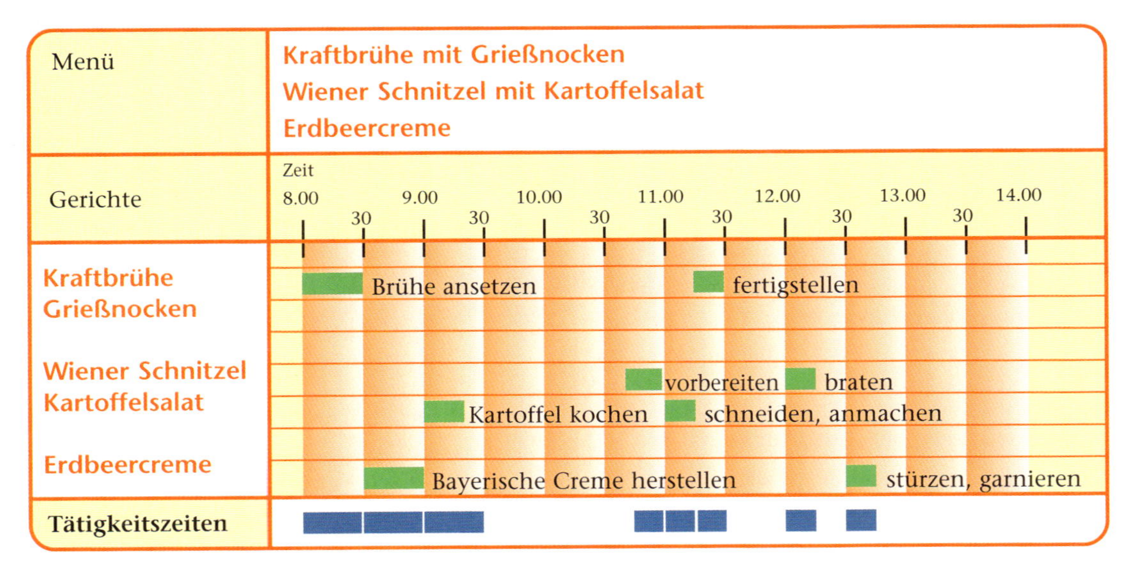

Abb. 2 Ablaufplan Querformat

Bei der Abschlussprüfung Koch/Köchin ist ein Ablaufplan zu erstellen, der bewertet wird. Dort sind die Arbeitsschritte der Prüfungsaufgabe zusammen mit der geplanten Arbeitszeit anzuführen.

Mögliche Überlegungen

- Die Kraftbrühe ansetzen kommt an die erste Stelle, denn das Auslaugen von Fleisch und Knochen benötigt Zeit.
- Obwohl die Erdbeercreme am Ende des Menüs steht, benötigt die Gelatine längere Zeit, um abzubinden
- Danach die Kartoffeln, bei denen man nicht so festgelegt ist,
- usw.

Arbeitspläne können auf unterschiedliche Art angelegt werden.

- **Querformat**
  Der Ablauf wird von links nach rechts dargestellt. Diese Form der Darstellung bringt Vorteile, wenn mehrere Vorgänge gleichzeitig ablaufen (vorherige Seite)
- **Hochformat**
  Der Ablauf wird von oben nach unten dargestellt.

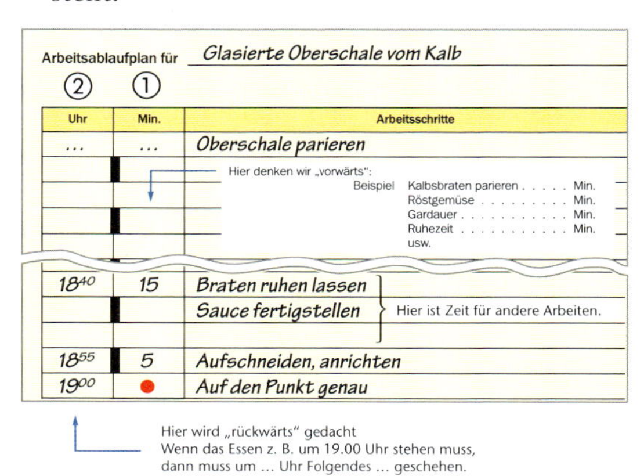

Abb. 1 Ablaufplan Hochformat

Bei der Anlage dieses Ablaufplanes kann mit zwei Spalten gearbeitet werden.

① In dieser Spalte wird der allgemeine Ablauf eingetragen, also die festen Zeiten z. B. für das Garen von Salzkartoffeln. Diese Zeiten können den Rezepturen entnommen werden.

② In dieser Spalte geht es um die konkrete Anwendung. Wenn ein Essen z. B. um 19.00 Uhr stehen muss, dann muss um … Uhr Folgendes … geschehen.

Hier wird also rückwärts gedacht. Vergleichen Sie die unterschiedlichen Darstellungen hier und vorige Seite.

2.3 Tabellen

Es kommt immer wieder vor, dass bestimmte Dinge (Rohstoffe, Geschirrteile) mehrfach benötigt werden. Eine Tabelle hilft, die Einzelmengen übersichtlich zusammenzufassen und den Gesamtbedarf zu ermitteln.

Eine Tabelle ordnet Zahlenmaterial und macht es dadurch leichter überschaubar. Beachtet man nur wenige Gestaltungsregeln, ist es kein Problem, selbst eine Tabelle anzulegen.

Eine Tabelle besteht aus

- Tabellenkopf } nennen Ordnungsgesichtspunkte
- Vorspalte }
- waagerechten Zeilen
- senkrechten Spalten

Kopf				
			Spalte	
Vorspalte				
	Zeile		Feld	

Abb. 2 Tabelle

Es ist von Vorteil, wenn die Merkmale mit der höheren Anzahl (Rohstoffe, Geschirrteile) in die Vorspalte eingetragen werden, denn diese kann umfassender sein als der Tabellenkopf. Oder anders gesagt: auf einem Blatt sind mehr Zeilen als Spalten unterzubringen.

Geschirrbedarf

Abteilung: ______
Name: ______
Datum: ______

Geschirr	Raum Aachen	Raum Köln	Großer Saal	Gesamt
Untertassen				
Kaffeetassen				
Mittelteller				
Suppenteller				
Flache Teller				

Abb. 3 Geschirranforderung

Eine Tabelle kann zwar mit jedem Textverarbeitungsprogramm angelegt werden. Es ist jedoch von Vorteil, eine Tabellenkalkulation, z. B. Excel, zu verwenden, weil dann mithilfe des Programms erforderliche Berechnungen durchgeführt werden können.

2.4 Rezepte

Erfassen von Rezepten

Rezepte sind Arbeitsanweisungen für das Zubereiten von Speisen oder Getränken.

Rezepte bestehen mindestens aus folgenden Abschnitten:

1. Aufzählung der Zutaten und
2. Arbeitsanleitung.

Beispiel

Lammkeule im Kräutermantel

Zutaten:

1	Lammkeule (750–1.250 g)
3–5	Knoblauchzehen
	Thymian, Rosmarin, Oregano, Olivenöl

Für die Sauce:

500 g	Kalbsknochen
	Suppengemüse, Salz, Pfeffer
250 ml	Trockener Sherry
1 EL	Creme double

Zubereitung Fleisch:

Lammkeule waschen und trocken tupfen. Knoblauchzehen schälen und in feine Stifte schneiden. Mit einem schmalen Messer ca. 1,5 cm tiefe Taschen in die Lammkeule schneiden. Knoblauchstifte in diese Taschen stecken.

Rezepte sind übersichtlich, wenn die Zutaten getrennt von den Arbeitsanweisungen stehen.

Zutaten und Arbeitsanleitung

verbunden	getrennt
600 g Butter mit 300 g Zucker vermengen, 3 Eier unterarbeiten	600 g Butter 300 g Zucker 3 Eier Butter und Zucker vermengen, Eier …

Die **Mengenangaben** erfolgen

- bei Frischware für das Rohgewicht, weil man beim Vorbereiten diese abwiegt,
- bei Tiefkühlware und vorgefertigten Produkten als Nettogewicht.

Beim Abwiegen der Rohstoffe ist es praktischer, wenn die Mengenangaben links stehen, also vor dem Namen der Zutat. Diese Anordnung kann auch innerhalb einer Tabellenkalkulation verwendet werden.

Die **Arbeitsanleitung** soll

- die Arbeitsschritte in der korrekten Reihenfolge anführen,
- auf kritische Punkte hinweisen, eventuell begründen, z. B.
  - **technologisch**
    „Gesamtes Mehl auf einmal beigeben, damit sich keine Klumpen bilden (bei Brandteig), langsam erhitzen, damit sich das Eiweiß lösen kann (Klären)."
  - **hygienisch (critical control point)**
    „Nach dem Auftauen unbedingt Tisch, Geschirr und Hände waschen, Material zum Abkühlen in flache Gefäße umfüllen."

Bei Gerichten, die „auf Abruf" zubereitet werden, empfiehlt es sich, zu trennen zwischen Vorbereitungsarbeiten und Arbeitsschritten bei der Fertigstellung. Z. B. ein neuer Abschnitt: Bei Abruf mit frischer Butter kurz erhitzen, dann …

Rezepte können/sollen **erweitert** werden durch

1. **Bewertungsmerkmale**, z. B. „Apfelschnitte nur kurz dünsten, damit Form erhalten bleibt."
2. **Hygieneanweisungen**, die z. B. wegen der Vorschriften der Hygieneverordnung erforderlich sind, z. B. „noch am gleichen Tag verarbeiten, nicht länger als 2 Stunden warm halten."
3. **Hinweise zum Anrichten**, denn dann erhält der Gast immer „das, was er schon kennt" (Wiedererkennungseffekt). Also die ideale Anrichteweise festhalten, als Foto, als Skizze oder in Worten.
4. **Hinweise zum Verkaufsgespräch**, denn das Service will beraten und verkaufen. Die Küche kann behilflich sein. Treffende Wendungen, die das Gericht beschreiben, Hinweise auf typische Beilagen, auf passende Getränke. Vergleiche Seite 137 „Worte, die verkaufen helfen".

Verwalten von Rezepten

Rezepturen halten Information fest. Sollen diese bei Bedarf zur Verfügung stehen, muss man sie „verwalten“.

Das **Rezeptbuch** ist die älteste Art, Rezepte festzuhalten. Das ist einfach, hat aber den Nachteil, dass die Rezepte nicht austauschbar sind und das Buch in seinem Umfang begrenzt ist.

Abb. 1 Rezeptbuch

Ein **Rezeptordner** oder Ringbuch ist in Anlage und Gestaltung variabel. Man steckt das Rezept in eine Sichthülle und ordnet es entsprechend ein. Ergänzungen oder Abbildungen können leicht hinzugefügt werden. Wird ein Rezept benötigt, kann man die Hülle mit an den Arbeitsplatz nehmen.

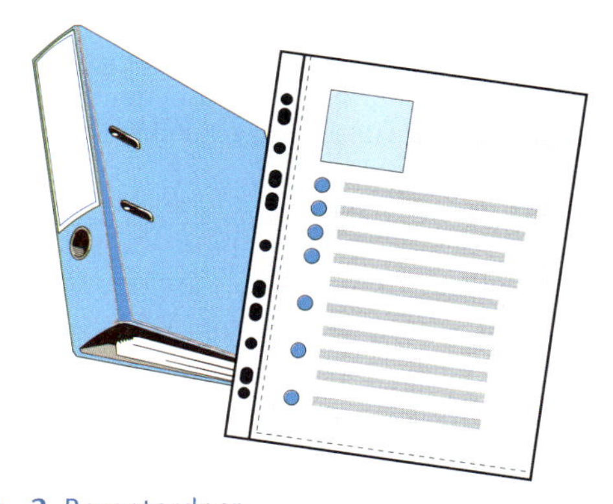

Abb. 2 Rezeptordner

Eine **Datei im Computer** ist beliebig erweiterbar und unter verschiedensten Gesichtspunkten zu verwalten.

Verwendet man entsprechende Datenbanken, können sie einfach auf unterschiedliche Produktionsmengen umgerechnet werden. Bei Bedarf werden die Rezepte ausgedruckt.

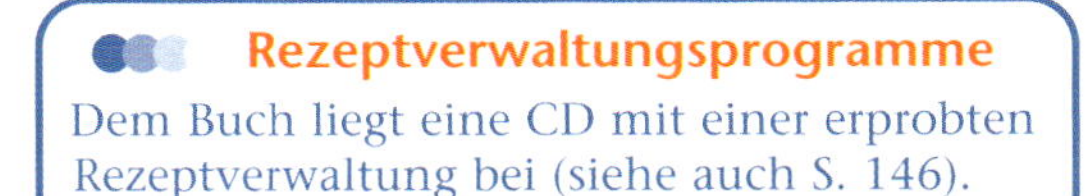

Rezeptverwaltungsprogramme

Dem Buch liegt eine CD mit einer erprobten Rezeptverwaltung bei (siehe auch S. 146).

[Name des Rezepts]		[Mit ...]
Zutaten		
Zubereitung		
Beilagen		

Abb. 3 Rezeptblatt aus der Datenbank

Um die Rezepte bei Bedarf zügig aufzufinden, empfehlen sich zwei **Ablagesysteme.**

Die **Speisenfolge** als Ordnungsgesichtspunkt hilft bei der Menügestaltung. Man gliedert nach

- Vorspeisen
- Suppen
- Fischgerichte,
- Fleischgerichte
  - Kalb
  - Schwein
  - usw.
- Gemüse
  - Gericht
  - Beilage
  - usw.
- Speiseeis
- Cremespeisen
- Aufläufe
- Kuchen

Gruppierung nach **Hauptrohstoffen** hilft z. B. in folgenden Fällen:

- Gast wünscht besondere Produkte z. B. Jagdessen, Fischerfest. Dann gelten nicht die üblichen Menü-Regeln. Man versucht innerhalb der Speisenfolge möglichst oft Wild oder Fisch einzusetzen.
- Sonderangebote sollen gezielt genutzt werden. Z. B. Karpfen oder Lachs oder Erdbeeren sind besonders günstig. Ein Händler bietet einen Restposten gefrosteten Blattspinat an.

Mithilfe der Datenverarbeitung kann man jedes Rezept einmal speichern und dann unter beiden Gesichtspunkten abrufen.

Aufgaben

1 Aus einem Fachbuch kann man sich auf mindestens zwei Wegen Informationen beschaffen. Nennen Sie zwei Arten und geben Sie jeweils ein Beispiel. Denken Sie z. B. an die Begriffe Suppen und Windbeutel.

2 Warum macht es wenig Sinn, Fachzeitungen einfach zu sammeln? Machen Sie Vorschläge, wie Rezepte „abgelegt" werden können.

3 Versuchen Sie über das Internet Informationen zu „Tomate" und „Tomatensuppe" zu erhalten. Bedenken Sie, nur durch Eingrenzung der Suchanfrage erhält man vernünftige Ergebnisse!

4 Schlagen Sie in diesem Buch bei „Zubereitungsreihen" Gebratene Poularde nach. Wählen Sie eine passende Beilage und fertigen Sie für die Zubereitung einen Ablaufplan mit einer Zeitleiste.

5 Entwerfen Sie mit dem Lineal oder mit der „Tabelle" des Textverarbeitungsprogramms eine Check- oder Prüfliste. Versetzen Sie sich in folgende Situation: Nächste Woche kochen Sie in der Freizeit für eine Gruppe von acht Bekannten Spaghetti mit Tomatensauce. An dem Ort, an dem Sie kochen werden, sind keine Waren und kein Geschirr vorhanden. Füllen Sie die Checkliste vollständig aus!

6 Damit es auch zeitlich klappt, fertigen Sie zur Situation bei Aufgabe 5 einen Ablaufplan auf einer Zeitleiste.

7 Als Nachspeisen sind an einem Tag zwei Puddings geplant, Reispudding für 30 Personen und Kabinettpudding für 25 Personen.
a) Schlagen Sie die Rezepte in diesem Buch nach.
b) Rechnen Sie die Rezepte auf die genannte Personenzahl um.
c) Erstellen Sie eine Tabelle und fassen Sie die notwendigen Zutaten zu einer Materialanforderung zusammen.

Die Medienpakete unterstützen Informationsbeschaffung und Planung

Den Lehrbüchern sind **CDs** beigefügt, die Softwareprodukte und Materialien enthalten, die helfen, Informationen zu beschaffen und auszuwerten sowie Arbeiten zu planen.

Rezepte-Software (s. S. 146), Prüfungstraining, alle Abbildungen der Bücher zur Übernahme in eigene Unterlagen, Fachwörterbuch u. v. m.: Die CDs sind wertvolle Hilfsmittel fürs Lernen.

Ergänzend zu Buch und CD enthalten die **Internet-Support-Seiten** eine große Fülle von Materialien, Informationen, Aktualisierungen sowohl für Auszubildende als auch für Lehrkräfte. Die Webseiten werden regelmäßig aktualisiert und erweitert.

der-junge-koch.de | **fachkraft-und-gast.de** | **restaurant-und-gast.de** | **hotel-und-gast.de**

ERNÄHRUNG

1 Einführung *introduction* *introduction (w)*

Zum Aufbau des Körpers und zur Erhaltung des Lebens bedarf der Mensch der Ernährung. Wenn wir essen oder trinken, nehmen wir die verschiedensten Lebensmittel zu uns. Das Lebensmittelrecht bezeichnet als **Lebensmittel** alles, was vom Menschen gegessen, gekaut oder getrunken werden kann.

Die Inhaltsstoffe der Lebensmittel unterscheidet man nach der **Zusammensetzung** und nach den **Aufgaben im Körper.**

Unterscheidung nach der Zusammensetzung

- **Nährstoffe** wie Kohlenhydrate, Fette und Eiweiß,
- **Wirkstoffe** wie Vitamine und Mineralstoffe
- **Begleitstoffe** wie Ballaststoffe, Geruchs- und Geschmacksstoffe, sekundäre Pflanzeninhaltsstoffe

Unterscheidung nach den Aufgaben im Körper

- **Energiestoffe** wie Kohlenhydrate und Fett. Sie sind Energielieferanten für Atmung, Herztätigkeit, Aufrechterhaltung der Körpertemperatur und Arbeitsleistung.
- **Baustoffe** benötigt der Körper für das Wachstum und den Ersatz von verbrauchten Körperzellen. Baustoffe des menschlichen Körpers sind Eiweiß, Mineralstoffe und Wasser.
- **Reglerstoffe** regeln Abläufe im Körper und dienen dem Schutz vor bestimmten Krankheiten. Dazu zählen **Vitamine** und **Mineralstoffe.**
- Zu den **Begleitstoffen** gehören:
  - **Ballast- oder Faserstoffe.** Sie können durch die Verdauung nicht aufgeschlossen werden, regen aber die Darmbewegung an und beugen damit einer Verstopfung vor.
  - **Aroma- und Geschmacksstoffe** fördern die Absonderung von Verdauungssäften und damit den Appetit.
  - **Sekundäre Pflanzeninhaltsstoffe (SPS)**

Die einzelnen Nährstoffe werden unter folgenden Gesichtspunkten behandelt:

- Wie ist der **Aufbau** des Nährstoffs? Welche **Arten** unterscheidet man?
- Welche **küchentechnischen Eigenschaften** sind zu beachten? Wie können sie bei der Nahrungszubereitung genutzt werden?
- Welche **Bedeutung für den menschlichen Körper** haben die einzelnen Nährstoffe?

Aus der Beantwortung dieser Fragen ergibt sich die Gliederung für die folgenden Abschnitte.

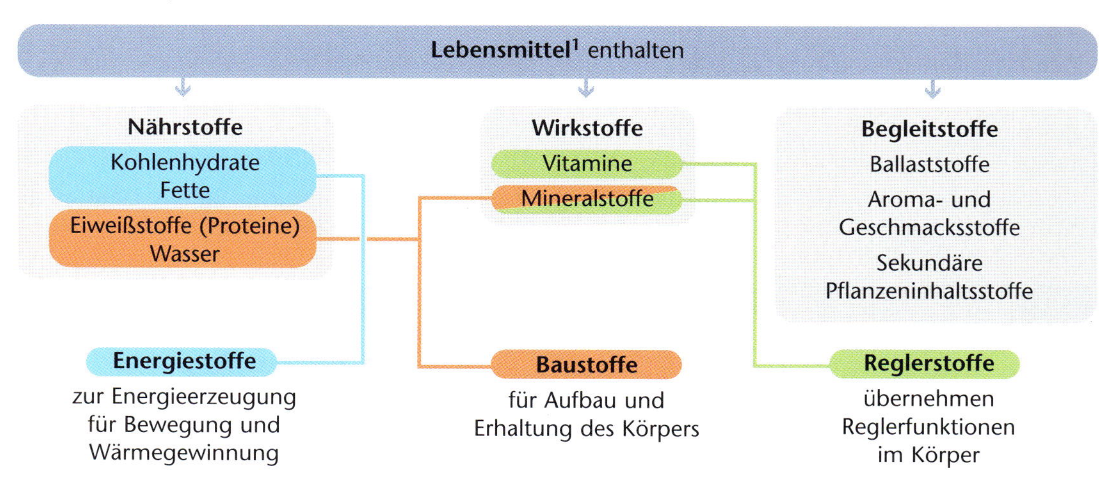

[1] Nach Auskunft der Deutschen Gesellschaft für Ernährung (DGE) spricht man wie im Gesetz nur noch von Lebensmitteln. Man unterscheidet nicht mehr zwischen Nahrungs- und Genussmitteln.

2 Kohlenhydrate carbohydrates hydrates (m) de carbone

2.1 Aufbau – Arten

Kohlenhydrate entstehen in Pflanzen. Pflanzen bilden aus dem Kohlendioxid (CO_2) der Luft und dem Wasser (H_2O) des Bodens mit Hilfe des Blattgrüns (Chlorophyll) sowie des Sonnenlichtes **Einfachzucker.**

Diesen Vorgang nennt man **Fotosynthese.** Die dazu erforderliche Energie liefert die Sonne.

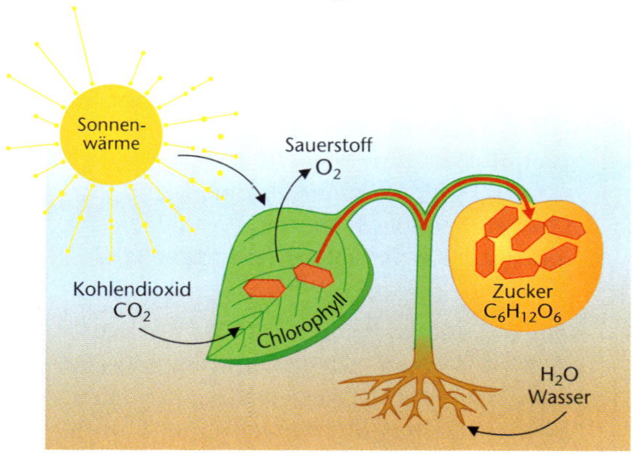

Abb. 1 Fotosynthese

Unter dem Begriff Kohlenhydrate wird eine ganze Gruppe von Nährstoffen zusammengefasst. Sie bestehen zwar alle aus den gleichen Atomen, unterscheiden sich aber im chemischen Aufbau.

Nach der Anzahl der zum Aufbau verwendeten Einfachzucker unterscheidet man:

Einfachzucker → ein Baustein

Zweifachzucker → je zwei Bausteine

Vielfachzucker → je 5 bis 5.000 Bausteine

Einfachzucker (Monosaccharide), je **ein** Baustein einfacher Zucker, z. B.:

- **Traubenzucker** in Obst und Honig
- **Fruchtzucker** in Obst und Honig
- **Schleimzucker** in Milch.

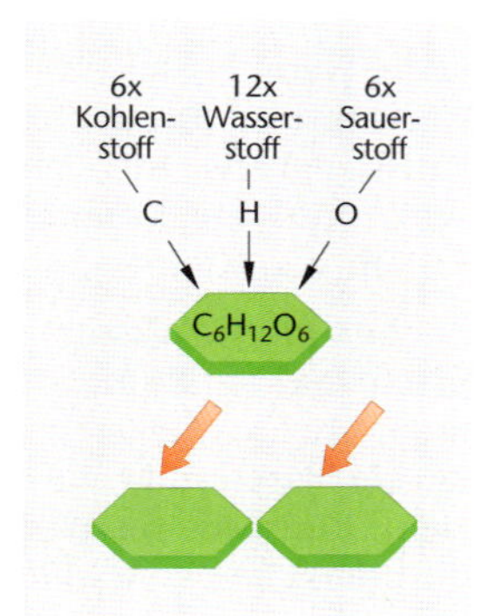

Zweifachzucker

- (Disaccharide) → je **zwei** Bausteine Einfachzucker

- Gebrauchszucker ist **Rohr-** oder **Rübenzucker** von Zuckerrohr oder Zuckerrübe.
- **Malzzucker** in gekeimtem Getreide und Bier
- **Milchzucker** in Milch und Milchprodukten

Vielfachzucker (Polysaccharide), **viele** Bausteine Einfachzucker

- **Stärke** besteht aus 300 bis 500 Einfachzuckermolekülen und dient den Pflanzen als Vorratsstoff, den sie in Knollen (Kartoffel) oder Körnern (Getreide) ablagern.

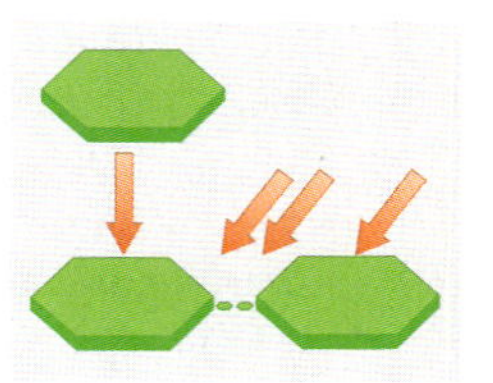

Stärke besteht aus:

Amylopektin, das verzweigte Ketten von Einfachzuckern hat und wasserunlöslich ist, und

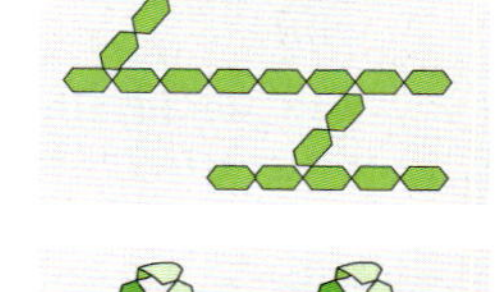

Amylose mit unverzweigten Ketten, die sich in Wasser lösen.

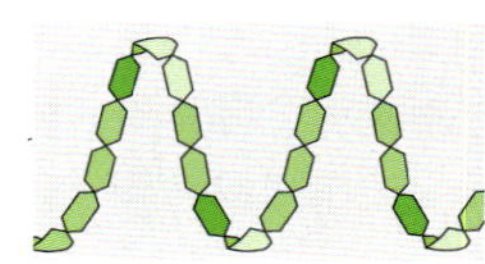

- **Dextrine** entstehen durch Abbau, wenn Stärke ohne Wasser erhitzt wird, z. B. in der Mehlschwitze.

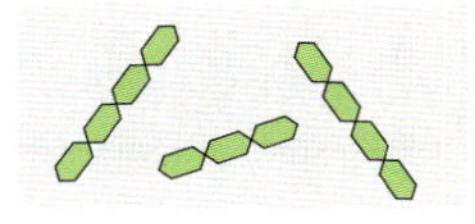

- **Zellulose** ist die Gerüstsubstanz der Pflanzen. Die Moleküle der Zellulose sind so dicht angeordnet, dass sie von der menschlichen Verdauung nicht zu Einfachzucker abgebaut werden können.

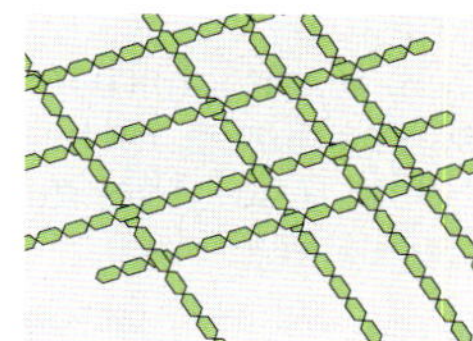

Kohlenhydrate sind ein bedeutender Energielieferant. Sie werden in größeren Mengen aufgenommen als andere Nährstoffe.

2.2 Küchentechnische Eigenschaften

Versuche

1. Schmelzen Sie in einer kleinen Pfanne etwa 200 g Zucker und erhitzen Sie, bis er zu rauchen anfängt. Während dieser Zeit entnehmen Sie wiederholt Proben und geben diese auf eine geölte Metallplatte. Kosten Sie und vergleichen Sie dabei Farbe und Geschmack.
2. Schwitzen Sie würfelig geschnittene Zwiebeln goldbraun an, beachten Sie den aufsteigenden Geruch und probieren Sie nach dem Abkühlen.
3. Schneiden Sie von einem Apfel oder einer Kartoffel eine 3 cm dicke Scheibe und schaben Sie eine kleine Mulde aus; diese füllen Sie mit Zucker. Überprüfen Sie nach 20 Min.
4. Wie verhält sich Zucker, wenn er in der Küche in einem offenen Gefäß aufbewahrt wird?
5. Bringen Sie ein offenes Glas mit Honig an einen trockenen Ort. Sehen Sie nach einer Woche nach, ob sich eine Haut gebildet hat.
6. Zerkleinern Sie 25 g Hefe (Haushaltspackung) und vermengen Sie diese in einer Tasse mit der gleichen Menge (ca. 25 g) Zucker.
   a) Sehen Sie nach 20 Minuten nach.
   b) Ist die Mischung nach einer Woche in Gärung übergegangen?
7. Lösen Sie in 0,5 *l* Wasser von ca. 37 °C ein Päckchen Hefe auf. Trennen Sie diese Aufschlämmung in zwei Kolbengläser. Glas a) erhält keinen Zusatz, in Glas b) geben Sie 30 g Zucker. Vergleichen Sie nach einer Stunde.
8. Bringen Sie 0,75 *l* Wasser zum Kochen, rühren Sie 120 g Weizenstärke, die mit 0,25 *l* Wasser vermengt ist, ein und bringen Sie das Ganze zum Kochen. Welche Veränderung tritt ein?
9. Vergleichen Sie die Beschaffenheit (Konsistenz) der heißen und der erkalteten Masse.
10. Stellen Sie einen Teil des Stärkekleisters in einer Tasse eine Woche in den Kühlschrank. Welche Veränderungen sind eingetreten? Beobachten Sie vor allem die Stellen zwischen Kleister und Porzellan.
11. Stellen Sie den Thermostat der Bratröhre oder des Backofens auf 150 °C. Ein Backblech mit Papier belegen und auf diesem 1 cm hoch 250 g Weizenstärke verteilen. Nehmen Sie das Blech nach einer Stunde aus dem Ofen. Wie haben sich Farbe und Geschmack verändert? Stellen Sie wie bei Versuch 8 einen Kleister her. Vergleichen Sie die Ergebnisse von Versuch 8 und 11.
12. Schmelzen Sie 150 g wasserfreies Fett in einem Topf mit etwa 10 bis 12 cm Durchmesser, rühren Sie 150 g Mehl darunter und geben Sie davon ein bis zwei Kochlöffel voll auf einen Teller. Den Rest lassen Sie goldgelb werden. Vergleichen Sie Geruch und Geschmack.

Gebrauchszucker

ist Rohr- oder Rübenzucker, ein Zweifachzucker, zu kaufen unter dem Namen „Zucker".

Zucker löst sich leicht in Wasser. Warmes Wasser kann mehr Zucker aufnehmen als kaltes. Auf Vorrat gehaltene Zuckerlösungen (Läuterzucker), z. B. für Fruchtsalate, zum Verdünnen von Glasuren, dürfen nicht zu dick hergestellt werden. Nach dem Abkühlen kristallisiert sonst der Zucker aus.

Zucker schmilzt bei Hitze. Dabei wird aus den Kristallen zunächst eine klare, durchsichtige Masse. Erkaltet ist der geschmolzene Zucker hart. **Karamell** ist entstanden, die Grundmasse für die meisten Bonbonarten. Bei weiterem Erhitzen wird Karamell gelb, später goldbraun. So wird er für Karamellcreme und für Krokant verwendet. Mit zunehmender Hitze wird die Farbe des Karamells immer dunkler, der Geschmack wird allerdings bitterer. Das nutzt der Koch, wenn er Saucen nachdunkelt, wenn er der Fleischbrühe eine gebräunte Zwiebel beigibt; der Patissier verwendet mit Wasser abgelöschten, sehr dunklen Karamell als **„Couleur"** zum Färben von Cremes und Glasuren.

Zucker zieht Wasser an, er wirkt hygroskopisch und verklumpt deshalb in feuchten Räumen. Am schnellsten verklumpt Puderzucker. Zucker wirkt auch konservierend, denn er entzieht Kleinlebewesen das erforderliche Wasser und senkt so den a_w-Wert.

Einfachzucker

Einfachzucker, z. B. Traubenzucker und Fruchtzucker, sind **besonders stark wasseranziehend.** Diese Eigenschaft nutzt man bei Gebäck (z. B. Honigkuchen), das längere Zeit weich bleiben soll. Honig ist das Nahrungsmittel mit dem höchsten Einfachzuckergehalt.

Ist Zucker in Lebensmitteln in größerer Menge enthalten (Marmelade, Gelee), bindet er so viel Wasser an sich, dass Bakterien nicht mehr wirken können, Zucker konserviert also, weil er den a_w-Wert senkt.

Stärke

Abb. 1 In kaltem Wasser unlöslich

Stärke ist in kaltem Wasser unlöslich. Sie ist schwerer als Wasser und setzt sich darum ab. Rohe Stärke ist vom Körper kaum verwertbar. Darum werden stärkehaltige Lebensmittel gegart. Mehl wird zu Brot verbacken, Teigwaren werden gekocht, Kartoffeln isst man nur in gegartem Zustand.

Abb. 2 In warmem Wasser quellend

Ab einer Temperatur von 70 °C beginnt Stärke zu **verkleistern.** Dabei entwickeln sich Bindekräfte, die das Wasser festhalten, es wird „gebunden". Nach diesem Prinzip entsteht auch die Bindung durch Mehlschwitze. Die **durch Stärke gebundene Flüssigkeit nennt man Kleister.**

Abb. 3 Stärkekleister

Wird erkalteter Stärkekleister gerührt, lässt die Festigkeit nach, weil man einen Teil der Bindekräfte zerstört.

Stärkekleister verliert nach einiger Zeit an Bindekraft. Man nennt das **Entquellung** oder **Retrogradation.** Dies führt teilweise zu unerwünschten Veränderungen an Lebensmitteln: Brötchen verlieren die Frische, sie werden altbacken, und Vanillecreme „zieht Wasser".

Stärkekleister kann z. B. bei Saucenbindung die Eiweißgerinnung verhindern, weil er eine **Schutzschicht zwischen den Eiweißmolekülen** bildet.

Dextrin

Dextrine entstehen durch Abbau der Stärkemoleküle beim Erhitzen ohne Wasser. In der Kruste von Gebäcken geben Dextrine z. B. Farbe und Aroma. In der Küche wird die Stärke beim Herstellen einer Mehlschwitze (Roux) zu Dextrinen abgebaut. Mit Dextrin gebundene Flüssigkeiten haben eine geringere Zähigkeit als mit Stärke gebundene. Darum wird auch für helle gebundene Suppen (Spargel, Blumenkohl) eine helle Roux hergestellt, obwohl die Verwendung von Mehlbutter (Beurre manié) verarbeitungstechnisch einfacher wäre.

Zellulose

Zellulose umschließt als Zellwand die Nährstoffe. Bei der Zubereitung von Rohkost ist darum darauf zu achten, dass die Zellwände für die Verdauungssäfte durchlässig gemacht werden.

Das kann geschehen durch

Zerkleinern, denn dabei werden die Zellwände zerstört, oder durch
Marinieren, denn durch die Säureeinwirkung werden die Zellwände durchlässig.

Zusammenfassung der küchentechnischen Eigenschaften

Gebrauchszucker löst sich leicht in Wasser, schmilzt bei Wärmeeinwirkung, zieht Wasser an.

Einfachzucker (Traubenzucker, Fruchtzucker) sind besonders stark wasseranziehend. Sie werden verwendet zu Gebäck, das feucht bleiben soll.

Stärke ist in kaltem Wasser unlöslich, quillt in warmem Wasser, verkleistert bei etwa 70 °C, wird beim Erhitzen ohne Wasser zu Dextrin, ist verkleistert leichter verdaulich.

Stärkekleister ist abgekühlt dicker als in warmem Zustand, verliert seine Festigkeit durch Rühren, schützt den Nährstoff Eiweiß vor dem Ausflocken, gibt bei längerer Aufbewahrung Wasser ab.

Dextrin entsteht aus Stärke beim Erhitzen ohne Wasser, schmeckt süßlich, gibt schwächere Bindung als Stärke.

Zellulose der Zellwände wird durch Hitze und mechanische Einwirkung gelockert, ist für den menschlichen Körper unverdaulich, regt als Ballaststoff die Verdauung an.

2.3 Bedeutung für den menschlichen Körper

Durch die Verdauung werden Stärke, Dextrin und Zuckerstoffe zu ihren Bausteinen, den Einfachzuckern, abgebaut. Diese liefern vorwiegend Energie.

Die Verdauung der Kohlenhydrate beginnt bereits im Mund, wo die Enzyme des **Mundspeichels** den Stärkeabbau einleiten. **Bauchspeichel** und **Dünndarmsäfte** liefern weitere Enzyme, die alle Kohlenhydrate zu Einfachzuckern abbauen; die Einfachzucker gelangen dann durch die Darmwand ins Blut.

Die Leber wirkt bei der Versorgung des Körpers mit Energie als Ausgleichsorgan. Vorübergehende Überschüsse an Zuckerstoffen speichert sie als Glykogen. Sinkt der Blutzuckerspiegel, wandelt die Leber Glykogen wieder in Einfachzucker um und gibt diesen an das Blut ab.

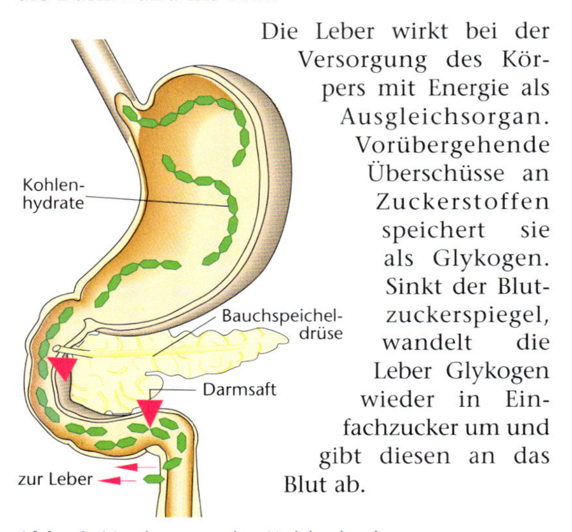

Abb. 1 Verdauung der Kohlenhydrate

Dauernde Überschüsse an Kohlenhydraten werden in Fett umgewandelt und als Energievorrat im Unterhautfettgewebe abgelagert. Zu viele Kohlenhydrate führen damit letztlich zu einer Gewichtszunahme.

Bei Zuckerkranken (Diabetikern) ist die Insulin-Produktion gedrosselt oder eingestellt, die Regelung des Blutzuckerspiegels ist gestört. Diabetiker bedürfen einer besonderen Diät (Seite 84).

2.4 Versorgung mit Kohlenhydraten

Kohlenhydrate liefern die größte Menge an Nährstoffen. Die Übersichten zeigen beispielhaft die unterschiedlichen Anteile der Kohlenhydrate an Lebensmitteln und die wichtigsten Quellen für die Versorgung mit Kohlenhydraten.

Nährwerttabellen geben zusätzliche Auskunft.

Zucker	100	Hülsenfrüchte	50
Makkaroni	72	Trockenobst	60
Mischbrot	52	Bananen	16
Kartoffeln, ohne Schalen	19	Äpfel	12
Trinkmilch	5	Gemüse	10

Abb. 2 Durchschnittlicher Kohlenhydratgehalt in %

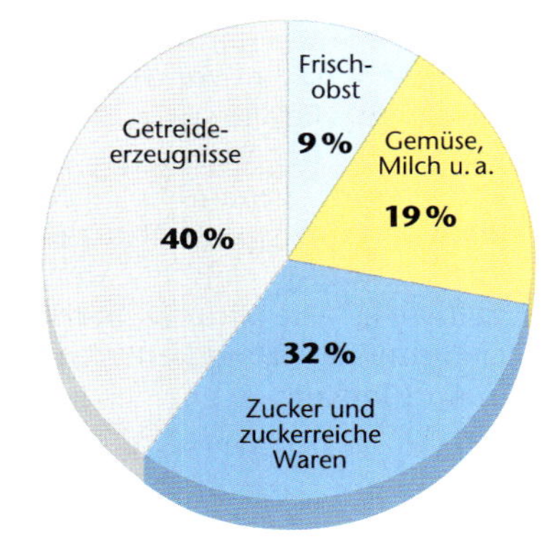

Abb. 3 Durchschnittliche Kohlenhydratversorgung in %

Aufgaben

1. Erklären Sie den Unterschied zwischen Lebensmitteln und Nährstoffen.
2. Worin liegt die Ursache für den hohen Energiebedarf bei Kindern?
3. Auch der erwachsene Mensch benötigt Baustoffe. Erläutern Sie diese Feststellung.
4. Beschreiben Sie, wie die Kohlenhydrate in der Pflanze entstehen.
5. Welche Gruppen von Kohlenhydraten werden unterschieden?
6. Zucker verändert beim Erhitzen Farbe und Geschmack. Nennen Sie Beispiele aus der Lebensmittelzubereitung, bei denen diese Veränderungen genutzt werden.
7. Bei welchen Zubereitungen entsteht Stärkekleister? Welche Aufgabe hat er dabei?
8. Warum darf Puddingpulver nicht mit heißer Milch angerührt werden?

3 Fette *fats* *graisses (w)*

3.1 Aufbau – Arten

Die Pflanze baut Fett auf aus Kohlenstoff, Wasserstoff und Sauerstoff. Es sind dies zwar die gleichen Grundstoffe (Elemente) wie bei den Kohlenhydraten, eine andersartige chemische Zusammensetzung führt jedoch zu völlig anderen Eigenschaften.

Bausteine des Fettes sind Glycerin und Fettsäuren.

Fett entsteht, wenn an ein Molekül Glycerin drei Fettsäuren angelagert werden. Von den verschiedenen Fettsäuren sind am Aufbau der Speisefette überwiegend beteiligt: Stearinsäure, Ölsäure, Palmitinsäure, Linolsäure.

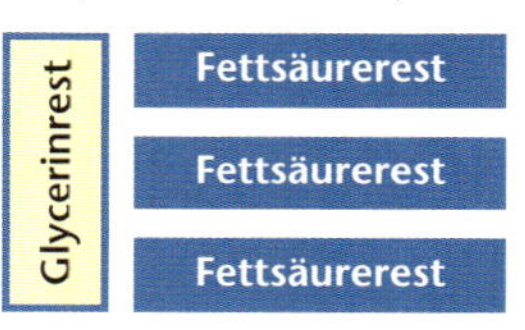

Bei festen Fetten ist der Anteil an Stearinsäure und Palmitinsäure hoch, bei Ölen (flüssigen Fetten) überwiegen Ölsäure und Linolsäure.

Fettsäuren bestimmen die Eigenschaften des Fettes

Die Fettsäuren bestehen aus einer Kohlenstoffkette, an die Wasserstoffatome gebunden sind.

Bei **gesättigten Fettsäuren** sind an alle Kohlenstoffatome je zwei Wasserstoffatome gebunden. Damit sind alle Bindungsmöglichkeiten genutzt, die Fettsäure ist gesättigt. Zu weiteren Veränderungen ist sie nur ungern bereit, sie reagiert träge.

```
       H   H   H   H   H   H   H   H   H   H
       |   |   |   |   |   |   |   |   |   |
 ... — C — C — C — C — C — C — C — C — C — C — ...
       |   |   |   |   |   |   |   |   |   |
       H   H   H   H   H   H   H   H   H   H
```

Bei **ungesättigten Fettsäuren** sind noch Bindekräfte frei. Nach der Anzahl der freien Bindekräfte bezeichnet man die Fettsäuren als einfach, zweifach oder mehrfach ungesättigt. Die freien Stellen können noch Bindungen eingehen. Ungesättigte Fettsäuren reagieren darum leicht.

```
       H   H   H   H           H   H   H   H
       |   |   |   |           |   |   |   |
 ... — C — C — C — C — C = C — C — C — C — C — ...
       |   |   |   |   |   |   |   |   |   |
       H   H   H   H   H   H   H   H   H   H
```

Eigenschaft / Fettsäure	ungesättigt	gesättigt
Reaktionsbereitschaft	hoch	gering
Ernährungswert	hoch	gering
Veränderung durch Sauerstoff und Wärme	stark	gering
Lagerfähigkeit	beschränkt	lange

Fette mit einem hohen Anteil an gesättigten Fettsäuren haben wirtschaftliche Vorteile: Sie sind länger verwendbar (z. B. Fritteuse) und länger lagerfähig. Fette mit einem hohen Anteil an ungesättigten Fettsäuren sind aber für die Ernährung wertvoller.

Behandlung der Fette

Naturbelassene Fette

Naturbelassene Fette enthalten neben dem Fett Teile des Rohstoffs, aus dem sie gewonnen worden sind. Diese können erwünscht sein, wie z. B. bei naturbelassenem Olivenöl (Olio vergine), sie können aber auch den Geschmack und das Aussehen beeinträchtigen.

Raffination

Raffination bedeutet wörtlich: Verfeinern. Das geschieht durch Beseitigung wertmindernder Bestandteile. Bei der Raffination von Fetten werden Bestandteile entzogen, die den Geruch oder den Geschmack beeinträchtigen. Aber es werden dabei auch solche Fettbegleitstoffe entfernt oder zerstört, die für die Ernährung wertvoll sind.

Härtung

Tierische Fette, wie Butter, Schmalz, Talg, waren früher die hauptsächlichen Speisefette. Diese sind halbfest oder fest.

Ölhaltige Früchte (wie z. B. Oliven) und ölhaltige Samen (z. B. Erdnuss, Kokosnuss) liefern dagegen flüssiges Öl. Um der Gewohnheit entgegenzukommen, werden diese Öle gehärtet, also halbfest oder fest gemacht.

Das ist möglich, weil die Ölsäure und die Stearinsäure eine Kettenlänge von 18 Kohlenstoffatomen haben. Die Formeln zeigen, dass sich die beiden Fettsäuren nur in zwei Wasserstoffatomen unterscheiden: Stearinsäure $C_{18}H_{36}O_2$, Ölsäure $C_{18}H_{34}O_2$.

Durch eine chemische Reaktion ist es möglich, an die Ölsäure zwei Atome Wasserstoff anzulagern. Damit wird aus der Ölsäure eine Stearinsäure und in der Folge aus einem Öl ein festes Fett.

Durch entsprechende Kombinationen ist es möglich, Fette mit jedem erwünschten oder technologisch erforderlichen Schmelzbereich herzustellen.

3.2 Küchentechnische Eigenschaften

Versuche

1. Füllen Sie einen flachen Topf mit etwa 25 cm Durchmesser halb mit kaltem Wasser. Geben Sie kleine Mengen verschiedener Fettarten auf je ein Stückchen Papier (ca. 5 × 5 cm), beschriften Sie entsprechend und legen Sie die Papiere mit dem Fett auf das Wasser. Erwärmen Sie langsam und stellen Sie mit Hilfe eines Thermometers die jeweilige Schmelztemperatur fest.
2. Erhitzen Sie in einem engen Topf 250 g Butter oder Margarine, bis sie „kocht“. Stellen Sie mit einem Thermometer (Einteilung bis 200 °C) die Temperatur fest.

   Auf welche Temperatur ist die Fritteuse Ihres Betriebes eingestellt?
3. Wie verändert sich Butter (Margarine) aus Versuch 2, wenn man länger erhitzt? Warum treten die Veränderungen bei Frittürenfett nicht auf?
4. Erhitzen Sie in einer kleinen Eisenpfanne bei starker Wärmezufuhr eine kleine Menge wasserfreies Fett. Beobachten Sie den Rand der Pfanne. Wie riecht das Fett nach längerem Erhitzen? Achtung! Passenden Deckel bereithalten – falls das Fett zu brennen beginnt, die Pfanne damit abdecken.
5. Bereiten Sie vier Reagenzgläser mit je 10 cm^3 Salatöl vor. Geben Sie in Glas a) keinen Zusatz, in Glas b) einen Teelöffel Eiklar, in Glas c) etwas Spülmittel, in Glas d) einige Tropfen Galle. Schütteln Sie jedes Glas etwa eine halbe Minute. Beobachten Sie dann Tröpfchengröße und Aufrahmungsgeschwindigkeit.
6. Nur von der Lehrkraft durchzuführen!
   Über einem Bunsenbrenner in einer Porzellanschale etwas wasserfreies Fett bis zum Rauchen erhitzen und entzünden. Durch ein Glasrohr (etwa 80–100 cm) einige Tropfen Wasser in das Fett leiten. Was geschieht? Fett durch Abdecken löschen.
7. Legen Sie das Einschlagpapier von Butter mit den anhaftenden Fettresten auf das Fensterbrett. Kosten Sie die Butter-Reste nach einem Tag.

Fett ist spezifisch leichter als Wasser und steigt darum nach oben.

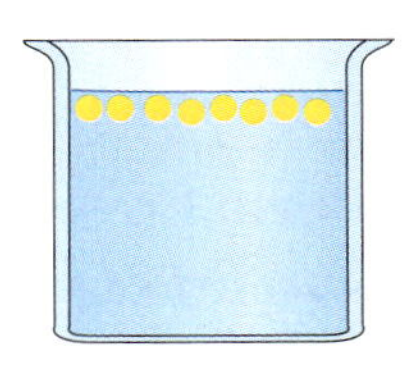

Fett und Öle haben eine geringere Dichte als Wasser. Darum schwimmen „Fett-Augen“ auf der Suppe, darum „schwimmt“ auf manchen Saucen Fett. Diese unterschiedliche Dichte macht es leicht, Fett von Wasser zu trennen. Das Abschöpfen von Fett nennt der Koch degraissieren. Bei erkalteten Flüssigkeiten kann das erstarrte Fett einfach abgehoben werden.

Fette können emulgiert werden.

Als Emulsionen bezeichnet man dauerhafte Vermischungen von Fett und Wasser. Um eine Emulsion zu erhalten, sind Emulgatoren erforderlich. Emulgatoren setzen die Oberflächenspannung herab, sodass Fett und Wasser sich nicht mehr abstoßen.

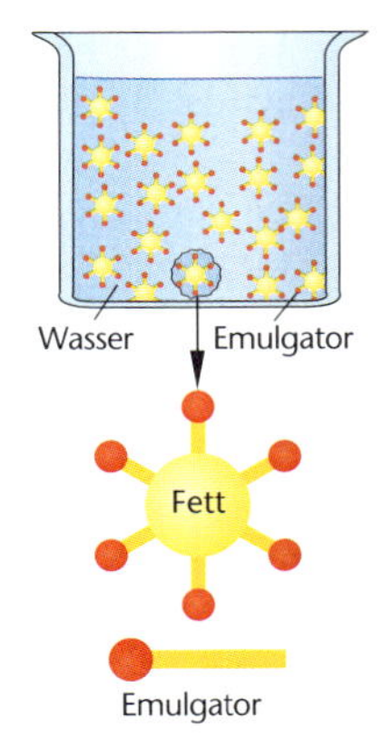

Das ist durch den besonderen Aufbau der Emulgatoren möglich: Ein Ende des Emulgatormoleküls verbindet sich mit dem Fett, ist fettfreundlich, das andere verbindet sich mit dem Wasser, ist wasserfreundlich. So entsteht gleichsam eine Klammer zwischen Stoffen, die sich normalerweise abstoßen.

Wie lange eine Emulsion hält, hängt von der Größe der Fetttröpfchen ab. Wird z. B. beim Rühren einer Mayonnaise das Öl zu rasch beigegeben, bilden sich zu wenig Eiweiß-Schutzhüllen, und die Mayonnaise gerinnt. Bei der Milch kann durch das Homogenisieren, bei dem man die Fetttröpfchen zerkleinert, das Aufrahmen verhindert werden.

In der Küche findet man als Emulgatoren z. B. Eigelb, aber auch Seife und Spülmittel.

Beispiele für Emulsionen

- Milch: 3,5 % Fett und Wasser
- Sahne: 30 % Fett und Wasser
- Butter: 82 % Fett und Wasser

Auch Mayonnaise, holländische Sauce, Buttercreme, Leberwurst usw. sind Emulsionen.

Fette haben unterschiedliche Schmelzbereiche.

Als Schmelzpunkt bezeichnet man die Temperatur, bei der ein Körper vom festen in den flüssigen Zustand übergeht. Speisefette sind Gemische aus Fetten unterschiedlicher Zusammensetzung.

Darum schmelzen sie nicht bei einem ganz bestimmten **Schmelzpunkt**, sondern innerhalb eines **Schmelzbereiches.** Den Zusammenhang zwischen der Art der am Fettaufbau beteiligten Fettsäuren und dem Schmelzbereich zeigt die Zusammenstellung.

Fettart	Schmelzbereich	Fettsäuren gesättigte	Fettsäuren ungesättigte
Kokosfett	40–50 °C	90	10
Butter	30–35 °C	50	50
Schweinefleisch	25–35 °C	40	60
Erdnussöl	ca. 5 °C	20	80

Der Schmelzbereich bestimmt die Verwendung.

- **Öle** verwendet man für Salate, Mayonnaise.
- **Weiche Fette** wie Butter, Margarine nutzt man als Streichfett; sie bilden auch die Grundlage für Rührkuchen und Rührcremes (Buttercreme).
- **Feste Fette** sind stark wärmebelastbar. Entsprechende Speisen sollen so warm wie möglich verzehrt werden, weil ihr Schmelzbereich in der Nähe der Körpertemperatur liegt. Das Fett könnte sich an der Gaumenplatte festlegen.

Fette sind unterschiedlich hoch erhitzbar.

Alle Fette sind über 100 °C hinaus erhitzbar und erlauben darum andere Garverfahren, als dies möglich ist, wenn nur Wasser verwendet wird. Außerdem können sich die Geschmack gebenden Röststoffe erst ab etwa 120 °C bilden.

Alle Fette beginnen von einer bestimmten Temperatur an zu rauchen und sich zu zersetzen. Man spricht deshalb vom **Rauch- oder Zersetzungsbereich.** Oberhalb dieses Temperaturbereichs entsteht Acrolein, das gesundheitsschädlich ist.

Die Temperaturbelastungsfähigkeit ist von der Fettart abhängig.

Butter und *Margarine* sollten deshalb nicht über 150 °C erhitzt werden. Sie eignen sich nur zum Dünsten, nicht aber zum Braten.

Butterschmalz kann stärker erhitzt werden.

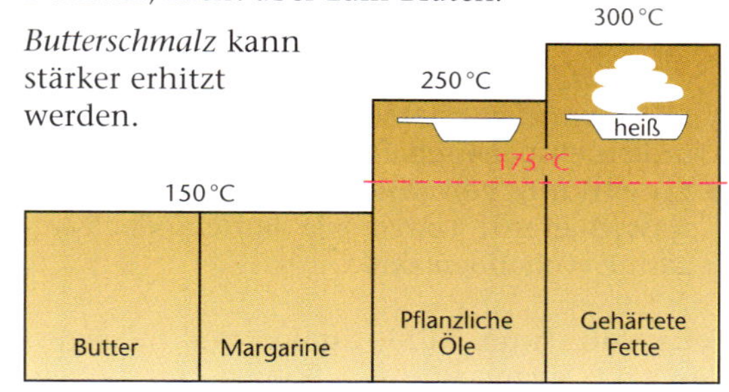

Abb. 1 Erhitzbarkeit von Fetten

Reine Pflanzenfette können zwar höher erhitzt werden. Die Temperatur sollte jedoch 175 °C nicht überschreiten. Dadurch wird die Bildung von schädlichem **Acrylamid** eingeschränkt.

In Fettbackgeräten (Fritteusen) kann das Backfett länger genutzt werden, wenn es regelmäßig gefiltert und damit von Resten gegarter Speisen befreit wird.

Fette trennen.

Fette bilden Trennschichten und verhindern das Zusammenkleben oder Festkleben. Darum fettet man Backbleche und Kuchenformen.

Die splitterig lockere Struktur von Blätterteig ist nur möglich, weil Fettschichten die einzelnen „Teigblätter“ voneinander trennen. Beim Backen

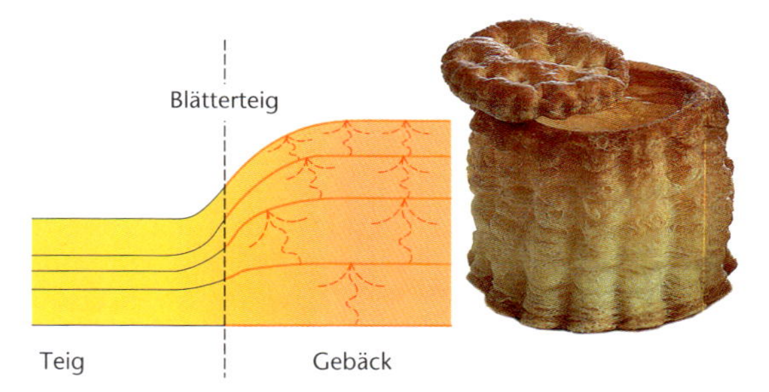

Abb. 2 Lockerung von Blätterteig beim Backen

kann der entstehende Wasserdampf die Teigschichten anheben.

Fette verderben.

Fette können sich in ihre Bestandteile Glycerin und Fettsäuren trennen. Ursachen dieser Zersetzung können sein:

- **Einwirkung von Luftsauerstoff.** Diese Veränderung ist bei allen Fetten möglich, läuft aber bei den Fettarten, die ungesättigte und damit reaktionsfreudigere Fettsäuren enthalten, rascher ab. Licht und Wärme begünstigen diese Veränderung. Darum soll z. B. die Fritteuse zurückgeschaltet werden, wenn sie nur in Betriebsbereitschaft ist.
- **Einwirkung von Mikroben**, die vor allem in wasserhaltigen Fetten wie Butter oder Margarine vorhanden sind.

Fette sind darum **kühl, dunkel** und möglichst **verpackt** aufzubewahren. Speisen mit hohem Fettanteil sollten auch in tiefgekühltem Zustand nicht länger als sechs Monate gelagert werden.

3.3 Bedeutung für den menschlichen Körper

Im Körper werden die mit der Nahrung aufgenommenen Fette durch die Verdauung in ihre Bausteine **Glycerin** und **Fettsäuren** zerlegt.

Dazu werden sie zunächst erwärmt. **Gallensaft emulgiert** die Fette und vergrößert so die Gesamtoberfläche des Fettes.

Verdauungssäfte aus der Bauchspeicheldrüse und dem Dünndarm **spalten die Fette.**

Die Fettbausteine Glycerin und Fettsäuren wandern durch die Darmwand, werden zu körpereigenem Fett zusammengesetzt und in der **Lymphbahn transportiert.**

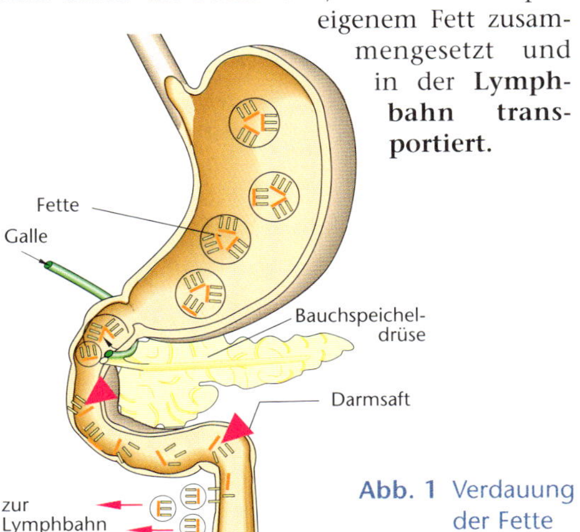

Abb. 1 Verdauung der Fette

Die Bedeutung des Nährstoffes Fett für die Ernährung ist durch folgende Eigenschaften gekennzeichnet:

- Fett ist der Nährstoff mit dem höchsten Energiegehalt: 1 Gramm Fett ≙ 37 kJ.[1]
- Fett liefert **essenzielle Fettsäuren**, auf deren Zufuhr der Körper angewiesen ist, weil er sie nicht selbst bilden kann. Alle essenziellen Fettsäuren sind **ungesättigte Fettsäuren.** Zu den mehrfach ungesättigten Fettsäuren zählen die Omega-3- und Omega-6-Fettsäuren. Sie übernehmen im Körper wichtige Regelaufgaben. So schützt z. B. die Omega-3-Fettsäure vor Herz-Kreislauf-Erkrankungen und beugt Entzündungen vor.
  Gesättigte Fettsäuren sind für die Ernährung weniger wertvoll. Der Ernährungsbericht besagt, dass allgemein ausreichend ungesättigte Fettsäuren aufgenommen werden. Eine spezielle Auswahl, etwa Diätmargarine, ist nur auf ärztliche Anordnung erforderlich.
- Fett ist Träger der **fettlöslichen Vitamine A, D und E.** Diese können im Körper nur dann verwertet werden, wenn bei der Verdauung zugleich Fett zugegen ist. Bei gemischter Ernährung ist das gewährleistet. Nur wenn z. B. spezielle Rohkosttage eingelegt werden, ist auf eine Fettzufuhr, etwa durch Salatöl, zu achten.

Überschüssiges Fett wird als **Energiereserve** im Unterhautfettgewebe gespeichert. Bei Bedarf kann es wieder zur Energiegewinnung herangezogen werden.

Ein Ernährungsproblem ist heute die Überversorgung mit Fett. Dem verhältnismäßig **geringen Energieverbrauch** steht eine **reichliche Fettaufnahme** gegenüber. Wir neigen dazu, zu viel Energie aufzunehmen. Wir bewegen uns meist zu wenig und essen vielfach reichlich.

Eine Einschränkung des **Fettverbrauchs** im persönlichen Bereich ist möglich.

- **Streichfett** in Maßen anwenden; z. B. bei fettreichem Belag wie Leberwurst oder Fettkäse darauf verzichten.
- **Brat- und Kochfett** nur in notwendiger Menge verwenden, evtl. auf fettreiche Zubereitungen wie Pommes frites verzichten.
- **Begleitfette** verringern; man nennt diese Fette auch verborgene Fette, weil sie beim Verzehr nicht sichtbar sind, z. B. in Fettkäse, Teewurst, Mayonnaise und Saucen.

[1] Der physiologische Brennwert ist je nach Fettart unterschiedlich. 37 kJ/g entsprechen den Werten der Nährwertkennzeichnungsverordnung.

3.4 Versorgung mit Fetten

Die Übersichten zeigen Fettgehalte von Lebensmitteln, die als Fettlieferanten bekannt sind. Diese nennt man **sichtbare Fette.** Daneben gibt es Lebensmittel, bei denen man zunächst nicht an den hohen Fettgehalt denkt, weil das Auge das Fett nicht erkennt. Darum spricht man von **verborgenem** oder **nicht sichtbarem Fett.**

Lebensmittel	Fettgehalt
Plattenfett	100
Speiseöle	100
Schweineschmalz	100
Butter	82
Margarine	80
Speck, fett	80
Halbfettmargarine	40

Abb. 1 Durchschnittlicher Fettgehalt in Gramm je 100 g Lebensmittel: **Sichtbare Fette**

Lebensmittel	Fettgehalt
Mettwurst	51
Blutwurst	44
Leberwurst	40
Schlagsahne	30
Hartkäse	16 – 28
Schweinefleisch, mittelfett	21
Eier	10

Abb. 2 Durchschnittlicher Fettgehalt in Gramm je 100 g Lebensmittel: **Verborgene Fette**

Aufgaben

1. Welche Gemeinsamkeiten und welche Unterschiede bestehen zwischen Kohlenhydraten und Fetten hinsichtlich der Zusammensetzung?
2. Wenn Salatmarinaden, z. B. Vinaigrette, längere Zeit stehen, setzt sich das Öl oben ab. Erklären Sie warum.
3. Bei Eis spricht man vom Schmelzpunkt, bei Fetten vom Schmelzbereich. Erklären Sie.
4. Von Erdnüssen wird berichtet, dass sie Grundlage für Salatöl und festes Fett sein können. Ist das möglich? Wenn ja, begründen Sie.
5. Bei vielen Rezepturen steht: „Vor dem Service mit einigen Butterflocken vollenden.“ Nehmen Sie dazu Stellung.
6. Kurt isst ein Blätterteiggebäck und trinkt dazu eine Cola. „Komisch“, sagt er, „meine Gaumenplatte ist so glitschig.“ Versuchen Sie zu erklären.
7. Ein Stück Frühstücksbutter wiegt 25 g. Der Fettgehalt beträgt 82 %; ein Gramm Fett liefert 37 kJ. Der Tagesbedarf eines Leichtarbeiters liegt bei 10.000 kJ am Tag. Wie viel % des täglichen Energiebedarfes liefert das Stückchen Frühstücksbutter?

4 Eiweiß (Protein) *proteins* *protéines (w)*

4.1 Aufbau – Arten

Eiweiß unterscheidet sich in der chemischen Zusammensetzung von den Kohlenhydraten und den Fetten. Wie diese enthält es zwar die Elemente Kohlenstoff (C), Wasserstoff (H) und Sauerstoff (O), zusätzlich aber **immer Stickstoff (N).** Bei manchen Eiweißarten können noch Schwefel (S) oder Phosphor (P) hinzukommen.

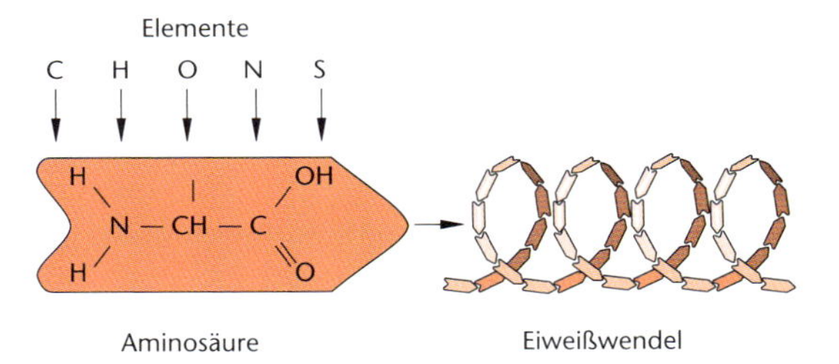

Abb. 1 Grundaufbau der Eiweißstoffe

Aus diesen Elementen entstehen die **Aminosäuren**, die Bausteine aller Eiweißarten. Die Aminosäuren verketten sich wendelartig.

Das Bild zeigt den Grundaufbau aller Eiweißstoffe. Die Vielfalt der Eiweißarten entsteht, wenn verschiedene Aminosäuren sich in unterschiedlichen Folgen aneinanderfügen und zusätzlich andere Stoffe (Nichteiweißstoffe) anlagern.

Die vielen Eiweißarten unterscheidet man nach der Zusammensetzung und der Form.

Unterscheidung nach der Zusammensetzung

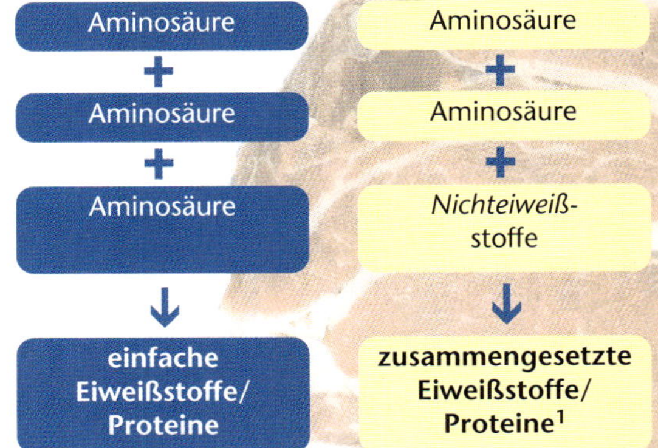

Unterscheidung nach der Form

Die gewendelten Eiweißstoffe formen sich weiter. Bilden sie kugelige Gebilde, nennt man sie **Globuline** (Globus – Kugel) oder **kugelförmige Eiweißstoffe.**

Globulin ist reichlich enthalten in Fleisch, Fisch und Hülsenfrüchten.

Verbinden sich die Eiweißstoffe kabelartig, so nennt man sie **fibrilläre** Proteine oder **faserförmige Eiweißstoffe** (Fiber [lat.] Faser).

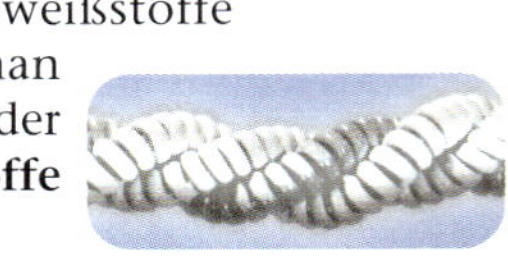

Die faserförmige Beschaffenheit gibt Festigkeit, wie sie für Bindegewebe erforderlich ist.

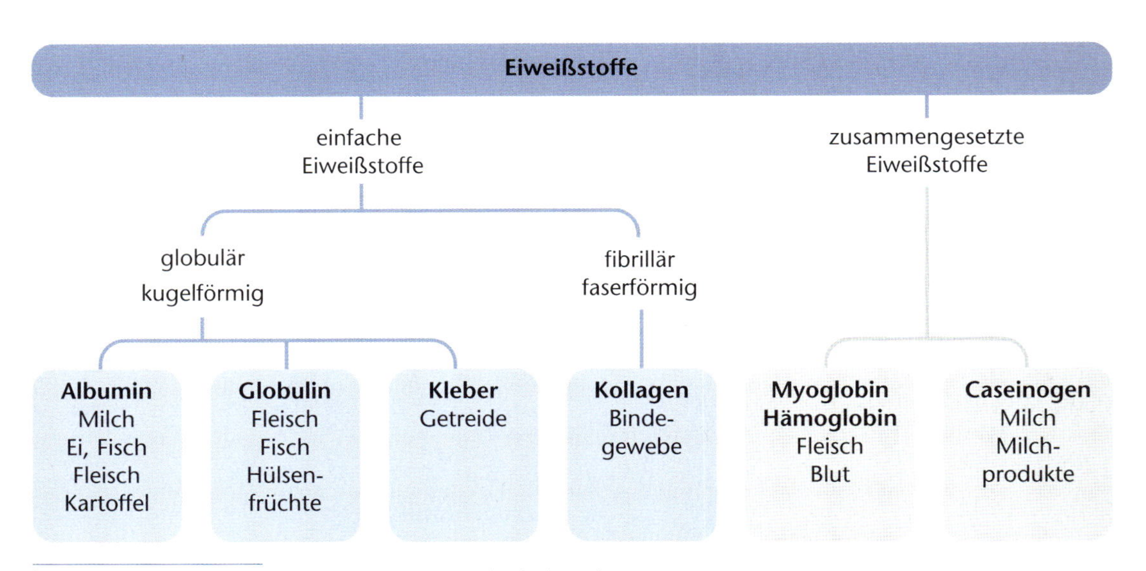

[1] Man spricht nur noch von Proteinen. Der Begriff Proteide gilt als veraltet.

4.2 Küchentechnische Eigenschaften

Versuche

1. Bearbeiten Sie 50 g mageres Hackfleisch mit dem Mixer und vermengen Sie es anschließend mit 150 g Wasser. Seihen Sie nach 5 Min. ab.
2. Bearbeiten Sie Hackfleisch wie oben, setzen Sie aber dem Wasser 6 bis 8 g Salz zu.
3. Bereiten Sie aus 100 g Weizenmehl und Wasser einen mittelfesten Teig, lassen Sie ihn 20 Min. ruhen und kneten Sie ihn in der Hand unter fließendem Wasser. Formen Sie die zurückbleibende gelbe, klebrige Masse zu einer Kugel und backen Sie diese in einer Backröhre.
4. Vermischen Sie lauwarme Milch mit einigen Tropfen Zitronensaft oder Essig. Wenn Dickmilch entstanden ist, erhitzen Sie diese.
   Führen Sie den Versuch nicht mit Zitronensaft oder Essig, sondern mit Lab (Apotheke) durch und verkosten Sie Quark und Molke aus beiden Versuchen.
5. Gelatine ist aus Häuten und Knochen gewonnenes Leimeiweiß oder Kollagen. Für die folgenden Versuche dient sie an Stelle der Häute als Grundlage.
   Tauchen Sie ein Blatt Gelatine in ein Becherglas mit kaltem Wasser, ein zweites Blatt in ein Becherglas mit kaltem Wasser, dem einige Tropfen Zitronensaft oder Essig zugefügt sind.
6. Weichen Sie zwei Blatt Gelatine 5 Min. in kaltem Wasser ein. Gießen Sie dann das Wasser ab und erwärmen Sie langsam. Stellen Sie die aufgelöste Gelatine an einen kühlen Ort.
7. Bereiten Sie aus einem Bouillonwürfel, der auch kleingehackte Kräuter enthält, 0,75 *l* Brühe. Teilen Sie die Flüssigkeit, wenn sie auf mindestens 50 °C abgekühlt ist, in zwei Hälften.
   Vermischen Sie einen Teil mit einem Eiklar und erwärmen Sie langsam unter stetem Rühren. Wenn die Brühe aufwallt, heben Sie mit einer Schöpfkelle den Schaum ab.
   Vergleichen Sie das Aussehen beider Brühen.
8. Stellen Sie ein Wasserbad und drei kleine Kuchenformen (oder Dariole-Formen, Formen für Sülzkoteletts) bereit. Entsprechend der Größe der Formen bereiten Sie ein Gemenge aus Milch und Ei im Verhältnis 1:1, also eine Royale.
9. Füllen Sie die Formen a) und b). In den Rest für Form c) rühren Sie je anteiliges Ei einen Teelöffel Stärke (Mondamin, Gustin) und füllen Sie dann die Form.
   Erhitzen Sie im Wasserbad. Wenn die Masse in den Formen stockt, entnehmen Sie Form a). Die Formen b) und c) weiter erhitzen, bis die Gerinnung eintritt. Stellen Sie die Temperaturen mit einem Thermometer fest.

Albumin ist wasserlöslich und gerinnt bei 70 °C.

Kocht man Fleisch, geschälte Kartoffeln oder Linsen, setzt sich am Topfrand ein weißgrauer **Schaum** ab. Dieser besteht hauptsächlich aus ausgelaugtem und geronnenem Albumin.

In der Hotelküche wird dieser Schaum von der Brühe abgeschöpft, damit eine klare Suppe serviert werden kann. Im Haushalt sollte man darauf verzichten, denn Albumine sind wertvolle Eiweißstoffe.

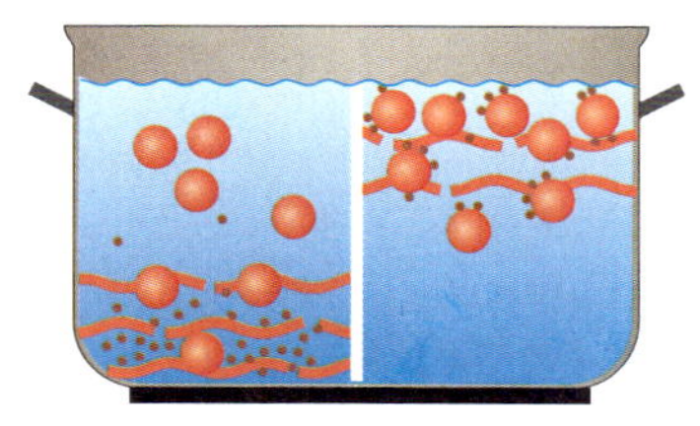

Albumin zieht in Flüssigkeiten Trübstoffe an.

Beim Erwärmen von Eiweiß werden Bindekräfte frei, die Trübstoffe anziehen und an sich binden. Wenn bei stärkerer Wärmeeinwirkung das Eiweiß dann gerinnt, steigt es nach oben und nimmt die Eiweiß- und Trübstoffe mit sich. Mit einem Schaumlöffel kann es von der Oberfläche abgeschöpft werden.

Man nutzt diese Wirkung des Albumins, wenn klare, trübstofffreie Flüssigkeiten erzielt werden sollen.

Beispiele

- Klären von Brühen,
- Herstellen von Aspik,
- Bereitung von Weingelee.

Albumin bindet Flüssigkeiten.

Albumin lagert beim Erwärmen Flüssigkeit an und bindet sie. Dies nutzt man z. B. bei der Herstellung von Karamellcreme und Eierstich. Zu beiden Produkten werden Milch und Eier in etwa gleichem Verhältnis vermischt. In **kaltem** Zustand ist die Mischung **flüssig**, denn die Bindekräfte haben sich noch nicht entfaltet.

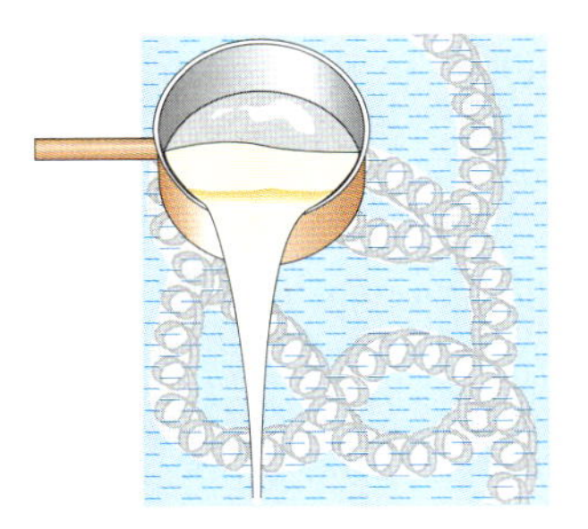

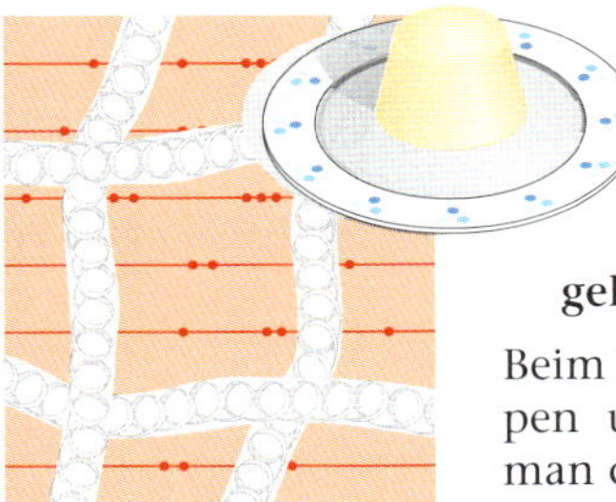

Bei etwa 70 °C binden die Eiweißstoffe. Es entsteht eine kompakte, **geleeartige Masse.**

Beim **Legieren** von Suppen und Saucen nutzt man die gleiche Art von Bindung. Weil die Eiermenge geringer gehalten wird, entsteht eine **sämige Bindung.**

Steigt die Temperatur zu hoch, brechen die Bindekräfte zusammen: Das Gel „bricht" und teilt sich in Gerinnsel und ungebundene Flüssigkeit. In zu hoch erhitzten Suppen und Saucen schwimmen Gerinnsel.

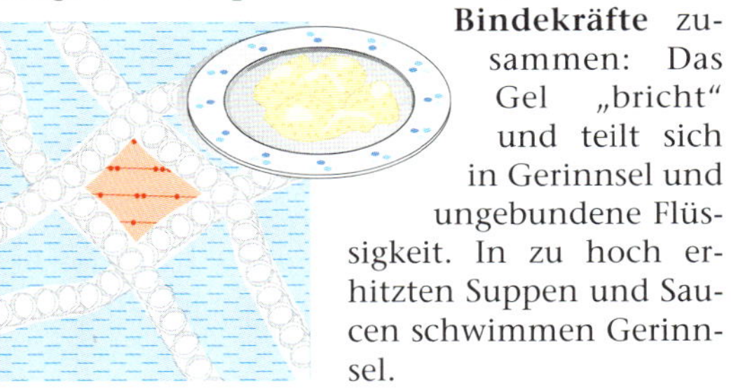

Globulin bildet die Grundlage der Wurstherstellung.

Globulin kommt fast immer zusammen mit Albumin vor, z. B. in Fleisch, Fisch, Milch und Eiern.

Im Unterschied zu Albumin löst sich Globulin nur in salzigen Flüssigkeiten. Wird es erwärmt, gerinnt es bei etwa 70 °C.

Von besonderer Bedeutung sind die Globuline bei der Herstellung von Wurstmasse. Der Fleischer bezeichnet sie als **Brät.** Der Koch stellt Vergleichbares her und nennt es **Farce.**

Durch feine Zerkleinerung im Kutter werden aus der Fleischfaser die Globuline freigelegt. Nach **Beigabe von Salz** lösen sie sich und **lagern Wasser an,** das in Form von Eis beigegeben wird. Das fertige Brät wird in Därme gefüllt. Beim abschließenden **Brühen** (75 °C) gerinnen die Eiweißstoffe und machen die Wurst schnittfest.

Der Koch formt z. B. Klößchen und pochiert diese in einer Brühe. Technologisch ist das der gleiche Vorgang wie bei der Wurstherstellung.

Klebereiweiß bildet das Gerüst im Brot.

Das Weizenmehl enthält die Eiweißarten Gliadin und Glutenin. Bei der Teigbereitung nehmen sie Wasser auf, quellen und verbinden sich zu einer zähen, dehnbaren Masse, dem **Kleber.**

Damit der Kleber gut ausgebildet wird, bearbeitet man Weizenteige, bis sie sich vom Gefäß lösen oder bis sie Blasen werfen.

Abb. 1 Kleber bildet das Brotgerüst.

Bei Mürbeteigen erwartet man ein lockeres, leicht brechendes Gebäck. Darum wird die Ausbildung des Klebers vermieden. Man knetet die Mürbeteige nicht, sondern vermengt die Zutaten nur kurz.

Bindegewebe verkürzt sich beim Erhitzen.

Die einzelnen Fleischfasern sind vom Bindegewebe umschlossen und werden durch dieses zusammengehalten. Bei Wärmeeinwirkung verkürzt sich das Bindegewebe, es zieht sich zusammen. Dabei drückt es den Fleischsaft aus den Fasern. Das Fleisch wird trocken.

Abb. 2 Bindegewebe zieht sich beim Erhitzen zusammen.

Durch entsprechende Behandlung des Fleisches wird dem entgegengewirkt:

- **Klopfen** – Bindegewebefasern reißen ein,
- **Einschneiden** – Speck- oder Bindegeweberand wird durchtrennt.

Kollagen bildet eine Gallerte.

Schwarten, Knorpel und Knochen enthalten viel Kollagen oder Leimeiweiß. Dieses wird durch Kochen gelöst und geht in die Flüssigkeit über. In gereinigter und getrockneter Form wird es als **Gelatine** angeboten.

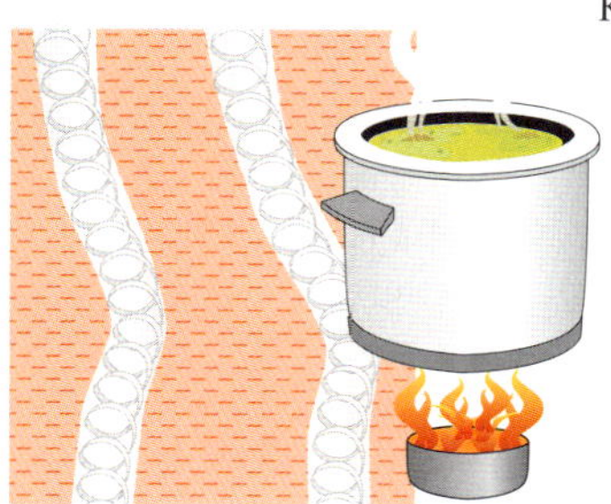

Gelatine wird eingeweicht und in warmer Flüssigkeit gelöst. Dabei zeigt sich noch keine Bindung.

Beim Abkühlen bildet sich eine Gallerte, z. B. bei Aspik oder Sülze.

Bei Wiedererwärmen wird die Gallerte wieder flüssig.

Caseinogen gerinnt durch Säure und Lab.

Milch enthält den Eiweißstoff Caseinogen. Beim Caseinogen ist mit dem Eiweißteil der Mineralstoff Calcium eng verbunden. Darum gerinnt Milch beim Kochen nicht. Wenn jedoch durch **Milchsäure** das Calcium abgetrennt wird, gerinnt das Eiweiß z. B. bei Sauermilch und Joghurt.

Wird die angesäuerte Milch erwärmt, trennt sie sich in Eiweißgerinnsel (Quark) und Flüssigkeit (Molke).

Ähnlich verhält sich die Milch, wenn ihr **Lab** zugesetzt wird. Lab ist ein Enzym aus dem Magen der Kälber.

Eiweiß verdirbt rasch.

Eiweißhaltige Lebensmittel verderben besonders leicht, denn viele Mikroben bevorzugen Eiweiß. Lebensmittel, die von Mikroben befallen sind, riechen und schmecken unangenehm. Bei Fleisch und Wurst zeigt sich der Mikrobenbefall in einer schmierigen Oberfläche.

Verdorbene, eiweißhaltige Lebensmittel sind gesundheitsschädlich; sie führen zu Übelkeit, Durchfall und Erbrechen.

4.3 Bedeutung für den menschlichen Körper

Wie die anderen Nährstoffe müssen auch die Eiweißstoffe durch die Verdauung zu den Bausteinen, den Aminosäuren, abgebaut werden. Diese gelangen dann durch die Darmwand in den Blutkreislauf.

Der Eiweißabbau beginnt im **Magen.** Die **Salzsäure** des Magensaftes lässt das Eiweiß zunächst **gerinnen. Enzyme spalten** dann die Eiweißmoleküle in Bruchstücke. Diese werden anschließend von den Enzymen des Bauchspeichels und des Darmsaftes zu den Aminosäuren abgebaut.

Eiweißstoffe dienen dem Körper vorwiegend als **Baustoff.** Bei Kindern und Heranwachsenden ist das Eiweiß notwendig zum **Aufbau**, bei Erwachsenen zum **Ersatz** verbrauchter oder abgenutzter Körpersubstanz.

Führt man dem Körper mehr Eiweißstoffe zu, als er zum Aufbau und zur Erneuerung benötigt, verwendet er diese zur **Energiegewinnung.**

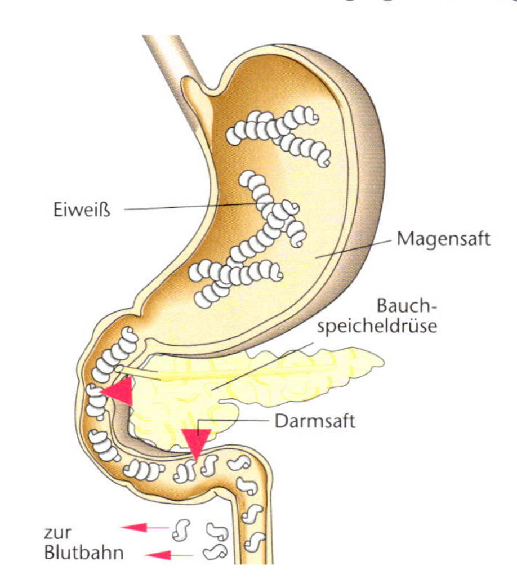

Abb. 1 Verdauung von Eiweiß

Essenzielle Aminosäuren – Biologische Wertigkeit

Die Aminosäuren werden im Körper zu körpereigenem Eiweiß aufgebaut. Jede Eiweißart (Haut, Bindegewebe, Haare) wird dabei nach einem ganz bestimmten, im Voraus festgelegten Muster gebildet. Manche Aminosäuren kann der Körper selbst bilden. Bei anderen ist er jedoch auf die Zufuhr von außen angewiesen. Man nennt diese Aminosäuren **lebensnotwendig** oder **unentbehrlich** oder **essenziell.** Eiweißarten mit vielen essenziellen Aminosäuren sind darum für den Körper besonders wertvoll.

Der Anteil der einzelnen Aminosäuren im Nahrungseiweiß entspricht nicht immer der Zusammensetzung von Körpereiweiß. Die Verwertbarkeit von Nahrungseiweiß wird durch die essenzielle Aminosäure bestimmt, die mit dem geringsten Anteil vorhanden ist. (Der Körper kann nicht „weiterbauen", wenn ein bestimmter Baustein fehlt. Auch wenn genügend andere Bausteine vorhanden sind, bleiben die Kombinationsmöglichkeiten begrenzt.) Man nennt darum die essenzielle Aminosäure, die mit dem geringsten Anteil vorhanden ist, die **begrenzende Aminosäure.** Sie bestimmt auch die biologische Wertigkeit.

Die **biologische Wertigkeit** einer Eiweißart gibt an, wie viel Gramm Körpereiweiß aus 100 Gramm Nahrungsmitteleiweiß gebildet werden können. Die biologische Wertigkeit ist eine Prozentzahl. „Vom Hundert" ≙ %.

Beispiele für ein Berechnung

Fischfilet 100 Gramm, Eiweißanteil 17 %, biologische Wertigkeit 80 %.

Das Filet enthält 17 % = 17 Gramm Eiweiß. Davon kann der Körper 80 % nutzen. Das sind ≈ 13,6 Gramm.

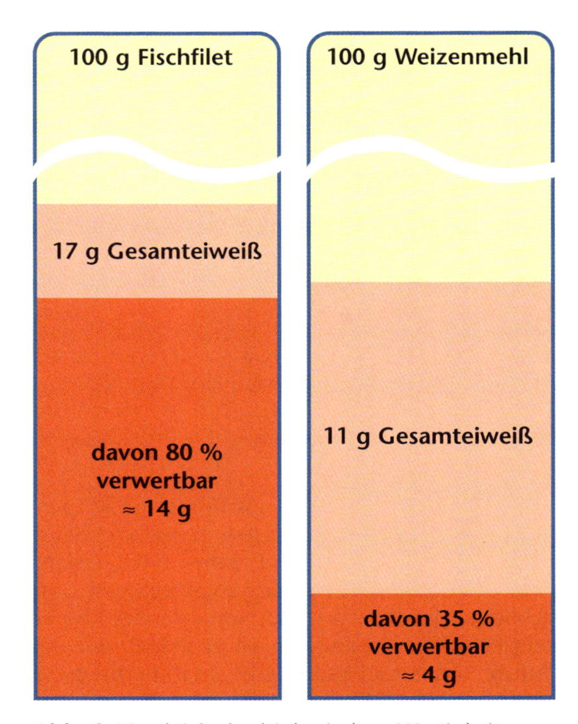

Abb. 1 Vergleich der biologischen Wertigkeit

Vergleich mit 100 g Weizenmehl, das einen Eiweißanteil von 11 % und eine biologische Wertigkeit von 35 % hat.

In 100 Gramm Weizenmehl sind 11 % = 11 Gramm Eiweiß. Davon sind für den Körper 35 % verwertbar, das sind etwa 4 Gramm.

Tierisches Eiweiß enthält mehr essenzielle Aminosäuren als pflanzliches. Unterschiedliche Eiweißarten können sich gegenseitig ergänzen und damit zusammen eine höhere biologische Wertigkeit haben.

Vegetarier achten bei der Zusammenstellung der Kost besonders auf die begrenzenden Aminosäuren. Bei sinnvoller Kombination können sie den Eiweißbedarf voll decken.

4.4 Versorgung mit Eiweiß

Über die Versorgung mit Eiweiß geben die Tabellen Auskunft.

Durchschnittlicher Eiweißgehalt in Gramm je 100 g Lebensmittel

Lebensmittel	g
Hartkäse, Vollfett	25
Linsen	24
Schweinefleisch, mittelfett	18
Heringsfilet	18
Speisequark, mager	17
Blutwurst	14
Hühnerei	11
Mischbrot	7
Joghurt	5
Entrahmte Milch	4
Kartoffeln ohne Schalen	2

Durchschnittliche Eiweiß-(Protein-)Versorgung in % aus:

Quelle	%
Kartoffeln	5
Eiern	5
Milchprodukten	12
Fisch, Hülsenfrüchten u. a.	18
Getreideprodukten	20
Fleisch/Fleischwaren	40

Aufgaben

1 „Eiweiß muss sein." Erklären Sie das unter Verwendung des Begriffes essenzielle Aminosäuren.
2 Nennen Sie Merkmale, nach denen die Eiweißarten unterschieden werden.
3 Durch welche küchentechnischen Vorgänge kann man Eiweiß zum Gerinnen bringen?
4 Der Eiweißbedarf je kg Körpergewicht ist je nach Lebensalter unterschiedlich. Begründen Sie.
5 Milch hat eine hohe biologische Wertigkeit. Darum ist Quark ein Eiweißlieferant von hoher Qualität. Können Sie diesen Satz näher begründen?
6 „Fleisch ist ein Stück Lebenskraft", sagt die Werbung. Man kann dazu unterschiedlicher Meinung sein. Sammeln Sie Argumente.

5 Vitamine *vitamins* *vitamines (w)*

5.1 Bedeutung für den menschlichen Körper

Für eine gesunde Ernährung unabdingbar sind als Wirkstoffe die **Vitamine** und **Mineralstoffe** (Kapitel 6). Wegen ihrer Aufgaben im Körper werden diese Nahrungsbestandteile auch als **Regler- und Schutzstoffe** bezeichnet. Der menschliche Organismus ist auf eine regelmäßige Zufuhr angewiesen, weil er diese Stoffe nicht selbst bilden und nur begrenzt speichern kann.

Früher wurden die Vitamine in der Reihenfolge der Entdeckung mit Buchstaben bezeichnet. Später benannte man sie teilweise nach der Wirkung, z. B. „antiskorbutisches Vitamin".

Heute haben die Vitamine Namen, die entweder zu ihrer Funktion oder zur chemischen Beschaffenheit Bezug haben. In der Tabelle auf der nächsten Seite werden alte und neue Bezeichnungen genannt.

Bei richtiger Ernährung mit gemischter Kost wird der gesunde menschliche Körper in den allermeisten Fällen ausreichend mit Vitaminen versorgt (Ernährungsbericht).

Trotzdem kann es zu **Versorgungslücken** kommen:

- *Falsche Ernährung*
  z. B. nur „Cola und Pommes"
  Riegel und Schokolade
  Blitzdiät, Fress-Brech-Sucht
- *Falscher Umgang mit Lebensmitteln*
  (Vgl. Grafiken auf den beiden Folgeseiten)
- *Erhöhter Bedarf*
  Ausgedehntes Training führt zu Verlust durch Schweiß.
  Starkes Rauchen vermindert die Aufnahme.
  Medikamente können ausschwemmen.

Eine Unterversorgung mit Vitaminen oder **Hypovitaminose** äußert sich im einfachsten Falle mit Abgespanntheit und einer Störung des Wohlbefindens. Ein Mangel über einen längeren Zeitraum führt jedoch in vielen Fällen zu ernsthaften Erkrankungen. Man nennt diese Art von Erkrankungen deshalb auch **Mangelkrankheiten.**

Mangelerscheinungen erkennt der Arzt, er verordnet zum Ausgleich entsprechende Medikamente.

Bestimmte **Vitaminpräparate** können ohne ärztliches Rezept gekauft werden. Und die Werbung verspricht wahre Wunder dem, der diese Präparate konsumiert. Dazu sollte man wissen:

- Längerfristig sollte man nicht ohne den Rat des Arztes Vitaminpräparate einnehmen.
- Werden zu viel wasserlösliche Vitamine aufgenommen, scheidet der Körper diese über die Niere mit dem Harn aus.
- Werden zu viele fettlösliche Vitamine aufgenommen, speichert sie der Körper. Das kann zu Gesundheitsstörungen führen, die man **Hypervitaminose** nennt. Das bedeutet eine Erkrankung durch zu viele Vitamine.

5.2 Aufgaben und Vorkommen

Auswahl von Vitaminen, deren regelmäßige Zufuhr für den menschlichen Körper wichtig ist.

Vitamin	Mangelkrankheit	Vorkommen	empfindlich gegen Licht	Luft	Wasser	Wärme
fettlöslich						
A **Retinol** Vorstufe ist **Karotin**	Entzündungen der Haut und der Schleimhäute, Nachtblindheit, Widerstandskraft gegen Infektionen lässt nach	Butter, Lebertran, Eigelb, Milch, Carotin in Karotten, Möhren, Aprikosen	++	++	–	–
D Calciferol	Wachstumsstörungen, Knochenerweichung, Rachitis	Butter, Margarine Milch, Lebertran, Hefe	+	++	–	–
wasserlöslich						
B_1 Thiamin	Verdauungsstörungen, Muskelschwund, rasche Ermüdung, Nervosität, *Beri-Beri*	Hefe, Vollkornerzeugnisse, Vollmilch, Quark, Ei, Fleisch, Fisch, Kartoffeln	–	+	+	+
B_2 Riboflavin	Schlaflosigkeit, Nervosität	Schweineleber, Niere Vollmilchprodukte	–	–	+	+
C Ascorbin- -säure	Ermüdung, „Frühjahrsmüdigkeit", Zahnfleischerkrankung, *Skorbut*	Südfrüchte, Obst, Hagebutten, schwarze Johannisbeeren, Kartoffeln, alle grünen Pflanzen	++	++	++	++
Folsäure	Müdigkeit, Leistungsminderung, schlechte Wundheilung	Gemüse, Weizenkeime, Bierhefe	+	–	–	++

5.3 Erhaltung bei der Vor- und Zubereitung

Bereits bei Transport und Lagerung von Obst und Gemüse wird durch den Einfluss von Luft, Wärme und Licht ein Teil der Vitamine zerstört (① diese Seite und ② bis ③ nächste Seite).

Aber auch die **Art der Vorbereitung** hat großen Einfluss auf das Ausmaß der Verluste (④ bis ⑤ nächste Seite).

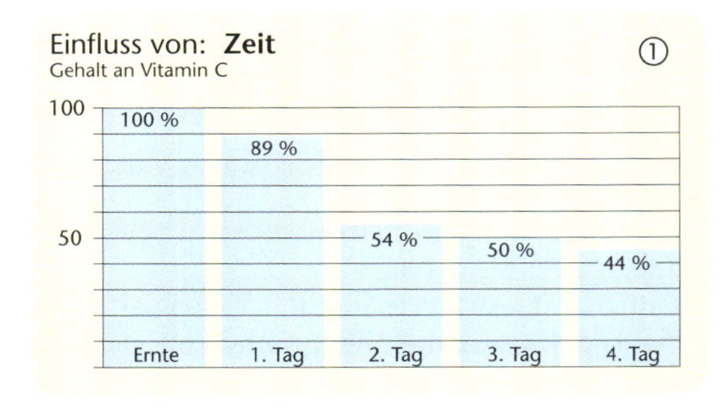

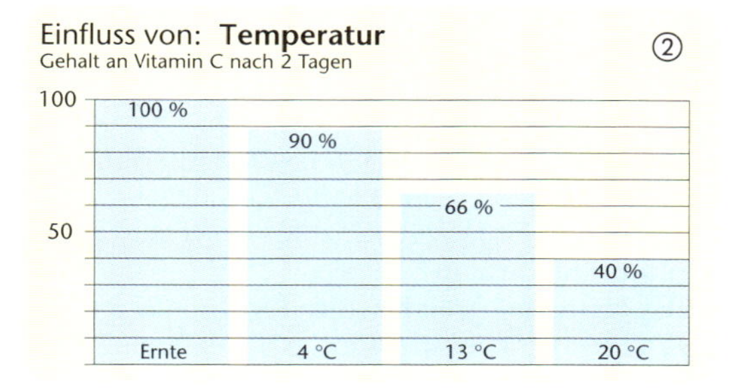

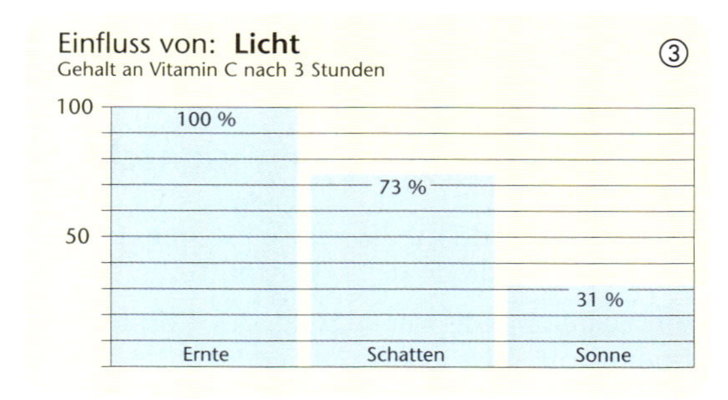

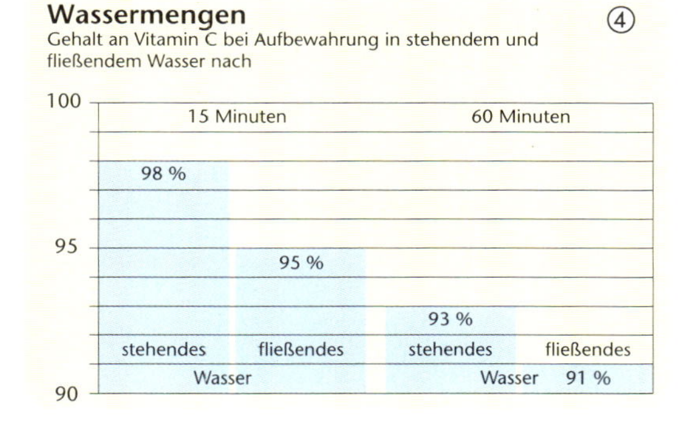

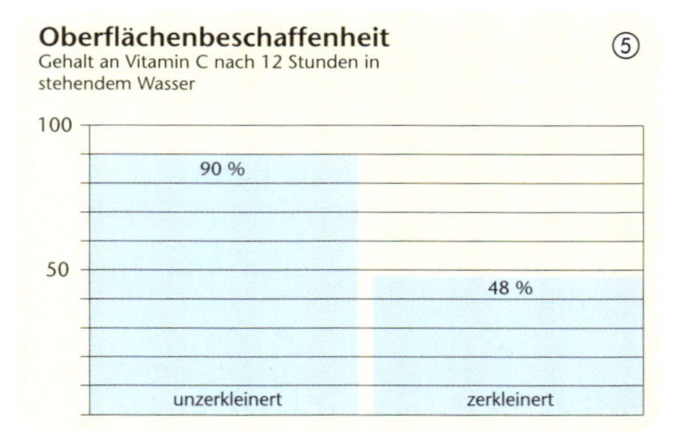

Um Vitaminverluste zu vermindern, ist zu beachten:

- Gemüse kühl und dunkel aufbewahren, am besten im Kühlraum,
- kurz und unzerkleinert waschen,
- geschälte Kartoffeln möglichst kurz und in möglichst wenig Wasser aufbewahren,
- geputzte Gemüse nicht in Wasser legen, sondern mit Folie abdecken,
- blanchieren nur, wenn unbedingt notwendig,
- Kochgeschirr beim Garen abdecken, damit Luftsauerstoff abgehalten wird.

Aufgaben

1 Vitamine werden in zwei Gruppen eingeteilt. Nennen Sie diese und begründen Sie die Aufteilung aus der Sicht der Lebensmittelzubereitung.

2 Opti sagt: „Heute enthält das Essen mehr Vitamine als früher." „Im Gegenteil", meint Pessi, „alles konserviert, nichts mehr frisch." Erstellen Sie eine Tabelle nach nebenstehendem Muster und tragen Sie die möglichen Argumente ein.

Heute enthält die Nahrung im Vergleich zu früher	
mehr Vitamine weil …	weniger Vitamine weil …

3 Die Frühjahrsmüdigkeit wird mit Vitaminmangel in Verbindung gebracht. Erläutern Sie.

4 Welche Handlungsweisen bei Transport, Lagerung und Verarbeitung führen zu großen Vitaminverlusten?

5 „Reichlich Vitamine schaden nie." Stimmt diese Aussage?

6 Nennen Sie Lebensmittel mit viel Vitamin C und Vitamin D.

7 Suchen Sie natürliche Vitaminquellen. Welche Vitamine findet man vorwiegend in
a) Obst und Gemüse, b) Karotten und c) Vollkornbrot?

8 Ein Vitamin kann auf dreierlei Weise benannt sein, z. B. Vitamin C, Ascorbinsäure oder antiskorbutisches Vitamin. Versuchen Sie eine Erklärung.

6 Mineralstoffe *mineral elements* *éléments (m) minéraux*

6.1 Bedeutung für den menschlichen Körper

Mineralstoffe sind die unverbrennbaren anorganischen Bestandteile der Lebensmittel.

Eine ausreichende Versorgung des Körpers mit Mineralstoffen ist lebensnotwendig.

Die Mineralstoffe werden vom Körper zwar nicht verbraucht, doch wird über den Stoffwechsel immer ein Teil ausgeschieden und muss darum mit der Nahrung ständig wieder zugeführt werden. Dies gilt vor allem bei erhöhter Belastung.

Mineralstoffe werden eingeteilt nach:

Aufgaben

- **Baustoffe für** den Aufbau von Knochen, Zähnen, Körperzellen, z. B. Calcium, Phosphor, Magnesium
- **Reglerstoffe**, welche die Eigenschaften der Körpersäfte beeinflussen, z. B. Natrium, Kalium, Chlor

Anteil im Körper

- **Mengenelemente**, der Tagesbedarf wird in Gramm gemessen, z. B. Kochsalz, Calcium, Phosphor
- **Spurenelemente**, von denen täglich nur wenige Milligramm notwendig sind, wie z. B. Eisen, Jod, Fluor

6.2 Aufgaben und Vorkommen

Mineralstoff	notwendig für	kommt reichlich vor in
Calcium	Aufbau der Knochen und Zähne, Blutgerinnung	Milch und Milchprodukten, Gemüse, Mineralwasser
Magnesium	Muskelkontraktion, Enzymtätigkeit	Gemüse, Kartoffeln, Hülsenfrüchten
Kalium	Erregung von Muskeln und Nerven	Kartoffeln, Gemüse, Obst, Milch, Milchprodukte
Eisen	Blutbildung, Sauerstofftransport	Leber, grünem Gemüse, Vollkornbrot
Phosphor	Aufbau der Nerven und Knochen	Leber, Fleisch, Fisch, Milch und Milchprodukten, Vollkornbrot, Nüssen
Jod	Tätigkeit der Schilddrüse	Seefischen, Meerestieren, Jodsalz (enthält je kg 5 mg Jod)
Kochsalz	ausreichende Gewebespannung	in fast allen Nahrungsmitteln

6.3 Erhaltung bei der Vor- und Zubereitung

Mineralstoffe sind wasserlöslich. Darum entstehen beim Waschen, beim Aufbewahren von Gemüsen in Wasser und beim Blanchieren große Verluste. Deshalb:

- Gemüse kurz und unzerkleinert waschen,
- geputzte Gemüse nicht längere Zeit in Wasser legen,
- blanchieren nur, wenn unbedingt notwendig,
- Einweich- und Kochwasser weiterverwenden.

Einen erhöhten Bedarf an Wirkstoffen können Schwangere, Stillende sowie Säuglinge und ältere Menschen haben. Bei starker Belastung (Beruf, Sport) kann ebenfalls ein Mehrbedarf auftreten.

In diesen Fällen ist es möglich, dass der Bedarf durch bewusste Nahrungsauswahl (siehe auch vorstehende Tabelle) ergänzt werden muss. Vitamin- und Mineralstoffpräparate sollten über längere Zeit jedoch nur nach Rücksprache mit dem Arzt eingenommen werden.

7 Begleitstoffe *dietary fibres* *fibres (w) alimentaires*

Ballaststoffe oder Faserstoffe wurden früher für überflüssig gehalten. Man betrachtete die unverdauliche Zellulose als unnützen Ballast. Heute weiß man, dass diese Stoffe wichtige Aufgaben übernehmen, indem sie sogenannten Zivilisationskrankheiten vorbeugen.

Ballaststoffe

- quellen im Verdauungstrakt auf, erhöhen dadurch die Speisemenge und wirken so der Verstopfung entgegen
- verzögern die Aufnahme der Nährstoffe in die Blutbahn – das Essen hält länger vor
- begünstigen die im Darm lebenden Mikroben (Darmflora).

Viele nehmen heute zu wenig Ballaststoffe auf, weil man mehr Fleisch, Milchprodukte und Zuckerreiches isst, jedoch weniger Brot und Kartoffeln verzehrt als früher.

Für eine ausreichende Ballaststoffversorgung:

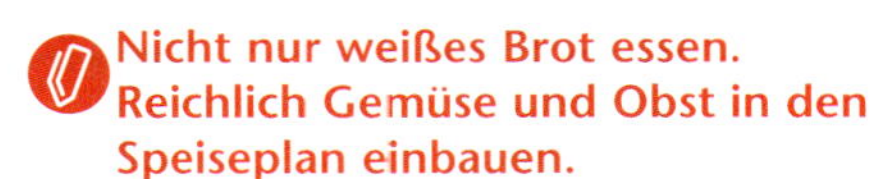
Nicht nur weißes Brot essen.
Reichlich Gemüse und Obst in den Speiseplan einbauen.

Sekundäre Pflanzeninhaltsstoffe (SPS) oder **bioaktive Pflanzenstoffe** entstehen in geringen Mengen in den Pflanzen und dienen diesen z. B. als Abwehrstoffe gegen Schädlinge. Im menschlichen Körper wirken sie **gesundheitsfördernd,** weil sie vor der schädlichen Wirkung freier Radikale schützen und so z. B. das Risiko für bestimmte Krebserkrankungen senken. Seit langem ist z. B. die Wirkung von Zwiebeln und Knoblauch bekannt.

Neuerdings hat man eine Reihe weiterer Stoffe entdeckt, die sich positiv auf die menschliche Gesundheit auswirken.

Bioaktive Pflanzenstoffe

- stärken das Immunsystem,
- wirken antibakteriell,
- halten den Stoffwechsel stabil,
- beugen Herz- und Krebserkrankungen vor.

Will man die Vorteile der bioaktiven Pflanzenstoffe nutzen, gilt der einfache Grundsatz:

Reichlich Gemüse und Obst unterschiedlicher Art. Es ist nicht notwendig, auf bestimmte Arten besonders zu achten.

Versorgung mit Vitaminen, Mineralstoffen und Wirkstoffen (Übersicht)

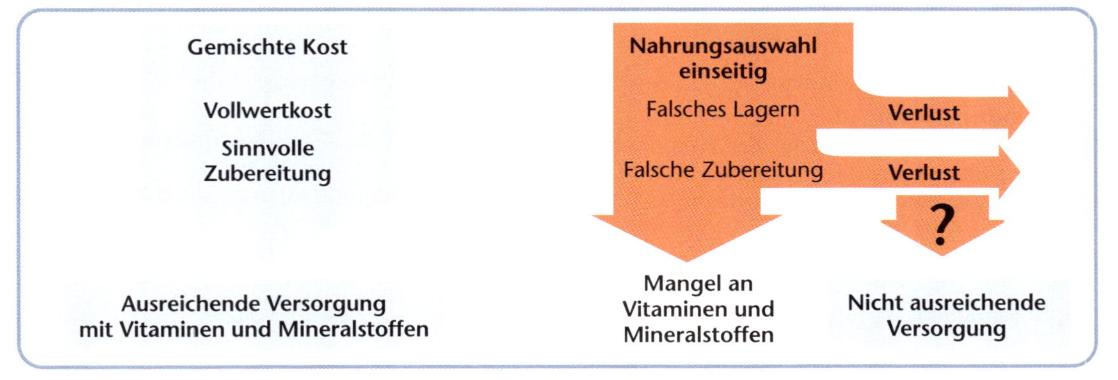

Aufgaben

1. Nennen Sie vier Regeln, die in der Küche beachtet werden müssen, damit Vitamine und Mineralstoffe möglichst erhalten werden.
2. Welche „Fehler“ der gewerblichen Küche führen zu hohen Verlusten an Wirkstoffen? Gibt es Gründe, die diese Verfahren rechtfertigen?
3. Man sagt, je höher der Ballaststoffanteil, desto geringer die Gefahr eines Darmkrebses. Erklären Sie den Zusammenhang.
4. Nennen Sie drei Gruppen von Menschen mit einem erhöhten Bedarf an Vitaminen und Mineralstoffen und begründen Sie den Mehrbedarf.

8 Wasser

water / eau (w)

Chemisch reines Wasser (H_2O) setzt sich aus zwei Atomen Wasserstoff und einem Atom Sauerstoff zusammen. Im natürlichen Wasserkreislauf durchdringt der Regen jedoch verschiedene Erdschichten. Diese wirken einerseits als Filter, andererseits löst das Wasser aus diesen Schichten Mineralstoffe.

Nach dem Lebensmittelrecht muss **Trinkwasser klar, farb-, geruch- und geschmacklos** sein und darf keine gesundheitsschädlichen Stoffe enthalten.

8.1 Wasserhärte

Die **Menge** der im Wasser gelösten Mineralstoffe bestimmt die **Wasserhärte.** Sie wird nach der internationalen Einheit Millimol (mmol/*l*) gemessen. Je nach Mineralstoffgehalt spricht man von hartem oder weichem Wasser. Hartes Wasser bildet beim Erhitzen Kalkablagerungen, die sich in Gefäßen, Heizungskesseln und Rohren absetzen.

8.2 Küchentechnische Eigenschaften

Wasser laugt aus

Durch den besonderen chemischen Aufbau des Wassermoleküls verhalten sich die einzelnen Wasserteilchen wie Magnete: Sie haben einen positiven und einen negativen Pol. So können sie sich **leicht zwischen andere Stoffe** schieben und deren Anziehungskräfte aufheben. Diese Stoffe bleiben dann im Wasser gelöst. Heißes Wasser ist „beweglicher“ als kaltes und löst darum schneller.

Die lösende Wirkung des Wassers ist

- **erwünscht** bei Aufgussgetränken wie Tee oder Kaffee oder bei der Herstellung von Bouillon,
- **unerwünscht**, wenn Auslaugverluste vermieden werden sollen. Dann bringt man die Lebensmittel möglichst nur kurz mit Wasser in Berührung, z. B. werden die Gemüse kurz und unzerkleinert gewaschen.

Wasser lässt Lebensmittel aufquellen

Manchen Lebensmitteln wie Linsen, gelben Erbsen, Pilzen, Dörrobst wird das Wasser entzogen, um sie haltbar zu machen. Bringt man diese Lebensmittel wieder ins Wasser, weicht man sie also ein, so saugen sie sich mit Wasser voll und quellen.

Wasser dient als Garmedium

Bei den Garverfahren Kochen, Dämpfen, Dünsten und Schmoren wird die Wärme durch das Wasser und Dampf auf die Lebensmittel übertragen.

Höhere Temperatur bedeutet kürzere Garzeit

Um die Garzeit zu verkürzen, kann eine höhere Temperatur eingesetzt werden. Um eine höhere Temperatur zu erzielen, nutzt man die Tatsache, dass der **Siedepunkt des Wassers vom Druck abhängig** ist.

Bei normalem Druck kocht das Wasser bei 100 °C. Die Temperatur kann trotz weiterer Wärmezufuhr nicht mehr steigen. Erhöht man den Druck, wie z. B. im **Dampfdrucktopf** oder bei **Autoklaven**, verdampft das Wasser bei erhöhter Temperatur. Darum spricht man auch vom „Schnell“-Kochtopf.

Verringert man dagegen den Druck, so „kocht“ das Wasser bereits bei geringerer Temperatur.

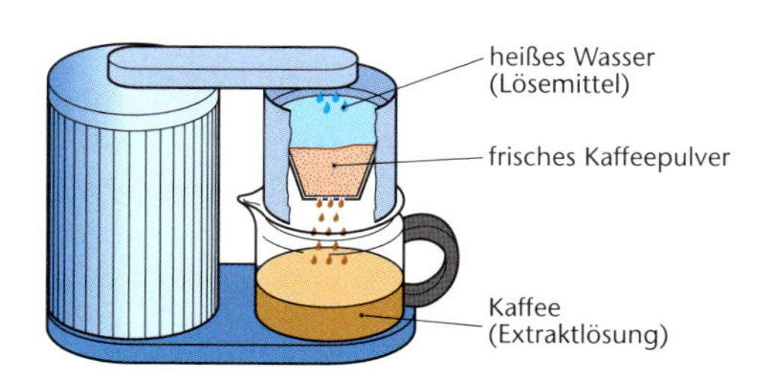

Abb. 1 Wasser laugt aus.

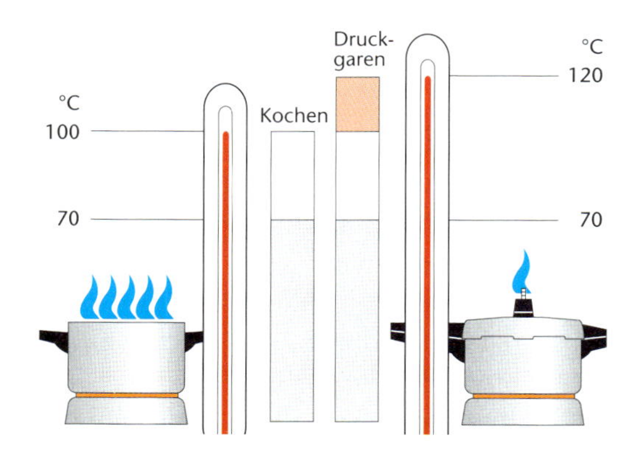

Abb. 2 Erhöhte Temperatur verkürzt die Garzeit.

Diesen Zustand stellt man absichtlich her, wenn man Luft abpumpt (entzieht) und so einen Unterdruck, ein **Vakuum** erzeugt, z. B. beim Eindicken von Kondensmilch, um den Kochgeschmack zu vermeiden.

8.3 Bedeutung für den menschlichen Körper

Wasser dient dem Körper als **Baustoff**, denn der Körper besteht zu etwa 60 % aus Wasser.

Als **Lösungsmittel** hilft das Wasser die Bausteine der Nährstoffe sowie die Vitamine und Mineralstoffe aus den Speisen zu lösen, sodass sie die Darmwand durchdringen können.

Als **Transportmittel** nimmt Wasser die gelösten Stoffe in Blut und Lymphe auf und bringt sie zu den Verbrauchsstellen. Von dort werden die Rückstände zu den Ausscheidungsorganen gebracht.

Zur **Wärmeregelung** gibt der Körper durch die Poren der Haut Wasser ab. Dieses verdunstet und kühlt dadurch den Körper ab.

Der Körper bedarf einer täglichen Wassermenge von 2 bis 2,5 Litern. Diese wird teilweise durch den Wassergehalt der Lebensmittel gedeckt, zum größeren Teil muss sie aber durch Getränke ergänzt werden.

Der Wasserbedarf ist erhöht bei
- **trockener und heißer Witterung, weil die Schweißabsonderung ansteigt, wie auch bei**
- **körperlicher Anstrengung und dem**
- **Genuss kräftig gesalzener oder scharfer Speisen.**

Aufgaben

1. Welche Nachteile sind mit der Verwendung von hartem Wasser verbunden?
2. Der Mensch benötigt täglich mindestens 2 Liter Wasser. Kaum jemand trinkt so viel. Wie wird dann der Flüssigkeitsbedarf gedeckt?
3. Wasser laugt aus. Nennen Sie je drei Beispiele, wo dieser Vorgang erwünscht bzw. nicht erwünscht ist.
4. Warum werden in einem Dampfdrucktopf die Lebensmittel schneller gar?

9 Enzyme *enzymes* *enzymes (m)*

Enzyme sind Wirkstoffe, die Veränderungen in den Zellen und damit auch in den Lebensmitteln entweder überhaupt erst ermöglichen oder aber beschleunigen, ohne sich dabei zu verbrauchen. Neben dem aus dem Griechischen kommenden Wort **Enzym** verwendet man auch den lateinischen Begriff **Ferment.** Beide Begriffe bedeuten dasselbe.

Man bezeichnet Wirkstoffe wie z. B. die Enzyme auch als **Katalysatoren;** werden diese in lebendigen Organismen gebildet, spricht man von **Biokatalysatoren.**

9.1 Wirkungsweise

Enzyme bewirken die verschiedensten Abläufe:

- **Sie bauen in der Pflanze Nährstoffe auf** – aus Einfachzuckern werden Zweifach- und Vielfachzucker.
- **Sie verändern die Lebensmittel** – Schlachtfleisch reift, angeschnittene Äpfel werden braun.
- **Sie bauen Nährstoffe ab** – beispielsweise bei der Verdauung.
- **Sie bauen arteigene Körperstoffe auf** – z. B. Haare, Haut, Fett im Unterhautfettgewebe.

Enzyme bestehen aus **Eiweiß** und einer **Wirkstoffgruppe.** Diese Wirkstoffgruppe ist spezialisiert. Darum sind auch die Enzyme nur zu be-

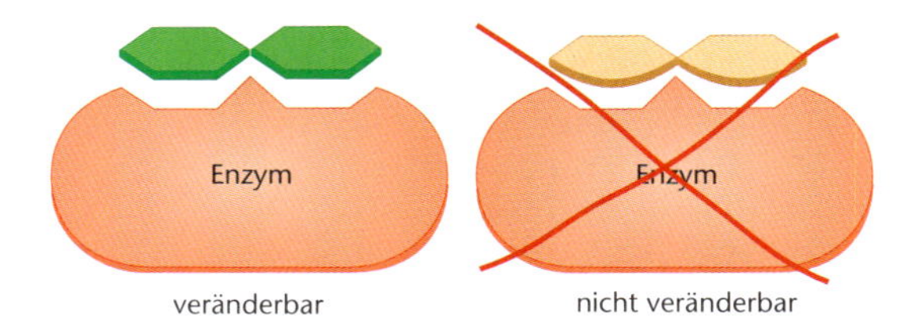

Abb. 1 Enzyme sind stoffspezifisch.

sonderen Veränderungen an jeweils einem speziellen Nährstoff fähig, können also auch bewusst sehr differenziert eingesetzt werden.
Enzyme sind

- **wirkungsspezifisch,** sie können nur eine bestimmte Wirkung einleiten, z. B. Aufbau von Fetten,
- **stoffspezifisch** (substratspezifisch), d. h., ein bestimmtes Enzym kann z. B. nur Kohlenhydrate verändern, nicht aber auch Fett oder Eiweißstoffe (Abb. 1 vorherige Seite).

Das nachstehende Beispiel des Stärkeabbaues zeigt, dass für jede Stufe ein anderes Enzym erforderlich ist. So kann z. B. die Amylase nur den Vielfachzucker Stärke in Zweifachzucker spalten. Dieses Beispiel aus dem Bereich der Kohlenhydrate ist auf alle anderen Stoffe übertragbar.

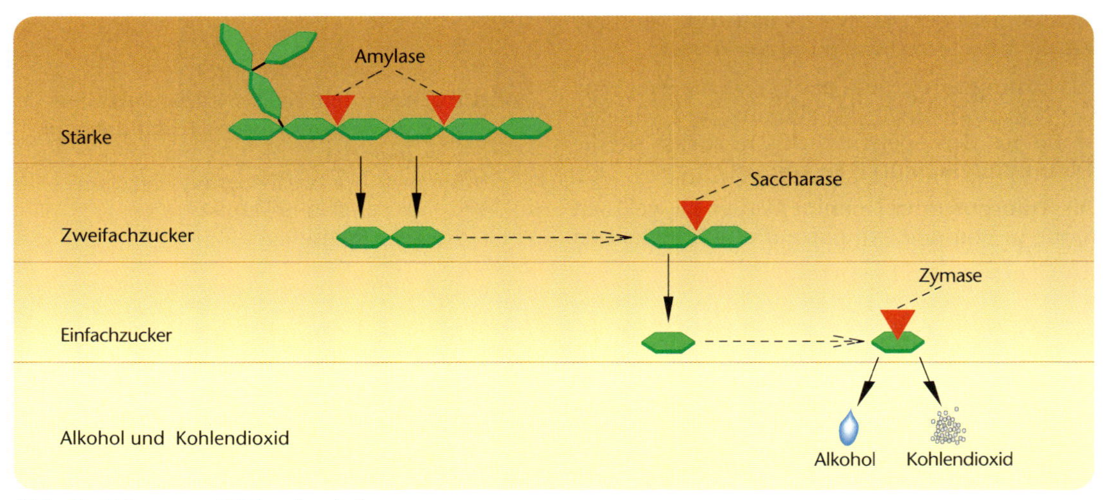

Abb. 1 Abbau von Stärke durch Enzyme

9.2 Bedingungen der Enzymtätigkeit und deren Steuerung

Versuche

1. Bereiten Sie aus 100 cm³ Wasser und 5 g Stärke einen Kleisterbrei. Verteilen Sie ihn auf die Gläser 1 bis 4.
2. In die Gläser 2, 3 und 4 wird je ein Teelöffel Speichel gegeben und untergerührt. Stellen Sie Glas 2 in den Kühlschrank, Glas 3 in ein Wasserbad mit 37 °C; Glas 4 muss aufgekocht und anschließend in ein Wasserbad gestellt werden.
3. Zerdrücken Sie ein Stückchen rohes Fischfilet, vermischen Sie es mit einem Teelöffel Speichel und füllen Sie es in Glas 5, das Sie anschließend ins Wasserbad stellen.
4. Nach ca. 20 Min. vergleichen Sie die Gläser. Nr. 1, 2, 4 und 5 zeigen keine Veränderungen. In Glas 3 hat sich der Stärkebrei verflüssigt. Prüfen Sie mit wässeriger Jodlösung!

Die **Wirksamkeit der Enzyme** ist abhängig

- **von der Temperatur.** – Bis ca. 40 °C steigt die Wirksamkeit an; bei höheren Temperaturen wird das Eiweiß geschädigt, es verändert sich und die Wirksamkeit des Enzyms lässt nach.
- **vom verfügbaren Wasser (a_w-Wert).** – Für die Veränderungen muss Wasser vorhanden sein, damit sich die Teilchen „bewegen“ können. Das Wasser, das den Enzymen verfügbar ist, nennt man auch **aktives Wasser.**
- **vom Säurewert (pH-Wert).** – Die Enzyme bevorzugen neutrale bis leicht saure Umgebung. Durch eine Verschiebung des pH-Wertes kann deshalb die Enzymtätigkeit beeinflusst werden.

Bei der **Herstellung von Lebensmitteln** beeinflusst man die Wirkung der Enzyme:

- **Fördern der Enzymtätigkeit** z. B. beim Fermentieren von Tee und Kaffee.
- **Hemmen der Enzymtätigkeit** z. B. beim Blanchieren von Gemüse vor dem Frosten oder durch die Zugabe von Säure (Essigsäure, Benzoesäure) zur Konservierung.

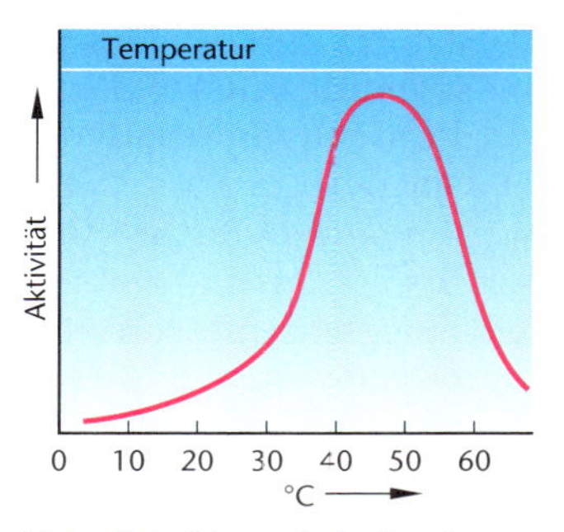

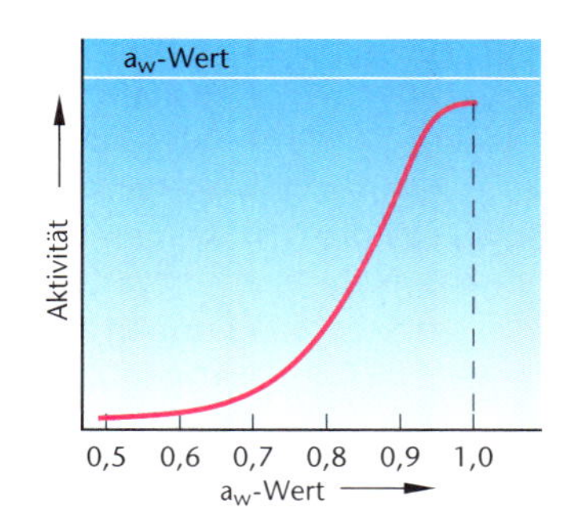

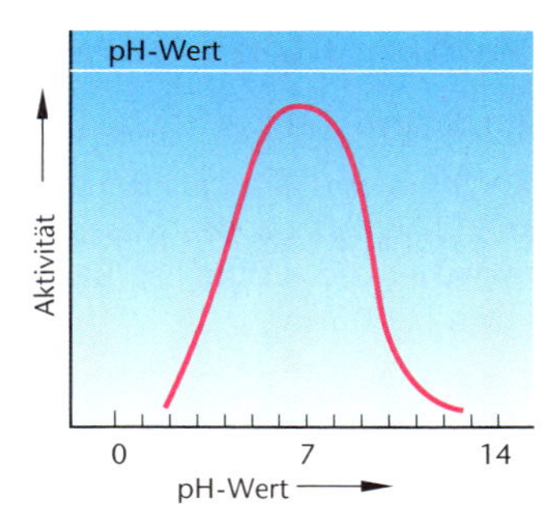

Abb. 1 Wirksamkeit der Enzyme

Bei der **Verdauung der Nährstoffe** wirken die körpereigenen Enzyme und zerlegen die Nährstoffe in die Bausteine.

Zusatzwissen

Die wissenschaftlichen Namen der Enzyme werden entsprechend einer internationalen Vereinbarung nach dem Stoff benannt, auf den sie einwirken. Alle Enzyme haben die Endsilbe „ase".

Abgebaut wird zum Beispiel:

- Stärke – Amylum durch Amylasen
- Malzzucker – Maltose durch Maltasen
- Fette – Lipide durch Lipasen
- Eiweiß – Protein durch Proteasen.

10 Verdauung und Stoffwechsel

digestion and metabolism *digestion (w) et métabolisme (m)*

Mit den Lebensmitteln nehmen wir die Nährstoffe auf, die der Körper zum Aufbau (Muskeln, Knochen) und zur Energiegewinnung (Kraft, Wärme) benötigt. Dies wurde schon bei der Behandlung der einzelnen Nährstoffe aufgezeigt. Jetzt werden Verdauung und Stoffwechsel zusammenhängend dargestellt.

Lebensmittel nennt der Gesetzgeber alles, was gegessen, gekaut oder getrunken wird.

Durch die Verdauung werden die Lebensmittel zerkleinert (Zähne, Magen) und in die Bausteine **zerlegt. Verdauung ist der Abbau der Nahrung in die Bausteine der Nährstoffe.** Das geschieht im Magen-Darm-Kanal, vorwiegend im Dünndarm. Als Werkzeuge für die Aufspaltung der Nährstoffe in die Bausteine dienen vorwiegend die **Enzyme.**

Die Bausteine der Nährstoffe (Einfachzucker, Aminosäuren, Glycerin und Fettsäuren) sind so kleine Moleküle, dass sie durch die Darmwand in die Blutbahn oder die Lymphbahn gelangen können. Diesen Übergang aus dem Verdauungskanal in den „eigentlichen Körper" bezeichnet man als **Resorption.**

Durch den Blutkreislauf werden die Bausteine der Nährstoffe zu den Körperzellen gebracht. Dort finden die eigentlichen Veränderungen statt:

Einfachzucker werden in Verbindung mit Sauerstoff zu Energie (Kraft, Körperwärme), aus Aminosäuren wird körpereigenes Eiweiß aufgebaut usw. Diese Vorgänge nennt man **Stoffwechsel.**

Um die Beiträge der einzelnen Nahrungsmittel für die Energieversorgung des Körpers miteinander vergleichen zu können, wird deren Energiegehalt genannt. Dazu verwendet man als Maßbezeichnung kJ ≙ Kilojoule oder kcal ≙ Kilokalorie.

Es liefern		
	1 g Kohlenhydrate	17 kJ / 4,2 kcal
	1 g Eiweiß	17 kJ / 4,2 kcal
	1 g Fett	37 kJ[1] / 9,3 kcal

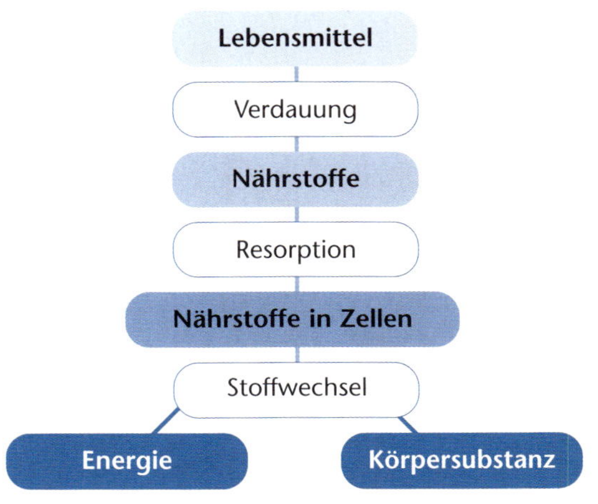

Abb. 2 Verdauung und Stoffwechsel

[1] Wert nach Nährwertkennzeichnungsverordnung

Küche

Verdauung im Überblick

Im Mund

Speichel enthält das Enzym **Amylase.** Es beginnt mit dem Abbau der Stärke. Zugleich macht der Speichel die durch das Kauen zerkleinerte Nahrung gleitfähig.

Im Magen

Magensaft enthält **Salzsäure** und eiweißabbauende Enzyme. Die Säure tötet die meisten der mit der Nahrung aufgenommenen Mikroben ab und lässt das Eiweiß gerinnen. Im angesäuerten Speisebrei beginnen **Proteasen** mit dem Abbau der Eiweißstoffe.

Im Zwölffingerdarm

kommt **Gallenflüssigkeit** zum Speisebrei. Galle wird von der Leber produziert und in der Gallenblase gespeichert. Die Galle emulgiert das Fett, es entstehen viele kleinste Fettteilchen, die sich leichter aufspalten lassen.

Von der Bauchspeicheldrüse fließen **Lipasen** (fettspaltende Enzyme), **Peptidasen** (eiweißspaltende Enzyme) und **kohlenhydratspaltende Enzyme** in den Speisebrei.

Im Dünndarm

kommen weitere Verdauungsenzyme dazu. Die Nährstoffe werden zu folgenden Bausteinen zerlegt:

- Kohlenhydrate werden zu Einfachzucker,
- Fette zu Glycerin und Fettsäuren,
- Eiweißstoffe zu Aminosäuren.

Diese Bausteine gelangen als verwertbare Anteile der Nahrung durch die Wand des Dünndarms in den Körper.

Einfachzucker und Fettsäuren werden vom Blut transportiert, Fett wird von der Lymphe aufgenommen.

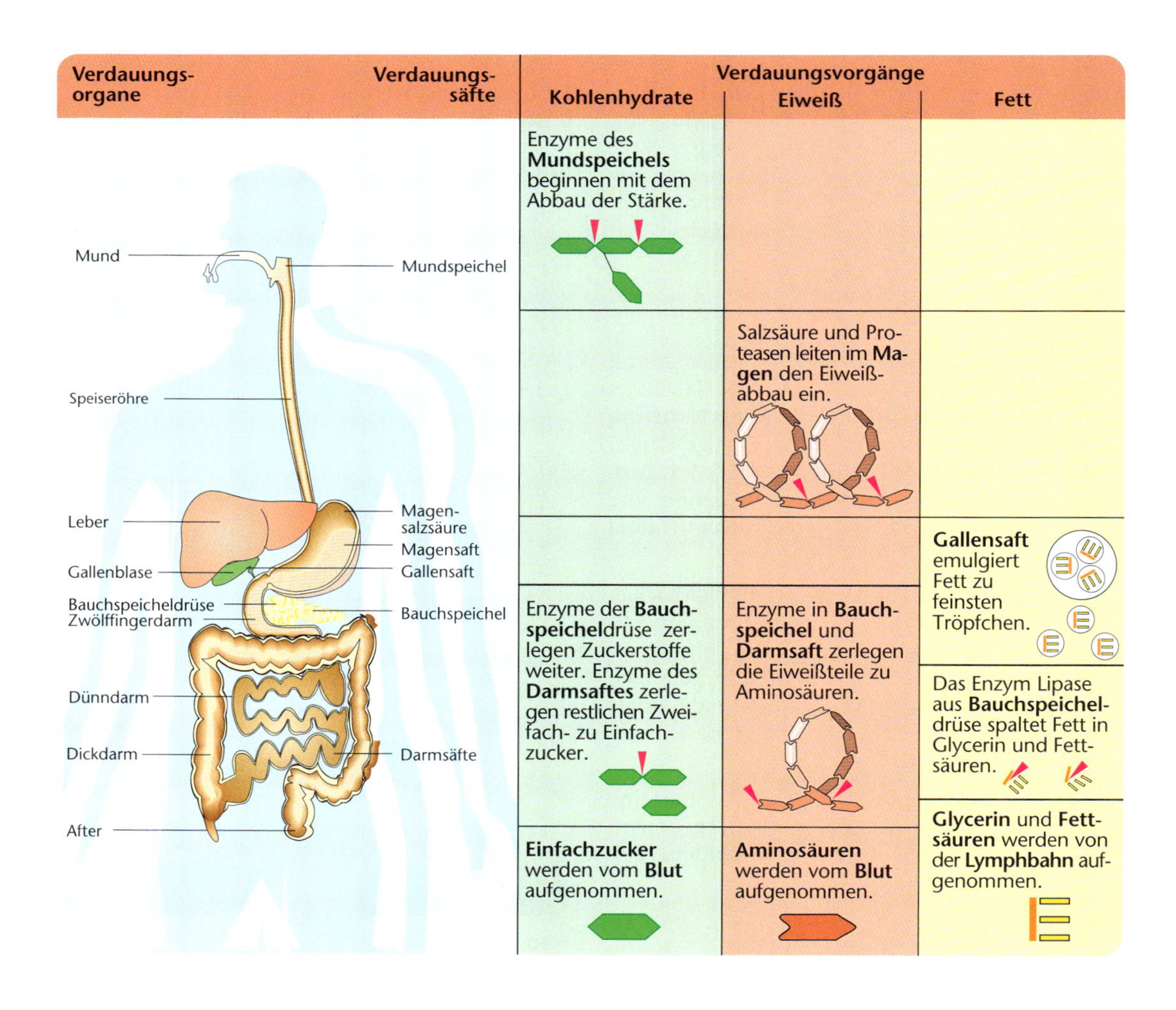

11 Vollwertige Ernährung

full value nutrition *régime (m) alimentaire complet*

Durch eine vollwertige Ernährung sollen die Leistungsfähigkeit des Menschen gefördert und ernährungsbedingte Erkrankungen vermieden werden.

Grundsätze vollwertiger Ernährung

- **Die richtige Nahrungsmenge:**
  Die Energiezufuhr muss auf den Bedarf des Körpers abgestellt sein. Wer über längere Zeit den Bedarf des Körpers mit der Energiezufuhr nicht zur Übereinstimmung bringt, hat Gewichtsprobleme (vgl. unten).
- **Die richtige Zusammenstellung:**
  Nicht die Menge allein macht es, es muss auch das Richtige sein, was man zu sich nimmt. Das bedeutet, dass bei einer vollwertigen Ernährung darauf zu achten ist, dass alle essenziellen Nährstoffe auch in ausreichender Menge zugeführt werden.
- **Die richtige Verteilung der Nahrung:**
  Der menschliche Körper unterliegt biologisch bedingten Schwankungen innerhalb des Tagesablaufs. Wer den zeitlich unterschiedlichen Bedarf des Körpers beachtet, lebt besser und leichter.

11.1 Energiebedarf

Der Körper bedarf selbst bei Ruhe und Schlaf zur Erhaltung der Lebensvorgänge, wie Atmung, Kreislauf, Verdauung usw., einer gewissen Energiemenge. Diese nennt man Grundumsatz.

Der **Grundumsatz** ist abhängig von

- Alter – mit zunehmendem Alter wird der Grundumsatz geringer,
- Geschlecht – bei Frauen geringer als bei Männern,
- Körpermasse – je „gewichtiger", desto höher der Grundumsatz.

Grundumsatz (Durchschnittswerte)				
Alter	männlich kJ	männlich kcal	weiblich kJ	weiblich kcal
25	7.300	1.750	6.000	1.440
45	6.800	1.630	5.600	1.340
65	6.200	1.490	5.200	1.250

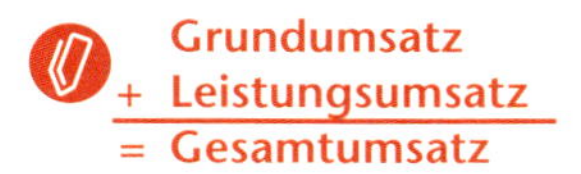

Mit der Schwere der Arbeit und der Menge an sportlicher Leistung steigt der Leistungsumsatz.

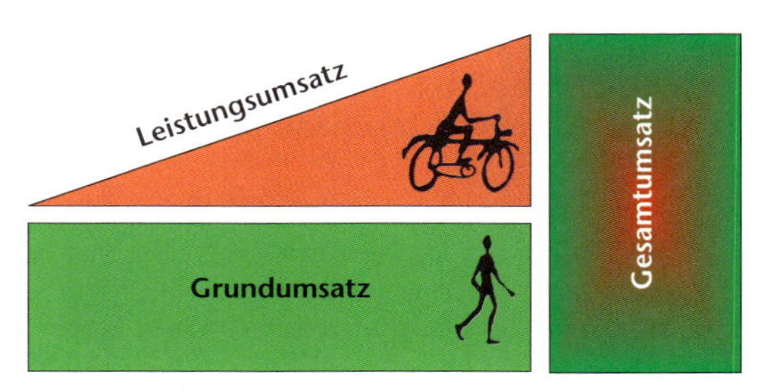

Abb. 1 Energiebedarf

Der überwiegende Teil des Energiebedarfs entfällt auf den Grundumsatz. Dieser bleibt relativ unverändert.

Leistungsumsatz		
Art der Arbeit	Leistungsumsatz je Tag in kJ Mann (70 kg)	Frau (60 kg)
leicht	2.100–2.500	1.700–2.100
mittelschwer	2.500–4.200	2.100–3.400
schwer	4.200–6.700	über 3.400

Ein junger Mann mit 70 kg verbraucht bei leichter bis mittelschwerer Tätigkeit täglich etwa 11.000 kJ/2.640 kcal.

Das sind täglich je 1 kg des Körpergewichts:		bei 70 kg
Eiweißstoffe (Protein)	0,5–1 g	60 g
Fett	0,7–0,8 g	50 g
Kohlenhydrate	6–7 g	450 g
Wasser	30–40 g	2–3 l
Spuren von Mineralstoffen und Vitaminen		

Wer abnehmen will, schafft das am raschesten über eine Verringerung der Energiezufuhr. Viel schwerer ist eine Verringerung des Gewichtes über verstärkte Aktivität, z. B. Sport. Trotzdem fördert Sport die Gesundheit.

11.2 Nahrungsauswahl

Wichtig: Eine Ernährung ist dann vollwertig, wenn alle erforderlichen Nährstoffe in der benötigten Menge aufgenommen werden.

Dafür eignet sich am besten eine abwechslungsreiche, gemischte Kost. Die Deutsche Gesellschaft für Ernährung (DGE) gibt mit der Ernährungspyramide (s. Abb. unten) eine Hilfe, um die Lebensmittelauswahl zu überprüfen.

Erläuterungen zur Ernährungspyramide

Getränke sind der mengenmäßig größte Anteil der täglichen Nahrungsaufnahme und bilden darum unten an der Pyramide einen breiten Balken.

Die Hülsenfrüchte (reife Bohnen, Erbsen und Linsen) sind wegen ihres hohen Kohlenhydratgehaltes nicht dem Gemüse, sondern der Gruppe Kartoffeln, Getreide zugeordnet.

Weil nur die Meeresfische das Spurenelement Jod liefern, sind sie als eigene Gruppe angeführt. Die Süßwasserfische sind den anderen Eiweißlieferanten Fleisch und Ei zugeordnet.

Die Farben bei den Texten bedeuten:

Grün reichlich
Gelb mit Bedacht
Rot wenig verzehren

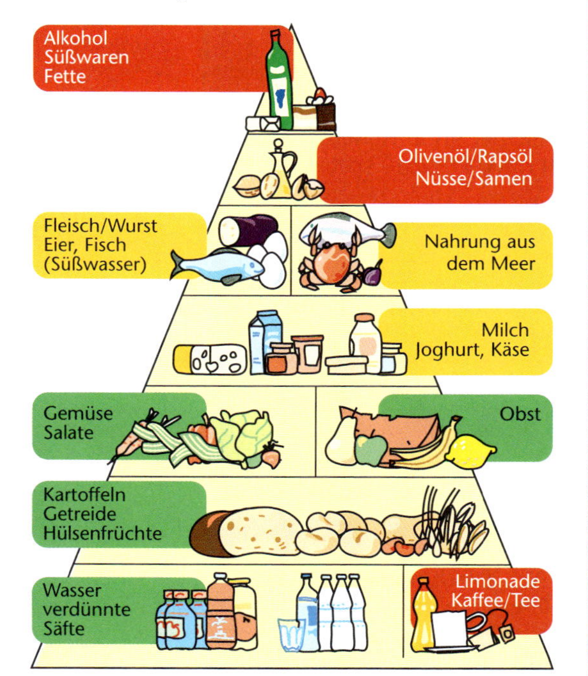

Abb. 1 Ernährungspyramide

Vollwertig essen und trinken ist einfach, wenn die 10 Regeln der DGE beachtet werden.

1. **Vielseitig essen**
   Genießen Sie die Vielfalt der Lebensmittel, kombinieren Sie. Es gibt keine „guten" oder „verbotenen" Lebensmittel.
2. **Getreideprodukte – mehrmals am Tag und reichlich Kartoffeln**
   Brot, Nudeln, Reis, bevorzugt aus Vollkorn, sowie Kartoffeln enthalten kaum Fett, aber viele Wirkstoffe.
3. **Gemüse und Obst – Nimm „5" am Tag**
   Fünf Portionen Gemüse oder Obst am Tag versorgen den Körper gut mit Wirkstoffen. Es kann sich z. B. um einen rohen Apfel, kurz gegartes Gemüse oder auch um Saft handeln.
4. **Täglich Milch und Milchprodukte, einmal in der Woche Fisch; Fleisch, Wurstwaren sowie Eier in Maßen**
   Bei Fleischerzeugnissen und Milchprodukten ist auf den Fettgehalt zu achten.
5. **Wenig Fett und fettreiche Lebensmittel**
   Fett ist auch Geschmacksträger. Darum schmecken fettreiche Speisen meist besonders gut. Weil es viel Energie liefert, macht Fett aber auch „fett". Auf unsichtbare Fette in Fleischerzeugnissen, Süßwaren, Milchprodukten und in Gebäck achten.
6. **Zucker und Salz in Maßen**
   Genießen Sie zuckerreiche Lebensmittel und Getränke mit reichlich Zucker nur in Maßen.
7. **Reichlich Flüssigkeit**
   Wasser hat im Körper vielfältige Aufgaben. Trinken Sie rund 1,5 Liter jeden Tag.
8. **Schmackhaft und schonend zubereiten**
   Garen Sie bei niederen Temperaturen und kurz. So bleiben Geschmack und Nährstoffe erhalten.
9. **Nehmen Sie sich Zeit, genießen Sie Ihr Essen**
   Bewusstes Essen hilft, richtig zu essen. Auch das Auge isst mit.
10. **Achten Sie auf Ihr Wunschgewicht und bleiben Sie in Bewegung**
    Mit dem richtigen Gewicht fühlen Sie sich wohl und mit reichlich Bewegung bleiben Sie in Schwung. Tun Sie etwas für Fitness, Wohlbefinden und Ihre Figur.

Veränderte Lebensbedingungen und geänderte Essgewohnheiten machen es erforderlich, über die Zufuhr von Wirkstoffen grundsätzlich nachzudenken.

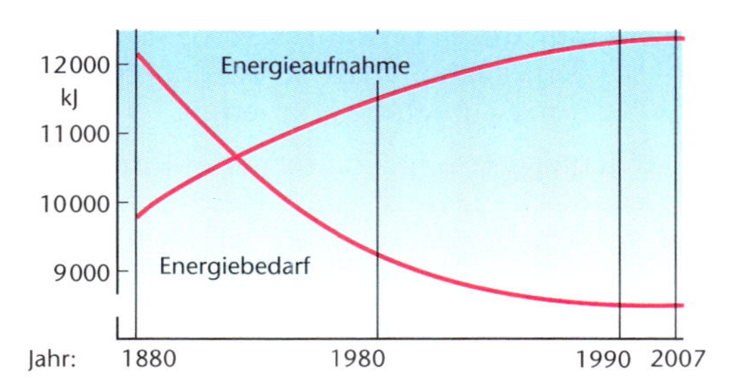

Abb. 1 Energieaufnahme und Energiebedarf

Im Gegensatz zu früher ist die **körperliche Belastung geringer:** Kraftarbeit übernehmen die Maschinen. Dafür ist der Mensch nervlich mehr angespannt. Die Ernährung ist heute aber **energiereicher.**

Man isst „besser“. Das bedeutet mehr (verstecktes) Fett, mehr Zucker, weniger Ballaststoffe. Damit ist die Nahrung energiereicher und zugleich ärmer an Wirkstoffen. Man spricht darum auch von „leeren Kalorien“.

Wer sich richtig ernähren will, muss also nicht nur weniger essen, sondern auch das Richtige auswählen.

Eine Hilfe bei der Nahrungsauswahl ist die Nährstoffdichte.

Die Nährstoffdichte ist ein Messwert, der angibt, in welchem Verhältnis ein wichtiger/essentieller Nahrungsbestandteil zum Energiegehalt steht.

Wer viel Energie benötigt, isst größere Mengen (Abb. 2, linke Säule). Auch wenn die wichtigen/essentiellen Nährstoffe nicht so dicht vorliegen, reichen sie wegen der größeren Nahrungsmenge für eine gesunde Ernährung aus.

Der Bedarf an essentiellen Nahrungsbestandteilen bleibt jedoch gleich hoch auch dann, wenn man z. B. wegen sitzender Tätigkeit und träger Freizeitgestaltung nur geringe körperliche Energie benötigt.

Wer sich in dieser Situation richtig ernähren will, muss darum bei der Auswahl der Lebensmittel bewusst auf die Nährstoffdichte achten.

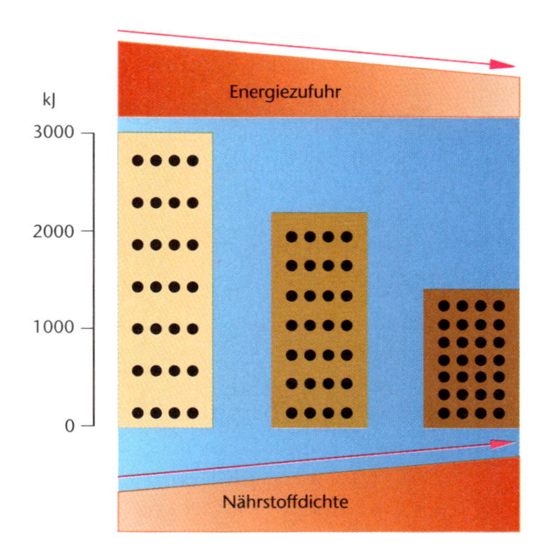

Abb. 2 Energiezufuhr und Nährstoffdichte

Beispiele:

- Zucker ist ein fast reines Kohlenhydrat ohne Vitamin C. Darum ist die Nähstoffdichte in Bezug zu Vitamin C gleich Null.
- Blattsalate liefern kaum Energie, haben aber einen hohen Anteil an Vitamin C. Darum hat die Nährstoffdichte in Bezug zu Vitamin C den hohen Wert 140.

Die Einwände der Wissenschaftler gegen die vielfach übliche Ernährung lassen sich zusammenfassen.

Die Fehler		und die Folgen	
Wir essen	→ zu viel → zu süß → zu fett	▶ zu viel Energie	▶ zu viel Gewicht

Das „richtige“ Körpergewicht

Heute halten Ernährungswissenschaftler das persönliche „Wohlfühlgewicht“ für das beste. Sie schränken aber ein: Solange es im vernünftigen Rahmen bleibt.

Der Bereich, in dem ein vernünftiges Körpergewicht liegen soll, lässt sich auf verschiedene Weise feststellen.

Das **Normalgewicht** nach Broca:

Körpergröße (cm) – 100 = Körpergewicht (kg)

Überschreitet man die Werte um mehr als 10 %, spricht man von Übergewicht.

Küche

Der **Body Mass Index (BMI)**, wörtlich „Körper-Gewichts-Messwert“, erlaubt eine individuellere Beurteilung.

$$BMI = \frac{\text{Körpergewicht (kg)}}{(\text{Körpergröße (m)})^2}$$

Der ermittelte BMI wird nun im Zusammenhang mit dem Alter ausgewertet.

Auswertung des BMI-Wertes			
	Untergewicht	Normalgewicht	Übergewicht
Alter	BMI-Wert unter	BMI-Wert zwischen	BMI-Wert über
19 bis 24 Jahre	19	19–24	24
25 bis 34 Jahre	20	20–25	25
35 bis 44 Jahre	21	21–26	26
45 bis 54 Jahre	22	22–27	27
55 bis 64 Jahre	23	23–28	28
über 65 Jahre	24	24–29	29

Der Wert kann auch aus einer Tabelle abgelesen werden.

Ein junger Mann ist 170 cm groß und wiegt 60 kg. Sein BMI-Wert?

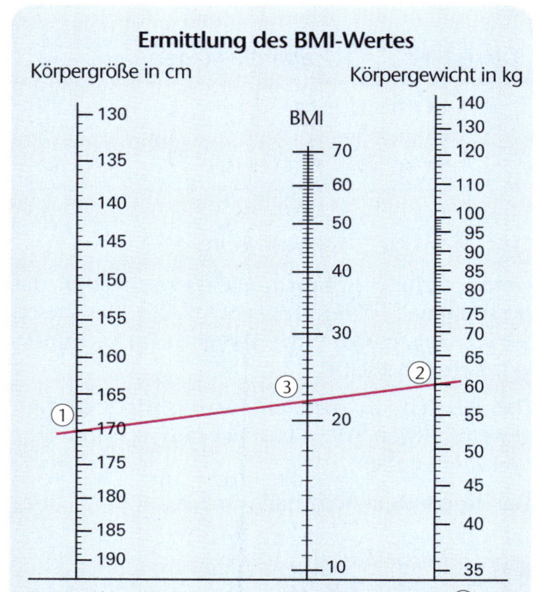

Ein Lineal wird links an der entsprechenden Größe ① und gleichzeitig rechts am aktuellen Gewicht ② angelegt. An der mittleren Linie ③ kann der BMI-Wert abgelesen werden.

11.3 Verteilung der täglichen Nahrungsaufnahme

Der Körper hat eine innere „biologische“ Uhr, die nicht nur unser Leistungsvermögen beeinflusst, sondern auch Signale aussendet, die uns an die Nahrungsaufnahme erinnern.

Ein Teil der täglich aufgenommenen Nahrung ist zur Deckung des Leistungsumsatzes notwendig, damit der Körper wieder „Kraft“ erhält. Darum sollte die Nahrungsaufnahme der Leistungsbereitschaft angepasst werden. Das Schaubild zeigt die Zusammenhänge zwischen Leistungsbereitschaft und Nahrungsaufnahme.

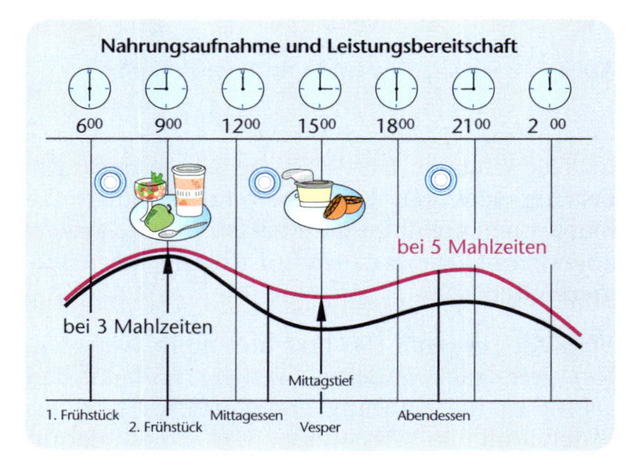

Regeln für die Verteilung der Nahrungsaufnahme:

- **Fünf kleine Mahlzeiten sind besser als drei große**, denn die Energiezufuhr ist der Leistungsbereitschaft angepasst und Heißhunger wird vermieden.
- **Ein vollwertiges Frühstück bringt die Startenergie**, die der menschliche Organismus nach der Schlafpause benötigt. Mit dem Frühstück soll man etwa ein Viertel der Tagesenergiemenge aufnehmen.
- **Das Mittagessen ist die Hauptmahlzeit**, sie soll etwa ein Drittel des täglichen Energiebedarfs decken.
- **Das Abendessen darf nicht belasten.** Das Abendessen zu Hause bietet Gelegenheit, eventuelle Mängel einer Außerhaus-Verpflegung auszugleichen und für eine ausreichende Zufuhr an Vitaminen und Mineralstoffen zu sorgen.
- **Zwischenmahlzeiten sollen so liegen, dass sie die Leistungsbereitschaft fördern**, also zwischen 9 Uhr und 10 Uhr, wenn die Leistungskurve absinkt, und gegen 15 Uhr nach dem Mittagstief.

Aufgaben

1 Warum ist der Grundumsatz nicht bei allen Menschen gleich?

2 Die Ernährungspyramide unterteilt unsere Lebensmittel in Gruppen. Welche Lebensmittelgruppen sollen bevorzugt werden? Begründen Sie.

3 Eine Ernährungsregel der DGE lautet: Würzig, aber nicht salzig. Erklären Sie den Unterschied.

4 Nennen Sie die drei häufigsten Ernährungsfehler, die zu Übergewicht führen.

5 „Wir essen zu viele leere Lebensmittel", ist ein häufig gehörter Vorwurf. Nehmen Sie dazu Stellung.

6 Zwischenmahlzeiten erhöhen die Leistungsfähigkeit. Erläutern Sie.

12 Alternative Ernährungsformen

nutrition alternatives *formes (w) de nutrition alternatives*

Unterschiedliche Gründe veranlassen Menschen, sich alternativ zu ernähren.

Alternativ bedeutet hier: sich bewusst für einen anderen Weg entscheiden.

Naturbelassene, unverarbeitete Rohstoffe, Frischkost, kein oder nur wenig Fleisch, Vollkornprodukte, das sind die Stichworte in der Argumentation um alternative Ernährungsformen.

12.1 Vegetarische Kost – Pflanzliche Kost

Vegetarier wollen bewusst eine vorwiegend aus pflanzlichen Produkten bestehende Ernährung. Sie essen keine Lebensmittel, die von getöteten Tieren stammen.

Darüber hinaus lehnen Vegetarier meist auch Genussmittel wie Alkohol oder Nikotin ab.

Bei Vegetariern werden unterschieden:

	Pflanzen	Milch, Käse	Eier
	lat. *vegetabilia* Pflanzen	lat. *laktis* Milch	lat. *ovum* Ei
Ovo-Lakto-Vegetarier	✓	✓	✓
Lakto-Vegetarier	✓	✓	✗
Veganer	✓	✗	✗

- **Ovo-Lakto-Vegetarier** essen neben Pflanzen auch Produkte von Tieren, also Eier, Milch und Milcherzeugnisse.
- **Lakto-Vegetarier** verzichten zusätzlich auf den Genuss von Eiern, weil ein befruchtetes Ei schon Leben in sich birgt.
- **Veganer** leben nur von pflanzlichen Produkten. Sie lehnen alles ab, was von Tieren kommt, sogar Honig.

12.2 Vollwerternährung

Definition der Vollwerternährung (gekürzt)

Vollwerternährung ist eine überwiegend lakto-vegetabile Ernährungsform, in der Lebensmittel bevorzugt werden, die möglichst wenig verarbeitet sind. ... etwa die Hälfte der Nahrungsmenge ist als unerhitzte Frischkost (Rohkost) zu verzehren. Lebensmittelzusatzstoffe sollten vermieden werden.

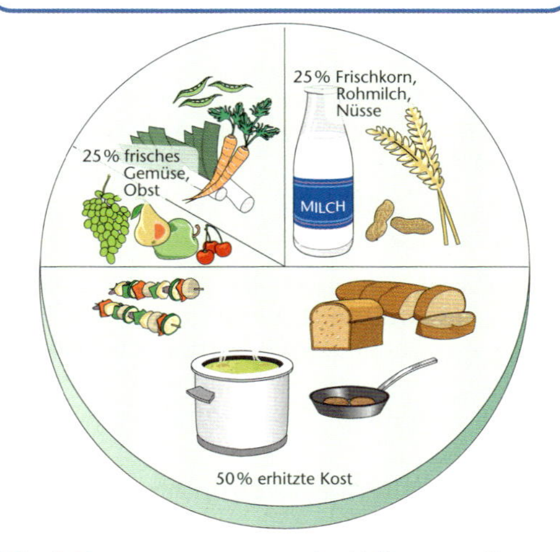

Abb. 1 Zusammensetzung der Vollwerternährung

Küche

Die Vollwerternährung ist zu unterscheiden von der vollwertigen Ernährung.

Vergleich

Vollwertige Ernährung

Vollwertige Ernährung nennt die Deutsche Gesellschaft für Ernährung (DGE) eine Ernährung, die folgende Punkte beachtet:

- *Richtige Nahrungsmenge* entsprechend dem jeweiligen Grund- und Leistungsumsatz.
- *Richtige Zusammenstellung der Nahrung (gesunde Mischkost),* sodass dem Körper alle notwendigen Nährstoffe zugeführt werden.
- *Richtige Behandlung* bedeutet ein ausgewogenes Verhältnis von Gegartem und Ungegartem.

Die **10 Regeln der DGE** (Seite 78) nennen genauere Verhaltensregeln.

Vollwerternährung

Die Vollwerternährung berücksichtig als ganzheitliches Ernährungskonzept darüber hinausgehende Ziele.

- *Hoher Anteil an Frischkost (50 %)* Gemüse, Obst und Getreide in möglichst gering verarbeiteter Form. Die Grafik oben zeigt die Anteile der einzelnen Nahrungsmittelgruppen an der Ernährung.
- *Eine möglichst schonende Zubereitung* der frischen Lebensmittel aus ökologischem Anbau.
- *Schonung der Umwelt* durch Verwendung saisonaler Produkte aus der Region, durch Einsparung von Verpackung.

13 Kostformen/Diät *diet* *régimes (m) alimentaires*

Das Wort **Diät** bedeutete bei den Griechen ursprünglich *gesunde Lebensweise.* Heute versteht man darunter allgemein meist Nahrungszusammenstellungen zum Abnehmen wie Nulldiät, Kartoffeldiät usw.

Eine **Diät** im Sinne der Ärzte sind verordnete strenge Ernährungsvorschriften bei bestimmten Krankheiten.

Kostformen nennt man Ernährungsweisen, die sich von der „normalen", frei gewählten Ernährung unterscheiden. Beispiele:

- *Ausgewählte Lebensmittel,*
  Lebensmittel mit einem geringen Anteil an Einfachzucker für Diabetiker,
  ballaststoffarme, leicht verdauliche Lebensmittel bei leichter Vollkost.
- *Ausgewählte Garverfahren*
  Kochen, Dämpfen, Dünsten, nicht aber Braten oder Grillen, damit sich keine Röststoffe bilden.

Diät wird vom Arzt verordnet.

Bei einer verordneten Diät gibt der Arzt Anweisungen, welche Lebensmittel in welcher Menge verwendet werden dürfen und wie diese zuzubereiten sind. Die Ernährungsmedizin hat die Vielfalt der Diätformen stark eingeschränkt.

Neben der **Vollkost** kennt man heute

- Leichte Vollkost
- Natriumarme Diät
- Diabetesdiät
- Eiweißarme Diät
- Reduktionsdiät

13.1 Vollkost

Als Vollkost wird die „normale" Ernährung bezeichnet, wenn diese die Nährstoffe im richtigen Verhältnis enthält und den jeweils erforderlichen Energiebedarf deckt.

13.2 Leichte Vollkost

Von leichter Vollkost spricht man, wenn bei der Zusammenstellung der Kost auf alle Lebensmittel verzichtet wird, die Unverträglichkeiten auslösen, wie z. B. Hülsenfrüchte, Kohlgemüse. Die leichte Vollkost wurde früher **Schonkost** genannt. Leichte Vollkost wird verordnet, wenn die Verdauungsorgane entlastet werden sollen.

Grundregeln:

- Entlastung der Verdauungsorgane von großen Speisenmengen – also mehrere kleine Mahlzeiten,
- Entlastung der Verdauungsorgane von schwer verdaulichen Speisen.
  Schwer verdaulich sind z. B.
  - fette Lebensmittel,
  - Speisen, die mit größeren Fettmengen zubereitet werden,
  - Speisen mit viel Röststoffen,

- Entlastung der Verdauungsorgane von blähenden Lebensmitteln wie Kohlarten, Hülsenfrüchten, rohem Obst,
- Entlastung der Verdauungsorgane von Speisen und Zutaten, die die Schleimhaut reizen, z. B. scharfe Gewürze, Räucher- und Pökelwaren, Fleischbrühen, Getränke mit Alkohol oder Kohlensäure.

Anwendung:

- Kleine Mengen eines Gerichts in ansprechender Form bereiten,
- leicht verdauliche Lebensmittel verwenden,
- Garverfahren anwenden, die die Bildung von Röststoffen und die Verwendung von Fett einschränken – man wird bevorzugt kochen, dünsten, dämpfen oder die Zubereitung in Alufolie garen,
- reizarm würzen.

13.3 Natriumarme Kost

Natrium wird vor allem mit Kochsalz (NaCl) aufgenommen. Es bindet die Körperflüssigkeit. Dadurch kann der Blutdruck ansteigen und der Kreislauf belastet werden.

Durch Verzicht auf Kochsalz kann die Normalisierung der Körperfunktionen unterstützt werden.

Grundregeln:

- Die Menge des verwendeten Kochsalzes ist zu beschränken,
- Lebensmittel mit hohem Kochsalzgehalt (Dauerwurst, Gepökeltes, Fischkonserven) sind zu meiden.

Anwendung:

- Das Salzen der Speisen unterlassen,
- durch entsprechende Zubereitungsarten wie Kurzbraten, Grillen, Gratinieren und richtiges Würzen für die Entwicklung von Geschmacks- und Aromastoffen sorgen.

13.4 Eiweißarme Kost

Im gesunden Körper wird Eiweiß (Protein) vorwiegend als Baustoff verwendet. Wird mehr Eiweiß aufgenommen als dafür erforderlich ist, dient das Eiweiß als Energielieferant.

Ist die Funktion von Leber oder Nieren gestört, treten beim Abbau von Eiweißstoffen Substanzen auf, die dem menschlichen Körper schädlich sind. Eine gezielte Eiweißzufuhr achtet darauf, dass jeder Überschuss an Eiweiß vermieden wird. Darum muss die Nahrung entsprechend des Bedarfs an essenziellen Aminosäuren ausgewählt werden.

Grundregeln:

- Die vorgeschriebenen Eiweißträger (eiweißhaltige Nahrungsmittel) dürfen nicht ohne Zustimmung des Arztes ausgetauscht werden, damit die erforderlichen Aminosäuren aufgenommen werden,
- die Rezeptmengen sind genau einzuhalten, damit dem Körper zwar eine ausreichende Eiweißmenge zugeführt wird, doch ein Zuviel vermieden wird,
- Salz darf nur sparsam verwendet werden.

13.5 Diabetikerkost

Die Zuckerkrankheit oder Diabetes mellitus gehört zu den häufigsten Stoffwechselkrankheiten. Etwa vier Millionen Bundesbürger leiden darunter.

Im gesunden Körper sorgt das Insulin dafür, dass die Zuckerstoffe in der richtigen Menge in die Zellen gelangen und dort die gespeicherte Energie freigeben.

Beim Zuckerkranken kann der Körper die mit der Nahrung aufgenommenen Kohlenhydrate nicht vollständig verwerten. Es ist zu wenig Insulin vorhanden. Die Zuckerstoffe können aus diesem Grund nicht in die Zellen gelangen und häufen sich im Blut an. Der Blutzuckerspiegel steigt.

Zwei Formen von Diabetes werden unterschieden. Man bezeichnet sie mit Typ 1 und Typ 2.

Typ-1-Diabetiker leiden meist von Jugend an unter **absolutem Insulinmangel.** Deswegen müssen sie das Hormon zuführen. Diese Menschen spritzen Insulin.

Zum **Diabetes Typ 2** zählen 90 % der Patienten. Bei dieser Personengruppe produziert der Körper zwar noch **Insulin**, doch es **reicht nicht** aus, der Zuckerstoffwechsel ist darum gestört. Die Patienten sind oft übergewichtige, ältere Menschen.

Bei Diabetikern des Typs 2 kann die mangelhafte körpereigene Regelung durch ein entsprechendes Verhalten unterstützt werden.

1. Abbau von Übergewicht, denn dann kann die vom Körper noch produzierte Menge Insulin zur Regelung ausreichen.
2. Vermeidung von leicht verdaulichem/schnell resorbierbarem Zucker und

3. Verteilung der Nahrungsmenge auf mehrere Mahlzeiten. Auf diese Weise werden „Spitzen“ im Blutzuckerspiegel vermieden (siehe Abb. 1).
4. Bewegung/Sport

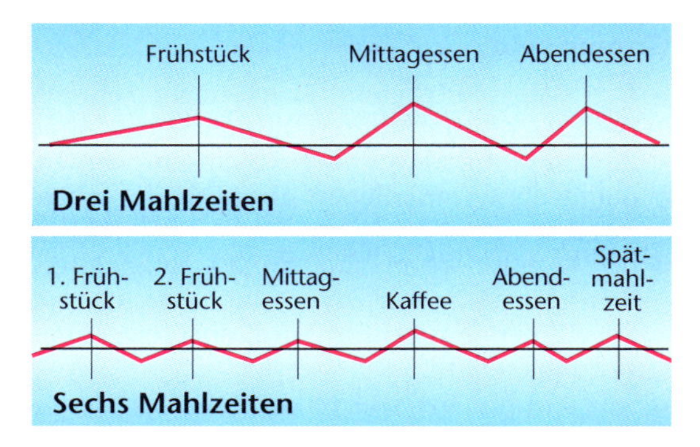

Abb. 1 Verteilung der Mahlzeiten

Für eine Diabetes-Kost gelten folgende Grundregeln:

- Der Energiegehalt der Ernährung muss den tatsächlichen Bedürfnissen angepasst sein (Einstellung durch den Arzt),
- der Energiebedarf ist auf mindestens fünf, besser sieben Mahlzeiten zu verteilen,
- zum Süßen können Zuckeraustauschstoffe oder Süßstoff verwendet werden,
- der Genuss von Zucker (z. B. Marmelade, Bonbons) ist einzuschränken,
- der Fettverbrauch der Diabetiker ist eingeschränkt, weil der Körper aus Fett wie aus Kohlenhydraten Energie gewinnt.

Als Bezugsgröße für Berechnungen dient die **Broteinheit (BE)**, die den Austausch eines Nahrungsmittels gegen ein anderes erleichtert. Eine BE entspricht der Menge an Kohlenhydraten, die durchschnittlich in einer Scheibe Graubrot enthalten ist, nämlich 12 g.

1 BE = 12 g Kohlenhydrate
≙ etwa eine Scheibe Graubrot

13.6 Reduktionskost

Reduktionskost ist bei Übergewicht erforderlich. Übergewicht entsteht, wenn auf die Dauer mehr Energie aufgenommen wird als der Körper verbraucht. Die mit fortschreitender Technisierung und einem hohen Lebensstandard verbundene sitzende Lebensweise und eine verfeinerte, ballaststoffarme Ernährung führen oft zu einem Missverhältnis zwischen Energieaufnahme und Energieverbrauch.

Übergewicht begünstigt Bluthochdruck, Arterienverkalkung, Herzinfarkt und Thrombose.

Daraus ergeben sich für den Übergewichtigen folgende Grundregeln:

- Quellen der zu hohen Energiezufuhr beseitigen (z. B. Vorliebe für fette Wurst, fette Käsesorten, Süßwaren, Marmeladen, alkoholische Getränke),
- energiearme Lebensmittel bevorzugen.

Für eine energiearme Diät gilt darum

- Gemüse und Vollkornprodukte in den Vordergrund stellen, denn sie liefern bei geringer Energiezufuhr die lebenswichtigen Wirkstoffe,
- die Eiweißversorgung durch fettarme Milchprodukte (z. B. Magerquark) oder fettarmen Fisch ergänzen,
- fettarme Zubereitungsarten wie Kochen, Dämpfen, Dünsten und Grillen anwenden.

13.7 Begriffserklärungen

Appetit ist der Wunsch, etwas Bestimmtes zu essen. Er wird ausgelöst, wenn der Mensch bestimmte Speisen sieht oder sich vorstellt.

Hunger ist der Drang zu essen, ein auf irgendetwas Essbares gerichteter Wunsch. Hunger ist nicht das Verlangen nach einer bestimmten Speise. Über die Entstehung des Hungergefühls im Einzelnen gibt es verschiedene Theorien. Ausgelöst wird Hunger entweder durch Energie- oder Nährstoffmangel.

Sättigung ist das Gefühl mit dem Essen aufhören zu können, weil Hunger oder Appetit zufriedengestellt sind. Sättigung steht auch mit der Verweildauer der Speisen im Magen im Zusammenhang. Leicht verdauliche Speisen verlassen den Magen schnell und bald tritt wieder ein Hungergefühl auf.

Nährstoffdichte sagt aus, in welchem Verhältnis die Menge eines bestimmten Nährstoffes, z. B. Vitamin C, zum Energiegehalt (kJ) eines Lebensmittels steht.

Beispiele

- Zucker enthält viel Energie, aber kein Vitamin C. Folglich ist die Nährstoffdichte des Zuckers für Vitamin C gleich Null.
- Umgekehrt enthalten Blattsalate wenig Energie, aber viel Vitamin C. So ist z. B. die Nährstoffdichte des Endiviensalates für Vitamin C 140. Das bedeutet: Man erhält viel Vitamin C im Verhältnis zur Energieaufnahme.

- Je höher die Nährstoffdichte, desto höher ist das Lebensmittel für die Versorgung mit dem entsprechenden Nährstoff zu bewerten. (Vergleiche Abbildung auf Seite 79.)

Energiedichte ist vergleichbar mit dem Gehalt an Energie; kJ oder kcal sind die Messgrößen. Lebensmittel mit großer Energiedichte (Zucker, Öl) haben meist eine geringe Nährstoffdichte.

Jo-Jo-Effekt bezieht sich auf die Tatsache, dass Personen, die rasch abnehmen, auch schnell wieder zunehmen. Jo-jo bedeutet auf-ab. Dieser (für viele unerwünschte) Vorgang beruht auf der Tatsache, dass ein Lebewesen die aufgenommene Energie möglichst sparsam einsetzt. Wenn dem Körper über längere Zeit reichlich Energie zugeführt worden ist, hat er die nicht benötigte Menge als Fett für „schlechte Zeiten" gespeichert, und man hat dadurch zugenommen.

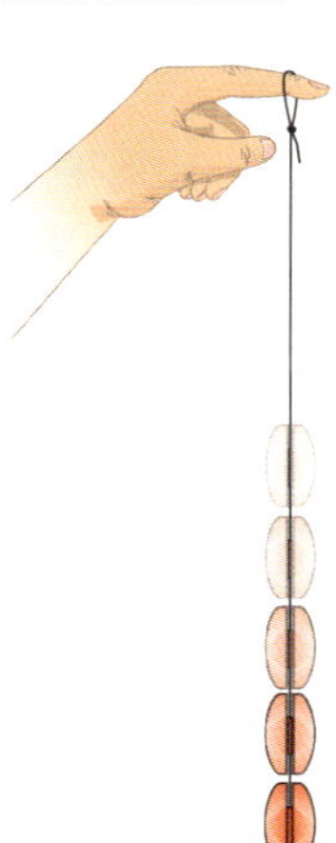

Nun beginnt eine Abmagerungskur, und für den Körper sind das „schlechte Zeiten". Das bedeutet, dass die aufgenommene Nahrung bestmöglich ausgewertet wird. Trotz vieler Einschränkungen verliert man nur langsam an Gewicht. Wenn dann nach einer bestimmten Zeit wieder „normal" gegessen wird, bleibt das Sparprogramm der bestmöglichen Auswertung jedoch erhalten. Das bedeutet: Man nimmt sofort wieder zu. Dieses Zunehmen-Abnehmen-Zunehmen kann nur beendet werden, wenn die Energiezufuhr dauerhaft dem tatsächlichen Energiebedarf angeglichen wird.

SPS – Sekundäre Pflanzenstoffe bilden die Pflanzen, um z. B. Schädlinge abzuwehren oder mit Duftstoffen Insekten zur Bestäubung anzulocken.

Heute weiß man, dass diese Stoffe auch im menschlichen Körper bedeutende Aufgaben übernehmen: Sie wirken positiv auf die Verdauung, beugen Krebs sowie Herz-Kreislauf-Erkrankungen vor und stärken die Gesundheit.

Aufgaben

1. „Wir ernähren uns alternativ", sagen Freunde zu Ihnen. Was versteht man darunter? Was wollen sie mit dieser Wendung zum Ausdruck bringen?
2. „Ich bin Ovo-Lakto-Vegetarier. Was können Sie mir an warmen Gerichten empfehlen?" Ihre Vorschläge?
3. Nennen und begründen Sie mindestens drei Grundregeln zu leichter Vollkost.
4. Wenn der Arzt einem Patienten Reduktionskost verordnet hat, sind bei Speiseempfehlungen bestimmte Regeln zu beachten. Nennen Sie diese.
5. Welcher Unterschied besteht zwischen Diabetes Typ 1 und Diabetes Typ 2?
6. Berichten Sie über die BE (Broteinheit).
7. Erklären Sie den Begriff Jo-Jo-Effekt.

14 Berechnungen zur Ernährung

computations of nutrition *calculs (m) concernant l'alimentation (w)*

Berechnungen zur Ernährung beziehen sich auf

Nährstoffgehalt
- Eiweiß
- Fett
- Kohlenhydrate

gemessen in **Gramm (g)**

Es geht um die *Zusammensetzung* der aufgenommenen Nahrung.

Energiegehalt
- Gehalt der Nahrungsmittel an Energie

gemessen in **Kilojoule (kJ)** oder **Kilokalorien (kcal)**

Es geht um die *Menge* der aufgenommenen Energie.

Soll die Aufnahme von Nährstoffen und Energie kontrolliert werden, sind die Werte zu berechnen. Grundlage dazu sind Nährwerttabellen.

Umgang mit der Nährwerttabelle

Die Lebensmittel sind nach Gruppen geordnet. Steht in einem Rezept z. B. 500 g Blumenkohlröschen, so ist das vorbereitete Ware und man muss zum Einkaufsgewicht zurückrechnen. Dabei helfen die Werte aus der Spalte **Abfall.**

Nicht immer können alle Teile der eingekauften Ware auch verzehrt werden. Die Tabelle nennt die Werte auf das Einkaufsgewicht bezogen. Aus 100 *eingekauften* Kartoffeln ist der *essbare Anteil* z. B. 80 g geschälte Kartoffeln.

Lebensmittel	Abfall %	Der essbare Teil von 100 g eingekaufter Ware enthält:				
		Protein (g)	Fett (g)	Kohlenhydrate (g)	Energie (kJ)	Energie (kcal)
Gemüse						
Aubergine	17	1	+	2,2	60	14
Avocado	25	1	18	0,3	715	171
Blumenkohl	38	2	0,2	1,6	55	14
Bohnen, grün (Schnittbohnen)	6	0,2	0,2	5,0	135	32
Broccoli	39	2	2	1,7	65	16
Chicorée	11	1	0,2	2,1	60	14
Fische						
Seelachs (Filet)	0	18	1	*	345	81
Seezunge (Filet)	29	8	1	*	350	81
Bach-, Regenbogenforelle	48	10	1	*	220	53
Hecht	45	10	0,6	*	190	45
Karpfen	48	9	3	*	250	60
Aal, geräuchert	24	14	22	*	1045	250
Brathering	8	15	14	*	770	184

Die Rezepte-Software auf der beiliegenden CD eignet sich zur Nährwertberechnung und -umrechnung (siehe auch S. 146).

Zeichenerklärung: + = Nährstoff nur in Spuren enthalten, * es liegen keine genauen Analysen vor. Nährwerttabellen können geringfügig voneinander abweichen, denn es gibt z. B. nicht **die** Kartoffel oder **das** Steak. Variierende Rohstoffe führen zu unterschiedlichen Daten.

14.1 Berechnung des Nährstoffgehalts von Speisen

Es wird ermittelt, welche Mengen der einzelnen Nähr- und Wirkstoffe in den Speisen enthalten sind. Daraus kann dann geschlossen werden, ob die *Zusammensetzung* der Nahrung vernünftig ist.

1. Beispiel
Wie viel Gramm der einzelnen Nährstoffe werden mit einem Schnitzel von 180 Gramm mittelfettem Schweinefleisch aufgenommen?

Aus der Nährwerttabelle

Lebensmittel	100 g eingekaufte Ware enthalten			
	Protein g	Fett g	Kohlenhydrate g	Energie kJ
Schweinefleisch mittelfett	19	12	+	770

Lösungshinweise

1. Aus der Tabelle die erforderlichen Werte suchen.
2. Die Tabelle nennt Werte für 100 g. Folglich müssen die Rezeptmengen in Vielfache, z. B. 180 g ≙ 1,8 × 100 g, oder Teile, z. B. 70 g ≙ 0,7 × 100 g, der Tabellenmenge umgewandelt werden.

Lösung:

12 g × 1,8 = 21,6 g Fett
19 g × 1,8 = 34,2 g Eiweiß

Antwort: Das Schnitzel enthält 21,6 g Fett und 34,2 g Eiweiß.

2. Für eine Portion pochierten Seelachs werden 180 g Filet gerechnet. Wie viel Gramm Eiweiß und Fett nimmt man mit einer Portion zu sich?

3. Eine Regenbogenforelle für Forelle blau wiegt 300 g. Berechnen Sie nach den Werten der Tabelle den Nährstoffgehalt.

Bei Prüfungen können Aufgaben die für die Berechnung erforderlichen Werte auch im Text enthalten, sodass sie ohne Tabelle gelöst werden können.

4. Für Rinderfilet nennt die Nährwerttabelle je 100 g Fleisch folgende Gehalte: 22 g Eiweiß, 2 g Fett. Ein Filetsteak wiegt 180 g.
Wie viel Gramm Eiweiß und Fett nimmt man mit dem Steak zu sich?

5. Goldbarschfilet wird tiefgekühlt in Portionen mit 180 g angeboten. Die Nährwerttabelle gibt folgende Auskunft: Eiweiß 18 %, Fett 4 %.
Berechnen Sie den Anteil von Eiweiß und Fett in Gramm.

6. Auf einem Etikett von Magerquark ist ein Eiweißgehalt von 18 % angegeben. Im Rahmen einer Diät sollen täglich 90 g Eiweiß verzehrt werden.
Mit wie viel Gramm Quark kann das erreicht werden?

7. Der Kalziumbedarf eines Erwachsenen beträgt 0,9 g Kalzium. In 100 g Joghurt sind 115 mg Kalzium enthalten.
Wie viel % des Tagesbedarfs werden mit 250 g Joghurt gedeckt?

8. Eine Portion Emmentaler Käse wiegt 150 Gramm. Auf der Packung ist angegeben: Trockenmasse 62 %, Fett 45 % i. Tr.
Wie viel Gramm Fett enthält eine Portion?

9. Eine BE (Broteinheit) entspricht 12 Gramm Kohlenhydraten. Trockene Teigwaren enthalten 70 Prozent Kohlenhydrate.
Wie viel Gramm Teigwaren entsprechen einer Broteinheit?

10. Getrocknete Linsen enthalten beim Einkauf 23 Prozent Eiweiß, 48 Prozent Kohlenhydrate und 2 Prozent Fett. Sie nehmen beim Garen 160 Prozent Wasser auf.
Wie viel Prozent beträgt der Eiweißhalt der gegarten Linsen?

11. Auf einer Flasche mit Fruchtnektar steht: Acht Prozent verwertbare Kohlenhydrate.
Wie viel Gramm Kohlenhydrate sind in einem Glas Fruchtsaft mit 0,2 Liter enthalten?

14.2 Berechnung des Energiegehaltes von Speisen

Es wird ermittelt, welche *Energiemenge* mit der Nahrung aufgenommen wird. Dazu rechnet man die aus der Nährwerttabelle entnommenen Werte auf die Rezeptmengen um.

1. Beispiel

Ein Rezept für 4 Portionen Kartoffelbrei lautet: 800 g Kartoffeln, 250 g Milch, 50 g Butter, Salz, Gewürz. Wie viel Kilojoule enthält eine Portion?

Aus der Nährwerttabelle

Lebensmittel	100 g enthalten			
	Eiweiß g	Fett g	Kohlenhydrate g	Energie kJ
Butter	1	83	–	3090 ①
Milch	3,5	3,5	5	270
Kartoffeln	2	–	15	240

Lösung: ②

800 g Kartoffeln	240 kJ × 8 = 1920 kJ
250 g Milch	270 kJ × 2,5 = 675 kJ
50 g Butter	3090 kJ × 0,5 = 1545 kJ
4 Portionen enthalten	③ 4140 kJ
1 Portion enthält	④ **1035 kJ**

Lösungshinweise

① Zunächst müssen in der Tabelle, die hier auszugsweise wiedergegeben ist, die erforderlichen Werte gesucht werden.

② Man ermittelt den Energiegehalt jeder Zutat, indem man den Wert aus der Tabelle (für je 100 g) entsprechend vervielfacht.

③ Den Gesamtenergiegehalt ermittelt man, indem man die Werte jeder Zutat zusammenzählt.

④ Den Gehalt einer Portion erhält man, wenn der Gesamtwert durch die Zahl der Personen geteilt wird.

2. Diabetiker rechnen mit der BE (Broteinheit). Ein BE entspricht 12 g Kohlenhydraten.

a) Wie viel Gramm Kartoffeln entsprechen einer Broteinheit, wenn 100 g Kartoffeln 20 g Kohlenhydrate enthalten?

b) Ihr Betrieb reicht bei Salzkartoffeln als Beilage 160 g. Diese Kartoffeln enthalten 18 % Kohlenhydrate.
Wie vielen Broteinheiten entspricht eine Portion?

3. Auf dem Etikett einer Flasche mit Fruchtsaftgetränk steht: „8 % verwertbare Kohlenhydrate“.
Hinweise: Kohlenhydrate liefern je Gramm 17 Kilojoule, das Gewicht des Saftes wird mit 1000 g je Liter angenommen.
Wie viele Kilojoule liefert ein Glas mit 0,2 Liter Fruchtsaft?

4. Ein Liter Bouillon enthält 4 g Fett, 6 g Eiweiß und 1 g Kohlenhydrate und hat einen Gesamtenergiegehalt von 275 kJ. Ein g Fett liefert 39 kJ.
Wie viel % des Energiegehaltes macht der Fettanteil in der Bouillon aus?

5. Wie unterschiedlich Kartoffeln sein können: Für 10 Portionen Salzkartoffeln rechnet man 2 kg Kartoffeln, für 10 Portionen Pommes frites 2 kg Kartoffeln und 150 g Backfett. 100 g Kartoffeln liefern 240 kJ, 100 g Backfett liefern 3.700 kJ.

a) Berechnen Sie den Energiegehalt je einer Portion.

b) Wie viel % ist der Energiegehalt der Pommes frites höher als der von Salzkartoffeln?

6. Nach den Empfehlungen der Deutschen Gesellschaft für Ernährung sollen täglich 30 Gramm Ballaststoffe aufgenommen werden. Jemand isst 150 Gramm Vollkornbrot mit 7 % Ballaststoffen und 30 Gramm Knäckebrot mit 15 % Ballaststoffgehalt.
Wie viel % des empfohlenen Tagesbedarfs sind damit gedeckt?

7. Wildfleisch enthält durchschnittlich 17 g Eiweiß und 3 g Fett je 100 g Fleisch. 1 g Eiweiß liefert 17 kJ und 1 g Fett 37 kJ.
Wie viel Kilojoule werden mit einem Rehrückensteak mit einem Fleischgewicht von 180 g aufgenommen?

15 Qualität von Lebensmitteln

food quality *qualité (w) des produits alimentaires*

Der Begriff **Qualität** fasst eine **Summe von Eigenschaften** zusammen, die, je nach Betrachtungsgesichtspunkt, unterschiedlich sein können. Bei der Beurteilung der Qualität unterscheidet man

- **Gesundheitswert** oder biologischen Wert. Darunter versteht man den Wert für die Ernährung, z. B. den Anteil an essenziellen Aminosäuren, mehrfach ungesättigten Fettsäuren, Vitaminen und Mineralstoffen.
- **Genusswert** oder sensorische Qualität. Dazu zählen Geruch, Geschmack, Beschaffenheit (Konsistenz), aber auch Farbe und Form der Lebensmittel.
- **Eignungswert** oder Gebrauchswert, womit die Eignung der Lebensmittel für Lagerung oder für einen bestimmten Verwendungszweck oder für die Konservierung gemeint ist.

Qualitätsnormen

Wenn früher Waren direkt beim Erzeuger, also z. B. beim Landwirt oder Fleischer, gekauft wurden, wusste man, an wen man sich zu wenden hatte, wenn einmal die Qualität nicht stimmte. Heute bezieht man vorwiegend über den Handel und dabei bleibt der Erzeuger unbekannt. Ist die Qualität nicht zufriedenstellend, könnte sich der Lieferant auch darauf berufen, dass er den Erzeuger nicht kennt. Darum sind für den Handel Qualitätsnormen verbindlich.

Qualitätsnormen

- unterscheiden die Waren nach Qualität,
- geben dem Verbraucher einen Überblick,
- gelten für den gesamten Handel.

Die Güte oder Qualität einer Ware wird unterschiedlich gekennzeichnet.

Beispiele

- Bei **Fleisch** folgt die Qualität den Buchstaben E, U, R, O, P (EUROP), wobei E vorzüglich bedeutet und der letzte Buchstabe P gering,
- Für **Obst** und **Gemüse** gelten die Güteklassen Extra, I, II, III. Die Anzahl der Produkte, für die Qualitätsnormen gelten, wurde von der EU verringert.

Die Sortierung nach Qualitätsstufen berücksichtigt nur äußere Werte wie Aussehen, Größe, Form als wertbestimmende Merkmale; innere Werte wie Geschmack oder Vitamingehalt bleiben unberücksichtigt.

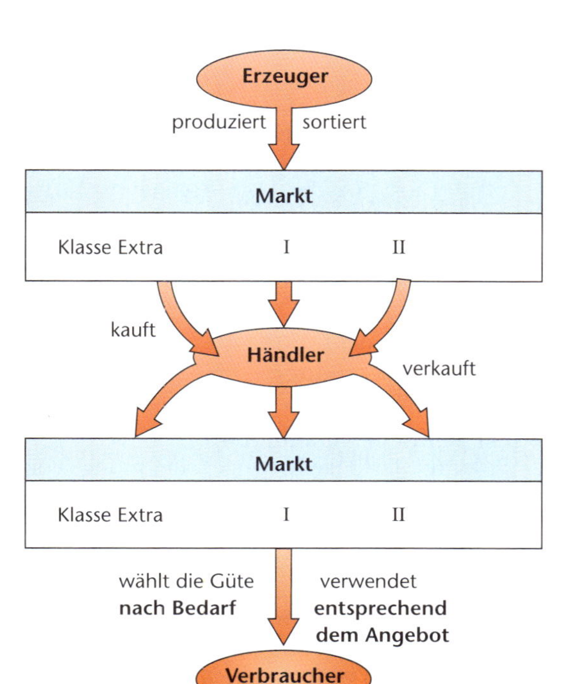

Klasse Extra
auserlesene Ware,
z. B. als Tafelobst

Klasse I
hochwertige Ware,
ohne Fehler

Klasse II
gute Ware, mit
kleinen Fehlern,
preiswert

Klasse III
Verarbeitungsware

16 Haltbarmachungsverfahren

methods of food-preservation *méthodes (w) de conservation des aliments*

Die meisten Lebensmittel sind unmittelbar nach der Ernte oder nach der Herstellung am wertvollsten. Man bevorzugt z. B. gartenfrische Erdbeeren, fangfrische Forellen, ofenfrische Brezen.

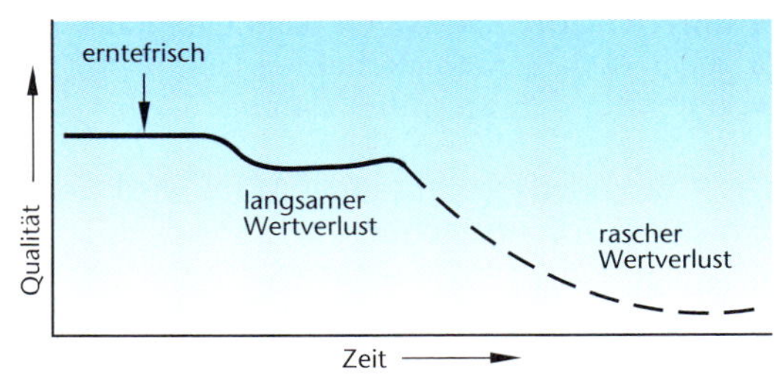

Abb. 1 Qualitätsverlauf bei Lagerung von Lebensmitteln

Andere Lebensmittel erfordern eine Zeit der Reife. Man wünscht z. B. abgehangenes Fleisch oder alten Weinbrand, während der „Heurige" beim Wein die Ausnahme ist. Der Kunde hat also bestimmte Wertvorstellungen, was wann am besten schmeckt, wie das Nahrungsmittel beschaffen sein sollte.

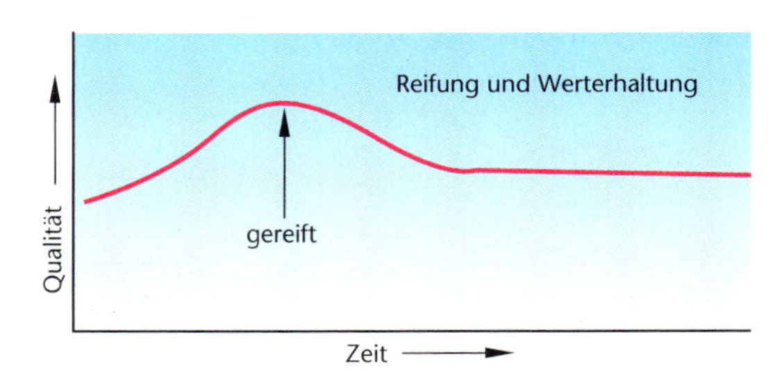

Abb. 2 Qualitätsverlauf bei reifenden Lebensmitteln

Lebensmittel sind immer Veränderungen unterworfen. Neben den erwünschten, qualitätsfördernden Veränderungen gibt es auch solche, die nicht erwünscht sind und zum Verderb führen.

Je nach Art der Lebensmittel laufen diese Vorgänge unterschiedlich schnell ab.

Man unterscheidet deshalb

- **leicht verderbliche Lebensmittel,**
  die meist einen hohen Wasser- oder Eiweißgehalt aufweisen. Darum werden sie von den lebensmittelverderbenden Mikroben bevorzugt. Beispiele: Milch, Fisch, Hackfleisch. Bei diesen Lebensmitteln sind die Aufbewahrungstemperaturen vorgeschrieben. Nach Ablauf des Verbrauchsdatums dürfen sie nicht mehr verwendet werden.
- **verderbliche Lebensmittel,**
  die bei richtiger Behandlung verhältnismäßig lange zu lagern sind. Beispiele: Äpfel, Zwiebeln, Kartoffeln, Pflanzenfett.
- **haltbare Lebensmittel,**
  die meist wenig Wasser enthalten und bei richtiger Lagerung nur sehr langsam oder nicht verderben. Beispiele: Zucker, Reis, Linsen.

Bei der Werterhaltung von Lebensmitteln geht es darum, den erwünschten Zustand der Lebensmittel möglichst zu erhalten.

Man spricht von

- **Aufbewahrung,**
  wenn die Eigenschaften für verhältnismäßig **kurze Zeit** erhalten werden sollen, z. B. vom Einkauf bis zur Verarbeitung in den folgenden Tagen;
- **Lagerung,**
  wenn Lebensmittel für **längere Zeit** verzehrbereit sein sollen. Man lagert z. B. Kartoffeln, Möhren, Äpfel;
- **Konservierung,**
  wenn die Lebensmittel für lange Zeit erhalten werden sollen.

16.1 Lebensmittelverderb

Ursachen des Verderbs

Meist wirken mehrere Vorgänge zusammen, wenn Nahrungsmittel verderben. Es können sein:

- **physikalische Veränderungen:**
  Zellwände von Obst und Gemüse platzen bei Frost; Austrocknung, Aromaverluste durch Verdunstung,
- **biochemische Veränderungen:**
  Wirkung der Eigenenzyme, Bräunung von Schnittflächen, z. B. bei rohen Kartoffeln, Äpfeln.
- **Veränderungen durch Mikroorganismen:**
  Schmierigwerden von Fleisch, Gären von Marmelade, Verschimmeln von Brot usw.

Physikalische Veränderungen wie Frostschäden oder Austrocknung können durch richtige

Lagerung und Verpackung weitgehend vermieden werden. Bei den einzelnen Lebensmitteln wird darauf hingewiesen.

Die häufigsten **Ursachen des Verderbens** sind **Enzyme**, die zu biochemischen Veränderungen führen, und **Mikroorganismen.**

Die verschiedenen Konservierungsverfahren haben darum zum Ziel, die Wirksamkeit der Mikroorganismen auszuschalten oder wenigstens einzuschränken.

Entsprechend den Lebensbedingungen ergeben sich folgende **Möglichkeiten der Konservierung:**

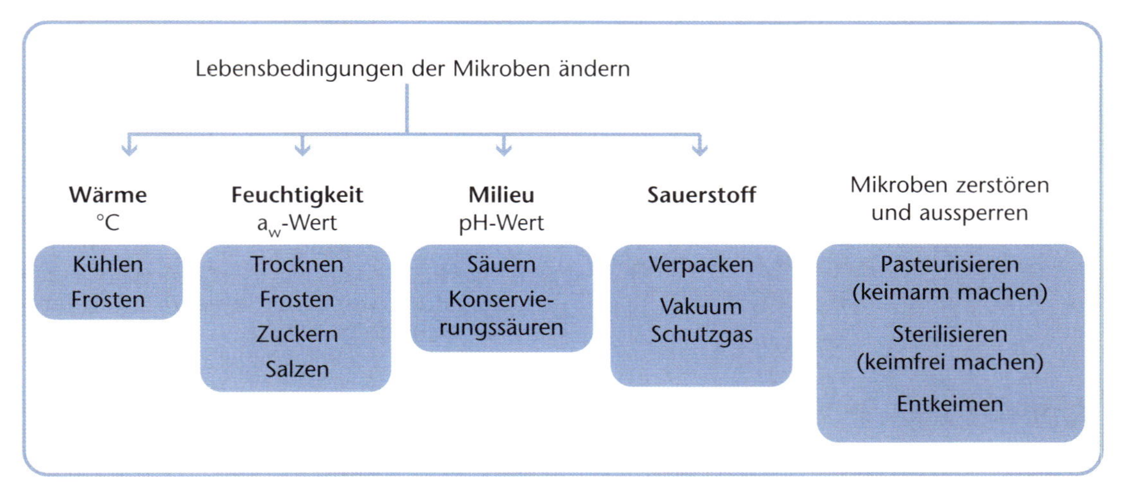

Abb. 1 Möglichkeiten der Konservierung

16.2 Werterhaltung

Kühlen

Kühlen ist die zur kurzfristigen Aufbewahrung am häufigsten angewandte Methode; Kühlschrank und Kühlraum dienen dazu.

Je stärker man ein Lebensmittel abkühlt, desto geringer ist sein Verderb.

Diese Grundregel gilt bis zu etwa + 6 °C.

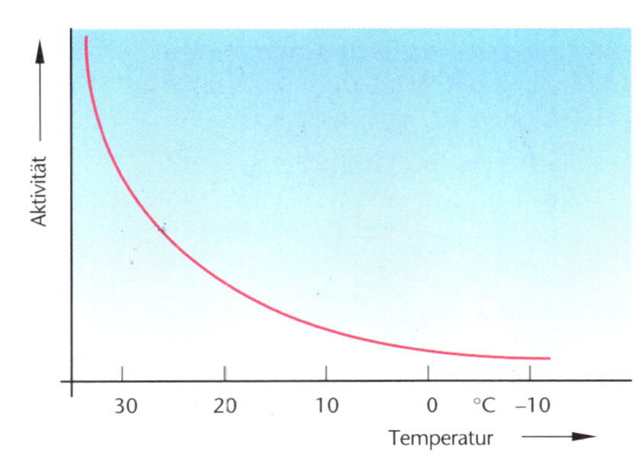

Abb. 1 Mikrobenaktivität

Da Pflanzenteile wie Gurken oder Kopfsalat auch nach der Ernte noch „weiterleben", können bei zu starker Abkühlung die Stoffwechselvorgänge in den Zellen zum Erliegen kommen. Das Gemüse verdirbt, obwohl es gekühlt ist.

Salatgemüse sind besonders empfindlich.

Darum hat man **Kühlräume** mit unterschiedlicher Temperatur für

Fleisch und Fleischwaren:	+2 °C bis +4 °C
Gemüse, Obst:	+6 °C bis +8 °C

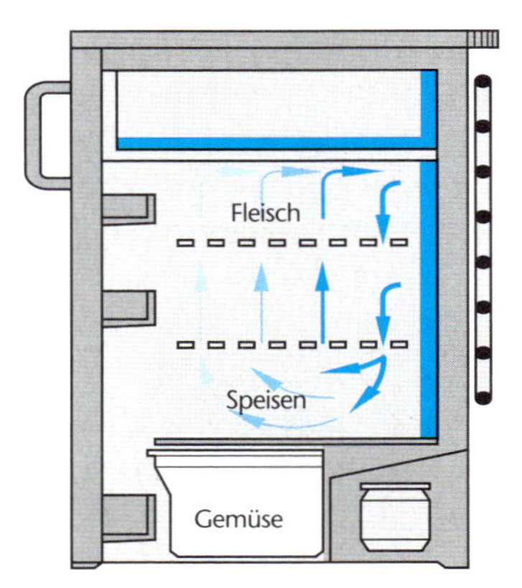

Abb. 2 Temperaturzonen im Kühlschrank

Im Kühlschrank ist es **unter dem Verdampfer am kältesten**, in der Gemüseschale am wärmsten. Die **Lebensmittel sind abzudecken** oder zu verpacken, damit sie vor fremden Gerüchen geschützt sind und nicht abtrocknen.

Kühlräume müssen in regelmäßigen Abständen vollständig gereinigt werden, weil sich an den Wänden und an den Einrichtungsgegenständen Mikroben festsetzen. Die kälteliebenden Arten können auch bei Kühlraumtemperaturen wirken.

Für die gewerblichen Betriebe ist vorgeschrieben, dass in „Fleischkühlräumen" keine anderen Lebensmittel gelagert werden dürfen, weil die Gefahr besteht, dass von diesen Mikroben und Schädlinge auf das Fleisch übertragen werden können.

Tiefgefrieren – Frosten

Das Tiefgefrieren eignet sich für längere Lagerung. Es ist die schonendste Methode, Lebensmittel für längere Zeit haltbar zu machen. Aber auch tiefgefrorene Lebensmittel sind **nicht unbegrenzt haltbar**, denn durch den Wärmeentzug ist die Tätigkeit der Mikroben und Enzyme nur verlangsamt. Ganz zum Stillstand kommt sie nicht.

In den Zellen der pflanzlichen und tierischen Lebensmittel befindet sich Zellsaft, in dem Mineralstoffe gelöst sind. Durch den Mineralstoffgehalt wird der Gefrierpunkt verschoben, und beim Abkühlen der Lebensmittel bilden sich die Eiskristalle erst bei Temperaturen von mehreren Graden unter 0 °C. Will man eine qualitativ hochwertige Frostware, muss dieser Bereich der „maximalen Kristallbildung" rasch durchlaufen werden. Das geschieht bei –35 °C; man spricht darum auch von **Schockfrosten.**

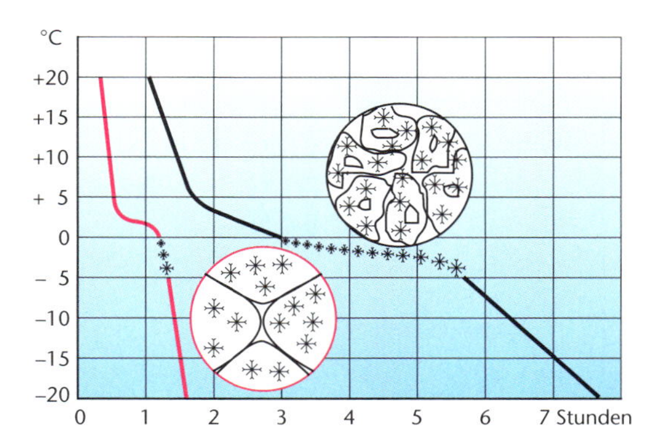

Abb. 1 Schockfrosten und Frosten

Wird den Lebensmitteln zu langsam Wärme entzogen, bilden sich unregelmäßig große Eiskristalle, die dann beim Auftauen zu Qualitätsverlusten führen.

Hinweise

- Nur frische, einwandfreie Ware frosten, denn die Qualität kann nicht verbessert, sondern nur erhalten werden.
- Gemüse vor dem Frosten kurz blanchieren und anschließend sofort abschrecken. Dadurch werden Enzyme zerstört, das Gemüse ist länger lagerfähig.
- Gefrierware luftdicht verpacken, denn sonst verdampft Zellflüssigkeit (Gefrierbrand bei Fleisch).
- Hackfleisch und rohe Zubereitungen daraus dürfen im Gastgewerbe üblicherweise nicht eingefroren werden. Die vorgeschriebene Gefriergeschwindigkeit ist nur mit Schockfroster möglich.
- Genau beschriften, denn gefrostete Ware ist auch im durchsichtigen Plastikbeutel nur schwer erkennbar.
- Zum Einfrieren die Ware möglichst breit auslegen, denn so kann die Kälte schneller eindringen.
- Die Lagertemperatur muss mindestens –18 °C betragen.

Mängel bei der Lagerung von Tiefkühlkost

Wenn die Lagertemperatur stark schwankt, z. B. wenn wiederholt Warmes zum Abkühlen in den Froster gegeben wird, dann tauen die Randschichten gefrosteter Ware an und Wasser verdunstet aus den Randschichten.

- Bei loser Ware in Packungen ist dieses Wasser als **„Schnee"** sichtbar. Die Ware ist ausgetrocknet und von geringer Qualität.

Abb. 2 Schneebildung bei stückiger Ware

- Bei Einzelstücken kommt es zu **Gefrierbrand**, wenn die Verpackung verletzt ist oder unverpackte Ware im Froster gelagert wird.

Abb. 1 Hähnchen mit Gefrierbrand

Richtiges Auftauen

- Kleine Stücke, wie portionierte Stücke von Fisch oder Fleisch, nur antauen. Durch die Temperatureinwirkung werden die Poren sofort geschlossen, sodass der Tausaft nicht ausfließen kann.
- Große Stücke, wie z. B. Kalbskeule, langsam, am besten im Kühlraum, auftauen, denn so entstehen die geringsten Verluste.
- Blockware, wie z. B. pürierter Spinat, in ein Gefäß mit etwas Wasser geben und erhitzen.

Überblick über weitere Verfahren der Haltbarmachung

Die Lebensmittelbevorratung über einen längeren Zeitraum wird heute fast ausschließlich von der Lebensmittelindustrie und vom Handel übernommen. Dort werden weitere Konservierungsverfahren angewandt. Für die sachgerechte Lagerung und den richtigen Umgang mit den Produkten genügt ein Überblick.

Verderbnis- und Krankheitserreger werden bei höheren Temperaturen abgetötet. Zugleich verändert sich unter der Wärmeeinwirkung das Lebensmittel. So hat z. B. ein Gulasch aus der Dose eine faserigere, trockenere Fleischbeschaffenheit als bei einem selbst hergestellten Gericht. Um die Veränderungen in Grenzen zu halten, wendet man darum nur so viel Wärme an, wie für die erwünschte Haltbarkeit unbedingt erforderlich ist.

Sterilisieren

Viele Verderbniserreger werden bei 100 °C abgetötet und die Lebensmittel sind dann lange haltbar. Eiweißhaltige Lebensmittel werden jedoch auch von sporenbildenden Mikroben befallen. Die Überlebensform der Bazillen, **die Sporen**, werden bei Kochtemperatur nicht zerstört. Man erhitzt darum unter Druck auf rund 120 °C.

Lagerfähigkeit: mehrere Jahre.

Weiterverwendung: Das eigentliche Garen entfällt, weil die Lebensmittel durch die Sterilisierung schon gegart sind. Vielfach müssen sie nur noch auf Serviertemperatur gebracht oder fertig gestellt werden.

Pasteurisieren

Manche Lebensmittel müssen nicht so lange haltbar sein oder sie verändern sich bei starker Erhitzung in einer Weise, die nicht erwünscht ist. Dann wird nur kurze Zeit erhitzt und rasch wieder abgekühlt. Die Lebensmittel sind dann zwar nicht so lange haltbar, doch wird z. B. eventueller Kochgeschmack vermieden.

Lagerfähigkeit: Auch bei kühler Aufbewahrung nur begrenzt.

Trocknen

Durch Wasserentzug werden die Mikroben und Enzyme in der Wirksamkeit gehemmt. Man wendet das Trocknen vor allem bei Reis, Teigwaren, Hülsenfrüchten, Gewürzen, Küchenkräutern und bei Dörrobst an.

Lagerfähigkeit: Mehrere Jahre. Auf trockene Luft ist zu achten. Verpackt aufbewahren, um Geruchsübertragungen zu vermeiden.

Beim **Gefriertrocknen** wird das Lebensmittel zunächst gefroren. Anschließend verdunstet das Eis direkt zu Wasserdampf. Dabei bleibt die Beschaffenheit des Lebensmittels gut erhalten. Die Qualität ist besser als beim gewöhnlichen Trocknen.

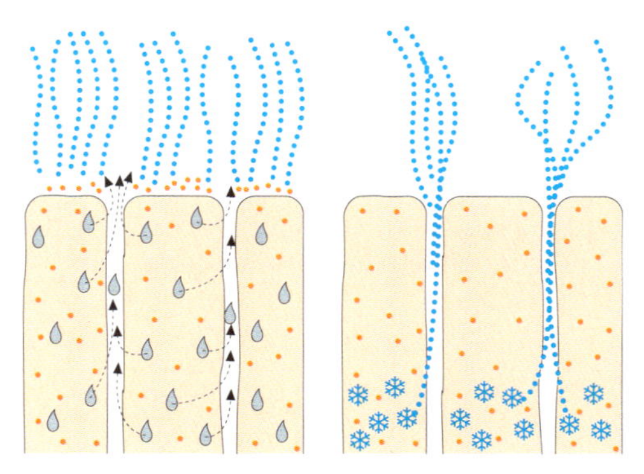

Beim Trocknen verdampft das Wasser an der Oberfläche. | Beim Gefriertrocknen geht das Eis direkt in Dampf über.

Salzen, Pökeln

Salz wirkt wasserentziehend und senkt den a_w-Wert, der Gehalt an verfügbarem Wasser wird verringert.

Die Pökelstoffe wirken zusätzlich auf den Muskelfarbstoff Myoglobin, sodass beim Erhitzen von gepökelter Ware die rote Farbe des Fleisches erhalten bleibt.

Haltbarkeit: Sehr unterschiedlich und von den angewendeten Verfahren abhängig. Während z. B. gekochter Schinken im Kühlschrank aufzubewahren ist, kann roher Schinken bei Raumtemperatur lagern.

Zuckern

Zucker bindet Wasser, die Mikroben werden in ihrer Tätigkeit gehemmt. Beim Kochen von Konfitüre und Gelee wird die Frucht-Zucker-Mischung durch die hohe Temperatur zusätzlich keimfrei.

Haltbarkeit: Mindestens ein Jahr.

Säuern

Durch Zugabe von Säure (Essig) oder Bildung von Säure in den Lebensmitteln (Milchsäure im Sauerkraut) werden die Mikroben gehemmt.

Haltbarkeit: Beschränkt, vielfach wird zusätzlich sterilisiert, z. B. Sauerkraut, Essiggurken.

Chemische Konservierungsstoffe

Diese Stoffe wirken direkt auf die Mikroorganismen, zerstören sie oder behindern sie erheblich.

Die Konservierungsstoffe sind auf ihre gesundheitliche Unbedenklichkeit geprüft und dürfen nur bestimmten Lebensmitteln in festgesetzten Höchstmengen beigegeben werden. Auf den Gehalt an chemischen Konservierungsstoffen muss hingewiesen werden.

Hürden-Effekt

Alle Haltbarmachungsverfahren verändern die Lebensmittel in irgendeiner Form. Durch Kombination unterschiedlicher Verfahren kann man haltbar machen und zugleich die Veränderungen gering halten.

Dabei wird den Mikroben gleichsam anstelle einer großen Sperre eine Reihe von Hürden entgegengestellt

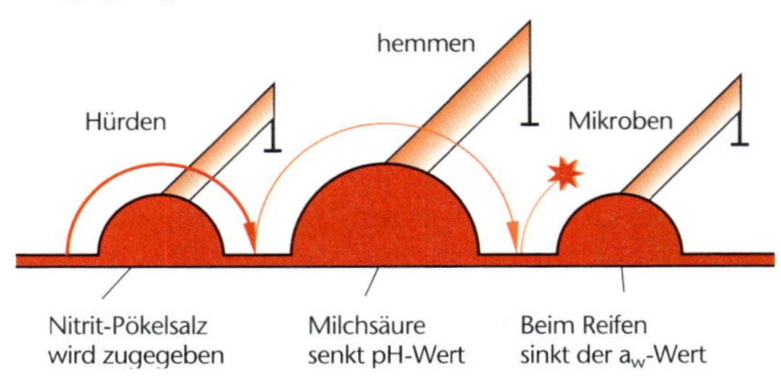

Abb. 1 Hürden-Effekt bei Rohwurst

Aufgaben

1. Nennen Sie Teilbereiche der Qualitätsbeurteilung von Lebensmitteln.
2. Welches sind die Ursachen für den raschen Verderb bestimmter Lebensmittel?
3. Wie kann die Lagerdauer von leicht verderblichen Lebensmitteln verbessert werden?
4. Nicht verkaufte geschlachtete Forellen werden unverpackt in den Tiefkühlraum bei –18 °C gelegt. Wie denken Sie hinsichtlich der Qualität darüber?
5. Sie öffnen eine TK-Packung mit vorbereiteten Karotten und finden große Eiskristalle, so genannten „Schnee“ vor. Erläutern Sie.
6. Dem neuen Azubi ist nicht klar, warum im Fleischkühlraum eine andere Temperatur angezeigt wird als im Gemüsekühlraum. Erklären Sie.
7. „Im Fleischkühlraum ist noch Platz, da stellen wir den Kopfsalat hinein.“ Darf man das? Begründen Sie die Entscheidung.

1 Küchenorganisation

kitchen organization *organisation (w) en cuisine*

Die Küche ist eine Produktionsstätte mit vielfältigen Aufgaben, die nur bewältigt werden können, wenn die Produktionsprozesse sachlich und zeitlich klar gegliedert werden.

Einfach gesagt: Jeder muss wissen, wer was wann zu tun hat.

Dieses Ordnen bezeichnet man als **Organisation von Arbeitsabläufen.**

Es werden zwei grundsätzliche Arten unterschieden, die Postenküche und das Koch-Zentrum.

1.1 Postenküche

Die einzelnen Tätigkeiten sind sachlich aufgegliedert und einzelnen **Posten** (Arbeitsgebieten) zugeordnet. Dabei kommt man zu folgender Grobeinteilung:

Warme Küche		Kalte Küche	Konditorei
Saucenkoch **Saucier**	Gemüsekoch **Entremetier**	Koch der kalten Küche **Gardemanger**	Küchenkonditor **Pâtissier**
Zubereiten von Fleisch, Fisch, Wild, Geflügel Herstellen von Saucen	Zubereiten von Gemüse, Kartoffeln, Reis, Teigwaren Herstellen von Suppen, Eierspeisen	Vorbereiten von Fleisch, Fisch, Wild, Geflügel Herstellen von Vorspeisen, kalten Platten, kalten Saucen	Herstellen von Kuchen, Gebäck, Pasteten, Puddings, Aufläufen, Eis

In **größeren Küchen** wird die Arbeit weiter unterteilt, die Aufgabengebiete werden enger und spezialisierter.

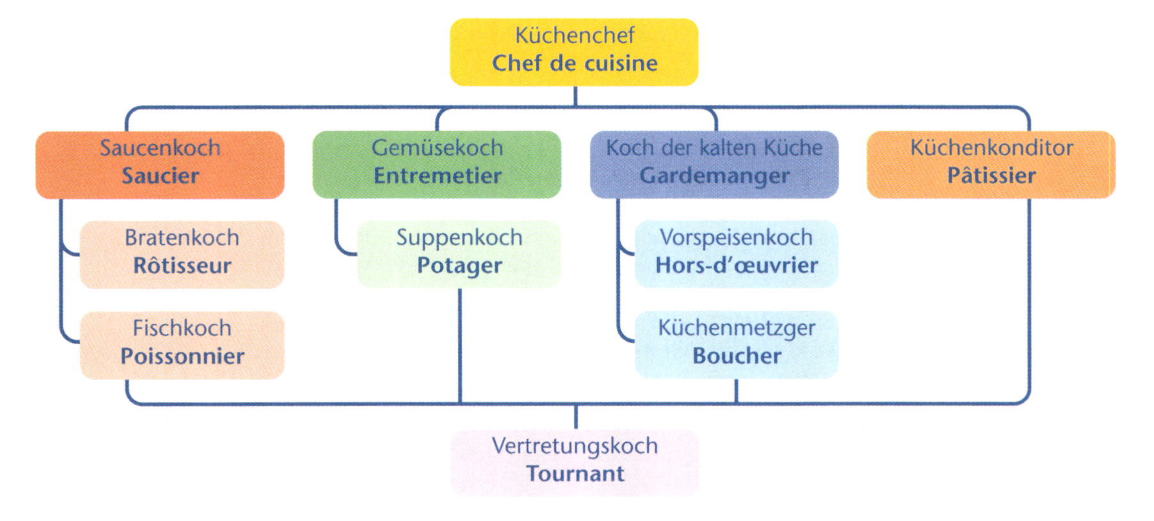

Die einzelnen Komponenten eines Gerichtes (Fleisch sowie Gemüse und Kartoffeln) werden von verschiedenen Posten gefertigt und dann zusammengefügt.

Im Mittelpunkt einer solchen Küche steht der Herdblock.

1.2 Koch-Zentrum

Das folgende Beispiel vergleicht den Arbeitsablauf für

Rumpsteak mit Bratkartoffeln und Salat in Postenküche und Koch-Zentrum

In einem Koch-Zentrum fertigt ein Koch das Gericht allein und trägt dafür die Verantwortung.

Die Geräte sind meist U-förmig, gleichsam „um den Koch herum" angeordnet.

Die Vorproduktion kann zeitlich unabhängig erfolgen, vorgefertigte Produkte können auf einfache Weise in den Ablauf eingefügt werden.

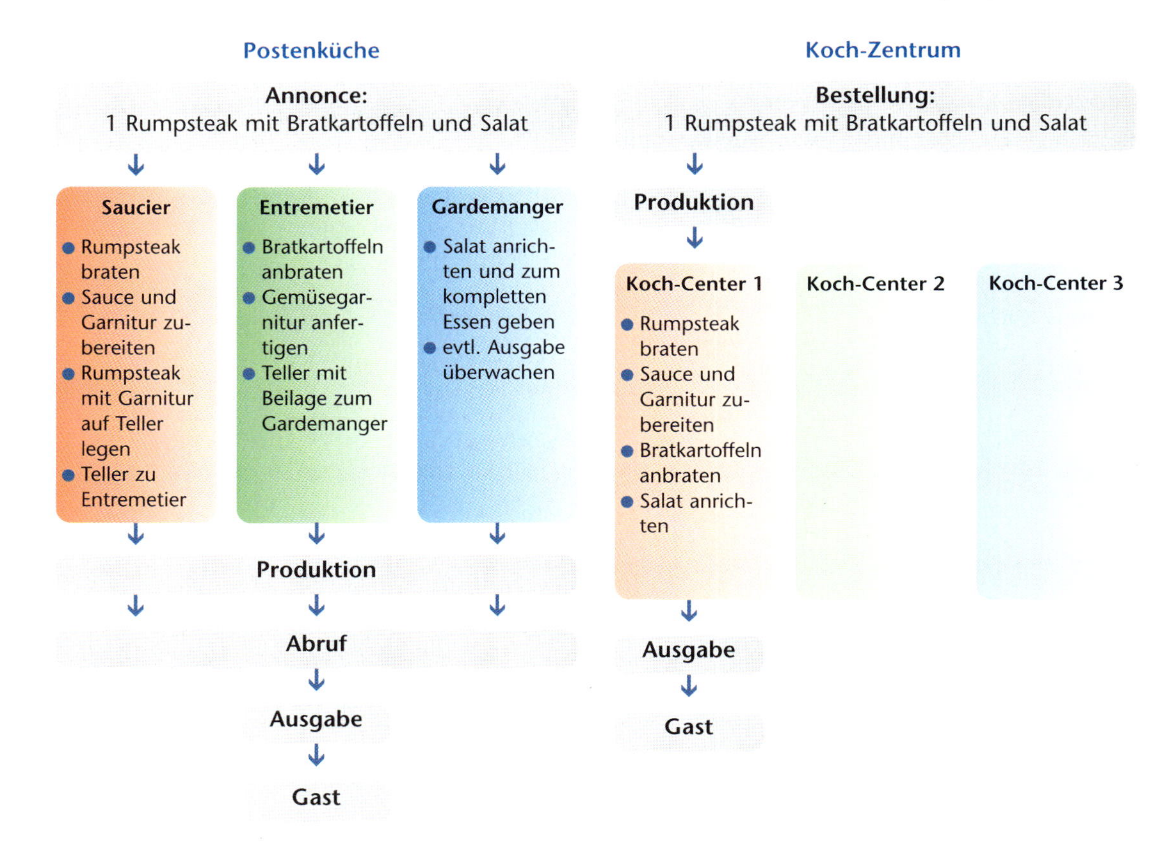

1.3 Vorgefertigte Produkte

convenience food *produits (m) alimentaires prétraités et précuisinés*

Vorgefertigte Produkte bezeichnet man auch als Convenience Food. Der aus dem Englischen kommende Begriff bedeutet wörtlich „bequeme Lebensmittel". So wortgetreu ist der Begriff aber nicht zu übertragen, obwohl es die Werbung gerne tut.

Jeder Herstellungsvorgang besteht aus unterschiedlich vielen **Einzelschritten.** Sie sind zwar alle erforderlich, um zum Ergebnis zu gelangen, doch müssen sie **nicht zwangsläufig zeitlich zusammenhängend** erledigt werden. So werden z. B. Kartoffeln geschält und in Wasser gelagert, bis sie gegart werden; Teigwaren und Reis kocht man vor und bringt sie bei Bedarf wieder auf Verzehrtemperatur. Eine Aufteilung von Arbeitsabläufen ist also nichts Neues.

In der klassischen Küche wurden alle Arbeitsschritte von der Rohware bis zum fertigen Gericht im Hause erledigt. Man nennt das **Eigenfertigung.**

Heute werden viele Produkte ganz selbstverständlich in vorbereiteter Form bezogen. So sind z. B. Erbsen, ob aus der Dose oder als Tiefkühlware, von der Schote befreit; für Pommes frites aus dem Tiefkühler sind Kartoffeln gewaschen, geschnitten, von kleinen Abschnitten befreit und blanchiert worden. Bei diesen Beispielen spricht man von **Fremdfertigung.**

Gegenüberstellung: Eigenfertigung – Fremdfertigung

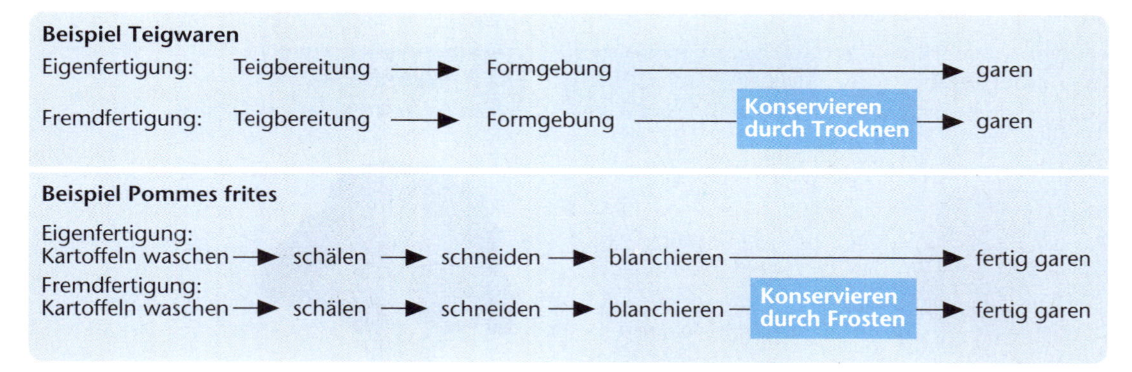

Wirtschaftliche Überlegungen

Ob und in welchem Maße vorgefertigte Produkte eingesetzt werden, wird bestimmt von

- verfügbarer Arbeitszeit,
- vorgegebenem Kostenrahmen.

Jede Küche ist personell und in der technischen Ausstattung auf eine bestimmte tägliche Anzahl und Art von zu fertigenden Speisen eingerichtet. Eine unerwartet große Nachfrage kann deshalb bei völliger Eigenfertigung oft nicht – oder nur unter Qualitätsverlust – erfüllt werden.

An Personal ist oft Bedarf, sodass Zeitmangel für die Verwendung von vorgefertigten Produkten sprechen kann.

Andererseits kann es unter bestimmten Umständen möglich sein, billiger selbst zu fertigen als vorgefertigte Produkte einzukaufen.

Aus bestimmten Fertigprodukten können ohne großes Fachwissen und Erfahrung allein durch Regenerieren (= auf Verzehrtemperatur bringen und Anrichten) Speisen serviert werden.

Das führt jedoch zu einem „Einheitsgeschmack“. Spezialitäten und „Hausrezepte“ sind kaum mehr im Angebot. Es hat sicher einen Grund, wenn Betriebe mit „hausgemacht“ und „Eigenfertigung“ werben.

Eine Antwort auf die Frage, ob vorgefertigte Produkte verwendet werden sollen, kann nicht lauten: richtig/falsch.

Hierüber kann nur eine detaillierte Kalkulation unter Beachtung der jeweiligen Betriebsgegebenheiten Aufschluss geben.

Bei klarer Abwägung der Argumente kann es erforderlich sein, sich in einem Fall für und in einer anderen Situation gegen vorgefertigte Produkte zu entscheiden.

Kostenverlauf Eigenfertigung – Fremdfertigung

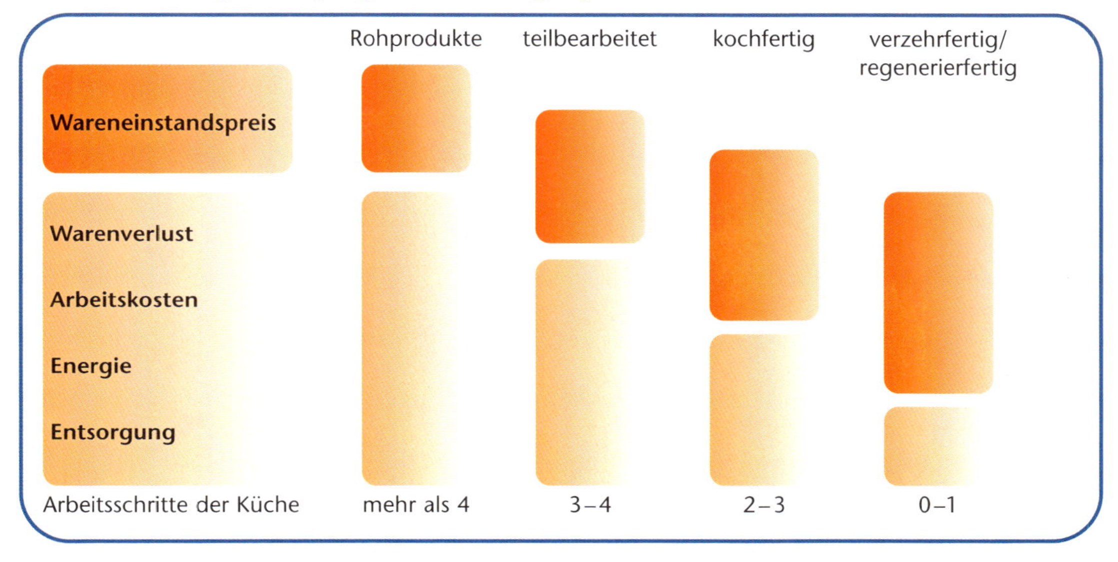

Beispiele für vorgefertigte Produkte aus dem Katalog eines Anbieters aus folgenden Bereichen:

Geflügel	Fisch	Gemüse

Rohe Putenbrust
Verwendung offen

Flunderfilet
Verwendung offen

Broccoli, geputzt
Verwendung offen

Putenbrustfilet, paniert
nur noch backen

Schollenfilet, paniert
nur noch backen

Gemüse, geschnitten
für Ratatouille

Poulardenbrust mit Sauce
nur noch erwärmen

Matjesfilet
servierfertig

Gemüsekomposition
nur noch erwärmen

Die abgebildeten Beispiele zeigen unterschiedliche Stufen der Vorbereitung.

Je weiter untenstehend, desto stärker vorbereitet, desto höher ist der Convenience-Grad.

Arbeiten mit vorgefertigten Produkten

Vorgefertigte Produkte sind Grundlagen. Sie können und sollten individuell zubereitet, verfeinert und abgeschmeckt werden.

Rezepturen sind einzuhalten. Die vorgegebenen Rezepturen, z. B. die Menge der zuzusetzenden Flüssigkeit, sind erprobt und aufeinander abgestimmt. Nicht nach Augenmaß arbeiten, sondern abwiegen und abmessen!

Arbeitsanweisungen beachten, um Mängel zu vermeiden. So gibt es z. B. für Kartoffelpüree Trockenprodukte, die man nach dem Einrühren in die Flüssigkeit weiterrühren darf, aber auch ein anderes Ausgangsmaterial, das durch diese Behandlung zäh wird.

Garzeiten beachten. Vorgefertigte Lebensmittel sind in den meisten Fällen vorgegart. Durch zu lange Wärmeeinwirkung in der Küche leidet die Qualität erheblich.

Ob man vorgefertigte Produkte verwendet, muss im Einzelfall entschieden werden. Eine Hilfe bietet die nachfolgende Tabelle.

Vergleich

	Eigenfertigung	Fremdfertigung
Vorteile	starker Einfluss auf Qualität, Geschmack und Aussehen unabhängig vom Zulieferer Ausnutzung vorhandener Kapazität	maschinelle Bearbeitung ist kostengünstiger als Handarbeit Spitzenbelastungen können abgefangen werden
Nachteile	mehr Personal, Geräte und Maschinen größere Lagerhaltung	kein Niveauunterschied zwischen den Betrieben Abhängigkeit von Lieferanten

Aufgaben

1. Nennen Sie mindestens fünf Beispiele für Produkte, die vor der Ausgabe nur noch gegart und abgeschmeckt werden.
2. Sie hören, wie der Küchenchef sagt: „Mit vorgefertigten Produkten baue ich Arbeitsspitzen ab." Was meint er damit?
3. Vergleichen Sie den Kilopreis für frischen Spinat und Frostware im Mai und im Oktober. Berichten Sie.
4. Bei Preisvergleichen von Frischware mit vorgefertigter Ware müssen Vorbereitungsverluste berücksichtigt werden. Beim Filetieren von frischem Lachs rechnet man mit einem Verlust von 35 %.
   a) Wie viel kg frischer Lachs müssen eingekauft werden, um 1 kg Lachsfilet zu erhalten?
   b) Frischer Lachs wird zu 5,90 €/kg angeboten. Berechnen Sie den Preis für 1 kg Lachsfilet.

2 Arbeitsmittel *small equipment* *outils (m) de travail*

Das wichtigste Werkzeug in der Küche ist das Messer. Je nach Einsatzgebiet hat der Koch spezielle Messer, die sich hauptsächlich in Größe, Form und Beschaffenheit der Klinge unterscheiden. Bei allen Arten sollte beachtet werden:

- **Ein Messer muss gut in der Hand liegen.** Dabei ist einmal das Verhältnis von Griff zu Klinge wichtig. Zum anderen kommt es auf das Gewicht an. Wenn ein Messer zu leicht ist, liegt es nicht gut in der Hand.
- **Die Klinge muss federnd und zugleich hart sein.** Dann ist sie belastbar und zugleich schnitthaltig. Von Schnitthaltigkeit oder Standfestigkeit spricht man, wenn die Schneide die Schärfe lange hält.
- **Der richtige Messergriff schützt vor Unfällen.** Eine raue Oberfläche gewährleistet einen sicheren Griff. Der Fingerschutz ist besonders wichtig, denn er verhindert das Abgleiten der Hand in die Schneide.

Unfälle mit Messern stehen in der Küche an erster Stelle.

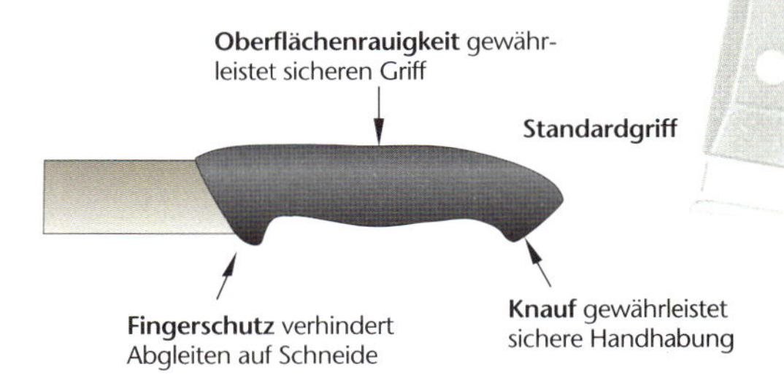

2.1 Grundausstattung

Küchenmesser, mittelgroß

Schneiden von Kartoffeln, Gemüsen, Obst, Fleisch und Fisch

Gemüsemesser/Officemesser

Putzen und Zurichten von Gemüsen, Pilzen und Salaten

Wetzstahl

Abziehen und Auf-Schnitt-Halten der Messer

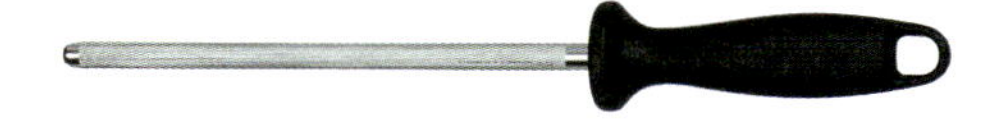

Küchengabel

Ausstechen und Entnehmen von Fleisch. Wenden großer Braten

Bindenadel/Dressiernadel/Bridiernadel

Formgeben bei rohem Geflügel durch Zusammenbinden (Bridieren)

Spicknadel

Einziehen feiner Speckstreifen in Wild- und Schlachtfleisch

2.2 Erweiterungen

Vorwiegend für Gemüse

Gemüse- und Kartoffelhobel (Mandoline)

Schneiden von Gemüsen und Kartoffeln. Stärke beliebig einstellbar. Klingen mit unterschiedlichen Schneiden ermöglichen Scheiben mit glatten oder gefurchten Flächen (Waffelkartoffeln).

Tourniermesser

Kartoffel-, Gemüse- oder Fruchtteile durch glatte Schnitte gleichmäßig formen

Buntschneidemesser

Gekochte rote Rüben, Sellerie, Möhren, Gurken oder Kürbis in Scheiben mit gerieften Flächen schneiden

Sparschäler

Gleichmäßig dünnes Schälen von Gemüsen/Früchten

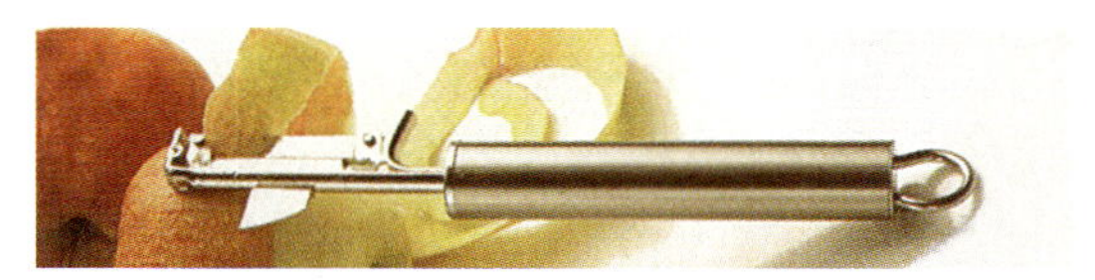

Ausbohrer

Ausbohren kugeliger oder olivenartiger Formen aus Kartoffeln, Gemüsen und Früchten. Entfernen von Kerngehäusen. Aushöhlen von Gemüsen und Früchten

Vorwiegend für Fleisch

Ausbeinmesser

Abziehen von Häuten. Zerlegen von Fleisch, ausbeinen

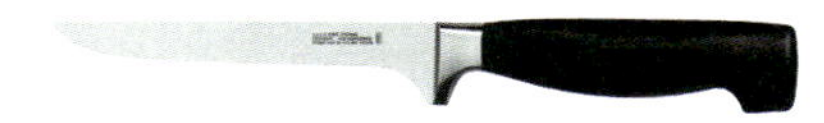

Plattiereisen

Plattieren von rohem Fleisch, wodurch Bindegewebe zerreißt; beim Erhitzen zieht sich Fleisch weniger zusammen, es bleibt saftiger.

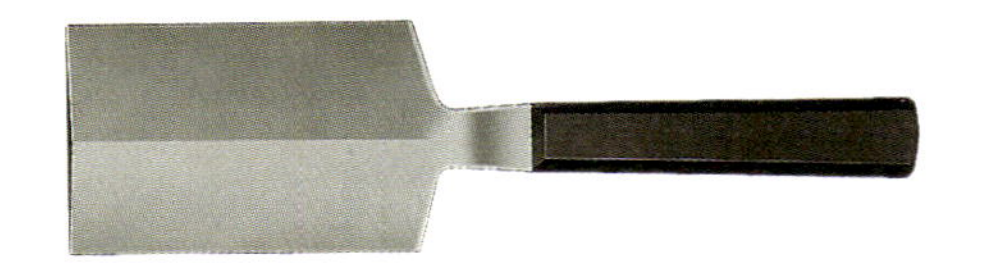

Hackbeil

Ausschlagen von Kotelettsträngen. Abschlagen von Knochen und Rippenteilen. Zerkleinern von Knochen

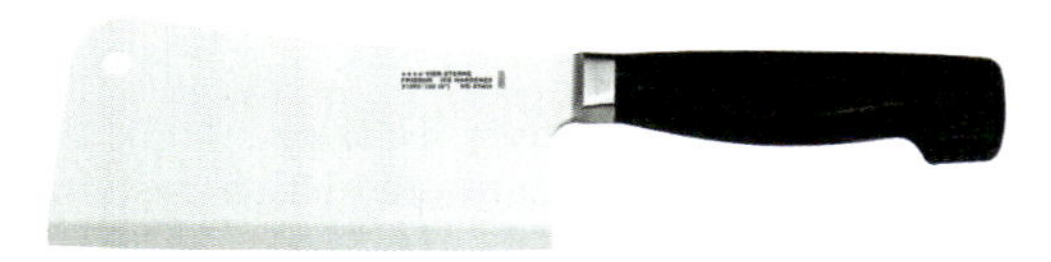

Knochensäge

Durchsägen starker Knochen, z. B. Haxen, Rückgrat- und Schlussknochen

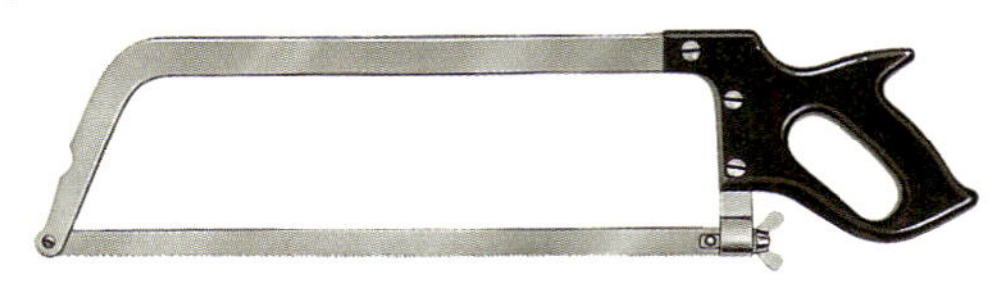

Spickrohr/Lardoir

Einbringen von dicken Speckstreifen in große Schmorfleischstücke (Lardieren)

Vorwiegend in der kalten Küche

Schlagmesser

Durchtrennen größeren Geflügels. Abschlagen von Rückenteilen. Aufschlagen gekochter Hummer und Langusten. Hacken beliebigen Materials

Kuhlenmesser/Spezialmesser

Portionieren von zartem Schneidgut, z. B. Galantinen, Terrinen, Pasteten

Tranchiermesser

Schneiden von Braten, Fleisch- und Wurstwaren

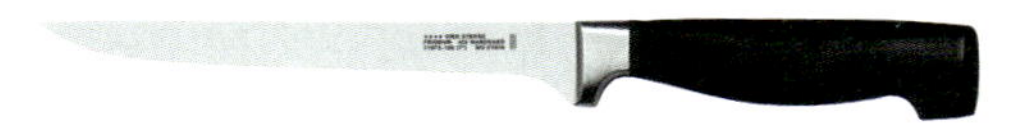

Lachsmesser

Schneiden feiner Scheiben von Räucherlachs und mariniertem Lachs

Filetiermesser

Messer mit flexibler Klinge zum Filetieren von Plattfischen

Käsemesser

Schneiden geeigneter Käsesorten

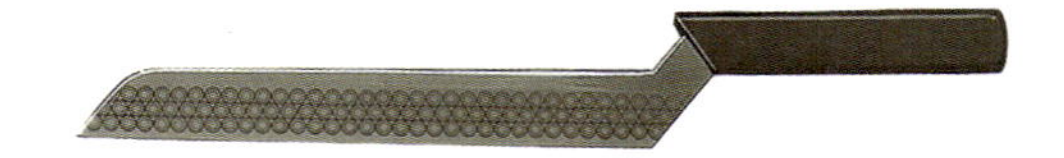

Flossenschere/Fischschere

Abschneiden von Flossen und von Köpfen kleinerer Plattfische

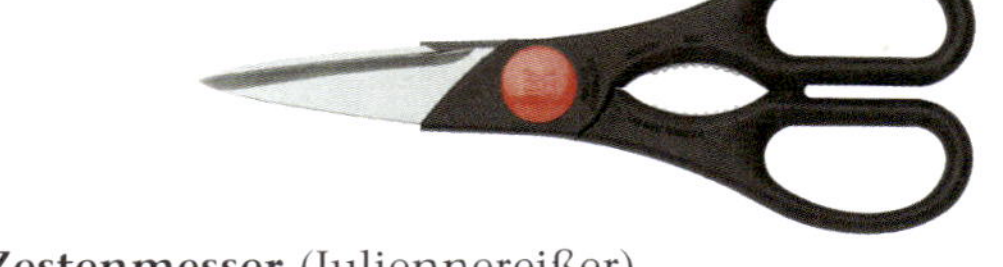

Zestenmesser (Juliennereißer)

Abschneiden feiner Zestenstreifen von Zitrusfrüchten

Kanneliermesser

Zum leichteren Schälen von Zitrusfrüchten sowie zum Verzieren von Gemüsen und Früchten durch Einschneiden gestreckter Rillen (Riefelung/Kannelierung)

Vorwiegend in der Küchenkonditorei

Tortenmesser

Schneiden von Torten in Portionen und Anrichten der Stücke

Konditormesser

Schneiden von Backwerk aller Art. Queraufschneiden von Tortenböden zum Füllen

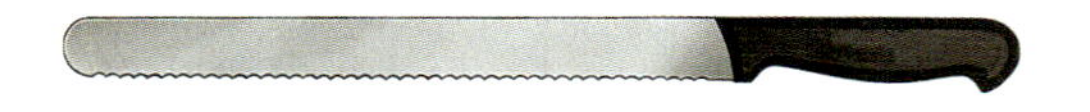

Teigrädchen

Schneiden (Ausrädeln) dünn ausgerollter Teige

Teigkneifer

Verzieren von ungebackenen Teigoberflächen durch Kneifen, z. B. bei Pasteten mit Füllungen

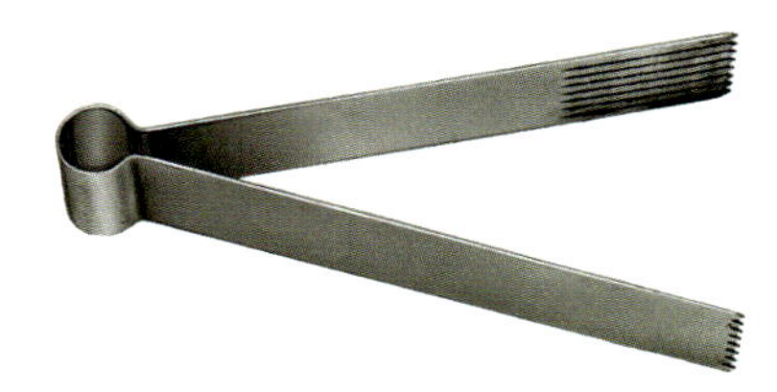

Apfelausstecher

Ausstechen des Apfelzentrums (Blüte-Kernhaus-Stiel)

Spritztüllen

Formen von spritzfähigen Teigen, Massen und Cremes mittels Beutel und glatter Tülle (Lochtülle) oder gezackter Tülle (Sterntülle). Anbringen von Spritzverzierungen

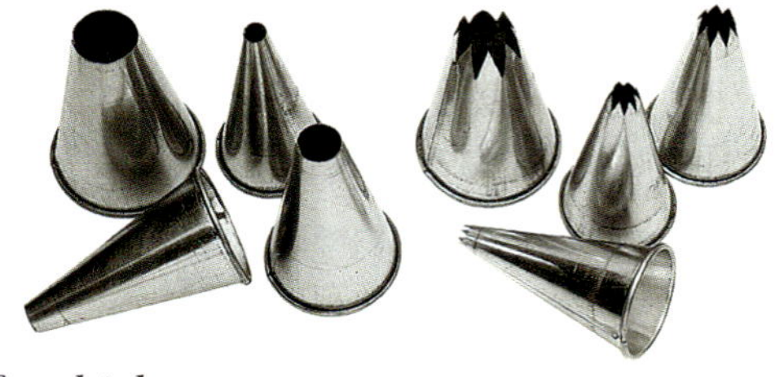

Spachtel

Abkratzen und Putzen von Bratplatten, Backblechen und Arbeitsflächen

Palette

Auf- und Glattstreichen von Füllungen. Absetzen und Anrichten von Gebäckstücken

Tiefkühlmesser

Abtrennen tiefgefrorener Lebensmittel. Das Profil von Klinge und Schneide ist so gestaltet, dass es wie eine Säge arbeitet. Normale Messer sind zum Schneiden gefrorener Lebensmittel ungeeignet. Beim Schneiden wird durch Reibungswärme Flüssigkeit aus dem Schneidgut frei. Durch diese wird das gewöhnliche Messer am zu schneidenden Gut festgehalten.

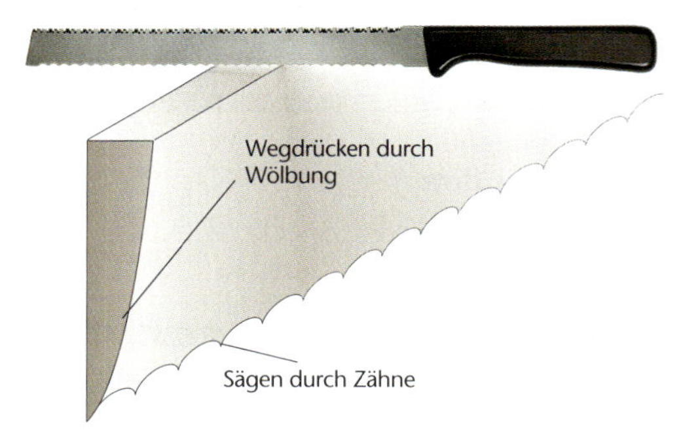

Ausstecher

Ausstechen von rohen Teigen und gebackenen Massen, von Marzipan oder Früchten (Ananas, Melone)

2.3 Pflege der Messer

Für den laufenden Gebrauch wird das Messer durch **Abziehen am Stahl** auf Schnitt gehalten. Dabei muss es unbedingt im richtigen Winkel zum Stahl geführt werden.

Bei einem Schneidewinkel von 20° schneidet das Messer am besten.

Ist der Winkel beim Abziehen zu groß, wird das Messer nach kurzer Zeit stumpf.

Wird der Winkel zwischen Stahl und Messer zu klein/spitz gewählt, ist das Abziehen ohne Wirkung. Das Messer wird nicht geschärft.

Bei Beginn der Abziehbewegung liegt das Ende der Messerklinge an der Spitze des Stahls (Abb. 4).

Dann führt man das Messer unter **leichtem Druck** so, dass die Messerspitze in der Nähe des Stahlgriffs endet.

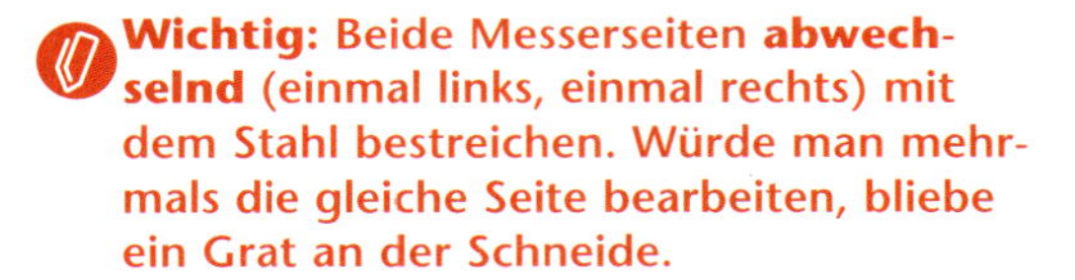

Wichtig: Beide Messerseiten **abwechselnd** (einmal links, einmal rechts) mit dem Stahl bestreichen. Würde man mehrmals die gleiche Seite bearbeiten, bliebe ein Grat an der Schneide.

Das **Schleifen der Messer** wird notwendig, wenn durch das Abziehen nicht mehr die erwünschte Schärfe erreicht wird.

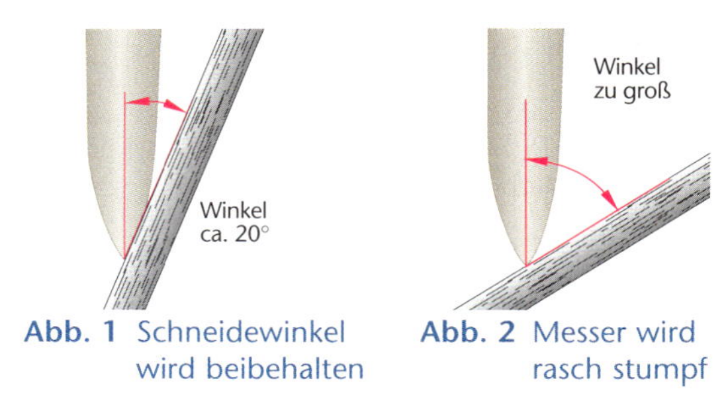

Abb. 1 Schneidewinkel wird beibehalten

Abb. 2 Messer wird rasch stumpf

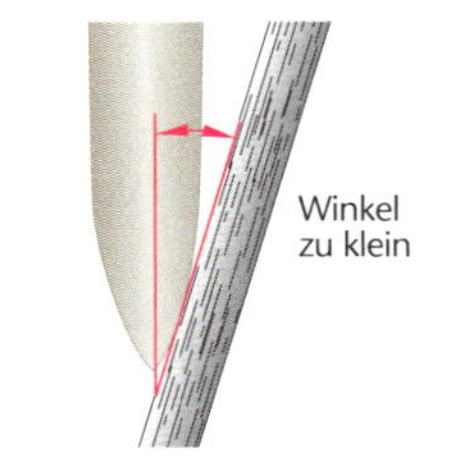

Abb. 3 Abziehen ohne Wirkung

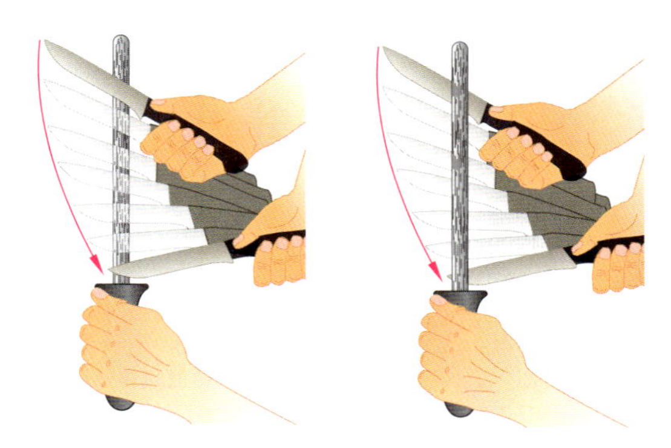

Abb. 4 Bewegung beim Abziehen

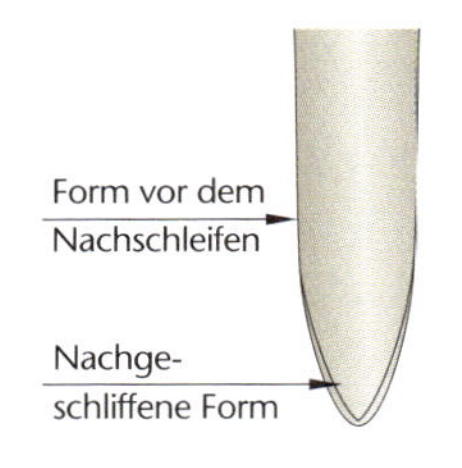

Abb. 5 Nachgeschliffen

Der Schleifstein muss rund, fettfrei und rau sein. Er muss in Wasser laufen oder durch eine Tropfvorrichtung feucht gehalten werden. Bei trockenem Schleifen zerstört die Reibungswärme die Härte der Klinge

„Stumpfe Messer brauchen Kraft, was häufig einen Unfall schafft."

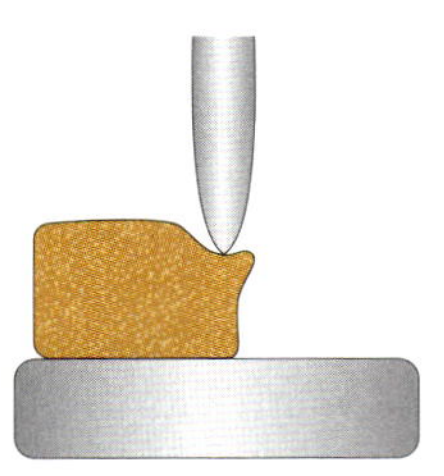

Zu steil geschliffen.
Der Schnitt hält nur kurze Zeit. Beim Schneiden ist viel Kraft erforderlich.

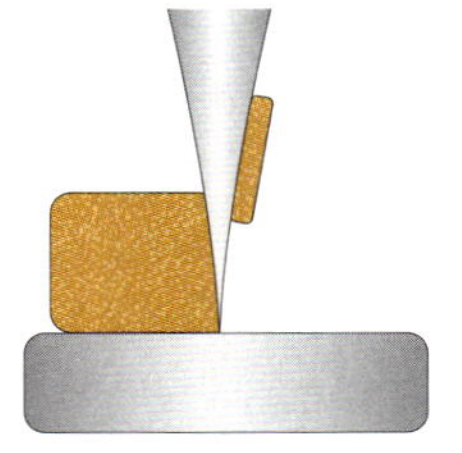

Hohl geschliffen.
Das Profil ist ausgeschliffen, die Klinge wird schnell verbraucht. Das Schneidegut fällt nicht gut von der Klinge.

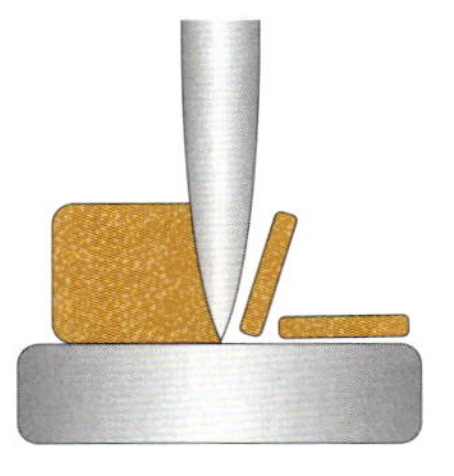

Richtig geschliffen.
Der Klingenquerschnitt ist leicht bauchig und drückt darum das Schneidegut von der Klinge.

2.4 Unfallverhütung

- Messer sind beim Arbeiten vom Körper weg oder seitlich des Körpers zu führen,
- trockener Griff und trockene Hände vermindern die Abrutschgefahr,
- fallenden Messern nicht nachgreifen,
- nicht gebrauchte Messer aufräumen,
- Messer nie in das Spülbecken legen.

3 Kochgeschirr *cookware/cooking-utensils* *batterie (w) de cuisine*

Die in der Küche verwendeten Geschirre und Behältnisse müssen

- in lebensmittelrechtlicher Hinsicht einwandfrei sein, dürfen also die Speisen nicht negativ beeinflussen,
- den Belastungen des Küchenalltags standhalten,
- problemlos zu reinigen sein.

Diese Voraussetzungen erfüllen nur wenige Werkstoffe.

3.1 Werkstoffe für Geschirr

Edelstahl

Edelstahl ist Stahl mit Zusätzen anderer Metalle, die ihn rostfrei und säurefest machen. Durch eine spezielle Oberflächenbehandlung werden alle Unebenheiten entfernt, sodass sich keine Speisereste festsetzen können und das Reinigen erleichtert wird. Gute Wärmeübertragung.

Geschirre aus Edelstahl sind **für alle Zwecke verwendbar.** Die **lange Haltbarkeit**, vielseitige Verwendbarkeit und das saubere Aussehen rechtfertigen die hohen Anschaffungskosten.

Gargeschirre aus Edelstahl haben **Kompensböden.** Sie sind so konstruiert, dass der Topfboden die Veränderungen des Metalles durch Wärme ausgleicht (kompensiert). In kaltem Zustand sind die Bodenflächen nach innen gewölbt.

Die **Pflege ist einfach,** alle Reinigungsmittel anwendbar. Weißlich-matter Niederschlag stammt von Kalkablagerungen und ist mit Säure (Essig) oder Flüssigreiniger zu entfernen. Bläuliches Schimmern ist auf Spülmittelrückstände zurückzuführen und wird durch gründliches Nachspülen vermieden.

Emaillierter Stahl

Bei diesen Geschirren ist der Stahl mit einer Emailleschicht überzogen. Dadurch ist es **vor Rost geschützt** und geschmacksneutral. Die glasharte Emaillierung ist jedoch **schlagempfindlich** und **springt bei raschem Temperaturwechsel.**

Zum Reinigen sind alle Mittel geeignet, doch darf nicht mit harten Gegenständen gekratzt werden. **Überhitzte Töpfe nie mit kaltem Wasser** abschrecken, denn sonst springt der Überzug. Besser: langsam auskühlen lassen.

Guss

Gussgeschirr leitet die Wärme sehr gut und ist robust. Manche Köche sind der Auffassung, dass darin Braten besonders gut gelingen.

Gussgeschirr **eignet sich nicht zur Aufbewahrung** von Speisen, weil diese dann Eisengeschmack annehmen.

Man schützt dieses Geschirr vor Rost, indem man es nach dem Reinigen leicht einfettet.

Stahl

Geschirr aus Stahl hat die gleichen Eigenschaften wie Gussgeschirr, doch besitzt die geschliffene Oberfläche eine feinere Struktur.

Stahlpfannen eignen sich besonders zum Braten.

Pfannen ohne festgebrannte Speisereste werden nur ausgewischt.

Kunststoffe

Unter dem Begriff Kunststoffe werden vielerlei Materialien zusammengefasst. Weil die meisten Gegenstände nicht starr, sondern elastisch sind, spricht man auch von Plastik. In der Küche muss man die Kunststoffe auch nach der Wärmebeständigkeit unterscheiden.

Thermoplaste haben eine weichere Beschaffenheit und sind meist nur bis etwa 80 °C temperaturbeständig.

Duroplaste sind härter und bis 100 °C, kurzzeitig auch höher erwärmbar. Behälter für die Vorratshaltung sowie Schüsseln für den Salatposten und die Kalte Küche sind aus diesem Material.

Gegenstände aus Kunststoff haben eine weichere Oberfläche als solche aus Metall. Sie dürfen darum nicht mit dem Topfreiber oder mit Scheuerpulver bearbeitet werden.

3.2 Geschirrarten

Abb. 1 Kochtopf, Marmite

Abb. 2 Stielkasserolle, Casserole

Abb. 3 Stielkasserolle, flach, Sautoire

Abb. 4 Schwenkkasserolle, Sauteuse

Der Unterschied zwischen Sautoire und Sauteuse:

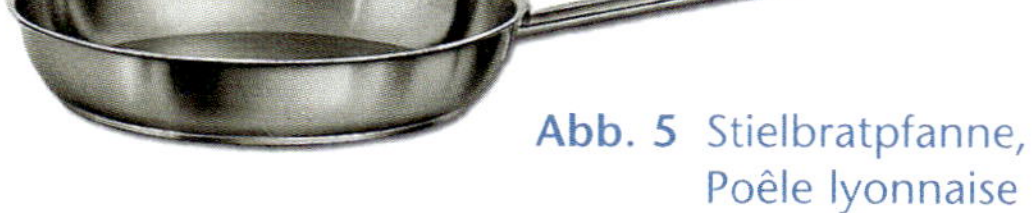

Abb. 5 Stielbratpfanne, Poêle lyonnaise

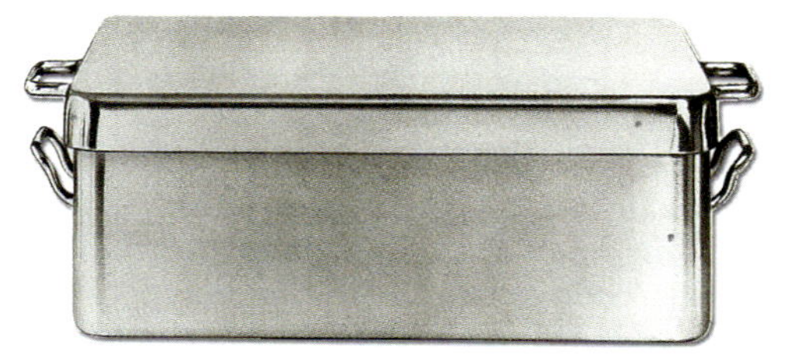

Abb. 6 Schmorpfanne, Braisière

Abb. 7 Bratenpfanne, Rôtissoire

Abb. 8 Fischkessel mit Einsatz, Poissonnière

Abb. 9 Wasserbadbehälter, Casserole de Bain-Marie

Antihaftbeschichtung

Beschichtete Geschirre sind auf der Innenseite mit einer Kunststoffschicht ausgekleidet. Man findet das besonders bei Pfannen und Backformen.

Die Beschichtung verhindert das Ansetzen von Speisen, auch wenn nur mit wenig oder ohne Fett gebraten oder gebacken wird. Darum verwendet man diese Geschirre bevorzugt für Eierzubereitungen und in der Diätküche. Pfannen mit Antihaftbeschichtung müssen vor Überhitzung geschützt werden. Sie dürfen nicht längere Zeit leer auf der Herdplatte stehen.

Zubehör

Abb. 1 Abtropfschüssel, Egouttoir

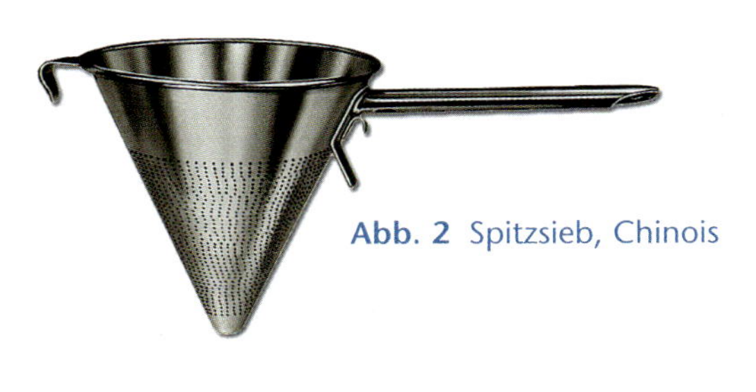

Abb. 2 Spitzsieb, Chinois

Abb. 3 Saucenseiher, Passe-sauce

Gastro-Norm

Das Gastro-Norm-(GN)-System löst die unterschiedlichen Größen von Vorrats-, Bearbeitungs- und Garbehältnissen ab.

Einschübe in Regalwagen, Herde und Kühlschränke sowie Grundflächen von Bain-Marie oder Speisenausgabe sind aufeinander abgestimmt.

Ausgehend von einem Grundmaß von 53 × 32,5 cm gibt es praxisgerechte Unterteilungen mit unterschiedlicher Tiefe. Entsprechende Deckel vervollständigen das System.

So können vorbereitete Lebensmittel in GN-Geschirre eingesetzt und in die Kühlung gebracht werden. Bei Bedarf wird dann in diesem Geschirr gegart und anschließend das Ganze zur Ausgabe gebracht.

Vorteil des Systems:

- Teile passen untereinander und in alle Geräte,
- Arbeitszeitersparnis, weil das Umsetzen von Geschirr zu Geschirr entfällt.

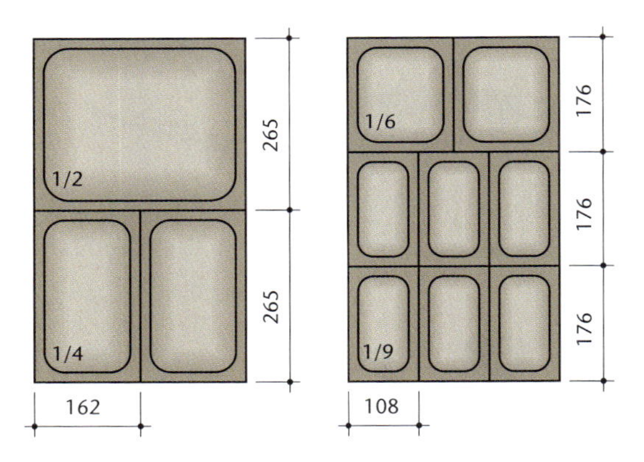

Abb. 4 System Gastro-Norm

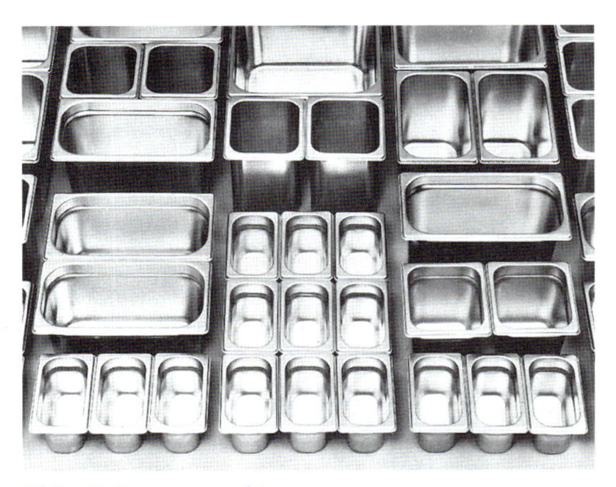

Abb. 5 Systemgeschirr

4 Maschinen und Geräte

equipment and utensils *matériel (m) électro-mécanique*

4.1 Fleischwolf

meat mincer *hachoir (m) à viande*

Der Fleischwolf, auch Wolf genannt, ist eine Zerkleinerungsmaschine. Mit ihr werden Fleisch, aber auch Fisch und Gemüse in eine für die Weiterverarbeitung erforderliche Zerkleinerungsform gebracht.

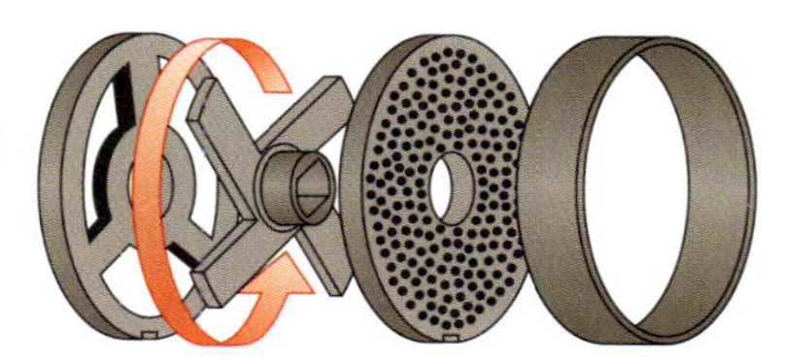

Abb. 1 Messersatz mit einem Messer

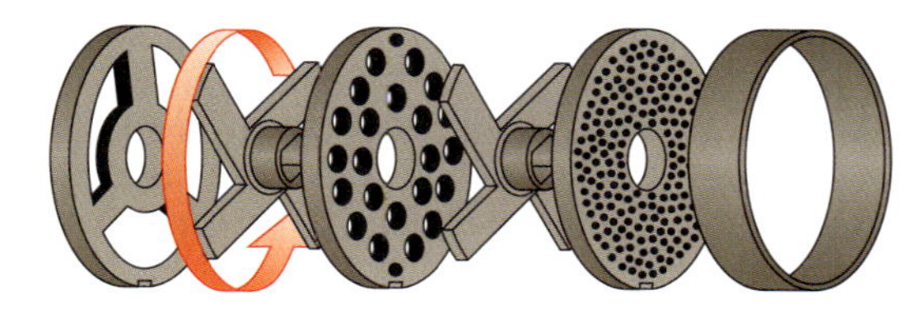

Abb. 2 Messersatz mit zwei Messern

Der Wolf arbeitet nach dem Prinzip des **Scherschnitts.** Wie bei einer Schere wird das Schneidegut zwischen zwei geschliffenen Metallteilen (Messer und Lochscheibe) zerschnitten. Die Schnecke transportiert das Fleisch zu den Messern. Der Zerkleinerungsgrad wird von der Größe der Lochscheibe bestimmt.

Hinweise zur Benutzung

Der Verschlussring muss richtig angezogen werden.

- **Bei zu strengem Sitz** reiben Messer und Lochscheiben aneinander und Metallabrieb gelangt ins Fleisch.
- Bei zu lockerem Sitz wickeln sich Bindegewebe um die Messer, weil sie nicht mehr zerschnitten werden.

Der Wolf muss richtig beschickt werden. Das Fleisch soll in lockeren Fäden aus der Lochscheibe kommen.

- **Presst man Fleisch zu stark** in die Einfüllöffnung, so kann das Material von den Messern nicht mehr richtig verarbeitet werden. Das Fleisch wird warm und schmiert.
- **Läuft der Wolf leer,** reiben Messer und Lochscheiben aneinander und erwärmen sich. Dabei geht die Schärfe verloren.

Ein schlecht eingestellter Wolf oder stumpfe Messer führen zu zerquetschtem, grauem, fettig-schmierigem Material. Das ist eine Qualitätsminderung.

Nach den Bestimmungen der Hackfleischverordnung ist der Wolf bei Benutzung
- **täglich mindestens zweimal zu reinigen,**
- **bei gastgewerblichen Betrieben endet der Tag mit Beginn der Sperrzeit.**

Unfallverhütung

Der Wolf muss so beschaffen sein, dass die Schnecke von der Hand nicht erreichbar ist, weil die saugende Wirkung leicht die Hand mitzieht. Bei kleineren Geräten sind darum Durchmesser und Höhe der Einfüllöffnung vorgeschrieben; größere Maschinen sind an der Einfüllöffnung mit einem nicht entfernbaren Schutz versehen.

4.2 Kutter

food processor *cutter (m)*

Das Wort Kutter ist abgeleitet vom englischen Wort to cut = schneiden, abschneiden. Der Kutter ist eine Zerkleinerungsmaschine, die nach dem Prinzip des Messerschnitts arbeitet. Das Schneidegut liegt dabei auf einer Unterlage (drehende Schüssel), die Messer ziehen durch das Schneidegut. Durch das Kuttern kann eine homogene Masse hergestellt werden, wie sie für Farcen (Brät) erforderlich ist. Eine Haube, die mindestens die halbe Schüssel bedeckt, verhindert das Herausschleudern von Material.

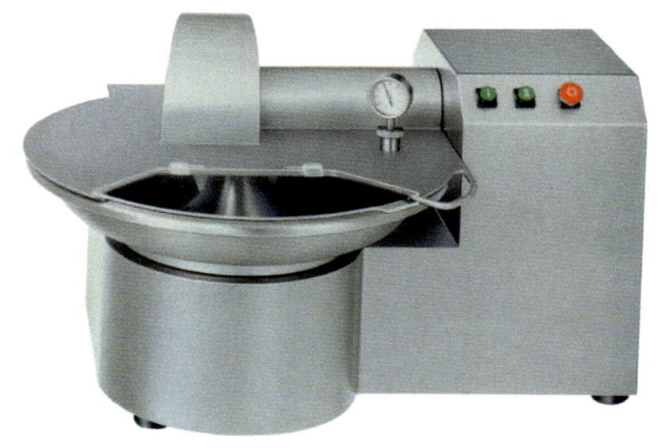

Abb. 3 Tischkutter

Hinweise zur Benutzung

Abb. 1 Arbeitsweise des Kutters

Der Abstand zwischen Messern und Schüssel muss richtig gewählt werden. Das Fleisch wird nur unvollständig zerschnitten, wenn der Abstand zu weit ist. Die Welle macht bis zu 3.000 Umdrehungen je Minute, deshalb muss die Halterungsschraube der Messer fest angezogen werden. An den rotierenden Messern entsteht Reibungswärme, die Eiweiß zum Gerinnen bringen kann. Es darf darum nur gut gekühltes Material verwendet werden.

Unfallverhütung

Der Deckel des Kutters muss die Messerwelle abdecken. Die rotierenden Messer wären, wie z. B. der laufende Propeller eines Flugzeuges, nicht zu erkennen. Darum muss durch eine Sperrschaltung gewährleistet werden, dass der Deckel nur bei stehenden Messern geöffnet werden kann.

Dem Kutter ähnlich, nur kleiner, ist der **Mixer.** Während beim Kutter die Schneidewelle liegt, steht sie beim Mixer senkrecht.

4.3 Fritteuse *deep-fryer* *friteuse (w)*

In der Fritteuse wird die zum Garen benötigte Wärme durch heißes Fett übertragen. Flüssigkeiten leiten die Wärme viel rascher als z. B. Luft. Darum ist die Garzeit im Fettbad wesentlich kürzer.

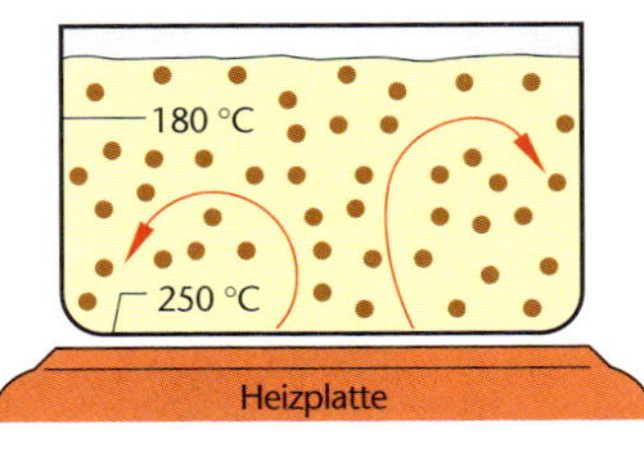

Abb. 2 Fett-Topf

Bei einem **Fett-Topf**, der je nach Bedarf zwischen Herdmitte und Rand hin- und hergeschoben wird, steigt die Temperatur am Boden bis auf 250 °C an. Das erwärmte Fett steigt auf und reißt Schwebeteilchen mit. Diese setzen sich als dunkle Punkte auf dem Backgut ab.

Bei **Fritteusen** liegen die Heizschlangen in einem bestimmten Abstand über dem Boden. Der unter den Heizschlangen liegende Bereich (Kühlzone) ist an der Bewegung des Fettes nicht beteiligt.

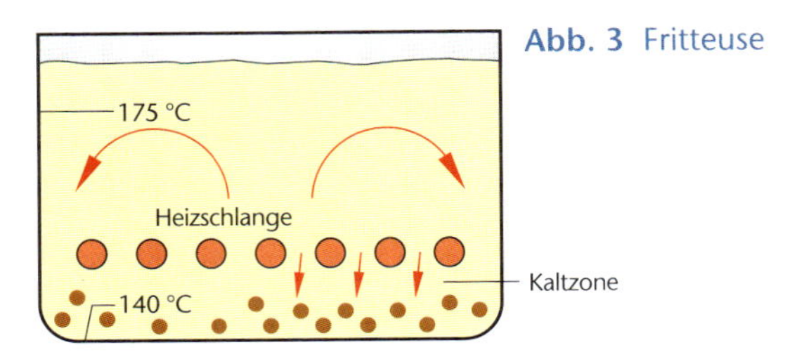

Abb. 3 Fritteuse

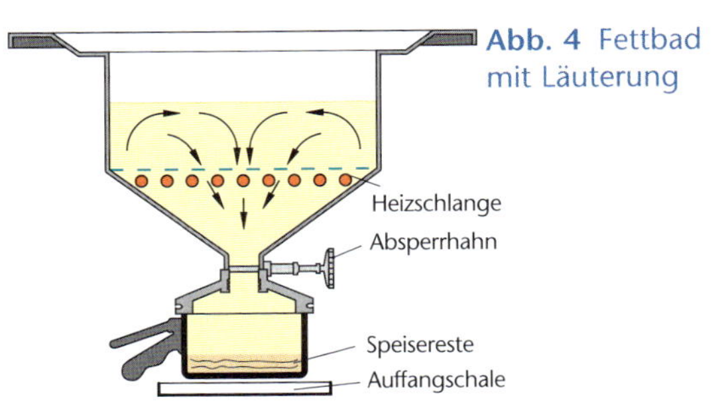

Abb. 4 Fettbad mit Läuterung

Fallen Schwebeteilchen zwischen den Heizschlangen nach unten, so bleiben sie am Boden liegen, setzen sich ab und werden nicht erneut nach oben transportiert. Weil die in der Kühlzone abgesetzten Teilchen nicht verbrennen, wird das Fett weniger belastet und ist darum länger verwendbar.

Hinweise zur Benutzung

Feste Fette müssen, bevor sie in die Fritteuse gegeben werden, erst in einer Kasserolle flüssig gemacht werden. An Heizschlangen, die nicht vollständig von Fett umgeben sind, entstehen sehr hohe Temperaturen, welche die Heizelemente und das Fett schädigen. Ist die Fritteuse mit erkaltetem Fett gefüllt, schaltet man zum Anheizen den Thermostat zunächst auf etwa 70 °C.

Erst wenn das Fett flüssig geworden ist und damit zirkulieren kann, wird auf Backtemperatur geschaltet.

Neuere Geräte sind so gestaltet, dass Backrückstände in einen herausnehmbaren Topf fallen. Auf diese Weise reinigt sich das Fett selbstständig.

Nur geeignete Fette verwenden. Die Fett-Temperatur soll 175 °C nicht übersteigen. Überhitztes Fett bildet das schädliche Acrylamid. Während der Arbeitspausen ist das Gerät abzudecken und auf etwa 100 °C zurückzuschalten. Dadurch wird die Haltbarkeit des Fettes verlängert.

Während des Backens wird das Fett durch chemische Veränderungen „verbraucht“. Verbrauchtes Fett ist bräunlich, schäumt leicht, raucht bereits bei niederen Temperaturen, schmeckt scharf und kratzig.

Verschiedene Testverfahren erlauben eine rasche Überprüfung der Fettqualität. Die Abbildung zeigt einen Teststreifen, der den Anteil an verderbnisfördernden freien Fettsäuren anzeigt.

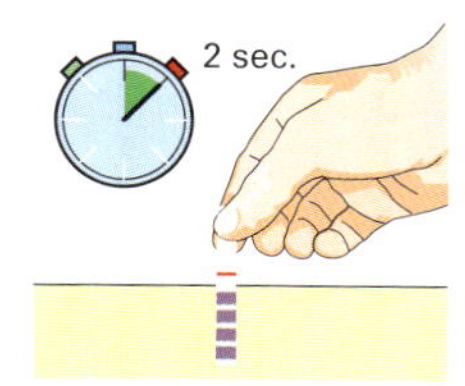

Verbrauchtes Fett muss vollständig ausgewechselt werden.

Ersetzt man nur einen Teil des verbrauchten Fettes durch frisches, ist nach kurzer Zeit wieder das gesamte Fett verdorben. Das alte, verdorbene Fett bewirkt die rasche Zersetzung des neuen.

Nach dem Lebensmittelrecht gilt verbrauchtes Fett als verdorben, ebenso Speisen, die darin zubereitet werden.

Backrückstände bilden einen Bodensatz. Dieser sollte möglichst täglich entfernt werden. Dazu lässt man das abgekühlte Fett aus dem Ablasshahn durch ein Sieb ablaufen, nimmt dann die Heizschlange heraus und entfernt den Bodensatz.

Anschließend sind das Frittiergerät und die Heizschlange mit warmem Wasser und einem Spülmittel gründlich zu reinigen. Auf keinen Fall dürfen Reste des Spülmittels zurückbleiben. Diese zerstören das Fett. Darum wird mehrmals mit klarem Wasser nachgespült und die Fritteuse gründlich ausgetrocknet.

Unfallverhütung

Fett in der Fritteuse oder in der Pfanne kann sich bei Überhitzung selbst entzünden.

- Auf keinen Fall mit Wasser zu löschen versuchen. Das Wasser wird sofort zu Dampf, reißt das Fett mit sich und vergrößert die Brandfläche.
- Brennendes Fett abdecken (Deckel oder Brandschutzdecke).
- Bei größeren Bränden Feuerlöscher verwenden.

Abb. 1 Fettbrand

Umweltschutz

Verbrauchtes Fett in Behältnisse abfüllen und der Fettverwertung übergeben. Wird es in den Ablauf geschüttet, führt es dort zu Ablagerungen an den Wänden der Rohre und schließlich zu Verstopfungen.

4.4 Kippbratpfanne

tilt frypan

poêle (w) à frire basculante

Die Kippbratpfanne hat einen mit Gas oder Strom direkt beheizten Boden aus Gusseisen. Darum sind alle Zubereitungsarten möglich, die starke Hitze erfordern. Bei Bedarf kann sie aber auch zum Kochen, z. B. von Klößen, oder zum Dünsten verwendet werden.

Abb. 2 Kippbratpfanne

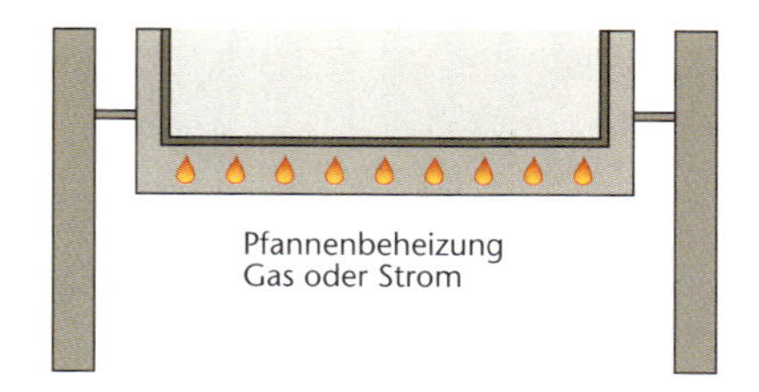

Abb. 3 Schnitt durch Kippbratpfanne

Kippbar sind die Pfannen, weil sie zwischen zwei Säulen gelagert sind. Die Auslaufnase ermöglicht ein einfaches Entleeren.

Hinweise zur Benutzung

Zum Anbraten ist kräftig vorzuheizen, damit die Fett-Temperatur beim Einlegen nicht zu stark absinkt und das Bratgut kein Wasser zieht.

Wird eine mit Flüssigkeit gefüllte Kippbratpfanne geleert, ist das Drehrad am Anfang besonders vorsichtig zu bedienen, sonst schwappt der Inhalt über den vorderen Rand und kann zu Verbrühungen führen.

Geleerte Pfannen müssen sofort mit heißem Wasser „aufgefüllt" werden. Das Wasser verhindert das Festbrennen der Rückstände.

Würde man jedoch kaltes Wasser verwenden, käme es im Pfannenboden durch den Temperaturunterschied zu starken Spannungen, die zu Rissen führen können.

4.5 Kochkessel

cooking kettle
bouilloire (m)

Alle Kochkessel haben doppelte Wände. Zwischen diese wird Dampf geleitet, der die Wärme durch die Innenwand auf das Gargut überträgt. Der durch Abkühlung kondensierte Dampf fließt nach unten ab. Diese Art der Beheizung durch zirkulierenden Wasserdampf ist bei allen Kesseln gleich. Unterschiedlich dagegen ist die Dampferzeugung. Bei Kesseln, die mit Gas, Öl oder Strom beheizt werden, wird unmittelbar unter dem Kessel das zurückfließende Wasser wieder zu Dampf erhitzt. In Großküchen wird der benötigte Dampf aus der zentralen Heizanlage zugeführt.

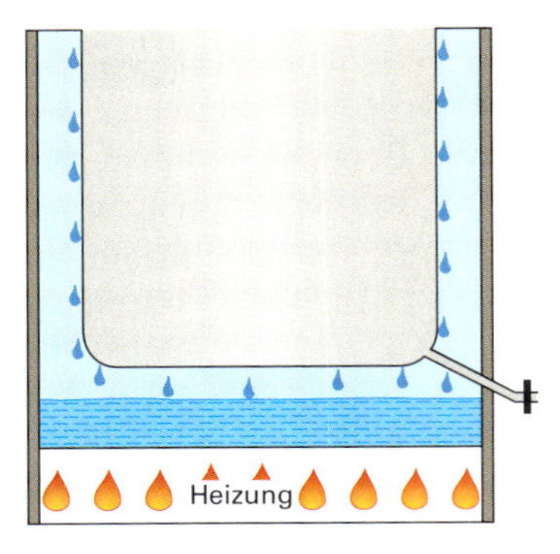

Abb. 2 Schnitt durch Kochkessel

Weil bei Kochkesseln auch durch die Seitenwände Wärme auf das Gargut übertragen wird, kommt der Kesselinhalt viel schneller zum Kochen. Man nennt Kessel darum **Schnellkocher.** Sie haben meist ein Fassungsvermögen zwischen 60 und 100 l.

Abb. 1 Kochkessel

Bei **Druckkesseln** wird der Deckel fest verschraubt. Über dem Kochgut entsteht Dampf, der durch ein Sicherheitsventil auf einem bestimmten Druck gehalten wird. Bei erhöhtem Druck kocht das Wasser oberhalb des normalen Siedepunkts, also bei höheren Temperaturen als 100 °C. Höhere Temperaturen verkürzen die Garzeit.

Bei Druckkesseln darf auf keinen Fall das Überdruckventil verändert oder beschwert werden.

Hinweise zur Benutzung

Ein Kochkessel kann nicht wie ein Kochtopf, der auf den Herd gestellt wird, verwendet werden. Der Boden des Kochtopfes nimmt die Hitze der Herdplatte unmittelbar auf und wird darum sehr heiß. Aus diesem Grund kann man im Topf anrösten und anbraten.

Boden und Wände eines Kochkessels werden dagegen nur bis etwa 130 °C erhitzt. In Kochkesseln kann man darum nur kochen. Die Roux für Saucen muss außerhalb des Kessels, z. B. in einer Kippbratpfanne, angeschwitzt werden, für Schmorbraten muss das Fleisch bereits angebraten sein.

Beim **Kochen von Teigwaren** muss genügend Wasser im Kessel sein; ein Sieb vor der Auslauföffnung ist notwendig, um das Kochwasser ablassen zu können.

Beim **Kochen von Salzkartoffeln** verwendet man Siebeinsätze, damit die unteren Schichten nicht durch den Druck der darüberliegenden Kartoffeln zerquetscht werden.

Die volle Energieabgabe ist bei Kochkesseln nur zum Ankochen notwendig. Nach dem Aufkochen wird darum die Wärmezufuhr verringert.

4.6 Mikrowellengerät

microwave oven
four (m) à micro-ondes

Der wesentliche Teil eines Mikrowellengerätes ist das Magnetron. Das ist eine besondere Röhre, die elektromagnetische Wellen erzeugt. Diese werden in den Garraum geleitet. Dort dringen sie in die Lebensmittel ein und bringen die darin enthaltenen Wassermoleküle (Dipole) zum Schwingen. Durch diese Bewegungen reiben sich die Moleküle aneinander. Es entsteht Wärme – auf die gleiche Weise, wie wenn wir die Hände aneinander reiben.

Darum erzeugen Mikrowellen Wärme **an jeder Stelle der Speisen zur gleichen Zeit.** Das ist der wesentliche Unterschied zu allen anderen Garverfahren, bei denen die Wärme nach und nach von außen nach innen vordringt.

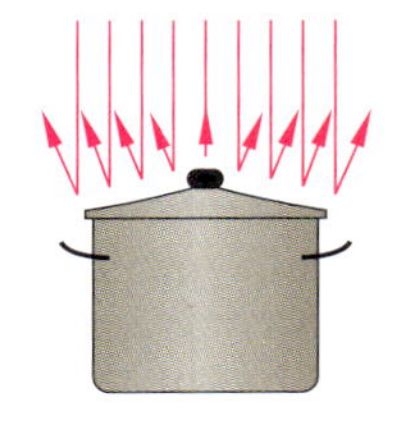

Metallgeschirr ist nicht geeignet, weil es die Mikrowellen reflektiert (zurückwirft).

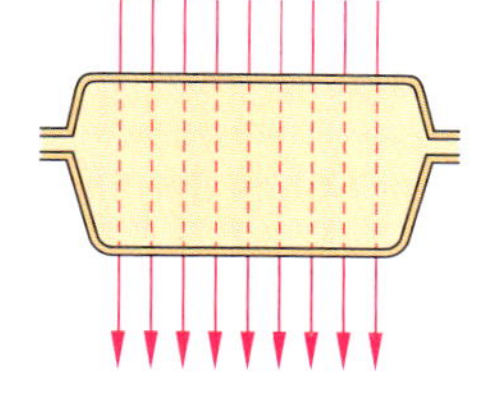

Behälter aus Glas, Porzellan, Kunststoffen u. Ä. sind für Mikrowellen durchlässig, erwärmen sich aber selbst nicht.

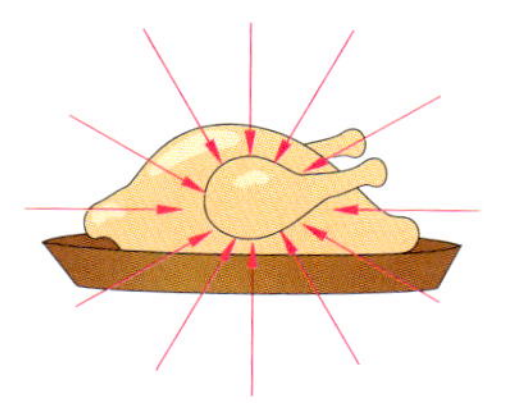

In **Lebensmittel** dringen Mikrowellen ein und erzeugen Wärme.

Die gleichzeitige Erwärmung aller Moleküle der Speisen führt zu sehr kurzen Garzeiten.

Im Einzelfall sind diese abhängig von der

- Leistungsfähigkeit des Gerätes und damit verbunden der
  - Eindringtiefe der Strahlen, der
  - Dicke der Speisen sowie dem
  - Wassergehalt der Speisen; wasserreiche garen rascher.

Hinweise zur Benutzung

Beim **Wiedererwärmen** (Regenerieren) bereits zubereiteter Speisen auf die Zeitangaben der Hersteller achten.

Beim **An- und Auftauen** die Auftauautomatik oder eine kleine Leistungsstufe verwenden. Wird dem gefrorenen Lebensmittel zu rasch Energie zugeführt, kann sich die Wärme nicht ausreichend verteilen. Es entstehen **überhitzte Stellen/Hotspots**, die zu Verbrennungen führen können.

Nicht geeignet sind Mikrowellen zum Braten, weil keine Röststoffe erzeugt werden.

Die **Pflege** der Geräte ist einfach. Da keine Speisenteilchen anbrennen, genügen Lappen und warmes Wasser.

Unfallverhütung

Mikrowellengeräte unterbrechen den Stromkreis, wenn die Tür geöffnet wird, sie setzen damit das Magnetron außer Betrieb. Könnte man bei Betriebsbereitschaft in die Röhre greifen, würde das Blut in der Hand gerinnen, bevor die Nervenzellen der Haut einen Schmerz melden.

4.7 Umluftgerät

Bei Umluftgeräten wird fortlaufend erhitzte Luft am Gargut vorbeigeführt. Dadurch sind die Garverfahren Braten, Backen und Kochen möglich, ebenso das Auftauen von Tiefkühlware.

Die durch eine Ventilation zwangsweise umgewälzte Luft ermöglicht es, gleichzeitig auf mehreren Ebenen zu garen. Bei der Strahlungswärme im Bratrohr des Ofens ist dies nicht möglich. Mit den meisten Geräten kann auch gedämpft werden.

Alle Garautomaten arbeiten auch mit Umluft.

Hinweise zur Benutzung

Die Gartemperatur bei Umluft ist niedriger zu wählen als bei Strahlungswärme im Rohr.

Bei nicht ausreichender Bräunung von Bratgut ist auf ausreichende Befettung zu achten; feuchte Luft zu Beginn des Bratens lässt man durch die Abluftklappen abziehen.

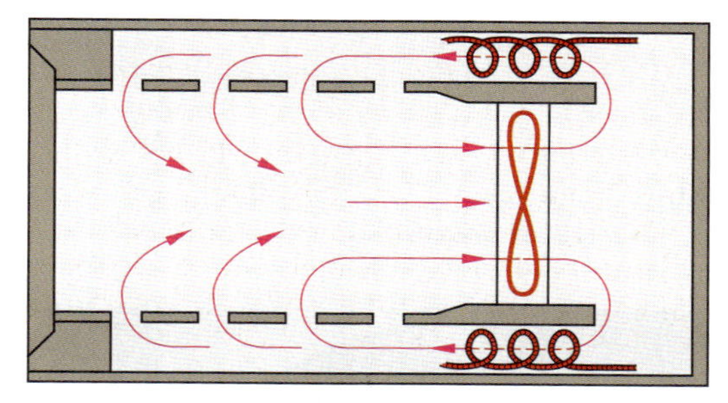

Abb. 1 Umluftgerät

4.8 Herd mit Backrohr

Beim sogenannten Küchenherd erfolgt die Wärmeübertragung zum Kochgeschirr durch direkten Kontakt, unabhängig davon, welche Energieart eingesetzt wird.

Dieses System ermöglicht bei entsprechender Regelung der Wärmezufuhr alle Garverfahren außer Grillen.

Im Backrohr wird die Wärme durch Strahlung auf das Gargut übertragen. Mit Strahlungswärme kann man backen und braten, z. B. Roastbeef, Rehrücken.

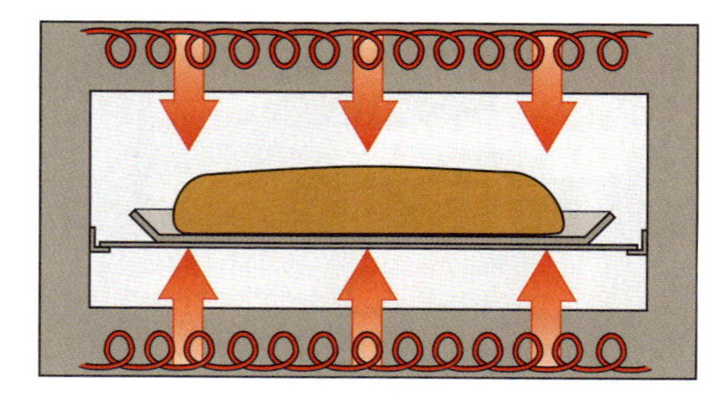

Abb. 2 Backrohr

4.9 Induktionstechnik

Induktionsherde übertragen die Wärme auf eine besondere Art auf das Gargut. Elektrische Energie schafft in der Induktionsspule zunächst ein Magnetfeld. Erst im Boden des Kochgeschirrs erzeugt dieses Magnetfeld die zum Garen erforderliche Wärme.

Darum gibt es keine Hitzeabstrahlung von aufgeheizten Kochplatten, die Hitzebelastung für das Personal und der Energieverbrauch sind geringer.

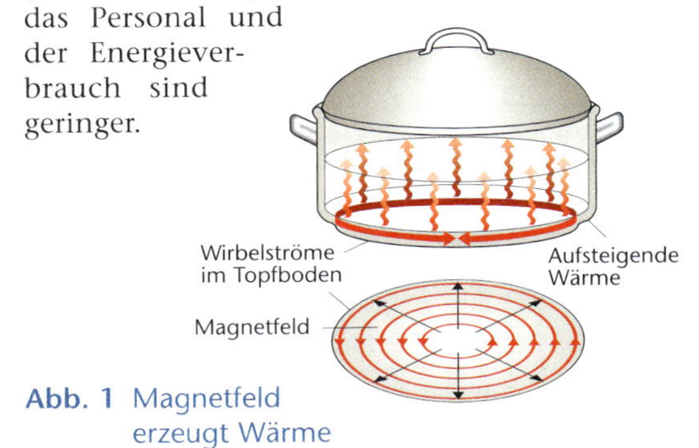

Abb. 1 Magnetfeld erzeugt Wärme

Abb. 2 Wärme entsteht nur im Metall der Pfanne

4.10 Garen unter Dampfdruck

Bei normalem Luftdruck (1 bar) siedet das Wasser bei 100 °C. Mit zunehmendem Druck steigt der Siedepunkt. Diesen physikalischen Zusammenhang nutzt man bei Dampfgargeräten.

Abb. 3 Dampfdrucktopf

Für die Küche ist folgender Zusammenhang wichtig:

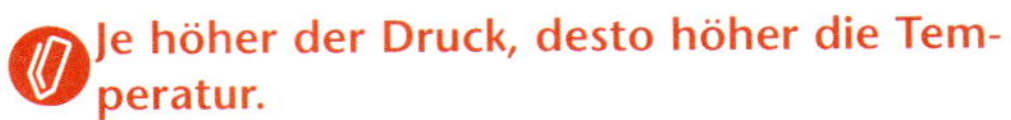

Je höher der Druck, desto höher die Temperatur.
Je höher die Temperatur, desto kürzer die Garzeit.

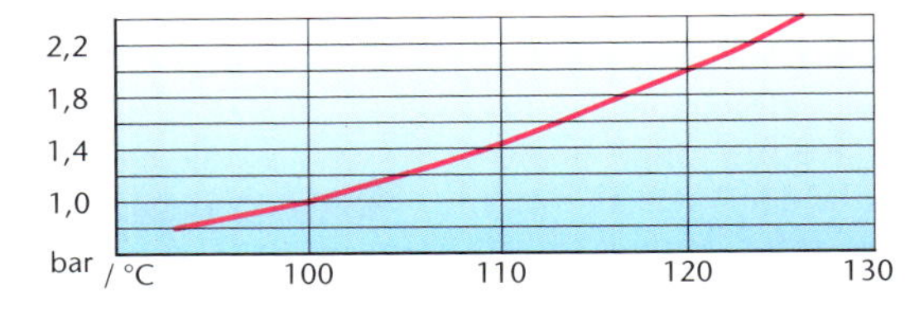

Abb. 4 Der Siedepunkt ist druckabhängig.

Darum auch die Bezeichnungen Schnellkochtopf oder Schnellgargerät. Das Garen bei höherer Temperatur kann auch zu veränderten Ergebnissen führen, z. B. faserigem Fleisch.

Das Gastgewerbe kennt zwei technische Lösungen.

Beim **Dampf-Drucktopf** entsteht der Dampf im festverschlossenen Topf. Ein Ventil regelt den Dampfdruck.

Beim **Dampf-Schnellgargerät** wird der Dampf außerhalb des Garraumes in einem besonderen Dampfbereiter erzeugt und dann auf die Lebensmittel im Garraum geleitet.

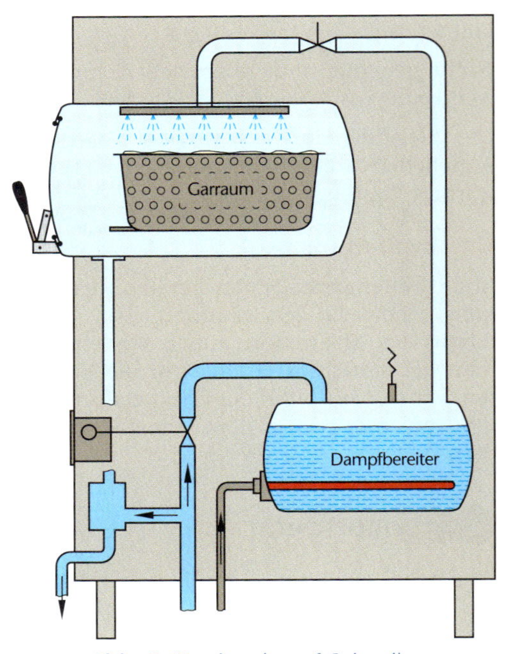

Abb. 5 Trockendampf-Schnellgarer

Hinweise zur Benutzung

Zum Garen unter Druck eignen sich besonders Lebensmittel mit längerer Garzeit. Bedienungsvorschriften der Hersteller sind unbedingt einzuhalten. Unfallgefahr!

Die Garzeiten bewegen sich in engen Grenzen. Bei kurzem Überschreiten verkochen die Lebensmittel stark, die Vitaminverluste sind hoch.

Beim Druckgaren kann man nicht „zwischendurch prüfen". Darum muss von Anfang an rezeptgenau gearbeitet werden.

4.11 Heißluftdämpfer/Kombidämpfer

In der herkömmlichen Küche sind viele Garverfahren gebunden an

- **bestimmte Gargeräte**, z. B. Herdplatte, Backrohr,
- **bestimmte Geschirre**, z. B. Bratpfanne, Bratgeschirr (Rôtissoir), Schmorgeschirr (Braisière).

Kombigeräte können im gleichen Garraum **wechselnde Garbedingungen** schaffen und zwischen den Verfahren **zeitlich wechseln**, z. B.

- feuchte oder trockene Garverfahren
- Strahlung oder Umluft als Wärmeüberträger
- angaren sehr heiß, weitergaren bei geringerer Temperatur.

Diese unterschiedlichen Bedingungen nennen die meisten Gerätehersteller **Betriebsarten.**

Abb. 1 Kombidämpfer

Durch immer feinere Sensoren (Fühler) ist es möglich, **Garprofile** zu programmieren. Das sind Idealabläufe z. B. für die Zubereitung bestimmter Fleischteile wie Schweinebraten oder Hähnchenkeulen.

Garprofile erfassen und regeln die einzelnen Garfaktoren, sodass wiederkehrende Abläufe zu stets gleichen Ergebnissen führen.

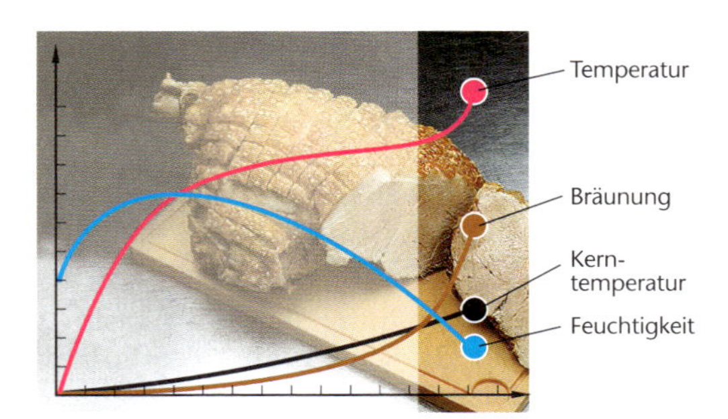

Abb. 2 Garprofil für Braten

Wenn der Koch die neuen Techniken sinnvoll nutzen will, muss er die klassischen Garverfahren entsprechend aufgliedern.

Wie dabei vorgegangen werden kann, zeigen Beispiele nach der Behandlung der Garverfahren auf Seite 119.

Bei Bedarf wählt man das entsprechende Programm, der Garverlauf wird selbstständig gesteuert, die Voreinstellungen werden angezeigt. Die Abbildung zeigt z. B.: Bei 220 °C garen, bis die Kerntemperatur von 74 °C erreicht ist.

Abb. 3 Temperatureinstellungen

In der Küche sind viele Vorgänge an bestimmte Temperaturen gebunden. Um rascher eine bestimmte Temperatur zu erreichen, wird vielfach die Temperaturregelung verändert.

Ein Exkurs auf der Folgeseite zeigt die Zusammenhänge.

Exkurs: Temperaturregler oder Thermostat

Von Regelung spricht man, wenn ein fester Wert, z. B. die Temperatur im Fettbad (Frittüre), eingehalten wird, obwohl Wärmeverluste entstehen, z. B. durch Einlegen von kalten Speisen zum Garen.

Betrachten Sie die Temperaturregelung am Beispiel des Fettbackgerätes **(Abb. 1)**.

Die Temperatur des Fettbades soll gleichbleiben, z. B. 160 °C. Man nennt diese Temperatur den **Sollwert.** Das Fett kühlt aber laufend ab. Man nennt das Wärmeverlust. Ein Thermometer, auch Fühler genannt, stellt fest, wie hoch die Temperatur tatsächlich **ist.** Dies nennt man den **Istwert.**

Fällt nun der Istwert unter den gewünschten Sollwert, so erhält ein Schalter den Befehl, den Strom für die Heizung einzuschalten. Durch die Wärmezufuhr nähert sich der Istwert dem Sollwert, das Fett wird so heiß, wie man es wünscht. Erst dann wird der Stromkreis wieder unterbrochen.

In gleicher Weise funktioniert eine Kühlung, nur wird hierbei der Abzug von Wärme geregelt.

Wer die Zusammenhänge einer Temperaturregelung kennt, der weiß auch, dass es sinnlos ist, den Wahlschalter am Thermostat „vorzudrehen“. Dadurch wird z. B. das Fett nicht schneller warm. Der Schalter kann nur auf „ein“ stehen – mehr Energiezufuhr ist nicht möglich.

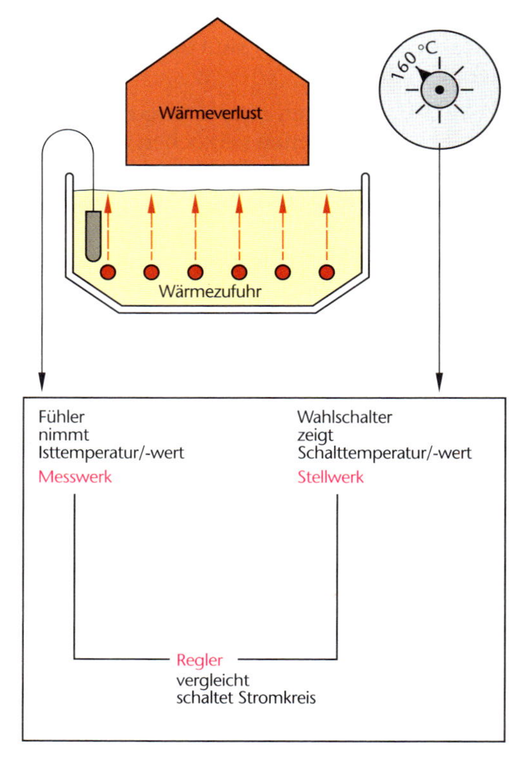

Abb. 1 Temperaturregelung

Aufgaben

1. Welche Vorschriften gelten für die Reinigung eines Fleischwolfes?
2. Beim Garen im Fettbad lösen sich immer Teilchen vom Gargut. Erläutern Sie in diesem Zusammenhang den grundlegenden Unterschied zwischen einem Fett-Topf und der Fritteuse.
3. Warum muss in bestimmten Zeitabständen das Fett der Fritteuse vollständig ausgewechselt werden?
4. Wie verhält man sich, wenn das Fett in einer Pfanne oder Fritteuse zu brennen beginnt?
5. Sie entleeren einen heißen Kipper, in dem Rindfleisch angebraten worden ist. Wie geht es weiter? Begründen Sie.
6. Warum wird eine Flüssigkeit im Kochkessel schneller erhitzt als vergleichsweise im Kochtopf?
7. „Ei in Mikrowelle explodiert!“ stand in der Zeitung. Wie kann es dazu kommen?
8. Der eine sagt: „Im Mikro garen die Speisen von innen nach außen.“ Der andere meint: „Stimmt nicht, sie garen an jeder Stelle zur gleichen Zeit.“ Wer hat recht? Begründen Sie.
9. „Lasst mich doch in Ruhe mit eurer Technik. Ich habe noch gelernt, wie Escoffier gekocht hat. Und der hat gewusst, wie es geht.“ Sprechen Sie über Vor- und Nachteile von modernen Gargeräten.
10. Moderne Geräte regeln die Temperatur selbstständig. Man verwendet in diesem Zusammenhang die Begriffe Sollwert und Istwert. Erklären Sie.

1 Vorbereitende Arbeiten

preparatory work *travaux (m) préparatoires (m)*

1.1 Einführung

Die meisten Lebensmittel werden vor dem Genuss bearbeitet und/oder zubereitet. Neben dem Haushalt übernehmen diese Aufgaben das Lebensmittelgewerbe und die Gastronomie.

Die vielfältigen Arbeiten scheinen auf den ersten Blick unübersehbar. Eine genauere Betrachtung zeigt jedoch viele Gemeinsamkeiten.

- Zu den **vorbereitenden Arbeiten** zählen das Waschen, Wässern, Weichen, Putzen, Schälen.
- Zur **Bearbeitung** (nächstes Kapitel) werden Schneiden, Raffeln, Reiben, Blanchieren usw. gerechnet.
- Durch die **Garverfahren** werden viele Lebensmittel erst genussfähig. Die Garverfahren werden in einem getrennten Abschnitt behandelt.

1.2 Waschen *to wash* *laver*

Pflanzliche Rohstoffe sind von Natur aus mit **Verunreinigungen** behaftet. Am deutlichsten sind diese bei Kartoffeln und Wurzelgemüse sichtbar. Unabhängig vom sichtbaren Schmutz befinden sich an den Lebensmitteln aber auch immer **Kleinlebewesen.** Ferner können Reste von **Pflanzenschutzmitteln** an der Oberfläche haften. Durch sachgerechtes Waschen werden Schmutz, Keime und Rückstände weitgehend entfernt.

Lebensmittel werden möglichst **im Ganzen gewaschen,** weil dabei die **Verluste** an Inhaltsstoffen **geringer** sind. Bei zerkleinerter Ware sind viele Zellen verletzt und die Inhaltsstoffe werden **ausgelaugt.**

Hartnäckiger Schmutz wird zusätzlich mit einer Bürste mechanisch bearbeitet.

Gemüsewaschmaschinen arbeiten mit entsprechendem Wasserdruck, der Bewegung erzeugt.

Weil sich während des Waschens Schmutz und Keime im Wasser verteilen, muss mit **fließendem Wasser nachgespült** werden.

Am Ende des Waschvorganges muss das saubere, hygienisch einwandfreie Lebensmittel stehen.

1.3 Wässern *to water* *tremper*

Obwohl das Wässern von Lebensmitteln immer Nährstoffverluste mit sich bringt, ist es in **manchen Fällen** nicht zu vermeiden.

Bestandteile der Lebensmittel können den Geschmack beeinträchtigen, z. B. Bittergeschmack bei Endiviensalat, stark arteigener Geschmack bei Nieren.

Blutreste können störend wirken, z. B. an Hirn und Kalbsbries. Wasser kann diese unerwünschten Stoffe auslaugen.

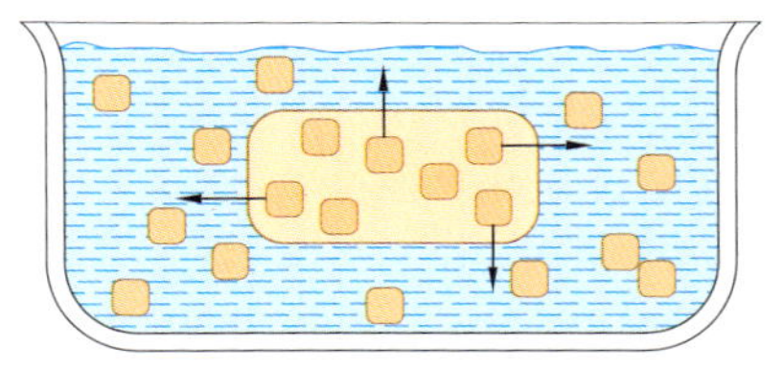

Abb. 1 Wasser laugt aus.

Bei der kurzfristigen Vorratshaltung (mise en place) muss **Luftsauerstoff** ferngehalten werden, damit die enzymatische Bräunung unterbleibt, z. B. bei geschälten rohen Kartoffeln, Sellerie, Äpfeln.

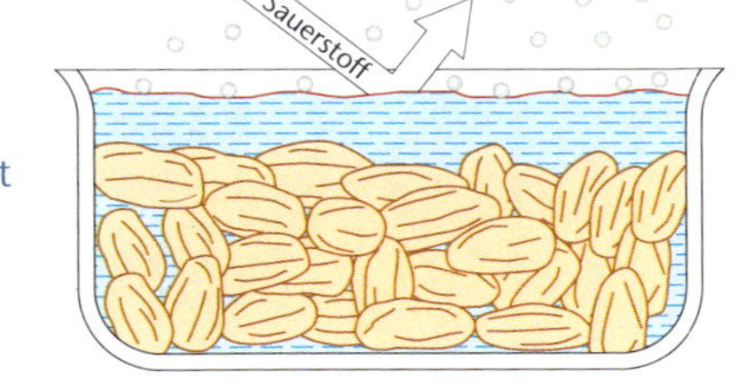

Abb. 2 Wasser hält Luftsauerstoff fern.

In vielen Fällen genügt es, die Lebensmittel mit einer Folie oder einem feuchten Tuch zu bedecken, um die helle Farbe zu erhalten und vor dem Braunwerden zu schützen.

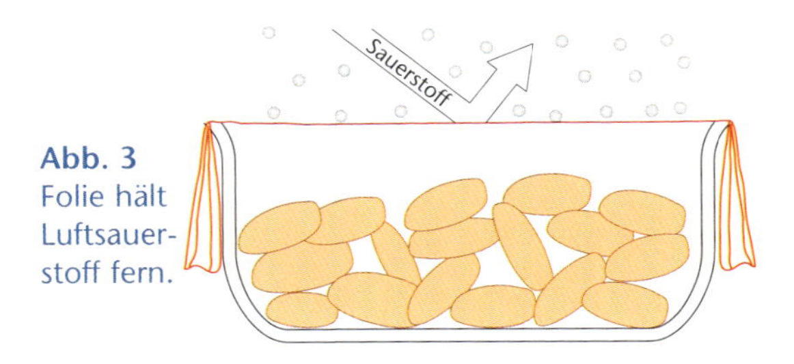

Abb. 3 Folie hält Luftsauerstoff fern.

1.4 Schälen *to peal* *peler*

Viele Gemüse und Obstarten müssen von ungenießbaren oder schlecht verdaulichen Randschichten befreit werden. Als Arbeitsgeräte verwendet man dazu:

- **Küchenmesser** mit gerader oder gebogener Klinge,

- **Tourniermesser** mit gebogener Klinge

- **Sparschäler** in verschiedenen Ausführungen.

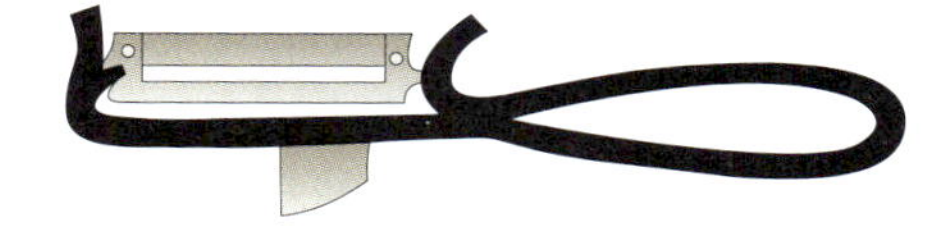

Rohe Lebensmittel

Runde Formen, z. B. Äpfel, Sellerie, schält man spiralenförmig, damit man ohne abzusetzen gleichmäßig arbeiten kann.

Längliche Formen, z. B. Kartoffeln, Birnen, Gurken, Karotten, schält man in Längsrichtung.

Gegarten und gebrühten Lebensmitteln, z. B. gekochten Kartoffeln, gebrühten Tomaten, Pfirsichen, zieht man die Schale (Haut) ab. Durch die vorausgegangene Wärmeeinwirkung löst sie sich leichter als in rohem Zustand.

Zum Abziehen stellt man das Messer steil, die abgehobene Schale wird zwischen Messer und Daumen festgehalten und nach unten gezogen.

Wurzelgemüse, z. B. Möhren, Rettiche, können abgeschabt werden. Das Messer steht dabei fast im rechten Winkel zur Oberfläche des Gemüses. Beim Schaben wird lediglich eine dünne Schicht entfernt, sodass nur wenig Inhalts- und Geschmacksstoffe, die oft gerade in den Randschichten konzentriert sind, verlorengehen.

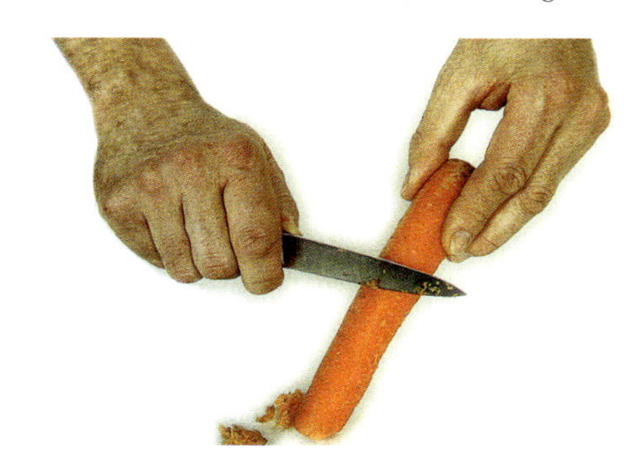

Spargel wird mit einem Sparschäler auf dem Unterarm liegend geschält.

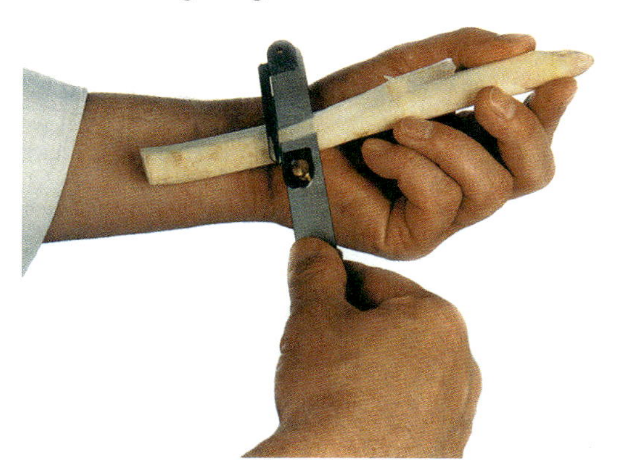

2 Bearbeiten von Lebensmitteln

food conditioning *conditionnement (m) des aliments*

2.1 Schneiden

to cut *couper*

Lebensmittel müssen vor einer weiteren Bearbeitung oft grob zerteilt oder fein geschnitten werden. Deshalb zählt das Schneiden zu den wichtigen Grundfertigkeiten (siehe „Schnittformen“ auf Seite 146, 147).

Ziele des Schneidens können sein:

- verzehrfertige Stücke, z. B. bei portioniertem Fleisch;
- Verkürzung der Garzeit, z. B. Blumenkohl in Röschen, Kartoffeln in Stücken;
- Vergrößerung der Oberfläche, z. B. Röstgemüse, Zwiebelwürfelchen;
- ansprechendes Aussehen, z. B. Zuschneiden von Kartoffeln in bestimmte Formen (tournieren), streifig oder blättrig geschnittenes Gemüse.

Beim **Schneidevorgang** mit dem Messer wirken zusammen:

- **Schneidedruck**, der sich auf die sehr kleine Fläche der Messerschärfe konzentriert.
  Je schärfer das Messer, desto leichter dringt es in das Schneidegut ein.

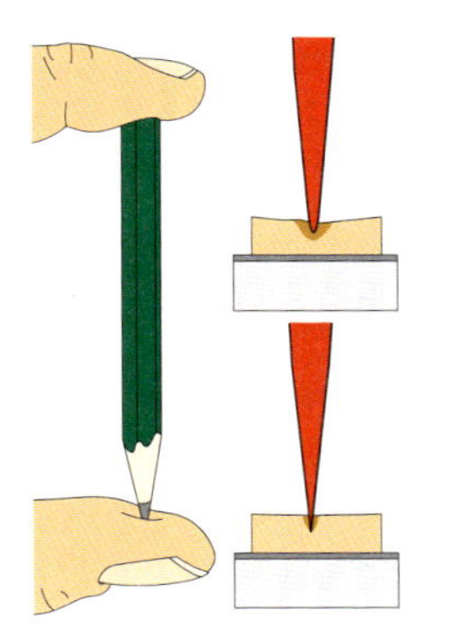

Abb. 1 Schneidedruck

- **Schneidebewegung**, die man auch den „Zug“ nennt. Wer ohne Schneidebewegung arbeitet, drückt das Messer nur in das Material und schneidet nicht richtig. Das ist leicht erkennbar, wenn man eine Vergrößerung des Querschnitts der Messerklinge näher betrachtet: Die sägende Wirkung entsteht erst durch die Schneidebewegung.

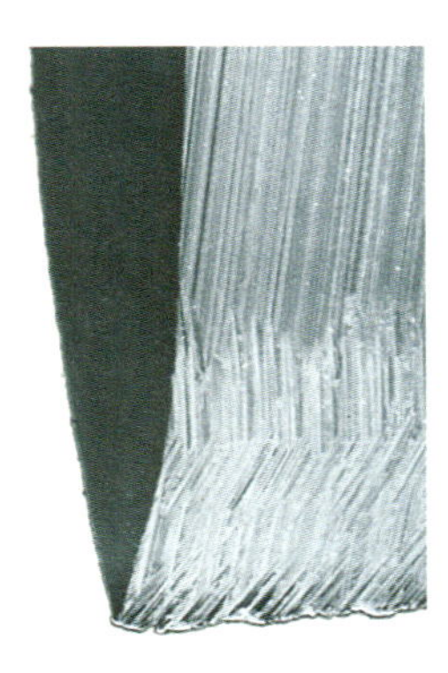

Abb. 2 Vergrößerter Querschnitt

Deshalb gilt:

Je größer die Schneidebewegung, desto geringer ist der erforderliche Schneidedruck. Dies wird vor allem beim Elektromesser deutlich.

Beim Schneiden mit dem Kochmesser werden Schneidedruck und Schneidebewegung durch eine wiegende Bewegung miteinander verbunden. Man spricht darum auch vom **Wiegeschnitt.**

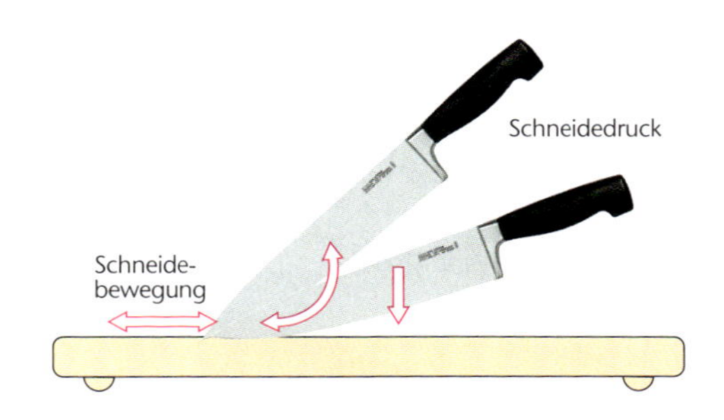

Abb. 3 Wiegeschnitt

Beim richtigen Schneiden dient die Haltehand dem Messer als Führung (siehe **Abb. 4**). Die Klinge gleitet an den Knöcheln der gekrümmten Finger entlang, der zurückweichende Finger gibt den Abstand zum folgenden Schnitt frei.

Die gezeigte Haltung der Hand (Krallengriff) ermöglicht gleichmäßigen Schnitt und schützt vor Verletzungen, weil die Fingerspitzen so Abstand zur Klinge haben.

Kleine Stücke sind schwieriger zu halten, darum erhöhte Verletzungsgefahr.

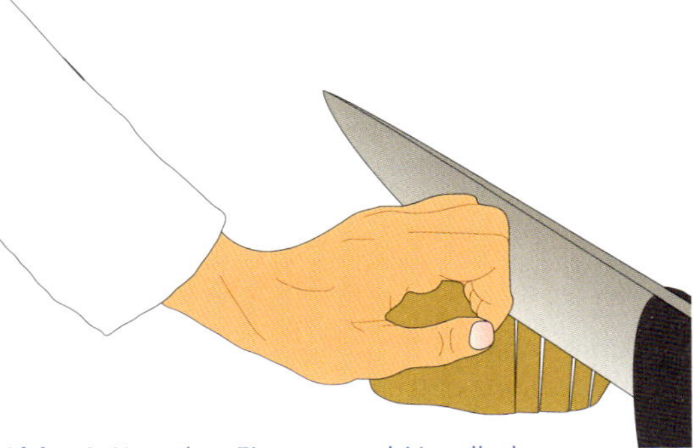

Abb. 4 Korrekte Finger- und Handhaltung

Das Prinzip des Schneidevorganges ist auch bei den folgenden Beispielen verwirklicht.

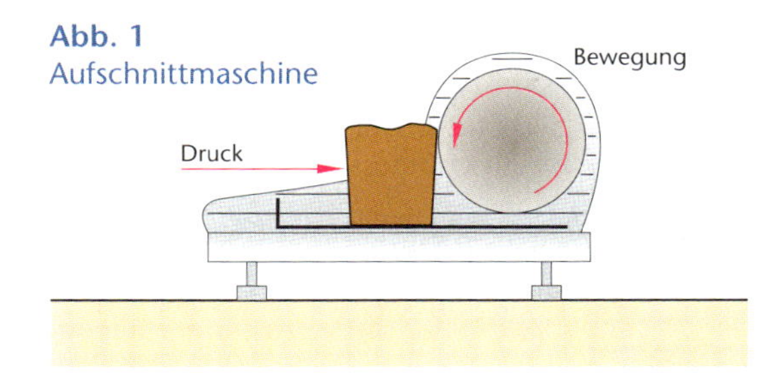

Abb. 1
Aufschnittmaschine

Bei der Aufschnittmaschine kommt die Schneidebewegung von der rotierenden Messerscheibe, der Schneidedruck wird über den Schlitten ausgeübt.

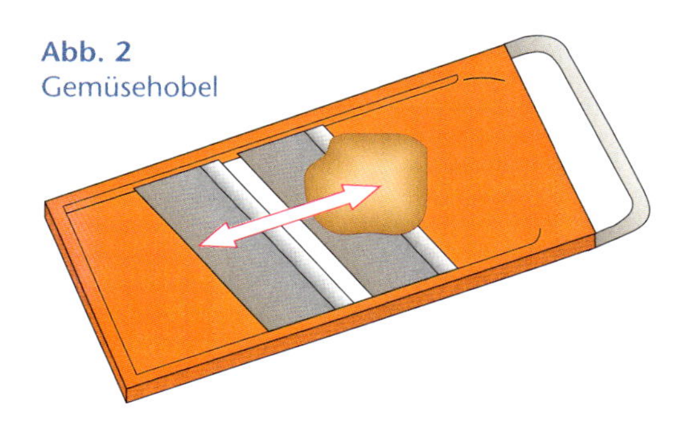

Abb. 2
Gemüsehobel

Beim Gemüsehobel stehen die Messer schräg, damit das Schneidegut ziehend durchschnitten wird.

Unfallverhütung

- Trockener Messergriff und trockene Hände vermindern die Abrutschgefahr,
- fallenden Messern nicht nachgreifen,
- nicht benötigte Messer aufräumen,
- Messer so ablegen, dass Griffe und Klingen nicht über die Tischkante hinausragen,
- Messer nicht ins Spülwasser legen,
- rutschsichere und ausreichend große Schneidebretter verwenden.

2.2 Schnittformen

Die unterschiedlichen Schnittformen sind praxisbezogen in den Abschnitten Gemüse und Kartoffeln (Seite 147 bis 149 und 172 bis 175) dargestellt.

2.3 Blanchieren

to blanch *blanchir*

Das Wort Blanchieren stammt vom französischen blanchir und bedeutet im ursprünglichen Sinne: weiß machen, bleichen. Wenn man also zerkleinerte Äpfel oder Selleriestückchen blanchiert, wird das Wort noch in diesem Sinne verwendet. Der Anwendungsbereich hat sich aber erweitert.

Heute gilt:
Blanchieren oder Abwällen ist kurzfristige Behandlung der Rohstoffe mit siedendem Wasser oder im Dampfgarer.

Vorteile des Blanchierens

- Gefüge wird gelockert, z. B. bei Kohl für Kohlrouladen,
- Verfärbungen werden verhindert, weil Enzyme zerstört werden, z. B. bei hellen Obst- und Gemüsesorten, bei Lebensmitteln, die gefrostet werden.
- Hygiene wird verbessert, weil Wärme Mikroben zerstört.

Nachteile des Blanchierens

- Auslaugverluste an wasserlöslichen Inhaltsstoffen, z. B. Vitaminen, Mineralstoffen,
- Zerstörung hitzeempfindlicher Vitamine, z. B. Vitamin C.

Werden Lebensmittel nicht sofort weiterverarbeitet, schreckt man sie nach dem Blanchieren in kaltem Wasser (Eiswasser) ab. So wird die Gefahr der Mikrobenvermehrung unterbunden, das Nachgaren vermieden, Farbe und Biss werden erhalten.

Blanchieren zählt zu den Vorbereitungsarbeiten und nicht zu den Garverfahren. Beispiele für missverständliche Verwendung des Wortes:

- Spinat blanchieren: Die dünnen Blätter sind durch die kurze Wärmeeinwirkung bereits gar. Das „Blanchieren“ ist also hier keine Vorbereitung, sondern ein Garen.
- Kartoffeln blanchieren, z. B. Pommes frites: Hier handelt es sich um ein Garen in zwei Stufen: Vorbacken (auch blanchieren genannt) und Fertigstellen bei Abruf.

GAREN VON SPEISEN

Durch Garen werden Lebensmittel in genussfähigen Zustand gebracht. Wärme bewirkt in den Lebensmitteln:

- **Lockerung**, dadurch werden die Nährstoffe den Verdauungssäften leichter zugänglich,
- **Eiweißgerinnung** und
- **Stärkeverkleisterung**, wodurch die Nährstoffe für den menschlichen Körper besser verwertbar werden,
- **Geschmacksveränderung, Geschmacksverbesserung**, besonders beim Braten und Backen,
- **Mikrobenzerstörung.**

1 Grundlagen

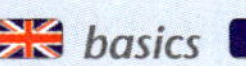

basics *principes (m) de base*

Die zum Garen erforderliche Wärme kann auf drei Arten auf die Lebensmittel übertragen werden. Das ist unabhängig von der Art, wie sie erzeugt wird.

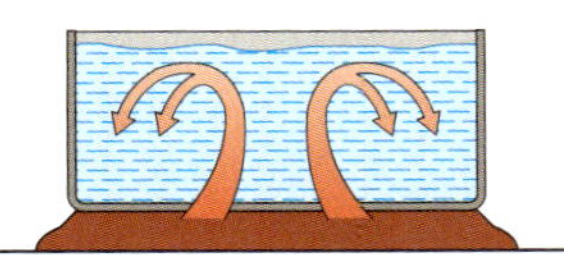

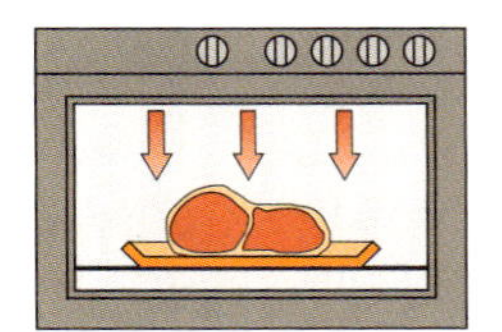

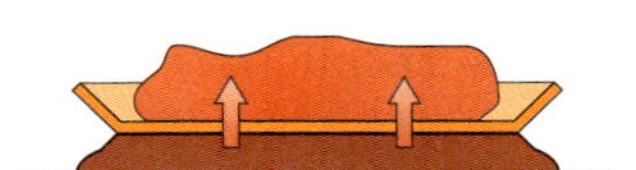

Strömung oder **Konvektion:**
In Flüssigkeiten (Wasser, Fett) und in Luft steigen warme Teilchen nach oben, abgekühlte fallen nach unten. So kommt es zu einem Kreislauf.

Strahlung:
Von jeder Wärmequelle gehen Strahlen aus. Treffen sie auf Lebensmittel, so erwärmen sie diese. Beispiel: Backrohr, Infrarotstrahler.

Kontakt oder **Leitung:**
Stoffe, die in direktem Kontakt stehen (Heizplatte → Pfanne → Steak), leiten die Wärme unmittelbar. Auf diese Art wird die Wärme am schnellsten übertragen.

Wird zum Garen Wasser verwendet, ist die Gartemperatur auf 100 °C begrenzt – beim Drucktopf auf ca. 120 °C.

Höhere Temperaturen sind möglich, wenn Luft oder Fett die Wärme übertragen oder die Wärme durch direkten Kontakt mit den Lebensmitteln in Verbindung kommt. Da die Veränderungen, die beim Garen in den Lebensmitteln ablaufen, sehr von der jeweils erreichbaren Temperatur abhängig sind, unterscheidet man die Garverfahren in:

Feuchte Garverfahren:
Das sind solche, bei denen während des Garens Feuchtigkeit vorhanden ist, z. B. Kochen, Dämpfen, Dünsten.

Trockene Garverfahren:
Das sind solche, bei denen während des Garens kein Wasser vorhanden ist, wie z. B. Braten, Grillen, Frittieren oder Backen.

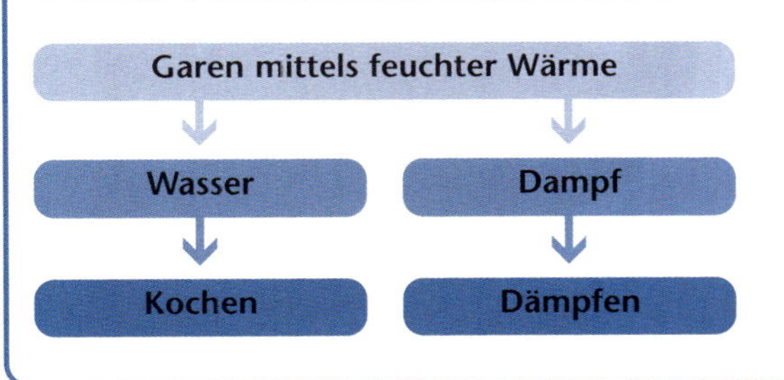

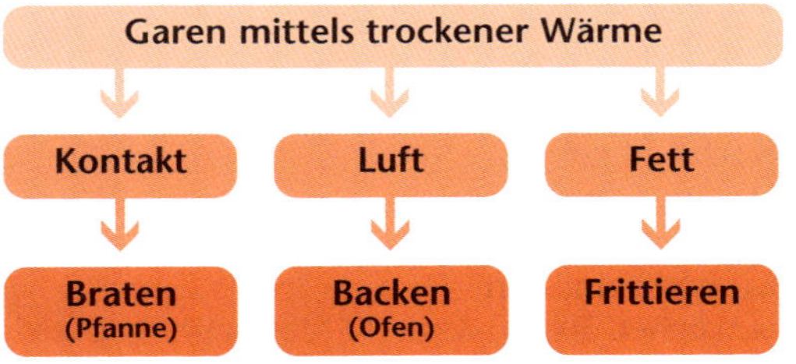

2 Garen mittels feuchter Wärme

moist heat cookery methods *faire cuire à la chaleur humide*

Beim Garen mittels feuchter Wärme unterscheidet man nach der **Höhe der Gartemperatur:**

- unter 100 °C → Garziehen/Pochieren
- um 100 °C → Kochen
- über 100 °C → Druckgaren

2.1 Kochen *to boil* *bouillir*

Kochen ist Garen in wässriger Flüssigkeit bei etwa 100 °C.

Die vorbereiteten Rohstoffe werden mit so viel Flüssigkeit angesetzt, dass diese das gesamte Gargut bedeckt. Die Temperatur im Gargut steigt nach und nach bis fast 100 °C.

Wenn die Kochflüssigkeit aufwallt, nimmt man die Wärmezufuhr zurück, denn „mehr als kochen = wallen" kann das Wasser nicht. Es ist deshalb Energieverschwendung, wenn man versucht, kochender Flüssigkeit noch mehr Wärme zuzuführen, dies führt nur zum Verdampfen, also zum Flüssigkeitsverlust (s. jedoch Reduzieren).

Die Rohstoffe werden in kochender oder kalter Flüssigkeit zugesetzt. Während des Garens treten folgende **Veränderungen** ein:

- **Stärke** nimmt Wasser auf und verkleistert, z. B. bei Reis und Teigwaren,
- **Eiweiß der Fleischfasern** gerinnt, wird locker und leicht kaubar,
- **Bindegewebe** lagert Wasser an, wird locker und leicht kaubar,
- **wasserlösliche Bestandteile**, z. B. Mineralstoffe, Vitamine und Geschmacksstoffe, gehen in die Flüssigkeit über.

Zubereitungsbeispiele/Vergleiche

Pellkartoffeln

Zutaten
1 kg Kartoffeln
5 g Kümmel

- Kartoffeln, die von gleichmäßiger Form (gleiche Garzeit) und nicht zu groß sind, sauber waschen, in Kochtopf geben,
- Wasser auffüllen, bis die Kartoffeln bedeckt sind,
- Kümmel zugeben,
- aufkochen lassen, dann 30 Min. weiterkochen,
- Wasser abschütten, Kartoffeln schälen.

Salzkartoffeln

Zutaten
1,2 kg Kartoffeln
15 g/l Salz

- Kartoffeln waschen und schälen,
- vierteln oder halbieren, tournieren, je nach Größe,
- in Topf geben, mit kaltem Wasser auffüllen, salzen,
- 20 Min. kochen,
- abgießen und abdampfen lassen.

Halten Sie aus beiden Zubereitungsarten für Kartoffeln das Kochwasser zurück und vergleichen Sie dessen Aussehen und Geschmack.

Fleischbrühe – gekochtes Rindfleisch

Zutaten
zweimal je
250 g Rindfleisch (z. B. Brustspitz, Querrippe)
1,5 l Wasser
Wurzelwerk, Salz

- erstes Stück Fleisch in kaltem, gesalzenem Wasser zusetzen, bei mäßiger Wärmezufuhr zum Kochen bringen,
- zweites Stück Fleisch vorsichtig in kochendes gesalzenes Wasser einlegen,
- nach einer Stunde Garzeit Wurzelwerk (Möhren, Lauch, Petersilie) beigeben,
- jede Art etwa 1,5 Std. am Siedepunkt halten, aber nicht kochen.

Vergleichen Sie die Brühe und das gekochte Fleisch aus beiden Kochverfahren.

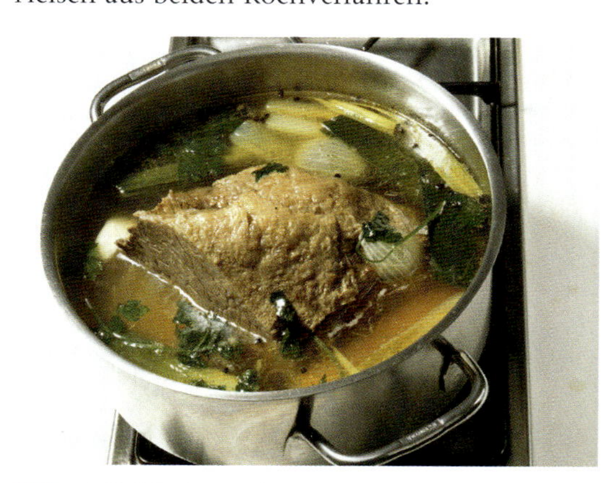

Abb. 1 Tafelspitz in der Brühe

2.2 Garziehen *to poach* *pocher*

Garziehen oder Pochieren ist Garen in wässriger Flüssigkeit zwischen 75 und 98 °C.

Das Garziehen wird angewandt bei Lebensmitteln mit lockerer Struktur, z. B. leichten Farcen, ganzen Fischen.

Weil das Wasser unter dem Siedepunkt bleibt, kommt es nicht zum Wallen, und das Abkochen der jeweils äußeren Schicht wird vermieden.

Zubereitungsbeispiel

Pochierte Eier

Zutaten

4 frische Eier
2 EL Essig
1,5 l Wasser

- Wasser mit Essig aufkochen (Essig wirkt zusammenziehend auf das Eiweiß),
- Eier einzeln in flache Schälchen schlagen,
- Eier ins nicht mehr wallende Wasser gleiten lassen,
- nach 4 Min. mit einem Schaumlöffel entnehmen,
- Ränder glatt schneiden, auf Toast servieren.

Wie verändern sich die Eier, wenn sie in sprudelnd kochendes Wasser gegeben werden? Beschreiben Sie die Veränderungen.

2.3 Dämpfen *to steam* *étuver*

Dämpfen ist Garen mittels Wasserdampf bei 100 °C.

Die Lebensmittel liegen beim Dämpfen in einem Siebeinsatz. Der Boden des Dämpfers ist mit Wasser bedeckt. Bei Wärmezufuhr wird das Wasser zu Dampf, der die Wärme auf die Lebensmittel überträgt. Steamer erzeugen den Dampf außerhalb des Garraums und leiten diesen auf das Gargut.

Die Auslaugverluste sind gering, weil die Lebensmittel nicht direkt mit dem Wasser in Berührung kommen.

Geschmack und Aussehen der Speisen sind mit gekochten vergleichbar.

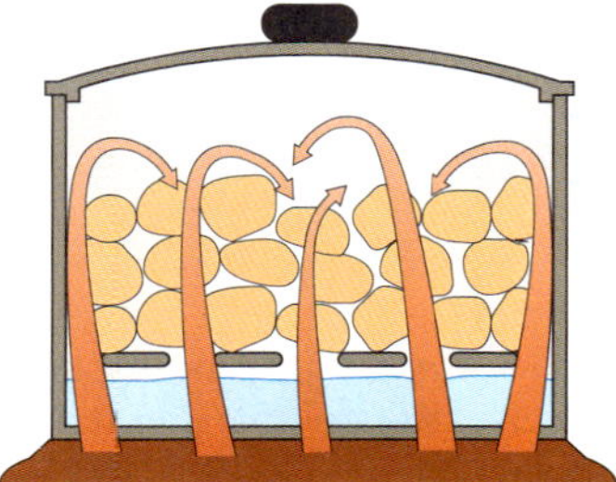

Abb. 1 Dämpfen

Zubereitungsbeispiel

Gedämpfte Kartoffeln

Zutaten

1,2 kg Kartoffeln
8 g/l Salz

- Kartoffeln waschen und schälen,
- vierteln oder halbieren/tournieren (je nach Größe)
- Kartoffelstücke in Dämpfeinsatz geben und Salz daraufstreuen,
- Wasser bis zur Markierung (etwa 1 cm unterhalb Dämpfeinsatz) in Dämpftopf gießen,
- Dämpfeinsatz einhängen, Wasser zum Kochen bringen und Deckel auflegen,
- vom Beginn der Dampfentwicklung an 25 Min. dämpfen.

2.4 Dünsten *to stew* *cuire à l'étuvée*

Dünsten ist Garen in wenig Flüssigkeit bei etwa 100 °C, meist unter Zugabe von etwas Fett. Die meist geringe Menge Flüssigkeit kann zugesetzt sein oder aus dem Gargut kommen.

Vorbereitete Rohstoffe werden mit wenig Flüssigkeit und etwas Fett in einen Topf gegeben und abgedeckt. Bei stark wasserhaltigen Rohstoffen tritt durch die Wärmeeinwirkung so viel Saft aus, dass auf eine Zugabe von Flüssigkeit verzichtet werden kann. Man spricht dann vom Dünsten im eigenen Saft.

Während des Garens muss darauf geachtet werden, dass die Flüssigkeitsmenge im rechten Maß ist.

Zu wenig Flüssigkeit → Dünsten geht in Braten, evtl. Anbrennen über.

Zu viel Flüssigkeit → Dünsten geht in Kochen über.

Abb. 2 Dünsten

Küche

Zubereitungsbeispiel

Gedünstete Möhren

Zutaten
1,2 kg Möhren
30 g Butter
0,25 l Wasser
15 g Zucker
3 g Salz

- Walzenförmige Möhren abschaben oder mit einem Sparschäler schälen und abspülen,
- in gleichmäßige, 4 cm lange Stäbe schneiden,
- Möhrenstäbe in einen Topf geben, Butter, Zucker und Salz dazugeben,
- Wasser untergießen, Inhalt zum Kochen bringen und Topf zudecken,
- bei mäßiger Wärmezufuhr 10 Min. dünsten.

Eine **besondere Art des Dünstens** ist das **Glasieren**.

Glasieren

to glaze *glacer*

Zuckerhaltige Gemüse, wie Karotten, Maronen, kleine Zwiebeln, geben während des Dünstens Zuckerstoffe an den Dünstfond ab. Durch Verdunstung kocht dieser gegen Ende der Garzeit zu einer sirupartigen Glasur ein. Dieser Vorgang wird durch die Beigabe von wenig Zucker und Butter unterstützt.

Durch schwenkende Bewegung wird das Gemüse mit der „Glasur“ rundherum überzogen und erhält ein appetitlich-glänzendes Aussehen.

Beispiele

Glasierte Karotten, glasierte Rübchen, glasierte Perlzwiebeln, glasierte Maronen.

2.5 Druckgaren

pressure cooking
cuire en cocotte minute

Druckgaren ist Kochen oder Dämpfen bei etwa 120 °C.

Beim Druckgaren wird der Wasserdampf durch einen Deckel, mit dem der Topf fest verschlossen ist, zurückgehalten. Ein eingebautes Ventil regelt die Druckstärke.

Bei normalem Luftdruck siedet Wasser bei 100 °C (Siedepunkt). Wird darüber hinaus noch weitere Wärme zugeführt, verdampft das Wasser und entweicht.

Bei Druckgargeräten wird der Wasserdampf zurückgehalten, so baut sich ein Überdruck auf.

Mit steigendem Druck steigt die Gartemperatur. Die höhere Gartemperatur wirkt intensiver und verkürzt damit die Garzeit.

Darum spricht man auch vom „Schnellkochtopf“.

Beim Druckgaren ist die Temperatur im Vergleich zum üblichen Kochen zwar nur um etwa 20 °C erhöht, doch ist zu bedenken, dass die für das Garen wesentlichen Veränderungen, wie Stärkeverkleisterung oder Eiweißgerinnung, erst bei etwa 70 °C beginnen und dann mit zunehmender Temperatur immer rascher ablaufen, schließlich auch zu negativen Veränderungen führen.

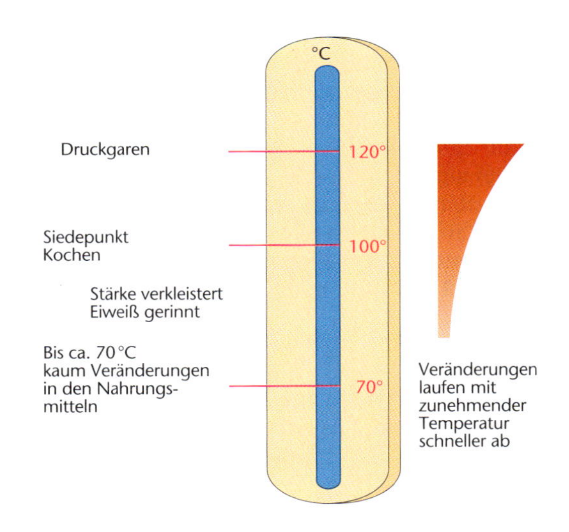

Abb. 1 Wärme verändert Lebensmittel.

Die Rezeptur ist beim Druckgaren grundsätzlich gleich wie beim Kochen oder Dämpfen. Die Garzeit ist vom Druck abhängig. Genaue Zeiten nennt die Betriebsanleitung.

2.6 Gratinieren oder Überbacken

to brown *gratiner*

Gratinieren ist eine **besondere Art der Fertigstellung** von bereits gegarten Speisen, es ist kein eigenständiges Garverfahren.

Die feuchten Garverfahren erhalten den Eigengeschmack der Speisen. Will man jedoch Geschmack und Aussehen verändern, können die bereits gegarten Lebensmittel zusätzlich überbacken werden. Dabei entsteht durch die Einwirkung von Oberhitze eine goldgelbe bis braune Kruste mit zusätzlichen Geschmacksstoffen.

Die gegarten Lebensmittel werden

- bedeckt mit geriebenem Käse und Butterflocken oder Sauce Mornay (Béchamelsauce mit Eigelb-Sahne-Legierung und Reibekäse),
- überbacken nur mit Oberhitze, z. B. im Salamander.

Beispiele

Blumenkohl überbacken, gratinierter Spargel.

3 Garen mittels trockener Wärme

dry heat cookery methods *faire cuire à la chaleur sèche*

Unter Garen in trockener Wärme versteht man:

Garen ohne Wasser.

Die Wärme kann auf das Gargut übertragen werden durch:

- direkten Kontakt → Pfanne, Grillplatte
- heißes Fett → Fritteuse
- heiße Luft → Rohr, Umluftgerät
- Strahlung → Rohr, Salamander

Dabei liegen die Temperaturen zwischen 150 °C bei heißem Fett und bis zu 260 °C bei heißer Luft. Durch die starke Wärmeeinwirkung bildet sich eine Kruste. Die dabei entstehenden Röststoffe geben das typische Bratenaroma.

3.1 Braten *to roast* *rôtir*

Braten ist Garen mittels trockener Wärme. Man unterscheidet:

- ***Braten in der Pfanne***
  Wärme wird durch direkten Kontakt und/oder durch geringe Fettmenge übertragen.
- ***Braten im Ofen***
  Wärme wird durch direkten Kontakt und Strahlung oder heiße Luft übertragen.

Braten in der Pfanne

to pan fry *rôtir*

Zum Braten in der Pfanne oder **Kurzbraten** verwendet man wasserfreie Fette, denn wasserhaltige Arten würden spritzen und ließen sich nicht ausreichend erhitzen.

Durch die starke Wärmeeinwirkung gerinnt das Eiweiß in den Randschichten sofort; es verhindert zunächst, dass Fleischsaft austritt. Die Wärme dringt nach und nach ins Innere. Kurzbratfleisch muss gewendet werden, weil die Wärme nur vom Pfannenboden wirkt, also einseitig ist.

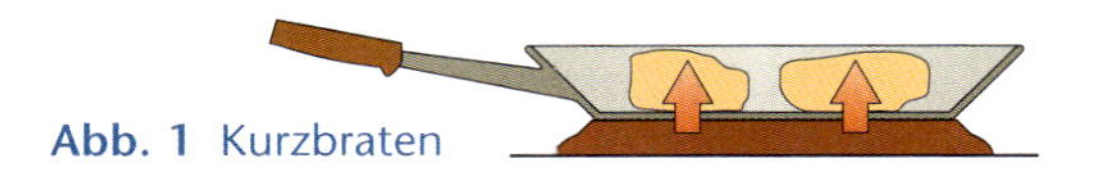

Abb. 1 Kurzbraten

Solange Fleisch nicht durchgebraten ist, hält die Bratenkruste dem Druck des Fleischsaftes stand. Bei längerer Wärmeeinwirkung treten jedoch „Saftperlen“ aus, das Fleisch wird trocken.

Zubereitungsbeispiel

Kalbssteak, gebraten

Zutaten

4 Kalbssteaks zu je 150 g
30 g Bratfett
Salz, Pfeffer
Mehl
20 g Butter

- Kalbssteaks plattieren und wieder zur Steakform zusammendrücken,
- salzen, pfeffern, in Mehl wenden,
- Fett erhitzen, Fleisch einlegen und auf beiden Seiten anbraten,
- Wärmezufuhr reduzieren, weiterbraten, dabei wenden und mit dem Bratfett begießen,
- gebratene Kalbssteaks auf Abtropfgitter legen,
- Fett aus der Pfanne leeren, Butter in die Pfanne geben und hell bräunen,
- Kalbssteaks zur Geschmacksverbesserung darin nachbraten und anrichten,
- Bratbutter durch ein kleines Sieb auf die Kalbssteaks geben.

Sautieren *to saute* *sautier*

Sautieren ist eine besondere Form des Kurzbratens. Das zerkleinerte Gargut, z. B. Geschnetzeltes, brät in einer besonderen Pfanne (Sauteuse) bei starker Wärmeeinwirkung. Es darf nur so viel in die Pfanne gegeben werden, dass alles nebeneinander liegen kann und darum rasch die Wärme aufnimmt. Durch Schwenken des Geschirrs wird das Gargut gewendet.

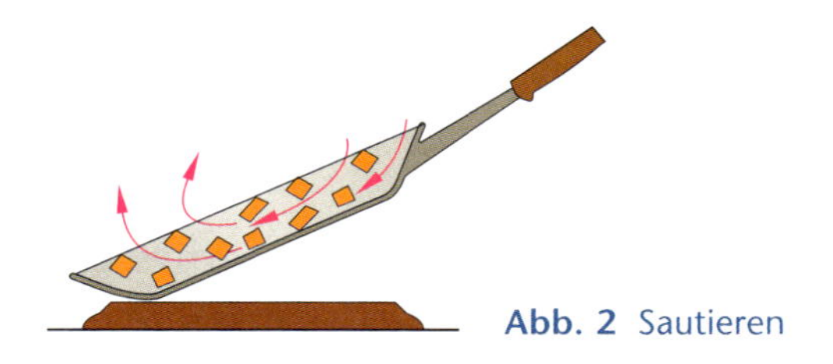

Abb. 2 Sautieren

Küche

Zubereitungsbeispiel

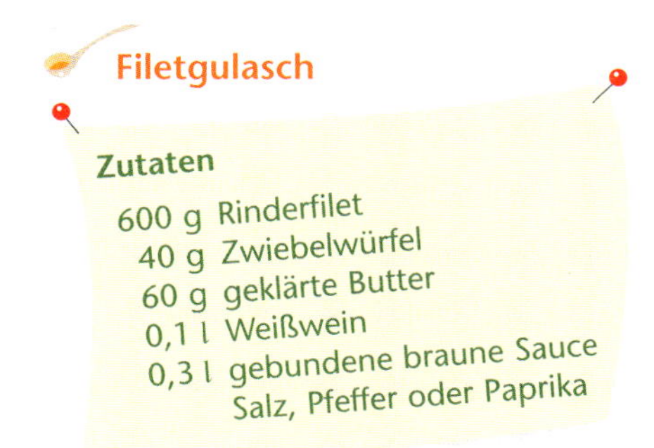

Filetgulasch

Zutaten

600 g Rinderfilet
40 g Zwiebelwürfel
60 g geklärte Butter
0,1 l Weißwein
0,3 l gebundene braune Sauce
Salz, Pfeffer oder Paprika

- Fleisch in gleichmäßige Würfel schneiden,
- geklärte Butter in einer Pfanne erhitzen,
- gewürzte Fleischwürfel dazugeben, auf der Bodenfläche verteilen,
- bei starker Wärmezufuhr rasch braun anbraten,
- durch Schwenken der Pfanne die Fleischwürfel wenden, dann in ein gewärmtes Geschirr leeren,
- Zwiebelwürfel in der benutzten Bratpfanne anschwitzen und mit Wein ablöschen,
- Sauce dazugeben, durch Einkochen im Geschmack kräftigen,
- gebratene Fleischwürfel einschwenken, nicht kochen lassen und in einem Töpfchen anrichten.

Butter klären: dazu zerlaufen lassen, vom Bodensatz abgießen, weil bei starker Hitze Eiweiß und Milchzucker verbrennen.

Braten im Ofen 🇬🇧 *to roast* 🇫🇷 *rôtir*

Beim Braten im Ofen oder Langzeitbraten sind zwei Stufen zu unterscheiden:

- Anbraten im Ofen bei hoher Temperatur,
- Weiterbraten bei etwa 140 °C, bis die gewünschte Garstufe erreicht ist.

Die Wärme wird übertragen durch

- Strahlung im Rohr des Ofens
- Strömung im Konvektionsofen.

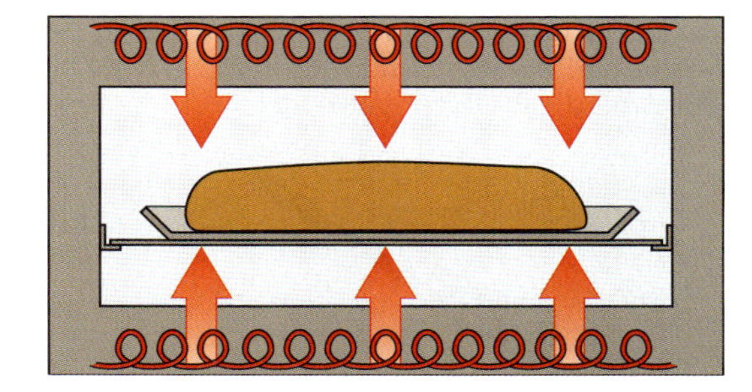

Abb. 1 Strahlungswärme im Rohr des Ofens

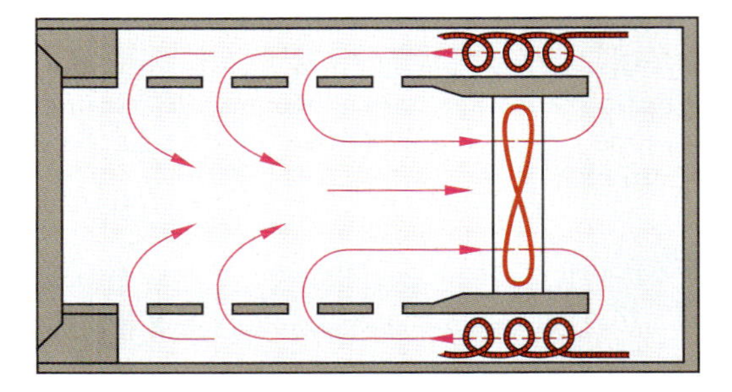

Abb. 2 Strömung im Konvektionsofen

Zubereitungsbeispiel

Gebratenes Schweinekarree

Zutaten

1 kg vorbereitetes Schweinekarree, Knochen und Parüren des Karrees, kleingehackt
150 g Röstgemüse
40 g Bratfett
10 g/l Speisestärke
Salz, Pfeffer

- Fett in einem Bratgeschirr erhitzen,
- Schweinekarree würzen, im erhitzten Bratfett wenden, dann auf die Knochenseite legen,
- in einen vorgeheizten Ofen (220 bis 250 °C) schieben und 20 Min. braten,
- Knochen, Parüren, Röstgemüse zugeben, Temperatur senken und weitere 40 bis 50 Min. braten,
- das Fleisch öfter mit dem Bratfett begießen,
- gebratenes Fleisch auf Blech mit Abtropfgitter legen,
- Fett behutsam aus dem Geschirr gießen, damit der Bratsatz erhalten bleibt,
- Flüssigkeit auffüllen, Bratrückstände zur Saucenbildung auskochen, Abtropfsaft des Fleisches dazugeben,
- Sauce mit angerührter Stärke leicht binden.

3.2 Grillen 🇬🇧 *to grill* 🇫🇷 *griller*

Grillen ist Garen mittels Strahlungs- oder Kontaktwärme.

Die trockene Wärmeeinwirkung führt rasch zur Krustenbildung, sodass der Fleischsaft erhalten bleibt. Ähnlich wie beim Kurzbraten wählt man die Garstufe entsprechend der Fleischart.

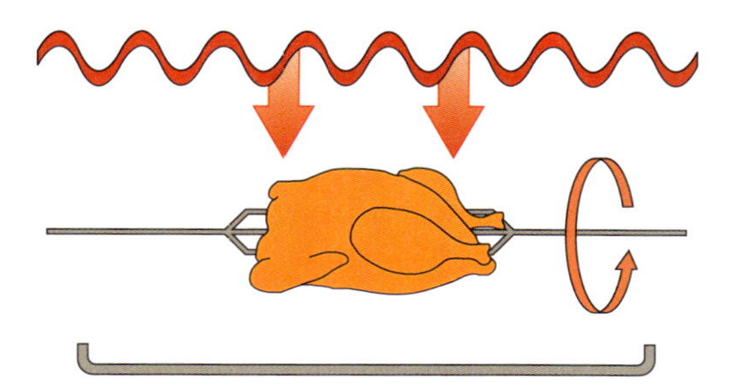

Abb. 1 Strahlungswärme beim Grillen

Damit die Randschichten nicht austrocknen, wird das Gargut mit Öl oder Fett bestrichen.

Keine Pökelware auf den Grill!

Aus dem Nitrit des Pökelsalzes und den Aminosäuren des Fleisches können sich bei starker Wärmeeinwirkung am Grill *Nitrosamine* bilden. Diese sind krebserregend.

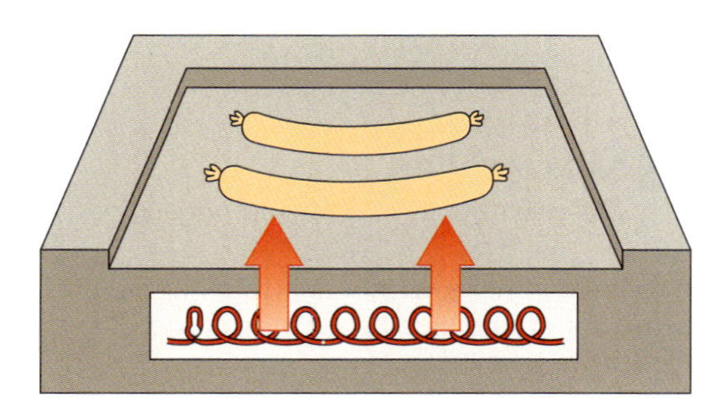

Abb. 2 Grillplatte gibt Kontaktwärme

Zubereitungsbeispiel

Rumpsteak vom Grill

Zutaten

4 Rumpsteaks, je 180 g
4 Scheiben Kräuterbutter
Salz, Pfeffer, Öl

- Rumpsteaks würzen und mit Öl beträufeln,
- heißen Grillrost mit Öl bestreichen, damit das Fleisch nicht anhängt.
- Fleischscheiben nebeneinander darauflegen und bei intensiver Wärmeeinwirkung grillen,
- Rumpsteaks wiederholt mit Öl bestreichen, um zu starkes Austrocknen zu vermeiden, und mit einer Grillzange umdrehen,
- beim zweiten und dritten Wenden das Fleisch im rechten Winkel zur Zeichnung auf die Grillstäbe legen (Grillkaro),
- nach 6 Min. Grilldauer die rosa gebratenen Rumpsteaks anrichten und Kräuterbutter auflegen.

3.3 Frittieren — deep frying — frire

Frittieren ist Garen in Fett schwimmend bei Temperaturen zwischen 150 und 175 °C.

Das heiße Fett umgibt das Gargut meist von allen Seiten, darum wird die Wärme rasch übertragen. Kurze Garzeiten sind die Folge.

Zum Frittieren dürfen nur wärmebeständige Spezialfette verwendet werden. Bei Temperaturen über 175 °C entsteht das gesundheitsschädliche Acrylamid.

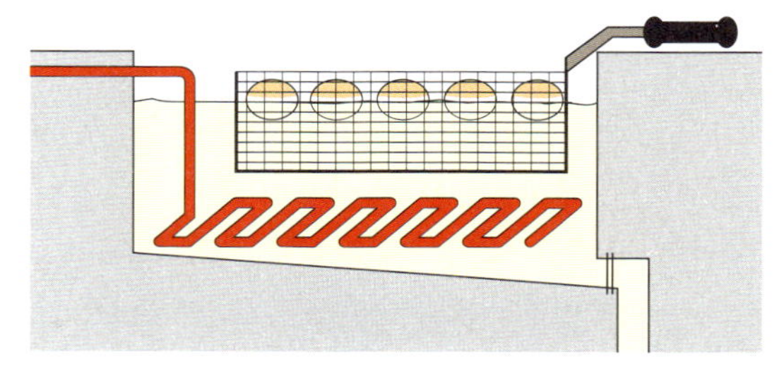

Abb. 3 Schnitt durch Fettbackgerät

Zubereitungsbeispiel

Frittierte Leberscheiben

Zutaten

4 Scheiben Kalbsleber (je 120 g)
1 Ei, Panierbrot
4 Zitronenviertel
Salz, Pfeffer, Mehl

- Leberscheiben in Mehl und zerschlagenem Ei wenden und Panierbrösel andrücken,
- Backfett der Fritteuse auf 160 °C erhitzen,
- Leberscheiben einlegen und 3 Min. frittieren,
- Leber aus dem Backfett heben, würzen,
- zum Abtropfen auf Tuch oder Küchenkrepp legen,
- frittierte Leberscheiben und Zitronenstücke auf einer Platte mit Papierserviette anrichten,
- keine Cloqué verwenden, damit rösche Backkruste erhalten bleibt.

3.4 Schmoren

to braise *braiser*

Schmoren ist ein kombiniertes Garverfahren. Beim Anbraten mit Fett entstehen Farb- und Geschmacksstoffe, beim anschließenden Weitergaren in siedender Flüssigkeit wird Zellgefüge gelockert.

Durch das Anbraten des Fleisches entstehen Farbe und Geschmacksstoffe, die für Schmorgerichte typisch sind. Nach dem Aufgießen geht das Garen in Kochen über, die Bindegewebe lagern Wasser an und werden gelockert.

Schmoren wendet man vor allem bei bindegewebereichen Fleischteilen an.

Zubereitungsbeispiel

Schmorbraten/Schmorsteaks

Zutaten

- 2 kg entbeinte Rinderschulter
- 300 g Röstgemüse
- 0,3 l Rot- oder Weißwein, brauner Kalbsfond
- 10 g/l Speisestärke, 2 EL Tomatenmark
- 60 g Fett, Salz, Paprika
- 1 Gewürzbeutel (Lorbeerblatt, Thymianzweig, 5 Knoblauchzehen, 1 Nelke, 10 Pfefferkörner, 100 g Petersilienstiele)

- gewürztes Fleisch in Schmorpfanne in heißem Fett allseitig anbraten,
- Röstgemüse beifügen, weiterbraten, bis das Gemüse braune Farbe zeigt,
- Tomatenmark dazugeben, kurze Zeit mitrösten,
- mit Wein ablöschen, einkochen, bis Ansatz glänzt,
- braunen Kalbsfond in die Schmorpfanne gießen, bis das Fleisch zu einem Viertel seiner Dicke darin liegt, und aufkochen,
- Gewürzbeutel dazulegen, Geschirr zudecken und im Ofen bei niedriger Temperatur etwa 2 Stunden schmoren,
- während des Garens Fleisch mehrmals wenden und verdunstete Flüssigkeit ersetzen,
- geschmortes Fleisch aus dem Geschirr nehmen,
- Sauce durch ein Sieb passieren, abfetten und mit angerührter Stärke leicht binden.

3.5 Backen

baking *cuire au four*

Beim Backen wirken Strahlungswärme oder Umluft bei 160 °C bis 250 °C auf Teiglinge oder Backmassen ein.

Die grundlegenden Vorgänge der Wärmeübertragung zeigen Schemazeichnungen auf Seite 124.

Beim Backen bildet sich in den Randschichten eine aromatische **Kruste** mit geschmacksgebenden Röststoffen.

In der **Krume** gerinnen die Eiweißstoffe (Kleber des Mehles, Ei) und bilden ein elastisches Porengerüst. Die Stärke verkleistert und nimmt dabei Flüssigkeit auf.

Teige und Massen werden im Bereich Patisserie ab Seite 536 behandelt.

3.6 Mikrowellen

microwaves *micro-ondes (w)*

Mikrowellen erzeugen durch Molekülbewegung Wärme innerhalb der Lebensmittel gleichzeitig an jeder Stelle.

Deshalb ist nur kurze Zeit erforderlich, um die Speisen auf Verzehrtemperatur zu bringen. Mikrowellengeräte eignen sich darum vorzüglich zum Wiedererwärmen (Regenerieren) bereits gegarter Lebensmittel, z. B. bei ruhigem Geschäftsgang.

Wird mittels des Mikrowellengerätes gegart, so entsprechen die Veränderungen in den Lebensmitteln etwa denen bei feuchten Garverfahren.

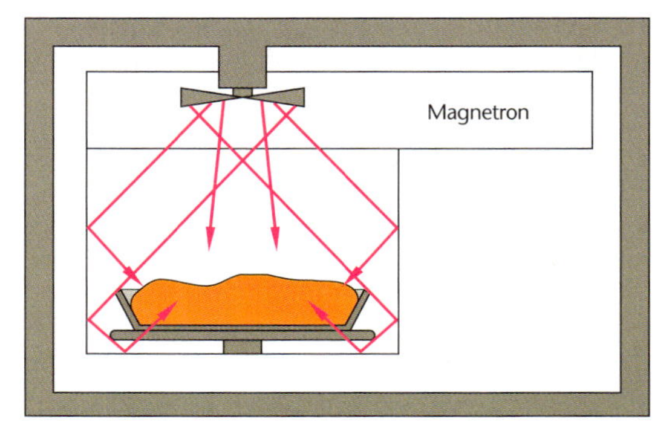

Abb. 1 Schnitt durch Mikrowellengerät (siehe auch S. 110)

3.7 Zusammenfassende Übersicht

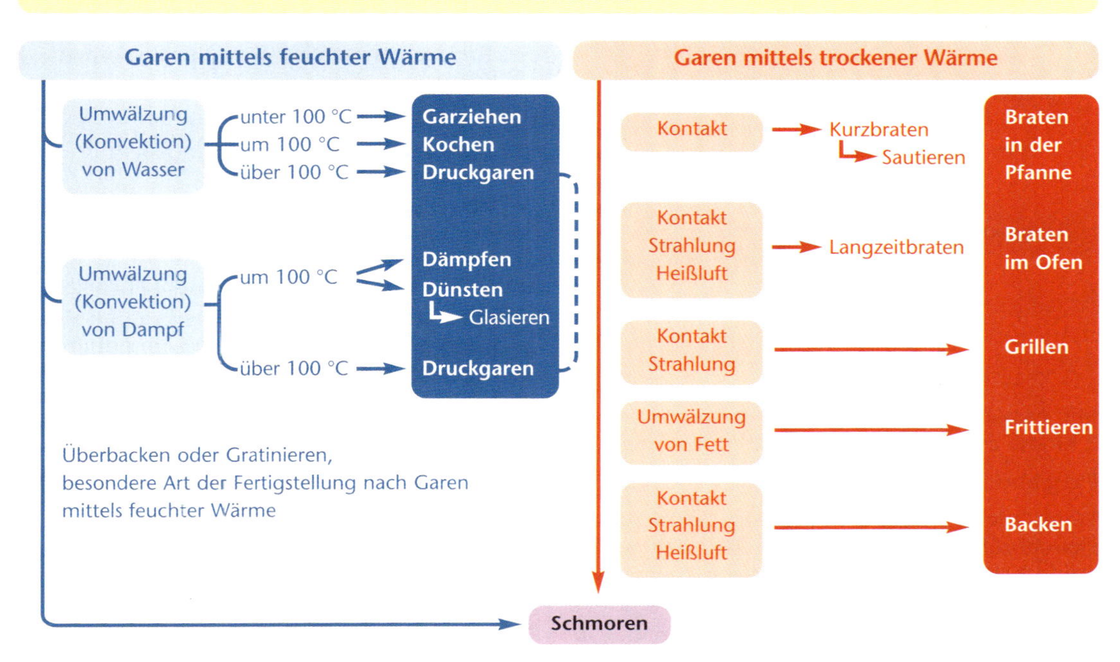

4 Zubereitungsreihen

preparation series *séries (w) de cuissons*

Escoffier schreibt in seinem Kochkunstführer:

Die Zubereitungsarten umfassen die wichtigsten Grundlagen der Kochkunst. Sie stellen die Grundlagen dar, die für jeden geregelten Arbeitsgang erforderlich sind und deren unbedingte Beherrschung das Kochen erst zur Wissenschaft erhebt.

Nur derjenige, der Ursachen und Wirkung der einzelnen Zubereitungsarten genau kennt, beherrscht die Kochkunst in vollem Umfange.

Bei den folgenden Zubereitungsreihen entstehen aus einem Grundrezept durch wechselnde Garverfahren unterschiedliche Gerichte.

So werden die Grundkenntnisse über die Garverfahren gefestigt, und die Auswirkungen können direkt verglichen werden.

4.1 Zubereitungsreihe Hackfleisch

Grundrezept

Hackfleisch
1 kg gemischtes Hackfleisch (Rind, Schwein),

Würzung
100 g Zwiebelwürfel, anschwitzen, Salz, Pfeffer,

Lockerung
100 g Weißbrot oder Semmeln eingeweicht, ausgedrückt,

Verbesserung
100 g Ei (2 Stück)

Alle Zutaten in eine Schüssel geben und zu einer glatten Hackfleischmasse vermengen.

Geschmackliche Abwandlungen sind möglich durch Beigabe von zerkleinerten frischen Kräutern, Paprikaschoten, Pilzen, Roten Rüben, Käse, Gewürzgurken, Kapern, Sardellen und Knoblauch, ferner durch Gewürze oder Würzsaucen.

Aus einem Grundrezept entstehen durch unterschiedliche **Garverfahren**

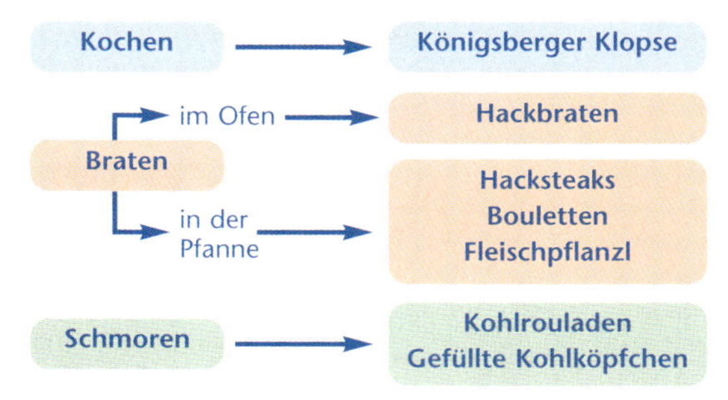

Kochen

Fleischklopse

Mit nassen Händen Klopse formen, je Portion 2 Klopse à 60 g.

Fleischbrühe mit gespickter Zwiebel aufkochen.

Wenn nicht vorhanden: Aus 1 *l* Wasser und Fleischbrühwürfel Brühe herstellen; am Siedepunkt halten, Klopse etwa 10 Min. in der Brühe garen und mit Schaumlöffel herausnehmen.

Aus 40 g Fett und 50 g Mehl eine helle Schwitze bereiten und mit der Fleischbrühe eine Sauce herstellen. Abschmecken mit Sauerrahm, Senf und Kapern. Klopse in der Sauce servieren.

Abb. 1 Königsberger Klopse

Wir empfehlen [1]

Wertvolles Hackfleisch wird gut gewürzt, zu Klößchen geformt und gegart. Wir servieren in sämiger Sauce, der Kapern eine besondere Note geben.

Schmoren

Gefüllte Kohlköpfchen

Strunk eines Weißkohlkopfes ausstechen. Kopf blanchieren, bis die Blätter formbar sind. Große Kohlblätter abnehmen, nebeneinander auslegen, kleine dazuordnen, salzen und pfeffern. Mit nassen Händen 100 g schwere Hackfleischbällchen abdrehen, in die Mitte setzen und die Kohlblätter darumschlagen. Gefüllte Köpfchen einzeln in einem Tuch fest zu Kugeln formen.

Flaches Schmorgeschirr mit Fett ausstreichen. Die Bodenfläche mit Zwiebel- und Möhrenscheiben auslegen. Kohlköpfchen nebeneinander einsetzen. Geschirr in einen vorgeheizten Ofen schieben und die Köpfchen braun anbraten. Mit Brühe (vgl. Rezept Klopse) untergießen und zugedeckt bei mittlerer Wärmezufuhr 45 bis 60 Min. schmoren. Verdunstung durch Flüssigkeitsbeigabe ausgleichen.

Gegarte Köpfchen mit einem Schaumlöffel entnehmen. Schmorfond passieren, mit angerührter Stärke leicht binden und über die gefüllten Kohlköpfchen geben.

Wir empfehlen

Ein traditionelles Gericht für die Wintermonate. Die gewürzte Hackfleischmasse wird in Kohlblätter gehüllt und dann langsam geschmort. Diese Kombination ergibt ein saftiges Gericht mit einer sehr aromatischen Sauce.

Braten im Ofen

Hackbraten

Hackbraten brotlaibähnlich formen, mit nasser Hand glätten. In Semmelbröseln wälzen und in ein ausgefettetes Bratgeschirr legen. Im vorgeheizten Ofen bei mäßiger Wärme etwa eine Stunde braten. Ab und zu begießen. Hackbraten entnehmen. Bratsatz mit Wasser ablöschen und loskochen. In 200 g Sahne 2 EL Stärke verrühren, dem Bratsatz beigeben, aufkochen und die Sauce passieren.

Hackbraten in Portionsscheiben schneiden, Sauce darübergeben oder separat reichen.

Wir empfehlen

Die Hackmasse wird mit Zwiebelwürfeln ergänzt und zu einem Laib geformt, der durch das Braten im Ofen ein besonderes Aroma erhält. Wir servieren davon zwei Scheiben mit einer delikaten Sauce und ...

Braten in der Pfanne

Hacksteaks

Hacksteaks in Portionsgröße von 120 g formen. Fett in einer Bratpfanne erhitzen. Hacksteaks

[1] Zum Beschreiben und Empfehlen von Speisen Seite 136

einlegen und auf beiden Seiten, unter mehrmaligem Wenden, gleichmäßig braun braten. Bratdauer etwa 10 Minuten.

Abb. 1 Hacksteaks

Wir empfehlen

Die fein gewürzte Hackfleischmasse wird zu flachen Bällchen geformt und in der Pfanne außen kross gebraten, das Innere bleibt dabei saftig.

4.2 Zubereitungsreihe Geflügel

Grundmaterial: Brathähnchen/Poularde

Zubereitungen unter Berücksichtigung verschiedener Garverfahren.

Garverfahren

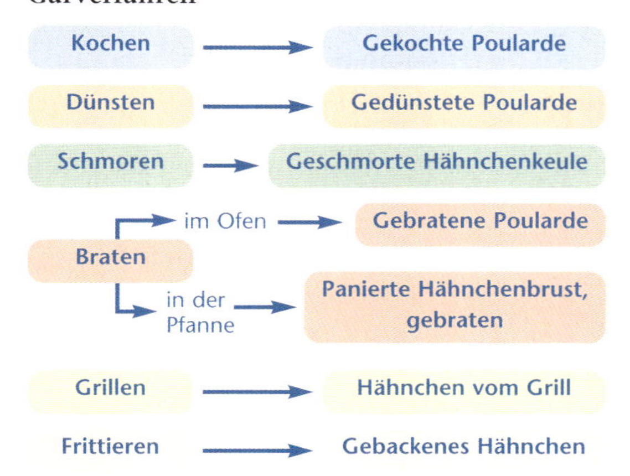

Kochen

Gekochte Poularde

Poularde blanchieren. Dann in einem passenden Topf knapp mit Wasser bedeckt aufsetzen, an den Kochpunkt bringen und bei geringer Wärmezufuhr etwa 45 Min. sieden.

Schaum und Fett durch Abschöpfen entfernen. Flüssigkeit nur leicht salzen. Lauch, Sellerie, Möhre zusammenbinden und zur Ergänzung des Brühengeschmacks mitkochen.

Gegarte Poularde entnehmen, in eiskaltem Wasser abschrecken und mit feuchtem Tuch bedecken. Poularde in Brusthälften und Keulen zerlegen und in der passierten Brühe aufbewahren.

Verwendungsmöglichkeiten für gekochte Poularde: Suppeneinlage, Geflügelragout, Geflügelsalat. Brühe zu Suppen, Saucen und Ansetzen einschlägiger Zubereitungen.

Dünsten

Gedünstete Poularde

Poularde blanchieren. Stücke von hellem Lauch und Sellerie (4:1) in passendem Topf mit Butter farblos anschwitzen. Poularde dazulegen. Mit wenig Weißwein ablöschen, so viel Wasser auffüllen, dass ein Drittel des Geflügelkörpers darin liegt. Aufkochen, Flüssigkeit salzen. Topf zudecken und die Poularde bei mäßiger Wärmezufuhr dünsten und von Zeit zu Zeit umdrehen.

Gedünstete Poularde nach 45 Min. entnehmen und mit feuchtem Tuch bedeckt abkühlen lassen. Danach zerlegen und die schwammige Haut abziehen. Vom passierten Dünstfond unter Verwendung von Mehlbutter und Sahne eine Sauce herstellen. Wird die Sauce mit Sahne und Eigelb legiert, darf sie danach nur kurz aufkochen, sonst flockt das Eigelb aus.

Geeignete Beilage: Reis oder Nudeln.

Wir empfehlen

Poulardenstücke durch Dünsten schonend gegart mit samtiger aber leichter Sauce, die mit Weißwein und etwas Zitrone pikant abgeschmeckt ist. Dazu reichen wir Basmatireis oder hausgemachte Nudeln.

Schmoren

Geschmorte Hähnchenkeulen

Schlussknochen an der Innenseite der Keulen entfernen. Salzen und pfeffern. In einem mit Fett erhitzten Geschirr mit der Außenseite zuerst anbraten. Zwiebel- und Möhrenstückchen dazulegen und weiterbraten, bis das Gemüse leicht Farbe hat. Mit Weißwein ablöschen, Flüssigkeit

Küche

einkochen. Eine zerschnittene Tomate oder etwas Tomatenmark beigeben.

Wenn der Ansatz glänzt, mit Jus oder Wasser auffüllen und aufkochen.

Ein Kräutersträußchen (Petersilie, Bruchstück Lorbeerblatt, Zweig Thymian) dazulegen und zugedeckt 15 Min. schmoren.

Danach Keulen entnehmen. Fond passieren, abfetten und mit wenig angerührter Stärke binden. Keulen in der Sauce servieren.

Geeignete Beilage: Kartoffelpüree, Gurkensalat.

Wir empfehlen

… mit einer kräftigen aromatischen Sauce, die am besten mit geschmacklich neutralen Beilagen wie Teigwaren, Reis oder Kartoffelpüree zur Geltung kommt.

Braten in der Pfanne

Gebratene Hähnchenbrust

Eine rohe Hähnchenbrust erhält genau in der Mitte neben dem aufrecht stehenden Brustknochen einen Längsschnitt. Von hier aus die Brusthälften entlang der Knochen ablösen und die Flügel abschlagen.

Brustteile salzen, mit Paprika bestreuen.

Butter in einer Pfanne erhitzen, die panierten Brustteile einlegen und bei mäßiger Wärmeeinwirkung beidseitig hellbraun braten.

Gebratene Hähnchenbrust mit zwei Zitronensechsteln und frittierter Petersilie anrichten.

Geeignete Beilage: Salate der Saison.

Wir empfehlen

Das zarte Fleisch von der Brust ist mit einer goldbraunen knusprigen Panierung umhüllt, die das Fleisch saftig hält und einen typischen Geschmack verleiht.

Abb. 1 Gebratene Hähnchenbrust

Braten im Ofen

Gebratene Poularde

Bratfertige Poularde salzen und pfeffern. In erhitztem Bratfett wenden und auf der Seite liegend bei etwa 220 °C im Ofen beidseitig anbraten. Ofentemperatur auf 180 °C senken und das Verfahren fortsetzen. Poularde dabei mehrmals wenden und mit dem Bratfett begießen. Die Bratdauer beträgt 50 bis 55 Min. Etwa 10 Min. vor Garzeitende Zwiebel- und Möhrenwürfel beifügen und mitbräunen.

Gebratene Poularde aus dem Geschirr nehmen. Das Fett behutsam vom Bratsatz abgießen. Kalbsjus oder wenig Wasser in das Geschirr geben und den Bratsatz loskochen. Sauce passieren, nochmals aufkochen und mit angerührter Stärke leicht binden.

Geeignete Beilage: Pommes frites, Tomatensalat.

Wir empfehlen

Einen besonderen Geschmack verleiht die schön gebräunte knusprige Haut. Zu der dazugehörenden Sauce passen am besten …

Frittieren

Gebackenes Hähnchen/ Wiener Backhähnchen

Hähnchen längs spalten, in Brusthälften und Keulen teilen. Knochen an den Innenseiten der Teile entfernen. Flügel abschlagen. Die Oberschenkelknochen aus den Keulen herauslösen.

Hähnchenteile mit Salz, Paprika, Zitronensaft und gehackter Petersilie würzen. In Mehl und Ei wenden und Panierbrot andrücken.

In einer Fritteuse bei 160 °C die panierten Geflügelteile ausbacken. Der Garpunkt ist erreicht, wenn das Fleisch an der Oberfläche schwimmt. Dann entnehmen und zum Abtropfen auf eine saugfähige Unterlage (Küchenkrepp) legen. Mit

Abb. 2 Gebackenes Hähnchen

Kresse und Zitronenstücken auf einer Papierserviette anrichten.

Frittierte Fleischteile müssen sofort serviert werden.

Geeignete Beilage: Salatplatte.

Wir empfehlen

Unter der röschen Kruste finden Sie bei der kurzen Garzeit ein besonders saftiges Hähnchenfleisch.

4.3 Zubereitungsreihe Gemüse

Grundmaterial: Fenchel,
auch andere Gemüsearten können in vergleichbarer Weise verwendet werden.

Allgemeine Vorbereitung:
Fenchelknollen von braunen Stellen befreien, gründlich waschen, denn zwischen den Schichten kann Sand sitzen.

Grüne Fenchelkräuter zur Garnitur aufbewahren.

Garverfahren

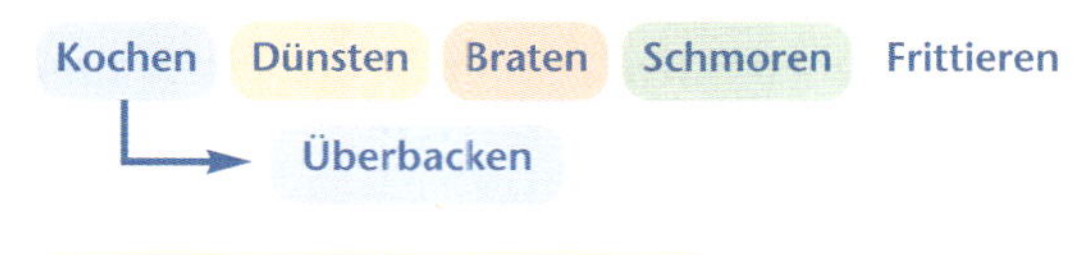

Zum Vergleich: Fenchelrohkost

Kochen

Fenchel als Beilage

Sud aus Wasser, etwas Öl, Salz und Zitronensaft aufkochen. Fenchel halbieren und den Strunk so entfernen, dass die Fenchelblätter noch zusammenhalten. Nun den Fenchel quer in 7-mm-Stücke schneiden und 15 bis 20 Minuten kochen, abgießen und mit Butterflocken verfeinern.

Wir empfehlen

... angenehm weich, aromatisch, im Geschmack an Anis erinnernd, knackig, aber nicht hart, noch etwas Biss.

Dünsten

Gedünsteter Fenchel

Fenchel quer in Scheiben von etwa 7 mm schneiden. Etwas Butter zergehen lassen, einen Schuss Weißwein zugeben, Fenchelscheiben einlegen, etwas Salz und Pfeffer darübergeben und 15 Min. dünsten.

Wir empfehlen

Besonders schonend gegart, Vitamine werden bestmöglich erhalten, als Gemüsebeilage mit vielen Gerichten kombinierbar.

Überbacken

Überbackener Fenchel

Fenchel halbieren und Strunk entfernen. Kochen oder Dünsten, in feuerfestes Geschirr ordnen, mit Béchamelsauce überdecken, mit geriebenem Käse bestreuen und überbacken.

Abb. 1 Überbackener Fenchel

Wir empfehlen

Nach dem Garen (Kochen, Dünsten) zusätzlich mit aromatischem Käse überdeckt und überbacken. Das bringt auf zweifache Weise zusätzliche Geschmackswerte.

Braten

Gebratener Fenchel

Fenchelknollen in Längsrichtung achteln, etwa 10 Min. kochen, in zerschlagenem Ei und

Küche

Paniermehl wenden, in Öl braten. Wird gebratener Fenchel als selbstständiges Gericht serviert, gibt man Béarner Sauce dazu.

Frittieren

Gebackener Fenchel

Fenchelknollen in Längsrichtung achteln, etwa 10 Min. kochen, abtropfen lassen. Die Stücke durch Backteig ziehen, bei etwa 170 °C in Fett schwimmend backen.

Beigaben: Tomatensauce, Blattsalate.

Schmoren

Geschmorter Fenchel

Fenchel wie zum Überbacken vorbereiten. In feuerfestes Geschirr oder Schmortopf sautierte Speck- und Zwiebelwürfel einstreuen, die ca. 7 Min. vorgekochten, abgetropften Fenchelhälften einordnen, mit Demiglace untergießen und zugedeckt im heißen Rohr gar schmoren.

Abb. 1 Rohkostplatte

Wir empfehlen

Weich, leicht kaubar, hat durch das Schmoren ein kräftiges Aroma.

Zum Vergleich: Ungegart

Fenchelsalat

Fenchelknolle längs halbieren, in Querrichtung sehr fein schneiden und lockern, damit die Segmente auseinander fallen. Mit Salatmarinade nur aus Zitronensaft, Salz und Öl anmachen, damit der reine Fenchelgeschmack zur Geltung kommt.

Wir empfehlen

Fein geschnitten, darum knackig, aber nicht hart, appetitanregend und erfrischend. Für Energiebewusste.

Fenchelrohkost

Bei Fenchelrohkost wird im Unterschied zu Fenchelsalat mit anderen rohen Zutaten ergänzt. Fenchel vorbereiten wie zu Fenchelsalat, säuerlich schmeckenden Apfel schälen, entkernen und grob raffeln, Nüsse reiben, Salat mit Joghurt anmachen.

Aufgaben

Wenn die Zubereitungen fertig gestellt sind, werden die Ergebnisse bewertet und verglichen. Siehe Seite 138.

1 Welches Gericht erhält innerhalb seiner Zubereitungsreihe die besten Noten für Geschmack?

2 Für die Gerichte einer Zubereitungsreihe sind die Materialkosten ähnlich. Welches ist am ansprechendsten?

3 Versuchen Sie einen Zusammenhang herauszufinden zwischen der Art des Garverfahrens und der Bildung von Geschmacksstoffen.

4 Bilden Sie selbst eine Zubereitungsreihe mit möglichst vielen Garverfahren. Beispiel: Rohstoff Kartoffel und die Zubereitungsmöglichkeiten im Sachwortverzeichnis suchen.

5 Sowohl bei der Zwischenprüfung als auch bei der Gehilfenprüfung sind die eigenen Produkte zu präsentieren. Das bedeutet: die Speisen beschreiben und empfehlen. Sie haben bei den vorausgegangenen Zubereitungen Beispiele für Wendungen zur Empfehlung gesehen. Auf Seite 136 ist das näher beschrieben.
a) Suchen Sie bei der Zubereitung immer nach Wendungen, wie ein Gericht wirksam einem Gast empfohlen werden kann. Sammeln Sie Wendungen, die Appetit machen.
b) Notieren Sie diese, damit Sie einen „Vorrat“ haben. Ergänzen Sie Ihre Rezepte damit.
c) Sprechen Sie zu einem/er Kollegen/in wie zu einem Gast. Z. B. Das ist … Dazu reichen wir …

5 Erstellen von Garprogrammen

providing of cooking programs *fournir des programmes (m) de cuisson (w)*

„Wer mehr weiß, kann kreativ sein, denn er kann vorausschauend denken," sagt ein geschätzter Fachmann, und ein anderer „Nur wer Vorgänge durchschaut, kann sinnvoll damit umgehen." Nach den Zubereitungsreihen hier eine Anleitung, die zeigt, wie eigenständig Garprogramme für Kombidämpfer erstellt werden können.

Diese Geräte haben zwar für viele Zubereitungen bereits fertige Programme gespeichert, doch immer besteht die Möglichkeit, eigene Programme einzubringen.

Heißluftgargeräte verstehen nicht „Bei milder Hitze kurz garen." Es werden konkrete Angaben mindestens zur Temperatur und zur Gardauer benötigt. Herkömmliche Garanweisungen bewährter Rezepte müssen darum auf die Sprache der Kombigarer übertragen werden.

Die Beispiele unten zeigen, wie man zunächst eigene Erfahrung in konkreten Werten festlegt und in eine Tabelle einträgt. Wenn Überlegungen so festgehalten werden, kann man später ohne Probleme ändern oder verfeinern.

Gargut/ Anmerkungen	Menge/ Einschubteile	Programm-platz	Schritt	Verfahren	Temperatur	Garzeit (Min.) oder Kerntemp. (°C)	Zusätzliche Einstellungen
Schweine-hackbraten	3 x 2,5 kg	115	1	Dämpfen	100 °C	10 Min.	
			2	Heißluft	140 °C	15 Min	Skl auf

Muster von Firmen für das Festhalten von Daten für eigene Programme

Gargut/ Anmerkungen	Menge/ Einschubteile	Programm-platz	Schritt	Verfahren	Temperatur	Garzeit (Min.) oder Kerntemp. (°C)	Zusätzliche Einstellungen
			1				
			2				
			3				
			4				
			5				

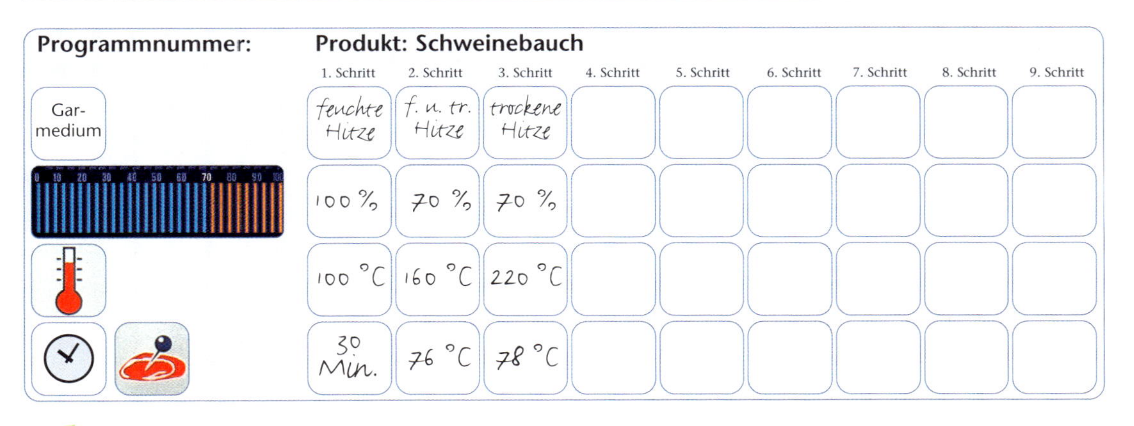

Aufgaben

1. Vergleichen Sie die Beschreibung des Garvorgangs beim Rezept für Hackbraten, Seite 128, mit dem Beispiel Schweinehackbraten im Muster oben. Finden Sie dort alle erforderlichen Angaben?
2. Fertigen Sie eine Tabelle für den Garablauf nach einem Muster in der Abbildung oben.
3. Welche Größen/Werte müssen bei jedem Programmschritt festgehalten werden?
4. Erstellen Sie für Hacksteaks, Seite 129, eine Gar-Ablauf-Tabelle.

6 Speisenproduktionssysteme

food production systems · systèmes (m) de production (w) des repas (m)

Ideal ist es, wenn Speisen frisch gekocht auf den Tisch kommen. Doch ist das in der gewerblichen Küche wegen der Arbeitsbelastung nur sehr eingeschränkt möglich. Und doch kennt man diese Art von Speisenzubereitung. Ein Steak wird auf Abruf gebraten – à la minute – und sofort serviert. Dieses Verfahren nennt man **Kochen und Servieren** oder **Cook & Serve.**

Vieles wird zeitlich vor dem Service produziert, bis zur Ausgabe warmgehalten und bei Abruf angerichtet, z. B. Schmorgerichte wie Gulasch oder große Braten. In diesem Fall gilt: **Kochen und Warmhalten** oder **Cook & Hold.**

Bei **Kochen und Kühlen** oder **Cook & Chill** stehen Produktion und Service nicht mehr in direkter Verbindung.

Die Zubereitungen werden nach dem Garen schnellstens auf +3 °C gekühlt und bei dieser Temperatur vorrätig gehalten. Bei Bedarf bringt man die Speisen auf Serviertemperatur, man regeneriert.

Das Verfahren „Kochen und Kühlen" wenden z. B. Fluggesellschaften für die Bordverpflegung an. Hotels, die in Verbindung mit Kongressen zeitgleich eine große Anzahl von Gästen versorgen müssen, portionieren auf den Tellern vor, bringen diese im Hordenwagen in die Kühlung und erhitzen/regenerieren kurz vor dem Service.

Die Speisen werden nach der Zubereitung rasch gekühlt, dann portioniert und in die gekühlten Trolleys gepackt. So haben Mikroben keine Gelegenheit, sich zu vermehren, und den Gästen kann nach dem Regenerieren/Wiedererwärmen eine warme Mahlzeit serviert werden.

Abb. 1 Speisen auf Tellern regenerieren

Kochen und Servieren	Kochen und Warmhalten	Kochen und Kühlen
Cook & Serve	**Cook & Hold**	**Cook & Chill**
Vorbereiten	Vorbereiten	Vorbereiten
Garen	Garen	Garen
Ausgeben	Warmhalten	Schnellkühlen
	Ausgeben	Kühllagern
		Regenerieren
		Ausgeben

ANRICHTEN UND EMPFEHLEN VON SPEISEN

1 Anrichten von Speisen

arranging food *arranger des mets (m)*

Nach dem Zubereiten werden die Speisen angerichtet, damit zum Verkauf vorbereitet und serviert.

Hier in der Grundstufe wird das **Anrichten von Tellergerichten** vorgestellt. Bei praktischen Prüfungen ist die Zubereitung vom Prüfling zu präsentieren, wobei neben Portionierung auch Anrichteweise und Gesamteindruck der Zubereitung bewertet werden.

Beim Anrichten auf dem Teller werden die einzelnen Zubereitungen portionsgerecht zu einem Gericht zusammengestellt.

Dabei denkt man sich den Teller dreigeteilt.

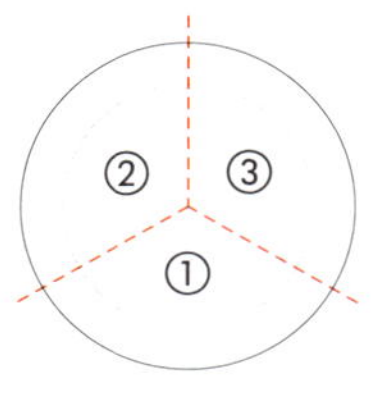

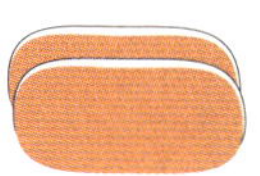

- **Fleischscheiben** ① und Sauce liegen im unteren, dem Gast zugewandten Drittel, damit der Gast sie leicht in Stücke schneiden kann. Besteht eine Portion aus mehreren Tranchen (Scheiben), wird zum Gast hin exakt ausgerichtet.
- **Beilagen** ② (Kartoffeln, Reis, Teigwaren) liegen oben links.
- **Gemüse** ③ liegen oben rechts. Werden mehrere Gemüse angerichtet, achtet man auf das Farbenspiel.

Das Auge des Gastes isst mit, drum tu was dafür.

Abb. 1 Anrichten von Tellergerichten

- **Warme Speisen** richtet man auf vorgewärmtem Teller aus dem Wärmeschrank oder Rechaud an.
- Ein angerichteter Teller soll nicht überladen sein, der **Tellerrand** oder die **Fahne muss sauber sein.** Nötigenfalls nachwischen.
- Haben Teller ein **Firmenzeichen**, eine **Vignette**, wird so angerichtet, dass sich das Zeichen beim Einsetzen dem Gast gegenüber befindet.

Manche Gerichte gewinnen, wenn man sie anschneidet und z. B. eine Füllung sichtbar wird wie bei gefüllten Keulchen oder Rouladen.

Eine glänzende Oberfläche wirkt kostbarer, lässt appetitlicher erscheinen. Dabei hilft in der warmen Küche z. B. zerlassene Butter, die mit einem Pinsel sparsam aufgetragen wird, in der kalten Küche wird mit Aspik überglänzt.

Man kann auch eine Garnierung, ein bisschen Schmuck, „etwas obendrauf" anbringen. Etwa gehackte Petersilie oder in Butter gebräunte Brösel, eine Rosette Kräuterbutter auf einer Zitronenscheibe, einen Sahnetupfer usw.

Fachbegriffe

à part	Getrennt anrichten, z. B. in einer Sauciere oder Gemüseschale (Legumier)
Fahne	Rand eines Tellers
glasieren	Überglänzen, z. B. Kartoffeln mit flüssiger Butter
gratinieren	oder überbacken. Ein Gericht unter starker Wärmeeinwirkung (Oberhitze) bräunen
nappieren	Mit Sauce überziehen
Rechaud	Wärmeschrank, Wärmeplatte
saucieren	Sauce angießen oder untergießen
Tranche	Scheibe, z. B. von Braten, Geflügelbrust
tranchieren	In Scheiben schneiden

2 Beschreiben von Speisen

describe of meals *décrire des mets (m)*

Den Unterschied zwischen Bewerten und Beschreiben von Speisen erkennt man am besten, wenn die Sichtweisen von Küche und Restaurant gegenübergestellt werden.

Am Beispiel des *Wiener Schnitzels,* das jedem bekannt ist, wird der Unterschied zwischen Bewerten und Beschreiben einer Speise dargestellt.

Küche	Service
Produktion erfordert **Rezept**	Beratung der Gäste ist eine **Empfehlung**
Beispiel • Fett in der Pfanne erhitzen, • paniertes Schnitzel einlegen, • nach … Min. wenden, • ist fertig, wenn …	**Beispiel** • Saftiges Schnitzel von einem Kalb aus der Region, • frisch zubereitet, • aromatisch, • mit krosser Panierung
Das ist eine **Vorgangsbeschreibung** und wendet sich an den Verstand.	Das ist eine **Gegenstandsbeschreibung** und wendet sich an das Gefühl.
Die **Bewertung** des Produktes durch den Koch erfolgt sachlich mit dem Ziel, die Produktion zu erfassen und zu verbessern.	Die **Beschreibung** eines Gerichtes im Restaurant hat das Ziel, die Gäste zu informieren und zu einem Kauf zu animieren.

Abb. 1 Die Eiskarte zeigt den Eisbecher.

Besucht man Fastfood-Betriebe, fällt auf, dass man über das Angebot anders informiert wird als in einem Restaurant. Großformatige Aufnahmen zeigen dort, was zu kaufen ist. Dadurch hat der Gast eine klare Vorstellung, wie das von ihm ausgewählte Gericht aussehen wird.

Restaurants übernehmen bisweilen die Idee, z. B. in Form von bebilderten Eiskarten. Auch dort sieht man im Voraus, wie das Gewählte aussehen wird.

Im Allgemeinen ist der Gast jedoch auf die mündliche Information durch die Servicemitarbeiter angewiesen. Fachkräfte kennen die Frage: „Was ist eigentlich …?" Die erwünschte Information ist Aufgabe und Verkaufs-Chance zugleich. Wir haben mit Worten zu beschreiben, wir haben mit Worten Appetit zu machen.

Essen kann man sehen, riechen und schmecken. Darum wendet sich die Beschreibung von Lebensmitteln an möglichst viele Sinne und nennt je nach Hauptbestandteil geschmacksbestimmende Zutat, Form, Farbe oder Beschaffenheit.[1]

[1] Beispiele einer Beschreibung bei den Zubereitungsreihen ab Seite 128 bei „Wir empfehlen".

Worte, die verkaufen helfen

Beschaffenheit

- … lecker gefüllt mit …
- … eingelegt in eine würzige Marinade
- … gut gereift, … vitaminschonend gedünstet
- … kross gebraten,
- … täglich frisch, … frisch vom Markt
- … nach hauseigenem Rezept

Sinnesempfindungen

- buntes Gemüse
- knackiger Salat
- duftendes Gebäck
- knuspriger Blätterteig
- zarte Creme
- edelbittere Schokolade

Konsistenz – Beißgefühl (Wortauswahl)

- cremig
- fein
- flockig
- flüssig
- geliert
- knackig
- knusprig
- kompakt
- körnig
- kross
- lecker
- leicht
- locker
- mürbe
- rösch
- saftig
- sahnig
- schaumig

Geschmack

Der Geschmack kann unterschiedlich sein: ausgeprägt, arttypisch, kräftig, pikant bis kaum wahrnehmbar.

Auch die unterschiedliche Stärke einer Geschmacksausprägung lässt sich beschreiben.

Beispiele		
gerade erkennbar	**deutlich feststellbar**	**vorherrschend**
süß, süßlich	angenehm süß	zuckersüß
herb/bitter, bitterlich, etwas bitter	halbbitter, zartbitter	zusammenziehend

Beispiele für einfache Gerichte auf den Seiten 127 bis 131

Mischgeschmack

entsteht, wenn Grundrichtungen des Geschmacks kombiniert werden.

Beispiele	
süß-sauer	Hering nordische Art, Chinasauce
bitter-süß	Schokolade, Kakao
fruchtig-süß	Grapefruit, Ananas, Erdbeere
herb-fruchtig	Passionsfrucht, Saftorange

Temperatur

Beispiele, wie Wärme oder Kühle positiv oder negativ empfunden und beschrieben werden können.

Temperatur	(–) kühler	(+) wärmer
positiv	angenehm kühl richtig temperiert	schön warme Suppe frisch aus dem Ofen
negativ	kaltes Essen die Suppe ist zu kalt	das Bier ist zu warm so heiß, dass man … nicht essen kann da verbrennt man sich ja den Mund

Farbe

hellgelb	rötlich
strohgelb	fruchtig rot
goldgelb	tiefrot
leicht gebräunt	rotbraun
zart grün	goldbraun
grünlich	nussbraun
hellgrün	karamellfarben
kräftig grün	schokoladenbraun

Weitere Kriterien

Der **Geruch** kann sein ausgeprägt, ausgewogen, typisch, fruchtig, harmonisch, ...

An die **Genussgefühle** wenden sich Wörter wie typisch, angenehm, fein, harmonisch, weich, dezent, herzhaft, erfrischend, belebend.

Negative Wörter werden im Verkaufsgespräch nur verneinend verwendet.

- kräftig, jedoch nicht scharf
- weich, aber doch bissfest
- nicht faserig, butterweich gedünstet
- gut gewürzt, aber nicht scharf
- gut gekühlt, aber nicht kalt

Beispiele für Genussgefühle	
typisch	typisch für die Region, typische Würzung für Wild
angenehm	angenehm kühl, aber nicht kalt
weich	weich, dass es auf der Zunge zergeht
fein	fein abgestimmte Würzung
harmonisch	harmonische Kombination von ... und ...

3 Bewerten von Speisen

analysing food *évaluer des mets (m)*

Die Bewertung oder Beurteilung von Speisen und Getränken nennt man auch **Degustation.** Man kennt verschiedene Verfahren. Hier wird das vergleichende Verfahren nach dem Benotungssystem verwendet.

Bei einer vergleichenden Verkostung oder Degustation sind folgende **Regeln** zu beachten:

- Nur Gleiches mit Vergleichbarem verkosten.
- Jede Rezeptur genau einhalten.
- Gleiche Gefäße, gleiche Temperatur, usw.
- Proben „neutralisieren", das bedeutet, dass die Prüfenden nicht wissen, mit welchem Produkt sie es zu tun haben.
- Während der Verkostung nicht reden.
- Ergebnisse schriftlich festhalten.
- Zwischen den Proben die Geschmacksempfindung mit Brot oder Wasser neutralisieren.

Geschmackstest

Beispiel Tomatensuppe

Sehen Wie ist die Farbe? Kräftig, natürlich, blass oder wenig ansprechend? Kräftig rot oder gedeckt (Sahne)? Lassen Sie die Suppe vom Löffel oder über eine Untertasse laufen.
Wie ist die Beschaffenheit, Konsistenz? Zu dünn, flüssig, cremig, dicklich, pampig?

Riechen Rühren Sie mit dem Löffel mehrmals um und entnehmen Sie einen vollen Löffel. Halten Sie den vollen Löffel vor die Nase, atmen Sie ein. Wie ist der Geruch? Fruchtig, schwach, fremd, angenehm, ausdruckslos? Wie stark?

Schmecken Nehmen Sie die Suppe in den Mund, auf die Zunge. Wie ist der Geschmack? Gehaltvoll, aromatisch, fruchtig oder säuerlich, leer mit „Fremdgeschmack"?
Vor dem Schlucken achten Sie auf das, was Sie am Zungenende (unterhalb des Gaumens) empfinden. Bittergeschmack?
Nach dem Schlucken: Wie ist der Nachgeschmack? Füllig, rund, angenehm, leer, bitter, kratzend? Beim Wein bezeichnet man dieses Empfinden als „Abgang".

Abb. 1 Tomatensuppen zum Test

Verwenden Sie die richtigen Worte

Bei der Beschreibung muss man abstufend bewerten können. Hier als Beispiel die Intensität oder Stärke der Eindrücke.

Die Ergebnisse der Verkostung oder Degustation werden in den Prüfungsbogen eingetragen und verglichen.

Intensität Stärke	(–) schwach	(+) stark
positiv	mild dezent	kräftig intensiv ausgeprägt
negativ	schwach wenig Geschmack geschmacklos	aufdringlich zu stark hervortretend

Degustation Produktgruppe: Saucen

Produkt: Holländische Sauce

	Aussehen					Konsistenz					Geschmack					Bemerkungen
Note	1	2	3	4	5	1	2	3	4	5	1	2	3	4	5	
Probe A	○	○	○	○	○	○	○	○	○	○	○	○	○	○	○	______
Probe B	○	○	○	○	○	○	○	○	○	○	○	○	○	○	○	______
Probe C	○	○	○	○	○	○	○	○	○	○	○	○	○	○	○	______
Probe D	○	○	○	○	○	○	○	○	○	○	○	○	○	○	○	______
Probe E	○	○	○	○	○	○	○	○	○	○	○	○	○	○	○	______

Beurteilen Sie die einzelnen Proben anhand der Merkmale Aussehen, Konsistenz und Geschmack. Bitte kreuzen Sie die zutreffende Bewertung an!
(Bewertung: 1 = sehr gut; 2 = gut; 3 = befriedigend; 4 = ausreichend; 5 = mangelhaft)

Welches dieser Produkte würden Sie insgesamt in Ihrer Beurteilung auf den **1. Platz** setzen?

Probe Nr.: ________

Abb. 1 Muster eines Bewertungsblattes

Eignungsprofil

Ein Eignungsprofil zeigt auf einen Blick, wo die Schwerpunkte eines Rezeptes liegen.

- Wie hoch liegen die Materialkosten, der Arbeitsaufwand?
- Kann im Voraus produziert werden, z. B. für Empfänge, Tagungen?
- Kann die Zubereitung transportiert werden?
- Wie gut kann die Zubereitung aufwahrt werden?
- Welchen „Eindruck“ macht die Zubereitung, wie lässt sie sich präsentieren? („Einfach“ wie ein Nudelsalat oder „gehoben“ wie etwa Scampi auf gedünsteter Selleriescheibe)?

Abb. 1 Schinkencanapé

Abb. 2 Frischkäsehappen

Eignungsprofil für		Schinkencanapé	Frischkäsehappen
Kriterien	**Extremwert**	**Rangplatzskala 1–7**	**Extremwert**
Materialeinsatz	niedrig		hoch
Arbeitsaufwand	niedrig		hoch
Lagerung fertige Speise	gut möglich		schlecht möglich
Transportfähigkeit	unempfindlich		sehr empfindlich
Eignung für Veranstaltung	gut geeignet		schlecht geeignet
Präsentierbarkeit	gut		schlecht

Aufgaben

1 Suchen Sie zu jedem der angeführten Eigenschaftswörter eine passende Speise: zartrosa, hellrot, hellbraun, goldbraun, knusprig braun, cremig-weiß, goldgelb.

2 Nennen Sie zu jedem Eigenschaftswort eine Zubereitung: neue, geeist, al dente, knackig, körnig, cremig, knusprig, saftig, sämig, leicht.

3 Für eine einfach durchzuführende Degustation werden verschiedene Orangensäfte eingekauft, und es wird auch Saft selbst gepresst. Gehen Sie nach den Regeln bei der Verkostung vor und halten Sie die Ergebnisse fest.

4 Zusätzlich zu Aufgabe 4 werden die Ergebnisse unter Berücksichtigung der Preise diskutiert. Kann das Beste auch preislich vertreten werden? Welches Produkt ist unter Berücksichtigung des Preises unsere Wahl?

5 Fertigen Sie selbst Tomatensuppe, z. B. mehrere Rezepte aus Frischware, Tomaten aus der Dose, Tomatenmark und Produkte verschiedener Firmen.
a) Suchen Sie nach verkaufsfördernden Wendungen.
b) Führen Sie sachgerecht eine Degustation durch und halten Sie die Ergebnisse im Bewertungsbogen fest.
c) Versuchen Sie, ein Eignungsprofil zu erstellen, z. B. in einem Blatt Eigenfertigung und Suppe aus der Tüte eintragen (vgl. oben).

BERECHNUNGEN ZUR SPEISENPRODUKTION

1 Umrechnung von Rezepten

conversion of recipes *conversion (w) des recettes (w)*

Rezepte enthalten eine Auflistung der für eine Zubereitung erforderlichen Zutaten. Diese können bezogen sein auf

- **Rezeptmenge**, z. B. ergibt 12 Portionen,
- **Grundmenge eines Hauptrohstoffs**, z. B. eine Gans, eine Lammkeule.

Für die tägliche Produktion müssen die in den Rezepten genannten Mengen auf die Produktionsmengen umgerechnet werden.

Fachbegriffe

Herstellmenge oder Produktionsmenge	die Menge, die zu fertigen ist
Rezeptmenge	Mengen/Portionen, die das Rezept nennt
Umrechnungszahl oder Schlüsselzahl	das Vielfache oder Teil der Rezeptmenge im Verhältnis zur Produktionsmenge

1. Beispiel

Ein Rezept für Markklößchen ergibt 35 Portionen.

Wie lautet die Umrechnungszahl
a) für 100 Portionen,
b) für 20 Portionen?

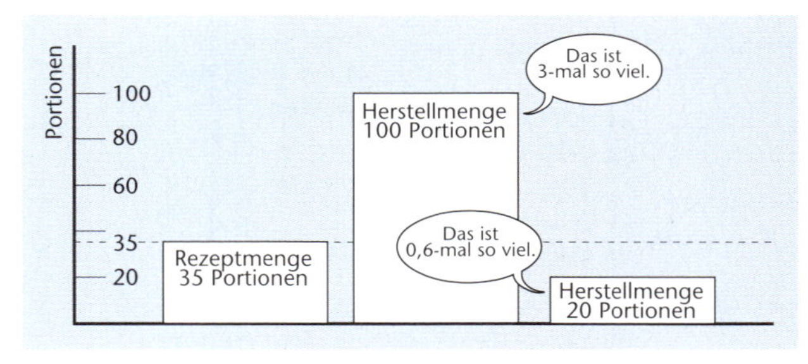

$$\textbf{Umrechnungszahl} = \frac{\text{Herstellmenge}}{\text{Rezeptmenge}} \qquad \text{z. B. } \frac{100}{35} \approx \mathbf{3} \qquad \frac{20}{35} \approx \mathbf{0{,}6}$$

2. Ein Rezept für 50 Grießklößchen lautet: 200 g Butter, 200 g Ei, 400 g Grieß, 4 EL Wasser, Salz.
  a) Ermitteln Sie die Umrechnungszahl für 150 Klößchen und rechnen Sie das Rezept um.
  b) Ermitteln Sie die Umrechnungszahl für 40 Klößchen und rechnen Sie das Rezept um.

3. Auf Seite 544 finden Sie ein Rezept für eine Brandmasse, aus der 35 Stück Windbeutel hergestellt werden können. Der Backofen kann bei einem Backvorgang 60 Windbeutel fassen.
Ermitteln Sie die Umrechnungszahl und rechnen Sie das Rezept entsprechend um.

4. Auf Seite 170 steht ein Rezept für Kartoffelsalat, das von 1 kg ungeschälten Kartoffeln ausgeht. Dieses soll auf ein Grundrezept von 10 Portionen je 250 g umgerechnet werden.
  a) Ermitteln Sie das Gesamtgewicht des Rezeptes aus den Hauptzutaten Kartoffeln (Schälverlust 20 %), Zwiebeln, Öl und Fleischbrühe.
  b) Berechnen Sie die Umrechnungszahl.
  c) Erstellen Sie das Rezept: Kartoffelsalat 10 Portionen.

5. Bei der Umrechnung eines Rezeptes erhält man als Ergebnis 3,4 Eier.
Welche Möglichkeiten ergeben sich?

2 Warenanforderung

ordering of goods commande (m) des marchandises (w)

Die Warenanforderung ist die schriftliche Grundlage für die Warenausgabe des Magazins z. B. an die Küche. In vielen Betrieben gilt: **Keine Ware ohne Beleg.**

Zur Warenanforderung fassen die einzelnen Posten den Bedarf für die vorgesehenen Zubereitungen zunächst in einer Tabelle zusammen und übertragen dann die Werte in die Warenanforderung.

Waren-anforderung — Abteilung: .... Datum: ....

Rezept / Lebensmittel	Bez. l, kg, St.	Bayer. Creme	Biskuit	Mürbeteig	Gesamt
Milch	l	1			1
Eier	St.	8	4	1	13
Zucker	kg	250	100	100	450
Sahne	l	1			1
Gelatine		16			16
Vanille	Schote	1			
Mehl					

Mürbeteig — *short pastry* / *la pâte brisée*

Grundrezept zum Ausrollen (ca. 600 g Teig)

300 g Mehl = 3 Teile
200 g Fett = 2 Teile
100 g Zucker = 1 Teil
1 Ei
Zitrone, Vanille, Salz

Bayerische Creme — *Bavarian Creme* / *crème bavaroise*

Grundrezept (30 bis 35 Port.)

1 l Milch
8 Eigelb
250 g Zucker
Vanilleschote
1 l Sahne
14–18 Blatt Gelatine

Biskuitmasse — *biscuit sponge* / *l'apparell à biscuit (m)*

Grundrezept (1 Boden, ∅ 26 cm)

200 g Ei
100 g Zucker
50 g Mehl
50 g Weizenstärke
Zitronenabgeriebenes

Hinweise:

Meist ist es günstiger, wenn die Zutaten senkrecht angeordnet und die Rezepte in Spalten angeordnet werden, denn die Anzahl der erforderlichen Zutaten ist meist höher als die an einem Tag anfallenden Zubereitungen.

Benutzt man ein Tabellenkalkulationsprogramm, z. B. Excel, übernimmt dieses die Rechenarbeit, ebenso wie die Warenwirtschaftssysteme.

Aufgaben

1. Fertigen Sie ein entsprechendes Tabellenblatt.
2. Tragen Sie den Bedarf für die oben abgebildeten Rezepte ein.
3. Bilden Sie die Summen in der Spalte Gesamt.
4. Für einen festlichen Nachmittagskaffee bieten wir 80-mal Windbeutel mit Sauerkirschen. Suchen Sie im Fachbuch die entsprechende Rezeptur und rechnen Sie um. Mit der Schlagsahne aus 1 Liter kann man 20 Windbeutel füllen. Erstellen Sie eine Warenanforderung.

3 Kostenberechnung bei Rezepten

cost calculation of recipes *calcul (m) des recettes*

Die Berechnung der Kosten einer Rezeptur dient als Grundlage für die spätere Kalkulation. Man spricht auch von Warenkosten oder Wareneinsatz.

1. Beispiel

Zu einem Mürbeteig verwendet man 2 kg Zucker zu 0,90 €/kg, 4 kg Butter zu 4,10 €/kg, 6 kg Mehl zu 0,60 €/kg und Gewürz für 0,60 €. Berechnen Sie die Kosten für 1 kg Mürbeteig.

Lösung

Menge	Ware	Einzelpreis	Preis der Ware
2,000 kg	Zucker	0,90 €	1,80 €
4,000 kg	Butter	4,10 €	16,40 €
6,000 kg	Mehl	0,60 €	3,60 €
–	Gewürze		0,60 €
12,000 kg	Teig kosten		22,40 €
1,000 kg	Teig kostet		1,87 €

Lösungshinweis

Den Preis für jede einzelne Ware erhält man, wenn die Menge mit dem Einzelpreis malgenommen wird.

Hier direkt einsetzen

Von Gesamt**menge** und Gesamt**preis** auf Preis für die Einheit schließen.

Antwort: 1 kg Mürbeteig kostet 1,87 €.

Anwendung des Taschenrechners mit M-Tasten

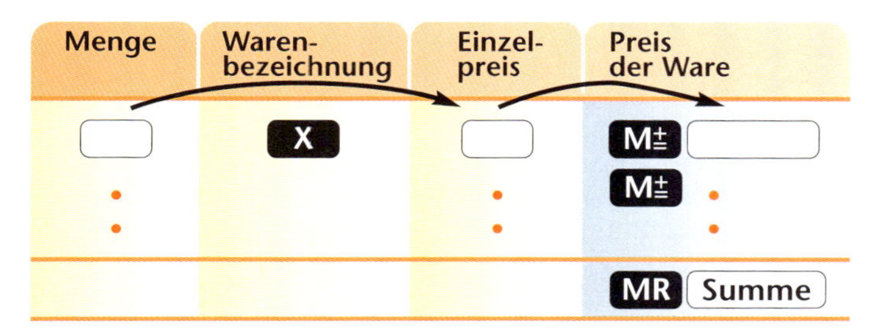

Achten Sie auf gleiche Größen, z. B. Gewicht in kg → Preis für 1 kg.

Taschenrechner-Hinweise

M-Tasten → M von **m**emory → **m**erken

TR mit M-Tasten führen Rechenvorgänge aus (hier Multiplikation) und speichern zugleich die Werte. Ein Vorteil, denn man muss die Zwischenergebnisse nicht nochmals für die Gesamtsumme eintippen.

M± Berechnung ausführen und addieren oder abziehen

MR **M**emory = Speicher, **R**ecall = Abruf. Die Summe aus dem Speicher wird angezeigt.

MC **M**emory **C**lear – löscht den Speicher

Rechner mit STO-Tasten bedienen ebenfalls Speicher; Abruf über RCL.

2. Für holländische Sauce für 15 Personen werden benötigt: 900 g Butter zu 4,10 €/kg, 12 Eigelb ($\frac{1}{2}$ Eipreis) je Ei 0,15 €, 100 g Schalotten zu 3,20 €/kg, 50 g Weinessig zu 1,80 €/*l* und Gewürze für 0,30 €.
Berechnen Sie die Kosten für eine Portion.

3. Für 15 gegrillte Tomaten benötigt man: 1 kg Tomaten zu 1,20 €/kg, 20 g Speiseöl zu 0,80 €/kg, 30 g Butter zu 3,90 €/kg und Gewürze für 0,20 €.
Berechnen Sie die Materialkosten für eine gegrillte Tomate.

Küche

4 Mengenberechnung bei Verlusten

🇬🇧 *quantity computation of waste*
🇫🇷 *calcul (m) de quantités en consideration (w) des pertes (m)*

Beim Vorbereiten von Lebensmitteln werden nicht genießbare und geringwertige Teile entfernt. Durch diese Verluste ist der verwertbare Anteil geringer als das Einkaufsgewicht. Dies muss bei der Materialanforderung berücksichtigt werden. Rechnerisch handelt es sich meist um eine Prozentrechnung, weil die zu berücksichtigenden Verluste in Prozenten genannt werden.

Sachlich werden unterschiedliche Begriffe nebeneinander gebraucht.

1. Beispiel

Aus 5,000 kg Kartoffeln bleiben nach dem Schälen 4,000 kg geschälte Ware.

Kartoffeln
5,000 kg
100 %

Verlust
1,000 kg
20 %

Geschälte
Kartoffeln
4,000 kg
80 %

Aus dieser einfachen Situation ergeben sich zwei Möglichkeiten der Fragestellung.
a) Wie viel kg beträgt der Schälverlust?
b) Wie viel Prozent beträgt der Schälverlust?

Kartoffeln	5,000 kg	= 100 %
Schälverlust	*1,000 kg*	= *20 %*
Geschälte Kartoffeln	4,000 kg	= 80 %

Wenn man den Sachverhalt so darstellt, erhält man eine klare Zuordnung der Werte und kann einfach auf die fehlenden Werte (kursiv) schließen.

2. Vom Einkauf zur vorbereiteten Ware

2.1 Bei Spargel rechnet man mit einem Schälverlust von 23 Prozent. Es wurden 12,300 kg Spargel eingekauft.
Wie viel kg geschälter Spargel sind zu erwarten?

2.2 Man bereitet 4,300 kg Rotkohl vor und rechnet für Außenblätter und Strunk mit einem Abfall von 22 Prozent.
Mit wie viel ganzen Portionen von 150 g Rohware kann man rechnen?

3. Von der vorbereiteten Ware zur Materialanforderung/Einkauf

3.1 Im Rahmen der Tageskarte wird *Gurkengemüse mit Dill* angeboten. Für Schalen und Kerne ist mit einem Abfall von 22 Prozent zu rechnen.
Wie viel kg Gurken sind für 30 Portionen à 160 g vorzubereiten?

3.2 Für *Schwarzwurzeln in Sahne* rechnet man je Portion 80 g geschälte Ware. Der Schälverlust wird mit 38 Prozent angenommen.
Wie viel kg frische Schwarzwurzeln sind für 45 Portionen einzukaufen?

4. Verluste in Prozent berechnen

4.1 Für einen Warenvergleich wurden 2,500 kg Champignons vorbereitet. Die geputzten Pilze wiegen 2,360 kg.
Wie viel Prozent beträgt der Verlust?

4.2 Aus 4,480 kg Rindfleisch wurden 21 Portionen zu je 160 g Bratengewicht erzielt.
Berechnen Sie den Bratverlust in Prozent.

4.3 Um die Saftausbeute bei frisch gepresstem Orangensaft zu erfahren, vergleicht man: 2,800 kg Orangen ergeben 0,910 kg Orangensaft.
Berechnen Sie die Saftausbeute in Prozent.

5 Kostenberechnung bei Verlusten

amount calculating of waste *calcul (m) des coûts en consideration (w) de pertes (w)*

Wenn beim Vorbereiten oder Zubereiten von Rohstoffen Verluste entstehen, wird das Produkt entsprechend teurer. Der Einkaufspreis muss auf das Produkt umgelegt werden.

1. Beispiel

Man kauft 5 kg einer Ware zu 1,00 €/kg und erhält daraus 4 kg vorbereitete Ware. Wie viel € sind für 1 kg vorbereitete Ware zu berechnen?

Einkauf
5 kg je 1,00 € = 5,00 €

1
2
3
4
5

5 × 1,00 € = 5,00 €

5,00 € : 4 = 1,25 €

Vorbereitet
5,00 € : 4 = 1,25 €/kg

1
2
3
4

Der Küchenchef

Wenn ich von 5 kg einer Ware nur 4 kg vorbereitete Ware erhalte, dann müssen diese 4 kg auch die Kosten von den gesamten 5 kg tragen. Ich muss also die gesamten Kosten beim Einkauf auf die vorbereitete Ware verteilen.

2. Für einen Preisvergleich schälte man 5,000 kg Kartoffeln zu 1,20 € je kg und erhielt daraus 3,800 kg geschälte Ware.
   Wie viel € sind für 1 kg geschälte Kartoffeln zu veranschlagen?

3. Kartoffeln werden für 0,80 € je kg angeboten. Man rechnet mit einem Schälverlust von 22 %. Berechnen Sie den Preis für 1 kg geschälte Kartoffeln.

4. Bei frischen Steinpilzen guter Qualität rechnet man mit einem Vorbereitungsverlust von 15 Prozent. Ein kg Steinpilze wird für 18,00 € angeboten.
   Wie viel € sind für ein kg geputzte Steinpilze zu veranschlagen?

5. Eine Dose mit 850 Gramm Inhalt enthält 550 Gramm abgetropfte Ware und kostet 0,80 €. Für eine Beilage rechnet man 120 Gramm. Berechnen Sie die Kosten für eine Portion.

6. Man kaufte 5,200 gefrostetes Rindfleisch zu 8,20 €/kg. Nach dem Auftauen wog das Fleisch 4,850 kg.
   Berechnen Sie den Preis für 1 kg aufgetautes Rindfleisch.

7. Schweinefleisch zum Braten kostet je kg 5,90 €. Für eine tischfertige Portion rechnet man 160 Gramm Braten.
   Wie viel € sind bei einem Bratverlust von 20 % dafür zu berechnen?

8. Spargel soll in Portionen mit 250 Gramm gekochtem Spargel angeboten werden. Man rechnet mit einem Schälverlust von 30 %.
   Wie viel € Materialkosten sind für eine Portion zu rechnen?

9. Für Obstsalat von frischen Früchten schneiden wir Orangenfilets. Man rechnet mit einem Verlust von 55 Prozent. Wie viel € sind für 1 kg vorbereitete Orangenfilets zu berechnen, wenn 1 kg Orangen im Einkauf 3,80 € kostet?

Das hilft beim Schätzen!

Beim Vorbereiten ist

- **das Gewicht der vorbereiteten Ware immer geringer** als im Einkauf, denn man entfernt Geringwertiges,
- **der kg-Preis** der vorbereiteten Ware **immer höher**, denn es verbleibt Höherwertiges.

6 Rezeptverwaltungs-Software

administrative software for recipes *le logiciel (m) administratif de recette*

Auf der CD zu diesem Buch ist auch eine Rezepte-Software mit Rezepten des Buches enthalten.

Die Software berechnet Nährwerte auf Grundlage einer Nährwerttabelle. Damit können Sie

- Rezepte des Buches ansehen und drucken,
- eigene Rezepte erstellen und verwalten.

Nährwerte werden angezeigt, die Anzahl der Portionen kann automatisch umgerechnet werden. Buchrezepte können Sie nicht verändern.

Die Software wird regelmäßig überprüft und wenn notwendig überarbeitet. Über den Menüpunkt **„Info und Support"** gelangen Sie direkt zu unserer Internet-Seite mit

- erweiterten Anleitungen,
- aktuellen und zusätzlichen Informationen,
- Hilfestellungen zu Fragen und Problemen,
- Formular für den Kontakt direkt zu uns,
- Ergänzungen und Updates zum Download.

Rezepte des Buches

Die **Rezeptübersicht** bietet Ihnen die Möglichkeit, Rezepte zu suchen und anzusehen.

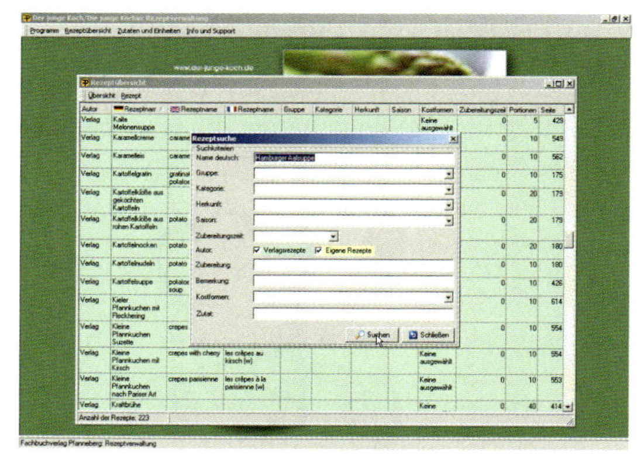

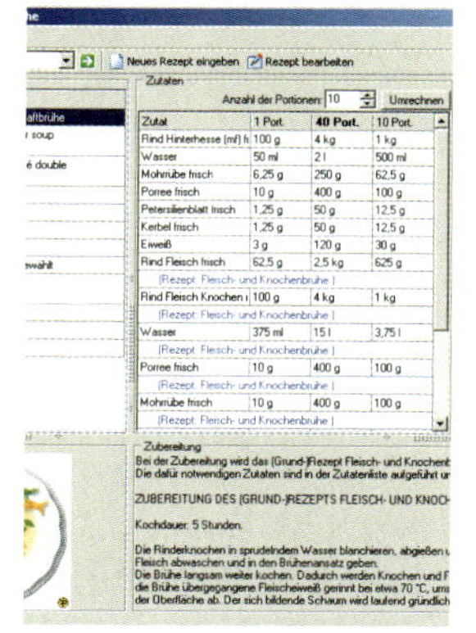

In der **Rezeptansicht** können Sie Portionsmengen umrechnen und drucken.

Tipp: Immer, wenn Sie in der Software eine tabellarische Darstellung sehen, können Sie sich über einen Klick im Tabellenkopf die Anzeige nach einzelnen Feldern sortieren lassen.

Eigene Rezepte

Auch hier ist die **Rezeptübersicht** der Startpunkt.

- Buchrezepte kopieren und verändern: Sie suchen ein Rezept aus und klicken auf **„Rezept ansehen"**. In der Rezeptansicht klicken Sie auf **„Rezept speichern unter ..."** und vergeben einen neuen Namen.
- Sie erstellen über **„Rezept neu"** ein eigenes.

Bei den Hauptangaben sollten Sie zumindest den Namen und die Anzahl der Portionen ausfüllen.

Bilder können im jpg-Format integriert werden. **Tipp:** Die Dateigröße der Bilder klein halten.

Zutaten

Damit die Nährwertberechnung korrekt erfolgt, suchen Sie aus den vorgegebenen Zutaten des linken Fensters aus und stellen Sie sie im rechten Zutaten-Fenster zusammen.

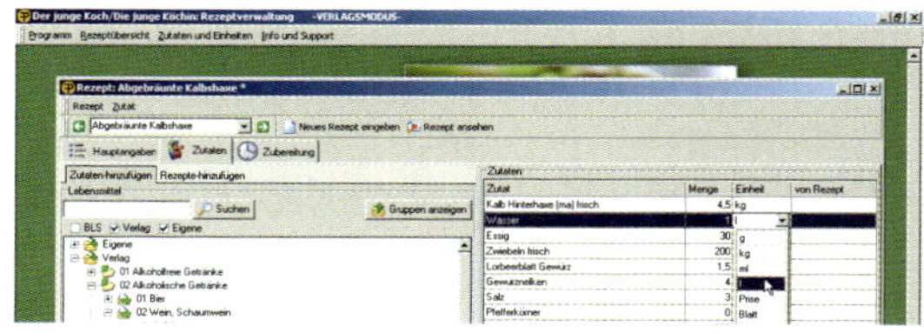

Normalerweise sollten Sie benötigte Zutaten unter „Verlag" finden. Vermissen Sie eine Ihnen wichtige Zutat, können Sie sie entweder in der Nährwerttabelle „BLS" suchen oder eine eigene Zutat neu anlegen.

Tipp: Sie können auch komplette (Grund-) Rezepte, die bereits vorhanden sind, in das neue Rezept übernehmen (Rezepte hinzufügen). Für die Übernahme sollten Sie wissen, für wie viele Portionen das Grundrezept berechnet ist. Wollen Sie das gesamte Rezept übernehmen, geben Sie diese Anzahl an, sonst lassen Sie auf eine andere Portionsanzahl umrechnen.

Zubereitung

Tipp: Im linken Zutaten-Fenster können Sie die Reihenfolge der Zutaten für den Ausdruck bestimmen.

Im rechten Fenster geben Sie den Text ein (oder kopieren ihn über die Zwischenablage).

Zutaten neu anlegen

Wenn Sie eigene Zutaten anlegen, sollten Sie auch die Nährwerte wissen und eintragen, sonst kann die Nährwertberechnung nicht korrekt erfolgen.

ZUBEREITEN EINFACHER SPEISEN

1 Speisen von Gemüse
vegetable dishes *plats (m) de légumes (m)*

Innerhalb der Ernährung hat das Gemüse die Aufgabe, dem Körper ausreichend Vitamine, Mineralstoffe und Ballaststoffe zuzuführen.

Folglich gilt es, bei der Vor- und Zubereitung von Gemüsen die Verluste an Vitaminen und Mineralstoffen so gering wie möglich zu halten.

Wirkstoffe gehen hauptsächlich verloren durch:

- **Auslaugen** → waschen
  → wässern
  → kochen
- **Lufteinwirkung** → lagern
- **Lichteinwirkung** → lagern
- **Wärmeeinwirkung** → bereithalten

Wirkstoffe bleiben besser erhalten, wenn man Folgendes beachtet:

- Gemüse kühl und dunkel aufbewahren.
- Wann immer möglich, bereits vor dem Zerkleinern waschen.
- Geputzte Gemüse nicht im Wasser liegen lassen, sondern feucht abdecken.
- Blanchieren nur, wenn unbedingt erforderlich.
- Falls das Gemüse nach dem Blanchieren nicht sofort weiterverwendet wird, rasch abkühlen, möglichst mit Eiswasser.

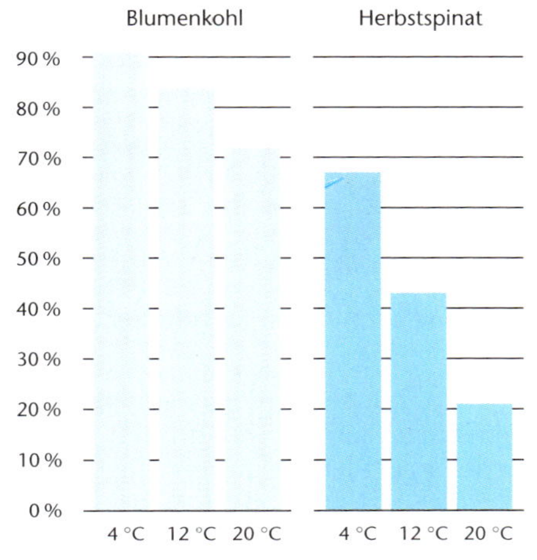

Abb. 1 Vitaminerhaltung bei unterschiedlichen Lagertemperaturen

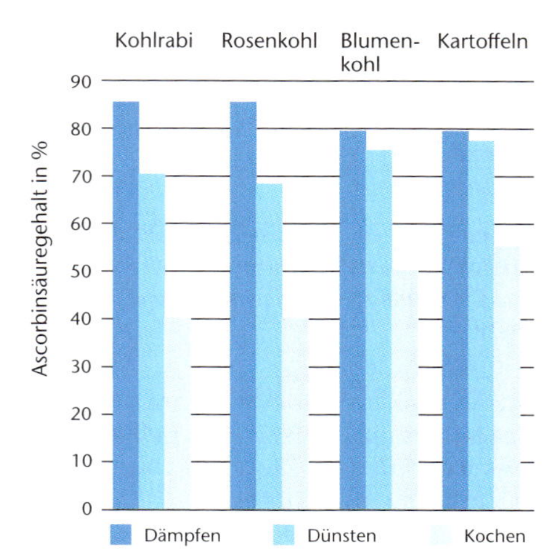

Abb. 2 Vitaminerhaltung beim Garen

- Dünsten und Dämpfen bevorzugen, denn beim Kochen entstehen die größten Verluste.
- Zum Kochen Gemüse in sprudelnd kochendes Wasser geben.
- In kleineren Mengen nach und nach garen oder wiedererwärmen, denn Warmhalten (z. B. im Bain-Marie) zerstört Vitamine.
- Einweichwasser von Hülsenfrüchten mitverwenden, weil es Nährstoffe in gelöster Form enthält.
- Viele Gemüse lassen sich auch roh zu Frischkost und Salaten verarbeiten und abwechslungsreich zubereiten.

1.1 Schnittarten bei Gemüse
cutting of vegetables
couper des légumes (m)

Die unterschiedlichen Schnittformen werden von der Gemüseart und der vorgesehenen Verwendung bestimmt.

Feine Gemüsestreifen (Julienne)

Karotten und Sellerie zunächst in dünne Scheiben schneiden. Diese sowie Lauchstücke dann in feine Streifen schneiden. Julienne sind etwa 3 bis 4 cm lang.

Abb. 1 Julienne

Für Suppeneinlagen werden auch zarte Wirsingblätter und Spinat zu Julienne geschnitten verwendet. Die dicken Blattrippen sind zuvor zu entfernen.

Feine Gemüsewürfel (Brunoise)

Möhren, Rüben und Sellerie in Scheiben schneiden oder hobeln. Die Dicke der Scheiben bestimmt die Größe der Würfel.

Mit dem Messer die Scheiben in Streifen und diese dann in Würfel schneiden.

Abb. 2 Brunoise

Vom Lauch wird hauptsächlich der helle Teil verwendet. Außen- und Innenblätter werden getrennt verarbeitet, um gleichmäßige Streifen zu erhalten. Die Breite der Lauchstreifen ergibt die Größe der Vierecke.

„Nach Bauernart" (Paysanne)

Die Bauern zerkleinern das Gemüse auf einfache Art. Für Suppe schneiden sie es blättrig.

In vierkantige Stäbe von 1 bis 1,5 cm Breite teilen und diese in 1 bis 2 mm dicke Blättchen schneiden. Lauch, Wirsingkohl und Zwiebeln in Quadrate gleicher Größe schneiden. Die Gemüseblättchen können durch Kartoffelblättchen ergänzt werden.

Abb. 3 Paysanne

Gemüsestäbe (Bâtonnets de légumes)

Die geputzten Gemüse, z. B. Möhren, Sellerie, Kartoffeln, Kohlrabi, Gurken oder Zucchini, werden zunächst in dicke Scheiben geschnitten und diese dann in Stäbe.

Abb. 4 Gemüsestäbe von Kohlrabi

Das **Buntmesser** gibt gegarten Gemüsen z. B. für Salate ein ansprechendes Aussehen.

Abb. 5 Schneiden mit dem Buntmesser

In der feinen Küche werden Gemüse in viele unterschiedliche Formen geschnitten. Mit diesen möchte man den Gemüsen ein besonders gleichmäßiges und dekoratives Aussehen verleihen.

Messer und entsprechende Arbeitsweisen siehe S. 100 und 116.

Abb. 1 Tournierte Gemüse

Schnittform	Gemüse
Tournieren	Karotten, Sellerie, weiße Rübchen, Zucchini, Gurke, Kürbis, Kartoffeln
Perlen, Kugeln	Karotten, Sellerie, weiße Rübchen, Zucchini, Kürbis, Gurke, Kohlrabi
Löffel	Fenchel, Kürbis

Abb. 2 Gemüseperlen und Fenchel-Löffel

Schnittarten bei Zwiebeln

Schneiden zu Ringen

Die geschälte ganze Zwiebel nach Entfernen des Lauchansatzes quer in gleichmäßige Scheiben schneiden.

Die Ringe werden durch die einzelnen Schalen (Blätter) gebildet, die sich leicht auseinanderdrücken lassen. Zum rohen Verzehr 1 mm, zum Frittieren 2 mm dick schneiden.

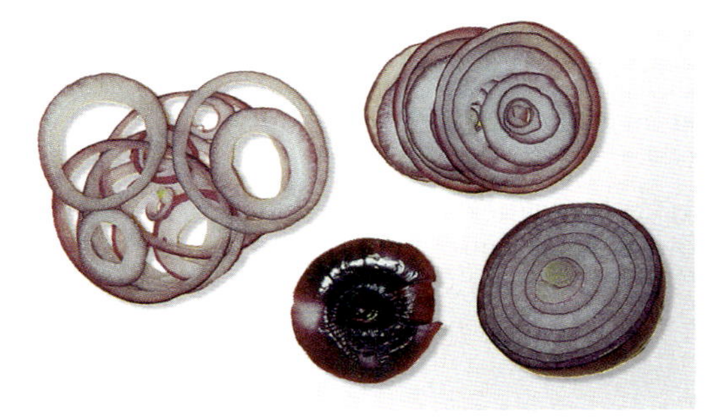

Abb. 3 Zwiebelringe

Schneiden in Würfel

Zwiebeln schälen, längs halbieren und den Lauchansatz entfernen. Die Schnitte so führen, dass sie vor der Zwiebelwurzel enden.

Dadurch hält die Zwiebel zusammen und lässt sich durch senkrechte und quer geführte Schnitte in Würfel schneiden. Der Abstand der Einschnitte bestimmt die Größe der Würfel.

Abb. 4 Zwiebelwürfel

Schneiden zu Blättchen

Zwiebeln schälen, längs halbieren, Lauchansatz abschneiden und die kleine Blattschicht aus der Mitte der Schnittflächen entfernen. Längsschnitte strahlenartig, also zur Zwiebelmitte hin, in gewünschtem Abstand so führen, dass sie vor der Zwiebelwurzel enden.

Mit senkrechten Querschnitten entsprechend breite Zwiebelteile abschneiden. Beim Auflockern fallen die Teile in Blätter auseinander.

Abb. 5 Zwiebelblättchen

1.2 Vor- und Zubereitung

preparation and cooking of vegetables
préparation des légumes

Vorbereitete Gemüse, die nicht gleich weiterverarbeitet werden, sind flach zu lagern, feucht abzudecken und kühl aufzubewahren. Die Zerkleinerung erfolgt erst unmittelbar vor der Zubereitung.

Bei der Zubereitung von Gemüse gilt es, das Garverfahren zu wählen, das

- die Nährstoffe möglichst erhält,
- dem Eigengeschmack der Gemüse gerecht wird,
- die Inhaltsstoffe für die Verdauung entsprechend aufschließt,
- die Verwendung innerhalb der Speisenfolge berücksichtigt.

Grundzubereitungsarten

Gemüse werden am häufigsten durch feuchte Garverfahren zubereitet, weil diese den Eigengeschmack schonen. Nur für spezielle Zubereitungen wendet man kombinierte oder trockene Garverfahren an.

Übersicht

Kochen, Dämpfen Blanchieren	Dünsten	Schmoren	Frittieren
Wasser oder Dampf übertragen Wärme.	Garen unter Beigabe von Fett und geringer Menge Flüssigkeit.	Garen zunächst in Fett, dann unter Zugabe von Flüssigkeit.	Garen im Öl- oder Fettbad. Wärmeüberträger ist Fett.
Beim Dämpfen geringste Auslaugverluste. Geschmack und Farbe bleiben weitgehend erhalten.	Keine Auslaugverluste. Geschmack wird durch Fett abgerundet.	Geschmacksvarianten durch Bildung von Röststoffen.	Geschmacksaufwertung durch Backkrustenbildung. Verwendung entsprechend der Struktur.
Beispiele: Artischocken, Blumenkohl, Spargel, Rote Bete, Bohnen, Spinat, Rosenkohl, Lauch, Grünkohl, Schwarzwurzeln, Speiserüben.	**Beispiele:** Beinahe alle Gemüsearten, ausgenommen ganze Blumenkohlköpfe, Spargel gebündelt, Artischocken, Rote Bete, ganze Sellerieknollen.	**Beispiele:** Auberginen, Zucchini, Zwiebeln, Gurken, Fenchel, Gemüsepaprika, Weißkohl, Wirsing (auch gefüllt).	**Beispiele:** roh: Auberginen, Zucchinischeiben, Champignons, Tomatenstücke. vorgekocht: Blumenkohlröschen, Schwarzwurzelstücke, Spargelstücke, Artischockenböden, Selleriescheiben.

Gegartes Gemüse wird rechtzeitig über einem Durchschlag abgegossen. Bei der Bestimmung des Garpunktes ist zu beachten, wie das Gemüse bis zur Weiterverwendung aufbewahrt wird.

- **Blumenkohl**, **Spargel** und **Artischocken**, **Knollensellerie** und **Rote Bete** bleiben bis zur Weiterverwendung in der heißen Flüssigkeit und garen nach. Im Zweifelsfall kann durch Zugabe von kaltem Wasser oder Eisstücken ein Übergaren vermieden werden.
- **Andere Gemüsearten** sind in einen Durchschlag abzugießen und sofort mit Eiswasser zu kühlen. Beim späteren Fertigstellen erreichen sie ihren Garpunkt. Spinat ist nur ganz leicht auszudrücken.

  Gemüse, die erst später verarbeitet werden, legt man flach in Behältnisse, deckt sie feucht zu und stellt sie kühl.
- **Zarte Gemüse** dürfen nicht in großen Mengen gekocht werden. Man gart sie in mehreren Teilmengen nacheinander. Denn je größer die Kochmenge, desto länger die Dauer der Hitzeeinwirkung; diese schadet den Inhalts- und Geschmacksstoffen.
- **Garflüssigkeiten** sollten nach Möglichkeit weiterverwendet werden, z. B. zu entsprechenden Suppen oder zu Buttersaucen, die zu Spargel und Blumenkohl gereicht werden können.

Gemüse ist gar, wenn es noch knackig ist, einen „Biss" hat. Übergartes Gemüse verliert nicht nur an Wirkstoffen, es ist auch im Genusswert geringer.

Artischocken

artichokes *artichauts (m)*

Stiel dicht unter dem Blütenkopf abbrechen. Gleichzeitig die in den Artischockenboden reichenden Fasern des Stieles mit herausziehen. Die Artischocke waschen, von der Blattspitze werden etwa 4 cm abgeschnitten (Abb. 1).

Die äußere Blattreihe entfernen und die verbleibenden Blätter mit einer Schere stutzen. Boden zuschneiden und sofort mit Zitrone einreiben, da die Schnittflächen schnell braun werden (Abb. 2). Enzyme in der Artischocke bewirken in Verbindung mit Luft diese Farbveränderung. Deshalb legt man sie bis zur Weiterverarbeitung in Zitronenwasser, kocht sie aber gleich nach dem Herrichten.

Auf das Festbinden einer Zitronenscheibe am Artischockenboden sollte man verzichten, denn die intensive Säure beeinträchtigt den feinen Geschmack.

Artischockenböden

artichoke bottoms

fonds (m) d'artichauts

Artischocken bearbeiten wie oben. Alle starken Blätter abbrechen, den nun sichtbaren Boden über dem Ansatz der zarten Mittelblätter abschneiden. Holzige Teile an der Bodenwölbung und die verbliebenen Staubgefäße (Heu) in der Bodenvertiefung entfernen (Abb. 3). Boden gegen Verfärben in mit Zitronensaft gesäuertes Wasser legen.

Böden blanchieren, in vorbereiteten Dünstfond legen und garen. In ausgebuttertem Geschirr einordnen.

Mit gekochten Brokkoliröschen belegen, mit Mornaysauce überziehen, mit Parmesan bestreuen, mit flüssiger Butter beträufeln und überbacken.

Auberginen

eggplants *aubergines (w)*

Waschen, Stielansatz entfernen. Evtl. Schale mit Sparschäler abnehmen. Fruchtkörper der Verwendung entsprechend in Stücke oder Scheiben teilen.

Dünsten in Öl oder Butter.

Zum **Braten** Scheiben von 1 cm Dicke salzen, Wasser ziehen lassen, abtupfen und in Öl goldgelb braten.

Gefüllte Auberginen siehe Zucchini Seite 157.

Abb. 1 Entstielen und Zuschneiden

Abb. 2 Weitere Vorbereitungsschritte

Abb. 3 Entfernen der Staubgefäße (Heu)

Blumenkohl

cauliflower *chou-fleur (m)*

Strunk mit Hüllblättern zurückschneiden. Bei Freilandware Köpfe wegen möglicherweise eingenistetem Ungeziefer 10 Minuten in Salzwasser legen. Vor Zubereitung dicken Strunkteil über Kreuz einschneiden, um gleichmäßiges Garen des ganzen Kopfes zu erreichen.

Eine andere Methode: Röschen vom Strunk abbrechen oder abschneiden, diese dann gründlich waschen und ebenfalls, nur nicht so lange, in Salzwasser legen.

Blumenkohl kochen, abtropfen, **gratinieren** oder auf **englische Art** mit Butter (Seite 158/159) und gehacktem Ei.

Brokkoli

broccoli *brocoli (m)*

Hüllblätter entfernen. Röschen vom dicken Strunk abschneiden. Behutsam, doch gründlich waschen.

In Salzwasser kochen. Mandelblättchen in Butter rösten, auf die Röschen geben.

Chicorée

belgian endive *endive (w)*

Äußere unschöne Blätter abnehmen. Strunk, der die meisten Bitterstoffe enthält, mit spitzem Messer aushöhlen. Danach Chicorée waschen.

Ist der Chicorée etwas bitter, so kann er auch in geschnittenem Zustand gewaschen werden, damit die Bitterstoffe ausgelaugt werden.

Für geschmorten Chicorée das Gemüse längs halbieren, blanchieren und auf einem Gitter abtropfen.

In einem Topf Zwiebel- und Speckwürfel anschwitzen, Chicorée mit Speckscheiben oder rohem Schinken umhüllen, einsetzen, mit Demi glace halb hoch angießen und zugedeckt im Rohr schmoren.

Abb. 1 Geschmorter Chicorée

Erbsen

green peas *petits pois (m)*

Enthülsen und waschen. Bald kochen, denn rohe Erbsen verlieren an der Luft Farbe und Geschmack.

Anschließend in Butter sautieren.

Fenchel

fennel *fenouil (m)*

Stiele an der Knollenbildung abtrennen. Dillähnliche, fadendünne Blätter zu späterer Beigabe aufheben. Wurzelende glattschneiden, Verfärbungen an den Knollen entfernen. Gründlich waschen, Erdunreinheiten zwischen den Blattscheiden ausspülen.

Von der Knolle die löffelförmigen Einzelblätter abbrechen und kochen oder bei halbiertem Fenchel Strunk entfernen und in Streifen schneiden.

Fenchelstreifen dünsten.

Fenchellöffel können verschiedenartig gefüllt werden.

Geschmorten Fenchel zubereiten wie Chicorée.

Frühlingszwiebeln

scallions *ciboules (m)*

Zu lange, grüne Blattröhren und Wurzeln abschneiden. Äußere Blatthülle entfernen, Zwiebeln unter fließendem Wasser waschen, dabei gründlich in die Blattröhren brausen.

Den weißen Anteil, ca. 5 bis 7 cm, kurz blanchieren und in Butter sautieren.

Grünkohl

kale, green cabbage *chou vert (m)*

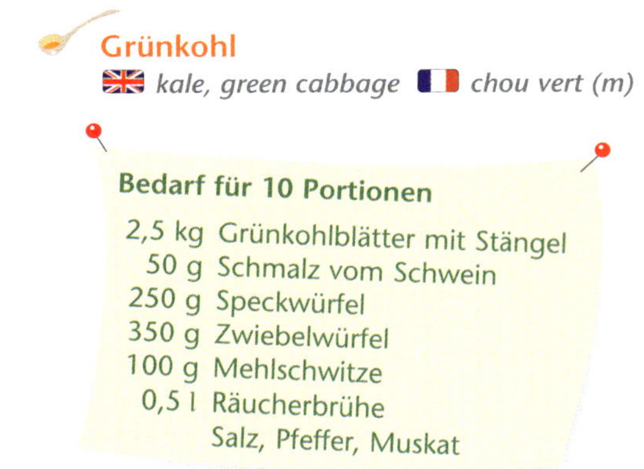

Bedarf für 10 Portionen

2,5 kg	Grünkohlblätter mit Stängel
50 g	Schmalz vom Schwein
250 g	Speckwürfel
350 g	Zwiebelwürfel
100 g	Mehlschwitze
0,5 l	Räucherbrühe
	Salz, Pfeffer, Muskat

Bei diesem typischen Saisongemüse werden die einzelnen krausen Blätter zunächst gewaschen und dann mit den Fingern von der Mittelrippe gestreift oder keilförmig abgeschnitten.

- Die gewaschenen Grünkohlblätter in Salzwasser blanchieren und sofort in Eiswasser abkühlen.
- Nach dem Abtropfen die Blätter grob hacken.
- Speckwürfel in Schmalz glasig schwitzen und Zwiebelwürfel zugeben.
- Grünkohlstängel mit anschwitzen, mit Brühe auffüllen und ca. 1 Std. zugedeckt im heißen Rohr schmoren lassen. Falls nötig zusätzlich Brühe nachgießen.
- Kalte Mehlschwitze mit heißem Grünkohl-Schmorfond vermischen und aufkochen.
- Grünkohlblätter zugeben, nochmals gut aufkochen und abschmecken.

Grüne Bohnen

🇬🇧 *string beans* 🇫🇷 *haricots (m) verts*

Stielansatz und spitzes Ende abnehmen (abspitzen), evtl. Fäden gleich mit abziehen. Danach waschen und entsprechend Art und Größe brechen oder schneiden; kleine, dünne Sorten (Prinzessbohnen) bleiben ganz.

Kochen, in Eiswasser abschrecken, abschütten und in Butter sautieren.

Gekochte Bohnen mit Frühstücksspeck bündeln und dünsten.

Gurken

🇬🇧 *cucumbers* 🇫🇷 *concombres (m)*

Für warme Gerichte nach dem Waschen mit Sparschäler Schale abnehmen. Bei Freilandgurken Enden abschneiden, kosten, ob Bitterstoffe enthalten sind. Gurken längs teilen, Kerne entfernen und in die zum Garen vorgesehenen Stücke schneiden.

Gurkenstücke in wenig Flüssigkeit dünsten.

Für **gefüllte Gurken** die beiden Enden abschneiden; längs halbieren oder in Walzen schneiden, Kernmasse entnehmen.

Mit Kalbsfarce füllen und in ein gebuttertes Geschirr legen, mit Alu-Folie bedecken und garen.

Kaiserschote (Zuckerschote)

🇬🇧 *snow peas* 🇫🇷 *pois mange-tout (m)*

Diese Erbsenschote hat eine abgeflachte Hülse, die besonders zart ohne die pergamentartige Innenhaut ist. Den Stielansatz abschneiden, evtl. vorhandene Fäden ziehen, die Schoten gründlich waschen.

Kochen, in Eiswasser abschrecken, abschütten und in Butter sautieren.

Abb. 1 Gemüseplatte

Karotten/Möhren

🇬🇧 *carrots* 🇫🇷 *carottes (w)*

Bei jungen, kugelförmigen Karotten Kraut und Wurzeln abschneiden, kalt waschen, sofort in stark kochendes Salzwasser schütten, 2 Minuten blanchieren. Karotten abschütten, Hautteilchen unter fließendem Wasser rasch abspülen, oder:

Bei walzenförmigen Möhren die äußere Schicht abschaben oder mit einem Sparschäler schälen, rasch abspülen, ganz lassen oder in entsprechende Stücke teilen.

Für **glasierte Karotten** in Stifte oder Scheiben schneiden, in Butter kurz angehen lassen, mit wenig Flüssigkeit auffüllen, Zucker zugeben, entstandenen Fond sirupartig einkochen und Karotten darin schwenken.

Kohlrabi

🇬🇧 *kohlrabi* 🇫🇷 *chou-rave (m)*

Blätter von den Knollen nehmen. Zarte Blätter auslesen, entstielen und zur Weiterverwendung aufheben. Knollen vom Wurzelende zur Blattseite hin schälen, holzige Stellen abschneiden. Kohlrabi abspülen, in Stäbe oder Scheiben schneiden. Für Scheiben große Knollen zuvor halbieren oder vierteln.

In Salzwasser kochen und mit etwas Butter sautieren oder mit etwas Bechamelsauce oder etwas Sahne binden.

Für **gefüllte Kohlrabi** je nach Größe Kappe abschneiden oder quer halbieren, aushöhlen. Füllen mit einer Mischung aus Fleischfarce und angeschwitztem Gemüse. In eine gebutterte Form setzen, mit Brühe untergießen und zugedeckt dünsten.

Lauch/Porree

🇬🇧 *butterhead leek* 🇫🇷 *poireau (m)*

Grüne Blattscheiden und Wurzeln abnehmen. Äußere Blatthülle entfernen. Pflanze längs durchschneiden. Hälften unter fließendem Wasser waschen. Wurzelenden schräg nach oben halten, damit der zwischen den Blattlagen haftende Sand wegschwemmen kann.

Für **Lauch in Rahm** in fingerbreite Stücke schneiden, kurz dünsten und mit Bechamelsauce und Sahne abbinden.

Mangold/Stielmangold

🇬🇧 *swiss chard* 🇫🇷 *bette (w)*

Schnittmangold wird wie Spinat vorbereitet.

Der Stielmangold wird ganz gewaschen, der Stiel dann keilförmig aus dem Blatt herausgeschnitten, beide Teile werden gesondert verwendet. Der Stiel wird vor der Zubereitung noch in fingerbreite Stücke oder in noch dünnere Streifen geschnitten.

Ganze Mangoldblätter blanchieren und mit Hackfleischmischung oder Fischfarce füllen und garen.

Paprikaschoten

🇬🇧 *bell peppers* 🇫🇷 *piments (m) doux*

Waschen, Stiel mit daran befindlichem Samenstempel und Scheidewände herausschneiden. Früchte ausspülen und im Ganzen oder zerkleinert weiterverarbeiten. Zum Füllen eignen sich grüne, bauchige Früchte mit dicker Fruchtwand. Tomatenpaprika verliert beim Kochen sein Aroma, weshalb man ihn nur roh für Salate verwenden sollte.

Für **gefüllte Paprika** gleich große und gleichförmige Schoten auswählen. Waschen, Stielseite quer als „Deckel" abschneiden.

Samenstempel und Scheidewände aus der Frucht nehmen. Schoten in ein ausgefettetes Geschirr stellen.

Hackfleisch, vorgegarten Reis, angeschwitzte Zwiebelwürfel, Salz und Pfeffer vermengen. In die Schoten füllen und die „Deckel" daraufdrücken.

Rinderbrühe, Demiglace oder Tomatensauce bis zu halber Höhe der gefüllten Schoten angießen. Mit Alu-Folie bedecken und im Ofen schmoren.

Abb. 1 Paprika gefüllt

Rosenkohl

🇬🇧 *brussels sprouts* 🇫🇷 *choux de Bruxelles (m)*

Beschädigte oder welke Blättchen abbrechen. Braune Endfläche des Strunks entfernen, jedoch nicht zu stark kürzen, sonst fallen beim Zubereiten zu viele Blättchen ab. Strünke über Kreuz einschneiden, damit Strünke und Blätter gleichmäßig garen.

Eine andere Methode:

Die Rosenkohlköpfchen in einzelne Blätter zerpflücken und diese dann waschen.

Rosenkohl in Salzwasser garen, in Eiswasser abschrecken, in Butter mit Zwiebeln und Speckwürfeln sautieren.

Rote Rüben/Rote Bete

🇬🇧 *beets* 🇫🇷 *betteraves (w) rouges*

Blattwerk so weit abdrehen, dass der Stielansatz an der Rübe bleibt, Wurzelende nicht entfernen. Bei verletzter Außenhaut tritt der Farbstoff in das Kochwasser und das Innere bleicht aus. Rüben einweichen, mit einer Bürste reinigen, danach kochen. Gegarte Rüben abgießen, kalt überbrausen und die Haut mit den Händen abstreifen. Knollen zur gewünschten Form schneiden (Scheiben, Würfel, Stäbchen).

Neben der hauptsächlichen Verwendung als Salat kann die vorgekochte rote Rübe auch in Butter sautiert werden.

Rotkohl/Rotkraut/Blaukraut

🇬🇧 *red cabbage* 🇫🇷 *chou rouge (m)*

Bedarf für 10 Portionen

90 g	Schmalz	10 g	Salz
130 g	Zwiebelstreifen	20 g	Zucker
1 kg	Rotkraut	0,2 l	Brühe
150 g	Apfelschnitze	3 EL	Essig

1 Gewürzbeutel (Lorbeerblatt, Nelke, zerdrückte Pfefferkörner, Zimtrinde)

Abschmecken mit Johannisbeergelee, Zitronensaft

Unbrauchbare Außenblätter entfernen. Köpfe von der Strunkseite aus vierteln. Strunkanteile an den Kohlvierteln abschneiden, starke Blattrippen zurückschneiden oder ganz entfernen. Kohlviertel abspülen und in feine Streifen schneiden oder hobeln.

- Fett zerlassen, Zwiebeln darin farblos anschwitzen.
- In Streifen geschnittenes Rotkraut beifügen, durchrühren, kurze Zeit erhitzen.
- Zucker, Salz, Apfelschnitze, Essig sowie Wasser beifügen,
- alles gut vermengen.
- Gewürzbeutel in das Kraut stecken, Geschirr zudecken und den Inhalt bei mäßiger Hitze gar dünsten.
- Während des Garens das Gemüse öfter durchrühren.
- Es muss immer ein wenig Flüssigkeit vorhanden sein, damit das Gemüse nicht anbrennt.
- Am Ende der Garzeit die sichtbare Flüssigkeit entweder einkochen oder leicht binden mit angerührter Stärke oder durch rechtzeitige Beigabe von fein geriebenen Kartoffeln.
- Gewürzbeutel entfernen und das Rotkraut mit Johannisbeergelee und Zitronensaft abschmecken.

Schwarzwurzeln

black salsify *salsifis (m)*

Wurzeln in kaltes Wasser legen und anhaftende Erde abbürsten. Nach gründlichem Überbrausen mit einem Sparschäler schälen. Wurzelspitze sowie Blattansatz entfernen. Zur Erhaltung der hellen Farbe geschälte Wurzeln sofort in gesäuertes Wasser legen. (1 *l* Wasser, 1 EL Essig). Geschälte Wurzeln in 4 bis 5 cm lange Stücke schneiden, in vorbereiteten, bereits kochenden Dünstfond legen und zugedeckt garen.

Für **Schwarzwurzeln in Sahne** etwas Bechamelsauce und Rahm zugeben.

Für **gebackene Schwarzwurzeln** die gegarten Stücke mit Ausbackteig oder Panierung umhüllen und frittieren.

Sellerie, Knollensellerie

celeriac *céleri-rave (m)*

Blattstängel und kleine Wurzeln abtrennen. Unter fließendem Wasser mit einer Bürste reinigen. Sellerieknollen können ungeschält im Ganzen oder geschält und geschnitten gegart werden. Geschälter Sellerie verliert durch Oxidation leicht seine helle Farbe, deshalb legt man geschnittene Knollen sofort in gesäuertes Wasser.

Schalen als Geschmacksträger für Brühen, Saucen und Suppen verwenden.

In Salzwasser kochen, mit Umhüllung versehen und frittieren.

Sellerie, Bleichsellerie

celery *céleri (m)*

Blattwerk über der Verästelung der fleischigen Stangen abtrennen und als Würze für andere Zubereitungen verwenden. Wurzel der Staude glattschneiden. Faserprofil der äußeren Stangen mit einem Sparschäler abnehmen. Stauden waschen, Stangen spreizen und Unreinheiten aus dem Inneren herausspülen.

Die Selleriestauden können im Ganzen oder quer halbiert gegart werden.

Bleichsellerie in Stücke von 7 cm schneiden und blanchieren. Speck- und Zwiebelwürfel in wenig Fett anschwitzen, Bleichsellerie zugeben, mit Brühe oder Demi glace angießen und zugedeckt im Rohr schmoren.

Spargel

white asparagus *asperges (w)*

Spargelschäler (Messer mit verstellbarer Sparführung) unterhalb des Spargelkopfes ansetzen und die Schale in dünnen Streifen zum Ende hin rundum abschälen. Spargel abspülen, mit Bindfaden bündeln und an den Enden so abschneiden, dass die Stangen gleich lang sind.

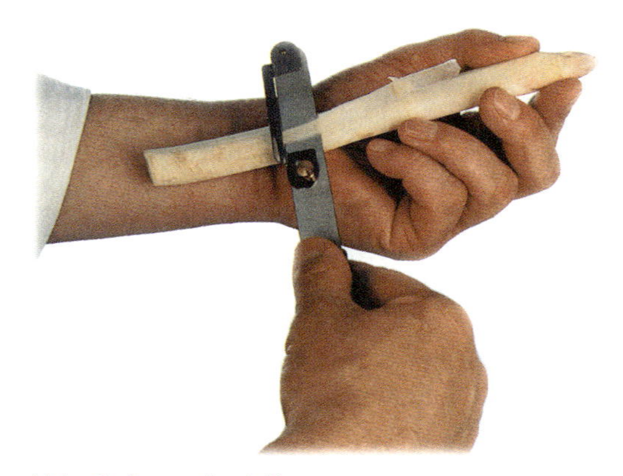

Abb. 1 Spargel schälen

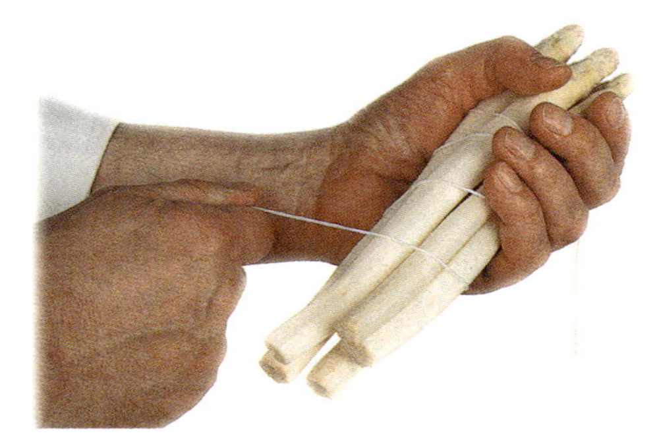

Abb. 2 Spargel portionsweise bündeln

Abb. 1 Spargel zum Kochen vorbereiten

Spargel in ausreichend leicht gezuckertem Salzwasser auf Biss kochen.

Für **gebackenen Spargel** gekochte Stangen mit Ausbackteig oder Panierung umhüllen und frittieren.

Spargel, grüner

green asparagus
asperges (w) vertes

Beim Schälen beginnt man etwa 5 cm oberhalb des Stangenendes.

Spinat

spinach *épinards (m)*

Spinat verlesen, von welken Blättern, beschädigten Teilen, Wurzeln und harten Stängeln befreien. Danach in reichlich Wasser waschen, damit anhaftende Erde und Ungeziefer weggeschwemmt werden. Wasser mehrmals wechseln. Dazu Gemüse immer aus dem Wasser nehmen, der Sand verbleibt am Boden des Geschirrs. Dann zum Abtropfen locker in einen großen Durchschlag legen.

Blanchierte, abgetropfte Spinatblätter versetzt aufeinanderlegen, damit jeweils eine genügend große Fläche entsteht. Blattflächen salzen und pfeffern.

Leichte Farce aus Fisch, Schlachtfleisch oder Geflügel esslöffelgroß auf die Spinatblätter häufen und einhüllen. Spinatwickel in flaches, ausgefettetes Geschirr legen.

Entsprechend der Füllung Fisch- oder Fleischbrühe untergießen und zugedeckt dünsten. Dünstfond leicht gebunden über die Spinatwickel gießen.

Tomatenfleischwürfel

tomato concasse
tomates (w) concassées

Tomate waschen, kurz blanchieren, in kaltem Wasser abschrecken, dann die Haut abziehen, vierteln und die Kerne entfernen. Die Tomatenfleischstücke je nach Bedarf so belassen oder nochmals in Längsstreifen oder in Würfel schneiden.

Abb. 2 Tomatenfleischstücke (Tomates concassées); gefüllte Käsetomate; Grilltomate

Gefüllte Tomaten:

Gleich große Tomaten waschen, Stielansätze ausstechen, Deckel abschneiden oder Tomate halbieren, Inhalt entnehmen. Die Tomaten würzen und in ein flaches, mit Butter ausgefettetes Geschirr setzen.

Füllung: Pilzfüllsel (Duxelles, Seite 162)
Mit Parmesan bestreuen, mit flüssiger Butter beträufeln und im Salamander überbacken.

Füllung: Blumenkohlröschen, Brokkoliröschen
Mit Mornaysauce überziehen, mit Käse bestreuen, mit Butter beträufeln und überbacken.

Füllung: Blattspinat
Butterbrösel darübergeben.

Füllung: Gemüsemais in Butter sautieren

Weißkohl

white cabbage *chou blanc (m)*

Unschöne Außenblätter entfernen. Den Kohlkopf vom Strunk aus vierteln oder sechsteln. Strunkanteil abtrennen. Kohlstücke abspülen, dicke Rippen flach schneiden und einzelne Blattlagen gemäß vorgesehener Zubereitung zerkleinern.

Zum Füllen wird **Weiß- oder Wirsingkohl** als ganzer Kopf belassen oder man bricht die Blätter einzeln ab.

Der Strunk wird ausgeschnitten, der Kopf gewaschen und in Salzwasser oder im Dämpfer so lange gegart, bis die Blätter elastisch sind und sich formen lassen.

Die Kohlblätter gibt man dann in Eiswasser, lässt sie darin abkühlen und anschließend in einem Durchschlag abtropfen.

Gefüllte Kohlköpfchen

stuffed cabbage
tête de choux farcis (m)

Große Blätter auslegen und jedem Blatt eine Anzahl kleinerer Mittelblätter zugeben. Mit Salz und Pfeffer würzen, in die Mitte ein Bällchen Fleischfüllung setzen und die Blätter darumschlagen. Mit Hilfe eines Tuches den gefüllten Kohl zu Köpfchen formen, die man in vorgefettete Geschirre ordnet.

Kohlköpfchen können anstatt mit Fleischfüllung auch mit kleinen Kohlstückchen gefüllt werden.

Abb. 1 Kohlköpfchen und Kohlrouladen

Wirsing

savoy cabbage *chou de Milan (m)*

Wie beim Weißkohl, so auch beim Wirsing die beschädigten Blätter abnehmen. Danach den Wirsingkopf in Viertel schneiden und die Strunkanteile direkt am Blattansatz abtrennen. Da Wirsingkohlblätter locker aneinanderliegen und von blasiger Struktur sind, ist der Befall durch Ungeziefer eher gegeben. Aus diesem Grund muss Wirsing besonders gründlich gewaschen werden.

Sauerkraut

sauerkraut *choucroute (w)*

Bedarf für 10 Portionen

100 g	Zwiebelstreifen
100 g	Apfelschnitze
60 g	Schmalz von Schwein oder Gans
50 g	Speckwürfel
0,3 l	Wasser
0,1 l	Weißwein
1,5 kg	Sauerkraut
1 EL	Honig
	Salz
1	Gewürzbeutel (Kümmel, Nelke, Wacholderbeeren, Lorbeerblatt)

- Speckwürfel, Zwiebelstreifen und Äpfel in erhitztem Schmalz farblos anschwitzen.
- Wasser angießen und aufkochen.
- Sauerkraut aufgelockert in den kochenden Ansatz geben und durchrühren.
- Alles rasch zum Kochen bringen.
- Gewürzbeutel in die Mitte stecken.
- Das Geschirr zudecken und den Inhalt bei mäßiger Hitze garen.
- Verdampfende Flüssigkeit ersetzen.
- Nach etwa halber Garzeit den Weißwein angießen.
- Wenn das Sauerkraut genügend gar ist, den Gewürzbeutel entfernen.
- Das Kraut mit dem Honig vollenden.

Gegartes Sauerkraut soll hell sein, appetitlich glänzen, fast keine sichtbare Flüssigkeit aufweisen, einen feinen säuerlichen Geschmack haben und beim Verzehren den Zähnen noch leichten Widerstand bieten (al dente sein).

Beide Krautarten erhalten durch etwas angerührte Stärke oder durch rechtzeitige Zugabe von fein geriebenen rohen Kartoffeln eine leicht sämige Bindung.

Zucchini

zucchini *courgettes (w)*

Zucchini (auch Zucchetti genannt) waschen. Das verbliebene sechseckige Stielende abschneiden. Junge, sehr kleine Früchte können ungeschält verwendet werden. Größere enthalten Bitterstoffe. Die Schale sowie das große Kerngehäuse sind deshalb zu entfernen.

Für **gefüllte Zucchini** Früchte waschen, längs halbieren. Fruchtfleisch einschneiden, ohne die Schale zu beschädigen. Früchte kurze Zeit frittieren oder auf den Schnittflächen braten. Weiches Fruchtfleisch entnehmen. Schalenhälften in gefettete Backplatte legen.

Gegarten Reis, Tomatenfleischwürfel, Kurzbratfleisch von Lamm in Schalottenbutter angebraten, reduzierte Jus, Gewürze sowie das gehackte Fruchtfleisch mischen. In die Schalenhälften füllen. Mit Parmesan bestreuen, mit Butter beträufeln und im Ofen backen.

Zwiebeln

onions *oignons (m)*

Zwiebeln schälen, die am Zwiebelboden haftenden Wurzelfasern und den vertrockneten Lauchansatz entfernen. Entsprechend der Verwendung in Stücke, Würfel, Streifen oder Ringe schneiden.

Zwiebelpüree

mashed onions *purée (w) d'oignons (Soubise)*

Zwiebelpüree wird zur Ergänzung von Zubereitungen verwendet.

- Zwiebelscheiben blanchieren, abtropfen, mit Butter andünsten.
- Rundkornreis zugeben, kochende Milch angießen, würzen, zugedeckt im Ofen ohne Farbgebung weichdünsten.
- Ansatz durch ein feines Sieb streichen, wieder erhitzen,
- Sahne mit Eigelb verrühren, unter das Zwiebelpüree rühren und mit Butter verfeinern.

Bedarf für 10 Portionen

500 g	Zwiebeln
50 g	Rundkornreis
90 g	Butter
0,4–0,5 l	Milch
3 EL	Sahne
2	Eigelb
	Salz, Pfeffer

Zwiebelpüree kann geschmacklich variiert werden, indem man vor dem Legieren kleingehackte Champignons untermischt.

Beide Arten eignen sich:

- **zum Füllen und Überbacken von Gemüsen, Kalbsrücken und Lammrücken;**
- **zum Überbacken auf gebratenen Koteletts, Steaks und Medaillons von Kalb und Lamm.**

Ratatouille (Südfranzösischer Gemüsetopf)

Ratatouille *ratatouille (w)*

- Zwiebelwürfel und durchgedrückte Knoblauchzehen in Öl anschwitzen.
- Paprikastreifen zugeben und kurz mitdünsten.
- Scheiben oder Würfel von Zucchini und Auberginen sowie das Tomatenmark einrühren,
- zugedeckt kurz dünsten lassen, evtl. etwas Brühe angießen, würzen und abschmecken.
- Kurz vor dem Anrichten Tomatenfleischstücke unterheben und
- mit den frischen, gehackten Kräutern geschmacklich vollenden.

Bedarf für 10 Portionen

3 EL	Olivenöl
1–2	Knoblauchzehen
300 g	Paprika rot/grün
300 g	Zucchini
200 g	Zwiebeln
1 TL	Tomatenmark
300 g	Auberginen
300 g	Tomaten
	Salz, Pfeffer, Thymian, Oregano, Basilikum

Verschiedene Arten der Fertigstellung – Übersicht

Die gegarten Gemüse lassen sich auf vielfältige Weise fertigstellen. Dabei zeigen sich Gemeinsamkeiten zwischen manchen Arten. Die folgende Aufstellung zeigt diese Gemeinsamkeiten und macht zugleich die Unterschiede deutlich.

englische Art	*english style* *à l'anglaise*
Gemüse	Erbsen, Karotten, Bohnen, Brokkoli, Blumenkohl, Bleichsellerie, Spargel
Garverfahren	Kochen, Dämpfen
Fertigstellung	Gegartes Gemüse abgetropft anrichten. Butterstückchen darauflegen oder gesondert geben. Gewürze und gehackte Kräuter separat reichen.

in brauner Butter	in brown butter / au beurre noisette
Gemüse	Bohnen, Blattspinat, Blumenkohlröschen, Rosenkohl
Garverfahren	Kochen, Dämpfen
Fertigstellung	In flachem Geschirr Butter bräunen. Gegartes, abgetropftes Gemüse dazugeben, durchschwenken und anrichten.

mit Butter-krüstchen	with bread-crumbs / aux croûtons
Gemüse	Chicorée, Blumenkohl, Brokkoli, Fenchel, Spargel, Sellerie
Garverfahren	Kochen, Dämpfen, Dünsten
Fertigstellung	Gegartes Gemüse anrichten. Butter bräunen, kleinste geröstete Weißbrotwürfel oder grobe Brösel beifügen und über das Gemüse geben.

glasiert	glaced / glacé
Gemüse	Karotten, Schwarzwurzeln, Speiserübchen, Kohlrabi, Perlzwiebeln, Maronen, Zucchini
Garverfahren	Dünsten
Fertigstellung	Gemüsefond sirupartig einkochen, evtl. noch Butterstückchen beigeben. Gemüse durch Schwenken glasieren (glänzen). Bei Maronen und braunglasierten Zwiebeln Zucker beim Ansetzen zunächst zu Karamell schmelzen.

in Sahne	with cream / à la crème
Gemüse	Karotten, Schwarzwurzeln, Kohlrabi, Erbsen, Gurken, Auberginen
Garverfahren	Dünsten
Fertigstellung	Dünstfond kurz halten. Bevor das Gemüse gar ist, Sahne angießen. Offen weiterkochen, bis leichte Bindung erreicht ist.

gratiniert	gratinated / au gratin
Gemüse	Blumenkohl, Brokkoli, Fenchel, Schwarzwurzeln, Spargel, Bleichsellerie, Rosenkohl
Garverfahren	Kochen, Dämpfen, Dünsten
Fertigstellung	Reduziertem Dünstfond Mornaysauce beigeben. Abgetropfte Gemüse in ausgefetteten Backplatten anrichten. Mit Sauce überziehen, Käse bestreuen, Butter beträufeln, im Salamander gratinieren (überbacken).

Abb. 1 Überbackenes/gratiniertes Gemüse

Flan

Flan *flan (m)*

Gemüse wird nach dem Kochen oder Blanchieren püriert. Das Püree wird abgeschmeckt und mit Vollei und Sahne verrührt. Diese Masse wird in gebutterte Timbal oder ähnliche Förmchen gefüllt und im Wasserbad pochiert. Nach dem Stürzen wird der Flan als Beilage zu Hauptgerichten, als warme Vorspeise oder als Zwischengericht serviert. Der Flan kann auch kalt als Terrine serviert werden.

Püree von …

mashed … *… en purée*

Gemüse wie z. B. Brokkoli, Möhren, Sellerie, Spinat

Garverfahren: Kochen, Dämpfen, Dünsten

1.3 Besonderheiten bei vorgefertigten Gemüsen

particularities of prepared vegetables *particularités (w) des légumes préfabriqué*

Gemüse sind eine große Warengruppe, die zudem in fast jeder Speisenzusammenstellung vorkommt. Darum werden in Verbindung mit Gemüse auch die arbeitstechnischen und wirtschaftlichen Zusammenhänge zwischen Frischware und vorgefertigten Produkten betrachtet.

Gemüse bedürfen immer der Vorbereitung, denn sie müssen von nicht genießbaren Teilen befreit werden. Diese Arbeiten können in der eigenen Küche durchgeführt oder von der Zulieferindustrie übernommen werden.

Das breite Angebot an vorgefertigten Produkten kann unterschieden werden

- nach dem Grad der Vorbereitung und
- nach der Art der Qualitätserhaltung/Haltbarmachung.

Werden vorgefertigte Produkte verwendet,

- ist der Wareneinsatz je Portion geringer,
- spart die Küche Arbeitszeit,
- sind die Mehrkosten beim Einkauf gegenüber den möglichen Einsparungen – vor allem an Arbeitszeit – abzuwägen.

Vorbereitete Rohware, gekühlt

- Gemüse oder Kartoffeln sind bereits gewaschen und geputzt bzw. geschält erhältlich.
- Blattsalate kann man schon gewaschen und gezupft kaufen.
- Kartoffelkloßmasse ist frisch als Rohmasse zu beziehen.

Nasskonserven

Gemüse sind fertiggegart, sie werden im eigenen Fond erwärmt, abgetropft und

- mit Butterflocken vollendet oder
- mit Sauce gebunden.

Tiefkühlware

Gemüse haben kürzere Garzeit, weil durch das Blanchieren und Frosten die Zellstruktur bereits gelockert wurde.

- Stückgemüse (Bohnen, Erbsen) in kochendes Wasser geben.
- Blockgemüse (Spinatblock) unter Zugabe von wenig Wasser langsam erwärmen.

Trockenware

Gemüse sind meist einzuweichen, damit die Zellen das beim Trocknen entzogene Wasser wieder aufnehmen können.

Einweichwasser nach Möglichkeit mitverwenden.

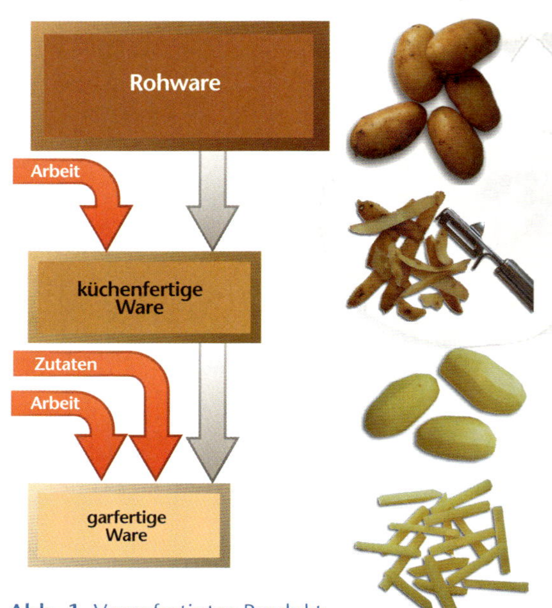

Abb. 1 Vorgefertigtes Produkt am Beispiel Pommes frites

Aufgaben

1 Wodurch gehen wichtige Wirkstoffe der Gemüse verloren?
2 Beschreiben Sie die Vorbereitung von Spargel.
3 Was soll mit den Garflüssigkeiten der Gemüse geschehen?
4 Welches Gemüse hat den höchsten Vorbereitungsverlust?
5 Nennen Sie vier Schnittformen für Gemüse.
6 In welche Formen können Zwiebeln geschnitten werden?
7 Nennen Sie die Grundzubereitungsarten für Gemüse.
8 Wie werden Gemüse vor dem Frittieren behandelt?
9 In welcher Form können Sie vorgefertigte Gemüse beziehen?
10 Schildern Sie die Zubereitung von Ratatouille.
11 Nennen Sie mindestens acht Gemüse, die sich zum Füllen eignen.

2 Pilze *mushrooms* *champignons (m)*

Pilze sind nicht lange lagerfähig, da sie leicht verderbliches Eiweiß enthalten. Sie sollten deshalb nach der Ernte bzw. Lieferung rasch verarbeitet werden. An Druck- und Faulstellen tritt der Eiweißabbau sofort ein, es kommt zum Verderb.

Sollen gegarte Pilze aufbewahrt werden, sind sie sofort abzukühlen und bei Bedarf wieder zu erwärmen.

2.1 Vorbereiten

preparation *préparation (w)*

Frische Pilze wie Champignons, Pfifferlinge und Steinpilze werden am häufigsten verwendet. Sie sind sorgfältig zu putzen. Nach gründlichem Waschen Pilze aus dem Wasser heben, damit die erdigen Bestandteile auf dem Boden des Gefäßes bleiben. Nicht abgießen. Gewaschene Pilze umgehend garen.

Getrocknete Pilze sind vor dem Verwenden einzuweichen, damit genügend Wasser eindringen kann.

Die getrockneten Pilze legt man zunächst zum Anquellen in Wasser und wäscht sie anschließend. Danach werden sie mit Wasser bedeckt eingeweicht.

Das Einweichwasser kann beim Garen mit verwendet werden; es enthält wertvolle Inhaltsstoffe.

2.2 Zubereiten

cooking *cuisson (w)*

Champignons

Gedünstete Champignons

stewed mushrooms
champignons (m) étuvés

Bedarf für 10 Portionen

2 kg Champignons
60 g Zitronensaft
140 g Butter
20 g Salz

- Champignons putzen, waschen und zum Abtropfen in einen Durchschlag legen.
- Butter, Zitronensaft, Salz und einen Schuss Wasser in geräumigem Geschirr zum Kochen bringen.
- Champignons hineingeben, durchrühren und zugedeckt etwa 6 Minuten dünsten.

Siehe Abb. Seite 162

Abb. 1 Gedünstete und gebackene Champignons

Gebackene Champignons

deep fried field-mushrooms
champignons (m) frits

Bedarf für 10 Portionen

1 kg gleichmäßig große, rohe Champignons
für Panierung: 3 Eier, Mehl und Semmelbrösel
Zitrone, Salz, weißer Pfeffer
Fett zum Backen

- Champignons putzen, dabei evtl. die Stiele etwas kürzen, waschen und abtrocknen.
- Mit Mehl, Ei und Brösel panieren.
- In heißem Fett (Frittüre) backen, abtropfen lassen.
- Mit Zitrone, Pfeffer und Salz würzen.

Duxelles

duxelles *duxelles (w)*

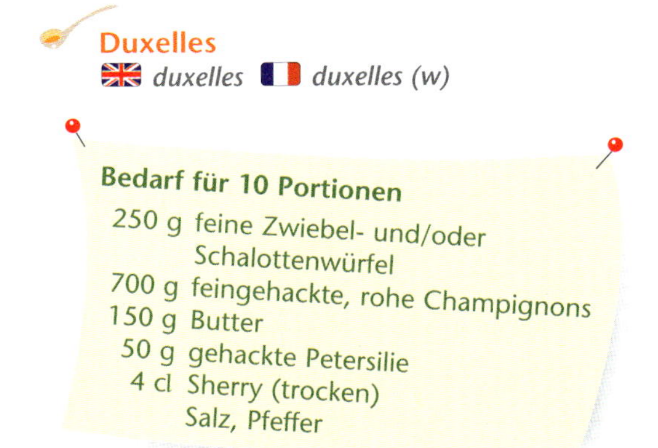

Bedarf für 10 Portionen

250 g	feine Zwiebel- und/oder Schalottenwürfel
700 g	feingehackte, rohe Champignons
150 g	Butter
50 g	gehackte Petersilie
4 cl	Sherry (trocken)
	Salz, Pfeffer

Duxelles ist eine Grundzubereitung aus gehackten Pilzen, die zur Vervollständigung von Speisen, zum Füllen von Gemüsen, Fleisch- und Teigtaschen verwendet wird.

- Zwiebeln und Schalotten farblos anschwitzen
- Champignons zugeben, salzen, pfeffern.
- Sherry zugießen und so lange dünsten, bis der ausgetretene Pilzsaft eingekocht ist.
- Petersilie untermischen und Duxelles in ein flaches Geschirr geben.
- Auskühlen lassen.

Duxelles kann durch Zugabe von Schinken variiert oder mit Demiglace leicht gebunden werden.

Morcheln

Rahmmorcheln

morels in cream
morilles (w) à la crème

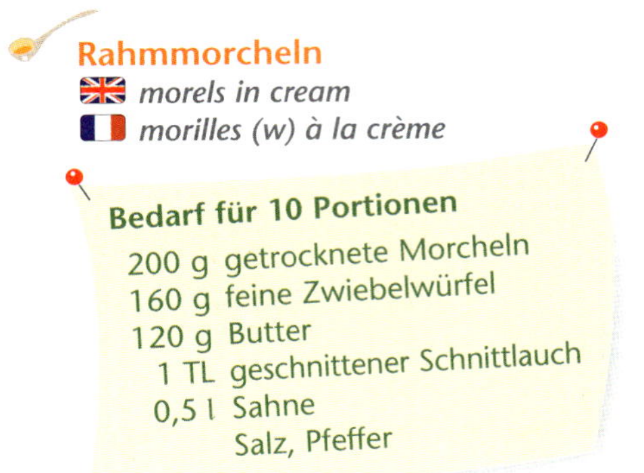

Bedarf für 10 Portionen

200 g	getrocknete Morcheln
160 g	feine Zwiebelwürfel
120 g	Butter
1 TL	geschnittener Schnittlauch
0,5 l	Sahne
	Salz, Pfeffer

- Pilze in lauwarmem Wasser anquellen, gründlich waschen, mit Wasser bedeckt einweichen.
- Gequollene Morcheln aus dem Wasser nehmen.
- Einweichwasser aufbewahren.
- Zwiebelwürfelchen mit Butter anschwitzen.
- Morcheln salzen, pfeffern und zu den Zwiebeln geben.
- Das vom Bodensatz abgegossene Einweichwasser beifügen und die Pilze zugedeckt etwa 25 Minuten dünsten.
- Sahne an die Morcheln gießen und bei offenem Geschirr einkochen, bis die Flüssigkeit leicht gebunden ist.
- Angerichtete Rahmmorcheln mit Schnittlauch bestreuen.

Pfifferlinge

Sautierte Pfifferlinge mit Speck

sauted chanterelles
chanterelles (w) sautées au lard

Bedarf für 10 Portionen

1,5 kg	Pfifferlinge
200 g	magerer, durchwachsener Räucherspeck in Würfelchen
200 g	Schalottenwürfelchen
2 EL	gehackte Petersilie
	Salz, Pfeffer
60 g	Butter

- Pfifferlinge putzen, gründlich waschen und zum Abtropfen in einen Durchschlag legen.

- Flaches Geschirr ausfetten. Pilze zugeben, salzen und zugedeckt im alsbald austretenden Saft 10 Minuten garen.
- Speckwürfel in Stielpfanne anbraten, abgetropfte Pfifferlinge dazugeben.
- Schalotten und Butter beifügen, leicht pfeffern und
- bei starker Hitze und mehrfachem Schwenken sautieren.
- Gehackte Petersilie untermengen und anrichten.

Abb. 1
Waldpilzpfanne

Austernpilze

Gedünstete Austernpilze

oyster mushrooms *pleurotes (m)*

Bedarf für 10 Portionen

1,5 kg	vom Strunk befreite Austernpilze
200 g	Schalottenwürfelchen
60 g	Butter
2 EL	gehackte Küchenkräuter (Petersilie, Schnittlauch, Kerbel, Zitronenmelisse, Kresse usw.)
	Salz, Pfeffer, Zitrone

- Austernpilze waschen und abtropfen lassen.
- Schalotten in Butter glasig angehen lassen, Pilze zugeben und
- kurz zugedeckt leicht dünsten, dann im eigenen Saft schwenken (sautieren).
- Kräuter zugeben, würzen und anrichten.

Steinpilze

Steinpilze mit Brotkrüstchen

ceps with croûtons
cèpes (m) aux croûtons

Bedarf für 10 Portionen

1,5 kg	Steinpilze
80 g	feine Schalottenwürfel
60 g	feinste, geröstete Weißbrotwürfel
80 g	Öl
60 g	Butter
1 EL	gehackte Petersilie
	Knoblauchsalz, Pfeffer

- Steinpilze putzen, gründlich waschen und abgetropft mit einem Tuch trockenreiben.
- Pilze in flache Stücke schneiden.
- Öl in geräumiger Stielpfanne erhitzen.
- Zerkleinerte Pilze salzen, pfeffern, in die Pfanne geben und bei entsprechender Hitze leicht anbraten.
- Pilzsaft soll dabei nicht austreten.
- Pilze in ein vorgewärmtes Geschirr geben.
- In der gleichen Pfanne Butter aufschäumen lassen.
- Schalottenwürfel und Pilze wieder beifügen, Brotkrüstchen dazustreuen.
- Alles nochmals kurz erhitzen und mit Petersilie bestreut anrichten.

Shiitake-Pilze

Shiitake-Pilze (10 Portionen)

chinese mushrooms *shitakes (m)*

Zubereitung und Zutaten wie Steinpilze oder Austernpilze.

Beilagen zu Pilzgerichten

Als Beilage eignen sich Semmelknödel, Serviettenknödel, Salzkartoffeln, Kartoffelschnee, Nudeln und Gnocchi.

Aufgaben

1. Was ist bei der Lagerung von Pilzen zu beachten?
2. Was versteht man unter „Duxelles“?
3. Welche Beilagen eignen sich zu Pilzgerichten?
4. Nennen Sie vier Pilzgerichte mit Beilagen (speisekartengerecht).
5. Nennen Sie vier Hauptgerichte, bei denen Pilze als Garnitur oder Zutat verwendet werden.
6. Was haben Sie bei der Verwendung von getrockneten Pilzen zu beachten?

3 Salate salad salades (w)

Allgemein versteht man unter Salaten Zubereitungen aus frischen grünen Blättern, Gemüse, Pilzen, Kartoffeln, Obst, aber auch Fleisch, Fisch, Geflügel usw. und einer Salatsauce (Marinade).

Hier werden die Salate aus **pflanzlichen Zutaten** behandelt, Salate aus anderen Zutaten sind im Bereich kalte Küche und Patisserie zu finden.

3.1 Salatsaucen – Dressings *salad dressings* *sauces (w) froides pour des salades*

Für die Bezeichnungen von Salatsaucen, Marinaden, Dressings und Dips gibt es keine verbindlichen Richtlinien.

Salatsaucen oder **Marinaden** sind überwiegend klar und flüssig. *Blattgemüse* werden darin gewendet oder damit beträufelt. *Festere Gemüsearten* vermischt man mit der Marinade und lässt sie darin längere Zeit durchziehen.

Dressings sind vorwiegend sämig. Die emulgierende Bindekraft kommt von Joghurt, Sahne, gekochtem Eigelb, das durch ein Sieb gestrichen worden ist, Mayonnaise usw.

Ein **Dressing** wird meist über den angerichteten Salat gegeben und erst vom Gast entsprechend vermischt.

Dips sind kalte, dickflüssige Saucen zum Eintauchen kleinerer Happen, z. B. Fingerfood.

Der Name leitet sich ab vom englischen to dip = eintauchen.

Der Fachhandel bietet neben den klassischen Salatsaucen auch Salatsaucen für unterschiedliche Spezialitäten. Die meisten dieser Produkte sind mit nicht kennzeichnungspflichtigen Bindemitteln/Emulgatoren versetzt, damit sich die Bestandteile bei der Lagerung nicht entmischen.

Hauptbestandteile aller Salatsaucen sind neben Salz

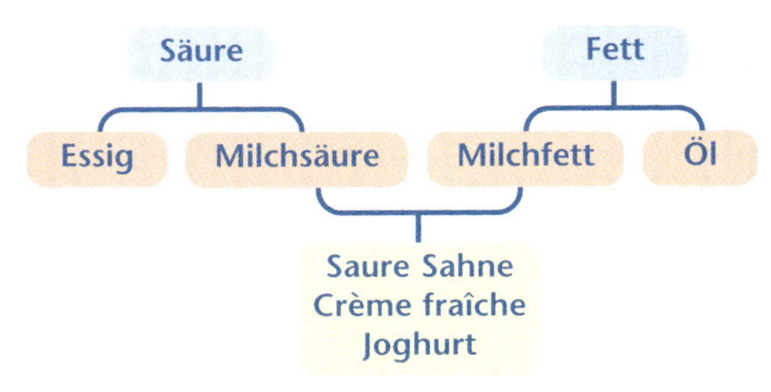

Säure

- Säure verleiht erfrischend pikante Note.
- Säure ist enthalten in Essig, Zitronensaft und Orangensaft, in Joghurt und Sauerrahm.

Abb. 1 Säureträger

Öl/Fett

- fördert die Geschmacksentfaltung und die Ausnutzung fettlöslicher Vitamine
- dient als Gleitmittel, besonders wichtig bei roh belassenem Salat
- Öle liefern Sonnenblumen, Erdnüsse, Oliven, Disteln, Kürbiskerne, Traubenkerne, Maiskeimlinge und Walnüsse sowie Mischungen mit Sahne oder Mayonnaise.

Abb. 2 Herstellung eines Dressings

Für den Gebrauch in der Küche wird die hergestellte Salatsauce (Marinade) zweckmäßig in Flaschen gefüllt und kühl gehalten. Vor jeder Entnahme ist die Sauce kräftig durchzuschütteln, damit eine günstige Verteilung von Öl und anderen Geschmackszutaten erfolgt. Die meisten Salatsaucen basieren auf Grundrezepten. Das persönliche Können besteht darin, die Rezepte so zu ergänzen, dass durch die Verbindung von Sauce und Naturalien ein wohlschmeckender Salat entsteht. Bei den folgenden Rezepten ist Speiseessig mit 5 % Säuregehalt vorgesehen.

Salatsaucen auf Essig/Öl-Grundlage

Bedarf
1 Teil Essig
1–2 Teile Öl
Salz, Pfeffer

Vinaigrette

- Salz in Essig auflösen, Öl dazurühren und
- mit wenig Pfeffer würzen,
- mit Zucker abrunden.
- Essig kann durch Zitronen- oder Limettensaft ersetzt werden.

Geeignet zu allen Salaten.

Bedarf
1 Teil Essig
1–2 Teile Öl
Salz, französischer Senf,
Knoblauch, Pfeffer

Salatsauce mit Senf – French Dressing

- Salatschüssel mit der Schnittfläche einer halbierten Knoblauchzehe ausreiben.
- Darin Salz, Essig und Senf verrühren,
- Öl langsam dazurühren.
- Leicht mit Pfeffer abschmecken.

Geeignet zu Blattsalat und Gemüsesalat.

Bedarf
1 Teil Essig
1–2 Teile Öl
Salz, Pfeffer
Kräuter (Petersilie, Kerbel, Estragon, Schnittlauch)
Schalotten

Salatsauce mit Kräutern

- Salz in Essig auflösen, Öl einrühren, würzen.
- Frisch gehackte Kräuter und Schalotten zugeben.

Geeignet zu Salaten ohne Obst.

Bedarf
1 Teil Essig
1–2 Teile Öl
geröstete Speckstreifchen und Zwiebelstreifen
Salz, Pfeffer

Salatsauce mit geröstetem Speck

- Salatsauce mit Essig und Öl herstellen.
- Die noch warmen Speckstreifchen und Zwiebelstreifen auf oder unter den angemachten Salat geben.

Geeignet zu Kopf-, Löwenzahn-, Brunnenkresse-, Feld-, Kraut- oder Kartoffelsalat.

Salatsaucen aus Milchprodukten

Bedarf
4 Teile Sahne
1 Teil Zitronensaft
Salz, Pfeffer oder Edelsüßpaprika

Salatsauce mit Sahne

- Flüssige Zutaten verrühren,
- mit Salz und Gewürzen abschmecken.

Geeignet zu Blattsalat, Salat mit Obst, Gemüsesalat.

Bedarf
1 Becher Joghurt (250 g)
2 EL Orangensaft
1 TL Zitronensaft
Spritzer Worcestershire Sauce
2 EL Öl
Salz, Pfeffer

Salatsauce mit Joghurt

- Joghurt, Orangen-, Zitronensaft und Worcestershire Sauce glattrühren.
- Öl darunterschlagen und würzen.

Geeignet zu allen Salaten.

Bedarf

5 Teile saure Sahne oder Crème fraîche
1 Teil Zitronen- oder Limettensaft
Salz, Pfeffer
1 EL geschnittener Dill

Salatsauce mit saurer Sahne und Dill

- Sahne und Zitronensaft glattrühren,
- mit Gewürzen und Dill ergänzen.

Geeignet zu Blattsalat, Gemüsesalat.

Bedarf

50 g Roquefort
3 EL Sahne
1 EL Chablis (weißer Burgunder) oder Weißwein
1 EL Limettensaft
1 EL Öl
Pfeffer

Salatsauce mit Roquefort – Roquefort-Dressing

- Passierten Roquefort, Sahne, Weißwein und Limettensaft glattrühren.
- Öl darunterschlagen und würzen.
- Wenig Salz verwenden, weil Roquefort kräftig gewürzt ist.

Geeignet zu Blattsalat, Löwenzahn-, Bleichsellerie-, Tomatensalat.

Salatsaucen auf Ei-Grundlage

Bedarf

2 gekochte Eigelbe
Msp. Sardellenpaste
1 TL scharfer Senf
1 TL Essig
3 EL Öl
1 EL Sahne
Pfeffer

Salatsauce mit gekochtem Eigelb

- Fein passiertes Eigelb, Sardellenpaste, Senf und Essig glattrühren.
- Öl tropfenweise unterrühren,
- abschließend Sahne und Pfeffer dazugeben.

Geeignet zu Blattsalat und Gemüsesalat.

Bedarf

2 Teile würzige Mayonnaisensauce
1 Teil püriertes Tomatenfleisch oder Ketchup
1 EL geschlagene Sahne
Salz, Pfeffer, Zucker, Worcestershire Sauce, Spritzer Weinbrand, Msp. Meerrettich

Salatsauce mit Tomaten – Cocktailsauce

- Mayonnaise und Tomatenpüree glattrühren,
- Sahne unterheben und würzen.

Geeignet zu Blattsalat und Gemüsesalat.

3.2 Salate aus rohen Gemüsen/Rohkost

salads of raw vegetables *salades (w) de légumes crus*

Zur Verarbeitung gelangen **Blattsalate** und **Gemüse:**

Blattsalate	
Lollo rosso	Kopfsalat (grüner Salat)
Eichblattsalat	Brunnenkresse
Friséesalat	Gartenkresse
Chicorée	Löwenzahn
Eissalat (Krachsalat)	Radicchio
Endivie	Chinakohl
Feldsalat (Ackersalat)	Rucola

Blattsalate werden verlesen, von welken Teilen, Strünken und starken Blattrippen befreit und anschließend gewaschen. Dabei verwendet man reichlich Wasser, damit anhaftender Sand und Schmutz leicht abgespült werden können und die Blätter nicht geknickt werden. Salate dürfen nicht im Wasser liegen bleiben, weil es sonst zu Auslaugverlusten kommt und wertbestimmende, lösliche Inhaltsstoffe verloren gehen.

Damit gewaschener Salat in Verbindung mit der Marinade den vollen Geschmack behält, wird er in der Salatschleuder oder in einem Drehkorb durch Schwingen von noch anhaftenden Wasserperlen befreit. Bis zum Fertigstellen ist er flach und kühl aufzubewahren.

Die großen Blätter des Kopfsalats sind in mundgerechte Stücke zu zerpflücken.

Gemüse		
Bleichsellerie	Möhren	Gurken
Paprikaschoten	Fenchel	Weißkohl
Knollensellerie	Pilze	Rettich
Radieschen	Rotkohl	Tomaten

Gemüse, die roh verarbeitet werden, muss man gründlich waschen, Gurken, Knollen und Wurzeln schälen; Tomaten evtl. brühen und abziehen, Paprikaschoten von Stiel, Scheidewänden und Samenkernen befreien.

Die Zerkleinerung richtet sich nach der Beschaffenheit der Gemüse und erfolgt durch:

- Zerpflücken (Blattsalate)
- Schneiden in Streifchen (Kohlarten)
- Hobeln in Scheibchen (Gurken, Rettich)
- Raspeln (weichere Gemüse und Obst)
- Raffeln (Gemüse mit fester Struktur)
- Reiben (Zwiebeln, Meerrettich, Nüsse).

Anmachen – Marinieren

Die vorbereiteten Salatbestandteile werden mit der jeweiligen Marinade in einer Salatschüssel angemacht. Das Mischen bzw. Wenden mit dem Salatbesteck muss gründlich, jedoch behutsam erfolgen, damit alle Bestandteile zwar mit Marinade umgeben sind, aber unbeschädigt bleiben.

- **Unmittelbar vor dem Service fertiggestellt** werden Blattsalate und Salate aus zartem Gemüse, wie z. B. Gurke und Tomate, damit sie frisch und knackig bleiben. Würde man sie zu früh anmachen, zöge das Salz Flüssigkeit. Der Salat würde weich.
- **Längere Zeit vor dem Service fertiggestellt** werden Salate aus festeren, weniger saftreichen Gemüsearten, wie z. B. Möhren, Kohl, Paprikaschoten und Sellerie. Die Marinade kann dann einziehen und der Geschmack kommt voll zur Geltung.

Zubereitungsbeispiele

Apfel-Möhren-Rosinen-Salat

Möhren raffeln, Äpfel raspeln und mit Orangensaft vermischen. In Orangensaft eingeweichte Rosinen dazugeben. In halben Orangenschalen, Gläsern oder Glasschalen anrichten. Ein Löffelchen halbsteif geschlagene Sahne, abgeschmeckt mit geriebenem Meerrettich, aufsetzen und mit Haselnussscheibchen bestreuen.

Birnen-Radieschen-Kresse-Salat

Reife Birnen längs halbieren, Kerngehäuse entfernen. Fruchtfleisch mit einem olivenförmigen Kartoffelausbohrer entnehmen. Johannisbeersaft darüberträufeln, Radieschenscheiben und Kresse beifügen. Dickmilch und Öl verrühren, die Salatteile darin wenden und in die ausgehöhlten Birnenhälften einfüllen; geschnittenen Schnittlauch aufstreuen.

Abb. 1 Rohkostsalat

Rotkraut-Apfel-Weintrauben-Salat

Rotkraut und Äpfel in feine Streifen schneiden und mit Zitronensaft vermischen. Abgezupfte weiße Weinbeeren halbieren und ohne die Kerne zu den streifigen Zutaten geben. Mit ein wenig geriebener Zwiebel, Johannisbeergelee und Öl anmachen. Zum Durchziehen bedeckt kühl stellen. In Glasschalen anrichten und mit grob gehackten Walnusskernen bestreuen.

Radicchio-Fenchel-Melonen-Salat

Melone in Scheibchen, Fenchelknolle und Radicchio in Streifchen schneiden, mit Orangensaft beträufeln und alles vermischen. Gleiche Teile Frischkäse, pikante Mayonnaise und püriertes Tomatenfleisch verrühren, mit geriebenem Meerrettich und geschnittenem Fenchelgrün abschmecken. Die Salatbestandteile damit anmachen, auf Glasplatten anrichten und mit Brunnenkresse einfassen.

3.3 Salate aus gegarten Gemüsen

salads of cooked vegetables
salades (w) de légumes cuits

Für diese Salate kommen vorwiegend in Betracht:

Artischocken	Knollensellerie	Erbsen
Blumenkohl	Lauch	Rote Rüben
Brokkoli	Möhren	Spargel
Bohnenkerne	Pilze	Grüne Bohnen

Die Gemüse können im rohen oder gekochten Zustand in verschiedene Formen geschnitten werden. Bei Knollen und Rüben ist auch der Einsatz von Ausbohrern, Ausstechern oder eines Buntmessers (geriefte Schneide) möglich.

Die Schnittfläche von ungegarten, hellen Gemüsen verfärben sich unter Einwirkung von Luftsauerstoff. Besonders empfindlich sind Artischocken und Sellerie. Um dem entgegenzuwirken, legt man die Gemüse bis zum Garen in Wasser, das mit Essig oder Zitronensaft gesäuert ist. Die zugeschnittenen rohen Gemüse sind in leicht gesalzenem Wasser unter Zusatz von wenig Öl zu kochen. Dabei soll das Gemüse voll aufgeschlossen, aber nicht übergart werden.

Um Aroma und Geschmack zu erhalten, müssen die gekochten Gemüse in ihrem Garfond abkühlen. In der heißen Flüssigkeit zieht das Gemüse noch nach, deshalb ist der Garprozess rechtzeitig zu unterbrechen.

Anmachen – Marinieren

Salate aus gegarten Gemüsen sind im Voraus anzumachen, damit die Marinade einziehen kann. Kräuter, die in Säure rasch ihre schöne grüne Farbe verlieren, gibt man erst kurz vor dem Anrichten bei.

In der Regel sollte immer nur der jeweilige Tagesbedarf an Salaten mariniert werden.

Die abgetropften Gemüse werden mit der vorgesehenen Salatsauce in einer Salatschüssel gemischt.

Bis zum Anrichten legt man die Salate in flache Gefäße, deckt sie mit Folie zu und hält sie kühl.

Wird mit pikanter Mayonnaise angemacht, ist das abgetropfte Gemüse zunächst flach auf einem Tuch oder Küchenkrepp trockenzulegen. Noch anhaftende Feuchtigkeit würde die Mayonnaise zu dünnfließend machen und den Geschmack des Salates beeinträchtigen.

3.4 Anrichten von Salaten

presentation of salads
présentation (w) des salades

Abb. 1 Salat von geräucherten Forellen

Abb. 2 Pilzsülze mit rotem Chicorée, Frisee, Kirschtomaten und Walnussdressing

Abb. 3 Feldsalat mit Kartoffeldressing und Radieschensprossen

Alle Salatteile sollen mundgerecht zerkleinert sein, weil man zum Verzehren nur eine Gabel benutzt.

Die Salate sind locker und appetitlich anzurichten.

Geschmacksvariationen ergeben sich durch die Gemüsesorten und die unterschiedlichen Saucen sowie Ergänzungen, z. B. Kräuter oder Nüsse, mit denen die Salate fertiggestellt werden.

Die Farben frischer Salate üben eine appetitanregende Wirkung aus, deshalb ist beim Zusammenstellen und beim Anrichten der Salate auf wechselnde Farben zu achten. Aufgestreute Kräuter unterstützen manchmal das Farbenspiel.

Flache Schalen oder Platten aus Glas, aber auch kleine tiefe Teller oder Dessertteller sind zum Anrichten besonders vorteilhaft, weil sie Frische, Farbe und Form der Salate am wirkungsvollsten betonen.

Abb. 2 Salathygiene – Anrichten mit Handschuh

Einfache Salate

🇬🇧 *simple salads* 🇫🇷 *salades (w) simples*

Blattsalat oder Gemüse als einzelner Salat, z. B. Kopfsalat, Tomatensalat, Krautsalat, Gurkensalat, Bohnensalat oder Chicoréesalat.

Es ist zwischen den folgenden Möglichkeiten des Anrichtens zu unterscheiden:

Gemischte Salate

🇬🇧 *mixed salads* 🇫🇷 *salades (w) mêlées*

Blattsalat und Gemüse werden miteinander vermischt, z. B. Kopf-Tomaten-Kresse-Salat oder Feld-Sellerie-Rote Rüben-Salat.

Abb. 3 Gemischter Salat

Salat-Komposition

🇬🇧 *assorted salads* 🇫🇷 *salades (w) assorties*

Blattsalat und Gemüse sortiert nebeneinander, z. B. Chicorée-, Radieschen-, Gurken- und Eissalat oder Kopf-, Spargel-, Brokkoli- und Tomatensalat.

Abb. 1 Einfache Salate

Abb. 4 Salat-Komposition

Küche

3.5 Kartoffelsalate

potato salads
salades (w) de pommes de terre

Zu einem guten Kartoffelsalat sind Kartoffeln zu wählen, die nicht zerfallen. Geeignete Sorten sind „Hansa“ und „Sieglinde“, beide sind mild bis kräftig im Geschmack, festkochend und formbehaltend.

Zubereitungsbeispiele

Kartoffelsalat

potato salad
salade (w) de pommes de terre

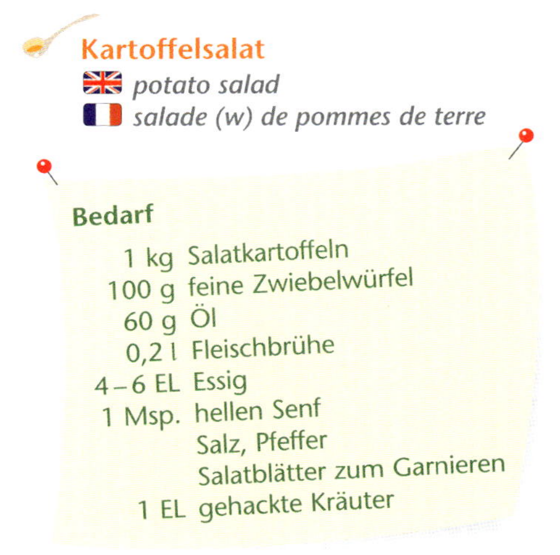

Bedarf

1 kg Salatkartoffeln
100 g feine Zwiebelwürfel
60 g Öl
0,2 l Fleischbrühe
4–6 EL Essig
1 Msp. hellen Senf
Salz, Pfeffer
Salatblätter zum Garnieren
1 EL gehackte Kräuter

- Gewaschene Kartoffeln mit der Schale kochen,
- abgießen und zum Ausdampfen flach ausbreiten.
- Die noch warmen Kartoffeln pellen und in feine Scheiben schneiden.
- Fleischbrühe zusammen mit Zwiebeln und Essig aufkochen,
- Salz, Pfeffer und Senf beigeben, abschmecken,
- Öl dazurühren und die heiße Marinade über die Kartoffelscheiben gießen.
- Kartoffelsalat behutsam schwenken, bis er leicht gebunden ist.
- Angerichteten Kartoffelsalat mit Salatblättern einfassen und die Kräuter aufstreuen.

Kartoffelsalate können geschmacklich variiert werden.

Kartoffelsalat mit Mayonnaise

Kartoffelsalat mit halber Brühen- und Ölmenge herstellen. Etwa 60 g würzig abgeschmeckte Mayonnaise unterziehen.

Angerichteten Salat mit Radieschenscheiben einfassen und geschnittenen Schnittlauch aufstreuen.

Kartoffelsalat mit Löwenzahn und Speck

Anstelle von Öl: 100 g Bauchspeckstreifchen knusprig braten. Diese mit dem ausgetretenen Fett dem Kartoffelsalat beimischen, dazu eine Handvoll kurzgeschnittenen, leicht angemachtem Löwenzahn.

Dieser Salat ist zum direkten Verzehr bestimmt; noch lauwarm schmeckt er am feinsten.

3.6 Salatbüfett

salad bar *buffet (m) à salades*

In vielen Betrieben wird heute den Gästen Salat in Form eines Salatbüfetts angeboten. Ein nach Möglichkeit gekühltes Büfettmöbel steht an gut sichtbarer und leicht erreichbarer Stelle im Restaurant und lädt die Gäste zur Selbstbedienung ein.

Aufbau

Ein Salatbüfett sollte möglichst viel von der ganzen Palette der im Buch vorausgehend beschriebenen Salate anbieten, also sowohl viele Blatt- und Rohkostsalate mit extra bereitgestellten Dressings als auch bereits angemachte Gemüsesalate oder Salatkompositionen aus verschiedenen Zutaten wie Gemüse, Früchte, Fisch, Eier, Frischkäse und gegartem Fleisch.

Abb. 1 Salatbüfett

Dankbar sind die Gäste immer dann, wenn die Dressings und die angemachten Salate durch kleine Hinweisschilder gekennzeichnet bzw. benannt sind und der Gast somit Geschmacksrichtung und Zutaten erfährt und seine Auswahl entsprechend treffen kann.

Abrechnung

Die Verrechnung der Salate vom Büfett kann erfolgen:

- durch Verwendung verschiedener Teller- oder Glasschalengrößen,
- durch Wiegen der Salatmenge,
- durch einen Pauschbetrag,
- ohne getrennte Abrechnung, wenn der Salat bereits im Gericht einkalkuliert ist.

Worte, die verkaufen helfen

- frisch
- erfrischend durch den Gehalt an angenehmen Bitterstoffen
- knackig
- gesund
- energiearm
- wirkstoffreich
- hohe Nährstoffdichte
- appetitanregend
- herbwürzig
- ein Stück Natur
- ursprünglich
- unverfälscht
- kühlend im Sommer
- sehr bekömmlich
- vitaminschonend zubereitet
- marktfrische Ware
- leicht, nicht belastend.

Aufgaben

1. Nennen Sie Salate, die aus pflanzlichen Produkten hergestellt werden.
2. Unter welchen Voraussetzungen kann ein Salat als „vollwertig“ bezeichnet werden?
3. Erklären Sie bei Salatsaucen die Bedeutung der Zutatengruppen:
   a) Öle, Rahm, Sahne oder Mayonnaise
   b) Essig, Zitronen- oder Orangensaft, Joghurt oder Sauerrahm.
4. Welche Gemüse eignen sich für die Zubereitung von Rohkostsalat?
5. Welche Geschirrteile können zum Anrichten von Salaten verwendet werden?
6. Nennen Sie fünf verschiedene Salatsaucen und notieren Sie deren Zutaten.
7. Nennen Sie fünf Gemüse, die vor der Verarbeitung zu Salat gegart werden müssen.
8. Was versteht man unter „Dressing“?
9. Erstellen Sie eine Checkliste für die Bestückung und Kontrolle eines Salatbüfetts.
10. Welche Vorteile bringt ein Salatbüfett für: a) den Gastronomiebetrieb b) die Gäste?
11. Welche Abrechnungsverfahren werden beim Salatbüfett angewandt?

4 Beilagen *side dishes* *garnitures (w)*

Zu einem kompletten Gericht gehören neben Fleisch- oder Fischspeisen, Gemüsen oder Salaten auch stärkehaltige Beilagen. Wegen ihres hohen Stärkegehalts schmecken diese Beilagen neutral und eignen sich deshalb gut als Ergänzung. Der **Sättigungswert** beruht auf dem hohen Stärkegehalt. Die Grundlage für Beilagen dieser Art bilden Kartoffeln und Getreideerzeugnisse.

4.1 Kartoffeln *potatoes* *pommes (w) de terre*

Kartoffeln sind ein wesentlicher Bestandteil der Speisenzusammenstellungen, sie sind im Geschmack neutral und

- erlauben vielfältige Zubereitungsarten,
- harmonieren je nach Zubereitung mit den unterschiedlichsten Gerichten,
- enthalten Nähr- und Wirkstoffe in einem ausgewogenen Verhältnis.

Übersicht über Kartoffelzubereitungen

Die vielfältigen Kartoffelzubereitungen werden überschaubar, wenn man sie nach den Arten der Vorbereitung und Fertigstellung unterscheidet.

Diese Denkweise hilft, dem Bekannten das Neue zuzuordnen, und erleichtert so den Überblick.

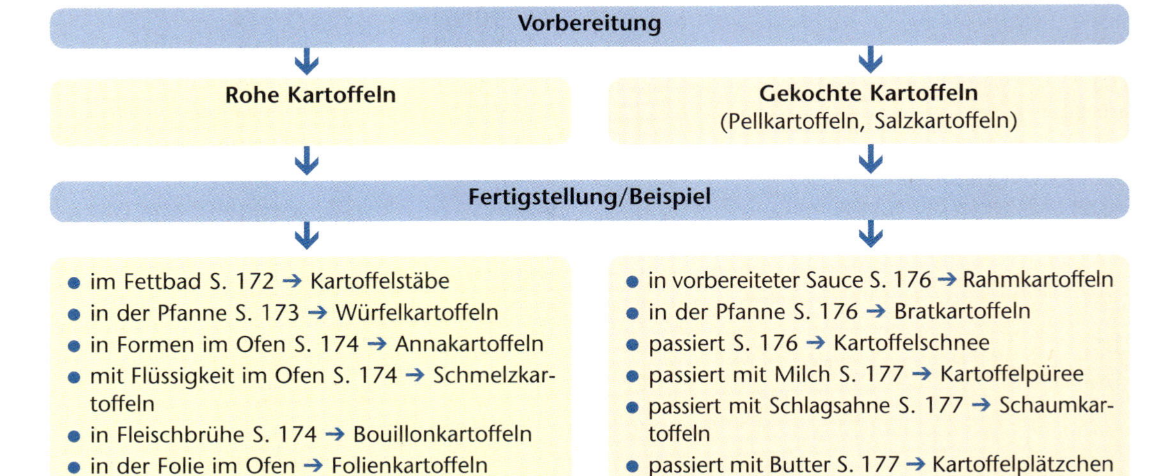

Zubereitungen aus rohen Kartoffeln

Für Kartoffeln, die zugeschnitten werden, verwendet man aus wirtschaftlichen Gründen große Knollen, denn bei diesen entsteht weniger Schälverlust. Da sich geschälte wie auch geschnittene rohe Kartoffeln unter Einwirkung von Luftsauerstoff verfärben, bewahrt man sie kurzfristig bis zur Weiterverwendung in stehendem, kaltem Wasser auf. Durch das Schneiden der Kartoffeln werden Zellen zerstört und an den Oberflächen haftet ausgetretene Stärke.

Beim Frittieren würde dies zu einer ungleichmäßigen Bräunung führen, deshalb müssen geschnittene Kartoffeln zunächst gewaschen werden.

In Fett gebacken

Kartoffeln, die in der Fritteuse gebacken werden, müssen abtropfen und sorgfältig abgetrocknet werden.

Die anhaftende Flüssigkeit bringt sonst das Fett zum Schäumen, führt zur Gefahr von Verbrennungen und begünstigt den Fettverderb. Um die Acrylamidbildung gering zu halten, soll die Fetttemperatur nicht über 170 °C steigen.

Blond statt braun!
Vergolden statt verkohlen!
Frittiertes nicht über dem Fettbad salzen!

Kleiner geschnittene Arten

Diese werden in einem Arbeitsgang zubereitet. Bei 170 °C frittiert man sie also gleich mittelbraun.

Danach werden die Kartoffeln aus dem Fett genommen, abgeschüttelt und direkt gewürzt, damit das Salz haften bleibt.

Bis zum Servieren hält man sie in einem flachen, offenen Geschirr warm.

Strohkartoffeln

1 mm starke Streifchen, 5 bis 6 cm lang geschnitten.

Aus diesen Schnittarten fertigt man mit Hilfe eines Doppelsiebes Kartoffelnester.

Streichholzkartoffeln

allumettes potatoes
pommes (w) allumettes

In Streichholzgröße geschnitten.

Waffelkartoffeln

waffles potatoes
pommes (w) gaufrettes

Rund beschnittene Kartoffeln, mit Spezialhobel Mandoline und entsprechender Messereinstellung in geriefte Scheiben geschnitten. Nach jedem Schnitt Kartoffel um 90° drehen, dadurch entsteht ein Waffelmuster.

Kartoffelchips

chips potatoes *pommes (w) chips*

Aus gleichmäßigen Kartoffelwalzen $^1/_2$ mm dick geschnittene Scheiben.

Größer geschnittene Arten

Diese werden zunächst bei etwa 130 °C vorgebacken (blanchiert). Dabei garen sie ohne Farbe an. Auf Abruf backt man sie dann portionsweise bei etwa 170 °C mittelbraun und knusprig. Das Innere bleibt dabei weich.

Nachdem das Fett abgetropft ist, werden sie unter schüttelnder Bewegung gesalzen und angerichtet. Gebackene Kartoffeln darf man nicht abdecken, sonst weicht die Kruste auf.

Pommes frites

french fried potatoes
pommes (w) frites

1 cm dicke und 5 bis 6 cm lange Kartoffelstäbe.

Gebackene Kartoffelstäbe

Pont-Neuf potatoes
pommes (w) Pont-Neuf

1,5 cm dicke und 5 bis 6 cm lange Kartoffelstäbe.

In der Pfanne gebraten

Zugeschnittene oder ausgebohrte Kartoffeln werden blanchiert, gut abgetrocknet und dann in der Pfanne in geklärter Butter angebraten.

Danach werden sie gewürzt und im Ofen zu goldgelber Farbe fertiggebraten. Dabei werden sie öfters geschwenkt.

Würfelkartoffeln

sauted potato cubes
pommes (w) carrées

Kartoffeln in Würfel mit 1 cm Seitenlänge schneiden.

Schlosskartoffeln

château potatoes
pommes (w) château

Halbmondähnliche Form von 5 cm Länge mit stumpfen Enden tournieren.

Eventuell nach Fertigstellung mit Petersilie bestreuen.

Olivenkartoffeln

olive potatoes *pommes (w) olives*

Mit einem ovalen Kartoffellöffel olivenförmig ausgebohrte Kartoffeln.

Nusskartoffeln

noisette potatoes
pommes (w) noisettes

Mit einem Kartoffellöffel ausgebohrte Kartoffelkugeln.

Pariser Kartoffeln

parisienne potatoes
pommes (w) parisiennes

Mit einem großen Kugelausbohrer ausgeformte Kartoffeln, größer als Nusskartoffeln.

In Formen im Ofen gebacken

Annakartoffeln

Anna potatoes *pommes (w) Anna*

Von kleinen Kartoffeln 1 bis 2 mm dünne Scheiben schneiden und würzen. Eine dickwandige Metallform mit geklärter Butter ausfetten und mit den schönen Kartoffelscheiben rosettenartig auskleiden. Die anderen ungeordnet in den freien Mittelraum füllen und fest eindrücken. Butter darüberträufeln und im Ofen goldbraun backen Garzustand durch Anstechen feststellen.

Bäckerinkartoffeln

potatoes baker's style
pommes (w) boulangère

Früher wurden rohe Kartoffelscheiben und Zwiebelstreifen dem Lammbraten nach der halben Garzeit zugegeben und in der entstandenen Jus mitgegart.

Um die fertigen Kartoffeln schöner anrichten zu können, werden sie heute wie die Savoyardkartoffeln in Porzellanbackformen eingeschichtet, gewürzt, mit Zwiebelstreifen bestreut, mit Lammjus untergossen und im Ofen gegart.

In Flüssigkeit gegart

Schmelzkartoffeln

fondant potatoes
pommes (w) fondantes

Länglich in Pflaumengröße tournierte Kartoffeln in ausgebutterte Randbleche oder feuerfeste Formen einsetzen, mit Brühe untergießen und im Ofen unbedeckt garen. Währenddessen mehrfach mit dem Fond überpinseln und goldbraun werden lassen. Vor dem Anrichten werden sie mit Butter bestrichen.

Bouillonkartoffeln

bouillon potatoes

pommes (w) au bouillon

Feinwürfelige Brunoise von Zwiebeln und Gemüse in Butter anschwitzen, blanchierte Kartoffelwürfel mit 2 cm Seitenlänge dazugeben, mit Fleischbrühe knapp bedecken, Salz und Pfeffer dazugeben und garen. Auf die angerichteten Kartoffeln Petersilie streuen.

Beim Blanchieren verkleistert die Stärke in den Randschichten; die Kartoffelwürfel halten besser zusammen.

Savoyardkartoffeln

savoyarde potatoes

pommes (w) savoyardes

Längshalbierte Kartoffeln in 2 mm dicke Scheiben schneiden, in ein mit Butter bestrichenes und mit feingehackten Schalotten ausgestreutes Geschirr flach einsetzen, mit Brühe untergießen und im Ofen unbedeckt garen. Vor Beendigung der Garzeit mit geriebenem Parmesan bestreuen, mit Butter beträufeln und die Oberfläche bräunen lassen. Savoyardkartoffeln müssen saftig bleiben.

Kartoffelgratin

gratinated potatoes *gratins (m) dauphinois*

Kartoffeln in 2 mm dünne Scheiben schneiden und in eine mit einer Knoblauchzehe ausgeriebene und gebutterte backfeste Form geben. Sahne mit Parmesan oder einem anderen Reibkäse vermischen, mit Salz und Pfeffer würzen und über die Kartoffeln gießen, Butterflocken daraufgeben und im 200 °C heißen Ofen ca. 25 Min. goldbraun backen.

Zubereitungen von gekochten Kartoffeln

Pellkartoffeln

jacket potatoes

pommes (w) en robe des champs

Für die Zubereitung von Pellkartoffeln verwendet man mittelgroße Kartoffeln. Sie werden gewaschen, mit Wasser oder im Dämpfer zugesetzt und in der Schale gegart. Die Garzeit beträgt vom Aufkochen an gerechnet 20–30 Min. Danach werden sie abgegossen und zum Auskühlen auf ein flaches Blech geschüttet. Man schält sie, wenn sie noch warm sind. So lässt sich die Schale am leichtesten entfernen.

Werden die Kartoffeln im Wasser gegart, gibt man dem Wasser Salz und nach Belieben Kümmel bei.

Salzkartoffeln

boiled potatoes

pommes (w) natures

Salzkartoffeln sind geschälte, gleichmäßig – meist zu länglicher Form – zugeschnittene (tournierte) Kartoffeln. Die gekochten Kartoffeln reicht man unverändert, lediglich manchmal mit zerlassener Butter bestrichen oder mit gehackten Kräutern bestreut.

In vorbereiteter Sauce fertiggestellt

In Scheiben oder Würfel geschnittene Pellkartoffeln werden in die vorbereitete Sauce eingeschwenkt und abgeschmeckt. Sie können noch mit Käse bestreut und überkrustet werden.

Rahmkartoffeln

cream potatoes
pommes (w) à la crème

In Scheiben oder Würfel schneiden, mit Rahm verkochen und durchmischen.

Saure Kartoffeln

sour potatoes
pommes (w) à l'aigre

Mehl mit feingeschnittenen Zwiebeln hellbraun schwitzen, mit Fleischbrühe auffüllen, mit Weinessig, Salz, Pfeffer und einer Prise Zucker abschmecken. Nelke und Lorbeerblatt beifügen und 15 Min. kochen. In die passierte Sauce nun die Kartoffelscheiben einschwenken.

In der Pfanne gebraten

In Scheiben oder Würfel geschnittene oder geraffelte Pellkartoffeln werden in Butter gebraten. Es darf jedoch nur so viel Fett verwendet werden, dass die Menge bis zum Ende des Bratvorgangs von den Kartoffeln aufgenommen werden kann. Man erzielt eine Geschmacksverfeinerung, wenn zu Anfang die Fettmenge so gering gehalten wird, dass man später noch einige frische Butterflöckchen zusetzen kann.

Bratkartoffeln

home fried potatoes
pommes (w) sautées

Kartoffelscheiben von 3 mm Stärke salzen, pfeffern und braun braten.

Lyoner Kartoffeln

Lyonnaise potatoes
pommes (w) à la lyonnaise

Bratkartoffeln mit goldgelb gebratenen Zwiebelstreifen vermischen, mit gehackter Petersilie bestreuen.

Kleine gebratene Kartoffeln

fried potatoes
pommes (w) (nouvelles) rissolées

Besonders geeignet sind kleine, neue Kartoffeln, die zuerst in der Schale gekocht und nach dem Abpellen in Butter allseitig goldbraun gebraten und gewürzt werden.

Berner Rösti

Swiss Roesti *roesti (w) bernois*

Gekochte Kartoffeln werden geraffelt und mit Speckwürfeln und Zwiebelwürfeln in Butter oder etwas Schweineschmalz geröstet und leicht angedrückt. Der entstandene Fladen wird gewendet, nochmals gebraten und serviert.

Rösti können auch aus rohen Kartoffelraffeln hergestellt werden.

Passierte Kartoffeln

Die geschälten, in Stücke geteilten Kartoffeln werden in Salzwasser gegart. Die Garzeit beträgt vom Aufkochen an 20 Min. Danach werden sie abgeschüttet und zum Abdämpfen auf den Herd zurückgestellt oder in ein heißes Bratrohr gegeben. Dies verringert den Wassergehalt und ergibt eine kompaktere Masse. Die trockenen heißen Kartoffeln werden dann weiterverarbeitet.

Neue Kartoffeln oder Frühkartoffeln sind stärkearm. Aus diesem Grunde eignen sie sich nicht für Kartoffelteige.

Kartoffelschnee

potato snow
pommes (w) de terre à la neige

Die heißen Kartoffeln werden durch eine Presse direkt auf das Anrichtegeschirr gedrückt, leicht mit Salz und Muskat gewürzt und mit Butterflöckchen belegt. Mit frisch gehackten Küchenkräutern bestreut, erhalten sie eine besondere geschmackliche Note.

Passierte Kartoffeln mit Milch und Sahne

Kartoffelpüree

mashed potatoes
purée (w) de pommes de terre

Die heißen Kartoffeln durch die Presse passieren, mit Muskat und Butterflocken zusammenrühren, damit sich die locker liegenden Kartoffelkrümelchen verbinden können. Dann nach und nach kochend heiße Milch einrühren, bis das Püree die gewünschte Konsistenz erreicht hat. Das fertige Püree umfüllen und Deckel auflegen.

Kartoffelpüree mit Sahne

mousseline potatoes
pommes (w) mousseline

Zubereiten wie Püree, doch anstelle von Milch Sahne verwenden. Das Püree zunächst fester halten und kurz vor dem Anrichten einen Teil geschlagene Sahne locker unterziehen.

Kartoffelpüree kann variiert bzw. verfeinert werden durch Zugabe von frisch gehackten Kräutern oder gerösteten Speck-Zwiebel-Würfeln.

Passierte Kartoffeln mit Butter

Kartoffelplätzchen

Macaire potatoes
pommes (w) Macaire

Butterstückchen, geriebene Muskatnuss und, falls erforderlich, etwas Salz rasch unter passierte, heiße Kartoffeln rühren. Masse auf bemehlter Fläche zu Walzen mit 4 cm Durchmesser formen. Etwa 1,5 cm dicke Scheiben abschneiden und in gefetteter Pfanne beidseitig goldgelbe Farbe nehmen lassen. Steht zu viel Fett in der Pfanne, zerfallen die Kartoffelscheiben.

Abwandlungen: angebratene Speck-, Zwiebelwürfelchen und Petersilie oder angeschwitzte Würfelchen von gekochtem Schinken und geschnittenem Schnittlauch der Kartoffelmasse beigeben.

Passierte Kartoffeln mit Eigelb – Krokettenmasse

Eigelb gibt Bindung

Unter 250 g heiße, passierte Kartoffeln 1 Eigelb, eine Prise Salz, geriebene Muskatnuss und evtl. Butterflocken mischen.

Wichtig: Vor dem Aufarbeiten der ganzen Masse eine Probe im Fett ausbacken.

Kartoffelkroketten

croquette potatoes
croquettes (w) de pommes (w) de terre

Kartoffelmasse zu Walzen mit 1,5 cm ∅ und 4 cm Länge formen. Panieren mit Mehl, Ei und Panierbrot. Backen im Fettbad bei 160 bis 170 °C ca. 1,5 Min.

Herzoginkartoffeln

duchess potatoes
pommes (w) duchesse

Kartoffelmasse mit Dressierbeutel und Sterntülle auf ein gefettetes Blech oder Backtrennpapier formen, mit Eigelb bestreichen und im Ofen goldgelb backen.

Birnenkartoffeln

William potatoes
pommes (w) William

Krokettenmasse zur Birne formen, panieren, mit Nelke und Petersilienstiel ausgarnieren und frittieren.

Mandelkrusteln

almond potatoes

pommes (w) croquettes aux amandes

Gehackte oder gehobelte, geröstete Mandeln unter die Kartoffelmasse mengen. Kugeln mit 2 cm ∅ formen. Panieren mit Mehl, Ei und gehobelten Mandeln. Im Fettbad bei 160 bis 170 °C ca. 1,5 Min. backen.

Für **Kokosbällchen** verwendet man statt gehobelter Mandeln Kokosraspeln.

Bernykartoffeln

Berny potatoes

pommes (w) Berny

Gehackte Trüffeln unter Kartoffelmasse mengen. Panieren und backen wie Mandelkrusteln.

Passierte Kartoffeln mit Brandmasse – Dauphinemasse

Brandmasse gibt Bindung

Bedarf für 10 Portionen

200 g	Wasser
30 g	Butter
100 g	Mehl
2	Eier
1000 g	passierte gekochte Kartoffeln
	Salz, Muskatnuss

Wasser mit Butter und Salz aufkochen, Mehl beigeben und erhitzen, bis sich die Masse vom Boden löst. In kaltes Geschirr geben, Eier und passierte Kartoffeln einarbeiten.

Wichtig: Vor dem Aufarbeiten der ganzen Masse eine Probe backen.

Kartoffelkrapfen/Thronfolgerkartoffeln

dauphine potatoes

pommes (w) dauphine

Kartoffelmasse mit Esslöffel zu Klößchen formen. Auf geölte Papiere absetzen. Papier mit Klößchen in Fettbad mit 160 bis 170 °C tauchen. Papier entfernen und ca. 1,5 Min. backen. (s. Abb. rechts oben, jeweils links)

Lorettekartoffeln

Lorette potatoes

pommes (w) Lorette

Unter Kartoffelmasse 60 g geriebenen Parmesan mengen. In Beutel mit glatter Tülle (∅ 1 cm) füllen.

Lange zylinderförmige Streifen auf bemehlte Unterlage spritzen; 5-cm-Stücke schräg abschneiden, zu Halbbogen formen und auf geölte Papiere legen.

Backen wie bei Krapfen beschrieben (s. obige Abb. jeweils rechts).

Kartoffelstrauben

potato rosettes

rosettes (w) de pommes de terre

Die Dauphinemasse ringförmig in zwei Lagen auf ein gefettetes Papier oder Backpapierstück spritzen und im Fettbad backen. Da die Ringe aufgehen und Höhe gewinnen, müssen sie nach einigen Minuten gewendet werden.

Vorgefertigte Produkte – Convenience

Die Industrie stellt aus Kartoffeln eine Reihe vorgefertigter Produkte her. Für die Gastronomie hauptsächlich Fertigpüree, gefrostete Pommes frites und Zubereitungen aus Kartoffelteig, wie z. B. Kroketten.

Püreegranulat ist unempfindlicher, die Flüssigkeit kann heißer sein, und es kann wie bei Püree eigener Herstellung gerührt werden, ohne dass es zäh wird.

Bei vorgefertigten Produkten immer die Hinweise des Herstellers beachten.

Pommes frites

Vorgebackene Pommes frites werden überwiegend tiefgekühlt angeboten. Man backt sie unaufgetaut bei etwa 170 °C, bis sie die entsprechende Bräunung haben.

Bei aufgetauten Pommes frites ist die Oberfläche mit Kondenswasser beschlagen. Das führt zum Schäumen des Fettes und zu einem rascheren Verderb.

Von den gefrosteten Pommes frites dürfen nicht zu viele auf einmal in den Korb gegeben werden, weil sonst die Fett-Temperatur zu stark absinkt.

Fertigpüree/Krokettenpulver

Die Kartoffeln werden gegart, püriert und getrocknet. Nach Art des Trocknens unterscheidet man Püreeflocken und Püreegranulat (Körnchen).

Püreeflocken sind empfindlich gegen starkes Rühren, weil dadurch Kartoffelzellen zerstört werden und durch die dann freiliegende Stärke das Püree zäh wird.

Bei der Verarbeitung von Püreeflocken werden diese in die gewürzte und erhitzte – aber nicht kochende – Flüssigkeit kurz eingerührt. Während der vorgeschriebenen Quellzeit darf nicht gerührt werden. Anschließend wird kurz aufgelockert.

Weitere Fertigprodukte aus dem Bereich der Kartoffeln sind Rohmassen für Kartoffelknödel.

Im Tiefkühlbereich reicht die große Angebotspalette von fertigen Kroketten über Rösti bis zu Dauphinekartoffeln und Kartoffelpuffern.

Bei vegetarischer Kost verwendet man Kartoffelmasse gerne als Umhüllung oder Taschen für Gemüsefüllungen.

Gratinierte Rahmkartoffeln (Gratin dauphinois) werden in sehr guter Qualität passend zu Gastro-Norm-Einsätzen angeboten.

4.2 Klöße – Knödel – Nocken

dumplings
quenelles (w) et noques (w)

In gewerblichen Küchen werden Klöße manchmal im Voraus hergestellt, abgekühlt und bereitgehalten. Vor dem Ausgeben legt man sie erneut in siedendes Salzwasser ein und belässt sie darin, bis die Wärme zur Mitte durchgedrungen ist.

Beim Anrichten bestreicht man sie gelegentlich mit Butter oder übergießt mit Bröselbutter.

Nocken bestreut man mit Käse und träufelt Butter darüber.

Kartoffelklöße

potato dumplings
quenelles (w) de pommes (w) de terre

Zubereitung aus rohen Kartoffeln:

Bedarf für 2,5 kg Masse (20 Portionen)

2 kg	rohe Kartoffeln
0,35 l	Milch
70 g	Butter
180 g	Grieß
50 g	geröstete Semmelwürfelchen
	Salz, Muskat

- Kartoffeln in ein Gefäß mit kaltem Wasser reiben.
- Reibsel in ein Tuch schütten, abtropfen lassen und fest ausdrücken.
- Wenn sich die Stärke abgesetzt hat, Wasser abgießen,
- die Stärke mit den Kartoffeln mischen.
- Milch, etwas Salz und Butter aufkochen.
- Grieß einlaufen lassen und abrühren, bis sich ein Kloß gebildet hat.
- Gekochten Grieß heiß unter die ausgepressten Kartoffeln arbeiten und den Teig würzen.
- Klöße in gewünschter Größe formen, dabei Semmelwürfelchen in die Mitte drücken.
- Klöße in kochendes Salzwasser einlegen. Das Kochgeschirr muss so groß sein, dass sie nebeneinander Platz haben.
- Rasch zum Kochen bringen und bei wenig geöffnetem Deckel 20 Min. sieden lassen.

Zubereitung aus gekochten Kartoffeln:

Bedarf für 2,5 kg Masse (20 Portionen)

2 kg	gekochte Kartoffeln
125 g	Mehl
125 g	Grieß
5	Eier
50 g	Röstbrotwürfel
	Salz, Muskat

- Die Kartoffeln durchpressen, mit den anderen Zutaten vermischen.
- Klöße formen und in die Mitte Röstbrotwürfel einlegen.
- Rasch zum Kochen bringen und bei wenig geöffnetem Deckel 20 Min. sieden lassen.

Zubereitung aus rohen und gekochten Kartoffeln (Thüringer Klöße):

Bedarf für 2,5 kg Masse (20 Portionen)

1,5 kg	rohe Kartoffeln
800 g	gekochte Kartoffeln
	Salz, Muskat, Petersilie
50 g	geröstete Weißbrotwürfel
evtl. 50 g	gebratene, magere Speckwürfel
evtl. 50 g	angeschwitzte Zwiebelwürfel

- Die rohen Kartoffeln bearbeiten wie für rohe Kartoffelklöße (Seite 179).
- Die frisch gekochten, passierten Kartoffeln salzen, noch heiß zu einem Brei rühren und unter die rohe Kartoffelmasse mischen.
- Röstbrotwürfel in die portionierte Kloßmasse stecken, zu Kloß rollen und in leicht kochendem Wasser garziehen lassen.

Abb. 1 Croutons in die Mitte geben

Abb. 2 Gegarter Knödel geöffnet

Kartoffelnocken

potato dumplings *gnocchi (m) à la piémontaise*

Das Wort Nocken ist eine im italienischen Sprachraum gebräuchliche Bezeichnung für Klöße. Während Klöße meist Kugelform haben, gibt man Nocken kleinere, ovale oder andere Formen.

Bedarf für 2,5 kg Masse

2 kg	frisch gekochte Salzkartoffeln
400 g	Mehl
2	Eier
60 g	Butter
	Salz, Muskat

- Die frisch gekochten Salzkartoffeln passieren;
- in die heißen Kartoffeln Eier, Butter und Mehl einrühren;
- schnell aufarbeiten.
- Tischplatte mit Kartoffelmehl bestäuben,
- darauf die heiße Masse zu Walzen formen,
- diese in Scheiben schneiden und mit den Zinken einer Tischgabel markieren.
- Sofort in bereit stehendes kochendes Salzwasser einlegen,
- aufkochen lassen,
- mit einem Schaumlöffel zum Abkühlen in kaltes Wasser umsetzen.
- Auf einem Blech mit Tuch zum Wiedererwärmen auf Abruf bereit halten.

Kartoffelnudeln

potato noodles *nouilles (w) aux pommes (w) de terre*

Bedarf für 10 Portionen

1 kg	Kartoffeln (mehlig kochend)
300 g	Mehl oder Stärke
60 g	Butter
150 g	Semmelbrösel
2	Eigelb
	Salz, Muskat

- Kartoffeln kochen, schälen,
- heiß durch die Kartoffelpresse drücken und etwas abkühlen lassen.
- Die Kartoffelmasse mit Mehl, Gewürzen und Eigelb rasch zu einem Teig kneten und diesen sofort aufarbeiten, da er sonst weich wird.
- Den Teig mit Hilfe von Mehl zu einer Rolle formen,
- in kleine Stücke schneiden und diese
- zu fingerlangen Nudeln formen. Dabei die Hand, die Nudeln und die Arbeitsplatte immer wieder mit etwas Mehl bestäuben.
- Die Fingernudeln in siedendes Salzwasser legen,
- etwa 5 Min. ziehen lassen, herausnehmen und abtropfen lassen.
- Die Nudeln nun in geklärter, heißer Butter leicht abrösten, mit Brösel bestreuen und servieren.

Semmelknödel

bread-dumplings quenelles (w) de pain

Bedarf für 2,5 kg

1 kg	altbackene Semmeln oder Weißbrot
0,8–0,9 l	Milch
250 g	Zwiebelwürfel, angeschwitzt
100 g	Butter
7	Eier
	Petersilie, Salz, Muskat

- Semmeln oder Weißbrot in kleine Würfel schneiden.
- Davon 200 g in Butter hellbraun rösten und wieder den anderen Würfeln beigeben.
- In einer Schüssel mit der erwärmten Milch übergießen und 30 Min. zum Weichen beiseitestellen.
- Zerschlagene Eier und alle anderen Zutaten untermischen, würzen und 30 bis 45 Min. ruhen lassen.
- Aus der Masse Knödel in gewünschter Größe abdrehen,
- in sprudelnd kochendes Salzwasser einlegen und garen.

Vor dem Aufarbeiten der ganzen Masse einen kleinen Probeknödel kochen.

Hefeklöße

yeast dough-dumplings quenelles (w) à la levure

Bedarf für 1,8 kg

1 kg	Mehl
75 g	Hefe
10 g	Salz
125 g	Butter
0,4–0,5 l	Milch
1 TL	Zucker
2	Eier
2	Eigelb

- Milch anwärmen, Butter zerlaufen lassen, die anderen Zutaten temperieren.
- Mehl in eine Schüssel sieben.
- In der Mitte eine Mulde bilden,
- Hefe hineinbröckeln, einen Teil der Milch und den Zucker zugeben und
- mit etwas Mehl einen leichten Vorteig rühren.
- Schüssel zugedeckt an einen warmen Ort stellen, damit der Vorteig genügend aufgehen (gären) kann.
- Übrige Zutaten beifügen, alles zu einem glatten Teig verarbeiten und ihn
- zugedeckt nochmals aufgehen lassen.
- Auf bemehlter Arbeitsfläche aus dem Teig Walzen formen,
- diese in gleich schwere Stücke von 50 g teilen.
- Mit bemehlten Händen runde Klöße formen,
- auf bemehltes Brett ablegen und zugedeckt warmstellen.
- Klöße in kochendes Salzwasser einlegen und
- zugedeckt etwa 25 bis 30 Min. sieden.
- Nach halber Garzeit Klöße umdrehen.
- Garzustand mit einem Hölzchen probieren: Haftet kein Teig mehr daran, sind die Klöße gar.
- Klöße aus dem Wasser heben, dabei abtropfen lassen,
- anrichten, mit Butter bestreichen oder Bröselbutter darübergeben und sofort servieren.

Serviettenknödel

napkin dumplings quenelles (w) en serviette

Aus beiden vorgenannten Zubereitungen lassen sich Serviettenknödel herstellen.

Beim Rezept „Semmelknödel“ werden die Eier getrennt und das Eiweiß als steif geschlagener Schnee kurz vor dem Garen untergehoben.

Beim Rezept „Hefeklöße“ arbeitet man unter den Teig fünf in Würfel geschnittene, in wenig Milch vorgeweichte Semmeln und 150 g Röstbrotwürfel.

Abb. 1 Serviettenknödel garen und schneiden

Küche

Die weitere Verarbeitung ist bei beiden Teigen gleich:

- Statt Knödel formt man eine Walze oder einen Laib und legt ihn auf ein bemehltes Passiertuch.
- Das Tuch schlägt man locker um die Form, da der Teig während des Garprozesses noch aufgehen soll. Mit einem Bindfaden beide Enden zubinden.
- Den Serviettenknödel lässt man nun in einem entsprechend großen (länglich-ovalen) Gefäß in Salzwasser garziehen, wickelt ihn aus und schneidet ihn mit Hilfe eines Bindfadens in Scheiben

Als Beilage zu:

Pilzragouts, Schmor- und Sauerbraten, Burgunderbraten, geschmortem Wildbraten von Hirsch, Hase oder Wildschwein, Gulasch und braunen Ragouts.

Grießnocken

semolina dumplings *gnocchi (m) à la romaine*

Bedarf für 10 Portionen

0,5 l Milch
100 g Grieß
20 g Butter
1 Ei
Salz, Muskat

- Grieß in kochender Milch zu einem dicken Brei aufquellen lassen und
- mit Butter, Gewürzen und verrührtem Ei vermischen.
- Blech mit Backpapier auslegen, die Grießmasse darauf aufstreichen (ca. 1,5 cm dick),
- auskühlen lassen und mit Parmesan bestreuen.
- Grießnocken halbmondförmig ausstechen und überbacken.

Polenta

Polenta *polenta (w)*

Bedarf für 10 Portionen

50 g Butter
250 g groben Maisgrieß
0,6 l Wasser
0,6 l Milch
100 g Zwiebelwürfel
100 g Parmesan
Salz, weißer Pfeffer

- Zwiebeln in Butter anschwitzen,
- mit Wasser und Milch aufgießen und aufkochen.
- Maisgrieß einlaufen lassen und ca. 5 Minuten unter ständigem Rühren kochen,
- danach bei geringster Temperaturzufuhr ca. 30 Minuten quellen lassen.
- Geriebenen Parmesan unterziehen und auf einem mit Klarsichtfolie belegtem Blech nach gewünschter Dicke aufstreichen und auskühlen lassen.

Die Herstellung von Polenta

Abb. 1 Grieß einlaufen lassen

Abb. 2 Masse abgebunden

Abb. 3 Masse ausbreiten

Abb. 4 Form geben

Pariser Nocken

Paris dumplings — *gnocchi (m) à la parisienne*

Bedarf für 10 Portionen

0,4 l	Milch
60 g	Butter
200 g	Mehl
6	Eier
	Salz

- Brandmasse herstellen,
- mit Spritzbeutel und Lochtülle (Nr. 8) haselnussgroße Nocken in siedendes Salzwasser abstechen,
- kurz garen.
- Auf Gratinplatte anrichten,
- mit Béchamelsauce nappieren, mit Parmesan bestreuen, Butterflocken auflegen und überkrusten.

4.3 Teigwaren

pasta — *pâtes (w) alimentaires*

Sie werden in der neuzeitlichen Küche gelegentlich selbst hergestellt. Für die Eigenproduktion verwendet man neben Weizenmehlen auch fein gemahlene Vollkornmehle aus Roggen, Dinkel (mit Grünkern) oder Buchweizen. Industriell hergestellte Teigwaren werden meist aus Hartweizengrieß gefertigt.

Teigwaren sind neben Kartoffeln und Reis eine wichtige Sättigungsbeilage, aber auch Hauptbestandteil vieler beliebter Gerichte.

Nudeln

Nudelteig

noodle-dough — *pâte (w) de nouilles*

Bedarf für 10 Portionen

1 kg	Mehl
400 g	Eier
200 ml	Wasser
8 g	Salz

- Mehl auf die Arbeitsfläche sieben,
- in der Mitte eine Mulde bilden und die aufgeschlagenen Eier zugeben.
- Alles zusammen zu einem glatten Teig kneten.
- Den Teig in 4 bis 6 Stücke teilen und gegen Austrocknen zugedeckt etwa 30 Min. ruhen lassen. Dadurch entspannt sich der Kleber im Mehl, und der feste Teig lässt sich später leichter ausrollen.

Formgebung

Bei manueller Weiterverarbeitung des Teiges wird dieser mit einem Rollholz zu der gewünschten Dünne ausgerollt und unter mehrmaligem Wenden angetrocknet. Danach wird der Teig in der gewünschten Breite geschnitten.

Abb. 1 Teigbereitung

Steht für die Nudelherstellung eine Maschine zur Verfügung, so übernimmt diese sowohl das Ausrollen als auch das Schneiden der Nudeln.

Abb. 2 Formgebung

Abwandlungen:

Nudeln bekommen Farbe und eine zusätzliche Geschmacksnote durch:

- Tomatenpüree, Rote-Bete-Saft, Karottensaft, reduzierten Rotwein;
- Spinat- oder Mangoldpüree, feingehackte Küchenkräuter;
- Vollkornmehle, Buchweizenmehl, Steinpilzpulver;
- Sepiatinte.

Trocknung

Nudeln können sofort nach dem Schneiden gegart werden. Will man sie auf Vorrat fertigen, muss man sie trocknen. Erst, wenn sie völlig trocken sind, werden sie staubfrei verpackt und bis zur Verwendung aufbewahrt.

Abb. 1 Trocknung

Garen

Teigwaren werden in viel sprudelndem Salzwasser gekocht. Die Kochbewegungen des Wassers und gelegentliches Umrühren verhindern ein Zusammenkleben bzw. ein Ankleben der Teigwaren am Topfboden. Das schnelle Erhitzen lässt die Randschichten rasch verkleistern, wodurch sich die Schaum- und Schleimbildung verringert. Etwas Öl im Kochwasser verhindert ein Zusammenkleben.

Teigwaren sind gar, wenn sie beim Probieren noch einen leichten Biss haben, also „al dente" sind. Sie werden dann sofort abgeschüttet und meist auch noch in kaltem Wasser abgekühlt oder, falls sie gleich heiß weiterverwendet werden, mit frischem heißem Wasser überspült.

Die Garzeit liegt zwischen 2 und 14 Min. und wird wesentlich von der Dicke der Teigwaren beeinflusst. Am kürzesten ist sie bei frisch hergestellten Produkten.

Portionsmengen:
- Vorgerichte 30 g
- Beilagen 60 g
- Gericht 100 g

Vorrätighalten – Wiedererwärmen

Teigwaren werden auf Vorrat gekocht und bei Bedarf wieder erwärmt.

Die abgeschütteten Teigwaren werden mit kaltem Wasser überbraust und unter einer Folie aufbewahrt, um sie vor dem Austrocknen zu schützen. Bei Bedarf erhitzt man die Teigwaren in kochendem Salzwasser, lässt sie im Durchschlag gut abtropfen und schüttet sie in ein bereit gehaltenes Gefäß. Mit einer Gabel werden frische Butterflocken untergezogen. Dabei legt sich die Butter um die Teigwaren und verleiht ihnen einen feinen Schmelz.

Gefüllte Teigwaren

Darunter versteht man alle Täschchen, Päckchen und Halbmonde, die mit verschiedenen Füllmassen gefüllt, dann gekocht und mit entsprechenden Saucen serviert werden.

Die bekannten italienischen Produkte sind neben den Ravioli rund ausgestochene Tortellini.

Sehr bekannt sind die Südtiroler Schlutzkrapfen und die schwäbischen Maultaschen.

Durch unterschiedliche Füllungen aus Käse, Gemüse, Fisch, Krustentieren, Wild, Pilzen, Schlachtfleisch usw. erhalten die Teigtaschen ihre besondere, geschmackliche Note.

Ravioli mit Ricotta und Spinat

Nudelteig von 500 g Mehl (von Seite 183)

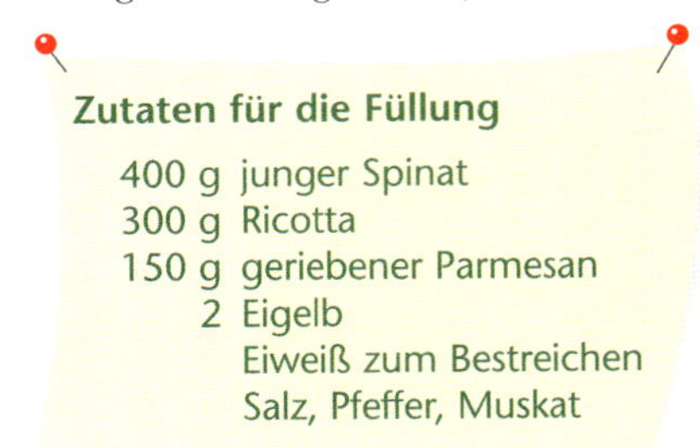

Zutaten für die Füllung

400 g junger Spinat
300 g Ricotta
150 g geriebener Parmesan
2 Eigelb
Eiweiß zum Bestreichen
Salz, Pfeffer, Muskat

- Spinat kurz blanchieren, in Eiswasser abschrecken, abtropfen lassen, dann gut auspressen und hacken.
- Mit den restlichen Zutaten vermischen.
- Teigplatten ausrollen, Füllung in ausreichendem Abstand aufteilen, dazwischen mit Eiweiß bestreichen und mit zweiter Teigplatte bedecken.
- Obere Teigplatte um die Füllungserhebungen andrücken und mit Messer oder Teigrädchen schneiden.

Abb. 2 Füllung zwischen Teigplatten

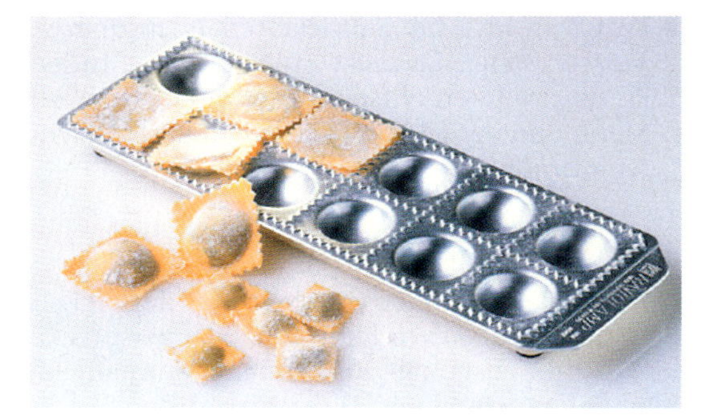

Abb. 3 Ravioli mit Form herstellen

Für die Herstellung von Ravioli kann man auch eine spezielle Ravioli-Form verwenden oder speziell ausgerüstete Nudelmaschinen.

Tortellini

Je kleiner die Nudelart wird, umso feiner muss auch die Füllung verarbeitet sein.

Ausgestochene Teigscheiben werden mit feiner Füllung belegt, mit Ei bestrichen, halbmondförmig zusammengeklappt, die beiden Enden nochmals bestrichen und um den Finger ringförmig zusammengedrückt.

Abb. 1 Formen von Tortellini

Lammfleisch-Füllung

300 g	gewolftes Lammfleisch
100 g	Zwiebelwürfel
2 EL	Olivenöl
50 g	Karottenwürfel
50 g	Selleriewürfel
1	Ei
2 EL	Paniermehl
	Salz, Pfeffer
	Rosmarin, Thymian

Spätzle

Spätzle

Swabian spaetzle *spaetzli (m)*

Bedarf für 10 Portionen

1 kg	Mehl
20 g	Salz
etwa 0,2 l	Wasser oder Milch
12	Eier

- Das gesiebte Mehl mit den restlichen Zutaten zu einem sehr glatten Teig schlagen, bis er Blasen bildet.
- Die Spätzle durch Hobeln (Abb. 2), Schaben (Abb. 3) oder Pressen (Abb. 4) formen.
- Beim Schaben der Spätzle den Teig in kleinen Mengen auf das angefeuchtete Spätzlebrett geben,
- mittels einer Palette glattstreichen.
- Das Brettchen mitsamt dem aufgestrichenen Teig nochmals kurz in das Kochwasser tauchen.
- Dann mit einer Palette dünne Teigstreifen vom Brett direkt in das kochende Salzwasser schaben.
- Nach einmaligem Aufkochen die Spätzle mit einem Schaumlöffel abschöpfen und in kaltes Wasser geben.
- Im Durchschlag gut abtropfen lassen und auf ein mit einem Tuch bedecktes Blech legen.
- Zum Wiedererwärmen werden Spätzle in einer Pfanne mit aufgelöster Butter geschwenkt.

Käsespätzle

Mit dem Hobel hergestellte Spätzle werden heiß direkt aus dem Kochwasser mit dem Schaumlöffel in eine Schüssel gegeben und lagenweise mit Reibkäse (Allgäuer Bergkäse) bestreut. Obenauf kommen in zerlassener Butter gebräunte Zwiebelwürfel.

Drei Herstellungsformen für Spätzle

Abb. 2 Hier wird Spätzleteig zu Knöpfle gehobelt.

Abb. 3 Die Spätzle werden vom Brett geschabt.

Abb. 4 Oder man presst die Spätzle durch eine Presse.

4.4 Reis

rice *riz (m)*

Reis schmeckt neutral und ist vielseitig verwendbar.

Portionsmengen:

- Vorgericht 20 g bis 30 g
- Beilage 40 g bis 50 g
- Gericht 60 g bis 70 g
- Suppeneinlage 5 g bis 10 g

Gekochter Reis

boiled rice *riz (m) blanc*

Bedarf

5 l Wasser
50 g Salz
500 g Reis

Garzeit ca. 18 Min.

Oftmals wird der Reis vor dem Kochen mit kaltem Wasser abgewaschen, damit feine Stärkereste den Reis und das Kochwasser nicht verkleben.

Naturreis wird auf jeden Fall gründlich gewaschen.

- Salzwasser aufkochen und Reis einrühren.
- Wärmezufuhr drosseln und Reis garen.
- Gegarten Reis sofort in ein Sieb geben und unter fließendem kaltem Wasser abkühlen.
- Gut abtropfen lassen und bis zum Bedarf kühlstellen.

Wiedererwärmung:

- Im Ofen: auf gefettetem Blech Reis ausbreiten, mit Butterflocken belegen, unter mehrmaligem Wenden erwärmen.
- Im Kombidämpfer: auf gelochtem Gastro-Norm-Behälter unter Dampfzuführung erwärmen.
- Portionsweise in der Pfanne in Butter schwenken.
- Portionsweise im Mikrowellengerät regenerieren.

Abb. 1 Die Herstellung von Pilaw in vier Schritten

Pilaw

pilaf rice *riz (m) pilaf*

Bedarf

1 kg Reis (Langkorn)
150 g Butter
250 g Zwiebelbrunoise
2 l helle Fleischbrühe
Salz

Garzeit ca. 18 Min.

- Reis waschen und gut abtropfen lassen.
- Zwiebelbrunoise in Butter farblos anschwitzen ①,
- Reis zugeben und so lange umrühren, bis er glasig wird ②.
- Mit heißer Fleischbrühe auffüllen, salzen und zugedeckt im heißen Ofen garen ③.
- Den Reis mit einer Fleischgabel lockern und dabei gleichzeitig einige Butterflöckchen untermischen ④.

Risotto

risotto *risotto (m)*

Bedarf

1 kg Reis (Rundkorn)
100 g Butter
50 g Olivenöl
250 g Zwiebelbrunoise
150 g geriebener Parmesan
ca. 3,5 l helle Fleischbrühe

Garzeit ca. 18 bis 20 Min.

- Zwiebelbrunoise in Öl und 50 g Butter farblos anschwitzen,
- Reis (vorzugsweise italienischen Rundkornreis) zugeben und glasig werden lassen.
- Unter Rühren etwas heiße Fleischbrühe zugießen.
- Diesen Vorgang solange wiederholen, bis der Reis gar ist.
- Danach restliche Butter und den Parmesan unter den Reis mischen.

Das fertige Risotto soll eine **leicht breiige Konsistenz** haben bzw. in sich etwas gebunden sein.

Abb. 1 Fleischbrühe zugießen

Abb. 2 Unter Rühren garen

Abb. 3 Fertiges Risotto

Alle Reiszubereitungen können ergänzt und geschmacklich variiert werden durch Zugabe von: Curry, Paprika, Safran, Kräutern, Pilzen, Tomatenfleischwürfeln, Erbsen, Hühnerfleisch, Lammfleischwürfeln, Schinken, Krabben, Fischfiletstücken, Tintenfisch usw.

Wildreis

Eine besondere Art ist der kanadische Wildreis mit seinem delikat-nussartigen Geschmack.

Man wäscht den Wildreis kurz und gibt ihn in die dreifache Menge kochendes Wasser, kocht ihn nur 3 bis 5 Minuten, entfernt den Topf vom Herd und lässt ihn zugedeckt eine Stunde quellen.

Dieser nach dem „Schnell-Quell-Verfahren“ vorbereitete Wildreis wird nun in Salzwasser ca. 30 Minuten gekocht. Das Restwasser wird abgegossen.

Manchmal gibt man dem Wildreis nach zehnminütiger Garzeit die gleiche Menge Langkornreis zu und gart beide Reissorten zusammen. Bei dieser Methode entsteht eine schöne, schwarzweiße Reisbeilage.

Aufgaben

1 Welcher Posten in der Küche ist für die Zubereitung der Beilagen zuständig?

2 Welche Kartoffelzubereitungsarten werden in Fleischbrühe gegart?

3 Sie haben eine Krokettenmasse hergestellt. Was sollten Sie unbedingt vor der Verarbeitung der ganzen Masse getan haben?

4 Benennen Sie die Kartoffelzubereitungen auf nebenstehendem Bild.

5 Wie heißt die Kartoffelmasse mit Brandteig?

6 Erklären Sie die Herstellung von Kartoffelschnee.

7 Ein Gast wünscht als Beilage zu seinem Gericht keine Kartoffeln. Welche andere Beilage empfehlen Sie ihm?

8 Womit können Teigwaren bunt gefärbt werden?

9 Nennen Sie 3 Fertigstellungsmethoden für Spätzle.

10 Erklären Sie den Begriff „Polenta“.

11 Erklären Sie Ihrem neuen Azubi-Kollegen den Unterschied zwischen Pilaw und Risotto.

12 Wie bereiten Sie Wildreis zu?

5 Eierspeisen 🇬🇧 *egg dishes* 🇫🇷 *entremets (m) aux œufs*

Eier schmecken neutral, sind leicht verdaulich und lassen sich sehr abwechslungsreich zubereiten.

Frühstücksgerichte

- Gekochte Eier in der Schale oder im Glas
- Pochierte Eier auf Toast
- Rühreier naturell oder mit Schinkenstreifen
- Spiegeleier naturell oder mit krossem Speck

Kalte Vorspeisen

- Halbierte, gefüllte Eier auf Frühlingssalat
- Eiersalat mit Kräutern, in Tomaten gefüllt
- Pochierte Eier mit Räucherlachs und Kresse
- Eierscheiben mit Krabben in Estragongelee

Warme Zwischengerichte

- Eier im Näpfchen mit Sahne
- Frittierte Eier mit Speck auf Toast, Tomatensauce
- Pochierte Eier mit Mornaysauce, überbacken
- Rühreier mit Geflügelleber und Pilzen

Eigenständige warme Gerichte

- Wachsweiche Eier in Currysauce mit Tomatenreis
- Omelett mit Kalbsragout und Petersilienkartoffeln
- Spiegeleier auf Rahmspinat mit Fondantkartoffeln
- Käseomelett mit buntem Salatteller

5.1 Gekochte Eier

🇬🇧 *boiled eggs* 🇫🇷 *œufs (m) cuits*

Zum Kochen verwendet man Eier ohne Sprünge. Bei schadhafter Schale würde während des Kochens das Eiweiß austreten. Darum prüft man Eier, indem man je zwei leicht gegeneinander klopft.

Eier, die direkt aus dem Kühlschrank kommen, legt man vor dem Kochen in warmes Wasser. Der damit erreichte Temperaturanstieg mindert die Gefahr des Reißens der Schale.

Werden größere Mengen Eier gekocht, legt man sie in einen Drahtkorb und gibt diesen in das kochende Wasser. Die Eier müssen vom Wasser bedeckt sein.

Die Kochzeit wird vom Wiederaufwallen des Wassers an gerechnet.

Hart gekochte Eier

🇬🇧 *hard boiled eggs* 🇫🇷 *œufs (m) durs*

Hart gekochte Eier haben eine Kochzeit von 10 Minuten.

Will man die Eier gleich verwenden, werden sie nach dem Kochen mit kaltem Wasser abgeschreckt. Wenn man die Eier in einer mit kaltem Wasser gefüllten Schüssel schält, lässt sich die Schale leichter entfernen.

Bei hart gekochten Eiern kann es vorkommen, dass sie sich schlecht schälen lassen oder dass der Dotter einen blaugrünen Rand zeigt. Beides hat nichts mit dem Abschrecken zu tun, sondern mit dem Alter des Eies.

Sehr frische Eier lassen sich schwerer schälen, haben aber einen hellen Dotter. Ältere Eier lassen sich dagegen leichter schälen, neigen aber zu dunklerem Dotterrand. Das mindert aber nicht die Qualität.

Werden Eier auf Vorrat gekocht, bewahrt man sie am besten in der Schale auf.

Will man geschälte Eier vorrätig halten, legt man die Eier in kaltes Wasser, damit sie sich nicht verformen.

Weiche Eier in der Schale

🇬🇧 *soft boiled eggs*
🇫🇷 *œufs (m) à la coque*

Die gekochten Eier werden in kaltem Wasser abgeschreckt und warm in Eierbechern serviert.

Kochdauer: 3 bis 5 Min. nach Wunsch

Weiche Eier im Glas

🇬🇧 *soft boiled eggs*
🇫🇷 *œufs (m) en verre*

Nach Abschrecken in kaltem Wasser die gekochten Eier behutsam schälen, in Gläser legen und warm servieren.

Kochdauer: 4 Min.

5.2 Pochierte Eier

poached eggs *œufs (m) pochés*

Pochierte Eier werden ohne Schale in ungesalzenem Essigwasser gegart. Der Dotter soll am Ende der Garzeit weich sein.

Die Eier müssen unbedingt frisch sein, damit sich das Eiweiß im Wasser nicht zu einer formlosen Masse verliert. Das Wasser darf nur am Siedepunkt sein und nicht wallen, weil sonst durch die Bewegung des Wassers das Eiweiß auseinander gezogen würde. Der Essiggehalt des Wassers begünstigt das Gerinnen, ohne den Geschmack zu stark zu beeinflussen.

Arbeitsablauf

- Wasser in geräumigem Topf zum Sieden bringen, je Liter ein EL Essig beigeben,
- Eier in Schälchen aufschlagen und in rascher Folge in das siedende Wasser gleiten lassen,
- 4 Min. ziehen lassen,
- mit Schaumkelle entnehmen und in kaltem Wasser abschrecken,
- abstehende Eiweißenden abschneiden,
- in gesalzenem warmem Wasser (50 °C) bis zum Servieren bereithalten,
- vor dem Anrichten auf Tuch abtropfen lassen.

Die pochierten Eier werden auf gebutterten Toastscheiben oder in gefüllten Törtchen mit einer entsprechenden Sauce angerichtet. Die Füllung der Törtchen kann aus Fleischragout oder feinen gebundenen Gemüsen oder Pilzen bestehen. Pochierte Eier können aber auch mit Gemüsen angerichtet und mit Mornaysauce überbacken werden.

Abb. 1 Ei ins Wasser gleiten lassen

Abb. 2 In Eiswasser abschrecken

Abb. 3 Auf Tuch abtropfen lassen

Abb. 4 Wieder erwärmt und angerichtet

5.3 Spiegeleier

fried eggs *œufs (m) sur le plat*

Spiegeleier werden in stabilen Stielpfannen oder in feuerfesten Spezial-Eierplatten zubereitet. Am Ende der Garzeit soll das Eiweiß gestockt, die Dotter sollen aber weich und glänzend sein. Beim Würzen das Eigelb nicht salzen, da sich sonst weiße Punkte bilden.

Arbeitsablauf

- Butter in dem gewählten Geschirr erhitzen,
- Eier einschlagen,
- bei mäßiger Temperatur garen, damit das Eiweiß ohne scharfe Bratränder vollkommen gerinnt,
- nur Eiweißfläche würzen, denn Salzkörnchen auf dem Eigelb bilden helle Flecken,
- bei Zubereitung in der Pfanne Eier mit einer Winkelpalette entnehmen und auf einer vorgewärmten Platte anrichten,
- Zubereitungen in Spezialplatten so rechtzeitig vom Herd nehmen, dass das Eigelb trotz der nachwirkenden Wärme weich bleibt.

Abwandlungen

Spiegeleier mit gebratenem Speck oder gebratenem Schinken, mit Rostbratwürstchen, Geflügellebern oder Scheiben von Nieren, mit Spargel oder Pilzen.

5.4 Rühreier

scrambled eggs
œufs (m) brouillés

Rühreier werden in einer Stielpfanne zubereitet. Tadellose Ergebnisse erfordern eine vollkommene Vermischung von Eiweiß und Eigelb, eine langsame Gerinnung der Eimasse bei andauerndem Rühren sowie die Einhaltung der richtigen Gardauer. Rühreier sollen von kleinflockiger, cremig-lockerer Beschaffenheit sein.

Müssen Rühreier im Voraus bereitet werden, so schlägt man je Ei einen Esslöffel Milch oder Sahne in die Eimasse. Die zarte Konsistenz der Rühreier bleibt dadurch besser erhalten. Verwendet man pasteurisiertes Vollei, besteht auch dann keine Salmonellengefahr, wenn Rühreier vorrätig gehalten werden.

Arbeitsablauf

- Eier in eine Schüssel schlagen,
- würzen und mit Schneebesen verrühren,
- Butter in einer Pfanne erwärmen,
- bei mäßiger Hitze Eimasse eingießen und stocken lassen,
- gerinnende Eimasse fortlaufend mit einer Winkelpalette von der Bodenfläche abrühren,
- kleinflockige, cremige Rühreier sofort auf eine vorgewärmte Platte leeren oder anrichten.

Abb. 1 Rührei mit verschiedenen Garnituren

Abwandlungen

Zubereiten mit Schnittlauch, gemischten Kräutern, geröstetem Speck oder Schinken, angebratenen Pilzen, Brotkrüstchen oder geriebenem Käse;

Anrichten in Tarteletts, Schiffchen, Artischockenböden, Auberginen, Tomaten oder auf Toast;

Garnieren mit Spargel, Geflügelleber, Rostbratwürstchen oder Krebsschwänzen.

5.5 Omelett

Zur Zubereitung von Omeletts benutzt man eine Omelettpfanne. Der Übergang vom Boden zu dem etwas steileren und höheren Rand ist bei dieser Pfanne gerundet. Man darf sie nur für diesen Zweck verwenden. Selbst kleinste angebackene Reste anderer Zubereitungen würden die Eier anhängen lassen, das Omelett wäre nicht zu formen.

Ein fachgerecht zubereitetes Omelett soll eine schöne Form haben, es soll außen zart und glatt und innen von weicher Konsistenz sein.

Arbeitsablauf

- Eier in eine Schüssel schlagen, würzen und mit einem Schneebesen vollkommen vermischen oder pasteurisiertes Vollei verwenden,
- Butter in einer Omelettpfanne schmelzen,
- Eimasse hineingießen, bei starker Hitze mit dem Rücken einer Gabel rühren und die Pfanne bewegen,
- die gleichmäßig gerinnende, cremige Masse durch Schräghalten in den vorderen Pfannenteil gleiten lassen,
- mit den Gabelzinken die verbliebene dünne Bodenschicht vom Pfannenstiel aus bis zur Mitte hin umklappen,
- Pfanne anheben, mit der Faust auf den Pfannenstiel schlagen, wodurch das Omelett vollends in den vorderen Pfannenteil gerät, sich rollt und schließt,
- aus dieser Lage das Omelett auf eine erwärmte, gefettete Platte kippen,
- mit einem aufgespießten Butterstückchen das Omelett behutsam bestreichen, damit es appetitlich glänzt.

Abb. 2 Eimasse mit Gabel rühren.

Abb. 3 Omelett zum Rand rollen und formen.

Abb. 4 Omelett auf Teller stürzen.

Abb. 5 Omelett mit Butter bestreichen.

Abwandlungen

Omeletts kann man mit verschiedenen Beigaben servieren. Besonders geeignet sind gedünstete Pilze, Tomaten, Spargel, Speck oder Schinken, feines Geflügelragout, Geflügelleber, Nieren, Kalbsbries, geröstete Brot- oder Kartoffelwürfelchen oder Käse.

Die Beigabe erfolgt auf verschiedene Arten:

- Zutaten anschwitzen und mit der rohen Eimasse übergießen und garen,
- Zutaten wie zum Beispiel Reibkäse unter die rohe Eimasse geben,
- als Füllung in die Mitte des Omeletts vor dem Falten, in das angerichtete, längs eingeschnittene Omelett einfüllen,
- neben dem fertigen Omelett anrichten.

5.6 Frittierte Eier

deep fried eggs *œufs (m) frits*

Frittierte Eier werden einzeln ohne Schale in heißem Öl gebacken. Am Ende der Garzeit soll der Dotter weich und von goldbraun gebackenem Eiweiß umgeben sein.

Beim Frittieren wirft das rasch stockende Eiweiß große Blasen. Diese werden mit der tiefen Laffe eines Holzlöffels fortlaufend an den Dotter gedrückt, ohne ihn zu beschädigen. Weil man die Eier einzeln frittieren muss, ist die Zubereitung zeitaufwendig.

Arbeitsablauf

- In einer kleineren, tiefen Stielpfanne etwa 0,25 *l* Öl auf 180 °C erhitzen.
- Eier einzeln in Schälchen aufschlagen, Pfanne leicht neigen, damit das Öl an eine Seite läuft, ein Ei in die geneigte Pfanne gleiten lassen, mit einem Holzlöffel die Eiweißblasen immer wieder rasch an den Dotter drücken.
- Ei zum gleichmäßigen Bräunen behutsam wenden, nach einer Minute Backdauer mit Schaumlöffel entnehmen.
- Auf saugfähiger Unterlage bei 50 °C warmhalten.

Nachdem alle Eier frittiert sind, werden sie gewürzt und vorwiegend auf Toast angerichtet.

Beigaben

Gegrillte Speck- und Schinkenscheiben, gebratene Nieren oder Würstchen, frittierte Auberginen oder Zucchini, sautierte Pilze, gedünsteter Blattspinat, frittierte Petersilie, Curry-, Tomaten-, Tatarensauce.

5.7 Eier in Näpfchen

eggs in molds
œufs (m) en cocotte

Eier in Näpfchen gart man in feuerfesten Porzellanförmchen (Cocotten) im Wasserbad. Das Ei soll am Ende der Garzeit einen weichen Dotter aufweisen.

Arbeitsablauf

- Förmchen mit Butter ausstreichen und Sahne eingießen,
- aufgeschlagenes Ei daraufgeben,
- mit Butterstückchen belegen, damit sich keine Haut bildet,
- im Wasserbad bis zum Stocken garen.

Eier in Näpfchen werden in der Form serviert.

Anstelle von Sahne gibt man z. B. Geflügelragout, Ragout von Kalbsbries oder Krustentieren, gedünstete Gemüse, Pilz- oder Zwiebelpüree oder Schinken- und Käsewürfelchen in die Förmchen und ergänzt nach dem Garen mit einer dazu passenden Sauce.

Abb. 1 Eier im Näpfchen, roh und gegart

5.8 Pfannkuchen – Eierkuchen

pancakes
pannequets (m)/crêpes (w)

- Milch und Mehl gut verrühren, die Eier dazugeben und alles zu einer glatten Masse schlagen.
- Pfanne mit Butter erhitzen.
- Pfannkuchenteig durch rotierende Bewegung gleichmäßig dünn in der Pfanne verteilen.
- Farbe nehmen lassen, wenden und fertig backen.

Bedarf für 10 Stück, ∅ ca. 22 cm

250 g Mehl
0,75 l Milch
80 g Butter
10 Eier
1 Msp. Salz

Um die Pfannkuchen lockerer zu machen, kann man die Eier trennen und das Eiweiß als Schnee unter die angerührte Masse heben.

Die Eierkuchen werden in einer Pfanne mit heißer Butter gebacken. Man lässt sie auf dem Herd Farbe nehmen, dreht sie um und backt sie im Ofen fertig.

Die Pfannkuchen sollen goldgelb und leicht aufgebläht sein und schnellstens dem Gast serviert werden.

Pfannkuchen können u. a. mit eingebackenem Speck und grünem Salat oder mit eingebackenen Apfelscheiben und Zucker serviert werden.

Man kann die Pfannkuchen auch mit Wurstfarce (Brät) bestreichen, aufrollen, in Dampf garen und erhält so die so genannten Brätstrudel, die ebenfalls als Suppeneinlage oder als kleines, warmes Zwischengericht Verwendung finden.

Pfannkuchenteig dünn verteilen

Farbe nehmen lassen

Für Suppeneinlage feine Streifen schneiden

Die Herstellung von Crêpes wird im Kapitel „Süßspeisen" behandelt.

Schutz vor Salmonellen

Hühnereier können von Salmonellen befallen sein. Bei der Verarbeitung, z. B. beim Aufschlagen der Eier, können die Salmonellen mit dem Ei-Inhalt in Berührung kommen und so in Speisen gelangen.

Um den Gast vor Salmonellen zu schützen, sind folgende Regeln zu beachten:

- **nur frische Eier verwenden**, die Luftkammer ist dann klein,
- **Eier kühl lagern**, dann können sich die Salmonellen kaum vermehren,
- **warme Eierspeisen**, z. B. Rührei oder Ei im Näpfchen, dürfen nur bis zwei Stunden nach der Herstellung angeboten werden,
- **Speisen aus pasteurisierten Eiprodukten** können länger warmgehalten werden.
- **Eier, deren Mindesthaltbarkeit abgelaufen ist**, dürfen nur in durcherhitzter Form angeboten werden,
- **wenn das Eigelb geronnen ist**, besteht keine Salmonellengefahr,
- **Proben müssen zurückgestellt werden**, wenn mehr als 30 Portionen von eihaltigen Speisen hergestellt werden. Die Proben sind mindestens 96 Stunden (4 Tage) gekühlt aufzubewahren.

Aufgaben

1. Zählen Sie fünf verschiedene Garverfahren für Eier auf.
2. Beschreiben Sie die Zubereitung von: a) Rühreiern b) Spiegeleiern c) Omelett d) Eiern im Näpfchen.
3. Beschreiben Sie Beilagen, Saucen oder Garnituren, die zu pochierten Eiern passen.
4. Schildern Sie Ihrem jüngeren Kollegen die Herstellung eines Omeletts.
5. Nennen Sie vier verschiedene Arten von Omeletts.
6. Welche Materialien sind zur Herstellung eines Pfannkuchens notwendig?
7. Schildern Sie den Arbeitsablauf bei der Herstellung von Pfannkuchen.
8. Was versteht man unter „Rückstellproben"?

Projekt

Vegetarisches aus Bio-Produkten

In unserem Hause werden Bio-Produkte aus der Region vorgestellt.

Dabei soll mit einer Aktion auf die vielfältigen Möglichkeiten der Zubereitung und Präsentation vegetarischer Gerichte hingewiesen werden.

Damit die Aktion für die Bio-Produzenten sowie für unser Haus ein voller Erfolg wird, muss sie mit größter Sorgfalt geplant, vorbereitet und ausgeführt werden.

Analyse

1 Was bedeutet für die Köche diese Herausforderung?

2 Welche Gesichtspunkte müssen dabei beachtet werden?

Vorschläge

1 Erarbeiten Sie Vorschläge für ein vegetarisches 3-Gang-Menü und/oder ein vegetarisches Büfett mit mindestens drei kalten und vier warmen Gerichten.

2 Beachten Sie bei Ihren Ausarbeitungen die Vielfalt der Produkte, der Zubereitungsarten und der Gerichte.

3 Erstellen Sie zu den Speisevorschlägen Rezepturen für jeweils 10 Portionen.

4 Fertigen Sie zu Ihrer Aufgabe einen Arbeitsablaufplan an. Vergleichen Sie Seite 47.

5 Kochen Sie die Gerichte vor der Aktion mindestens einmal und lassen Sie diese von verschiedenen Leuten beurteilen. Benutzen Sie hierzu das Degustationsblatt von Seite 139.

6 Führen Sie eine Ergebnisliste, die Sie anschließend auswerten. Die besten Gerichte wählen Sie für Ihr Menü oder das vegetarische Büfett aus.

Kosten

Die Veranstaltung mit 3-Gang-Menü oder Büfett soll für 100 Personen ausgerichtet werden.

1 Stellen Sie zur Kostenermittlung den Materialbedarf anhand der Rezepturen fest.

2 Erstellen Sie nun eine Kostenübersicht für den gesamten Materialeinsatz.

Das Thema gästeorientiert darstellen

1 Welche Möglichkeiten haben Sie, das Thema optisch gut darzustellen?

2 Nennen Sie Vor- und Nachteile bei der Präsentation eines vegetarischen Menüs oder eines vegetarischen Büfetts.

3 Welche Ideen werden Sie entwickeln, um das Thema dekorativ zu präsentieren?

BASISWISSEN: GETRÄNKE

Der Mensch besteht zu etwa zwei Dritteln aus Wasser. Wie notwendig regelmäßige Flüssigkeitszufuhr ist, beweist die Tatsache, dass man im Extremfall nur wenige Tage ohne Wasser auskommen kann, ohne Essen dagegen längere Zeit – wie Fastenkuren zeigen.

Der Abschnitt Getränke beginnt mit den alkoholfreien Getränken. Zuerst werden die Durstlöscher Trinkwasser und Mineralwasser behandelt. Dann führt der Weg zu den Produkten aus Obst, die uns viele Vitamine und Mineralstoffe liefern. Es folgen die Aufgussgetränke mit ihren anregenden Wirkstoffen.

Die alkoholhaltigen Getränke bilden einen eigenen Abschnitt.

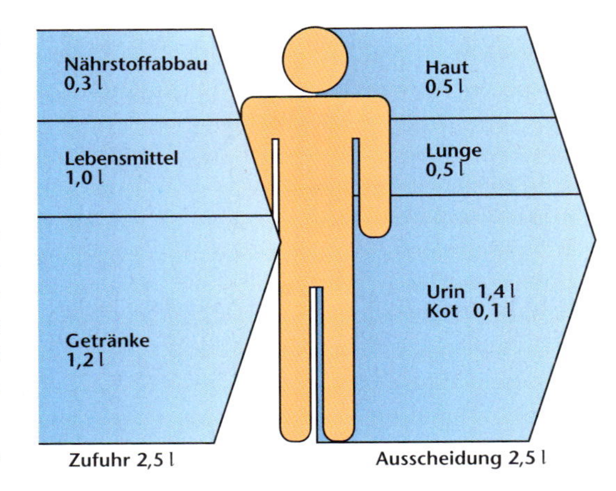

Abb. 1 Wasseraufnahme – Wasserabgabe

1 Wässer *drinking water and mineral water* *eau (w) potable et des eaux minérales*

Das Lebensmittelrecht unterscheidet bei Wässern je nach Herkunft und Eigenschaften verschiedene Arten.

Diese kann man in zwei Gruppen unterteilen, nämlich Trinkwasser und natürliches Mineralwasser.

1.1 Trinkwasser

drinking water *eau (w) potable*

Trinkwasser ist Wasser, das zum direkten Genuss sowie zur Zubereitung von Speisen und zur Herstellung von Lebensmitteln geeignet ist. Es muss darum auf jeden Fall hygienisch einwandfrei sein. Man erhält es entweder aus Grundwasser (hier wirkt der Boden als natürlicher Filter) oder aus Oberflächenwasser, das entsprechend aufbereitet werden muss.

- **Tafelwasser** ist, vereinfacht gesagt, hygienisch einwandfreies Trinkwasser mit Zusätzen wie z. B. Sole oder Meerwasser. Diese sollen das Wasser vor allem geschmacklich verbessern. Die Zusätze müssen auf dem Etikett genannt werden. Am bekanntesten aus dieser Gruppe ist das **Sodawasser.**
- **Quellwasser** ist Trinkwasser aus unterirdischen Wasservorkommen. Im Gegensatz zum Mineralwasser müssen keine ernährungsphysiologischen Wirkungen nachgewiesen werden.

1.2 Natürliches Mineralwasser

mineral water
eau (w) minerale

Natürliches Mineralwasser hat seinen Ursprung in unterirdischen, vor Verunreinigungen geschützten Quellen. Auf dem langen Weg vom Versickern bis zur Quelle wird das Wasser gefiltert und ist darum besonders rein. Zugleich reichert es sich mit Mineralstoffen und/oder Kohlendioxid (CO_2) an.

Die **Mineralstoffe**
- geben dem Wasser eine besondere Geschmacksnote,
- ergänzen den Bedarf des Körpers an Mineralstoffen.

Das **Kohlendioxid** (Kohlensäure)
- bewirkt bessere Löslichkeit der Mineralstoffe,
- wirkt erfrischend,
- regt die Verdauung an.

Abb. 2 Mineralwasserquelle

Art und Menge der in einem Mineralwasser enthaltenen Mineralstoffe werden teilweise in der chemischen **Analyse** genannt.

Arten

Natürliche Mineralwässer werden in zwei Gruppen unterschieden:

- **Mineralstoffreiche natürliche Mineralwässer** werden hauptsächlich wegen ihres Mineralstoffgehaltes getrunken. Enthalten sie nur wenig oder kein Kohlendioxid (CO_2), nennt man sie **stille Wässer.** Man serviert sie ungekühlt.
- **Kohlensäurereiche natürliche Mineralwässer** werden hauptsächlich ihrer erfrischenden Wirkung wegen getrunken. Liegt der CO_2-Gehalt besonders hoch, spricht man von **Säuerling** (der Name kommt von der Kohlensäure). Diese Wässer serviert man gekühlt.

Angaben auf dem Flaschenetikett (Beispiel)

Erforderliche Angaben:
① Art des Mineralwassers
② eventuelle Veränderungen
③ Eigenschaften, Eignung
④ Abfüllungsfirma, Quellenangabe

Veränderungen

Bestimmte Mineralstoffe wie Eisen oder Schwefel verändern beim Mischen mit Wein oder Fruchtsäften den Geschmack des Mischgetränks. Diese Stoffe werden darum bei manchen Mineralwässern entzogen. Allerdings entweicht dabei gleichzeitig das CO_2, das wieder zugesetzt wird. Diese Veränderungen sind anzugeben. Beispiele: „**Enteisent** und mit Kohlensäure versetzt" – „Entschwefelt und mit der natürlichen Quellenkohlensäure versetzt".

Natürliches Mineralwasser muss am Quellort abgefüllt und dem Gast in Flaschen angeboten werden.

Mineralwasser muss in geschlossenen Flaschen serviert werden. Tafelwasser darf offen angeboten werden.

Verwendung

Als **Tafelgetränk** eignet sich jede Art von Mineralwasser, **zum Mischen** mit Wein oder Säften und für Drinks können nur geschmacksneutrale Wässer verwendet werden.

1.3 Heilwasser

healing water *eau (w) minérale*

Heilwasser besitzt aufgrund seiner Zusammensetzung nachweisbar vorbeugende, krankheitslindernde oder heilende Wirkung.

Aus diesem Grund zählt Heilwasser nicht zu den Lebensmitteln, sondern zu den Arzneimitteln. Es ist aber frei verkäuflich.

Im Rahmen der Wellness-Welle wird es verstärkt nachgefragt. Man serviert es temperiert in Flaschen.

2 Säfte und Erfrischungsgetränke

fruit drinks *boissons (w) à base de fruits*

Aus reifen und gesunden Früchten wird Saft gewonnen, der alle wertvollen Inhaltsstoffe des Obstes enthält.

Um Lagerraum und Transportkosten zu sparen, werden diese Säfte häufig **konzentriert** (eingedickt) oder zusammen mit Zucker zu **Sirup** eingekocht. Werden aus diesen Zwischenprodukten durch Rückverdünnung wieder Säfte, muss der Vorgang gekennzeichnet werden, z. B. „aus ...konzentrat".

2.1 Fruchtsäfte

fruit juices *jus (m) de fruit*

Fruchtsäfte enthalten den aus den Früchten gewonnenen Saft. Lediglich Zucker darf zum Geschmacksausgleich zugefügt werden.

Aroma und Geschmack müssen charakteristisch sein. Durch schonende Entkeimungsverfahren – also ohne Konservierungsstoffe – wird der Saft haltbar gemacht. Am bekanntesten aus dieser Gruppe sind Apfel- und Traubensaft.

Bei der Kennzeichnung gilt:

- **Saft einer Frucht:** Frucht wird genannt, z. B. Apfelsaft, Traubensaft;
- **Saft mehrerer Früchte:** Früchte in der Reihenfolge des Saftanteils, z. B. Apfel-Orangen-Getränk;
- **Herstellung aus Konzentrat:** „aus ...konzentrat".

Fruchtsäfte sind durch ihren hohen Gehalt an Vitaminen und Mineralstoffen eine sehr wertvolle Ergänzung für die ernährungswissenschaftlich richtige Ernährung.

Säfte in geschlossenen Flaschen sind lange haltbar; man lagert sie am besten kühl und lichtgeschützt. Offene Flaschen sollen möglichst rasch verbraucht werden.

Klare Säfte schmecken gekühlt bei etwa 8–12 °C am besten. Naturtrübe Säfte entfalten erst bei Zimmertemperatur (18–20 °C) ihr volles Aroma.

2.2 Gemüsesäfte/Gemüsenektar

vegetable juices
jus (m) de légumes

Gemüsesäfte dienen wegen ihrer appetitanregenden und verdauungsfördernden Wirkung der Ergänzung der Mahlzeiten, insbesondere des Frühstücks. Säfte aus Gemüse werden überwiegend in trüber Form angeboten. Da die enthaltenen Vitamine licht- und wärmeempfindlich sind, lagert man die Säfte dunkel und kühl.

Gemüsenektar hat mindestens 40 % Gemüseanteil; neben Trinkwasser können Salz, Zucker, Gewürze und Genuss-Säuren zugesetzt werden.

2.3 Fruchtnektare und Süßmoste

fruit nectar
nectars (m) de fruit

Der Fruchtanteil bei **Fruchtnektar** liegt zwischen 50 und 25 %, je nach Geschmacksstärke der Ausgangsfrucht. Der Anteil ist für die einzelnen Fruchtarten vorgeschrieben. Neben Fruchtsaft werden Wasser, Zucker und Kohlensäure verwendet.

Wird ein Fruchtnektar aus Früchten hergestellt, deren Saft wegen des hohen Säuregehaltes ohne Verdünnung nicht zum Genuss geeignet ist (z. B. Johannisbeeren), kann er als **Süßmost** bezeichnet werden. Süßmoste sind meist „blank", also ohne Fruchtmark.

2.4 Fruchtsaftgetränke

beverages with fruit juice
boissons (w) fruitées

Fruchtsaftgetränke bestehen aus Fruchtsaft
+ Wasser
+ Zucker
+ Fruchtsäuren
+ natürlichen Aromastoffen.

Die Fruchtsäfte geben diesen Getränken Geschmack, Geruch und Farbe. Eine leichte Trübung rührt von kleinen Fruchtfleischstücken her, die beim Auspressen mitgerissen werden. Der Mindestgehalt an Fruchtsaft ist gesetzlich vorgeschrieben. Er beträgt z. B. bei Kirschen und Trauben 30 %, bei Johannisbeeren 10 %, bei Orangen und Zitronen 6 %.

Fruchtsäuren und natürliche Aromastoffe, bei Orangen z. B. die in der Schale enthaltenen ätherischen Öle, runden zusammen mit dem Zucker den Geschmack ab. Fruchtsaftgetränke gibt es mit und ohne Kohlensäure. Der Vitamin- und Mineralstoffgehalt ist entsprechend der Verdünnung geringer.

Fruchtsaftgetränke serviert man am besten kühl.

2.5 Limonaden

lemonades *limonades (w)*

Limonaden enthalten natürliche Stoffe wie Extrakte aus Früchten, Fruchtsäuren, Zucker und Trink- oder Tafelwasser. Hinweise auf besonderen Geschmack sind erlaubt, z. B. Zitronenlimonade.

Zu den Limonaden zählen auch

- **Cola-Getränke** mit Auszügen aus der koffeinhaltigen Kolanuss,
- **Bitter-Limonaden**, z. B. Bitter Lemon, Tonic Water, mit Auszügen aus der chininhaltigen Chinarinde. Auf den Gehalt an Koffein und Chinin muss hingewiesen werden.

Energy Drinks versprechen Leistungssteigerung. Sie enthalten als Energielieferanten verschiedene Zuckerarten und als anregende Bestandteile Koffein in höherer Konzentration als in üblichen Cola-Getränken. Ferner teilweise Guarana und Taurin.

Light-Getränke/Brennwertverminderte Getränke haben gegenüber Getränken gleicher Art wegen reduzierten Zuckeranteils einen um mindestens 40 % verringerten Energiegehalt.

2.6 Diätetische Erfrischungsgetränke

diet soft drinks

boissons (w) diététiques

Bei diesen Getränken wird anstelle von Zucker Süßstoff verwendet. Darum ist der Energiegehalt sehr niedrig. Es dürfen keine künstlichen Aromastoffe verwendet werden, auch die anregenden Stoffe Koffein und Chinin sind nicht erlaubt. Diabetiker und Personen mit Gewichtsproblemen bevorzugen (neben Mineralwasser) Getränke dieser Art.

2.7 Fruchtsaftgehalt von Getränken

Die Vorschriften für den Mindestanteil an Fruchtbestandteilen sind je nach Frucht unterschiedlich, weil die Geschmacksintensität der Früchte verschieden ist (vergleichen Sie Apfelsaft mit Zitronensaft).

Abb. 1 Fruchtsaftgehalt von Getränken

Der **Zuckergehalt** bei Fruchtsaftgetränken und Limonaden ist beträchtlich. Untersuchungen ergaben, dass er bei durchschnittlich 10 % liegt; das bedeutet, in einem Liter sind 100 g Zucker enthalten. Das sind 1.700 kJ!

Wer den Durst energiearm löschen will, sollte das beachten.

2.8 Mineralstoffgetränke

Mineralstoffgetränke werden auch **Sportgetränke** oder **Elektrolytgetränke** genannt. Ihnen sind Mineralstoffe, teils auch Vitamine zugesetzt. Sie dienen insbesondere zum Ersatz von Mineralstoffen durch Schweiß bei starker Ausdauerbelastung.

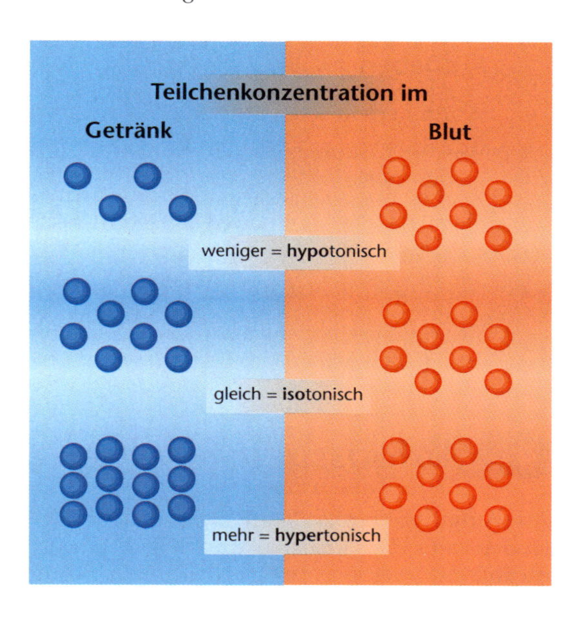

Fachbegriffe zu Sportgetränken

Elektrolyte	Gelöste Mineralstoffe in Form von Ionen
Osmose	Hier das Wandern der Mineralstoffe durch die Darmwand in das Blut
isotonisch	Iso bedeutet gleich. Ein isotonisches Getränk hat die gleichen Mineralstoffanteile wie das Blut.

3 Milch und Milchgetränke

milk and milk beverages *lait (m) et boissons (w) à base de lait*

Durch bewusste Ernährung ist der Verbrauch von Milch und Milcherzeugnissen erheblich gestiegen.

Besonders beliebt sind die gesäuerten Produkte wie Buttermilch, Joghurt, Kefir und Dickmilch. Die Milchsäure erfrischt und ist gut für die Verdauung.

Milch in jeder Form enthält wertvolles Eiweiß, reichlich Vitamine und Mineralstoffe. Fettreiche Produkte sollen nicht in größeren Mengen („für den Durst") getrunken werden; der Energiegehalt ist zu hoch.

Vollmilch hat 3,5 % Fettgehalt, ist pasteurisiert und meist auch homogenisiert (s. S. 348). Man reicht sie als Trinkmilch und am Frühstücksbüfett und zu Zerealien. Ferner bildet sie die Grundlage für Milchmixgetränke.

Milchmixgetränke sind mit Früchten gemixt. Dabei gibt man immer die Früchte in die Milch und nicht umgekehrt. Gießt man die Milch in die Früchte, ist anfangs der Gehalt an Fruchtsäure zu hoch und die Milch gerinnt durch die Säureeinwirkung.

Sauermilcherzeugnisse sind mit Hilfe von Kleinlebewesen gesäuerte Milcherzeugnisse. Nach diesem Prinzip entstehen Produkte mit unterschiedlichen Fettgehalten, z. B.

- Sauermilch
- Joghurt
- Kefir
- Buttermilch als Nebenprodukt bei der Herstellung von Butter.

Aufgaben

1. Worin besteht der Unterschied zwischen Trinkwasser und Tafelwasser?
2. Welche Wirkungen haben Mineralstoffe im menschlichen Körper? Nennen Sie mindestens vier Beispiele.
3. Manche Etiketten auf Mineralwasserflaschen zeigen eine „Analyse“. Was versteht man darunter?
4. Sie bestellen „Ein Mineralwasser, bitte.“ Es wird in einem Glas serviert. Erläutern Sie.
5. „Bitte ein stilles Wasser.“ Was versteht der Gast darunter? Welche Marke können Sie anbieten?
6. Sie wollen einen Orangen-Milch-Shake herstellen. Dazu pressen Sie eine frische Orange aus und gießen Milch zum Saft. Was wird geschehen? Begründen Sie.

4 Aufgussgetränke *hot drinks* *boissons (w) chaudes*

Als Aufgussgetränke bezeichnet man Kaffee (coffee/café), Tee (tea/thé) und Kakao (cocoa/cacao). Sie werden durch Überbrühen (Aufgießen) mit Flüssigkeit (in der Regel Wasser) hergestellt. Alle Aufgussgetränke wirken durch Alkaloide anregend auf Kreislauf und Nervensystem. Kaffee und Tee enthalten Koffein, Kakao enthält Theobromin.

4.1 Kaffee *coffee* *café*

Aufbereitung von Kaffee

Kaffee wird aus Kaffeebohnen gewonnen. Nach der Ernte werden die Kaffeebohnen vom Fruchtfleisch und dem Silberhäutchen befreit und anschließend getrocknet. Die noch grünen Bohnen kommen als Rohkaffee in den Handel.

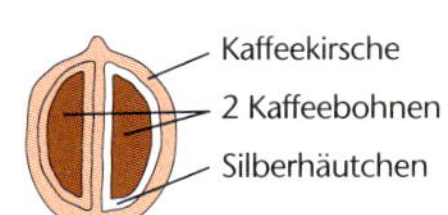

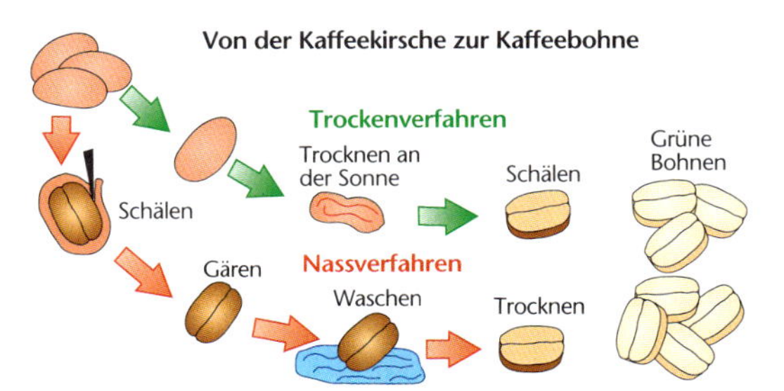

Abb. 1 Kaffeeaufbereitung

Nach der Art, wie das Fruchtfleisch der Kaffeekirsche von den Kaffeebohnen entfernt wird, unterscheidet man zwei Verfahren.

- Beim **Trockenverfahren** werden die Früchte in der Sonne gedörrt. Dann sprengen Brechmaschinen das Fruchtfleisch ab.
- Beim **Nassverfahren** wird das Fruchtfleisch zunächst grob entfernt. Dann lässt man die Bohnen gären; dabei wird das verbleibende Fruchtfleisch gelockert und kann später abgespült werden. Diese „gewaschenen Sorten“ ergeben einen feineren Kaffee und haben einen höheren Preis.

Beim **Rösten** des Rohkaffees verändern sich die Bohnen.

- Stärke und Zucker werden zu karamellartigen Stoffen verwandelt, die dem Kaffee-Getränk Farbe und Geschmack geben,
- Aromastoffe entstehen,
- die Gerbstoffe werden auf etwa die Hälfte verringert.

Je kräftiger die Röstung,

desto ausgeprägter der Geschmack

Abb. 2 Die Röstung beeinflusst den Geschmack.

Koffein ist der Hauptwirkstoff des Kaffees. Üblicher Kaffee enthält 1 bis 2 Prozent.

Koffein

- regt das Zentralnervensystem an,
- steigert die Herztätigkeit und erhöht den Blutdruck (was aber auch zu Herzklopfen und Schlaflosigkeit führen kann).

Kaffee mit besonderen Behandlungen

- **Entkoffeinierter** Kaffee
  enthält höchstens 0,1 % Coffein und kann darum auch von Personen getrunken werden, bei denen Koffein zu Herzklopfen und Schlaflosigkeit führen würde.
- **Säurearmem** Kaffee
  ist Gerbsäure entzogen worden, das Koffein bleibt erhalten. Diese Art ist darum für Personen mit säureempfindlichem Magen geeignet.
- **Kaffee-Extraktpulver** oder **Instant-Kaffee**
  löst sich sofort und ohne Rückstände auch in kalter Flüssigkeit. Das Produkt wird hergestellt, indem man konzentriertem Kaffee im Sprühverfahren oder durch Gefriertrocknung das Wasser entzieht. Das Pulver ist sehr wasseranziehend (hygroskopisch) und muss darum unbedingt verschlossen aufbewahrt werden.
- **Kaffee-Konzentrat**
  wird durch stufenweises Auslaugen der Kaffeebohnen gewonnen. Beim Fertigstellen ist mit der jeweils vorgeschriebenen Wassermenge zu verdünnen.

Zubereitung des Kaffees

Die Aromastoffe des Kaffees sind leicht flüchtig. Darum ist entweder röstfrischer oder aromageschützter (Vakuumpackung) Kaffee zu verwenden. Beim Brühen in der Kaffeemaschine ist auf die Gebrauchsanweisung des Herstellers zu achten.

Kännchen und Tassen müssen unbedingt vorgewärmt sein, denn bei kaltem Geschirr verliert der Kaffee an Aroma.

Man rechnet

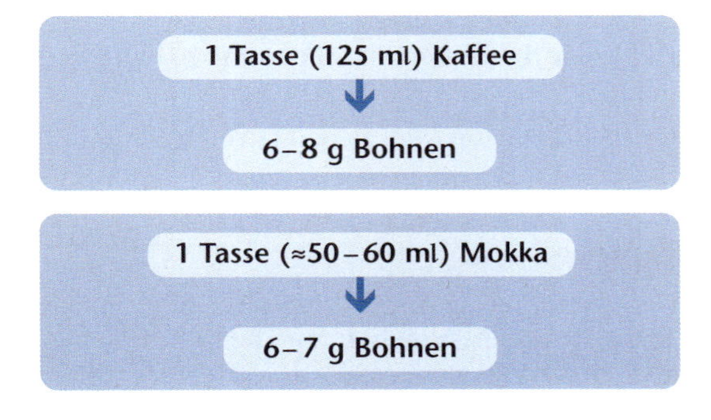

Kaffee-Ersatz ergibt ein kaffeeähnliches, koffeinfreies Getränk. Als Rohstoffe dienen Zichorien, Feigen und Gerstenmalz. Diese Produkte erhalten durch Rösten Aroma, Farbe und Geschmack. Malzkaffee kommt gemahlen in den Handel, Feigen und Zichorien werden zerrieben und gepresst. Das Hauptangebot besteht aus sofort löslichem Extraktpulver.

Grundlegende Angebotsformen für Kaffee s. Seite 267.

4.2 Tee

Tee wird von dem immergrünen Teestrauch gewonnen. Man pflückt die Blattknospen mit zwei bis drei Blättern. Je jünger der Trieb ist, desto feiner und aromatischer schmeckt der Tee.

Aufbereitung von Tee

Klassische Aufbereitung

Durch **Welken** werden die Blätter geschmeidig und so für die Weiterverarbeitung vorbereitet.

Beim **Rollen** brechen die Zellen der Blätter auf, sodass sich der Zellsaft mit dem Luftsauerstoff verbinden kann. Diese Oxidation nennt man **Fermentation.** Dabei bewirken die Fermente (Enzyme) eine Aufspaltung der Gerbsäure Tannin. Der Tee wird durch das Fermentieren milder und aromatischer. Zugleich werden die grünen Blätter kupferrot, was dem Getränk später seine typische Farbe verleiht. Durch das **Trocknen** wird die Fermentation unterbrochen und der Tee wird haltbar.

Bei der Gewinnung des **grünen Tees** unterbleibt die Fermentation. Er besitzt deshalb einen höheren Gerbsäuregehalt und ist herber.

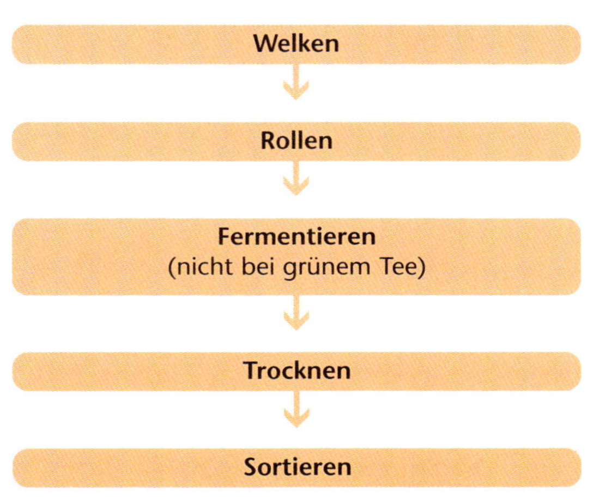

Die CTC-Produktion

Bei der CTC-Produktion werden die Teeblätter nach dem Welken einem geschlossenen Arbeitsgang unterworfen. Dabei wird der Tee wie folgt behandelt:

Zerbrechen	(crushing)	C
Zerreißen	(tearing)	T
Rollen	(curling)	C

Über 50 % der Weltproduktion werden so hergestellt.

Bei diesem Verfahren entstehen vorwiegend kleine Tee-Stücke für Teebeutel.

Arten

Angeboten wird Tee nach folgenden Unterscheidungsmerkmalen:

- Anbaugebiet
- Blattfolge
- Sortierung

Anbaugebiet

Darjeeling, an den Südhängen des Himalaja, liefert einen feinen und aromatischen Tee.

Assam, eine nordindische Provinz, ist bekannt für gehaltvolle und kräftige Arten.

Ceylon ist die tropfenförmige Insel südlich von Indien, deren Tees ein herbes Aroma haben. Heute wird die Insel **Sri Lanka** genannt.

Blattfolge

Flowery Orange Pekoe (FOP) mit vielen Spitzen (Tips) ist die beste Sorte.

Orange Pekoe (OP) ist dünn gedreht, länglich.

Pekoe (P) ist kleiner und rundlich gerollt.

Manche Firmen haben die Skala der Teeauszeichnung erweitert und wenden zusätzlich folgende Bezeichnungen an:

Finest = F, Tippy = T, Golden = G.

Beste Qualität ist dann **FTGFOP**, gefolgt von **TGFOP** usw.

Sortierung

Blatt-Tee ist das ganze Blatt, das länglich oder rundlich gerollt sein kann.

Broken-Tee ist absichtlich gebrochener Tee, der besser ausgelaugt wird und damit ergiebiger ist (etwa 95 % der Produktion).

Fannings sind Blattstücke, kleiner als Broken-Tee.

Dust (engl. Staub) sind feinste Teile, die beim Sieben des Tees anfallen. Dust und Fannings werden für Teebeutel verwendet.

Abb. 1 Teeblätter

Teemischungen

Durch das Mischen verschiedener Sorten können Geschmack, Aroma und Preis ausgeglichen werden. Häufig angeboten werden:

Englische Mischung:
Volles, schweres Aroma, wird bevorzugt mit Milch getrunken.

Ostfriesische Mischung:
Kräftiges, fülliges Aroma. Wird bevorzugt mit Milch und Kandis getrunken.

Ceylon-Mischung:
Fein-würziges Aroma, goldene Farbe.

Wirkung

Koffein anregend			Gerbstoffe beruhigend	
1. Minute	2. Minute	3. Minute	4. Minute Broken-Tee	5. Minute Blatt-Tee

Die Hauptwirkstoffe sind:

Koffein (Tein), das anregt und beim Aufbrühen rasch in das Wasser übergeht.

Tannin (Gerbsäure), das beruhigt und langsam in das Wasser übergeht.

Die Wirkung des Tees kann darum reguliert werden:

anregend → dann kurz ziehen lassen (ca. 3 Min.),

beruhigend → länger ziehen lassen (4–5 Min.).

Zubereitung

Genügend Tee nehmen: einen Teelöffel voll je Tasse oder entsprechenden Beutel; frisches, kochendes Wasser.

Nur Geschirr aus Glas, Porzellan oder Edelmetall verwenden, weil sonst der Geschmack gemindert wird.

Nicht länger als 5 Min. ziehen lassen (beim Teebeutel kann der Gast selbst bestimmen).

Teeähnliche Erzeugnisse

Teeähnliche Getränke können durch Aufbrühen geeigneter getrockneter Pflanzenblätter oder -teile hergestellt werden. Die darin enthaltene Gerbsäure verleiht einen teeähnlichen Geschmack. Wegen des fehlenden Koffeins (Teins) werden Herz und Nerven nicht belastet. Die Industrie bietet ein Sortiment unterschiedlicher Pflanzenarten in fertigen Portionsbeuteln an.

Medizinische Tees haben Heilwirkung.

Pfefferminz- und Lindenblütentee wirken krampflösend.

Flieder- und Lindenblütentee treiben Schweiß.

Baldriantee beruhigt die Nerven und wirkt schlaffördernd.

Kamillentee begünstigt die Heilung.

Deutscher Haustee und medizinische Tees werden vor allem in Kurhäusern, Sanatorien und Krankenhäusern angeboten.

Kakao und Schokolade werden aus den Samenkernen des in tropischen Gebieten wachsenden Kakaobaumes gewonnen.

Aus den melonenartigen Früchten werden zunächst die Kakaobohnen (es sind die Kerne) entfernt.

Bei der Fermentation wird der Gerbsäuregehalt verringert, es entstehen Geschmack, Aroma und Farbe.

Anschließend werden die Kakaobohnen getrocknet und kommen so zum Versand.

Abb. 1 Kakaofrucht

Verarbeitung

Die gereinigten Bohnen werden zur Verbesserung des Aromas zuerst geröstet, dann zerkleinert und von den Schalen befreit.

Der so entstandene Kakaobruch wird zwischen erwärmten Walzen vermahlen. Die fein zermahlenen Bohnen bezeichnet man als **Kakaomasse.** Durch starken Druck trennt man die **Kakaobutter** (Fett der Kakaobohnen) von den übrigen Kakaobestandteilen, die als Presskuchen zurückbleiben. Der fein zermahlene Presskuchen ergibt das **Kakaopulver.**

Schwach entöltes Kakaopulver hat 20 % Kakaobuttergehalt. Es ist dunkler, hat ein volles Aroma und ist mild im Geschmack. Man verwendet es für Kakao und Schokoladegetränke (Seite 270).

Stark entöltes Kakaopulver hat 10–20 % Kakaobuttergehalt. Der Geschmack ist sehr kräftig. Man verwendet es in der Patisserie für Schokoladengebäck und Eis.

„Aufgeschlossener Kakao“ wird mit Wasserdampf behandelt und erhält Zusätze. Dabei wird das Zellgefüge lockerer, ein Teil der Stärke verkleistert, und darum setzt sich dieser Kakao weniger leicht ab. Schokoladenpulver ist gezuckertes Kakaopulver mit ergänzenden Geschmackszutaten.

Zubereitung

Für eine Portion rechnet man 12 g Kakaopulver. Es wird mit kaltem Wasser oder kalter Milch angerührt und dann in die kochende Flüssigkeit eingerührt.

Schokolade

Bei der Herstellung von Schokolade geht man von der Kakaomasse aus. Ihr werden die erforderliche Menge Puderzucker, Gewürze, evtl. auch Milchpulver zugesetzt. Die Zutaten werden vermengt und dann fein geschliffen, damit die Bestandteile möglichst fein werden und die Schokolade den „Schmelz“ erhält.

Angeboten wird Schokolade in Blöcken mit 2,5 und 5 kg. Diese Blöcke tragen Ziffernkombinationen, die zusammen immer 100 ergeben. Dabei nennt die erste Ziffer stets den Gehalt an Kakaobestandteilen, die zweite den Zuckeranteil.

Beispiel

70/30 = 70 % Kakaobestandteile + 30 % Zucker.

Je weniger Zucker die Schokolade enthält, desto höher ist die Qualität.

Aufgaben

1. Bei der Gewinnung der Kaffeebohnen aus der Kaffeekirsche unterscheidet man zwei Verfahren. Nennen Sie jeweils Vor- und Nachteile.
2. Welche Wirkungen hat das Koffein auf den menschlichen Körper?
3. Im Rezept für eine Mocca-Creme steht: „4 TL Instantkaffee." Was versteht man darunter? Nennen Sie gängige Marken. Welchen Vorteil hat in diesem Beispiel die Verwendung von Instantkaffee?
4. Sie wollen nach dem Menü einen Kaffee empfehlen. „Nein, danke, ich vertrage keinen Kaffee", ist die Antwort. Welche Gründe könnte der Gast haben? Welche speziellen Kaffeesorten berücksichtigen körperliche Empfindlichkeiten? Nennen Sie zwei Beispiele mit Markennamen.
5. Von welchen Einflüssen ist die Qualität eines Tees abhängig? Nennen Sie drei Faktoren.
6. Schwarzer und grüner Tee können von der gleichen Teepflanze gewonnen werden. Worin besteht der Unterschied?
7. „Unser Tee für die Teebeutel wird nach dem modernen CTC-Verfahren gewonnen." So steht es auf dem Teebeutel. Erklären Sie dem Gast das Verfahren.
8. Beschreiben Sie die unterschiedliche Wirkung der Tees auf den Menschen.
9. Wie gewinnt man das Kakaopulver?
10. Eine bestimmte Kakaosorte ist „aufgeschlossen". Was versteht man darunter? Welchen Vorteil hat ein auf diese Weise behandelter Kakao?

5 Alkoholische Gärung

alcoholic fermentation *fermentation (w) alcoolique*

Die alkoholische Gärung war schon den alten Ägyptern bekannt. Wandbilder zeigen, wie Wein und Bier gewonnen wurden und wie durch Hefe gelockertes Brot hergestellt wurde.

Auch heute lockert die Gärung das Brot. Wenn Bier oder Wein gewonnen werden, ist die alkoholische Gärung der zentrale Vorgang. Ohne Gärung hätten wir auch keinen Sekt, keinen Korn und keinen Weinbrand. Darum werden hier kurz die grundlegenden Vorgänge aufgezeigt.

Versuche

1. Lassen Sie Fruchtsaft in einem Glas bei Zimmertemperatur stehen. Beobachten Sie während der folgenden Tage Aussehen und Geruch.
2. Lösen Sie in 100 g warmem Wasser 50 g Zucker und geben Sie 10 g Hefe dazu. Prüfen Sie den Geruch, wenn die Flüssigkeit zu perlen beginnt.
3. Nach etwa einer Woche ist die Flüssigkeit aus Versuch 1 ruhig und klar geworden. Prüfen Sie Geschmack und Süße.
4. Erhitzen Sie die Flüssigkeit aus Versuch 2 entsprechend der Versuchsanordnung. Das Glasrohr soll etwa 60 cm lang sein und einen Durchmesser von 1 cm haben.

Der durch das Kochen aufsteigende Dampf besteht aus Alkohol und Wasser. Das Wasser kondensiert bereits während des Aufsteigens am Glasrohr, der Alkohol entweicht und kann entzündet werden.

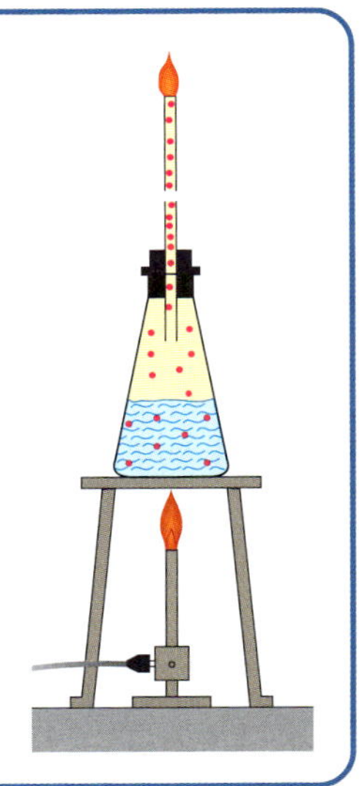

Abb. 1 Versuch

Hefe ist ein **Kleinlebewesen** (siehe Abschnitt Hygiene), das in der Luft und auf reifenden Früchten vorkommt. Diese Arten nennt man „wilde" Hefen.

Im Lebensmittelgewerbe verwendet man speziell gezüchtete Hefearten, z. B. Backhefe für Hefeteig, Bierhefe bei der Bierherstellung. Diese Arten nennt man auch **Kulturhefen.**

Bei der Gärung nimmt die Hefe Zuckerstoffe auf, Alkohol und Kohlendioxid werden ausgeschieden.

$C_6H_{12}O_6$	→	$2\ C_2H_5OH$	+	$2\ CO_2$
Traubenzucker	→	Alkohol	+	Kohlendioxid
100 g		ca. 45 g	+	ca. 50 g

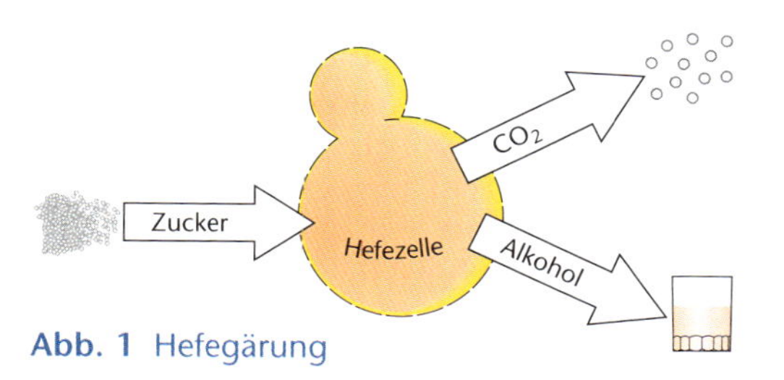

Abb. 1 Hefegärung

Der Gärvorgang endet, wenn der Zucker verbraucht ist oder der Alkoholgehalt etwa 15 % erreicht hat. Zunehmende Alkoholkonzentration schwächt die Hefe und bringt sie schließlich zum Stillstand.

Auf diese Weise entstehen Gärungsgetränke wie Bier und Wein.

Wird eine höhere Alkoholkonzentration gewünscht, bedarf es der **Destillation.** Dabei wird der leichter verdampfende Alkohol abgetrennt und damit konzentriert. Getränke mit einem Alkoholgehalt über 15 % vol bezeichnet man als Spirituosen.

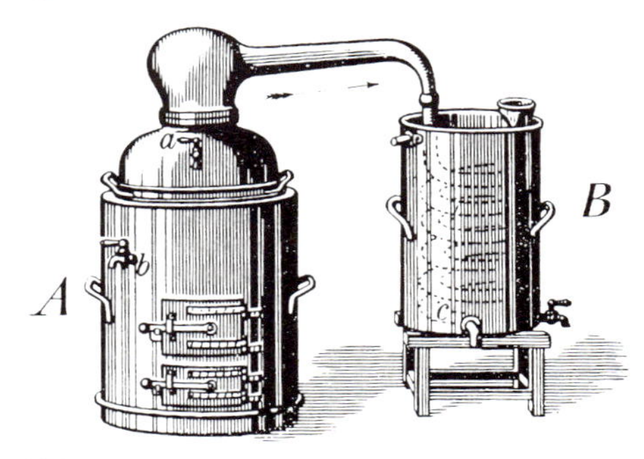

Abb. 2 Historische Destillationsanlage

Wer im Service beschäftigt ist, berät und bedient Gäste. Sachwissen über das Angebot ist die Grundlage für ein kompetentes Beratungsgespräch.

Dazu muss man aber nicht, um ein Beispiel zu nennen, die gesamte Bier- oder Weinherstellung kennen.

Von der Produktion der Getränke ist nur so viel an Wissen erforderlich, wie sich die Arbeitsschritte unmittelbar auf die besonderen Eigenschaften der Produkte auswirken und damit für die Beratung von Gästen sinnvoll sind.

Diese Gedanken leiten die Stoffauswahl für die folgenden Abschnitte.

6 Bier *beer* *bière (w)*

Bier ist ein alkoholisches Getränk, das nach dem Reinheitsgebot aus **Malz, Hopfen** und **Wasser** mit **Hefe** hergestellt wird. Für deutsches Bier werden keine weiteren Zusätze oder andere Ausgangsstoffe verwendet. Bier, das abweichend hergestellt worden ist, erkennt man an der veränderten Zutatenliste.

Herstellung

Der Hauptvorgang bei der Bierherstellung ist die alkoholische Gärung. Weil jedoch die Hefe nur Einfachzucker zu Alkohol vergären kann, müssen die im Getreide in Form von Stärke enthaltenen Kohlenhydrate zuerst in Zuckerstoffe umgewandelt werden. Das geschieht vorwiegend beim **Mälzen.** Anschließend werden bei der **Bereitung der Würze** die Inhaltsstoffe des Getreides ausgelaugt.

Hopfen wird zugegeben, weil er Geschmack gibt, die Haltbarkeit verbessert und die Schaumbläschen festhält. Nach der **Gärung** folgt die **Lagerung,** während der das Bier reift und an Qualität zunimmt.

Mälzen

Das Getreidekorn (Gerste oder Weizen) wird durch Einweichen zum Keimen gebracht. Enzyme beginnen, die Stärke zu Zucker abzubauen, Eiweißstoffe werden gelöst. Dadurch entsteht aus Gerste Malz. Nach einer bestimmten Zeit wird das Keimen durch schonendes **Darren** (Trocknen) abgebrochen.

Dabei färbt sich das Malz je nach Temperatur. Die Farbe überträgt sich später auf das Bier. Keime und am Korn anhängende Wurzeln werden anschließend entfernt.

Abb. 1 Aus Gerste wird Malz.

Abb. 2 Hopfen bringt Würze.

Bereitung der Würze

Beim **Maischen** wird das getrocknete Malz geschrotet (zerkleinert) und mit warmem Wasser gemischt, sodass alle löslichen Stoffe auslaugen. Enzyme bauen restliche Stärke und Zucker zu Einfachzucker ab. Es folgt das **Läutern** (Reinigen) der Würze durch Filtern.

Beim **Kochen** gibt Hopfen durch Bitterstoffe Geschmack und Aroma, Hopfenharze halten den Schaum des späteren Bieres.

Vergärung

Der abgekühlten Würze wird Bierhefe zugesetzt, je nach Bierart unter- oder obergärige Hefe. Durch die Vergärung werden Alkohol und Kohlensäure gebildet.

Untergärige Hefe vergärt die Würze zwischen 6 und 9 °C und setzt sich unten auf dem Boden des Gärbehälters ab. Bei untergärigen Bieren ist die Kohlensäure stärker an die Flüssigkeit gebunden und wird nur langsam abgegeben. Das Bier perlt langsamer, dafür aber länger, z. B. übliches Helles oder Pils.

Obergärige Hefe vergärt die Würze zwischen 15 und 18 °C und steigt dabei nach oben. Obergärige Biere enthalten viel Kohlensäure, die weniger fest an die Flüssigkeit gebunden ist. Darum schäumen diese Biere stärker, z. B. Weizenbier.

Nachgärung und Reifung in geschlossenen Behältern dienen der Qualitätsverbesserung.

Stammwürze – Alkoholgehalt

Unter Stammwürze versteht man alle in der Würze gelösten Stoffe vor der Vergärung. Der Gehalt wird in Prozent ausgedrückt. Bei der Vergärung wird nur ein Teil der Zuckerstoffe zu Alkohol. Der Alkoholgehalt entspricht etwa einem Drittel des Stammwürzegehaltes.

Bei einem Vollbier mit 11 bis 16 % Stammwürze beträgt also der Alkoholgehalt etwa 3,5 bis

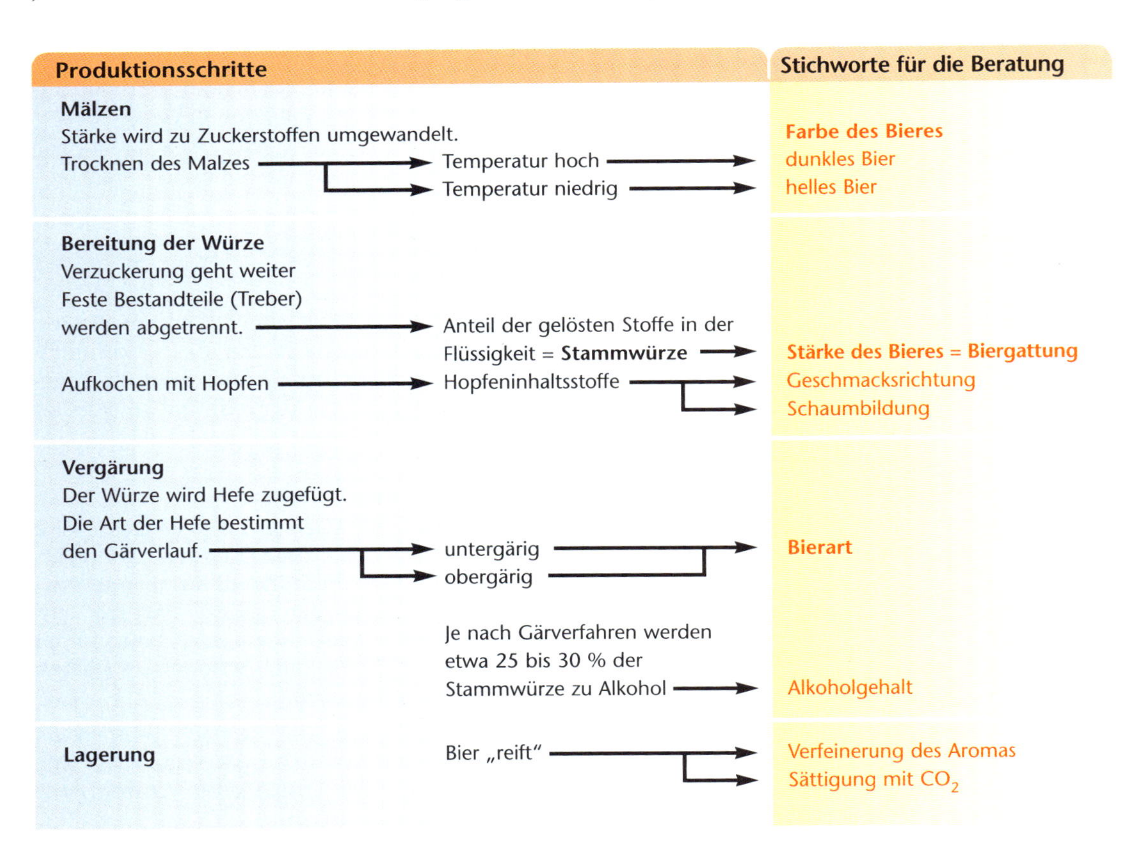

4,5 % mas. Auf dem Etikett muss der Alkoholgehalt angegeben werden, und zwar in „% vol". Das bedeutet Prozent des Volumens. Nachdem Alkohol eine Dichte von ungefähr 0,8 hat, lautet die Umrechnung % mas: 0,8 ≈ % vol.

Vollbier hat zwischen 4,3 und 5,6 % vol Alkoholgehalt.

Biergattungen, Bierarten, Biersorten

Die **Biergattung** ist gesetzlich festgelegt und wird durch den Stammwürzegehalt (Stärke des Bieres) bestimmt. Hauptsächlich getrunken wird Vollbier, in geringem Maße auch Schankbier und Starkbier (siehe Übersicht unten).

Die **Bierart** wird durch die Art der Vergärung bestimmt. Man unterscheidet untergärige Biere, bei denen sich die Hefe nach unten absetzt, von den obergärigen, die als aromatischer bezeichnet werden.

Die **Biersorten** bezeichnen typische Eigenschaften oder weitere Unterteilungen, die sehr oft mit den Handelsbezeichnungen gleich sind.

Biersorten

Biergattung / Bierart	untergärig	obergärig
Bier mit niedrigem Stammwürzegehalt unter 7 % Stammwürze		
Schankbier 7–11 % Stammwürze	Leichtbier	Weizen-Light, Berliner Weiße
Vollbier (ca. 95 % des Angebotes) 11–16 % Stammwürze	Pils, Lager, Export, Märzen, Hell	Alt, Kölsch, Weizen
Starkbier über 16 % Stammwürze über 18 % Stammwürze	Bock, Starkbier Doppelbock, ...ator	Weizenbock

Der Geschmack des Bieres gründet auf
- den verwendeten Rohstoffen,
- dem speziellen Brauverfahren.

Die Brauwirtschaft unterscheidet folgende Richtungen:

M-Typ: **M**alzbetont, mäßig vergoren; also eher süßlich bei geringem Alkoholgehalt.

H-Typ: **H**opfig, hochvergoren; also eher bitter, z. B. Pilsener.

S-Typ: **S**äuerlich, spritzig, stark schäumend, z. B. Weißbier.

Biersorten von A bis Z

Wenn man im Verkaufsgespräch dem Gast ein Bier empfiehlt, beschreibt man es und nennt dabei z. B.:

- Biergattung = Stärke des Bieres,
- Bierart = Art der Vergärung (ober-/untergärig),
- Bierfarbe und vielleicht
- besondere Merkmale zur Herkunft oder Entstehung.

Alkoholfreie Biere

Alkoholfreie Biere können bis 0,5 % Alkohol aufweisen. Diese Biere werden meist zunächst nach üblichem Verfahren gebraut. Nach der Vergärung wird diesen Bieren durch verschiedene Verfahren Alkohol entzogen.

Alt, Altbier

Ein obergäriges, kräftig gehopftes Vollbier mit dunkelbrauner Farbe aus der Düsseldorfer Region. Der Name Altbier leitet sich ab von alter Tradition.

Ausschank in einem becherartigen, geraden Spezialglas.

Berliner Weiße

Das obergärige Schankbier (weniger Alkohol) ist schwach gehopft und unter Verwendung von Weizenmalz hergestellt.

Bei der besonderen Gärung entsteht auch Milchsäure, die mit einem Schuss Himbeer- oder Waldmeistersirup ausgeglichen wird.

Serviert wird in einer halbkugelförmigen Schale.

Bock, Bockbier

Das untergärige Bier hat mindestens 16 % Stammwürze, ist also ein Starkbier. Kennzeichnend sind ein hoher Alkoholgehalt und ein malziger Geschmack. Bockbier stammt ursprünglich aus Einbeck; daraus wurde vereinfacht Bock.

Doppelbockbiere haben 18 % Stammwürze und enden, ohne dass es dafür eine Vorschrift gibt, auf „...ator", z. B. Salv**ator**.

Eisbock ist mit etwa 19 % Alkohol noch stärker. Diese Spezialität erhält man, indem man dem fertigen Bier durch Einfrieren Wasser in Form von Eis entzieht (gefrierkonzentrieren).

Diätbier, Diätpils

Eine helle, untergärige Vollbiersorte mit geringem Kohlenhydratgehalt. Darum ist es für Diabetiker geeignet. Der Alkoholgehalt liegt bei 4 %. Diätbier darf nicht mit alkoholarmem oder alkoholfreiem Bier verwechselt werden.

Export

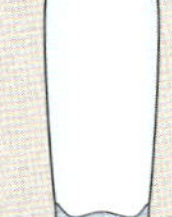

Ein helles untergäriges Bier mit ausgeprägtem Hopfengeschmack. Es ist allgemein etwas stärker als das übliche „Helle" der selben Brauerei.

Der Name Export entstand nach dem 1. Weltkrieg, als man bewusst nur besondere Qualität exportierte.

Kölsch

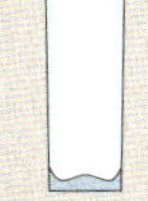

Ein goldfarbenes obergäriges Bier mit etwa 4 % Alkohol, das nur im Raum Köln hergestellt wird.

Ausschank in der Stange, einem schlanken, geraden Spezialglas.

Lager

Heute bezeichnet man mit Lager untergäriges, schwächer gehopftes, einfaches Bier, das man auch einfach „Helles" nennt.

Malzbier/-trunk

Ein obergäriges malzig-süß schmeckendes Bier, das höchstens 1 % Alkohol haben darf. Meist ist es jedoch „alkoholfrei" (Alkoholgehalt unter 0,5 %).

Leichtbiere, light

Diese Bezeichnung tragen unterschiedliche Biere. Gemeinsam ist der verringerte Alkoholgehalt (etwa 2,5 bis 3 %) und damit verbunden ein geringerer Brennwert.

Märzen

Helles oder dunkles untergäriges Vollbier, mittelstark gehopft und malzbetont. Der Alkoholgehalt liegt bei 4,5 %.

Die Bezeichnung Märzen stammt aus einer Zeit, in der es noch keine Kühlmaschinen gab. Im März, also vor Beginn der warmen Jahreszeit, bestand die letzte Möglichkeit, untergäriges Bier zu brauen. Ein höherer Alkoholgehalt schützt vor Verderb und darum braute man dieses Bier stärker ein.

Pils, Pilsener

Es ist ein untergäriges helles Bier und zeichnet sich durch ein spritzig-frisches Hopfenaroma aus. Pilsgläser sind nach oben verjüngt, damit die Schaumkrone fest und dicht gehalten wird.

Das Bier stammt ursprünglich aus dem böhmischen Pilsen, heute ist Pils eine Gattungsbezeichnung und kann von jeder Brauerei hergestellt werden.

Radler, Alsterwasser

Biermischgetränk aus einem Teil hellem Bier und einem Teil klarer Zitronenlimonade.

Weizenbier, Weißbier

Es handelt sich um ein obergäriges Vollbier, zu dem etwa ein Drittel Weizen verwendet wird.

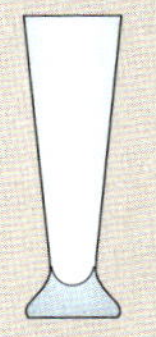

Durch den hohen Kohlensäuregehalt schäumt es stark und wirkt erfrischend. Neben dem klaren *Kristallweizen* gibt es *naturtrübes Hefeweizen*, das vor dem Abfüllen nicht gefiltert wird.

Russ

Biermischgetränk aus einem Teil Weizenbier und einem Teil klarer Zitronenlimonade.

Zwickelbier

Es ist naturbelassen und darum hefetrüb. Zwickel ist der Name für den Probehahn, über den das Zwickelbier dem Fass entnommen wurde.

Biere anderer Länder

Biere anderer Länder müssen nicht dem Reinheitsgebot entsprechen.

England	Ale, Porter, Stout
Frankreich	Kronenbourg (Elsass)
Dänemark	Carlsberg, Tuborg
Holland	Heineken, Skol
Tschechien	Budweiser, Pilsener Urquell

Ausschank

Die Temperatur beträgt der Jahreszeit angepasst 8 bis 10 °C.

Das Bier muss klar sein und den ursprünglichen Kohlensäuregehalt aufweisen.

Das Bier ist so einzuschenken, dass es eine gewölbte, kompakte Schaumkrone erhält.

Biermischgetränke

Biermischgetränke bestehen meist zur Hälfte aus Bier und sind mit anderen Getränken wie z. B. Zitronenlimonade oder Cola gemischt.

Radler, Alsterwasser

Radler besteht je zur Hälfte aus hellem Vollbier und klarer Zitronenlimonade. Im Süden Deutschlands wird das Getränk als Radler bezeichnet, im Norden Alsterwasser.

Berliner Weiße, Weiße mit Schuss

Ursprünglich handelt es sich bei der Berliner Weißen um ein leichtes Schankbier (7–11 % Stammwürze). Heute wird es vorwiegend mit Himbeer- oder Waldmeistersirup serviert. Die beiden Bezeichnungen werden meist gleichgesetzt.

Diesel

Diesel ist eine Mischung von hellem Bier und Cola.

Russ, Russe

Ein Russ ist eine Mischung aus hellem Weizenbier und klarer Zitronenlimonade. Verwendet man statt der Zitronenlimonade ein Mineralwasser, handelt es sich um einen **sauren Russen.**

Aufgaben

1. Erklären Sie den Unterschied zwischen untergärigen und obergärigen Bieren und nennen Sie die besonderen Eigenschaften der jeweiligen Biere.
2. Obwohl die meisten Bierarten aus Gerste hergestellt werden, gibt es helle und dunkle Biere. Erklären Sie dies in einer für den Gast verständlichen Weise.
3. Worin besteht der Unterschied zwischen Hefeweizen und Kristallweizen?
4. Nennen Sie drei Biergattungen mit dem zugehörenden Stammwürzegehalt.
5. Ein Gast will weniger Alkohol trinken und bestellt Diätbier. Was werden Sie antworten?
6. Aus welchem Grund muss Bier rechtzeitig beim Lieferanten bestellt werden?
7. Sie sind im Service beschäftigt. Zu welchen Speisen werden Sie ein Bier/ein Pils empfehlen?
8. Weizenbier erreicht einen immer höheren Umsatzanteil. Welche Gründe können die Gäste zu dieser Änderung der Trinkgewohnheit bewegen?
9. Auch in der Küche wird Bier verwendet. Suchen Sie nach mindestens drei Rezepturen. Diese Stichworte sollen Ihnen helfen: Suppe, Karpfen, Apfelringe.

7 Wein

wine vin (m)

Wein ist ein alkoholisches Getränk, das durch Vergärung des Traubenmostes oder frischer eingemaischter Trauben gewonnen wird.

Die unterschiedlichen Eigenschaften der einzelnen Weine werden hauptsächlich bestimmt von

- der **Rebsorte**, die mit ihren Inhaltsstoffen geschmacklich im Vordergrund steht, sowie dem
- **Anbaugebiet, dem jeweils besonderen Boden und dem örtlich speziellen Klima.**

Rebsorte, man spricht vom Sortencharakter

- Die Rebsorten mit ihren unterschiedlichen Inhaltsstoffen bestimmen den Charakter eines Weines am stärksten.
- In Deutschland werden vorwiegend weiße Rebsorten angebaut wie z. B. Riesling oder Silvaner.
- Für rote Reben wird nur etwa ein Fünftel der Anbaufläche verwendet.
- Typische Anbaugebiete für Rotweine sind Frankreich und Italien.
- Die Abbildungen auf den folgenden Seiten zeigen die Rebsorten und geben Hinweise auf den Geschmack und Hilfen zur Weinempfehlung.

Anbaugebiet, man spricht vom Gebietscharakter

- Art und Beschaffenheit des Bodens bestimmen die Auswahl geeigneter Rebsorten.
- Wegen des unterschiedlichen Bodens schmecken selbst gleiche Rebsorten in jedem Anbaugebiet anders.
- Zum Weinbau werden Hänge bevorzugt, die der Sonne zugewandt sind. Die Sonnenstrahlen treffen hier konzentriert auf und erwärmen den Boden kräftig.
- Der Sonne abgewandte, schattige Hänge können keine Qualitätsweine liefern.

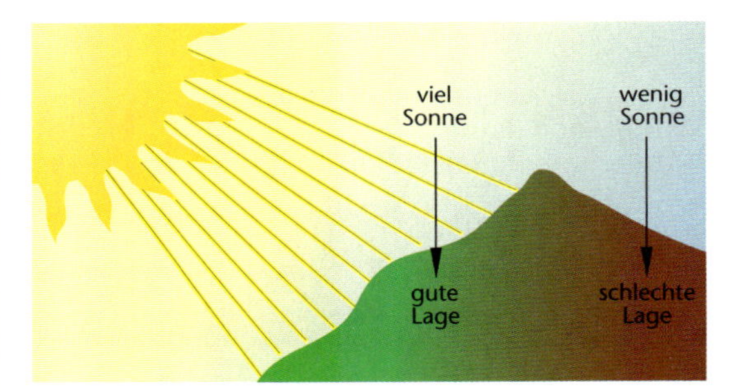

Abb. 1 Sonneneinstrahlung bestimmt die Lage.

Zur Orientierung zunächst eine Übersicht, die nach geschmacklichen Gesichtspunkten fünf Gruppen unterscheidet.

Gruppe	Beschreibung	z. B. Rebsorte
Milde Weißweine	Verhaltener Duft, milde bis feine Säure	Silvaner, Müller-Thurgau, Gutedel, Ruländer
Rassige Weißweine	Dezenter Duft, spürbare bis kräftige Säure	Riesling, Weißburgunder, Grauburgunder, Chardonnay
Bukettreiche Weißweine	Intensiver, typischer Duft	Gewürztraminer, Scheurebe, Muskateller, Morio-Muskat
Samtig-fruchtige Rotweine	Harmonisch, wenig Gerbstoffe	Spätburgunder, Trollinger, Portugieser, Schwarzriesling
Kräftige Rotweine	Farbintensiv, gerbstoffbetont	Lemberger, Dornfelder

Nach dieser Übersicht eine genauere Typisierung häufiger Rebsorten als **Hilfe für Formulierungen im Verkaufsgespräch.**

7.1 Rebsorten *grape varieties* *vignes (w)*

Weißwein-Rebsorten

① Riesling

② Silvaner

③ Müller-Thurgau

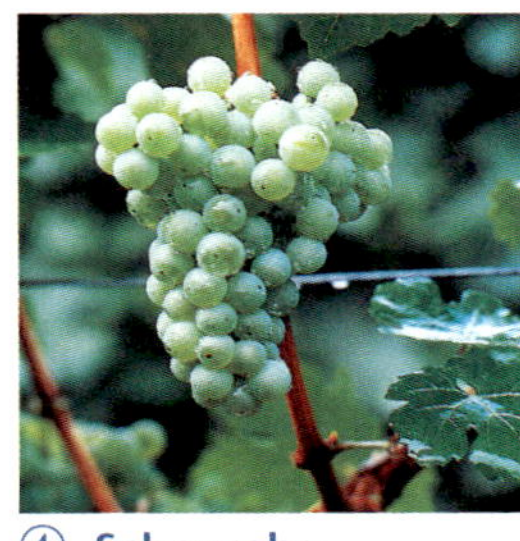
④ Scheurebe

Rebsorte und Weinfarbe	Weincharakter	Weinempfehlung
① **Riesling** blassgelb, mit zartem Grünstich	an Pfirsichduft erinnernd mit feinfruchtigem Bukett, pikant, säurebetont und lebendig	passt besonders gut zu Fisch, Schalen- und Krebstieren und vor allem zu Gerichten mit delikater Sahnesauce
② **Silvaner** blass, fast wasserhell	neutrales Bukett, feine Säure, vollmundiger, gefälliger Wein	zu gedünstetem Fisch, Spargel, mildem Käse
③ **Müller-Thurgau** blass bis hellgelb	blumiges Bukett, mildere Säure als Riesling, leichter Muskatgeschmack	zu leichten, geschmacksneutralen oder zart-aromatischen Speisen
④ **Scheurebe** hellgelb bis goldgelb	rassige Säure, volles kräftiges an schwarze Johannisbeeren erinnerndes Bukett	passt sehr gut zu würzigen Ragouts und Braten

Rotwein-Rebsorten

① Spätburgunder (Pinot noir)

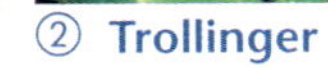
② Trollinger

③ Portugieser

④ Merlot

Rebsorte und Weinfarbe	Weincharakter	Weinempfehlung
① **Spätburgunder** tiefrot	samtig, vollmundig, feurig, mit einem Hauch von Mandelgeschmack	besonders geeignet zu Wild und Wildgeflügel sowie zu kräftig-aromatischen Braten und gehaltvollen Käsesorten
② **Trollinger** leuchtend hell- bis blassrot	duftig, frisch, fruchtig, mit gutem Säuregehalt und herzhaftem Geschmack	zu allen dunklen, dezent gewürzten Fleischsorten, aber auch zu Ente und Gans und milderen Käsesorten, ein guter Trinkwein
③ **Portugieser** hellrot	leicht, mild, bekömmlich und gefällig im Geschmack	idealer, süffiger Schoppen- und Tischwein
④ **Merlot** rubinrot	tanninreiche Weine mit besonderem Duft und Aroma, die ihre Vollreife erst nach längerer Lagerung erreichen	zu dunklem Schlachtfleisch von würziger Zubereitung sowie Wild und Wildgeflügel

7.2 Gebietseinteilung

Deutsche Weinanbaugebiete erstrecken sich vom Bodensee entlang des Rheins und seiner Nebenflüsse bis zum Mittelrhein bei Bonn und im Osten bis Dresden. Die Böden und das Klima innerhalb dieser Räume sind so unterschiedlich, dass zur Charakterisierung eines Weines eine nähere geografische Angabe erforderlich ist.

Die ausländischen Weinregionen sind weniger differenziert, Boden und Klima sind über weitere Gebiete einheitlicher.

Die gesamte deutsche Rebenfläche ist in 13 **bestimmte Anbaugebiete** unterteilt. Jedes umfasst eine zusammenhängende Weinbaulandschaft mit vergleichbaren Voraussetzungen und bringt typische Weine mit ähnlichen Geschmacksnoten hervor.

Die **bestimmten Anbaugebiete** bezeichnen Gebiete für **Qualitätsweine** (s. Seite 214).

Landweine tragen Gebietsnamen wie z. B. Ahrtaler. Landweine machen nur wenige Prozent des gesamten Weinangebotes aus und werden in der Gastronomie kaum geführt. Aus diesem Grund entfallen weitere Ausführungen zu den Gebietsnamen.

Die dreizehn bestimmten Anbaugebiete für Qualitätsweine

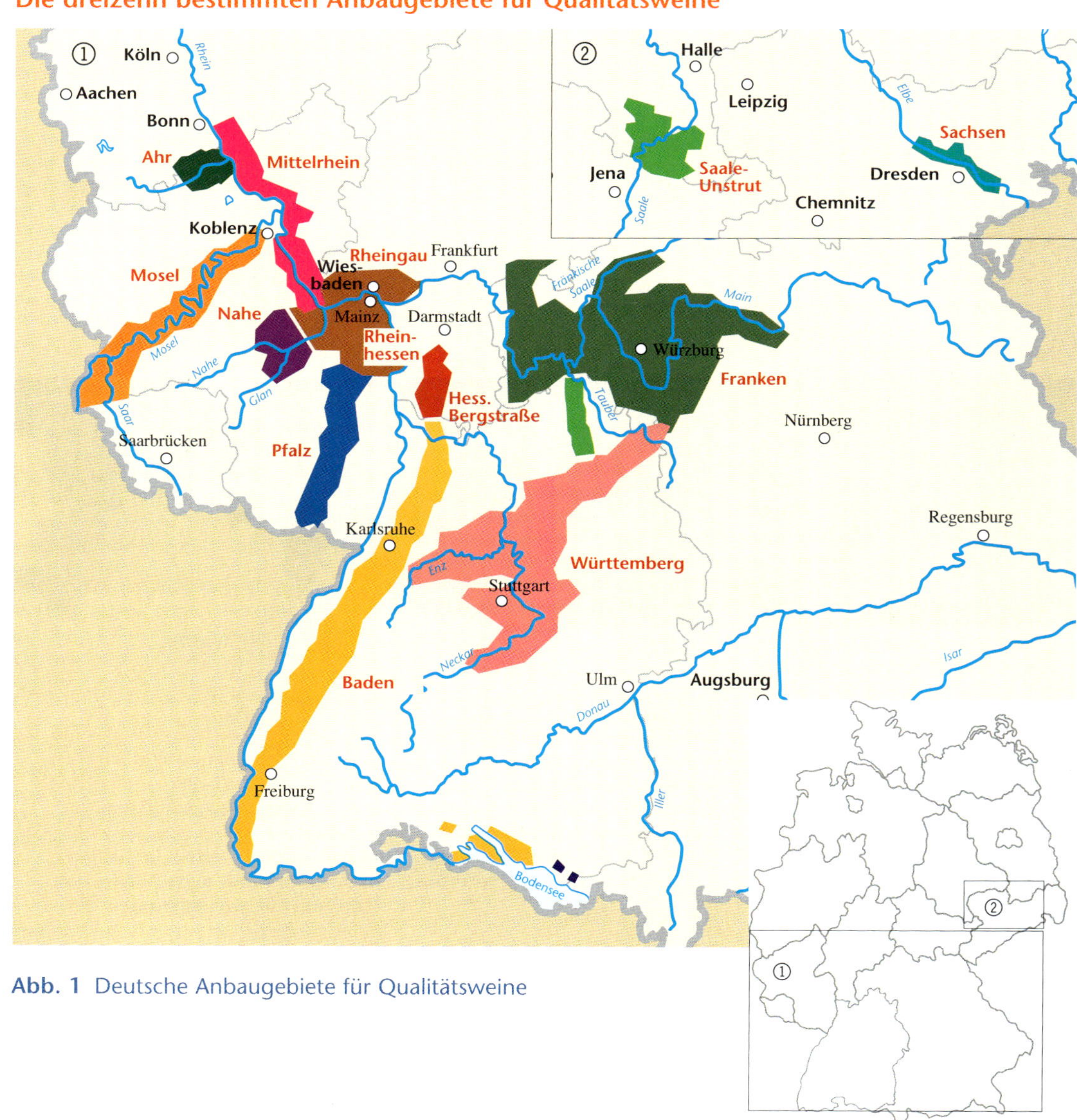

Abb. 1 Deutsche Anbaugebiete für Qualitätsweine

Qualitätsweine b. A.	
„bestimmte Anbaugebiete“	„Bereiche“
Ahr	Walporzheim/Ahrtal
Baden	Bodensee Marktgräflerland Kaiserstuhl Tuniberg Breisgau Ortenau Kraichgau Badische Bergstraße Tauberfranken
Franken	Steigerwald Maindreieck Mainviereck
Hessische Bergstraße	Starkenburg Umstadt
Mittelrhein	Loreley Siebengebirge
Mosel	Burg Cochem Bernkastel Obermosel Moseltor Saar Ruwertal
Nahe	Nahetal
Pfalz	Südliche Weinstraße Mittelhardt/Deutsche Weinstraße
Rheingau	Johannisberg
Rheinhessen	Bingen Nierstein Wonnegau
Saale-Unstrut	Schloss Neuenburg Thüringen Mansfelder Seen
Sachsen	Elstertal Meißen
Württemberg	Bayerischer Bodensee Remstal-Stuttgart Württembergisches Unterland Kocher-Jagst-Tauber Oberer Neckar Württembergischer Bodensee

Die Herkunft des Weines kann näher beschrieben werden. Bei Qualitätsweinen b. A. genügt es, das **Anbaugebiet** zu nennen, bei Prädikatsweinen muss der **Bereich** angegeben werden. Wird gar die **Gemeinde** oder innerhalb dieser die **Lage** genannt, ist das für den Weinkenner ein besonderes Zeichen für Qualität.

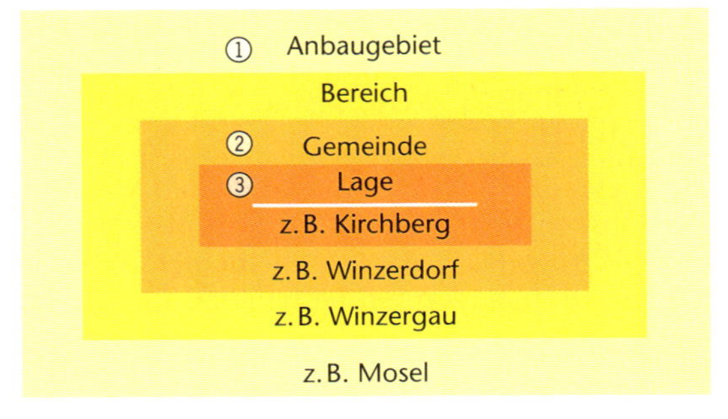

Abb. 1 Herkunft des Weines

Abb. 2 Beispiel einer genauen Herkunftsangabe

Die Weinanbaugebiete liefern sehr unterschiedliche Weinmengen. Mittelrhein, Ahr, Hessische Bergstraße, Saale-Unstrut und Sachsen können bei dem gegebenen Maßstab nicht dargestellt werden.

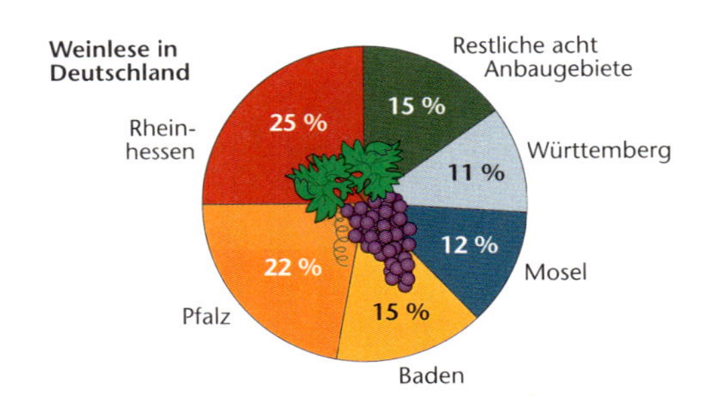

Abb. 3 Die größten Anbaugebiete

Service

7.3 Weinbereitung

Weißwein *white wine* *vin (m) blanc*

Die Beeren werden von den Stielen/Kämmen befreit. Dieses Abbeeren oder Entrappen verhindert, dass Gerbstoffe aus den Stielen in den späteren Wein gelangen.

Die Beeren werden gequetscht, dabei öffnen sich die Zellen und geben den Saft frei. Die Mischung aus Fruchtfleisch, Kernen und Schalen nennt man **Maische.**

Aus dieser presst man beim Keltern den **Most** ab. Der Most wird zunächst von Trübstoffen befreit, er wird vorgeklärt. Zurück bleibt der aus den Schalen und den Kernen bestehende Trester.

Bei der Hauptgärung wandelt die Hefe Zuckerstoffe in Alkohol und Kohlensäure um. Anschließend werden Hefe und Trübstoffe entfernt, **Wein** ist entstanden.

Qualitätsweine entwickeln bei der Nachreifung das volle Bukett.

Rotwein *red wine* *vin (m) rouge*

Für Rotweine werden die Beeren nach dem Entrappen gequetscht. Man erhält die **Maische.**

Die im Rotwein erwünschten Farb- und Geschmacksstoffe befinden sich in der Schale der dunklen Beeren. Um diese für den späteren Wein zu gewinnen, müssen sie zunächst aus der Schale gelöst werden. Dazu kennt man zwei Verfahren:

- *Maischegärung:* Der bei der Gärung entstehende Alkohol löst die erwünschten Farb- und Geschmacksstoffe. Es entsteht **roter Wein.**
- *Maischeerwärmung:* Durch die Temperaturerhöhung lösen sich die erwünschten Farb- und Geschmacksstoffe. Man erhält zunächst **roten Most,** der zu **rotem Wein** vergoren wird.

Rote Jungweine werden erst durch eine Nachgärung und längere Lagerung harmonisch.

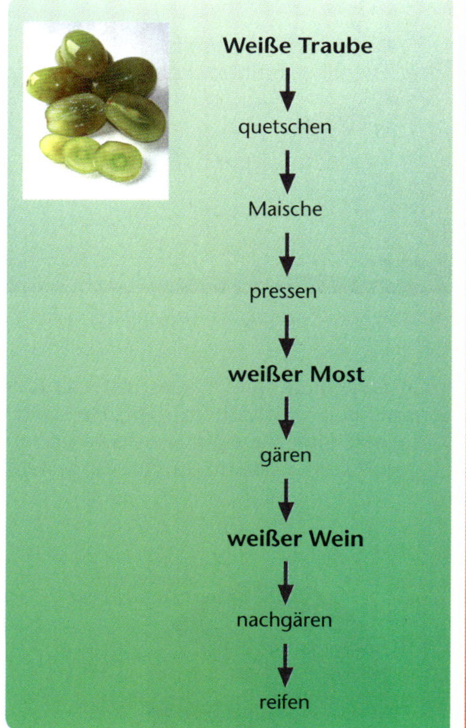

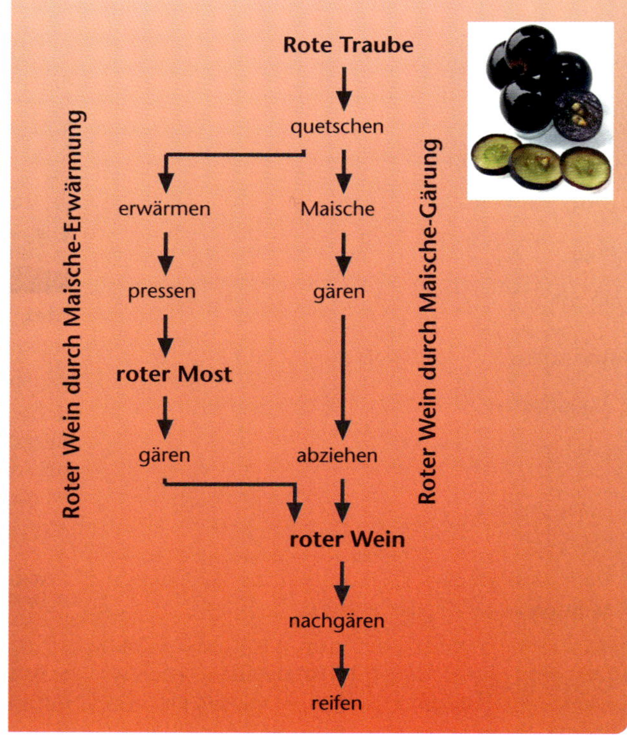

Besondere Verfahren für weitere Weinarten

Rotling ist ein Wein mit blass- bis hellroter Farbe, der entsteht, wenn weiße und rote Trauben oder deren Maischen zusammen nach dem Rotweinverfahren verarbeitet werden.

Badisch Rotgold ist ein Qualitäts-Rotling aus dem Anbaugebiet Baden, gewonnen aus den Reben Ruländer und Blauem Spätburgunder.

Schillerwein ist ein qualitativ hochwertiger Rotling aus Württemberg.

Schieler ist ein qualitativ hochwertiger Rotling aus dem Anbaugebiet Sachsen.

Rosé schimmert golden bis rötlich und wird aus roten Trauben nach dem Weißweinverfahren gewonnen. Hochwertige Produkte dürfen als **Weißherbst** bezeichnet werden.

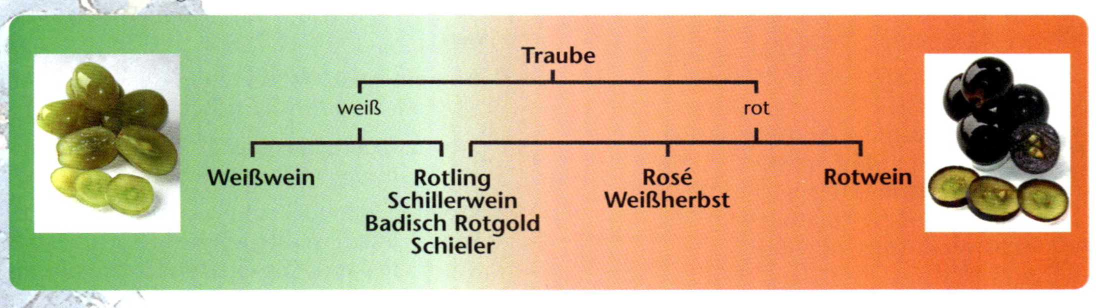

7.4 Güteklassen für Wein

Das Weinrecht wird bestimmt von den Vorgaben der EU. Diese werden in nationales deutsches Recht umgesetzt. Für die Einteilung/Klassifizierung ist die Herkunftsangabe ein wesentliches Merkmal.

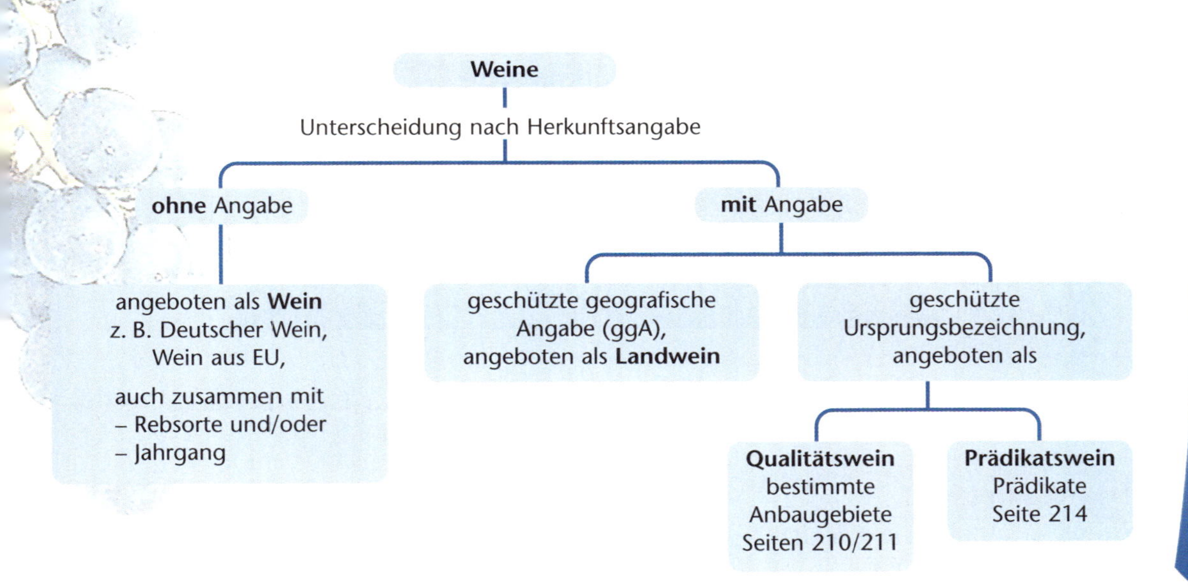

Qualitätsweine und Prädikatsweine bestimmen das Angebot der Gastronomie.

Inländischer Wein darf nur dann als „Qualitätswein" oder als „Prädikatswein" – in Verbindung mit einem Prädikat – gekennzeichnet werden, wenn für ihn auf Antrag eine Prüfungsnummer (A.P.Nr.) zugeteilt worden ist. Darüber entscheiden die jeweils zuständigen Prüfbehörden in den Weinbau betreibenden Ländern.

Diese Prüfung wird „amtliche Qualitätsweinprüfung" genannt. Sie besteht aus zwei Teilen, der analytischen Prüfung im chemischen Labor und der Sinnenprüfung. Alle Weine werden dabei von den Prüfern sensorisch getestet und bewertet.

Das deutsche Weinrecht sieht vor, dass die Angaben „geschützte Ursprungsbezeichnung" sowie „geschützte geografische Angabe" erst ab 2012 benutzt werden können.

Service

- **Qualitätsweine bestimmter Anbaugebiete (Q. b. A.)**
  Weine mittlerer Güte, die einem Prüfverfahren unterzogen worden sind.

  Ein Mindestmostgewicht und die Herkunft der ausgereiften Trauben aus dem Anbaugebiet sind Voraussetzungen für die Zulassung.

- **Prädikatsweine** haben eng begrenzte Herkunftsgebiete und müssen strengen Qualitätsanforderungen genügen. **Die Prädikate sind zusätzliche Qualitätsangaben.** Es gibt sechs verschiedene Prädikate.

Kabinett: Das vorgeschriebene Mindestmostgewicht muss aus der Rebe stammen. Das bedeutet: Kabinett ist die erste Qualitätsstufe *ohne Zuckerzusatz.*

Spätlese: Die Trauben werden nach der allgemeinen Ernte, also zu einem späteren Zeitpunkt in vollreifem Zustand geerntet.

Auslese: Aus den vollreifen Trauben werden die unreifen und kranken Beeren ausgesondert.

Beerenauslese: Es werden nur überreife und edelfaule Beeren verarbeitet.

Trockenbeerenauslese: Es werden nur eingeschrumpfte, edelfaule Beeren verwendet.

Eiswein: Nur edelfaule Beeren, nach einem Frost gelesen, werden verwendet. Durch das Ausfrieren von Wasser entsteht ein konzentrierter Most, und dadurch ein sehr gehaltvoller Wein.

Eiswein
Trockenbeerenauslese
Beerenauslese
Auslese
Spätlese
Kabinett
Prädikatsweine
Qualitätsweine b. A.
Landwein
Weine

Bei der Auswahl von Weinen sind neben der Qualität die Eignung des Weines für den Anlass und die Kombination mit den Speisen zu beachten.

Das Weinetikett

Das Weinetikett wird auch als die Geburtsurkunde eines Weines bezeichnet. Hier ein Beispiel für eine umfassende Information.

Über die amtlichen Vorgaben hinaus können Auszeichnungen genannt werden, z. B.:

Das **deutsche Weinsiegel** ist ein Gütezeichen für deutsche Weine. Farben signalisieren Geschmacksrichtungen.

Rot für vorwiegend liebliche Weine

Grün für halbtrockene Weine

Gelb für trockene Weine

Weine aus gebietstypischen klassischen Rebsorten; gehaltvoll, fruchtig und harmonisch trocken.

Trockene Spitzenweine eines Jahrgangs. Sie müssen aus Einzellagen stammen und unterliegen besonderen Vorschriften.

Daneben gibt es **Gütesiegel regionaler Weinbauverbände** und Banderolen für bestimmte Prämierungen, für deren Vergabe strenge zusätzliche Qualitätskriterien erfüllt werden müssen.

7.5 Weinlagerung

Weine werden in kühlen und dunklen Räumen aufbewahrt, damit die Reifung des Weines möglichst ungestört ablaufen kann. **Flaschen mit Korken** sind liegend zu lagern, der Korken trocknet so nicht aus, und der Wein kann nicht durch Luftzutritt und Mikroben verderben.

Flaschen mit Schraubverschluss oder Kunststoff-Korken können auch stehend gelagert werden.

Günstigste Lagertemperatur	für Weißwein:	10 bis 12 °C
	für Rotwein:	14 bis 15 °C.

Wein-ABC

Für ein so umfangreiches Gebiet wie das des Weines hat sich eine eigene Fachsprache entwickelt. Wichtige Begriffe für die Gästeberatung und Produktbeschreibung sind hier zusammengestellt.

Produktbeschreibung

Abgang
Nachgeschmack am Gaumen, wenn der Wein geschluckt ist.

ansprechend
zum Trinken anregend

Aroma, aromatisch
reich an Duft- und Geschmacksstoffen (Nase und Zunge)

Blume, blumig
reich an Duftstoffen (Nase)

Bukett, bukettreich
reich an Duft- und Geschmacksstoffen. Vergleichbar mit dem Begriff Aroma. In Verbindung mit Wein wird Bukett bevorzugt verwendet.

duftig
feine, angenehme Blume

elegant
fein abgestimmt in Säure, Alkoholgehalt und Bukett

gehaltvoll
reich an Inhaltsstoffen wie Zucker, Glycerin, Gerb- und Farbstoffen

harmonisch
ausgewogenes Verhältnis aller Inhaltsstoffe

herb
Rotweine mit viel Gerbsäure; Achtung: herb ist nicht sauer

kräftig
höherer Alkoholgehalt, angenehme Säure

lieblich
leicht, angenehm, wenig Alkohol, wenig Säure

prickelnd
leicht kohlensäurehaltig

rassig
ausgeglichene erfrischende Säure, z. B. bei Riesling

spritzig
frisch, angenehm prickelnd, z. B. Saarweine

süffig
Bei einfachen Weinen verwendet man den Begriff für Arten, die zum Weitertrinken anregen.

trocken
Vollständig durchgegoren, ohne Restzucker, hoher Alkoholgehalt. Trocken ist nicht mit sauer gleichzusetzen.

wuchtig
viel Körper und Alkohol; bei Rotweinen verwendet

Herstellung

anreichern
Wenn der Zuckergehalt der Weinbeeren, z. B. wegen schlechten Wetters, zu gering ist, darf im Rahmen der gesetzlichen Vorgaben vor der Vergärung dem Most Zucker zugefügt werden. So erhält man Wein mit dem erforderlichen Alkoholgehalt. Qualitätsweine mit Prädikat dürfen nicht angereichert werden.

Barriques
Eichenholzfässer mit einem Fassungsvermögen von 225 Litern.

keltern
Abpresssen des Rebensaftes, es verbleibt der Trester.

Mostgewicht
Dichte des Mostes. Das Mostgewicht kann mit der Öchslewaage oder einem Refraktometer festgestellt werden.

Öchslegrade
Dichte (spezifisches Gewicht des Mostes); sie geben Auskunft über den Zuckergehalt und damit indirekt über den zu erwartenden Alkoholgehalt.

Restsüße
Zuckergehalt des fertigen Weines, also nach der abgeschlossenen Gärung. Wird meist durch Zusatz von Traubenmost (Süßreserve) erreicht.

schönen
Trübstoffe werden gebunden und sinken zu Boden. Sie würden im Wein Trübungen hervorrufen.

schwefeln
Die Zugabe von Schwefel stoppt die Tätigkeit unerwünschter Bakterien und die Oxidation, die z. B. zum Braunwerden des Mostes führt.

Süßreserve
ist dem vergorenen Wein zugesetzter Traubenmost. Die enthaltenen Zuckerstoffe bleiben im Wein, werden nicht vergoren.

verschneiden
Dies bedeutet Vermischen von Most oder Wein, um bestimmte Eigenschaften wie Farbe, Geschmack oder Säuregehalt auszugleichen. Es dürfen nur Weine mit vergleichbarer Qualität zusammengeführt werden.

7.6 Weine europäischer Länder

Österreich sowie Frankreich und Italien erzeugen und verbrauchen beachtliche Mengen Wein. Deutsche Importe aus diesen Ländern sind bedeutend.

Zwar hat die EU verbindliche Begriffe für die Bezeichnung der Qualitätsstufen von Weinen festgelegt, doch bewerten die Wein anbauenden Länder traditionell nach eigenen unterschiedlichen Gesichtspunkten.

In Deutschland und Österreich ist das Mostgewicht (Öchslegrade) und damit der Zuckergehalt wesentlich für die Einstufung in die Qualitätsstufen.

In Frankreich und Italien bestimmt vorwiegend die Herkunft (Gebiet, Terroir) die Qualitätsstufe.

Die Tabelle auf der folgenden Seite stellt die Begriffe in den einzelnen Sprachen gegenüber und nennt ungefähre Anteile der einzelnen Qualitätsstufen. Vergleichen Sie die Prozentwerte bei Tafelwein.

Weinqualitäten und Anteile an der Jahresproduktion			
Deutschland	**Frankreich**	**Spanien**	**Italien**
Qualitätsstufen	Qualitätsstufen	Qualitätsstufen	Qualitätsstufen
Wein [≈2 %] ● darunter Landwein	Vin [≈45 %] ● darunter Vin de Pays [≈15 %]	Vino	Vino [≈70 %] ● darunter Indicazione Geografica Tipica – IGT [≈20 %]
Qualitätswein bestimmter Anbaugebiete – Q.b.A. [≈30 %]	Vin délimité de Qualité Supérieure – VdQS [≈45 %]	Denominación de Origen – DO – und Denominación de Origen Calificada – DOC – [≈33 %] als: ● Vino de Crianza (6 Monate Lagerung) ● Vino de Reserva (24 Monate Lagerung) ● Vino de Gran Reserva (48 bzw. 60 Monate Lagerung für Weiß- und Rosé- bzw. Rotweine)	Denominazione di Origine Controllata – DOC [≈12 %]
Prädikatswein [≈70 %] ● Kabinett, Spätlese, Auslese, Beeren- und Trockenbeerenauslese	Appellation (d'Origine) Contrôlée – AC, AOC		Denominazione di Origine Controllata e Garantita – DOCG

Österreichische Weine

In Österreich werden vorwiegend Weißweine erzeugt, der Anteil an Rotwein ist gering. Einige Besonderheiten seien herausgestellt.

Die am stärksten vertretene Rebsorte ist der **Grüne Veltliner**, der etwa ein Viertel der gesamten Weißweinproduktion erbringt. Ein guter Grüner Veltliner schmeckt frisch und fruchtig, hat eine angenehme Säure und eine grün-goldene Farbe.

Gumpoldskirchner aus der Thermenregion ist ein extraktreicher, vollmundiger Weißwein mit feinem Bukett aus den Rebsorten Zierfandler und Rotgipfler.

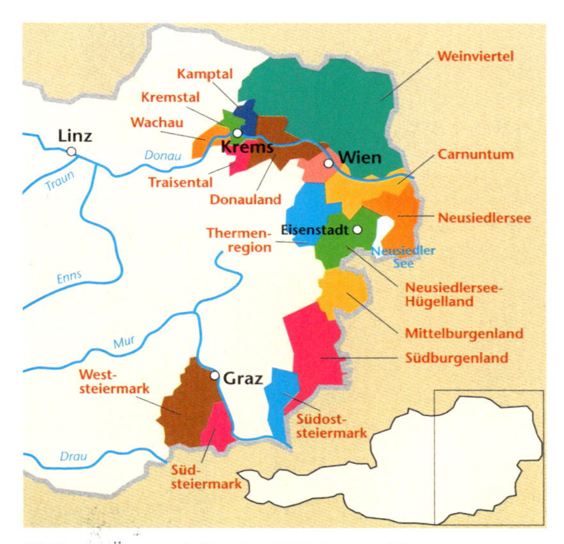

Abb. 1 Österreichische Weinbaugebiete

Heuriger ist ein Jungwein aus dem laufenden Weinjahr. Er wird vornehmlich in den sogenannten Buschenschenken gereicht.

Französische Weine

Zwar gibt es französische Weine in allen Geschmacksrichtungen von sehr trocken bis sehr süß. Da man aber in Frankreich Wein vor allem zum Essen trinkt, sind die meisten französischen Weine eher trocken. Wie sollte denn ein süßer Wein zu Fisch oder Rind passen?

Abb. 2 Weinanbaugebiete Frankreichs

Weinbaugebiete und bekannte Weine aus Frankreich

Elsass	*Gewürztraminer* ist ein kräftiger vollrunder Wein mit charakteristischem Bukett. *Muscat d'Alsace* ist ein herber, fruchtiger Wein mit dem typischen Aroma der Muskattraube. *Edelzwicker* ist eine Besonderheit aus einer Mischung Elsässer Rebsorten.
Burgund	*Chablis* ist ein trockener, rassiger Weißwein. *Côte de Beaune* ist ein kräftiger eleganter Rotwein. *Meursault* gehört zu den trockenen rassigen Weißweinen. *Beaujolais* ist vor allem als *nouveau* (neuer) bekannt, ein spritziger, leichter Rotwein.
Rhône-Tal	*Châteauneuf-du-Pape* und *Côtes du Rhône* sind kräftige und körperreiche Rotweine.
Languedoc-Roussillon	Es werden vor allem *Vins de Pays*, fruchtige, rote Landweine angebaut.
Bordeaux	*Entre-deux-Mers* ist ein lebhafter, frischer Weißwein. *Sauternes* ist ein vollrunder, lieblicher Weißwein von Trauben, die von der Edelfäule befallen sind. *Pomerol* und *Saint-Emilion* sind körperreiche, weiche Rotweine von dunkler Farbe.
Loire-Tal	*Muscadet* ist ein trockener, frischer Weißwein. *Rosé d'Anjou* ist ein lieblicher fruchtiger Wein.
Champagne	Die Weinproduktion wird nahezu ausschließlich für die Schaumweinherstellung verwendet.

Französische Fachbegriffe (Eine Hilfe bei der Beratung)

Barrique Kleines Eichenfass mit etwa 225 Litern, in dem Wein ausgebaut wird. Die Eiche gibt an den Wein Aromastoffe ab. Als Barrique wird auch der in Barrique-Fässern ausgebaute Wein bezeichnet.

Blanc de Blancs Bezeichnung für einen Weißwein aus weißen Trauben. (Es gibt auch weißen Wein von roten Trauben.)

Château Bezeichnung eines Winzereibetriebes, der auf eigenem Besitz Qualitätsweine ausbaut. Man könnte auch sagen: „Qualität aus einer Hand."

Cru Anbaugebiet für Spitzenweine

Domaine Bezeichnung eines Winzereibetriebes, nur bei Qualitätswein und Landwein zulässig.

Mis en bouteille Alle Weine, die in Frankreich ausgebaut und abgefüllt werden, tragen auf dem Korken oder auf dem Etikett diesen Hinweis.

Primeur Junge, frische Rotweine können diesen Zusatz nach einer schnellen Gärung bis zum 31. Januar des Folgejahres tragen.

Vin de Pays Gehobener französischer Landwein. (Die Qualitätseinteilung französischer Weine auf Seite 217 beachten.)

Italienische Weine

Auch in Italien sind etwa 50 % der Ernte Landwein.

Weinbaugebiete und bekannte Weine

Südtirol	Bekannt für Rotweine aus den namengebenden Trauben Blauburgunder (Pinot noir), Lagrein, Weißburgunder und Gewürztraminer. *Kalterer See* und *St. Magdalener* sind bekannte Weine.
Friaul	Die Weine sind nach den Rebsorten benannt. *Pinot Grigio* (bei uns Ruländer), ein frischer Weißwein, den man jung trinkt. *Pinot Bianco* (Weißburgunder) *Merlot* und *Cabernet* sind charaktervolle Rotweine.
Piemont	*Barbera*, ein rubinroter Rotwein mit intensiver Blume und würzigem Geschmack. *Barolo*, ein Rotwein aus der Nebbiolo-Traube mit markantem Duft und kräftigem Geschmack. *Barbaresco*, ein leuchtend roter Wein, vollmundig und kräftig.
Umbrien	*Orvieto*, ein goldener Weißwein, geschmeidig und gehaltvoll.
Latium	*Frascati*, ein Weißwein mit kräftig gelber Farbe und ausgeprägtem, aber weichem Geschmack.
Toskana	*Chianti*, ein Rotwein aus überwiegend roten, aber auch weißen Trauben.

Italienische Fachbegriffe
(Eine Hilfe bei der Beratung)

secco	trocken
abboccato	halbtrocken
amabile	leicht süß
dolce	süß
Vino bianco	Weißwein
Vino rosato	Roséwein
Vino rosso	Rotwein
Vino frizzante	Perlwein
Vino spumante	Schaumwein

Abb. 1 Weinanbaugebiete Italiens

Spanische Weine

Spanien hat zwar die größte Weinanbaufläche der Erde, Trockenheit und Dürre beschränken die Erträge jedoch sehr stark, sodass Spanien bei der Produktion hinter Frankreich und Italien an dritter Stelle steht.

Die mineralreichen Böden und das trockene Klima bedingen in Verbindung mit gehaltvollen Gewächsen bukettreiche Weine. Landestypische Reben führen zu neuen geschmacklichen Noten.

Abb. 2 Weinanbaugebiete Spaniens

Service

Hauptanbaugebiete

Rioja liegt in Nordspanien am Fluss Ebro und ist das bedeutendste spanische Rotweingebiet. Weine der Rebsorte Tempranillo überwiegen.

Navarra liegt zwischen dem Ebro und den Pyrenäen. In den Tallagen gedeihen sowohl Rot- wie auch Weißweine.

Valencia wird klimatisch vom Mittelmeer beeinflusst. Diese Region liefert alkoholreiche Rotweine.

Der Sherry aus dem Gebiet um Jerez im Südwesten Spaniens wird in mehreren Arten ausgebaut und reicht vom trockenen Fino bis zum süßen Cream.

Spanische Fachbegriffe (Eine Hilfe bei der Beratung)

Vino blanco	Weißwein
Vino tinto	Rotwein
Rosado	Roséwein
Clarete	leichter heller Rotwein aus roten und weißen Reben

7.7 Beurteilen von Wein

Die Eigenschaften eines Weines werden bei der **Weinprobe** oder **Degustation** erfasst und mit Fachbegriffen beschrieben.

Unsere Sinnesorgane sind dabei die Sensoren. Ein angemessener Fachwortschatz befähigt das Servierpersonal, den Gast entsprechend zu beraten.

Beurteilungsmerkmale	Bezeichnungen	Beschreibungen positiv	negativ
Geruch	Blume	• zart, dezent, feinduftig • duftig, blumig, voll • ausdrucksvoll, ausgeprägt • kräftig duftend	• ausdruckslos, flach • aufdringlich, parfümiert • fremdartig, unsauber
Geschmack	Aroma	• neutral, zart • feinwürzig, herzhaft, erdig • würzig, aromatisch	• korkig
• Zucker		• herb, trocken • dezent, feinherb, halbtrocken • lieblich, süffig, süß	• pappsüß • aufdringlich • unharmonisch
• Säure		• mild, zart, verhalten • frisch, feinrassig • herzhaft, rassig, pikant	• matt, flach • unreif, spitz • hart, grasig
• Frucht		• neutral, zart • feinfruchtig, fruchtig	• fremd • unschön
	Bukett	• mild, zart, fein • rund, harmonisch, voll	• dünn, flach • leer, plump
Extrakt Alkohol	Körper	• leicht • mundig, vollmundig, saftig • schwer, wuchtig, stoffig • feurig (Alkohol)	• dünn, leer • plump • brandig • spritzig (Alkohol)
Alter		• jung, frisch, spritzig • reif, entwickelt, vollreif • edelfirn, firn	• unreif • matt, leer • abgebaut

7.8 Likörweine, Süd- und Dessertweine

Was das Gesetz als *Likörwein* bezeichnet, wird in der Alltagssprache oft als *Südwein* (Herkunft) oder *Dessertwein* (zum Abschluss eines Menüs) bezeichnet.

Je nach Art werden diese Weine in der Gastronomie unterschiedlich eingesetzt:

- Trockene Arten als geschmacksanregender Aperitif vor dem Essen,
- süßliche Arten als verdauungsfördernder Digestif nach dem Essen.

Trockene Dessertweine

Dem Wein wird nach kurzer Gärung Weingeist zugesetzt. Der nun hohe Alkoholgehalt (bis 22 % vol.) unterbricht die natürliche Gärung. Man erhält alkoholreiche trockene Weine.

Beispiele

- Sherry aus Spanien
- Portwein aus Portugal
- Madeira von der Insel Madeira

Süße (konzentrierte) Dessertweine

Dem Most oder Ausgangswein werden Trockenbeeren (Rosinen) oder eingedickter Traubensaft beigegeben. Das ergibt süße Weine mit üblichem Alkoholgehalt.

Beispiele

- Tokajer aus Ungarn
- Samos aus Griechenland
- Malaga aus Spanien

8 Schaumwein

sparkling wine · vin (m) mousseux

Schaumwein entsteht, wenn Wein nach der Hauptgärung nochmals in abgeschlossenen Behältnissen zum Gären gebracht wird. Das bei dieser zweiten Gärung entstehende CO_2 kann nicht entweichen, verbindet sich mit dem Wein und verleiht ihm den schäumenden Charakter. Aus Wein ist prickelnder Schaumwein geworden.

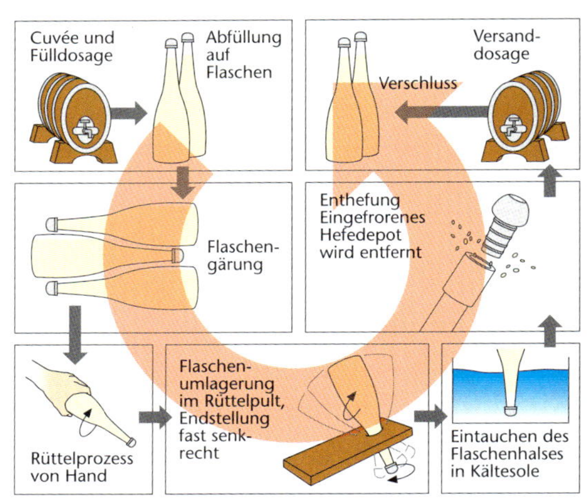

Abb. 1 Traditionelle Flaschengärung

Herstellung

Beim Schaumwein wird vom Gast je nach Sorte eine über Jahre gleiche Qualität und Geschmacksrichtung erwartet.

Darum vermischt man verschiedene *Grundweine*. Diesen Verschnitt nennt man *Cuvée*.

Damit die notwendige zweite Gärung beginnt, kommt die *Fülldosage* hinzu. Das ist eine Mischung von in Wein aufgelöstem Kristallzucker und Reinhefe.

Bei der Gärung unterscheidet man drei Verfahren.

- **Flaschengärung (Abb. 1)**
  Die gefüllten Flaschen werden verschlossen und mit dem Hals nach unten in Rüttelpulte gestellt. So setzt sich der Hefetrub am Korken ab und kann nach der Lagerung leicht entfernt werden. Der dabei auftretende Verlust wird durch die *Versanddosage* ersetzt. Diese klassische Flaschengärung ist das aufwendigste und damit teuerste Verfahren.

- **Transvasierverfahren (Abb. 2)**
  ist eine vereinfachte Flaschengärung. Das Cuvée wird wie beim klassischen Verfahren auf Flaschen gefüllt. Nach abgeschlossener Zweitgärung entleert man die Flaschen in Tanks, filtert den Schaumwein und gibt die Versanddosage bei. Danach füllt man erneut auf Flaschen und überlässt den Schaumwein einer Reifung. Die zeitaufwendigen Arbeitsvorgänge wie Rütteln und Enthefen von Hand werden bei diesem Verfahren eingespart.

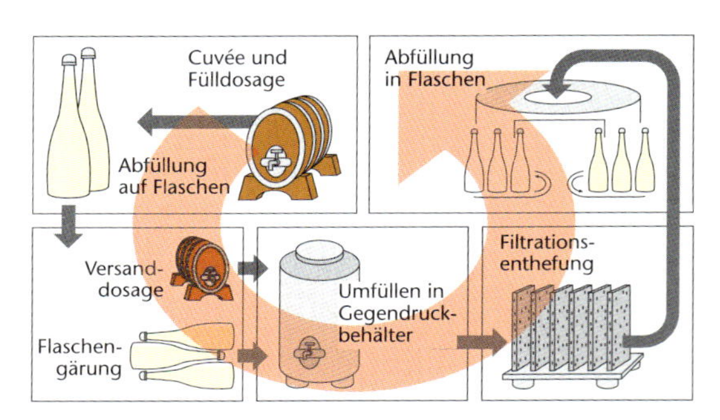

Abb. 2 Transvasierverfahren

- **Tankgärung (Abb. 3)**
  Sie ist arbeitssparender. In den Tankräumen werden während der Gärung Temperatur und Druck genau geregelt. Der Hefetrub wird durch Filtern abgetrennt.

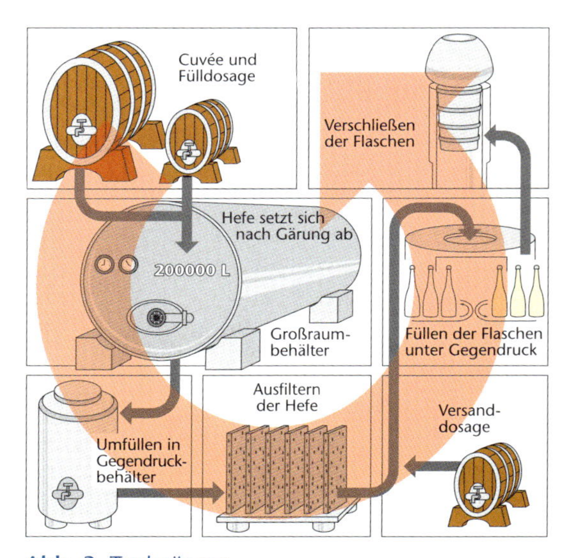

Abb. 3 Tankgärung

© Stockfood/A. Faber

Abb. 1 Flaschengärung: Rütteln der Flaschen von Hand oder mit Rüttelanlage

Geschmacksrichtungen

Unabhängig von Gärverfahren bestimmen

- **Qualität** die Mischung der Grundweine, das Cuvée,
- **Geschmacksrichtung** die Dosage, welche den gewünschten Süßegrad verleiht.

Bezeichnung des Geschmacks deutsch	französisch	Restzuckergehalt/l
extra herb	extra brut	0 bis 6 g
herb	brut	0 bis 15 g
extra trocken	extra sec	12 bis 20 g
trocken	sec	17 bis 35 g
halbtrocken	demi-sec	33 bis 50 g
mild	doux	über 50 g

Gesetzliche Bestimmungen

Bei Schaumwein ist der Hersteller oder die Vertriebsfirma anzugeben. Bei ausländischen Erzeugnissen ist das Herstellungsland zu nennen.

Mit **Schaumwein** muss in Deutschland hergestellter Schaumwein bezeichnet werden. (Der gebräuchliche Name Sekt darf für die einfachste Qualitätsstufe nicht verwendet werden.)

Qualitätsschaumwein oder **Sekt** ist von gehobener Güte. Es werden Mindestanforderungen hinsichtlich Alkoholgehalt, Druck (CO_2) und Lagerdauer gestellt.

Mögliche Zusatzbezeichnungen:

- Qualitätsschaumwein Sekt b. A.: gleiche Bestimmungen wie bei Wein,
- mit Jahrgangsangabe,
- mit Angabe der Traubenart.

Champagner ist Schaumwein aus einem genau festgelegten Gebiet der Champagne (Frankreich, siehe Abb. Seite 217).

Vin mousseux ist französischer Schaumwein mit Ausnahme der besonders herausgehobenen Champagne.

Prosecco bezeichnet eine weiße Rebsorte aus Italien. Daraus werden gewonnen:

Prosecco spumante mit hohem Kohlesäuredruck, ein Schaumwein bzw. Sekt;

Prosecco frizzante, ein Perlwein mit geringerem Kohlesäuregehalt.

Spumante ist ein süßlicher, gelber Schaumwein aus Italien. Bekannt ist er aus der Provinz Asti.

Cava ist ein spanischer Schaumwein, der in traditioneller Flaschengärung hergestellt wird; kommt vorwiegend aus Katalonien.

Flaschengrößen

Sekt wird in speziellen Flaschen und besonderen Größen angeboten. Diese Flaschen haben wegen der Druckbelastung extra starke Wände.

- Piccolo 0,2 *l* etwa 2 Gläser
- $^1/_2$-Flasche 0,375 *l* etwa 4 Gläser
- $^1/_1$-Flasche 0,75 *l* etwa 8 Gläser
- $^2/_1$-Flasche 1,5 *l* etwa 16 Gläser
  Diese Flasche wird auch Magnumflasche genannt und wird vor allem dann eingesetzt, wenn es repräsentativ sein soll.

Verwendung von Schaumwein

Als erfrischendes und belebendes Getränk wird Schaumwein insbesondere zu festlichen Anlässen und als Aperitif pur getrunken.

Auf gemischte Getränke werden die herzhafte Frische und das angenehme Schäumen übertragen, z. B.:

- Sekt mit Orangensaft
- Sekt mit Cassis (Kir)
- Sekt mit Zitronensaft, Angostura und Läuterzucker **(Sektcocktail)**

Darüber hinaus ist Schaumwein Bestandteil von Bowlen und Kaltschalen.

Schaumweinlagerung

Lagerung unter 10 °C, liegend; vor dem Servieren auf 6 bis 8 °C kühlen.

Abb. 2 Bekannte Marken

9 Weinhaltige Getränke

blended drinks with wine *boissons (w) à base de vin*

Unter weinhaltigen Getränken versteht man Getränke, die einen Anteil von mehr als 50 % Wein, Dessertwein oder Schaumwein haben.

Der restliche Anteil kann Weinbrand, Fruchtsäfte, Kräuterauszüge, Honig, Wasser usw. enthalten.

Weinschorle besteht aus gleichen Teilen Wein und kohlensäurehaltigem Wasser. Schorlen sind durch diese Mischung erfrischend und alkoholarm.

Glühwein ist heißer Rotwein, gewürzt mit Nelken, Zimt, Zitrone und Zucker. Spezielle Aufgussbeutel erleichtern die Herstellung.

Kalte Ente ist eine Mischung von Wein, Perlwein und Schaumwein mit Zusatz von Zitrone. Der Anteil an Schaumwein muss im fertigen Getränk mindestens 25 % betragen.

Wermut (Vermouth) ist mit Wermutkraut aromatisierter Wein; Alkoholgehalt um 15 %. Wermut ist Grundlage von Mischgetränken wie Manhattan oder Martini.

Bowle besteht aus Wein, Schaumwein, auch Fruchtwein oder Mineralwasser und Geschmacksträgern, die auch namengebend sind, z. B. Pfirsich, Erdbeer, Waldmeister.

Aufgaben

1. Boden und Klima bestimmen wesentlich die Eigenschaften des späteren Weines. Erläutern Sie.
2. Bei der Empfehlung von Weinen müssen Wünsche bzw. Aussagen von Gästen in fachliche Zusammenhänge übertragen werden. Nennen Sie zu den folgenden Aussagen passende Rebsorten.
   a) „Zum Fisch hätte ich gerne einen milden Weißen."
   b) „Einen Weißen bitte, darf schon etwas Kräftiges sein."
   c) „Ich hätte gerne ein Glas würzig-aromatischen Weißwein."
   d) „Zum Rehbraten bitte einen kräftigen Rotwein."
3. Beschreiben Sie die wesentlichen Arbeitsschritte bei der Herstellung von Weißwein und von Rotwein.
4. Das Weinetikett wird gerne als die „Geburtsurkunde" eines Weines bezeichnet. Nennen Sie die für einen Qualitätswein vorgeschriebenen Angaben.
5. Da streiten sich zwei: „Weinbaugebiete heißt es", sagt der eine, „Nein, Weinanbaugebiete, da bin ich mir sicher", meint der andere. Beide können im Recht sein. Erklären Sie.
6. Nennen Sie die drei größten deutschen Weinanbaugebiete.
7. In welche beiden Gruppen werden die deutschen Weine nach der Qualität eingeteilt?
8. Nennen Sie die Qualitätsweine mit Prädikat in aufsteigender Reihenfolge.
9. Das Weinsiegel gliedert das Angebot in drei Gruppen. Nennen Sie die Geschmacksrichtungen und die dazugehörige Farbe des Weinsiegels.
10. Wie nennt man bei der Sektherstellung die Mischung der Grundweine?
11. Welche Gärverfahren werden unterschieden?
12. Erklären Sie den Unterschied zwischen einem Sekt und einem Champagner.
13. Wie entstehen die verschiedenen Geschmacksrichtungen bei Sekt?

10 Spirituosen

spirits *spiritueux (m)*

Spirituosen sind zum menschlichen Genuss bestimmte Getränke, in denen Alkohol (Ethylalkohol) als wertbestimmender Anteil mit mindestens 15 % enthalten ist.

Der Alkoholgehalt ist in % vol (sprich: Prozent des Volumens oder Volumenprozent) anzugeben.

Alkohol entsteht bei der Gärung durch die Tätigkeit der Hefe. Bei einem Alkoholanteil von etwa 15 % stellen jedoch die Hefen ihre Tätigkeit ein.

Will man höhere Alkoholgehalte erreichen, muss man den vorhandenen Alkohol konzentrieren. Das geschieht beim Destillieren oder Brennen.

Das Prinzip der Destillation

Wasser verdampft bei 100 °C, Alkohol bei etwa 80 °C. Darum bilden sich beim Erhitzen von alkoholhaltigen Flüssigkeiten zuerst Alkoholdämpfe, die über ein Rohrsystem abgeleitet und durch Abkühlen wieder verflüssigt werden. Viele Geschmacksstoffe sind in Alkohol gelöst und gehen mit in das Destillat über. Wasser und unlösliche Stoffe bleiben zurück.

So wird zum Beispiel

- Wein zu Weinbrand,
- vergorenes Obst zu Obstbrand.

Soll aus stärkehaltigen Rohstoffen wie Getreide Alkohol gewonnen werden, muss die Stärke zunächst in Einfachzucker umgewandelt werden, damit sich die Hefe davon ernähren und Alkohol erzeugen kann.

Die folgende Seite zeigt in einer Übersicht die unterschiedlichen Wege.

Bestimmte Spirituosen, besonders solche auf der Grundlage von Wein und Getreide, gewinnen durch eine längere Reifezeit nach dem Brennen. Während dieser Zeit wirkt Sauerstoff der Luft auf die zunächst farblose Flüssigkeit ein und verändert Farbe und Aroma in erwünschter Weise. Je nach Qualitätsstufe sind aus diesem Grund für bestimmte Produkte Mindestlagerzeiten vorgeschrieben.

Versuche

1. Versetzen Sie Fruchtsaft mit etwas Hefe und stellen Sie die Lösung eine Woche an einen warmen Ort. Oder: anstelle des Fruchtsaftes 0,25 *l* Wasser und 75 g Zucker, oder, wenn der Versuch sofort durchgeführt werden soll: 150 g Wasser und 30 g Alkohol vermischen.
2. Bauen Sie die abgebildete Anlage auf. Auf Bunsenbrenner einen Rund- oder Kantkolben mit einer der oben beschriebenen Flüssigkeiten stellen, in den Korken ein geknicktes Glasrohr einführen, zweiten Rundkolben in Eis stellen und das Glasrohr einführen. Oder Liebig-Kühler verwenden.
   Erhitzen Sie, und probieren Sie vorsichtig das Kondensat.

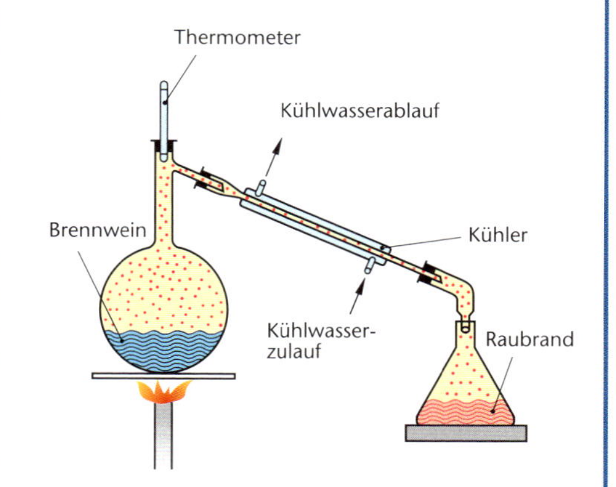

3. Geben Sie etwa 250 g Himbeeren (als Tiefkühlware immer erhältlich) in ein enges Gefäß oder in einen Kolben. Übergießen Sie mit 100 g Wasser und der gleichen Menge Alkohol. Mit Korken oder Gummipfropfen verschließen. Nach einer Woche destillieren Sie mit der in Versuch 2 beschriebenen Anlage. Verdünnen Sie das Kondensat 1:1 mit Wasser und probieren Sie.
4. Geben Sie in einen Shaker ein Eigelb, 1 Teelöffel Zucker, 5 cl Weinbrand, 5 cl Wasser und vermischen Sie gut. Was entsteht?

Der Weg zur Spirituose

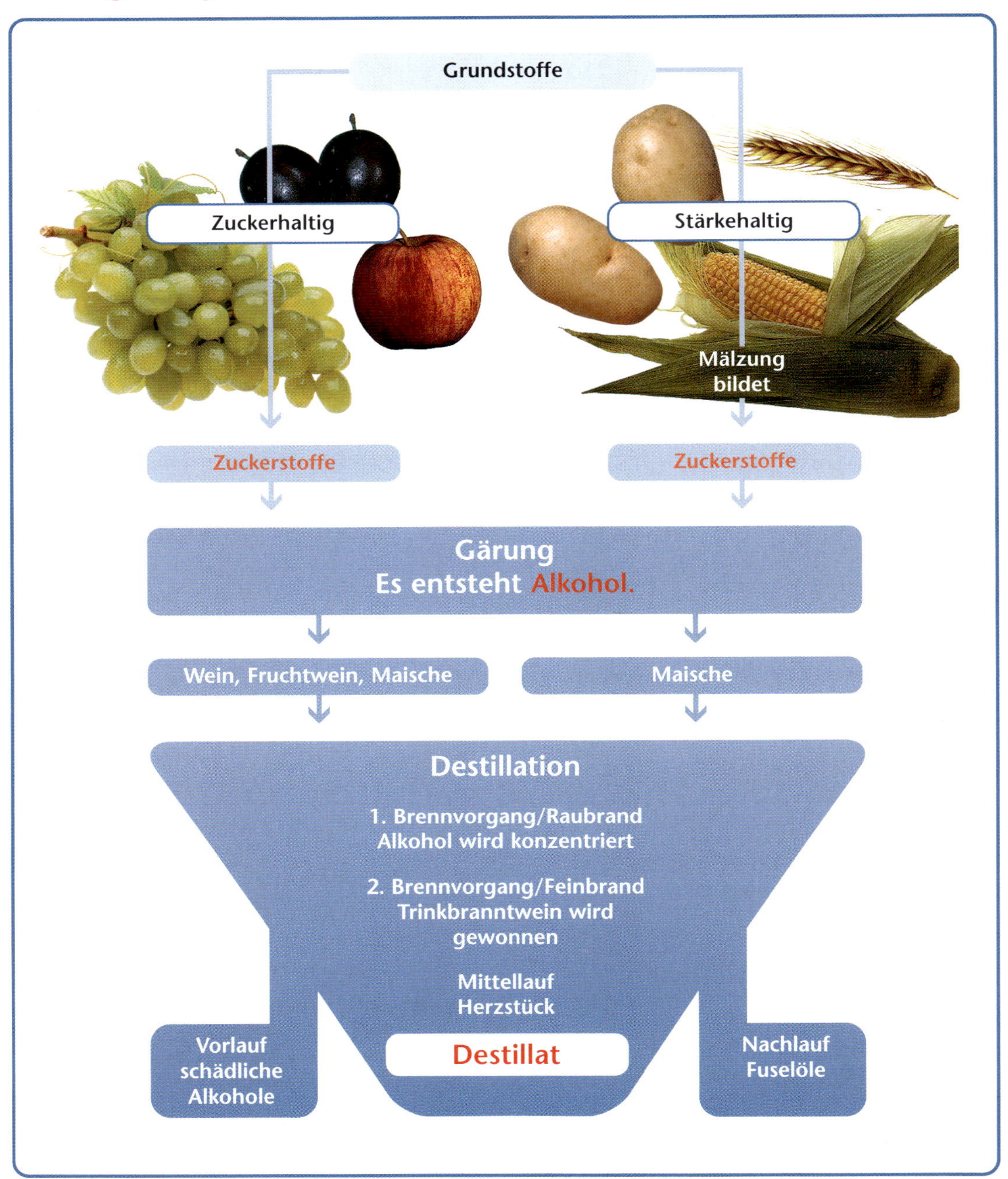

Nach der EU-Spirituosenverordnung unterscheidet man folgende vier Gruppen von Spirituosen:

- **Brände**, die aus Wein, Obst, Zuckerrohr oder Getreide hergestellt werden. Der Alkohol entsteht bei der Gärung aus dem Grundstoff.
- **Geiste**, die vorwiegend unter Verwendung aromareicher, zuckerarmer Beeren hergestellt werden. Dabei werden die Aromastoffe von zugesetztem Alkohol ausgelaugt.
- **Aromatisierte Spirituosen**, bei denen vorwiegend Wacholder neutralem Alkohol den Geschmack gibt;
- **Liköre**, die auf unterschiedliche Weise nach bestimmten Regeln hergestellt werden. Siehe Seite 229.

10.1 Brände

Brände sind Spirituosen, deren Alkoholgehalt und Geschmack durch Vergären und anschließendes Brennen (Destillieren) entsteht. Namengebend sind meist die Rohstoffe.

Hinweis: Früher wurde jedes Getränk, das *gebrannt* wurde, als *Branntwein* bezeichnet. Auch Spirituosen aus Getreide oder Kartoffeln waren Branntwein.

Heute muss Brannt*wein* aus *Wein* gewonnen sein.

Innerhalb der großen Gruppe der Brände gliedert man nach den Rohstoffgruppen.

Spirituosen aus Wein

spirits from wine *liqueurs (w) de vin*

Man gewinnt diese Spirituosen durch Destillation von Wein oder Brennwein. Auf das Destillieren oder Brennen folgt eine längere Lagerung.

- **Deutscher Weinbrand**
  Die Hersteller bevorzugen Weine aus französischen Reben, denn diese sind besonders aromatisch und alkoholreich.
- **Eau-de-vie de vin**
  Dies bedeutet wörtlich Branntwein aus Wein. Vielfach wird das Herkunftsgebiet zusätzlich genannt, z. B. ... de la Marne.
- **Armagnac**
  Eine geschützte Herkunftsbezeichnung für Branntwein aus Wein aus der Gascogne.
- **Cognac**
  Eine geschützte Herkunftsbezeichnung für Weinbrand aus der Charente, deren Mittelpunkt die Stadt Cognac ist.
- **Trester oder Tresterbrand** gewinnt man aus Traubentrester (Rückstände beim Abpressen des Traubenmostes). **Grappa** aus Italien und **Marc** aus Frankreich gehören zu dieser Gruppe.

Altersangaben bei Cognac

Alterskonto	Lagerzeit des Destillates	Produktkennzeichnungen
1, 2 und 3	1 bis 3 Jahre	• Cognac • Cognac Authentique • Cognac***
4	mindestens 4 Jahre	• VO (very old) • VSOP (very superior old pale) • Réserve
5	mindestens 5 Jahre	• Extra • Napoléon • Vieille Réserve
–	über 5 Jahre (u. U. sehr alt)	• Hors d'Age • XO (extra old) • Cordon d'Argent

Spirituosen aus Obst

spirits from fruits *liqueurs (w) de fruits*

Werden frisches Obst oder Most vergoren und destilliert, erhält man Obstbrände.

- **Obstler** bestehen aus mehreren Obstarten. Wird nur eine Obstart verwendet, darf anstelle des Wortes Obst der Name der Frucht zusammen mit ...wasser oder ...brand genannt werden.
  Beispiele:
  - Kirschwasser/-brand
  - Zwetschgenwasser/-brand
- **Calvados** gewinnt man in der Normandie aus Apfelwein (Cidre). Die goldgelbe Farbe erhält er durch längere Lagerung in Eichenholzfässern.
- **Slibowitz** ist ein Pflaumenbrand.
- **Marillenbrand** (Österreich) und **Barack** (Ungarn) werden aus Aprikosen hergestellt.
- **Enzian:** Die Wurzeln des gelben Enzians werden eingemaischt und vergoren. Dieses Destillat bildet neben reinem Alkohol die Grundlage für die Spezialität aus Bayern und Österreich.

Spirituosen aus Zuckerrohr

spirits from sugar *liqueurs (w) de sucre*

- **Rum** hat Zuckerrohrsaft oder Zuckerrohrmelasse als Grundlage. Das Destillat ist zunächst klar (*Weißer Rum*), durch Reifung und Zusatz von Zuckerkulör wird es bräunlich (*Brauner Rum*).
  - Echter Rum wurde im Ursprungsland destilliert.
  - Rum-Verschnitt ist eine Mischung (Verschnitt) aus echtem Rum und Neutralalkohol.

Spirituosen aus Getreide

🇬🇧 *spirits from grains* 🇫🇷 *liqueurs (w) de blé*

Getreidearten wie Weizen, Roggen, Gerste werden meist gemälzt, dann vergoren und anschließend destilliert. Wird im fertigen Produkt eine Getreideart genannt, darf bei der Herstellung nur diese verwendet werden.

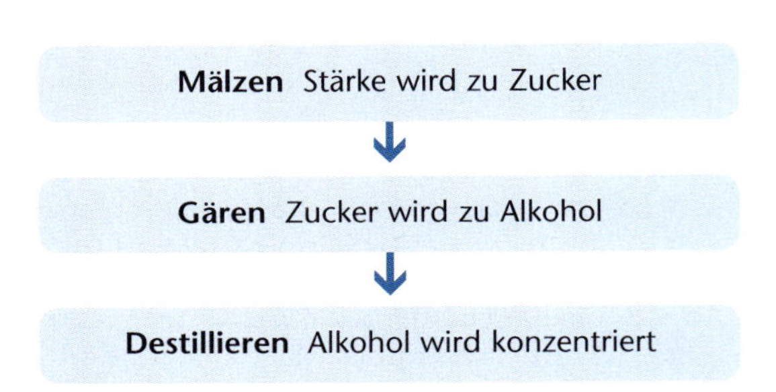

- **Korn** hat mindestens 32 % vol,
- **Kornbrand** hat mindestens 37,5 % vol Alkohol.
- **Whisky/Whiskey**
  Die unterschiedliche Schreibweise beruht auf einer Vereinbarung der Produzenten.
  Whis**ky** werden die schottischen und kanadischen Arten genannt; sie haben einen leichten Rauchgeschmack.
  Whis**key** schreibt man bei irischen Sorten und dem amerikanischen Bourbon.

Besonderheiten der Whisk(e)y-Sorten

- **Irish Whiskey**
  - von der klassischen Art her reiner Malt-Whisky (heute aber auch blended Whiskys)
  - kräftiges, jedoch mildes Malzaroma
- **Scotch Whisky**
  - bukettreiche und geschmacksintensive Malt-Whiskys sowie milde Blends
  - Rauchgeschmack, der durch Darren des Malzes über Torf-Feuer entsteht.
- **Canadian Whisky**
  helle, leichte Grain-Whiskys (idealer Mix-Whisky)
- **Bourbon Whiskey**
  mindestens 51 % Mais, aus den USA
- **Rye Whiskey**
  mindestens 51 % Roggen (Canada und USA)

10.2 Geiste

Beeren enthalten nur wenig Zucker, der in Alkohol umgewandelt werden könnte.

Sie werden darum in Alkohol (auch Weingeist genannt) eingelegt, damit die Geschmacksstoffe entzogen werden. Die aromahaltige Flüssigkeit wird dann abdestilliert.

So erhält man z. B.

- Himbeergeist
- Brombeergeist
- Schlehengeist
- Heidelbeergeist

10.3 Alkohol mit geschmackgebenden (aromatisierenden) Zusätzen

Bei dieser Getränkegruppe werden einem Alkohol, der aus Getreide oder Kartoffeln gewonnen worden ist, geschmackgebende Gewürze wie Wacholder, Kümmel oder Anis zugefügt.

Wacholder gibt Geschmack bei:

- **Wacholder:** Dem Alkohol wird Wacholder oder Wacholderdestillat als Geschmacksträger zugefügt.
- **Gin:** Ein englisches Produkt, das neben dem geschmacklich vorherrschenden Wacholder meist auch andere Aromastoffe enthält.
- **Genever:** Diese vor allem in Holland hergestellte Spezialität hat meist nur einen sehr geringen Wacholdergeschmack.
  Man unterscheidet
  - Jonge (junger) Genever mit zarter Wacholder-Note und
  - Oude (alter) Genever mit deutlicherem Geschmack.

Kümmel gibt Geschmack bei:

- **Kümmel:** Alkohol wird mit Kümmel geschmacklich ergänzt.
- **Akvavit** oder **Aquavit** darf die Spirituose genannt werden, wenn die geschmackgebenden Stoffe aus einem besonderen Kräuter- und Gewürzdestillat stammen.

Anis gibt Geschmack bei:

- **Pastis:** Alkohol ist aromatisiert mit Sternanis, Anis und anderen Pflanzen wie z. B. Fenchel. Diese Zutaten sind verdauungsanregend. Darum wird Pastis auch als Aperitif gereicht. Bei der Zugabe von Wasser wird die zunächst klare Flüssigkeit milchig trübe.
- **Ouzo:** Die anishaltige Spirituose muss in Griechenland hergestellt worden sein.

Hinweis: Immer wieder fragen die Gäste: „Warum wird mein ... (Anisspirituose) trüb, wenn ich Wasser beigebe?"

Hier die einfache Antwort: Bestimmte Stoffe in Pastis usw. sind nur in Alkohol löslich. Gibt man der Spirituose nun Wasser bei, wird die Alkoholkonzentration geringer und reicht nicht mehr aus, um alle Anteile zu lösen. Die nicht gelösten Teilchen brechen das Licht und machen das Getränk trüb oder milchig.

Wermut gibt Geschmack bei:

- **Absinth:** Auszüge aus der Wermutpflanze geben dieser Spirituose neben Anis und Fenchel den typischen Geschmack und die grünliche Farbe. Der Gehalt an nervenschädigendem Thujon ist begrenzt.

Ohne geschmackgebende Ergänzung:

- **Wodka:** Dieses aus Russland stammende Getränk ist ein auf Trinkstärke herabgesetzter Alkohol. Die besonders weiche Note ist charakteristisch. Das ist auch der Grund, warum sich Wodka gut für Longdrinks eignet.

10.4 Liköre

liqueurs *liqueurs (w)*

Allen Likören **gemeinsam** ist ein bestimmer Anteil an Alkohol, Zucker und Wasser.

Unterschiede entstehen durch die geschmackgebenden Zutaten.

Man unterscheidet folgende Gruppen:

- **Fruchtliköre**
  - mit Saftzugabe, z. B. Cherry Brandy mit Kirschsaft und Kirschwasser, Apricot Brandy mit Aprikosensaft, Cassis mit dem Saft schwarzer Johannisbeeren,
  - mit Zugabe von Auszügen (Extrakten) oder Destillaten von Früchten/Fruchtschalen, z. B. Grand Marnier mit Cognac und Schalen von der Bitterorange (Frankreich), Cointreau mit Orangenschalen und Kräutern (Frankreich), Maraschino mit Destillat der Maraskakirsche.
- **Bitter- und Kräuterliköre**
  haben durch Auszüge von Kräutern und Gewürzen meist eine bitter-aromatische Note, z. B. Campari, Fernet Branca, die Klosterliköre wie Ettaler, Chartreuse Bénédictine, Pfefferminzlikör.
- **Emulsionsliköre**
  enthalten fetthaltige Zutaten wie Sahne, Eigelb oder Schokolade. Diese werden mit den übrigen Bestandteilen durch Homogenisieren zu einer dickflüssigen cremigen Masse verarbeitet, z. B. Eierlikör, Mocca Sahne.

Aufgaben

1. Bei der Gärung können nur Getränke mit etwa 15 % vol Alkohol gewonnen werden. Wie erhält man Spirituosen mit 40 % vol?
2. Zur Herstellung von deutschem Weinbrand werden auch französische Brennweine verwendet. Welcher Vorteil ist damit verbunden?
3. Worin besteht der wesentliche Unterschied zwischen deutschem Weinbrand und Cognac?
4. Whisky oder Whiskey? Erklären Sie den Unterschied.
5. Es gibt Spirituosen aus Obst, die mit „...wasser" enden und andere Produkte, die mit „...geist" bezeichnet werden. Erklären Sie den Unterschied.
6. Woraus werden Grappa und Marc hergestellt?
7. Rum-Verschnitt ist billiger als Jamaika-Rum. Begründen Sie diesen Unterschied.
8. Aus welchen Grundbestandteilen werden Liköre hergestellt?

GRUNDKENNTNISSE IM SERVICE

1 Mitarbeiter im Service

service staff *personnel de service*

1.1 Umgangsformen

manners *manières (w)*

Das äußere Erscheinungsbild und die Umgangsformen des Servierpersonals sind von großem Einfluss auf die Stimmung des Gastes.

Der Service verlangt neben Anpassungsfähigkeit und Geschicklichkeit auch Gewandtheit im Umgang mit anderen Menschen. Der Gast erwartet:

- Zuvorkommende, aufmerksame Bedienung,
- angemessene Freundlichkeit und
- taktvolles Benehmen.

1.2 Persönliche Hygiene

personal hygiene
hygiène (w) personnelle

Im Umgang mit Speisen ist ein hohes Maß an persönlicher Hygiene erforderlich (siehe S. 33).

- Besonders wichtig sind gepflegte Hände und Fingernägel, weil sie der Gast in unmittelbarer Verbindung mit der Speise sieht.
- Mund- und Körpergeruch wirken äußerst lästig, deshalb ist Körperpflege und öfterer Wäschewechsel geboten.
- Gepflegtes Haar ist ein wesentlicher Bestandteil der Gesamterscheinung. Modische Frisuren dürfen den Service nicht beeinträchtigen.

1.3 Arbeitskleidung

uniforms
vêtements (m) de travail

Manche Betriebe legen Wert auf einheitliche Berufskleidung, die dem Stil des Hauses angepasst ist. Wird dies nicht verlangt, tragen Restaurantfachleute im Allgemeinen die in der Übersicht dargestellte Kleidung.

1.4 Persönliche Ausrüstung

personal equipment
èquipement (m) personnel

- Kellnermesser, Korkenzieher
- saubere Handservietten (s. S. 234),
- Geldtasche mit Wechselgeld,
- Streichhölzer.

Weibliches Servierpersonal

- schwarzes Kleid oder Dirndl, oder schwarzer Rock kombiniert mit weißer Bluse, evtl. Weste
- evtl. weiße Servierschürze
- Strümpfe in unauffälliger Farbe oder schwarz
- schwarze Schuhe mit niedrigen Absätzen

Männliches Servierpersonal

- schwarze Hose, kombiniert mit weißem Hemd
- schwarze Krawatte/Schleife
- weiße oder schwarze Kellnerjacke oder Weste
- schwarze Schuhe und schwarze Socken

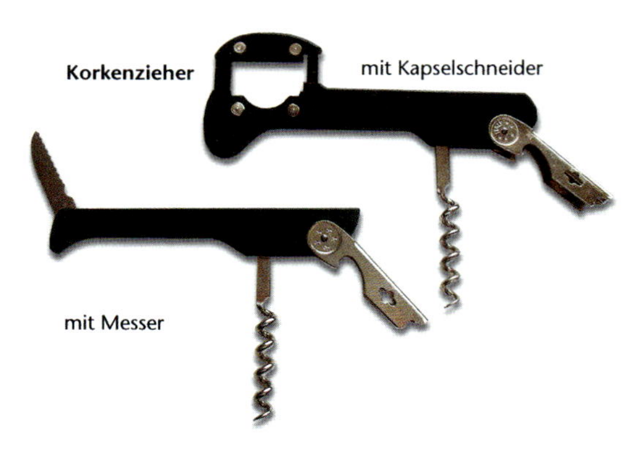

2 Einrichtung und Geräte

equipment and devices *équipement (m) et appareils (m)*

In Restaurants und Gaststätten sind folgende Einrichtungsgegenstände vorhanden:

- Stühle, Sessel und/oder Bänke,
- Tische, Tafeln, Beistelltische (Guéridons),
- Servicetische, Servanten (Anrichten),
- fest eingebaute oder bewegliche Raumteiler.

In den folgenden Abschnitten geht es darum, diese Einrichtungsgegenstände kennenzulernen und alles über deren Handhabung und Pflege sowie ihren sachgerechten Einsatz zu erfahren.

2.1 Einzeltische und Festtafeln

Der Tisch, an dem der Gast sich entspannt und wohlfühlt, muss eine bequeme Höhe, Stabilität und Beinfreiheit aufweisen. Der Gast möchte dort allein oder in Gesellschaft gemütlich sitzen, bedient und verwöhnt werden.

Einzeltische

single tables *table (w) individuelle*

Tische gibt es in verschiedenen Formen und Größen.

Rechteckige Tische

- **80 × 120 cm** (Standardmaß)
- 80 × 160 cm
- 90 × 180 cm

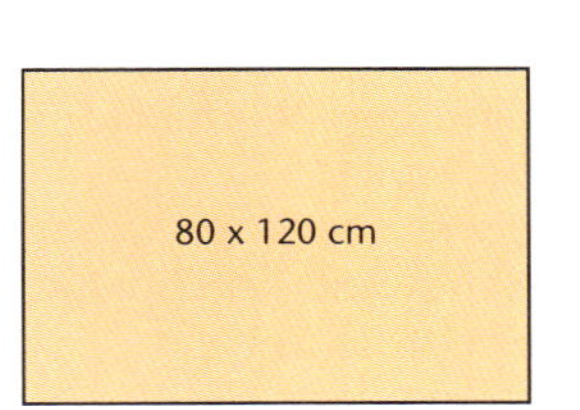

Quadratische Tische

- 70 × 70 cm
- **80 × 80 cm** (Standardmaß)
- 90 × 90 cm

80 x 80 cm

Runde Tische

- 70 cm Durchmesser
- 80 cm Durchmesser
- 90 cm Durchmesser
- und mehr

Festtafeln

banquet tables *tables (w) de fête (w)*

Zu besonderen Anlässen werden rechteckige und quadratische Tische zu unterschiedlichen Tafelformen zusammengestellt. Dabei ist für die Größe und Form vor allem die Anzahl der Personen ausschlaggebend. Darüber hinaus sind zu beachten:

- Die Größe und Grundfläche des Raumes, in den sich die Tafel harmonisch einordnen soll,
- der freie Raum um die Tafel herum, der so bemessen sein muss, dass die Servicearbeiten während des Essens störungsfrei ausgeführt werden können.

Abb. 1 Festliche Tafel

Tafelformen

shapes of table *façon (w) de tables*

- **runde Tafel**
  6–12 Personen

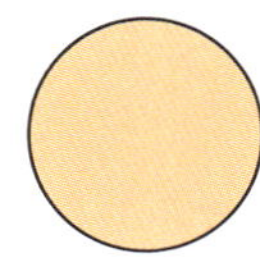

- **T-Tafel**
  16–26 Personen

- **lange Tafel**
  10–16 Personen

- **U-Tafel**
  26–40 Personen

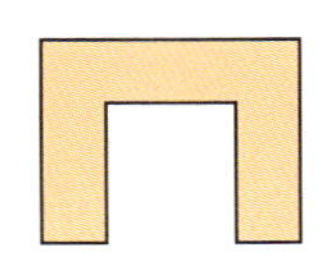

- **Block**
  12–20 Personen

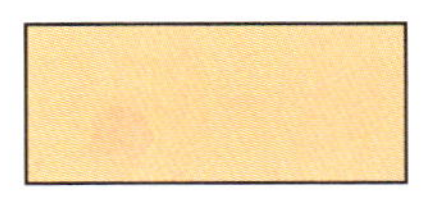

- **E-Tafel**
  40–60 Personen

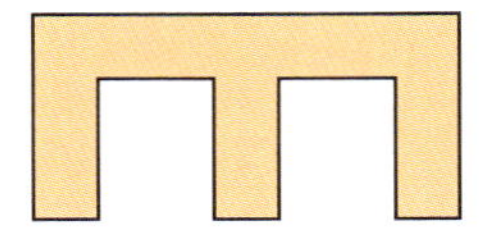

Service

2.2 Tischwäsche

table linen *linge (m) de table*

Zur Herstellung von Tischwäsche werden neben Mischgeweben vor allem Baumwolle und/oder Flachsgarne verwendet. Die entsprechenden Textilbezeichnungen sind **Baumwolle, Reinleinen** und **Halbleinen.**

Materialien

Baumwolle *cotton* *coton (m)*

Zur Reifezeit springen die walnussgroßen Fruchtkapseln des Baumwollstrauches auf. Aus ihnen quellen die Samenfasern in Form von Wattebäuschen heraus. Die Gewinnung der Fasern ist relativ einfach, woraus sich der günstige Preis für dieses Rohprodukt ergibt. Aus Ägypten kommt unter der Bezeichnung **Mako-Baumwolle** eine der besten Baumwollsorten.

Baumwolle

- ist reiß- und nassfest
- ist saugfähig und kochecht
- ist geringfügig wärmend
- fusselt, läuft ein und knittert stark

Tischdamast aus Baumwolle

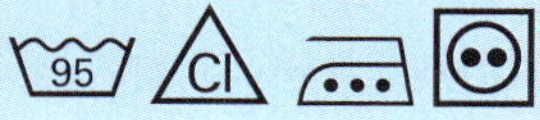

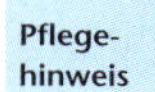

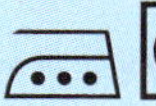

Abb. 1

Das internationale Baumwollkennzeichen bürgt dafür, dass zur Herstellung der Ware ausschließlich Baumwollfasern verwendet wurden.

Verwendung zu Tischwäsche, Damast, Bettwäsche und Dekorstoffen. Besonders hervorzuheben ist die Unempfindlichkeit gegenüber Hitze, die beim Waschen (kochecht) und Bügeln von Bedeutung ist. Angesichts der sonst negativen Eigenschaften muss Baumwolle je nach Verwendungszweck entsprechend veredelt werden.

Internationales Baumwollsiegel

Leinen *linen* *toile (w)*

Die Leinen- oder Flachsfaser wird aus den Stängeln der Flachspflanze gewonnen. Es handelt sich demnach um eine natürliche Bastfaser, die durch ein besonderes Aufbereitungsverfahren gewonnen wird. Diese Naturfasern sind die Grundlage für das Gewebe Leinen, Leintuch oder Leinwand. Gewebt wird Leinen meist in der klassischen Leinwandbindung.

Flachsfaser

- ist reiß- und nassfest
- ist kochecht
- fusselt nicht und knittert stark
- hat einen natürlichen Glanz und wirkt kühlend

Verwendung

- Arbeitskleidung
- Gardinen, Vorhänge, Möbelstoffe und Frottierwaren
- Tisch- und Bettwäsche
- Hand- und Geschirrtücher
- Gläsertücher
- Dekorationsstoffe

Bei diesem Gewebe sind zwei Bezeichnungen zu beachten.

Reinleinen heißt, dass das Gewebe nur aus Flachsgarnen besteht (100 %).

Halbleinen ist ein Mischgewebe aus Baumwolle (Kettfäden) und Flachsgarnen (Schussfäden), wobei der Flachsanteil mindestens 40 % vom Gesamtgewicht betragen muss.

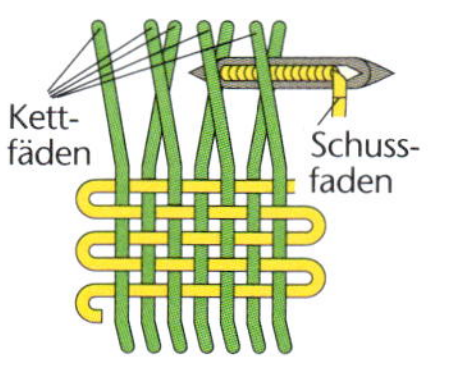

Geschirrtuchstoff aus Leinen

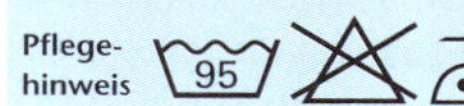

Abb. 1 Leinwandbindiges Halbleinengewebe mit gebleichten und gefärbten Garnen

Vliesstoffe

Vliesstoffe werden meist aus Chemiefasern hergestellt. Wegen ihrer besonderen Eigenschaften gewinnen sie im Gastgewerbe immer mehr an Bedeutung.

Eigenschaften	Verwendung
● leicht ● gut faltbar ● saugfähig ● kostengünstig ● vielseitig verwendbar	● Tischwäsche, Servietten und Sets ● Einwegwäsche (Tisch- und Bettwäsche) ● Putz- und Poliertücher ● Passiertücher

Vlies/Filz

Vlies entsteht durch Verkleben.

Für Filz wird die Faser mechanisch bearbeitet. Diese Technik nennt man Walken.

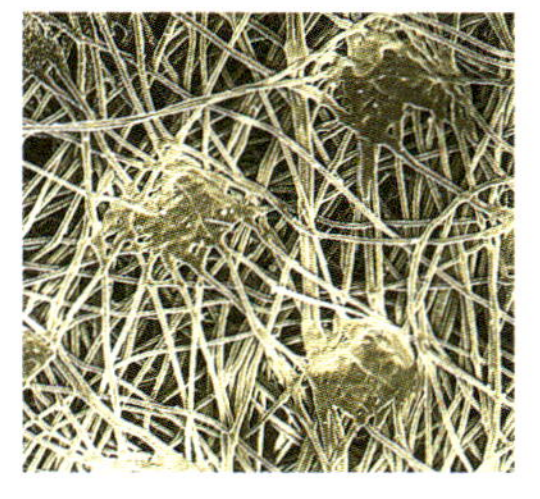

Abb. 2 Vliesstoff mit Punktschweißung

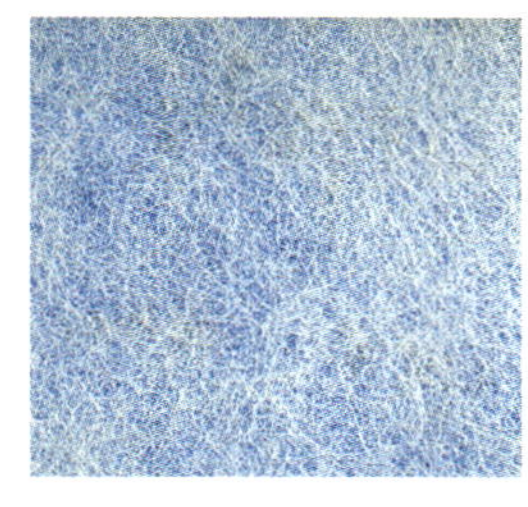

Abb. 3 Wirrfaservlies

Arten

Tischwäsche wird nach ihrer Zweckbestimmung unterschieden. Danach gibt es Tischtuchunterlagen, Tisch- und Tafeltücher, Decktücher und Servietten.

Tischtuchunterlagen/Moltons

Ursprünglich wurden diese Unterlagen aus beidseitig aufgerautem Baumwollstoff (Flanell) hergestellt. Wegen der flauschigen und weichen Beschaffenheit des Stoffes haben sie die Bezeichnung Moltons (mou, molle = weich).

Molton erhält den Halt auf der Tischfläche durch

- Bänder oder Klettverschlüsse, mit deren Hilfe er an den Ecken befestigt wird, ferner durch
- eingearbeitete Gummizüge, die sich über die Tischkante spannen.

Moltons gibt es auch aus weichem Kunststoff oder aus einseitig aufgerautem Baumwollstoff, der auf ein gummiartiges Material geklebt ist.

Abb. 4 Molton, gummiert

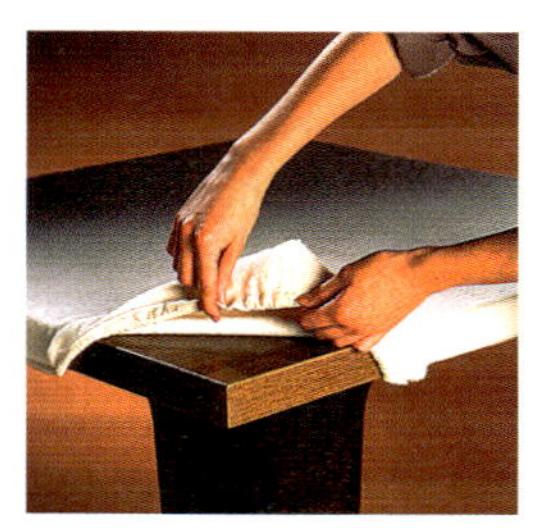

Abb. 5 Molton mit Gummizug

Moltons dienen folgenden Zwecken:

- Die Oberfläche des Tisches ist gegen die Einwirkung von Hitze und Feuchtigkeit geschützt,
- das aufgelegte Tischtuch kann nicht verrutschen, und es wirkt „weicher“ und „satter“,
- das Einsetzen bzw. Auflegen der Tischgeräte während der Mahlzeiten kann geräuscharm ausgeführt werden.

Tisch- und Tafeltücher

Sie bestehen im Allgemeinen aus strapazierfähigem Leinen oder Halbleinen und dienen dazu, der Tischoberfläche ein sauberes und gepflegtes Aussehen zu geben. Damit sie diesen Zweck erfüllen, müssen Tisch- und Tafeltücher, insbesondere beim Auflegen und Abnehmen, mit besonderer Sorgfalt gehandhabt werden (siehe in den nachfolgenden Abschnitten). Neben besonders festlich wirkenden weißen Tüchern werden heute oft auch bunte verwendet.

Die Größe der Tisch- und Tafeltücher muss der jeweiligen Tischoberfläche so angepasst sein, dass der Überhang über die Tischkante allseitig etwa 25 bis 30 cm beträgt.

Decktücher oder Deckservietten

Decktücher sind kleine, etwa 80 × 80 cm große Tücher, die wegen ihrer Größe auch Deckservietten genannt werden und im Französischen die Bezeichnung **napperon** haben.

Sie überdecken Tischtücher diagonal,

- um diese entweder grundsätzlich zu schonen
- oder um sie bei geringfügiger Verschmutzung nicht sofort abnehmen und waschen zu müssen,
- um einen dekorativen Effekt zu erzielen, indem man z. B. auf eine weiße Tischdecke eine farbige Deckserviette auflegt.

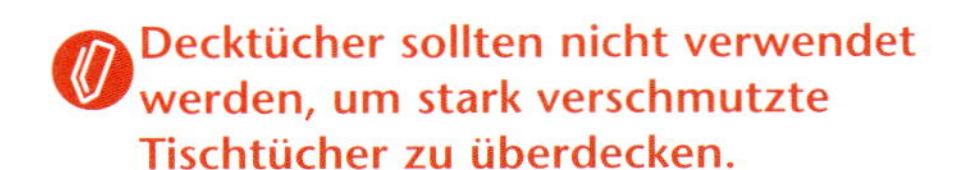

Decktücher sollten nicht verwendet werden, um stark verschmutzte Tischtücher zu überdecken.

Servietten

Im Rahmen des Services unterscheidet man zwischen Mund- und Handservietten.

Mundservietten
Obwohl sie während des Essens auch zum Schutz der Kleidung verwendet werden, dienen sie vor allem zum Abwischen des Mundes. Das ist insbesondere vor dem Trinken wichtig, damit keine Speisereste an den Rand des Glases gelangen. Im anspruchsvollen Service sind die Mundservietten Teil der dekorativen Ausstattung von Menügedecken. Es ist selbstverständlich, dass zu diesem Zweck Stoffservietten verwendet werden. Der Einsatz von Mundservietten aus Papier und Zellstoff sollte auf einfache Formen des Services beschränkt bleiben.

Handservietten
Sie gehören zum Handwerkszeug des Servierpersonals und haben deshalb auch die Bezeichnung **Serviertücher.** Handservietten werden im gepflegten Service hängend über dem linken Unterarm getragen. Handservietten dienen zu folgenden Zwecken:

- Schutz der Hand und des Armes beim Tragen von heißen Tellern und Platten,
- Vermeiden von Fingerabdrücken beim Tragen von Tellern und Bestecken,
- Umlegen von Flaschen bei der Entnahme aus Weinkühlern.

Aus ästhetischen und hygienischen Gründen hat die Handserviette immer in einwandfreiem Zustand zu sein.

Reinigung und Pflege der Wäsche

Die beim Gebrauch verschmutzte Wäsche muss in regelmäßigen Abständen gereinigt und gepflegt werden. Wegen unterschiedlicher Materialeigenschaften sowie unterschiedlicher Reinigungs- und Pflegebedingungen gibt es zu diesem Zweck sehr verschiedenartige Hilfsmittel.

Sortieren der Wäsche
Die Wäsche wird vor dem Waschen nach Art und Beschaffenheit der Faser, dem Verschmutzungsgrad, der Farbechtheit und der Temperaturverträglichkeit sortiert.

Waschvorgang
Beim Waschen der Wäsche wirken vier Faktoren zusammen: Chemie, Mechanik, Temperatur und Zeit.

- **Chemie** (Wasser und Waschmittel = Flotte) – Die Flotte soll den Schmutz vom Gewebe lösen und forttragen. Weiches Wasser schont die Wäsche, deshalb enthalten Waschmittel Enthärter.
- **Mechanik** – Sie ist erforderlich, um das Lösen des Schmutzes von der Wäsche zu beschleunigen. Dies wird erreicht durch Bewegung der Wäsche mit der Hand oder in der rotierenden Waschmaschine.
- **Temperatur** – Durch sie kommen die Komponenten in den Waschmitteln erst zur Wirkung. Die Temperatur ist auf die Art der Wäsche und des Waschmittels einzustellen.
- **Zeit** – Sie ist ausgerichtet auf den Verschmutzungsgrad und die Intensität des Waschmittels.

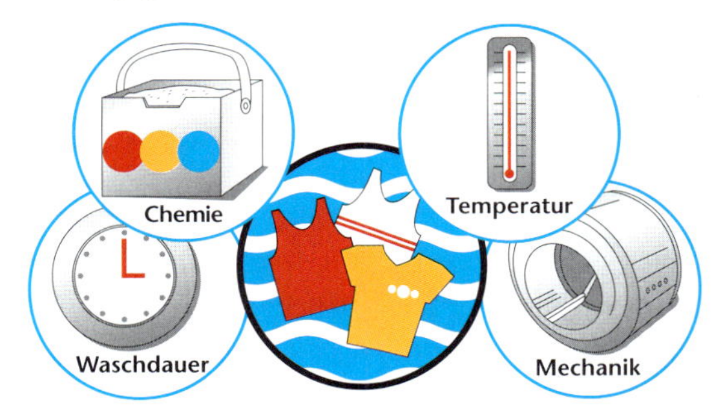

Der Waschvorgang gliedert sich bei Waschmaschinen in Vorwäsche, Hauptwäsche, Spülen und Schleudern. Dabei sind folgende Richtlinien und Hinweise zu beachten:

- Die Waschmaschine füllen, aber nicht überfüllen. Bei Überfüllung wird der Reinigungseffekt vermindert.
- Die Dosierung des Waschmittels richtet sich nach der Wäscheart, der Wäschemenge, der Wasserhärte und dem Verschmutzungsgrad der Wäsche.

- Eine zu geringe Dosierung kann zur Vergrauung der Wäsche führen.
- Überdosierung hat eine zu starke Schaumbildung zur Folge, die sich hinderlich auf den Reinigungsprozess auswirkt.
- Bei sehr weichem Wasser sind schaumbremsende Spezialmittel unerlässlich.
- Bei wenig verschmutzter Wäsche bildet sich mehr Schaum als bei stark verschmutzter Wäsche.
- Bei hartem Wasser ergibt sich ein höherer Waschmittelverbrauch, die Schaumbildung ist geringer.

Pflege- und Behandlungssymbole für Textilien

Die Behandlung von Textilien ist auf deren Eigenschaften abzustimmen. Zur Information sind die Textilien deshalb mit jeweils entsprechenden Pflegesymbolen ausgestattet.

Die nachstehenden und ähnliche Kennzeichnungen erleichtern die Zuordnung der Textilien zu jeweils artspezifischen Reinigungs- und Pflegeverfahren.

Internationale Pflegekennzeichen

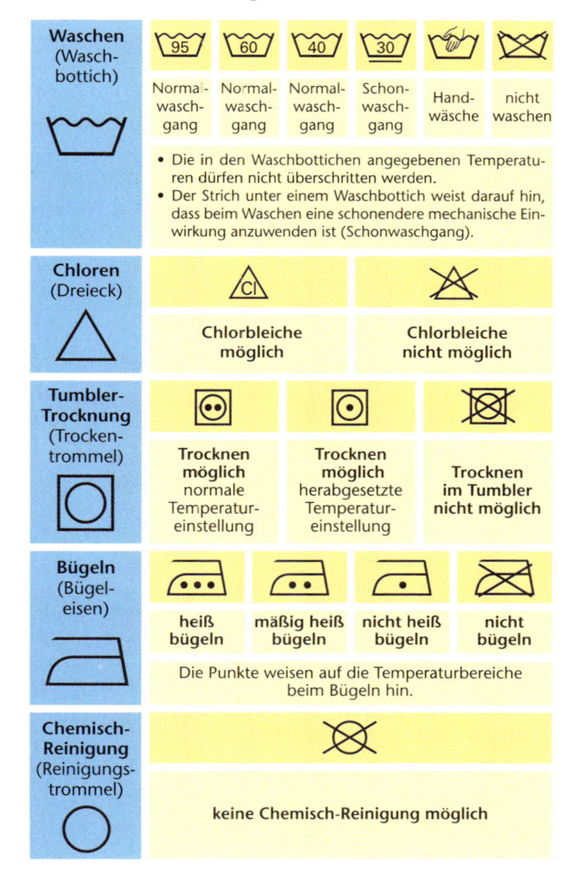

Waschen (Waschbottich)	95	60	40	30		
	Normalwaschgang	Normalwaschgang	Normalwaschgang	Schonwaschgang	Handwäsche	nicht waschen

- Die in den Waschbottichen angegebenen Temperaturen dürfen nicht überschritten werden.
- Der Strich unter einem Waschbottich weist darauf hin, dass beim Waschen eine schonendere mechanische Einwirkung anzuwenden ist (Schonwaschgang).

Chloren (Dreieck)	Cl	
	Chlorbleiche möglich	Chlorbleiche nicht möglich

Tumbler-Trocknung (Trockentrommel)			
	Trocknen möglich normale Temperatureinstellung	Trocknen möglich herabgesetzte Temperatureinstellung	Trocknen im Tumbler nicht möglich

Bügeln (Bügeleisen)				
	heiß bügeln	mäßig heiß bügeln	nicht heiß bügeln	nicht bügeln

Die Punkte weisen auf die Temperaturbereiche beim Bügeln hin.

Chemisch-Reinigung (Reinigungstrommel)	
	keine Chemisch-Reinigung möglich

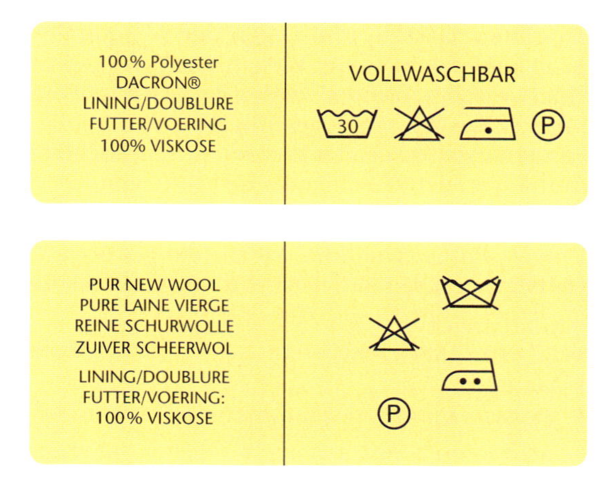

Abb. 1 Beispiele für eingenähte Etiketten mit Pflegekennzeichnung

Waschen, Trocknen und Glätten

Waschen

Die Wäsche wird nach folgenden Gesichtspunkten sortiert (siehe Pflegekennzeichen):

- Temperaturverträglichkeit,
- mechanische Belastbarkeit.

Daraus ergeben sich folgende Kombinationen:

95 Kochwäsche
- weiße und farbechte Wäschestücke aus Baumwolle, Leinen und Halbleinen

60 Heißwäsche
- nicht farbechte Buntwäsche aus Baumwolle, Leinen und Halbleinen
- weiße Wäschestücke aus Chemiefasern (z. B. Hemden und Blusen)

40 Feinwäsche
- Wäsche aus Seide und synthetischen Fasern

(Bei Mischgeweben ist das empfindlichste Gewebe ausschlaggebend.)

30 Feinwäsche
- Gardinen, Stores, feine Leibwäsche und andere sehr feine Gewebe aus Natur- und Synthetikfasern

30 Wolle
- alle Wollwaren aus reiner Schurwolle und mit dem Hinweis „filzt nicht".

(Wollwaren ohne diesen Hinweis sollten besser von Hand gewaschen oder chemisch gereinigt werden.)

Trocknen, Glätten und Legen der Wäsche
Beim Schleudern in der Waschmaschine oder in einer Wäscheschleuder werden zunächst größere Mengen des Wassers abgeschieden. Das anschließende Trocknen erfolgt durch das aufgelockerte Aufhängen der Wäsche oder mit Hilfe von rotierenden Trockenautomaten.

Durch Glätten erhält die Wäsche ein glattes und gepflegtes Aussehen. Dabei wird unterschieden:

- Glattstreichen,
- Bügeln (Bügeleisen),
- Mangeln,
- Pressen (Dampfpressautomaten).

Ausgenommen davon sind Frottierwäsche, bestimmte Wollwaren und bügelfreie Wäsche. Das Glätten wird durch das Zusammenwirken von Feuchtigkeit, erhöhter Temperatur und Druck erreicht. Sehr trockene Wäsche muss deshalb vor dem Bügeln mit Wasser leicht befeuchtet werden. Das erübrigt sich bei der Verwendung von Dampfbügelgeräten, durch die beim Bügeln entsprechende Mengen Dampf auf die Wäsche übertragen werden, oder bei Wäsche, die vom Waschen her noch feucht ist.

Die Wäsche muss auch beim Bügeln entsprechend ihrer Temperaturverträglichkeit sortiert werden. Die Pflegekennzeichen (s. S. 235) sind unbedingt zu beachten.

Bei Mischgeweben ist die temperaturempfindlichste Faser ausschlaggebend.

Der letzte Vorgang der Wäschepflege ist das Zusammenlegen und Einlagern der Wäsche. Durch das Zusammenlegen erreicht man die schrankgerechte und stapelbare Form. Für den weiteren Gebrauch der Wäsche ist auf das richtige Falten zu achten (siehe z. B. „Auflegen und Abnehmen von Tisch- und Tafeltüchern" sowie „Formen von Mundservietten" im Kapitel „Service"). Nach dem Bügeln und fachgerechten Falten ist die Wäsche knitterfrei einzuräumen.

2.3 Bestecke

cutlery *couvert (m)*

Erst mit einer zunehmenden Kultivierung der Essgewohnheiten setzte sich der Gebrauch von Bestecken allmählich durch.

Die Besteckteile entwickelten sich für unterschiedliche Anwendungen, und zwar hinsichtlich:

- der Vielfalt der Lebensmittel, z. B. Spargel, Austern o. Ä.,
- der unterschiedlichen Speisen, z. B. Vorspeisen, Fleisch-/Fischgerichte u. a., aber auch
- des Anlasses des Essens, z. B. vom Standardfrühstück bis zur Festtafel.

Material

Abgesehen von Bestecken mit Holzgriffen, die wegen des häufigen Spülens für gastgewerbliche Zwecke nicht geeignet sind, bestehen Bestecke im Allgemeinen aus Metall.

Versilberte Bestecke

Silberbesteck ist teuer und deshalb selten. Um aber auf den Glanz dieses edlen Metalls nicht verzichten zu müssen, werden Bestecke versilbert. Dabei erhält ein Metallkern eine Silberauflage in unterschiedlicher Dicke, die an stark beanspruchten Stellen häufig zusätzlich verstärkt wird. Bei dreifach verstärkter Auflage spricht man von **Patentsilber** (s. Abb. unten). Die Kennzeichnung 80, 90 oder 100 bedeutet, dass für 24 dm^2 Besteckoberfläche entsprechende Mengen Silber in Gramm verwendet wurden (je höher die Zahl, desto dicker die Silberschicht).

Silberbestecke und versilberte Bestecke, die wegen des „Anlaufens" einer regelmäßigen intensiven Pflege bedürfen, werden nur bei gehobenen Ansprüchen oder nur zu festlichen Anlässen verwendet.

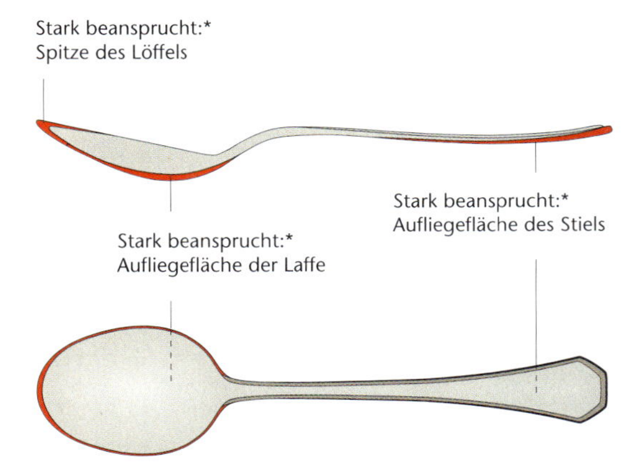

* Das Silber wird so umverteilt, dass eine Verstärkung der Silberschicht um 100 % entsteht.

Abb. 1 Verstärkung der Silberschicht bei Patentsilber

Edelstahlbesteck

Das am häufigsten verwendete Grundmaterial ist Stahl, weil er genügend stabil und hart ist. Um das Rosten zu verhindern, wird der Stahl veredelt (**Edelstahl**).

Darüber hinaus werden Festigkeit und Korrosionsbeständigkeit durch Legieren mit anderen Metallen erhöht.

Chromstahl → Legierung mit Chrom
Chromnickelstahl → Legierung mit Chrom und Nickel

Neben den Kennzeichnungen „rostfrei“ oder „stainless“ geben die Einprägungen 18/8 oder 18/10 Hinweise auf die Art der Legierung: 18 % Chromanteile sowie 8 bzw. 10 % Nickel.

Edelstahlbestecke, die matt- oder hochglanzpoliert sein können, sind pflegeleicht und werden deshalb für einfachere Ansprüche bevorzugt.

Arten und Einsatz

Übersicht Besteckgruppen
Die vielfältigen Besteckteile werden nach folgenden Gesichtspunkten geordnet.

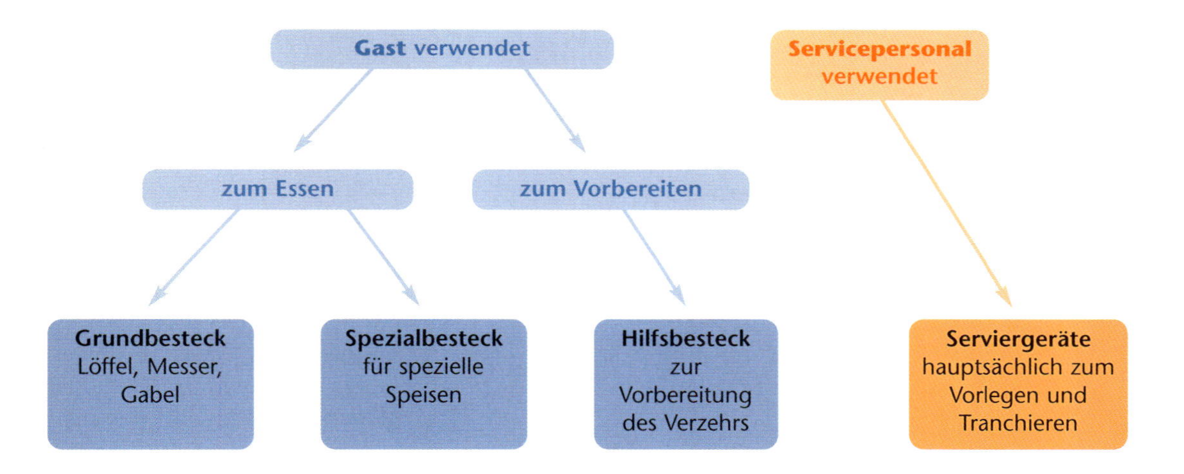

Grundbesteck

Zum Grundbesteck gehören Messer, Gabeln und Löffel, die es in drei verschiedenen Größen gibt.

Die Wahl eines Bestecks steht in enger Beziehung zu der jeweiligen Art der Speise:

Löffel für Speisen, die geschöpft werden können,

Messer und Gabel für Speisen, die durch Schneiden zerkleinert werden müssen,

Löffel und Gabel für Speisen, die aufgrund ihrer Beschaffenheit entweder mit dem Löffel oder mit der Gabel zerteilt werden können.

Die *Größe des Bestecks* richtet sich nach dem Volumen der Speise bzw. nach der Größe des Tellers, auf dem die Speise angerichtet ist. In jedem Fall muss aus optischen Gründen die Verhältnismäßigkeit der Größen gewährleistet sein.

Großes Besteck

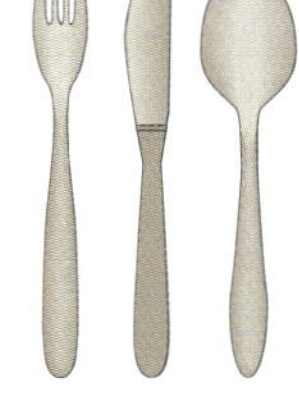
Mittelbesteck

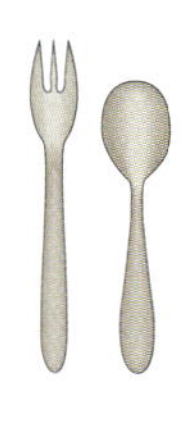
Kleines Besteck

Speisenspezifische Verwendungszwecke für Bestecke		
Großes Besteck (Tafelbesteck)	**Mittelbesteck** (Dessertbesteck)	**Kleines Besteck**
Löffel ● für Suppen mit grober Einlage, die in tiefen Tellern angerichtet werden ● zum Vorlegen von Speisen, die geschöpft werden können (z. B. Erbsen, Karotten, Reis, Kartoffelpüree und Saucen)	**Messer** ● für das einfache Frühstück ● auf dem Beiteller für Toast und Butter **Löffel** ● für Suppen in zweihenkeligen Suppentassen ● für Frühstücksspeisen (Cornflakes, Porridge, Müsli)	**Löffel** ● für Suppen in kleinen Spezialtassen ● für cremige Speisen in Gläsern oder Schalen, sofern sie keine festen Bestandteile enthalten ● für Quarkspeisen oder Joghurt zum Frühstück
Löffel und Gabel ● für selbstständige Gerichte aus Spaghetti ● als Vorlegebesteck für Speisen, die mit zwei Bestecken aufgegriffen werden müssen	**Löffel und Gabel** ● für Teigwarengerichte, wie Ravioli, Cannelloni und Lasagne ● für Desserts, die auf Tellern angerichtet sind, wie Crêpes, Obstsalat, Parfait mit Früchten	**Löffel und Gabel** ● für Vorspeisen und Nachspeisen in Gläsern oder Schalen, die in kleingeschnittener Form feste Bestandteile enthalten (z. B. Krabben- oder Gemüsecocktail, cremige Speisen mit Früchten, Früchte in Gelee, Obstsalat)
Messer und Gabel ● für Hauptspeisen jeglicher Art, sofern das Schneiden erforderlich ist (siehe Fischbesteck)	**Messer und Gabel** ● für Vorspeisen und Zwischengerichte ● für Frühstücksspeisen (Wurst, Käse, Schinken, Melone) ● für Käse als Nachspeise	

Im klassischen Service werden Desserts als **Entremets** bezeichnet. Die Kombination von Löffel und Gabel heißt deshalb **Entremet-Besteck.**

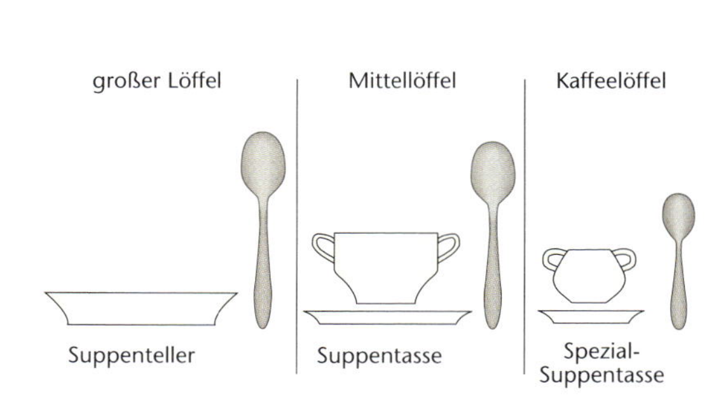

Abb. 1 Verwendung des Löffels an Beispielen

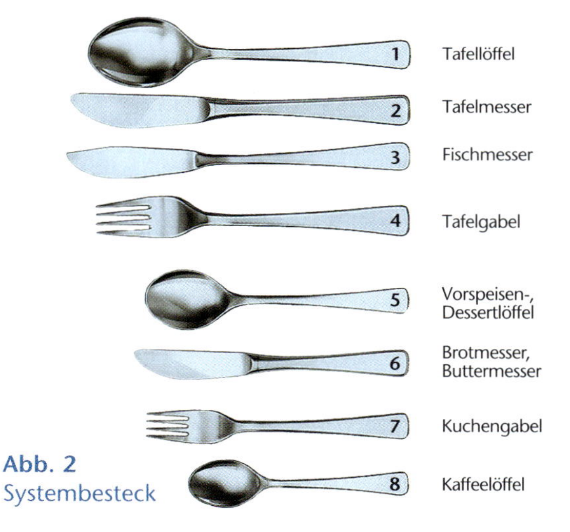

Abb. 2 Systembesteck

Hotel-Systembesteck

Hotel-Systembesteck ist ein Besteckssortiment, bei dem Art und Größe der Bestecke so gewählt sind, dass sie in verschiedenen Kombinationen und für verschiedenartige Zwecke verwendet werden können. Aufgrund dieser Vereinfachung reduziert sich die Vielfalt der im Einsatz befindlichen Besteckteile.

Die Bestecke 5 bis 8 genügen, um Vorspeisen- und Dessertgedecke mit unterschiedlichen Volumen bzw. Größen durch jeweils entsprechende Kombinationen sachgerecht ausstatten zu können.

Beispiel

Die Tafelgabel ist

- einerseits so groß, dass sie für Hauptgerichte ausreicht und gleichzeitig auch für Vorspeisen und Desserts noch angemessen ist,
- andererseits so breit, dass sie auch als Fischgabel eingesetzt werden kann.

Spezialbestecke

- **Fischbesteck**
  Das Fischbesteck ist für Speisen von Fisch sowie Schalen- und Krustentieren geeignet, sofern diese aufgrund ihrer Verarbeitung eine weiche Beschaffenheit haben und nicht geschnitten werden müssen. Sonst sind Messer und Gabel einzudecken, z. B. bei

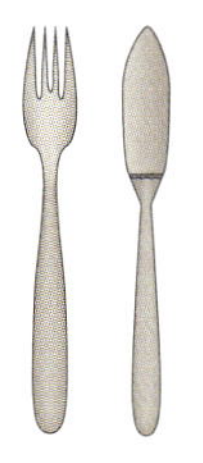

  - Mariniertem Fisch: Matjeshering, Bismarckhering und Rollmops
  - Geräuchertem Fisch: Lachs, Aal und Stör
  - Größeren Stücken von Krebstieren: Hummer, Languste

  Wegen der zarten Beschaffenheit wird zu geräucherten Forellenfilets das Fischbesteck verwendet.

- **Austerngabel**
  Mit der Austerngabel werden die frischen Austern aus der Schale herausgelöst. Nach klassischer Art ist es möglich, die Austern aus der Schale zu schlürfen.

- **Steakmesser**
  Um das gebratene Steakfleisch einfach und sauber durchschneiden zu können, ist das Steakmesser mit einem Wellen- oder Sägeschliff versehen. Bei Bestellung eines Steaks wird es gegen das Tafelmesser ausgetauscht.

Hilfsbestecke

- **Kaviarlöffel und Kaviarmesser**
  Mit dem Löffel wird der Kaviar auf den Toast vorgelegt und mit dem Messer verteilt. Weil Metalle den Geschmack des Kaviars verändern, sind die Bestecke meist aus Horn oder Perlmutt.

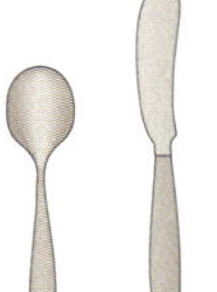

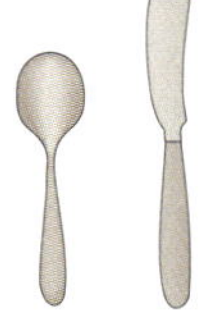

- **Hummergabel, Hummerzange**
  Mit der **Hummergabel** wird das Fleisch aus den Scheren und Beingliedern herausgezogen und auf den Teller vorgelegt.

  Damit das möglich ist, bricht der Koch die Scheren an. Das zugehörige Essbesteck ist entweder das Fisch- oder das Mittelbesteck.

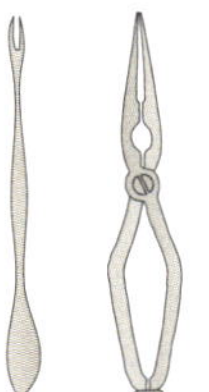

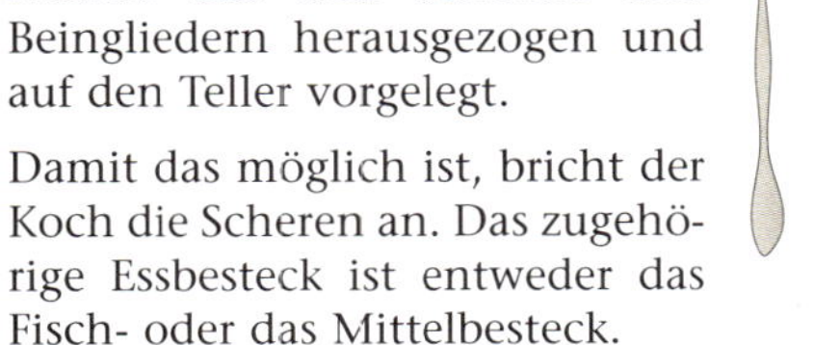

  Die **Hummerzange** wird nur dann vom Gast benötigt, wenn die Krustentiere rustikal (unzerteilt und unaufgebrochen) angerichtet sind.

- **Schneckenzange und Schneckengabel**
  Die Schneckenzange dient dazu, das heiße Schneckenhaus aufzunehmen und zu halten (linke Hand). Mit der Schneckengabel wird die Schnecke aus dem Haus genommen und auf einem Löffel vorgelegt (rechte Hand). Die Butter im Schneckenhaus wird dazugegossen.

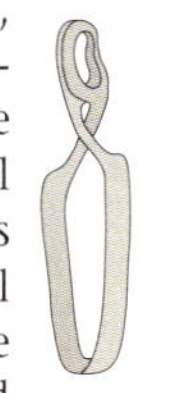

  Werden Schnecken in einer Schneckenpfanne serviert, ist lediglich ein Kaffeelöffel oder eine kleine Gabel erforderlich. Die Butter wird in diesem Falle mit Brot aus den Vertiefungen getunkt.

- **Krebsbesteck**
  Das Krebsbesteck dient zum Aufbrechen von Krebspanzer und Scheren. Durch das Loch in der Messerschneide steckt man die Scherenspitzen, bricht diese ab und hebt das beim Kochen entstandene Vakuum auf. So kann das Fleisch leicht aus der Schere gezogen werden

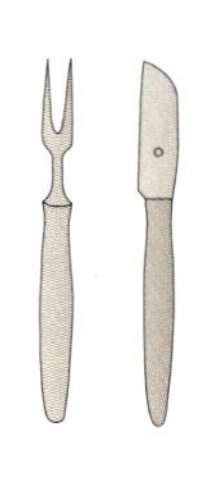

Serviergeräte

- **Saucenlöffel**
  Der Saucenlöffel dient den Servicemitarbeitern zum Vorlegen von Saucen. Außerdem kann er in Verbindung mit der Sauciere eingesetzt werden.

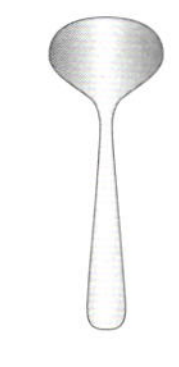

- **Tranchierbesteck**
  Das Tranchierbesteck wird zum portionsgerechten Zerteilen größerer Teile von Schlachtfleisch und Wild verwendet. Nur mit einem besonders scharfen Messer lassen sich gute Ergebnisse erzielen. Zum Festhalten des Fleischstückes wird die Tranchiergabel nur aufgelegt und nicht in das Fleisch eingestochen.

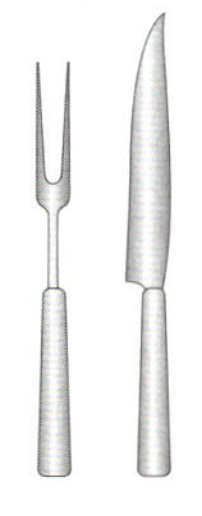

- **Salatbesteck**
  Zum Mischen von Frischsalaten und zum Vorlegen aller Salatarten verwendet man an Stelle der Tafelbesteckteile das größer gehaltene Salatbesteck.

- **Käsemesser**
  Beim Käsemesser ist die Klinge mit Kuhlen versehen. Diese verhindern, dass die abgeschnittenen Käsescheiben am Messer haften. Die Gabelspitzen am Messerrücken dienen zum Vorlegen.

- **Spargelheber**
  Der Spargelheber ist mit Rillen versehen, die das Abgleiten der Spargelstangen verhindern. Die breite Auflagefläche verhindert das Abknicken der Spargelstangen.

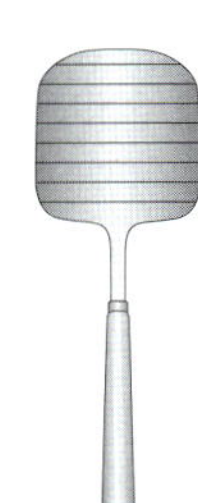

Handhaben im Service

Bestecke sollen in ästhetisch einwandfreiem Zustand bleiben. Deswegen sind sie pfleglich zu behandeln.

Löffel und Gabel sollten stets mit den Wölbungen ineinander und nicht gegeneinander liegen.

Nachpolierte Bestecke sind so zu handhaben, dass Fingerabdrücke möglichst vermieden werden. An Stellen, die mit Speisen bzw. mit dem Mund in Berührung kommen, dürfen sie überhaupt nicht entstehen.

- Bestecke dürfen niemals in der bloßen Hand getragen werden.
- Beim Aufnehmen und Ablegen am Tisch greift man mit Daumen und Zeigefinger, und zwar an den schmalen Seitenflächen.
- Das Berühren der nach oben gerichteten Sichtflächen ist unbedingt zu vermeiden.

Beim Tragen gelten folgende Regeln:
- **Beim Mise en place dürfen Bestecke auf einer in der Hand liegenden Serviette getragen werden,**
- **bei Anwesenheit von Gästen ist in jedem Fall eine Unterlage, entweder ein mit Serviette belegter Teller oder ein Tablett zu verwenden.**

Reinigung und Pflege

An die Bestecke werden hohe Anforderungen gestellt (Ästhetik, Hygiene). Das ist verständlich, denn die meisten Bestecke kommen in irgendeiner Form mit Speisen, die speziellen Essbestecke außerdem mit dem Mund in Berührung. Daraus ergibt sich für den Service die Verpflichtung, Bestecke nur in tadellosem Zustand auf den Tisch zu bringen.

Grundlegende Reinigung

Benutzte Besteckteile in klares, warmes Wasser einlegen. Danach die Besteckteile möglichst stehend in Besteckköchern in die Spülmaschine einstellen. Die Besteckköcher sollten dabei nicht überladen werden, da sonst die Besteckdichte ein einwandfreies Reinigen verhindert.

Zum Vorreinigen können die Besteckteile auch in den Köchern stehend mit der Spülbrause vorgeduscht werden.

Es ist sinnvoll, die Besteckteile zu trennen, d. h. Messer, Gabeln und Löffel in verschiedene Köcher zu stellen. Die Messer sollten stets mit der Klinge nach oben im Köcher stehen.

Durch eine richtige Dosierung des Spülmittels und besonders heiße Nachspülung erhält man schlieren- und fleckenfreies Besteck, und das übliche Nachpolieren ist deshalb nicht mehr nötig.

Aus hygienischen Gründen sollte man beim Entnehmen der mit der Klinge nach oben stehenden Messer Gummihandschuhe tragen.

Das Nachpolieren von Besteckteilen ist bedenklich, da für viele Besteckteile das gleiche Tuch verwendet wird und somit eventuell darin vorhandene Bakterien auf das Besteck übertragen werden können.

Besondere Pflege des Silberbestecks

Silber „läuft an“. Durch Schwefelwasserstoff, der sich in Speisen und in der Luft befindet, bildet sich an der Oberfläche der Silberbestecke ein festhaftender bräunlicher Belag. Dieser kann nur mit Hilfe von geeigneten Reinigungsmaßnahmen entfernt werden:

- **Silberputzpaste**
  Sie wird aufgetragen und nach dem Eintrocknen wieder abgerieben (einfache, zeitaufwendige Methode).
- **Silberbad galvanisch**
  Reinigung erfolgt chemisch mit Hilfe von heißem Wasser, Aluminium, Soda und Salz.
- **Silberputzmaschine**
  In einer sich drehenden Trommel befinden sich Stahlkügelchen und ein Spezialmittel zum Reinigen und Polieren.

2.4 Gläser *glasses* *verres (m)*

Die Herstellung von Glas und seine Verarbeitung zu Trinkgläsern war in Ägypten bereits 1500 v. Chr. bekannt. In Syrien wurde um die Zeitenwende die sogenannte Glasmacherpfeife erfunden, die das Mundblasen von Gläsern ermöglichte und den beschleunigten Aufschwung des Glasmachergewerbes zur Folge hatte. Die Römer brachten die neue Technik nach Italien, und sie waren es auch, die nördlich der Alpen eine bedeutende Glasindustrie ins Leben riefen.

Material

Glas ist ein Schmelzprodukt aus verschiedenartigen Materialien, das durch Abkühlung erstarrt. Zur Herstellung verwendet man:

- als Hauptbestandteil Quarz bzw. Quarzsand, der chemisch aus Kieselsäure besteht,
- als Beimischung unterschiedliche Metalloxide, z. B. Natrium (Natron), Kalium (Kali), Magnesium und Blei.

Die geschmolzenen Massen sind Silikate, wobei die Art der Beimischung einerseits der Glasmasse den Namen gibt und andererseits wesentlich deren Eigenschaften bestimmt.

Auswahlkriterien

Gläser, die im Pressverfahren produziert sind, werden im Allgemeinen nur für einfache Getränke verwendet, z. B.:

- Wasser, Milch und Limonaden,
- Schoppenweine und einfache Schnäpse.

Geblasene bzw. Kristallgläser lassen höherwertige Getränke besser zur Geltung kommen, z. B.:

- hochwertige Säfte und hochwertige Spirituosen,
- Qualitätsweine.

Formen und Arten der Gläser

Grundlegende Gläserformen

In Bezug auf die Grundform unterscheidet man:

Bechergläser, die im Allgemeinen für einfache Getränke verwendet werden, z. B. für Wasser, Bier, klare Spirituosen,

Stielgläser, die im Vergleich zu den Bechergläsern eleganter wirken, für höherwertige Getränke, z. B. für Wein, Schaumwein, Cognac, Liköre, Cocktails.

Getränkespezifische Formen der Gläser

Hochwertige Getränke haben Eigenschaften, die erst durch eine besondere Form des Glases richtig zur Geltung kommen.

Getränke mit besonderen Duftstoffen

Ein typisches Getränkebeispiel ist der **Wein.** Der Kelch des Glases ist zum Rand hin verjüngt, sodass die Duftstoffe oberhalb der Glasöffnung zusammengeführt und nicht wie beim geöffneten Kelch zerstreut werden.

Getränke mit viel Kohlensäure

Typische Getränke sind **Schaumwein** und **Bier.** Das Glas hat eine schlanke, hohe Form, sodass die frei werdende Kohlensäure aufsteigend auf einem langen Weg sichtbar ist.

Die niedrige und breite Sektschale ist unter diesem Gesichtspunkt ungeeignet.

Weingläser

wine glasses *verres (m) à vin*

Schaumweingläser
champagne glasses
verres (m) à champagne

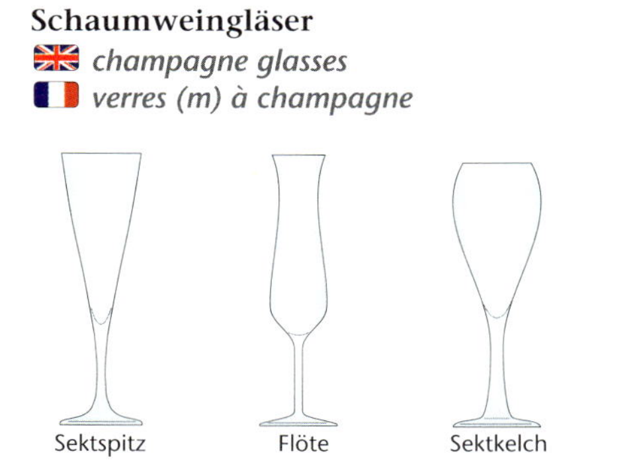

Biergläser
beer glasses *verres (m) à bière*

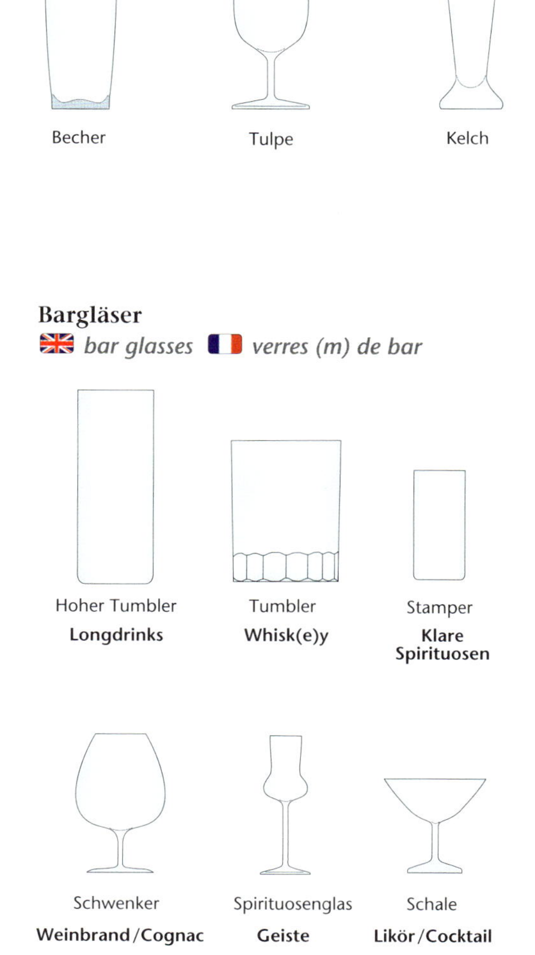

Reinigung und Pflege

Wenn man bezüglich der Sauberkeit bei Tafelgeräten überhaupt von einer Abstufung sprechen kann, dann sind an die Sauberkeit von Gläsern die höchsten Anforderungen zu stellen. Dafür gibt es wichtige Gründe:

- Selbst Spuren von Schmutz (Fett, Staub, Spülmittelreste) fallen bei Licht besonders auf.
- Sie stören bei hochwertigen und feinen Getränken den Geschmack und das Bukett.
- Fettspuren an Biergläsern mindern beim Zapfen die Ausbildung der Schaumkrone oder sie zerstören diese nachträglich.

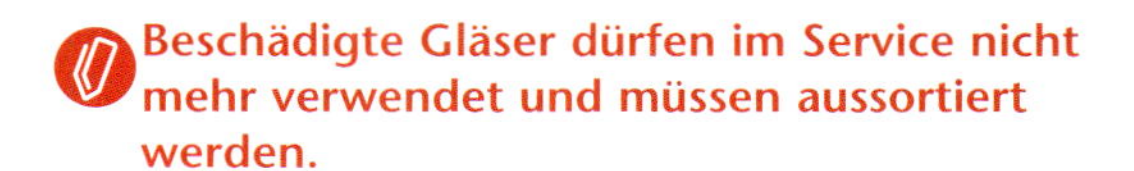
Beschädigte Gläser dürfen im Service nicht mehr verwendet und müssen aussortiert werden.

Grundlegende Reinigung

Gläser werden fast ausschließlich in einer Gläserspülmaschine gereinigt. Die Gläser trocknen innerhalb kürzester Zeit, da das Wasser auf dem angewärmten Glas rasch verdampft. Weil sich durch den richtig dosierten Klarspüler an den Gläsern keine Wasserflecken bilden, ist das Nachpolieren nicht mehr nötig.

Deswegen können keine Bakterien durch das Poliertuch übertragen werden.

Gläser nach Gebrauch so schnell wie möglich spülen. Eingetrocknete Getränkereste erschweren das Reinigen.

Getränkereste und Garniturreste von Getränken vor dem Beschicken der Spülmaschine entfernen. Nach dem Spülen den Spülkorb mit den Gläsern sofort aus der Maschine nehmen. Die Gläser trocknen durch die Eigenwärme in wenigen Minuten fleckenfrei. Beim Einräumen in die Schränke werden die Gläser optisch auf Sauberkeit kontrolliert.

Lagerung der Gläser

Gläser lagert man möglichst in geschlossenen Schränken mit dem Mundrand nach oben. Gläser dürfen niemals ineinander gestapelt werden. Sie sollen auch nicht hängend über der Theke gelagert werden, da Dunst und Zigarettenrauch sich im Kelch sammeln.

Handhaben im Service

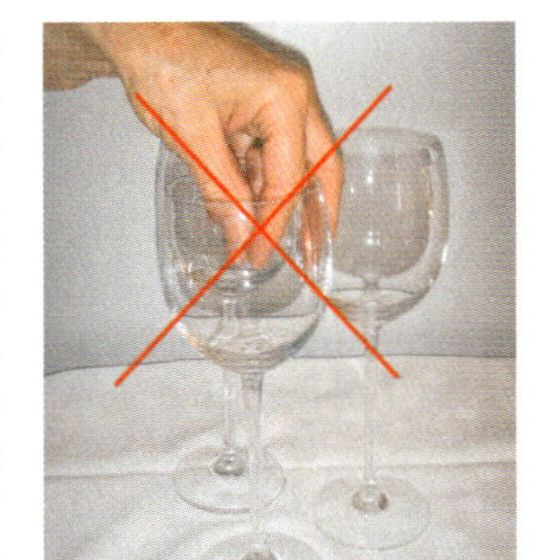

Sowohl beim Mise en place als auch während des Service dürfen Gläser niemals im Trinkbereich angefasst werden. Es ist insbesondere zu vermeiden, in das Glas hineinzugreifen oder es vom oberen Rand her mit den Fingern zu umfassen, **auch nicht beim Ausheben von geleerten Gläsern.** Stielgläser werden zwischen Daumen sowie Zeige- und Mittelfinger erfasst (S. 284).

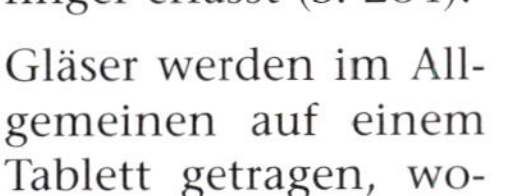

Gläser werden im Allgemeinen auf einem Tablett getragen, wobei die Anzahl so zu begrenzen ist, dass sie nicht aneinanderstoßen. Ein untergelegtes Tuch verhindert das Rutschen. Stielgläser werden beim Mise en place ausnahmsweise zwischen den Fingern der linken Hand hängend getragen, bei Anwesenheit von Gästen aus optischen Gründen jedoch nicht mehr als vier Gläser.

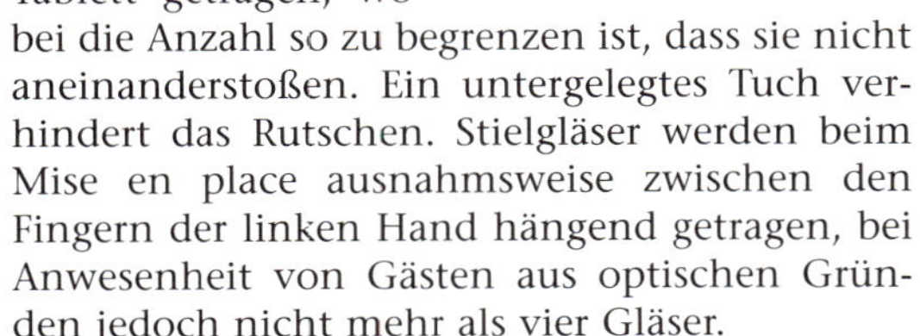

2.5 Porzellangeschirr

china *porcelaine (w)*

Das Ursprungsland der Porzellanherstellung ist China. Seitdem die Holländer im 13. Jahrhundert chinesisches Porzellan nach Europa einführten, wurden hier viele Versuche der Nachahmung unternommen, z. B. in Holland selbst (Delft), in Italien und schließlich nach 1700 auch in Deutschland (Meißner Porzellan).

Eigenschaften

Für den **Porzellankörper** werden die Rohstoffe Kaolin, Quarz und Feldspat verwendet. Je nach der Zusammensetzung und der Art des Brennens erhält man

- hartes oder weiches Porzellan,
- feuerfestes oder nicht feuerfestes Porzellan.

Bezüglich der **Form** gibt es neben gradlinigem, stapelbarem Porzellan auch solches, das sich durch individuell gestaltete, teilweise künstlerisch hochwertige Formen auszeichnet. Rein weißes und buntes Porzellan wird auch mit mehr oder weniger **aufwendigem Dekor** versehen.

Man unterscheidet bei Dekor:

- Randdekors in Form von Linien, Streifen und Bildmotiven (Monogramme oder Vignetten),
- Flächendekors in Form von Blumen, Ranken und anderen Motiven,
- Auf- oder Unterglasurdekors, je nachdem, ob diese vor oder nach dem Glasieren aufgebracht wurden.

Die **Glasur** gibt dem Porzellan eine glatte, versiegelte Oberfläche, die vor Feuchtigkeit schützt und die Reinigung wesentlich vereinfacht. Je nach Material und Art des Brennens gibt es *harte* und *weiche* Glasuren.

Auswahlkriterien für Hotelporzellan

Weil Hotelporzellan stark belastet wird, bevorzugt man:

- hartes Porzellan, um Beschädigungen und Verluste durch Bruch möglichst niedrig zu halten,
- harte Glasuren sowie Unterglasurdekors, weil sie gegenüber den mechanischen Einwirkungen beim Essen und Spülen unempfindlicher sind,
- feuerfestes Geschirr, das zum Garen und Überbacken (z. B. auch beim Kochen am Tisch) und zum heißen Anrichten von Speisen unerlässlich ist.

Für die Auswahl von Form und Dekor gelten:

- Für den täglichen Gebrauch werden stapelbare und deshalb raumsparende Formen sowie schlichte Dekors bevorzugt.
- Für den anspruchsvollen Service, insbesondere zu festlichen Anlässen, kann auf individuell gestaltete Formen sowie auf besonderes Dekor nicht verzichtet werden.

Arten und Einsatz von Porzellangeschirr

Verwendungszwecke für tiefe Teller

Tiefe Teller ∅ 26 cm/∅ 23 cm
Diese Teller, auch Suppenteller genannt, werden für Speisen verwendet, bei denen ein etwas höherer Tellerrand erforderlich ist, z. B. für:

- Suppen mit groben Einlagen (Gemüse, Hülsenfrüchte, Teigwaren, Reis, Muscheln und Fisch) sowie Eintopfgerichte,
- Spaghetti und andere Teigwarengerichte,
- Frühstücksgerichte (Cornflakes, Porridge, Müsli),
- Salatvariationen,
- warme Desserts.

Tiefe Teller werden außerdem als Ablageteller für nicht verzehrbare Speisenteile verwendet, insbesondere dann, wenn es sich um größere Mengen handelt, z. B. Muschelschalen oder Krustentierpanzer.

Werden Speisen in tiefen Tellern serviert, setzt man zum sicheren Tragen die tiefen Teller auf flache Teller.

Platzteller ∅ 31 cm
Platzteller sind große dekorative Teller, die den Gedeckplatz während des Essens ausfüllen und auf die jeweils die Teller der Speisenfolge aufgesetzt werden. Sie werden bereits beim Eindecken des Tisches bzw. der Tafel eingesetzt und frühestens nach dem Hauptgang wieder ausgehoben. Damit der dekorative Rand des Tellers sichtbar bleibt, sind Platzteller größer als der größte aufgesetzte Teller. Deckchen schützen die Oberfläche der Platzteller, außerdem können andere Gedeckteile dann geräuscharm aufgesetzt werden.

Große Teller ∅ 28 cm/∅ 26 cm
∅ 28 cm, auch *Grillteller* genannt; für komplette Gerichte. Zubereitungen aus Fleisch, Fisch oder Geflügel werden mit den dazugehörigen Beilagen auf diesen Tellern angerichtet (Tellerservice).

∅ 26 cm, auch *Fleisch- oder Gedeckteller* genannt; auf ihnen werden meist separat angerichtete Speisen am Tisch vorgelegt. Sie finden aber auch beim Tellerservice Verwendung.

Vorspeisenteller ∅ 23 cm
Für kalte und warme Vorspeisen; für Frühstücksbüfett.

Mittelteller ∅ 19 cm
auch Dessertteller genannt; für Zwischengerichte, Salate, Käse, Gebäck, Kuchen, Desserts, als Frühstücksteller und Ablageteller.

Kleine Teller/Brotteller ∅ 15 cm
für Brot, Brötchen, Toast, Butter, eventuell als Ablageteller.

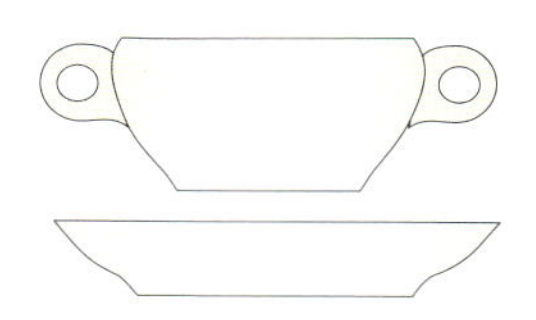

Suppentassen 0,2 *l*/0,1 *l*
soup bowls *tasses (w) à soupe*
mit zwei Henkeln, für gebundene und klare Suppen mit Einlage (z. B. Leberklößchen, Markklößchen). Kleine *Spezialtassen* für exotische Suppen und Essenzen.

Getränketassen 0,15 *l*/0,2 *l* und weniger
coffee cups *tasses (w) à café*
mit unterschiedlichen Formen und den dazu passenden Untertassen für Kaffee, Tee, Schokolade und Milch; desgleichen Mokka- und Espressotässchen.

Platten *serving dishes* *plats (m)*
in ovaler oder rechteckiger Form für Fleisch, in langovaler Form für Fisch und in runder Form vorwiegend für Gemüse.

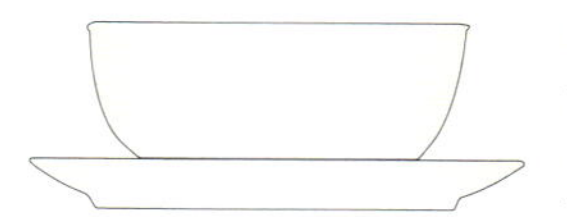

Saucieren *sauce boats* *saucières (w)*
unterschiedlicher Größe und Formen, teilweise mit Gießer, für warme und kalte Saucen sowie für flüssige und geschlagene Butterarten.

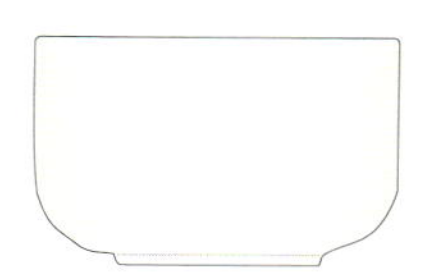

Schüsseln und Terrinen
bowls and terrines *plats (m) et terrines (w)*
mit und ohne Deckel für Eintöpfe, Suppen und Beilagen sowie für Zubereitungen mit viel Sauce, z. B. Ragouts.

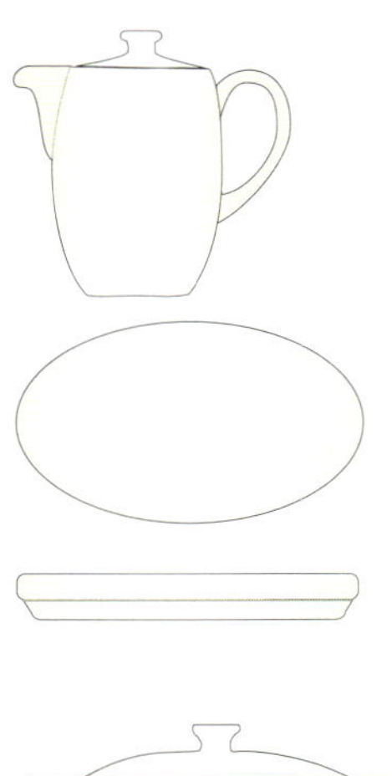

Kännchen *small can* *burette (w)*
mit und ohne Deckel, in Form und Größe verschieden für Kaffee, Tee, Schokolade und Milch; außerdem Gießer für Kaffeesahne zu den Aufgussgetränken.

Backformen
Backformen oder Kokotten, rund und oval, zum Anrichten von Fisch, Fleisch und Gemüse. Zum Gratinieren von Teigwaren, zum Backen von Kartoffeln und Überbacken von Gemüsen.

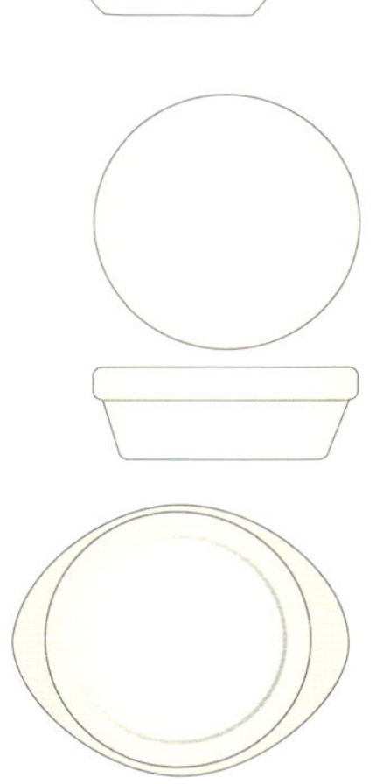

Eierplatten
oder Eierpfannen zum Anrichten von Eierspeisen und zum Zubereiten und Servieren von Spiegeleiern.

Sonstige Teile
Schalen oder Schälchen für Zucker, Konfitüre, Marmelade, Kompott, Fisch- oder Muschelragout, Apfelmus, geschnittene Kräuter oder Zwiebelwürfelchen; Fingerschalen; Stövchen; Fondueteller, Austernteller.

Schneckenpfannen
Flache Geschirre mit halbkugelförmigen Vertiefungen, in welche vorbereitete Schnecken gelegt und im Ofen erhitzt werden.

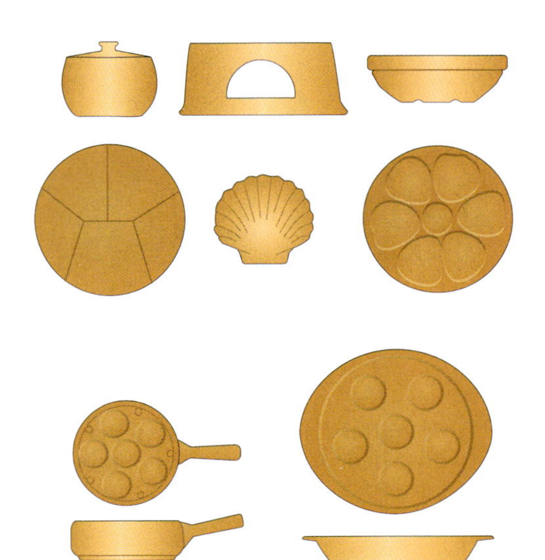

Abb. 1 Schneckenpfannen

Auflaufformen
oder Souffléschalen zum Backen und Servieren von Aufläufen aller Art.

Kasserollen
oval mit Deckel zum Fertigstellen von Spezialgerichten. Die halbfertigen Zubereitungen kommen in die Geschirre (z. B. Geflügel), werden darin fertig gegart und auch serviert.

Die aus **feuerfestem Porzellan** hergestellten Geschirre dienen hauptsächlich zum Zubereiten und Fertigstellen von Speisen, da die Gerichte auch darin serviert werden.

Reinigung und Pflege des Porzellans

Porzellan wird bei 60 °C gereinigt und aus hygienischen Gründen bei 80 °C nachgespült. Die dabei entstehende Wärmereserve lässt das Geschirr selbstständig trocknen. Sauberes Porzellan muss frei von Wasserschlieren und Fettfilm sein.

Schadhafte Geschirrteile werden aussortiert. Bei Tassen, Kännchen und Kannen können sich an Henkelansätzen Rückstände ablagern. Darum kontrolliert man sorgfältig.

2.6 Sonstige Tisch- und Tafelgeräte

table equipment
appareils (m) de table

Neben den grundlegenden Geräten, wie Bestecke, Gläser und Porzellan, gibt es solche, die beim Servieren von Speisen ganz bestimmte Zwecke erfüllen.

Menagen *ondiments* *ménages (m)*

Menagen sind Tischgestelle für Essig und Öl, für Salz, Pfeffer, Paprika und andere Gewürze. Behältnisse für Senf und Würzsaucen sowie Pfeffermühlen und Zuckerstreuer gehören ebenfalls dazu.

Abb. 1 Menagen

Tägliche Pflege von Menagen

Salz- und Pfefferstreuer, Zuckerstreuer
- Glaskörper feucht abwischen und polieren
- verstopfte Löcher mit Zahnstocher „öffnen"
- nachfüllen (höchstens zwei Drittel)

Pfeffermühlen
- trocken abwischen, auffüllen

Senftöpfe
- leeren, reinigen, wieder füllen
- mit etwas Essig beträufeln, um das Austrocknen der Oberfläche zu verhindern

Essig- und Ölflaschen
- feucht abwischen und trockenreiben

Würzsaucen
- Flaschenverschluss und Flaschenmund reinigen
- verschmierte und verkrustete Reste abwischen
- Flaschen feucht abwischen und trockenreiben

Tischgeräte für spezielle Zwecke

Spezielle Geräte für den Speisenservice sind:
- Rechauds und Clochen zum Warmhalten von Speisen
- Tranchierbretter, Tranchierbestecke und Flambierrechauds für das Arbeiten am Tisch
- Fingerschalen bzw. Fingerbowlen zum Abspülen der Finger

Rechauds dienen dem Warmhalten von Speisen und Getränken am Tisch des Gastes. Es werden hauptsächlich vorheizbare Wärmespeicherplatten eingesetzt.

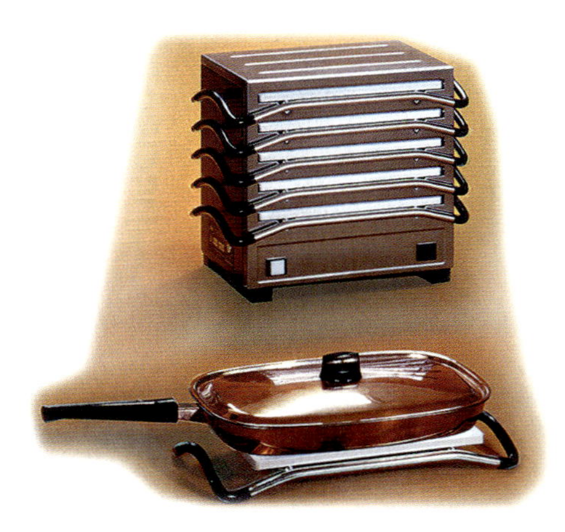

Abb. 2 Rechaudplatten

Clochen, halbkugelförmige Abdeckhauben, zum Warmhalten angerichteter Speisen während des Transportes aus der Küche. Clochen werden aber auch als Geruchs-, Aroma- oder Abtrocknungsschutz verwendet. Clochen stets gut erwärmt benutzen.

Abb. 3 Käsecloche und Tellercloche

Tranchierbretter mit umlaufender Saftrille und napfartiger Vertiefung dienen als Unterlage beim Aufteilen (Tranchieren) von Fleisch und Geflügel am Gästetisch. Austretender Fleischsaft läuft in die Rille und in die Vertiefung und kann mit einem Löffel entnommen werden.

Abb. 1 Tranchierbrett für Räucherlachs

Die **Fingerschale** oder Fingerbowle ist eine kleinere Schale, die zum Reinigen der Fingerspitzen mit Wasser und einer Zitronenscheibe gefüllt wird. Sie wird nach dem Genuss von Speisen gereicht, die mit der Hand berührt wurden, z. B. Muscheln, Krebse, Geflügel, rohes Obst. Die Fingerschale steht in einer Stoffserviette, damit Spritzer abgefangen werden.

Abb. 2 Fingerschale

Im **Dekantierkorb** werden alte Rotweine serviert. In **Brotkörben** reicht man Brot und Brötchen oder setzt sie am Tisch ein. Toaste legt man in eine **warme Stoffserviette** und serviert sie auf einem **Mittelteller.** Die warme Serviette verhindert einen Niederschlag der aus den Brotscheiben entweichenden Feuchtigkeit und damit das Weichwerden der Toaste.

Abb. 3 Dekantierkorb – Brotkörbchen

2.7 Tisch- und Tafeldekoration

table decoration

décoration (w) de table

Die dekorative Ausschmückung eines Tisches oder einer Festtafel schafft Atmosphäre und hat positive Auswirkungen auf die Stimmung der Gäste. Zur Dekoration dienen unter anderem Blumen, Bänder und Kerzen.

Dekorationsmittel können u. a. sein:

- Tischläufer oder Bänder,
- Blumenschmuck oder farbiges Herbstlaub,
- Leuchter oder Öllichter,
- künstlerisch gestaltete Menü- und Tischkarten.

Bei der Anwendung ist auf einige Punkte zu achten:

- Tischläufer und Bänder über die gesamte Länge der Tafelmitte legen,
- Blumengestecke möglichst flach (25 cm) und wenig ausladend halten; alle Gäste wollen sehen und gesehen werden und miteinander plaudern können,
- Leuchter so aufstellen, dass der Kontakt zum Gegenüber möglich ist.

Die Auswahl der Blumen und Dekorationsgegenstände wird vom Anlass her bestimmt, denn eine Hochzeitstafel verlangt z. B. eine andere Ausstattung als ein Jagdessen (Abb. 4 unten und Abb. 1 und 2 nächste Seite).

Abb. 4 Blumengesteck für Hochzeitstafel

Blumen *flowers* *fleurs (w)*

Blumen haben aufgrund der Vielfalt ihrer Blüten und Farben eine starke Ausstrahlungskraft. Sie vermögen Freude zu wecken. Mit der gleichen Absicht werden sie im Service zum Schmücken von Tischen und Festtafeln verwendet. Ob als Solitär (Einzelblüte) in Form einer Rose auf den Tischen im Abendrestaurant, ob als schlichtes Sträußchen auf dem Frühstückstisch oder als dekoratives Gesteck auf einer Festtafel, stets kommt dabei die besondere Aufmerksamkeit gegenüber dem

Gast zum Ausdruck. Bezüglich Auswahl und Pflege der Blumen ist von Bedeutung:

- Die Größe des Blumenarrangements muss dem Anlass angemessen sein (Frühstück, Hochzeit), wobei zu beachten ist, dass die Blumen
  - in Farbe und Größe harmonieren,
  - die Sicht zum gegenübersitzenden Gast nicht beeinträchtigen,
  - nicht Teller oder Gläser der Gäste berühren.
- Stark duftende und stark Blütenstaub abgebende Blumen sind ungeeignet.
- Die Blumen bleiben länger frisch, wenn man sie nachts in einen kühlen Raum bringt. Am nächsten Morgen werden sie mit frischem Wasser versorgt. Schnittblumenstiel schräg zurückschneiden, welke Blumen austauschen.

Kerzen *candles* *bougies (w)*

Kerzenlicht ist gedämpftes und warmes Licht und eignet sich deshalb besonders gut, eine gemütliche Atmosphäre zu schaffen. In Verbindung mit dekorativen Leuchtern auf Festtafeln wird darüber hinaus die festliche Stimmung auf besondere Weise unterstrichen.

Abb. 1 Gesteck für Jagdessen

Abb. 2 Gesteck mit Kerze

Aufgaben

1. Beschreiben Sie im Zusammenhang mit dem Bewirten von Gästen die Bedeutung des Services.
2. Nennen Sie Tischformen und übliche Maße für Einzeltische.
3. Nennen Sie unterschiedliche Tafelformen.
4. Welche Kriterien sind für die Wahl einer bestimmten Tafelform ausschlaggebend?
5. Welche Wäschestücke gehören zur Tischwäsche?
6. Aus welchen Materialien wird Tischwäsche hergestellt?
7. Erklären Sie die Begriffe Reinleinen und Halbleinen.
8. Aus welchem Material werden Moltons hergestellt?
9. Welche unterschiedlichen Zwecke erfüllen Moltons?
10. Wozu dienen Decktücher und wozu dürfen sie nicht verwendet werden?
11. Nennen und erklären Sie andere Bezeichnungen für Decktücher.
12. Erläutern Sie die Bedeutung von Mundservietten.
13. Welchen Zwecken dient die Handserviette? Welche Richtlinien sind unter hygienischen und ästhetischen Gesichtspunkten bezüglich des Gebrauchs zu beachten?
14. Unter welchen Gesichtspunkten muss Wäsche vor dem Waschen sortiert werden?
15. Unterscheiden Sie in Bezug auf die Waschtemperatur und die Materialbeschaffenheit der Wäsche folgende Bezeichnungen: a) Kochwäsche b) Heißwäsche c) Feinwäsche
16. Unter welchen Gesichtspunkten muss die Wäsche zum Bügeln sortiert werden?
17. Welche Funktionen erfüllt das Bügeln und welche Faktoren wirken dabei zusammen?
18. Warum muss Tischwäsche nach ganz bestimmten Gesichtspunkten zusammengelegt werden?

3 Vorbereitungsarbeiten im Service

preparatory work in the restaurant *mise en place au restaurant*

Der Arbeitsablauf im Service ist durch zwei aufeinanderfolgende Arbeitsphasen gekennzeichnet:

- Die Vorbereitungsarbeiten im Hinblick auf die nächste Mahlzeit.
- Das Bedienen von Gästen während einer Mahlzeit.

Obwohl sich das Bedienen der Gäste zweifellos als die interessantere Arbeitsphase darstellt, kommt den Vorbereitungsarbeiten eine mindestens ebenso große Bedeutung zu. Der eigentliche Service kann nur dann rasch, reibungslos und zufrieden stellend ablaufen, wenn die Vorbereitungsarbeiten mit angemessener Sorgfalt ausgeführt wurden.

Abb. 1 Arbeitsplatz Getränkebüfett

3.1 Überblick über die Vorbereitungsarbeiten

Die Vorbereitungsarbeiten werden als **Mise en place** bezeichnet. Der Begriff kommt aus dem Französischen.

Im engeren Sinn bedeutet das wirklich „an den Platz stellen" oder „legen", z. B. Bestecke, Gläser. Darüber hinaus sind jedoch auch alle anderen vorbereitenden Arbeiten gemeint.

Die Vorbereitungsarbeiten werden in zwei voneinander getrennten Arbeitsbereichen ausgeführt: im Office und im Restaurant.

Vorbereitungsarbeiten im Office

Das **Office** liegt meist zwischen Küche und Gastraum. Es dient als:

- **Bereitstellungsraum** für Tischwäsche, Porzellan, Gläser, Rechauds usw.; kurz für alles, was zum Service erforderlich ist;
- **Arbeitsraum** für Reinigung und Pflege aller zum Service notwendigen Gegenstände.

Die Arbeiten sind im Einzelnen bei Geschirr und Geräten ab Seite 236 beschrieben.

Zusammenfassung der Vorbereitungsarbeiten im Office:

- Spülen und Polieren der Gläser,
- Reinigen der Brotkörbe, Tabletts, Servierbretter und Rechauds,
- Säubern und Auffüllen der Menagen,
- Überprüfen der Rechauds auf Betriebsfähigkeit,
- Nachpolieren und Einsortieren von Porzellan in den Wärmeschrank,
- Einordnen des Silbers in Besteckkästen,
- Austauschen, Auffüllen und Einsortieren von Tischwäsche und Gläsertüchern.

Vorbereitungsarbeiten im Restaurant

Das Mise en place beeinflusst die Arbeiten am Servicetisch und am Restauranttisch.

Servicetisch

service table *table (w) de service*

Der Servicetisch (Servant) ist dem Arbeitsbereich (Revier) zugeordnet, aus der Sicht der Arbeitsorganisation ist er ein vorgeschobener Arbeitsplatz.

Der Servicetisch

- verkürzt die Arbeitswege, denn der Weg Restauranttisch → Servicetisch ist meist kürzer als der Abstand Restauranttisch ↔ Office;
- ist entsprechend dem jeweiligen Service (à la carte, Bankett) und dem Angebot auf der Speisekarte, z. B. für Spezialitäten wie Austern, Hummer, Schnecken auszustatten.

Restauranttisch

guest table *table (w) de restaurant*

Für die Vorbereitung gilt:

- Tische ausrichten und auf Standfestigkeit prüfen, evtl. durch Unterlegen stabilisieren,
- Molton aufspannen und Tischtücher auflegen,
- Grundgedeck eindecken.

Guéridon

Als *Guéridon* (Beistelltisch) bezeichnet man kleine Tische, die zu unterschiedlichen Zwecken an den Tisch des Gastes herangestellt werden.

Auflegen von Tisch- und Tafeltüchern

Quadratische und kleinere rechteckige Tücher

Der Tisch muss einen festen Stand haben. Sollte er wackeln, wird er mit dünnen Korkscheiben stabilisiert.

Vor dem Auflegen des Tischtuches ist die Moltonunterlage zu prüfen; diese muss glatt und fest über die Tischplatte gespannt sein.

Beim Auflegen des Tischtuches muss die Servierfachkraft so vor dem Tisch stehen, dass ihr Rücken zur Eingangstür zeigt. Damit ist der Oberbruch immer auf der gegenüberliegenden Seite und somit meist zur Fensterseite gerichtet.

Angesichts unterschiedlicher Raumsituationen muss in der Praxis die beste Lösung ausprobiert werden.

- Das Tischtuch wird nun auf den Tisch gelegt und in seiner Länge entfaltet. Die seitlich überhängenden Tuchenden müssen gleichmäßig lang sein.

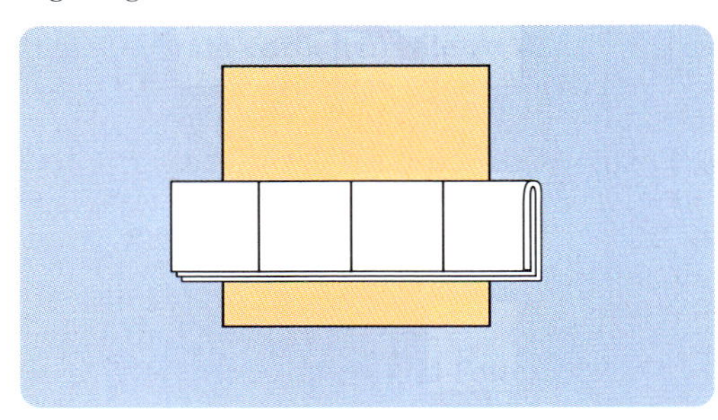

- Beide Webkanten (Enden) des Tischtuches (① + ②) müssen unten liegen, der Mittelbruch obenauf; sie zeigen zur Servicefachkraft.
- Mit ausgestreckten Händen erfassen Daumen und Zeigefinger den Mittelbruch ④ des Tischtuches, gleichzeitig halten Zeigefinger und Mittelfinger die darunterliegende Webkante ② des Tuches. Die folgende zweite Webkante liegt frei auf dem Tisch.

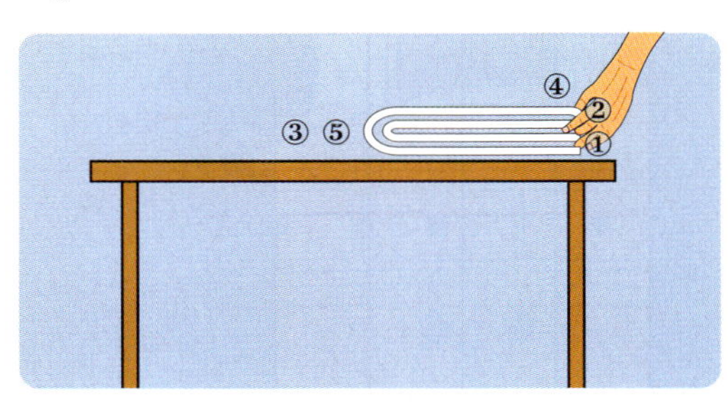

- Das Tischtuch wird nun angehoben und die freiliegende Webkante ① mit leichtem Schwung, und entsprechend lang, über die entgegengesetzte Tischkante gebracht.

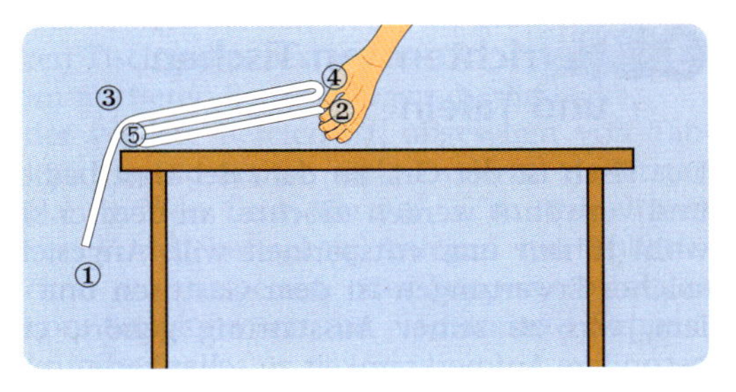

- Den mit Daumen und Zeigefinger gehaltenen Mittelbruch ④ lässt man nun los. Dann wird die mit Zeigefinger und Mittelfinger festgehaltene Webkante ② des Tuches nach vorn gezogen, wobei gleichzeitig die korrekte Lage des Tischtuches bestimmt wird. – Das Glattstreichen der Tischtücher mit den Händen ist unhygienisch und deshalb abzulehnen.

Größere rechteckige Tafeltücher

Wegen ihrer Größe muss das Auflegen in diesem Falle von zwei Personen und unter Beachtung entsprechender Sorgfalt ausgeführt werden.

- Das Tuch, auf der Tafel liegend, vorsichtig in den Querbrüchen entfalten und auseinander legen,
- mit den Händen die Ecken erfassen, das Tuch vorsichtig auseinander ziehen und nach sorgfältiger Prüfung der Abstände und Ausrichtungen auf der Tafel ablegen.

Bei Festtafeln ist darüber hinaus auf die Lage der Oberbrüche und der Überlappungen besonders zu achten.

Bezüglich der Oberbrüche gilt:

Ist zum Überdecken der Tafel eine Tischtuchbreite ausreichend, dann liegen die Oberbrüche

- bei der langen Tafel nach der Seite, die unter Beachtung aller Umstände (z. B. Sitzordnung, Tageslicht) am zweckmäßigsten erscheint.

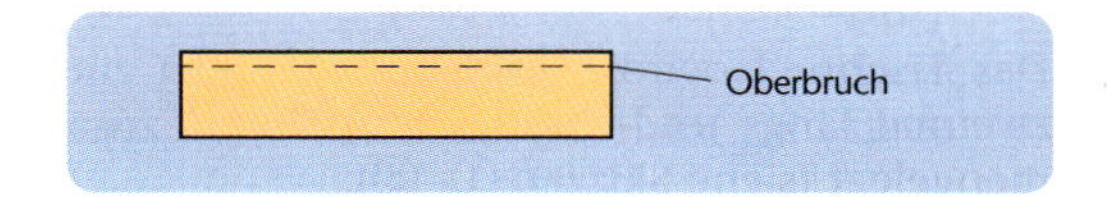

- bei den übrigen Tafelformen, abgesehen vom senkrechten Teil der T-Tafel und dem Mittelteil der E-Tafel, nach den Außenseiten.

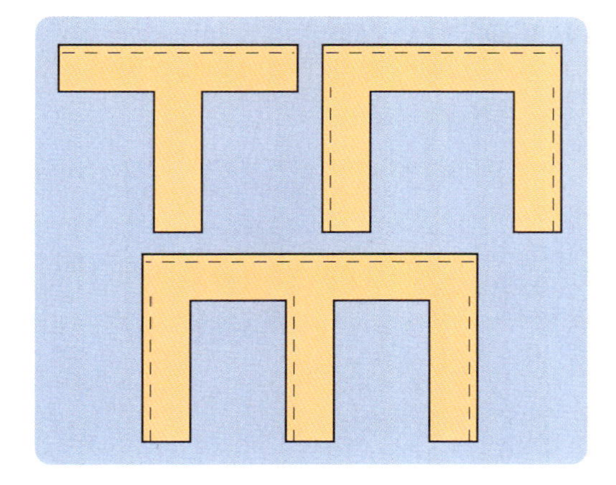

Sind zum Überdecken der Tafel zwei Tuchbreiten erforderlich, können die Oberbrüche

- entweder nach beiden Seiten unmittelbar auf den Tischkanten liegen (vorausgesetzt, die Überhänge der Tischtücher reichen höchstens bis auf die Sitzhöhe der Stühle),
- oder andernfalls auf den Tischen.

Für die Überlappung gilt:

- Bei Tageslicht liegen die Tischtücher zum Licht hin übereinander, so entsteht keine Schattenwirkung.
- Aus der Sicht des eintretenden Gastes liegen die Überlappungen von ihm weg, damit er nicht unter die Kanten schaut.

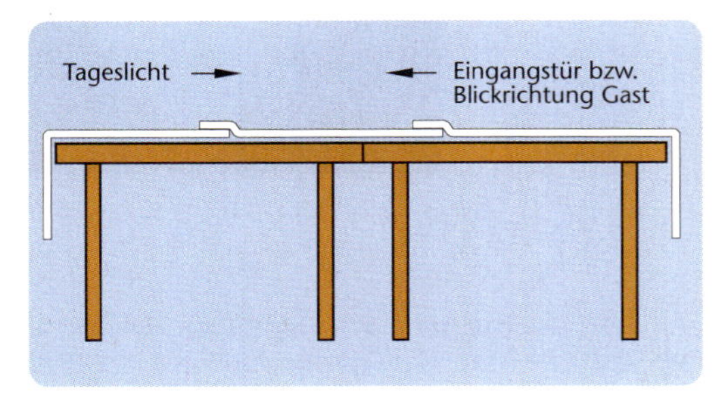

Abnehmen von Tisch- und Tafeltüchern

Saubere Tischtücher legt man zum nochmaligen Gebrauch wieder exakt in ihre alten Bügelfalten zurück:

- Die Arme spreizen und mit Daumen und Zeigefingern den Mittelbruch des Tuches rechts und links fassen.
- Tischtuch nach oben heben, sodass beide Seiten frei hängen und das Tuch im Mittelbruch gefaltet ist. Durch das jeweilige Hochheben in den Brüchen und das Herabfallenlassen der Seitenteile wird das Tuch exakt in die Bügelfalten zurückgelegt.
- Das nun einmal gefaltete Tuch mit den Längsbrüchen nach oben auf den Tisch legen; die Längsbrüche fassen und das Tuch ein letztes Mal nach oben heben, damit es glatt hängt.
- Danach auf dem Tisch zweimal korrekt in seine Querfalten zurücklegen und das zusammengelegte Tischtuch im Servicetisch verwahren.

Zum Abnehmen von Tafeltüchern sind zwei Personen erforderlich.

Mund- und Dekorationsservietten

napkins *serviettes (w)*

Für den gepflegten Service ist es üblich, Servietten in eine mehr oder weniger aufwendige Form zu bringen. Diesen Vorgang bezeichnet man als Falten oder Brechen der Servietten.

Mundservietten benutzt der Gast zum Schutz seiner Kleidung sowie zum Abtupfen des Mundes vor dem Trinken oder nach dem Essen.

Als Schmuck bei Platten und Serviertabletts oder als Untersetzer für Schüsseln, Saucieren usw. werden kunstvoll aussehende Dekorationsservietten verwendet (s. Seite 258).

Servietten gibt es in verschiedenen Größen:

Material	Größe	Verwendung
Papier, Zellstoff oder Vlies	20 × 20 cm	Aufgussgetränke, Bargetränke, Speiseeis
Papier, Zellstoff oder Vlies	33 × 33 cm	Kleinere Gerichte, Zwischenmahlzeiten
Papier, Zellstoff oder Leinen	40 × 40 cm	Frühstück, Hauptmahlzeiten
Leinen (Damast)	50 × 50 cm und größer	Festliche Bankette und Dekorationen

Um möglichst viele Varianten herstellen zu können, werden die Servietten heute nicht mehr vorgefaltet, sondern offen, mit der linken Seite nach oben (Saumnaht sichtbar) aufbewahrt. Eine Ausnahme bilden lediglich übergroße Servietten, die in Schränken sonst nicht ausreichend Platz finden.

Falten von Mundservietten

napkin folding *pliage (m) des serviettes*

Einfache wie kunstvoll gebrochene Servietten werden aus hygienischen Gründen mit Handschuhen aus den nachfolgend dargestellten Grundelementen **A**, **B** oder **C** gefaltet:

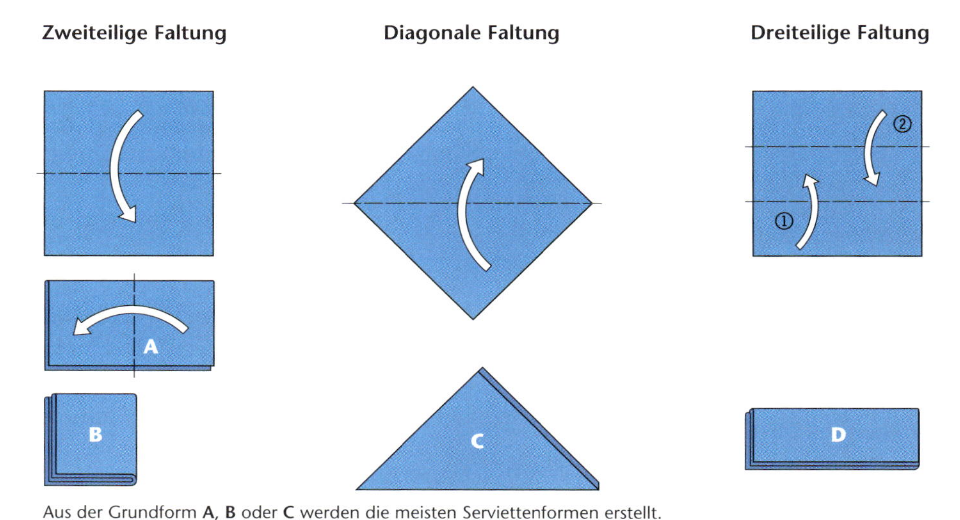

Aus der Grundform **A**, **B** oder **C** werden die meisten Serviettenformen erstellt.

Dreifache Welle

Serviette mit dreiteiliger Faltung (**D**) wieder zum Rechteck öffnen. Die beiden Außendrittel so umlegen, dass sie mit ihren Seitenkanten auf die senkrechten Brüche zu liegen kommen.

Der mittlere Serviettenteil wird durch eine schiebende Bewegung nach oben gewölbt auf den linken Teil gebracht, worauf durch Anlegen und Umschlagen des rechten Drittels an die mittlere Wölbung die dreifache Welle entsteht.

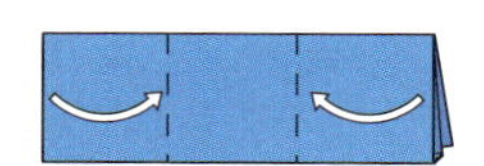

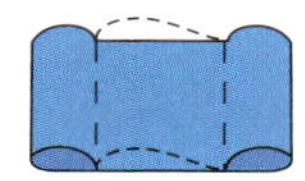

Jakobinermütze

Beim Grundelement (**B**) werden die geschlossenen oder die offenen Spitzen der Serviette um ein Drittel nach oben gefaltet. Die entstandene Figur wird rund gestellt und ineinander gesteckt.

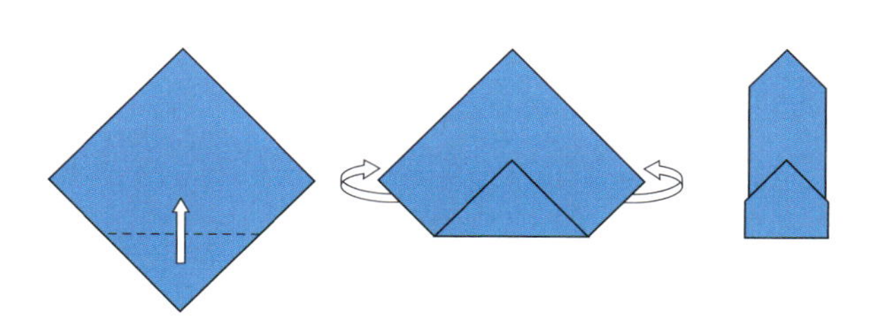

Doppelter Tafelspitz

Faltung aus Grundelement A

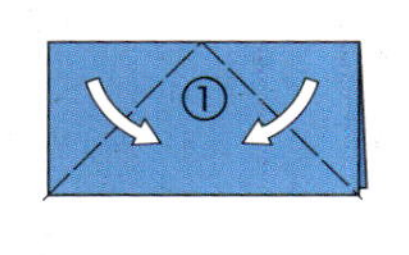
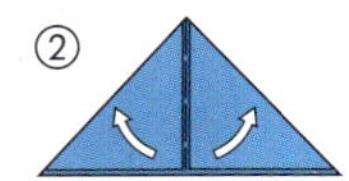
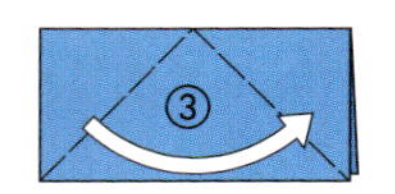

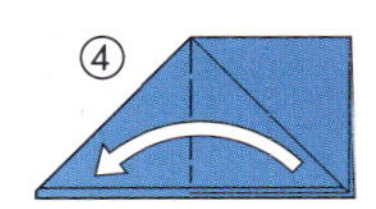
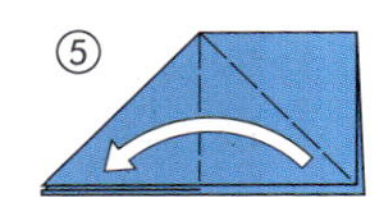
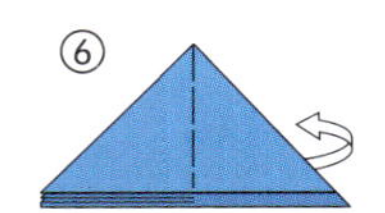
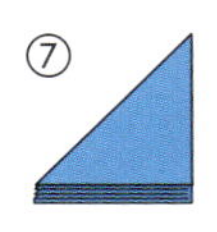

① Die beiden oberen Enden zur Mitte hin falten, sodass ein Dreieck entsteht.

② Hilfsfalz andrücken und wieder öffnen.

③ Die linke obere Lage so nach rechts ziehen, dass die beiden Hilfsfalze aufeinander liegen.

④ Das rechts entstandene Dreieck entlang der Mittellinie nach links falten.

⑤ Die rechte obere Lage so nach links ziehen, dass ihr Hilfsfalz auf der linken Außenkante liegt.

⑥ Das rechts verbleibende vierte Dreieck nach hinten falten.

⑦ Die Figur an der oberen Spitze anfassen und füllig aufstellen.

Ahornblatt

Faltung aus Grundelement A mit der offenen Seite nach oben

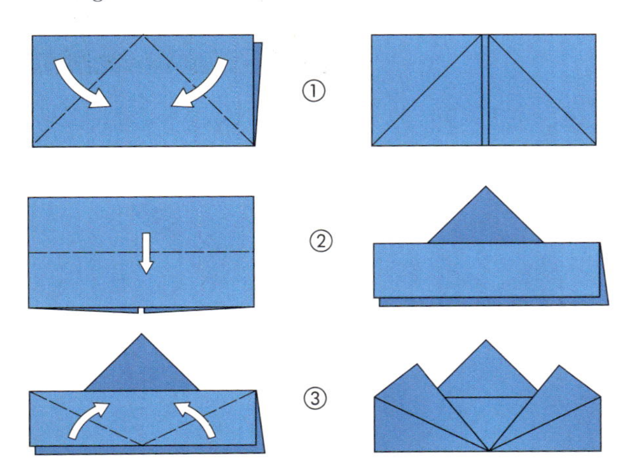
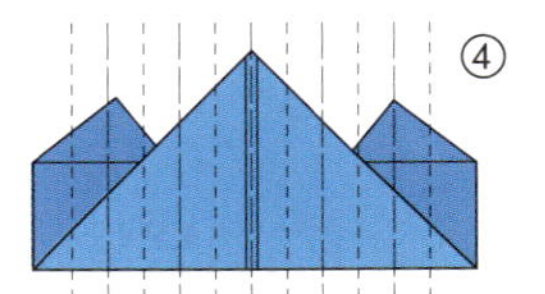

① Die rechte und linke Ecke der oberen Lage auf die Mittellinie zurückfalten und die Serviette wenden.

② Jetzt nur die obere Lage längs nach unten falten.

③ Die linke und rechte Ecke der jetzt oberen Lage entlang den schraffierten Linien nach oben falten.

④ Die Serviette wenden. Die gesamte Serviette ziehharmonikaartig zusammenfalten. Gut zusammendrücken, am unteren Ende festhalten und an der oberen Seite vorsichtig auseinander ziehen.

Tüte

Faltung aus Grundelement **A**

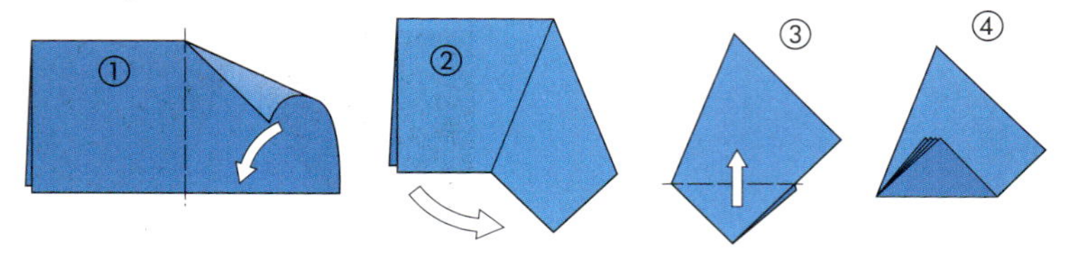

① Die rechte Hälfte zur Mitte hin als Tüte einrollen.

② Die linken unteren Ecken auf die Spitze der Tüte legen.

③ Die exakt aufeinanderliegenden Spitzen der Tüte nach oben falten.

④ Die Ecke rechts bleibt freistehend. Die Servietten rundformen und aufstellen.

Krone/Doppelte Bischofsmütze

Faltung aus Grundelement **A**

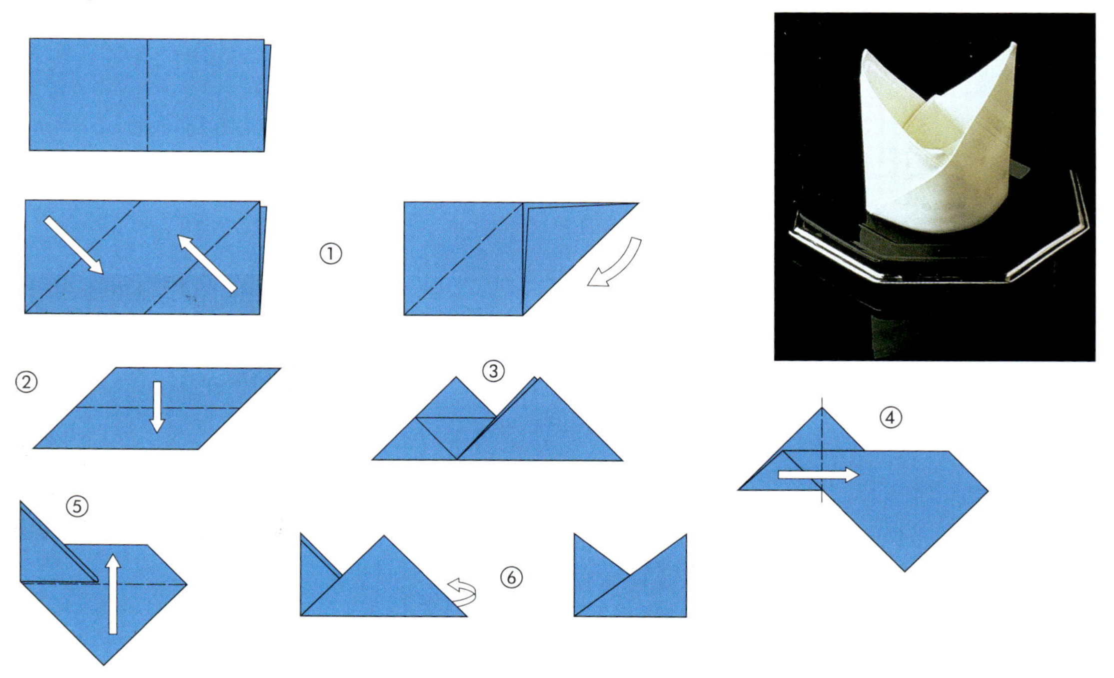

① Die linke obere und die rechte untere Ecke jeweils zur Mitte hin falten, sodass eine Raute entsteht.

② Die Serviette wenden.

③ Jetzt die Raute nach unten halbieren und die verdeckte Dreieckspitze herausfalten, sodass zwei Pyramiden entstehen.

④ Das obere Dreieck nach unten schlagen und die linke Pyramide zum Dreieck falten.

⑤ Die geöffnete Pyramide wieder nach oben falten.

⑥ Die Spitze der Pyramide in das Dreieck stecken und rundstellen.

Segelboot

Faltung aus Grundelement **B**

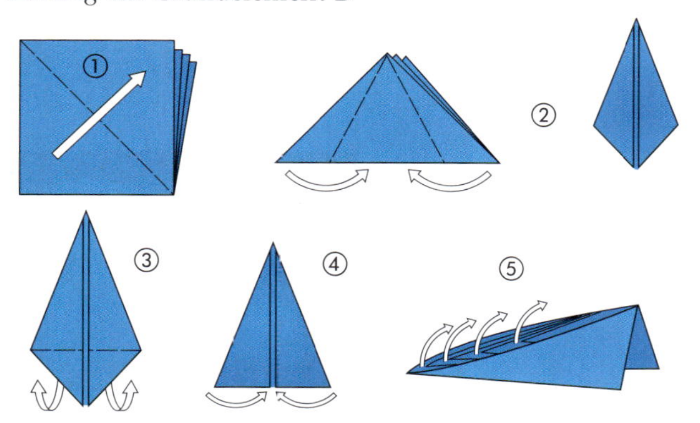

① Die quadratisch vorgefaltete Serviette diagonal zum Dreieck falten und wenden.

② Die vier offenen Spitzen des Dreiecks liegen oben. Jetzt das linke und rechte Ende so nach innen falten, dass eine Drachenfigur entsteht.

③ Die Figur an die Tischkante legen und die unteren Enden nach unten falten.

④ Das linke und rechte Ende nach unten falten. Die Mitte zeigt nach oben. Gut zusammendrücken.

⑤ Die Spitzen als Segel vorsichtig aus der Mitte herausziehen und aufrichten, sodass ein Segelboot entsteht.

Lilie

Faltung aus Grundelement **C**

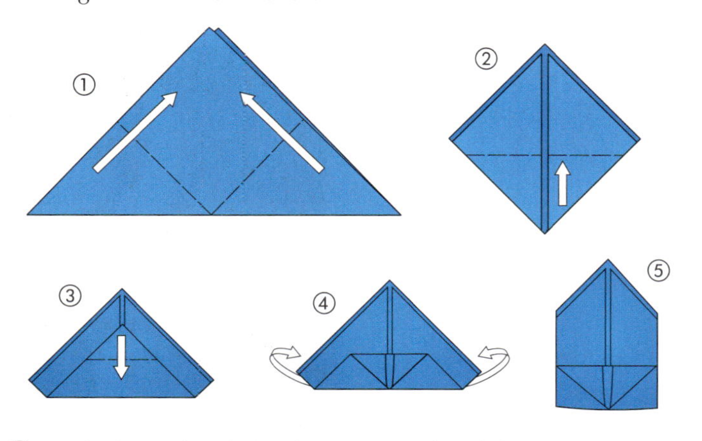

① Die linke und rechte Ecke zur Mitte hin falten, sodass ein Quadrat entsteht.

② Die untere Spitze des Quadrats ca. 2 cm unterhalb der Mittellinie nach oben falten.

③ Von dem jetzt oben aufliegenden, kleineren Dreieck die Spitze zur Grundlinie zurückfalten.

④ Die linke und rechte Ecke nach hinten falten, ineinanderstecken und die Serviette rund formen.

⑤ Die beiden Spitzen vorne oben vorsichtig nach unten ziehen und die Enden in die Manschette auf halber Höhe einstecken.

Falten von Dekorationsservietten

In der Erlebnisgastronomie setzt man besondere Serviettenformen auch als Dekorationsmittel ein. Darum werden hier entsprechende Möglichkeiten dargestellt.

Seerose – Artischocke

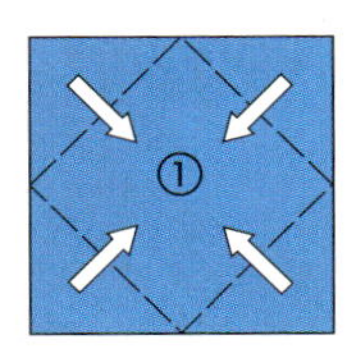
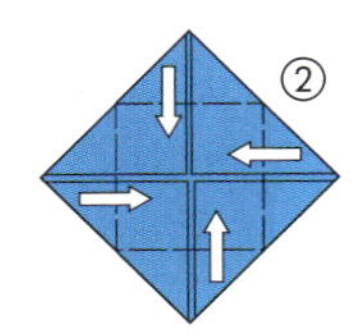

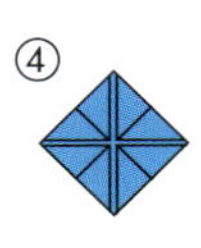

① Serviette mit dem Saum nach oben legen und die vier Ecken exakt zur Mitte falten.

② Den gleichen Vorgang wiederholen.

③ Serviette wenden.

④ Die vier Ecken abermals zur Mitte falten.

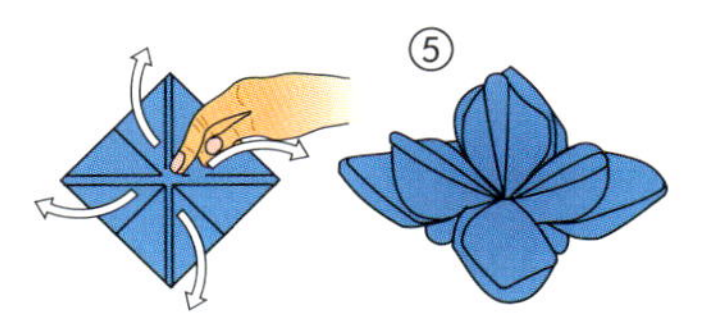
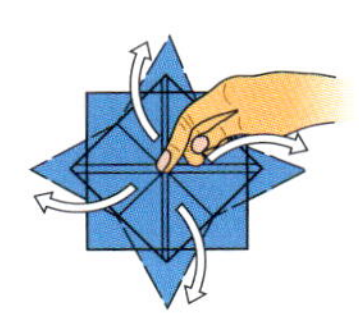

⑤ Die vier inneren Ecken mit dem Finger gut festhalten. Die verdeckten Tuchzipfel nach außen ziehen, bis eine Seerose entsteht.

⑥ Die so freigewordenen weiteren vier Tuchzipfel von unten heraus steil nach oben ziehen, bis eine Artischocke entsteht.

Hörnchen – Schwanenhals

Verwendung: Ausschließlich zur Dekoration auf Silberplatten und Büfett-Tafeln.

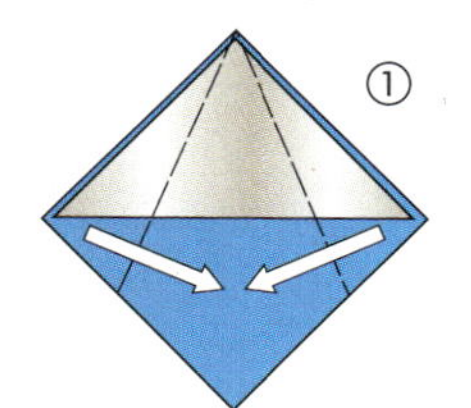
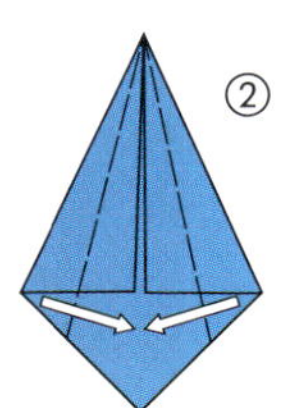
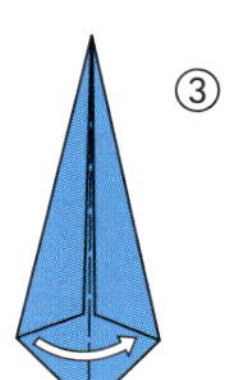
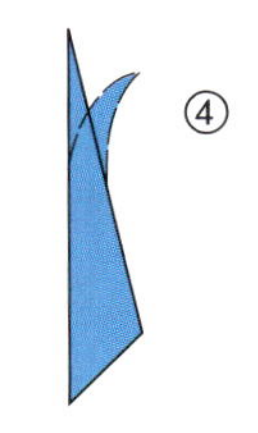

① Serviette mit dem Saum nach oben legen, mit einem Dreieck von Alufolie belegen.

②/③ Die Ecken zweimal exakt nach innen falten.

④ Das entstandene Element halbieren.

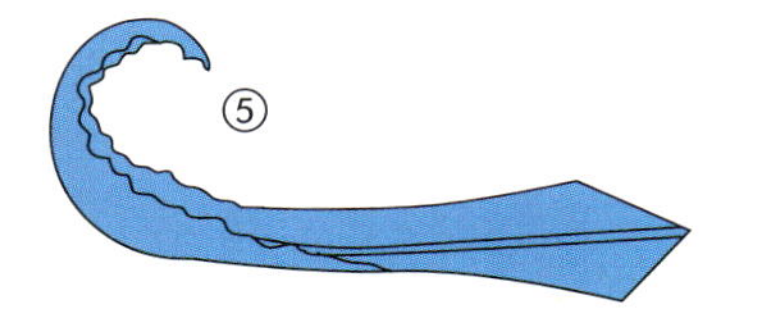
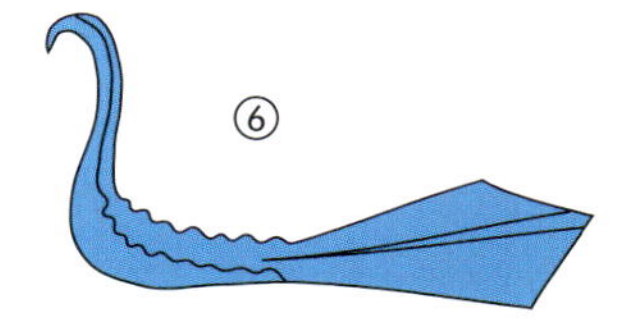

⑤ Die Spitze des Elements so verändern, dass das Hörnchen entsteht.

⑥ Die Spitze des Elements so verändern, dass der Schwanenhals entsteht.

Arten der Gedecke

Grundgedecke

Da nicht bekannt ist, was die zu erwartenden Gäste im À-la-carte-Service im Einzelnen essen und trinken, werden auf den Tischen im Restaurant lediglich Grundgedecke vorbereitet. Erst nach der Bestellung des Gastes entscheidet es sich dann, ob das Grundgedeck bleibt oder ob Gedeckteile ergänzend einzusetzen bzw. bereits vorhandene abzuräumen oder auszutauschen sind. Die Mindestausstattung umfasst folgende Teile:

- Serviette, großes Messer und große Gabel,
- Salz- und Pfeffermenage.

Grundgedeck *cover* *couvert (m)*

Grundgedeck

Erweiterte Grundgedecke

Hauptgang mit Suppe …

… zusätzlich Glas für Getränk

… erweitert um Brotteller

Hauptgang mit Suppe, Dessert und zweitem Glas

Menügedecke

Menügedecke stehen in direkter Beziehung zu bestimmten vorgegebenen Menüs, z. B. dem Menüangebot an Festtagen und zu Festbanketten.

Menügedeck

Getränke: Weißwein, Rotwein, Sekt

Speisen: Räucherlachs, Toast und Butter,
Geflügelcremesuppe,
Filetsteak nach Gärtnerinart,
Aprikosen mit Weinschaumsauce

Ablauf des Eindeckens

(siehe Menü vorige Seite)

Zuerst wird mit der Serviette oder dem Platzteller der Gedeckplatz markiert. Will man die Serviette zuletzt einsetzen, dient der Stuhl der Orientierung.

Eindecken der Bestecke

- Großes Messer rechts (Schneide nach links) und große Gabel links für das Hauptgericht, die immer eingedeckt werden müssen,
- dann entsprechend des Menüaufbaus nacheinander Mittellöffel für die Suppe rechts, Mittelmesser rechts und Mittelgabel links für die kalte Vorspeise (die Gabel wird etwas nach oben geschoben),
- den Abschluss bildet das Besteck oberhalb des Gedeckplatzes für das Dessert:
  - Mittelgabel unmittelbar oberhalb des Gedeckplatzes, den Griff nach links gerichtet,
  - Mittellöffel oberhalb der Gabel, den Griff nach rechts gerichtet.
  - Die Lage der Griffe deutet die Richtung an, in der die Bestecke vor dem Servieren des Desserts auf den Gedeckplatz heruntergezogen werden. Die Gabel liegt unterhalb, damit man beim Erfassen des Löffels nicht mit den Gabelzinken in Berührung kommt.

Einsetzen der Gläser

- Ein Glas wird zuerst oberhalb des Messers zum Hauptgang platziert. Dieses bezeichnet man als **Richtglas.**
- Dann nacheinander das Glas zur kalten Vorspeise vor und das Glas zum Dessert hinter dem Richtglas.

Die Gläser können als *diagonale Reihe* (siehe im Menü S. 259) oder als *Block* angeordnet werden.

Der **Brotteller** wird zuletzt links vom Gedeck platziert. Ein Messer, dessen Schneide nach links gerichtet ist, wird nur aufgelegt, wenn es zum Toast oder Brötchen Butter gibt.

Ausrichtungen

- Die Bestecke liegen im rechten Winkel zur Tischkante, exakt parallel zueinander,
- die Besteckenden sind mit Ausnahme der zweiten Gabel alle auf einer gedachten Linie 1 cm parallel zur Tischkante (s. Seite 259).

Anzahl der Besteckteile

- **Beim Menügedeck werden Bestecke für höchstens 5 Gänge eingedeckt**, d. h.:
  - **rechts** vom Gedeckplatz **4** Bestecke (kalte Vorspeise, Suppe, Vorspeise, Hauptgericht),
  - **links** vom Gedeckplatz **3** Bestecke (kalte Vorspeise, Vorspeise, Hauptgericht),
  - **oberhalb** des Gedeckplatzes **2** Bestecke.

Sollte das Menü mehr als 5 Gänge umfassen, dann sind die im Gedeck fehlenden Bestecke an entsprechender Stelle der Speisenfolge rechtzeitig nachzudecken.

Aufgaben

1. Welche Metalle werden zur Herstellung von Bestecken hauptsächlich verwendet und warum?
2. Begründen und beschreiben Sie die besonderen Reinigungsmaßnahmen für Silberbesteck.
3. Nennen Sie unter Beachtung der jeweiligen Größe Verwendungszwecke: a) für den Löffel, b) für die Kombination Messer und Gabel, c) für die Kombination Löffel und Gabel.
4. Nennen Sie Beispiele für Speisen, zu denen das Fischbesteck eingedeckt wird.
5. Nennen Sie Fischzubereitungen, zu denen Messer und Gabel einzudecken sind. Begründen Sie das.
6. Beschreiben Sie an Beispielen getränkespezifische Glasformen in Bezug auf Bukett und Kohlensäure.
7. Was versteht man unter Menagen und was gehört dazu?
8. Beschreiben Sie die Pflegemaßnahmen für Menagen im Einzelnen.
9. Beschreiben Sie wichtige Vorbereitungsarbeiten im Office und im Restaurant.
10. Was sind Servicetische, wo befinden sie sich und welche Funktion erfüllen sie?
11. Wie korrigiert man wackelnde Tische fachgerecht?
12. Unterscheiden Sie Grundgedeck und Menügedeck.

4 Arbeiten im Service
service service (m)

Während sich die Vorbereitungsarbeiten des Service gleichsam „im Verborgenen“ abspielen, muss die Servicefachkraft beim Servieren von Speisen und Getränken ihre berufliche Qualifikation unter Beweis stellen. Dabei soll der Gast freundlich behandelt und fachlich richtig beraten werden. Alles, was dabei an Regeln, Richtlinien und Arbeitstechniken von Bedeutung ist, wird in den folgenden Abschnitten beschrieben und erläutert.

Der Gast im Mittelpunkt

Getränke servieren — Tellergericht dem Gast einsetzen — Kurzkontrolle

4.1 Arten und Methoden des Service

Im Laufe der Zeit haben sich auch für das Bedienen von Gästen spezifische Arbeitsmethoden und Arbeitstechniken herauskristallisiert.

Arten des Service

Unter *Art* ist hier der äußere Rahmen des Service zu verstehen. Man unterscheidet dabei im Restaurant:

- À-la-carte-Service
- Bankett-Service
- Table-d'hôte-Service
- Büfett-Service

À-la-carte-Service

Die Bezeichnung kommt daher, dass der Gast Speisen und Getränke nach der Karte (à la carte) auswählt. Er wird nach Aufgabe seiner Bestellung individuell bedient. Die Servicekraft rechnet alle Leistungen direkt mit dem Gast ab.

Bankett-Service

Beim Bankett-Service werden die Gäste zu einem festgelegten Zeitpunkt mit dem gleichen Menü bedient. Es handelt sich dabei um eine geschlossene Gesellschaft, die das Essen gemeinsam im festlichen Rahmen einnimmt.

Table-d'hôte-Service

Wichtigstes Kennzeichen dieses Service ist es, dass zu einem festgelegten Zeitpunkt für alle Gäste des Hauses das gleiche Menü serviert wird.

Büfett-Service

Bei Büfetts sind folgende Angebotsformen besonderer Art zu unterscheiden:

- Frühstücksbüfett
- Salatbüfett
- Lunchbüfett
- Kuchenbüfett
- Kaltes Büfett
- Getränkebüfett

Büfetts werden an sich zur Selbstbedienung aufgebaut. Meist stehen aber auch Servicefachkräfte und Köche zur Betreuung der Gäste bereit.

Zu den Betreuungsaufgaben gehören:

- Beraten bei der Wahl von Speisen und Getränken,
- Tranchieren und Vorlegen von Speisen,
- Anbieten und Ausgeben von Getränken.

Methoden des Service

Unter Methode versteht man die *Art und Weise* des Servierens und unterscheidet dabei grundlegend zwischen Teller- und Plattenservice.

Tellerservice

Beim Tellerservice werden die Speisen in der Küche auf Tellern angerichtet. Im weiteren Sinne gehören aber auch solche Speisen dazu, die in unterschiedlichen Gefäßen angerichtet und auf Untertellern aufgesetzt werden:

- Vorspeisen und Desserts in Gläsern oder Schalen,
- Suppen in tiefen Tellern oder in Suppentassen,
- Zwischen- und Hauptgerichte,
- Süßspeisen.

Plattenservice

Plattenservice bedeutet, dass die Speisen von der Küche auf Platten bzw. im weiteren Sinne auch in Schüsseln angerichtet sind und erst am Tisch auf die Teller vorgelegt werden. Je nachdem, wer vorlegt bzw. auf welche Weise sich das Vorlegen vollzieht, unterscheidet man folgende Methoden:

1. Vorlegen von der Platte – **Vorlegeservice**
2. Darbieten der Platte – **Darbieteservice**
3. **Mischformen des Service** – Einsetzen von Platten, Saucieren und Schüsseln
4. **Servieren vom Beistelltisch**

- Bei der 2. und 3. Methode legt sich der Gast die Speisen selbst vor,
- bei der 1. und 4. Methode legt die Servicefachkraft vor.

4.2 Grundlegende Richtlinien für den Service

Neben den Regeln und Richtlinien für ganz bestimmte Serviervorgänge gibt es Regeln von allgemeiner Bedeutung, die aber für den Service am Tisch des Gastes nicht weniger wichtig sind:

- Allgemeine Rücksichtnahme gegenüber dem Gast,
- Reihenfolge des Bedienens bei zusammengehörenden Gästen,
- störungsfreie und kräftesparende Wege beim Servieren.

Rücksichtnahme

Der Gast hat das berechtigte Bedürfnis, sein Essen in ungestörter und entspannter Atmosphäre einzunehmen. Deshalb sind durch den Service in Bezug auf Lärm, Hektik und Belästigungen wichtige Regeln zu beachten:

Geräusche während des Servierens

Die durch den Service bedingten Geräusche sind stets auf ein Mindestmaß zu begrenzen. Das gilt z. B. für das Sprechen der Servicefachkraft mit dem Gast sowie für das Handhaben der Tischgeräte beim Servieren.

Hektik

Bei aller Eile, die während des Service oftmals geboten ist und die sich meistens ganz automatisch einstellt, ist es wichtig, nach außen hin Ruhe zu bewahren, niemals zu rennen und keinesfalls heftig zu gestikulieren.

Belästigungen

Die Servicefachkraft darf den Gast nicht belästigen

- durch allzu übertriebene Aufmerksamkeit,
- durch beharrliches Aussprechen von Empfehlungen,
- durch eine schlechte Arbeitshaltung oder durch Nichtbeachten sachgerechter Arbeitstechniken beim Bedienen am Tisch.

Abb. 1 Gästestörung: Was ist hier falsch?

Reihenfolge des Bedienens von Gästen

Wenn eine Gruppe von Gästen in kleinem Kreis bedient wird, beachtet man die Reihenfolge:

Ehrengäste → Damen → Herren → Gastgeber

Störungsfreie und kräftesparende Wege

Insbesondere in den Hauptgeschäftszeiten müssen viele Wege zurückgelegt werden. Damit aber die Vorgänge bei aller notwendigen Eile und Zügigkeit störungsfrei und reibungslos ablaufen, gilt:

- Auf den „Verkehrswegen" immer rechts gehen,
- bei den Serviceabläufen immer vorwärts, nie rückwärts laufen und nicht plötzlich stehen bleiben,
- möglichst keinen Weg im „Leerlauf" zurücklegen, denn zwischen den Abgabestellen, dem Servicetisch und den Tischen der Gäste gibt es immer etwas zu transportieren.

4.3 Richtlinien und Regeln zum Tellerservice

Die Hände erfüllen wichtige Funktionen beim sachgerechten Aufnehmen, Tragen, Einsetzen und Ausheben von Tellern.

Die **rechte Hand** ist die **Arbeitshand.** Sie ist zuständig für das Aufnehmen der Teller, für die Übergabe in die linke Hand sowie für das Einsetzen und Ausheben am Tisch. – Die **linke Hand** ist die **Tragehand.**

Aufnehmen und Tragen von Tellern

Ein Teller

Den Teller zwischen Zeigefinger und Daumen halten und mit den übrigen Fingern unterstützen. Der Daumen liegt angewinkelt auf dem Tellerrand.

Abb. 1 Tragen *eines* Tellers

Zwei Teller

Hier können beim Tragen zwei verschiedene Griffe angewendet werden:

Tragen mit Untergriff

Den zweiten Teller muss man unter dem Handteller bis an den Zeigefinger heranschieben und mit den restlichen, fächerartig gespreizten Fingern unterstützen.

Abb. 2 Tragen von *zwei* Tellern (Untergriff)

Tragen mit Obergriff

- Den ersten Teller als Handteller aufnehmen,
- den zweiten Teller auf den Handballen, den Unterarm und die seitlich hochgestellten Finger aufsetzen.

Abb. 3 Tragen von *zwei* Tellern (Obergriff)

Drei Teller

- Den ersten Teller als Handteller aufnehmen,
- den zweiten Teller unterschieben *(Unterteller)*,
- das Handgelenk nach innen abwinkeln,
- den dritten Teller auf den Rand des Untertellers und den Unterarm aufsetzen.

Abb. 4 Tragen von *drei* Tellern

Beim Einsetzen von heißen Tellern müssen alle Tragegriffe auch mit einem Serviertuch beherrscht werden.

Einsetzen von Tellern

Bewegungsrichtung beim Einsetzen

Am Tisch wird der jeweilige Teller in die **rechte Hand** übernommen und **von der rechten Seite des Gastes** eingesetzt. Das entspricht der natürlichen Bewegungsrichtung des angewinkelten Armes, der den Teller im Bogen um den Gast herumführt.

Beim Einsetzen von der linken Seite würde der Gast durch den angewinkelten Arm belästigt (Seite 262, Abb. 1).

Ausnahmen:

- Beim Einsetzen von Tellern, die ihren Platz links vom Gedeck haben (z. B. Brot- und Salatteller). Von der rechten Seite würde der Gast zu sehr belästigt.
- Ausnahmen gibt es auch dann, wenn die Platzverhältnisse das Einsetzen von rechts nicht zulassen.

Laufrichtung beim Einsetzen

Beim Einsetzen geht man im Uhrzeigersinn vorwärts, denn so nähert sich die Servicefachkraft jeweils dem Gast von rechts.

Ausheben von Tellern

Der Gast zeigt mit der Ablage des Bestecks Folgendes an:

- Besteck über Kreuz abgelegt: Ich will noch weiter essen, bitte Nachservice.
- Besteck nebeneinander, mit den Griffen nach rechts: Ich bin fertig, das Gedeck kann ausgehoben werden.

In der Regel wartet man allerdings mit dem Ausheben, bis alle Gäste am Tisch das Essen beendet haben.

Für das Ausheben gelten die gleichen Regeln wie für das Einsetzen:

- Ausheben von der rechten Seite des Gastes,
- Laufrichtung im Uhrzeigersinn von rechts nach links.

Beim Ausheben wird im Allgemeinen die Methode *„Zwei Teller mit Obergriff"* angewendet. In Verbindung mit Speiseresten auf den Tellern ist aber auch die Methode *„Drei Teller mit Unter- und Obergriff"* üblich.

Damit es nicht wie ein „protziger Kraftakt" aussieht, werden beim Ausheben im gepflegten Service höchstens vier Teller aufgenommen.

Ausheben mit Obergriff

Den ersten Teller als Handteller aufnehmen und das Besteck darauf ordnen:

- Dabei die Gabel so ausrichten, dass sie am Griffende mit dem Daumen gehalten werden kann. Durch diesen Haltepunkt wird die gesamte Besteckablage gesichert und das Abrutschen verhindert,
- das Messer im rechten Winkel unter die Wölbung der Gabel schieben.

Den zweiten Teller als Oberteller aufnehmen und das Besteck auf dem Handteller ablegen.

Die weiteren Teller auf den Oberteller aufsetzen und das Besteck jeweils der Besteckablage auf dem Handteller zuordnen.

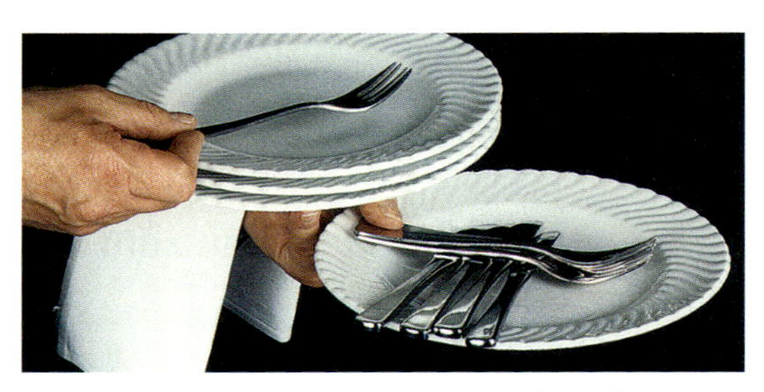

Abb. 1 Ausheben von zwei und mehr Tellern (*Obergriff*)

Ausheben mit Ober- und Untergriff

Diese Methode wird angewandt, wenn die Gäste Speisereste auf ihren Tellern zurücklassen. Während es bei geringen Mengen üblich ist, die Reste auf den Handteller neben die Besteckablage abzuschieben, wird bei größeren Mengen die Methode mit drei Tellern angewandt.

Abb. 2 Ausheben von drei und mehr Tellern

- Der Handteller dient zur Besteckablage,
- auf den Unterteller werden jeweils mit dem Messer die Speisereste abgeschoben (dazu wendet man sich aus dem Blickfeld des Gastes),
- der Oberteller dient zum Aufnehmen weiterer Teller.

Bei sehr großen Mengen von Speiseresten ist es ratsam, die Teller wie beim Einsetzen mit Unter- und Obergriff aufzunehmen und das Sortieren der Bestecke und Speisereste im Office vorzunehmen.

Tragen, Einsetzen und Ausheben von Gedecken

Unter Gedeck versteht man in diesem Zusammenhang die Kombination von Unterteller und aufgesetztem Gedeckteil. Die Vorbereitung solcher Gedecke erfolgt in der Regel bereits beim Mise en place, damit während des Essens keine Verzögerungen eintreten. So werden Gedeckteile z. B. vorbereitet und entweder an der Speisenabgabestelle oder auf einem Servicetisch gestapelt:

- **Gedecke für Suppen in Tassen**
  Unterteller mit Piccolo-Serviette oder Deckchen und Suppenuntertasse
- **Gedecke für Vorspeisen oder Desserts in Gläsern oder Schalen**
  Unterteller mit Piccolo-Serviette

Aufnehmen, Tragen und Einsetzen

Die am Küchenpass übernommenen Tassen mit der Suppe und die Gläser oder Schalen mit der Vorspeise bzw. dem Dessert werden auf die vorbereiteten Unterteller aufgesetzt und wie folgt serviert:

- Mit der linken Hand zwei Gedecke (Obergriff), mit der rechten Hand eventuell ein drittes Gedeck aufnehmen,
- von der rechten Seite des Gastes einsetzen,
- von rechts nach links fortschreiten.

Neueres Tafelgeschirr stellt sich in verschiedensten Formen dar. Es wird je nach Design rechteckig, quadratisch, wellenartig, geschwungen, oval oder in Blattformen angeboten. Von den **Service-Mitarbeitern erfordert das ein Umdenken beim Tragen.** Durch ein kurzes Training mit dem neuen Tafelgeschirr wird sehr schnell die sicherste Trageart gefunden.

Ausheben von Gedecken

Grundsätzlich werden sowohl Suppengedecke als auch Gedecke von Vorspeisen, Salaten oder Desserts wie beim Einsetzen mit dem Besteck ausgehoben. Bei entsprechendem Geschick ist es auch möglich, die Gedecke bereits beim Ausheben zu ordnen.

Abb. 1 Tragen von Suppentassen

Suppengedecke

- Das erste Gedeck als Handgedeck aufnehmen,
- das zweite Gedeck unterschieben,
- die Tasse und den Löffel des Handgedecks auf das Untergedeck übernehmen,
- das dritte Gedeck auf das Handgedeck aufsetzen und den Löffel ablegen.

Vorspeisen- und Dessertgedecke mit Schalen

- Das erste Gedeck als Handgedeck aufnehmen,
- das zweite Gedeck unterschieben und die Dessertschale auf dem Handgedeck stapeln,
- den Löffel des Handgedecks auf dem Unterteller ablegen,
- das dritte Gedeck als Obergedeck aufnehmen, die Schale auf dem Handgedeck stapeln und den Löffel auf den Unterteller übernehmen,
- das vierte Gedeck auf das Obergedeck aufsetzen und den Löffel auf dem Unterteller ablegen.

4.4 Zusammenfassung der Servierregeln

Beim Servieren haben sich alle Bewegungsabläufe danach zu richten, dass der Gast nicht gestört wird und gleichzeitig das Servierpersonal möglichst ungehindert arbeiten kann.

Alle Gerichte, die einzeln angerichtet an den Platz des Gastes gebracht werden, sind von der rechten Seite einzusetzen. Salat und Kompott von links einsetzen.

Beim **Vorlegeservice** wird von einer Platte auf den vorher eingesetzten Gedeckteller vorgelegt. Das geschieht von der linken Seite.

Dabei wird auf der flachen linken Hand (Tragehand) mit gefalteter Handserviette die Platte gehalten. Mit der rechten Hand (Arbeitshand) wird mit einem Vorlegebesteck (Löffel, Gabel), die Speise gefasst und auf den Teller gelegt.

Beim **Darbieteservice** bedient sich der Gast selbst von einer von links dargebotenen Platte. Diese wird möglichst nahe an den Teller des Gastes gebracht, ohne diesen zu berühren.

Einsetzen von links

- Brot, Brötchen, Toast
- Kompott
- Salat
- Resteteller
- Fingerschale
- Frühstücksei
- Präsentieren und Vorlegen von Speisen

Einsetzen von rechts

- Suppen
- Teller mit Speisen
- leere Gedeckteller
- Kaffee- und Mokkatassen
- Gläser
- Präsentieren und Einschenken von Getränken

Fachbegriffe

Aufdecken	Arbeiten von der Raumdisposition über das Auflegen der Tischwäsche bis zur Raumdekoration
Ausheben	Entfernen von Einzelteilen am Gästetisch
Beistelltisch	Kleinerer, leicht tragbarer Tisch, auf dem die Restaurantfachkraft vor den Augen des Gastes arbeitet
Cloche	Kuppelhaube zum Warmhalten von Tellergerichten
Dessert	Nachspeise (Käse oder Süßspeise)
Eindecken	Auflegen der benötigten Tisch- und Tafelgeräte
Guéridon	Beistelltisch
Menagen	Zusammenstellung von Würzsaucen, Salz, Pfeffer usw.
Mise en place	Alle Vorbereitungsarbeiten im Office und im Restaurant für die Dienstleistung im À-la-carte-Geschäft und für das Bankett
Office	Arbeits-, Lager- und Bereitstellungsbereich für den Service
Rechaud	Wärmeschrank, Wärmeplatte
Service	In der Gastronomie ist der Service die Gesamtheit aller Dienstleistungen
Servieren	Bereitstellen von Speisen und Getränken sowie das Bedienen der Gäste

Aufgaben

1 Erläutern Sie folgende Bezeichnungen:
a) Table-d'hôte-Service, Bankett-Service,
b) À-la-carte-Service, Büfett-Service.

2 Beschreiben Sie grundlegende Richtlinien für den Service in Bezug auf
a) Rücksichtnahme gegenüber dem Gast,
b) störungsfreie und kräftesparende Wege der Servicekraft.

3 Welche Aufgaben haben die beiden Hände beim Tellerservice und wie werden sie deshalb genannt?

4 Beschreiben Sie das Aufnehmen von ein, zwei und drei Tellern und nennen Sie die Bezeichnungen für die Teller sowie die Art des Greifens.

5 Beschreiben und begründen Sie zum Einsetzen der Teller am Tisch
a) die Bewegungsrichtung beim Einsetzen,
b) die Laufrichtung der Servicekraft,
c) Ausnahmen.

6 Beschreiben Sie zum Ausheben von Tellern
a) die Bewegungsrichtungen,
b) das Aufnehmen der Teller und das Ordnen der Bestecke,
c) die Behandlung von Speiseresten auf den Tellern.

7 Beschreiben Sie das Ausheben von Suppen- und Dessertgedecken.

5 Kaffeeküche   coffee kitchen   caféterie (w)

Die Hauptaufgabe der Kaffeeküche besteht in der Herstellung von Aufgussgetränken. Außerdem sind Frühstücksgetränke und -gerichte bereitzustellen.

Abb. 1 Kaffeegeschirr aus Silber

5.1 Herstellen von Aufgussgetränken

Kaffee   coffee   café (m)

Für das Frühstück wird Kaffee in größeren Mengen auf Vorrat zubereitet. Er sollte jedoch nicht länger als 45 bis 60 Minuten vorrätig gehalten werden, weil sich danach die Farbe und das Aroma nachteilig verändern. Die Warmhaltetemperatur liegt bei etwa 80 °C.

Zubereiten von Kaffee

Um einen wohlschmeckenden, vollaromatischen Kaffee zu erhalten, ist einiges zu beachten:

- Grundbedingung ist die Verwendung von bewährtem Markenkaffee, dessen Einkaufsmengen dem jeweiligen Bedarf anzupassen sind, damit keine Aromaverluste durch Überlagerung entstehen.
- Der Feinheitsgrad der Körnung ist auf die Art des Brühverfahrens abzustimmen, damit sich das Aroma optimal entfalten kann.
- Wichtig sind die richtig dosierte Menge des Kaffeepulvers sowie die sachgerechte Temperatur des Brühwassers zwischen 95 und 98 °C.
- *Porzellangeschirr*, gut vorgewärmt, gilt als besonders *aromafreundlich*.

Handfiltern von Kaffee

Beim Handfiltern ist zu beachten:

- Das Kaffeepulver im Filter mit wenig heißem Wasser anbrühen, damit es aufquillt,
- den Rest des Wassers dann stufenweise *in die Mitte* des Filters nachgießen, damit das Wasser durch das Kaffeemehl zum Filter hin fließt.

Produktbezeichnung	Kaffeepulver	Flüssigkeitsmenge
Tasse		
Kaffee	6–8 g	$^1/_8$ l (0,125)
Mokka	6–7 g	$^1/_{12}$ l (0,080)
Mokka double	24–26 g	$^1/_8$ l
Kännchen		
Kaffee	12–16 g	$^1/_4$ l (0,25)
Großmenge	80–100 g	2 l (16 Tassen)

Maschinelle Kaffeezubereitung

Kaffeemaschinen ermöglichen es, in kurzer Zeit große Mengen Kaffee bereitzustellen. Die beiden grundlegenden Verfahren sind:

- das drucklose *Überbrühverfahren* ①
- das *Dampfdruckverfahren* ②

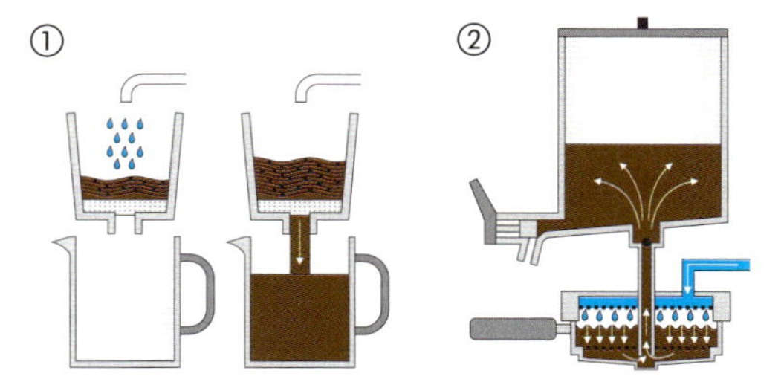

Die jeweilige Ausstattung der Maschine erlaubt es schließlich, den Kaffee entweder für einzelne Tassen oder Portionen oder in größeren Mengen zuzubereiten und diesen dabei gleichzeitig in einem Behälter vorrätig halten zu können.

Grundlegende Angebotsformen für Kaffee

Kaffee mit Sahne und Zucker/Süßstoff

Man unterscheidet:

- **Kaffee nature**
  schwarz, mit oder ohne Zucker,
- **Kaffee crème**
  mit Kaffeesahne (mit oder ohne Zucker).

Unter dem Gesichtspunkt der Menge gibt es:

eine Tasse Kaffee

ein Kännchen Kaffee

Service

Bereitstellen für ein Kännchen Kaffee

- Tablett mit Papiermanschette,
- Untertasse mit Deckchen, vorgewärmter Tasse und Kaffeelöffel,
- Schälchen mit Zucker/Süßstoff,
- Kännchen mit Sahne,
- Kännchen mit Kaffee.

Spezielle Kaffeezubereitungen

Cappuccino

- Eine Tasse $\frac{3}{4}$ mit starkem Kaffee füllen,
- mit aufgeschäumter Milch ergänzen,
- mit Kakaopulver bestreuen.

Espresso

Das Zubereiten von Espresso erfolgt mit Hilfe des Dampfdruckverfahrens. Der aromastarke Kaffee wird in kleinen Spezialtassen angerichtet. Zucker reicht man à part, auf Wunsch auch Sahne.

Kaffee mit Milch, auch geschlagener Sahne

Kaffee mit Milch

- Anstelle von Sahne wird ein Kännchen heiße Milch gereicht

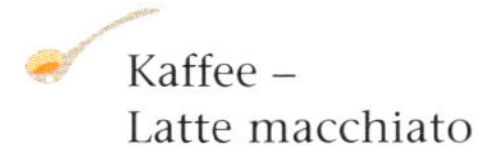

Kaffee –
Latte macchiato

Diese Kaffeezubereitung wird im Spezialglas wie folgt angerichtet:
$\frac{1}{3}$ heiße Milch ins Glas, darauf Milchschaum geben und vorsichtig einen Espresso einfliessen lassen, damit die Schichten entstehen

Kaffee mit einer Spirituose

Kaffee verträgt sich gut mit Spirituosen. Es gibt Gäste, die diese besondere Geschmacksnote lieben. Geeignete Spirituosen sind z. B.: Cognac, Kirsch, Amaretto.

- Die Grundausstattung ist wie bei einer Tasse oder einem Kännchen Kaffee.
- Die gewählte Spirituose wird im entsprechenden Glas à part gereicht.

Pharisäer

- In einer vorgewärmten Tasse je 1 Kaffeelöffel Zucker sowie 4 *cl* Rum verrühren,
- mit starkem Kaffee auffüllen,
- mit angeschlagener Sahne garnieren.

Irish Coffee

- In ein gut vorgewärmtes Originalglas 1 bis 2 Kaffeelöffel braunen Zucker sowie 4 *cl* Irish Whiskey geben,
- den Zucker durch Rühren auflösen,
- mit heißem Kaffee auffüllen,
- mit dickflüssig angeschlagener Sahne garnieren.

Die Sahne lässt man vorsichtig über die Wölbung eines Löffels auf die Oberfläche des Kaffees gleiten. Sie darf nicht sinken.

Wenn auch nicht original irisch, aber effektvoll und verkaufsfördernd ist folgende **Variante für Irish Coffee.** Man verwendet dazu die sogenannte Irish-coffee-Garnitur, bestehend aus Rechaud, Glashalter und Glas.

- Zucker und Whiskey in das Glas geben,
- über dem Rechaud drehend erwärmen, damit sich der Zucker auflöst (die Flamme nicht in das Glas überschlagen lassen),
- mit Kaffee auffüllen und wie bei der Originalherstellung mit Sahne vollenden.

Rüdesheimer Kaffee

- 3 bis 4 Stück Würfelzucker in der vorgewärmten Originaltasse mit 4 *cl* Asbach übergießen,
- mit einem langen Streichholz entzünden und bei gleichzeitigem Rühren mit einem langstieligen Löffel flambieren (den Zucker leicht karamellisieren lassen),
- mit heißem Kaffee auffüllen,
- mit geschlagener Sahne garnieren und mit Schokoladenraspel bestreuen.

Eiskaffee

- Ein bis zwei Kugeln Vanilleeis gibt man in ein hohes Glas und gießt leicht gezuckerten kalten Kaffee darüber. Mit Sahnehaube garnieren.

Tee tea *thé (m)*

Voraussetzungen für eine gute Tasse Tee

Das Aroma des Tees ist sehr empfindlich, sodass zu beachten ist:

- Teekannen nur mit heißem Wasser, nicht in Verbindung mit Spülmitteln reinigen (der sich entwickelnde braune Belag in der Kanne hat keine negativen Auswirkungen),
- Kannen sowie Tassen oder Gläser gut vorwärmen,
- zum Überbrühen frisches, sprudelnd heißes Wasser verwenden.

Erforderliche Teemengen

Flüssigkeitsmenge	Teemenge
eine Tasse oder ein Glas	2 g Tee (das sind ein gestrichener Kaffeelöffel oder 1 Teebeutel)
eine Portion	4 bis 5 g Tee oder 2 Teebeutel

Zubereiten von Tee

Aus Gründen des einfachen Gebrauchs hat sich im Gastgewerbe im allgemeinen die Verwendung von Teebeuteln durchgesetzt. Das frisch zum Kochen gebrachte Wasser wird sprudelnd über den Tee gegossen. Diesen lässt man 3 bis 5 Minuten ziehen. Dabei ist der Zusammenhang zwischen der Brühdauer und den physiologischen Auswirkungen des Tees zu beachten:

- **Bis 3 Minuten**
  wird vorwiegend Coffein (Tein) ausgelaugt, sodass der Aufguss zu diesem Zeitpunkt vor allem anregend auf den Kreislauf wirkt.
- **Nach 3 Minuten**
  gehen in zunehmender Menge Gerbstoffe in den Aufguss über, die eine beruhigende Wirkung auf Magen und Darm haben.

Die Brühdauer für Tee ist auf den jeweils beabsichtigten Zweck abzustimmen (belebend oder beruhigend).

Angebotsformen für Tee

Abb. 1 Glas Tee

Abb. 2 Kännchen Tee

Die grundlegende Angebotsform ist *mit Zucker:*

- Ein Tablett mit Papiermanschette,
- eine Untertasse mit Glas oder Tasse und Kännchen
- ein Schälchen mit Zucker,
- ein Schälchen zur Ablage des Teebeutels.

Abb. 3 Verschiedene Zuckerangebote – Tee-Zubehör

Abwandlungen

- Tee mit Sahne oder Milch
- Tee mit Zitrone:
  ein Schälchen mit Zitrone in der Presse
- Tee mit Rum:
  4 cl Rum im Glas oder Portionsfläschchen

Spezielle Teezubereitungen

Eistee

- Teeglas $^2/_3$ mit Eiswürfel füllen
- mit doppelt starkem Tee auffüllen
- Zucker, Zitrone à part reichen, evtl. Gin/Cognac

Kakao und Schokolade

hot chocolate *cacao (m)*

Kakao ist eine Zubereitung aus Kakaopulver, Milch und Zucker.

Zutat	Tasse Kakao	Portion Kakao	Tasse Schokolade	Portion Schokolade
Milch	0,15 l	0,3 l	0,15 l	0,3 l
Kakaopulver	7 g	12 g	–	–
Schokoladenpulver oder Kuvertüre	– – –	– – –	15 g oder 15 g	30 g oder 30 g
Zucker	getrennt servieren		getrennt servieren	

Service

Trinkschokolade bereitet man aus geriebener Blockschokolade oder Kuvertüre und Milch ohne Zusatz von Zucker oder mittels eines fertigen Schokoladenpulvers.

Zubereitung von Kakao

Kakaopulver in einem kleinen Teil der Milch anrühren. Die restliche Milch zum Kochen bringen. Vorbereitete Kakao-Milch-Mischung einrühren und aufkochen.

Zubereitung von Schokolade

Milch erhitzen, geriebene Schokolade (Kuvertüre) oder Schokoladenpulver einstreuen und unter Rühren mit einem Schneebesen zum Kochen bringen.

Beigabe zu Kakao und Schokolade

- Zu Kakao wird Streuzucker gereicht.
- Kakao oder Schokolade in Tassen werden mit geschlagener Sahne garniert.
- Zu Kännchen reicht man die Schlagsahne in einem Schälchen à part.

Eisschokolade

Herstellung wie Eiskaffee. Statt Kaffee verwendet man kalte Schokolade oder Kakao.

5.2 Herstellen von alkoholfreien Mischgetränken

Alkoholfreie Mischgetränke sind Getränke, zu deren Herstellung Fruchtsäfte, Gemüsesäfte, Fruchtmark, Fruchtnektar, Fruchtsirupe, Früchte, Wasser, Sodawasser, Mineralwasser, Limonaden, Milch, Eier oder Speiseeis ohne Zusatz von Alkohol verwendet werden.

Einfache Mischgetränke

- **Spezi**
  Cola und Orangenlimonade mit Zitronenscheibe
- **Schorle**
  Fruchtsaft mit Mineralwasser
- **Bowle**
  Fruchtstücke, Fruchtsaft, Fruchtsirup, Zitrone, Läuterzucker, Mineralwasser
- **Limonade**
  Fruchtsaft (Zitrone), Wasser, Zucker

Diese Mischgetränke mischen sich bereits beim Eingießen ins Glas.

Limonadendrink

Grapefruit Wonder

Zutaten

4 cl Grapefruitsaft
1 TL brauner Zucker
4 Grapefruitfilets
6 cl Zitronenlimonade
1 cl Zitronensaft
4 cl Mineralwasser
2 Eiswürfel

- Fruchtfilets mit braunem Zucker im Glas zerstoßen.
- Mit den restlichen Zutaten auffüllen und umrühren.

Der Drink kann auch als Heißgetränk kurz erhitzt mit normalem Wasser ohne Eiswürfel hergestellt werden.

Andere Mischgetränke

Man benutzt für die Herstellung dieser Getränke Elektromixer, da meist größere Mengen in einem Arbeitsgang hergestellt werden.

Mischgetränke können aber auch einzeln hergestellt werden. Dabei wendet man die Arbeitstechniken der Bar an, also Schütteln oder Rühren oder Aufbauen Getränke. Mischgetränke sind vitaminhaltige und erfrischende Longdrinks. Die Geschmacksskala reicht von herbwürzig über fruchtig-säuerlich bis fruchtig-süß.

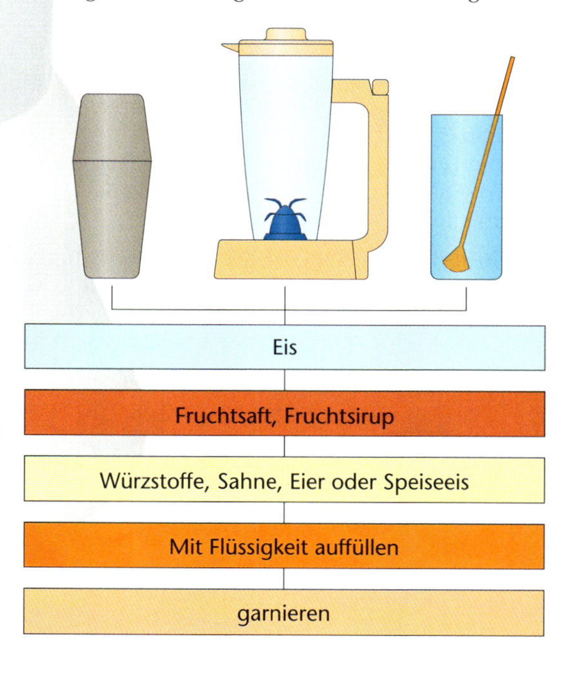

Alkoholfreie Cocktails

Möhrchen-Mix

- 5 *cl* Milch mit 5 *cl* Karottensaft, 2 *cl* Apfelsaft, 1 TL Honig und 1 TL Sanddorn mixen

Milchocolada

- 5 *cl* Milch mit 1 Kugel Schokoladeneis, 1 EL Schokosauce und 1 TL Kokosnuss-Sirup mixen

Apfel-Holunder-Traum

- 5 *cl* Milch, 50 g Apfelmus, 1 TL Puderzucker und Zimt mixen, 3 EL Holundersaft

Aufgaben

1 Nennen Sie zu folgenden Kaffeezubereitungen die erforderliche Menge des Kaffeepulvers sowie die Flüssigkeitsmenge:
a) eine Tasse Kaffee, eine Tasse Mokka, Mokka double,
b) ein Kännchen Kaffee.

2 Beschreiben und erläutern Sie den sachgerechten Ablauf beim Handfiltern von Kaffee.

3 In welchen Variationen wird Kaffee als Getränk angeboten?

4 Beschreiben Sie das sachgerechte Bereitstellen für ein Kännchen Kaffee.

5 Beschreiben Sie folgende Angebotsformen für Kaffee:
a) Kaffee mit Milch und Kaffee Melange,
b) Kaffee mit einer Spirituose,
c) Cappuccino und Pharisäer,
d) Rüdesheimer Kaffee und Irish Coffee.

6 Nennen Sie Voraussetzungen für eine gute Tasse Tee.

7 Beschreiben Sie das sachgerechte Zubereiten von Tee.

8 Welche Beziehung besteht zwischen der Brühdauer des Tees und den physiologischen Wirkungen?

9 Welche Beigaben werden zu Kakao und Schokolade gereicht:
a) beim Anrichten in Tassen,
b) beim Anrichten in Kännchen?

10 Definieren Sie den Begriff „Alkoholfreie Mischgetränke“.

11 Nennen Sie einige alkoholfreie Mischgetränke.

6 Frühstück

breakfast *petit déjeuner (m)*

Vom Frühstück hängt die Stimmung und Schaffenskraft eines Menschen für den ganzen Tag ab, deshalb gebührt dieser wichtigen Mahlzeit die erforderliche Beachtung.

6.1 Arten des Frühstücks

Es sind zu unterscheiden:

- Das **einfache, kontinentale Frühstück** mit seinem einfachen Angebot,
  - Kaffee, Tee oder Kakao,
  - Brot, Brötchen, Toast,
  - Butter, Konfitüre zur Wahl, Bienenhonig
- das **erweiterte Frühstück**, das nach einer Frühstückskarte ausgewählt oder ergänzt wird,
  - wie kontinentales Frühstück, ergänzt durch Säfte, z. B. Orangensaft oder Tomatensaft, Eierspeisen, Wurst, Käse, Müsli, Joghurt, angemachten Quark usw.
- das **Frühstücksbüfett**, auf dem die Speisen zur Selbstbedienung bereitstehen, die heißen Aufgussgetränke aber serviert werden,
  - wie kontinentales Frühstück, erweitert um Frucht- und Gemüsesäfte, Rühreier, Spiegeleier, Omeletts, pochierte Eier, Pfannkuchen, Käse, gebratenen Speck, Schinken, Bratwürstchen, kleine Steaks, Grilltomaten, Cornflakes (Cereals) oder Porridge, frisches Obst, frisch gebackene Waffeln, Plundergebäck usw.

Sonderformen

- das **Etagenfrühstück**, wobei der Gast am Abend vorher seine Wünsche in eine Bestell-Liste einträgt (s. S. 278). Am nächsten Morgen wird ihm dann zur gewünschten Zeit das Frühstück im Zimmer serviert.

Eine besondere Form des Etagenfrühstücks ist das **Thermo-Frühstück.** Dies wird dem Gast bereits am Abend ins Zimmer gestellt, wenn er vor dem üblichen Frühstücks-Servicebeginn abreisen möchte.

Nationale Frühstücksbesonderheiten

Es ist verständlich, dass das Hotel- und Gaststättengewerbe den Erzeugnissen des jeweils eigenen Landes eine besondere Aufmerksamkeit schenkt und sie im Angebot für den Gast berücksichtigt.

Holländische Besonderheit
- bei Gebäck Zwieback und Kuchen
- Eierspeisen und kalter Braten
- Milcherzeugnisse

Skandinavische Besonderheit
- verschiedene kalte und warme Fischgerichte
- neben anderem Gebäck Knäckebrot

Schweizer Besonderheit
- Käse u. a. Milcherzeugnisse
- Müsli, Brotspezialitäten

6.2 Bereitstellen von Frühstücksspeisen

Bei Frühstücksspeisen ist zu unterscheiden zwischen den Standardbestandteilen des einfachen Frühstücks und den Speisen, die auf einer Frühstückskarte angeboten werden.

Speisen für das einfache Frühstück

Es handelt sich dabei um tägliche Routinearbeiten:

- Brötchen, Brot, sonstige Backwaren werden übersichtlich und dekorativ in Körbchen angeordnet.
- Butter, Milch, Konfitüre sowie einfache Wurst- und Käsezubereitungen, die es heute portionsweise abgepackt gibt, werden auf Tellern zusammengestellt.

Aus Gründen des Umweltschutzes werden die genannten Speisen vielfach in „loser Form“ bzw. offen angerichtet und angeboten.

Zubereiten von speziellen Frühstücksgerichten

Frühstückseier

Zu diesem Zweck dürfen nur frische Eier verwendet werden, und bei ihrer Zubereitung sind folgende Richtlinien zu beachten:

- Am stumpfen Ende (Luftkammer) einstechen, damit sich der beim Kochen entstehende Innendruck ausgleichen kann und das Platzen der Eier verhindert wird,
- mit Hilfe eines Korbes gleichzeitig in das kochende Wasser geben sowie gleichzeitig wieder entnehmen, damit bei allen Eiern die gleiche Garstufe gewährleistet ist,
- in kaltem Wasser abschrecken, damit das Nachgaren verhindert wird.

Die Garzeit beträgt je nach Gewichtsklasse und gewünschter Festigkeit des Eis 3 bis 5 Minuten.

Rühreier

scrambled eggs *œufs (m) brouillés*

- Die Eier zu einer gleichmäßigen Masse verrühren und mit Salz und Pfeffer würzen,
- in der Pfanne Fett schmelzen, Eimasse zugeben, bei mäßiger Temperaturzufuhr und gleichzeitigem Rühren zu einer feinflockigen, weichen und saftigen Masse stocken lassen.

Bei zu hoher und langer Einwirkung der Temperatur wird die Masse fest, trocken und gebräunt. Als besondere Zutaten können Champignons, Schinken und Kräuter verwendet werden.

Werden Rühreier auf Vorrat z. B. für das Frühstücks-Büfett hergestellt, verwendet man pasteurisiertes Ei.

Spiegeleier

fried eggs *œufs (m) sur le plat*

- Eier aufschlagen, ohne die Dotterhaut zu verletzen,
- vorsichtig in die Pfanne mit Fett gleiten und bei mäßiger Temperaturzufuhr stocken lassen.
- Nur die Eiweißfläche salzen.

Das Eiweiß darf nicht zu fest und trocken und höchstens an den Rändern leicht gebräunt sein.

Omelett

omelette *omelette (w)*

- Die Eier zu einer gleichmäßigen Masse verrühren und würzen,
- in der Pfanne mit Fett bei mäßiger Temperaturzufuhr und leichtem Rühren stocken lassen,
- durch Abrollen aus der schräggehaltenen Pfanne zum Omelett formen und auf einen Teller abkippen.

Abb. 1 und 2 Herstellung von Omelett

Als Zutaten können Schinken, Speck, Käse, Champignons und Kräuter verwendet werden. Zum Füllen des in Längsrichtung aufgeschnittenen Omeletts eignen sich feine Ragouts von Geflügel und Krustentieren sowie Kalbsnieren und Geflügelleber, Pilze und Spargel.

Müsli

swiss muesli *muesli (m)*

- Haferflocken in kaltem Wasser einweichen,
- mit Zitronensaft und Milch ergänzen,

Service

- grob geraspelte Äpfel und gehackte Nüsse sowie Rosinen untermischen,
- mit einem Teil der Nüsse bestreuen.

Es können zusätzlich oder alternativ zerkleinerte Trockenfrüchte oder auch frische Früchte wie Erdbeeren oder Bananen verwendet werden.

Abb. 1 Zutaten für Müsli

6.3 Herrichten von Frühstücksplatten

breakfast platters

plats (m) pour le petit déjeuner

Käse, Wurst und Schinken sind neben anderen Speisen beliebte Ergänzungen zum erweiterten Frühstück. Auf Platten oder auch auf Portionstellern angerichtet, sollen sie dem Gast in ansprechender Form präsentiert werden.

Vorbereiten des Materials

Aufschneiden von Wurst und Schinken

Dazu muss das Material in jedem Falle gut gekühlt sein, damit es beim Schneiden nicht schmiert. Für die Art des Schneidens ist darüber hinaus die Art und Beschaffenheit des Materials ausschlaggebend.

Brühwurstsorten werden von der Haut befreit und in gerade, runde Scheiben geschnitten.

Harte Wurstsorten, wie Salami, schneidet man dünn, und zwar in schräger Richtung, wodurch die Scheiben eine etwas größere, ovale Form erhalten.

Streichwurst, wie Mett- oder Leberwurst, wird per Hand mit einem dünnen schmalen Messer in 0,5 bis 1 cm dicke Stücke geschnitten.

Schinken befreit man durch Parieren zunächst von der Fettschicht und schneidet dann je nach Festigkeit des Schinkens (roher oder gekochter Schinken) entsprechend dickere bzw. dünne Scheiben.

Schneiden von Käse

Der Schnittkäse wird von der Rinde befreit, in Scheiben geschnitten, die bei entsprechender Größe in kleinere Stücke zu teilen sind.

Darüber hinaus sind die Schnittformen für andere Käse von der jeweiligen Form abhängig. Unter diesem Gesichtspunkt werden z. B. geschnitten:

- Runde und halbrunde Käse keilförmig

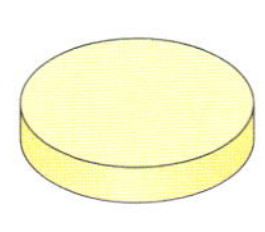

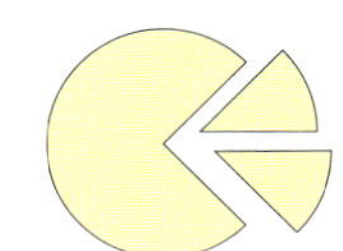

- Keilförmige Käse von der Spitze ausgehend bis etwa $^2/_3$ quer, der Rest in Längsrichtung

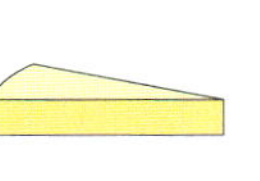

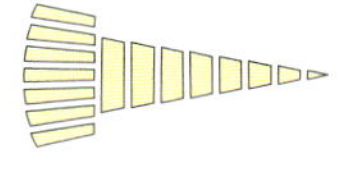

- Ovale Käse quer zur Längsrichtung

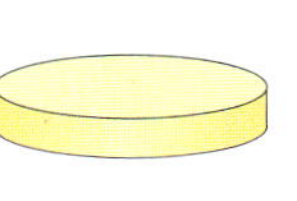

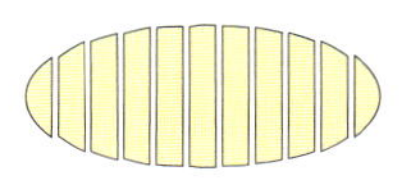

Bereitstellen des Garniermaterials

Sämtliches Garniermaterial muss vor der Verarbeitung gewaschen sein.

- **Hartgekochte Eier:** Scheiben, Sechstel, Achtel
- **Gewürzgurken, Cornichons:** Scheiben, Fächer
- **Champignons:** Köpfe oder Scheiben
- **Tomaten:** Scheiben, Viertel, Achtel, Würfel
- **Kräuter:** Sträußchen oder gehackt
- **Radieschen:** Streifen, Viertel, Röschen
- **Paprika:** Rauten, Ringe, Streifen, Würfel
- **Frische Früchte:** Segmente, Viertel, Kugeln, Würfel

Anrichten der Platten

Im Vergleich zu sehr aufwendigen Anrichteweisen, bei denen das Material in Taschen, Röllchen, Tüten und Fächer geformt wird, erfolgt das Anrichten auf einfache Weise durch dachziegelartiges Übereinanderlegen des Materials. Dabei ist zu beachten:

- Die Scheiben exakt, in Taschenform und in gleichen Abständen übereinanderlegen,
- für den Abschluss eine besonders schöne Scheibe auswählen (sie ist im Ganzen sichtbar),
- die Fettränder von Schinken zum Plattenrand legen,
- den Plattenrand freilassen,
- buntes Material farblich kontrastierend anrichten.

Bezüglich des Garniturmaterials ist zu beachten:

- Auswahl passend zum Grundmaterial,
- Garnieren bedeutet Schmücken und nicht Bedecken des Grundmaterials.

Abb. 1 Käseplatte

6.4 Frühstücksservice

breakfast service

service (m) du petit déjeuner

Das Frühstück unterscheidet sich in wichtigen Punkten von den anderen Mahlzeiten.

Merkmale der Frühstückssituation

Sie ergeben sich vor allem durch die besondere Situation am Morgen. Der Frühstücksatmosphäre kommt im Hinblick auf den Gast eine besondere Bedeutung zu, denn sie beeinflusst in hohem Maße seine „Stimmung" und sein „Wohlbefinden" für die nachfolgenden Stunden. Der Service muss seinen Beitrag zu einer guten Atmosphäre leisten:

- Ein gut gelüfteter Raum,
- ein sauberer und sorgfältig eingedeckter Tisch mit einem kleinen Blumenschmuck,
- Servierpersonal, das ausgeschlafen ist und dem Gast mit Aufmerksamkeit und Freundlichkeit begegnet.

Mise en place zum Frühstück

Servicetisch

Für das **einfache kontinentale Frühstück** sind bereitzustellen:

- Mittelteller und Kaffeeuntertassen,
- Mittelmesser und Kaffeelöffel,
- Menagen und Servietten.

Wegen der Portionspackungen zum Frühstück gibt es heute außerdem entsprechende Tischrestebehälter.

Zum **erweiterten Frühstück** nach der Karte sind folgende Ergänzungen auf dem Servicetisch notwendig:

Speisen à la carte	Ergänzungen auf dem Servicetisch
Gekochtes Ei	• Unterteller, Eierbecher, Eierlöffel • Pfeffer- und Salzmenage
Wurst gekochter Schinken Käse roher Schinken	• Mittelgabel und Vorlegebesteck • Pfeffer- und Salzmenage • zusätzlich Pfeffermühle
Spiegeleier Rührеier	• Mittelgabel und Mittelmesser • Pfeffer- und Salzmenage
Porridge Cornflakes Müsli	• Unterteller und Mittellöffel • Karaffe mit Milch • Zuckerstreuer
Joghurt Quarkspeisen	• Unterteller und Kaffeelöffel
Milch Buttermilch Obstsäfte Gemüsesäfte Tomatensaft	• Unterteller • Milchbecher • Saftglas • ergänzend Rührlöffel • Pfeffermühle
Grapefruit	• Unterteller • Kaffeelöffel oder Grapefruitlöffel • Zuckerstreuer
Melone	• Mittelmesser und Mittelgabel
Tee	• Zitronenpresse • Unterteller und Ablageteller • brauner Zucker od. Kandiszucker

Der Servicetisch ist beim erweiterten Frühstücksangebot folgendermaßen ausgestattet:

Abb. 1 Servicetisch für Frühstücksservice

Frühstücksgedecke

breakfast covers

couverts (m) pour le petit déjeuner

Je nach Umfang des Frühstücks werden einfache oder erweiterte Gedecke vorbereitet. Aus zeitlichen Gründen geschieht das im Allgemeinen bereits am **Vorabend.**

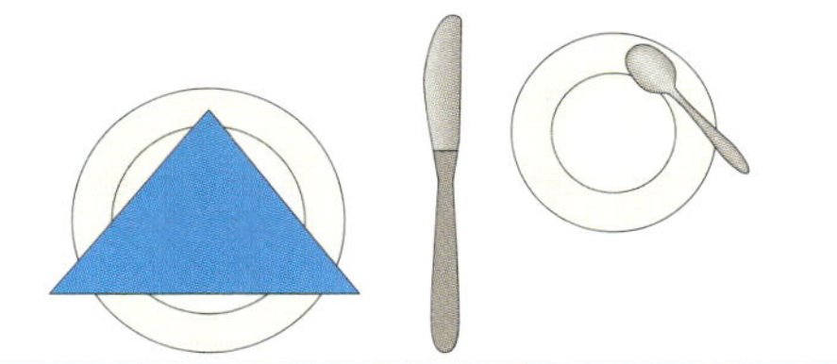

Abb. 2 Einfaches Frühstücksgedeck

Die Kaffeetassen werden im Rechaud vorgewärmt. Zusammen mit dem bestellten Getränk werden sie eingesetzt.

Einfaches Frühstücksgedeck

Es handelt sich dabei um das Gedeck für die einfachste Art des kontinentalen Frühstücks, bestehend aus Getränk sowie Gebäck, Butter und Konfitüre.

Abb. 3 Komplettes Frühstücksgedeck

- Mittelteller mit Serviette
- Mittelmesser
- Kaffeeuntertasse mit Kaffeelöffel

Erweitertes Frühstücksgedeck

Das einfache Frühstück wird manchmal mit Wurst oder Käse erweitert. Das Frühstücksgedeck ist dann entsprechend zu ergänzen.

- Mittelteller mit Serviette
- Mittelmesser und **Mittelgabel**
- Kaffeeuntertasse mit Kaffeelöffel
- **Salz**- und **Pfeffermenage**

Morgens, noch bevor die ersten Gäste kommen, werden die am Abend vorbereiteten Gedecke bzw. Tische vervollständigt:

- Konfitüre und Honig sowie Zucker und Süßstoff auf kleinen Tellern angerichtet,
- kleine Vasen mit Blumen.

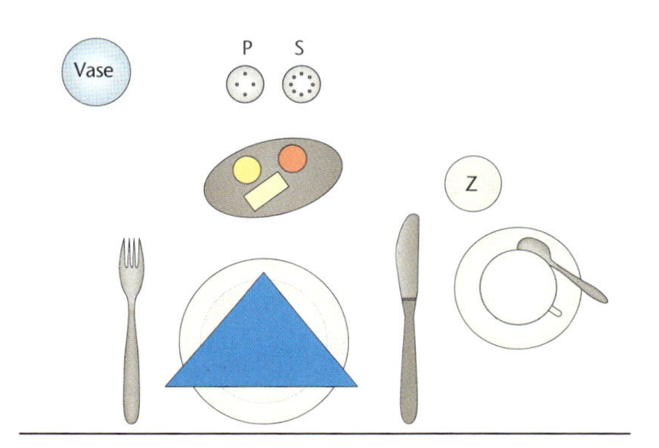

Abb. 4 Erweitertes Frühstücksgedeck

Aufgrund von zusätzlichen Bestellungen nach der Frühstückskarte ergeben sich im Gedeck weitere Veränderungen, die aber erst nach Aufnahme der Bestellung auszuführen sind (siehe „Servieren des Frühstücks“).

Servieren des Frühstücks

Einfaches Frühstück

Nachdem der Gast seinen Getränkewunsch bekanntgegeben hat, kann mit dem Service begonnen werden:

- Einsetzen von Gebäck und Butter und eventuell die kleine Wurst- oder Käseplatte mit Vorlegebesteck,
- Servieren des Getränks, einschließlich der vorgewärmten Tasse, sowie der Sahne oder der Milch.

Erweitertes Frühstück nach der Karte

Bei solchen Ergänzungen ist zu unterscheiden zwischen denen, die außerhalb des Gedeckplatzes eingesetzt werden, und solchen, für die der Gedeckplatz freigemacht werden muss.

Außerhalb des Gedeckplatzes werden eingesetzt:

- das gekochte Ei im Eierbecher, auf Unterteller, mit Eierlöffel,
- Wurst, Schinken und Käse auf einer Platte, mit Vorlegebesteck,
- Joghurt und Quark auf Unterteller, mit Kaffeelöffel,
- Milch auf Unterteller und Säfte.

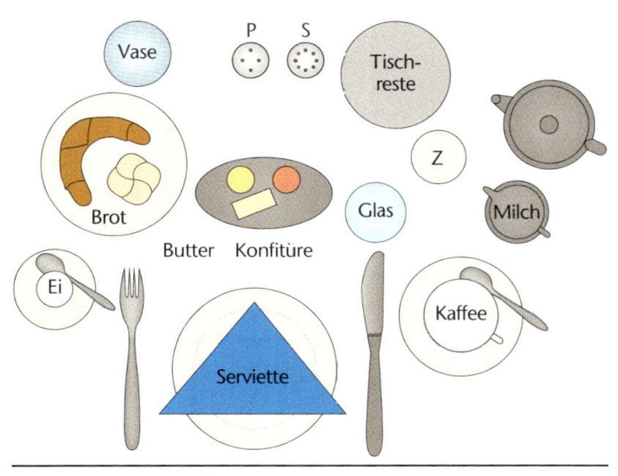

Abb. 1 Einfaches Frühstück

Für folgende Speisen ist der Gedeckplatz freizumachen:

- Eierspeisen (Rühreier und Spiegeleier),
- Getreidespeisen (Porridge, Cornflakes und Müsli),
- Obst (Grapefruit und Melone).

Nach der Aufnahme der Bestellung gibt es dabei für den Service folgenden Ablauf:

→ Die Bestellung an die Abgabestelle weiterreichen,
→ am Tisch den Mittelteller mit dem Messer nach links außerhalb des Gedeckplatzes umstellen,
→ das für die bestellte Speise erforderliche Besteck eindecken sowie die Menagen einsetzen,
→ die Speise servieren,

und nachdem der Gast die Speise verzehrt hat:

← den Speisenteller mit dem Besteck ausheben,
← den Mittelteller mit dem Messer auf den Gedeckplatz zurückstellen.

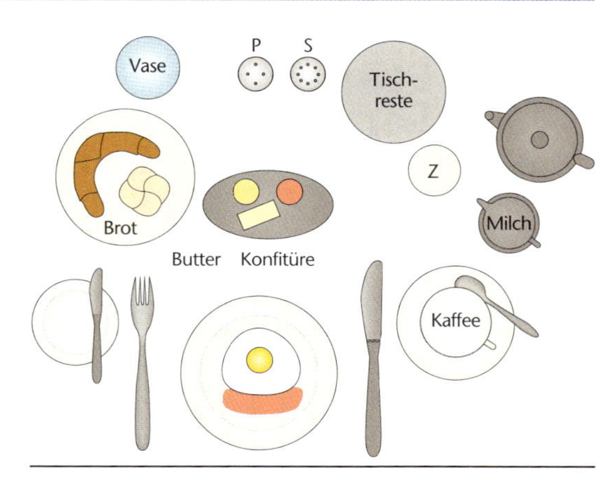

Abb. 2 Erweitertes Frühstück: Spiegelei mit Schinken

Etagenfrühstück

breakfast room service *service (m) à l'étage*

Der Service auf der Etage ist sehr aufwendig und bedarf deshalb einer besonders guten Organisation.

Mise en place

Für das Etagenfrühstück werden am Vorabend **Einer-** und **Zweierplateaus** vorbereitet.

- Plateautuch,
- Mittelteller mit Serviette,
- Mittelmesser, Untertasse und Kaffeelöffel,
- Schälchen mit Zucker bzw. Süßstoff.

Frühstücksbestellung durch den Gast

Das Zimmermädchen legt dem Gast auf dem Zimmer täglich eine Frühstücksbestellliste für den nächsten Morgen bereit. Wenn dieser sein Frühstück auf dem Zimmer einnehmen möchte, trägt er seine Wünsche am Abend vorher in die Liste ein und hängt sie dann außen an die Zimmertür.

Frühstücksdienst auf der Etage

Als erstes sammelt die Servicefachkraft auf der Etage die Frühstücksbestelllisten ein und erstellt daraufhin eine **Kontrollliste** für den Frühstücksservice. Diese enthält

- entsprechend den eingegangenen Bestellungen die Zimmernummern und die jeweils zugehörende Zeitangabe für das Servieren des Frühstücks
- sowie Spalten für die Vermerke *„Frühstück serviert"* und *„Frühstücksgeschirr abgeräumt"*.

Etagen Service

Room Service

BESTELLEN Sie sich das pünktliche Frühstück am Abend vorher.
To have your breakfast in time ORDER it the evening before.

Service gewünscht/zwischen: – *Desired Service Time:*

7.00 – 7.30 ☐ 7.30 – 8.00 ☐ 8.00 – 8.30 ☐ 8.30 – 9.00 ☐ 9.00 – 9.30 ☐ 9.30 – 10.00 ☐

Zimmer Nr. *Room No.*		Anzahl der Gäste *Number of guests*		Service *Waiter*		Datum *Date*	

Frühstück komplett € 9,00		*Continental breakfast € 9,00*
☐ Kaffee		☐ *Coffee*
☐ Tee		☐ *Tea*
☐ Kakao		☐ *Chocolate*
Zusatzbestellung	€	***Additional orders***
☐ Glas Milch, warm oder kalt	1,20	☐ *Glass of milk, hot or cold*
☐ Orangensaft	2,50	☐ *Fresh orange juice*
☐ Grapefruitsaft	2,50	☐ *Grapefruit juice*
☐ Tomatensaft	2,50	☐ *Tomato juice*
☐ Frische halbe Grapefruit	2,00	☐ *Fresh half grapefruit*
☐ Backpflaume	2,00	☐ *Stewed prunes*
☐ Frisches Land-Ei	1,00	☐ *Soft-boiled fresh egg*
☐ Zwei in Butter gebratene Spiegeleier oder Rühreier	3,00	☐ *Pair of fresh country-eggs cooked to your order*
☐ (wahlweise mit Schinken, Speck oder Würstchen)	3,50	☐ *(choice of with ham, bacon or sausages)*
☐ Schinken oder Frühstücksspeck, knusprig gebraten	3,00	☐ *Rasher of bacon, ham or sausages*
☐ Zwei pochierte Eier auf Toast	3,00	☐ *Two poached eggs on toast*
☐ Eine Tasse Haferflockenbrei mit frischer Sahne oder Milch	2,50	☐ *One cup of hot porridge with fresh cream or milk*
☐ Cornflakes mit frischer Sahne oder Milch	2,50	☐ *Cornflakes with fresh cream or milk*
☐ Joghurt	1,50	☐ *Joghurt*
☐ Schinken, roh oder gekocht (kleine Portion)	4,00	☐ *Smoked or boiled ham (half portion)*
☐ Gemischter Aufschnitt (kleine Portion)	4,00	☐ *Mixed cold cuts (half portion)*
☐ Käse in reicher Auswahl	4,00	☐ *Assortment of cheeses*
Obige Preise sind Inklusivpreise		*Service and tax included*

Besondere Wünsche — *Special Requests*

Unterschrift des Gastes (Unterschreiben Sie bitte erst nach Erhalt Ihrer Bestellung.)
Signature (Sign after receipt of your order only, please.)

No. 3498

Abb. 1 Frühstücksbestellliste

Plan für Etagenfrühstück

Zeit	Zimmer	Frühstück	
		serviert	abgeräumt
7.40 h	128	✓	✓
8.10 h	137	✓	✓
9.00 h	210	✓	

Abb. 1 Etagen-Frühstücks-Plateau

Zur Servicezeit wird das Plateau vervollständigt: Gebäck, Butter, Konfitüre, die vorgewärmte Tasse, das Getränk, die bestellten Extras.

Für den Transport wird das Plateau mit beiden Händen aufgenommen, wobei die rechte Hand Hilfestellung leistet, bis auf der linken Hand (Tragehand) das Gleichgewicht hergestellt ist. Die rechte Hand muss frei sein für das Anklopfen und Öffnen von Türen. Das Zimmer wird erst betreten, wenn der Gast „herein“-gebeten hat. Für das Verhalten im Zimmer ist zu beachten:

- Ein höfliches und freundliches „Guten Morgen“ ist selbstverständlich,
- Zurückhaltung und Diskretion sind geboten.

Frühstücken im Zimmer zwei oder mehr Personen, ist ein kleiner Frühstückstisch bereitzustellen und einzudecken.

Vorteilhaft sind hier Room-Service-Wagen, auf denen das komplette Frühstück angerichtet in das Gästezimmer gefahren wird.

Durch Hochstellen von zwei beweglichen Kreissegmenten wird der Wagen zu einem runden Frühstückstisch für 1–3 Personen.

Frühstücksbüfett und Brunch

Frühstücksbüfett

breakfast buffet *buffet (m) de petit déjeuner*

Beim Frühstücksbüfett handelt es sich um ein sehr reichhaltiges, umfangreiches Angebot. Von geringfügigen Abweichungen abgesehen, werden auf dem Büfett alle zum Frühstück üblichen Speisen bereitgestellt. Gründe für das Frühstücksbüfett:

- Bedürfnisse, die sich aus dem internationalen Reiseverkehr ergeben,
- unterschiedliche Verzehrgewohnheiten,
- der Mangel an Fachkräften,
- das leichtere Erfassen der Kosten sowie die Vereinfachung der Preisgestaltung,
- die Verringerung des Arbeitsaufwandes.

In Verbindung mit dem Frühstücksbüfett hat der Service neben der Bereitstellung warmer Getränke lediglich dafür zu sorgen, dass das Büfett immer wieder aufgefüllt wird.

Der einwandfreie und appetitliche Zustand des Büfetts muss auch noch für den letzten Frühstücksgast erhalten bleiben.

Brunch

Der Brunch ist eine Angebotsform, die sich immer größerer Beliebtheit erfreut. Er nimmt, wie die Wortkombination zeigt, eine Zwischenstellung zwischen dem Frühstück und Mittagessen ein.

- **Br**eakfast = Frühstück
- L**unch** = Mittagessen

Beim Brunch wird das Frühstücksbüfett mit Suppen, kleineren warmen Gerichten, Salaten und Süßspeisen ergänzt.

Abb. 2 Gedeck für Brunch

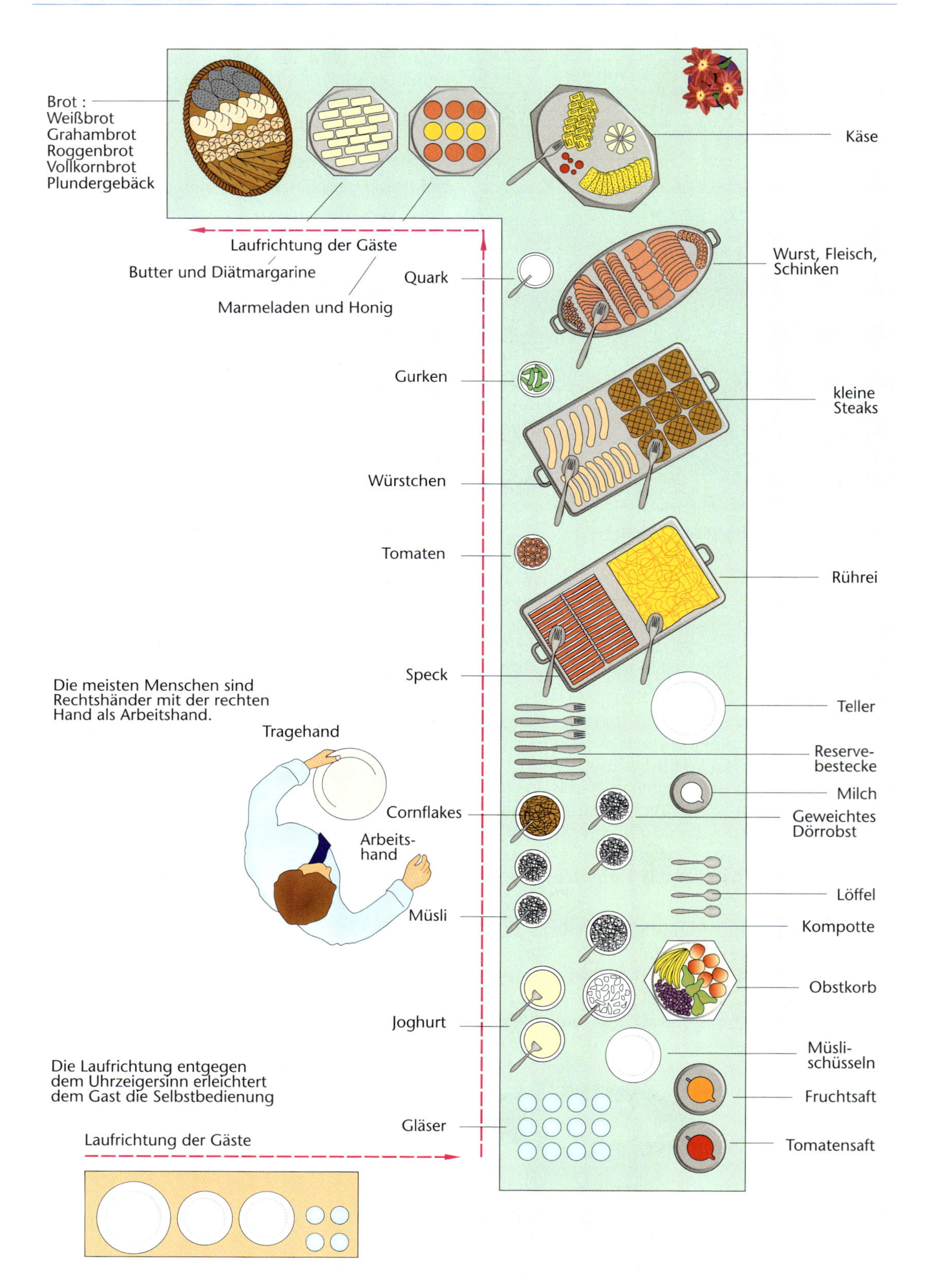
Brot :
Weißbrot
Grahambrot
Roggenbrot
Vollkornbrot
Plundergebäck
Käse
Laufrichtung der Gäste
Butter und Diätmargarine
Marmeladen und Honig
Quark
Wurst, Fleisch, Schinken
Gurken
kleine Steaks
Würstchen
Tomaten
Rührei
Speck
Die meisten Menschen sind Rechtshänder mit der rechten Hand als Arbeitshand.
Tragehand
Teller
Reserve-bestecke
Milch
Cornflakes
Geweichtes Dörrobst
Arbeits-hand
Löffel
Müsli
Kompotte
Obstkorb
Joghurt
Müsli-schüsseln
Die Laufrichtung entgegen dem Uhrzeigersinn erleichtert dem Gast die Selbstbedienung
Fruchtsaft
Gläser
Laufrichtung der Gäste
Tomatensaft

Aufgaben

1 Beschreiben Sie das einfache kontinentale und das erweiterte Frühstück.

2 Nennen Sie Formen des Frühstücksangebotes.

3 Entwerfen Sie eine einfache Frühstückskarte.

4 Beschreiben und begründen Sie das Angebot in Form eines Frühstücksbüfetts.

5 Erklären Sie die Bezeichnung Brunch.

6 Welche Bedeutung hat die Frühstücksatmosphäre für den Gast, und welchen Beitrag muss der Service diesbezüglich leisten? Nennen Sie Beispiele.

7 Erstellen Sie eine Waren-Bedarfsliste für ein Frühstücksbüfett für 60 Personen.

8 Beschreiben Sie das Herrichten von einfachen und erweiterten Frühstücksgedecken:
a) Vorbereitungen am Vorabend,
b) Ergänzungen am Morgen.

9 Wie ist der Servicetisch für das einfache Frühstück ausgestattet?

10 Nennen Sie die Angebote einer Frühstückskarte sowie die dazugehörenden Ergänzungen auf dem Servicetisch (Tischgeräte, Menagen).

11 Beschreiben Sie das Servieren des einfachen Frühstücks sowie die Anordnung der Frühstücksteile um den Gedeckplatz herum.

12 Auf welche Weise und unter Beachtung welcher Ergänzungen und Abläufe werden serviert:
a) ein Ei, Joghurt, Quark, Wurst oder Schinken?
b) Rühreier oder Spiegeleier?
c) Porridge, Cornflakes oder Müsli?
d) Grapefruit oder Melone?

13 Auf welche Weise bestellt der Gast sein Frühstück für die Etage, und welche Kontrollmaßnahmen sind für den Ablauf des Service erforderlich?

14 Welche besonderen Regeln sind für den Service auf der Etage zu beachten?

7 Service einfacher Getränke

beverages service *service (m) des boissons*

7.1 Bereitstellen von Getränken

Die meisten Getränke werden entweder in Flaschen mit Beistellgläsern oder im Schankglas serviert.

Für die am Büfett übergebenen Bons erhält die Servicefachkraft die bestellten Getränke.

Beim Ausschank der Getränke trägt das Büfettpersonal die Verantwortung dafür, dass bestimmte fachliche und sachliche Voraussetzungen erfüllt werden:

- Die bestellten, offenen Getränke müssen in den dafür vorgesehenen Schankgläsern mit der passenden Form, der richtigen Größe und der korrekten Inhaltsmenge bereitgestellt werden.
- Die Getränke müssen die für sie spezifische Getränketemperatur haben (siehe Tabelle).

Die Art der Bereitstellung aus dem Angebot in der Getränkekarte ergibt den Service

- in Gläsern oder in Karaffen,
- in Portionsflaschen oder in großen Flaschen.

7.2 Getränkeservice in Schankgefäßen

Die Getränke, die in Gläsern und Karaffen, manchmal auch in Krügen serviert werden, bezeichnet man als „offene Getränke", weil sie bereits am Büfett in diese Schankgefäße gefüllt und auf einem Tablett „offen" zum Tisch des Gastes gebracht werden.

Zur besseren Kontrollmöglichkeit für den Gast müssen Gläser laut Schankgefäßverordnung mit einem gut sichtbaren Füllstrich, dem Nennvolumen und dem Herstellerzeichen der Firma, die die Markierung angebracht hat, versehen sein.

Der Gastronom haftet für die Richtigkeit dieser Angaben. Darum ist es sinnvoll, diese mit einem geeichten Messglas nachzuprüfen.

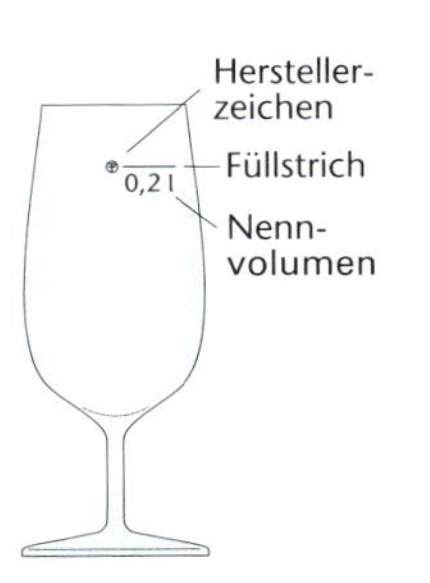

Abb. 1
Getränketabletts

Getränkeart	Getränkebeispiele	Serviertemperatur (°C)
Erfrischungsgetränke	• Mineralwässer • Fruchtgetränke, Limonaden	8–10
Bier	• helle Sorten • dunkle Sorten	6–9 9–12
Wein	• Roséwein • Weißwein • Weißwein, gehaltvoll • Rotwein • Rotwein, gehaltvoll	9–11 9–11 10–12 12–14 16–18
Likörwein	• trocken • süß	10–12 16–18
Schaumwein	• weiß und rosé • rot	6–8 5–7
Liköre	• im Allgemeinen • Magenbitter	10–12 16–18
Brände und Geiste	• Korn, Wacholder, Genever • Steinhäger, Wodka, Gin • Enzian	0–4
	• Geiste: Aprikosen, Himbeeren • Wasser: Kirschen, Zwetschgen	5–7
	• Hochwertige Obstbrände: Williamsbirne, Mirabelle, • Marc, Grappa, • Weinbrand, Cognac • Whisky	16–18

7.3 Ausschenken von Bier

Bier wird serviert als **Flaschenbier** oder als **Bier vom Fass.** Über die notwendige **Pflege des Bieres** wurde im Kapitel Basiswissen Getränke bereits Wichtiges erläutert.

Das Bier muss klar sein und den ursprünglichen Kohlensäuregehalt aufweisen.

Das Bier ist so einzuschenken, dass es eine gewölbte, kompakte Schaumkrone erhält.

Hefeweißbier aus der Flasche

Zuerst das Glas mit kaltem Wasser spülen. Die Biertemperatur soll nie über 8 °C liegen.

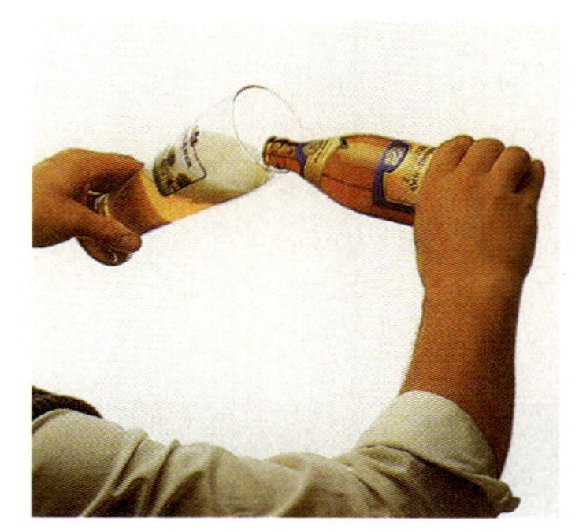

Das Weißbier langsam am Rand entlang in einem Zug ins Glas laufen lassen.

Nach kurzer Wartezeit die Schaumkrone aufsetzen.

Zapfen des Bieres

Beim Zapfen des Bieres müssen die Gläser einwandfrei sauber sein, weil selbst Spuren von Fett und Spülmittelresten keine stabile Schaumkrone zustande kommen lassen. Darüber hinaus muss das Zapfen sachgerecht ausgeführt werden.

Zapfen von Pils

Vorzapfen: Dazu den Zapfhahn voll öffnen und das Glas so halten, dass das Pils an der Glaswand entlangfließen kann.

Nach ungefähr einer Minute nachzapfen, ohne den Zapfhahn ins Bier zu tauchen.

Nach kurzer Wartezeit die Schaumkrone aufsetzen.

Servieren von Getränken in Gläsern

- Das Glas wird von der rechten Seite des Gastes eingesetzt.
- Aus hygienischen Gründen dürfen Gläser nicht im Trinkbereich angefasst werden.
- Aus ästhetischen Gründen gilt dies auch beim Ausheben der leeren Gläser.
- Stielgläser werden grundsätzlich nur am Stiel angefasst, Bechergläser im unteren Drittel.
- Bei den Gläsern ist darauf zu achten, dass Dekor und Beschriftungen zum Gast hin, Gläserhenkel nach rechts gerichtet sind.

Servieren von Getränken in Karaffen und Krügen

- Das Glas wird von der rechten Seite eingesetzt und mit dem bestellten Getränk $\frac{1}{3}$ bis $\frac{1}{2}$ gefüllt.
- Nach dem Einschenken wird die Karaffe oder der Krug halb rechts oberhalb des Glases eingesetzt.

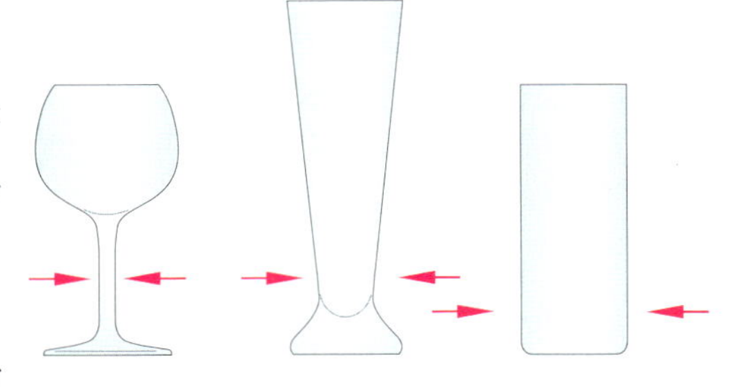

Abb. 1 Gläser und Griffstellen

Servieren von Getränken in Portionsflaschen

Portionsflaschen sind Getränkeabfüllungen, die für eine Person gedacht sind, z. B. Mineralwasser, Fruchtgetränke, Limonaden und Bier.

Beim Servieren werden Glas und Flasche auf einem Tablett getragen. Am Tisch gilt:

- Das Glas von der rechten Seite des Gastes einsetzen und $\frac{1}{3}$ bis $\frac{1}{2}$ füllen,
- die Flasche auf einen Untersetzer halb rechts oberhalb des Glases abstellen mit dem Etikett zum Gast.

Bier in Portionsflasche

Service von Wein mit Karaffe

Mineralwasser in Portionsflasche

Servieren von Aufgussgetränken

Aufgussgetränke wie Kaffee, Tee oder Kakao werden in Gläsern, Tassen oder Kännchen angerichtet und in der Regel auf einem ovalen Tablett serviert. Das Tablett soll dabei so hergerichtet sein, dass der Gast alles bequem vor sich findet und erreichen kann.

Der Tassengriff und der Kännchengriff zeigen immer nach rechts, der Kaffeelöffel liegt parallel dazu, und der Würfelzucker muss vor dem weiter hinten stehenden Kännchen platziert sein wie auf den nachfolgenden Bildern.

Die Tabletts werden von rechts so eingesetzt, dass sie, wie abgebildet, leicht schräg stehen.

Tasse Kaffee

Kännchen Kaffee

Glas Tee

Kännchen Tee

Aufgaben

1. Worin werden die meisten Getränke serviert?
2. Wie wird Bier serviert?
3. Was ist beim Einsetzen von Gläsern am Tisch des Gastes zu beachten?
4. Beschreiben Sie das sachgerechte Zapfen von Bier.

Projekt

Attraktives Frühstücksbüfett

Für eine einwöchige Tagung von internationalen Fremdenverkehrsfachleuten möchte Ihr Chef eine besondere Frühstücksattraktion bieten.

Das normale Frühstücksbüfett soll mit attraktiven Kochaktionen (Front Cooking) versehen werden, z. B. Herstellen von Eierspeisen oder Waffeln usw.

Vorschläge für Sonderaktionen am Frühstücksbüfett

1 Unterbreiten Sie Ihrem Chef fünf bis sieben Vorschläge.

2 Beschreiben Sie kurz die einzelnen Vorschläge genauer.

3 Wie viel Büfettfläche und welche Arbeitsgeräte werden zusätzlich benötigt?

Erstellen Sie ein komplettes Sortiment für ein Frühstücksbüfett mit fünf Attraktionen

1 Listen Sie die benötigten Waren und Produkte für die vorgesehene Personenzahl auf.

2 Listen Sie die benötigten Besteck- und Geschirrteile auf.

3 Erläutern Sie die Herstellung der fünf besonderen Kochattraktionen.

4 Skizzieren Sie den Aufbau des Frühstücksbüfetts mit den Kochstellen.

Kennzeichnen der einzelnen Büfettelemente mit Hinweisschildern

1 Erstellen Sie diese Schilder in deutscher Sprache.

2 Übersetzen Sie die Büfettelemente auch in englische und französische Versionen, damit diese mit auf die Schilder gedruckt werden können.

3 Gestalten Sie diese Schilder mit Hilfe des Computers (Schriftart, Schriftgröße).

Kosten

1 Berechnen Sie die gesamten Materialkosten für das Frühstücksbüfett.

2 Berechnen Sie den ungefähren Materialeinsatz für eine Person.

MAGAZIN

Im Gastgewerbe versteht man unter Magazin die verschiedenen Lagerräume, in denen die Waren gelagert und bei Bedarf abgerufen werden. Die Übersicht zeigt das Magazin im organisatorischen Zusammenhang eines größeren Betriebes.

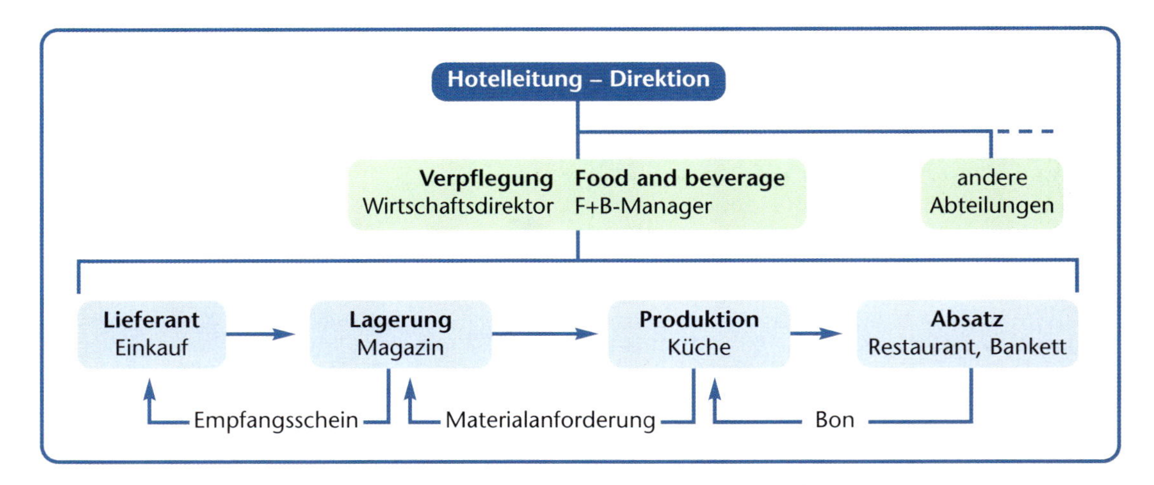

Ob in Ihrem Betrieb das Magazin als eine eigene Abteilung bezeichnet wird, ist für das Verständnis der folgenden Abschnitte nicht wichtig.

Auch im kleineren Betrieb wird eingekauft, gelagert, gegen Beleg ausgegeben usw. Nur liegen manchmal mehrere Schritte in einer Hand. Dann fällt es weniger auf, dass hier unterschiedliche Vorgänge ablaufen und dass man im Großbetrieb von unterschiedlichen Abteilungen spricht.

Die **Inventur** ist eine Bestandsaufnahme der vorhandenen Waren. Dazu werden die vorhandenen Produkte gezählt, gemessen oder gewogen und in Listen erfasst. So kann festgestellt werden, ob die tatsächlichen Bestände (Istbestände) mit den rechnerisch ermittelten (Sollbestände) übereinstimmen. Bei Abweichungen wird nach den Ursachen geforscht.

Die Übersicht zeigt auch, dass jeder Veränderung im Warenbestand ein schriftlicher Beleg zugeordnet werden kann.

1 Warenbeschaffung *purchasing* *acquisition (w) de la marchandise*

„Im Einkauf liegt der halbe Gewinn", sagt ein bekannter kaufmännischer Grundsatz. Ein Einkäufer muss darum nicht nur ein guter Rechner sein, sondern auch folgende Punkte berücksichtigen:

- Welche Waren
- werden zu welchem Preis
- wann
- wo bestellt.

Bedarfsermittlung – Bestellmenge

Der Einkäufer im Großbetrieb, bei Klein- und Mittelbetrieben der Inhaber, wird in Zusammenarbeit mit den einzelnen Abteilungen zunächst feststellen, welche Waren in welcher Menge bestellt werden müssen. Dabei ist z. B. die Saison ebenso zu berücksichtigen wie Sonderveranstaltungen.

Bedarfsermittlung

Warenart wird bestimmt z. B. von
- Angebot des Betriebes (Speisekarte)
- Saison

Warenmenge wird bestimmt von
- bisherigem Absatz
- Lieferdauer
- Haltbarkeit der Waren

In der Regel kann bei Abnahme einer größeren Menge einer Ware ein günstigerer Preis erzielt werden. Andererseits bringen zu hohe Lagerbestände Nachteile. Es gilt abzuwägen:

- ein **zu großer Lagerbestand**
  - bindet unnötig Kapital, weil die eingekauften Waren bezahlt werden müssen,
  - benötigt Lagerraum,
  - kann zu unnötigem Verderb führen;
- ein **zu geringer Lagerbestand**
  - kann zu Einschränkungen im Angebot führen, wenn nicht alle Gästewünsche erfüllt werden können,
  - führt zu Nachkäufen, die Zeit beanspruchen und zu höheren Einkaufspreisen führen.

Für eine optimale Bestellmenge ist darum zwischen den Vor- und Nachteilen abzuwägen, die sich aus dem Bezug unterschiedlicher Mengen ergeben.

Wichtige **Kennzahlen** helfen dabei.

- **Höchstbestand:** Er wird bei Frischware und Tiefkühlware durch die Lagermöglichkeiten gegeben.
- **Meldebestand:** Er ist abhängig von der Lieferzeit (wöchentlich, monatlich) und von Verpackungseinheiten, z. B. 360 Eier im Karton.
- **Mindestbestand/eiserner Bestand:** Diese Menge muss stets am Lager sein, damit man in einem bestimmten Rahmen uneingeschränkt anbieten kann. Diese Bestände werden von der Geschäftsleitung festgelegt.

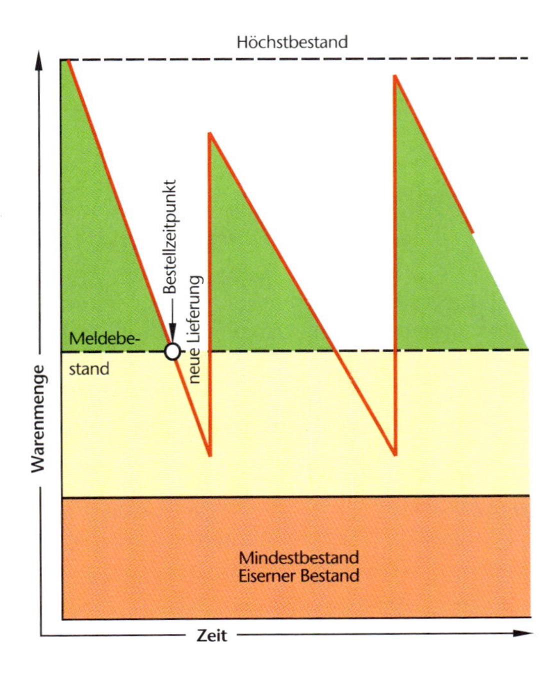

Abb. 1 Lagerbestände

Berechnung des Meldebestandes

Meldebestand =
(Tagesbedarf × Lieferzeit) + Mindestbestand

Beispiel

Ein Betrieb verkauft täglich durchschnittlich 40 Flaschen eines bestimmten Mineralwassers. Der Mindestbestand ist auf 140 Flaschen festgelegt. Es wird jeweils am Dienstag geliefert.

Berechnen Sie den Meldebestand.

(40 Flaschen × 7) + 140 = **420 Flaschen**

Bestellzeitpunkt

Der Bestellzeitpunkt gibt an, wann die nächste Bestellung zu erfolgen hat. Dabei sind zu beachten:

- Verbrauchsmenge,
- Lieferungsabstände (viele Lebensmittellieferanten kommen z. B. regelmäßig an einem bestimmten Wochentag oder jeweils im Abstand von zwei Wochen),
- Veranstaltungen, Feiertage, Saisonspitzen.

Bezugsquellenermittlung

Nachdem feststeht, welche Waren in welcher Menge zu welchem Zeitpunkt bestellt werden müssen, ist zu ermitteln, bei welchem Betrieb eingekauft werden soll.

Bezugsquellenverzeichnisse halten Liefer- und Zahlungsbedingungen, eventuelle Rabatte und Lieferzeiten fest.

Angebotsvergleich

Ein überlegter Einkauf orientiert sich nicht nur am Listenpreis. Es sind daneben z. B. Rabatte, Skonti und Transportkosten sowie die Zahlungsbedingungen zu berücksichtigen.

Beispiel

Frisches Rinderfilet kostet 28,00 €/kg. Argentinische Ware wird zu 26,80 €/kg angeboten. Beim Auftauen der Importware ist mit einem Verlust von 6 % zu rechnen.

Welches Angebot ist preislich günstiger?

Frisch	Import
1.000 g = 28,00 €	940 g = 26,80 € 1.000 g = **28,51 €**

Beispiel

Für Wein liegen zwei Angebote vor. Lieferant A macht folgendes Angebot: Je Flasche 6,00 € netto, ab 100 Flaschen 10 % Rabatt, bei Zahlung innerhalb von 10 Tagen 3 % Skonto. Lieferung frei Haus.

Lieferant B verlangt je Flasche 5,25 € und bietet ab 100 Flaschen 5 % Rabatt. Zahlung rein netto, Lieferung unfrei. Es ist mit 35,00 € für Fracht und Zustellung zu rechnen. Die Mehrwertsteuer ist bei diesem Vergleich nicht zu berücksichtigen.

Man beabsichtigt, 200 Flaschen zu kaufen.

Wie viel € kostet eine Flasche bei jedem Angebot?

Angebot A		Angebot B	
6,00 € × 200 =	1.200,00 €	5,25 € × 200 =	1.050,00 €
– 10 % Rabatt	120,00 €	– 5 % Rabatt	52,50 €
rab. Betrag	1.080,00 €	rab. Betrag	997,50 €
– 3 % Skonto	32,40 €	+ Fracht	35,00 €
Einstandspreis	1.047,60 €	Einstandspreis	1.032,50 €
Flasche	**5,24 €**	**Flasche**	**5,16 €**

2 Wareneingang

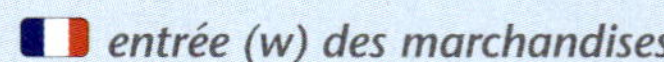

Annahme

Die Waren werden im Beisein des Lieferanten angenommen.

- Ohne **Lieferschein** keine Warenannahme.
- Gelieferte Waren mit den Angaben auf dem Lieferschein vergleichen.
- Erkennbare (offene) Mängel lässt man sich auf dem Lieferschein bestätigen.
  Beispiele
  - Anzahl stimmt nicht – bei offenen Verpackungseinheiten aufpassen,
  - Mindesthaltbarkeitsdatum ist überschritten,
  - Verbrauchsdatum ist überschritten,
  - Temperaturvorgaben sind nicht eingehalten,
  - Frischware ist erkennbar „alt“, z. B. welk.

Beispiele

Abb. 1 Spargel frisch — Spargel zu lange gelagert

Abb. 2 Kopfsalat frisch — Kopfsalat zu lange gelagert

- Abschließend wird der **Empfangsschein** unterschrieben. Er dient dem Auslieferer als Beleg gegenüber seiner Geschäftsleitung.

Mängel

Gastgewerbliche Betriebe sind nach dem HGB verpflichtet, die Ware bei der Annahme zu prüfen und **offene Mängel** unverzüglich zu beanstanden, zu rügen.

Versteckte Mängel, die sich erst zeigen, wenn die Ware weiterverarbeitet wird, müssen unmittelbar nach Entdeckung, spätestens sechs Monate nach dem Kauf gerügt werden.

Gefahrenpunkte (CCP)

Bei eiweißreichen Frischwaren führen erhöhte Temperaturen beim Transport zu einer raschen Keimvermehrung (s. Seite 32). Darum beachten:

- Temperaturkontrolle bei Frischfleisch, besonders bei Hackfleisch
- Sichtkontrolle bei Frischfisch; liegt er zwischen Eis oder im Schmelzwasser?
- Bei Beerenobst, z. B. Erdbeeren, können tiefer liegende Schichten verdorben sein.
- „Schnee" zwischen den Teilen von stückiger Frostware ist ein Zeichen von wechselnden Temperaturen und ein Qualitätsmangel.
- Bei beschädigten Verpackungen/Umhüllungen kann die Ware austrocknen und verliert damit an Qualität. Man nennt diese Veränderung Gefrierbrand.

Abb. 1 Schneebildung bei wechselnden Temperaturen

Abb. 2 Gefrierbrand bei beschädigter Umhüllung

3 Warenlagerung *storage of goods* *dépôt (m) de marchandises (l'économat)*

Nachdem die Waren angenommen sind, müssen sie in die entsprechenden Lager gebracht werden. Dabei sind sachliche und lebensmittelrechtliche Vorgaben zu beachten.

3.1 Grundsätze der Lagerhaltung

Hygienevorschriften legen für einzelne Lebensmittelgruppen Höchsttemperaturen für die Lagerung fest. Diese werden bei den entsprechenden Lebensmitteln genannt.

Ferner ist zwischen „unreinen" und „reinen" Lebensmitteln zu unterscheiden.

- Als „unrein" bezeichnet man in diesem Zusammenhang Lebensmittel, die mit Keimen belastet sein können, z. B. durch Reste von Erde an Kartoffeln oder Wurzelgemüse, Insekten im Salat usw.
- Weil „reine" Lebensmittel getrennt zu lagern sind, kann die Gefahr der Keimübertragung stark eingeschränkt werden.

Durch eine sachgerechte Lagerhaltung wird versucht, die Qualität der Lebensmittel vom Einkauf bis zum Verbrauch bestmöglichst zu erhalten. Die Art und Weise, wie die Lebensmittel im Einzelnen zu lagern sind, nennt man die Lagerbedingungen.

Die **Lagerbedingungen** umfassen hauptsächlich

- Lagertemperatur und
- Luftfeuchtigkeit sowie
- Forderungen der Hygiene.

Lagertemperatur

Die Lagertemperatur ist vor allem bei leicht verderblichen Lebensmitteln genau zu beachten, denn die Vermehrungsgeschwindigkeit der Mikroben steht in direktem Zusammenhang mit der Temperatur. Teilweise sind vom Gesetzgeber Höchsttemperaturen vorgeschrieben, die bei der Lagerung nicht überschritten werden dürfen, so z. B. bei Hackfleisch oder Frischmilch. Andererseits können niedrigere Temperaturen manchen Lebensmitteln schaden. So sollen bestimmte Gemüsearten (Tomaten, Paprika, Auberginen) und Obstsorten (Ananas, Banane) nicht in üblichen Kühlräumen gelagert werden. Diesen Arten schaden niedrigere Temperaturen.

Abb. 1 Thermometer

Luftfeuchtigkeit

Die Luftfeuchtigkeit ist den Bedürfnissen der Lebensmittel anzupassen. Ist sie zu niedrig, werden Obst, Gemüse und insbesondere Salate schnell welk.

Frischfleisch, Käse sowie vorbereitete Lebensmittel trocknen in den Randschichten aus.

Bei zu hoher Luftfeuchtigkeit verliert dagegen Brot rasch die Frische, Puderzucker klumpt und die Schimmelbildung wird bei vielen Lebensmitteln gefördert.

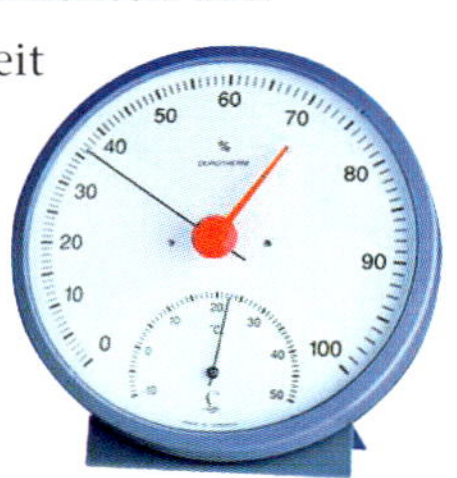

Abb. 2 Hygrometer

Forderungen der Hygiene

Frischware aus dem Pflanzenreich, z. B. Kartoffeln oder Gemüse, ist mit Erde behaftet. Im Erdreich befindet sich immer eine hohe Zahl von Mikroorganismen. Aber auch tierische Produkte wie ganze Fische, ungerupftes Geflügel oder Wild in der Decke sind Keimträger. Um zu vermeiden, dass Krankheitserreger auf andere, unverpackte Frischware oder vorbereitete Speisen übertragen werden, geben Hygieneverordnungen entsprechende Vorschriften. Weil die Lagerbedingungen so unterschiedlich sind, benötigt ein gastgewerblicher Betrieb mehrere Lagerräume (vgl. S. 34).

3.2 Lagerräume

Magazin oder Normallager

Hier werden gelagert:

- **Trockenprodukte** wie Mehl, Reis, Teigwaren, Zucker, Rosinen, Marzipan.
- **Konserven** mit Ausnahme solcher mit eingeschränkter Haltbarkeit (siehe bei Mindesthaltbarkeit).

Der Raum wird möglichst kühl und trocken gehalten.

Gefahrenpunkte:
- Bei zu hoher Luftfeuchtigkeit kommt es zu Schimmelbildung.
- Bei geöffneten Verpackungen können Gerüche übertragen werden.

Kühlräume

Der überwiegende Teil der Frischware wird gekühlt gelagert. Wegen der unterschiedlichen Lagertemperaturen und wegen der Hygienevorschriften ist zu trennen:

- **Gemüse und Obst** wird mit hoher Luftfeuchtigkeit bei + 6 °C bis + 8 °C gelagert.
- **Milch und Milcherzeugnisse** lagern bei etwa + 8 °C. Verpackte Ware kann zusammen mit anderen Produkten lagern, offene Ware muss getrennt untergebracht sein.
- **Frischfleisch und Fleischteile** auch von Wild und Geflügel lagern zusammen bei + 4 °C.
- **Fische**, ganze Tiere oder Filets sowie gekochte Krebs- und Weichtiere lagern bei 0 °C am besten zwischen Eis.

Abb. 3 Fleischkühlraum

Gefahrenpunkte:
- Verluste durch Austrocknen, wenn die Waren nicht abgedeckt sind.
- Übertragung von Fremdgerüchen.
- Mikrobenvermehrung, wenn zu warm oder zu lange gelagert wird.

- **Kühllager Getränke**
  Flaschenkühlraum: Säfte, Limo, Wasser
- **Kühllager Bier**
  Außer Fässern, Kegs und Getränke-Containern keine anderen Waren.

Tiefkühlräume

Das bestimmende Merkmal ist die Temperaturgrenze von –18 °C. Hier sind alle Lebensmittel verpackt, um Frostbrand zu vermeiden. Die Verpackung schützt zugleich vor einer Keimübertragung. Darum ist eine Trennung der Lebensmittelgruppen nicht notwendig.

Gefahrenpunkte:
- Gefrierbrand bei verletzter oder geöffneter Packung.
- Mikrobenvermehrung, wenn die Tiefkühlkette unterbrochen wird.

Beim **Einräumen der Ware** gilt in allen Bereichen: Altes nach vorne, Neues nach hinten.

Oder in anderer Form:

Das macht zwar zusätzliche Arbeit, doch nur so ist gewährleistet, dass die Bestände nicht veralten.

Fristen beachten

Das **Mindesthaltbarkeitsdatum** gibt an, wie lange das Lebensmittel bei sachgemäßer Lagerung mindestens haltbar ist. Bis zu diesem Zeitpunkt trägt der Hersteller die Verantwortung (Garantie). Wenn die Ware nach diesem Zeitpunkt noch in Ordnung ist, kann sie nach Prüfung noch verzehrt werden.

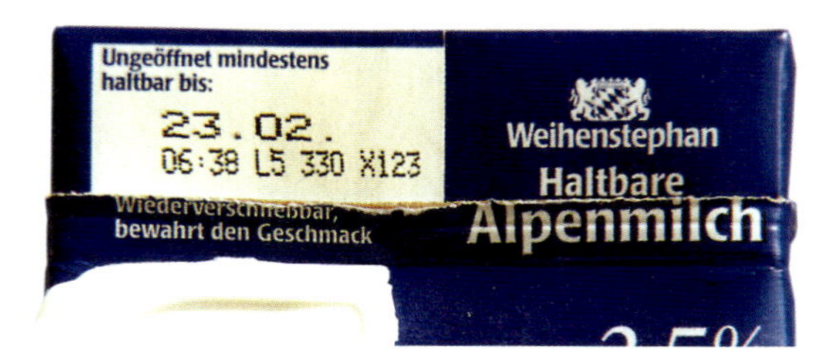

Das **Verbrauchsdatum** ist rechtlich verbindlich. Nach dem Termin gelten die Waren als verdorben und dürfen nicht mehr verwendet werden.

Warenannahme und Warenlagerung

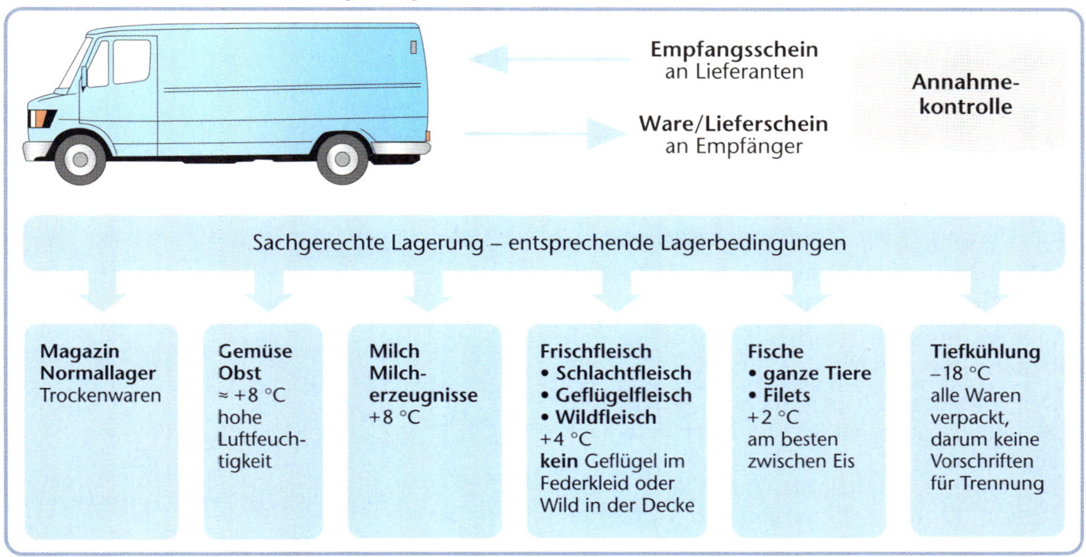

3.3 Lasten richtig bewegen

Wenn die beim Warentransport erforderlichen Bewegungen nicht richtig ausgeführt werden, kann die Wirbelsäule Schaden nehmen.

Beim **Heben von Lasten** werden die Beine gespreizt, und die Last wird bei geradem Rücken aus der Hocke heraus aufgenommen. Die „Arbeit“ leisten dabei die Bein- und Oberschenkelmuskeln. Weil der Rücken gerade bleibt, wird die Wirbelsäule geschont.

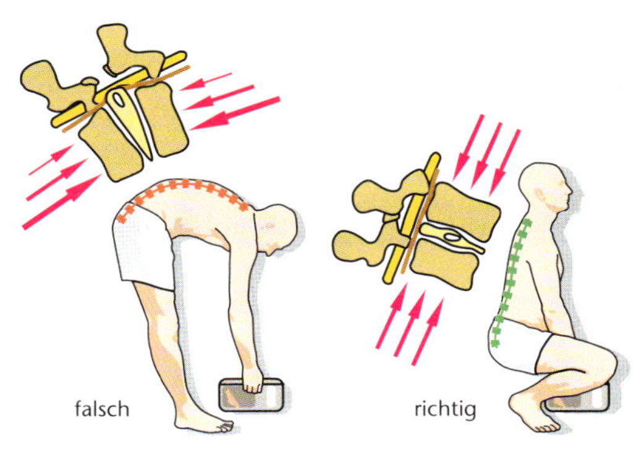

Abb. 1 Heben von Lasten

Beim **Tragen von Lasten** soll der Körper gleichmäßig belastet werden, damit keine Spannungen in der Wirbelsäule auftreten. Die Last wird darum nach Möglichkeit auf beide Arme verteilt.

Was gefahren werden kann, wird nicht getragen. Das spart Arbeitskraft und Zeit, denn mit einem Weg werden wesentlich mehr Lasten bewegt.

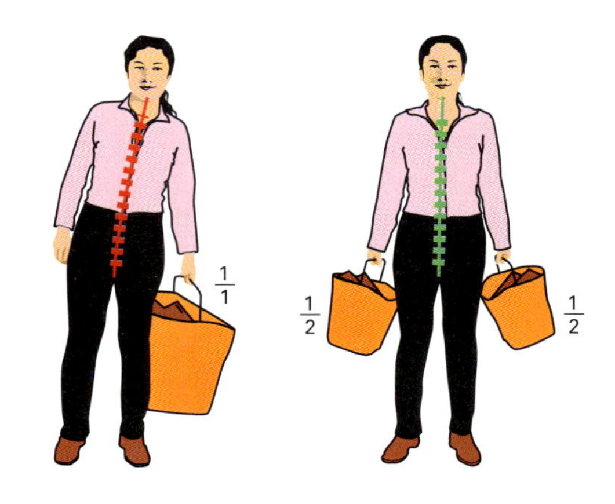

Abb. 2 Falsches und richtiges Tragen

4 Warenausgabe *issuing goods* *sortie (w) des marchandises*

In Betrieben kann man nicht wie in einem Haushalt Dose für Dose oder Flasche für Flasche dann aus dem Vorratsbestand entnehmen, wenn man sie gerade braucht.

Der Bedarf wird für eine bestimmte Zeit zusammengefasst und dem Vorrat entnommen.

Ohne Beleg keine Ware, lautet der Grundsatz bei der Warenausgabe. So wie beim Zugang von Waren zum Magazin der Empfangsschein zu unterschreiben ist, so fordert das Magazin eine schriftliche Unterlage von den anfordernden Abteilungen.

In der **Lagerfachkarte** werden die Veränderungen im Bestand eingetragen. Damit ist eine laufende Übersicht über den Bestand gegeben.

Die EDV in der Buchhaltung liefert Listen, die eine Abgleichung der Werte ermöglichen.

Bei einer Inventur werden Sollbestände mit Istbeständen verglichen.

- Der **Sollbestand** wird **errechnet**, indem zum Bestand Zugänge addiert und der Verbrauch abgezogen wird.
- Den **Istbestand** erhält man durch Zählen oder Messen. Er nennt die **tatsächlich vorhandene** Menge.

Wenn Ist- und Sollbestand nicht übereinstimmen, spricht man von **Fehlbestand.** Dieser kann entstehen durch

- Schwund, Verderb oder Bruch,
- Fehler bei der Datenerfassung, z. B. Eintragung vergessen
- Unehrlichkeit von Mitarbeiten.

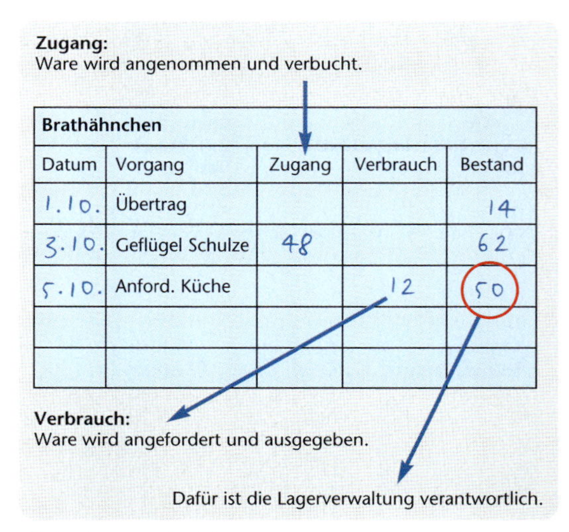

Zugang:
Ware wird angenommen und verbucht.

Brathähnchen				
Datum	Vorgang	Zugang	Verbrauch	Bestand
1.10.	Übertrag			14
3.10.	Geflügel Schulze	48		62
5.10.	Anford. Küche		12	50

Verbrauch:
Ware wird angefordert und ausgegeben.

Dafür ist die Lagerverwaltung verantwortlich.

Abb. 3 Lagerfachkarte

5 Lagerkennzahlen *stock ratios* *ratios (m) des stocks*

Das Lager bindet vom Wareneingang bis zum Verkauf der Speisen oder Getränke erhebliches Kapital. Eine vergleichende Bewertung ist durch die Kennzahlen für

- Lagerbestand und
- Lagerdauer möglich.

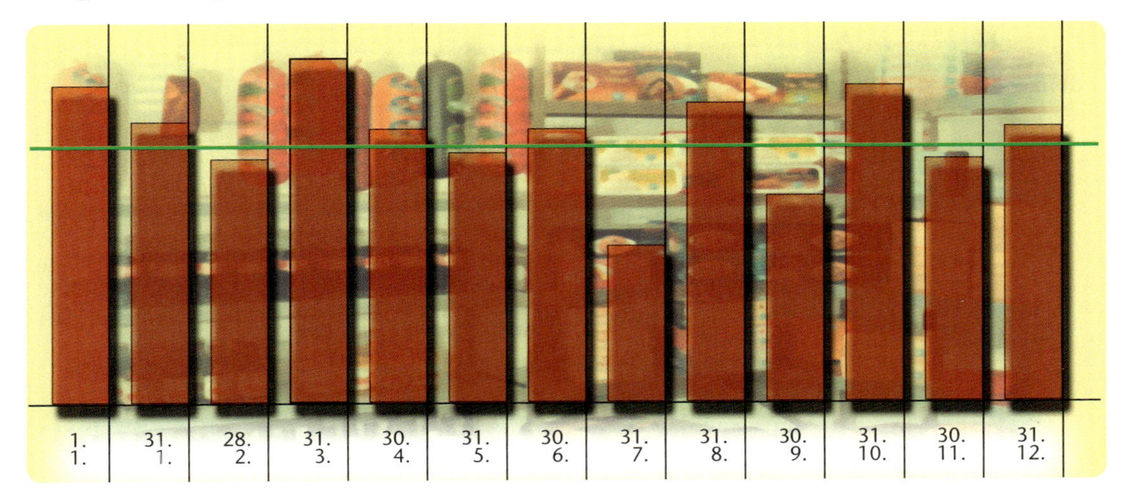

Bei der Inventur des Lebensmittellagers ergaben sich folgende Werte: Anfangsbestand 33.000 €, Summe der 12 Monatsendbestände 240.000 €, Wareneinsatz/Warenverbrauch 231.000 €. Ermitteln Sie

a) den durchschnittlichen Lagerbestand,

b) die Umschlagshäufigkeit,

c) die durchschnittliche Lagerdauer.

Der **durchschnittliche Lagerbestand** nennt den Durchschnitt/Mittelwert für ein Lager im Abrechnungszeitraum.

$$\varnothing \textbf{ Lagerbestand} = \frac{\text{Anfangsbestand + 12 Monatsendbestände}}{\text{1 + Anzahl Endbestände}}$$

$$\varnothing \textbf{ Lagerbestand} = \frac{33.000\text{ €} + 240.000\text{ €}}{1 + 12} = 21.000\text{ €}$$

Die Umschlagshäufigkeit sagt aus, wie oft ein Lager innerhalb eines Jahres (gedanklich) ganz leer und wieder gefüllt ist. Denken Sie z. B. an Heizöl.

$$\textbf{Umschlagshäufigkeit} = \frac{\text{Wareneinsatz}}{\text{durchschn. Lagerbestand}}$$

$$\textbf{Umschlagshäufigkeit} = \frac{231.000}{21.000} = 11$$

Die **durchschnittliche Lagerdauer** nennt die Anzahl der Tage, die eine Ware durchschnittlich im Lager ist. Dieser Wert ist besonders bei Frischware wichtig. Je kürzer die Lagerhaltung, desto besser die Qualitätserhaltung.

$$\varnothing \textbf{ Lagerdauer} = \frac{\text{360 Tage (ein Jahr)}}{\text{Umschlagshäufigkeit}}$$

$$\varnothing \textbf{ Lagerdauer} = \frac{360}{11} = \text{33 Tage}$$

Aufgaben

1 Nennen Sie die Namen der Schriftstücke bei folgenden Abläufen:
a) Magazin bestätigt dem Lieferanten den richtigen Empfang der Waren.
b) Ausfahrer weist nach, was er zu liefern hat.
c) Küche will Waren aus dem Magazin.
d) Restaurant will eine Portion Rinderschmorbraten von der Küche.

2 Nennen Sie je zwei Beispiele für offene und für versteckte Mängel.

3 Auf dem Lieferschein stehen 12 Flaschen Kräuteressig. Es werden jedoch nur 10 Flaschen angeliefert. Sie haben den Auftrag, die Waren anzunehmen. Wie verhalten Sie sich?

4 Nennen Sie drei Lagerbedingungen und erläutern Sie eine davon näher.

5 In einem Lagerraum für Trockenwaren hat sich in einer Ecke Schimmel gebildet. Nennen Sie mögliche Gründe.

6 Manchmal wird von Verpackungen nur eine Teilmenge benötigt. Warum muss dann die Verpackung wieder sorgfältig verschlossen werden?

7 Nennen Sie Gründe, warum aus hygienischen Gründen Gemüse und Fleisch nicht zusammen im Kühlraum gelagert werden dürfen.

8 Was geschieht, wenn unverpackte Ware im Tiefkühlraum gelagert wird?

9 „Und merke Dir: Fifo, auch wenn es Arbeit macht", sagte der Magazinleiter zum neuen Auszubildenden. Erläutern Sie.

10 „Die Ware im Lager bindet unnötig Kapital. Darum muss der Lagerbestand ganz niedrig gehalten werden." Beurteilen Sie:
a) Welche Nachteile können mit einem sehr geringen Lagerbestand verbunden sein?
b) Wie nennt man den Bestand, der zur Absicherung des Betriebsablaufs immer vorhanden sein muss?
c) Wer legt diesen Wert fest?

11 Nennen Sie Faktoren, die die Höhe des Meldebestandes beeinflussen.

12 Die Buchführung des Hotels Königshof liefert folgende Werte:

01.01.	9.657,00 €						
31.01.	11.870,00 €	30.04.	11.621,00 €	31.07.	11.864,00 €	31.10.	6.756,00 €
28.02.	6.453,00 €	31.05.	8.879,00 €	31.08.	13.452,00 €	30.11.	11.829,00 €
31.03.	13.236,00 €	30.06.	9.682,00 €	30.09.	12.461,00 €	31.12.	8.973,00 €

Berechnen Sie den durchschnittlichen Lagerbestand.

13 Die Lagerbuchhaltung weist für das vergangene Jahr folgende Werte aus:

Anfangsbestand	15.200,00 €
Summe der Monatsendbestände	182.400,00 €
Wareneinsatz während des Jahres	258.400,00 €

Berechnen Sie die Lagerumschlagshäufigkeit und die durchschnittliche Lagerdauer in Tagen.

14 Die Lagerfachkarte für einen Tischwein enthält folgende Eintragungen:

Mindestbestand	20 Flaschen
Lieferdauer	7 Tage
Meldebestand	90 Flaschen

Können Sie aus diesen Angaben den durchschnittlichen Tagesverkauf ermitteln?

15 Für Gemüse wurde im Vorjahr eine durchschnittliche Lagerdauer von 15 Tagen ermittelt. Für dieses Jahr ist eine Lagerumschlagshäufigkeit von 30 geplant.
In welchem Fall ist die Lagerdauer kürzer?

6 Büroorganisation

office organization *organisation (w) de bureau*

6.1 Schriftliche Arbeiten

Innerhalb der Ausbildung lernt man die unterschiedlichen Arten von berufsbezogenen schriftlichen Arbeiten kennen.

- **Karteien**, z. B. als Rezeptkartei im Abschnitt Arbeitsplanung, als Lagerfachkarte im Magazin
- **Arbeitsablaufpläne**
- **Checklisten**
- **Speise- und Getränkekarten**

Diese arbeitsplatzbezogenen schriftlichen Arbeiten sind dort besprochen, wo sie sachlich vorkommen. Die Besonderheiten bei der Gestaltung und der Schreibweise bei Speisekarten z. B. innerhalb der Menükunde. Hier wird vorgestellt, was allen Schriftstücken gemeinsam ist.

6.2 Ablage- und Ordnungssysteme

Wenn innerhalb eines Betriebes ein Vorgang, z. B. eine Bestellung, ordnungsgemäß ausgeführt worden ist, dann werden alle zugehörigen Informationen aufbewahrt. Man sagt, sie kommen in die **Ablage.**

Wenn die Schriftstücke sicher und rasch wiedergefunden werden sollen, müssen diese nach einem vereinbarten System an festgelegten Stellen abgelegt werden. Die geplante Ablage nennt man **Registratur.**

Dabei kann nach verschiedenen Arten geordnet werden. Man spricht von Ordnungsgrundsätzen oder **Ordnungsprinzipien oder Ordnungssystemen.**

Ablagesysteme

Damit zusammenbleibt, was zusammengehört, verwendet man unterschiedliche Schriftgutbehälter.

- **Sichthüllen**
  dienen der raschen vorläufigen Aufbewahrung. Es gibt sie oben und an der Seite offen in verschiedenen Farben und Folienstärken.

- **Aktendeckel**
  sind aus gefaltetem Karton. Im Unterschied zu den Sichthüllen haben sie den Vor- oder Nachteil, dass man den Inhalt nicht sieht.

- **Schnellhefter**
  mit oder ohne durchsichtiger Oberseite halten die Schriftstücke mit einem Heftstreifen zusammen.
- **Hängemappen**
  sind unten geschlossen und seitlich mit oder ohne Gewebestreifen. Sie hängen mit Haken in einem Rahmen und erlauben einen raschen Zugriff auf die Schriftstücke.
- **Ordner**
  sind aus starker Pappe gefertigt und in mehreren Breiten mit unterschiedlicher Mechanik verfügbar. „Selbststehende" Ordner kippen nicht und werden darum bevorzugt.
- **Archivschachteln**
  sind aus Pappe und werden für die staubfreie Altablage von Schriftgut verwendet.

Ordnungssysteme

Zunächst wird nach bestimmten Vorgängen unterschieden. Das können z. B. sein:

- *Personen,* wie Gäste oder Lieferanten
- *Vorgänge,* z. B. Frühlingsfest, Spargelwoche

Innerhalb dieser ersten Einteilung wird weiter getrennt.

Alphabetisch geordnet ist eine Ablage, wenn nach den Anfangsbuchstaben z. B. der Lieferfirmen oder der Gäste geordnet wird. Auf **A** folgt **B** usw. Kommt ein Anfangsbuchstabe mehrmals vor, berücksichtigt man den Folgebuchstaben. Beispiel: Lieferant **Ber**thold steht vor **Bu**sch.

Chronologisch geordnet ist eine Ablage, wenn nach dem **Datum** abgelegt wird. Eine Reservierung für einen Tisch im Restaurant wird sicher zunächst dem entsprechenden Datum zugeordnet.

Auch die Kontrolllisten, nach denen die betriebseigenen Kontrollen (HACCP) nach der Lebensmittelhygieneverordnung durchzuführen sind, werden sinnvoller Weise nach dem Datum abgelegt, an dem sie auszuführen sind.

Alphanumerisch geordnet ist eine Ablage, wenn **zunächst** nach dem **Alpha**bet und **dann** nach der **Nummer** unterschieden wird. Das kann sein das Datum, die Rechnungsnummer usw.

Im geschäftlichen Bereich wird in den meisten Fällen der neueste Vorgang „oben auf" gelegt. Das bringt den Vorteil, dass man das Neue immer zuerst zur Hand hat. Man nennt das **kaufmännische Ablage.**

Legt man dagegen das Neue immer hinten ab, wie z. B. in einem Fotoalbum, spricht man von **Buchablage.**

7 Datenverarbeitung *data processing* *traitement (m) des données*

Mit Hilfe der Datenverarbeitung werden viele Arbeitsvorgänge automatisiert, die früher z. T. zeitaufwendig und mühsam erledigt werden mussten.

Die technischen Geräte, die der Datenverarbeitung dienen, werden **Hardware** genannt. Was ein Rechner kann, hängt von der **Software** ab.

Neben allgemeinen Programmen wie Textverarbeitung (z. B. Word) oder Tabellenkalkulation (z. B. Excel) gibt es die **Branchensoftware.** Darunter versteht man Programme, die eigens für bestimmte Aufgaben bestimmter Branchen, bestimmter Betriebszweige gemacht sind. Verbreitet sind im Gastgewerbe z. B. Bankett-Profi, Fidelio oder Protel.

Jede Datenverarbeitungsanlage arbeitet nach dem **E-V-A-Prinzip.**

Erfasst werden die Daten z. B. über die Tastatur oder den Scanner.

Verarbeitet werden die Daten durch bestimmte Programme.

Ausgegeben werden die Ergebnisse über Bildschirm oder Drucker.

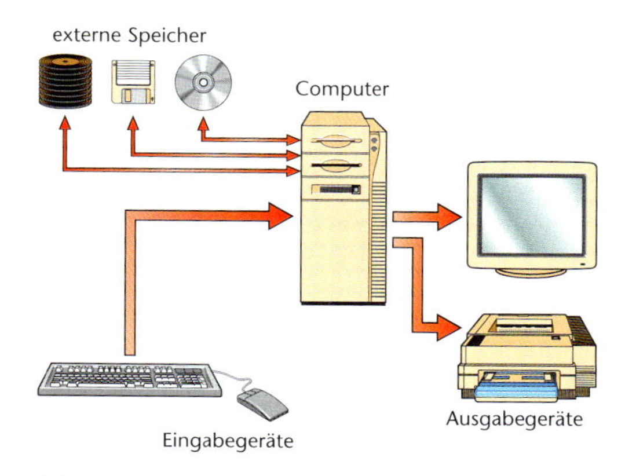

Abb. 1 Computersystem

7.1 Geräte

Mit Hilfe von **Eingabegeräten** gelangen die Daten in den Rechner. Neben der

- **Tastatur** und der
- **Maus** dient dazu auch der
- **Scanner**, vergleichbar einem Kopiergerät.
- **Barcodeleser** können die Informationen aus Strichcodes übernehmen.
- **Handterminals** können z. B. im Service verwendet werden, um Bestellungen direkt vom Tisch des Gastes aus in das System einzugeben.

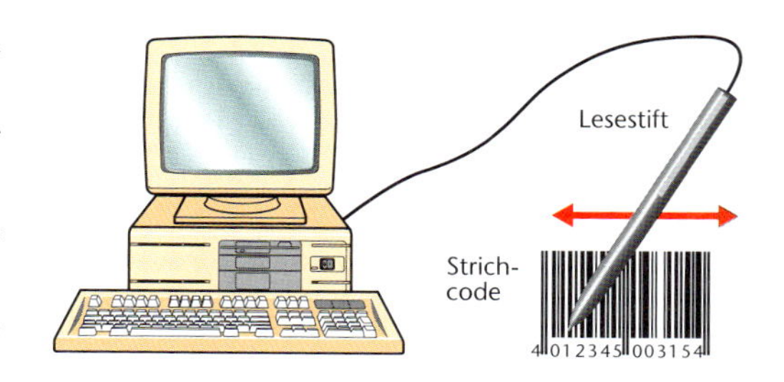

Abb. 2 Barcodeleser

Ausgabegeräte sind vorwiegend

- **Bildschirm** und
- **Drucker.** Neben dem üblichen Drucker kennt man auch einen besonderen Bondrucker, der direkt bei der Küche oder am Getränkebüfett ausdruckt.

Von **Datenkommunikation** oder **Netzwerk** spricht man, wenn die Geräte vernetzt sind, wenn gleichsam der eine Rechner weiß, was auf dem anderen gemacht wird. Software und Daten können zentral auf einem sogenannten Server abgelegt werden. Alle PCs und Terminals greifen hierauf zu.

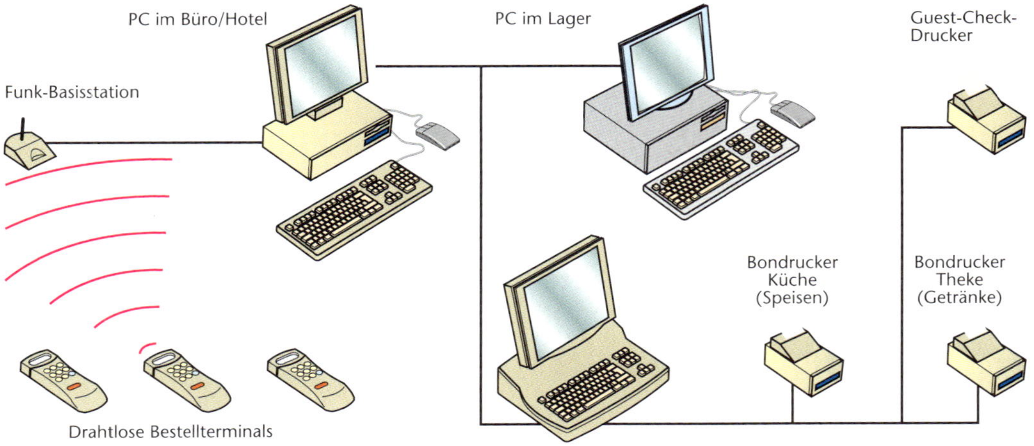

PC im Büro/Hotel
PC im Lager
Guest-Check-Drucker
Funk-Basisstation
Bondrucker Küche (Speisen)
Bondrucker Theke (Getränke)
Drahtlose Bestellterminals

Abb. 1 Vernetzung: Service – Warenwirtschaft

Beispiel für das Zusammenwirken vernetzter Geräte:

Ein Gast bestellt eine Flasche Wein

Service	Getränkebüfett	Getränkelager
ordert eine Flasche Wein über Terminal	● Bon wird ausgedruckt	● Bestand wird überwacht
	● Bestellung wird • dem Mitarbeiter belastet • vom Büfettbestand abgebucht • beim Gastkonto (Guest-Check) belastet	● evtl. Bestellung vorgemerkt

7.2 Software

software *logiciel (m)*

Was eine EDV-Anlage „kann", hängt von der installierten Software ab.

- **Standardsoftware** ist
  - Textverarbeitung, z. B. Word
  - Tabellenkalkulation, z. B. Excel
  - Datenverwaltung, z. B. Access
- **Branchensoftware** ist speziell für eine Branche oder Teilbereiche entwickelt, z. B.
  - Kassensysteme, so genannte Kellnerkassen,
  - Veranstaltungssoftware, z. B. Bankett-Profi,
  - Rezeptverwaltung
- **Individualsoftware** ist für einen ganz bestimmten Betrieb oder für ein besonderes Problem erstellte Software.

7.3 Datensicherung und Datenschutz

data security
protection (w) des données

Unter **Datensicherung** versteht man alle Maßnahmen zu Sicherung der Datenbestände. Die Sicherung von Daten ist unbedingt notwendig, denn diese können

- zufällig verloren gehen, z. B. durch eine falsche Bedienung der Tastatur, einen kurzfristigen Stromausfall, usw.
- absichtlich verfälscht oder zerstört werden.

Dem wird durch unterschiedliche Verfahren der Datensicherung entgegengewirkt.

- Eine automatische Abspeicherung der Daten während der Arbeit kann über die Systemsteuerung in den Rechner eingegeben werden. Das sichert für den Fall einer Störung, dass nur die Daten seit der letzten automatischen Sicherung verloren gehen.
- Eine Gesamtsicherung oder Tagessicherung wird auf einem anderen Medium angelegt. Man nennt das **Backup**. Damit sind die Daten außerhalb des Computers gesichert und von diesem Gerät völlig unabhängig.

Der **Datenschutz** schützt personenbezogene Daten vor Missbrauch. Die Bestimmungen des Datenschutzgesetzes versuchen einen Ausgleich zwischen dem Schutz der Persönlichkeit und dem Recht auf Informationen von Institutionen zu schaffen. Beispiel Hotels, die die Anschriften für Werbeaktionen nutzen wollen.

Projekt

Arbeiten im Magazin

Ihr Haus plant eine Aktionswoche unter dem Motto

Aus Neptuns Reich

Sie sollen im Rahmen Ihrer Ausbildung bei dieser Aktion mitwirken.

Angebote einholen und vergleichen

1 Welche Möglichkeiten hat man, umfassende Angebote einzuholen?

2 Angenommen, Sie suchen über eine Suchmaschine im Internet. Welche Begriffe/Suchworte können rasch zu brauchbaren Ergebnissen führen?

3 Für das Tagesgericht Heilbutt nach Art der Herzogin rechnet man mit 65 Portionen je 180 g Fischfilet. Der Vorbereitungsverlust wird mit 35 Prozent angenommen. Wie viel kg Heilbutt sind zu bestellen?

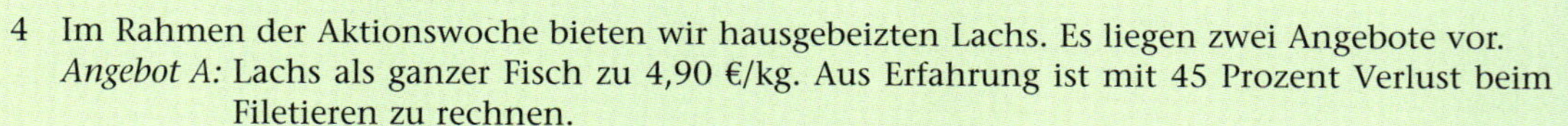

4 Im Rahmen der Aktionswoche bieten wir hausgebeizten Lachs. Es liegen zwei Angebote vor.
Angebot A: Lachs als ganzer Fisch zu 4,90 €/kg. Aus Erfahrung ist mit 45 Prozent Verlust beim Filetieren zu rechnen.
Angebot B: Lachsseite zu 9,40 €/kg. In diesem Fall entstehen keine Verluste.
Berechen Sie den Preisunterschied je kg.

5 „Ein preisgünstiges Gericht, bei dem die Materialkosten nicht höher sind als 2,40 €, muss in unser Angebot.“ Das gebratene Filet soll 180 Gramm wiegen. Man rechnet mit einem Bratverlust von 28 Prozent. Der Preis bestimmt also die Fischart.
Wie viel € darf ein kg Fischfilet im Einkauf höchstens kosten?

Ware annehmen

Die bestellte Ware wird geliefert. Sie sind beauftragt, diese anzunehmen.

1 Welche Schriftstücke benötigt man bei einer korrekten Warenannahme?

2 Worauf achten Sie bei der Warenannahme? Welche Punkte kontrollieren Sie?

3 Es waren 60 Seezungen bestellt. Geliefert werden zwei Behältnisse mit je 20 Seezungen. Was werden Sie unternehmen?

4 Die frischen Seezungen sind nicht von crushed Eis umgeben. Darum prüfen Sie die Temperatur und stellen fest: + 7 ° C. Wie haben Sie zu handeln?

5 Wie werden Frischfische aufbewahrt?

6 Nennen Sie für die folgenden Waren jeweils einen Lagerort und die Lagerbedingungen: Frostfisch, Räucheraal, Dose mit Bismarckheringen, Mayonnaise, Crème fraîche für Salate.

Projekt

Zwischenprüfung

Die Verordnungen über die Berufsausbildung im Gastgewerbe und die zum Koch/zur Köchin sehen nach einem Ausbildungsjahr eine **Zwischenprüfung** vor. Zu den Berufen im Gastgewerbe zählen u. a. die Fachkraft im Gastgewerbe, Restaurantfachmann/Restaurantfachfrau und Hotelfachmann/Hotelfachfrau.

Für diese Berufe ist in der Ausbildung eine gemeinsame Grundstufe vorgesehen, und darum sind auch die Bestimmungen für die Zwischenprüfung vergleichbar. Ein Auszug aus den Bestimmungen, die für alle Berufe gelten:

Zwischenprüfung

(3) In höchstens drei Stunden soll der Prüfling eine praktische Aufgabe bearbeiten. Dabei soll er zeigen, dass er Arbeiten planen, durchführen und präsentieren, die Ergebnisse kontrollieren und Gesichtspunkte der Hygiene, des Umweltschutzes, der Wirtschaftlichkeit und der Gästeorientierung berücksichtigen kann. Hierfür kommen insbesondere in Betracht:

1. Planen von Arbeitsschritten,
2. Anwenden von Arbeitstechniken und
3. Präsentieren von Produkten.

Vergleichen Sie zu diesen Prüfungsinhalten die Lerngebiete im Buch:		Bewertung
● Planen von Arbeitsschritten	➔ Umrechnen von Rezepten, Seite 141 ➔ Arbeitsablaufplan, Seite 47	100 Punkte
● Anwenden von Arbeitstechniken	➔ Grundtechniken der Küche, Seite 115 ➔ Garverfahren, Seite 119 ➔ Zubereiten einfacher Speisen, Seite 147	100 Punkte
● Präsentieren von Produkten	➔ Grundkenntnisse im Service, Seite 230 ➔ Beschreiben von Speisen, Seite 135	100 Punkte

Themen

Beispiele Gastgewerbe

Sie werden beauftragt, eine **Warenlieferung anzunehmen.** Welche Bereiche sind bei der Warenannahme zu kontrollieren? Nennen Sie auf der vorgegebenen Warenliste die für die Lagerung vorgeschriebenen Mindesttemperaturen.

Bereiten Sie für eine Person **Rühreier mit Schinken auf Toast** und **Joghurt mit Früchten.**

Decken Sie einen Tisch für ein erweitertes Frühstück, servieren Sie die Zubereitungen und beraten Sie die Gäste.

Beispiele Koch

In Ihrem Ausbildungsbetrieb bestellen Gäste **Schweinerückensteak in der Pfanne gebraten, Kräuterbutter, Grilltomate, Würfelkartoffeln.** Ihr Küchenchef beauftragt Sie, zwei Portionen herzustellen.

Oder

Ihr Ausbilder beauftragt Sie, **zwei Salatplatten mit gekochtem Ei** zuzubereiten. Tomaten, Gurken, Blattsalate, Kartoffel und Karotten stehen bereit.

Für die Ausarbeitung erhalten Sie vorbereitete Blätter wie auf der Rückseite.

Projekt

Zwischenprüfung (Fortsetzung)

Beispiel Gastgewerbe

Situation: Sie arbeiten in einem Hotel der gehobenen Kategorie und sind seit einiger Zeit zum Frühstücksdienst eingeteilt.

Aufgabe 1a Nennen Sie vier Punkte, die bei der Annahme von Waren bei der Anlieferung zu beachten sind.

1. ______________________ 3. ______________________

2. ______________________ 4. ______________________

Aufgabe 1b Eine Lieferung umfasst die in der folgenden Liste genannten Waren. Ergänzen Sie jeweils die Mindest-Lagertemperatur und den entsprechenden Lagerraum.

Ware	Lagertemperatur	Lagerraum
Frischkäse		
Eier		
Räucherlachs		
Müsli		
Bananen		
...		

Aufgabe 2 Bereiten Sie Rührei mit Schinken für zwei Personen zu.

Aufgabe 3 Im Restaurant ist ein Tisch für zwei Personen zum Frühstück einzudecken. Decken Sie zuerst den Tisch für zwei Personen ein. Präsentieren Sie dort Ihre Zubereitung und beantworten Sie die gastorientierten Fragen der Prüfungskommission.

1 Führen Sie zumindest die Aufgaben 1 und 3 der Prüfungsanforderungen aus.

2 Fragen Sie Ihre KollegInnen, welche Aufgaben sie zu bearbeiten hatten. Das ist eine gute Möglichkeit vergleichbare Aufgaben zu üben.

3 Üben Sie das Präsentieren und neben dem richtigen Eindecken auch die Gästeorientierung. Es wird erwartet, dass Sie das Gericht verkaufsfördernd anbieten können und auf Nachfragen über die verwendeten Rohstoffe und die Zubereitung Auskunft geben können.

4 Bitten Sie einen Kollegen/eine Kollegin, die Gastrolle zu übernehmen. Üben Sie sprachlich das Anbieten der Speise, lassen Sie sich mit Nachfragen über die Zubereitung und den Geschmack „löchern“.

VERKAUFSABLÄUFE IM RESTAURANT

1 Kaufmotive *motivation of buying* *motifs (m) d'achat*

Der amerikanische Psychologe und Motivationsforscher Abraham H. **Maslow** gewann die Erkenntnis, dass menschliche Motive (Beweggründe) nicht gleichrangig sind, sondern in unterschiedlichen Dringlichkeitsstufen in Erscheinung treten. Diese hat er in seiner „Bedürfnispyramide" veranschaulicht und in Primär- und Sekundärbedürfnisse gegliedert. Erst wenn die Grundbedürfnisse (= Primärbedürfnisse, unterste Stufe) befriedigt werden, wendet sich der Mensch den nächsten Bedürfnisstufen zu **(Sekundärbedürfnisse)**.

Diese wissenschaftlichen Erkenntnisse können den Service-Mitarbeitern helfen, ihre Gäste besser zu verstehen. Somit gelingt es leichter, sich individuell auf Gäste einzustellen und die Erwartungshaltungen der Gäste mit einem Qualitätserlebnis auszufüllen.

Bedürfnispyramide nach Maslow	Beispiele
Stufe 5: Kreativitätsbedürfnisse	Streben nach Eigenverwirklichung, Entfaltung individueller Fähigkeiten, Umsetzung des eigenen Leistungsvermögens
Stufe 4: Differenzierungsbedürfnisse	Wunsch nach Status, Achtung, Stärke, Einfluss, Kompetenz, Aufstiegsmöglichkeiten, Abgrenzung zu Anderen (Verhalten in der Gruppe und gegenüber Mitarbeitern)
Stufe 3: Soziale Bedürfnisse	Wunsch nach Gruppenzugehörigkeit, sozialer Anerkennung, Leistungsbestätigung durch Gruppen, Freundschaften
Stufe 2: Sicherheits- und Schutzbedürfnisse (ab Stufe 2: **Sekundärbedürfnisse**)	Wunsch nach persönlicher Sicherheit (z. B. Unfallschutz, Brandschutz, hygienisch einwandfreie Lebensmittel), Schutz von Besitz und Eigentum (z. B. funktionierende Schließsysteme), Abwendung von Gefahren aller Art
Stufe 1: Grundbedürfnisse Physiologische Bedürfnisse (Stufe 1: **Primärbedürfnisse**)	Stillen der Bedürfnisse wie Hunger, Durst, Ruhe, Bewegung, Erholung, Schlaf, Sexualität, körperliches Wohlbefinden

2 Qualität im Service

high quality service | qualité (w) du service

Ein Hotel begrüßt seine neuen Service-Mitarbeiter mit einer Info-Broschüre:

Warum Ihre Aufgabe im Service so wichtig ist!

Unsere Gäste wollen sich bei uns wohlfühlen, sie wollen freundlich und zuvorkommend, in angenehmer Atmosphäre kompetent bedient werden! Hier liegt Ihre besondere Verantwortung als Servicekraft, denn nur Sie und Ihre Abteilungskollegen haben direkten Gastkontakt, im Gegensatz zu den Mitarbeitern in Küche und Verwaltung.

Ihre **Freundlichkeit**, Ihr Einsatz und Ihr Auftreten sind mit entscheidende Faktoren dafür, wie der Gast die Qualität und den Ruf unseres Hauses erlebt und einstuft. Ihre gute Arbeitsleistung im Team sichert die Qualität und damit den Fortbestand Ihres Ausbildungsbetriebes – und somit auch Ihres Arbeitsplatzes!

Warum Ihre Aufgabe nicht einfach ist!

Sie wissen nicht, mit welchen Erwartungen unsere Gäste zu uns kommen und wie diese **Erwartungshaltungen** zustande kamen. Unsere Gäste sind alle unterschiedlich. Auf sie entsprechend einzugehen, will gelernt sein. Bedenken Sie bitte dabei:

- **Der Gast** ist die wichtigste Person für unseren Gastronomiebetrieb. Egal ob er im Hause anwesend ist, ob er gerade anruft, oder ob Sie seinen Brief lesen.
- **Er** ist nicht von uns abhängig, sondern wir von ihm.
- **Er** stört uns nicht bei der Arbeit, sondern ist Sinn, Zweck und Inhalt, also Mittelpunkt unserer Arbeit.
- **Er** ist kein Fremder, sondern ein lebendiger Bestandteil unseres Geschäftes. Wenn wir seine Wünsche erfüllen, tun wir ihm keinen Gefallen. Er tut uns einen Gefallen, wenn er sich seine Wünsche von uns erfüllen lässt.
- **Er** ist keine Nummer, sondern ein Mensch aus Fleisch und Blut, mit Eigenschaften und Stimmungen, wie wir sie auch haben.
- **Er** kommt nicht zu uns, um Streitgespräche zu führen oder seine Intelligenz messen zu lassen.
- **Er** hat einfach das Recht, seine Meinung zu äußern.
- **Er** legt uns seine Wünsche vor. Unsere Aufgabe ist es, diese Wünsche sowohl für ihn als auch für uns gewinnbringend zu erfüllen.

Wenn es uns gelingt, die Erwartungen unserer Gäste mit einem Qualitätserlebnis zu erfüllen, so sind wir erfolgreich!

Von Ihnen wird ein hohes Maß an **Einfühlungsvermögen** und situationsbedingter **Anpassungsfähigkeit** verlangt, egal wie Ihre eigene Verfassung ist. Von Ihnen wird erwartet, dass Sie in Ihrer **Leistungsbereitschaft** nicht nachlassen und dass Sie Ihre **Leistungsfähigkeit** ständig verbessern.

Auswirkungen bei Misserfolgen

Gelingt es uns nicht, auf unsere Gäste einzugehen, so haben wir unzufriedene Gäste. Diese werden in ihrem Bekanntenkreis darüber sprechen, der Ruf des Hauses leidet.

Negativ-Berichte haben einen 10-mal größeren Multiplikator als positive Meldungen. Hier liegt eine große Gefahr!

Erkennen von und Wissen über Schwachstellen

Typische Schwachstellen im Service sind:

- *Unfreundlichkeit*
  Unfreundliche Servicemitarbeiter erzeugen eine schlechte Atmosphäre beim Gast.
- *Unkonzentriertheit*
  Unkonzentrierte Mitarbeiter vergessen und verwechseln Bestellungen und begehen die meisten Fehler. Das führt zu Reklamationen.
- *Mangelnde Informiertheit*
  Nicht informierte Mitarbeiter können kaum auf den Gast eingehen (Tagessuppe?, Tagesspezialitäten?); sie gelten schnell als inkompetent.
- *Mangelnde Identifikation*
  Mitarbeiter, die sich nicht mit den Zielen des Hauses identifizieren, sehen den Sinn ihrer Arbeit nicht, vernachlässigen die Qualität und wirken negativ auf die Atmosphäre im Restaurant. Außerdem verraten sie mangelhaftes Berufsinteresse.

Um die Schwachstellen auszugleichen, ist persönlicher Einsatz gefragt!

Wenn sich die gesamte Service-Abteilung verbessern möchte, um das Qualitätserlebnis der Gäste zu steigern, so ist jeder einzelne Mitarbeiter gefordert.

Persönlicher Einsatz und der Leistungswille eines jeden Einzelnen entscheiden mit über den Erfolg oder Misserfolg der gesamten Abteilung.

3 Umgang mit Gästen

manner of dealing with guests | manière (w) de traiter des clients

Unter Gästetypologie versteht man die Einteilung von Gästen nach Menschentypen. Einerseits soll die Einteilung helfen, Gäste schneller und genauer einzustufen, mit dem Ziel, sie problemlos bedienen zu können. Andererseits sollte ein „Schubladendenken" vermieden werden, wohl wissend, dass jeder Mensch einzigartig ist.

Wenn hier dennoch Gäste in sieben Grundtypen eingeteilt werden, so ist klar, dass diese in reiner Form kaum vorkommen. Vielmehr neigen wir Menschen, als sogenannte gemischte Typen, mehr oder weniger zum einen und/oder zum anderen Typus. Welche der Eigenschaften wie stark vorherrschen, das bestimmt die Zuordnung zu den folgenden sieben Grundtypen.

3.1 Gästetypologie* – Sieben Gästegrundtypen … und Empfehlungen zum Umgang mit diesen Gästen

Der selbstbewusste, entschlossene Gast

Er ist schon an der Art, wie er geht, am Ausdruck seiner Augen und an seinem Mienenspiel zu erkennen. Seine ganze Haltung drückt Entschlossenheit aus, die sagt: „Ich weiß, was ich will!"

Empfehlungen

Treten Sie ihm ruhig aber sicher entgegen. Bedienen Sie ihn schnell, denn Wartezeiten würden ihn verärgern. Geben Sie ihm die Karte und nehmen Sie gleich die Bestellung auf. Drängen Sie ihm keinen Rat auf. Seien Sie vorsichtig mit Empfehlungen. Behalten Sie ihn ständig im Auge, räumen Sie gleich ab und fragen Sie, ob er zufrieden war.

Der unsichere, unentschlossene Gast

Wenn er das Restaurant betritt, verweilt er meist zögernd. Fast ängstlich blickt er um sich. Er geht langsam, mit unsicheren Bewegungen. Sein Gesicht drückt Befangenheit aus.

Empfehlungen

Helfen Sie ihm unbedingt bei der Wahl des Sitzplatzes. Empfehlen Sie nur wenige Speisen und Getränke und bieten Sie nicht zu viele Möglichkeiten an. Formulieren Sie Ihre Vorschläge so klar, dass Sie seine Entscheidungsfindung erleichtern. Vermeiden Sie jede Hektik, strahlen Sie Ruhe und Freundlichkeit aus.

Der redselige, stets gut gelaunte Gast

Schon nach Betreten des Restaurants knüpft er ein Gespräch an, das auch nicht unterbrochen wird, wenn er Platz genommen hat. Selbst beim Studieren der Speise-/Getränkekarten redet er fast unentwegt.

Empfehlungen

Zeigen Sie sich bei seinen „Ausführungen" interessiert, das Gegenteil würde ihn verletzen. Vermeiden Sie persönliche Stellungnahmen, das würde die Redelust fördern. Versuchen Sie, den Gast möglichst geschickt und

* Prof. Edgar E. Schaetzing: „Aktiver Verkauf im Service", Rhenania Fachverlag

höflich aufs Verkaufsgespräch zu bringen. Lassen Sie sich Ihre eventuelle Ungeduld nicht anmerken. Entschuldigen Sie sich höflich, wenn andere Gäste etwas wünschen, das könnte zu einer schnelleren Bestellung führen.

Der aufgeregte, nervöse Gast

Er fällt durch seine Hast und Eile auf. Wenn man ihm keine Beachtung schenkt, wird er leicht aufgeregt. Wenn er am Tisch etwas warten muss, wird er ungeduldig und klopft auf die Tischplatte.

Dass andere Gäste vor ihm da waren, interessiert ihn nicht. Er verlangt schnell nach der Geschäftsleitung.

Empfehlungen

Versuchen Sie nicht, ihn mit eigener Gelassenheit zu beruhigen, das zieht nicht. Stellen Sie nur kurze, präzise Fragen und beschleunigen Sie somit Ihr Servicetempo. Widersprechen Sie ihm nicht, das macht ihn nur nervöser.

Seien Sie nicht beleidigt und nehmen Sie es nicht persönlich, wenn dieser Gast schimpft. Zeigen Sie ihm, dass Sie für ihn alles und noch dazu schnell erledigen.

Der argwöhnische, misstrauische Gast

Dieser Typ ist äußerst schwierig, sieht er doch überall Betrug und Übervorteilung und bildet sich ein, hintergangen zu werden. Man erkennt ihn leicht an seinem Mienenspiel, dem ironischen Lächeln, an seinen kritischen Äußerungen auf Empfehlungen von Servicemitarbeitern.

Empfehlungen

Nehmen Sie sein Misstrauen nie persönlich, sonst wird es Ihnen nicht gelingen, eine Vertrauensbasis aufzubauen. Seien Sie vorsichtig mit Empfehlungen, Sie könnten seinen Argwohn provozieren. Wenn Sie empfehlen, dann nur mit präzisen Formulierungen und genau so, wie die Speisen sind. Er wird es genau überprüfen. Behandeln Sie ihn so, dass er glaubt, sich bei Ihnen noch am wohlsten zu fühlen.

Der knauserige, geizige Gast

Er lebt offensichtlich in ständiger Sorge, zu viel Geld auszugeben, natürlich auch für Speisen und Getränke. Servierkräfte spotten gern über ihn. Aber auch solche Gäste haben Anspruch auf freundliche Bedienung. Man erkennt diesen Menschentyp am besten an den Fragen nach dem Preis und an Hinweisen, dass dieses oder jenes Gericht zu teuer sei.

Empfehlungen

Behandeln Sie ihn immer ausgesprochen höflich. Vermeiden Sie jeden Ausdruck der Geringschätzung – das würde das Verkaufsgespräch beeinträchtigen. Zeigen Sie, dass Sie Geduld haben, denn Sie wissen, dass sich dieser Gast nur schwer entscheiden kann. Erwarten Sie kein großes Trinkgeld – bleiben Sie dennoch zuvorkommend und freundlich.

Der überhebliche, geltungsbedürftige Gast
Dieser Menschentyp tritt laut auf und behandelt die Servicekräfte von oben herab. Andere Meinungen lässt er nicht gelten. Er ist oft beleidigend: „Das weiß ich besser", „Das verstehen Sie nicht", „Erzählen Sie doch keine Märchen!" – das sind typische Redewendungen. Bei keinem der Typen wird die Geduld der Servierkraft auf eine so große Probe gestellt wie bei diesen Menschen, die in ihrer Einstellung und ihren Worten ihre charakterlichen Schwächen offenbaren und eigentlich eine andere Behandlung verdienten als Höflichkeit.

Empfehlungen
Überhören Sie am besten seine eventuellen Taktlosigkeiten. Belehren Sie ihn nicht – er weiß sowieso alles besser. Widersprechen Sie ihm nicht, das würde sein unangenehmes Verhalten nur verstärken. Bedienen Sie ihn höflich, aber mit angemessener Zurückhaltung.

3.2 Service bei speziellen Gästegruppen

service with particular groups of guests *service (m) des groupes particuliaires*

Spezielle Gästegruppen sind Mitmenschen, die auf Grund ihres Lebensalters, ihres Gesundheitszustands oder ihrer Herkunft aus einem anderen Kulturkreis andere als sonst übliche Verhaltensweisen zeigen könnten. Diese Gäste sind mit besonderem Einfühlungsvermögen zu bedienen.

Kinder

Kinder sind mit ihren Wünschen oft einseitig und denken meist nicht ernährungsbewusst. Halten Sie deshalb bei spontan geäußerten Bestellwünschen auch Blickkontakt mit den Eltern und beachten Sie deren Zustimmung. Bedienen Sie Kinder vorrangig, um Unruhe am Tisch zu vermeiden. Gehen Sie auf die Anforderungen/Bedingungen der Kleinen ein.

Beispiele:
- Kinderkarte mit speziellen Gerichten, Kinderstuhl, kleine Bestecke, Getränkeservice in kleinen, standfesten Bechergläsern, Buntstifte und Block zum Ausmalen, Kinderpuzzles reichen usw.

Senioren

Altersbedingte körperliche Gebrechen machen manche der älteren Mitbürger zu unsicheren, vergesslichen und manchmal auch schwierigen Gästen. Hier werden vom Service mehr Geduld und erhöhtes Einfühlungsvermögen, Verständnis und Hilfsbereitschaft verlangt.

Beispiel:
- Der Servicemitarbeiter stellt für den älteren Gast den Salatteller am Salatbüfett nach dessen Wunsch zusammen und bringt den Teller an den Tisch des Gastes.

Behinderte

Mit viel Taktgefühl – und ohne aufdringliche Hilfsbereitschaft – ist herauszufinden, ob und in welchem Umfang eine Hilfestellung erwünscht ist. Sich in die Situation des Gastes hineindenken hilft auch hier, um mögliche Probleme schon vorab zu erkennen und zu vermeiden.

Beispiel:
- Bieten Sie einem gehbehinderten Gast einen Tisch in Eingangsnähe an, vermeiden Sie für ihn Treppen und lange Wege.

Ausländische Gäste

Wenn diese Gäste der deutschen Sprache nicht mächtig sind, kann eine Speise-/Getränkekarte in z. B. englischer oder französischer Sprache sehr nützlich sein. Betriebe mit hohem Gästeanteil aus bestimmten Ländern stellen sich auf diese „Zielgruppen" ein. Sie kommen ihren Gästen mit freundlicher Unterstützung und Hilfsbereitschaft entgegen.

Setzen Sie Ihre Fremdsprachenkenntnisse ein. Bedenken Sie, dass in anderen Kulturkreisen oft andere Verhaltensweisen üblich sind. Ihre Toleranz ist besonders gefordert.

4 Verkauf im Restaurant

sales at the restaurant *vente (w) au restaurant*

4.1 Verkaufsgespräche und -techniken

sales talks and formulations of questions
dialogues (m) de vente et des techniques (w) de poser des questions

Eine geschickte Fragetechnik ist das wichtigste rhetorische Hilfsmittel, um den Gast beim Verkaufsgespräch zum Sprechen zu veranlassen. Der Fragende hat die Möglichkeit, das Gespräch zu lenken, die Richtung zu beeinflussen.

Wer fragt – der führt!

Richtig formulierte Fragen, gästegerecht aufbereitet, bewirken im Verkaufsgespräch einige interessante Vorteile:

- sie schaffen die notwendige Vertrauensbasis;
- sie helfen, den Dialog mit Gästen zu finden;
- sie helfen, eventuell vorhandene Widerstände beim Gast zu erkennen;
- sie vermeiden Konflikte, die durch Missverständnisse entstehen könnten;
- sie ermöglichen eine konfliktfreie Korrektur der Meinung eines Gastes.

Gastorientierte Fragen bilden die Grundlage für den erfolgreichen Verlauf von Verkaufsgesprächen. Dabei sind die folgenden Fragearten in der betrieblichen Praxis bedeutsam.

Fragearten

Informationsfragen	Taktische Fragen
• Geschlossene und offene Fragen	• Rhetorische Fragen • Gegenfragen • Suggestivfragen • Alternativfragen • Übereinstimmungsfragen • Motivierungsfragen • Kontrollfragen • Richtungweisende Fragen

Informationsfragen

Informationsfragen dienen der Informationsbeschaffung und gliedern sich in die Fragearten „geschlossene Fragen" und „offene Fragen".

Geschlossene Fragen beginnen mit einem Verb, einem Zeitwort oder einem Hilfszeitwort. Diese Fragen haben den Nachteil, dass sie meist nur mit „ja" oder „nein" beantwortet werden. Der Dialog könnte schnell enden, bevor er richtig begonnen hat.

Beispiele

- „Möchten Sie unsere Aperitifauswahl vom Wagen sehen?"
- „Darf ich Ihnen unsere Aperitifkarte bringen?"

Nach der Wahrscheinlichkeitsrechnung werden Sie in 50 % der Fälle ein „Nein" als Antwort bekommen. Gerade in der Eröffnungsphase des Verkaufs- oder Beratungsgesprächs stellt die Antwort „Nein" einen Störfaktor dar und sollte deshalb nicht provoziert werden.

Offene Fragen beginnen mit den Fragewörtern „wer", „wie", „was", „wo", „wann", „womit", „welche", „wie viel", „wozu". Offene Fragen aktivieren den Gast, mit ganzen Sätzen zu antworten.

Beispiele

- „Womit kann ich Ihnen helfen?"
- „Was darf ich Ihnen als Gemüsebeilage bestellen?"
- „Welches dieser Gebäckstücke darf ich Ihnen vorlegen?"

Taktische Fragen

Bei **„Taktischen Fragen"** stehen nicht die Bedarfsklärung und Informationsbeschaffung im Vordergrund. Sie dienen vielmehr der Gesprächslenkung und der positiven Prägung und Beeinflussung der Gesprächsatmosphäre.

Rhetorische Fragen verlangen keine Antworten vom Gesprächspartner, denn diese werden vom Fragensteller gleich selbst vorgegeben. Diese Fragetechnik hat den Vorteil, dass mit ihrer Hilfe ein „fingierter" Dialog stattfinden kann. Die Antwort hilft gerade unsicheren und unentschlossenen Gästen, sich zu entscheiden.

Beispiel

„Welchen Wein kann ich Ihnen bei Ihren genannten Wünschen bringen? Ich glaube, der ‚Lauffener Altenberg' wird Ihre Erwartungen am besten treffen!"

Gegenfragen verhelfen zu Hintergrundinformationen. Sie werden oftmals gestellt, um die Meinung des Fragenden zu korrigieren, eine Überprüfung seinerseits zu veranlassen oder um der Frage auszuweichen.

Beispiel

Gast: „Ist Ihr Orangensaft auf dem Frühstücksbüfett immer aus Fruchtkonzentrat hergestellt?"
Bedienung: „Sie hätten lieber einen frisch gepressten getrunken? Das tut mir leid, aber das wusste ich nicht. Morgen bringe ich Ihnen einen frisch gepressten Orangensaft!"

Wer Gegenfragen stellt, muss bedenken, dass Gäste dies als ungehörig und unzulässig empfinden können, werden sie doch statt einer erwarteten Antwort mit einer neuen Frage konfrontiert. Viele Gäste empfinden das Nichtbeantworten ihrer Frage und das Antworten mit einer Gegenfrage als ungehörig und unzulässig. Der Ton macht hier die Musik.

Suggestivfragen sind so formuliert, dass sie die angestrebte oder erwartete Antwort bereits enthalten. Der Gefragte wird beeinflusst, im Sinne des Fragenden zu antworten. Suggestivfragen sollten im Verkauf sehr vorsichtig angewendet werden, weil sie von den Gästen häufig als Meinungs-Manipulation empfunden werden. Man wird diese Fragenart nur in den Fällen anwenden, bei denen eine zustimmende Antwort schon vorher im Gespräch vernehmbar war. Diese Sensibilität für Gästebedürfnisse vorausgesetzt, können Suggestivfragen eine gewünschte „Ja-Welle" bei den Antworten auslösen. Dazu werden gerne Füllwörter wie „sicherlich", „doch wohl", „doch nicht" oder „bestimmt auch" in die Frage eingebaut.

Beispiele

- „Sie werden diesen schönen Festabend doch nicht ohne einen Digestif ausklingen lassen?"
- „Sie haben doch bestimmt nichts dagegen, wenn …"

Alternativfragen sind eine spezielle Art von Suggestivfragen. Sie lassen dem Gefragten die Wahl zwischen mehreren positiven Möglichkeiten. Der Berater geht bei dieser Fragetechnik nicht mehr davon aus, ob der Gast überhaupt einen Wunsch in dieser Richtung hat. Vielmehr wird ein Wunsch hierzu unterstellt. Dem Gast wird keine Entscheidung zwischen „Ja" oder „Nein" abverlangt, sondern eine Entscheidung zwischen „diesem" oder „jenem" Artikel.

Beispiel

„Bevorzugen Sie zum Hauptgang den Roséwein oder hätten Sie lieber den Rotwein?"

Übereinstimmungsfragen helfen herauszufinden und zu kontrollieren, ob eine Übereinstimmung im Verkaufsgespräch noch besteht oder ob sie gestört ist. Außerdem festigen sie bereits erreichte gemeinsame Gesprächsbasen durch Gegenbestätigung des Gastes.

Beispiele

- „Habe ich das richtig verstanden, dass Sie meiner Weinempfehlung folgen wollen?"
- „Es ist doch richtig, Frau Müller, dass Sie Ihren Salat mit Cocktail-Dressing wünschen?"

Motivierungsfragen werden gerne verwendet, um in sich zurückgezogene, introvertierte Gäste anzuregen, ihre Meinung zu äußern. Darüber hinaus erzeugen diese Fragen ein positives Gesprächsklima und regen zum Gespräch an.

Beispiele

- „Ihre Meinung zu diesem Sachverhalt würde mich besonders interessieren. Sind Sie nicht Spezialist auf diesem Gebiet?"
- „Ihr Vorschlag ist ausgezeichnet. Wie sind Sie nur darauf gekommen?"

Kontrollfragen sollen hinterfragen, ob man vom Gesprächspartner richtig verstanden wurde. Sie sollen vermeiden, dass später Missverständnisse entstehen. Sie dürfen nicht direkt in verletzender Art gestellt werden, wie etwa: „Haben Sie mich verstanden?", oder: „Ist das jetzt klar?". Vielmehr sollten Kontrollfragen „diskret verpackt" formuliert werden.

Beispiel

Sie wurden von einem Gast nach dem Weg zum Nationalpark gefragt. Sie haben den Weg beschrieben und stellen nun folgende Kontrollfrage: „Ich kann Ihnen meine Wegbeschreibung gerne noch einmal auf der Straßenkarte zeigen – oder glauben Sie, dass Sie auch so hinfinden werden?"

Richtungweisende Fragen sollen das Gespräch in eine neue, eben in die gewünschte Richtung lenken. Oftmals geht man dabei zurück auf eine zuvor erreichte gemeinsame Gesprächsbasis. Von diesem Übereinstimmungspunkt aus kann der Gesprächspartner seine Position überdenken. Er kann Schlüsse ziehen, die sich den Vorstellungen des Fragenden nähern oder ihnen sogar entsprechen.

Beispiel

Tagungsbesprechung mit einem Veranstalter: „Sie sagten vorhin, dass Sie Ihre Kaffeepause bei schönem Wetter gerne im Freien verbringen würden. Da kommt mir eine Idee: Was halten Sie davon, wenn wir Ihnen den Kaffee auf der Terrasse vor dem Wintergarten servieren würden? Das ist in der Nähe Ihres Tagungsraumes und dort sind Sie ungestört."

Dialog-Beispiel

Im Restaurant klingelt das Telefon. Ein Service-Mitarbeiter hebt ab und meldet sich korrekt mit:

Mitarbeiter:
„Hier Hotel-Restaurant Wastlsäge, mein Name ist Johann Schiller, guten Tag!"

Gast:
„Guten Tag, hier spricht Müller, von der Firma ABM. Ich möchte gerne bei Ihnen einen Tisch reservieren, für 6 Personen, am Samstag. Geht das in Ordnung?"

Mitarbeiter:
„Ja, Herr Müller, Sie meinen sicher kommenden Samstag, den 31.? Für welche Uhrzeit möchten Sie reservieren?"

Gast:
„Ja, genau, diesen Samstag. Wir wollen uns gegen 19 Uhr zum Aperitif in Ihrer Hotelbar treffen, das heißt, wir kommen dann gegen 19:30 Uhr zu Ihnen ins Restaurant."

Mitarbeiter:
„Sehr gut. Ich darf kurz wiederholen: Für Samstag, den 31. Oktober, um 19:30 Uhr, einen Tisch für 6 Personen auf Ihren Namen, Herr Müller. Geben Sie mir bitte noch Ihre Adresse und Rufnummer?!"

Gast:
„Ja, also der Name ist Egon Müller, Arberstraße 12, in München. Meine Privat-Rufnummer lautet 089 1234567, aber bitte erst nach 18 Uhr!"

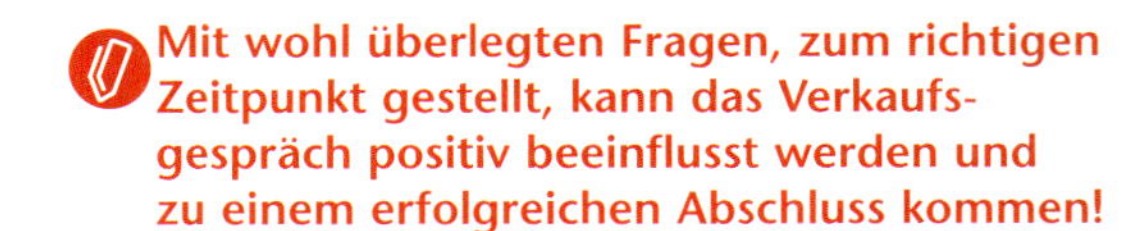

Mit wohl überlegten Fragen, zum richtigen Zeitpunkt gestellt, kann das Verkaufsgespräch positiv beeinflusst werden und zu einem erfolgreichen Abschluss kommen!

(Siehe auch nächstes Dialog-Beispiel unten)

4.2 Tischreservierungen

table reservations
réservations (w) de table

Die meisten Tischreservierungen erfolgen per Telefon, und die Anrufer werden mit dem Restaurant direkt verbunden. Manchmal reservieren Gäste auch persönlich im Restaurant oder an der Hotel-Rezeption. Es ist in jedem Fall wichtig, dass die erforderlichen Angaben vollständig erfragt und sofort notiert werden. Unvollständige, manchmal auch falsche Angaben im Reservierungsbuch können zu Überschneidungen und Reklamationen führen.

Mitarbeiter:
„Danke, Herr Müller. Erlauben Sie mir noch einen Hinweis? Bis einschließlich Sonntag bieten wir unsere Französische Gourmetwoche an, mit vielen Spezialitäten aus den Regionalküchen Frankreichs. Selbstverständlich könnten Sie auch hierbei à la carte wählen. Sagt Ihnen das zu, Herr Müller?"

Gast:
„Das klingt ja vielversprechend. Aber ich möchte die Wahl meinen Geschäftsfreunden selbst überlassen – auch wenn ich der Gastgeber bin!"

Mitarbeiter:
„Selbstverständlich, Herr Müller. Wünschen Sie einen bestimmten Tisch, vielleicht im Nichtraucher-Bereich?"

Gast:
„Das muss nicht sein. Hauptsache, wir können uns ungestört unterhalten."

Mitarbeiter:
„Das verstehe ich. Wir werden für Sie einen ruhigen Ecktisch bereithalten – da sind Sie völlig ungestört. Können wir sonst noch etwas für Sie tun, Herr Müller?"

Gast:
„Nein danke, das war's schon."

Mitarbeiter:
„Wir danken für Ihre Reservierung. Auf Wiederhören, Herr Müller!"

Gast:
„Auf Wiederhören!"

Die Reservierungsannahme soll freundlich, zielstrebig und professionell erfolgen. Das Verhalten des Service-Mitarbeiters gegenüber dem Gast muss sich verkaufsfördernd auswirken.

Begrüßen Sie den Gast freundlich und notieren Sie seinen Namen sofort. Erfassen Sie dabei auch die richtige Schreibweise des Namens. Der Gast wird nun seinen Reservierungswunsch durchgeben. Lassen Sie ihn ausreden, unterbrechen Sie nicht.

Erfragen Sie dann – am besten mit Hilfe eines Formblattes – alle nötigen Angaben. Seien Sie dabei offen, kooperativ und hilfsbereit. Beispielsweise erwähnen Sie die zu diesem Termin laufende Spezialitätenwoche oder Ähnliches.

Wenn keine sonstigen Wünsche genannt werden, danken Sie dem Anrufer für seine Reservierung. Versichern Sie ihm, dass es ein schöner Aufenthalt in Ihrem Hause wird und verabschieden Sie ihn unbedingt mit seinem Namen.

Tragen Sie nun die Reservierung korrekt und vollständig ins Reservierungsbuch ein oder geben Sie die Reservierung weiter an den zuständigen Abteilungsleiter bzw. Restaurantchef.

Sehen Sie auch gleich in der Gästekartei nach, welche Besonderheiten bei diesem Gast zu beachten sind. Veranlassen Sie alles Nötige.

Hilfsmittel und Unterlagen zur Annahme von Tischreservierungen:

- Formblatt zur Reservierungsannahme
- Bleistift, Radiergummi, Kugelschreiber
- Notizblock
- Reservierungsbuch
- Veranstaltungsvorschau mit Aktionswochen
- Jahreskalender
- Speisekarte
- Getränkekarte
- Weinkarte
- Menüvorschläge mit Preisliste
- Gästekartei

Abb. 1 Restaurant Schwarzwaldstube im Hotel Traube Tonbach, Baiersbronn

4.3 Gästeberatung

giving recommendations to guests

donner des recommandations aux hôtes

Ein Gast, der das Restaurant betritt, ist voller innerer Anspannung. Er hat Hunger, er fühlt sich von anderen Gästen „gemustert" und der Serviceleiter kommt auf ihn zu. Der Gast möchte, dass ihm in dieser Situation die Service-Mitarbeiter helfen, seine „innere Spannung" abzubauen. Als erstes ist er froh, zu einem passenden Tisch begleitet zu werden. Beim Platznehmen wird geholfen, und sogleich wird ihm eine Aperitif-Auswahl angeboten.

Die Empfehlung

Wenn Sie den Gast und seine Gewohnheiten kennen, dann können Sie ganz gezielt in Richtung seiner Vorlieben empfehlen. Dabei ist es wichtig, drei bis vier Alternativen aufzuzählen. So können Sie Ihre Verkaufschancen am besten nutzen:

Beispiel

„Was dürfen wir Ihnen vorweg als Aperitif empfehlen? Hätten Sie lieber einen Sherry-Medium, einen weißen Portwein oder einen Bellini? Das ist Pfirsich-Püree, aromatisiert mit Pfirsich-Likör und dann mit Sekt aufgegossen! Oder hätten Sie lieber ein Glas halbtrockenen Champagner?"

Hier wird die **offene Frage** als rhetorischer Einstieg verwendet. Ohne lange Sprechpause wird sogleich mit einer Aufzählung von vier halbtrockenen Aperitifs fortgesetzt. Dann wird die Empfehlung mit einer **richtungweisenden Frage abgeschlossen.** Die beiden letztgenannten Vorschläge haben dabei die besten Bestellchancen, denn ihr Erinnerungswert ist am größten.

Wenn Sie den Gast und seine Vorlieben noch nicht kennen, so versuchen Sie, durch geschickte Frageformulierung seine Geschmacksrichtung herauszufinden.

Beispiel

„Wir möchten Ihnen gerne einen Aperitif anbieten – bevorzugen Sie dazu lieber ein trockenes, ein halbtrockenes oder eher ein liebliches Getränk?“

Je nach geäußerter Vorliebe zählen Sie dann drei bis vier entsprechende Alternativen auf.

Nach der Aperitif-Bestellung, die Sie notieren und wiederholen, präsentieren Sie jedem Gast eine geöffnete Speisekarte. Sie weisen sowohl auf Tagesspezialitäten als auch auf ein besonderes Angebot hin, z. B. auf die Spargelgerichte oder die Wildspezialitäten. Sie legen die Getränkekarte/Weinkarte am Tisch bereit und kümmern sich um einen schnellen Service von Aperitif, Couvert-Brot, Butter und „amuse gueule“, den kleinen Appetithappen vor dem Essen, als kulinarische Begrüßung.

Die Beratung

Während die Empfehlung in der Regel den „unvorbereiteten“ Gast trifft, zielt die Beratung auf den Gast, der die Karte gelesen hat und die Empfehlungen schon kennt. Sie beraten den Gast – wenn er dies wünscht –, welcher Wein/welche Rebsorte zu der gewählten Speise harmoniert.

Beispiele

- „Zu dem gebratenen Kalbssteak mit Stangenspargel, holländischer Sauce und neuen Kartoffeln passt sehr gut unser Würzburger Stein, Silvaner, Kabinett, aus Franken!“ oder
- „Zu der Steinpilz-Lauch-Kartoffeltorte eignet sich ideal unser Ockfener Bockstein, Riesling, Spätlese, halbtrocken, aus dem Anbaugebiet Mosel“.

Bestellungsannahme

Dabei sollten Sie unbedingt den Blickkontakt zum Besteller suchen. Sie halten genügend Abstand zum Gast und notieren auf dem Bestellblock die Wünsche.

Bei mehreren Gästen an einem Tisch ist das Vorbereiten einer Sitzplan-Skizze mit Tischnummer aus der Sicht der Servierrichtung am Tisch empfehlenswert. Das erspart später auch helfenden Kollegen die lästige Nachfragerei.

In das entsprechende Feld wird für jeden Gast die Bestellung, in korrekter Reihenfolge, mit den Sonderwünschen eingetragen. Fragen Sie auch

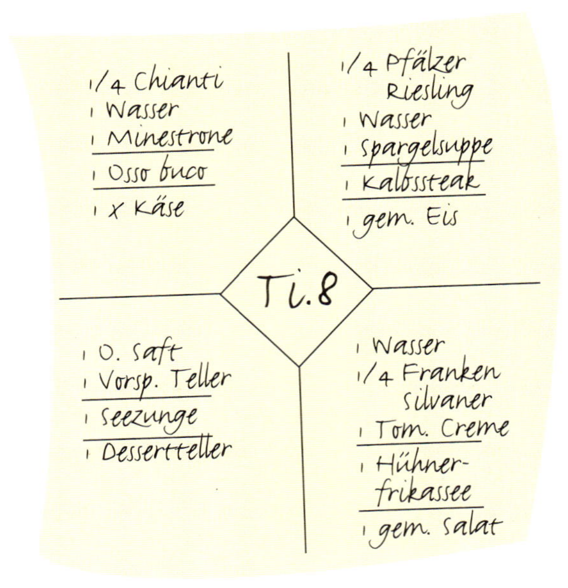

Abb. 1 Sitzplan-Skizze der Servicefachkraft

gleich nach speziellen Wünschen, wie z. B. der Zubereitung, dem Gargrad, dem Dressing usw.

Beispiele

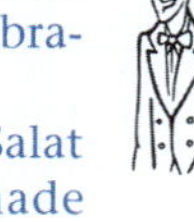

- „Wünschen Sie Ihr Rinderfiletsteak blutig, medium oder durchgebraten?“
- „Bevorzugen Sie zu Ihrem Salat eine Essig-Öl-Kräuter-Marinade oder eine Cocktailsauce?“
- „Haben Sie lieber Milch oder Zitrone zum Tee?“

4.4 Zusatzverkäufe

additional sales

ventes (w) supplémentaires

Behalten Sie auch das Thema **„Zusatzverkäufe“** im Auge. Sie haben hierzu in dieser Phase des Verkaufsgesprächs sehr gute Möglichkeiten!

Beispiele:

- „Dürfen wir Ihnen vorab eine Spargelcremesuppe – unsere Suppen-Empfehlung des Tages – servieren?“
- „Wünschen Sie zu Ihrem Hauptgang einen gemischten Salat?“
- „Möchten Sie zu Ihrer Weinbestellung auch Mineralwasser haben?“

Wiederholen Sie deutlich die einzelnen Bestellungen anhand Ihrer Tischplan-Notizen und weisen Sie auf eine eventuell anfallende längere Zubereitungszeit oder eine voraussehbare Wartezeit hin. Sie bonieren die Bestellungen sofort

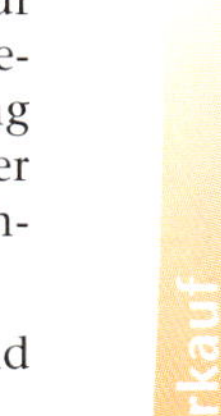

und reichen diese unverzüglich an Küche und Getränkebüfett weiter.

Nach dem Getränkeservice decken Sie die Couverts der Bestellung entsprechend nach und kümmern sich um das „mise en place" am Beistelltisch (Guéridon). Sie behalten Ihre Gäste auch während der Wartezeit im Blickfeld, um Nachbestellungen annehmen zu können. Leere Gläser und Flaschen könnten ein Zeichen sein, dass am Tisch eine „Unterversorgung" besteht, die Sie mit einer freundlichen Nachfrage beseitigen.

Wenn der Hauptgang abgeräumt ist, lassen Sie Ihren Gästen eine „Verschnaufpause", denn mancher Gast hat einfach keinen Platz mehr im Magen. Vielleicht schafft hier ein Digestif Erleichterung. Andere Gäste freuen sich bereits auf den Käsewagen. Der sollte in jedem Fall vorgefahren werden, selbst wenn keine Bestellung erfolgt. Bieten Sie stets auch Desserts an! Wer kann schon einer fruchtigen oder süßen Verführung widerstehen?

Zur Abrundung des Mahles bieten Sie Kaffee und Digestifs an.

Mit den hier erzielten Zusatzumsätzen helfen Sie Ihrem Haus, die Preise bei anderen Artikeln moderater kalkulieren zu können.

4.5 Rechnungspräsentation und Verabschiedung

bill (GB), check (USA) and saying goodbye *addition (w) et faire ses adieux*

Die Rechnung wird dem Besteller eingesetzt. Sie liegt meist auf einem Teller in einer Serviettentasche. Der Endbetrag ist verdeckt. Die Diskretion der Service-Mitarbeiter ist auch hier gefordert. Entfernen Sie sich vom Tisch und lassen Sie dem Besteller genügend Zeit zur Überprüfung und um das Bargeld oder die Kreditkarte in die Serviettentasche zu legen.

Erst dann gehen Sie zurück an den Tisch und bitten um den Teller. Im Office legen Sie das entsprechende Wechselgeld zur Rechnung, die bringen sie wieder zugedeckt auf dem Teller zurück.

Gehen Sie nicht davon aus, dass das Wechselgeld immer gleich Ihr Trinkgeld ist. Das wird der Gast erst noch entscheiden.

Vergessen Sie nicht:

Ihr Lächeln, Ihre Gesten, Ihr Wort, …
Ihr freundliches Wesen, …
Ihr gewandtes Auftreten, …
Ihr Einfühlungsvermögen, …
Ihr gepflegtes Äußeres, …
Ihr professioneller Service, …
Ihr Qualitätsempfinden, …
Ihre Höflichkeit, …
Ihre unaufdringliche Hilfsbereitschaft, …
Ihre positive Einstellung und Haltung, …
Ihre Identifikation mit den Service-Leistungen Ihres Betriebes, …

… sind die Voraussetzungen für:

- die Zufriedenheit Ihrer Gäste,
- das Gewinnen von neuen Stammgästen,
- eine stärkere Auslastung des Restaurants,
- den Fortbestand des Unternehmens,
- die Sicherung Ihres Arbeitsplatzes und der Arbeitsplätze des gesamten Teams,
- Ihren eigenen Karriereweg und für
- Ihre Freude am Beruf!

Das Kassieren darf nicht der letzte Kontakt zum Gast sein, denn das Verabschieden ist genauso wichtig wie das Begrüßen. Ist der erste Eindruck oft der entscheidende, so ist der letzte oft der bleibende!

Helfen Sie den Gästen bei der Garderobe, bedanken Sie sich für den Besuch und verabschieden Sie Ihre Gäste freundlich am Restaurant-Ausgang.

5 Reklamationen

dealing with complaints *traitement (m) des réclamations*

Auch in bestgeführten Restaurationsbetrieben kommt es gelegentlich zu Beschwerden oder Reklamationen. In jedem Fall sind diese Beanstandungen ernst zu nehmen. Man muss sich sofort um die Probleme kümmern.

Die Qualität von Betrieben wird auch daran gemessen, wie dort mit Beschwerden umgegangen wird. Bedenken Sie bitte:

Jede Reklamationsbehandlung sollte als Werbechance um den Gast angesehen werden.

Es ist viel kostengünstiger, vorhandene Gäste richtig zu betreuen, als Zeit und Geld zu investieren, um immer wieder neue Gäste zu gewinnen.

Unter **Beschwerdemanagement** versteht man die Art und Weise, wie mit Reklamationen umgegangen wird.

Dieser Umgang sollte als eine sinnvolle Investition für die Erhaltung des zukünftigen Gästestamms verstanden werden. Beschwerden haben zwar immer eine negative Ursache, sie können aber zu einem positiven Ergebnis geführt werden.

Beim gastfreundlichen Beschwerdemanagement hat die Geschäftsführung verschiedene Instrumente ausgewählt, die je nach Situation eingesetzt oder angewendet werden können.

Vom Management ist im Voraus festzulegen, wer in welcher Situation welche Reaktionsinstrumente einsetzen sollte.

Reaktionsinstrumente:

- **Leistungstausch**, z. B. wird ein Filetsteak anstatt des reklamierten Rumpsteaks serviert oder ein Saibling statt einer Zuchtforelle
- **Nachbesserung**, z. B. wird das noch „blutige" Steak „medium" nachgebraten
- **Abhilfe**, z. B. wird die vergessene Sauce nachserviert
- **Schadenersatz**, z. B. werden die Kosten für die chemische Reinigung übernommen, wenn durch eine Unachtsamkeit der Mitarbeiter Bekleidung eines Gastes verschmutzt wurde
- **kleine Aufmerksamkeiten**, z. B. werden Werbegeschenke überreicht
- **Gutscheine**, z. B. für den Sonntags-Brunch
- **Erstattung der bereits bezahlten Rechnung**
- **persönlicher Anruf** des Chefs beim Gast
- **Entschuldigungsschreiben** der Direktion

Die Reaktionsinstrumente sollten großzügig vorgegeben und eingesetzt werden. Diese Großzügigkeit kostet das Unternehmen weniger als ein unzufriedener Gast, der mit negativer „Mund-zu-Mund-Propaganda" andere Gäste abschrecken könnte und selbst nie wiederkäme. So sollte beispielsweise die innerbetriebliche Regelung bestehen, dass für ein im Restaurant zurückgenommenes Gericht nicht bezahlt werden muss. Grundsätzlich sollte gelten:

Lieber ein Geschäft als einen Gast verlieren!

10 Empfehlungen bei Reklamationen

- Bleiben Sie ruhig, sachlich und höflich; sprechen Sie möglichst wenig, zeigen Sie Verständnis und unterbrechen Sie den Gast nicht!
- Diskutieren Sie nicht mit dem Gast! Widerspruch reizt den Gast noch mehr, belehren Sie ihn nicht!
- Entschuldigen Sie sich gleich, z. B. so: *„Es tut mir leid, dass Sie jetzt solche Unannehmlichkeiten haben – ich werde das sofort in Ordnung bringen!“*
- Schieben Sie die Schuld nicht auf andere Mitarbeiter oder Abteilungen. Gebrauchen Sie keine Ausreden. Das interessiert den Gast nicht!
- Zeigen Sie dem Gast, dass Sie ihn ernst nehmen. Lassen Sie den Gast sein Gesicht wahren! Behandeln Sie ihn mit Respekt.
- Reagieren Sie sofort. Sorgen Sie für Abhilfe oder fragen Sie den Gast, wie Sie ihn wieder zufrieden stellen können. Machen Sie konkrete Vorschläge dazu.
- Informieren Sie Ihren Vorgesetzten, der sich gegebenenfalls sofort um den Gast bemühen wird.
- Fühlen Sie sich nicht persönlich angegriffen. Bedanken Sie sich für Beschwerden als Chance zur Qualitätsverbesserung.
- Prüfen Sie nach, ob der Fehler behoben wurde. Vereinbaren Sie das weitere Vorgehen, falls nicht sofort reagiert werden kann.
- Übernehmen Sie Verantwortung für jede Reklamation, die Ihnen gegenüber geäußert wurde. Überdenken Sie die Ursache und beugen Sie künftigen Fehlern vor!

6 Rechtsvorschriften *laws* *référence (w) juridique*

Folgende Gesetze betreffen den Abschnitt **Verkaufsabläufe im Restaurant.** Diese können auf der dem Buch beiliegenden CD nachgelesen werden.

Kaufvertrag

Die §§ **433 ff. BGB** regeln die entgeltliche Veräußerung von Sachen und Rechten. Der Kaufvertrag unterliegt keinen Formvorschriften, die Schriftform ist aus Beweisgründen empfehlenswert.

Bewirtungsvertrag

Dieser ist kein ausdrücklich im Gesetz geregelter Vertrag. Deshalb werden die Vorschriften über den

- Kaufvertrag (**§§ 433 ff. BGB**), wenn es um die Ware geht
- Dienstvertrag (**§§ 611 ff. BGB**), wenn der Service betroffen ist
- Werkvertrag (**§§ 631 ff. BGB**),
- Werklieferungsvertrag (**§§ 651 ff. BGB**) und u. U. auch über das
- Mietrecht (**§§ 535 ff. BGB**)

angewendet. Der Bewirtungsvertrag beinhaltet weitgehend die Verpflegung des Gastes mit den Pflichten des Wirts und den Pflichten des Gastes.

Preisangabenverordnung – PAngV (Stand 3. Juli 2004)

§ 1 schreibt vor, dass Gastronomen/Hoteliers bei der Nennung von Preisen für ihr Angebot **Endpreise** anbieten müssen, also Preise einschließlich der Umsatzsteuer und sonstiger Preisbestandteile, wie z. B. Bedienungsgelder und Sektsteuer. Eventuell zusätzlich anfallende Versand- oder Lieferkosten sind anzugeben, wie z. B. bei Außer-Haus-Lieferungen, Stadtküchenservice oder Weinhandel.

§ 2 schreibt vor, (2) wer Letztverbrauchern gewerbsmäßig ... unverpackte Waren (lose Ware) anbietet (z. B. Kuchen im Außer-Haus-Verkauf), ... hat lediglich den Grundpreis (gemäß Abs. 3) anzugeben.

(3) Die Mengeneinheit für den Grundpreis ist jeweils 1 Kilogramm, 1 Liter ... der Ware. Bei Waren, deren Nenngewicht oder Nennvolumen üblicherweise 250 Gramm nicht übersteigt, dürfen als Mengeneinheit für den Grundpreis 100 Gramm oder Milliliter verwendet werden.

§ 7 dieser Verordnung schreibt vor, dass Gaststättenbetriebe

- die Preise in Preisverzeichnissen, z. B. Speisekarten, Menükarten, Getränkekarten, Weinkarten, anzugeben haben;
- die Preisverzeichnisse auf Tischen aufzulegen sind oder dem Gast bei Bestellungsannahme und auf Verlangen bei Abrechnung vorzulegen sind;
- einen Auszug der wesentlichen angebotenen Speisen und Getränke mit Preisen im Eingangsbereich der Gaststätte anzubringen haben.

Verordnung über die Kennzeichnung von Lebensmitteln – LMKV und Zusatzstoff-Zulassungsverordnung (Stand: 10. Nov. 2005)

Sie betreffen die Kenntlichmachung von Zusatzstoffen, wie z. B.: Konservierungsstoffe, Süßstoffe, Lebensmittel-Farbstoffe, Diphosphate, Schwefeldioxid, Chinin, Koffein ... auf Speisekarten, Aushängen u. Ä. Diese Hinweise sollen gastronomische Betriebe und Einrichtungen der Gemeinschaftsverpflegung, wie z. B. Kantinen, auf die erforderliche und richtige Deklaration von Zusatzstoffen aufmerksam machen und so Beanstandungen bei Betriebskontrollen vermeiden helfen.

Schadenshaftung des Gastwirts, BGB §§ 701 ff., Stand: 7. Juli 2005

Hier muss zwischen **Schankwirt** (z. B. Betreiber eines Pils-Pubs) und **Gastwirt** (Beherbergungswirt) unterschieden werden.

Ein Schankwirt haftet nur für eigenes Verschulden und das seiner Mitarbeiter.

Ein Gastwirt haftet darüber hinaus unter bestimmten Voraussetzungen.

§ 701 regelt, in welchen Fällen der Gastwirt (Hotelier) für eingebrachte Sachen seiner Übernachtungsgäste haftet und in welchen Fällen nicht.

§ 702 regelt die Höhe bzw. Beschränkung der Schadenshaftung des Gastwirts und beschreibt die Verpflichtung des Gastwirts Bargeld, Wertpapiere, Kostbarkeiten und andere Wertsachen zur Aufbewahrung zu übernehmen.

§ 702a regelt einen möglichen Erlass der Haftung des Gastwirts.

§ 703 verlangt vom Gast, einen Schaden unverzüglich geltend zu machen, damit dessen Anspruch nicht erlischt.

Pfandrecht des Gastwirts, BGB, § 704

§ 704 BGB: Der Gastwirt hat für seine Forderungen für Wohnung und andere dem Gaste zur Befriedigung seiner Bedürfnisse gewährte Leistungen, mit Einschluss der Auslagen, ein Pfandrecht an den eingebrachten Sachen des Gastes. Die für das Pfandrecht des Vermieters geltenden Vorschriften des § 562 Abs. 1 Satz 2 und der §§ 562 a bis 562 d finden entsprechende Anwendung.

Fundsachen/liegengelassene Sachen im Gastgewerbe, BGB, §§ 965 bis 971

Im Gastgewerbe unterscheidet man zwischen Fundsachen und liegengelassenen Sachen. Eingebrachte Güter von Übernachtungsgästen eines Gasthofs/Hotels sind grundsätzlich liegengelassene Sachen, wenn sie vergessen wurden. Der Gastwirt hat solche Sachen unentgeltlich aufzubewahren und ggf. den Gast zu benachrichtigen. Der Gastwirt hat keinen Anspruch auf einen Finderlohn, jedoch kann er sich seine Kosten zur Benachrichtigung des Gastes erstatten lassen. Fundsachen kommen nur im öffentlichen Bereich des Betriebs vor, der auch von Passanten benutzt wird, wie z. B. der Restaurantbereich oder die Bankettabteilung. **§§ 965 ff. BGB** regeln die Pflichten des Finders und dessen Rechte, wie z. B. den Anspruch auf Finderlohn.

§ 965 regelt die Anzeigepflicht des Finders bei Sachen, deren Wert zehn Euro übersteigt.

§ 966 schreibt vor, dass der Finder die Sache verwahren muss, und regelt die Vorgehensweise bei verderblichen Sachen.

§ 967 regelt die Ablieferungspflicht der Sache oder eines Versteigerungserlöses an die zuständige Behörde.

§ 968 regelt den Umfang der Haftung durch den Finder. Der Finder hat nur Vorsatz und grobe Fahrlässigkeit zu vertreten.

§ 969 besagt: Der Finder wird durch die Herausgabe der Sache an den Verlierer auch den sonstigen Empfangsberechtigten gegenüber befreit.

§ 970 legt fest, dass sich der Finder einer Sache Aufwendungen, die bei der Verwahrung oder Erhaltung der Sache oder bei der Ermittlung eines Empfangsberechtigten entstanden sind, vom Empfangsberechtigten erstatten lassen kann.

§ 971 regelt die **Höhe des Finderlohns**, den der Finder, z. B. der Gastwirt, vom Empfangsberechtigten/Verlierer, z. B. dem Nicht-Übernachtungs-

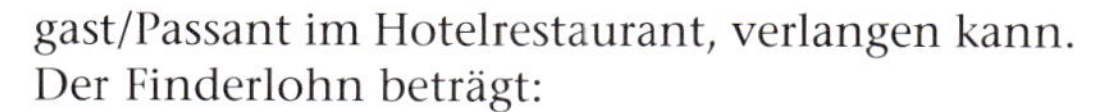

gast/Passant im Hotelrestaurant, verlangen kann. Der Finderlohn beträgt:

Vom Wert der Sache **bis 500 Euro: 5 %.** Übersteigt der Wert der Sache diesen Betrag, so sind vom **Mehrwert 3 %** zu leisten. Bei **Tieren** stehen 3 % Finderlohn zu.

Der Anspruch des Finders ist ausgeschlossen, wenn er die Anzeigepflicht verletzt oder den Fund auf Nachfrage verheimlicht.

Garderobenhaftung, BGB, § 688 ff.

Der **Schank- oder Speisewirt** haftet für die Garderobe seiner Gäste nur dann, wenn ihm oder seinen Leuten schuldhaftes Handeln zugerechnet werden kann. Der Bewirtungsgast ist grundsätzlich für die Beaufsichtigung seiner Garderobe selbst zuständig. Dies gilt nicht, wenn der Wirt darauf besteht, dass die Garderobe an einem nicht einsehbaren Ort abzulegen ist. Bei einer bewachten Garderobe mit entgeltlicher Verwahrung haftet der Wirt/der Garderobenpächter für alle Schäden. Es gelten die Regelungen des Verwahrungsvertrags **(§§ 688 ff. BGB).** Bei unentgeltlicher Verwahrung von Garderobe haftet der Schank- oder Speisewirt nur bei grober Fahrlässigkeit und Vorsatz. Dem Wirt muss ein Verschulden nachgewiesen werden.

Gaststättengesetz

§ 18 Sperrzeit:

(1) Für Schank- und Speisewirtschaften sowie für öffentliche Vergnügungsstätten kann durch Rechtsverordnung der Landesregierungen eine Sperrzeit allgemein festgesetzt werden. In der Rechtsverordnung ist zu bestimmen, dass die Sperrzeit bei Vorliegen eines öffentlichen Bedürfnisses oder besonderer örtlicher Verhältnisse allgemein oder für einzelne Betriebe verlängert, verkürzt oder aufgehoben werden kann. Die Landesregierungen können durch Rechtsverordnung die Ermächtigung auf oberste Landesbehörden oder andere Behörden übertragen.

§ 28 Ordnungswidrigkeiten:

(1) Ordnungswidrig handelt, wer vorsätzlich oder fahrlässig ohne die nach § 2 Abs. 1 erforderliche Erlaubnis

1. ein Gaststättengewerbe betreibt, ... ,

12. den Vorschriften einer auf Grund der §§ 14, **18 Abs. 1,** ... erlassenen Rechtsverordnung zuwider handelt, soweit die Rechtsverordnung für einen bestimmten Tatbestand auf diese Bußgeldvorschrift verweist.

(2) Ordnungswidrig handelt auch, wer

1. entgegen § 6 Satz 1 keine alkoholfreien Getränke verabreicht oder entgegen § 6 Satz 2 nicht mindestens ein alkoholfreies Getränk nicht teurer als das billigste alkoholische Getränk verabreicht, ...

4. als Gast in den Räumen einer Schankwirtschaft, einer Speisewirtschaft oder einer öffentlichen Vergnügungsstätte über den Beginn der Sperrzeit hinaus verweilt, obwohl der Gewerbetreibende, ein in seinem Betrieb Beschäftigter oder ein Beauftragter der zuständigen Behörde ihn ausdrücklich aufgefordert hat, sich zu entfernen.

(3) Die Ordnungswidrigkeiten können mit einer **Geldbuße bis zu fünftausend Euro** geahndet werden.

Landesnichtraucherschutz-Gesetz

Die Gesetzgebung hierzu obliegt den einzelnen Bundesländern. Gültig ist z. B. seit 1. August 2007 im Bundesland Baden-Württemberg folgendes Gesetz (Auszug):

§ 1 regelt die Zweckbestimmung: Ziel ist, dass in Schulen sowie bei schulischen Veranstaltungen in Gaststätten nicht geraucht wird.

§ 7 regelt die Rauchfreiheit in Gaststätten und **untersagt das Rauchen in Gaststätten.** Dieses gilt nicht für Bier-, Wein- und Festzelte sowie die Außengastronomie, z. B. Biergärten, Terrassengeschäfte, Straßencafés und nicht für die im Reisegewerbe betriebenen Gaststätten, z. B. Bahnhofsgaststätten.

Das Rauchen in vollständig abgetrennten Nebenräumen ist zulässig, wenn und soweit diese Räume in deutlich erkennbarer Weise als Raucherräume gekennzeichnet sind. Dies gilt nicht bei Diskotheken.

Arbeitsschutzrechtliche Bestimmungen bleiben unberührt.

§ 9 Die Ordnungswidrigkeit nach Absatz 1 kann mit einer **Geldbuße bis zu 40 Euro** und im innerhalb eines Jahres erfolgenden Wiederholungsfall mit einer Geldbuße **bis zu 150 Euro** geahndet werden.

Weitere Landesgesetze sowie Aktualisierungen finden Sie auf unseren Internetseiten www.hotel-restaurant-kueche.de.

Aufgaben

1 Geben Sie drei Beispiele, inwiefern „soziale Bedürfnisse“ der Gäste in der Gastronomie zu beachten sind.

2 Nennen Sie vier positive Eigenschaften, die dem Service-Mitarbeiter helfen, den Restaurantbesuch des Gastes zu einem Qualitätserlebnis werden zu lassen.

3 Nennen Sie vier typische Schwachstellen im Service, die zu Reklamationen führen können.

4 Sie bedienen in Ihrer Station eine Familie mit Kleinkindern. Nennen Sie vier Maßnahmen, mit denen Sie dazu beitragen können, dass der Restaurantbesuch nicht nur den Eltern in positiver Erinnerung bleibt.

5 Entwickeln Sie ein druckreifes Formblatt, das zur vollständigen Annahme von Tischreservierungen verwendet werden kann.

6 Wie viele Alternativen sollten Sie aufzählen, wenn Sie Ihren Gästen Empfehlungen geben?

7 Man kann Gästen Empfehlungen geben und man kann Gäste beraten. Worin unterscheiden sich diese Verkaufsaktivitäten?

8 Es ist unangenehm, wenn man die Gäste fragen muss, wer denn was bestellt hat. Wie kann man das vermeiden?

9 Nennen Sie sieben Sparten bzw. Umsatzbereiche, die Sie durch aktives Verkaufen mit interessanten Zusatzumsätzen versehen können.

10 Der Gast bittet um seine Restaurant-Rechnung. Schildern Sie den Ablauf bis zum Kassieren der Rechnung.

11 Erklären Sie den Zusammenhang zwischen Ihrem professionellen Verhalten im Service und der Zufriedenheit Ihrer Gäste.

12 Nennen Sie sechs „Reaktionsinstrumente“, die Sie bei Reklamationen im Restaurant anwenden oder einsetzen könnten.

13 Mit welchen Verhaltensweisen kann es Ihnen gelingen, die schwierige Aufgabe der Reklamationsbehandlung noch besser zu meistern?

14 Erklären Sie, warum eine großzügige Reklamationsbehandlung einer kleinlichen vorzuziehen ist.

15 Üben Sie mit einem Partner in einem Rollenspiel, mit welchen Formulierungen und Reaktionsinstrumenten Sie auf die Reklamation Ihres Partners antworten.

Projekt

Aktionswoche „Spargel und Wein“

Mit einer Aktionswoche zum Thema „Spargel und Wein“ möchte der F & B-Manager des Hotels Arberblick im hoteleigenen Restaurant „Waldlerstube“ (100 Sitzplätze) den Abendverkauf beleben. Die Auszubildenden Marianne und Max sind beauftragt, bei Planung und Vorbereitung mitzuhelfen.

Zeitraum

Schlagen Sie die günstigste Kalenderwoche für die Aktion vor.
Welche Faktoren berücksichtigen Sie dabei?

Tragende Marketing-Idee

Mit welchem Slogan wollen Sie für die Aktionswoche werben?

Gästekreis

Welche Zielgruppen wollen Sie ansprechen und gewinnen?

Marketing-Instrumente Angebot und Preis

1. Entwerfen Sie eine „Spargel und Wein“-Karte mit zehn Spargelgerichten und fünf korrespondierenden deutschen Weinen im offenen Ausschank.
2. Entwerfen Sie zwei 4-gängige Spargelmenüs, die als Menüempfehlung während dieser Woche geeignet sind.
3. Welche Tisch- und Raumdekoration planen Sie? Wie viel € wird sie kosten?
4. Mit welcher Art von Musik im Restaurant wollen Sie Ihre Gäste-Zielgruppen unterhalten? Wie viel € wird dies kosten?
5. Überlegen Sie, welche Unternehmen oder Verbände Kostenanteile durch Sponsoring übernehmen könnten.
6. Mit welchem Preis pro Gast planen Sie, wenn die Kosten für Musik und Dekoration auf die Gäste umgelegt werden?

Marketing-Instrumente Verkaufsförderung, Öffentlichkeitsarbeit und Werbung

1. Mit welchen Maßnahmen der Verkaufsförderung wollen Sie im Hotel auf die Aktionswoche hinweisen?
2. Mit welchen Maßnahmen der Öffentlichkeitsarbeit wollen Sie vor und während der Aktionswoche auf Ihr Restaurant aufmerksam machen?
3. Für welche Werbemaßnahmen werden Sie sich entscheiden? Welche Medien sollen dabei die Werbebotschaft überbringen? Begründen Sie kurz.
4. Entwerfen Sie einen Werbebrief (1 Seite) an Stammgäste, der als Serienbrief auf dem PC geschrieben werden soll.

EMPFEHLUNG UND VERKAUF VON SPEISEN

Wesentliche Aspekte beim gastorientierten Arbeiten sind die Gästeberatung und das Verkaufsgespräch. Um Gäste entsprechend gut beraten zu können, um bei ihnen schon mit Worten den Appetit anzuregen, sind grundlegende Produktkenntnisse notwendig. Zubereitungen und Gerichte, die für die Gästeberatung und Verkaufsförderung wichtig sind, werden nachfolgend behandelt, erklärt und beispielhaft mit verkaufsfördernden Empfehlungen präsentiert.

Mit Geschick und „verführerischen" Erläuterungen lassen sich Gäste motivieren, bestimmte Gerichte zu bestellen. Je mehr Appetit die Vorschläge der Servicemitarbeiter beim Gast auslösen, desto größer ist die Chance, gezielt zu verkaufen. Dabei muss allerdings darauf geachtet werden, dass man dem Gast nichts aufzwingt. So sollte am Ende beim Gast immer das Gefühl vorhanden sein, dass er seine Entscheidung alleine getroffen und das Gericht selbst bestellt hat.

Redewendungen, die bei der Gästeberatung verwendet werden können, sind durch das nebenstehende Symbol gekennzeichnet. Viele Redewendungen kann man in leicht abgewandelter Form auch bei der Präsentation von Speisen oder einzelnen Menügängen nutzen.

1 Vorspeisen *appetizers* *hors d'œuvres (m)*

Mit Vorspeisen sind kleine Gerichte gemeint, die vor der Suppe gereicht werden.

Kalte Vorspeisen werden als kleine appetitanregende Speisen in mehrgängigen Menüs zur kulinarischen Einstimmung angeboten. Bei Stehempfängen bevorzugt man kleine kalte und warme Köstlichkeiten in Form von Fingerfood.

Amuse gueule bzw. amuse bouche werden wie auch Fingerfood an späterer Stelle genauer beschrieben (s. S. 409).

1.1 Kalte Vorspeisen

cold appetizers

hors d'œuvres froids (m)

Vorspeisen sind sehr vielfältig, weil sie aus fast allen Lebensmitteln hergestellt werden können.

Kalte Vorspeisen werden im Rahmen einer Speisenfolge immer an **erster Stelle** gereicht. Da sie ein angenehmer Auftakt zu einem Menü sein sollen, müssen sie wichtigen Anforderungen gerecht werden:

- in der Menge nicht zu umfangreich,
- sorgfältig ausgewählte, zarte Rohstoffe, die auf die nachfolgenden Speisen harmonisch abgestimmt sind,
- appetitanregend, geschmackvoll angerichtet und ansprechend garniert.

Beispiel für eine kalte Vorspeise

Abb.1 Kalte Vorspeise auf Porzellanplatte

Mit Worten Appetit machen

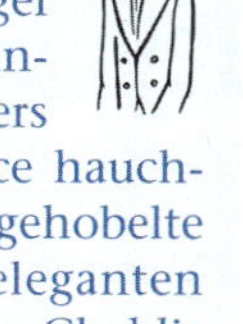

Wir servieren Ihnen einen gekochten **Langustenschwanz** mit grünem, leicht in Butter gebratenem Spargel und mild mariniertem Löwenzahnsalat mit rotem Chicoree. Besonders delikat ist der kurz vor dem Service hauchdünn über das Vorspeisengedicht gehobelte schwarze Trüffel. Zu dieser eleganten Vorspeise empfehle ich Ihnen einen Chablis AOC, Domaine Carrion. Es ist ein schön trockener, weißer Burgunder mit frischem Charakter, der sehr gut mit Languste und Spargel harmoniert.

Rohstoffbeispiele für kalte Vorspeisen

Es gibt kaum ein Lebensmittel, das nicht im Rahmen der **kalten Vorspeisen** Verwendung findet. In Verbindung mit den vielfältigen Zubereitungs-, Kombinations- und Garniermöglichkeiten ergibt sich eine sehr große Fülle von kalten Vorspeisen.

Gemüse und Obst

- Artischocken, Gurken, Spargel, Tomaten und andere Gemüse
- Avocado, Grapefruit, Melone, Kürbis
- Exotische Früchte

Fische sowie Krebs- und Weichtiere

- Forelle, Graved Lachs, Räucheraal, Räucherlachs, Heilbutt
- Matjeshering, Sardinen, Sprotten, Thunfisch
- Kaviar (verschiedene Sorten)
- Garnelen, Hummer, Krabben, Krebse, Langusten, Scampi, Shrimps
- Austern, Muscheln, Tintenfisch

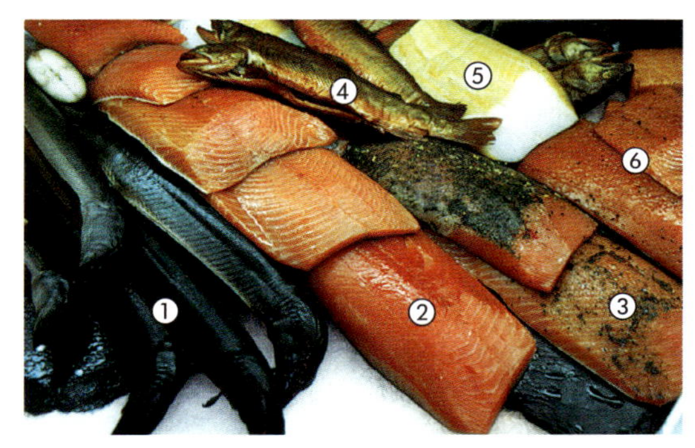

Abb. 1 Geräucherte und gebeizte Fische: ① Aal, ② Lachs, ③ Graved Lachs, ④ Forellen, ⑤ Heilbutt, ⑥ Bückling

Schlachtfleisch

- Gebratenes Roastbeef, Braten von Kalb und Schwein
- Medaillons von Kalb und Schwein
- Tatar (rohes Filetfleisch), Hackepeter oder Schweinemett (gewürztes, rohes Schweinefleisch)
- Rohe und gekochte Schinken, Bündner Fleisch
- Erlesene Wurstwaren und Innereien

Geflügel und Wildgeflügel

- Gekochtes und gebratenes Huhn, Putenschinken
- Gebratene Entenbrust
- Geräucherte Gänsebrust
- Leber von Enten und Gänsen
- Geflügelgalantinen
- Fasanenterrine, gefüllte Wachteln
- Gebratene Brust von Rebhuhn und Fasan

Wild

- Braten und Medaillons von Reh und Hirsch
- Rehrücken im Ganzen gebraten und garniert
- Hasen- und Rehpastete
- Wildschwein- und Hirschschinken

1.2 Arten von kalten Vorspeisen

Kalte Vorspeisen können eingeteilt werden in:
- Canapés
- Vorspeisen-Cocktails
- Erlesene Delikatessen
- Kombinierte Salate
- Vorspeisenkompositionen auf Tellern

Canapés

canapés (GB) *canapés (m)* (F)

Canapés sind kleine, unterschiedlich belegte, mundgerecht zubereitete und dekorativ garnierte Appetitschnittchen auf verschiedenen, zum Teil getoasteten Brotscheiben. Hierzu gehören auch die italienischen Bruschetta, Brotscheibchen mit würzigem Aufstrich oder Belag.

Abb. 2 Platte mit Canapés

Vorspeisen-Cocktails

entrées cocktails (GB)

cocktails (m) comme hors d'œuvre (F)

Vorspeisencocktails stellt man aus Obst, Gemüse, Krebs- und Weichtieren sowie Fisch und Fleisch her. Die Zutaten für Cocktails werden in der Regel in Würfel geschnitten und mit einer pikant abgeschmeckten Sauce (s. S. 333) vermischt oder überzogen (nappiert). Die Cocktails werden einzeln in Gläsern oder Schalen angerichtet und gut gekühlt serviert.

Vorspeisen-Cocktails können auch am Tisch des Gastes zubereitet werden.

Abb. 1 Cocktail mit Hühnerbruststreifen und Cocktail mit Garnelen

Restaurantfachkräfte sollen in der Lage sein, Gästeberatungen durchzuführen, um mit Worten den Gästen Appetit zu machen. Als Beispiel dienen hierzu das nachfolgende Rezept sowie die Zubereitungsbeschreibungen.

Geflügel-Cocktail

Bedarf für 10 Portionen

500 g gekochte Hühnerbrust
250 g Filets von rosa Grapefruits
200 g gedünstete Champignons
200 g grüne Paprikastreifen
5 g Zitronensaft
200 g Mayonnaise
100 g Schlagsahne
Salz, Pfeffer, Weinbrand, Chilisauce, Estragonblätter, 10 Tomatenfächer, Rucolasalat

Vorbereiten

- Hühnerbrust teilweise in Würfel und für die Garnierung auch in Scheiben schneiden.
- Paprika in Streifen, Champignons in Scheiben und Grapefruitfilets in Würfel schneiden.
- Alle geschnittenen Zutaten mit einer Mischung aus Salz, Pfeffer und Zitronensaft marinieren.

Anrichten

- Die Gläser mit dem gewaschenen Rucolasalat auslegen.
- Darauf die marinierten Zutaten geben und mit einer angerührten Sauce aus Mayonnaise, Schlagsahne, Chilisauce, Weinbrand und geschnittenem Estragon überziehen.
- Als Garnitur Tomatenfächer und Hühnerbrustscheibchen auflegen.

Mit Worten Appetit machen

Geflügel-Cocktail

Als leichte Vorspeise möchte ich Ihnen einen Geflügelcocktail anbieten, kombiniert aus gekochter Hühnerbrust, vitaminreichen Paprikastreifen und rosa Grapefruit mit einer dezent-pikanten Sauce. Falls Sie den Cocktail lieber mit einer Cocktailsauce wünschen, ist dies auch möglich.

Mit Worten Appetit machen

Grapefruit-Cocktail

… eine erfrischende Kombination aus Filets von Grapefruit und Schinkenstreifen zusammen mit einer Sauce aus Joghurt, Salz, Pfeffer, Wodka und Worcestershire-Sauce, garniert mit Mandarinenspalten und gerösteten Pinienkernen.

Mit Worten Appetit machen

Krebs-Cocktail

… ein Cocktail mit besonderer Note durch frisch gekochte, geschälte Krebsschwänze und -scheren, die mit Noilly Prat, Zitronensaft und schwarzem Pfeffer mariniert sind. Diese werden zusammen mit kleinen Würfeln aus Tomatenfruchtfleisch, Salatgurke und etwas Cocktailsauce vermischt auf Friséesalat angerichtet. Mit den Krebsscheren ist der Cocktail garniert.

Erlesene Delikatessen

exquisite delicacies

délicatesses (w) exquisites

Unter erlesenen Delikatessen versteht man die selbstproduzierten oder in Manufakturen hergestellten Feingerichte wie

- Pasteten,
- Terrinen,
- Galantinen,
- Parfaits und Mousses

aus Gemüse, Fisch sowie Krebs- und Weichtieren, Geflügel, Wild und Fleisch.

Abb. 1 Festliche Platte mit erlesenen Delikatessen

Beispiele

Pasteten sind mit Teig umhüllte Feinkostgerichte, die in speziellen Pastetenformen im Ofen gebacken und deshalb auch als Krustenpasteten bezeichnet werden. Den Namen erhalten die Pasteten durch das verwendete Rohmaterial wie zum Beispiel Kalb, Wildschwein, Reh.

Terrinen sind Feingerichte aus Gemüse, Schlachtfleisch, Geflügel, Wild oder Wildgeflügel. Die fein verarbeitete Grundmasse wird mit bunten Einlagen versehen, um nach dem Garen ein schönes Schnittbild zu erhalten.

Galantinen sind Feingerichte, bei denen eine bunte Farce den Kern bildet und Fisch oder Fleisch die äußere Hülle. Das Gericht ist immer pochiert und wird mit passenden Saucen serviert.

Parfaits werden meist aus teuren Zutaten hergestellt wie z. B. Enten- oder Gänseleber mit Trüffeln. Man spricht dann von einem getrüffelten Gänseleber-Parfait.

Mousses werden aus entsprechenden Pürees in Verbindung mit Veloutées oder Béchamelsauce (s. S. 332) hergestellt. Schlagsahne dient zur Lockerung, und durch Zugabe von Gelatine wird die Mousse schnittfest.

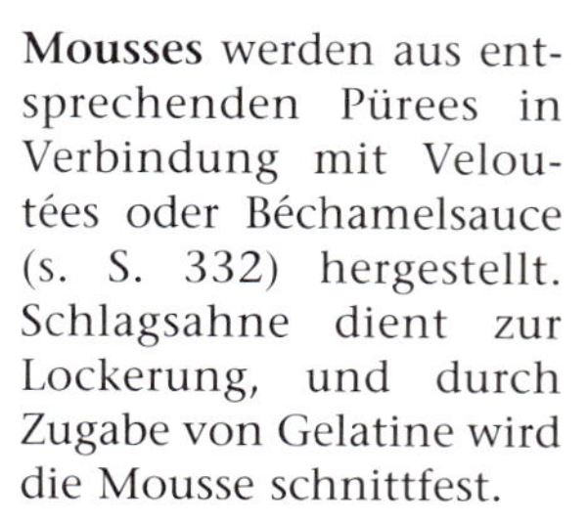

Kombinierte Salate

salad variations

variations (w) de salades

Diese Salate werden aus mehreren Zutaten kombiniert bzw. geschmacklich harmonisch zusammengestellt.

Restaurantfachkräfte sollen in der Lage sein, Gästeberatungen durchzuführen, um mit Worten den Gästen Appetit zu machen. Als Beispiel dienen die folgenden Rezepte und Zubereitungsbeschreibungen.

Geflügelsalat

Bedarf für 10 Portionen

800 g	Geflügelfleisch gegart
250 g	Staudensellerie in Würfeln
250 g	Apfel in Würfeln
300 g	Mayonnaise oder Crème fraîche
100 g	geschlagene Sahne
	Salz, Zitrone,
	Worcestershire-Sauce,
	weißer Pfeffer

- Gebratene oder gekochte Hühnerbrust in Würfel schneiden, mit den Würfeln von Staudensellerie und Äpfeln mischen und mit Zitrone beträufeln,
- aus Mayonnaise, Schlagsahne und Gewürzen ein Dressing rühren und den Salat damit abbinden,
- den Salat auf Toast oder Glasschälchen anrichten und mit Tranchen von gebratenem Geflügel und zartgrünen Sellerieblättern garnieren.

Mit Worten Appetit machen

Der Geflügelsalat, eine milde, leichte Kombination aus gekochter zarter Hühnerbrust mit knackigem Staudensellerie und fein säuerlichen Äpfelstückchen. Er gilt als der ideale Appetitanreger. Auf Wunsch können wir ihn auch mit Joghurt anstelle von Mayonnaise zubereiten.

Teufelssalat

- Gegartes Rindfleisch, Bratenabschnitte oder Zunge in Streifen schneiden,
- Paprikaschoten und Essiggurken ebenfalls in Streifen schneiden,
- grüne Bohnen kochen und sofort kalt abschrecken,
- alle Zutaten mit den Zwiebelringen vermischen und mit der aus den übrigen Rezeptzutaten bereiteten Sauce marinieren und abschmecken,
- mit hart gekochten Eiern, Zwiebelringen, Oliven, Maiskölbchen oder Perlzwiebeln garnieren.

Bedarf für 10 Portionen

800 g Rindfleisch gekocht
400 g grüne und rote Paprika
150 g Essiggurken
150 g Zwiebelringe
200 g grüne Bohnen
300 g Ketchup
50 g Salatöl
40 g Meerrettich gerieben
Salz, Pfeffer, Tabasco, Zucker, Zitrone

Mit Worten Appetit machen

Empfehlenswert ist unser pikant-würziger Teufelssalat aus Rindfleisch und Pökelzunge mit vitaminreichen Streifen von frischen Paprikaschoten, Essiggurken und Zwiebelringen, vermischt mit einer pikanten Sauce.

Abb. 1 Salat von Staudensellerie, Äpfeln, Walnüssen, mit Mayonnaise, Salz, Pfeffer, Zitrone und Worcestershire-Sauce

Abb. 2 Gemüse-Reis-Salat mit Friseesalat und marinierten Garnelen

Vorspeisenkompositionen auf Tellern

dishes with appetizer compositions *assiettes (w) avec hors d'œuvres (m) assorties*

Heute werden kalte Vorspeisen vielfach im Voraus zusammen mit Saucen und Beilagen auf Tellern aus Porzellan oder Glas angerichtet. Dabei sind die Teller nicht mehr nur rund, sondern quadratisch, rautenförmig, rechteckig, dreieckig oder oval. Dies bedeutet für das Servicepersonal eine neue Herausforderung beim Tragen und Einsetzen der Vorspeisen.

Mit Worten Appetit machen

Mit diesem Gericht erleben Sie eine ideale Kombination von frischer **Languste** und **Avocado.** Ein Avocadomousse ist in einer hauchdünnen Teigschale angerichtet; ein Avocadobogen wird auf dem Grill zubereitet und mit Zitronenrahm umgeben.

Als Besonderheit möchten wir Ihnen das **Thunfischtatar auf Brioche-Scheibe** empfehlen nebst einer Nocke mit frischen Kräutern, einem Wachtelei und einer bunten Salatsauce aus Zitronengras mit Olivenöl. Dazu reichen wir getoastete Brioche-Ecken.

Auf die gelungene Variante von **Lamm und Ziegenkäse** möchte ich Sie gerne hinweisen. Hauchdünne Scheiben vom Lammrücken werden mit Limonensaft und schwarzem Pfeffer gewürzt. Dazu reichen wir ein Salatbouquet mit Käsenocken und Lammfilet im Teigmantel.

Aufgaben

1 Entwerfen Sie aus der Kurzbeschreibung und den beigestellten Abbildungen eine appetitanregende Formulierung zur Empfehlung an Ihre Gäste.

Artischockenboden, Geflügelfleisch, Paprika, Garnelen

Rehmedaillon, Gänselebermus, Orangenfilet, Himbeere

2 Nennen Sie sechs Beispiele von kalten Vorspeisen.

3 Was versteht man unter Canapés und kombinierten Salaten?

4 Nennen Sie verschiedene Teller- und Portionsplattenformen für Vorspeisen.

5 Nennen Sie fünf Arten von erlesenen Delikatessen.

6 Erläutern Sie in kurzen Worten deren Unterschiede.

2 Suppen — soups — potages (m)

Der Stellenwert der Suppen hat sich verändert – weg vom reinen Sattmacher hin zu Genuss und Vielfalt.

Heute bieten sie eine Gelegenheit, Fantasie und Kreativität walten zu lassen, und sind gleichberechtigter und wichtiger Bestandteil eines Menüs.

Suppen unterteilt man in folgende Gruppen:

- Klare Suppen
- Gebundene Suppen
- Kalte Suppen

2.1 Klare Suppen

clear soups — *potages (m) clairs*

Die Namen von Brühen werden von den geschmackgebenden Ausgangsrohstoffen bestimmt.

- Fleisch → Fleischbrühe
  meat stock — *bouillon (m)*
- Fisch → Fischbrühe
  fish stock
  fumet de poisson (m)
- Wild → Wildbrühe
  venison stock
  fond de gibier (m)
- Geflügel → Geflügelbrühe
  chicken stock
  fond de volaille (m)

Bei klaren Suppen unterscheidet man nach der Intensität in

- Fleischbrühe – Bouillon
- Kraftbrühe – Consommé
- Doppelte Kraftbrühe – Consommé double
- Essenzen – Essence

Kraftbrühen – Consommés werden durch Beigabe von zusätzlichem Fleisch geklärt und geschmacklich verstärkt.

Verdoppelt man die Fleischzugabe, so erhält man die **doppelte Kraftbrühe – Consommé double.**

Wird eine doppelte Kraftbrühe stark eingekocht (reduziert), entsteht eine **Essenz.** Beispiele sind Fasanenessenz, Forellenessenz.

Als **Einlagen** für klare Suppen dienen verschiedenartige Rohstoffe und unterschiedliche Zubereitungen:

Gemüse
- Sellerie, Karotten und Lauch
- Tomatenfleischwürfel, Paprikastreifen, Spargelspitzen, Blumenkohlröschen, Trüffel

Getreide
- Reis, Mais, Hirse, Grieß und Grießklößchen
- Nockerl, Spätzle und andere Teigwaren
- Biskuitschöberl, Backerbsen, Maultaschen
- Pfannkuchenstreifen (Célestine) und Backteigkrapfen (Profiteroles)

Als Einlagen empfehlen wir:

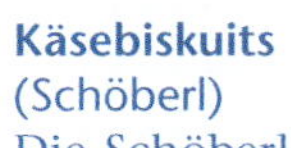

Eierstich (Royale)
Eierstich besteht aus einer Mischung von Ei und Milch, die durch schonendes Garen im Wasserbad zu einer zarten Masse stockt und danach in Würfel, Rauten oder Scheibchen geschnitten wird.

Käsebiskuits (Schöberl)
Die Schöberl sind eine besonders pikante Suppeneinlage der österreichischen Küche aus würzigem, goldgelb gebackenem ungezuckertem Biskuit mit feinem Reibkäse.

Pfannkuchenstreifen (Célestines)
Pfannkuchenstreifen sind geschnittene, goldgelb gebackene Pfannkuchen, die zusammen mit frisch gehackten Küchenkräutern zu einem wahren Geschmackserlebnis werden.

Eier
- Eigelb, Eierflocken und Eierstich (Royale)
- pochiertes bzw. verlorenes Ei

Fleisch
- Mark-, Leber- und Kalbfleischklößchen
- Rind-, Kalb-, Geflügel- und Wildfleisch

Fisch
- Nockerl, Klößchen und Streifen von Fisch
- Fleisch von Weich- und Krebstieren

Gemüse in Streifen *(Juliennes)*, Würfeln *(Brunoise)* oder in Rauten geschnitten werden meist nur in klaren Suppen serviert.

Fischnocken bestehen aus oval geformter und pochierter delikater Fischfarce, für klare und gebundene Suppen geeignet.

Brotkrusteln *(Croutons)*
Knusprig geröstete Weißbrotwürfel serviert man meist zu gebundenen Suppen.

Abb. 1 Juliennes, Brunoise und Rauten aus Gemüse

2.2 Gebundene Suppen 🇬🇧 *cream soups* 🇫🇷 *potages (m) liés*

Bei gebundenen Suppen erhalten entsprechende Brühen eine Bindung durch Mehlschwitze (Roux) aus Butter und Mehl oder durch gemixte/fein passierte Pürees des Suppengrundstoffs. Die Farbe der Suppe wird durch den verwendeten Rohstoff und durch die Zubereitungsart bestimmt. Gegarte Teilchen der geschmackgebenden Rohstoffe bilden vielfach die Einlage für diese Suppen. Sie werten die Suppe optisch und geschmacklich auf.

Wir bieten folgende Arten an:

Cremesuppen/Rahmsuppen, mit flüssigem Rahm oder geschlagener Sahne

Abb. 2 Zweierlei Spargelrahmsuppen

Samtsuppen/Legierte Suppen, legiert/gebunden mit Sahne und Eigelb

Abb. 3 Legierte Morchelsuppe mit Estragon

Schaumsuppen, aufgeschäumt mit Sahne oder untergehobener Schlagsahne

Abb. 4 Fenchelsuppe mit Lachsröllchen

Mit Worten Appetit machen

Gönnen Sie sich doch mal das Extravagante. Frischen weißen und grünen Spargel zusammen als Cremesuppe angerichtet.

Wir empfehlen Ihnen heute als jahreszeitliche Spezialität unsere legierte Suppe von frischen Morcheln mit Estragonstreifen.

Als besondere Delikatesse offerieren wir Ihnen eine aufgeschäumte Fenchelsuppe mit Röllchen vom zarten Räucherlachs mit gerösteten Mandelblättchen.

2.3 Kalte Suppen

cold soups *soupes (w) froides*

Kalte Suppen werden in Form von Kaltschalen, geeisten Kraftbrühen oder kalten gebundenen Suppen vorzugsweise an heißen Sommertagen angeboten.

Kaltschalen

Kaltschalen enthalten als namengebende Zutat Früchte der Saison, die, in kleine Stücke geschnitten oder püriert, mit Zuckersirup (Läuterzucker), Wein oder entsprechendem Fruchtsaft vermischt werden. Je nach der verwendeten Frucht wird mit mehr oder weniger Zitronensaft abgeschmeckt.

Abb. 1 Geeiste Melonensuppe

Mit Worten Appetit machen

An diesen heißen Sommertagen bieten wir Ihnen eine köstlich-kühle **Melonensuppe** zur Erfrischung an.

Kaltschalen werden gut gekühlt in Suppentellern, Pozellanschalen oder in Gläsern serviert.

Geeiste Kraftbrühen

Vorwiegend aus Rindfleisch zubereitet, müssen geeiste Kraftbrühen glasklar, fettfrei und gut gewürzt sowie in leicht geliertem Zustand sein. Möglich sind auch Kraftbrühen aus Gemüse.

Abb. 2 Geeiste Tomatenkraftbrühe

Mit Worten Appetit machen

Wegen der hohen Temperaturen hat unser Küchenchef zu Ihrer Erfrischung eine **geeiste Tomatenkraftbrühe** mit Staudensellerie und Tomatenfleischstücken zubereitet.

Kalte gebundene Suppen

Kalte gebundene Suppen sind im Allgemeinen pürierte Suppen z. B. aus Kartoffeln (Vichyssoise) oder Gemüsen (Gazpacho), die mit Sahne oder Joghurt bzw. Essig und Öl sowie mit frischen Kräutern verfeinert werden.

Abb. 3 Kalte Suppen aus Spanien (Gazpacho) und Frankreich (Vichyssoise)

Mit Worten Appetit machen

Heute haben Sie die Wahl zwischen zwei Klassikern der kalten Suppen. Einmal ist da die **Gazpacho** aus Spanien. Sie ist zubereitet aus Salatgurke, Tomaten, Paprika, einem Hauch von Knoblauch und Zwiebeln. Sie wird mit Würfeln von Gemüse serviert.

Die zweite Köstlichkeit ist die **Vichyssoise** aus Frankreich, eine leichte Lauch-Kartoffelsuppe, mit Sahne verfeinert. Sie wird mit einem kleinen Toastscheibchen mit Sauerrahm und echtem Kaviar serviert.

2.4 Regionalsuppen

regional soups
potages (m) régionaux

Suppen, die aus einer bestimmten Region Deutschlands stammen, bezeichnet man als Regionalsuppen. Bodenständige Erzeugnisse oder die besondere Verarbeitung der Naturalien bestimmen ihren Charakter. Diese Suppen haben auch eine gewisse Tradition.

Beispiele

Hamburger Aalsuppe

Die Suppe wird aus Aal, Fleischbrühe und Wurzelgemüse gekocht. Eine besondere Geschmacksnote erhält sie durch die Zugabe von Dörrobst. Sie wird mit Schwemmklößchen garniert serviert.

Münchner Leberknödelsuppe

Die Leberknödel bestehen aus pürierter Leber, Brotbrösel, Ei, Lauchstreifen und Kräutern. Nachdem sie in Wasser gegart wurden, werden sie in einer kräftigen Rindfleischbrühe serviert.

Westfälische Kartoffelsuppe

Eine sämige Suppe aus mehligen Kartoffeln mit Wurzelgemüse, frischer Landbutter, Sahne, mit Majoran abgeschmeckt. Als Garnitur dienen Röstbrotwürfelchen.

Büsumer Krabbensuppe

In Butter und etwas Krebssuppe angeschwitzte Gemüsewürfel werden mit Weißwein und Brühe aufgekocht, danach die Krabben zugegeben und mit Crème fraîche verfeinert.

Schwäbische Brotsuppe

Für diese Suppe verwendet man in Scheibchen geschnittenes Graubrot. Zwiebelwürfel werden goldgelb geschmolzen, das Brot wird darin leicht mitgeröstet, anschließend mit einer kräftigen Fleischbrühe aufgegossen.

Warmbiersuppe

Diese sächsische Spezialität erhält durch das dunkle Bier in Verbindung mit der Milch sowie der Zitronenschale und den Ingwerstückchen eine besondere Note.

Riebelesuppe

Kleine zerriebene Teigstückchen werden in gehaltvoller Fleischbrühe gegart und mit Schnittlauch serviert. Eine Spezialität aus Baden-Württemberg.

Beratung und Verkauf

2.5 Nationalsuppen *national soups* *potages (m) nationaux*

Nationalsuppen zeichnen sich durch landestypische Besonderheiten der jeweiligen Nation aus. Sie sind aus der ländlichen Küche eines Landes hervorgegangen. Für ihre Herstellung werden die typischen Produkte des Landes verwendet.

Borschtsch, Russland
Gemüsesuppe mit Weißkohl, Roten Beten, Rindfleisch und Sauerrahm.

Bouillabaisse, Frankreich
Suppe mit Safran, verschiedenen Fischen, Muscheln und Krebstieren.

Clam Chowder, USA
Suppe mit Muscheln, Kartoffeln, Maiskörnern, Sellerie und Sahne.

Minestrone, Italien
Gemüsesuppe mit Reis, Nudeln, Tomaten, Kichererbsen und geriebenem Parmesan.

Gazpacho, Spanien
Kalte Suppe mit Gurke, Tomate, Paprikaschote, Zwiebeln, Knoblauch.

Gulaschsuppe, Ungarn
Suppe mit Rindfleisch, Zwiebeln, Paprika, Knoblauch, Kümmel, Zitrone, Majoran.

Mulligatawny, Indien
Currysuppe mit Geflügelstreifen, Äpfeln, Zwiebeln und Schinken, mit Reismehl gebunden.

Oxtail, England
Klare Suppe aus angebratenem Ochsenschwanz, Gemüsen und Fleischeinlage.

Cock-a-leekie, Schottland
Hühnersuppe mit frischem Lauch und entsteinten Backpflaumen, köstlich gewürzt mit Pfeffer, Piment, Petersilie, Thymian und Muskatblüte sowie in Streifen geschnittenes Hühnerfleisch.

Mit Worten Appetit machen

Gulaschsuppe
Unsere Gulaschsuppe ist angenehm paprikascharf, würzig nach frischem Majoran duftend mit reichlich Fleischstückchen.

Mulligatawny
... eine englisch-indische Spezialität, die jeden Curryfan begeistert. Die Suppe wird zubereitet aus Geflügelbrühe, Curry und Rahm mit Reis und Geflügelfleischstücken.

Borschtsch
Eine Spezialität der russischen Bauernküche mit Kraut, roten Rüben, Rindfleisch und Schmant (Crème fraîche).

Clam Chowder
... diese Köstlichkeit aus der neuen Welt, den USA, begeistert vor allem den Muschelfan. Der feine Geschmack der Herzmuschel wird durch Bleichsellerie und Kartoffeln vorteilhaft untermalt.

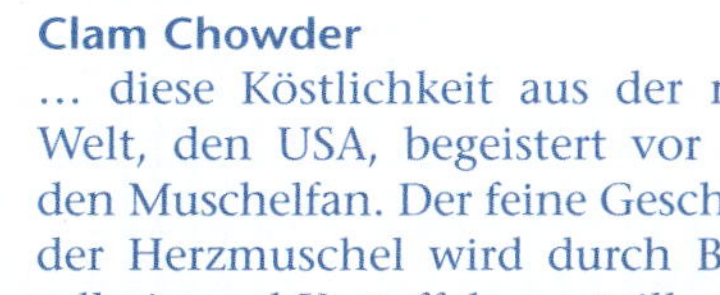

Worte, die verkaufen helfen

- köstlich
- lecker
- aromatisch
- gekräutert
- würzig
- duftend
- deftig
- leicht
- wenig sättigend
- samtig
- feurig
- angenehm wärmend
- aufregend
- delikat
- auserlesen
- aus frischen Produkten
- regionale Spezialität
- aus Großmutters Küche
- ein besonderes Geschmackserlebnis
- den Himmel auf dem Löffel erleben Sie ...

Fachbegriffe

Bouillon	Fleischbrühe
Consommé	Kraftbrühe
Consommé double	Doppelte Kraftbrühe
Fond	Grundbrühe
Célestine	Pfannkuchenstreifen
Legieren	Helle Suppen mit einer Mischung aus Eigelb und Sahne binden
Liaison	Mischung aus Eigelb und Sahne
Royale	Durch Pochieren gestockte Mischung (Eierstich) aus Milch, Salz, Muskat, Eigelb und Vollei
Schmant	Saure Sahne mit hohem Fettgehalt, ähnlich wie Crème fraîche

Aufgaben

1 Entwerfen Sie aus der Kurzbeschreibung und der beigestellten Abbildung eine appetitanregende Formulierung zur Empfehlung an Ihre Gäste.

Kraftbrühe von Rauchforelle, Gemüse, Gebäck

2 Welche Gruppen von Suppen unterscheidet man?

3 Nennen und erläutern Sie die verschiedenen Bezeichnungen für die Intensitätsstufen bei klaren Suppen.

4 Notieren und beschreiben Sie 10 Einlagen für klare Suppen aus unterschiedlichen Rohstoffen.

5 Nennen Sie Arten der gebundenen Suppen. Wodurch entsteht jeweils die Bindung?

6 Entwerfen Sie für einen Aktionstag ein Spezialangebot mit Suppen. Berücksichtigen Sie dabei alle Arten von Suppen.

3 Zwischengerichte *entrées* *entrées (w)*

Die Zwischengerichte bilden den leichten Übergang von der Suppe zu den nachfolgenden Gängen. Früher auch als **warme Vorspeisen** bezeichnet, steht bei diesen Gerichten die Qualität im Vordergrund, sie ist wichtiger als der Sättigungswert.

Zwischengerichte lassen sich gut vorbereiten in Form von Torteletts, Blätterteigpastetchen, Teigschiffchen usw. Mit feinen Füllungen versehen, sind sie rasch fertiggestellt und angerichtet.

Oftmals unterscheiden sich Zwischengerichte lediglich durch die Portionsmenge von den Hauptgerichten. Die moderne Küche verwendet dafür bevorzugt auch solche Speisen, die in der klassischen Küche an anderen Stellen der Menüfolge verwendet werden (s. S. 413 f.). Als Vorspeisen sind sie nur in kleineren Mengen zubereitet, angerichtet und mit pikanten Garnituren und Saucen versehen.

Abb. 1 Zwischengerichte aus China

Zwischengerichte werden wie die kalten Vorspeisen aus einer breiten Palette von Rohstoffen wie Geflügel, Schlachtfleisch, Innereien, Wild, Krebs- und Weichtieren, Teigwaren, Eiern, Gemüsen und Pilzen gefertigt.

Beispiele von Zwischengerichten

- **Gebackene Zwischengerichte** werden auf Teigböden oder in Teighüllen hergestellt, wie z. B. Quiche, Fladen, Pizza, Strudel (mit einer Füllung von Fleisch, Gemüse, Pilzen oder Fisch).

Mit Worten Appetit machen

Den absoluten Renner hat unser Küchenchef aus China mitgebracht. Probieren Sie die Leckereien. Von der **Frühlingsrolle** bis zum **gefüllten Teigsäckchen** bietet jedes Teilchen eine kulinarische Überraschung.

- **Feine Ragouts** aus Geflügel, Innereien, Wild, Kalbfleisch, Fischen, Krebstieren, Kalbsbries, Gemüse oder Pilzen werden in Blätterteigpastetchen, Römische Pastetchen oder Schiffchen und Törtchen aus ungesüßtem Mürbeteig gefüllt, eventuell mit einer Sauce nappiert und gratiniert.

Abb. 1 Pastetchen mit Scampi-Ragout

- **Kroketten**, für die gegartes, fein gehacktes Fleisch, Fisch, Gemüse oder Pilze mit einer entsprechenden Sauce dick abgebunden und gut gekühlt wird. Aus dieser Masse formt, paniert und frittiert man dann die Kroketten, die mit einer passenden Sauce und kleiner Gemüsebeilage serviert werden.
- **Pfannkuchen** mit verschiedenen Füllungen aus Gemüse, Pilzen, Fleisch, Fischragouts oder Innereien.
- **Krapfen oder Beignets**, in Backteige getauchtes und frittiertes, teilweise vorgegartes Material aus Gemüse, Fleisch, Fisch, Innereien und Pilzen.
- **Zwischengerichte aus farciertem Fisch, Schlachtfleisch, Geflügel, Krebstieren oder Gemüse** werden als *Timbales/Flans* in gebutterten Formen pochiert und gestürzt oder als *Klößchen* oder *Nocken* (Quenelles) pochiert und mit der passenden Sauce serviert.
- **Zwischengerichte aus Teigwaren** wie Nudeln, Tortellini, Spaghetti, Makkaroni, Ravioli, Cannelloni, Lasagne und Maultaschen mit feinen Füllungen und Saucen, oftmals mit Käse bestreut und überbacken.
- **Zwischengerichte aus Grießmasse/Brandmasse** nennt man *Gnocchi*, zu denen man eine passende Sauce mit Kräutern (Pesto) oder Butter und Reibkäse reicht.
- **Zwischengerichte von Fischen, Krebs- und Weichtieren** sind wegen des hohen Eiweißgehaltes und des meist niedrigen Fettgehaltes beliebt, sofern innerhalb eines Menüs kein Fischgang vorgesehen ist.
- **Gemüse** für Zwischengerichte werden häufig gefüllt (Auberginen, Zucchini, Gurken, Spinat, Wirsingblätter, Tomaten). Eine besondere Variante sind leicht geschmorte Gemüse wie Chicorée, Endiviensalat und Staudensellerie, die dann mit wohlschmeckender Sauce oder mit Käse überbacken werden. Auch edle Gemüse wie Artischocken und Spargel sind zu deren Saisonzeiten sehr beliebt.
- **Eierspeisen**, z. B. *pochierte* oder *verlorene Eier, Rühreier* in Verbindung mit Käse, Kräutern, Innereien, Schinken, Sardellen- oder Räucherlachsstreifen, mit Pilzen oder Gemüsen, sowie *Eier im Näpfchen* oder *gestürzte Eier* sind als Zwischengerichte sehr gut einzusetzen.

4 Saucen *sauces* *sauces (w)*

Saucen sind ein wichtiger Bestandteil von Gerichten. Es gibt sie in vielen Arten und Variationen. Die Grundzüge werden hier vorab beschrieben.

Saucen und Speisen

In Beziehung zur Speise sind Saucen in vielfältiger Hinsicht eine wichtige Ergänzung. Vor allem erhöhen sie die Saftigkeit und Verzehrbarkeit (man stelle sich z. B. Kartoffelklöße, Spätzle, Salzkartoffeln oder Reis ohne Sauce vor).

Darüber hinaus dienen sie der Verfeinerung und dekorativen Vervollständigung und sind nicht zuletzt eine harmonische Ergänzung in Bezug auf Farbe und Geschmack. Zu besonders köstlichen Saucen wird heute in das Gedeck ein **Gourmetlöffel** eingereiht, der zum Aufnehmen der Sauce dient.

Arten der Saucen

In vielen Fällen bilden die bei den Garprozessen entstehenden Fonds die Basis für die herzustellende Sauce. Für Zubereitungsarten, bei denen es diese Voraussetzungen nicht gibt (z. B. Kochen, Dämpfen, Kurzbraten, Grillen, Frittieren), werden **Grundsaucen** bereitet, aus denen durch Abwandlung der Zutaten viele Ableitungen hergestellt werden. Daneben gibt es aber auch ganz „eigenständige“ Saucenzubereitungen, die nicht durch Ableitungen variiert werden.

4.1 Grundsaucen

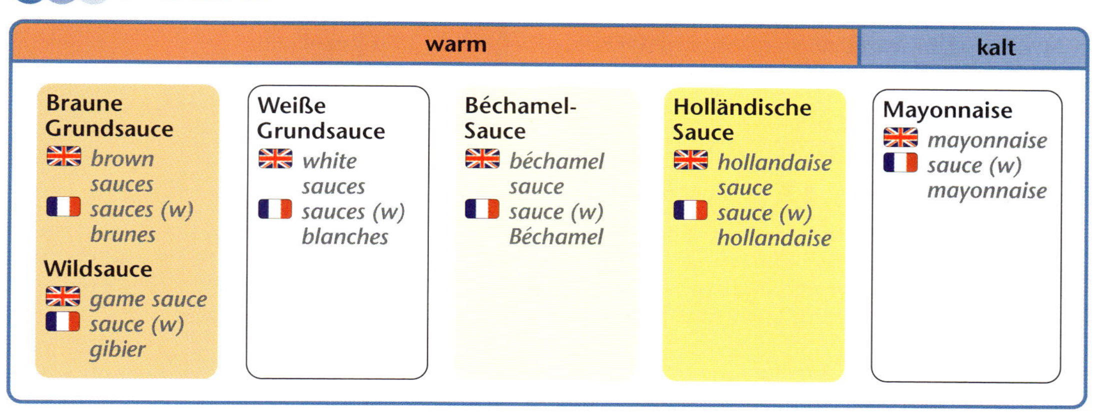

4.2 Braune Grundsauce *demiglace* *sauce (w) demiglace*

Die **braune Grundsauce** oder **Kraftsauce** (Demiglace) wird hauptsächlich aus gerösteten Kalbsknochen und Wurzelgemüse hergestellt. Sie wird mit brauner Brühe aufgegossen und mit Mehl gebunden. Durch Ergänzungen entstehen aus der Grundsauce spezielle Saucen, die man **Ableitungen** nennt.

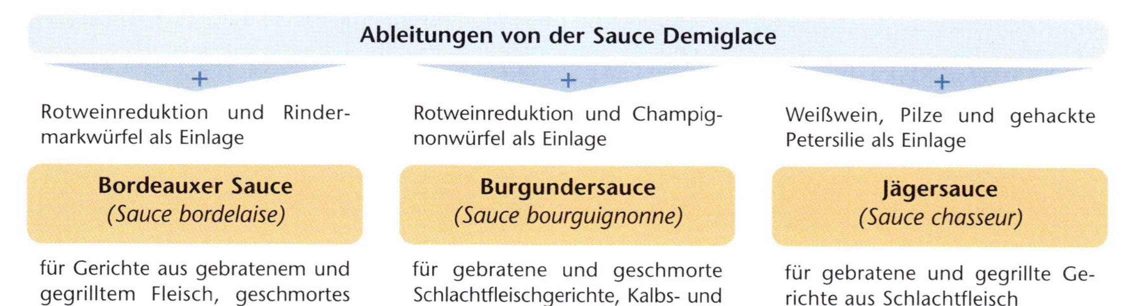

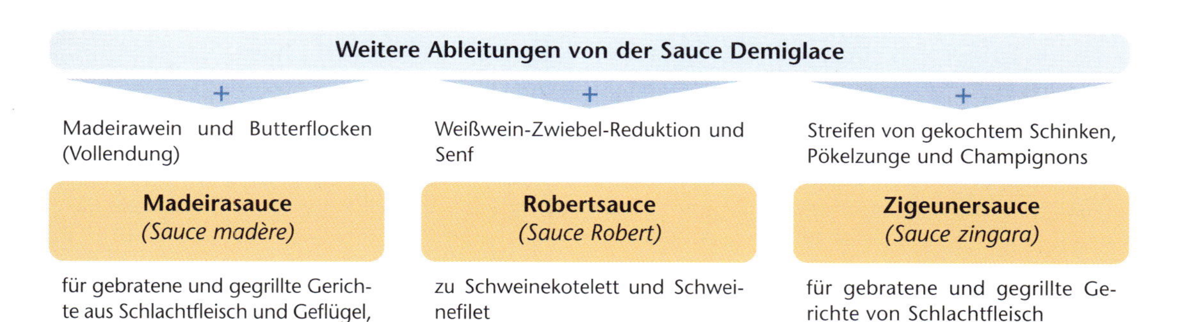

4.3 Wildgrundsauce und Ableitungen *game sauce* *sauce (w) gibier*

Wildgrundsauce wird wie die Demiglace hergestellt. Die Geschmacksgrundlage geben jedoch artspezifische Zutaten wie Wildknochen und Fleischabschnitte vom Wild sowie würzige Wurzelgemüse. Dazu kommen typische Wildgewürze wie Wacholderbeeren, Piment, Nelke, Lorbeerblätter sowie Senf und Preiselbeeren.

Ableitungen sind:

- **Pfeffersauce**, mit Weißwein und reichlich geschroteten Pfefferkörnern oder grünem Pfeffer
- **Wacholderrahmsauce**, mit Rotwein-Wacholder-Reduktion und Sauerrahm
- **Hagebuttensauce**, mit Mark von Hagebutte und Rotwein

4.4 Eigenständige warme Saucen

Bratenjus *gravy* *jus (m) de rôti*

Bratenjus wird in Verbindung mit dem Braten von Fleisch gewonnen (z. B. Roastbeef, Schweine-, Kalb- oder Lammfleisch, Geflügel oder Wild). Die jeweils typischen Geschmacksstoffe ergeben sich aus dem Bratensatz, dem geringfügig austretenden Fleischsaft, die die Bratenjus bilden. Dieser wird in der Regel nicht oder nur leicht mit Stärke oder kalten Butterflocken gebunden.

Tomatensauce *tomato sauce* *sauce (w) tomate*

Tomatensauce ist eine farblich betonte Sauce. Sie kann geschmacklich vielfältig variiert werden, beispielsweise durch Zugabe von Gin oder gehacktem Basilikum. Sie ist wegen ihres pikanten, leicht säuerlichen Geschmacks sehr beliebt und wird zu den verschiedensten Speisen verwendet.

4.5 Weiße Grundsaucen

white sauces *sauces (w) blanches*

Die **weißen Grundsaucen** werden mit einer hellen Mehlschwitze (Roux) bereitet. Mit Milch aufgefüllt, erhält man die **Béchamelsauce**, mit heller Brühe von Kalb, Geflügel oder Fisch die **Samtsaucen** (**Veloutés**). Abgesehen von den unterschiedlichen Zutaten für die **Ableitungen** werden weiße Saucen meist mit einer Legierung aus Eigelb und Sahne vollendet.

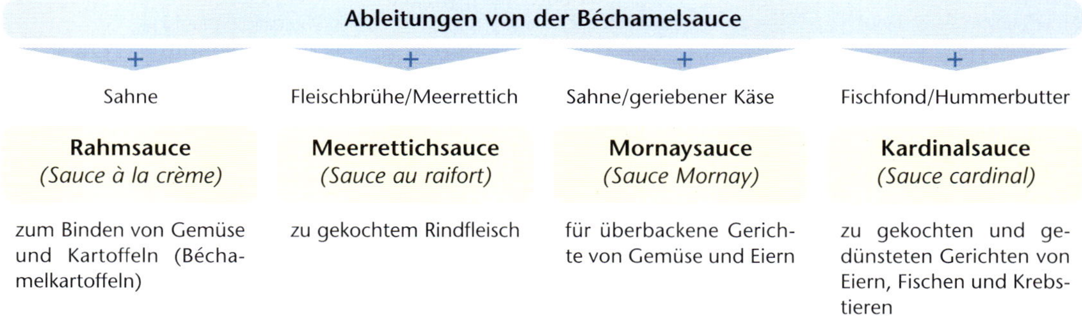

Ableitungen von der Béchamelsauce

+ Sahne	+ Fleischbrühe/Meerrettich	+ Sahne/geriebener Käse	+ Fischfond/Hummerbutter
Rahmsauce *(Sauce à la crème)*	**Meerrettichsauce** *(Sauce au raifort)*	**Mornaysauce** *(Sauce Mornay)*	**Kardinalsauce** *(Sauce cardinal)*
zum Binden von Gemüse und Kartoffeln (Béchamelkartoffeln)	zu gekochtem Rindfleisch	für überbackene Gerichte von Gemüse und Eiern	zu gekochten und gedünsteten Gerichten von Eiern, Fischen und Krebstieren

Ableitungen von den Samtsaucen (Veloutés)

Grundsauce	Ableitungen	Zuordnung zu Speisen
Kalbssamtsauce (Velouté de veau)	• **Deutsche Sauce** *(Sauce allemande)* • **Champignonsauce** *(Sauce aux champignons)* • **Currysauce** *(Sauce au curry)*	• Ragoût fin • Kalbsblankett, pochierte Eier • Kalbscurry
Geflügelsamtsauce (Velouté de volaille)	• **Geflügelrahmsauce** *(Sauce suprême)* • **Champignonsauce** • **Currysauce**	• Geflügelfrikassee, Hühnerbrüstchen • feines Geflügelragout • Curryhuhn
Fischsamtsauce (Velouté de poisson)	• **Weißweinsauce** *(Sauce au vin blanc)* • **Senfsauce** *(Sauce moutarde)* • **Kräutersauce** *(Sauce aux fines herbes)* • **Dillsauce** *(Sauce à l'aneth)* • **Hummersauce** *(Sauce homard)*	• gedünsteter Fisch • gekochter Fisch • Krebstiere • Hummerragout

4.6 Aufgeschlagene und gerührte Saucen

Bei den meisten Gerichten werden die Saucen aus den Braten oder Bratansätzen der Hauptbestandteile gewonnen. Aufgeschlagene und gerührte Saucen werden unabhängig vom Hauptbestandteil eines Gerichtes hergestellt. Bei diesen Saucen handelt es sich um die **holländische Sauce** (warm) und die **Mayonnaise** (kalt).

Holländische Grundsauce und Ableitungen

Die Hauptbestandteile der holländischen Sauce sind Eigelb und Butter. Diese werden geschmacklich durch einen konzentrierten Auszug (Reduktion) aus Schalotten, Essig, Pfefferkörnern und Wasser unterstützt. Der feinen Zutaten und der zarten Konsistenz wegen wird die holländische Sauce auch als Königin unter den Saucen bezeichnet.

Sie wird verwendet:
- als Beigabe zu feinem Gemüse, z. B. Artischocken und Spargel, zu Eierspeisen und gedünsteten Fischgerichten
- beim Überbacken von Gerichten, z. B. feine Ragouts von hellem Fleisch, Fisch und Krebstieren.

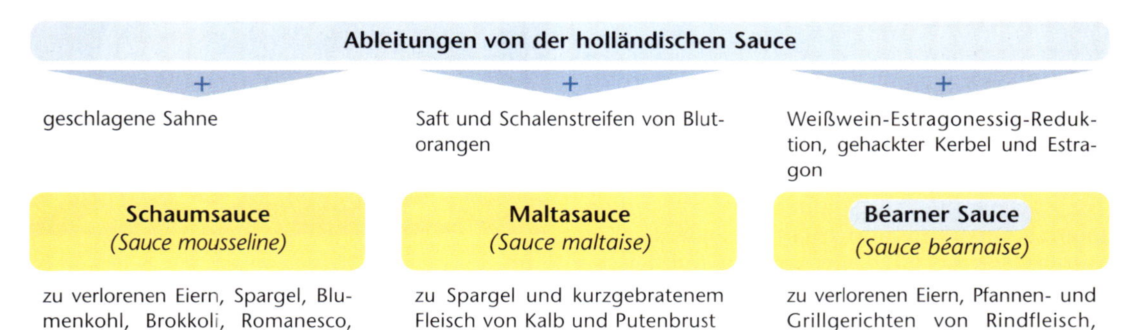

Ableitungen von der Béarner Sauce:
- **Choronsauce (Sauce Choron):** Béarner Sauce + Tomatenpüree oder Tomatenmark
- **Foyotsauce (Sauce Foyot):** Béarner Sauce, vollendet mit einer Glace de viande (dick eingekochte Bratenjus)

Grundsauce Mayonnaise und Ableitungen

Die Mayonnaise ist die wichtigste Sauce der kalten Küche. Zutaten sind Eigelb, Pflanzenöl sowie wenig Essig, Senf und Salz. Durch gekonntes und vorsichtiges Rühren erhält man eine Emulsion und somit die Mayonnaise.

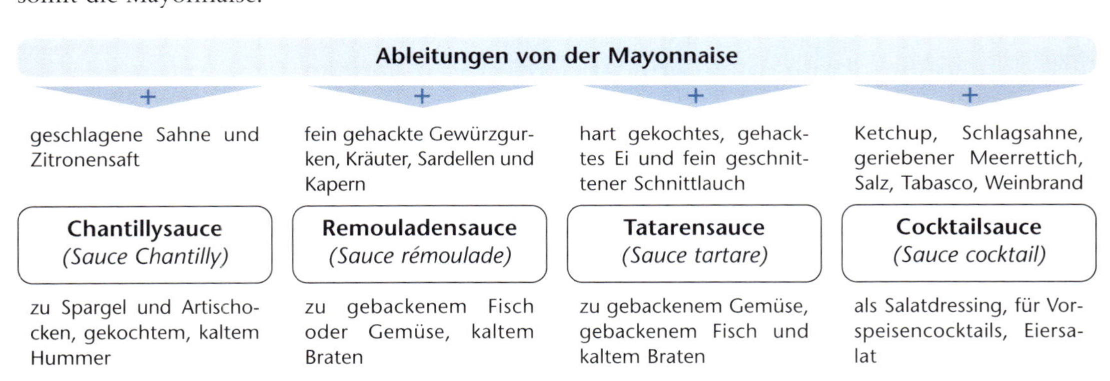

4.7 Eigenständige kalte Saucen

Es gibt kalte Saucen, die sich durch ausgeprägte Besonderheiten auszeichnen, und die sich deshalb nicht in ein Saucenschema einordnen lassen. Sie bilden in den meisten Fällen einen beabsichtigten Kontrast zum Geschmack der zugehörigen Speise.

Cumberlandsauce

Diese Sauce wird hergestellt aus:

- Streifen von ungespritzten Orangenschalen sowie Orangen- und Zitronensaft
- Rotwein, Johannisbeergelee, Cayennepfeffer und englischem Senf

In ihrer würzig-süßlichen Art passt sie zu kalten Gerichten von Wild und Geflügel und ganz besonders zu Pasteten, Terrinen und Galantinen.

Vinaigrette

Zutaten zu dieser Sauce sind:

- Wein- oder Kräuteressig, Öl, Salz und Pfeffer
- viele gehackte frische Kräuter, häufig auch feine Zwiebelwürfel und gehacktes, hart gekochtes Ei

Die sogenannte Essigkräutersauce verwendet man als Salatsauce und reicht sie außerdem zu Sülzen sowie zu kalten oder warmen Rindfleischgerichten.

Meerrettichsahne

Dazu wird frisch geriebener Meerrettich unter geschlagene Sahne gehoben. Geschmackliche Abwandlungen erhält man durch Zugabe von geriebenem Apfel oder Preiselbeerkonfitüre. Meerrettichsahne ist als Beigabe typisch zu geräuchertem Fisch sowie zu kalten und warmen Gerichten von Rindfleisch.

Minz- und Apfelsauce

Diese Sauce aus Pfefferminze wird in England und Amerika gerne zu Lammbraten gegessen.

Die Apfelsauce kann warm oder kalt zu gebratenem Geflügel, Schweine- und Wildfleisch gereicht werden.

Abb. 1 Unterschiedliche Saucen

Abb. 2 Meerrettichsahne

Abb. 3 Cumberland-Sauce

Abb. 4 Gurkenrelish

Weitere saucenähnliche Zubereitungen sind Relishes und Chutneys aus Gemüse und Früchten mit Gewürzen.

4.8 Beurteilungsmerkmale und Anrichten von Saucen

Beurteilungsmerkmale für Saucen

- **Konsistenz/Beschaffenheit:** dick, dünn, zähflüssig, stückig, cremig, deckend.
- **Aussehen:** ohne sichtbares Fett, keine dunklen Pünktchen, durchscheinend, saucentypisch.
- **Geruch, Geschmack:** arttypisch, frisch, aromatisch, ausgeprägt.

Anrichten von Saucen

Eine Sauce ergänzt und unterstützt das Gargut. Fleisch, Geflügel oder Fisch bleiben die Hauptsache, die Sauce tritt beim Anrichten zurück.

Es ergeben sich folgende Möglichkeiten, eine Sauce anzurichten:

Fleisch- oder Fischstücke werden auf einen flachen **Saucenspiegel** gesetzt.

Gargut etwa ein Drittel, höchstens die Hälfte mit ein wenig Sauce bedecken. Diesen Vorgang nennt man **Angießen**.

Die Fleisch- oder Fischstücke werden ganz mit gebundener Sauce bedeckt. Man bezeichnet das als **Nappieren**.

Zusätzliche Sauce wie z. B. bei Braten oder Spargel, wird getrennt in einer Sauciere gereicht, **à part** serviert.

Worte, die verkaufen helfen

- duftend
- aromatisch
- kräuterig
- würzig
- deftig
- köstlich
- lecker
- leicht
- wenig sättigend
- samtig
- feurig
- aufgeschäumt
- luftig
- cremig
- aufregend perlend
- delikat
- auserlesen
- aus frischen Produkten
- regionale Spezialität
- ein besonderes Geschmackserlebnis
- beste Begleitung des Hauptgerichts
- harmonisch ergänzend

4.9 Buttermischungen  *butter mixtures* 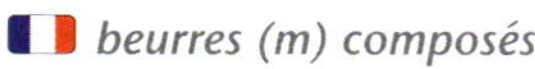 *beurres (m) composés*

Frische Butter hebt durch ihr feines Aroma den Geschmack der Speisen. Man unterscheidet zwischen heißen und kalten Buttermischungen. Vermischt man frische oder zerlassene Butter mit würzigen Zutaten, so entstehen Buttermischungen mit eigener, typischer Geschmacksprägung.

Abb. 1 Kräuterbutter

Heiße Buttermischungen

- **Zerlassene Butter** ist die bekannteste Art dieser Zubereitungen. Sie wird zu gekochten Fischgerichten und Spargel gereicht.
- **Nussbutter** erhält man, wenn geschmolzene Butter so lange weiter erhitzt wird, bis sie eine goldgelbe bis hellbraune Farbe angenommen hat. Sie wird zu gekochtem Fisch und zu Gemüse gereicht.
- **Bröselbutter** entsteht durch leichtes Anrösten von Semmelbröseln in heißer Butter. Auch als **beurre polonais** bezeichnet, verwendet man sie zum Nappieren von Gemüse (z. B. Blumenkohl), von Teigwaren und Klößen bzw. Knödel.
- **Müllerinbutter** ist typisch für gebratenen Fisch „nach Art der Müllerin". Die beim Nachbraten gebräunte Butter wird mit Worcestershire-Sauce und Zitronensaft vollendet und über den Fisch gegossen.
- **Zwiebelbutter** ist eine Zubereitung, bei der Zwiebelwürfelchen in zerlassener Butter goldgelb bis braun angeschwitzt werden. Sie wird verwendet als:
  - Beigabe zu gekochtem Konsumfisch, zu gekochten Kartoffeln, zu Kartoffelpüree und Teigwarengerichten (z. B. Maultaschen und Käsespätzle)
  - Garnitur für bestimmte Suppen und Saucen.

Kalte Buttermischungen

Kalte Buttermischungen finden Verwendung
- zur Ergänzung bei Suppen und Saucen,
- anstelle von Saucen zu Kurzbratfleisch, Gegrilltem, Fischen, Krebstieren und Gemüsen,
- zum Verschließen von gefüllten Schneckenhäusern,
- als Aufstrich für Toast und Brotschnitten, Canapés,
- als Butterservice zum Gedeckbrot bei Gerichten oder innerhalb von Menüs.

Buttermischungen		
Geschlagene Butter *(beurre battu)*	Butter wird schaumig geschlagen und mit Zitronensaft, Cayennepfeffer und wenig Schlagsahne vollendet	als Beigabe zu gekochten oder gedünsteten Fischen und Krebstieren
Kräuterbutter *(beurre aux fines herbes)*	fein gehackte Schalotten und viel frische Kräuter (Petersilie, Kerbel, Schnittlauch, Estragon, Zitronenmelisse), Salz und Pfeffer	zur Vollendung von Suppen und Saucen und als Beilage zu Pfannen- und Grillgerichten von Rind, Lamm und Fisch
Colbertbutter *(beurre Colbert)*	gehackter Estragon und Petersilie, Zitronensaft und Fleischextrakt	spezielle Beigabe zur Seezunge Colbert, aber auch zu Grillgerichten
Schneckenbutter *(beurre pour escargots)*	zerriebener Knoblauch, fein gehackte Schalotten, Petersilie, Zitronensaft, Worcestershire-Sauce, Salz und Pfeffer	zum Verschließen der Schneckenhäuser oder der Mulden des Schneckenpfännchens
Würzbutter *(beurre assaisonné)*	Salz, Pfeffer, englisches Senfpulver oder Dijonsenf	als Aufstrich für Toasts, Canapés oder Sandwiches
Schalottenbutter *(beurre d'echalote)*	Gleiche Anteile von gedünsteten Schalottenwürfeln und Butter, gewürzt mit Salz und Pfeffer	für Krusten bei Fisch- und Fleischgerichten
Bärlauchbutter *(beurre d'ail sauvage)*	Pürierte Bärlauchblätter mit Butter, Zitrone, Salz und Pfeffer vermischt	Pfannengerichte von Fleisch und Fisch

Aufgaben

1. Wie ergänzen Saucen bestimmte Speisen?
2. Nennen Sie Ableitungen der Béchamelsauce. Zu welchen Speisen können Sie diese reichen?
3. Nennen Sie Ableitungen verschiedener Veloutés und ordnen Sie, wenn nötig, diesen geeignete Speisen zu.
4. Beschreiben Sie zu den aufgeschlagenen und gerührten Saucen:
   a) die jeweilige Grundsauce und ihre Verwendung,
   b) Ableitungen und deren Verwendung.
5. Nennen Sie Beispiele für kalte und heiße Butterzubereitungen. Ordnen Sie bestimmten Speisen passende Buttermischungen zu.
6. Nennen Sie vier Möglichkeiten, Saucen anzurichten.

5 Hauptgerichte aus Fisch, Krebs- und Weichtieren

main courses of fish, crustaceans and molluscs

des plats (m) des poissons, des crustacés (m) et des mollusques (m)

5.1 Fische *fish* *poissons (m)*

Süß- und Salzwasserfische

Fischfleisch gilt als leicht verdaulich und biologisch hochwertig. Die Gründe sind:

- Fisch enthält besonders hochwertiges **Eiweiß** und **Fett**, die wichtigen **Vitamine** A und D sowie **Mineralstoffe**, Seefisch vor allem das unentbehrliche **Jod.**
- Fischfleisch hat nur geringe Mengen an Bindegewebe und ist deshalb besonders locker, zart und **leicht verdaulich.**

Magerfische bevorzugt man für leichte Schonkost. Aus Fisch stellt man leichte, eigenständige Gerichte, Suppen sowie kalte Vorspeisen und Zwischengerichte her.

Unterscheidungsmerkmale von Fischen sind der **Fettgehalt**, die **Körperform** und die **Herkunft**.

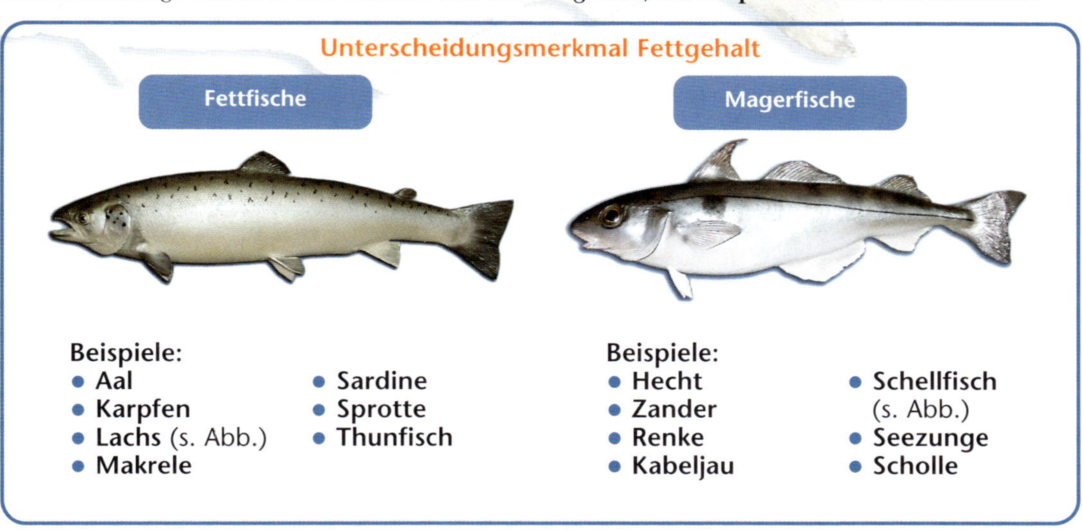

Unterscheidungsmerkmal Fettgehalt

Fettfische

Beispiele:
- Aal
- Karpfen
- Lachs (s. Abb.)
- Makrele
- Sardine
- Sprotte
- Thunfisch

Magerfische

Beispiele:
- Hecht
- Zander
- Renke
- Kabeljau
- Schellfisch (s. Abb.)
- Seezunge
- Scholle

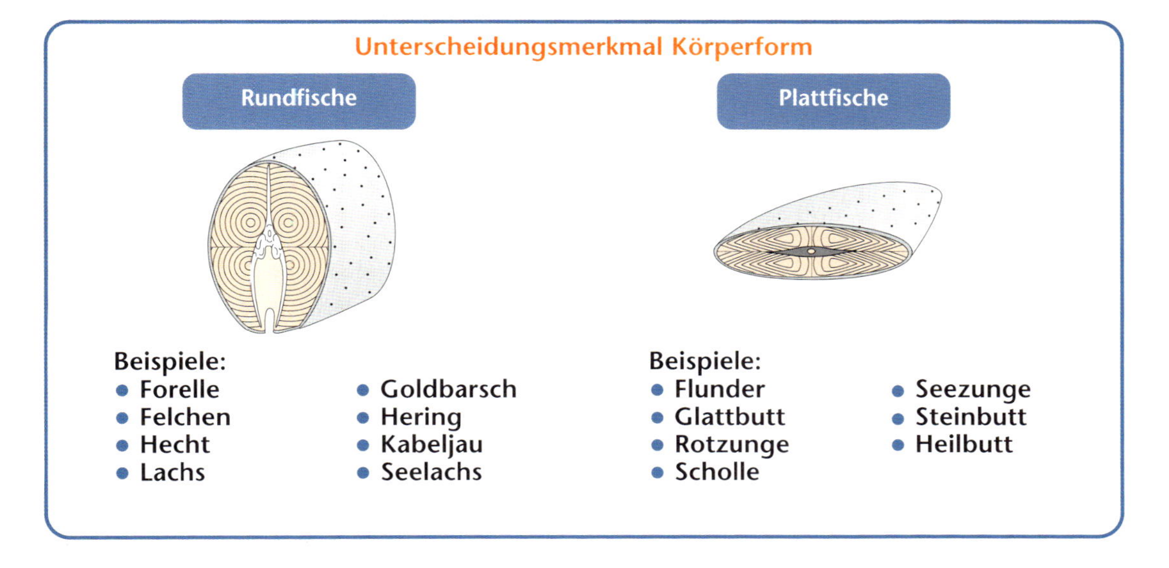

Unterscheidungsmerkmal Körperform

Rundfische

Beispiele:
- Forelle
- Felchen
- Hecht
- Lachs
- Goldbarsch
- Hering
- Kabeljau
- Seelachs

Plattfische

Beispiele:
- Flunder
- Glattbutt
- Rotzunge
- Scholle
- Seezunge
- Steinbutt
- Heilbutt

Unterscheidungsmerkmal Herkunft

Süßwasserfische	Salzwasserfische
Beispiele:	Beispiele:
• Aal	• Seezunge
• Hecht	• Heilbutt
• Forelle (s. Abb.)	• Makrele
• Zander	• Hering
• Karpfen	• Scholle (s. Abb.)
• Schleie	• Seeteufel
• Felchen	

Arten des Fischbezugs

Fische kommen **frisch** in den Handel, entweder im Ganzen oder ausgenommen (ohne Innereien), oder in Form von ausgelösten Filets sowie als Tranchen und Steaks.

Daneben werden ganze Fische und auch Filets als **Tiefkühlware** angeboten.

Abb. 1 Tranchen/Steaks von ① Dorschsteak, ② Steinbeißerfilet, ③ Heringshai-Steak, ④ Lachstranche, Steak von ⑤ Thunfisch, ⑥ schwarzem Heilbutt, ⑦ Schwertfisch, ⑧ weißem Heilbutt

- Fischfleisch verdirbt auf Grund des hohen Wassergehaltes, des geringen Bindegewebeanteils und des lockeren Muskelgewebes sehr leicht. Es ist deshalb nur sehr begrenzt lagerfähig und muss rasch verbraucht werden.
- Zeichen der Frische sind festes Fleisch, ein frischer Geruch und leuchtend rote Kiemen.

Abb. 2 Filets von ① Lachs, ② Felchen, ③ Hecht, ④ Zander, ⑤ St. Petersfisch, ⑥ Lachsforelle, ⑦ Rotbarbe, ⑧ Scholle, ⑨ Seezunge, ⑩ Seeteufel

- Je frischer der Fisch bzw. das Fischfleisch, desto besser ist der Geschmack. Er unterliegt bereits nach kurzer Lagerzeit nachteiligen Veränderungen, die durch Eiweißzersetzungen hervorgerufen werden, die an den Randschichten beginnen.

Daraus ergeben sich folgende Lagerbedingungen:

- Die Temperatur in speziellen Fischkühlschränken oder bei Lagerung zwischen Eis soll etwa 0 °C betragen,
- für längere Aufbewahrungszeiten muss der Fisch möglichst schockartig bei –40 °C eingefroren und bei etwa –20 °C gelagert werden.

Zubereitungen

Wegen der Zartheit des Fischfleisches sind schonende Zubereitungsarten unabdingbar. Fischfleisch eignet sich auch bestens für die Herstellung von Farcen für Fischnocken, Fisch-Klößchen, Terrinen und Galantinen. (s. S. 321)

Gerichte von pochiertem Fisch

dishes with poached fish

plats (m) des poissons (m) pochés

Fast alle Fischarten und Fischfarcen eignen sich gut zum Pochieren. Dies geschieht durch Ziehenlassen bei ca. 80 °C in einem vorbereiteten Fischsud (Beilagenempfehlungen S. 341).

© Stockfood/H. Lehmann

Mit Worten Appetit machen

Sie wünschen etwas Leichtes zu speisen. Ich empfehle Ihnen das pochierte **Saiblingsfilet** mit Gemüsenudeln und einer aufgeschäumten Sauce mit frischem Basilikum.

Mit Worten Appetit machen

... falls Sie es etwas Besonderes mögen, dann hätten wir für Sie ein in Weißwein pochiertes **Filet von Dorade**, auch Red Snapper genannt, mit grünem Spargel und Quinoa, einen Inkareis aus Peru, in der Paprikatube mit kleinem Gemüse.

Mit Worten Appetit machen

... essen Sie gerne Fisch? ... dann haben wir heute etwas Besonderes, nämlich zarte **Zanderklößchen** in einer himmlischen Krebssauce mit Romanesco, Strauchtomaten und grünen Nudeln.

Zubereitung „Blaukochen"

Diese für Süßwasserfische typische Zubereitungsart erfolgt in einem leicht gesäuerten Sud und ist nur möglich bei Fischen, deren schleimige Oberfläche sich beim Pochieren bläulich verfärbt. Daher kommt auch der Begriff des „Blaukochens". Fachlich richtig ist es ein Pochieren (Garziehen).

Mit Worten Appetit machen

Als Tagesspezialität möchte ich Ihnen heute eine fangfrische **Regenbogenforelle** anbieten. Der Küchenchef bringt sie durch schonendes Garziehen in einem leicht gesäuerten Würzsud blau auf den Teller. Dazu servieren wir Ihnen frisch zerlassene Bauernbutter, Gemüsestreifen, Petersilienkartoffeln und Kopfsalatherzen. Falls Sie es wünschen, werde ich gerne den Fisch für Sie filetieren.

Gerichte von gedünstetem Fisch

dishes of stewed fish *plats (m) des poissons (m) étuvés*

Dünsten bedeutet Garen in wenig Flüssigkeit in einem zugedeckten Geschirr. Dadurch gart der Fisch sowohl in etwas Flüssigkeit, wie z. B. Fischsud und Weißwein, als auch in dem sich bildenden Dampf. Folgende Beispiele zeigen die Möglichkeiten, Seezungenfilets für das Dünsten vorzubereiten, um somit verschiedene Formen zu erhalten (Beilagenempfehlungen S. 341).

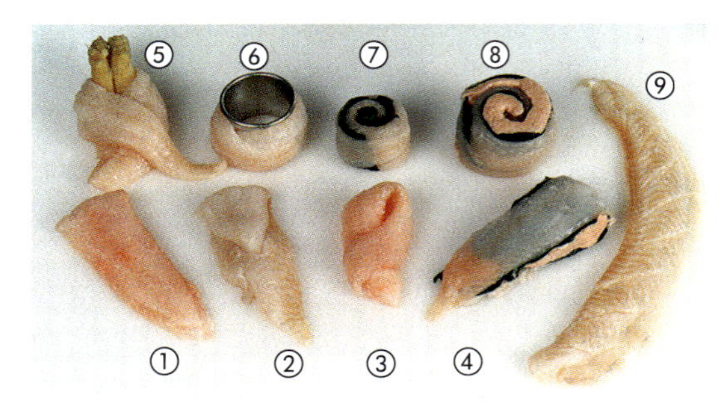

Abb. 1 Filets verschiedenartig geformt
① Leicht plattiert und zur Hälfte geklappt.
② Filetspitze durch einen Einschnitt stecken.
③ Als Krawatte gefaltet.
④ Mit Blattspinat belegt, danach mit Farce bestrichen und geklappt.
⑤ Um Spargelspitzen geschlungen.
⑥ Um gefetteten Ring gelegt, zum Füllen nach dem Dünsten.
⑦ Mit Blattspinat belegt und zu Röllchen geformt.
⑧ Mit Noriblatt belegt, mit Lachsfarce bestrichen und gerollt.
⑨ Mit einigen Ziselierschnitten versehenes Filet.

Mit Worten Appetit machen

Heute erwartet Sie ein lecker mit Lachsfarce gefülltes **Seezungenröllchen** auf Weißwein-Petersilien-Sauce, umrahmt mit Fenchel-Lauch-Gemüse, Kirschtomaten und Wildreis.

Mit Worten Appetit machen

Sie entscheiden sich für eine **Forelle im dünnen Speckmantel,** die zusammen mit Weißwein, Maiskörnern, Champignons, Frühlingszwiebeln sowie Lauchringen in einer verschlossenen Alufolie gedünstet wird. Sie erleben somit eine Vielfalt von Aromen. Als Beilage serviere ich Ihnen in Form von Champignons geschnittene Estragonkartoffeln.

Gerichte von gedämpftem Fisch

dishes of steamed fish
plats (m) des poissons (m) en vapeur

Lebensmittel in Wasserdampf garen gilt als die schonendste aller Zubereitungsarten. Dabei bleiben neben den Vitaminen vor allem die produkteigenen Geschmacksstoffe weitgehend erhalten, da sie durch Flüssigkeit nicht ausgelaugt werden können (Beilagenempfehlungen S. 341).

Abb. 2 Lachs mit Gemüsestreifen, im Dämpfer gegart

Beilagenempfehlung zu pochierten, gedünsteten und gedämpften Fischen

Butter
- Zerlassene, leicht gebräunte Butter
- Estragonbutter

Saucen
- Weißweinsauce
- Kräuter-Fischsauce
- Krebs- oder Hummersauce
- Mornaysauce
- Dillrahmsauce
- Holländische Sauce

Gemüsebeilagen
- Salatgurke oder Lauch, gedünstet
- glasierte Frühlingszwiebeln
- Blattspinat oder Mangoldblatt
- gekochter weißer oder grüner Spargel
- gedünsteter Fenchel
- in Butter sautierte Tomatenfleischstücke

Hauptbeilagen
- Salzkartoffeln oder Kartoffelschnee
- Kartoffeln mit frischen, gehackten Kräutern
- ausgesuchte Teigwaren
- Reis und Wildreis

Salate – alle Arten von zarten Salaten

© Stockfood/H. Lehmann

Mit Worten Appetit machen

Lassen Sie sich heute verführen von einem auf der Haut gebratene **Zanderfilet** mit frischem Gemüseragout aus Ingwer, Kürbis und Süßkartoffeln, garniert mit einem Teighörnchen mit delikater Pilzfüllung.

Beratung und Verkauf

Gerichte von gebratenem oder gegrilltem Fisch

dishes of pan fried or grilled fish

plats (m) de poisson (m) rôti ou grillé

Fische können im Ganzen, als Filets oder als Steaks gebraten werden. Hierfür werden sie vorher mit Zitrone und Salz gewürzt, meist anschließend mehliert, zunächst in Öl gegart und danach in Butter fertig gebraten. Gebraten werden auch die aus einer Fischfarce gefertigten Fischfrikadellen (Beilagenempfehlungen S. 342).

Mit Worten Appetit machen

Sollten Sie es lieber rustikal mögen, so empfehle ich Ihnen die interessanten **Frikadellen von geräuchertem Heilbutt** und **Schillerlocken auf Currysauce** mit krossen Speckscheiben und Thaibasilikum. Dazu serviere ich Ihnen Paprikareis und einen römischen Salat.

oder

Mit Worten Appetit machen

... eine frisch gefangene Maischolle, nach der klassischen Zubereitung der schönen Müllerin gebraten, mit Zitronenscheiben, gehackter Gartenpetersilie und leicht gebräunter Bratbutter.

Mit Worten Appetit machen

... oder doch lieber etwas Bodenständiges wie zum Beispiel ein auf der Haut kross gebratenes **Filet vom Zander** mit Weißweinsauerkraut, Trauben und geschmolzenenen Tomaten. Dazu servieren wir Ihnen Kräuter-Kartoffel-Plätzchen.

© Stockfood/H. Holler

Mit Worten Appetit machen

Das **Thunfischsteak** vom Grill mit einer herrlichen Ingwer-Chardonnay-Sauce mit Pilzen und Mangoldblättern würde ich Ihnen gerne zusammen mit einem frisch gebackenen Baguette servieren.

Beilagenempfehlung

Saucen
- Béarner Sauce
- Choron-Sauce
- Kräuterbutter

Gemüse
- Grilltomate
- Bohnen
- Kürbis
- Pilze
- Mangold

Hauptbeilage
- frittierte Kartoffeln
- Folienkartoffeln
- Schlosskartoffeln
- Streichholz-kartoffeln
- Schmelzkartoffeln

Salate mit kräftigem Geschmack

Gerichte von gebackenem Fisch

dishes of deep fried fish
plats (m) de poisson (m) frit

Fische werden vor dem Backen meist eingehüllt in eine Panierung oder in einen **Teig.** Die **Panierung** besteht aus Mehl, Ei und Semmelbröseln. Die Brösel kann man mit sehr fein gehackten Kräutern mischen. Anstelle der Brösel sind geriebene Mandeln, Haselnüsse oder Pistazien eine interessante Umhüllung, die einen speziellen Geschmack ergibt.

Außerdem lassen sich Filets oder Filetstreifen durch Eintauchen in **Backteige** mit Bier, Wein, Sekt oder Sauerrahm umhüllen.

Gebackene Gerichte werden je nach Haus auf Stoffservietten oder Papierservietten angerichtet. Sie müssen sehr rasch serviert werden und dürfen niemals mit einer Cloche zugedeckt werden, sonst geht die Knusprigkeit der Kruste verloren.

Als **Beilagen** zu gebackenen Fischen reicht man
- Tomatensauce oder Ableitungen der Mayonnaise,
- Kräuterbutter,
- Salate der würzigen Art, aber auch Kartoffelsalate.

Eine **besondere Art der Zubereitung** für eine größere Personenzahl ist das Umschließen eines großen Fischfilets mit Hefe- oder Blätterteig, das dann im Ofen gebacken und heiß den Gästen im Ganzen präsentiert wird. Dazu serviert man eine leichte Dill-Rahm-Sauce und delikate Salate.

Mit Worten Appetit machen

... schlicht, klassisch und immer wieder gut ist das in Butter gebackene **Goldbarschfilet** mit Tatarensauce, einem Dill-Gurken-Salat sowie einem Salat aus der festkochenden Rosara-Kartoffel. Hierzu empfehle ich Ihnen einen trockenen Weißwein wie beispielsweise einen Sauvignon Blanc, einen Chardonnay oder einen Ruländer.

Mit Worten Appetit machen

Heute möchten wir Sie mit einem wahren Klassiker überraschen. Es ist ein Gericht aus Escoffiers Rezeptsammlung und nennt sich **Seezunge nach Colbert.** Da die Seezunge bei dieser Zubereitungsart im Ganzen serviert wird, werde ich sie Ihnen am Tisch fertigstellen und vorlegen. Die Seezunge ist in Begleitung der berühmten Colbertbutter und einem Rapunzelsalat.

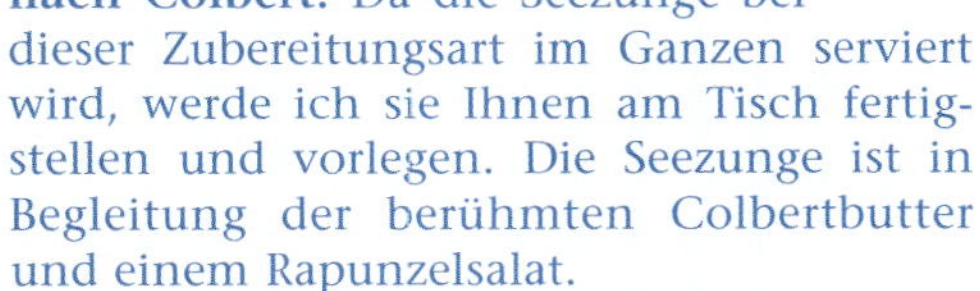

Fischwaren

Bei der Herstellung von Fischwaren erhält das Fischfleisch je nach Art der Verarbeitung eine besondere Geschmacksnote. Es handelt sich dabei gleichzeitig um bestimmte Arten der Haltbarmachung.

Fischkonserven

Fischkonserven	
Zubereitungsmerkmale	**Beispiele für Fischwaren**
im eigenen Saft	Thunfisch
im eigenen Saft mit Aufguss	Brathering
in unterschiedlichen würzigen Saucen	Herings- und Makrelenfilets
in Öl	Seelachs, Sardellen, Sardinen, Thunfisch

Geräucherte Fischwaren

Zu ihnen gehören:
- hochwertige Erzeugnisse von Fettfischen wie Aal, Lachs, Forelle,
- auch Stücke mit Haut und Gräten von Heilbutt, Makrelen und anderen Fischen,
- außerdem Sprotten, Bücklinge (Hering) und Schillerlocken (aus Bauchstreifen des Dornhais).

Marinierte Fischwaren

Bei diesen Erzeugnissen werden unterschieden:
- Bratfischwaren (Bratheringe),
- Kaltmarinaden aus rohem Fisch (Rollmops, Bismarckhering).

Trocken gebeizte Fische

- **Graved Lachs**
  Rohe, entgrätete Lachsfilets werden mit viel Dill, Salz, Gewürzen, Zucker und wenig Zitronensaft cirka 36 Stunden gebeizt. Die Bezeichnung „hausgebeizter Lachs" soll stets der Wahrheit entsprechen und heißen, dass der Lachs wirklich in der hauseigenen Küche gebeizt worden ist.

Abb. 1 Graved Lachs

- **Gekräuterter Saibling**
  Gleiche Zubereitung wie beim Lachs. Man kann die Kräuter variieren und anstelle von Zucker Honig verwenden.

5.2 Kaviar *caviar* *caviar (m)*

Kaviar ist das gesalzene Produkt aus dem Rogen (Eier) von Fischen. Die Fischeier sind zunächst hell und glasig und werden erst durch die Behandlung mit Salz dunkel. Man unterscheidet echten Kaviar und Kaviarersatz.

Echter Kaviar

Er wird aus dem Rogen laichreifer Weibchen verschiedener Störarten gewonnen. Die Haupterzeugerländer sind Russland und Iran, die Fangorte das Kaspische und das Schwarze Meer.

Der Begriff bzw. der Zusatz **„malossol"** bedeutet mild gesalzen und ist ein Merkmal besonderer Güte.

Stör-arten	Beluga Hausen	Ossietr Stör	Sevruga Scherg
Ei ∅	2 bis 3,5 mm	über 2 mm	unter 2 mm
Eifarbe	silbergrau bis schwarzgrau	schwarzgrau oder auch gelblich bis braun	
Deckel-farbe	blau	gelb	rot/orange

Kaviarersatz

Diese Erzeugnisse werden aus dem Rogen folgender Fische gewonnen:

- **Seehase**
  Die Körner sind kleiner als beim echten Kaviar. Dieser sogenannte *Deutsche Kaviar* wird meistens schwarz gefärbt. Die Zugabe von Farbstoffen ist kennzeichnungspflichtig.
- **Lachs**
  Die großen rötlichen Eier vom Lachs werden unter der Bezeichnung Ketakaviar angeboten.
- **Forellen**
  Das gelbliche bis orangefarbene Produkt kommt neuerdings in zunehmendem Maße auf den Markt.

Lagerung von Kaviar

Kaviar verdirbt leicht und führt dann zu Lebensmittelvergiftungen. Kühles Lagern bei 0 bis +3 °C und rasches Verbrauchen sind deshalb wichtig.

Mit Worten Appetit machen

Als Zwischengericht offeriere ich Ihnen einen echten **Beluga-Malossol-Kaviar** mit frisch gebackenen Buchweizenpfannkuchen, den sogenannten Blinis, und köstlichem Schmant.

Osietra-Kaviar hat ein kleines Korn, ist hartschalig und wenig empfindlich. Er schmeckt leicht nussartig.

Sevruga-Kaviar ist dünnschalig und empfindlicher als andere Sorten. Er hat einen kräftigen, besonders würzigen Geschmack.

Beluga-Kaviar hat den größten Korn-Durchmesser. Er gilt als der feinste und ist der teuerste unter den Kaviar-Sorten.

Forellen-Kaviar ist leuchtend gelb bis orange und geschmacklich dem Lachs-Kaviar vergleichbar.

Keta-Kaviar ist der orange-rötliche Rogen von Lachsarten. Sein Korn ist besonders groß, jedoch sehr empfindlich.

Fachbegriffe

Blaukochen	Garen unterhalb des Siedepunktes im Essigsud
Filetieren	Ein Filet vom Fisch ablösen
Mehlieren	Vor dem Braten in Mehl wenden
Panieren	In Mehl, dann in geschlagenem Ei und zuletzt in Bröseln wenden
Pochieren	Am Siedepunkt gar ziehen lassen
Sautieren	In Butter schwenken
Ziselieren	Ganze Fische vor dem Braten seitlich schräg einritzen

Aufgaben

1. Schildern Sie einem Gast das nebenstehende Gericht. Gehen Sie dabei davon aus, dass der Gast das Bild nicht sieht. Benennen Sie Aussehen und Bestandteile der Speise. Machen Sie dem Gast mit Worten richtig Appetit.
2. Ein Gast möchte ein mageres Fischgericht. Welche Fische bieten Sie ihm an?
3. Was versteht man unter echtem Kaviar?
4. Machen Sie für die Erstellung einer speziellen Fischkarte sechs Vorschläge. Berücksichtigen Sie dabei unterschiedliche Fischarten und erarbeiten Sie eine kartengerechte Zusammenstellung.

Beratung und Verkauf

5.3 Krebstiere *crustaceans* *crustacés (m)*

Krebstiere werden zusammen mit Weichtieren (Kap. 5.4) auch als „Früchte des Meeres" bezeichnet.

Das **Fleisch** der Krebstiere hat eine helle Farbe und eine zarte Beschaffenheit. Es eignet sich deshalb sehr gut

- für leichte eigenständige Mahlzeiten,
- zur Herstellung von kalten Vorspeisen, Zwischengerichten sowie für Suppen im Rahmen der Speisenfolge.

Wegen des attraktiven Aussehens werden Krebstiere gerne verwendet

- als Garnitur zu anderen Speisen sowie als Einlagen für Suppen und Saucen,
- als Bestandteil von feinen Ragouts.

Die **Speisen** aus Krebstieren haben neben einem ausgeprägten Genuss- und Geschmackswert einen hohen ernährungsphysiologischen Wert. Ausschlaggebend dafür sind das hochwertige Eiweiß sowie der hohe Gehalt an Vitaminen und Mineralstoffen.

Angebotsformen

Der Körper ist von krustigen Hüllen und Panzern umgeben. Im Allgemeinen werden sechs Gruppen unterschieden:

- Garnelen
- Langusten
- Hummer
- Kaisergranate
- Krabben
- Krebse

Alle Krebstiere sind lebend erhältlich und müssen dann fachgerecht gelagert und behandelt werden. Sie sind aber auch als Tiefkühlware mit und ohne Panzer, gekocht oder als Rohware, im Handel. Als Konserven wird nur das reine Krebsfleisch angeboten.

Gerichte von Krebstieren

dishes with crustaceans
plats (m) des crustacés (m)

Krebstiere werden zunächst gekocht. Danach serviert man sie noch heiß im Panzer, oder sie werden nach dem Abkühlen ausgebrochen und entsprechend weiterverarbeitet.

Ferner können Krebstiere gebraten, gegrillt, gebacken oder gedünstet werden.

Mit Worten Appetit machen

Wir haben heute eine frische Lieferung mit **Krebsen und Venusmuscheln** erhalten, die unser Küchenmeister auf seine Art **im Wurzelsud** mit einem Schuss Pernod für Sie zubereitet hat. Als Beilage empfehle ich Ihnen unser hausgebackenes Kräuterbrot.

Mit Worten Appetit machen

... ein wahres Gedicht ist der **Hummer** in Kombination mit Zuckerschoten, Auberginen, Zucchini, grünem Spargel, Tomaten und Paprikaschoten mit einer feinen Sauce gebunden sowie frischen Kräutern verfeinert und in der Hummerschale serviert. Die Hummerscheren sind bereits von unten geöffnet.

Mit Worten Appetit machen

Heute möchte ich Ihnen eine asiatische Kreation anbieten. Unser Chef hat sie selbst zusammengestellt und gekocht. Es sind **Scampi** in Tempura gebacken, auf einem Püree von der Lotoswurzel umgeben von Fingermöhrchen, gelben und grünen Zucchini mit einer hellen Austernsauce. Das Ganze ist garniert mit Schwarzwurzelspänen und Kapuzinerkresse.

5.4 Weichtiere

molluscs *mollusques (m)*

Weichtiere sind zum Verzehr bestimmte **Austern**, **Muscheln**, **Tintenfische** und **Schnecken.**

Austern

oysters *huitres (w)*

Die meisten Austern werden in sogenannten Austernparks gezüchtet. Die Saison für frische Austern geht von September bis April, also in den Monaten mit „R“.

Nach der **äußeren Form** unterscheidet man:

- **Tiefe Austern** sind länglich und tiefbauchig gewölbt. Sie werden auch als Felsenaustern oder portugiesische Austern bezeichnet.
- **Flache oder runde Austern**, die je nach Ursprungsland bestimmte Handelsbezeichnungen haben, wie zum Beispiel
  - Limfjord (DK),
  - Sylter Royal (D),
  - Imperial (NL),
  - Belon (F).

Beide Arten werden lebend frisch in speziellen Gebinden geliefert. Sie sind auch als Tiefkühlware vorgegart und als Konserven im Sud oder geräuchert erhältlich.

Gerichte von Austern

oyster dishes *plats (m) des huitres (w)*

Am häufigsten richtet man frische, rohe Austern in der geöffneten Schale auf zerkleinertem Eis an und garniert sie mit Zitronensechsteln.

Von in Weißwein pochierten Austern lassen sich leckere, kleine Gerichte herstellen, zum Beispiel ein Austern-Cocktail, eine Austernterrine oder Austern auf Blattspinat, mit holländischer Sauce überbacken.

Mit Worten Appetit machen

Während unserer Austernwoche empfehle ich Ihnen ganz frische **Austern**, auf Eis angerichtet, mit Zitrone und kleinen überbackenen Käsebrötchen.

oder

Mit Worten Appetit machen

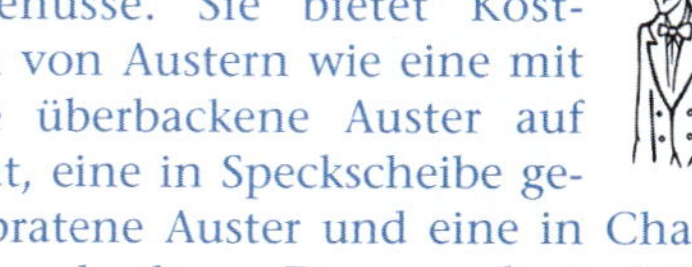

... als warme Spezialität die Platte voller Genüsse. Sie bietet Köstlichkeiten von Austern wie eine mit Käsesauce überbackene Auster auf Blattspinat, eine in Speckscheibe gerollte, gebratene Auster und eine in Champagnerteig gebackene. Dann noch ein Minipastetchen mit feinem Austernragout und ein Austern-Spießchen vom Grill. Ein Arrangement für echte Genießer.

Gerichte von Muscheln

🇬🇧 *dishes of molluscs*

🇫🇷 *plats (m) des moules (w)*

Muscheln werden lebend oder als TK-Ware oder Konserven angeboten.

Miesmuscheln werden meist in der Schale in einem Würzsud gegart.

Mit Worten Appetit machen

Unsere frischen Miesmuscheln sind ein wahres Gedicht. Sie sind in Weißwein gedünstet und mit feinen Würfeln von Wurzelgemüsen und Fenchelstreifen gewürzt.

Mit Worten Appetit machen

Aus Freude am Genuss sollten Sie sich unser Meeresfrüchte-Allerlei mit Garnelen, Venusmuscheln, Austern, **Miesmuscheln**, Tintenfischringen und mediterranem Gemüse gönnen. Ich serviere Ihnen dazu ein ofenfrisches Olivenbrot.

Jakobsmuscheln können gedämpft, gedünstet, gebraten, gegrillt oder überbacken werden.

Mit Worten Appetit machen

Ein nicht alltägliches Gericht mit einer besonderen Note darf ich Ihnen heute offerieren. Es handelt sich dabei um in Zitrone und Ingwer gedünstete **Jakobsmuscheln**, gefüllt mit Seeigelzungen, serviert mit grünem Spargel und ofenfrischem Baguette.

Gerichte von Tintenfisch

🇬🇧 *dishes of cuttlefish*

🇫🇷 *plats (m) de sèche (w)*

Tintenfische, Sepia, Kalmare oder Kraken serviert man gekocht, in der Pfanne gebraten, auf dem Grill gegart oder frittiert. Die Tuben können auch gefüllt und dann gegart werden.

Mit Worten Appetit machen

Als besondere Delikatesse empfehle ich heute die in Sesamöl gebratenen **Tintenfische** auf warmen Kartoffelscheiben mit Lauch, Karotten, Staudensellerie und schwarzen Oliven, garniert mit Blüten vom Borretsch.

Gerichte von Schnecken

dishes of snails *plats (m) des escargots (m)*

Weinbergschnecken serviert man in herkömmlicher Weise in der Schneckenpfanne oder in deren eigenem Häuschen. Dazu ist ein Spezialbesteck einzudecken.

Weitere traditionelle Zubereitungsarten sind:

- gegarte Schnecken mit Kräuterbutter in kleinen Windbeutelchen angerichtet
- Schneckensüppchen
- Schneckenragout im Ring aus Kräuterpüree.

Mit Worten Appetit machen

Wenn Sie ein Schneckenfan sind, so kann ich Ihnen eine besondere Spezialität empfehlen, die auch Gourmets schätzen. Unser Küchenchef hat sich inspirieren lassen und folgendes Gericht kreiert: Er hat **Weinbergschnecken** mit Zwiebeln und Pilzen in Rotwein geschmort und in einer Blätterteigschale angerichtet. Das Gericht wird präsentiert auf einer grünen Kräuter-Butter-Sauce.

Aufgaben

1. Entwerfen Sie mit Hilfe des nebenstehenden Bildes und der Materialkurzbeschreibung eine appetitanregende Formulierung zur Empfehlung für Ihre Gäste.

   Miesmuscheln, Merlan, Garnele, Jakobsmuschel, Tintenfisch, Karotte, Lauch, Staudensellerie, grüne Bohnen, Tomate
2. Welche Gruppen von Krebstieren werden unterschieden?
3. Beschreiben Sie die einfachste Art, Krebstiere zu garen, anzurichten und zu verzehren.
4. Welchen Wein würden Sie einem Gast zu Krebstiergerichten empfehlen?
5. Was versteht man unter Weichtieren? Nennen Sie die Arten.
6. Nennen Sie in Verbindung mit den zugehörigen Lieferländern sechs Austernsorten.
7. Ein Gast hat Austern auf Eis bestellt. Zu welchem Wein würden Sie ihm raten?
8. Entwerfen Sie ein Speisenangebot für eine Aktionswoche zum Thema „Früchte des Meeres“, bestehend aus Gerichten von Seefischen, Krebs- und Weichtieren mit Beilagen.

Projekt

Meeresfrüchte-Festival

Zum 100-jährigen Jubiläum eines bekannten Segelclubs sollen Sie ein Internationales Meeresfrüchte-Festival erstellen.

Die Festivitäten sollen an zwei Tagen stattfinden:

- Einmal für 380 Personen ein warm-kaltes Meeresfrüchte-Büfett.
- Einmal ein großes Menü mit 6 Gängen, vorzugsweise aus Meeresfrüchten, für 160 Personen.

Vorbereitung

1. Sammeln Sie für beide Veranstaltungen Ideen für die Zusammenstellung und Durchführung.
2. Listen Sie die in Frage kommenden Zubereitungen für das Büfett auf.
3. Die einzelnen Speisen des Büfetts sollen den Gästen vorgestellt werden. Entwickeln Sie hierzu besondere Ideen.
4. Erstellen Sie ein elegantes Menü für die zweite Veranstaltung.
5. Erstellen Sie eine dekorative Menükarte.
6. Welche Dekorationen für das Büfett sowie für den Saalschmuck würden Sie vorschlagen? Besprechen Sie dieses Thema mit Ihren Arbeitskollegen im Team.
7. Welche Tischdekorationen für die Menüveranstaltung bieten sich an?

Getränke

Notieren Sie für beide Veranstaltungen entsprechende Getränkevorschläge.

Durchführung

Probieren Sie mit Ihren Arbeitskollegen praktisch, wie die kompletten Gedecke für das Büfett und für das mehrgängige Menü auszusehen haben. Diese sollen dann als Muster für die jeweilige Veranstaltung dienen.

Präsentation

Welche Möglichkeiten fallen Ihnen ein, um die jeweilige Veranstaltung dekorativ in Szene zu setzen?

6 Hauptgerichte aus Fleisch

main courses of meat *plats (m) de viande*

In den Küchen und Restaurants der Hotel- und Gaststättenbetriebe wird hauptsächlich Fleisch von **Kalb**, **Rind**, **Schwein** und **Lamm** zubereitet und serviert.

6.1 Schlachtfleisch

Schlachtfleisch erhält vor allem größere Mengen an biologisch hochwertigem Eiweiß. Es ist reich an Vitaminen und Mineralstoffen. Je nach Tierart und Ernährungszustand ist der Fettgehalt sehr unterschiedlich.

Speisen von Schlachtfleisch nehmen im Rahmen der Ernährung und damit auch auf der Speisekarte einen breiten Raum ein. Fleisch wird vor allem zu Hauptgerichten verarbeitet. Dem Fleisch werden in den folgenden Kapiteln die entsprechenden Saucen und Beilagen zugeordnet.

Aufbau des Fleisches

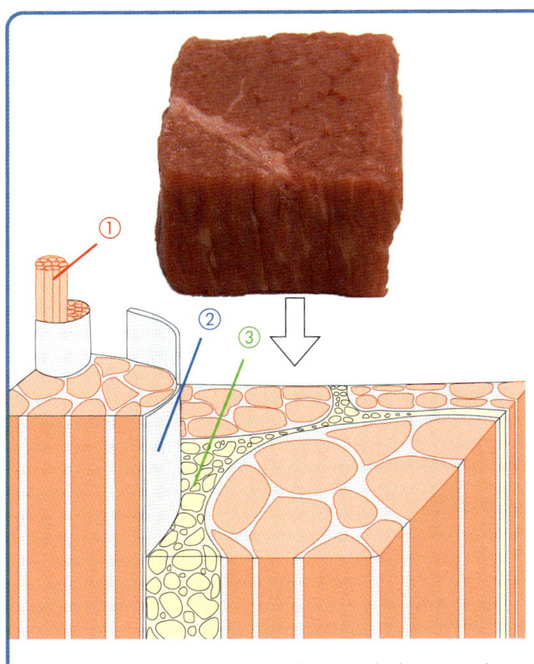

① Muskelfasern

Muskelfasern sind der Hauptbestandteil dessen, was man in der Fachsprache als Fleisch bezeichnet. Sie bestehen aus den wertvollen Eiweißstoffen. In den Muskelfasern laufen die Stoffwechselvorgänge ab, dort entsteht die „Muskelkraft".

② Bindegewebe

Bindegewebe hält die Muskelfasern zusammen, es verbindet sie und bildet die „Seile" zur Kraftübertragung. Bindegewebe sind zäh und werden erst durch die Fleischreifung und das Garen, insbesondere durch feuchte Garverfahren, kaubar.

③ Fettzellen

Gut ernährte Tiere lagern in das Bindegewebe Fett ein. Küchentechnisch fördert Fett die Saftigkeit und das Aroma des Fleisches.

Wenn feine Fettadern in die Muskeln eingelagert sind, nennt man das Fleisch **marmoriert.** Ist das Fett zwischen den Muskelsträngen, spricht man von **durchwachsenem Fleisch.**

Abb. 1 Marmoriertes Fleisch

Abb. 2 Durchwachsenes Fleisch

Kalbfleisch gewinnt man von 5 bis 6 Monate alten Mastkälbern. Sie haben ein hellrosa bis hellrotes feinfaseriges und leicht verdauliches Fleisch, das vorwiegend zu Schnitzeln oder Steaks zubereitet wird.

Kurzbratgerichte vom Kalb

dishes of pan fried veal
plats (m) de veau sauté

Von **Kurzbraten** spricht man wegen der kurzen Garzeit portionierter Fleischstücke. **Pfannengerichte** nennt man diese Gruppe wegen des Garens in der flachen Pfanne mit wenig Fett. Die Bezeichnung **à la minute** weist auf die kurzfristige Einzelzubereitung des Gerichtes hin.

Kalbssteak

veal steak *steak (m) de veau*

ist eine zum Kurzbraten oder Grillen geeignete, dickere Scheibe von quer zur Fleischfaser geschnittenem zartem Fleisch ohne Knochen (aus Keule oder Rücken).

Kalbsmedaillons

veal medallions *médallions (m) de veau*

sind kleine Scheiben aus dem zarten Filetfleisch geschnitten.

Kalbskotelett

veal cutlet *côte (w) de veau*

ist eine Fleischscheibe mit Knochenanteil aus dem Kotelettstrang (Rücken).

Kalbsschnitzel

veal escalope *escalope (w) de veau*

ist eine vorwiegend aus der Keule und aus dem Rücken geschnittene, dünne Scheibe Fleisch. Ohne weitere Angabe ist es vom **Kalb**, bei allen anderen Schnitzeln muss die Tierart angegeben werden, z. B. Schweineschnitzel, Putenschnitzel.

Besondere Schnitzelzubereitungen

- **Naturschnitzel**, unpaniert
- **Wiener Schnitzel**, paniert

Mit Worten Appetit machen

Unser Wiener Schnitzel ist aus zartem Kalbfleisch, dünn geklopft und mit einer knusprigen Panierung umhüllt. Dazu servieren wir einen knackigen Salat.

- **Kalbsschnitzel Holstein**
  Mit einem Spiegelei belegt und mit drei verschiedenen Canapés (Kaviar, Sardellen, Räucherlachs) serviert.
- **Rahmschnitzel**, unpaniert, mit Rahmsauce
- **Cordon bleu**, mit gekochtem Schinken und Käse gefüllt, paniert

Mit Worten Appetit machen

Das Besondere am Cordon bleu ist die Füllung eines Kalbsschnitzels mit gekochtem Schinken und zart schmelzendem Emmentaler, eingehüllt von goldbrauner Brotkruste.

- **Kalbsschnitzel nach Pariser Art**
  Die Schnitzel werden mehliert und in Ei gewendet, in Butter gebraten und mit Zuckererbsen und Pariser Kartoffeln serviert.

Als Beilagen zu den Pfannengerichten/Kurzbratgerichten empfiehlt man:

Saucen
- Bratenjus oder Rahmsauce
- Madeirasauce oder Trüffelsauce
- Pilzsaucen

Gemüsebeilagen
- alle feinen Gemüse

Hauptbeilagen
- Pariser Kartoffeln oder ähnliche
- Kartoffelpüree
- Herzoginkartoffeln
- Pommes frites
- Bratkartoffeln
- Butterkartoffeln
- Spätzle oder andere Teigwaren
- Butterreis

Weitere Pfannengerichte

Kalbssteak au four
Ein flaches Steak, mit Ragout fin bedeckt, mit geriebenem Käse bestreut und im Ofen überbacken.

Piccata nach Mailänder Art
Schnitzelchen in einer Mischung aus Bröseln

Beratung und Verkauf

und Parmesan paniert und mit Schinken-Champignon-Nudeln und Tomatensauce angerichtet.

Geschnetzeltes

sauted sliced veal *émincé (m) de veau*

- sind klein geschnittene Scheibchen oder Streifen aus zartem Kalbfleisch, kurz angebraten und mit Rahmsauce vollendet.
- andere Fleischarten sind anzugeben, z. B. Putengeschnetzeltes, Rehgeschnetzeltes.

Als **Beilagen** empfiehlt man leichte Gemüse in Butter sautiert (geschwenkt) oder gemischte Salate, Spätzle oder andere Teigwaren, Reis, Bratkartoffeln oder den klassischen **Rösti.**

Abb. 1 Kalbsgeschnetzeltes

Worte, die verkaufen helfen

- dünn geklopft
- wunderbar zart
- auf den Punkt gebraten
- knusprig
- goldbraun
- glasiert
- klassische Zubereitung
- in der Pfanne gebraten
- überbacken
- in sämiger Sauce
- pikant
- vorzüglich
- fein gewürzt mit …

Große Braten vom Kalb

big roasts of veal *rôtis (m) de veau*

Für große Braten können das Kalbsfilet im Ganzen, alle größeren Stücke des Rückens oder der Schulter sowie Vorder- und Hinterhaxe mit oder ohne Knochen verwendet werden.

Eine Besonderheit in der deutschen Küche sind der **Kalbsnierenbraten**, zu dem Kalbsnieren in entbeintes Rückenfleisch und Bauchlappen eingerollt und danach gebraten werden, sowie die **glasierte Kalbsbrust**, die mit einer feinen Füllung aus Semmelknödelteig oder Brät mit gehackten frischen Kräutern versehen ist und im Rohr langsam gebraten wird.

Abb. 2 Kalbsnierenbraten

Gerichte aus geschmortem Kalbfleisch

dishes of braised veal

plats (m) de veau braisé

Durch das Garverfahren Schmoren erhält Kalbfleisch eine besondere geschmackliche Note.

Kalbsröllchen oder Kalbsvögerl

veal roulade *paupiette (w) de veau*

- Für **Röllchen** werden dünne Scheiben aus der Schulter mit feiner Fleischmasse (Farce oder Brät) gefüllt, gerollt, gebunden, angebraten und geschmort. Dabei entsteht eine leckere Sauce.
- Für **Kalbsvögerl** wird die Fleischscheibe dünn mit Farce bestrichen, mit einem gekochten Ei belegt, gerollt, gebunden und kurz geschmort.

Abb. 3 Kalbsvögerl

Kalbsrahmgulasch

veal goulash *gulache (m) de veau*

Für Kalbsrahmgulasch werden Kalbfleischwürfel angebraten und in leichter Weißweinsauce gegart. Sahne verfeinert die Zubereitung und gibt dem Ganzen ein zartes Aroma.

Mit Worten Appetit machen

Ein kulinarisches Highlight ist das Schmorgericht **Ossobuco.** Dies sind mit Tomaten und Wurzelgemüsen geschmorte Scheiben von der Kalbshaxe. Eine italienische Spezialität, die vorzugsweise zusammen mit **Polenta** serviert wird. Das unverwechselbare Aroma bezieht das Gericht aus der **Gremolata,** einer Würzmischung aus Knoblauch, geriebener Zitronenschale und frisch gehackter Petersilie.

Beilagenempfehlung

Saucen
- Dunkle Rahmsaucen
- Braune, tomatisierte Kalbssauce

Gemüsebeilagen
- Glasierte Zwiebeln, Erbsen, Karotten, Champignons, Tomatenfleischstücke

Hauptbeilagen
- Kartoffelpüree oder Herzoginkartoffeln
- Reis, Spätzle oder andere Teigwaren

Salate, gemischte

Gekochtes und gedünstetes Kalbfleisch

dishes of boiled and stewed veal
plats (m) de veau bouilli et étuvé

Dazu gehören die klassischen Zubereitungen wie feines Ragout, Kalbsfrikassee und Curry vom Kalbfleisch.

Feines Ragout

fine ragout *ragoût (m) fin*

Feines Ragout ist würfelig geschnittenes zartes Kalbfleisch in sämiger Kalbsrahmsauce.

Dieses feine Ragout wird auch als eigenständiges Gericht in Muschelschalen, Porzellantöpfchen oder Blätterteigpastetchen angerichtet, mit holländischer Sauce (s. S. 333) nappiert und leicht überbacken.

Abb. 1 Ragout fin im Blätterteigpastetchen

Kalbsfrikassee

veal frikassee *frikassée (w) de veau*

Frikassee ist ein Dünstgericht aus Kalbfleischwürfeln in leichter, heller, mit Weißwein abgeschmeckter Sauce.

Zum Kalbsfrikassee werden als Gemüse meist Pilze, Spargelspitzen, feine Erbsen oder Zuckerschoten sowie als Beilage Reis, Salzkartoffeln oder Teigwaren den Gästen empfohlen.

Das Berliner Kalbsfrikassee garniert man mit frisch gekochten Flusskrebsen.

Curry von Kalbfleisch

veal curry *curry (m) de veau*

Für dieses pikante Gericht werden Fleischwürfel mit Curry gewürzt, zusammen mit Zwiebeln und Äpfeln angeschwitzt und in heller Sauce gegart.

Als Beilagen empfiehlt man gebratene Banane, Kokos-Reis und Mango-Chutney.

Abb. 2 Kalbscurry

6.3 Rind *beef* *bœuf (m)*

Rindfleisch ist Fleisch von ausgewachsenen Rindern. Es ist rot bis dunkelrot und kräftig im Geschmack. Die hochwertigen Fleischstücke sind ausreichend mit Fett marmoriert (s. S. 350).

Kurzbratgerichte vom Rind

dishes of pan fried beef

plats (m) de bœuf sauté

Von **Kurzbraten** spricht man wegen der kurzen Garzeit portionierter Fleischstücke. **Pfannengerichte** nennt man diese Gruppe wegen des Garens in der flachen Pfanne mit wenig Fett. Die Bezeichnung **à la minute** weist auf die kurzfristige Einzelzubereitung des Gerichtes hin.

Die **qualitativ** besten Fleischstücke des Rindes erhält man aus dem Rücken und dem Filet.

Die besten Grill- und Kurzbratstücke erhält man aus dem gesamten Rücken mit der Hochrippe, dem ausgelösten Roastbeef und dem Filet.

Sie werden auf dem Grill oder in der Pfanne gebraten und stehen deshalb auch als Pfannen- oder Grillgerichte auf der Speisekarte.

Fachbezeichnungen für bestimmte Fleischstücke aus dem Rücken

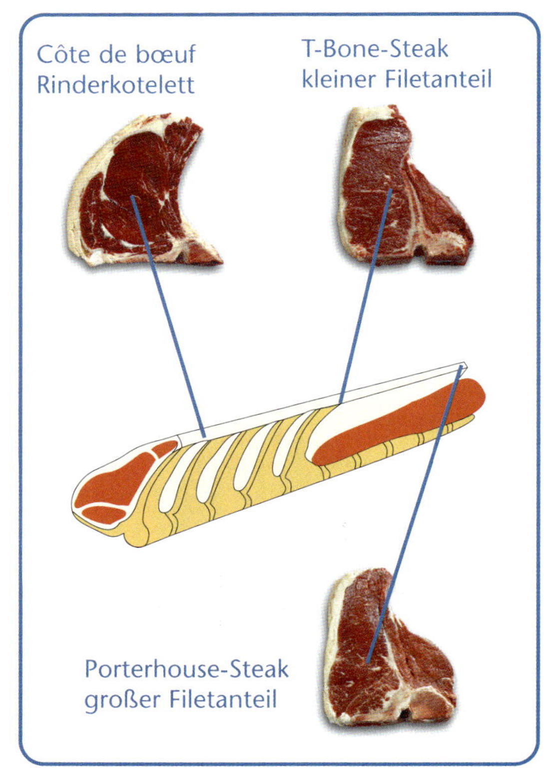

Fachbezeichnungen für bestimmte Fleischstücke aus dem Rücken *mit* Knochen

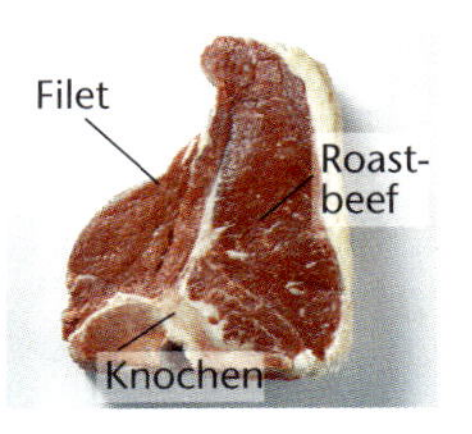

Porterhouse Steak besteht aus einer Fleischscheibe von 3 cm Dicke aus dem Roastbeef mit Knochen und hohem Filetanteil. In der Größe vergleichbar mit einem Entrecôte double und einem Chateaubriand mit Knochen. Bei einem Gewicht von ca. 1000 g ist es für 3 bis 4 Personen geeignet.

T-Bone-Steak ist von ähnlichem Aussehen wie das Porterhouse Steak, nur halb so dick.

Club Steak wird aus dem Roastbeefteil mit Knochen geschnitten, hat ein Rohgewicht von ca. 1000 g und wird für 3–4 Personen serviert.

Côte de bœuf (Rinderkotelett) wird als großes Portionsstück aus der Hochrippe geschnitten.

Fachbezeichnungen für bestimmte Fleischstücke aus dem Rücken *ohne* Knochen

Entrecôte/Zwischenrippenstück erhält man aus dem flachen Roastbeef mit einem Gewicht von ca. 200 g.

Entrecôte double (Doppeltes Zwischenrippenstück) ist, wie der Name schon sagt, doppelt so dick wie das Entrecôte und ca. 400 g schwer. Es wird für 2 Personen serviert und manchmal auch im Restaurant vor dem Gast tranchiert.

Rumpsteak (ca. 180 g) ist vom Ursprung her ein Steak aus der Hüfte (rump). In Deutschland wird das Rumpsteak aber meist aus dem Roastbeef geschnitten.

Rostbraten mit einem Gewicht von ca. 150 g wird ebenfalls aus dem Roastbeef geschnitten.

Aus dem Filet werden bereitet:

- **kleine Filetschnitten** (Tournedos), pro Person zwei Stück von je 60 bis 80 g,
- **Filetschnitte** (Filetsteak) mit 150 bis 160 g,
- **Doppelte Filetschnitte** (Chateaubriand) mit 350 bis 400 g für 2 Personen

Abb. 1 ① Filetkopf, ② Filet-Mittelstück, ③ Filetspitze

Eine besondere Zubereitung aus dem Filet ist das **Filetgulasch Stroganoff.**

Mit Worten Appetit machen

Heute haben Sie die Möglichkeit, einen richtigen Klassiker der russischen Küche zu bestellen. Dafür wird die Spitze des Rinderfilets in Streifen geschnitten, kurz in der Pfanne sautiert und in brauner Sauce mit Schmant angerichtet. Als harmonische Ergänzung finden Sie Steinpilze, Schinken- und Speckstreifen sowie Streifen von echter russische Salzgurke und roter Bete im Gericht. Auf Ihren besonderen Wunsch kann ich das Gericht auch vor Ihnen am Tisch zubereiten.

Mit Worten Appetit machen

Für ein geselliges, gemeinsames Schlemmen empfehle ich Ihnen heute ein Porterhouse Steak, geschnitten aus einem gut gereiften Rücken vom Angusrind. Es wird auf dem Grill nach Ihren Wünschen gebraten. Als Beilagen würde ich gerne Keniaböhnchen, Grilltomate mit Béarner Sauce gefüllt, geschmorten Fenchel und Zuckermaisfladen vorschlagen. Sollten Sie sich für das Porterhouse Steak entscheiden, würde ich es natürlich hier am Tisch für Sie tranchieren.

Gebratenes Fleisch von Rind und Lamm wird von den Gästen mit unterschiedlicher **Garstufe** gewünscht. Diese ist von der Bratdauer und der dadurch im Fleisch entstehenden Temperatur abhängig. In der Praxis gilt die Fleischfarbe im Kern des gegarten Fleischstückes als Maßstab für den jeweiligen **Garpunkt.** Bei der Aufnahme von Bestellungen sollte man, sofern der Gast dies nicht von sich aus tut, immer den von ihm gewünschten Garpunkt erfragen.

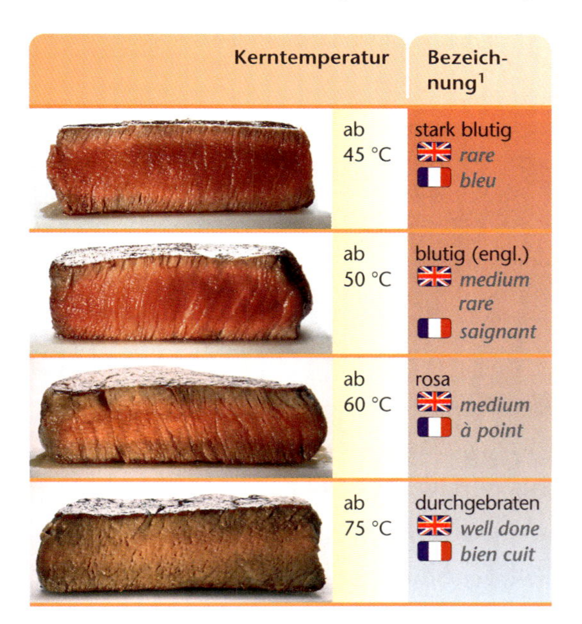

	Kerntemperatur	Bezeichnung[1]
	ab 45 °C	stark blutig 🇬🇧 *rare* 🇫🇷 *bleu*
	ab 50 °C	blutig (engl.) 🇬🇧 *medium rare* 🇫🇷 *saignant*
	ab 60 °C	rosa 🇬🇧 *medium* 🇫🇷 *à point*
	ab 75 °C	durchgebraten 🇬🇧 *well done* 🇫🇷 *bien cuit*

Beilagen zu den Braten aus Roastbeef und Filet

Saucen
- Bratenjus oder Ableitungen der Demiglace

Gemüsebeilagen
- alle feinen Gartengemüse

Hauptbeilagen
- Pariser Kartoffeln, Olivenkartoffeln
- Kartoffelkroketten
- Herzogin- oder Macairekartoffeln

Beilagen zu den Pfannengerichten

Saucen
- Bratenjus
- Madeirasauce, Bordeauxer Sauce
- Béarner Sauce, Choronsauce
- oft auch Kräuterbutter oder andere passende Buttermischungen

Gemüsebeilagen
- alle feinen Gartengemüse

Hauptbeilagen
- grundsätzlich wie zu Braten
- darüber hinaus Pommes frites oder eine andere frittierte Kartoffel

Spezielle Garnituren sind:

- **Zwischenrippenstück nach Bordeauxer Art**
  - mit Ochsenmarkscheiben belegt und mit Bordeauxer Sauce nappiert
- **Tournedos Helder**
  - mit Tomatenfleischstücken belegt und mit Béarner Sauce garniert
- **Tournedos Rossini**
  - mit Gänseleber und Trüffeln garniert, Madeirasauce
- **Rumpsteak Mirabeau**
  - Steak mit dünnen Sardellenstreifen (über Kreuz bzw. gitterförmig) und Olivenscheiben belegt, Sardellenbutter

[1] Bezeichnung der Garstufen nach Empfehlungen der Gastronomischen Akademie Deutschlands

Mit Worten Appetit machen

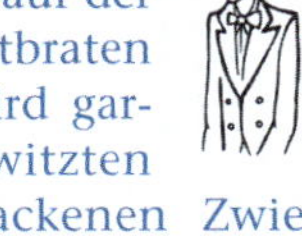

Als Tagesspezialität haben wir einen **Rostbraten nach Tiroler Art** auf der Karte. Der kurzgebratene Rostbraten vom zarten Rückenfleisch wird garniert mit in Butter geschwitzten Tomatenfleischwürfeln, gebackenen Zwiebelringen und Bratkartoffeln. Begleitet wird er von einer delikaten Béarner Sauce.

Große Braten vom Rind

big roasts of beef *rôtis (m) de bœuf*

Als ganze Stücke werden das Roastbeef und das Filet gebraten und als warmes Gericht serviert.

Beilagenempfehlung

Saucen
- Bratenjus oder Ableitungen der Demiglace

Gemüsebeilagen
- alle feinen Gartengemüse

Hauptbeilagen
- Pariser Kartoffeln, Olivenkartoffeln
- Kartoffelkroketten
- Herzogin- oder Macairekartoffeln

Eine Besonderheit ist das **Filet Wellington:**
- Das angebratene Filet wird mit einer Pilzmasse (Duxelles) umgeben, in Blätterteig eingehüllt und im Ofen gebacken.
- Beim Servieren werden zarte Buttergemüse und Madeirasauce gereicht.
- Tranchieren am Tisch des Gastes.

Das gebratene Roastbeef wird aber auch gerne als kalter Braten, dünn in Scheiben geschnitten, verwendet. Beispielsweise als erfrischendes Sommergericht mit Remouladensauce und Röstkartoffeln oder im kalten Büfett.

Abb. 1 Filet Wellington

Gerichte aus gekochtem Rindfleisch

boiled beef dishes
plats (m) de bœuf bouilli

Zum Kochen bevorzugte Stücke sind Brust und Tafelspitz. Die Rinderbrust wird manchmal in gepökeltem Zustand verarbeitet. Tafelspitz ist ein Teilstück der Hüfte und wird oft auch als Schwanzstück bezeichnet.

Abb. 2 Gekochte Rinderbrust mit Frühlingsgemüse

Beilagenempfehlung

Saucen
- Meerrettichsauce
- Kräutersauce

Gemüsebeilagen
- Lauch, Sellerie, Karotten
- Wirsing- oder Spinatgemüse

Hauptbeilagen
- Salzkartoffeln und Petersilienkartoffeln
- Bouillonkartoffeln und Rahmkartoffeln

Kalte Beilagen
- Preiselbeeren, Rote Bete, Senfgurken

Eine spezielle Garnitur ist „... nach flämischer Art". Zur gekochten Rinderbrust serviert man Karotten, weiße Rübchen und Lauch, gefüllte Wirsingkohlköpfchen und Knoblauch-Brühwurst sowie geschabten Meerrettich und Salzkartoffeln.

Im Restaurant kann das Gericht dem Gast wie folgt empfohlen werden:

Mit Worten Appetit machen

Als eine besondere Spezialität unseres Küchenchefs möchte ich Ihnen die mild gepökelte Rinderbrust nach flämischer Art empfehlen. Sie wird zusammen mit frisch geschabtem Meerrettich, geschmorten Wirsing-Kohlköpfchen, gelben und weißen Teltower Rübchen, Scheiben von gekochtem Speck und einer leichten Knoblauchwurst sowie Salzkartoffeln aufgetischt.

Mit Worten Appetit machen

Als regionale Spezialität hat unser Küchenchef einen zarten **Tafelspitz** vom Charolais-Rind zubereitet sowie frische Gemüse von Babykarotte und knackigem Bleichsellerie angelegt. Dazu sein besonderes Hobby, eine Frankfurter Grüne Sauce aus 6 frischen Küchenkräutern.

oder

Mit Worten Appetit machen

... eine gepökelte Rinderbrust mit Apfel-Meerrettich, feinem Wirsinggemüse mit geröstetem Speck und gebuttertem Kartoffelschnee. Als Getränk empfehle ich dazu ein frisch gezapftes Weizenbier.

Gerichte aus geschmortem Rindfleisch

🇬🇧 *dishes of braised beef*

🇫🇷 *plats (m) de bœuf braisé*

Schmorbraten, Sauerbraten, Schmorsteaks und Rouladen werden aus bindegewebsreichen Teilstücken der Keule geschnitten. Für *Ragout* eignet sich sehr gut das Halsstück, für Gulasch die Hesse (Wadenschenkel).

- **Sauerbraten** legt man einige Tage in Marinade aus Essig, Wein, Wurzelgemüse und Gewürzen ein. Sie macht das Fleisch zarter, saftiger und aromatischer.
- **Rinderrouladen** sind flach geklopfte Fleischscheiben, mit Senf bestrichen, mit Speck, Zwiebeln und Gewürzgurken belegt, aufgerollt, dann geschmort.

Als Beilagen werden empfohlen:

Saucen – Rotweinsauce

Gemüsebeilagen
- Karotten, Kohlrabi, Schwarzwurzeln, Rosenkohl und Rotkohl

Hauptbeilagen
- Salzkartoffeln und Kartoffelpüree
- Kartoffelklöße und Semmelknödel
- Spätzle und andere Teigwaren

Mit Worten Appetit machen

Darf ich Ihnen heute eine saftig geschmorte Rinderroulade mit Gemüsefüllung und eleganten Rosmarinkartoffeln empfehlen? Unsere Köche haben das Gericht auch neu zusammengestellt. Als Getränk denke ich, dass ein Heilbronner Trollinger sehr gut dazu passt.

Eine spezielle Speisenbezeichnung (Garnitur) ist **Schmorsteak Esterhazy.**

Mit Worten Appetit machen

Als Gericht des Tages möchten wir Ihnen heute anbieten: ein Rinder-Schmorsteak, wie es der ungarische Graf Esterhazy gerne aß. Es wird begleitet von in Streifen geschnittenem, gedünstetem Wurzelgemüse, einer kräftigen Schmorsauce mit Sauerrahm und hausgemachten Mehlklößchen.

Aufgaben

1. Schildern Sie einem Gast das nebenstehende Gericht. Gehen Sie dabei davon aus, dass der Gast das Bild nicht sieht. Benennen Sie Aussehen und Bestandteile des Gerichtes. Machen Sie dem Gast mit Worten Appetit.
2. Beschreiben Sie drei besondere Schnitzelvariationen.
3. Nennen Sie vier Rindfleischstücke, die am Knochen auf dem Grill oder in der Pfanne gebraten und serviert werden können.
4. Welche Fleischstücke werden aus dem Rinderfilet geschnitten?
5. Wie empfehlen Sie einem Gast folgendes Schmorgericht: Ochsenschwanz mit Sauce, Gemüse und Markklößchen?
6. Nennen Sie die vier verschiedenen Garstufen für gebratenes Rindersteak (Entrecôtes).

6.4 Schwein *pork* *porc (m)*

Schweinefleisch stammt von jungen Tieren und ist deshalb besonders zart und saftig. Es eignet sich zum Braten und Kurzbraten. Für geschmorte Gerichte werden die bindegewebsreicheren Fleischteile, zum Kochen wird hauptsächlich gepökeltes Fleisch verwendet. Die Fleischfarbe ist hellrot und der Geschmack aromatisch.

Sehr beliebt ist auch das Fleisch von **Spanferkeln.** Sie werden nach 5 Wochen geschlachtet und haben ein sehr helles und zartes Fleisch.

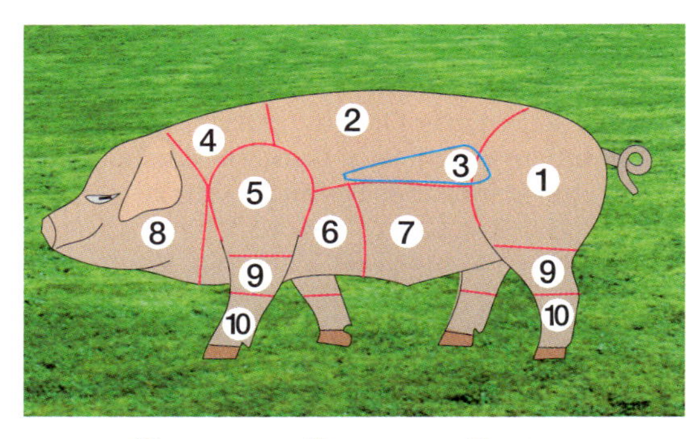

Abb. 1 ① Schinken, ② Kotelett, ③ Filet, ④ Kamm, ⑤ Bug, Schulter, ⑥ Bauch, ⑦ Wamme, ⑧ Kopf, ⑨ Eisbein, Haxe, ⑩ Spitzbein, Pfötchen

Kurzbratgerichte vom Schwein

dishes of pan fried pork
plats (m) de porc sauté

Von **Kurzbraten** spricht man wegen der kurzen Garzeit portionierter Fleischstücke.

Pfannengerichte nennt man diese Gruppe wegen des Garens in der flachen Pfanne mit wenig Fett.

Die Bezeichnung **à la minute** weist auf die kurzfristige Einzelzubereitung des Gerichtes hin.

Die Fleischportionen für Pfannengerichte werden aus folgenden Fleischteilen geschnitten:

- **Rücken:** Schweinekoteletts, Schweinerückensteaks
- **Filet:** Schweinemedaillons
- **Keule:** Schweinesteaks, Schweineschnitzel

Beilagenempfehlung

Saucen
- Bratenjus oder dunkle Rahmsauce
- zu Kotelett Robertsauce
- zu Medaillons holländische Sauce, Béarner Sauce oder Choronsauce

Gemüsebeilagen: feine Gemüse

Hauptbeilagen
- wie zu den Braten
- Kartoffelkroketten oder Herzoginkartoffeln

Mit Worten Appetit machen

Als eine Novität bieten wir Ihnen heute gegrillte Medaillons vom Filet des ungarischen Woll-Schweines, serviert auf einem Spiegel von Roquefortsauce, mit feinen Gemüseperlen und Bamberger Hörnchen, einer ganz besonderen fränkischen Kartoffelsorte.

Unsere Spezialität der Region ist ein gebratenes, mit Bratwurstbrät gefülltes Schweineschnitzel, serviert mit Bratensaft, Rahmwirsing und einem Kräuter-Kartoffelkloß.

Mit Worten Appetit machen

Unser zart gebratenes Schweinekotelett ist ein „Muss". Zusammen mit Morcheln und einer delikaten Calvadossauce sowie Butternudeln mit frisch gehacktem Estragon wird das Gericht zum Erlebnis.

Große Braten vom Schwein *roasts of pork* *rôtis (m) de porc*

Zum Braten sind wie beim Kalb alle großen Fleischstücke geeignet. Dazu können das Schweinefilet im Ganzen sowie entbeinte, größere Stücke des Rückens, der Schulter, ganze Keulen, Nackenstücke, Schweinebauch zum Füllen sowie Vorder- und Hinterhaxe mit oder ohne Knochen verwendet werden. Das Besondere an vielen Bratenstücken ist die Saftigkeit des Fleisches. Hierfür ist eine bestimmte Fettmarmorierung verantwortlich. Beim Krustenbraten verwandelt der geschickte Koch die Schwarte in eine knusprige Kruste.

Beilagenempfehlung zu Schweinebratenstücken

Saucen: Bratenjus, Kümmeljus, Bierjus

Gemüsebeilagen

- Kohlrabi, Rotkohl, Rosenkohl, Wirsing und Bayrisch Kraut

Hauptbeilagen

- Kartoffelpüree und Macairekartoffeln
- Rahmkartoffeln
- Kartoffelklöße und Semmelknödel
- Spätzle und andere Teigwaren

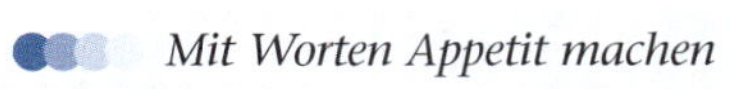

Die Schweinshaxen möchte ich Ihnen besonders empfehlen. Unser Chefkoch hat sie mit dunklem Bier zu einem sagenhaften Genuss gebraten und nebenbei auch noch die Schwarte knackig kross zubereitet. Wir servieren Ihnen die Haxe zusammen mit einer Bierjus, einem hausgemachten Thüringer Kloß und einem köstlichen Krautsalat.

Mit Worten Appetit machen

Meine Empfehlung für Sie wäre ein mit Pilzen und Gemüsewürfeln gefüllter **Jungschweinerücken**, den unser Küchenchef durch eine besondere Technik als Kronenbraten auf den Teller bringt. Zu diesem Gericht servieren wir eine würzige Braunbiersauce mit geschmortem Spitzkohl und einem Auflauf von Brezenknödelmasse.

Mit Worten Appetit machen

Eine spezielle Zubereitung ist der mit Kloßmasse gefüllte Schweinebauch. Unser Küchenchef achtet beim Braten sehr darauf , dass dabei eine Schwarte entsteht, die wirklich kracht und durch und durch kross ist. Dazu reichen wir einen Teller mit marktfrischen Salaten.

Gerichte aus geschmortem Schweinefleisch

dishes of braised pork

plats (m) de porc braisé

Neben dem Schweineragout gibt es zwei sehr bekannte Schmorfleischgerichte spezieller Art:

Schweinepfeffer

Ansatz ähnlich wie Gulasch, kurz vor dem Servieren mit Blut gebunden.

Szegediner Gulasch
Ansatz wie Gulasch oder Ragout. Wird zusammen mit Sauerkraut gegart, mit Kümmel gewürzt und mit Sauerrahm oder Schmant vollendet.

Mit Worten Appetit machen

Unsere geschmorte **Schweinebacke** ist in einer Schwarzbiersauce zubereitet und wird mit einem kross gebratenen Schweinebauch serviert. Die sie begleitenden Beilagen sind ein Schinkenknödel auf gedünstetem Zwiebelkraut und grünem Erbsenpüree.

Gerichte aus gekochtem Schweinefleisch

dishes of boiled pork
plats (m) de porc bouilli

Die zum Kochen bestimmten Fleischteile des Schweines sind meistens gepökelt:

- Schinken, Vorderschinken und Hals
- Rippchen und Eisbein.

Das Pökeln bewirkt die Rotfärbung und den besonderen Geschmack des Fleisches.

Beilagenempfehlungen:

Zu Schinken
- Burgunder-, Madeira- oder Portweinsauce
- feine Gemüse, Petersilienkartoffeln, Kartoffelpüree, Kartoffelkroketten und Spätzle

Zu Rippchen/Eisbein
- Sauerkraut und Kartoffelpüree
- Erbsenpüree

Eine spezielle Zubereitung in Verbindung mit Schweinefleisch: **Garniertes Sauerkraut** oder **Schlachtschüssel.**

- Gekochtes Bauchfleisch sowie Blut- und Leberwurst,
- Sauerkraut und Kartoffelpüree oder Salzkartoffeln.

Mit Worten Appetit machen

Ein großer Genuss ist zu dieser kalten Jahreszeit unser mild gepökeltes Kassler, welches traditionell mit Grünkohl, Pinkel und gebratenen Kartoffeln serviert wird. Ich empfehle Ihnen dazu ein würziges Schwarzbier.

6.5 Lamm *lamb* *agneau (m)*

Das Lammfleisch hat von Natur aus einen würzigen und kräftigen Geschmack. Es muss sehr heiß angerichtet und rasch serviert werden.

Kurzbratgerichte vom Lamm

dishes of pan fried lamb
plats (m) d'agneau sauté

Von **Kurzbraten** spricht man wegen der sehr kurzen Garzeit portionierter Fleischstücke.

Pfannengerichte nennt man diese Gruppe wegen des Garens in der flachen Pfanne mit wenig Fett.

Die Bezeichnung **à la minute** weist auf die kurzfristige Einzelzubereitung des Gerichtes hin.

Abb. 1 Lammkoteletts mit Kräutern und Knoblauch gebraten

Als Pfannengerichte gibt es Koteletts, Nüsschen und Schnitzel sowie Mutton chops (Scheiben aus beiden Seiten des Sattels mit Rückenfleisch, Knochen und Filet).

Zu Lamm verwendet man intensivere Würzzutaten wie Knoblauch, Thymian, Rosmarin, Salbei. Diese legt man beim Kurzbraten mit den Bratstücken in die Pfanne, damit deren Würzkraft auf das Fleisch übergeht.

Große Braten vom Lamm

roasts of lamb
rôtis (m) d'agneau

Für Braten eignen sich Teile von Rücken, Keule und Schulter. Als Teilstücke werden der Sattel (das ist der hintere Teil des Rückens) und die Karrees (das sind die beiden Seitenteile des Rückens mit den langen Rippen) ganz gebraten.

Mit Worten Appetit machen

Als herbstliche Spezialität empfehlen wir Ihnen ein butterzartes **Lammkarree** in der Kräuterkruste mit leichter Thymianjus, kleinem Paprikagemüse und Bäckerin-Kartoffeln.

oder

Mit Worten Appetit machen

... eine mit Knoblauchstiften gespickte und schön saftig gebratene **Lammkeule** in einer Rosmarin-Rotweinsauce mit Kartoffelgratin, geschmolzenen Tomaten und knackigem Feldsalat.

Gerichte von geschmortem Lammfleisch

dishes of braised lamb
plats (m) d'agneau braisé

Zu Schmorgerichten gehören Schmorbraten und Ragouts aus der Keule, der Schulter und der Brust sowie die Lammhaxen.

Mit Worten Appetit machen

Als kulinarisches Gedicht bezeichnen Kenner das **Navarin de mouton**, ein geschmortes braunes Lammragout mit Schalotten und fein tournierten Wurzelgemüsen. Dazu servieren wir auf Wunsch Kartoffelschnee oder in Butter geschwenkte Bandnudeln.

oder

Mit Worten Appetit machen

... ein interessantes braunes Lammragout, gemeinsam geschmort mit Quitten und breiten grünen Bohnen, serviert mit hausgemachten Kartoffelkroketten.

Beilagenempfehlung

Im Allgemeinen sind die gleichen Beilagen wie zu gleichartigen Rindfleischgerichten geeignet. Wegen des ausgeprägten Geschmacks des Lammfleisches ergeben sich zusätzlich einige Besonderheiten:

- Spinat, grüne Bohnen und Bohnenkerne
- geschmorte Gemüse wie Chicorée, Fenchel, Staudensellerie und Gurken
- südländische Gemüsezubereitungen wie z. B. Ratatouille (Paprika, Knoblauch, Auberginen, Zucchini und Tomaten)
- Schmelzkartoffeln und Lyoner Kartoffeln
- Bäckerin- und Annakartoffeln

Spezielle Gerichte aus Lammfleisch

special dishes of lamb
plats (m) speciale d'agneau

Mit Worten Appetit machen

Unser Küchenchef hält heute für Sie etwas ganz Besonderes bereit: Ein echtes **Curry vom Lamm** mit gerösteten Kokosflocken, frischer, glasierter Ananas und chinesischem Duftreis. Dazu servieren wir Ihnen einen warmen Sake-Wein.

oder

Mit Worten Appetit machen

Sie bevorzugen etwas in der Art des **Irish Stew**, dem irischen Nationalgericht mit gekochtem Lamm und Zwiebeln, Kartoffeln und Weißkraut? Da unser Küchenchef ein Fan bunter Gerichte ist, hat er dem Gericht noch Lauch, Wirsing, Sellerie und Karotten hinzugefügt.

Mit Worten Appetit machen

Sehr lecker und leicht ist unser Lammfrikassee mit Spitzen von grünem Spargel, frischen Champignons und hausgemachten, in Butter geschwenkten Rote-Bete-Nudeln.

oder

Mit Worten Appetit machen

... eine pochierte **Lammschulter** mit Zitronen-Meerrettich-Schaum, Karotten und über Thymian gedämpften Kartoffeln.

6.6 Hackfleisch

minced meat
hachis (m) de viande

Hackfleisch ist stark zerkleinertes Fleisch, das wegen der vergrößerten Oberfläche und der feuchten Beschaffenheit einen leicht zugänglichen Nährboden für Bakterien darstellt. Besonders roh verzehrtes Hackfleisch könnte zur Gefahr für die menschliche Gesundheit werden. Es ist deshalb wichtig, die Vorschriften der Hygieneverordnung einzuhalten und auf eine hygienisch einwandfreie Verarbeitung des Fleisches zu achten. Das gilt auch für jeden, der am Tisch des Gastes ein *Beefsteak Tatar* oder *Hackepeter* bzw. *Schweinemett* zubereitet.

Gerichte aus Hackfleisch

dishes of minced meat
plats (m) de viande (w) hachée

Neben den Hacksteaks, auch bekannt als Frikadellen, Fleischküchle, Fleischpflanzerl oder Buletten, gibt es den Hackbraten als einfache Zubereitung oder raffiniert gefüllt.

Mit Worten Appetit machen

Ein Gericht, das Sie sicher von Ihrer Oma kennen: die herrlichen **Königsberger Klopse** in feiner Kapernsauce mit Salzkartoffeln, einmal anders präsentiert. Lassen Sie sich überraschen.

Mit Worten Appetit machen

... dann habe ich noch etwas sehr Schönes anzubieten: einen **Strudel gefüllt mit Hackfleisch vom Kalb** mit Rührei auf einem Spiegel von Tomatensauce mit zarten Gemüsen und Lauchnudeln.

6.7 Innereien *offal meat* *abattis (m)*

Im Restaurant werden vor allem die Innereien von Kalb und Lamm angeboten. Sie haben einen hohen Gehalt an Vitaminen und Mineralstoffen. Innereien sind zart und leicht verdaulich.

Gerichte aus Innereien *dishes of offal meat* *plats (m) des abattis*

Speisenbezeichnung		Saucen und Beilagen
Leber	● gebraten	Bratenjus (Kalbsjus), Tomatenfleischwürfel, Pilze, Salzkartoffeln, Kartoffelpüree, Bratkartoffeln
	● geschnetzelt	Rahmsauce und Reis, Champignons, Morcheln, Pfifferlinge, Steinpilze
	● sauer	Rahmsauce (mit Essig oder Wein gewürzt), Zwiebeln
	● Leberknödel	Kartoffelpüree und Sauerkraut
Nieren	● gebraten	Senfsauce oder Rahmsauce, Bratkartoffeln, Perlzwiebeln, Karotten, Tomaten, Reis
	● geschnetzelt	Rahmsauce, Kräutersauce, Kartoffelpüree oder -schnee, Salate
	● sauer	Rahmsauce (mit Essig oder Wein gewürzt), Zwiebeln
Herz	● gebraten, vom Grill	Kräuterbutter, Salate oder feine Gemüse, gebackene Kartoffelstäbchen
	● geschmort	Erbsen, Karotten, Rosenkohl
	● Herzragout	Schwarzwurzeln, Salzkartoffeln, Kartoffelpüree
Zunge	● gekocht (gepökelt)	Burgunder-, Madeirasauce, Spargel, Blumenkohl, Brokkoli, Erbsen, Karotten, Spinat, Petersilienkartoffeln, Kartoffelpüree, Rahmkartoffeln
Hirn	● gebraten	Spinat, Kartoffelschnee
	● gebacken	Zitronenachtel, Mayonnaise-Kartoffelsalat
	● überbacken	Blattspinatsockel mit Mornaysauce, Salzkartoffeln

Speisenbezeichnung		Saucen und Beilagen
Kalbsbries	• gedünstet	helle Rahmsauce, Kräutersauce, Spargel, Champignons, Morcheln, Krebsschwänze, Petersilienkartoffeln, Reis
	• gebraten	leichte Jus, Tomatenfleischwürfel, Erbsenschoten, grüne Bohnen, Karotten, Petersilienkartoffeln, gebratene Kartoffeln, Reis
Kalbslunge	• sauer	Rahmsauce, Semmelknödel

Mit Worten Appetit machen

Ein besonderes kulinarisches Erlebnis in unserem Haus ist die **Kalbsleber nach Berliner Art.** Wir servieren sie mit leichter Kalbsjus, gebratenen Apfelscheiben und Röstzwiebeln. Unser Küchenchef ergänzt sie mit einer Maistomate auf Lauchgemüse und einem delikaten Kartoffel-Sahnepüree.

Mit Worten Appetit machen

Wenn Sie gerne Innereien mögen, empfehle ich Ihnen das leicht in Butter gebratene **Kalbsbries** mit Gemüseteigtaschen, beträufelt mit Limettensauce. Dazu passt sehr gut ein leichter Riesling von der Mosel.

Mit Worten Appetit machen

Eine auch nicht mehr alltägliche Köstlichkeit setzt unser Küchenchef immer wieder gerne auf die Karte. Ein schönes Kalbsherz vom Grill mit Café-de-Paris-Butter, Grilltomate, zarten Butterböhnchen und gebackenen Kartoffelstäbchen.

oder

Mit Worten Appetit machen

... bevorzugen Sie vielleicht die englische Spezialität Kidney Pie, eine Kalbsnierenpastete, warm serviert, mit leichter Senfsauce und einem bunten Salatteller?

6.8 Fleisch- und Wurstwaren

cold cuts *charcuterie (w)*

Fleischwaren sind Erzeugnisse, bei denen die Struktur des Fleisches nicht verändert wird. Die jeweiligen Behandlungsverfahren, wie z. B. pökeln, bewirken lediglich eine Veränderung der Farbe und des Geschmacks, z. B. Schinken roh und gekocht, Bündner Fleisch, Räucherwaren und Pökelzungen.

Abb. 1 Parmaschinken, Südtiroler Speck, Bündner Fleisch

Wurstwaren sind schnittfeste oder streichfähige Erzeugnisse aus einem Gemenge von zerkleinertem Fleisch und Fettgewebe mit Gewürzen.

Man unterscheidet:
- Kochwürste
- Brühwürste
- Rohwürste

Kochwürste

Fleisch und andere Zutaten wie Zunge werden im Voraus gekocht. Die natürliche Gelatine aus Schwarten und Knochen oder Blut geben die Bindung.

Beispiele: Leberwurst, Rotwurst, Sülzwurst und Presssack

Abb. 1 Verschiedene Kochwürste

Brühwürste

Fleisch und Speck werden feinst zerkleinert. Dadurch lösen sich Eiweißstoffe und binden zusätzlich Wasser, das in Form von Eis beigegeben wird. Durch Brühen (Pochieren) entsteht die Bindung.

Beispiele: Bierschinken, Mortadella, Lyoner, Regensburger; Wiener und Frankfurter Würste

Abb. 2 Verschiedene Brühwürste

Rohwürste

Rohes Fleisch und Speck werden zerkleinert, danach mit Nitritpökelsalz und Gewürzen versetzt. Nach dem Einfüllen in Därme beginnt ein biologischer Reifeprozess.

Beispiele: Salami, Cervelatwurst, Mettwurst, Teewurst

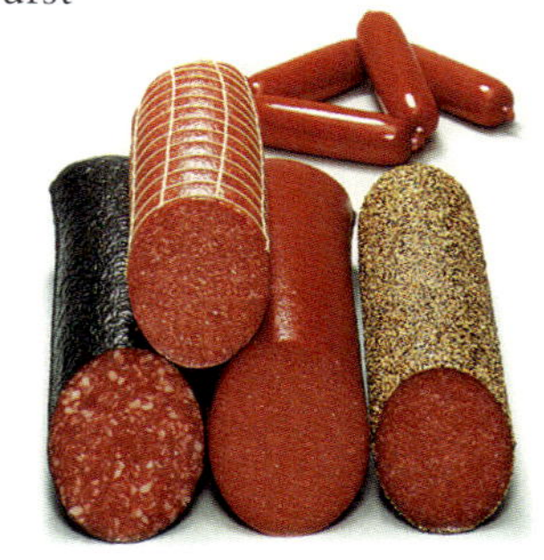

Abb. 3 Verschiedene Rohwürste

Aufgaben

1 Entwerfen Sie mithilfe des nebenstehenden Bildes und der Materialangabe eine appetitanregende Formulierung für Ihre Gäste. Kalbsbäckchen, geschmort; Püree von Lauch und Kartoffeln; weiße Bohnen.

2 Erarbeiten Sie 7 Vorschläge für Gerichte vom Schwein für eine neue Speisekarte. Achten Sie dabei darauf, dass möglichst alle Zubereitungsarten abgedeckt sind.

3 Welche Pfannengerichte werden aus Lammfleisch zubereitet?

4 Erklären Sie Ihren Gästen die spezifischen Besonderheiten von Irish Stew.

5 Was ist beim Service von Lammgerichten besonders zu beachten? Welches Getränk würden Sie dem Gast empfehlen?

6 Erklären Sie die Begriffe Fleischwaren und Wurstwaren.

7 Hauptgerichte aus Geflügel und Wildgeflügel

main courses of poultry and feathered game — *plats (m) de volaille et de gibier à plume*

Im Vergleich zum Wildgeflügel wird Schlachtgeflügel „beim Haus" gehalten und heißt deshalb auch Hausgeflügel.

Angebotsformen

Haus- und Wildgeflügel bekommt man frisch oder als Tiefkühlware geliefert.

Man erhält sie aber auch zerlegt in Teilstücke wie Brust, Keule oder Leber.

Dunkles Hausgeflügel und **Wildgeflügel** wird in der Regel gebraten. Lediglich bei älteren Tieren bzw. bei derberem Fleisch ist Schmoren erforderlich.

Eine besondere Zubereitungsart ist das **Poelieren**, das sogenannte Hellbraundünsten von hellem Geflügel. Dabei wird das Geflügel nur ganz leicht angebraten, danach wenig Fond angegossen und zugedeckt gar gedünstet.

7.1 Hausgeflügel

poultry — *volaille (w)*

Zum **Hausgeflügel** zählen:

Hühner	*chickens*	*poulets (m)*
Enten	*ducks*	*canards (m)*
Gänse	*geese*	*oisons (w)*
Puter	*turkeys*	*dindes (w)*
Perlhühner	*guinea fowls*	*pintades (w)*
Tauben	*pigeons*	*pigeons (m)*

Das Fleisch vom hellen Hausgeflügel ist von zarter Beschaffenheit und hat einen geringen Fettanteil. Es ist eiweißreich und leicht bekömmlich.

Das dunklere Fleisch von Ente und Gans enthält mehr Mineralstoffe und ist dadurch intensiver im Geschmack.

Enten und Gänse haben im rohen Zustand einen hohen Fettanteil, der sich aber bei sachgerechtem Garen verringert.

Gerichte von Hausgeflügel

dishes of poultry — *plats (m) de volaille*

Auf Grund der vielfältigen Eigenschaften des Fleisches bereichert Geflügel das Speisenangebot und sorgt für Abwechslung.

Grundlage für die Zubereitungen sind die bei Hausgeflügel angewandten Garmethoden, wobei außerdem zwischen hellem und dunklem Hausgeflügel unterschieden wird.

Helles Hausgeflügel wird seiner Eigenschaften wegen meist durch **Braten** und **Grillen** gegart.

Dennoch gibt es Besonderheiten wie:

- Frittieren oder Schmoren von Hähnchenteilen,
- Hellbraundünsten (Poelieren) von Hähnchen,
- Kochen von Suppenhühnern.

Mit Worten Appetit machen

Heute erwartet Sie ein zartes Stubenküken-Frikassee, wie es die Berliner der 20er Jahre liebten. Das gedünstete Huhn ist in Begleitung einer Weißweinsauce, von Champignons, Stückchen vom Kalbsbries, Spitzen von weißem und grünem Spargel und Krebsschwänzen. Wir servieren Ihnen dazu einen Pilaw.

© Stockfood/A. Moretto

Mit Worten Appetit machen

Des Weiteren kann ich Ihnen empfehlen ...

... ein **Schmorhähnchen in Wein**, auch bekannt unter dem Namen „Coq au vin", in Rotwein zubereitet mit Schalotten, Speck, Pilzen und Sahne.

Mit Worten Appetit machen

Sehr lecker ist unser Wiener Backhendl. Es wird in Weißbrotbröseln paniert und in Butterschmalz gebakken. Dazu servieren wir frittierte Petersilie und einen geschmacklich hervorragend darauf abgestimmten Kartoffelsalat nebst Kopfsalatherzen mit einer Vinaigrette.

oder

Mit Worten Appetit machen

… als neues Wellnessgericht eine **Maishähnchenbrust** vom Grill mit roten und gelben Kirschtomaten, dazu einen Joghurt-Bärlauch-Dip mit einer Scheibe von hausgemachtem Vitalbrot.

Mit Worten Appetit machen

Ein kulinarischer Hochgenuss ist die glasierte **Keule der Hafermastgans** mit Kronsbeerensauce, Apfelrotkohl und Kräuter-Kartoffel-Klößen.

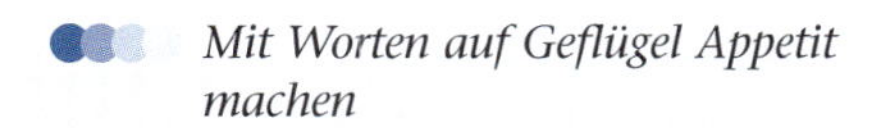

Mit Worten auf Geflügel Appetit machen

In der mit kross gebratener Haut und Pilzen gefüllten **Entenbrust** treffen Mediterranes und die schwäbische Region aufeinander. Serviert mit gelben und grünen Minizucchini, roten Senflinsen und Mohn-Schupfnudeln, umkränzt mit einer leichten Trollinger Sauce, erhebt sich dieses Gericht zu einem wahren Augen- und Gaumenschmaus.

oder

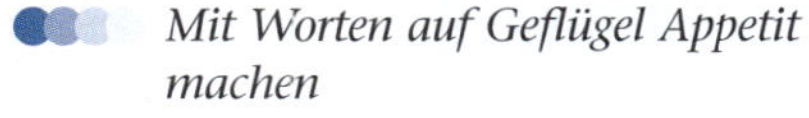

Mit Worten auf Geflügel Appetit machen

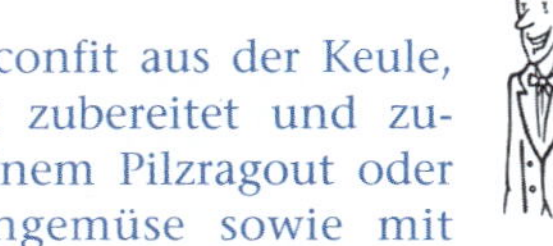

… unser Entenconfit aus der Keule, frisch knusprig zubereitet und zusammen mit einem Pilzragout oder buntem Gartengemüse sowie mit Kartoffelstrudel oder einem frisch gebackenen Baguette serviert. Dazu empfehle ich Ihnen einen kräftigen Chateauneuf-du-Pape als optimalen Begleiter zu den Entenkeulen.

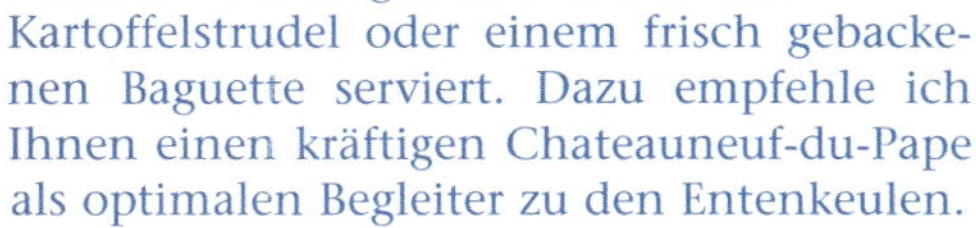

7.2 Wildgeflügel

feathered game
gibier (m) à plume

Als Wildgeflügel bezeichnet man alle jagdbaren Vögel, deren Fleisch für den Menschen genießbar ist. Ihr Lebensraum sind der Wald und die Umgebung von Gewässern. Es wird auch als Federwild bezeichnet.

Die bekanntesten Wildgeflügelarten sind:

- **Fasan** – *pheasant* – *faisan (m)*
- **Wachtel** – *quail* – *caille (w)*
- **Rebhuhn** – *partridge* – *perdreau (m)*
- **Schnepfe** – *woodcock* – *bécasse (w)*
- **Wildente** – *wild duck* – *canard sauvage (m)*

Wildgeflügel ist bis auf die Wildente fettarm. Damit das Fleisch saftig bleibt, wird es mit Speckscheiben umwickelt (bardiert).

Gerichte von Wildgeflügel

dishes of feathered game
plats (m) de gibier à plume

Wildgeflügel muss wie das Schlachtfleisch vor der Verarbeitung erst abhängen, um zu reifen.

Junges Wildgeflügel wird vorwiegend gebraten. Am besten schmeckt es, wenn das gebratene Fleisch am Knochen noch rosafarben ist.

Älteres Wildgefügel wird vorwiegend für Brühen und Suppen (Rebhuhnessenz, Fasanenkraftbrühe) genutzt oder durch Schmoren gegart.

Beratung und Verkauf

Beilagenempfehlung:

Saucen
- Wildsauce mit gehaltvollen Weinen
- Wacholderrahmsauce
- Waldmeistersauce

Gemüsebeilagen
- Rotkohl und Rosenkohl, Wirsing, Grünkohl
- Wein-, Champagner- und Ananaskraut
- glasierte Kastanien (Maronen)
- Pilze

Hauptbeilagen
- Kartoffelkroketten, Mandelbällchen, Püree
- Dauphinekartoffeln oder Spätzle

Obstbeilagen
- Apfel- oder Kastanienmus
- gedünstete Birne oder Quittenragout
- Orangenfilets oder Weintrauben

Mit Worten Appetit machen

Eine Köstlichkeit aus den Weinbergen möchten wir Ihnen heute anbieten: Es ist ein junger **Fasan**, schön goldgelb gebraten, in feiner Weinsauce mit Trauben und Gänseleber, einem Strudel mit Mangold, Babymöhrchen und Pastinakenpüree.

Mit Worten Appetit machen

Eine besondere Spezialität ist unsere mit in Port-Wein marinierter Gänseleber gefüllte und zart gebratene **Wachtel** auf einem feinen Linsengemüse mit gekochtem Wachtelei. Hierzu passt ausgezeichnet ein italienischer Rotwein, beispielsweise der Barbera d'Asti.

Mit Worten Appetit machen

Ein ofenfrisch gebratenes **Rebhuhn** mit Calvados-Walnuss-Sauce auf gedünstetem Spitzkohl und glasierten Honigäpfeln, dazu ein Pastinakenpüree.

Mit Worten Appetit machen

Etwas für echte Genießer ist die zartrosa gebratene **Entenbrust**, begleitet von einem Ragout der Entenkeule mit Äpfeln, Pilzen und Maronen. Dazu servieren wir hausgemachte, breite Bandnudeln, krossen Speck und frittierte Salbeiblätter.

Aufgaben

1. Nennen Sie Arten des Hausgeflügels.
2. Welche Angebotsformen gibt es bei Hausgeflügel?
3. Welche Garmachungsarten werden angewendet:
   a) bei hellem Hausgeflügel? b) bei dunklem Hausgeflügel und Wildgeflügel?
4. Erstellen Sie eine Spezial-Speisekarte mit mindestens 15 Gerichten aus Haus- und Wildgeflügel.
5. Eine entsprechende Gästebefragung wird Ihnen Aufschluss geben über die beliebtesten Geflügelgerichte. Entwickeln Sie hierfür einen kleinen Fragebogen.
6. Fügen Sie Ihrer Geflügelkarte eine Weinempfehlung bei mit drei Weißweinen und drei Rotweinen.

8 Hauptgerichte vom Wild

main courses of game *plats (m) de gibier*

Das Fleisch vom Wild ist als Nahrungsmittel eine ganz besondere Delikatesse.

Die besondere Beschaffenheit des Wildfleisches ergibt sich vor allem aus den naturbedingten Lebens- und Fressgewohnheiten. Grundsätzlich ist Wildfleisch fettarm. Vom Kaninchen abgesehen, ist das Fleisch des Wildes dunkel. Wild muss vor der Verarbeitung einige Zeit zum Reifen abhängen.

Der Geschmack des Fleisches hat im Vergleich zum Schlachtfleisch eine arteigene Ausprägung. Es schmeckt intensiver und aromatischer.

Die wichtigsten Wildarten sind:

- **Reh** *venison* *chevreuil (m)*
- **Hirsch** *deer* *cerf (m)*
- **Wildschwein** *wild boar* *sanglier (m)*
- **Hase** *hare* *lièvre (m)*
- **Kaninchen** *rabbit* *lapin (m)*

Weitere, regionaltypische Wildarten sind Gams und Elch sowie Bären und Rentiere.

Gerichte vom Wild

dishes of game *plats (m) de gibier*

Wildgerichte sind vor allem im Herbst und Winter eine willkommene Bereicherung im gastronomischen Speisenangebot.

Wild wird meist zerwirkt (zerteilt) in Rücken, Keulen oder Schultern oder als Ragoutfleisch angeboten.

Zwei Vorbereitungstechniken sind darauf ausgerichtet, den fehlenden Fettanteil sinnvoll zu ersetzen:

Spicken – das rohe Fleisch wird mit dünnen Speckstreifen durchzogen.

Bardieren – das Fleisch wird mit dünnen Speckscheiben umwickelt, die nach dem Braten bzw. vor dem Servieren wieder entfernt werden.

Manche Zubereitungen erfordern ein rechtzeitiges Einlegen spezieller Fleischstücke in Marinaden oder Buttermilchbeizen.

Beilagenempfehlung zu den Wildgerichten:

Jus und Saucen
- Bratenjus vom Wild
- Wildrahm-, Wacholderrahm-, Wildpfeffersauce
- Waldmeistersauce

Gemüsebeilagen
- Pfifferlinge, Steinpilze, Champignons und Morcheln
- Rosenkohl, Brokkoli, Karotten und Bohnen, Schwarzwurzeln
- Rotkohl (Apfelrotkohl)

Hauptbeilagen
- Kartoffelkroketten, Mandelbällchen, Bernykartoffeln
- Dauphinekartoffeln, Herzoginkartoffeln
- Spätzle
- Kartoffelklöße (zu Schmorgerichten)

Obstbeilagen
- Preiselbeeren oder Johannisbeergelee, Waldmeistergelee

- Äpfel und Birnen, geschmort, gebraten oder als Kompott
- Kastanien (Maronen), glasiert oder als Kastanienpüree
- Ananas, Orangen, Mandarinen und Pfirsiche

Mit Worten Appetit machen

Bei uns hat die Jagdsaison begonnen. Wir laden Sie ein in die feine Wildküche mit hausgemachten Spezialitäten unseres Küchenchefs. Genießen Sie zum Beispiel wilde Köstlichkeiten wie:

- Rosa gebratenes **Rehrückenfilet** auf Linsengemüse mit Muskatkürbis-Spalten.
- Gebratene Frischlingsmedaillons mit Waldmeistersauce, Speck-Rosenkohl, Steinpilznudeln und Quittenkompott.
- Geschmorte Hasenschulter in Buttermilchsauce mit Serviettenknödeln, Rotkrautsalat und Apfelmus.

Mit Worten Appetit machen

Als ein wunderbares Geschmackserlebnis empfehle ich Ihnen den gefüllten **Hirschkalbsrücken** auf Wirsingherz mit Cassissauce, Tartelett von marktfrischen Gemüsen, Krautkräpfle und bunten Schupfnudeln.

Mit Worten Appetit machen

Geschmorte **Schulter vom Jungbock** in einer Cognac-Piment-Sauce mit Kurkuma-Reis-Plätzchen und glasierten Kakifrüchten. Als Getränk sollten Sie einen japanischen Sakewein oder einen chinesischen Pflaumenwein dazu probieren.

Mit Worten Appetit machen

Als einfaches Gericht mit herzhaftem Geschmack empfehle ich Ihnen die gebratene Hasenkeule mit Preiselbeersauce, Speckrosenkohl und handgeschabten Spätzle.

Mit Worten Appetit machen

Ein ganz verführerisches Mahl ist das **Zweierlei von Kaninchen** mit einem gefüllten Rücken und einem Kotelettstück auf feiner Chardonnay-Sauce mit Maiskölbchen, Karotten und Lauch auf Rahm, dazu hausgemachte Kräuternudeln.

Worte, die verkaufen helfen

- Herzhaft
- lieblich
- aromatisch
- frisch
- veredelt
- weihnachtlich
- verführerisch
- verzaubert
- leicht exquisit
- bekömmlich
- exklusiv
- hochwertige Zutaten
- volles Aroma
- frische Versuchung
- von feinem Geschmack
- ein Feuerwerk der Aromen
- auf der Zunge zergehend
- verhaltenes Aroma
- raffinierte Zubereitung
- eigene Note
- kulinarische Impressionen
- Familientradition
- ein echter Klassiker
- etwas für echte Genießer

Aufgaben

1. Schildern Sie einem Gast das nebenstehende Wildschweingericht. Gehen Sie dabei davon aus, dass der Gast das Bild nicht sieht. Benennen Sie Aussehen und Bestandteile des Gerichtes. Machen Sie dem Gast mit Worten richtig Appetit.
2. Nennen Sie verschiedene Wildtierbezeichnungen.
3. Durch welche Eigenschaften unterscheidet sich Wildfleisch vom Schlachtfleisch?
4. Nennen Sie klassische Beilagen zu Wildgerichten.
5. Erstellen Sie eine spezielle Karte für eine Wildwoche mit Suppen, kalten und warmen Wildgerichten.

6. Wildfleisch wird vielfach gespickt oder bardiert. Erklären Sie die Fachbegriffe gastgerecht.

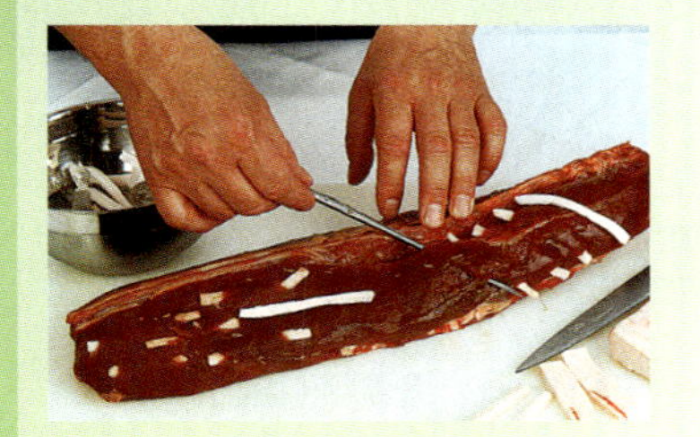

9 Beilagen 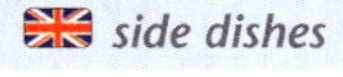 *side dishes* 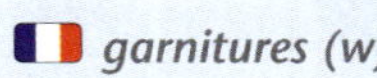 *garnitures (w)*

Zu einem kompletten Gericht gehören neben Fleisch- oder Fischspeisen und Saucen als Ergänzung Gemüse, Pilze und Hauptbeilagen (stärkehaltige Beilagen) sowie Salate und Obst. Dabei sollte man immer darauf achten, dass die Beilagen mit den Hauptgerichten und deren Zubereitungsarten harmonieren. Dies zu erreichen, bedarf es einiger Erfahrung und Kenntnisse.

Hierbei spielen vor allem die unterschiedlichen Zubereitungsarten der Beilagen eine besondere Rolle. Dann können die Beilagen den Zubereitungen der Hauptgerichte zugeordnet werden.

9.1 Beilagen aus Gemüse

side dishes of vegetables
garnitures (w) de légumes (m)

Gemüse reicht man roh oder gegart als harmonische Ergänzung bzw. Beilage zu Hauptplatten von Fisch und Fleisch. Hinweis: Aus Gemüsen werden auch eigenständige Gerichte hergestellt. Wurzel- und Zwiebelgemüse dienen zusätzlich als Würzmittel.

Die Einteilung der vielfältigen Gemüse erfolgt nach handelsüblichen Sammelbegriffen.

Wurzel- und Knollengemüse

root vegetables — *racines (w)*

- **Fenchel** ①
  fennel — *fenouil (m)*
- **Karotten, Möhren** ②
  carrots — *carottes (w)*
- Meerrettich
  horseradish — *raifort (m)*
- **Radieschen, Rettiche** ③
  radishes — *radis (m)*
- **Rote Rüben** (Rote Bete) ④
  beetroots — *betteraves (w)*
- Schwarzwurzeln
  black salsify — *salsifis (m)*
- **Sellerie** ⑤
  celery root — *céleri-rave (m)*
- Weiße Rüben (Teltower)
  turnips — *navets (m)*

Kohlgemüse

brassicas — *choux (m)*

- **Blumenkohl** ①
  cauliflower — *chou-fleur (m)*
- Brokkoli
  broccoli — *brocoli (m)*
- Chinakohl
  chinese cabbage — *chou chinois (m)*
- **Grünkohl** ②
  curly kale — *chou vert (m)*
- Kohlrabi
  kohlrabi — *chou-rave (m)*
- **Rosenkohl** ③
  brussels sprouts — *choux de Bruxelles (m)*
- **Rotkohl** ④
  red cabbage — *chou rouge (m)*
- **Weißkohl** ⑤
  white cabbage — *chou blanc (m)*
- Wirsing
  savoy cabbage — *chou de Milan (m)*
- **Romanesco** ⑥
  romanesco — *romanesco (m)*

sowie Pak Choi, Spitzkohl

Blattgemüse und Blattsalate

leaf vegetables — *légumes (m) à feuilles*

- **Chicorée** ①
  belgium endive — *endive (w)*
- Eichblatt
  oakleaf lettuce — *salade (w) de feuilles de chêne*
- Endivien
  endive salad — *scarole (w)*
- **Eisbergsalat** ②
  iceberg salad — *laitue (w) d'hiver*
- **Feldsalat** ③
  lamb's lettuce — *mâche (w)*
- Frisée
  curled endive — *chicorée (w) frisée*
- **Kopfsalat** ④
  lettuce — *laitue (w)*
- **Radicchio** ⑤
  red-leaf chicory — *barbe (w) de capucin*
- Römischer Salat
  roman lettuce — *salade (w) romaine*
- **Spinat** ⑥
  spinach — *épinards (m)*

sowie Lollo rosso, Rucola, Mesculin

Fruchtgemüse

fruit vegetables — légumes (m) de fruits

- **Auberginen**
  eggplants — aubergine (w)
- **Gurken**
  cucumber — concombre (m)
- **Kürbis**
  pumpkin — potiron (m)
- **Mais**
  corn — grains de maïs (m)
- **Melonen**
  melons — melons (m)
- **Okra**
  okra — gombos (m)
- **Paprika** ①
  bellpeppers — poivron (m)
- **Tomaten** ②
  tomatoes — tomates (w)
- **Zucchini** ③
  zucchini — courgettes (w)
- **Erbsen**
  green peas — petits pois (m)
- **Grüne Bohnen** ④
  string beans — haricots (m) verts
- **Zuckerschoten** ⑤
  snow peas — pois mange-tout (m)

Zwiebelgemüse

bulbs — oignons (m)

- **Knoblauch** ①
  garlic — ail (m)
- **Lauch, Porree** ②
  leek — poireaux (m)
- **Perlzwiebel** ③
  pearl onion — petit oignon (m)
- **Schalotten** ③
  shallots — échalotes (w)
- **Zwiebeln** ④
  onions — oignons (m)
- **Frühlingszwiebeln** ⑤
  scallions — ciboules (w)

Wurzelsprossen und Blütengemüse

shoot vegetables — pousses (w) de racine

- **Spargel**
  asparagus — asperges (w)
- **Artischocken**
  artichokes — artichauts (m)

Speisepilze

mushrooms — champignons (m)

Aufgrund ihres besonderen aromatischen Geschmacks sind Pilze eine willkommene Abwechslung und Bereicherung.

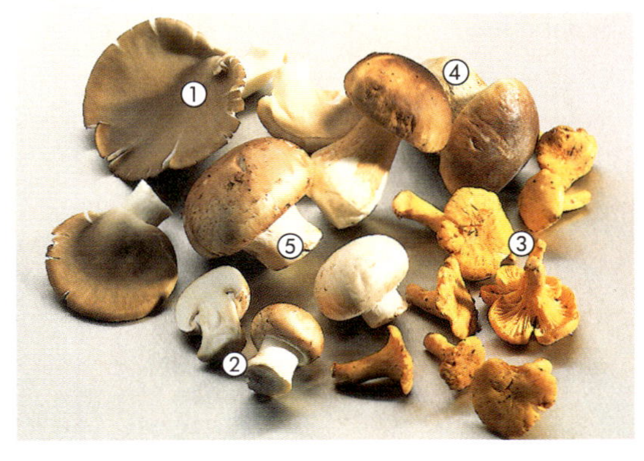

- **Austernpilze** ①
  oyster mushrooms — pleurotes (m)

- **Champignons** ②
  🇬🇧 *champignons* 🇫🇷 *champignons (m) de Paris*
- Morcheln
  🇬🇧 *morels* 🇫🇷 *morilles (w)*
- **Pfifferlinge** ③
  🇬🇧 *chanterelles* 🇫🇷 *chanterelles (w)*
- **Steinpilze** ④
  🇬🇧 *ceps* 🇫🇷 *cèpes (w)*
- Trüffel
  🇬🇧 *truffles* 🇫🇷 *truffes (w)*
- Shii-take
  🇬🇧 *chinese mushrooms* 🇫🇷 *shitake (m)*

Egerlinge ⑤ sind aufgebaut wie Champignons, haben jedoch eine bräunliche Kappe und schmecken intensiver.

Hülsenfrüchte

🇬🇧 *dried legumes* 🇫🇷 *légumes (m) secs*

Sie liefern Kohlenhydrate, Eiweiß, Mineralstoffe sowie Ballaststoffe.

- **Bohnenkerne**
  🇬🇧 *green kidney* 🇫🇷 *flageolets (m)*
- **Linsen**
  🇬🇧 *lentils* 🇫🇷 *lentilles (w)*
- **Erbsen**
  🇬🇧 *peas* 🇫🇷 *pois secs (m)*

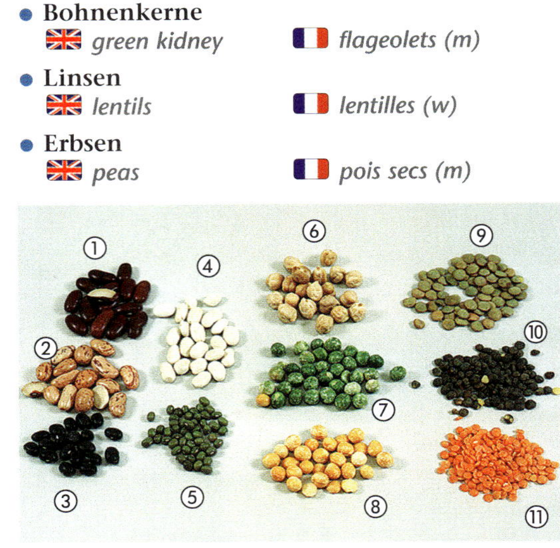

Abb. 1 Kidneybohnen ①, Wachtelbohnen ②, schwarze Bohnen ③, weiße Bohnen ④, Mungobohnen ⑤, Kichererbsen ⑥, grüne Schälerbsen ⑦, gelbe Schälerbsen ⑧, Tellerlinsen ⑨, grüne Berglinsen ⑩, rote Linsen ⑪

Gemüse werden in vielfältiger Form zubereitet und serviert. An einigen Beispielen werden in Form von Redewendungen ausgesuchte Zubereitungen aufgezeigt.

Servicemitarbeiter müssen die Zubereitungen der Gemüse kennen, damit sie in der Lage sind,

- den Fleisch- oder Fischgerichten die passenden Gemüsebeilagen zuzuordnen,
- den Gästen nicht nur die Hauptbestandteile, sondern auch die Beilagen erklären zu können,
- die Gäste auch bei der Auswahl der Beilagen fachgerecht zu beraten.

Servicemitarbeiter müssen fähig sein, am Küchenpass die unterschiedlichen Zubereitungen beim Gemüse bestimmen und diese benennen zu können.

Zubereitungen für Gemüse

Die meisten Gemüse werden durch feuchte Garverfahren, vornehmlich durch Kochen, Dünsten und Dämpfen, gegart und dann auf unterschiedliche Arten fertiggestellt.

Benennung	Fertigstellung	Empfehlung
… mit Butter (englische Art)	Das Gemüse wird mit Butterstückchen belegt oder mit zerlassener Butter beträufelt oder in Butter geschwenkt.	… etwas Butter hebt den Geschmack und verleiht dem Gemüse Glanz.
glasieren	Das Gemüse, hauptsächlich Wurzelgemüse, wird in sirupartig eingekochtem Dünstfond geschwenkt.	… Gemüse erhält damit einen schönen frischen Glanz.
… Sahne (à la crème)	Das Gemüse wird mit Sahne (Rahm) oder Schlagsahne oder Sahnesauce vollendet.	… Sahne verleiht dem Gemüse ein edles Aussehen.
… mit Sauce	Das Gemüse wird in die Sauce eingeschwenkt, z. B. Béchamelsauce, oder mit Sauce nappiert, z. B. Mornaysauce, holländische Sauce.	… eine Abrundung des Geschmacks und eine individuelle Ergänzung.

Benennung	Fertigstellung	Empfehlung
… überbacken	Das Gemüse wird vor dem Überbacken mit Reibkäse bestreut, mit einer Käsescheibe belegt oder mit Béchamelsauce bzw. mit Mornaysauce oder holländischer Sauce nappiert.	… dadurch erhält die Beilage eine neue Geschmacksvariante und ein goldbraunes Aussehen.
schmoren	Gemüse wird nach dem Blanchieren oder Andünsten im eigenen Fond oder brauner Sauce fertig gegart, oftmals mit Zugabe von Speck und Zwiebeln.	… Lockerung bei kompaktem Gemüse.
braten	Vorgegartes Gemüse wird vor dem Braten in Mehl gewendet oder auch paniert.	… Gemüse erhält eine neue Geschmacksnuance und kräftige Farbe.
backen frittieren	Je nach Gemüse roh oder vorgegart paniert oder in Backteig getaucht und im Fettbad frittiert.	… Farbe und Geschmack verändern sich stärker als bei den anderen Fertigstellungsarten.
nach polnischer Art	Gemüse (Blumenkohl, Brokkoli, Spargel) wird mit in Butter gerösteten Semmelbröseln und gehacktem Ei und gehackter Petersilie garniert.	… Gemüse erhält durch die leicht gerösteten Brösel einen sehr pikanten Geschmack.
füllen	Ausgehöhltes Gemüse kann mit Gemüse (z. B. Maistomaten) sowie Reis, Pürees, Hackmasse oder feiner Fleisch- bzw. Fischfarce gefüllt werden.	… interessante Kombinationen entstehen durch die Verbindung von Gemüse und Füllung.

Beispiele zur Zuordnung von Gemüsen und Speisen

Bei der Zuordnung von Gemüse als Beilage muss man beachten, dass es zur Speise passt.

Gemüsesorten mit mildem Geschmack eignen sich für leichte Zubereitungen von fettarmen Fisch- und Fleischgerichten mit dezentem Eigengeschmack.

Würzige geschmacksintensive Gemüse und Zubereitungen würden den Geschmack des Fisches oder Fleisches überdecken. Solche Gemüse und Gemüsezubereitungen eignen sich besser zu deftigen und fettreichen Fleischgerichten.

Beispielsweise passen Waldpilze und Herbstgemüse besser zu Wild und Wildgeflügel als zu gekochtem Kalbfleisch, Putenbrust oder gedünsteter Seezunge.

Speise		Gemüse	
Name	**Beschreibung/Charakteristik**	**empfehlenswert**	**nicht empfehlenswert**
Bei dieser Zuordnung ist die **Art des Gemüses** ausschlaggebend.			
Lammbraten	Mit Knoblauchstreifen gespickt und deftig gebraten	Grüne Bohnen passen sehr gut, zusammen mit Zwiebeln und Speck	Spargel wird von dem gebratenen dunklen Fleisch geschmacklich überdeckt
Hasenkeule	Durch die Fleischart bereits sehr geschmacksintensiv	Rotkohl/Blaukraut als klassisches Würzkraut zu Wildgerichten	Blumenkohl ist im Geschmack zu dezent
Kalbsfrikassee	Zarter Geschmack durch Zubereitungsart	Champignons sind mit ihrem feinen Geschmack eine gute Ergänzung	Paprikaschoten würden den feinen Geschmack des Frikassees übertönen

Speise		Gemüse	
Name	**Beschreibung/Charakteristik**	**empfehlenswert**	**nicht empfehlenswert**
Bei dieser Zuordnung ist in erster Linie die **Zubereitung des Gemüses** bestimmend.			
Gedünsteter Fisch	Leicht und zart im Geschmack	Tomatenfleischwürfel, fein und dezent, passen gut	Grilltomate ist von der Zubereitung her zu deftig
Filetsteak mit Madeirasauce	Starker Bratgeschmack und intensive, gebundene Sauce	Glasierte Karotten fügen sich gut in das Geschmacksbild des Gerichtes	Karotten in Rahm sind wegen der bereits gebundenen Sauce nicht angebracht
Gekochtes Rindfleisch	Lauch und Kohlrabi passen als Zwiebel- und Kohlgemüse, gut zum eher dezent zubereiteten Rindfleisch	Lauch in Butter sowie Kohlrabi gedünstet sind in sich würzig, aber übertönen das Fleisch nicht	Lauch überbacken und gebackener Sellerie sind selbst zu geschmacksintensiv

Vielfach stellt man auch aus Gemüse selbst Chutneys und Salsas her, um eine individuelle Note in das betriebliche Angebot zu bekommen. Vor allen sind es Tomaten, Zwiebeln und Paprikaschoten, die sich gut dafür eignen.

Die Gemüsebeilage kann ein einzelnes Gemüse oder eine **Gemüsekombination** sein. Manche Gemüse sind für Beilagenkombinationen nicht geeignet. Somit ist darauf zu achten, dass sich die Gemüse farblich unterscheiden, geschmacklich jedoch miteinander harmonieren.

Mit Worten Appetit machen

Zur geschmorten Truthahnkeule empfehle ich Ihnen die in Rotwein **gedünsteten Schalotten.** Der Rotwein gibt den Schalotten eine besondere Geschmacksnote.

Mit Worten Appetit machen

... als die klassische Beilage zur rosa gebratenen Lammkeule möchte ich Ihnen ein **Ratatouille** vorschlagen. Dieses provenzialische Gemüse-Allerlei passt ausgezeichnet dazu. Es besteht aus Zwiebeln, Tomaten, Paprika, Zucchini, Auberginen und wird mit den typischen Kräutern wie Rosmarin, Thymian, Oregano sowie einem Hauch von Knoblauch vollendet.

Mit Worten Appetit machen

... zur gefüllten Hasenschulter passt sehr gut glasiertes Gemüse, wie zum Beispiel in Honig glasierte **Karotten und Petersilienwurzeln**, bestreut mit feinem Krokant.

Mit Worten Appetit machen

... heute offerieren wir Ihnen als interessante Beilage zu dem von Ihnen ausgewählten Rindersteak in Rotweinsauce **geschmorten Chicoree mit Speckmantel**.

oder

Mit Worten Appetit machen

... als schlichtes Gemüsegericht bieten wir geschmorten und dann mit Käse überbackenen Fenchel – ein einmaliges Geschmackserlebnis.

Oder ein geschmacksintensives Püree von Petersilienwurzel mit Lauchzwiebeln.

Mit Worten Appetit machen

... eine wunderbare Beilage zu den gebratenen Rehmedaillons ist unsere **Waldpilzpfanne** mit Pfifferlingen, Stockschwämmchen, Austernsaitlingen, Steinpilzen, Egerlingen und Champignons.

Mit Worten Appetit machen

... zu den gefüllten Kalbsröllchen möchte ich Ihnen gerne gekochte Blumenkohl- und Brokkoliröschen empfehlen, die kurz vor dem Servieren in gerösteten Butterbröseln mit gehacktem Ei und Pinienkernen geschwenkt werden.

Beratung und Verkauf

Aufgaben

1. Beschreiben Sie den besonderen ernährungsphysiologischen Wert des Gemüses.
2. Nennen Sie die handelsüblichen Sammelbegriffe für Gemüse und ordnen Sie diesen einzelne Gemüse zu.
3. Erläutern Sie an Beispielen die Verwendung von Gemüse als Beigabe zu Gerichten: a) Spargelspitzen, b) glasierte Karotten, c) Apfel-Rotkohl, d) Schwarzwurzeln in Rahm
4. Versuchen Sie, Gästeempfehlungen zu formulieren für Zubereitungen von Gemüsen: a) gebackenes, b) geschmortes, c) glasiertes, d) gebratenes, e) püriertes
5. Schildern Sie einem Gast das nebenstehende Gericht. Gehen Sie dabei davon aus, dass der Gast das Bild nicht sieht. Benennen Sie Aussehen und Bestandteile der Speise. Machen Sie dem Gast mit Worten richtig Appetit auf Gemüse. Hier eine kleine Hilfe: In der Mitte sind Petersilienwurzelscheiben angerichtet, oben ein Rotkohlstrudel.

Projekt

Aktionswoche: Spargel

Eine Audienz beim König der Gemüse

Ihr Betrieb plant für die kommende Spargelsaison eine besondere Aktion. Hierfür müssen Gerichte bestimmt, eventuell erprobt und eine eigens dafür gestaltete Spezialkarte erstellt werden.

Zeitpunkt

In welchem Zeitraum wird eine solche Aktion sinnvollerweise durchgeführt?

Vorbereitung

1 Sammeln Sie Ideen für eine solche Spargel-Aktion.
2 Listen Sie mögliche kalte und warme Gerichte für die Aktion auf.
3 Ordnen Sie den einzelnen Spargelzubereitungen passende Fisch- und Fleischzubereitungen sowie Hauptbeilagen und besondere Saucen zu.
4 Erstellen Sie eine dekorative Spargelkarte.
5 Überlegen Sie Möglichkeiten, wie das Produkt Spargel in der Aktionswoche präsentiert werden kann.

Schälverluste und Kalkulation

1 Vom Spargellieferant werden 60 kg Spargel geliefert. Beim Schälen fallen 25 % Schalen an. Wie viele Spargelportionen à 300 g können erwartet werden?
2 Ein Kilo Spargel kostet 8,40 €. Wie hoch ist der Materialwert für eine Portion Spargel von 300 g?
3 Berechnen Sie den Kartenpreis für Spargel, indem Sie ihn über die jeweiligen Materialkosten und einen Kalkulationsfaktor 3 ermitteln.

Getränke

Welche Weine würden Sie in das Projekt einbeziehen und Ihren Gästen besonders empfehlen? Erstellen Sie eine Getränkekarte.

Präsentation

1 Welche Möglichkeiten außer der Speisekarte haben Sie, um auf das vorgesehene Angebot aufmerksam zu machen?
2 Entwickeln Sie Ideen, wie die Aktion in Ihrem Hause dekorativ präsentiert werden kann.

9.2 Hauptbeilagen (aus stärkehaltigen Produkten)

Hauptbeilagen haben einen hohen Stärkegehalt. Sie schmecken neutral und eignen sich deshalb gut als Speisenergänzung. Der Sättigungswert beruht auf dem hohen Stärkegehalt. Eine Grundlage für diese Beilagen bilden neben **Getreideerzeugnissen** die **Kartoffeln.**

Getreide *corn* *blé (m)*

Unter Getreide versteht man Körnerfrüchte oder Samen aus der Familie der Gräser. Sie werden auf vielfältige Weise zu Nahrungsmitteln verarbeitet.

Abb. 1 Die wichtigsten Getreidearten, ergänzt mit Buchweizen (Knöterichgewächs)

Aufbau und Inhaltsstoffe des Getreidekorns

Der Kornkörper besteht aus der Frucht- und Samenschale, dem Keimling und dem Mehlkörper.

Inhaltsstoffe des Getreidekorns:

Stärke (60 bis 70 %) vor allem im Mehlkörper

Eiweiß (8 bis 14 %) im Mehlkörper, in der Schale und im Keimling

Fett (1 bis 4 %) im Keimling

Ballaststoffe in der Schale

Mehlkörper
Rand-schichten
Keimling

Vitamine der Gruppe B befinden sich vor allem in der Schale, etwas weniger im Keimling und noch weniger im Mehlkörper.

Mineralstoffe sind in Keimling und Schale enthalten.

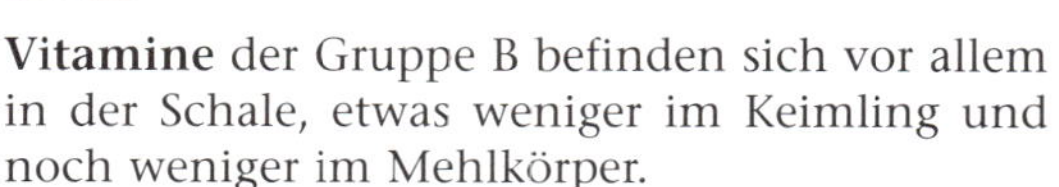

Die Nährstoffe und Ballaststoffe sowie die Mineralstoffe und Vitamine sind in den einzelnen Kornbestandteilen unterschiedlich verteilt. Der Wert der Erzeugnisse aus Getreide ist deshalb davon abhängig, welche Teile des Kornes bei der Verarbeitung abgeschieden werden und welche im Endprodukt erhalten bleiben.

Bewertung der Getreideerzeugnisse

Da sich die wertvolleren Bestandteile in den Randschichten des Getreidekorns befinden, sind Vollkornprodukte ernährungsphysiologisch hochwertiger als die Erzeugnisse aus geschältem Getreide. Dort sind mehr oder weniger große Anteile der Schale abgeschieden worden.

Abb. 2 Cerealien (Cereals)

Cerealien (Cereals) sind Frühstücksprodukte, die in Form von trockenen Getreideprodukten wie Cornflakes, Rice Crispies, Haferflocken usw. angeboten werden. Mit Milch oder Joghurt vermischt sind sie ein wesentlicher Bestandteil eines gesunden Frühstücks.

Im erweiterten Sinne gehören Porridge und Müsli ebenfalls zu den Cerealien.

Mit Worten Appetit machen

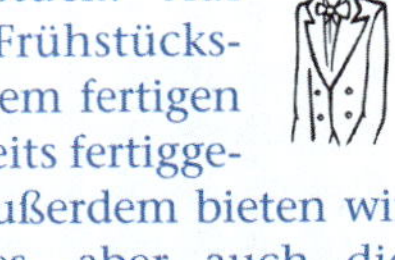

Guten Morgen, wünschen Sie Tee oder Kaffee zum Frühstück? Auf unserem reichhaltigen Frühstücksbüfett finden Sie neben dem fertigen Birchermüsli auch ein bereits fertiggestelltes Vollkorn-Müsli. Außerdem bieten wir Ihnen Weizenkorn-Flakes, aber auch die gesünderen Vollkornflakes mit der ganzen Kraft der Natur an.

Backwaren *breads* *pains (m)*

Bei den Backwaren unterscheidet man Brot und Kleingebäck.

Brot *bread* *pain (m)*

In Deutschland wird Brot aus Roggen und Weizen hergestellt, und zwar aus Mehl oder Schrot.

Weizen- oder **Weißbrot**, das mindestens 90 % Weizenanteile enthält, wird mit Hilfe von Hefe gelockert und hat einen milden Geschmack.

Roggenbrot enthält mindestens 90 % Roggenanteile und wird mit Hilfe von Sauerteig gesäuert. Der Geschmack ist im Vergleich zum Weißbrot herzhafter und kräftiger. Zugunsten eines besonderen Geschmacks wird zu manchen Brotsorten Kümmel verwendet (Kümmelbrot).

Mischbrot besteht aus einer Mischung von Roggen- und Weizenmehl. Die Bezeichnungen Weizenmischbrot oder Roggenmischbrot besagen, dass der Anteil des Namen gebenden Mehles überwiegt, und zwar mehr als 50 und weniger als 90 % beträgt.

Vollkornbrot ist Brot, das mindestens 90 % Vollkornanteile enthält. Die Bezeichnung Roggen- bzw. Weizenvollkornbrot besagt, dass der Anteil des Namen gebenden Getreides bei 90 % liegt.

Schrotbrot enthält dem benannten Ausgangsprodukt entsprechend mindestens 90 % Roggen- oder Weizenbackschrot. Neben den allgemein üblichen Brotsorten gibt es Spezialbrote, die sich auf Grund besonderer Zutaten bzw. Herstellungsverfahren durch einen jeweils spezifischen Geschmack oder durch eine spezifische Beschaffenheit auszeichnen.

Beispiele

- Milch-, Milcheiweiß-, Buttermilchbrot,
- Weizenkeim- und Kleiebrot,
- Gewürz-, Kümmel- und Korianderbrot,
- Leinsamen-, Sonnenblumen- und Sesambrot.

Drei-, **Vier-** oder **Mehrkornbrot** bedeutet, dass zur Herstellung drei, vier oder mehr Getreidearten verwendet wurden.

Pumpernickel ist ein Roggenvollkornbrot mit dunkler Farbe und einem kräftigen, leicht süßen Geschmack.

Knäckebrot, ein flaches, trockenes Gebäck, wird in vielen Variationen hergestellt. Diese ergeben sich aus der Verwendung unterschiedlicher Mühlenerzeugnisse: Roggen-, Weizen- oder Mischmehl sowie Vollkornmehl oder Schrot.

Toastbrot ist ein lockeres Brot, das zum Toasten verwendet wird.

Abb. 1 Verschiedene Brotsorten

Kleingebäck

Es gibt diese Gebäcke aus unterschiedlichen Mehlen und Schrot, mit sehr verschiedenartigen Zutaten und mit vielen Benennungen, die teilweise regional unterschiedlich sind.

grundlegende Bezeichnungen	• Brötchen, Wecken, Schrippen, Semmeln
besondere Zutaten und Bestreuungsmaterial	• Schinken, Speck, Röstzwiebel, Käse • Mohn, Salz, Kümmel, Sesam
besondere Bezeichnungen	• Mohn-, Salz- und Kümmelstangen • Fladen, Hörnchen, Brezeln

Zutaten

Sowohl bei Broten als auch beim Kleingebäck gibt es besondere Zutaten, die den Broten beigefügt werden, um damit eine eigene Geschmacksnote zu erzielen.

Das geschieht beispielsweise durch Zugabe von:
- Olivenöl und Olivenstückchen
- gerösteten Zwiebelwürfeln
- gerösteten Speckwürfeln
- mediterranen Gewürzen
- Käse
- Kürbiskernen
- Küchenkräutern
- Peperoni
- Walnüssen

Worte, die verkaufen helfen

- knusprig
- rösch
- malzig
- würzig duftend
- vollwertig
- ballaststoffreich
- mit besonderer Note

Mit Worten Wünsche erfüllen

Hier sehen Sie eine Auswahl von frisch gebackenen Broten. Es sind: Brot mit sonnengetrockneten Tomaten, Hasel- und Walnussbrot, malziges Sonnenblumenbrot und Brot mit schwarzen Oliven. Was darf ich Ihnen vorlegen?

Beilagen aus Teigwaren

side dishes from noodles

garnitures (w) des nouilles (w)

Teigwaren werden in der Regel als kochfertige Erzeugnisse im getrockneten Zustand bezogen.

Rohstoffe und Herstellung

Teigwaren werden aus unterschiedlichen Rohstoffen hergestellt:

- Hartweizengrieß
- Weizenmehl oder Weizendunst
- Vollkornmehle,
  jeweils mit und ohne Eierzugabe

Die Nudelteige können farblich und geschmacklich variiert werden durch Zugabe von Spinatpüree, Steinpilzpulver, Rote-Bete-Saft, Safran, Kurkuma oder Küchenkräutern.

Nudeln und Spätzle werden heute häufig als *„hausgemachte Spezialität"* angeboten und sind wegen der individuellen Verarbeitung frischer Rohstoffe besonders beliebt.

Formen und Verwendung der Teigwaren

Die unterschiedlichen Formen sind teilweise auf jeweils bestimmte Verwendungszwecke ausgerichtet.

Abb. 1 Nudeln in verschiedenen Farben und Formen

Röhrenform	→ Makkaroni, Cannelloni, Rigatoni
Taschenform	→ Maultaschen, Ravioli
Flächenform	→ Lasagne
sonstige Formen	→ Fadennudeln, Spaghetti, Bandnudeln, Hörnchen, Muscheln, Spirelli, Sternchen, Ringe, Buchstaben → Spätzle und Knöpfle

Beratung und Verkauf

Verwendungszwecke sind:

- Einlage für Suppen,
- Beilage für Ragouts, Gulasch und andere Schmorgerichte mit reichlich Sauce,
- eigenständige Gerichte.

Teigwaren werden auf vielfältige Art zubereitet und serviert. An einigen Beispielen werden ausgesuchte Zubereitungen aufgezeigt.

Servicemitarbeiter sollen die Zubereitungen der Teigwaren kennen, damit sie in der Lage sind:

- den Fleisch- oder Fischgerichten die passenden Beilagen zuzuordnen,
- den Gästen nicht nur die Hauptbestandteile, sondern auch die Beilagen erklären zu können,
- die Gäste auch bei der Auswahl der Beilagen fachgerecht zu beraten.

Servicemitarbeiter müssen fähig sein, am Küchenpass die unterschiedlichen Zubereitungen bei den Teigwaren zu bestimmen und diese benennen zu können.

Mit Worten Wünsche erfüllen

Darf ich Ihnen zum Kalbsrahmgulasch Makkaroni oder Spinatspätzle oder in gerösteten Butterbröseln geschwenkte Bandnudeln servieren? Unsere Teigwaren sind hausgemacht.

Garmachen und Anrichten

Garmachen

Teigwaren werden in gesalzenem Wasser gegart, dürfen beim Garen nicht zu weich werden, sollen noch den sogenannten **Biss** (al dente) haben. Um das Nachgaren und das Zusammenkleben zu verhindern, werden Teigwaren nach dem Garen mit kaltem Wasser abgeschreckt, damit die Stärke abgespült wird.

Wiedererwärmen und Anrichten

Auf Vorrat gegarte Teigwaren müssen wieder erwärmt werden,

- entweder durch Schwenken in heißer Butter
- oder durch Einlegen bzw. Eintauchen (in einem Sieb) in kochendes, gesalzenes Wasser
- oder durch Regenerieren im Mikrowellenherd.

Das Anrichten erfolgt je nach Portionsmenge à part in Schalen, Suppentellern oder Schüsseln. Bei Tellergerichten werden die Portionen unmittelbar auf dem Teller angerichtet.

Eigenständige Gerichte

Für solche Gerichte eignen sich fast alle Teigwarenprodukte. Auf Grund der verschiedensten Zutaten gibt es sie in sehr vielen Variationen.

Ihren Ursprung haben sie vor allem in südlicheren Regionen. In der italienischen Küche sind sie unter dem Sammelbegriff Pasta asciuta zusammengefasst.

Speisenbeispiele

Makkaroni mit Käse
in Butter geschwenkt und mit Parmesan bestreut

Spirelli mit Schinken
mit gekochtem, feinwürfelig geschnittenem Schinken in Butter geschwenkt

Spaghetti nach Mailänder Art
mit Streifen von Schinken, Pökelzunge und Champignons, Tomatensauce und Parmesan

Spaghetti nach Bologneser Art
mit Hackfleischsauce und Parmesan

Spaghetti nach neapolitanischer Art
mit Tomatenfleischwürfeln, Tomatensauce und Parmesan

Maultaschen und Ravioli (gefüllte Teigtaschen)
mit Fleischfarce, Fischfarce oder klein gehacktem, gebundenem Gemüse

Cannelloni (gefüllte Teigröhren)
wie vorher, zusätzlich mit Reibkäse bestreut oder mit einer passenden Sauce (Béchamel) nappiert und überbacken

Lasagne (Nudelteigscheiben)
schichtweise mit Fleisch-, Fisch- oder Gemüsemasse bedeckt, im Ofen gebacken

Käsespätzle
heiße, nasse Spätzle schichtweise in eine Schüssel gegeben, Reibkäse wie z. B. Allgäuer Emmentaler eingestreut, obenauf kommt braune Zwiebelbutter.

Abb. 1 Lasagne bolognese

Mit Worten Appetit machen

... bevorzugen Sie vielleicht eine frische geschichtete **Lasagne mit Spinat, Tomaten und Räucherlachs,** schön knusprig überbacken und mit einem köstlich abgeschmeckten römischen Salat mit Parmesanspänen serviert?

oder

Mit Worten Appetit machen

Sie sollten heute einmal das Leibgericht der Allgäuer Bauern probieren. Es sind hausgemachte **Käsespätzle** mit etwas edlem Romadur und viel Bergkäse sowie abgeschmelzten Zwiebeln. Dazu servieren wir Ihnen einen feingeschnittenen, lecker angemachten Endiviensalat.

Beilagen von Reis

side dishes from rice

garnitures (w) des ris (m)

Für einen Großteil der Menschheit ist Reis das Hauptnahrungsmittel. Er wird in den meisten asiatischen Ländern, in den USA und in Italien angebaut.

Artenbezeichnungen für Reis

Die Bezeichnungen für Reis ergeben sich auf Grund der Form, der Farbe oder der Behandlung. Durch einfaches *Enthülsen* enthält man **Braunreis** (Naturreis), der ungeschält ist und deshalb bevorzugt im Rahmen der Vollwerternährung verwendet wird.

Zusätzliches *Schälen* und *Polieren* ergibt den **Weißreis**, als Hauptangebot unter den Bezeichnungen Bali- oder Basmatireis.

Parboiled-Reis wird vor dem Schälen nach einem speziellen Dampf-Druck-Verfahren aufbereitet, wobei ca. 80 % der Wirkstoffe erhalten bleiben. Dieser Reis ist deshalb ernährungsphysiologisch besonders hochwertig. Außerdem ist er kochstabiler und ergiebiger als andere Sorten.

Wildreis, auch Indianerreis genannt, wird aus einer dem Reis verwandten wilden Grasart in den USA und Kanada gewonnen. Er wächst an Fluss- und Seeufern, hat eine dunkelbraune bis schwarze Farbe und ist nadelförmig. Verwendet wird er vor allem wegen des besonderen Geschmacks und der kräftigen Farbe.

Rundkornreis, der auch als *Milchreis* bezeichnet wird, ist von Natur aus weich und nimmt bei der Zubereitung viel Flüssigkeit auf. Aus diesem Grunde findet er Verwendung zu Risottogerichten und zu Reissüßspeisen.

Langkornreis, von Natur aus härter, ist nach dem Garen locker und körnig. Er ist deshalb besser als Rundkornreis für Beilagen (Beilagenreis) sowie für eigenständige Reisgerichte geeignet.

Abb. 1 Parboiled Reis ①, Camarquereis ②, Basmatireis ③, Naturreis ④, Wildreis ⑤, roter Thaireis ⑥, Milchreis ⑦, Avorioreis für Risotto ⑧

Reis bei der Speisenzubereitung

Reis wird in vielfältiger Form zubereitet und serviert. An einigen Beispielen werden ausgesuchte Zubereitungen aufgezeigt.

Servicemitarbeiter sollen die Zubereitungen von Reis kennen, damit sie in der Lage sind:

- den Fleisch- oder Fischgerichten die passenden Reisbeilagen zuzuordnen,
- den Gästen nicht nur die Hauptbestandteile, sondern auch die Beilagen erklären zu können,
- und sie auch bei der Auswahl der Beilagen fachgerecht zu beraten.

Servicemitarbeiter müssen fähig sein, am Küchenpass die unterschiedlichen Zubereitungen beim Reis zu bestimmen und diese benennen können.

Mit Worten Wünsche erfüllen

Sie möchten Reis als Beilage zum Geschnetzelten haben. Wünschen Sie den Reis in Butter geschwenkt oder als Reisküchle oder cremig als Risotto? Wir können Ihnen aber auch auf Wunsch Wildreis mit seinem nussartigen Geschmack dazu servieren.

oder

Mit Worten Wünsche erfüllen

... heute haben wir sowohl den Weißreis als auch den Naturreis, mit leicht brauner Färbung, als auch einen Basmati- oder Duftreis anzubieten. Der wertvollste ist der Naturreis. Sehr lecker ist auch der rote Camarquereis mit seinem einzigartigen Geschmack. Welchen darf ich Ihnen servieren?

Verwendung als Beilage:

- zu zarten Gerichten mit heller Sauce:
  - Kalbs- und Geflügelfrikassee,
  - Fisch sowie Krebs- und Weichtiere;
- zu geschmorten Gerichten mit dunkler Sauce:
  - Ragouts von Kalb, Schwein und Geflügel,
  - Innereien;
- zu kurzgebratenen Gerichten:
  - Filetgulasch und Geschnetzeltes,
  - Leber und Nieren.

Anrichten von Reis

Für das Anrichten gibt es folgende Möglichkeiten:

- *à part* in Schalen oder Schüsseln (insbesondere bei saucenreichen Gerichten),
- um die Speise herum (Ragouts *im Reisrand*),
- unter der Speise *auf einem Reissockel,*
- neben die Speise *„gestürzt“* (nach vorherigem Einpressen, Formen in einem Becher oder einer Tasse).

Reisgerichte mit besonderer Geschmacksnote

Im Allgemeinen handelt es sich dabei um gedünsteten Reis, wobei die Geschmack gebenden Zutaten beigefügt werden:

- entweder bereits beim Anschwitzen z. B. mit Curry, Paprika oder Safran,
- oder zum fertig gegarten Reis z. B. Trüffel, Champignons, Schinken.

Zu den Gerichten besonderer Art gehören

- **Risotto**, saftig gegarter Reis mit Butter und Parmesan
- **Risipisi**, Risottoreis mit Erbsen
- **Gemüsereis** mit feinen Würfeln von Lauch, Karotten
- **Pilaw**, Reis mit Zwiebeln angeschwitzt, mit heller Brühe aufgegossen und zugedeckt im Ofen gegart
- **Kreolenreis**, gekocht, abgeschüttet und im Ofen abgedämpft
- **Nasi Goreng**, mit Zwiebeln, Geflügel, Schinken, Paprikaschote und Krabbenfleisch
- **Paëlla**, mit Zwiebeln und Safran, Muscheln und Garnelen, Schlachtfleischstücken oder Geflügel
- **Reisfleisch**, Lammragout mit Paprikastreifen und anderen Gemüsen
- **Reis Trauttmansdorff**, ein vanillisierter Milchreis mit Schlagsahne und Würfeln von Kompottfrüchten

Mit Worten Appetit machen

Haben Sie schon mal das **Waldpilz-Risotto** unseres Küchenchefs probiert? Es ist ein kulinarischer Hochgenuss.

oder

Mit Worten Appetit machen

... das spanische Nationalgericht, die **Paëlla**, eine herrliche Komposition aus Reis mit Safran, Zwiebeln, Gemüsen, frischen Muscheln und Garnelen, Fleisch- und Geflügelstückchen.

Mit Worten Appetit machen

Sehr lecker ist unsere neueste Kreation: Ein **Reis-Pastinaken-Küchle** mit scharfem Gemüse aus Paprika, Chili und Tomaten.

Beilagen von Kartoffeln

side dishes from potatoes

garnitures (w) des pommes (w) de terre

Kartoffeln sind je nach Zubereitungsart mehr oder etwas weniger neutral im Geschmack und außerdem leicht verdaulich.

Unter Beachtung der Erntezeiten unterscheidet man:

- **Frühkartoffeln**, sie kommen unter der Bezeichnung „Neue Kartoffeln" im Frühjahr auf den Markt. Wegen ihrer dünnen Schale ist es üblich, sie nicht zu schälen, sondern in der Schale zu kochen.
- **Mittelfrühe Kartoffeln** sind ab Mitte August erhältlich.
- **Spätkartoffeln** liefern die Lagervorräte für den Winter und werden deshalb als Winterkartoffeln bezeichnet.

Abb. 1 Grata ①, Sieglinde ②, Rosella ③, Clivia ④, Erstling ⑤, Bamberger Hörnchen ⑥

Zubereitung und Service

Kartoffeln werden in vielfältiger Form zubereitet und serviert. An einigen Beispielen werden ausgesuchte Zubereitungen aufgezeigt.

Servicemitarbeiter sollen die Zubereitungen der Kartoffeln kennen, damit sie in der Lage sind,

- den Fleisch- oder Fischgerichten die passenden Kartoffelbeilagen zuzuordnen,
- den Gästen nicht nur die Hauptbestandteile, sondern auch die Beilagen erklären zu können,
- die Gäste auch bei der Auswahl der Beilagen fachgerecht zu beraten.

Servicemitarbeiter müssen fähig sein, am Küchenpass die unterschiedlichen Zubereitungen bei den Kartoffeln zu bestimmen und diese benennen zu können. (s. S. 172 f.)

Vom Rezept zur Verkaufsbeschreibung am Beispiel Kartoffel-Gratin:

Kartoffelgratin

gratinated potatoes

gratins (m) dauphinois

- Kartoffeln in 2 mm dünne Scheiben schneiden und in eine mit einer Knoblauchzehe ausgeriebene und gebutterte backfeste Form geben,
- Sahne mit Parmesan oder einem anderen Reibkäse vermischen,
- mit Salz und Pfeffer würzen und über die Kartoffeln gießen,
- mit Parmesan bestreuen,
- Butterflocken darauf geben und
- im 200 °C heißen Ofen ca. 25 Min. backen.

Beispiele von frittierten **Kartoffelnestern**, die vor dem Servieren mit Pilzen, oder Gemüsen oder Weintrauben usw. gefüllt werden können.

Mit Worten Appetit machen

Von Zeit zu Zeit probiert unser Küchenchef gerne mal ältere Rezepte aus. Heute offeriert er Ihnen ein buntes **Kartoffelgemüse** als Beilage zum Rostbraten.

Mit Worten Appetit machen

Ein wirklicher Renner unter unseren Beilagen ist das **Kartoffel-Gratin.** Abgeschmeckt mit einem zarten Hauch von Knoblauch, wird geriebener Parmesan auf den Sahneguss gestreut und das Ganze goldgelb überbacken

oder

Mit Worten Appetit machen

... das nach Großmutters Rezept zubereitete Kartoffel-Rahm-Gemüse mit Liebstöckl und geschmolzener Zwiebel. Beide Zubereitungen passen ausgezeichnet zu feinen Braten vom Spanferkel oder auch zu Lammkeule

Mit Worten Appetit machen

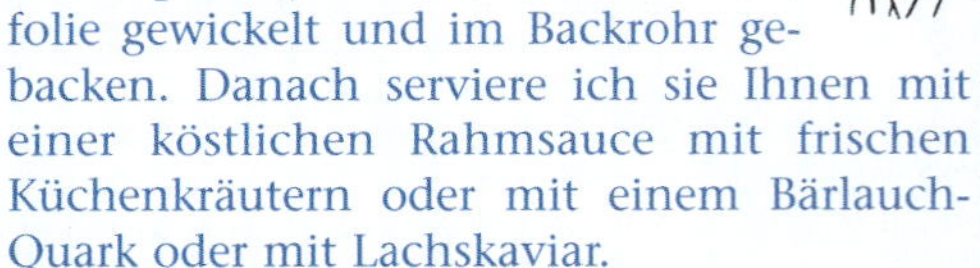

Für seine **Folienkartoffeln** oder Baked potatoes ist unser Küchenchef berühmt. Er verwendet die Sorte Idaho potato. Diese werden in Alufolie gewickelt und im Backrohr gebacken. Danach serviere ich sie Ihnen mit einer köstlichen Rahmsauce mit frischen Küchenkräutern oder mit einem Bärlauch-Quark oder mit Lachskaviar.

Mit Worten Appetit machen

Probieren Sie doch mal unseren täglich frisch zubereiteten **Gemüse-Auflauf** mit Lauch, Kartoffeln und Tomaten. Wir bieten Ihnen gerne zwei Varianten an, mit und ohne Cabanossi-Wurst. Ich verspreche Ihnen nicht zu viel, aber der Auflauf ist wirklich lecker.

Mit Worten Appetit machen

Unsere **Kartoffelpuffer,** auch Reibedatschi genannt, bestehen nicht nur aus geriebenen Kartoffeln, sondern die Masse wird verfeinert durch Ei, geraspelten Apfel, geriebene Zwiebeln, Bärlauch und etwas Schmant. So entsteht der unvergleichbare, interessante Geschmack dieser Kartoffelkreation. Dazu servieren wir ein Quitten-Mus mit Fruchtstückchen.

Mit Worten Appetit machen

Ein regionales Gericht, das viele Gäste zum Schwärmen bringt – ein irdisches Gericht, das einem den **Himmel auf Erden** verspricht. Unser Chef zaubert aus mehligen Kartoffeln und feinsäuerlichen Äpfeln dieses Gedicht, indem er beides zusammenfügt, verstampft, mit Salz, Pfeffer und Muskat würzt und mit gebratener Blutwurst und gedünsteten Apfelspalten anrichtet. Obenauf wird der Schmaus mit krossen Speckwürfeln oder gerösteten Zwiebelringen garniert.

Klöße – Knödel – Nocken

Zu den speziellen stärkehaltigen Hauptbeilagen zählen Knödel und Klöße aus Kartoffeln, Kartoffelnocken (Gnocchi), Semmelknödel, Serviettenknödel und Hefeklöße sowie Grießnocken und Polenta (s. S. 179 f.).

Mit Worten Appetit machen

... zu den zarten **Kalbsschnitzelchen in Zitronensauce** empfehle ich Ihnen gerne die hausgemachten Kartoffel-Gnocchi mit Salbeibutter und Parmesan.

Mit Worten Appetit machen

Eine bayerische Spezialität sind unsere **Brezenknödel**. Sie werden in der Serviette gegart, danach vorsichtig mit einem Bindfaden in Scheiben geschnitten und in Petersilien-Speck-Butter angerichtet. Dazu serviere ich Ihnen frisch sautierte Pfifferlinge in leichter Sahneschaumsauce.

9.3 Salate als Beilagen *salads* *salades (w)*

Als Salat ist Gemüse sehr erfrischend und hat in Bezug auf Vitamine, Mineralstoffe und Ballaststoffe einen hohen Stellenwert, z. B. als Rohkost.

Die einzelnen Salate, Dressings und das Salat-Büfett werden ausführlich ab Seite 166 behandelt.

Mit Worten Appetit machen

Während unserer amerikanischen Spezialitäten- und Steakwoche servieren wir auch einen **„Ceasar's Salad"**. Dies ist ein römischer Salat, der mit einem feinen Dressing aus Zitronensaft, Senf, Rotweinessig, Olivenöl und Knoblauch mariniert und mit Croutons und Parmesanspänen garniert ist.

Mit Worten Appetit machen

Vitaminreich und knackig ist unsere **Rohkostplatte** für 2 Personen, die ich Ihnen gerne mit einem nicht alltäglichen Avocado-Dip servieren möchte. Dazu reichen wir italienischen Mandelzwieback.

Mit Worten Appetit machen

Wenn Sie gerne **Chicoreesalat** essen, habe ich heute etwas Besonderes anzubieten: Chicoree-Spitzen in Begleitung von Roquefortkäse, Sellerie, Äpfeln und Walnüssen. Das Ganze fein mariniert mit Zitronensaft und Walnussöl.

Mit Worten Appetit machen

Vor dem Lammbraten empfehle ich Ihnen einen **Horiatiki**, den griechischen Bauernsalat, mit Kräuter-Feta-Käse, Salatgurke, Lauch und Tomaten, mariniert mit Kalamata-Olivenöl, Zitronensaft, Rotweinessig und einem Hauch Knoblauch.

10 Obst — 🇬🇧 *fruits* 🇫🇷 *fruits (m)*

Obst ist der Sammelbegriff für essbare Früchte sowie Fruchtstände bzw. Samen (Nüsse), fleischige Teile des Blütenstandes (Ananas) oder Blütenböden (Erdbeere). Die Früchte wachsen sowohl kultiviert in Obstplantagen als auch wild (Waldbeeren).

Die vielfältigen Obstsorten werden nach handelsüblichen Gesichtspunkten sowie nach gemeinsamen Bestandteilen der Früchte unterschieden und unter den nachfolgenden Begriffen eingeteilt:

Kernobst enthält kleine Kerne.

Beispiele für **Kernobst** sind:

- **Äpfel** ①
  🇬🇧 *apples* 🇫🇷 *pommes (w)*
- **Birnen** ②
  🇬🇧 *pears* 🇫🇷 *poires (w)*
- **Quitten** ③
  🇬🇧 *quinces* 🇫🇷 *coings (m)*

Steinobst enthält große, steinartige Kerne.

Beispiele für **Steinobst** sind:

- **Aprikosen** ①
  🇬🇧 *apricots* 🇫🇷 *abricots (m)*
- **Kirschen** ②
  🇬🇧 *cherries* 🇫🇷 *cerises (w)*
- Mirabellen
  🇬🇧 *yellow plums* 🇫🇷 *mirabelles (w)*
- **Nektarinen** ③
  🇬🇧 *nectarines* 🇫🇷 *brugnons (m)*
- **Pfirsiche** ④
  🇬🇧 *peaches* 🇫🇷 *pêches (w)*
- **Pflaumen** ⑤
  🇬🇧 *plums* 🇫🇷 *prunes (w)*

sowie Reineclauden, **Zwetschgen** ⑥.

Beerenobst ist durch viele bzw. kleine Fruchtteile gekennzeichnet.

Beispiele für **Beerenobst** sind:

- **Brombeeren** ①
  🇬🇧 *blackberries* 🇫🇷 *mûres (w)*
- **Blaubeeren** ②
  🇬🇧 *blueberries* 🇫🇷 *myrtilles (w)*
- **Erdbeeren** ③
  🇬🇧 *strawberries* 🇫🇷 *fraises (w)*
- **Himbeeren** ④
  🇬🇧 *raspberries* 🇫🇷 *framboises (w)*
- **Johannisbeeren** ⑤
  🇬🇧 *redcurrants* 🇫🇷 *groseilles (w)*
- Preiselbeeren
  🇬🇧 *cranberries* 🇫🇷 *airelles (w) rouges*
- **Stachelbeeren** ⑥
  🇬🇧 *gooseberries* 🇫🇷 *groseilles (w) à maquereau*
- **Weinbeeren** ⑦
  🇬🇧 *grapes* 🇫🇷 *raisins (m)*

sowie Moosbeeren und Holunderbeeren.

Holunderbeeren werden selten als Beeren ganz serviert. Man verwendet Holunderblütensirup als feine Zugabe zum Sektaperitif. Holunderblüten können in Bierteig gebacken werden. Den Saft der blau-schwarzen Beeren verwendet man als Getränk und als Süßspeisen-Sauce.

Schalenobst ist von dicken, harten Schalen umgeben.

Beispiele für **Schalenobst** sind:

- **Erdnüsse** ①
  peanuts | *arachides (w)*
- **Haselnüsse** ②
  hazelnuts | *noisettes (w)*
- **Kastanien** ③
  chestnuts | *marrons (m)*
- Kokosnüsse
  coconuts | *noix (w) de coco*
- **Mandeln** ④
  almonds | *amandes (w)*
- **Pistazien** ⑤
  pistachio | *pistaches (w)*
- **Walnüsse** ⑥
  walnuts | *noix (w)*
- **Pinienkerne** ⑦
  pine nuts | *pignons (m)*

sowie **Cashewnüsse** ⑧, **Pecannüsse** ⑨ und **Paranüsse** ⑩.

Esskastanien werden auch als Maronen bezeichnet.

Südfrüchte sowie **Zitrusfrüchte** werden aus südlichen Ländern eingeführt.

Beispiele für **Südfrüchte** sind:

- Ananas
  pineapples | *ananas (m)*
- Bananen
  bananas | *bananes (w)*
- **Grapefruits** ①
  grapefruits | *pamplemousses (m)*
- **Limetten** ②
  limes | *citrons (m) verts*
- **Mandarinen** ③
  mandarins | *mandarines (w)*
- **Orangen** ④
  oranges | *oranges (w)*
- Zitronen
  lemons | *citrons (m)*

sowie Clementinen, **Kumquats** ⑤, **Pomelos** ⑥, Satsumas, **Tangerinen** ⑦.

Exotische Früchte unterscheiden sich von den anderen Obstsorten durch ein stark ausgeprägtes, fremdartiges Aroma sowie durch Besonderheiten bezüglich der Form und des Aussehens.

Beispiele für **exotische Früchte** sind:

- Avocados
  avocados | *avocats (m)*
- Datteln
  sates | *dattes (w)*
- **Feigen** ①
  figs | *figues (w)*
- **Granatäpfel** ②
  pomegranates | *grenades (w)*
- Grenadillen
  grandillas | *grenadilles (w)*
- Guaven
  guavas | *goyaves (w)*
- **Kakipflaumen** ③
  kaki | *kaki (m)*

- **Kaktusfeigen** ④
  🇬🇧 *prickly pear* 🇫🇷 *figues (w) de barbarie*
- **Kiwi** ⑤
  🇬🇧 *kiwi* 🇫🇷 *kiwi (m)*
- **Litschis** ⑥
  🇬🇧 *litchis* 🇫🇷 *lychees (m)*
- **Mangos** ⑦
  🇬🇧 *mangos* 🇫🇷 *mangues (w)*
- Mangostanen
  🇬🇧 *mangosteens* 🇫🇷 *mangoustans (m)*
- **Papayas** ⑧
  🇬🇧 *papayas* 🇫🇷 *papayes (w)*
- **Passionsfrüchte** ⑨
  🇬🇧 *passion fruits* 🇫🇷 *fruits (m) de la passion*

Die Passionsfrucht wird auch als Maracuja bezeichnet.

- Kap-Stachelbeeren
  🇬🇧 *cape gooseberries* 🇫🇷 *alkékenges (m)*
- Rambutan
  🇬🇧 *rambutans* 🇫🇷 *rambotans (m)*
- **Sternfrüchte** ⑩
  🇬🇧 *carambolas* 🇫🇷 *caramoles (w)*
- Baumtomaten
  🇬🇧 *tamarillos* 🇫🇷 *tamarillos (m)*
- **Babyananas** ⑪
  🇬🇧 *baby pineapple* 🇫🇷 *ananas (m) baby*
- **Drachenfrucht** ⑫
  🇬🇧 *dragon fruit* 🇫🇷 *pitaya (m)*
- **Ingwer** ⑬
  🇬🇧 *ginger root* 🇫🇷 *gingembre (m)*

Verwendung

Obst wird in vielfältiger Form verwendet, zubereitet und serviert. An einigen Beispielen werden ausgesuchte Erzeugnisse und Zubereitungen aufgezeigt.

Abb. 1 Obst-Arrangement in VIP-Gästezimmer

Mit Worten Freude machen

Entschuldigen Sie die Störung – ich darf Ihnen mit einem herzlichen Willkommensgruß von unserem Generaldirektor mit diesem Obstarrangement eine kleine Freude machen.

Frisches Obst

Frisches Obst ist in seinem natürlichen Zustand bei den Gästen sehr beliebt.

Obst wird angeboten:

- als Begrüßung an der Rezeption,
- bei verschiedenen Büfetts oder in der Bar auf einer Etagere,
- in einzelnen Fällen auch als Tischdekorationen sowie
- als besonderes Arrangement für die VIP-Gäste in den Hotelzimmern.

Abb. 2 Obst-Schale mit exotischen Früchten

Mit Worten Freude machen

Sie können sich gerne aus der Schale mit dem frischen Obst bedienen. Teller, Messer und Servietten sind für Sie vorbereitet.

Servicemitarbeiter sollen fähig sein, am Küchen-Pass das unterschiedliche Aussehen und die Zubereitungen beim Obst zu bestimmen und diese benennen können.

Obst wird sowohl in der kalten Küche als auch in der warmen Küche als Speisenkomponente eingesetzt und zubereitet. Ebenso die sogenannten **Obsterzeugnisse.**

Servicemitarbeiter müssen die Zubereitungen von Obst kennen, damit sie in der Lage sind,

- den Vorspeisen, Fleisch- oder Fischgerichten die passenden Obstbeilagen zuzuordnen,
- den Gästen nicht nur die Hauptbestandteile, sondern auch die Beilagen erklären zu können,
- die Gäste auch bei der Auswahl der Beilagen fachgerecht zu beraten.

Obsterzeugnisse

Obsterzeugnisse sind meist industriell hergestellte Produkte. Sie können aber ebenso „hausgemacht" sein:

- Konserviertes Obst als Trocken- oder Dörrobst, tiefgefroren in rollendem Zustand, in sterilisierter Form als Dosen- oder Glaskonserven. Dabei handelt es sich vorwiegend um Kompotte und Mus
- Konfitüren, Marmeladen, Gelees, Brotaufstriche, Sirupe und kandierte Früchte
- Fruchtsäfte, Fruchtnektare, Fruchtsaftgetränke und Limonaden
- Obstweine, Brände, Geiste und Liköre aus Obst

Frisch gepresste Fruchtsäfte verdeutlichen einen sehr aufmerksamen, wenn auch etwas aufwendigeren Service für die Gäste.

Mit Worten Appetit machen

... haben Sie schon einmal zum Wiener Schnitzel unser hausgemachtes Preiselbeerkompott mit süß-sauer eingelegten Birnenschnitzen probiert? Ich bin sicher, Sie werden begeistert sein.

Mit Worten Appetit machen

Heute darf ich Ihnen eine kühne Idee unseres Küchenchefs vorstellen: Gefüllte **Wildentenknödel** mit Apfelblaukraut, glasierten Maroni und Amarettokirschen. Ein echter Hochgenuss.

Obst als Speisenkomponente

Saftigkeit, Geschmack, Farbe, Struktur und Wirkstoffgehalt machen Obst zu einer hochwertigen Komponente bei nährstoffhaltigen Gerichten. Zur Ergänzung und Abrundung wird es als Garnitur, Beilage oder Speisenkomponente verwendet.

Beispiele

- Ananasscheiben als Garnitur auf Kalbssteak
- Ananas, Pfirsiche oder Mandarinen in Vorspeisencocktails
- Äpfel in Waldorfsalat oder Rotkraut
- Pistazien in Farcen und Füllungen
- Kastanien, glasiert als Beilage oder in Füllungen
- Äpfel, Birnen und Preiselbeeren zu Wildgerichten
- Kompotte zu verschiedensten Gerichten
- Verwendung zu Chutneys

Abgesehen von der Verwendung von Obst für Speisen ist frisches oder gedünstetes Obst auch ein wesentlicher Bestandteil des Frühstücksbüfetts.

In der Bar ist Obst, je nach Eignung, auch artbestimmendes und wichtiges Element von Cocktails, Longdrinks, Bowlen und anderen Mischgetränken sowie deren Garnituren.

Mit Worten Appetit machen

Sehr empfehlen möchte ich Ihnen unsere **Curry-Köstlichkeit.** Sie wird zubereitet aus zartem Putenfleisch mit Ananasstücken und Mangostreifen und gerösteten Kokosnuss-Raspeln und Melissenstreifen. Dazu serviere ich Ihnen chinesischen Duftreis mit gedünsteten Kumquats.

oder

Mit Worten Appetit machen

Würfel vom zarten Schweinefilet am Spieß zusammen mit Ananas und Papaya gebraten. Der Spieß ist auf Kurkumareis mit Apfel- und Paprikawürfeln angerichtet und wird mit einem Glas Schillerwein serviert.

Mit Worten Appetit machen

Sehr beliebt bei vielen Gästen ist das mit Kurpflaumen und Käse gefüllte **Schweinefilet** in Hagebuttensauce, umlegt mit in Rotwein gedünsteten Apfelspalten und hausgemachten Nudeln, bestreut mit frisch geriebenem Emmentaler. Als Getränk empfehle ich Ihnen Weißherbst oder ein Schwarzbier.

Mit Worten Appetit machen

Wie wäre es mit gebratenem Steinbuttwürfel auf **Bananencurry** mit Pistazienpesto und Kokosraspeln?

oder

Mit Worten Appetit machen

... eine kross gebratene Entenbrust mit Grand-Marnier-Sauce, glasierten Orangenfilets und feinem Hagebuttenkompott, dazu knusprige Streichholzkartoffeln.

oder

Mit Worten Appetit machen

... ein mageres Putensteak vom Grill mit Mango- und Papayaspalten, Kokos-Kartoffelplätzchen und einem exotischen Rucola-Ananas-Salat mit rotem Pfeffer.

Aufgaben

1 Nennen Sie die handelsüblichen Sammelbegriffe für Obst und ordnen Sie diesen einzelne Früchte zu.

2 Erläutern Sie an Beispielen die Verwendung von Obst/Früchten als Beilage zu von Ihnen bestimmten Gerichten:
a) Äpfel
b) Birnen
c) Kastanien
d) Bananen
e) Ananas

3 Benennen Sie die abgebildeten Zitrusfrüchte.

Käse gilt als eines der ältesten Lebensmittel der Menschen. Hergestellt aus der Milch von Kuh, Büffel, Schaf oder Ziege überrascht Käse immer wieder durch seine Vielfalt. Hunderte von Sorten gibt es weltweit.

Für die Käseherstellung wird Milch dickgelegt:

- **Süßmilchkäse** entstehen durch die Zugabe von Lab, einem Ferment des Kälbermagens,
- **Sauermilchkäse** erhält man durch die Zugabe von Milchsäure.

Ein Stück gut gereifter Käse und ein Glas Wein – für viele Gäste eine Genuss versprechende Kombination. Wäre früher die Frage nach dem Wein mit „auf jeden Fall einen Roten" rasch beantwortet gewesen, so gilt diese Empfehlung heute nicht mehr uneingeschränkt, denn es gibt viele Käse, zu denen auch ausgezeichnet ein Weißwein passt.

Fachgerechte Beratung und Verkauf von Käse im Restaurant erfordert Grundkenntnisse der zu präsentierenden Käse.

Süßmilchkäse

Nach Festigkeitsstufen werden folgende Käse unterschieden:

Hartkäse

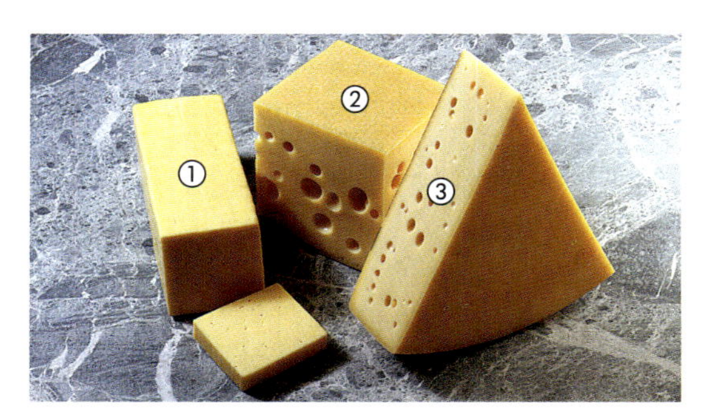

Käsesorte	Ursprungsland	Geschmack
Chester ①	England	leicht bitter
Allgäuer Emmentaler ②	Deutschland	nussig
Greyerzer	Schweiz	würzig, salzig
Parmesan	Italien	würzig-scharf
Bergkäse ③	Deutschland	nussig

Schnittkäse

Käsesorte	Ursprungsland	Geschmack
Danbo ①	Dänemark	würzig
Graukäse ②	Österreich	säuerlich, scharf
Edamer ③	Holland	mild
Tilsiter ④	Deutschland	würzig
Appenzeller ⑤	Schweiz	kräftig
Gouda ⑥	Holland	kräftig, würzig

Aus Hart- und Schnittkäsen werden durch Zugabe von Schmelzsalzen die **Schmelzkäse** hergestellt.

Halbfester Schnittkäse

Käsesorte	Ursprungsland	Geschmack
Butterkäse ①	Deutschland	mild, butterig
Brick ②	USA	kräftig
Stilton ③	England	mild-kräftig
Taleggio ④	Italien	würzig
Danablu	Dänemark	scharf
Gorgonzola	Italien	mild-scharf
Roquefort	Frankreich	pikant

Zu den halbfesten Schnittkäsen gehören auch die Edelpilzkäse. Bei ihnen werden gesundheitlich unbedenkliche Schimmelkulturen zugesetzt, die den besonderen Geschmack erzeugen.

Weichkäse

Käsesorte	Ursprungsland	Geschmack
Brie ①	Frankreich	kräftig
Cambozola ②	Deutschland	cremig, würzig
Romadur ③	Deutschland	herzhaft
Weinkäse ④	Deutschland	pikant
Limburger ⑤	Belgien	kräftig
Camembert ⑥	Frankreich	fruchtig

Frischkäse

Das sind Käse, die nicht reifen dürfen, sondern bis zu ihrem Verbrauch in ihrem frischen Zustand erhalten werden müssen. Sie sind mild im Geschmack.

Produktbezeichnungen sind:

- Speisequark, Topfen- oder Schichtkäse ①,
- Rahm- oder Doppelrahmkäse ②,
- Hüttenkäse (Cottage cheese) ③.

Bei Schichtkäse werden schichtweise fettarmer und fettreicher Bruch übereinander gelegt.

Sauermilchkäse

Lässt man zu Käse geformten Sauermilchbruch reifen, entsteht Sauermilchkäse. Der unterschiedliche Geschmack und das Aussehen der Käse ergibt sich durch die Zugabe von jeweils artspezifischen Bakterienkulturen. Sauermilchkäse müssen reifen. Sie sind pikant und rassig im Geschmack

Produktbezeichnungen sind:

- Handkäse und Mainzer Käse ①,
- Harzer Käse bzw. Harzer Roller ②,
- Korb- oder Stangenkäse ③.

Fettgehaltsstufen und Wassergehalt der Käse

Nach den Bestimmungen der Käseverordnung müssen zur Verbraucherorientierung die Fettgehaltsstufen angegeben werden. Dies geschieht durch die Angabe der Fettgehaltsstufe oder des **Fett**gehalts **i**n der **Tr**ockenmasse **(Fett i. Tr.)** auf der Verpackung.

Der tatsächliche Fettgehalt beträgt, je nach Käseart, etwa die Hälfte der Fett-i.-Tr.-Angabe, die auf der Verpackung genannt wird.

Rohmilchkäse

Es gibt heute wieder zunehmend Käsesorten, die aus Rohmilch hergestellt werden, also aus unbehandelter Milch. Gleich nach dem Melken werden Milchsäurebakterien und gegebenenfalls Schimmelpilzkulturen in die frische Milch eingerührt. Dann wird reiner Labextrakt zugegeben, damit die Milch gerinnt. Die Milch für Rohmilchkäse darf höchstens auf 40 °C erwärmt werden, damit die in der Rohmilch enthaltenen natürlichen Bakterien erhalten bleiben. Daher hat der Käse später ein vollmundigeres Aroma.

Typische Rohmilchkäse sind

- Roquefort
- Emmentaler
- Comté
- Langres
- Camembert
- Brie

Zubereitung

Verschiedene Käsesorten werden zu Canapés, Käsetoast und Käseomelett verwendet.

Käse ist eine Geschmack gebende Zutat bei folgenden Speisen:

- Suppen und Saucen,
- überbackenen Gerichten von Gemüse, Teigwaren und Fisch,
- Lorettekartoffeln, Gratin dauphinois, Käsenocken und Käsestangen.

Abb. 1 Girolle-Schabegerät für Tête de moine

Weitere Käseangebote sind:

- **Frischkäse** mit fein gehackten Zwiebeln, Salz, Pfeffer, Paprikapulver und Kräutern
- **Handkäse** mit Musik (Essig, Öl, fein gehackte Zwiebeln, Salz und Pfeffer)
- **Gebackener Käse** wie Emmentaler oder Camembert, paniert oder in Bierteig
- **Käsefondue** aus geschmolzenem Käse mit Weißbrotstückchen
- **Raclette**, geschmolzener Käse mit Pfeffer und Mixed Pickles, Pellkartoffeln und Weißbrot

Abb. 2 Raclette

Mit Worten Appetit machen

Für unsere Aktionswoche „Alles Käse ...“ hat unser Küchenchef eine fantastische **Käsecremesuppe** mit gebratenen Garnelen und frischen Kerbelblättern kreiert. Sie sollten sich diesen Genuss nicht entgehen lassen.

Mit Worten Appetit machen

Genussvoll sind auch die Birnenbrotscheiben mit Roquefort überbacken. Ich serviere Ihnen dazu eine sehr feine Orangensauce.

Mit Worten Appetit machen

Elegant und fein ist ein wunderbar luftiger **Käseauflauf** mit Schinken und glasierten Honigmöhrchen, den ich Ihnen wärmstens empfehlen möchte.

Mit Worten Appetit machen

Für Sie als Käseliebhaber habe ich heute etwas Besonderes anzubieten: Einen pikant angemachten **Weißlacker** in süßer Umgebung. Lassen Sie sich überraschen.

oder

Mit Worten Appetit machen

... einen **Camembert** im Bröselkleid gebacken, serviert mit hausgemachten, kalt gerührten Preiselbeeren, Kumquats und Orangenfilets. Hierzu empfehle ich Ihnen als Weißwein einen halbtrockenen Riesling oder einen jugendlichen frischen Grauburgunder. Sollten Sie lieber einen Rotwein bevorzugen, würde ich Ihnen gerne einen Trollinger vorschlagen.

Käsepräsentation zum Nachtisch

Das Käsebrett oder der Käsewagen als Verkaufshilfe für einen Käse-Nachtisch. Egal welche Sorten angeboten werden, es ist ratsam, sich vorher einige Aussagen über Herkunft, Konsistenz und Geschmack zurecht zu legen, um die Gäste entsprechend beraten zu können.

Je nach Aktionswochen oder anderen Anlässen können die Käsepräsentationen speziell zusammengestellt werden oder international bestückt sein.

Beipiele

Französische Käseauswahl

Abb. 1 1 Stück Bleu d'Auvergne ①, 1 Stück Bleu de basque ②, Chabichou ③, 3 Boulons de culotte ④, 1 Stück Coulonziers ⑤, Brin d'amour ⑥, Fiore Corse Brin ⑦, Charolais ⑧, Cœur de Neufchâtel ⑨, ein paar Scheiben Abbaye de Belval ⑩, Salers ⑪, Fromage de brebis ⑫, Brie de Meaux ⑬, Crottins in Kräuteröl ⑭, Livarot ⑮, Gratte paille ⑯, Morbier ⑰

Auswahl mit italienischem Käse

Abb. 2 1 Stück Taleggio ①, 1 Stück Gorgonzola dolce ②, Robiola ③, Paglietto ④, Montasio ⑤, Pustertaler Bergkäse ⑥, Pecorino marzolino rosso ⑦, Pecorino sardo ⑧, Pecorino toscano ⑨, Provola affumicata ⑩, Toma Piemontese ⑪, einige Scheiben Formai de mut ⑫, Mozzarella di bufala ⑬, Caciocavallo ⑭

Deutsche Käseauswahl

Abb. 1 ein paar Scheiben Amoroso ①, einige Scheiben Biarom ②, Harzer Käse ③, Weinkäse ④, Romadur ⑤, Weichkäse mit Rotschmiere „Antons Liebe" ⑥, Deutscher Camembert ⑦, 1 Stück Rougette ⑧, Altenburger Ziegenkäse mit Kümmel ⑨, Bergkäse, Bauernkäse ⑩, Tilsiter ⑪, Allgäuer Emmentaler, am Stück und in Scheiben ⑫, Bavaria Blu ⑬, Dorblu ⑭

Schneiden von Käse

Der Schnittkäse wird von der Rinde befreit, in Scheiben geschnitten, die bei entsprechender Größe in kleinere Stücke zu teilen sind.

Darüber hinaus sind die Schnittformen für andere Käse von der jeweiligen Form abhängig. Unter diesem Gesichtspunkt werden z. B. geschnitten:

- Runde und halbrunde Käse keilförmig

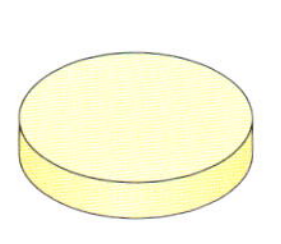

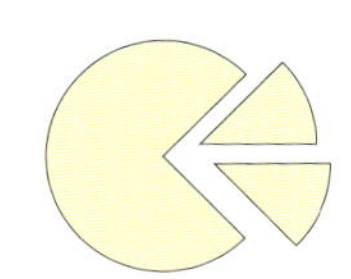

- Keilförmige Käse von der Spitze ausgehend bis etwa ²/₃ quer, der Rest in Längsrichtung

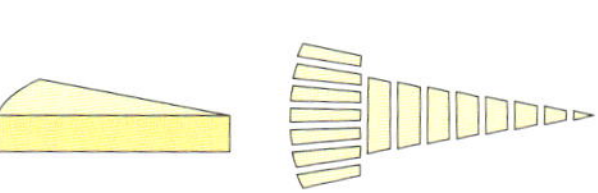

- Ovale Käse quer zur Längsrichtung

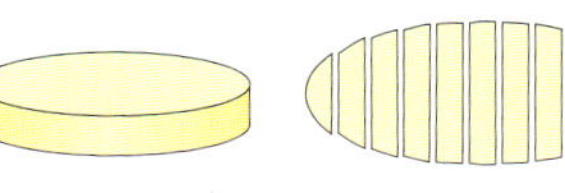

Hauchdünne Späne lassen sich von Hartkäse mit einem Käse- oder Trüffelhobel gut abziehen, z. B. für Salate oder Nudelgerichte.

Mit Worten Appetit machen und dabei die Gästewünsche erfahren

Als erstes haben wir hier den herzhaften **Amoroso,** daneben den **Biarom,** würzig nach Kümmel schmeckend. Unverkennbar die **Harzer Roller** mit dem deftigen Geschmack und der pikante **Weinkäse.** Weiter geht es mit dem kräftig-würzigen **Romadur,** daneben **„Antons Liebe",** eine Spezialität unseres hiesigen Käsemeisters, danach ein **Camembert** der Region, mild und sahnig.

Der **Rougette** ist mild und doch aromatisch, ebenso der **Altenburger Ziegenkäse** mit Kümmel. Ein **Allgäuer Bergkäse** mit seinem nussig-würzigen Geschmack darf auf keinen Fall fehlen, auch nicht der **Tilsiter,** herzhaft bis scharf schmeckend. Dann noch ein alter Bekannter, der **Allgäuer Emmentaler,** der nicht nur eine große Lochung hat, sondern auch jeder strengen Degustation standhält. Zum Abschluss noch zwei Blauschimmelkäse, der **Bavaria blu,** je nach Reifegrad mild bis pikant, und der **Dorblu,** der auch mit zunehmender Reife immer pikanter wird.

Käse und Wein

Der Hauptgrund für die Harmonie von Käse und Wein ist eine vorhandene Ähnlichkeit in Geschmack und Aroma. Manchmal ist gerade der Kontrast interessant, der den besonderen Reiz liefert wie beispielsweise bei einem pikanten Blauschimmelkäse in Kombination mit einem edelsüßen Tropfen. Generell sei vermerkt, dass weder der Käse den Wein „erschlagen" darf noch umgekehrt.

- Bei cremigem Käse sollte der Wein ausreichend Säure haben.
- Säuerliche Käse verlangen nach einem halbtrockenen oder edelsüßen Wein.
- Zu stark salzigen Käsesorten passen oft edelsüße Weine, aber genauso häufig Weine mit einer kräftigen Säure.
- Je härter der Käse ist, desto mehr Gerbstoffe sollte der Wein aufweisen.
- Bei Käseplatten oder bei einer Auswahl vom Käsebrett, wozu Wein gereicht wird, sollte sich der Wein nach dem kräftigsten Käse richten.
- Vertrauen Sie dem „kollektiven Geschmack in den Regionen". Weine und Käse aus einer Region passen in der Regel gut zusammen.

Worte, die verkaufen helfen

Aussehen

- weißer Schimmelrasen
- rötliche Rinde
- glatte Oberfläche
- Naturrinde
- weißer oder gelblicher Käseteig
- große oder kleine Lochung
- blau durchzogen

Konsistenz

- cremig
- streichfähig
- weich
- geschmeidig
- halbfest
- schnittfest
- fest

Geschmack

- mild
- säuerlich
- sahnig
- rahmig
- nussig
- würzig
- herzhaft
- sehr kräftig
- pikant
- leicht bitter
- dezent fruchtig
- butterig
- scharf
- leicht salzig

Geruch/Aroma

- neutral
- Appetit anregend
- aromatisch
- pikant duftend
- sehr intensiv duftend

Aufgaben

1. Milch ist das Ausgangsprodukt für Käse. Wodurch entsteht Käse?
2. Käse werden nach ihrer Festigkeit unterschieden. Nennen Sie vier Festigkeitsstufen.
3. Nennen Sie drei Edelpilzkäse.
4. Welche Frischkäse kennen Sie?
5. Nennen Sie Produktbezeichnungen für Sauermilchkäse.
6. Auf dem nebenstehenden Bild sind auf einem Teller 9 verschiedene Käse angerichtet. Benennen Sie mindestens 5.
7. Nach der Anlieferung müssen die Käse entsprechend gelagert werden. Nennen Sie sortenspezifische Lagerbedingungen für Käse.

12 Nachspeisen *desserts, sweets* *entremets (m)*

Durch Einsatz von besonders attraktiven Dessertkarten können die Nachspeisen verkaufsfördernd angeboten werden. Dabei wird die Vorfreude und die Erwartung der Gäste auf den süßen Ausklang eines Essens ausgenutzt.

Nachspeisen können jene köstlichen Kleinigkeiten nach dem Hauptgang sein, die den „Magen schließen“ oder die ein krönender Abschluss von Speisenfolgen sein sollen.

Unter Nachspeisen versteht man alle Speisen, die nach dem Hauptgang gereicht werden.

Die ständige Streitfrage, ob erst das Süße und dann der Käse oder alles umgekehrt serviert werden muss, kann man wie folgt klären:

- Zum Käse passt gut weißer oder roter Wein.
- Zum süßen Dessert passt der erfrischende Sekt oder Champagner besser.
- Da nach einem Schaumwein kein sogenannter Stillwein gereicht werden soll, heißt also die Reihenfolge eindeutig: **Käse vor der Süßspeise.**
- Gibt man zuerst Käse, kann man den Wein des Hauptganges evtl. als Getränk zum Käse übernehmen.
- Anschließend wird dann zur Süßspeise ein passender Dessertwein oder ein nicht zu trockener Sekt oder Champagner serviert.

Zudem führt das Süße schneller und intensiver zum Sättigungsgefühl als der würzige, pikante Käse.

Käsedesserts (s. auch Kapitel 11 „Käse“)

- Auswahl von verschiedenen Käsesorten vom Brett oder vom Wagen mit Brot und Butter,
- Käsefours und Käsegebäck,
- Käsesalate,
- angemachte Käse mit Brot,
- warme Käsespezialitäten wie z. B. Quiche lorraine,
- geschmolzener Käse wie Käsefondue oder Raclette,
- gebackene Käse, z. B. Camembert.

Süßspeisen

Sie bilden sowohl geschmacklich als auch durch die sehr dekorative Präsentation eine willkommene Abwechslung und lassen das vorausgegangene Menü harmonisch ausklingen.

Sollte in einem Menü aus einem besonderen Anlass sowohl eine warme als auch eine kalte Süßspeise serviert werden, wird immer zuerst die warme Süßspeise aufgetragen.

Süßspeisen unterteilt man in:

Warme Süßspeisen
- Aufläufe und Puddinge
- Omeletts und Pfannkuchen
- Gebackene Krapfen
- Strudel
- Überbackene Desserts

Kalte Süßspeisen
- Cremespeisen
- Gebäcke
- Früchtedesserts
- Eisspeisen

Frisches Obst

Gewaschenes einwandfreies Obst wird auf Tellern oder im Obstkorb angerichtet. Der Service erfolgt mit Desserttellern, Obst- oder Mittelbesteck und einer Fingerschale.

Abb. 1 Schale mit frischen Früchten

12.1 Warme Süßspeisen

hot sweets
entremets (m) chaud

Aufläufe und Puddinge

dessert soufflés and puddings
des soufflés (m) et des poudings (m)

Aufläufe sind die zartesten warmen Süßspeisen. Puddinge dagegen sind etwas kompakter. Vielfach werden beide Arten im Wasserbad pochiert und warm serviert.

Aufläufe müssen **rasch serviert** werden, damit sie an der kalten Luft nicht zusammenfallen und somit unansehnlich werden. Auflaufarten sind Schokoladen-, Quark-, Haselnuss-, Vanille- und Zitronenauflauf.

Puddinge gibt es unter den Bezeichnungen:

- Kabinettpudding,
- Frankfurter Kirschpudding,
- Diplomatenpudding,
- Grieß- und Reispudding.

Abb. 2 Gestürzter Pudding

Omeletts

omelettes *omelettes (w)*

Diese Art von Süßspeisen wird aus einer luftigen Eischaummasse hergestellt:

- **Auflaufomelett**
  omelette souffle *omelette (w) soufflée*
  Auflaufomelett wird als reich verziertes, ovales Gebilde auf eine gebutterte Platte drapiert und im Rohr gebacken.
- **Überraschungsomelett**
  baked Alaska *omelette (w) en surprise*
  Der Überraschungsmoment besteht darin, dass etwas Gebackenes heiß serviert wird, dessen Kern jedoch Speiseeis enthält.

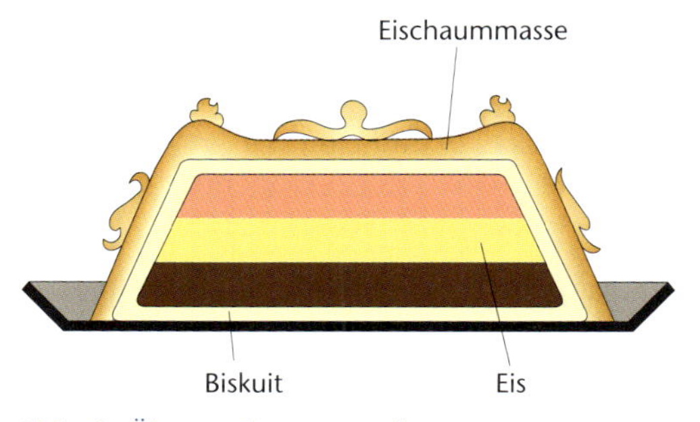

Abb. 3 Überraschungsomelett (Omelette en surprise)

- Salzburger Nockerl gehören ebenfalls zu dieser Kategorie. Die Nockerl aus Schaummasse werden auf eine gezuckerte Cocotte geformt und im Rohr ausgebacken. Dann serviert man sie zusammen mit Vanillesauce.

Pfannkuchen

pancakes *pannequets (m)*

Bei diesem Dessert werden **Pfannkuchen, Crêpes** oder **Palatschinken** meist gefüllt, glasiert, gebacken oder überbacken.

Beispiel

Mit Worten Appetit machen

... eine leckere ungarisch-österreichische Spezialität unter den Süßspeisen sind die **Topfenpalatschinken**, gefüllt mit Vanille-Quark, Weintrauben, Rosinen und gerösteten Mandelsplittern. Dazu serviere ich Ihnen eine Sauce nach Ihrer Wahl aus Holunder, Blaubeeren oder Erdbeeren.

Mit Worten Appetit machen

Unser **Kaiserschmarrn** ist berühmt für seine Lockerheit. Zudem wird er zusammen mit in Rum marinierten Korinthen und Mandelsplittern gebacken. Danach wird der Schmarrn noch in Butterkaramell geschwenkt und glasiert.

Strudel

strudel *stroudel (m)*

Der bekannteste unter den Strudeln ist der **Apfelstrudel.** Aber auch Milchrahm-, Trauben-, Marillen- oder Birnenstrudel erfreuen sich großer Beliebtheit.

Strudel werden meist warm und mit einer geschmacklich harmonierenden Sauce serviert.

Mit Worten Appetit machen

Ein winterliches Märchen ist unser **Mohnstrudel** mit in Riesling pochierten Birnen. Sie werden es nicht bereuen, wenn Ihre Wahl auf dieses Dessert fällt. Ich würde Ihnen dazu eine luftig-leichte Weinschaumsauce empfehlen.

Mit Worten Appetit machen

... eine bodenständige Köstlichkeit sind unsere in Bierteig gebackenen **Birnen- und Apfelküchle**, die wir mit einer Glühweinsauce oder mit Vanilleeis oder einem Zimtschaum servieren.

12.2 Kalte Süßspeisen *cold sweets* *entremets (m) froids*

Cremespeisen *creams* *crèmes (w)*

Der Begriff Creme bedeutet etwas Feines, Zartes, von cremeartiger Beschaffenheit. Die bekannteste ist die **Bayerische Creme.** Sie besteht aus Milch, Eiern, Zucker, Gelatine, Vanille und Schlagsahne. Aus dieser geschmacksneutralen Grundcreme kann man durch Zugabe von Fruchtmark, Schokolade, Krokant, Nugat oder anderen Geschmacksträgern viele Varianten herstellen.

Karamellcreme ist eine pochierte Creme bzw. süßer Eierstich.

Weitere Cremespeisen sind: die *Weincreme, Cremes aus Quark und Joghurt* und die *Charlotte,* die immer von einem Biskuitmantel umgeben ist mit Creme als Füllung.

Besondere Zubereitungen sind die *Weinschaumcreme* oder eine Schaumcreme aus Schokolade, die auch als *Mousse au chocolat* bezeichnet wird. Eine Mousse (Schaumcreme) lässt sich mit weißer Schokolade, Nugat oder Früchtepürees sehr vielfältig herstellen.

Mit Worten Appetit machen

Meine Empfehlung für den süßen Abschluss ist die luftige **Bayerische Creme** nach Fürst-Pückler-Art mit Erdbeeren.

Zum Dessert möchte ich die erfrischende **Joghurt-Mandel-Creme** mit der sommerlichen Walderdbeersauce empfehlen.

Ein Dessert von besonderer Güte erwartet Sie mit unserer fruchtigen **Erdbeercreme im Baumkuchenmantel** mit Erdbeer-Pfirsich-Sauce

Anrichteweise für Cremes

Oftmals werden Cremes in **Schüsseln** zum Ausstechen oder direkt in Gläsern angerichtet. Auf Tellern richtet man die **Stürzcreme** oder die **Charlotte** an. Die Stürzcreme wird zuerst in ein Timbalförmchen gefüllt und nach dem Erkalten aus der Form gestürzt.

Obwohl nach wie vor der Dessertteller (∅ 19 cm) Verwendung findet, hat sich der Trend zu größeren oder rechteckigen Porzellan- oder Glastellern durchgesetzt. Zudem werden Cremes von Saucen, Früchten, Kleingebäck wie Hippen und Teegebäck sowie Schokoladenornamenten begleitet.

Gebäcke *pastries* *pâtisseries (m)*

Gebäcke werden aus verschiedenen Teigen und Massen hergestellt.

Gefüllte *Rollen* aus **Biskuit** oder kleine *Törtchen* mit Obstbelag aus **Mürbteig** eignen sich auch sehr gut als Süßspeisen (Abb. S. 403 oben links).

Aus **Hefeteig** werden Buchteln, Dukatennudeln, Rohr- und Dampfnudeln wie auch Savarins und Babas hergestellt (Abb. S. 403 oben Mitte).

Sehr beliebte Desserts mit Creme- oder Schlagsahnefüllung sind Gebäcke aus **Brandmasse** (Abb. S. 403 oben rechts).

Aus **Blätterteig** erhält man *Teeblätter* oder *Schweineöhrchen,* die mit Creme gefüllt werden können.

Früchte, in luftig-zarten Teig gehüllt und gebacken, sind z. B. *Apfel im Schlafrock.*

Abb. 1 Obsttörtchen

Abb. 2 Savarin

Abb. 3 Windbeutel

Mit Worten Appetit machen

Das bunte **Früchtetörtchen**, mit frischem Obst belegt und mit Weingelee glasiert, wird sicher Ihre Zustimmung finden.

Unser Küchenchef setzt immer wieder gerne Traditionsrezepte auf die Karte, so auch den saftigen **Savarin-Ring** mit Früchten.

Erleben Sie einen wahren Gaumenschmaus durch unsere **Mini-Windbeutel**, gefüllt mit dreierlei Früchten und Cremes.

© Stockfood/I. Kirchherr

Mit Worten Appetit machen

Probieren Sie doch mal unser Spezial-Dessert: ein **Schokoladenbiskuit-Törtchen**, gefüllt mit dunkler und weißer Mousse au chocolat, auf Apfelragout angerichtet. Dazu empfehle ich Ihnen einen wunderbar weichen Calvados.

Zum Abschluss Ihrer Präsentation mit Champagner empfehlen wir Ihnen neben Espresso oder Softdrinks ein süßes Fingerfood-Büfett, zum Beispiel **Mandelbiskuitröllchen** mit Kirschfüllung und frischen Beeren.

Für Ihre Nachmittags-Kaffeeeinladung bieten wir Ihnen eine **Überraschungspyramide** an. Sie besteht aus kleinen, verschiedenen gefüllten Profiteroles, die mit Karamell überzogen sind. Dazu reichen wir Kaffee sowie feine Obstbrände und Cognac.

Eisspeisen 🇬🇧 *ice creams* 🇫🇷 *glaces (w)*

Alle Eissorten eignen sich zur Herstellung von Eisbomben, Eistorten, Eisgetränken und Eisdesserts. Eine Besonderheit stellt das Eis-Parfait oder Halbgefrorene dar. Es besteht aus Geschmacksträgern, Eiern, Zucker und etwa 60 % Schlagsahne.

In Kombination mit Früchten, Frucht- und anderen süßen Saucen, Makronen (Mandelgebäck), Hippen, Krokant, Nüssen, Hohlhippen, Likören, Schokoladen, Kaffee, Kakao und Sahne kann der kreative Koch viele wunderschöne Desserts zaubern.

Beispiele von Eisdesserts

Mit Worten Appetit machen

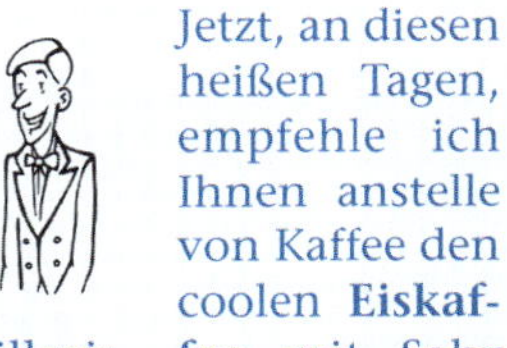

Gönnen Sie sich das klassische Dessert mit der **Birne Helene.** Eine Kombirne auf Vanilleeis mit heißer Schokoladensauce und Sahne.

Jetzt, an diesen heißen Tagen, empfehle ich Ihnen anstelle von Kaffee den coolen **Eiskaffee** mit Sahnehäubchen und Kaffeelikör.

Unser Desserthit ist ein **Bananensplit,** einmal anders. Die kurz angebratenen Bananen sind garniert mit Vanilleeis, Schokoladensplittern und Bananenlikör.

Ein Traditionsdessert unseres Hauses erleben Sie mit **Pfirsich Melba,** ein Kompottpfirsich mit Himbeersauce und Hippenchips.

Früchtedesserts 🇬🇧 *fruit desserts* 🇫🇷 *desserts (m) de fruits*

Zunächst können die frischen, ganzen, gewaschenen Früchte dem Gast als **Tafelobst** serviert werden. **Obstsalate, Fruchtcocktails, Kompotte, Gelees** und **Grützen** sind weitere Angebotsmöglichkeiten. Vielfach werden Früchte aber auch mit anderen Dessertelementen wie Eis oder Cremes kombiniert.

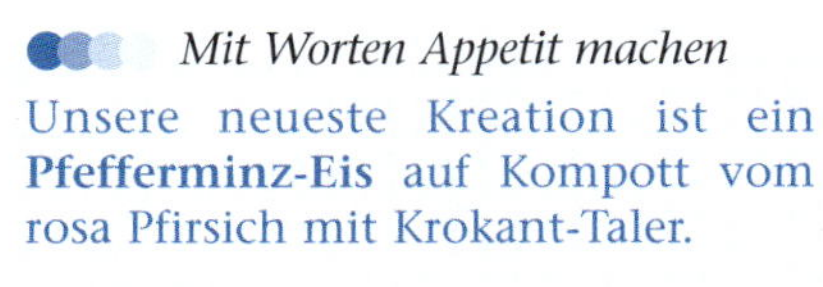

Mit Worten Appetit machen

Unsere neueste Kreation ist ein **Pfefferminz-Eis** auf Kompott vom rosa Pfirsich mit Krokant-Taler.

Mit Worten Appetit machen

Probieren doch mal die **Grütze** von frischem Rhabarber mit abgeschöpftem Rahm. Ich kann nur sagen: ein Gedicht.

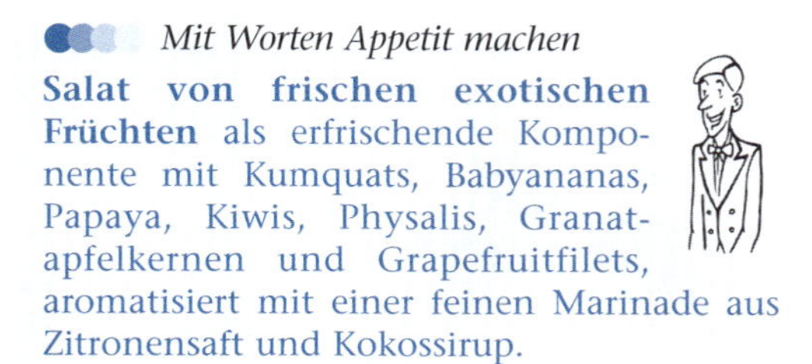

Mit Worten Appetit machen

Salat von frischen exotischen Früchten als erfrischende Komponente mit Kumquats, Babyananas, Papaya, Kiwis, Physalis, Granatapfelkernen und Grapefruitfilets, aromatisiert mit einer feinen Marinade aus Zitronensaft und Kokossirup.

Beispiele für modern angerichtete Süßspeisenkombinationen

Aus den folgenden Beispielen von Süßspeisen wird deutlich, dass man heute kaum noch ein Dessert mit nur einer Komponente anrichtet. Statt dessen versucht man, Kompositionen mit einer entsprechend gelungenen optischen Wirkung zu schaffen. Dies ist für die Servicefachkraft am Süßspeisenbüfett oder Dessertwagen wichtig.

Krokantmousse auf Orangensauce mit Kumquatkompott, Pistazien und Schokoladenfächer

Panna cotta (gekochte Sahne) mit in Karamell glasierten Orangenspalten und Grand-Marnier-Sauce

Bayerische Creme mit Himbeergeschmack, karamellisierten Apfelspalten, Vanillesauce mit Himbeerstern und Hippenblatt

Mousse von kanadischer Pekan-Nuss mit Ahornsirup und Fächer aus Rotweinbirne

Pochierter Eierrahm, im Näpfchen zur Crème brûlée geflämmt

Dunstapfel, gefüllt mit Nougatcreme, Erdbeer-Aprikosen-Sauce und Brombeeren

Profiteroles-Traube mit dezenter Weincreme, Rotweinsauce und Schokoladenblatt

Mousse von brauner und weißer Schokolade auf Mandelmakrone mit Himbeeren und Orangensauce

Creme von Granny-Smith-Apfel im Schokoladentortelett mit Calvados-Sauce, Babyapfel und Hippenblättern

Worte, die Desserts verkaufen helfen

- farbenfroh
- erfrischend
- köstlich
- lecker und leicht
- sommerlich-fruchtig
- duftend
- süße Bescherung (Pralinen und Teegebäck)
- ein Geschenk voller Frucht (Maracuja-Sorbet)
- leckerer Adventsduft (Lebkuchenparfait)
- mit aller Pracht genießen
- ein Traum von einem Dessert
- eine gelungene Kombination
- zartschmelzende Mousse
- … lassen Sie den Abend kulinarisch ausklingen mit …

Aufgaben

1. Begründen Sie, warum das Käsedessert vor der Süßspeise serviert werden soll.
2. Nennen Sie je fünf kalte und warme Süßspeisen.
3. Welche Zutaten benötigt man für eine Bayerische Creme? Wodurch kann sie geschmacklich variiert werden?
4. Welche weiteren Creme-Süßspeisen kennen Sie?
5. Wie können Cremespeisen angerichtet werden?
6. Entwerfen Sie aus der Kurzbeschreibung und den beigestellten Abbildungen eine appetitanregende Formulierung zur Empfehlung an Ihre Gäste.

   Schokoladenröllchen, Schokoladenmousse weiß und etwas braun, Baumkuchen, Rhabarbereis, Erdbeeren, Rhabarber-Erdbeerkompott
7. Nennen Sie Arten von Obstdesserts.
8. Welche Arten von Eisspeisen kennen Sie?
9. Nennen Sie klassische Eisdesserts.
10. Was ist beim Servieren von Aufläufen besonders zu beachten?
11. Welche Varianten von Pfannkuchen gibt es bei der Süßspeisenbereitung?
12. Nennen Sie vier verschiedene Strudelarten.
13. Wie werden moderne Desserts angerichtet?

13 Spezielle Gerichte *special dishes* *plats (m) special*

In dieser Rubrik werden spezielle Gerichte genannt und verkaufsfördernd behandelt.

13.1 Amuse bouche – Amuse gueule

Amuse gueule oder **Amuse bouche** sind Appetithäppchen, kleine Gaumenfreuden auf hohem Niveau. Sie werden unabhängig von der Bestellung des Gastes als Auftakt eines Essens oder einer Speisenfolge serviert. Die Servierfachleute setzen sie mit einer freundlichen Erklärung dem Gast als kleinen Gruß aus der Küche ein. Diese kleinen Köstlichkeiten sind nicht nur eine willkommene Überraschung für den Gast, sie überbrücken die Zeit bis zum Servieren des ersten Ganges, stimmen den Gast auf nachfolgende Genüsse ein und verweisen auf den Stil des Hauses. Außerdem bieten sie dem Koch eine gute Gelegenheit, neue Kreationen auszuprobieren und zu präsentieren.

Mit Worten Appetit machen

Um die Wartezeit auf Ihren ersten Menügang zu überbrücken servieren wir einen **Babyapfel mit Gänseleber.**

Ein freundliches „Guten Abend“ von unserem Küchenchef mit einem **Räucheraal auf Linsensalat.**

Mit frischen **Palmherzen und Iberico-Schinken** begrüßen wir Sie herzlich als unsere Gäste und freuen uns, für Sie da sein zu dürfen.

Mit Worten Appetit machen

Ein kleiner Gruß aus der Küche vom Chef in Form eines **Räucherlachs-Tatars mit Schmant.**

Mit der **gefüllten Zucchiniblüte auf Gemüsebett** möchten wir Sie zu einem schönen Abend willkommen heißen.

Jakobsmuscheln mit Filets von Orange und Limette ist unser Gruß der Küchenbrigade und des Chefs.

Beratung und Verkauf

Mit Worten Appetit machen

Betrachten Sie das **Karotten-Orangen-Süppchen** als persönlichen Willkommensgruß.

Als kleinen Gruß vom großen Chef servieren wir Ihnen gerne diese **kalte Rote-Bete-Suppe.**

Mit dieser köstlichen kalten **Avocadosuppe** möchten wir Sie herzlich willkommen heißen.

Die Herstellungspalette der Amuse gueules reicht von exquisiten Zutaten wie Languste über Gänseleber bis Kaviar, von Jakobsmuscheln über gefüllte Wachtelbrust bis zu den Sülzen sowie warmen oder kalten Süppchen. *Amuse gueule können kalt oder warm serviert werden.* In manchen Restaurants werden sogar schon mehrgängige **Amuse-bouche-Menüs** den Gästen angeboten oder bei Stehempfängen sogenannte **„Flying Buffets“**, wo kalte und warme Kleinigkeiten laufend angeboten werden.

Gänseleber-Parfait

Ochsenschwanz-ragout

Knödel auf Pilzen

Thunfisch auf Tomatensugo

Ente süß-sauer

Forellentatar

Lachs-Lasagne

Avocadomousse

Flying Buffet mit Knusper-Tüten-Desserts

Flying Buffet mit kalten Vorspeisen, warmen Köstlichkeiten und leckeren Desserts

Flying Buffet mit Vorspeisen in Lolly-Formen

13.2 Fingerfood

Fingerfood ist ein Sammelbegriff für **Delikatessen im Mini-Format.** Sie werden als Häppchen meist kalt, aber auch warm in vielfältiger Form bei Stehempfängen angeboten. Die kleinen Häppchen werden so zubereitet, dass sie bequem mit den Fingern gegessen werden können. Kleine **Leckerbissen,** auf die man nicht verzichten möchte, die sich aber nicht unbedingt gut mit den Fingern nehmen und essen lassen, werden mundgerecht in Schälchen, Gläsern, mit Spießchen oder optisch attraktiv auf Löffeln angerichtet. Sie werden im Gegensatz zu den Amuse gueule nicht direkt am Tisch serviert, sondern meist durch die Servierfachleute laufend den Gästen von Platten zum Verzehr angeboten.

Rustikale Mini-Krautkrapfen mit Garnelen lauwarm serviert

Shrimps auf Avocadocreme im Philloteigkörbchen

Gefüllte neue Kartoffeln, Artischockenherzen, Lachsmousse-Krapfen, Schinkenröllchen

Schinken vom Strauß auf Honigmelone mit Thymianspießchen

Blätterteigherzen, gefüllte Radieschen, Mini-Toast mit Leberpastete, Fenchelsalat mit Tilsiter

Frische Datteln im Speckmantel; werden auch gerne zu Drinks an der Bar serviert

Langustenmedaillons auf schwarzen Bohnen und Maiskörnern mit Koriander

Geräuchertes Forellenfilet auf Kräuterrührei, Blinis mit Räucherlachs und Kaviar, Garnelen auf Calvadoscreme

Variationen von gefülltem Pfannkuchenstrudel: Dünne Pfannkuchen werden bestrichen mit gewürztem Frischkäse und unterschiedlich mit rohem Schinken, Mangostreifen, Spargelspitzen, Räucherlachswürfeln und Pfeffererdbeeren mit Currysauce belegt

Variationen vom Wachtelei in bunter Reihenfolge von links: Wachtelei auf Lauch-Schinkensalat mit Kerbel, auf Madeiragelee mit Balsamico, auf Schmant mit Kaviar, auf Mango-Papayasalat und Granatapfel, auf buntem Jasminreis mit Petersilie

13.3 Sorbets

🇬🇧 *sherbets* 🇫🇷 *sorbets (m)*

Sorbet ist weich gefrorenes Fruchteis, manchmal wird es auch aus Kräutern, Gemüsesäften oder Bier hergestellt. Durch eine kürzere Gefrierdauer wird die Masse breiig gefroren. Dadurch ist Sorbet sehr erfrischend und wird deshalb auch in großen Menüs z.B. zwischen dem Fischgang und dem Hauptgang serviert. Manchmal wird das Sorbet kurz vor dem Anrichten mit Sekt oder Champagner vermischt und dickflüssig serviert. Heute werden Sorbets auch gerne zur Dessertherstellung verwendet. Ein dem Sorbet sehr ähnliches Produkt ist das splittrig gefrorene **Granité**, das meist in Gläsern angerichtet und mit Wein oder Sekt übergossen serviert wird.

Erdbeersorbet mit Joghurtsauce

Sorbet von Sauerampfer als Zwischengang

Sorbet aus Papaya

Geeister Fenchel-Anis-Schaum

Granité von Champagner

Campari-Orangen-Sorbet

Sorbet von Butterkokosnuss mit Ananas-Sauce

Sorbet von Johannisbeer auf deren Grütze mit Hippen

13.4 Vegetarische Gerichte

🇬🇧 *vegetarian dishes* 🇫🇷 *plats (m) végétarien*

Vegetarier essen bewusst vorwiegend pflanzliche Produkte. Strenge Vegetarier essen nichts von getöteten Tieren. Manche vermeiden sogar alle Produkte tierischer Herkunft, also auch Eier, Milch, Sahne oder Käse.

Es gibt aber auch Menschen, die sich von Zeit zu Zeit vegetarisch ernähren wollen. Diese erwarten dann von der Gastronomie, dass sie auf ihre Wünsche eingeht bzw. solche Gerichte für sie bereithält oder anbietet.

Die Grundlage für vegetarische Gerichte sind in erster Linie Gemüse und Pilze. Mit Käse, Milch, Sahne, Quark, Ei und Kräutern können solche Gerichte geschmacklich variiert und verfeinert werden.

Abb. 1 Kohlrabi mit Linsenfüllung, Tomaten mit Pfifferlingen, Paprika-Tofu-spieße

Abb. 2 Geschmorter Fenchel in Tomatensauce mit Reibkäse überbacken

Mit Worten Appetit machen

Wenn Sie heute einmal keinen Appetit auf Fleisch haben, würde ich Ihnen gerne die mit Malzbierschaum **überbackenen Gemüse** aus Blattspinat, Kohlrabi, Karotten, Petersilienwurzeln und Lauchzwiebeln anbieten.

Mit Worten Appetit machen

Unser Spätsommertraum ist ein junger **Spitzkohl** in Gemüsebrühe gedünstet mit gerösteten Butterbröseln und gehacktem Ei.

oder

Mit Worten Appetit machen

... gegrilltes Gemüse im Parmesankörbchen mit Balsamicosirup und Grissini.

Mit Worten Appetit machen

Eine locker-leichte Herbstleckerei ist unser **Risotto** von dreierlei Reis und gebratenen Steinpilzen, Austernpilzen und Pfifferlingen, aromatisiert mit duftenden Gartenkräutern.

Mit Worten Appetit machen

Lecker und interessant zugleich sind die **asiatischen Gemüsenudeln** mit Austernsauce.

Mit Worten Appetit machen

Höchst eigenwillig, aber sehr empfehlenswert ist der grüne **Spargel auf Butter-Blätterteig**, mit feiner Sauce von Bergkäse überbacken.

Mit Worten Appetit machen

Darf ich Ihnen als vegetarisches Gericht den Klassiker, einen **Gemüseteller**, empfehlen. Er ist bei uns allerdings neu zusammengestellt: mit gebratenen Fenchelscheiben, Brokkoli mit Mandelbutter, Käse-Grilltomaten, in Butter geschwenkten Möhrchen, Mais und Erbsen sowie als Krönung Spargel mit Kerbelhollandaise.

Mit Worten Appetit machen

Eine sehr gut gelungene vegetarische Komposition ist unser **Gemüsestrudel** mit Schwarzwurzeln, Tomaten, Zucchini und Quark, begleitet von Krapfen mit Rahmsauerkraut auf Tomaten- und Kerbelsauce mit gedünsteter Lauchzwiebel.

Aufgaben

1. Entwerfen Sie aus der Kurzbeschreibung und der beigestellten Abbildung eine appetitanregende Formulierung zur Empfehlung an Ihre Gäste.

   Wurzelgemüse, gedämpft
   Knoblauchjoghurt
   Chardonnay-Vinaigrette

2. Nennen Sie mindestens 5 kalte und 5 warme Kleinigkeiten, die als Amuse gueule oder als Amuse bouche serviert werden können.
3. Welche Aufgabe haben Amuse gueule oder Amuse bouche?
4. Zu welcher Gelegenheit würden Sie Fingerfood zur Verköstigung Ihrer Gäste einsetzen?
5. Nennen Sie 6 verschiedene Arten von Fingerfood, die Sie von Ihrem Betrieb her kennen.
6. Was versteht man unter dem Begriff Sorbet?
7. Wann werden Sorbets in der Regel serviert und wozu können sie heute auch noch verwendet werden?
8. Erstellen Sie eine spezielle Speisekarte mit 15 Gemüsegerichten.

MENÜ UND SPEISEKARTE

Unter **Menü** versteht man eine Zusammenstellung von mindestens drei Speisen, die nacheinander verzehrt werden und hinsichtlich Farbe und Geschmack harmonisch aufeinander abgestimmt sind. Wegen dieser Aufeinanderfolge nennt man das Menü auch **Speisenfolge.**

Gründliche Kenntnisse aus dem Bereich der Menükunde sind gerade bei den Service-Mitarbeitern besonders wichtig, um Gäste entsprechend beraten sowie den Verkauf von Speisen und Getränken durchführen zu können.

Suppe

Hauptgericht

Dessert

1 Menü und Menükarte

menu and menu card *menu et la carte de menu*

Das Menüangebot im Gastgewerbe enthält Speisenfolgen, die von Seiten des Betriebes vorgegeben werden. Das Angebot wird in der Menükarte präsentiert. Dabei unterscheidet man:

- Menüs für das täglich wechselnde Angebot,
- Menüs für Festtage, z. B. Ostern, Weihnachten, Silvester,
- Menüs für besondere Anlässe, z. B. Hochzeit, Jubiläum u. a.,
- Überraschungsmenüs.

1.1 Geschichte der Speisenfolge

Entstanden sind die großen Speisenfolgen an den Höfen der Könige, der Fürsten und des Adels. Der materielle Wohlstand dieser gesellschaftlichen Oberschicht hatte das ermöglicht, was man heute die „klassische Küche" nennt. Mit dieser Bezeichnung verbindet sich eine kaum übersehbare Fülle von immer neu erfundenen Speisen.

Klassisches Menü

Das klassische Menü ist ein Spiegelbild der Essgewohnheiten einer bestimmten gesellschaftlichen Schicht in einer bestimmten geschichtlichen Epoche.

Aufbau des klassischen Menüs

Die Gliederung einer Mahlzeit in mehrere Gänge sowie die sinnvolle Aufeinanderfolge der einzelnen Speisen wurde als ein Vorgang zur Kultivierung des Essens verstanden. Die dazu aufgestellten Regeln lauteten: Leichte Speisen (Vorspeisen und Suppen) leiten das Essen ein, große Stücke von Fisch und Fleisch (Hauptplatten) bilden den Höhepunkt des Essens, ein erfrischendes Sorbet (Schaumeis) dient als neutralisierende und verdauungserleichternde Unterbrechung, kleine und leichtere Speisen sorgen für den harmonischen Ausklang des Essens.

Umfang des klassischen Menüs

Speisenfolgen mit über 10 Gängen sowie wahlweise verschiedenen Speisen innerhalb der einzelnen Gänge waren keine Seltenheit. Für den aus heutiger Sicht übertriebenen Umfang gab es vielfältige Gründe:

- der Wohlstand der gesellschaftlichen Oberschicht,
- das stark ausgeprägte Repräsentationsbedürfnis des Gastgebers bei besonderen Anlässen,
- die reiche Auswahl an Küchenrohstoffen sowie das engagierte Bemühen der Küche, die Festtafel immer wieder mit neuen, großartigen Speisen zu bereichern,

- das Verlangen der Geladenen nach intensivem und anhaltendem Genuss bei gleichzeitig sehr unkritischer Einstellung zur Menge der Speisen.

Moderne Menüs

Aufbau des modernen Menüs

Am grundlegenden Aufbau hat sich im Vergleich zum klassischen Menü nichts geändert. Das Essen wird mit leichten Speisen eröffnet, das Hauptgericht bildet den Höhepunkt und zum Ausklang werden wieder leichtere Speisen gereicht.

Wie aus dem klassischen Menü auf der Seite 415 zu ersehen ist, enthielten solche Menüs neben einem **Fischhöhepunkt** „Steinbutt" zwei **Fleischhöhepunkte** „Lammrücken" und „Moorhühner".

Das moderne Menü kennt im Allgemeinen nur noch einen Höhepunkt, zu dem unterschiedliches Fleisch – eventuell auch Fisch – verwendet wird.

Suppe	→	**Fisch**	→	Dessert
Suppe	→	**Geflügel**	→	Dessert
Suppe	→	**Schlachtfleisch**	→	Dessert
Suppe	→	**Wildbret**	→	Dessert

Anzahl der Gänge im modernen Menü

Die Anzahl der Gänge hat sich verringert, und dafür gibt es verschiedene Gründe:

- Der Wohlstand ist heute auf breite Bevölkerungsschichten verteilt. Trotzdem sind für viele Gäste große Menüs zu zeitaufwendig und nach wie vor zu kostspielig.
- Jeder kann an gehobener Esskultur teilnehmen, und für viele ist das Einnehmen eines Menüs zu einer fast alltäglichen Gewohnheit geworden.
- Aufgrund der Erkenntnisse der Ernährungswissenschaft essen die Menschen heute bewusster.

Aus diesen Gründen sind heute einfachere Menüs sinnvoll und üblich.

In Anlehnung an die klassische Speisenfolge werden Menüs für besondere Anlässe manchmal durch die Ergänzung mit einem zusätzlichen Fischgang und einem Sorbet auf 8 Gänge angehoben (siehe die „Gegenüberstellung von klassischem und modernem Menüaufbau" auf Seite 415).

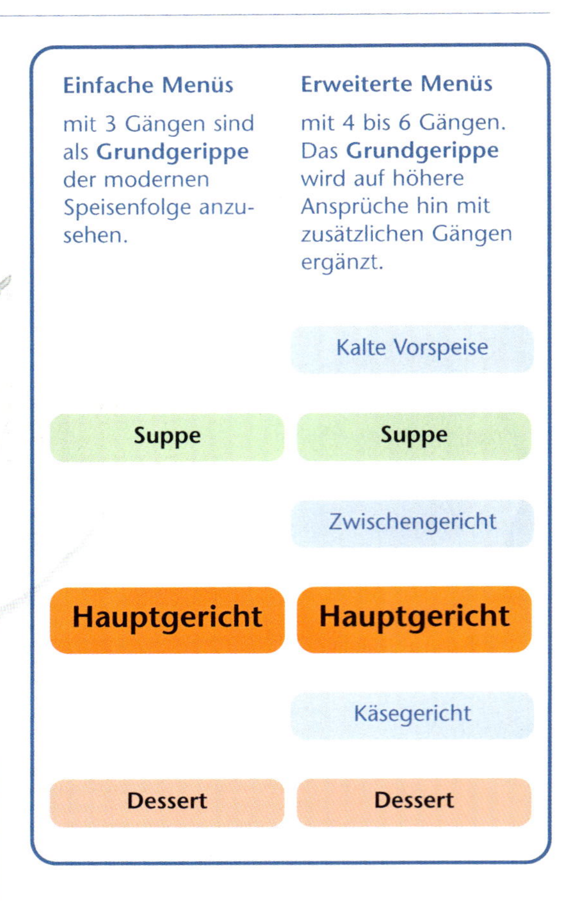

Kombinationsmöglichkeiten der Gänge

Moderne Menüs enthalten im Allgemeinen höchstens die 6 Gänge des erweiterten Menü-Schemas. Bei weniger als 6 Gängen können die Speisen innerhalb des Schemas verschieden variiert bzw. kombiniert werden.

Anzahl der Gänge	3	4	4	4	4	5	5	5	6
Kalte Vorspeise			●		●		●	●	●
Suppe	●	●	●	●		●	●	●	●
Zwischengericht		●			●	●	●		●
Hauptgericht	●	●	●	●	●	●	●	●	●
Käsegericht				●		●		●	●
Dessert	●	●	●	●	●	●	●	●	●

Gegenüberstellung von klassischem und modernem Menüaufbau

Klassisches Menü

Gänge	Speisenbeispiele
Kalte Vorspeise	Austern
Suppe	Fasanensuppe
Warme Vorspeise	Artischockenböden
Fischgang	Steinbutt
Hauptplatte	Lammrücken
Warmes Zwischengericht	Kalbsbries
Kaltes Zwischengericht	Palmenherzen
Sorbet	Champagnersorbet
Braten	Moorhühner
Gemüsegang	Brokkoliflan
Warme Süßspeise	Mandelauflauf
Kalte Süßspeise	Eisbombe
Käsegericht	Camembertkrusteln
Dessert	Obst, Feingebäck

Moderne Menüs

Einfaches Menü	Erweiterte Menüs	
	Kalte Vorspeise	Kalte Vorspeise
Suppe	Suppe	Suppe
	Zwischengericht	Zwischengericht
		Fischgericht
		Sorbet
Hauptgericht (Fleisch oder Fisch)	Hauptgericht (Fleisch)	Hauptgericht (Fleisch)
	Käsegericht	Käsegericht
Dessert (Käse, Süßspeise oder Obst)	Süßspeise	Süßspeise

1.2 Zusammenstellen von Menüs

Beim Zusammenstellen von Menüs sind zunächst ganz wichtige Richtlinien zu beachten in Bezug auf

- **Auswahl** von Rohstoffen bzw. Speisen für eine Speisenfolge,
- **Abwechslung** von Rohstoffen bzw. Speisen im Menü,
- **Aufeinanderfolge** der Speisen innerhalb der Speisenfolge.

Auswahl der Rohstoffe für ein Menü

Für die Auswahl sind folgende Gesichtspunkte von Bedeutung:

- Jahreszeit und Preis des Menüs,
- Ernährungsbedürfnis des Menschen,
- Anlass und Teilnehmer am Essen,
- technische und personelle Voraussetzungen.

Jahreszeit

Hier geht es zunächst um Speisen aus **saisonabhängigen** Rohstoffen, die von den Gästen erwartet werden. Die Rohstoffe sind zur Erntezeit:

- frisch, saftig und besonders wohlschmeckend,
- hochwertig in Bezug auf Nähr- und Wirkstoffe,
- preisgünstig.

Rohstoffbeispiele:

- Neue Kartoffeln, junge Gemüse und frisches Obst,
- Spargel und Erdbeeren,
- Lamm und Wildbret, Karpfen sowie Krebs- und Weichtiere.

Außerdem sind die *klimatischen Verhältnisse* zu beachten:

- In der kalten Jahreszeit bevorzugt der Gast kräftige und energiereiche Speisen in reichlich bemessenen Portionen.

- In der heißen Jahreszeit ist das Verlangen nach frischen, leichten Speisen in reduzierten Portionsgrößen stärker, weil das Essen nicht anstrengen und belasten soll. Insbesondere bei den Vor- und Nachspeisen sowie bei den Beilagen gibt es hier Möglichkeiten der Reduzierung und Erleichterung. Vergleich:
  - Südtiroler Speck ⟷ Tomatencocktail
  - Hasenpastete ⟷ Artischockenherzen
  - Rotkohl ⟷ Spargel
  - Rosenkohl ⟷ Erbsen
  - Sauerkraut ⟷ Kopfsalat
  - Käse ⟷ Halbgefrorenes
  - Dessertpfannkuchen ⟷ Salat von frischen Früchten

Preis

In Bezug auf den Preis sind wechselseitige Abhängigkeiten von Bedeutung:

- Art und Niveau des Betriebes, z. B. bürgerliche Gaststätte, Mittelklasserestaurant, Luxushotel,
- Art bzw. Zielrichtung des Menüs, z. B. Tagesmenü, Festtagsmenü oder Menü für einen besonderen Anlass – Hochzeit, Jubiläum,
- Zahlungsfähigkeit bzw. -bereitschaft des Gastes.

Tagesmenüs sind im Allgemeinen auf einen niedrigeren Preis ausgerichtet, während der Gast für ein Festtagsmenü oder zu einem besonderen Anlass in der Regel etwas mehr ausgibt. Beispiele:

niedrigerer Preis	höherer Preis
Menü mit 3 Gängen	Menü mit mehr Gängen
Konservenware	frische Ware
Spargelabschnitte	Spargelspitzen
Erbsen	Artischockenböden
Champignons	Pfifferlinge
Hasenkeulen	Hasenrücken
Schweinebraten	Filetbraten (Rind)
Kabeljau	Steinbutt
Fleischbrühe	Doppelte Kraftbrühe
Geflügelrahmsauce	Hummerrahmsauce
Zerlassene Butter	Holländische Sauce
Kräuterbutter	Béarner Sauce
Kartoffelpüree	Kartoffelkroketten
Frisches Obst	Salat von frischen Früchten

Ernährungsbedürfnis

Der Energiewert eines Menüs sollte in erster Linie dem Energiebedarf des Menschen angemessen sein. Insbesondere bei umfangreicheren Speisenfolgen sollte der Energiegehalt unbedingt begrenzt werden, z. B.:

- zum Hauptgang die Fleischmenge angemessen verringern, ergänzend kann die Beilagenmenge kleiner gehalten oder statt Gemüse ein Salat gereicht werden,
- bei der Vorspeise, der Suppe oder der Nachspeise besteht die Möglichkeit, anstelle einer schweren eine leichte Speise zu wählen. Auf diese Weise kann der Gesamtenergiewert des Menüs verringert werden.

Vergleichende Beispiele:

- Vorspeisencocktail ⟷ Vorspeisensalat
- Cremesuppe ⟷ klare Suppe
- Dessertpfannkuchen ⟷ Salat von frischen Früchten

Unabhängig vom Energiegehalt ist außerdem auf den *ernährungsphysiologischen Wert* des Menüs zu achten. Dabei ist die Ausgewogenheit folgender Stoffgruppen von Bedeutung (s. auch S. 52):

- **Nährstoffe**
  Eiweiß, Fett und Kohlenhydrate,
- **Wirk- und Begleitstoffe**
  Mineralstoffe, Vitamine und Ballaststoffe.

Anlass und Teilnehmer

Mit dem Anlass zu einem Essen ist häufig eine ganz bestimmte *Grundstimmung* verbunden (Hochzeit, Jubiläum, Jagdessen). Durch die Auswahl der Speisen oder durch das Hervorheben einer bestimmten Speise kann diese Stimmung auf besondere Weise unterstrichen werden.

Beispiele:

- **Hochzeit**
  ein zu Ehren des Brautpaares besonders ausgewähltes Dessert
- **Jubiläum**
  dem Anlass entsprechender Hauptgang in attraktiver Aufmachung
- **Jagdessen**
  neben Wildbret müssen typische Beilagen den Anlass unterstreichen (Weinbeeren, Preiselbeeren, Pfifferlinge, Steinpilze)

Obwohl der Geschmack der Gäste, unabhängig von ihrer Gruppenzugehörigkeit, sehr verschieden sein kann, können sich dennoch bestimmte Schwerpunkte ergeben:

- **Damenessen**
  Von Ausnahmen abgesehen, bevorzugen Damen leichtere sowie fett- und kohlenhydratarme Speisen, z. B. Hühner, Kalbsmedaillons, feine/zarte Gemüse, Salate und Obst.
- **Herrenessen**
  Männer bevorzugen im Allgemeinen herzhaf-

te und kräftige Speisen, z. B. Steaks vom Rind und Lamm sowie Wildgerichte.

- **Überwiegend geistig tätige Menschen und ältere Menschen**
  Sie mögen leichtere und erlesenere Speisen in kleinen Mengen, z. B. Tournedos, Medaillons, Fisch sowie Krebs- und Weichtiere.
- **Überwiegend körperlich tätige Menschen und jüngere Menschen**
  Sie mögen kräftige Speisen in größerer Menge, z. B. Braten, Schnitzel und Steaks mit reichlich bemessenen Beilagen.

Technische und personelle Voraussetzungen

Die *küchentechnische Ausstattung* ist vor allem bei großen Veranstaltungen und umfangreichen Speisenfolgen von entscheidender Bedeutung. Dies betrifft z. B.:

- Pfannen für kurz gebratene Gerichte oder Dessertpfannkuchen,
- Fritteusen, wenn gebackene Gerichte gereicht werden sollen,
- Herde zum Braten, Backen und Überbacken,
- Flächen zum Warmhalten oder Kühlen bzw. Kühlhalten von Vorspeisen und Desserts.

Bezüglich des Personals müssen ebenfalls wichtige Fragen geklärt sein:

- Stehen Küchen- und Bedienungsfachkräfte in ausreichender Zahl zur Verfügung?
  Dies gilt insbesondere, wenn aufwendige Arbeiten einzuplanen sind wie z. B. Fertigmachen und Bereitstellen von Vorspeisen und Desserts oder für das Tranchieren, Flambieren und Vorlegen am Tisch.
- Ist das Personal für diese Arbeiten entsprechend fachlich geschult, damit sie in angemessener Zeit sorgfältig und sachgerecht ausgeführt werden können?

Abwechslung im Menü

Die strenge klassische Menülehre unterscheidet zwischen Wiederholungen, die bei Einhaltung bestimmter Bedingungen möglich sind, und solchen, die unter allen Umständen vermieden werden müssen.

Bedingt mögliche Wiederholungen

Kartoffeln, sofern sich diese in anderer Zubereitungsart wiederholen, z. B.:

- **Zwischengericht**
  → Salzkartoffeln
- **Hauptgericht**
  → Gebratene oder frittierte Kartoffeln

Zweckmäßige Abwechslungen sind jedoch Reis oder Teigwaren.

Gemüse, sofern es nicht das gleiche Gemüse ist, z. B.:

- **Suppe**
  → Kraftbrühe mit Gemüsestreifen, u. a. auch Karotten
- **Hauptgericht**
  → Glasierte Karotten

Fleisch, sofern es sich nicht um die gleiche Art des Fleisches handelt, und es außerdem in anderer Zubereitung angeboten wird, z. B.:

- **Kalte Vorspeise**
  → Entenbrust
- **Hauptgericht**
  → Kalbsmedaillons
- **Kalte Vorspeise**
  → Geflügelsalat
- **Hauptgericht**
  → Rehrücken

Unbedingt zu vermeidende Wiederholungen

Dabei unterscheidet die Menülehre zwischen *gleichartigen Zubereitungen* und *gleichartigen Rohstoffen*.

Zubereitungen	negative Beispiele
gebraten, gegrillt	
● Zwischengericht ● Hauptgericht	Heilbuttschnitte Scampi Kalbsmedaillons, Tournedos
frittiert	
● Zwischengericht ● Hauptgericht ● Dessert	Scampi, Champignons Strohkartoffeln, Kartoffelkroketten Apfelbeignets
Saucen	
● Kalte Vorspeise ● Zwischengericht ● Hauptgericht ● Dessert	Cocktailsauce Holländische Sauce zu Spargel Béarner Sauce zu Tournedos Weinschaumsauce
Marinierte Speisen	
● Kalte Vorspeise ● Hauptgericht	Rindfleisch, Gemüse Salat

Rohstoffe	negative Beispiele
Obst	
● Kalte Vorspeise	Melone mit Schinken
● Hauptgericht	Preiselbeerbirne als Beilage
● Dessert	Salat von frischen Früchten
Pilze	
● Suppe	Morchelrahmsuppe
● Zwischengericht	Gebackene Champignons
● Hauptgericht	Pfifferlinge (Garnitur)
Fische, Krebs- und Weichtiere	
● Kalte Vorspeise	Hummercocktail
● Suppe	Muschelcremesuppe
● Zwischengericht	Seezungenfilets
● Hauptgericht	Garnelen (Garnitur)
Teige, Teigwaren	
● Suppe	Pfannkuchenstreifen (Célestine)
● Zwischengericht	Pastetchen
● Hauptgericht	Spätzle als Beilage
● Dessert	Dessertpfannkuchen (Crêpes)
Eier	
● Kalte Vorspeise	Gefüllte Eier
● Suppe	Eierstich (Royal)
● Zwischengericht	Verlorenes Ei
● Hauptgericht	Gehacktes Ei (Garnitur)

Aufeinanderfolge der Speisen im Menü

Die kalte Vorspeise steht im Menü an erster Stelle. *Das Zwischengericht* hat seinen Platz nach der Suppe oder vor dem Hauptgang bzw. vor einem zusätzlichen Fischgericht oder zwischen Suppe und dem nachfolgenden Gericht.

Regeln für die Speisenfolge

Die Regeln beziehen sich auf *Farbe* und *Bindung*.

- **Farbe**
  Nach einer hellen Speise muss eine dunkle bzw. farblich betonte Speise folgen oder umgekehrt.
- **Bindung**
  Nach einer gebundenen muss eine ungebundene bzw. klare Speise folgen oder umgekehrt.

Für die Anwendung der genannten Regeln ist allerdings etwas Fingerspitzengefühl erforderlich.

Bezüglich der Farbe muss man sich von dem extremen Kontrast *„Schwarz-Weiß"* lösen, weil u. U. bereits geringfügige farbliche Abweichungen der Regel genügen können. Außerdem kann die Farbe je nach Speisenfolge unterschiedlich beurteilt werden:

- *Melone mit Schinken* wirkt vor einer *Geflügelcremesuppe* farblich betont, während sie vor einer *Ochsenschwanzsuppe* hell erscheint.
- *Obstsalat* wirkt nach *Rehrücken mit Wacholderrahmsauce* hell, aber nach *Brüstchen vom Masthuhn mit Geflügelrahmsauce* farblich betont.

Bezüglich der Bindung ist die Unterscheidung bei bestimmten Speisen ganz eindeutig:

Klare Ochsenschwanzsuppe
↕
Gebundene Ochsenschwanzsuppe

Geflügelkaftbrühe
↕
Geflügelcremesuppe

Steinbutt mit zerlassener Butter

Steinbutt mit Hummersauce

Tournedos mit Madeirajus

Tournedos mit Madeirasauce

Es gibt aber auch Speisen, bei denen die Zuordnung *„gebunden"* oder *„nicht gebunden"* Schwierigkeiten bereitet. In diesen Fällen ist die Folge der Speisen mit besonderem Einfühlungsvermögen abzuwägen:

- Nach Forellenfilet mit Sahnemeerrettich ist sowohl eine klare als auch eine gebundene Suppe denkbar.
- Vor Tournedos mit Béarner Sauce (Grillgericht) sind durchaus Seezungenfilets mit Weißweinsauce oder Scampi mit Dillrahmsauce denkbar.

- Nach Tournedos mit Béarner Sauce sind sowohl Salat von frischen Früchten als auch eine Cremespeise oder Halbgefrorenes denkbar.

Es ist zu beachten, dass Cremespeisen und Halbgefrorenes zwar „gebundene Speisen" sind, im Sinne der Speisenfolge jedoch eine feste und geschlossene Beschaffenheit haben.

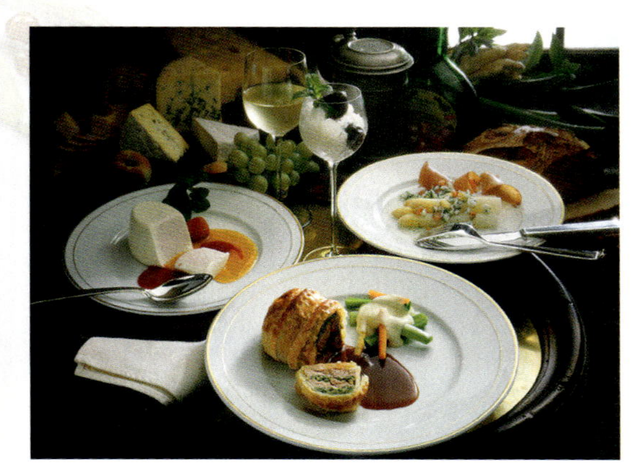

Schrittfolge beim Zusammenstellen

Erster Schritt

Das **Hauptgericht** muss als erstes festgelegt werden, dann wählt man eine geeignete Sauce sowie passende Gemüse- und Hauptbeilagen aus.

Die Speisen für die übrigen Gänge lassen sich nun unter Beachtung der Menüregeln leichter bestimmen und zuordnen.

Zweiter Schritt

Die übrigen Gänge werden bestimmt und unter Beachtung der Menüregeln entsprechende Speisen ausgewählt.

Dabei sind folgende Hinweise von Bedeutung:

- Die zugeordneten Speisen müssen mit dem Hauptgericht auch derart harmonieren, dass ein Menü mit einem schweren Hauptgericht, z. B. *Rehrücken mit Wacholderrahmsauce,* insgesamt schwerer sein wird als ein Menü mit einem leichten Hauptgericht, z. B. *Seezungenfilets in Weißweinsauce.*
- Nicht immer findet man zu einem Hauptgericht ein passendes Zwischengericht.
  Es ist dann zweckmäßig, dem Hauptgericht eine Suppe voranzustellen und das Menü mit einer kalten Vorspeise einzuleiten.

Beispiele für das Zusammenstellen

Hochzeitsessen im Mai

Zu Hochzeitsessen kommen im Allgemeinen Menschen aus sehr unterschiedlichen gesellschaftlichen Schichten zusammen. Aus diesem Grunde sollten Speisen, mit denen manche Gäste beim Essen Schwierigkeiten haben könnten, möglichst nicht in das Menü aufgenommen werden. Unter diesem Gesichtspunkt und unter Beachtung der Jahreszeit bieten sich an:

- Mastkalbsrücken und Scampi
- Spargel, Karotten und Blumenkohl
- Erdbeeren

Als Speisenfolge sollen folgende Gänge serviert werden: Kalte Vorspeise, Suppe, Hauptgang und Dessert. **Zum Hauptgang** gibt es **Medaillons vom Kalbsrücken**, ergänzt mit folgenden Beigaben:

- Champignonrahmsauce
- Spargel, glasierte Karotten und Erbsen
- Dauphinekartoffeln

Die vorangehende **Suppe** muss entsprechend der Regel klar und dunkel sein. Eine **klare Ochsenschwanzsuppe** entspricht dieser Forderung. Sie wird mit Sherry geschmacklich vollendet.

Als **Kalte Vorspeise**, zur Unterscheidung von der Suppe hell und gebunden, eignet sich ein **Scampicocktail.** Dazu werden Toast und Butter gereicht.

Das **Dessert** muss, vom Hauptgang her gesehen, farblich betont sein. Es eignen sich deshalb **Erdbeeren mit Grand Marnier** mit Sahne garniert.

Das komplette Menü:

Aufgabe

1 Stellen Sie zu dem gleichen Anlass ein Menü nach eigener Wahl zusammen.

Damengesellschaft im Juni

Die Damen kommen 20 Jahre nach dem Ende ihrer gemeinsamen Schulzeit zu einem Klassentreffen zusammen. Für die Auswahl der Speisen sind zwei Gesichtspunkte zu beachten:

- Es handelt sich um Damen,
- der Juni liegt in der heißen Jahreszeit.

Aus dem saisonbedingten Marktangebot, das z. B. Forellen, junge Masthühner, Tomaten und Aprikosen enthält, könnte folgendes Menü zusammengestellt werden:

Zart geräuchertes Forellenfilet, Sahnemeerrettich, Toast und Butter

❁ ❁ ❁

Doppelte Rinderkraftbrühe mit Gemüsestreifen

❁ ❁ ❁

Gedünstete Brüstchen vom Masthuhn in Morchelrahmsauce
geschmolzene Tomaten, Kräuterreis

❁ ❁ ❁

Aprikosenfächer in Weingelee

Aufgaben

1 Beurteilen Sie das Menü unter Beachtung der Schrittfolge, die beim Zusammenstellen angewendet wird.

2 Stellen Sie zum gleichen Anlass ein Menü nach eigener Wahl zusammen.

Jagdgesellschaft im Oktober/November

Bei der Auswahl der Speisen sind zu beachten:

- der besondere Anlass,
- die Teilnehmer, denen herzhafte Speisen anzubieten sind,
- der Beginn der kalten Jahreszeit.

Aus dem saisonbedingten Angebot könnten für das Menü Frischlingsrücken, Muscheln und Pfifferlinge sowie Äpfel und Preiselbeeren ausgewählt werden.

An dieser Stelle ist anzumerken, dass sich bei Jagdessen entgegen der allgemeinen Regel ausnahmsweise gleichartige Rohstoffe bzw. Speisen wiederholen dürfen (siehe Suppe und Hauptgang).

Gebundene Suppe vom Hirsch
mit gerösteten Edelkastanien

❁ ❁ ❁

Rheinische Miesmuschel
im Wildkräuter-Wurzel-Sud

❁ ❁ ❁

Frischlingsbraten in Wacholdersauce
mit Rosenkohlblättern,
gebratenen Steinpilzen und
Preiselbeer-Kartoffelplätzchen

❁ ❁ ❁

Allgäuer Käseauswahl vom Brett

1.3 Getränke zum Essen

Getränke, die zum Essen gereicht werden, nennt man **korrespondierende Getränke.** Sie sollen die Speisen harmonisch ergänzen.

Abb. 1 Mousse von geräucherter Forelle mit Roséwein

Getränke vor dem Essen

Ihr Zweck ist es, auf das Essen einzustimmen und den Appetit anzuregen. Im Französischen werden sie **Aperitifs** genannt. Das Wort bedeutet:

apéritif → eröffnend, öffnend, appetitanregend

Aperitifs

Für die Aperitifs sind folgende Eigenschaften von Bedeutung:

- **trocken**, d. h. ohne wahrnehmbare Süße. Im Gegensatz zu süßen Getränken wirken sie leichter und regen den Appetit an;
- **fruchtig** oder **bitteraromatisch**, womit eine besonders anregende Wirkung auf die Absonderung von Verdauungssäften verbunden ist;
- **kühl** und **erfrischend**.

Als Aperitif werden z. B. angeboten:

Getränke allgemeiner Art

Likörweine (trocken)	• Sherry und Portwein
Schaumweine	• pur oder mit Orangensaft bzw. Campari • mit schwarzem Johannisbeerlikör/Cassis (Kir Royal)

Spezielle Aperitifs

Arten	Getränkebeispiele	mögliche Ergänzungen
Wein-Aperitifs	• Martini • Cinzano • Noilly Prat • Dubonnet	• Soda, Mineralwasser
Bitter-Aperitifs	• Campari • Picon • Cynar	• Soda • Orangensaft • Schaumwein
Anis-Aperitifs	• Pastis • Pernod • Ricard	• Wasser

Mixgetränke

Bezeichnung	Zutaten
Cocktails	
• Manhattan	Canadian Whisky, roter Vermouth, Kirsche
• Martini dry	Gin, Vermouth dry, Olive
• White Lady	Gin, Cointreau, Zitronensaft
• Side Car	Cognac, Cointreau, Zitronensaft
Longdrinks	
• Gin Fizz	Gin, Läuterzucker, Zitronensaft, Soda
• Whiskey sour	Whiskey, Läuterzucker, Zitronensaft, Orangenscheibe, Maraschinokirsche

Getränke zur Speisenfolge

Im Rahmen eines Menüs werden im Allgemeinen Wein und Schaumwein gereicht. Die korrespondierenden Getränke sollen den Geschmack der Speisen harmonisch ergänzen, ihn aber unter gar keinen Umständen überdecken (s. ab S. 422).

Beispiele zur Verdeutlichung:

Zu einem **mild gewürzten Fischgericht**
- **passen:** junge, leichte und fruchtige, vor allem weiße Weine.
- **passen nicht:** ausgereifte, vollmundige und bukettreiche Weine.

Zu einem **kräftig gewürzten Wildgericht**
- **passen:** ausgereifte, vollmundige und bukettreiche, vor allem rote Weine.
- **passen nicht:** leichte, frische und säuerlich fruchtige Weine.

Geschmacksstufen der Getränke

Die sachgerechte Zuordnung der Weine ist eine Kunst, die viel Erfahrung und ein geschultes Geschmacksempfinden voraussetzt. In Häusern, die dem Weinservice besondere Beachtung schenken, gibt es deshalb einen Sommelier.

Als Orientierungshilfe für die Zuordnung der Weine zu Speisen dienen vier Geschmacksstufen:
- **ausgesprochen leichte Weine,**
- **leichte bis mittelschwere Weine,**
- **mittelschwere bis schwere Weine,**
- **besonders ausdrucksstarke Weine.**

Speisenbeispiele

Leichte, säuerlich-würzige Speisen
- Scampicocktail (Cocktailsauce)
- Forellenfilet (Sahnemeerrettich)
- Lachsmedaillons (Kräutersauce)
- Geflügelsalat (Schaummayonnaise)
- Artischockenböden (mariniert)

Kalte Vorspeisen

Leichte, aber fein würzige Speisen
- Scampi in Dillrahmsauce
- Forellenfilet, gebraten
- Salm mit Krebsrahmsauce
- Feines Geflügelragout
- Artischockenböden mit holländischer Sauce

Zwischengerichte

Mittelschwere, voll würzige Speisen
Helles Fleisch:
gedünstet, gebraten, gegrillt oder frittiert
- Scampi, Seezungenfilets oder Salmschnitte
- Masthuhnbrust, Hähnchen
- Kalbs- und Schweinemedaillons
- Kalbsgeschnetzeltes

Zwischengerichte bzw. leichte Hauptgerichte

Schwere, stark würzige Speisen
Dunkles Fleisch:
gebraten, gegrillt oder geschmort
- Ente und Gans
- Rind und Lamm
- Wild

Schwere Hauptgerichte

Weinbeispiele

Weißwein oder Roséwein
- leicht, frisch und fruchtig (trocken bis halbtrocken)
- Blume und Bukett leicht ausgeprägt

Wehlener Sonnenuhr, Riesling, Mosel
Chablis, Burgund

Weißwein
- leicht bis mittelschwer (halbtrocken)
- Blume und Bukett feinwürzig ausgeprägt

Rüdesheimer Rosengarten, Riesling, Rheingau
Würzburger Stein, Silvaner, Kabinett, Franken

Weißwein (im Ausnahmefall oder auf Wunsch des Gastes Rotwein)
- mittelschwer und harmonisch bezüglich Säure und Restsüße (halbtrocken)
- Blume und Bukett leicht ausgeprägt (mundig) und Bukett feinwürzig

Graacher Himmelreich, Riesling, Spätlese, Mosel
Winkeler Jesuitengarten, Riesling, Spätlese, Rheingau

Rotwein (im Ausnahmefall oder auf Wunsch des Gastes Weißwein)
- schwer (trocken bis halbtrocken)
- Blume, Bukett voll und stark ausgeprägt (vollmundig)

Montagne Saint-Émilion, Bordeaux
Assmannshäuser Höllenberg, Spätburgunder, Spätlese, Rheingau

Regeln zur Aufeinanderfolge der Getränke

Diese Überlegungen gelten nicht für die Getränke vor (Aperitifs) bzw. nach dem Essen (Digestifs). Nur die Getränke während des Essens stehen in so enger Beziehung zueinander, dass bezüglich der Aufeinanderfolge eine wichtige Regel zu beachten ist:

Die geschmackliche Fülle der Getränke muss stufenweise zunehmen.

Nach einem geschmacklich ausdrucksstarken käme ein geschmacklich leichtes Getränk nicht mehr zur Geltung. Im Einzelnen bedeutet das:

- **leichte Weine vor schweren,**
- **junge Weine vor alten Weinen, die aufgrund ihrer Reife vollmundiger sind,**
- **trockene Weine vor halbtrockenen, die aufgrund der Restsüße schwerer und voller wirken,**
- **weiße Weine vor roten, die von Natur aus voller und geschmacksintensiver sind,**
- **Wein vor Schaumwein, der durch den Gehalt an Kohlensäure ausdrucksstärker ist.**

Bei der Auswahl der korrespondierenden Getränke ist vom Hauptgang auszugehen. Er bildet den Höhepunkt der geschmacklichen Fülle. Beachten Sie aber den Unterschied bei folgenden Hauptgängen:

- Hähnchenbrüstchen mit Curryrahmsauce (leichtes Hauptgericht)
- Rehrücken mit Wacholderrahmsauce (schweres Hauptgericht)

Die Weine zu den übrigen Gängen sind auf den Wein zum Hauptgang abzustimmen.

Im Gegensatz zum trockenen Sekt als Aperitif sollte der Sekt zum Dessert halbtrocken sein, damit der Geschmacksunterschied zur Süßspeise nicht zu gravierend ist.

Siehe auch Bildbeispiel auf S. 424.

Getränke nach dem Essen

Kaffee

Kaffee dient hauptsächlich zur Überwindung der leichten Ermüdung nach dem Essen. Es gibt folgende Angebotsformen (s. S. 265):

- Kaffee oder Mokka, auch in Verbindung mit Weinbrand oder geeigneten Likören
- Espresso und Cappuccino
- Rüdesheimer Kaffee oder Irish Coffee

Digestifs

Digestifs sollen die Mahlzeit harmonisch ausklingen lassen und vor allem verdauungsfördernd wirken. Das Wort ist hergeleitet von:

digestif = verdauungsfördernd

Als Digestif eignen sich:

- **Hochwertige Brände und Geiste**
  - Weinbrand, Cognac, Armagnac
  - Kirschwasser, Himbeergeist, Williamsbirnenbrand, Calvados
- **Hochwertige Liköre**
  - Grand Marnier, Chartreuse
  - Cointreau und Bénédictine
  - in Verbindung mit anderen Zutaten auch als After-Dinner-Cocktails

1.4 Menüangebot, Menükarte

Im Vergleich zum Angebot der Speisen in einer umfangreichen Speisekarte kommt dem Menüangebot heute eine besondere Bedeutung zu.

Arten des Menüangebots

Es gibt sie in Form von Tagesangeboten, Festtagsangeboten und Angeboten für besondere Anlässe.

Tagesmenüs

Viele Menschen, insbesondere auch solche, die im Arbeitsprozess stehen, nehmen ihr Essen heute außerhalb des Hauses ein. Um diesem täglichen Bedürfnis zu genügen, hält der gastgewerbliche Betrieb ein Angebot bereit, das den bescheideneren täglichen Verzehrgewohnheiten angemessen ist und im Allgemeinen folgende Merkmale aufweist:

- 3 Menüs mit abgestuften Preisen,
- in der Regel mit 3 Gängen.

Festtagsmenüs

Solche Menüs – z. B. zu Ostern, Pfingsten, Weihnachten und Silvester – sind auf die besondere festtägliche Stimmung sowie auf die damit verbundenen erhöhten Ansprüche der Gäste ausgerichtet:

- in der Regel mehrere Menüs mit abgestuften Preisen,
- mit 3 oder auch mehr Gängen,
- in einer Präsentation, die für einen Festtag angemessen ist.

Beispiel eines Menüs mit Weinempfehlung und dem zugehörenden Gedeck

Weinempfehlung

2009 Lorentz Cuvée Spéciale
Gewürztraminer
Elsass A.O.C.

2007 Coteaux du Giennois Blanc
Terre de Fumé
Domaine Henri Bourgois, Loire

2006 Beilsteiner Wartberg Cabernet
Cuvée trocken
Weingut Sankt Annagarten Gutsabfüllung
Württemberger Qualitäts-Rotwein

Crémant d'Alsace Dopff
Princes Eveques

Menü

① Gänseleber in Briochemantel
mit Apfelsalat
und Würfeln von Sherryweingelee

② Gekochter Hummer im Gemüsesud

③ Rinderfilet auf einer Trüffelrahmsauce
mit Fingerkarotten, Zuckerschoten
Mus von Petersilienwurzeln
und gebratenen Kartoffelspänen

④ Frische Feigen auf Curaçaosauce
mit Orangenfilets

Menüs für besondere Anlässe

Für Familienfeiern wie Geburtstag, Kommunion, Konfirmation, Hochzeit sowie zu besonderen Veranstaltungen wie Vereinsfeste, Betriebsjubiläen, Staatsempfänge hat der Gastgeber oftmals spezielle Wünsche. In der Regel hält der Gastronomiebetrieb hierfür spezielle Menüvorschläge bereit, bei denen die küchentechnischen Aspekte, die zur Verfügung stehenden Mitarbeiter sowie saisonale Rohstoffangebote berücksichtigt sind. Darüber hinaus ist es aber auch üblich, in einem Beratungsgespräch mit dem Auftraggeber besondere Wünsche zu klären und mit ihm ein ganz individuell gestaltetes Menü zusammenzustellen.

Bedeutung von Menüangeboten

Menüangebote/Menüvorschläge sind im Vergleich zu dem Angebot einer großen Speisekarte sowohl für die Küche als auch für den Gast mit besonderen Vorteilen verbunden.

Vorteile aus der Sicht der Küche

Das Essen à la carte bringt die Küche nicht selten in eine schwierige Arbeitssituation. Sie muss abwarten, welche Speisen die Gäste bei ihrem Eintreffen aus der Karte auswählen. In vielen Fällen geht dann gleichzeitig eine größere Anzahl von Bestellungen meist unterschiedlicher Gerichte ein.

Dadurch gerät die Küchenbrigade unter starken zeitlichen Druck. Das Menüangebot bringt diesbezüglich Entlastung:

- Bestimmte Vor- und Zubereitungen können bereits vor Beginn der Essenszeit ausgeführt werden,
- der zeitliche Spielraum ermöglicht eine gezielte Arbeits- und Personaleinteilung.

Das Menüangebot eröffnet darüber hinaus Möglichkeiten eigener Initiative:

- gezielte Auswahl gerade vorhandener, insbesondere saisonbedingter Rohstoffe,
- abwechslungsreiche Gestaltung des täglichen Speisenangebotes,
- Zuordnung gleicher Speisen in abgewandelten Speisenkombinationen, z. B. Vorspeisen, Suppen und Nachspeisen.

Vorteile aus der Sicht des Gastes

Bei häufigem Restaurantbesuch, insbesondere wenn es sich um tägliche Mahlzeiten handelt, bleibt ihm die Mühe erspart, sich selbst ein Menü zusammenzustellen. Weitere Vorteile sind:

- Ein Menü ist stets preisgünstiger als eine Kombination gleicher Speisen aus der Speisekarte.
- Die Speisen des Menüangebotes sind bei der Bestellung meistens sofort servierbereit, sodass kaum Wartezeiten entstehen.

Präsentation des Menüangebots

Tagesangebote

Diese werden in der Regel mit der Speisekarte kombiniert.

Tageskarte

Menü 1	Menü 2
Blumenkohlrahmsuppe	*Kleiner Salatteller*
Schweinebraten mit Semmelknödeln	*Zwiebelrostbraten mit Kartoffelpüree*
Fruchtsalat	*Karamellcreme*

Kalte Vorspeisen
Scampicocktail mit Toast und Butter
Roher Schinken mit Ogenmelone
Geräuchertes Forellenfilet

Suppen
Klare Ochsenschwanzsuppe
Kraftbrühe mit Eierstich
Blumenkohlrahmsuppe

Hauptspeisen
Gekochter Tafelspitz mit Bouillonkartoffeln
Schweinekotelett in Robertsauce
Lammfilet in Thymianjus
Annakartoffeln

Nachspeisen
Aprikosenstrudel mit Vanilleeis
Palatschinken, mit Sauerkirschen gefüllt
Marzipancreme mit Rhabarber

Festtagsangebote

Den besonderen Anlässen entsprechend werden die Menüs in Karten mit festlicher Aufmachung präsentiert.

Gestalten von Menükarten

Der Schriftsatz ist bei Menükarten im Allgemeinen auf die Zeilenmitte zentriert, er kann aber auch links- bzw. rechtsbündig angeordnet sein. Für das Aufzählen der Bestandteile eines Ganges mit Beilagen gibt es eine **bestimmte Reihenfolge:**

Die Folge wird ergänzt, wenn Salat oder eine kalte Beilage gereicht wird. Diese Speisen stehen immer am Ende der Aufzählung. Für die **Anordnung der Getränke** ist zu beachten:

- Bei gefalteten Karten stehen die Getränke auf der linken Seite in Höhe des Ganges, dem sie zugeordnet sind. Kaffee oder Mokka erscheinen immer auf der rechten Seite im Anschluss an die Speisenfolge.
- Bei ungefalteten Karten stehen die Getränke jeweils nach dem Gang, zu dem sie gereicht werden.

Kombination eines Menüangebotes mit der großen Speisekarte

Kalte Vorspeisen

Scampicocktail mit Toast und Butter

Roher Schinken mit Ogenmelone

Geräuchertes Forellenfilet

Suppen

Klare Ochsenschwanzsuppe

Kraftbrühe mit Eierstich

Blumenkohlrahmsuppe

Zwischengerichte

Kalbsbries in Kräutereihülle

Feines Geflügelragout mit Wildreis

Tintenfisch-Risotto

Fischgerichte

Gebratene Scholle mit Zitronenbutter

Steinbutt in Rieslingsauce

Seeteufel im Wirsingmantel

Menü 1

Linseneintopf
mit Räucherspeck

Apfelstrudel

Menü 2

Blumenkohlrahmsuppe

Schweinebraten
mit Semmelknödeln

Fruchtsalat

Menü 3

Kleiner Salatteller

Zwiebelrostbraten
mit Kartoffelpüree

Karamellcreme

Hauptspeisen

Gekochter Tafelspitz mit Bouillonkartoffeln

Ochsenschwanzragout in Madeirasauce

Glasierte Kalbshaxe mit Röstkartoffeln

Geschnetzeltes vom Kalb mit Rösti

Schweinemedaillons mit Morcheln

Schweinekotelett in Robertsauce

Irish Stew (Irischer Lammeintopf)

Lammfilet in Thymianjus, Annakartoffeln

Käse

Kleine, gemischte Käseauswahl

Weißkäsemus mit Apfelspalten

Gebackener Camembert
mit Preiselbeerkompott

Nachspeisen

Aprikosenstrudel mit Vanilleeis

Palatschinken mit Sauerkirschen gefüllt

Marzipancreme mit Rhabarber

Aufgaben

1 Erklären Sie die Bezeichnung Menü.

2 Beschreiben Sie den Aufbau eines modernen Menüs.

3 Nennen Sie je 5 Rohstoffe, die in den verschiedenen Jahreszeiten bevorzugt werden sollten.

4 Worauf ist bei der Zusammenstellung von Menüs im Hinblick auf die ernährungsphysiologische Vollwertigkeit zu achten?

5 Nennen Sie Beispiele, weshalb bei der Erstellung von Menüs betriebliche Voraussetzungen in Bezug auf die Küche und den Service beachtet werden müssen.

6 Rohstoffe dürfen sich bei Einhaltung bestimmter Bedingungen wiederholen. Nennen Sie Beispiele.

7 Welche Rohstoffe dürfen sich nach der strengen Menülehre **nicht** wiederholen? Nennen Sie Beispiele.

8 Wie heißen die beiden Regeln für die unmittelbare Aufeinanderfolge von Speisen?

9 Beschreiben und begründen Sie die richtige Reihenfolge für das Zusammenstellen von Menüs.

10 Stellen Sie – von folgenden Hauptgängen ausgehend – Menüs mit 4 Gängen zusammen:
- Heilbuttschnitte vom Grill mit Kräuterbutter
- Masthuhnbrust mit Currysauce
- Lammnüsschen mit Thymianjus
- Rehrückenfilet mit Portweinsauce

11 Wie nennt man Getränke, die vor dem Essen gereicht werden? Welchen Zweck erfüllen sie?

12 Nennen und beschreiben Sie Cocktails und Longdrinks, die sich als Aperitifs eignen.

13 Welche grundlegende Funktion erfüllen die korrespondierenden Getränke beim Essen?

14 Nennen Sie grundlegende Regeln für die Aufeinanderfolge der Getränke in der Speisenfolge.

15 Ihre Gäste haben sich für *„Steinbutt und Hummer mit Champagnersauce“* als Hauptgang entschieden.

Im Rahmen der Gästeberatung empfehlen Sie Ihren Gästen:
a) zusätzlich eine kalte Vorspeise, eine Suppe und ein Dessert sowie
b) passende Getränke zum Menü.

Üben Sie im Rahmen der Gästeberatung mit folgenden Hauptgängen in gleicher Art:

„Hirschrückenroulade mit Calvados-Sauce“ und *„Tournedos mit Béarner Sauce“*

16 Erstellen Sie aus den unten abgebildeten Gerichten ein genau umschriebenes, druckreifes und appetitmachendes Menü mit Getränken für einen Menüvorschlag.

Grundlagen der Gerichte:
- Suppe: geräucherte Forelle
- Fleisch: Hirschrücken und Wirsing
- Dessert: Apfel und Holunder

Menü – Speisekarte

17 Überprüfen Sie folgende Menüs auf Regelwidrigkeiten und notieren Sie die festgestellten Mängel. (Die Lösungen zu dieser Aufgabe finden Sie auf der CD zum Buch)

Menü ①

Wildpastete mit Waldorfsalat
❁
Selleriecremesuppe
❁
Kalbsmedaillons mit
Béarner Sauce
Dauphinekartoffeln
Mischgemüse
❁
Aprikosen
mit Weinschaumsauce

Menü ②

Räucherlachs mit
Sahnemeerrettich
❁
Gebundene Ochsenschwanzsuppe
❁
Gebackene Champignons
mit Remouladensauce
❁
Filetsteak mit Béarner Sauce
Grilltomate, Nusskartoffeln
❁
Orangencreme

Menü ③

Gänseleberparfait
❁
Pochierte Eier mit
holländischer Sauce
❁
Kraftbrühe Royale
❁
Kalbssteak mit Geflügelleber
Rosenkohl, Herzoginkartoffeln
❁
Haselnusshalbgefrorenes

Menü ④

Cremesuppe Dubarry
❁
Avocado mit Crevettensalat
❁
Kalbsrahmschnitzel
Karotten, Blumenkohl
Erbsen, Spätzle
❁
Pfirsich Melba

Menü ⑤

Gefüllte Tomaten
❁
Kraftbrühe Célestine
❁
Entrecôte Tiroler Art
Streichholzkartoffeln, Salatteller
❁
Dessertpfannkuchen

Menü ⑥

Gebackene Scampi,
Remouladensauce
❁
Geflügelcremesuppe
❁
Tournedos mit Choronsauce
Überbackener Blumenkohl
Glasierte Karotten
Strohkartoffeln
❁
Pistazienhalbgefrorenes

2 Speisekarten
bill of fare, the menu — carte (w) des mets, menu (m)

Die Speisekarte enthält das übliche Speisenangebot eines Betriebes.

Während dem Gast in Menükarten jeweils eine festgelegte Folge bestimmter Speisen präsentiert wird, kann er sich aus dem umfangreichen Angebot der Speisekarte je nach Verzehrabsicht entweder eine einzelne Speise auswählen oder sich selbst eine Speisenfolge zusammenstellen. Er wählt bzw. speist dann **„à la carte"**.

Speisekarten sind die Visitenkarte des Hauses. Sie repräsentieren das Niveau der Küche. Unter diesem Gesichtspunkt sind sie ein ganz wichtiges Hilfsmittel der **Werbung** und **Verkaufsförderung**.

Bereits beim Lesen und Studieren soll sie den Gast in eine gehobene Stimmung versetzen und Verzehrwünsche wecken. Dabei ist jedoch andererseits zu bedenken, dass die Küche tatsächlich das bieten muss, was sie in der Karte verspricht.

2.1 Arten der Speisekarten

Man unterscheidet drei grundlegende Kartentypen: die Standardkarte, die Tageskarte und die Spezialkarte.

Standardkarte

Es handelt sich dabei um eine Zusammenstellung von Speisen, die als Standardangebot für einen längeren Zeitraum unverändert bleiben. Damit die Karte aber dem Charakter sowie dem Niveau des Hauses entspricht, sind wichtige Gesichtspunkte zu bedenken:

- Art des Speisenangebots,
- Umfang und Gliederung des Angebots,
- Aufmachung der Karte.

Art des Speisenangebots

Die angebotenen Speisen müssen bei den Gästen Zustimmung finden, denn nur so kann der angestrebte Umsatz erzielt werden.

Aus diesem Grunde ist zu klären:

- Welcher Gästekreis soll bevorzugt angesprochen werden?
- Welche Speisen versprechen dabei eine besondere Werbewirksamkeit?
- Sind die personellen und technischen Voraussetzungen so, dass die Speisen auch sachgerecht in einer vertretbaren Zeit zubereitet und serviert werden können?

Unter solchen Gesichtspunkten ist es auch wichtig, das Angebot in regelmäßigen Abständen kritisch zu überprüfen und gegebenenfalls neu zusammenzustellen. Dabei sind die von den Gästen weniger akzeptierten Speisen herauszunehmen und neue, erfolgversprechendere anzubieten.

Außerdem müssen in solche Überlegungen die möglichen Veränderungen des Konsumverhaltens und der Verzehrgewohnheiten der Gäste mit einbezogen werden.

Umfang des Speisenangebots

Es soll maßvoll und ausgewogen sein.

Nicht zu groß, damit die Überschaubarkeit gewährleistet ist und dem Gast die Auswahl nicht unnötig erschwert wird. Die Küche wird auf diese Weise, besonders in Stoßzeiten, von Überforderungen verschont.

Außerdem wird vermieden, dass ungenutzte Rohstoffvorräte die Wirtschaftlichkeit des Betriebes gefährden.

Nicht zu klein, damit der Gast in seinen Verzehrabsichten nicht zu sehr eingeschränkt ist. Das Angebot muss in jedem Falle allgemein üblichen Verzehrgewohnheiten gerecht werden.

Nicht zuletzt ist darauf zu achten, dass Vorspeisen, Suppen, Hauptspeisen und Nachspeisen in ihrer Menge ausgeglichen und in ihrer Art aufeinander abgestimmt sind.

Gliederung des Speisenangebots

Die Speisekarte wird nach Speisengruppen gegliedert, um dem Gast die Möglichkeit zu geben, sich selbst daraus ein Menü zusammenzustellen.

Vorspeisen
Suppen
Zwischengerichte
Eierspeisen und Teigwaren
Fische und Krebstiere
Schlachtfleisch
Geflügel und Wild
Vegetarische Gerichte
Beilagen
Käse
Süßspeisen

(siehe auch Speisekartenbeispiel ab S. 431)

Menü – Speisekarte

Speisekarten-Beispiel

Speisekarten sollen beim Gast bereits beim Lesen eine positive Grundstimmung auslösen und den Wunsch zur Bestellung wecken. Jede angebotene Speise weckt beim Gast gewisse Vorstellungen und Erwartungen. Speisekarten-Aussagen müssen deshalb immer sehr klar und verständlich formuliert sein und der Wahrheit entsprechen. **Nachfolgend ist eine Musterspeisekarte mit kartengerechten Aussagen aufgeführt.**
Weitere kartengerechte Beispiele können Sie auf beiliegender CD einsehen.

Viele Betriebe verzichten auf eine Rubrik des sogenannten Seniorenangebots. Sinnvoller erscheint die Möglichkeit, fast alle angebotenen Speisen als halbe Portion zu einem reduzierten Preis anzubieten.

Aufmachung der Speisekarte

Die Speisekarte muss optisch ansprechen und den Charakter des Hauses hervorheben.

Etwas stärkeres Papier oder feiner Karton wirken edel. Ein werbewirksamer sowie strapazierfähiger und abwischbarer Umschlag ist empfehlenswert. Außerdem sind von Bedeutung:

- eine übersichtliche und klare Gliederung,
- ein gutes und angenehm lesbares Schriftbild,
- eine ausgewogene und ansprechende Raum- und Textaufteilung.

Durch besondere Gestaltungselemente wie Mehrfarbendrucke, Umrandungen und Wappen sowie durch gastronomische Motive kann die Originalität der Karte noch gesteigert werden.

© Stockfood/M. Gestrich

Tageskarten

Das Angebot von Tageskarten wird täglich neu zusammengestellt. Es handelt sich dabei um eine sinnvolle und zweckmäßige Ergänzung zur Standardkarte, die sowohl für die Küche als auch für den Gast Vorteile mit sich bringt.

Aus der Sicht der Küche:

- Sie kann auf besondere Angebote des Marktes rasch reagieren, weil die Rohstoffe im Rahmen der wechselnden Tagesangebote gezielt verarbeitet und umgesetzt werden können.
- Gerichte, für die eine längere Zubereitungsdauer erforderlich ist, können aus küchentechnischen Gründen überhaupt nur als Tagesgerichte hergestellt werden, z. B. Braten und Schmorfleischgerichte sowie gekochte Rinderbrust.

Aus der Sicht des Gastes:

- Das Speisenangebot der Tageskarte bietet ihm ergänzend zur Standardkarte mehr Abwechslung.
- Tagesangebote sind häufig besondere regionale oder saisonale Spezialitäten und oftmals preisgünstig.
- Die Speisen sind zu Beginn der Essenszeit servierbereit, sodass sich für den Gast keine langen Wartezeiten ergeben.

Spezialkarten

Spezialkarten enthalten ein zeitlich begrenztes und gezieltes Speisenangebot aus Rohstoffen der jeweiligen Saison, z. B.:

- Spargel, Erdbeeren
- Muscheln, Austern und Krebstiere
- Wildbret

Spezialkarten sind eine sinnvolle Ergänzung sowohl der großen Karte als auch der Tageskarten:

- Einerseits erwartet der anspruchsvolle Gast ein der Saison entsprechendes Speisenangebot und ist deshalb auch bereit, für besondere Spezialitäten einen höheren Preis zu zahlen,
- andererseits bietet sich hier für die Küche die Möglichkeit der Umsatzsteigerung an, da sie in Spezialkarten mit der Preisgestaltung flexibler sein kann als in Standardkarten.

Unter den gleichen Gesichtspunkten werden Spezialkarten auch im Zusammenhang mit ganz gezielten verkaufsfördernden Maßnahmen eingesetzt, z. B.:

- „Das besondere Angebot der Woche“,
- „Meeresfrüchte in erlesenen Zubereitungen“,
- „Gerichte aus alten Kochbüchern“,
- „Unser Küchenmeister präsentiert ausgewählte Fischspezialitäten der internationalen Küche“.

Vorspeisen

TOMATE GEFÜLLT
mit marinierten Champignons
Baguette mit heißer Knoblauch-Kräuterbutter

DREI FRISCHE AUSTERN
auf Eis mit Würzsaucen, Vollkornbrot

COCKTAIL VON FRISCHEM STANGENSPARGEL
mit Orangenmayonnaise und Röstbrot

SCAMPICOCKTAIL
in halber Avocado, Toast und Butter

RAUCHAALTERRINE
mit Trepanggelee auf Kräuterschaum
Walnussbrot

SALAT VON GEFLÜGEL
auf Toast

Vorspeisen

HAUSGEBEIZTER GRAVED LACHS
mit Dill-Senfsauce
und Buchweizenplätzchen

SEETEUFEL
auf Estragonsauce mit Spargel
und Vollkorntoast

MATJESHERING-FILETS
in süßsaurem Rahm
mit Zwiebeln, Äpfeln und Gurke
neue Kartoffeln

KREBSSCHWÄNZE
in Chablisgelee
mit marinierten Austernpilzen, Brioche

PARMASCHINKEN
mit Ogenmelone, Melbatoast

NIZZAER SALAT
mit geröstetem Weißbrot

Suppen

LEGIERTE FISCHSUPPE
mit Krebsschwänzen und Kürbiskugeln

SUPPE VON JAKOBSMUSCHELN
mit Ingwerklößchen

TOMATENSUPPE
mit Graupen, Mozzarella und Basilikum

DOPPELTE RINDERKRAFTBRÜHE
mit Kräuter-Leber-Strudel

LEGIERTES SCHNECKENSÜPPCHEN
mit Safranfäden

WACHTELKRAFTBRÜHE
mit Gemüsestreifen
und pochiertem Wachtelei

HUMMERSUPPE
mit Hechtklößchen

KARTOFFELSUPPE
mit Nordsee-Krabben

Zwischengerichte

BLÄTTERTEIGPASTETCHEN ST. HUBERTUS
mit feinem Wildragout gefüllt

SPINATRAVIOLI
mit Streifen von sautiertem Räucherlachs

JAKOBSMUSCHELN
in Sauerampfersauce
mit Flan von gelben Rübchen

BROKKOLI-WALNUSS-SOUFFLÉ
mit sämiger Sauce aus Apfel
und Meerrettich

Gebratene, in Portwein
MARINIERTE KALBSLEBERSTÜCKE
auf Lauch-Karottenstreifen

KROKETTEN VON HÄHNCHEN UND WALDPILZEN
mit Choronsauce

Eierspeisen & Teigwaren

KÄSEOMELETT
mit Rucola-Salat und Wuzelbrot

POCHIERTE EIER
auf Blattspinat mit holländischer Sauce

KRÄUTERRÜHREI
mit Schinkenstreifen
und Kartoffelplätzchen

GESCHUPFTE STEINPILZNUDELN
mit rohem Schinken
in Rotweinschaumsauce

WEIZEN-VOLLKORN-NUDELN
mit Zucchini- und Tomatenwürfeln

KRÄUTERNUDELN
mit Flusskrebsen in Champagner

CANNELLONI
in Basilikumrahmsauce
mit Tomatenfilets und Reibkäse

Fische & Krebstiere

ROTZUNGENRÖLLCHEN
in Noilly-Prat-Sauce
mit kleinen Kartoffelpfannkuchen

LACHSSOUFFLÉ
in Champagnersauce
mit Kaiserschoten
und hausgemachten Nudeln

SEETEUFELMEDAILLONS
vom Grill mit Kirschtomaten, Bohnen
und Pilzravioli

POCHIERTE AUSTERN
mit Lauch und Trüffeln

GRATINIERTE SANKT-JAKOBS-MUSCHELN
auf Mangoldgemüse

RIESENGARNELEN
in Sauerampfersauce mit Tomatenreis

Fische & Krebstiere

HUMMER-MAULTASCHEN
auf einem Püree von Brunnenkresse

AMERIKANISCHE WEICHSCHALENKRABBE
vom Grill auf getoasteten Sesambrötchen

Lamm

LAMMKARREE
im Blätterteig mit Fleischtomaten
und wildem Reis

LAMMRÜCKENFILETS
in der Brotkruste mit Steckrübchen
und Champignonkartoffeln

LAMMRAGOUT
mit tournierten Gartengemüsen

Kalb

KALBSLEBER, GEBRATEN
mit Apfelringen, Röstzwiebeln
und Kartoffelpüree

KALBSGESCHNETZELTES
in Rahm
mit Erbsen, Kirschtomaten und Pilzrösti

KALBSSTEAK
mit Zwiebelmus überbacken
mit geschmortem Kopfsalat
Spargel, Karotten

KALBSFILET-RÖLLCHEN
gefüllt mit Zunge und Erbsenmus
mit Kräuter-Wein-Sauce
Kartoffelpüree

GLASIERTE KALBSHAXE
mit Röstkartoffeln
und buntem Salatteller

Rind

OCHSENSCHWANZRAGOUT
in Madeirasauce
mit tournierten Gemüsen
und Markklößchen

GESCHMORTE RINDERBRUST
mit Lauchscheiben und Kartoffelnocken

BURGUNDERBRATEN
mit Mangoldgemüse, glasierten Karotten
und Kartoffelplätzchen

KLEINE RINDERFILETSCHEIBEN
mit grünem Spargel
Mus von Petersilienwurzeln
und Kräuterflädle

ROASTBEEF
mit Yorkshire-Pudding
und Gemüse-Mosaik

Schwein

GEPÖKELTE SCHWEINESCHULTER
in Bierjus
mit glasierten Petersilienwurzeln, Karotten
und Kräuter-Kartoffel-Nudeln

SCHWEINERÜCKENFILET
gebraten, mit Morcheln auf Calvadossauce
und Estragon-Nudeln

MEDAILLONS VOM SCHWEINEFILET
auf einem Spiegel von Roquefortsauce
mit feinen Gemüseperlen
und Bamberger Hörnchen umlegt

SCHWEINEFILET IM STRUDELTEIG
mit Camembertsauce
glasierten Schalotten
und Kirschtomaten

Geflügel

POÊLIERTE BRÜSTCHEN VOM STUBENKÜKEN
auf sautiertem Gemüseallerlei

HÜHNERKEULCHEN
mit Kräuterbrotfüllung, umlegt mit
Austernpilzen und grünen Böhnchen

ENTENBRUST
mit Rosinenauflauf auf Rotweinsauce
Kaiserschoten

BRUST VOM MAISHÄHNCHEN
mit frischer Gänseleber und Trüffeln gefüllt
mit Streifen von Lauch, Karotten und
Nudeln umlegt

GLASIERTE PERLHUHNBRUST
mit Sauerkirschen, Rosenkohl
und Schlosskartoffeln

Wild & Wildgeflügel

WILDKANINCHENKEULE
mit leichter Jus auf einem Gemüsebett
aus Karotten, Wirsing, Sellerie und
Morcheln, mit Sesamplätzchen

REHRÜCKEN
in Weinsauce mit glacierten Trauben
und Steinpilzauflauf mit Preiselbeeren

HIRSCHMEDAILLONS
in Wacholder-Gin-Sahne
mit frischen Marktgemüsen
Bernykartoffeln und Preiselbeerbirne

REBHUHN
mit Ingwersauce
und wildem Reis

WILDENTENBRUST
mit Cassissauce
Brokkoliröschen
und Schlosskartoffeln

Beilagen & Vegetarische Gerichte

MANGOLDROULADE
mit Mornaysauce überbacken

GEFÜLLTE WIRSINGBÄLLCHEN
auf Petersilienwurzel-Mus

MAISFLAN
in Sauerampfersauce

WEISSER UND GRÜNER SPARGEL
in Kräutercrêpes mit holländischer Sauce

GEBRATENE STEINPILZSCHEIBEN
mit Semmelnocken

SPINATPUDDING
in einem Kranz von Speckrührei

PÜREES VON BRENNNESSEL ROTE BETE, KAROTTEN UND PETERSILIENWURZEL
mit Strohkartoffeln

Salate

TOMATENSALAT
mit Artischockenherzen und Champignons

KLEINER BUNTER LINSENSALAT
mit Kresse

ZUCCHINI-TRÜFFEL-SALAT

GRAPEFRUITSALAT

mit Gerstensprossen
und gerösteten Pinienkernen

FELDSALAT
mit Kartoffeldressing

ROHKOSTCOCKTAIL

ERBSENSCHOTENSALAT
mit Orangenfilets

Käse

ZIEGENKÄSE
mit getrockneten Sauerkirschen
und Portulak

KLEINE KÄSEQUICHE
mit Feldsalat und Radieschen

GEBACKENER CAMEMBERT
mit Preiselbeeren und Kartoffelsalat

MARINIERTER SCHAFSKÄSE
mit Oliven

KÄSESOUFFLEE
mit zwei Paprikasaucen

BUNTER KÄSETELLER
mit Walnüssen
und weißen und blauen Taruben

Süßspeisen

HASELNUSS-CRÊPES
mit Trauben und Grappa-Sabayon

SCHOKOLADEN-INGWER-PUDDING
mit Karamellbirne, Preiselbeeren und Walnuss-Sahne

LIMONENPARFAIT
mit kleiner Brombeertorte und Joghurtsauce

MANDELTÖRTCHEN
mit Rhabarber, Erdbeeren
und grünem Pfeffer-Eis auf Orangensauce

WEIßKÄSE-MOUSSE
mit Apfelspalten und Holunderbeersauce

WALDERDBEEREN-GRATIN
mit Orangenbutter

PALATSCHINKEN
mit Krokantsahne gefüllt

2.2 Erstellen der Speisekarten

Die „Gastronomische Akademie Deutschlands“, kurz GAD genannt, schreibt: „Speisekarten sind in erster Linie für den Gast geschrieben, dem sie auch verständlich sein müssen.“ Die einzelnen Richtlinien des Kommentars sind in den folgenden Ausführungen an jeweils entsprechender Stelle wiedergegeben und erläutert.

Informationsgehalt der Speisekarte

Jede angebotene Speise weckt beim Gast bestimmte Vorstellungen und Erwartungen. Die Aussagen der Karte müssen deshalb klar und wahr sein. Das gilt insbesondere auch für die Bezeichnung „nach Art des Hauses“, die als eine nichtssagende Allerweltsformel anzusehen ist, wenn die Art der Speise nicht näher erklärt wird. Die folgenden Ausführungen geben detaillierte Richtlinien und Anweisungen.

Wahrheit

Die Angaben auf der Speisekarte müssen der **Wahrheit** entsprechen:

- Mastkalbsrücken muss aus Fleisch von einem gemästeten Kalb sein.
- Bei der Bezeichnung „Frischer Lachs“ oder „Frische Hähnchen“ darf es sich nicht um gefrostete Ware handeln.
- Norwegischer Hummer, Bornholmer Lachs oder Bresse-Enten müssen aus der entsprechenden Region kommen.

Verstöße sind nach dem Gesetz *Warenunterschiebungen.*

Klassische Bezeichnungen dürfen nur verwendet werden, wenn sie nach dem Originalrezept hergestellt sind:

- Tournedos Rossini müssen Gänseleber, Trüffelscheiben und Madeirasauce enthalten. Trüffel dürfen nicht durch Champignons ersetzt werden.
- Seezunge Colbert muss mit Colbertbutter serviert werden. Die Butter darf nicht durch Béarner Sauce ersetzt werden.
- Bernykartoffeln müssen Trüffelstückchen enthalten und mit Mandeln paniert sein.

Abweichungen vom Original können dazu führen, dass man die Glaubwürdigkeit der Küche ganz allgemein in Frage stellt und es zu berechtigten Beanstandungen kommt. Beides ist nicht dazu angetan, den guten Ruf eines Hauses zu fördern.

Sprachliche Entgleisungen

Sprachliche Entgleisungen wie Mastpoularde, Edellachs und ähnliche sollte man nicht gebrauchen:

- Poularde bedeutet bereits gemästetes Huhn.
- Lachs ist die Bezeichnung für einen Edelfisch.

Die erwähnten Bezeichnungen sind in allen Fällen sinnwidrige Verdoppelungen.

Fantasienamen

Nichtssagende Fantasienamen sind zu vermeiden:

- Ein wenig Curry ist noch keine Speise nach indischer Art,
- ein Stück Ananas oder ein paar Kirschen berechtigen nicht zur Bezeichnung Hawaii oder Florida.

Bei solchen Übertreibungen, die lediglich etwas Großartiges, Besonderes vortäuschen, muss sich der Gast berechtigterweise genarrt fühlen. Für einfache alltägliche Gerichte braucht man keine Namen der „grande cuisine“.

Klassische Namen

Gerichte mit klassischen Namen oder ergänzenden Bezeichnungen, die nicht allgemein bekannt sind, sollte man auf der Karte stets mit einer kurzen Erklärung versehen:

Es ist nicht gut, wenn der Gast in solchen Fällen fragen muss oder erst gar nicht bestellt. Aus diesem Grunde ist es heute in zunehmendem Maße üblich, anstelle der klassischen Garniturbezeichnung die Speise einfach zu beschreiben. Die Küche kann so in der Abwandlung von Zubereitungen ihre eigene Kreativität zum Ausdruck bringen, z. B.:

- **Klassisch**
  Seezungenfilets Lady Egmont
- **Modern**
  In Weißwein pochierte Seezungenfilets mit Champignonscheiben, leichter Rahmsauce und Spargelspitzen

- **Klassisch**
  Lendenschnitte Duroc
- **Modern**
  Gebratene Lendenschnitten garniert mit geschmolzenen Tomaten, Jägersauce und Nusskartoffeln

Sprache der Speisekarte

Viele Speisenbezeichnungen kommen aus einer Fremdsprache. Die Übernahme in deutschsprachige Karten bereitet Schwierigkeiten, ist umstritten, und nicht selten werden deshalb fremdsprachige Namen und Benennungen falsch, oberflächlich und unkritisch verwendet. Die GAD bietet aus diesem Grunde Orientierungshilfen an.

Fremdsprachige Bezeichnungen

Sie sollten nur dann benutzt werden, wenn es sich um unübersetzbare Originalbezeichnungen handelt oder wenn sie im internationalen Sprachgebrauch zu einem festen Bestandteil geworden sind, z. B.:

Rohstoffbezeichnungen
- Champignons
- Rumpsteak, Tournedos

Personennamen
- Rossini, Dubarry, Mirabeau
- Béchamel, Colbert, Wellington

Geographische Namen
- Orly, Argenteuil, Szegedin

Speisenbezeichnungen
- Pommes frites, pochierte Eier
- Irish Stew, Paëlla, Piccata
- Bouillabaisse, Coq au vin

Gemischtsprachige Bezeichnungen

Man verwendet sie in der Absicht, Niveau anzudeuten und Eindruck zu machen. Meistens bewirken sie das Gegenteil, weil die Bezeichnungen oft ganz einfach falsch sind oder ein unschönes Sprachgemisch darstellen.

richtig oder besser	falsch
• Klare Ochsenschwanzsuppe	• Oxtail clair (gleich zwei fremde Sprachen)
• Rinderfilet nach Gärtnerinart	• Rinderfilet jardinière
• Rahmchampignons	• Champignons à la crème
• Seezunge, in Weißwein gedünstet	• Seezunge au vin blanc
• Lammkotelett vom Rost	• Lammkotelett grillée
• Herzoginkartoffeln	• Duchessekartoffeln

Rechtschreibung auf der Speisekarte

Die Bedeutung der Speisekarte darf nicht unterschätzt werden. Aus diesem Grund sind die Regeln der Rechtschreibung einzuhalten.

Man sollte die Karte, bevor sie in Druck geht, von einer geeigneten Person auf grammatikalische Richtigkeit hin überprüfen lassen.

Rechtschreibfehler

Obwohl sie oft Flüchtigkeitsfehler sind, sollte man sie dennoch möglichst vermeiden, weil sie besonders unangenehm auffallen und sehr kritisch beurteilt werden.

richtig	falsch
• ... Kartoffel**n**	• Gekochter Schellfisch mit Kartoffel
• ... Pfifferlinge**n**	• Rehrücken mit Pfifferlinge
• ... Markklö**ß**chen	• Kraftbrühe mit Markklöschen

Wortbildungen mit geographischen Namen

In Verbindung mit bestimmten Zubereitungsarten sowie mit regionaltypischen Rohstoffen werden geographische Namen verwendet: eine Nation, eine Landschaft oder eine Stadt.

Ist eine Zubereitungsart von Orts- und Ländernamen abgeleitet, wird auseinander geschrieben.
- auf russische Art,
- nach norwegischer Art,
- auf provenzalische Art.

Besonderheit:
mit der Endung **-ische/ischer: klein**
- auf norwegische Art
- holländischer Käse
- italienischer Salat

mit der Endung **-er: groß**
- nach Norweger Art
- Holländer Käse
- Schweizer Wurstsalat
- Wiener Schnitzel
- Frankfurter Würstchen

richtige Schreibweise	falsche Schreibweise
• Rindfleisch nach flämischer Art	• Rindfleisch flämisch
• Kalbsleber nach Berliner Art	• Kalbsleber berliner Art

Wortbildungen mit Personennamen

Es ist zwischen Standespersonen und historisch bedeutenden Personen zu unterscheiden.

- Die Berufsbezeichnungen (z. B. Müllerin, Gärtnerin) stehen in enger Beziehung zu der standesüblichen Zubereitungsart. Der verwendete Zusatz **...art** wird deshalb unmittelbar an den Namen angehängt.
- Die Verwendung der Namen von historisch bedeutenden Personen erfolgt lediglich zu deren Ehrung. Aus diesem Grunde entfällt in diesen Fällen der Zusatz **Art** bzw. **nach Art.**

richtige Schreibweise	falsche Schreibweise
Forelle nach Müllerinart	Forelle Müllerin
Cremesuppe Dubarry	Cremesuppe à la Dubarry
Tournedos Rossini	Tournedos nach Rossini
Kalbsbraten nach Gärtnerinart	Kalbsbraten Gärtnerin Art
Pfirsich Melba	Pfirsich Melbaart

Zeichensetzung auf der Speisekarte

Die Kurzinformation der Karte verleitet immer wieder zu Fehlern. Sie beziehen sich auf den Bindestrich, auf Anführungszeichen und auf das Komma.

Komma

Das Komma dient zur Abgrenzung. Bei Speisen sind sie bei näheren Angaben über die Zubereitungs- oder Garmachungsart üblich, wobei jedoch zu beachten ist:

Wird die Garmachungsart der Speise vorangesetzt, wird kein Komma gesetzt:

- Gebratene Rehkeule
- Gedünstete Karotten
- Gekochte Rinderbrust
- Überbackener Fenchel

Wird die Zubereitungsart nachgesetzt, ist das Komma unbedingt erforderlich:

- Rinderbrust, gekocht
- Seezunge, gedünstet

Werden nach der Zubereitungsart gleichzeitig Beilagen angegeben, ist eine weitere Abgrenzung durch Kommas notwendig:

- Seezungenfilets, gedünstet, mit Spargel und Reis
- Ochsenbrust, gekocht, mit Bouillonkartoffeln

Aber: Gekochte Ochsenbrust mit Bouillonkartoffeln (die Garmachungsart ist vorangestellt!)

Bindestriche

Bindestriche werden nach den Rechtschreibregeln bei längeren, mindestens dreigliedrigen Wortverbindungen zur sinnvollen Abgrenzung angewendet, z. B. Fürst-Pückler-Créme.

richtige Schreibweise	falsche Schreibweise
Geflügelrahmsauce	Geflügel-Rahmsauce
Königinsuppe	Königin-Suppe
Müllerinart	nach Müllerin-Art
Berliner Art	nach Berliner-Art

Abb. 1 Fürst-Pückler-Créme

Anführungszeichen

Anführungszeichen dienen dazu, einzelne Wörter oder Satzteile besonders hervorzuheben. Die ergänzenden Aussagen zu Speisen, zu denen fälschlicherweise Anführungszeichen verwendet werden, sind aber in Wirklichkeit ganz selbstverständliche Bestandteile der Bezeichnung.

Anführungszeichen ergeben daher keinen Sinn.

richtige Schreibweise	falsche Schreibweise
Tournedos Rossini	Tournedos „Rossini“
Leber nach Berliner Art	Leber nach „Berliner Art“

Gesetzliche Vorschriften

Speisekarten und Getränkekarten bilden die rechtliche Grundlage für den Bewirtungsvertrag. Nach den Bestimmungen der Preisangabenverordnung müssen dem Gast Speisen und Getränke in schriftlicher Form angeboten werden.

Zu beachten sind **Vorschriften** über:

- die Art und Weise von **Speisebezeichnungen**,
- Hinweise auf **Zusatzstoffe** sowie
- die **Preisauszeichnung.**

Art und Weise des Angebots

Gaststättenbetriebe müssen neben dem Eingang einen Aushang anbringen, aus dem für den Gast die Tagesmenüs und Tagesgerichte sowie das Preis- und Qualitätsniveau zu ersehen sind.

In der Gaststätte sind Speisekarten auf den Tischen bereitzulegen, oder die Karte ist dem Gast bei der Aufnahme der Bestellung bzw. auf Verlangen bei der Abrechnung vorzulegen.

Andere Betriebsarten wie Selbstbedienungsgaststätten, Erfrischungshallen, Kioske, Stehbierhallen, Bierzelte und ähnliche Betriebe müssen eine Übersichtstafel anbringen, aus der die angebotenen Speisen zu ersehen sind. Auf gleiche Weise müssen dem Gast auch die Getränke angezeigt werden.

Vorschriften zur Preisauszeichnung

Zu allen angebotenen Speisen und Getränken sind die zugehörigen Preise anzugeben. Es handelt sich um **Inklusivpreise**, in denen das Bedienungsgeld, die Mehrwertsteuer sowie sonstige Zuschläge enthalten sein müssen.

Bei Getränken ist in Verbindung mit dem Preis die Getränkemenge anzugeben. Diese Vorschrift gilt nicht für Aufgussgetränke.

Hinweis auf Zusatzstoffe

Nach der Zusatzstoff-Zulassungsverordnung müssen Speisen, die kennzeichnungspflichtige Farb-, Aroma- und Konservierungsstoffe enthalten, auch auf der Speisekarte vorschriftsmäßig gekennzeichnet werden (siehe Lebensmittelkennzeichnung, S. 30).

Aufgaben

1 Erläutern Sie den Unterschied des Speisenangebotes in Menü- und Speisekarten.

2 Nennen und beschreiben Sie unter dem Gesichtspunkt der jeweiligen Zielrichtung unterschiedliche Arten von Speisekarten.

3 Welche besondere Bedeutung kommt beim Speisenangebot den Tages- und Spezialkarten zu?

4 Welche grundlegenden Überlegungen sind vor dem Zusammenstellen einer Standardkarte anzustellen?

5 Beschreiben und begründen Sie Richtlinien bezüglich der Aufmachung, des Umfangs und der Gliederung von Speisekarten.

6 Nennen Sie Speisen, die an besonderer Stelle der Karte hervorgehoben werden können.

7 Was versteht man bei der Speisenbezeichnung unter falschen bzw. unkorrekten Benennungen? Geben Sie Beispiele.

8 Welche Rechtschreibregeln gibt es für die Verwendung von geographischen Namen bei a) Landschaften, b) Städten?

9 Erstellen Sie eine Standardkarte, eine Tageskarte sowie eine Spezialkarte für Spargel.

Essen und Trinken sind lebensnotwendige Grundbedürfnisse der Menschen. Wer Hunger und Durst hat, dem erscheint das einfachste Mahl als überaus kostbar. So kommt der **Bewirtung** seit langer Zeit eine besondere Bedeutung zu. Im Laufe der Jahrhunderte entstand aus der reinen Nahrungsaufnahme eine durch viele Einflüsse geprägte Esskultur. Die wichtigste Aufgabe als **Gastgeber** ist es deshalb, alle Sinne der Gäste für Tisch-, Tafel- und Esskultur zu sensibilisieren.

© Stockfood/W. Schwager

Um einen reibungslosen Service zu gewährleisten, gibt es bestimmte Servierregeln (s. ab S. 230). Die Kenntnisse dieser Regeln schaffen den Restaurantfachkräften die Zeit, die sie benötigen, um sich intensiver mit der Gästeberatung, dem Verkauf und der Gästebetreuung befassen zu können.

Nach einer freundlichen Begrüßung und der Begleitung zum Tisch wird den Gästen die Speise- und Weinkarte präsentiert. Gleichzeitig besteht die Möglichkeit, auf besondere Tagesspezialitäten aufmerksam zu machen. Bevor man eine fachkompetente Beratung beginnt, ist es wichtig, den Gästen Zeit zu geben, sich mit Hilfe der Karte ein Bild über die Leistungsfähigkeit von Küche und Keller zu machen. Nach der Aufnahme der Bestellungen werden Speisen und Getränke boniert und an die Küche bzw. an das Getränkebüfett weitergegeben. Danach werden Getränke und Speisen mit Umsicht und Können professionell serviert, die Gäste also mit dem Bestellten versorgt.

1 Empfehlung und Aufnahme der Bestellung

recommendation and taking of orders — *recommandation et l'accueil de la commande*

Die Empfehlung von Speisen und Getränken sowie die Aufnahme der Bestellungen ist ein wesentlicher Aufgabenbereich der Servierfachkräfte.

Dazu gehören gutes Fachwissen und die Kenntnis des betrieblichen Angebots, wie z. B.:

- Welche Fertiggerichte (Braten usw.) können dem eiligen Gast empfohlen werden?
- Stehen Tagesspezialitäten auf der Karte?
- Werden auch Gerichte serviert, die nicht auf der Karte stehen?
- Gibt es Gerichte, die nach Größe oder Gewicht (Fische oder Steaks) berechnet werden?
- Welches sind besondere Hausspezialitäten?
- Angebot von Diät- oder vegetarischen Gerichten.
- Sind die Gerichte auch als kleine oder halbe Portionen erhältlich?
- Können Beilagen geändert werden? Mit oder ohne Aufpreis?
- Inwieweit können Extrawünsche der Gäste erfüllt werden?
- Durchschnittliche Zubereitungsdauer der einzelnen Gerichte.

© Stockfood/Lew Robertson

2 Servieren von Speisen

2.1 Vom Naturprodukt zum Servieren einer Speise

from natural product to the serving of the meal

de la matière première jusqu'au plat cuisiné

Die Kenntnis von betrieblichen Zusammenhängen sorgt innerhalb des Mitarbeiterteams für wechselseitiges Verständnis und trägt somit sehr zum Wohle des Gastes bei. Grundlagen für das Zubereiten von Speisen sind die Rohprodukte. Von ihrem Einkauf bis zum Servieren der fertigen Speise sind viele zwischengeschaltete Arbeitsabläufe notwendig.

Überblick über die Abläufe von der Rohstoffanlieferung bis zum Servieren der fertigen Speise

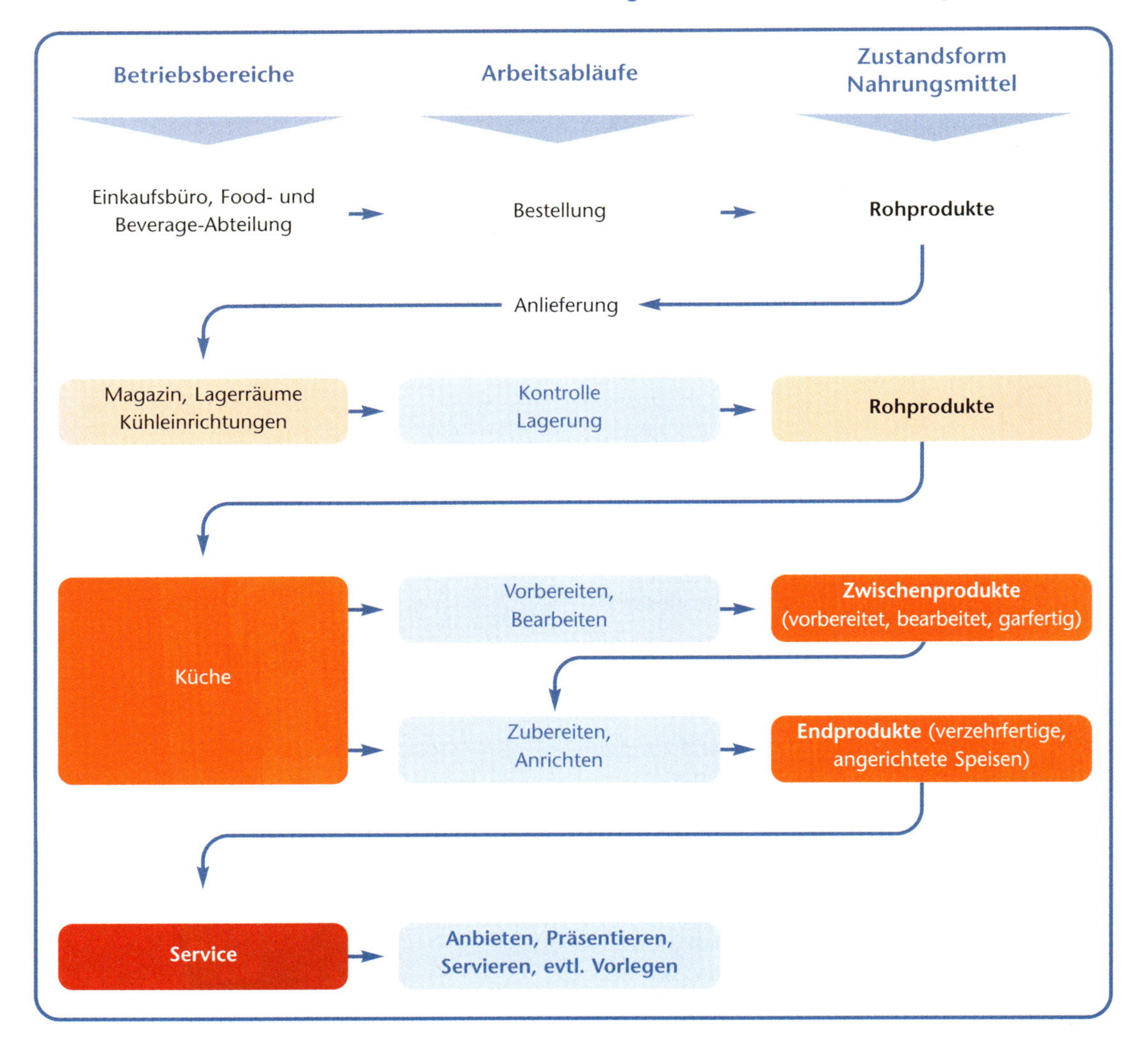

Bei Bestellungen müssen wichtige Informationen der Küche mitgeteilt werden:

- Reihenfolge, in der die Gerichte fertiggestellt werden und marschieren sollen
- Garstufen bei Steaks nach Gästebefragung
- Tischnummer, damit alle Gerichte für einen Tisch gleichzeitig serviert werden können.
- Beilagenänderungen klar formulieren
- Speisenabruf durch den Service (Aufläufe, Soufflées, Eisparfaits)

2.2 Gedeckbeispiele *cover examples* *couverts (m) par exemple*

Einige Speisegruppen verlangen im Gegensatz zu den Hauptgerichten aus Schlachtfleisch oder Wild eine individuelle Behandlung bezüglich der Gedecke bzw. der Bestecke. Nachfolgende Beispiele zeigen diese Möglichkeiten auf.

Vorspeisen werden – als Einzelportionen auf Tellern angerichtet – stets von **rechts** eingesetzt. Sind sie für mehrere Personen als Plattenservice vorgesehen, werden sie von **links** angereicht und mit der rechten Hand von der Platte dem Gast auf den vorher eingesetzten Teller vorgelegt.

Servieren von kalten Vorspeisen

Die Gedeckbeispiele zeigen verschiedene kalte Vorspeisen. Zum besseren Verständnis ist jeweils das Gedeck des Hauptgerichtes mit eingedeckt.

Kalte Vorspeise von Fleisch mit Toast und Butter

Kalte Vorspeise von Fisch mit Toast und Butter

Geflügelcocktail mit Toast und Butter

Cocktail von Matjeshering mit Toast und Butter

Servieren von Zwischengerichten

Zum besseren Verständnis ist jeweils auch das Gedeck des Hauptgerichtes mit eingedeckt.

Schnecken in Pfännchen mit Baguette

Ragout von Jakobsmuscheln und Krebsschwänzen

Quiche lorraine

Pochierte Eier im Näpfchen mit Teufelssauce

Servieren von Suppen

Suppen müssen sehr heiß serviert werden, deshalb sind Anrichtegefäße und Teller gut vorgewärmt. Die folgenden Gedeckbeispiele zeigen verschiedene Anrichtemöglichkeiten zum Vergleich. Dabei ist jeweils das Besteck des Hauptganges mit eingedeckt.

Anrichtegefäß	Servierhinweise mit Gedeck	
Suppentassen 	**Kraftbrühe mit Gemüse** ● Sie werden auf Unterteller und Mittelteller mit Piccoloserviette aufgesetzt: • zweihenkelige Tasse (auch Bouillontasse genannt), beim Einsetzen Henkel vor dem Gast exakt nach rechts und links ausgerichtet. ● Mittellöffel	
	**Fasanenessenz** • Einhenkelige kleine Spezialtassen. Für Suppen mit stark konzentriertem Geschmack, mit angelegtem Kaffeelöffel, Henkel beim Einsetzen nach links gerichtet.	
Suppenteller 	**Badische Schneckensuppe mit Lauchstreifen** ● Auf einem flachen, etwas größeren Unterteller mit Piccoloserviette aufgesetzt, von der rechten Seite des Gastes serviert. ● Tafellöffel	
Ausgießtassen 	**Wildkraftbrühe mit Lebernocken** ● Auf einem Tablett getragen, wird die Suppe von der rechten Seite und vom Gast weg in vorher eingesetzte heiße Suppenteller eingegossen. Der Suppenteller steht auf einem Unterteller. ● Tafellöffel	
Terrinen	● Die Portionsterrine (Löwenkopfterrine) ist für den einzelnen Gast bestimmt. ● Suppen in großen Terrinen werden am Beistelltisch in tiefe Teller geschöpft.	
Gratintasse	● Feuerfeste Keramiktasse für überbackene Suppen	

Servieren von Fischgerichten

Die Gedeckbeispiele zeigen fachlich korrekte Fischgedecke.

Pangasiusröllchen, gefüllt mit Gemüse und Parmaschinken und glasierten, roten Chicorée

Suppiger Fischeintopf von Meeresfrüchten

Gebratenes Steinbuttfilet auf Spargelragout in Bärlauchsauce

Viergängiges Menü mit Fisch als Hauptgang: Gebratenes Lachsfilet auf mediterranem Gemüse

Servieren von Süßspeisen und Käsegerichten

Die Gedeckbeispiele zeigen Möglichkeiten des Dessertservices. Zum besseren Verständnis ist das Dessertgedeck zunächst innerhalb eines Menügedecks dargestellt. Jeweils rechts daneben befindet sich die Darstellung des Gedecks nach dem Einsetzen des Desserts.

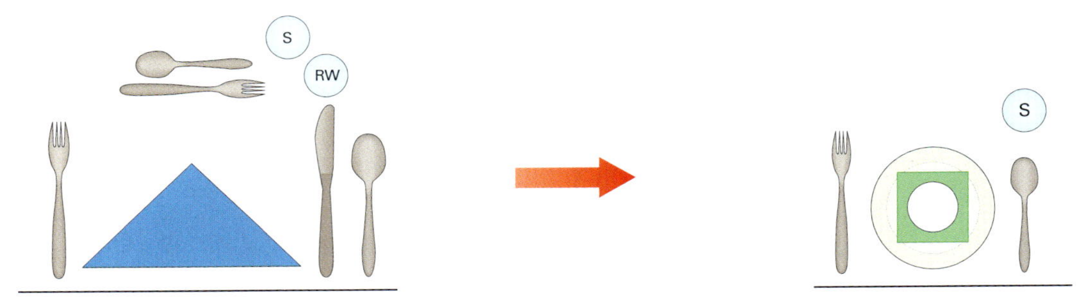

Salat von frischen exotischen Früchten oder Schwarzwälder Eisbecher

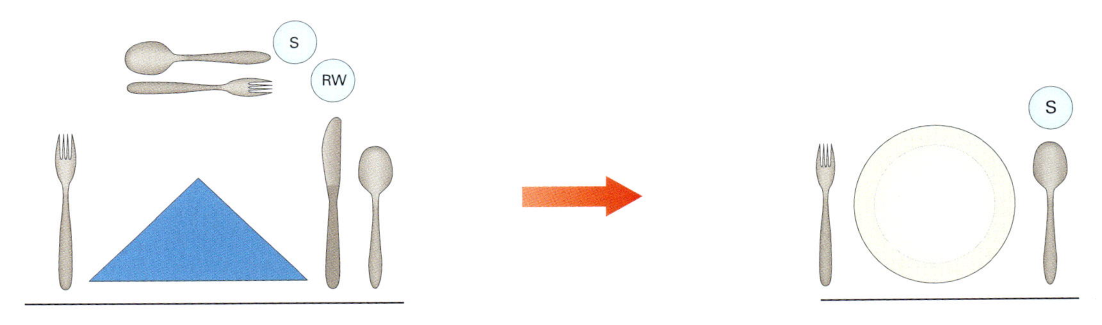

Aprikosenstrudel mit Sabayon von Marillen und Mohnparfait (auf großem Teller ∅ 28 cm angerichtet)

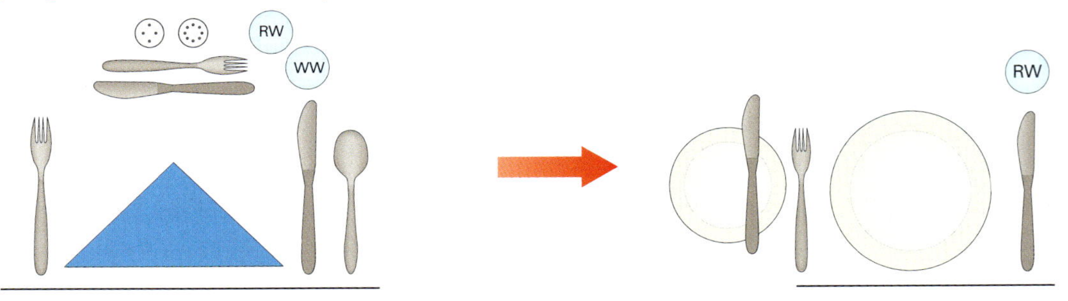

Auswahl europäischer Käsespezialitäten vom Brett

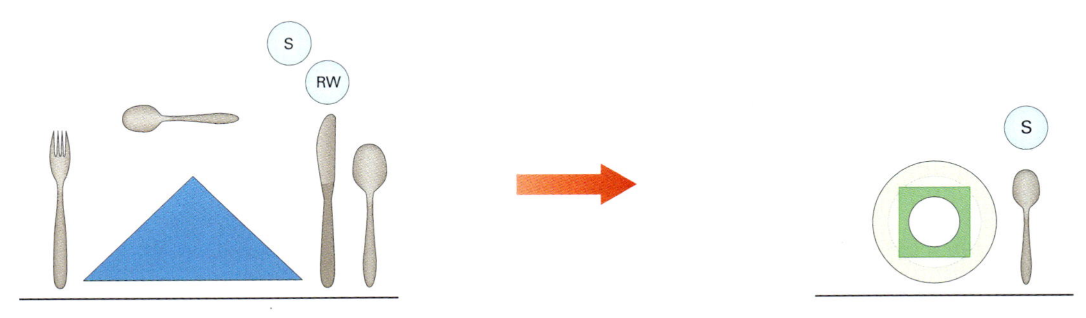

Bayerische Creme nach Fürst-Pückler-Art (im Glas serviert)

3 Menügedecke 🇬🇧 *menu covers* 🇫🇷 *couverts (m) de menu*

Menügedecke stehen in direkter Beziehung zu bestimmten vorgegebenen Menüs, z. B. dem Menüangebot an Festtagen wie Weihnachten, Silvester, Ostern und bei Festbanketten.

Beispiel eines 4-Gang-Menüs

Die Besteckkombination oberhalb des Gedecks für den Käsenachtisch besteht aus Mittelmesser und Mittelgabel. Das Mittelmesser liegt unterhalb der Gabel, damit man aus Gründen der Hygiene und der Sicherheit nicht mit der Messerschneide in Berührung kommt.

Beispiel eines 5-Gang-Menüs

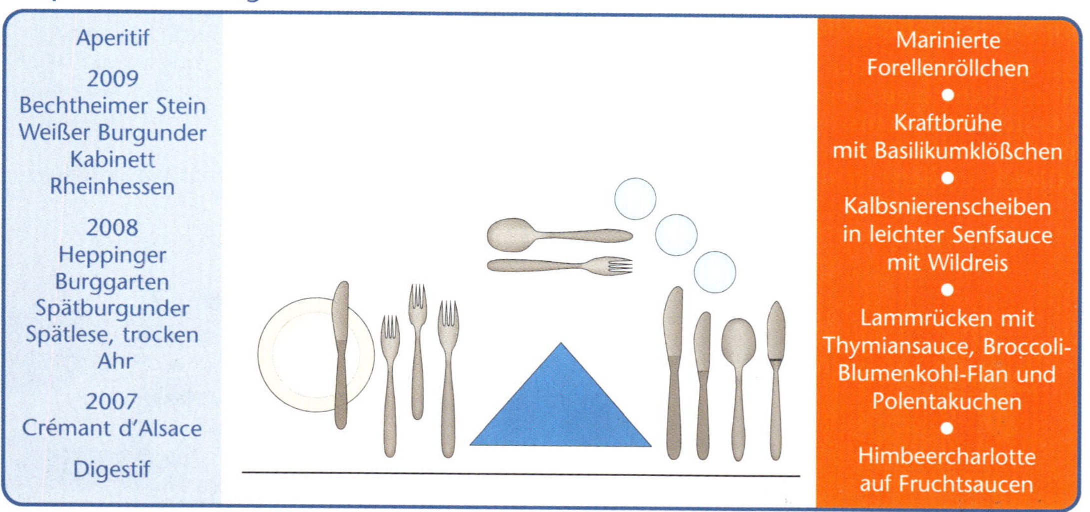

Für den Fischgang zur Vorspeise wird Fischbesteck eingedeckt.

4 Festliche Tafel – Bankett-Tafel

banquet table *table de banquet*

Vor dem Eindecken einer festlichen Tafel müssen folgende Arbeiten erledigt werden:

- Stellen der geeigneten Tafelform je nach Anlass und Personenzahl.
- Auflegen der Moltons und Tafeltücher.
- Auflegen von textilem Tischschmuck wie z. B. farbigen Dekorationsbändern.

4.1 Festlegen der Gedeckplätze

- Unter Berücksichtigung von 70 bis 80 cm Gedeckplatzbreite die Stühle an die Tafel heranstellen und exakt (auch zur gegenüber liegenden Tischseite) ausrichten,
- Gedeckplätze mit Hilfe der Servietten oder der Platzteller markieren,
- Stühle auf dem rechten hinteren Stuhlbein um 90° von der Tafel abdrehen, damit das Eindecken um die Tafel herum ohne Behinderung geschehen kann.

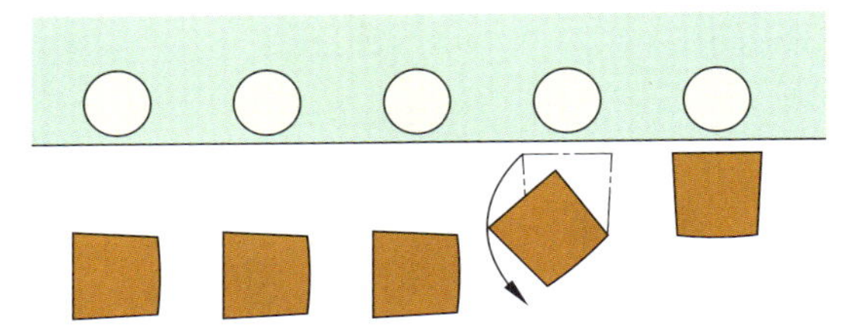

4.2 Eindecken der Bestecke und Gläser

Man geht dabei im Uhrzeigersinn und deckt nach den bereits bekannten Regeln ein.

Um das Überladen der Festtafel zu vermeiden, sollen nicht mehr als **3 Besteckteile links, 4 Besteckteile rechts** und **2 Besteckteile** oben nebeneinander liegen sowie nicht mehr als **3 Gläser** eingesetzt werden. Zusätzlich benötigte Bestecke oder Gläser sind in Verbindung mit der jeweiligen Speise oder dem Getränk nachzureichen.

Für das ästhetische Gesamtbild einer Festtafel sind außerdem ausschlaggebend:

- Exakte Abstände der Bestecke und Platzteller von der Tischkante,
- gleichmäßige Platzierung der Richtgläser,
- Ausrichtung der Gläser im Winkel von 45° zur Tischkante,
- genaues Eindecken sich gegenüber liegender Gedecke.

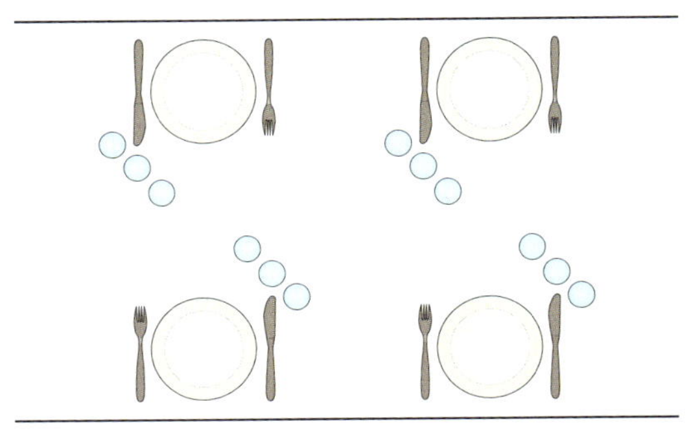

Im klassischen Service werden beim Mise en place Menagen am Servicetisch bereitgestellt und nur bei Bedarf am Tisch eingesetzt.

4.3 Abschließende Arbeiten

- Die geformten Servietten zwischen den Bestecken oder auf den Platztellern eindecken,
- den Blumen- und Kerzenschmuck einsetzen,
- die Stühle an die Festtafel zurückdrehen,
- an Hand des Tafelorientierungsplanes Tischkärtchen mit dem Namen des jeweiligen Gastes aufstellen,
- Menükarten auflegen,
- Überprüfung der Gedecke auf Vollständigkeit.

5 Plattenservice *silver service* *service (m) à la française*

Bei festlichen Veranstaltungen wird vielfach von der Platte vorgelegt. Das erfordert von den Servicefachkräften handwerkliches Können und ermöglicht dem Gast, dies aus nächster Nähe mitzuerleben.

5.1 Arten des Vorlegens

Unter Plattenservice im eigentlichen Sinne versteht man das **Vorlegen der Speisen durch die Restaurantfachkräfte** am Tisch. Darüber hinaus gibt es Abwandlungen dieses Service:

- Platten und Schüsseln werden zur Selbstbedienung durch den Gast am Tisch eingesetzt.
- Platten werden vom Servicepersonal dem Gast zur Selbstbedienung angeboten oder es wird von der Platte vorgelegt.
- Speisen werden vom Servicepersonal von Platten am Beistelltisch vorgelegt.

5.2 Technik des Vorlegens

Zum Vorlegen von Speisen verwenden Fachleute Tafellöffel/-gabel als Vorlegebesteck. Beim Einsatz dieses Bestecks werden unterschiedliche Vorlegegriffe angewendet, die in enger Beziehung zur Beschaffenheit der Speisen stehen:

Die Wölbungen von Löffel und Gabel liegen ineinander.

Handhabung:
Den Löffel absenken und unter die Speise schieben. Mit Löffel und Gabel greifen, aufnehmen und auf den Teller vorlegen.

Anwendung:
Für alle Speisen, die keine besondere Griffart notwendig machen.

Die Wölbungen von Löffel und Gabel sind nach unten gerichtet.

Handhabung:
Die beiden Besteckteile mit dem Daumen spreizen, unter die Speise schieben, diese anheben und vorlegen.

Anwendung:
- Bei Speisen, die großflächig, leicht zerdrückbar oder besonders lang sind, z. B. Spargel, Fischfilets, Omeletts.
- Bei Speisen, die mit Garnituren belegt oder überbacken sind.
- Bei Saucen und kleineren Garniturbestandteilen, die mit dem Löffel geschöpft oder aufgenommen werden.

Die Wölbungen von Löffel und Gabel liegen gegeneinander.

Handhabung, mit zwei Möglichkeiten:
Wie abgebildet oder durch Drehen der Hand um 90° nach links, um entsprechende Speisen seitlich zu greifen und vorzulegen.

Anwendung:
Bei Speisen, die leicht abrutschen können, z. B. gefüllte Tomate, oder mit einer Garnitur belegt sind, z. B. Medaillons, Pastetchen.

5.3 Besonderheiten beim Plattenservice

Im Allgemeinen ist der Plattenservice zeitaufwendiger als der Tellerservice. Durch folgerichtige und gezielte Arbeitsabläufe muss deshalb sichergestellt werden, dass keine unnötigen Verzögerungen eintreten und die Speisen nicht abkühlen. Im Einzelnen gilt:

- Beim Plattenservice wird in der Regel nicht die gesamte Speisemenge auf einmal vorgelegt. Deshalb müssen **Rechauds** bereitgestellt werden.
- Vor dem Auftragen der Platten werden vorgewärmte Teller beim Gast von rechts eingesetzt.
- Das Tragen der Teller erfolgt auf der mit einer Stoffserviette bedeckten Hand. Bei größeren Mengen wird der Tellerstapel von oben mit einer Serviette überdeckt und zwischen beiden Händen getragen.

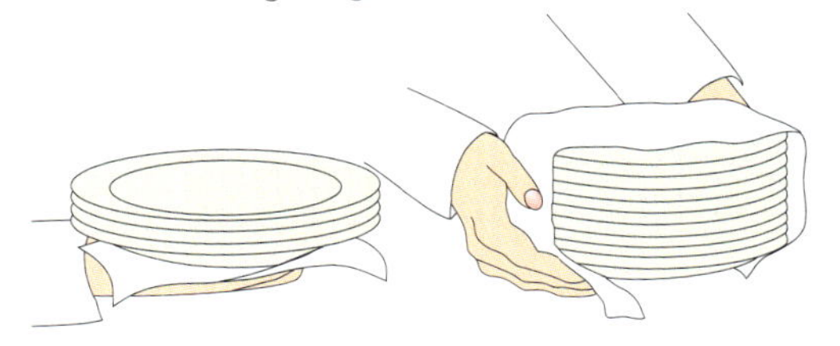

- Bevor eine Platte zum Tisch des Gastes gebracht wird, muss unbedingt ein Vorlegebesteck aufgenommen werden.

5.4 Vorlegen von der Platte

Diese Art des Vorlegens wurde früher als französische Methode bezeichnet:

- Die (vorgewärmten) Teller werden bei den Gästen von rechts eingesetzt.

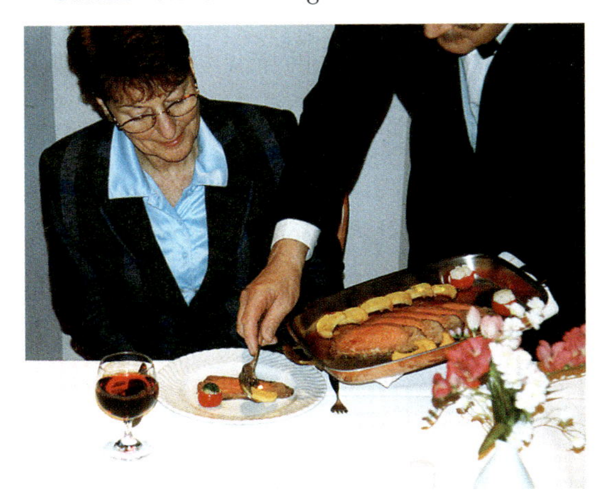

Abb. 1 Vorlegeservice

- Anschließend präsentiert man die angerichtete Platte den Gästen. Sie wird dabei auf der mit einer längsgefalteten Stoffserviette überdeckten linken Hand getragen.
- Es ist darauf zu achten, dass die Platte auf Sichthöhe der Gäste gebracht wird, damit jeder Gast die dekorativ angerichteten Speisen betrachten kann.
- Ein zusätzlicher Service ist die Erklärung der angerichteten Speisen durch die Restaurantfachkraft.
- Das Vorlegen erfolgt von der linken Seite des Gastes. Dabei soll die Platte so tief wie möglich zum Tisch abgesenkt werden und der rechte Plattenrand ein wenig über den linken Tellerrand hineinragen.
- Je nach Art der Speisen wird der entsprechende Vorlegegriff angewandt (s. S. 447).

Das Anrichten der Speisen auf den Teller

Beim Vorlegen der Speisen wird zuerst der Hauptbestandteil, z. B. Fisch oder Fleisch, auf den Teller zum Gast hin angerichtet. Anschließend werden, auf der rechten Seite des Tellers beginnend, die Gemüsebeilagen vorgelegt, die Hauptbeilage wird links platziert.

Das Farbenspiel muss beim Anrichten berücksichtigt werden, z. B. rotes, weißes und grünes Gemüse.

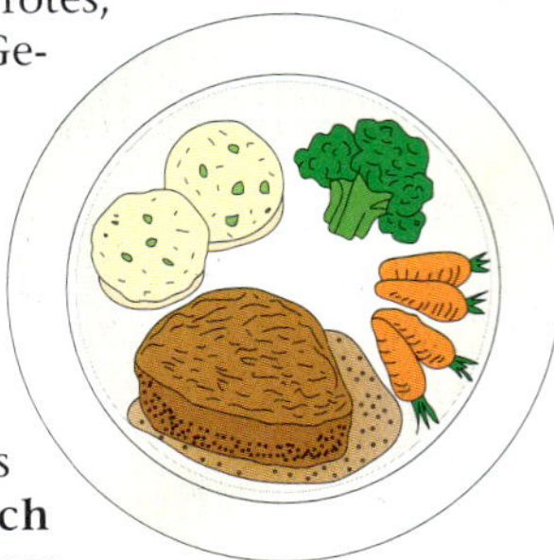

Abb. 2 Korrekt angerichteter Teller

Beim Vorlegen von Saucen muss beachtet werden:

- Für Pfannen- und Grillgerichte werden Sauce oder Jus **neben das Fleisch bzw. den Fisch angegossen.**
- Zu ausgesprochenen Saucengerichten wie z. B. Rindsrouladen sowie Fische in Weißweinsaucen wird die Sauce **über das Fleisch nappiert.**
- Buttermischungen werden **auf das Fleisch gelegt.**

Der Teller darf beim Vorlegen nicht überladen werden.
Der Tellerrand muss in jedem Fall frei bleiben und sollte nicht bekleckert sein.

Nachdem allen Gästen am Tisch die Speisen vorgelegt wurden, ordnet man die verbleibenden

Teile auf der Platte und hält sie bis zum Nachservice auf einem Rechaud bereit.

Damit der Nachservice rechtzeitig erfolgen kann, ist es nötig, den Tisch mit den Gästen im Auge zu behalten.

Mischformen des Vorlegeservices

Eine in der Praxis häufig angewandte Mischform ist das Vorlegen von nur einem Bestandteil des Gerichts. Hierbei wird beispielsweise das Fleischstück von der Platte vorgelegt, während die Gemüse und die Hauptbeilage in Schüsseln am Tisch eingesetzt werden. Die Gäste nehmen sich die Beilagen selbst und reichen die Schüsseln dann an die anderen Gäste zur Selbstbedienung weiter.

Eine weitere Mischform ist das Anrichten des Hauptbestandteils eines Gerichts auf den Teller. Dies kann bereits in der Küche geschehen oder im Restaurant vom Wagen bzw. vom Beistelltisch erfolgen. Der Teller wird dem Gast von rechts eingesetzt und die Beilagen werden durch Restaurantfachkräfte von links vorgelegt.

Im Bankettservice praktiziert man manchmal eine andere Art dieser Form. Dabei werden das Fleisch, die Gemüse- und die Hauptbeilagen einzeln auf Platten und in Schüsseln angerichtet und von jeweils einer Restaurantfachkraft den Gästen vorgelegt. Hierbei ist darauf zu achten, dass die Gäste nicht zu sehr eingeengt werden, indem von den nachfolgenden Servicefachkräften ausreichend Abstand gehalten wird.

5.5 Darbieten von der Platte

Eine Variante des Platten-Service ist das Anreichen oder der Darbieteservice.

Abb. 1 Darbieten einer Platte

Die heiße Platte liegt auf der durch eine Stoffserviette geschützten linken Hand und wird dem Gast von links angereicht. Dabei wird die Platte durch Beugen des Oberkörpers auf Tischhöhe gebracht und zum Gast hin leicht geneigt. Der Plattenrand soll ein wenig über den Tellerrand hineinragen. Das Vorlegebesteck ist mit den Griffenden zum Gast hin ausgerichtet.

Somit kann sich der Gast die Speisen bequem von der Platte nehmen.

5.6 Vorlegen am Beistelltisch

Diese Form wurde früher als die englische Serviermethode oder Guéridon-Service bezeichnet. Da es sich um einen besonders gastorientierten, aber auch aufwendigen Service handelt, ist er nur bei einem kleineren Gästekreis bis acht Personen sinnvoll.

Bereitstellen des Beistelltisches

Der Beistelltisch (Guéridon) kann als stationärer Tisch grundsätzlich beim Gästetisch stehen oder wird erst bei Bedarf an den Tisch herangestellt.

Die Stellung des Beistelltisches ist so zu wählen, dass alle Gäste möglichst bequem den Serviervorgang verfolgen können.

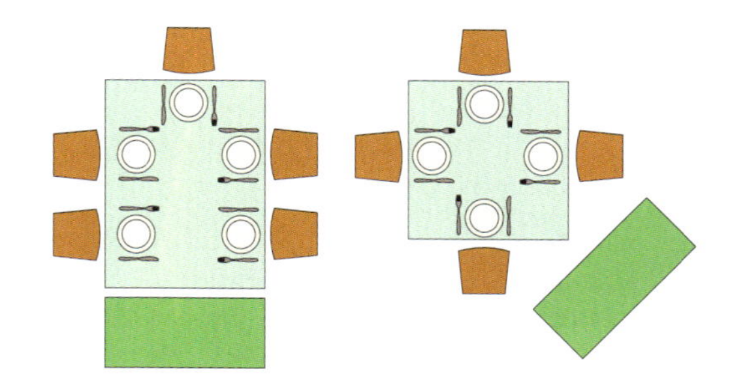

Abb. 2 Anstellmöglichkeiten von Guéridons (grün)

Mise en place

Zunächst ist auf dem Beistelltisch eine Mise en place auszuführen:

- ein Rechaud, bei getrennt angerichteten Speisen zwei Rechauds,
- Vorlegebestecke in einer Serviettentasche auf einem Teller,
- unmittelbar vor dem Auftragen der Platte die vorgewärmten Teller.

Servieren der Speisen

Zunächst wird die Platte den Gästen präsentiert, danach auf den Rechaud gestellt.

Abb. 1 Vorbereiteter Beistelltisch

Dabei erläutert die Servicefachkraft die Speisen. (s. auch ab S. 318 Empfehlung und Verkauf von Speisen)

Dann schließt sich der eigentliche Serviervorgang an, bei dem folgende Richtlinien zu beachten sind:

- Grundsätzlich mit Blick zu den Gästen arbeiten.
- Beim Vorlegen am Guéridon wird mit beiden Händen gearbeitet.
- Die Speisen werden fachgerecht auf dem Teller angerichtet, und der Teller wird dabei nicht überladen.
- Sauce oder Jus wird mit dem Löffel aufgenommen und noch über der Platte mit der Gabel unter dem Löffel abgestreift, damit beim Vorlegen nichts auf den Tisch oder Tellerrand tropft.
- Der angerichtete Teller wird mit der Handserviette getragen und dem Gast von rechts eingesetzt.
- Dabei wird zuerst den Damen, dann den Herren und zuletzt dem Gastgeber serviert.
- Den Tisch nach dem ersten Vorlegen im Auge behalten, um rechtzeitig den Nachservice einzuleiten.

5.7 Nachservice (Supplément)

Für den Nachservice gibt es zwei Möglichkeiten:

- Werden die Speisen für alle Gäste noch einmal komplett vorgelegt, ist es üblich, die benutzten Teller einschließlich Besteck auszuheben, sauberes Besteck einzudecken und zum Vorlegen der Speisen (am Beistelltisch) neue, heiße Teller zu verwenden.
- Wünschen die Gäste nur noch einen Teil des Gerichtes, z. B. Gemüse, so wird dieses am Tisch von der Platte vorgelegt.

Aufgaben

1. Erstellen Sie ein 5-Gang-Menü mit korrespondierenden Getränken und nachfolgenden Menükomponenten und decken Sie das Menü anschließend für mehrere Personen ein:
   Kalte Vorspeise: mit Kalbspastete, Suppe: von Pilzen, Fischgang: von Seezunge
   Hauptgang: von Lammkarree, Dessert: von Birne und Joghurt
2. Welche vorbereitenden Arbeiten müssen vor dem Eindecken einer Festtafel erledigt werden?
3. Worauf ist beim Eindecken der Bestecke besonders zu achten?
4. Welche abschließenden Arbeiten werden nach dem Eindecken der Bestecke und Gläser an einer Bankett-Tafel vorgenommen?
5. Welche Regeln gelten für das Eindecken von Gläsern?
6. Erklären Sie Ihren Arbeitskollegen die Techniken des Vorlegens. Demonstrieren Sie anschließend die verschiedenen Griffarten.
7. Beschreiben Sie das Vorlegen von der Platte in sachlich korrekter Reihenfolge.
8. Bei einer Servicevorbesprechung wird eine Mischform des Vorlegeservices angesprochen. Erklären Sie Ihren Kollegen genau die Mischformen des Vorlegeservices.
9. Beschreiben Sie einer Arbeitskollegin die Besonderheit beim Darbieten der Speisen von einer Platte.
10. Beschreiben Sie die Servicerichtlinien für das Vorlegen und Einsetzen.

6 Getränkebüfett

beverage dispense · débit (m) de boissons

Das Büfett ist der Ausgabebereich für Getränke. Die dort tätigen Mitarbeiter haben in diesem Zusammenhang grundlegende Aufgaben zu erfüllen:

- Getränke sachgerecht zu pflegen, zu temperieren und bereitzustellen,
- Gläser und Karaffen in ausreichender Anzahl zu polieren und bereitzuhalten (s. S. 241),
- Schankanlagen zu pflegen und zu bedienen,
- Büfettkontrollen und Büfettabrechnungen durchzuführen.

Einrichtung eines Getränkebüfetts

Die Einrichtung eines Getränkebüfetts richtet sich nach der Auswahl der Getränke sowie nach der Art und der Größe der Restaurants.

Im Allgemeinen besteht die Einrichtung

- aus Schränken, Glasvitrinen und Tischen mit Unterbauten,
- dem Gläserreinigungsbereich mit Spülbecken und Spülmaschine,
- aus mehreren Kühlschränken mit unterschiedlich einstellbaren Temperaturen,
- einer Bierschankanlage für mehrere Bierarten,
- einer Softdrink-Schankanlage und einem
- Eiswürfelbereiter und Froster für klare Spirituosen.

Vielfach sind in Getränkebüfetts Kaffeemaschinen und Schauvitrinen für Torten und Kuchen integriert.

Abb. 1 Einrichtung eines Getränkebüfetts

6.1 Getränkeangebot

Ausschlaggebend für die Getränkeauswahl sind einerseits die Art und das Niveau der Gaststätte oder des Restaurants und andererseits die Verzehr- bzw. Trinkgewohnheiten der Gäste.

Getränkekarte

list of beverages · carte (w) des boissons

In Getränkekarten präsentiert der Betrieb sein Getränkeangebot. Man unterscheidet kombinierte Karten mit einem umfassenden Getränkeangebot und Karten, die jeweils nur eine Getränkeart zum Inhalt haben, wie z. B. Weinkarten, Barkarten.

Getränkekarten sollen durch eine ansprechende Aufmachung ein wirksames Mittel der Verkaufsförderung sein und den Gast zur Bestellung anregen.

Gestaltung der Getränkekarten

Getränkekarten sollen genau wie Speisekarten die Originalität, den Stil und die Atmosphäre des Hauses widerspiegeln. Das muss *bereits in der äußeren Aufmachung* zum Ausdruck kommen:

- ein handliches Format, ein stilvoller und stabiler Einband sowie feste Innenblätter,
- in ansprechender Form das Wort „Getränkekarte". Aber auch durch die *innere Ausgestaltung* müssen die Aufmerksamkeit und das Interesse des Gastes geweckt werden. Dazu können beitragen:
  - eine übersichtliche und klare Gliederung, ein schönes und angenehm lesbares Schriftbild,
  - eine ansprechende Textaufteilung,
  - Bilder, Skizzen oder Fotos, die Blickfänge darstellen und für Auflockerung sorgen.

Zur korrekten *Information* des Gastes gehören zu den Getränkebezeichnungen die gesetzlich vorgeschriebenen Angaben über Menge und Preis.

Wie bei Speisekarten ist es wichtig, von Zeit zu Zeit den Inhalt der Getränkekarte kritisch zu überprüfen. Im Interesse des Verkaufs ist es manchmal erforderlich, die Karte neu zu gestalten und das Angebot veränderten Trinkgewohnheiten anzupassen bzw. mit neuen Angeboten des Marktes zu ergänzen.

Kombinierte Getränkekarten

Kombinierte Getränkekarten umfassen das gesamte Angebot der Getränke. Die Gliederung ist unterschiedlich und richtet sich nach den Schwerpunkten, die der Betrieb im Rahmen seines Angebotes bzw. auf Grund der Gästenachfrage setzt.

Beispiel 1:
- Alkoholfreie Getränke
- Kaffee, Tee, Schokolade
- Aperitifs, Cocktails
- Offene Weine
- Weinbrände/Cognacs
- Spirituosen, Liköre
- Bier

Beispiel 2:
- Cocktails
- Aperitifs
- Weinbrände/Cognacs
- Spirituosen
- Alkoholfreie Getränke
- Kaffee und Tee
- Bier

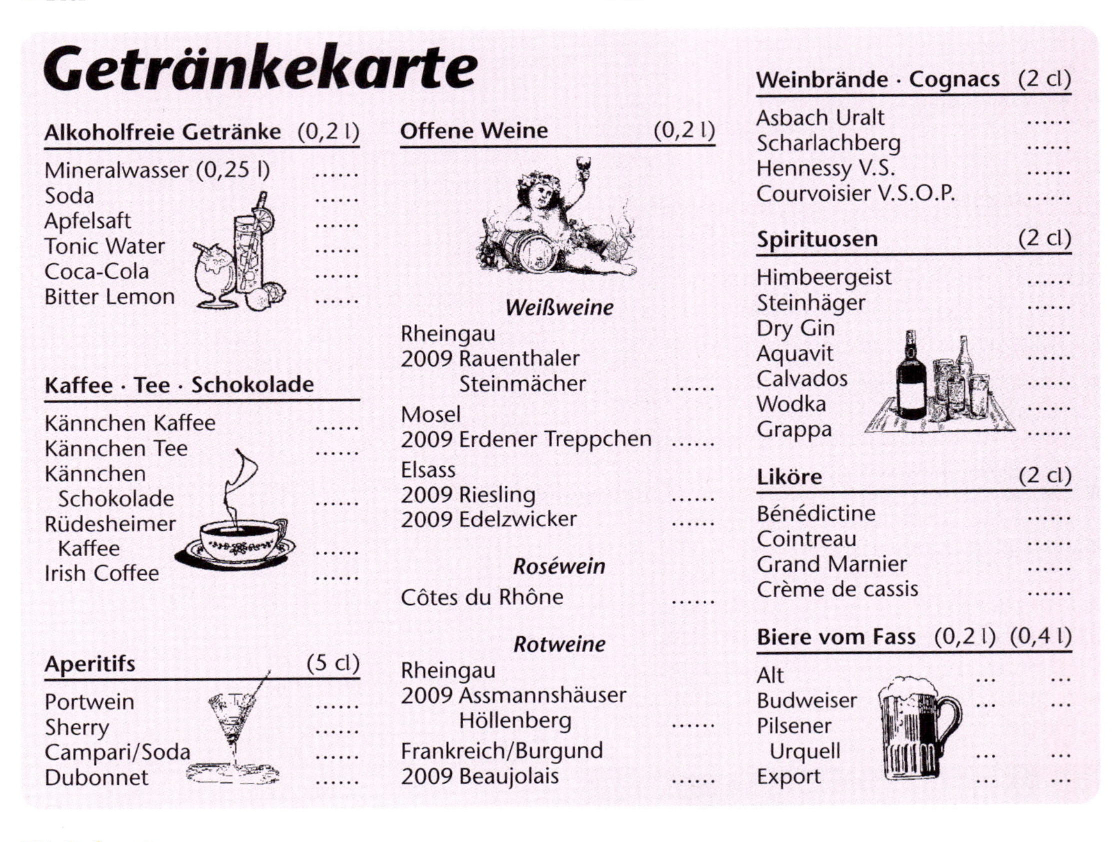

Getränkekarte

Alkoholfreie Getränke	(0,2 l)
Mineralwasser (0,25 l)	......
Soda	......
Apfelsaft	......
Tonic Water	......
Coca-Cola	......
Bitter Lemon	......

Kaffee · Tee · Schokolade	
Kännchen Kaffee	......
Kännchen Tee	......
Kännchen Schokolade	......
Rüdesheimer Kaffee	......
Irish Coffee	......

Aperitifs	(5 cl)
Portwein	......
Sherry	......
Campari/Soda	......
Dubonnet	......

Offene Weine	(0,2 l)
Weißweine	
Rheingau	
2009 Rauenthaler Steinmächer	......
Mosel	
2009 Erdener Treppchen	......
Elsass	
2009 Riesling	......
2009 Edelzwicker	......
Roséwein	
Côtes du Rhône	......
Rotweine	
Rheingau	
2009 Assmannshäuser Höllenberg	......
Frankreich/Burgund	
2009 Beaujolais	......

Weinbrände · Cognacs	(2 cl)
Asbach Uralt	......
Scharlachberg	......
Hennessy V.S.	......
Courvoisier V.S.O.P.	......

Spirituosen	(2 cl)
Himbeergeist	......
Steinhäger	......
Dry Gin	......
Aquavit	......
Calvados	......
Wodka	......
Grappa	......

Liköre	(2 cl)
Bénédictine	......
Cointreau	......
Grand Marnier	......
Crème de cassis	......

Biere vom Fass	(0,2 l)	(0,4 l)
Alt	...	...
Budweiser	...	...
Pilsener Urquell	...	...
Export	...	...

Weinkarte

wine list *carte (w) des vins*

Neben den allgemeinen Getränkekarten gibt es zusätzlich eine eigene Karte für das Weinangebot. Damit widmet der Betrieb dem Verkauf und Service von Wein besondere Aufmerksamkeit.

Für die Reihenfolge der Weine in der Weinkarte haben **sich folgende Regeln bewährt:**

- **Offene Weine** werden vor den Flaschenweinen genannt,
- **deutsche Weine** nach Anbaugebieten gegliedert, wobei für die Reihenfolge der regionale Standort des Betriebs ausschlaggebend sein kann,
- **französische Weine** vor anderen ausländischen Weinen, da sie bezüglich der Bewertung international einen vorrangigen Platz einnehmen.

Für die Weinarten gilt folgende Reihenfolge:

Weißwein → **Roséwein** (Weißherbst) → **Rotwein**

Wein ist ein hochwertiges Getränk, das seinen Preis hat und deshalb je nach Umfang des Verkaufs einen beachtlichen Anteil des Getränkeumsatzes ausmachen kann. Aus diesem Grunde kommt der verkaufsfördernden Aufmachung der Weinkarte eine besondere Bedeutung zu. Neben einem soliden und dekorativen Einband gibt es für die innere Gestaltung viele Möglichkeiten:

- Mehrfarbendrucke und Abwechslungen im Schriftbild sowie Fotos und andere bildliche Darstellungen,
- auflockernde Bemerkungen zum Weingenuss allgemein sowie zu regionalen Besonderheiten des Weinbaus und der Weine.

In diesem Zusammenhang ist darauf zu achten, dass die Weincharakterisierungen wahrheitsgemäß und nicht übertrieben sind. Dabei sollten keine Phantasiebezeichnungen verwendet werden, die auch Weinkennern nichts sagen.

Die aufgezeigten Gestaltungselemente sollen das Interesse des Gastes wecken.

Für den Gast muss erkennbar sein, dass der Betrieb dem Wein eine besondere Aufmerksamkeit schenkt.

Durch fachlich fundierte Gästeberatung, sorgfältige Auswahl beim Einkauf und gepflegten Weinservice besteht die Möglichkeit, den Flaschenweinverkauf zu steigern.

Weinkarte

Deutsche Weißweine
Mosel
Rheingau
Rheinhessen
Pfalz
Nahe
Baden
Württemberg
Franken
Saale-Unstrut
Sachsen

Deutsche Roséweine
Pfalz
Baden

Deutsche Rotweine
Ahr
Rheingau
Baden
Württemberg

Schweizer Weine
Österreichische Weine
Kalifornische Weine
Südafrikanische Weine
Australische Weine
Sekt
Champagner

Französische Weißweine
Elsass
Burgund
Bordeaux

Französische Rotweine
Burgund
Bordeaux
Côtes du Rhône

Italienische Weine
Umbrien, weiß
Toskana, rot
Piemont, rot

Gästen, die mit dem Auto vorgefahren sind, sollten gute, klangvolle Weiß- und Rotweine glasweise angeboten werden. Beispielhaft ist diese Karte eines Hilton Hotels.

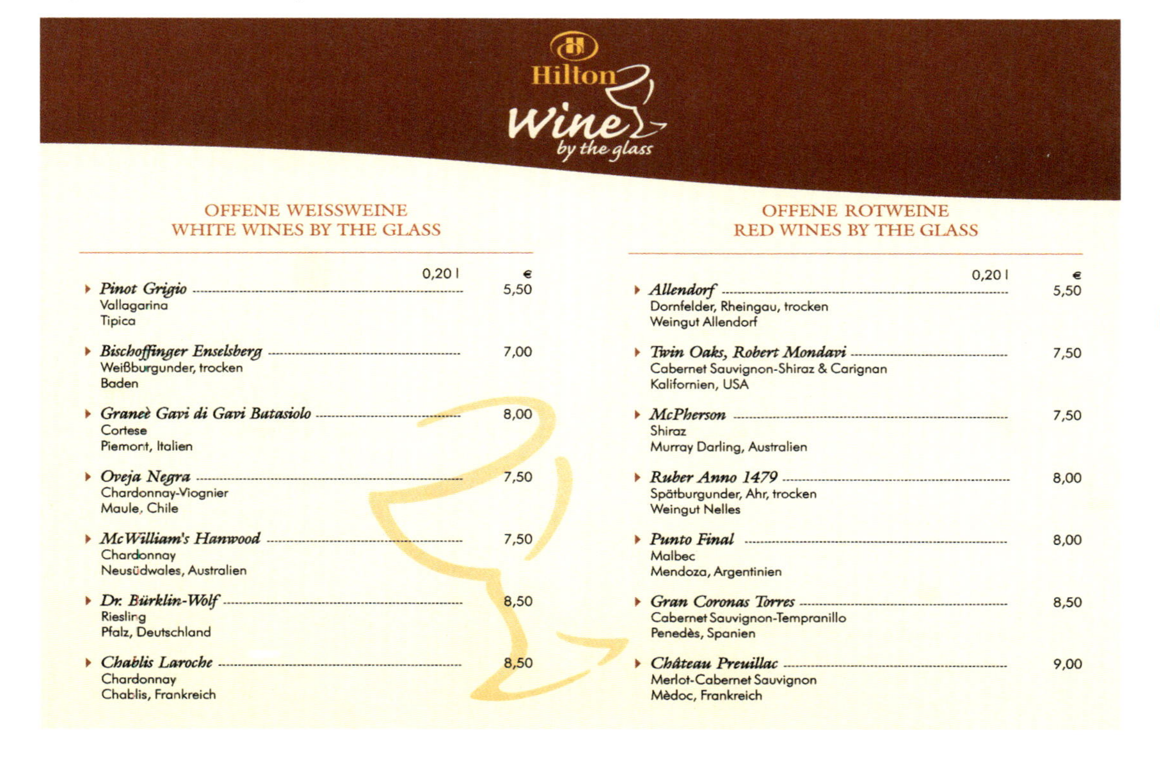

OFFENE WEISSWEINE
WHITE WINES BY THE GLASS

	0,20 l €
Pinot Grigio Vallagarina Tipica	5,50
Bischoffinger Enselsberg Weißburgunder, trocken Baden	7,00
Graneè Gavi di Gavi Batasiolo Cortese Piemont, Italien	8,00
Oveja Negra Chardonnay-Viognier Maule, Chile	7,50
McWilliam's Hanwood Chardonnay Neusüdwales, Australien	7,50
Dr. Bürklin-Wolf Riesling Pfalz, Deutschland	8,50
Chablis Laroche Chardonnay Chablis, Frankreich	8,50

OFFENE ROTWEINE
RED WINES BY THE GLASS

	0,20 l €
Allendorf Dornfelder, Rheingau, trocken Weingut Allendorf	5,50
Twin Oaks, Robert Mondavi Cabernet Sauvignon-Shiraz & Carignan Kalifornien, USA	7,50
McPherson Shiraz Murray Darling, Australien	7,50
Ruber Anno 1479 Spätburgunder, Ahr, trocken Weingut Nelles	8,00
Punto Final Malbec Mendoza, Argentinien	8,00
Gran Coronas Torres Cabernet Sauvignon-Tempranillo Penedès, Spanien	8,50
Château Preuillac Merlot-Cabernet Sauvignon Mèdoc, Frankreich	9,00

Alkoholgehalt von Getränken

Die sachgerechte Abgabe von Getränken am Büfett setzt getränkekundliche Kenntnisse voraus (s. S. 194). Dazu gehört auch Wissen über den Alkoholgehalt der Getränke.

Maßeinheiten für den Alkoholgehalt

Die Alkoholmenge der Getränke wird im Allgemeinen in % vol angegeben. Abweichend davon findet man bei englischen, kanadischen und amerikanischen Spirituosen auch die Alkoholgehaltsangabe **Proof.** Je nach dem Herkunftsland der Spirituose entsprechen 100 Proof einem Alkoholgehalt von etwa 50 bis 57 % vol. Die Proof-Angabe geteilt durch 2 ergibt also ungefähr die Menge des Alkohols in % vol.

Die Menge des Alkohols ist bei den Getränken verschieden. Sie reicht von unter 0,5 % vol bei „alkoholfreieim" Bier bis über 40 % vol bei hochprozentigen Spirituosen.

Überblick über den Alkoholgehalt der Getränke

	% vol
Bier	
• „alkoholfrei"	unter 0,5
• normal	2,5–6
Wein	8–14
Schaumwein	12–14
Likörwein	17–22
Aperitifs	
• einfache (z. B. Byrrh)	15–18
• mittlere (z. B. Campari)	um 25
• starke (z. B. Pernod)	40–50
• Vermouth	15–18
Spirituosen	
• Liköre	14–55
• Kümmel	30
• Korn	32
• aus Getreide, Anis	37,5
• Weinbrand, Brandy	37,5
• aus Obst, Korinthen, Korn, Gin, Aquavit, Trester, Grappa, Marc, Rum, Ouzo, Enzian, Wodka	37,5
• Whisky, Whiskey, Pastis	40

6.2 Serviertemperaturen

Der Genuss eines Getränkes ist wesentlich von der getränkespezifischen Temperatur abhängig. Dabei sind von einem Mittelwert um 10 °C ausgehend nach unten bzw. oben zwei Temperaturbereiche von Bedeutung.

Getränkeart	Getränke beispiele	Serviertemperatur (°C)
Erfrischungsgetränke	• Mineralwässer • Fruchtgetränke, Limonaden	8–10
Bier	• helle Sorten • dunkle Sorten	6–9 9–12
Wein	• Roséwein • Weißwein, leicht • Weißwein, schwer • Rotwein, leicht • Rotwein, schwer	9–11 9–11 10–12 12–14 16–18
Likörwein	• trocken • süß	10–12 16–18
Schaumwein	• weiß und rosé • rot	6–8 5–7
Liköre	• im Allgemeinen • Magenbitter	10–12 16–18
Brände und Geiste	• Korn, Wacholder, Genever • Steinhäger, Wodka, Gin • Enzian	0–4
	• Geiste: Aprikosen, Himbeeren • Wasser: Kirschen, Zwetschgen • Whisk(e)y	5–7
	• Hochwertige Obstbrände: Williamsbirne, Mirabelle • Marc, Grappa • Weinbrand, Cognac	16–18

Serviertemperaturen von 10 °C abwärts

Auf unter 10 °C gekühlt serviert man Getränke,

- die vor allem erfrischen sollen, keine besonderen Duftstoffe enthalten und deren Geschmack durch niedrigere Temperaturen nicht beeinträchtigt wird, z. B. Mineralwässer, Fruchtsäfte,
- deren stark ausgeprägter Geschmack u. U. etwas gedämpft werden muss, z. B. Korn, Gin, Wodka,
- die aufgrund des Gehaltes an Kohlensäure zu stark schäumen und rasch schal würden, z. B. Schaumwein, Bier.

Abb. 1 In Gläsern aus Eis servierte klare Spirituosen

Serviertemperaturen von 10 °C aufwärts

Temperaturen über 10 °C sind erforderlich bei Getränken, deren Genuss in hohem Maße von der Entfaltung jeweils artspezifischer Duftstoffe (Bukett) abhängig ist. Je feiner und ausgeprägter diese Stoffe sind, desto höher sollte die Serviertemperatur sein. Vergleich in aufsteigender Reihenfolge:

Weißwein → Rotwein → Weinbrand

6.3 Zapfen von Bier

Sachgerechter Druck ist die Voraussetzung für ein einwandfreies Glas Bier. Dabei sind drei verschiedene Druckbezeichnungen von Bedeutung.

Gleichgewichtsdruck

Nach dem Anstechen eines Fasses hat die Kohlensäure eine starke Tendenz, aus dem Bier auszutreten. Dies bezeichnet man als den Eigendruck. Mit höherem Kohlensäuregehalt und höherer Temperatur des Bieres nimmt der **Eigendruck** zu. Damit das Bier nicht schal wird und mit Kohlensäure gesättigt bleibt, ist ein entsprechender **Gegendruck** erforderlich, den man **Gleichgewichts-** bzw. auch **Sättigungs- oder Grunddruck** nennt. Er beträgt ungefähr **1 bar.**

Überdruck

Meist wird das Bier nicht direkt vom Fass gezapft, wie es z. B. bei einem Gartenfest der Fall sein kann. Für die Beförderung des Bieres vom Keller durch die Steigleitung in die Zapfanlage ist zusätzlicher Druck erforderlich. Diesen nennt man **Überdruck.**

Ausgleich von Druckverlusten
- für den Anstichkörper — etwa 0,1 bar
- als Sicherheitszuschlag — etwa 0,1 bar

Förderdruck
- je m Förderhöhe — etwa 0,1 bar
- je 5 m Bierleitung — etwa 0,1 bar

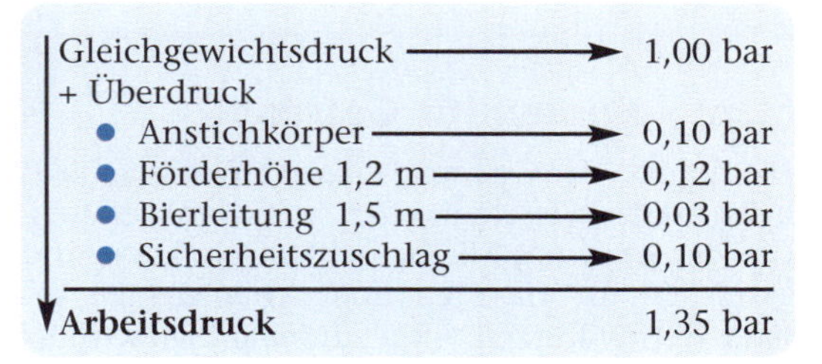

Gleichgewichtsdruck →	1,00 bar
+ Überdruck	
● Anstichkörper →	0,10 bar
● Förderhöhe 1,2 m →	0,12 bar
● Bierleitung 1,5 m →	0,03 bar
● Sicherheitszuschlag →	0,10 bar
Arbeitsdruck	1,35 bar

Abb. 2 Deutsche Bierspezialitäten, in typischen Gläsern serviert

Zapfen des Bieres

Es kommt nicht selten vor, dass die guten Eigenschaften eines Bieres beim Zapfen verdorben werden. Eine angemessene Sorgfalt ist deshalb unerlässlich. Zunächst müssen die Gläser in einwandfrei sauberem Zustand sein, weil selbst Spuren von Fett und Spülmittelresten keine stabile Schaumkrone zustande kommen lassen.

Darüber hinaus muss das Zapfen sachgerecht ausgeführt werden (s. S. 283).

Richtlinien	Erläuterungen
Das Glas vor dem Füllen in kaltes Wasser tauchen.	Das abgekühlte Glas (Temperatur) und die angefeuchtete Innenfläche (Gleitfähigkeit) verhindern zu starkes Schäumen.
Das Glas schräg unter den Zapfhahn halten und bei ganz geöffnetem Hahn bis zur größtmöglichen Menge füllen.	Das Bier gleitet an der Innenfläche des Glases entlang. Auch dadurch wird übermäßiges Schäumen verhindert bzw. eine angemessene Schaumbildung bewirkt.
Das Glas senkrecht unter den Hahn halten und bei gedrosseltem Bierzulauf zwei- bis dreimal kurz nachfüllen.	Die Schaumkrone wird stufenweise aufgebaut, stabilisiert und langsam hochgeschoben.

Nennvolumen für Getränke

Die Abgabe der Getränke erfolgt in unterschiedlich großen Flaschen oder in Schankgefäßen. Um den Gast vor Missbrauch zu schützen, sind gesetzlich für Flaschen und Schankgefäße genaue Nennvolumen vorgeschrieben. Diese müssen mit dem jeweiligen Preis auch im Angebot der Getränkekarte angegeben sein.

Nennvolumen für Flaschen in Litern (l)

Erfrischungsgetränke	Bier	Wein	Schaumwein
0,2	0,33	0,375	0,2
0,25	0,5	0,75	0,375
0,33	1,0	1,0	0,75
0,5		1,5	1,5
1,0		2,0	

Die Angaben beschränken sich auf gastronomieübliche Füllmengen.

Nennvolumen für Karaffen

- 0,2 *l*
- 0,25 *l*
- 0,5 *l*
- 1,0 *l*
- 1,5 *l*
- 2,0 *l*

Nennvolumen bei Gläsern (in cl und l)

Viele Getränke werden bereits am Büfett in Schankgefäße wie Gläser, Karaffen oder Krüge gefüllt.

Wein (l)	Schaumwein (l)	Bier (l)	Aperitif (cl)	Spirituosen (cl)
0,1	0,1	0,2	5	2
0,2		0,25		4
0,25		0,3		
		0,4		
		0,5		
		1,0		

Aufgaben

1. Erklären Sie den neuen Auszubildenden die Büfetteinrichtung Ihres Betriebes.
2. Entwerfen Sie zusammen mit Ihren Kollegen eine allgemeine Getränkekarte und eine spezielle Weinkarte.
3. Beschreiben Sie Gestaltungselemente, die bei Getränkekarten verkaufsfördernde Wirkungen haben: a) äußere Gestaltung, b) innere Gestaltung.
4. Geben Sie Beispiele, wovon die Gliederung einer kombinierten Getränkekarte abhängig ist.
5. Nennen Sie Gestaltungsmöglichkeiten, die bei Weinkarten der Verkaufsförderung dienen.
6. Welche Richtlinien gibt es für die Reihenfolge der Weine in der Weinkarte?
7. Welche Nennvolumen gibt es bei Flaschen für a) Erfrischungsgetränke, b) Bier, c) Wein, d) Schaumwein?
8. Erläutern und begründen Sie an Getränkebeispielen die Anwendung der Serviertemperaturen: a) von 10 °C abwärts, b) von 10 °C aufwärts.
9. Ordnen Sie den folgenden Getränken allgemein übliche Serviertemperaturen zu: a) Erfrischungsgetränke und Bier, b) Weißwein, Rotwein, Schaumwein, c) Liköre und Brände.
10. Beschreiben Sie das sachgerechte Zapfen von Bier.

6.4 Büfettkontrollen

Zur Sicherstellung der Wirtschaftlichkeit sowie zur Verhinderung von Unkorrektheiten müssen alle Vorgänge am Büfett lückenlos erfasst und kontrolliert werden.

Grundlegende Maßnahmen zur Erleichterung der Kontrollen

Nummerieren der Getränke

Bei der Vielfalt der Getränke und deren sehr unterschiedlichen Preisen ist das Nummerieren der einzelnen Getränkepositionen eine hilfreiche Maßnahme. Dadurch werden Verwechslungen bei der Anforderung im Magazin, bei der Aufnahme einer Bestellung am Tisch, bei der Abgabe am Büfett und bei der Bestandsaufnahme weitgehend ausgeschaltet.

Festlegen von Verkaufseinheiten

Das ist insbesondere bei Getränken wichtig, die aus Flaschen in Schankgefäße ausgeschenkt werden. So kann man z. B. bei Spirituosen unter Berücksichtigung eines bestimmten Schankverlusts Richtwerte für die Menge der Verkaufseinheiten je Flasche festlegen und diese zum Maßstab für die Abrechnung machen.

Beispiel für die Bestimmung von Verkaufseinheiten	
Flascheninhalt 0,75 l Abzug für den Schankverlust	75 cl – 3 cl
Verkaufsmenge (Gläserfüllmenge) Verkaufseinheit	72 cl 4 cl
Anzahl der Verkaufseinheiten (72 : 4)	18 Stück

Getränkezugang am Büfett

Der Erstzugang bzw. die Erstausstattung bildet den Anfangsbestand oder den **Grundstock.** Der Verkauf macht es notwendig, die reduzierten Bestände vom Magazin her täglich wieder aufzufüllen. Zur Kontrolle über den Zugang dienen die sogenannten **Anforderungsscheine.** Aufgrund der Eintragungen im Schein werden die Getränke vom Magazin an das Büfett ausgeliefert. Zu abschließenden Überprüfungs- und Kontrollzwecken kommen die Anforderungsscheine dann in das Kontrollbüro. Von Ausnahmen, d.h. von Sonderanforderungen abgesehen, wird der tägliche Zugang häufig so bemessen, dass er dem Verkauf entspricht bzw. dass immer bis zum festgelegten Bestand (Grundstock) aufgefüllt wird. Dieses Verfahren dient einer guten Übersicht und erschwert Betrug.

Getränkeabgabe am Büfett

Zur Kontrolle für die Abgabe dienen die von den Servierfachkräften übergebenen Bons.

Es ist deshalb wichtig, dass **kein Getränk ohne Bon** ausgegeben und dieser nach dem Bereitstellen des Getränks durch Aufspießen, Einreißen oder Streichen **sofort entwertet** wird. Gläser dürfen nicht über den Füllstrich hinaus gefüllt werden; natürlich auch nicht darunter, denn dies wäre Betrug.

Abweichungen beim Einschenken nach oben oder das Eingießen über den Füllstrich hinaus führt zu Verlusten bzw. zu Abweichungen zwischen dem Soll-Bestand und dem Ist-Bestand.

Getränkeumlauf- und -bestandskontrollen

Der Warenumlauf vollzieht sich zwischen dem Magazin, dem Büfett und dem Servicepersonal. Hilfsmittel der Kontrolle sind einerseits die Anforderungsscheine des Büfetts und andererseits die Bons des Servicepersonals.

Sie sind täglich an das Kontrollbüro zu übergeben, von dem die übergeordneten und zusammenfassenden Kontrollen durchgeführt werden.

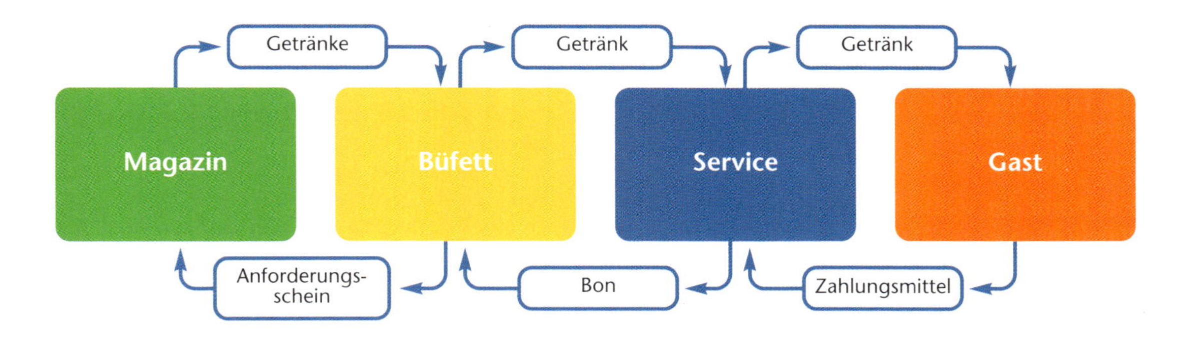

Beispiel eines Anforderungsscheins

HOTEL ALLGÄU

Datum: 16.11.20..

Warenanforderung der Abteilung: Büfett

☐ **Lebensmittellager** ☒ **Weinkeller** ☐ **General Store** N° 7450

Menge	Stck / Dose / Kilo / Fl.	Waren-Bezeichnung
10	0,75 l Fl.	Deidesheimer Hofstück
7	0,75 l Fl.	Würzburger Stein
4	1 l Fl.	Bechtheimer Pilgerpfad

Ware ausgeliefert: Reiner (Unterschrift)
Ware empfangen: Hübner (Unterschrift)
Gebucht: Walther (Unterschrift)

Lagerkartei

Zur lückenlosen Erfassung des Warenumlaufs am Büfett wird im Kontrollbüro oder Magazin für jedes Getränk eine Karteikarte angelegt. In ihr werden, vom Anfangsbestand ausgehend, alle Zu- und Abgänge registriert:

- Grundlage für die Zugänge sind die Anforderungsscheine, die vom Magazin übergeben werden,
- Grundlage für die Abgänge sind die Bons, die nach Erledigung vom Büfett kommen.

In den Karteikarten kann der jeweilige Bestand der Ware entweder nach jedem Zu- oder Abgang festgestellt und eingetragen oder bei Bedarf ermittelt werden.

	Anfangsbestand
+	Zugänge
–	Abgänge
=	Endbestand **Soll**

Soll besagt, wie hoch der Warenbestand laut Karte sein „**sollte**".

Beispiel einer Lagerkarteikarte

HOTEL ALLGÄU

Lagerkarteikarte

Stock-Nr.: 12
Lieferant: Böhm
Telefon: 07341 – 123456
Artikel: Deidesheimer Hofstück
Mindestbestand: 60

Datum	EK-Preis		Zugang	Ausgabe	Abteilung	Bestand
02.11	4	83	–	10	Bar	84
03.11			–	10	Büfett	74
07.11			–	30	Büfett	44
09.11	4	94	60	–	–	104
13.11			–	5	Bar	99
16.11			–	10	Büfett	89

Beim Einsatz von **Computersystemen** werden die Lagerkarteikarten durch **Dateien** ersetzt. In diese gibt man die Anfangsbestände sowie Zu- und Abgänge der Waren ein.

Der Abruf der Sollbestände ist dadurch jederzeit möglich.

Die Getränkeabrechnungen können direkt mit der Zapfanlage verbunden werden.

Der Vorteil liegt

- in der genauen Aufzeichnung des Warenabganges,
- bei gleichzeitiger Umsatzerfassung der einzelnen Getränkegruppen,
- in einer Erfassung der Verkaufsumsätze der einzelnen Servicefachkräfte und
- in der Möglichkeit, jederzeit Zwischenabrechnungen vornehmen zu können.

Bestandsaufnahme am Büfett

Die Bestände am Büfett werden in regelmäßigen Abständen vom Kontrollbüro überprüft:

- in jedem Falle einmal jährlich für die Jahresbilanz,
- für kurzfristige Kontrollen halb- bzw. vierteljährlich oder sogar monatlich.

Den Vorgang der Bestandsaufnahme nennt man **Inventur**, bei der sowohl die Anzahl der vollen Flaschen als auch die Restinhalte von angebrochenen Flaschen erfasst und in einer Inventurliste eingetragen werden.

Die bei der Inventur ermittelten Zahlen und Werte sind Ist-Bestände. Sie geben an, welcher Warenwert tatsächlich vorhanden ist. Soll- und Ist-Bestände müssten theoretisch übereinstimmen.

Lagerkarteikarte oder Computerdatei werden mit der Inventurliste verglichen. Werden Abweichungen festgestellt, muss der Ursache nachgegangen werden.

Die Inventur ist in jedem Fall für die Jahresbilanz am Ende des Geschäftsjahres gesetzlich vorgeschrieben. Sie wird jedoch heute zu innerbetrieblichen Kontrollzwecken im Allgemeinen **monatlich** durchgeführt (s. S. 545).

Dabei sind Abweichungen zwischen dem Soll- und Ist-Bestand in der Lagerkarteikarte oder in der Datei zu berichtigen.

Beispiel einer Inventurliste zur Bestandsaufnahme

INVENTURLISTE am 31.01. ....

Abteilung: Büfett Artikelgruppe: Weine

	Gegenstand	Kartei-Nr.	Anzahl	Einheit	Inventurwert einzel	Inventurwert gesamt	Bemerkung
1	Weißwein	212	17	0,75 l	8,43	143,31	nicht mehr lieferb.
2	Rotwein	223	22	0,75 l	7,99	175,78	
3							
4							
5							

Weiteres Beispiel mit einer anderen Artikelgruppe

INVENTURLISTE am 31.01. ....

Abteilung: Büfett Artikelgruppe: Aufgussgetränke

	Gegenstand	Kartei-Nr.	Anzahl	Einheit	Inventurwert einzel	Inventurwert gesamt	Bemerkung
1	Kaffeemehl	101	4	kg	19,90	79,60	
2	Espressobohnen	103	7	kg	24,10	168,70	
3	Teebeutel (schwarz)	110	280	Beutel	0,07	19,60	
4							

Aufgaben

1. Welche Bedeutung hat für die Büfettkontrollen das Nummerieren von Getränken?
2. Warum ist es sinnvoll, bei Spirituosen Verkaufseinheiten festzulegen?
3. Welchem Zweck dient die Inventur am Büfett?
4. Bei der Inventuraufnahme am Büfett versteht ein Arbeitskollege die Begriffe „Soll-Bestand“ und „Ist-Bestand“ nicht. Erklären Sie Ihrem Kollegen diese Begriffe.

7 Getränkeservice *beverage service* *service (m) des boissons*

Das Bereitstellen der Getränke erfolgt am Büfett, wobei sich die Art der Bereitstellung aus dem Angebot in der Getränkekarte ergibt (s. S. 282).

7.1 Servieren von Wein in Flaschen *wine service* *service (m) de vin*

Zum gepflegten Weinservice benötigt man je nach Weinart unterschiedliche Utensilien.

① Drahtgestell für Flaschen
② Tropfring
③ Dekantiertrichter
④ Korkenzieher
⑤ Kapselschneider
⑥ Kellnermesser
⑦ Probierschale für Wein
⑧ Dekantierkaraffe
⑨ Weinthermometer
⑩ Dekantierkorb

Temperieren von Wein

Bei **Weißwein** kommt es gelegentlich vor, dass ein rasches Abkühlen bzw. **Frappieren** erforderlich wird.

Frappiert wird in einem Weinkühler.

Die Flasche ist dabei von Wasser mit Eiswürfeln umgeben, die mit Salz überstreut werden. Das Salz beschleunigt das Schmelzen des Eises, wobei Kälte freigesetzt wird.

Rotwein serviert man im Allgemeinen über 14 °C, weil das typische Rotweinbukett erst ab dieser Temperatur voll zur Entfaltung kommt. Deshalb wird Rotwein vor dem Service rechtzeitig vom Keller in einen temperierten Raum oder einen Weinklimaschrank gebracht.

Manchmal muss Rotwein **chambriert** (erwärmt) werden. Hierbei wird die Flasche mit warmen Tüchern umlegt.

Die Temperatur kann auch reguliert werden, indem man den Wein in eine vorgewärmte Karaffe umgießt.

Da rasche Temperaturregulierungen dem Bukett der Weine schaden, sollten sie möglichst durch rechtzeitiges Temperieren vermieden werden.

Rotwein darf zum Erwärmen nie in ein Teller-Rechaud gelegt werden.

Die Weinpflege liegt in der Verantwortung der Büfettfachkraft oder des Sommeliers.

Weißweinservice

white wine service *service (m) de vin blanc*

Nachdem ein Gast nach fachlicher Beratung die Weinorder gegeben hat, erfolgt die Vorbereitung für den Weinservice. Das Präsentieren und Öffnen der Flasche des Weines erfolgt am Tisch.

Mise en place

Die Weingläser werden den Gästen von rechts eingesetzt.

Auf einem Guéridon werden bereitgestellt:

- das Kellnermesser mit Korkenzieher,
- ein Probier- oder Reserveglas,
- zwei Papierservietten und eine Handserviette,
- zwei kleine Teller zum Ablegen des Korkens und der Kapsel,
- ein Weinkühler oder Temperaturgarant.

Präsentieren

Vor dem Öffnen der Weinflasche wird diese, auf einer Handserviette liegend, dem Besteller von rechts präsentiert. Das Etikett und die Halsmanschette sollen für den Gast gut lesbar sein, damit er sich von der Richtigkeit seiner Bestellung überzeugen kann.

Öffnen der Weinflasche

Das Öffnen der Flasche am Guéridon muss unter Beachtung der Regeln sorgfältig ausgeführt werden.

Arbeitsablauf	Abbildung	Begründung
Bei Weißweinflaschen die Kapsel oberhalb des Flaschenhalswulstes, bei Rotweinflaschen unterhalb des Wulstes rundherum durchschneiden und den abgetrennten Teil abnehmen.	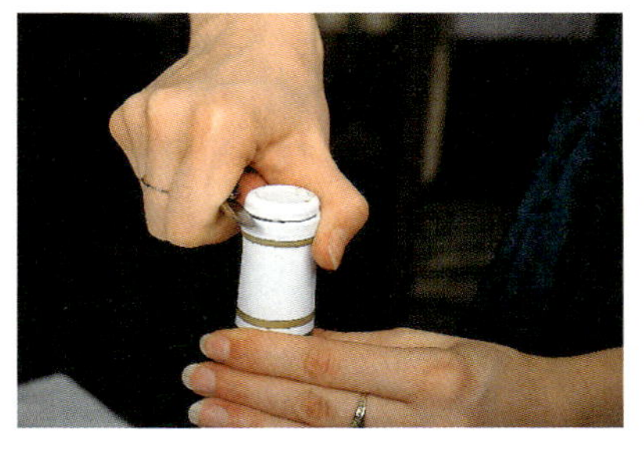	Der Flaschenhals muss sauber sein. Rotwein soll nicht mit der Stanniolkapsel in Kontakt kommen – negative Geschmacksveränderung.
Den Flaschenmund und die Oberfläche des Korkens mit der ersten Papierserviette reinigen.		Unter der Kapsel bilden sich beim Lagern manchmal staubige Ablagerungen, Schimmel oder sirupartige Weinrückstände bei nicht ganz dichten Korken.
Den Korkenzieher in die Mitte des Korkens eindrehen, den Hebel auf den Flaschenhalsrand aufsetzen und den Korken gerade nach oben herausziehen. Die letzten Millimeter durch leichtes Hin- und Herbewegen des Korkens überwinden.	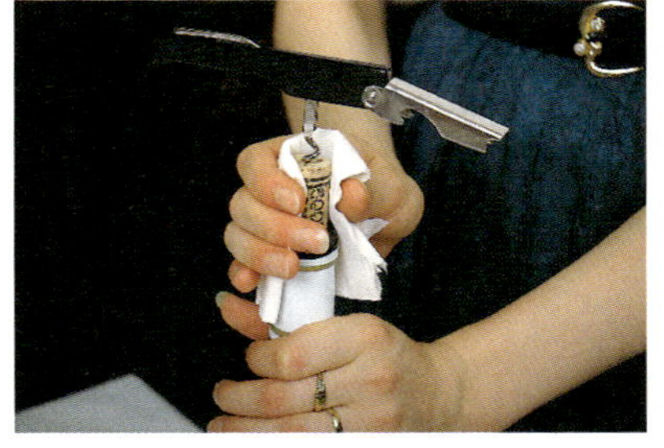	Der Korkenzieher sollte den Korken nach keiner Seite hin durchbrechen, weil sich dabei Korkkrümel ablösen, die beim Eingießen des Weines ins Glas gelangen.
Den Korken auf einwandfreien Geruch hin prüfen. Mit einer zweiten Papierserviette den Korken fassen und vom Korkenzieher abdrehen. Auf den kleinen Teller legen und neben dem Weinglas des Bestellers einsetzen.		Schlechter Korken könnte den Wein verdorben haben. Für den Gast kann neben der Geruchsprobe auch das auf dem Korken angebrachte Brandzeichen (Name, Nummer des Abfüllers oder die Weinjahrgangszahl) interessant sein.
Den Flaschenmund mit der Papierserviette reinigen.		Auch Korkstückchen können im Bereich des Flaschenmundes mit der Serviette entfernt werden.

Probieren des Weines

Damit sich der Besteller von der einwandfreien Beschaffenheit des Weines überzeugen kann, wird ihm ein Probeschluck eingegossen.

Eventuelle Beanstandungen könnten sein:

- Der Wein ist trüb oder schmeckt nach Kork.
- Er hat einen artfremden Geruch oder Geschmack.
- Die Temperatur entspricht nicht den Wünschen der Gäste.

Das Mitprobieren der Servicefachkraft ist nur dann üblich, wenn diese ein fachkundiger Sommelier ist, oder wenn der Chef des Hauses den Wein serviert.

Eingießen des Weines

Nach der Zustimmung des Bestellers werden in kleinem Gästekreis die Damen zuerst, dann die Herren und zuletzt der Besteller bedient.

Bei einer größeren Personenzahl, z. B. anlässlich eines Banketts, wird, um das aufwendige und oftmals störende Hin und Her zu vermeiden, der Reihe nach den Gästen der Wein eingeschenkt.

Richtlinen zum Eingießen des Weißweines

Die Verwendung einer Handserviette beim Eingießen ist nur dann angebracht, wenn der Wein im Weinkühler serviert wird oder frappiert werden musste und die Flasche aus diesem Grunde nass ist. Sie wird in diesem Falle von Boden zum Hals hin um die Flasche gelegt.

Arbeitsablauf	Erläuterungen zu den einzelnen Arbeitsschritten
Die Flasche an der etikettfreien Seite mit der rechten Hand fest umfassen und, den Handrücken nach oben gerichtet, langsam über der Glasöffnung absenken.	Beim Eingießen des Weines ist darauf zu achten, dass das Etikett einigermaßen sichtbar für die Gäste bleibt, die gerade bedient werden. Wichtig ist, dass die Flasche sicher in der Hand liegt und der Glasrand nicht berührt wird.
Den Wein langsam fließend in das Glas eingießen.	Das Bukett des Weines wird somit nicht negativ beeinträchtigt.
Die Gläser 1/3 bis 1/2 auffüllen, abhängig von der Gläsergröße.	Der jeweils freie Raum im Glas ist erforderlich, damit sich Blume und Bukett voll entfalten können.
Die Flasche rechtzeitig und langsam wieder in die waagrechte Lage bringen und beim endgültigen Aufrichten etwas nach rechts abdrehen.	Der in der Flasche verbliebene Wein darf nicht unnötig aufgerüttelt werden. Die letzten Tropfen am Flaschenmund verteilen sich beim Drehen auf dem Flaschenrand und fallen somit beim Anheben nicht auf den Tisch.
Die Weinflasche in den Kühler oder Weingaranten zurückstellen.	Damit bleibt eine konstante Serviertemperatur des Weines erhalten.
Den Teller mit dem Korken ausheben.	Der Kork wird nicht mehr benötigt.
Den Guéridon in Ordnung bringen.	Überflüssige Utensilien entfernen.
Rechtzeitig Wein nachschenken.	Gläser im Auge behalten, damit sich die Gäste nicht selbst nachschenken müssen.

Abb. 1 Eingießen von Wein ...

Abb. 2 ... zuerst der Dame ...

Abb. 3 ... dann dem Besteller.

Beim Servieren aus einer Bocksbeutelflasche liegt diese, mit dem Etikett nach oben gerichtet, flach auf der Hand.

Rotweinservice

red wine service *service (m) de vin rouge*

Der Service von Rotwein verläuft wie der Weißweinservice. Einige unterschiedliche Merkmale sind dabei jedoch zu beachten.

Eingießen von Rotwein

Rotwein ohne Depot wird aus der Flasche in die Gläser eingegossen. Zu diesem Zweck kann das Glas ausgehoben werden. Es wird leicht schräg geneigt, dann die Flasche vorsichtig abgesenkt, damit der Wein langsam einfließen kann.

Dekantieren von Rotwein

Dekantiert werden in der Regel Rotweine mit Depot. Unter **Dekantieren** versteht man das vorsichtige Umgießen des Weines von der Flasche in eine Karaffe. Sinn dieses Vorganges ist, das Depot in der Flasche zurück zu lassen.

Unter **Depot** versteht man Ablagerungen als Bodensatz, die durch Umwandlung einiger Weinbestandteile bei alten Rotweinen entstehen. Solche Ablagerungen zeugen von einer hohen Weinqualität.

Damit das Depot nicht aufgerüttelt wird und den Wein trübt, werden die Flaschen **bereits im Weinkeller** so gelegt, dass die Etiketten nach oben gerichtet sind. Dadurch erübrigt sich das Umdrehen beim Servieren.

Zum Dekantieren von Rotwein werden auf einem Guéridon bereitgestellt:

- ein Kerzenständer mit Kerze und Streichhölzern,
- ein Korkenzieher und ein Kapselschneider,
- zwei Papierservietten und eine Handserviette,
- zwei kleine Teller für Kapsel und Korken,
- die Rotweinflasche, fachgerecht im Korb liegend,
- eine Dekantierkaraffe,
- ein Probier- oder Reserveglas.

Zum Transportieren, Präsentieren und Öffnen liegt die Flasche leicht schräg in einem speziellen Korb oder Flaschengestell. Das Öffnen der liegenden Flasche erfolgt wie beim Weißwein. Um ein Aufrütteln des Depots zu vermeiden, muss das Herausziehen des Korkens behutsam erfolgen. Vor dem Kerzenschein wird der Rotwein in eine schräg gehaltene Karaffe umgegossen (s. Abb. 2). Sobald die erste Trübung im Flaschenhals sichtbar wird, bricht man den Dekantiervorgang ab.

Es können aber auch Rotweine, die kein Depot aufweisen, dekantiert werden. Auf diese Weise reichert sich der Wein durch das Umgießen in eine Karaffe mit Sauerstoff an, entfaltet dadurch verstärkt Aromastoffe und entwickelt sein volles Bukett.

Abb. 1 Mise en place

Abb. 2 Dekantieren von Rotwein

Abb. 3 Von der Karaffe ins Glas gießen

7.2 Servieren von Schaumwein

sparkling wine service *service (m) de vin mousseux*

Damit Schaumwein kühl bleibt, wird er im Sektkühler mit Eiswürfeln und Wasser an den Tisch des Gastes gebracht. Anstelle eines Sektkühlers kann auch ein Temperaturgarant verwendet werden.

Mise en place

Zuerst werden am Tisch der Gäste die Sektgläser eingesetzt.

Auf einem Guéridon stellt man bereit:

- Sektflasche im Kühler auf einem Teller mit Serviette
- Weinserviette und zwei kleine Teller
- Sektbrecher bzw. Barzange als Hilfe für Drahtbügelverschluss oder festsitzenden Korken

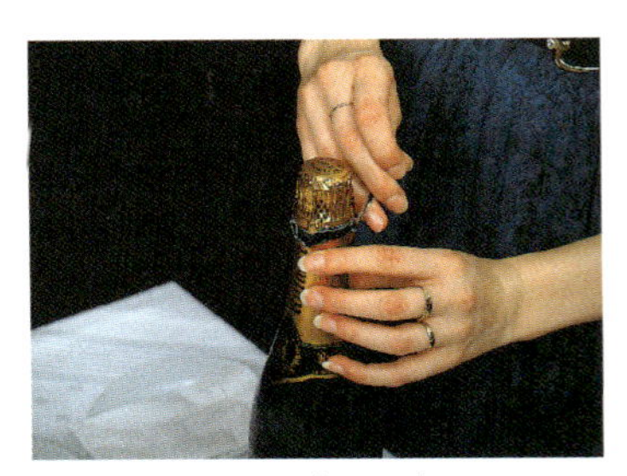

Abb. 1 Stanniolkapsel entfernen

Abb. 2 Draht aufdrehen, Agraffe entfernen

Abb. 3 Flasche entkorken

Öffnen der Schaumweinflasche

- Die Flasche wird aus dem Kühler genommen und mit einer Serviette abgetrocknet.
- Anschließend wird sie dem Gast präsentiert.
- Dann entfernt man die Stanniolkapsel bis zum Drahtbügelverschluss (Agraffe). Die Stanniolreste werden auf einem der Teller abgelegt.
- Eine Stoffserviette wird über den Korken gelegt und mit dem Daumen festgehalten. (Bei den nachfolgenden Abbildungen wurde der besseren Sicht wegen auf die Serviette verzichtet.)

- Es gibt zwei Möglichkeiten der Agraffenentfernung:
  - **Methode I:** Die Agraffe wird entgegen ihren Windungen aufgedreht und vorsichtig entfernt. Der Korken wird ständig mit dem Daumen gesichert.
  - **Methode II:** Dabei werden die Agraffenwindungen eine Umdrehung straffer gedreht und der Draht durch mehrmalige Links-Rechts-Bewegungen zum Abbrechen gebracht. Anschließend wird der Bügelverschluss vom Flaschenhals weggebogen und seitlich des Korkens geschoben.

- Den Korken nun mit der Serviette umfassen, diesen lockern und bei gleichzeitigem Gegendruck langsam und geräuschlos herausgleiten lassen. Dabei hält man die Flasche schräg und den Flaschenhals von den Gästen abgewendet.
  Damit der Korken nicht knallend austritt, lässt man den Überdruck im rechten Augenblick geräuschlos entweichen. Das Schräghalten der Flasche ist wichtig, weil auf diese Weise das Überschäumen des Sektes oder Champagners verhindert wird.
- Mit einer Serviette den Flaschenmund säubern.
- War die Sektflasche mit einem Naturkorken verschlossen, so wird dieser präsentiert. Bei Kunststoffkorken wird dies nicht praktiziert.

Eingießen des Schaumweines

Der Probeschluck sollte so ausreichend bemessen sein, dass der Besteller zweimal probieren kann.

Das weitere Ausschenken des Sektes oder Champagners erfolgt nach den Servierregeln.

Die Schaumbildung ist wegen der zimmerwarmen Gläser zu Beginn des Eingießens besonders stark.

Aus diesem Grunde sollte man zunächst vorsichtig nur eine kleine Menge eingießen und dann das Glas langsam höchstens dreiviertel voll füllen.

Der Gästetisch sollte beobachtet werden, damit rechtzeitig nachgeschenkt wird.

Abb. 4 Präsentieren des Korkens

Abb. 5 Sekt eingießen

Abb. 6 Andere Grifftechnik

Aufgaben

1 Beschreiben Sie Ihrem Kollegen die Mise en place für Flaschenservice von Weißwein.
2 Weshalb wird einem Gast der von ihm bestellte Flaschenwein vor dem Öffnen präsentiert?
3 Erklären Sie das fachgerechte Öffnen einer Weinflasche.
4 Warum beträgt die Serviertemperatur bei Rotwein im Allgemeinen mehr als 14 °C?
5 Beschreiben Sie das Dekantieren von Rotwein.
6 Nennen Sie Gründe, weshalb Rotweine dekantiert werden.
7 Beschreiben Sie das sachgerechte Öffnen einer Schaumweinflasche.

Anregung und Hilfestellung für das folgende Projekt „Weinprobe“.

Abb. 1 Weinseminarraum

Projekt

Weinprobe

Sie erhalten von Ihrem Chef den Auftrag, im Rahmen einer geplanten Mitarbeiterschulung eine Weinprobe vorzubereiten. Die Weinprobe soll sich auf die gängigen Flaschen- und Ausschankweine Ihres Betriebes beschränken.

Vorbereitung

1 Bestimmen Sie die zu beurteilenden Weine.

2 Erstellen Sie eine Liste mit wichtigen Angaben von einzelnen Weinetiketten.

3 In welcher Reihenfolge werden Sie die Weine probieren lassen?

4 Welche schriftlichen Unterlagen stellen Sie Ihren Kolleginnen und Kollegen zur Verfügung?

5 Welche Tischform werden Sie wählen, um möglichst viel Kommunikation zu erreichen?

6 Was bieten Sie den Schulungsteilnehmern außer den Weinkostproben noch an?

7 Bestimmen oder finden Sie einen Mitarbeiter, der bereit ist, ein Kurzreferat von 5 Minuten über den Weinanbau und die Weinherstellung zu halten.

8 Erstellen Sie eine Liste der Materialien, die für eine Weinprobe benötigt werden. Zur Anregung und Hilfestellung siehe Abbildung auf S. 465.

Durchführung

Anmerkung: Falls die Weinprobe in der Berufsschule geplant wird, sollten die schulrechtlichen Vorschriften beachtet werden.

1 Bereiten Sie den Raum und die Tafel für eine Weinprobe vor.

2 Stellen Sie fest, ob die zu probierenden Weine richtig temperiert sind.

3 Analysieren Sie die Angaben eines Etiketts, indem Sie eine Folie des Weinetiketts mit dem Overhead-Projektor zeigen.

4 Lassen Sie Kleinstmengen der einzelnen Weine probieren, erarbeiten Sie gemeinsam ein Ergebnis und halten Sie dieses schriftlich fest.

Koorespondierende Speisen

1 Wählen Sie anschließend 3 unterschiedliche Weine. Erteilen Sie den Schulungsteilnehmern die Aufgabe, passende Gerichte zu den Weinen zu sammeln, zu besprechen und zu notieren.

2 Geben Sie den Teilnehmern ein mehrgängiges Menü vor und lassen Sie sie passende Weine zu den einzelnen Gängen auswählen. Vergleichen Sie die Ergebnisse in einer Diskussionsrunde.

Berechnungen

Wählen Sie einen Wein aus und kalkulieren Sie über den Einkaufspreis den Kartenpreis, indem Sie folgende Werte einbeziehen: Gemeinkosten 40 %; Gewinn 28 %; Service (Umsatzbeteiligung) 15 %; MwSt: 19 %.

8 Abrechnen mit Gast und Betrieb

settlement of account · *régler ses comptes*

Restaurantfachkräfte sind eigenverantwortliche Verkäufer, die einerseits mit dem Gast und andererseits mit dem Betrieb abrechnen müssen. Um das gesamte Verkaufsgeschehen lückenlos kontrollieren zu können, ist es erforderlich, dass für jeden Verkauf ein Bon bzw. Beleg ausgestellt wird.

8.1 Boniersysteme

Für das Bonieren gibt es folgende Möglichkeiten:

- das **Bonbuch,**
- die **Registrierkasse,**
- ein **computergesteuertes Boniersystem.**

Eine weitere Möglichkeit für den Erhalt und die Abrechnung von Speisen und Getränken sind **Wertmarken** und **Gutscheine.**

Der Bon ist eine Gutschrift (Bonus) und stellt ein betriebsinternes Zahlungsmittel dar. Jeder, der ihn im betrieblichen Ablauf besitzt, hat Anspruch auf eine Gegenleistung:

- die Restaurantfachkraft gegenüber der Ausgabestelle auf eine Speise oder ein Getränk,
- der Betrieb gegenüber den Restaurantfachkräften auf das vom Gast entgegengenommene Geld.

Bonbuch

Die einfachste Art des Bonierens erfolgt mit dem Bonbuch. Es wird dort eingesetzt, wo keine Registrierkassen vorhanden sind, z. B. im Partyservice oder im kurzzeitigen Saalbetrieb, und es kann bei Ausfall von Computerkassen eingesetzt werden.

Man unterscheidet **Einzel-** und **Doppelbons.**

Der Doppelbon ist mit einem **Talon** bzw. zusätzlichen Abriss versehen. Dieser dient zur Kennzeichnung der Bestellung bei der Ausgabe.

Beim Einsatz von Bonbüchern werden die Bons handschriftlich ausgefertigt.

Das Bonbuch besteht aus einem Oberblatt mit perforierten Bons und einem Unterblatt für die Durchschriften. Die Bons sind durchlaufend nummeriert und in verschiedenen Farben erhältlich.

Die **Originalbons** werden der jeweiligen Abgabestelle (Küche, Büfett oder Bar) übergeben als Aufforderung, die Ware bereitzustellen.

Die **Durchschriften** verbleiben im Bonbuch und sind die Grundlage für das Abrechnen mit dem Gast und mit dem Betrieb.

Abb. 1 Bonbücher mit Durchschreibebons

1 28.10.20.. Lambert	**105**		/
2 1 Seezungen-Filets	**106**		17,50
3 2 Wein Nr. 18	**107**	24,-	48,-

- Beim Dienstantritt werden auf dem ersten Bon das Datum und der Name der Servierfachkraft eingetragen. Damit ist der Beginn des Abrechnungszeitraumes fixiert.
- Die Bons werden mit den zur Bestellung erforderlichen Eintragungen versehen: **Menge, Art** und **Preis** der Ware.
- Die handschriftlichen Angaben auf den Bons müssen klar und gut leserlich sein.
- Jeder Bon darf nur mit einer Warenart beschriftet werden, damit das Annoncieren und die Ausgabe der Ware reibungslos verlaufen können. Außerdem wird das Sortieren, Auszählen und Addieren im Kontrollbüro nicht unnötig erschwert.

Nach- und Vorteile von Bonbüchern

Die Verwendung von Bonbüchern hat gegenüber dem Bonieren mit Registrierkassen Nachteile:

- Großer Zeitaufwand beim Bonieren und Abrechnen sowie bei der Auswertung der Bons im Kontrollbüro.
- Feststellen von Zwischensummen bzw. Abschlägen ist nur mit erheblichem Zeitaufwand möglich.
- Vielfältige Fehlerquellen aufgrund ungenauer, unleserlicher oder falscher Eintragungen auf dem Bon.

Die Verwendung ist in besonderen Fällen allerdings zweckmäßig, z. B.:

- bei Sonderveranstaltungen wegen der vereinfachten und gesonderten Abrechnung,
- beim Einsatz von Aushilfskräften, die im Umgang mit Kassen unkundig sind.

Abb. 1 Begleit- und Abrufbons für mehrgängige Menüs

Begleit- und Abrufbons

Es handelt sich um mehrteilige Bons, die im Menüservice oder bei Pensionsgästen eingesetzt werden. Mit Hilfe der Teilabschnitte kann die Servicefachkraft den jeweiligen Gang abrufen. Bei der Ausgabe wird der Talon vom Bon getrennt und die einzelnen Gänge für den Service damit gekennzeichnet.

- **Marschierbons**, weil das jeweilige Teilstück beim *Marschieren* (der Ausgabe) der Speise abgegeben bzw. entwertet wird,
- **Begleitbons**, weil sie den Ablauf des Menüs *begleiten*.

Arbeiten mit Registrierkassen

Gegenüber den Bonbüchern haben Registrierkassen Vorteile:

- Der zeitliche Aufwand beim Bonieren sowie bei den Abrechnungs- und Umsatzkontrollen ist wesentlich geringer,
- Fehler beim Multiplizieren und Addieren sowie beim Sortieren der Bons sind ausgeschlossen.

Es gibt zwei grundlegende Arten von Registrierkassen: mechanische und elektronische.

Bonieren mit mechanischen Registrierkassen

Die Servicefachkraft aktiviert die Kasse mit einem persönlicher Kassenschlüssel. Jetzt können Bonierungsdaten eingegeben werden.

Die nachfolgend eingegebenen Bonbeträge werden automatisch im Addierwerk der jeweiligen Servicefachkraft registriert und aufaddiert.

Der ausgedruckte Bon enthält folgende Angaben:

- Nummer der Servicefachkraft,
- Preis und Sparte,
- fortlaufende Kontrollnummer und Datum.

Die Angaben auf dem Bon müssen von der Servicefachkraft handschriftlich vervollständigt werden:

- Menge und Artikel
- Tischnummer
- Garstufen bei Fleisch, Beilagenänderung.

Beispiel eines Küchenbons

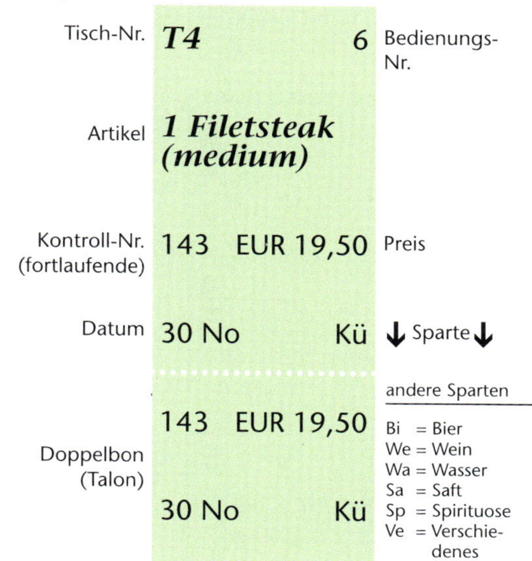

Bonieren mit computergesteuerten Systemen

Elektronische Kassen sind vollprogrammierte Systeme mit unterschiedlich umfangreicher Ausrüstung.

Die Artikel sind mit allen Details einprogrammiert, sodass beim Bonieren nur noch die richtige Programmtaste bedient werden muss.

Auf manchen Speise- und Getränkekarten sind die Artikel mit einer Codenummer versehen, die man auf dem Programmfeld wiederfindet.

Die ausgeworfenen Bons sind bereits mit allen Angaben bedruckt. Die Artikelbezeichnung erfolgt im Klartext, einschließlich der Tischnummer und Informationen über Garstufen und Beilagen.

Ablauf des Bonierens

- Codierten Schlüssel oder Karte oder Kugelschreiber eingeben
- Tisch- oder Zimmernummer eingeben
- Eingabe, ob Einzel- oder Sammelbon gewünscht wird
- Menge angeben
- Art der Speisen und Getränke oder Codenummer des Artikels eintippen bzw. scannen.
- Bonauswurftaste aktivieren

Beispiele von Bons aus Computerkassen

```
Tisch 3          Bon # 112
Datum:      10-05
Uhrzeit:    13.31
Service:    2

1 Filetsteak         (213)
1xEUR 17.60 =
                 EUR 17.60
medium

..........................

Tisch 3           Bon # 112
Datum:      10-05
Uhrzeit:    13.31
Service:    2

1 Filetsteak         (213)
1xEUR 17.60 =
                 EUR 17.60
```

```
Tisch7             Bon # 013
Datum:       14-07
Uhrzeit:     19.41
Service:     5

2 Sherry
  trocken              (101)
2xEUR 3.60 =
                   EUR  7.20

1 Hefeweizen           (102)
1xEUR 2.30 =
                   EUR  2.30

1 Pils                 (102)
1xEUR 2.30 =
                   EUR  2.30

3 Tassen
  Kaffee               (110)
3xEUR 1.70 =
                    EUR 5.10
```

Abb. 1 Einzelbon mit Talon und Sammelbon eines computerunterstützten Kassensystems

Vorteile beim Arbeiten mit einer Computerkasse

- Manuelles Beschriften der Bons entfällt
- Artikel, Preise und Uhrzeit können eingespeichert werden
- Mit dem Bonieren kann gleichzeitig die Gästerechnung (Guest-check) angelegt werden.
- Rechenfehler sind ausgeschlossen
- Preisänderungen (z. B. Happy hour) werden automatisch vorgenommen.
- Nachträgliche Erstellung von Gästerechnungen
- Umsätze der einzelnen Sparten und der Servicemitarbeiter sind jederzeit abrufbar.
- Tagesabrechnungen der einzelnen Mitarbeiter können automatisch erstellt werden.

Besonderheiten

Für die bereits genannten Systeme gibt es technische Ergänzungen in Form eines computervernetzten Getränkeausgabeverbunds mit drahtlosen Fernbedienungen (portable Terminals). Sie ermöglichen den Servicefachkräften die Aufnahme von Speisen- und Getränkebestellungen direkt am Tisch des Gastes.

Durch die Eingabe der Artikel-Codenummer und der bestellten Menge werden sofort Kasse und Bondrucker an den Ausgabestellen aktiviert.

Noch während die Servicefachkraft am Tisch des Gastes steht, erhalten Küche und Büfett bereits die Bestellungen als Bons ausgedruckt.

Die bonierten Beträge werden von der Kasse registriert, und es wird ein Guest-check für den Tisch bzw. den Gast angelegt.

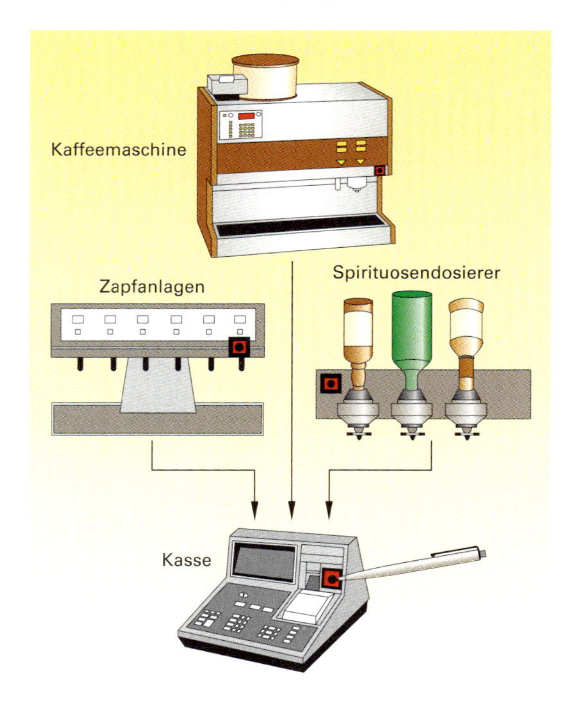

Abb. 2 Getränkeverbund-Anlage

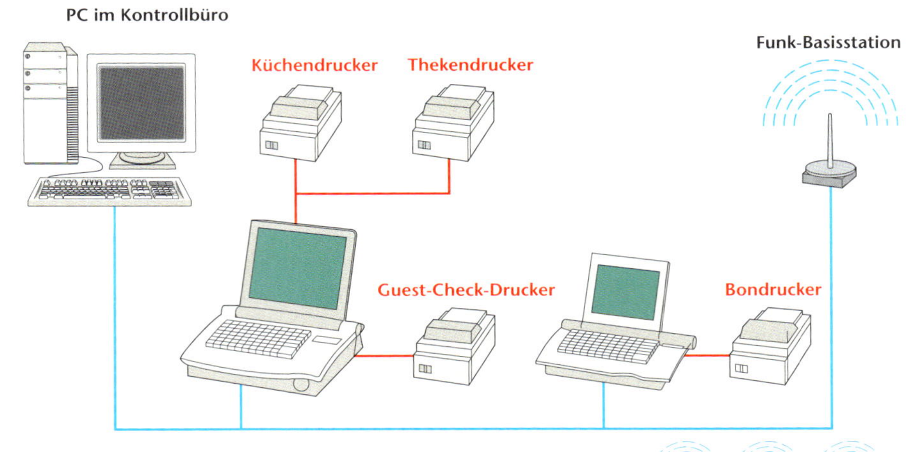

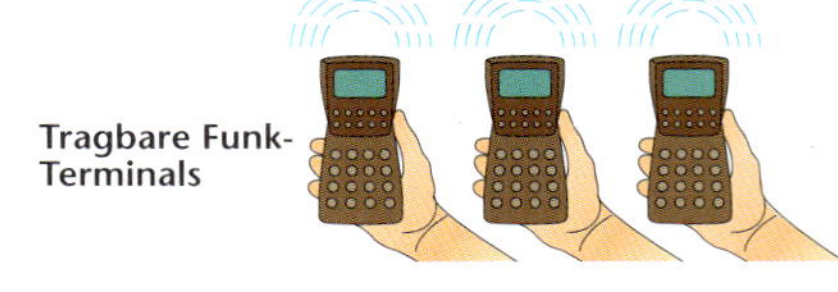

Abb. 1 Verbund-Computersystem für die Bestelleingabe am Tisch des Gastes

Wertmarken und Gutscheine

Mit dem Einsatz von Wertmarken und Gutscheinen erübrigt sich das Bonieren, und das Kontrollsystem wird vereinfacht.

Biermarken

Die Servicefachkraft erwirbt für den entsprechenden Geldwert eine bestimmte Anzahl von Biermarken, die sie bei Bestellungen gegen das Bier einlöst.

Gutscheine

Gutscheine werden z. B. bei Firmenveranstaltungen an die Betriebsangehörigen ausgegeben. Auf dem Gutschein ist der Gegenwert genau vermerkt. Der Gutschein wird von den Gästen als Zahlungsmittel verwendet.

Gutschein für 1 Essen 2 Biere oder 2 Softdrinks	Gutschein für 1 Portion Kaffee 1 Stück Torte oder 1 Eisbecher

8.2 Abrechnung mit dem Gast

Wenn man von der ganz einfachen Art der Abrechnung mit Notiz- oder Rechnungsblock absieht, erhält der Gast eine Rechnung mit folgenden Angaben:

- Menge, Art und Preis der in Anspruch genommenen Leistungen,
- Rechnungssumme und Datum,
- Unterschrift.

RECHNUNG

für ....

Datum 23.03.20 . . K.-Nr. 3

2 Menü Nr. 2	28,–
1 Menü Nr. 3	18,50
1 Johannisberger Erntebringer	9,50
2 Tassen Kaffee	5,–
Summe €	61,–

....
Unterschrift

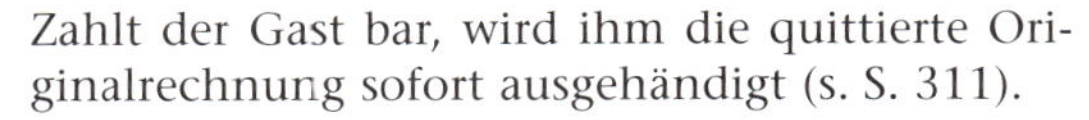

Zahlt der Gast bar, wird ihm die quittierte Originalrechnung sofort ausgehändigt (s. S. 311).

Bei Hotelgästen, deren Verzehr mit der Endabrechnung des Hotels übernommen werden soll, ist die Rechnung mit der Zimmernummer zu versehen, vom Gast zu unterschreiben und sofort an den Empfang weiterzuleiten.

Der Servicemitarbeiter reduziert diesen Betrag von seiner Kassenabrechnung.

Handelt es sich um eine Kasse mit Rechnungsstellung (Guest-Check), dann wird die Rechnung beim Bonieren automatisch mitgeschrieben.

Die Angaben für die Rechnung werden in einem eigens für den Gast bestimmten Speicher registriert und bei Rechnungsstellung in einem Arbeitsgang ausgedruckt.

Per Computer ausgedruckte Rechnungen entsprechen den Vorschriften der Finanzämter, wenn die Rechnung als Nachweis für Bewirtungskosten eingereicht wird.

Die gesetzlichen Bestimmungen verlangen außerdem:

- Name und Anschrift des Restaurants bzw. der Gaststätte,
- Tag der Bewirtung sowie die Leistung nach Art, Umfang und Entgelt,
- Mehrwertsteuerprozentsatz und Mehrwertsteuerbetrag,
- Endbetrag der Rechnung.

Zentrale Restaurantkasse

Dieses System dient zur Vereinfachung der Abrechnung, indem die Gäste beim Verlassen des Restaurants ihre Verzehrschuld an der Kasse begleichen. Dadurch entfällt das Abrechnen der einzelnen Servicefachkräfte mit dem Gast und mit dem Betrieb:

- Die Servicefachkraft registriert die Bestellungen des Gastes fortlaufend auf einer Karte, die der Gast beim Betreten des Restaurants erhält.
- Möchte der Gast bezahlen, übergibt er die Karte vor dem Verlassen des Restaurants an der Kasse.
- Hier wird die Rechnung ausgefertigt und der Rechnungsbetrag kassiert.

Rechnung für:

____

835	Bedienung	Datum	Tisch	
	4	15-01-20..	5	

1 Sekt	34	13.00	13.00	
2 Küche		18.00	36.00	
1 Wein	75	11.00	11.00	
1 Storno		11.00	11.00	–
1 Wein	76	14.00	14.00	
2 Kaffee	52	2.40	4.80	

Im Rechnungsbetrag sind 19 % Mehrwertsteuer € 10.83 enthalten

Kasse € 67.80

Rechnung anerkannt: Unterschrift ____________________

Zimmer Nr. ________ Name ____________________ (Blockschrift)

Wird nur ausgefüllt, wenn der Gast den Rechnungsbetrag nicht an die Bedienung bezahlt.

8.3 Abrechnung mit dem Betrieb

Die Servicefachkräfte rechnen ihre Einnahmen mit dem Betrieb ab.

Als Grundlage dazu dient der Umsatz der jeweiligen Servicefachkraft.

Dieser wird ermittelt aus:

- den aufaddierten Bondurchschriften des Bonbuches
- dem per Tastendruck abgerufenen Umsatz der Registrierkasse oder
- einem vom Computersystem automatisch angefertigten, detaillierten Umsatzbericht für jede Servicefachkraft.

Die Abrechnung enthält folgende Eintragungen:

- Datum sowie Name und Nummer des Servicemitarbeiters,
- Gesamtumsatz, Fehlbons (Stornos) und berichtigter Umsatz,
- das kassierte Bargeld, die angenommenen Reiseschecks sowie die Kreditkartenbelastungsbelege,
- Restanten.

In den voll durchorganisierten Systemen wird auf Abruf für jede Servicefachkraft automatisch ein detaillierter Umsatzbericht ausgefertigt (auch Servicebericht genannt).

Service-Nr. 5

Brutto-Umsatz	34	1815,40
Stornos	2	76,30
Netto-Umsatz	32	1739,10
Kredit	6	1104,80
Kasse		634,30

Datum 18-10-..

Fehlbons sind Bons, die nicht durch Sofort-Stornierung ungültig gemacht werden konnten. Sie reduzieren den abzurechnenden Umsatz des Service-Mitarbeiters.

Restanten sind offene Rechnungen von Hausgästen, die dem Empfang zugeleitet und auf die Hotelrechnung des Gastes übernommen werden.

Debitoren sind offene Rechnungen, die entweder Gästen oder einer Firma zugeschickt und dann erst per Überweisung beglichen werden.

Restaurant Classico

MARITIM HOTELS

Restaurant-Abrechnung

Datum: 23.03.20.. Name: Schmidt Nr.: 8

Umsatz	1.712,	40
./. Fehlbons [2]	34,	15
Berichtigter Umsatz	1.678,	25
./. Restanten	456,	50
Kasse	1.221,	75

Erhalten: Steinmüller

geprüft: Krause (Kontrollbüro)

Restanten/Rechnungen an Hotel

Rechnungs-Nr.	Zimmer-Nr.	€
318	128	123,90
459	434	332,60
	Summe:	456,50

Aufgaben

1 Beschreiben Sie die Grundausstattung von Bonbüchern.

2 Erklären Sie Ihrer neuen Kollegin die Handhabung von Bonbüchern.

3 Erklären Sie folgende Bonbezeichnungen:
a) Originalbon, Fehlbon, Sammelbon, b) Einzelbon, Doppelbon, Abrufbon,
c) Begleitbon, Marschierbon.

4 Was versteht man unter dem Begriff Talon?

5 Nennen und erläutern Sie Regeln für das Bonieren.

6 Welche Nachteile hat das Bonieren mit Bonbüchern?

7 In welchen Fällen ist der Einsatz von Bonbüchern zweckmäßig?

8 Beschreiben Sie im Zusammenhang mit dem Bonbuch:
a) das Abrechnen mit dem Gast, b) das Abrechnen mit dem Betrieb.

9 Beschreiben Sie den Bon einer Registrierkasse und dessen Verwendung.

10 Beschreiben Sie das Bonieren und die Ausstattung des Bons beim Arbeiten mit elektronischen bzw. computerunterstützten Kassen.

11 Welches sind die Besonderheiten bei elektronischen Kassen
a) in Bezug auf die Rechnungsstellung für den Gast,
b) in Bezug auf das Abrechnen mit dem Betrieb?

12 Erklären Sie die Besonderheiten bei der Verwendung
a) von Biermarken, b) von Gutscheinen.

MARKETING IM GASTGEWERBE

1 Besonderheiten im Gastgewerbe

particularities of the hotel and catering industry

particularités (w) de la gastronomie et hôtellerie

Das Gastgewerbe mit seinen Hotel- und Restaurant-Betrieben unterscheidet sich in mancher Hinsicht von anderen Wirtschaftsbereichen.

Unter den im Gastgewerbe angebotenen **Gütern** stellen die Lebensmittel (Speisen und Getränke) als **Verbrauchsgüter** einen sehr großen Anteil dar. Bei den Speisen gibt es viele Gerichte, die erst auf Bestellung frisch zubereitet werden. Diese Gerichte sind nicht „auf Vorrat" produzierbar oder dem Lager entnehmbar wie manche Güter anderer Branchen.

Unter den Getränken gibt es ebenfalls viele, die erst auf Bestellung produziert werden können (Cocktails, Shakes, Aufgussgetränke ...). Denn sie sind leicht verderblich, aromaempfindlich und – wenn überhaupt – nur kurzfristig lagerfähig.

Erschwerend kommt hinzu, dass diese leicht verderblichen Güter an **ganz unterschiedlichen Örtlichkeiten/Stellen** (gastronomische Outlets) angeboten werden. Nämlich dort, wo der Gast dies wünscht, wie z. B. in Restaurant, Bistro, Bankettabteilung, Hallenbar, Poolbar, auf der Etage, Terrasse oder, wie im Bereich des Party-Services, auch „Außer Haus".

Außerdem ist das Verkaufen in der Gastronomie durch einen ständigen **Wechsel der Nachfragesituation** zu unterschiedlichen Tageszeiten geprägt. Die Frühstücksgäste möchten ein anderes Angebot als die Mittagsgäste, die Nachmittagsgäste haben andere Vorstellungen als Gäste, die am Abend kommen.

So können im selben Hotelbetrieb die unterschiedlichsten Verkaufssituationen bestehen: Frühstücksservice, Brunch, Mittagessen à-la-carte, Festbankett am Abend, Mitternachtsbüfett, Nachtbar, 24-Stunden-Etagenservice.

Nicht nur Verbrauchsgüter, sondern auch **Gebrauchsgüter** wie Zimmer, Suiten, Sport- und Fitness-Einrichtungen, Konferenz- und Veranstaltungsräume werden mit den daran gekoppelten **Dienstleistungen** verkauft. Oft werden dazu ganze Pakete (Packages) geschnürt und den Gästen angeboten. Um den unterschiedlichsten Gäste-

Silvester im Hotel Adlon Kempinski

Das Hotel Adlon Kempinski bietet Ihnen drei Package-Varianten zum Jahreswechsel, die jeweils 2 Übernachtungen (bei Anreise am 30. oder 31.12.20..) in einem unserer luxuriösen Deluxe-Doppelzimmer beinhalten sowie:

- Kostenfreie Nutzung des Adlon Spa.
- Unser Feinschmecker-Frühstücksbüffet und unser köstlicher Langschläfer-Brunch am Neujahrstag.
- Eine Flasche Champagner, ein frischer Obstteller, Mineralwasser und weitere Überraschungen auf Ihrem Zimmer
- Mitternachtsbüfett am Silvesterabend

Tanzen Sie außerdem nach dem Jahreswechsel in unserer Lobby Lounge & Bar noch bis in die Morgenstunden bei Musik von unserem DJ.

Reservierung und weitere Informationen: +49 30 2261 1111 oder E-Mail: reservation.adlon@kempinski.com

Abb. 1 „Weihnachts-Arrangement" für Individualgäste

wünschen zu entsprechen, werden Packages zielgruppengerecht verfasst. *Zielgruppen* eines Hotels können sein: *Individualgäste* (Kulturinteressierte, Sportler, Gesundheitsbewusste, ...), *Tagungsgäste* (Konferenzteilnehmer), *Firmengäste* (zu Firmenveranstaltungen, Produktvorstellungen, Schulungen), *Reisegruppen* ... .

Für den *Tagungsgast* werden neben den Zimmern zur Übernachtung und den Tagungsräumen z. B. angeboten:

- modernste Tagungs- und Kommunikationstechnik,
- Konferenzbüros (Business-Center) mit Sekretärinnendienst,
- Simultan-Dolmetscherdienste,
- Rahmenprogramme für die Freizeit.

Für mehrere Zielgruppen gleichzeitig können folgende Leistungen/Dienstleistungen interessant sein:

- Abholungs- oder Transportdienste, z. B. Transfer- oder Shuttle-Service zum Bahnhof, Flughafen oder Golfplatz,
- günstige Parkmöglichkeiten in Nähe des Hotels,
- Teilnahme an Sportwettkämpfen, z. B. Formel-1-Rennen, Reitturnier oder Fußballspiel,
- Besuch kultureller Veranstaltungen, z. B. in Theater, Oper oder Konzerthalle,
- Nutzung des Wellness-Angebots im Hotel, wie z. B. Saune, Dampfbad, Massage und Kureinrichtungen.

Der Begriff **Dienstleistung** ist eigentlich viel zu sachlich, um zu beschreiben, was Gäste von uns erwarten:

- Freundlichkeit und Höflichkeit,
- Gastlichkeit auf hohem Niveau
- Hilfsbereitschaft und Betreuung,
- Sauberkeit und Hygiene,
- Sicherheit, auch von Hab und Gut,
- Entspannung, Ruhe und Erholung,
- Unterhaltung und Annehmlichkeiten in stressfreier Atmosphäre,
- reibungslose, pünktliche Abläufe,

und vieles mehr.

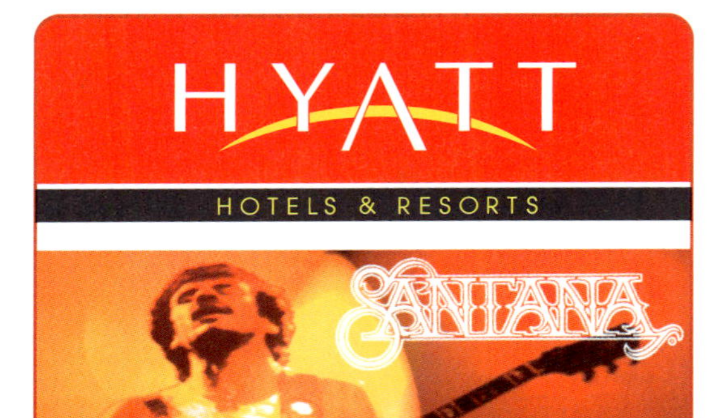

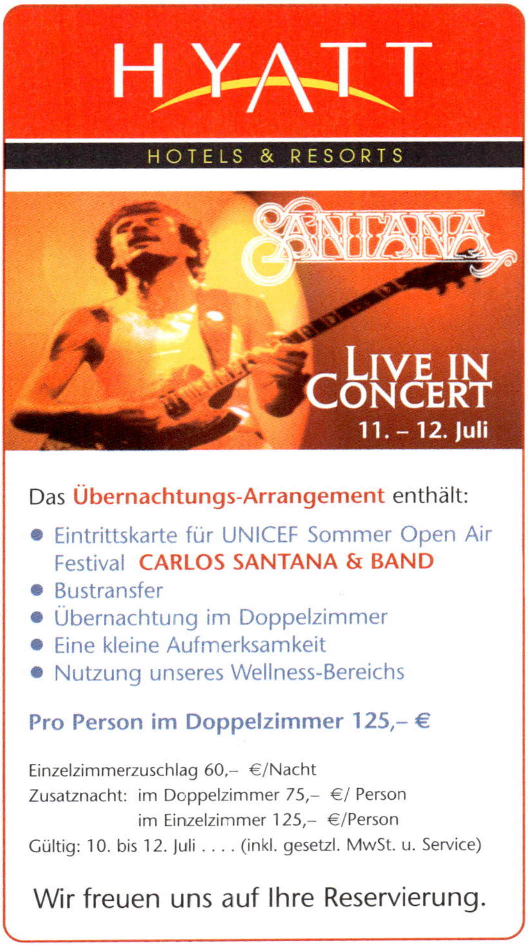

HYATT
HOTELS & RESORTS
SANTANA
LIVE IN CONCERT
11. – 12. Juli
Das Übernachtungs-Arrangement enthält:
Eintrittskarte für UNICEF Sommer Open Air Festival CARLOS SANTANA & BAND
Bustransfer
Übernachtung im Doppelzimmer
Eine kleine Aufmerksamkeit
Nutzung unseres Wellness-Bereichs
Pro Person im Doppelzimmer 125,– €
Einzelzimmerzuschlag 60,– €/Nacht
Zusatznacht: im Doppelzimmer 75,– €/ Person
im Einzelzimmer 125,– €/Person
Gültig: 10. bis 12. Juli . . . . (inkl. gesetzl. MwSt. u. Service)
Wir freuen uns auf Ihre Reservierung.

Abb. 1 Package für Rockmusik-Interessenten

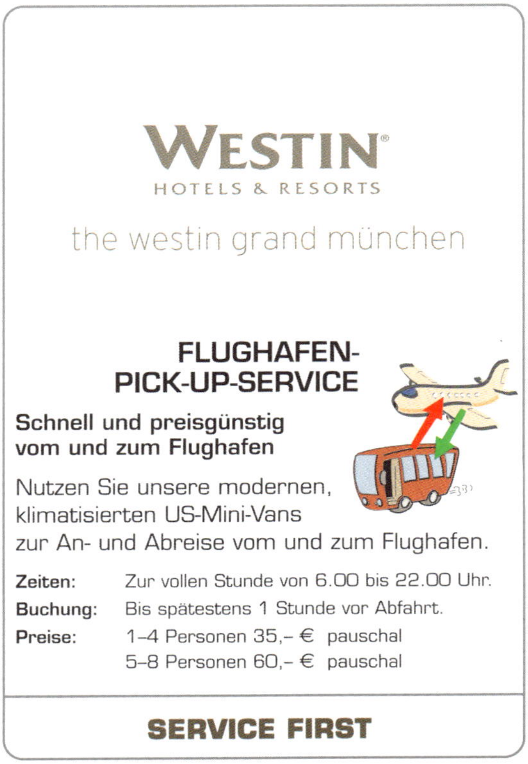

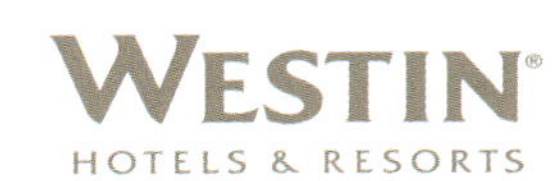

WESTIN
HOTELS & RESORTS
the westin grand münchen
FLUGHAFEN-
PICK-UP-SERVICE
Schnell und preisgünstig
vom und zum Flughafen
Nutzen Sie unsere modernen, klimatisierten US-Mini-Vans zur An- und Abreise vom und zum Flughafen.
Zeiten: Zur vollen Stunde von 6.00 bis 22.00 Uhr.
Buchung: Bis spätestens 1 Stunde vor Abfahrt.
Preise: 1–4 Personen 35,– € pauschal
5–8 Personen 60,– € pauschal
SERVICE FIRST

Abb. 2 Beispiel eines zusätzlichen Dienstleistungsangebots

2 Angebot und Nachfrage – der Markt

supply and demand – the market *offre (w) et la demande – le marché*

Unter **Markt** versteht man das Zusammentreffen von Angebot und Nachfrage, d. h. von Verkäufern und Käufern.

Je nachdem ob die Angebotsseite oder die Nachfrageseite den Markt stärker bestimmt, spricht man vom **Käufermarkt** oder vom **Verkäufermarkt.**

Beim Käufermarkt ist das Angebot größer als die Nachfrage. Der Käufer (Gast) kann auf dem Markt unter einer Vielzahl von Angeboten auswählen.

Beim Verkäufermarkt ist die Nachfrage größer als das Angebot. Es besteht ein Nachfrageüberhang. Eine solche Absatzmarktsituation bestand zum Teil in Deutschland in der Nachkriegszeit bis Ende der 1950-er Jahre. Eine Marktorientierung ist in einer solchen Situation für die meisten Unternehmen von untergeordneter Bedeutung. Der Absatz ist meist problemlos.

Heute haben wir einen Käufermarkt.

Daraus ergibt sich:

- Die Wünsche, Bedürfnisse und Probleme der potenziellen Gäste sind zu berücksichtigen.
- Eine ständige Anpassung an sich verändernde Marktsituationen ist wichtig.
- Das Angebot sowie die damit verbundenen Dienstleistungen sind entsprechend neu zu gestalten und auszurichten.
- Harter Wettbewerb, bei unter Umständen sinkenden Preisen, unterstreicht die Notwendigkeit, den gastronomischen Betrieb vom Absatzmarkt her zu führen.
- Das macht oft auch eine Neuorientierung in der Unternehmenskonzeption notwendig.

Ein Gastronom/Hotelier, der sein Angebot optimal vermarkten möchte, muss ständig die Nachfragewünsche und Gästebedürfnisse auf dem Markt beobachten, erfassen und auswerten. Er muss sein gastronomisches Angebot immer wieder diesen sich verändernden Wünschen anpassen, um weiterhin erfolgreich zu bleiben.

Der Begriff **Marketing** (s. ab Seite 479) ist daher ein Schlüsselwort unserer Zeit geworden.

Heute wird im Gastgewerbe absolut gastorientiertes Denken und Handeln verlangt. Denn die Macht liegt beim Käufer – in unserem Fall beim Gast.

Marketing im Gastgewerbe heißt, die Welt aus dem Blickwinkel des Gastes zu sehen.

Abb. 1 **Verkäufermarkt** – die Nachfrage ist größer als das Angebot

Abb. 2 **Käufermarkt** – das Angebot ist größer als die Nachfrage

3 Unternehmensleitung

management *direction (w)*

Der **Hotelier/Gastronom als Unternehmer** leitet eigenverantwortlich und durch eigene Initiative seinen Betrieb. Er trägt dabei das Kapitalrisiko und geht ein persönliches Wagnis ein.

Er bestimmt die Geschäftspolitik.

- Er setzt die Ziele,
- plant die Abläufe in den einzelnen Bereichen,
- entscheidet über die zu treffenden Maßnahmen,
- setzt die Pläne in Aktionen um,
- steuert dabei die Maßnahmen und Abläufe zur Zielerreichung und er
- kontrolliert die Ergebnisse.

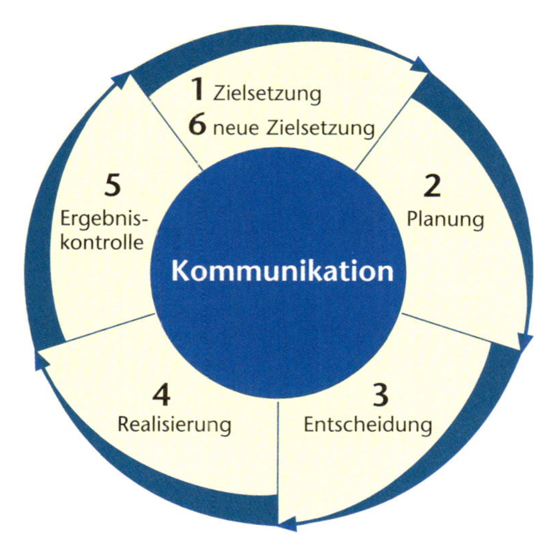

Abb. 1 Der Management-Regelkreis

Der Unternehmer entscheidet über den Einsatz von **Produktionsfaktoren.** Dies sind die Mittel, die eingesetzt werden, um die betriebliche Leistung zu erstellen.

Dazu zählen folgende **Produktionsfaktoren:**

- **Betriebsmittel:**
  - Grundstück
  - Hotelgebäude
  - Ausstattung
- **Arbeit:**
  - objektbezogene Arbeit
  - Leitung und Weiterentwicklung
- **Werkstoffe:**
  - Lebensmittel
  - Getränke
  - Reinigungsmittel

Der **Unternehmer** ist – nicht zuletzt – für die Führung und das Wohl seiner Mitarbeiter verantwortlich. Damit sein Betrieb langfristig bestehen kann, muss der Unternehmer sein Angebot/seine Leistungen gewinnbringend verkaufen. Im Allgemeinen gilt die Gewinnmaximierung als oberstes Unternehmensziel, es kann jedoch von anderen, nebengeordneten Zielen umgeben, überlagert oder ersetzt sein.

Ein **Ziel** ist ein angestrebter Zustand in der Zukunft, den ein Unternehmen als Erfolgskriterium seines Handelns definiert.

Unternehmensziele

Das oberste Unternehmensziel der Einkommenssteigerung sowie der Gewinnmaximierung kann z. B. erreicht werden durch:

- **Gastbezogene Unternehmensziele:**
  - Verbesserung der Qualität
  - Erhöhung der Kundenzufriedenheit
  - Reduzierung von Reklamationen
  - Verbesserung des Ansehens (Image/Ruf)
  - Gästebindung
- **Mitarbeiterbezogene Unternehmensziele:**
  - Sozialer Ausgleich
  - Arbeitsplatzsicherung
  - Arbeitsfrieden
  - Optimierung von Kenntnissen und Fertigkeiten
- **Betriebsbezogene Unternehmensziele:**
  - Steigerung des Umsatzes
  - Erweiterung des Marktanteils
  - Deckung/Minimierung der Kosten
  - Verbesserung der Wirtschaftlichkeit
  - Erlangung einer wirtschaftlichen Machtposition
  - Umsetzung der Ideen des Umweltschutzes
  - Erhaltung und Erweiterung der Substanz

3.1 Unternehmensleitbild

mission statement
exemple (m) d'entreprise

Im Unternehmensleitbild sind einige wichtige Unternehmens-Grundsätze formuliert, die die jeweilige Unternehmenspolitik bestimmen.

Die Grundsätze drücken meist das Verhalten gegenüber Gästen/Kunden oder auch Mitbewerbern aus. Sie stellen damit eine Grundlage der – späteren – konkurrenzorientierten Strategie dar.

Auch das Verhalten gegenüber den eigenen Mitarbeitern wird in diesem Bereich der Unternehmens-Grundsätze formuliert.

Die Unternehmensleitbilder in der Gastronomie legen die Verhaltensweisen gegenüber Gästen, Mitarbeitern, Mitbewerbern und der ortsansässigen Bevölkerung fest.

SIEMENS

Unsere Vision

Ein wachsendes Unternehmen, das seinen Kunden nachhaltigen Wert bietet.

Eines der größten und erfolgreichsten Unternehmen der Weltelektronikindustrie mit führenden Marktpositionen auf allen Arbeitsgebieten.

Ein Unternehmen, das an der Spitze des technologischen Fortschritts steht.

Ein Unternehmen, das seinen Aktionären größtmöglichen Wert schafft.

Ein für die begabtesten und leistungsfähigsten Menschen attraktives Unternehmen mit einer Kultur, die auf Höchstleistungen ausgerichtet ist.

Ein Unternehmen mit einem anspruchsvollen Wertekodex: Humanität, Chancengleichheit, strikte ethische Standards im Geschäftsleben.

Abb. 1 Beispiel eines Unternehmensleitbildes

3.2 Unternehmensidentität

corporate identity

identité (w) d'entreprise

„Corporate" bedeutet: das Unternehmen, die Unternehmensgruppe oder Institution betreffend.

„Identity" steht für Persönlichkeit, Stil oder Individualität.

Unter Unternehmens-Identität (**„C.I."**) versteht man das Erscheinen oder Auftreten (die „Persönlichkeit") eines Unternehmens. Dieses Erscheinen („Selbstbild") soll möglichst einheitlich und in sich selbst stimmig und glaubhaft nach außen und innen gestaltet werden.

Durch die abgestimmten Verhaltensweisen, die in der Unternehmens-Identität zum Ausdruck kommen, werden Glaubwürdigkeit und Vertrauen in eine Organisation geschaffen bzw. sollen diese erhalten bleiben.

Im Einzelnen sind bei der **Corporate Identity** drei Komponenten bedeutsam, bei denen sich jeweils das Besondere, die Persönlichkeit eines Unternehmens oder einer Organisation ausdrückt:

- **Corporate Design**, das Unternehmens-Erscheinungsbild, d. h. äußere Merkmale wie z. B. Firmenlogo, Kleidung der Mitarbeiter, Farbgebung, Gebäude, Außenanlagen;

Abb. 2 Beispiele unterschiedlicher Unternehmenslogos und -schriftzüge namhafter Hotels

- **Corporate Behaviour**, die Unternehmens-Verhaltensweisen, die Umsetzung der Unternehmensgrundsätze in Handlungen, z. B. als Anbieter, als Arbeitgeber, das Sozialverhalten, das Informationsverhalten bezüglich der Medien;
- **Corporate Communication**, die Unternehmens- bzw. Ortskommunikation. Sie richtet sich auf die Kommunikation mit den Mitarbeitern, den Marktteilnehmern (Gästen) und

besonders mit den Medien. Hierbei ist sie eng verwandt mit der Öffentlichkeitsarbeit/Public Relations (s. S. 481).

Die Unternehmens-Identität stellt das Selbstbild eines Betriebes dar. Die Sicht und das Bild außenstehender Betrachter wird Fremdbild oder „Corporate Image“ genannt. Identität und Image stimmen selten hundertprozentig überein. Manchmal ist das Image eines Hotels in der Öffentlichkeit besser als die Realität, gelegentlich ist es auch umgekehrt.

Vor allem die Unternehmenskommunikation trägt dazu bei, dass Corporate Identity und Corporate Image nicht auseinander fallen.

Die Persönlichkeit ist Original und Ursache, das Image ist Abbild und Wirkung.

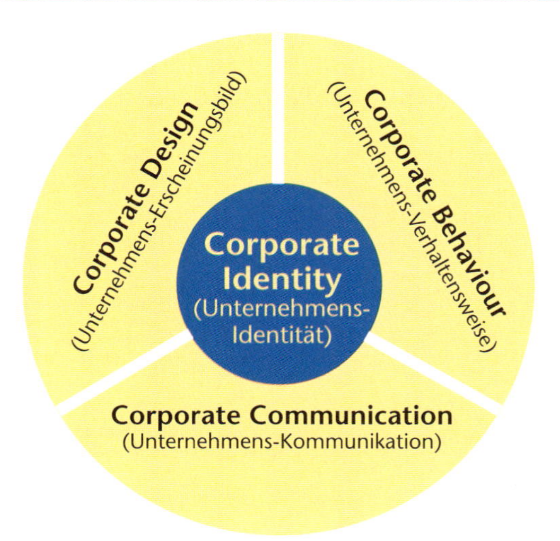

Abb. 1 Die 3 Elemente der Unternehmens-Identität

4 Marketingkonzept *marketing concept* *concept (m) de marketing*

Der Begriff Marketing stammt aus der angloamerikanischen Sprache und steht für „in den Markt hineingehen“ („to go into the market“). Dabei stehen die Wünsche der Gäste im Mittelpunkt aller Überlegungen und Aktivitäten.

Wenn ein Gastronom sein Unternehmen „vom Markt her führen“ will, muss er zunächst ein Marketing-Konzept erstellen.

- Er fragt nach den Wünschen seiner Gäste und beobachtet seine Konkurrenten → **Marktforschung/Marktanalyse.**
- Er bestimmt die Ziele, die er erreichen will → **Marketingziele.**
- Er entwickelt Vorgaben, wie die Ziele erreicht werden sollen → **Marketing-Strategie.**
- Er plant, welche Mittel angewendet werden → Marketinginstrumente und welche Maßnahmen zu ergreifen sind → **Marketingplan.**

4.1 Marktforschung/Marktanalyse

market research/market analysis
étude (w) et analyse (w) de marché

Untersuchungen über die Wünsche und Gewohnheiten der Gäste sind eine wichtige Informationsquelle. Das eigene betriebliche Angebot muss ausgewertet und mit dem der Konkurrenten verglichen werden (Beispiel eines Gästefragebogens siehe Seite 480).

Als Grundlage dienen eigene Befragungen oder in Auftrag gegebene Analysen. Bei regelmäßigen Untersuchungen spricht man von **Marktbeobachtung.**

Über die Gemeinde oder das Fremdenverkehrsamt erhält man zusätzliche Hinweise zur Situation des Gastgewerbes in der Region.

4.2 Marketingziele

marketing targets
buts (m) du marketing

Die Unternehmensziele (siehe Seite 477) sind allgemein formuliert, Marketingziele bestimmen die konkrete Richtung. Sie können sich auf die Menge oder auf die Qualität beziehen. Sie stellen die „Philosophie“ des Hauses dar.

Werden bestimmte Zahlen oder Mengen vorgegeben, spricht man von **quantitativen Marketingzielen.**

Beispiele:

- Die Zimmerauslastung soll im kommenden Geschäftsjahr um 5 % steigen. Verantwortlich sind Empfangschef und Verkaufsleiter.
- Die durchschnittliche Aufenthaltsdauer der Hotelgäste soll während der nächsten Weihnachtsferien (23. Dezember bis 7. Januar 20..) von 5,4 Tagen auf 6,0 Tage erhöht werden. Verantwortlich ist der Reservierungsleiter.
- Die Restaurantauslastung (120 Sitzplätze) soll bis Jahresende um 7 % gesteigert werden. Zuständig ist der leitende Restaurantmeister.

SEHR VEREHRTER GAST!

Herzlich willkommen. Wir freuen uns, Sie in unserem Hause zu begrüßen
und wünschen Ihnen einen angenehmen Aufenthalt im Kurhotel Sonnengarten.
Sollten während Ihres Aufenthaltes irgendwelche Probleme auftauchen,
bei denen wir Ihnen behilflich sein können, wenden Sie sich bitte an den zuständigen Mitarbeiter.

Ihre Meinung zu unserem Haus schätzen wir ganz besonders.
Bitte nehmen Sie sich Zeit, um diesen Gästefragebogen auszufüllen und an der Rezeption abzugeben.

Sie helfen uns mit Ihrer Antwort den Komfort und Service zu bieten, den Sie von uns erwarten.
Für Ihre Mühe erhalten Sie bei der Abgabe der Gästebefragung an der Rezeption ein kleines Dankeschön.

Welche Wertung geben Sie uns?

	☺	😐	☹
1. Rezeptionspersonal			
Empfang bei der Anreise	☐	☐	☐
2. Zimmer			
Sauberkeit	☐	☐	☐
Komfort/Einrichtung	☐	☐	☐
Badezimmer	☐	☐	☐
Gibt es technische Mängel? Wenn ja, welche:			
3. Restaurantangebot			
Frühstücksbüffet	☐	☐	☐
Menü/Essen	☐	☐	☐
Getränke	☐	☐	☐
4. Service			
Restaurant	☐	☐	☐
Hotelbar	☐	☐	☐
Etage/Zimmermädchen	☐	☐	☐
Freizeitangebot	☐	☐	☐
5. Schwimmbad/Sauna			
Sauberkeit	☐	☐	☐
Raum-/Wassertemperatur	☐	☐	☐
Ausstattung/Atmosphäre	☐	☐	☐
6. Kurbereich (Massage- und Bäderabteilung)			
Sauberkeit des Bäderbereiches	☐	☐	☐
Atmosphäre/Ausstattung	☐	☐	☐
Fachbetreuung	☐	☐	☐

7. Seminar- und Tagungsbereich

In welchem Tagesraum waren Sie?

☐ Hans Holbein I ☐ Elias Holl I EDV
☐ Hans Holbein II ☐ Elias Holl II
☐ Hans Sachs

	☺	😐	☹
Tageslicht, Akustik	☐	☐	☐
Raumnutzungsmöglichkeit	☐	☐	☐
Sauberkeit/Atmosphäre/Ruhe	☐	☐	☐
Seminargerechtes Speiseangebot	☐	☐	☐
Tagesausstattung	☐	☐	☐

8. Wer machte Sie auf unser Hotel aufmerksam?

☐ Ich bin Stammgast
☐ Werbung/Freunde
☐ durch Tagungen i. H.
☐ ______

9. Grund Ihres Aufenthaltes:

☐ Privat ☐ Tagung/Kongreß
☐ Geschäftlich ☐ Kur

10. Durch wen wurde Ihre Reservierung durchgeführt?

☐ Hotel direkt ☐ Seminarveranstalter
☐ Reisebüro ☐ Reservierungsbüro
☐ Firma ☐ ______

	☺	😐	☹
Wurde Ihre Reservierung prompt und höflich behandelt?	☐	☐	☐
11. Wie würden Sie unser Hotel im allgemeinen beurteilen und werden Sie wiederkommen?	☐	☐	☐

12. An welche Adressen Ihres Bekannten-/Freundeskreises dürfen wir unseren Prospekt senden?

13. Haben Sie weitere Vorschläge oder Ideen, die helfen, Ihren nächsten Aufenthalt noch angenehmer zu gestalten?

Abb. 1 Beispiel eines Gästefragebogens

Qualitative Marketingziele können sein:

Beispiele:

- Der Ruf des Hauses/das Image soll im nächsten Geschäftsjahr deutlich aufgewertet werden. Zuständig hierfür ist der Marketingleiter.
- Die Marktstellung und -präsenz soll im nächsten Halbjahr verbessert werden. Verantwortlich hierfür zeichnen Direktionsassistent und Verkaufsleiter.
- Das äußere Erscheinungsbild des Hotels soll bis nächsten Juni dem Trend der Zeit angepasst werden. Zuständig hierfür sind 1. Hausdame und Technischer Leiter.

4.3 Marketingstrategie

marketing strategy

stratégie (w) du marketing

Marketingstrategien enthalten Vorgaben, in welche Richtung sich das Unternehmen entwickeln soll. Sie stellen die „Leitplanken" für den zukünftigen Weg dar.

Es wird festgelegt, welche Ziele in welchem Umfang und in welcher Zeit erreicht werden sollen. Der „Ist-Zustand" soll langfristig in den geplanten „Soll-Zustand" überführt werden. Meist handelt es sich um Zeiträume von 5 bis 10 Jahren.

Beispiel:

„In 8 Jahren wollen wir das erste Haus am Platze sein."

4.4 Marketingplan

marketing plan

plan (m du marketing

Im **Marketingplan** werden die einzelnen Maßnahmen festgelegt, die zur Umsetzung der Strategie ergriffen werden sollen.

Der Marketingplan stellt den Prozess, das „Beförderungsmittel" dar.

Die Palette der Maßnahmen reicht von Anzeigen in Zeitungen/Zeitschriften über die Festlegung neuer Zimmerpreise bis hin zur Einführung einer besonderen Mittagskarte im Restaurant.

Marketingpläne werden für kürzere Zeiträume, meist für das nächste Geschäftsjahr, erstellt.

Voraussetzung für die Erstellung eines guten Marketingplans sind Kenntnisse über die **Marketinginstrumente**, die zur Verfügung stehen.

Sie sollen in einem ausgewogenen Verhältnis gemischt eingesetzt werden (Marketing-Mix).

4.5 Marketing-Instrumente

marketing instruments

instruments (m) du marketing

Acht Marketing-Instrumente werden in vier gestaltende und in vier kommunikative Instrumente unterteilt.

Die vier **gestaltenden Marketing-Instrumente** sind:

- die **Preispolitik** (Preisgestaltung und Preisdifferenzierung),
- die **Absatzmethode** (direkter und indirekter Verkaufsweg, Verkaufsorganisation),
- die **Angebotspolitik** (Angebot/Leistung, Art und Umfang des Produkts/der Produktgestaltung), z. B. aus den Bereichen Beherbergung und Food & Beverage, und
- der **Service**/die **Gästebetreuung** (der Dienst am Gast/Kunden).

Die vier **kommunikativen Instrumente** sind:

- der **Verkauf** (individuelle Verkaufstätigkeiten durch z. B. Hotelverkäufer),
- die **Werbung** (produktbezogene Beeinflussung der Gäste),
- die **Verkaufsförderung** (Sales-Promotion, Maßnahmen der Verkaufsstimulierung) und
- die **Öffentlichkeitsarbeit** (Public relations, Aufbau und Pflege eines in der Öffentlichkeit positiv wirkenden Umfeldes/Images).

Hinweis: Übersicht auf S. 625.

4.6 Marketing-Mix

marketing mix

marketing (m) mix

Das Zusammenspiel und der Einsatz der Marketing-Instrumente erfolgen flexibel, ganz nach Notwendigkeit. Dies wird als **Marketing-Mix** bezeichnet.

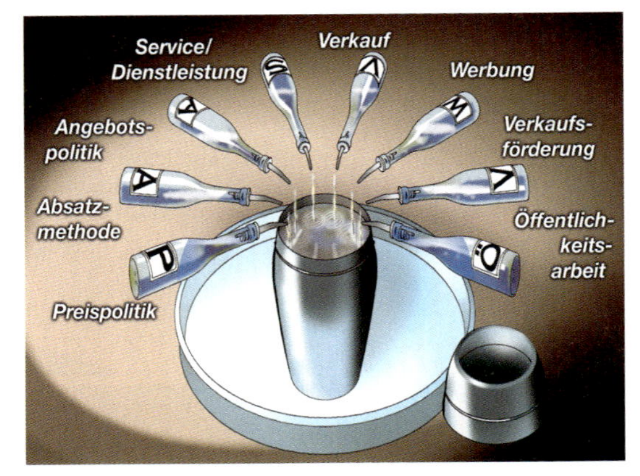

Abb. 1 Der Marketing-Mix

Marketing

Als **optimalen** Marketing-Mix lässt sich diejenige Kombination von marketingpolitischen Instrumenten bezeichnen, durch die ein bestimmtes Verkaufsziel bestmöglich erreicht wird, z. B. Aktionswoche oder Wochenendarrangement mit Wellness-Programm.

Die relative Bedeutung der einzelnen Instrumente hängt vom Betriebstyp, vom Produkt und vom Gästeverhalten ab. So spielt bei manchen Produkten der Preis eine wesentliche Rolle, während er bei anderen von untergeordneter Bedeutung ist (Alltagsgüter – Luxusgüter).

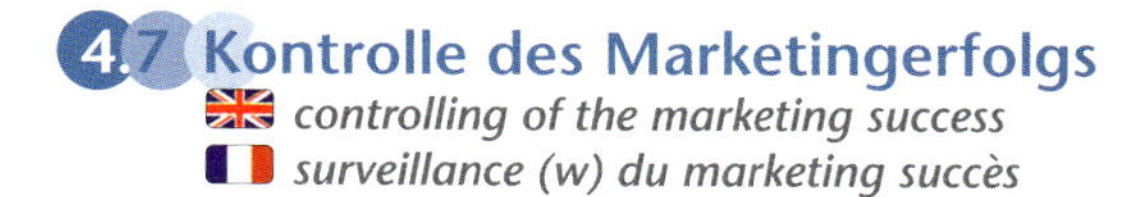

4.7 Kontrolle des Marketingerfolgs

controlling of the marketing success
surveillance (w) du marketing succès

Durch den Soll-/Ist-Vergleich – anhand der Zielvorgaben – wird abschließend eine Erfolgskontrolle der einzelnen Marketingmaßnahmen durchgeführt.

Die gewonnenen Erkenntnisse fließen dann wieder in die Gestaltung zukünftiger Aktionen mit ein.

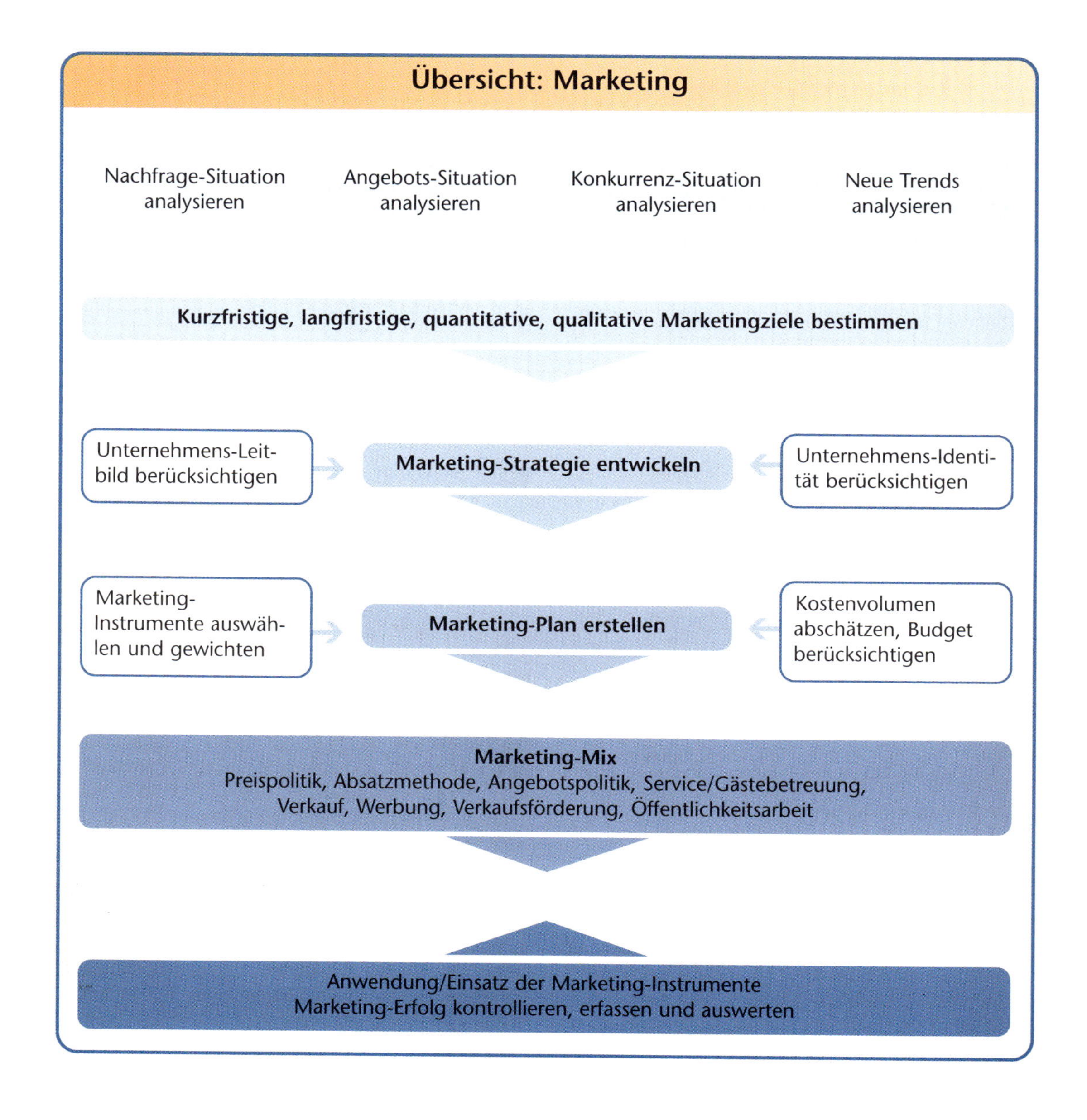

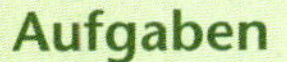

Aufgaben

1 Nennen Sie drei Besonderheiten, die den Verkauf im Gastgewerbe vom Verkauf in der Industrie unterscheiden.
2 Was sind gastronomische Outlets? Nennen Sie vier Beispiele dazu.
3 Nennen Sie je drei Beispiele für Verbrauchs- und für Gebrauchsgüter in der Gastronomie.
4 Was ist ein Package im Verkauf?
5 Erklären Sie die Nachfrage- und die Angebots-Situation auf einem Verkäufermarkt.
6 Erklären Sie die Nachfrage- und die Angebots-Situation auf einem Käufermarkt.
7 Welche gastronomische Marktsituation ist zzt. in Deutschland vorzufinden?
8 Nennen Sie die sechs Schritte des „Management-Regelkreises".
9 Geben Sie fünf Beispiele für Unternehmensziele.
10 Was ist ein Unternehmensleitbild (mission statement) und wofür dient es?
11 Was versteht man unter Corporate Identity?
12 Nennen Sie die drei Komponenten, die für die Corporate Identity bedeutsam sind.
13 Wodurch unterscheiden sich Corporate Identity und Corporate Image?
14 Nennen Sie je drei Beispiele für quantitative und für qualitative Marketing-Ziele.
15 Was beinhaltet der Marketing-Plan?
16 Nennen Sie vier Marketing-Instrumente.
17 Was bedeutet Marketing-Mix?
18 Aus welchen Bausteinen wird ein Marketing-Konzept zusammengestellt?

5 Kommunikation mit dem Markt – Kommunikationsinstrumente

communication with the market – instruments of communication
communication (w) sur le marché – instruments (m) de la communication

5.1 Verkaufsförderung

sales promotion
promotion (w) des ventes

Ziel der Verkaufsförderung ist die Absatzerweiterung. Dazu dient das gesamte **absatzpolitische Instrumentarium,** d. h. die Summe aller Instrumente zur Förderung des Absatzes. Wesentlich für die Verbesserung des Absatzes sind

- die **Absatzmethode,**
- die **Produkt- und Sortimentsgestaltung,**
- die **Werbung,**
- die **Preispolitik.**

Bei der **Absatzmethode** muss sich der Unternehmer entscheiden, welches Vertriebssystem er auswählt. Hier kommt für die Gastronomie nur der eigene Vertrieb in Betracht. Außerdem zählen dazu die *Absatzwege,* die beschritten werden: der direkte Absatz, ohne Absatzmittler, oder der *indirekte Weg,* z. B. über Reiseveranstalter (siehe Marketing-Mix, S. 481).

Zu Leistungen eines Gastronomiebetriebes bei der **Produkt- und Sortimentsgestaltung** zählen:

- die natürlichen Leistungen des Hauses, z. B. seine ruhige Lage;
- die persönlichen Leistungen aller Mitarbeiter, z. B. Freundlichkeit, Hilfsbereitschaft, Qualitätsorientiertheit und ihr Ausbildungs-/Schulungsgrad;
- die Beherbergungsleistung, z. B. Zimmer-Service, Gästewäsche-Service, Nichtraucherzimmer, Hotel-TV-Informationssystem in jedem Zimmer;
- die Verpflegungsleistung, z. B. die Frische der Produkte, Angebotsbreite und -tiefe, Abwechslung im Angebot, Berücksichtigung zeitgemäßer Ernährungsformen.

Die Produkt- und Sortimentsgestaltung lässt gerade in der Gastronomie viele erfolgversprechende Möglichkeiten zu.

Die **Werbung** wird ab Seite 429 behandelt.

Unter **Preispolitik** versteht man alle Maßnahmen, die ein Unternehmen ergreift, um mittels der Preise den Absatz zu steigern, den Umsatz zu erhöhen und den Gewinn zu verbessern. Die Preispolitik wird als Marketing-Instrument in den Marketing-Mix eingebaut. Dabei sind eine genaue Kenntnis des Absatzbereiches und der Gästevorlieben ebenso Voraussetzungen wie die Beachtung von Konkurrenz und Käuferverhalten.

Deshalb muss der Gastronom sich darüber im Klaren sein, welche Preisfindungskriterien für ihn in Frage kommen und nach welchem Prinzip er seinen Preis bestimmen will.

Neben diesen absatzpolitischen Instrumenten werden oftmals zusätzlich oder begleitend **Pull-Maßnahmen** (to pull = kräftig ziehen, zerren) und/oder **Push-Maßnahmen** (to push = anschieben, drücken) zur Verkaufsförderung eingesetzt.

- **Pull-Maßnahmen** sollen helfen, neue Gäste ins Haus zu ziehen.

  Beispiele:
  - Ein Hotel stiftet Gewinnpreise für ein Preisausschreiben in der Presse oder für einen Wettbewerb im Fernsehen.
  - Der Küchenchef bietet Gourmet-Kochkurse für die Öffentlichkeit an.

- **Push-Maßnahmen** sollen helfen, den im Hause befindlichen Gästen mehr zu verkaufen.

  Beispiele:
  - „In-house-shopping-Listen" mit Kaufangeboten in allen Gästezimmern, z. B. für Bademäntel, Handtücher, Badesandalen, Werbeartikel, Kleidersäcke, Kleiderbügel, Feuerzeuge usw.
  - Als Anreiz, einen Tisch für den *„Bretonischen Spezialitätenabend"* im Hotel-Restaurant zu buchen, werden den Hausgästen nachmittags, an einem Stand in der Hotelhalle, frisch zubereitete Crêpes angeboten.

5.2 Öffentlichkeitsarbeit

public relations
rélations (w) publiques

Die Öffentlichkeitsarbeit – auch **PR** genannt – ist ein kommunikatives Marketinginstrument. Im Gegensatz zur Werbung, die sich auf das Produkt richtet, zielt die Öffentlichkeitsarbeit darauf ab, das Bild (Image) eines Unternehmens in der Öffentlichkeit positiv darzustellen.

In der Gastronomie ist hierunter weniger die Öffentlichkeit allgemein, sondern vielmehr das Gästepotenzial zu verstehen. Diesem Personen-

Abb. 1 Beispiel einer PR-Aktion – Live-Übertragung einer Sport-Talkshow aus einer Hotelhalle

kreis sollen mit Hilfe der Öffentlichkeitsarbeit das Ansehen und der gute Ruf des Hotels/Restaurants eingeprägt werden. Ferner sollen der Bekanntheitsgrad (Publizität) gesteigert und Sympathie und Vertrauen erzeugt werden.

Mit dem Instrument der Öffentlichkeitsarbeit kann sich der einzelne Gastronomiebetrieb leichter von Mitbewerbern auf dem Markt unterscheiden. Mit reiner Produktwerbung wäre dies nicht so leicht möglich.

Bei der **Durchführung von Öffentlichkeitsarbeit** werden folgende Mittel eingesetzt:

- **Pressearbeit und Medienpflege**
  - Bereitstellung von Pressemappen mit Informationen und Darstellung der Leistungen des Betriebes,
  - Durchführung von Pressekonferenzen.
- **Internetauftritte**
  - eigene Homepage und
  - Internetlinks
- **PR-Aktionen**
  - Repräsentation und Sponsorship bei öffentlichen Veranstaltungen und bei kulturellen Ereignissen übernehmen,
  - Betriebsbesichtigungen ermöglichen – „Tag der offenen Tür" veranstalten.
- **Gästebetreuung**
  - Aktionen zur Gästeunterhaltung,
  - Hilfe bei anstehenden Problemen.
- **Innerbetriebliches Informationswesen**
  - Gästekartei-Auswertung für Gratulation zum Geburtstag/Hochzeitstag,
  - Hauszeitungen/Hauszeitschriften.
- **Öffentlichkeitswirksame Eigenveranstaltungen**
  - Raritätenweinproben mit Prominenten,
  - gastronomische Aktionswochen.

Es ist wichtig, dass die Effizienz der Öffentlichkeitsarbeit regelmäßig überprüft wird. Hierzu sollten die eingesetzten Mittel ausgewertet und die Einhaltung des Budgets überwacht werden.

5.3 Werbung

publicity, advertising

publicité (w)

Die Werbung ist ein Informations- und Kommunikationsinstrument. Sie wird als Teil des absatzpolitischen Instrumentariums im Marketing-Mix (s. S. 481 f.) eingesetzt, um den Absatz zu steigern. Sie hat die Aufgabe, die Nachfrage zu wecken und sie durch Wiederholung wachzuhalten.

Durch Information und Motivation soll Vertrauen erzeugt werden. Der umworbene Gast soll die Ansichten des werbenden Gastronomiebetriebs übernehmen.

Viele Werbeangebote in der Gastronomie sind auf gefühlsmäßig bestimmte Bedürfnisse abgestimmt, wie z. B. „Erholung für Körper und Geist", „Wellness – das Konzept zum Sich-Wohlfühlen". Deshalb wirbt die Gastronomie in vielen Fällen mit Argumenten aus dem emotionalen Bereich.

Arten der Werbung

Die Arten der Werbung können unter verschiedenen Gesichtspunkten näher betrachtet werden. Berücksichtigt man die **Zahl der Werbenden**, unterscheidet man zwischen Allein- und Gemeinschafts-Werbung.

- **Alleinwerbung** wird immer von einem Werbenden, z. B. dem Hotelier, durchgeführt.
- **Sammelwerbung** wird von mehreren Werbenden vereinbart, um gemeinsam zu werben, wobei jeder Werbende namentlich erwähnt wird, wie z. B. im Verzeichnis der Mitgliedsbetriebe einer Hotelkette/Hotelkooperation.
- **Gemeinschaftswerbung** ist eine Werbeart, bei der der Einzelne nicht mehr erwähnt wird. Dafür wird allgemein für eine bestimmte Gruppe, Branche, ein allgemeines Produkt oder z. B. eine Urlaubsregion geworben („Bayerischer Wald – Das grüne Dach Europas!").

Abb. 1 Beispiel für Alleinwerbung

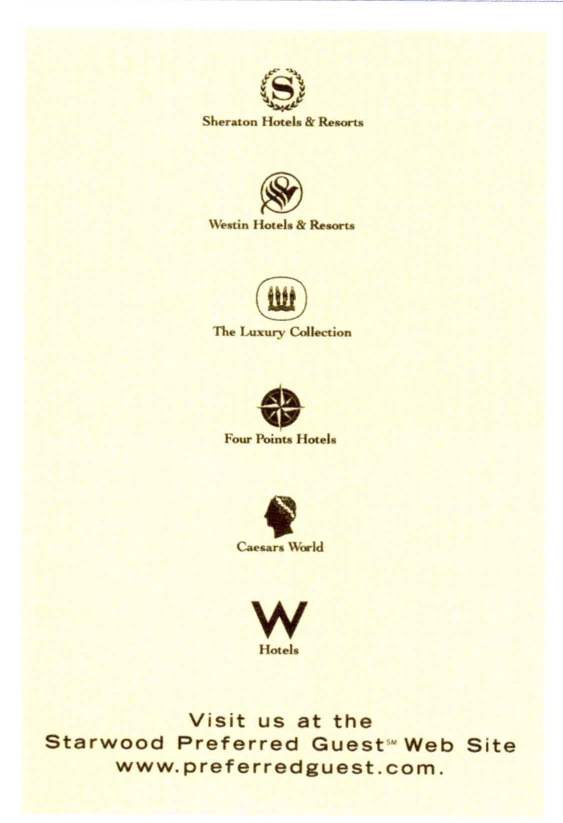

Abb. 1 Beispiel für Sammelwerbung

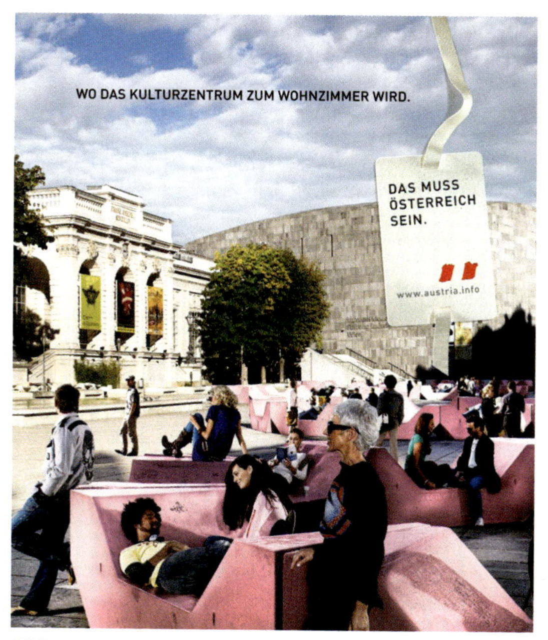

Abb. 2 Beispiel für Gemeinschaftswerbung eines Urlaubslandes

Nach der **Zahl der Umworbenen** wird zwischen Einzel- und Massenwerbung differenziert.

Bei der **Einzelwerbung** richtet sich die Maßnahme an den einzelnen Umworbenen, z. B. Geburtstagsgrüße an einen Stammgast. Die **Massenwerbung** richtet sich entweder an eine bestimmte Gruppe von Umworbenen, wie z. B. Familien, Kegler, Reiter, oder gestreut an die Allgemeinheit, wie z. B. bei der Kino-, Rundfunk-, Fernsehwerbung oder den Info-Blättern an Autofenstern.

Ferner kann nach dem **Gegenstand**, für den geworben wird, unterschieden werden, in **Betriebswerbung**, z. B. für einen Hotelbetrieb und in **Produktwerbung**, z. B. für ein bestimmtes Produkt.

Die **Werbebotschaft** kann informativ oder suggestiv sein:

- Bei der **informativen Werbung** werden die objektiven Eigenschaften der angebotenen Leistung/des Produkts sachlich, rational herausgestellt;
- Die **Suggestiv-Werbung** richtet sich vorwiegend an Empfindungen/Gefühle.

Hilton Nuremberg

Hilton Nuremberg, Valznerweiherstraße 200, D-90480 Nürnberg
Tel.: +49 (0)911 4029-0, Fax: +49 (0)911 4029-666

Abb. 3 Beispiel für Betriebswerbung

Eine besondere Form der Werbung ist die **Meinungswerbung** (Public Relations, s. S. 484). Sie ist darauf abgestellt, das Ansehen des Gastronomiebetriebs in der Öffentlichkeit zu stärken und Achtung vor der Leistung des Betriebes zu erzeugen.

Bevor mit der Werbung begonnen werden kann, ist eine sorgfältige **Analyse**/Untersuchung erforderlich. Diese beinhaltet:

- das **Streugebiet**, auf das sich die Werbung erstrecken soll,
- den **Streukreis**, d. h. den Personenkreis, den man ansprechen möchte,

- die **Streuzeit**, die günstigste Zeit für die Werbung,
- den **Streuweg**, den günstigsten Weg für die Verteilung der Werbung.

April · Mai · Juni

Themen-Buffets
im Restaurant charles lindbergh

Traumschiff-Buffet
Lassen Sie sich begeistern von der Musik, dem Buffet und der Eisparade des legendären Traumschiffes. Wir entführen Sie auf eine Reise über die Meere mit köstlichen Vorspeisen, exotischen Gerichten aus Asien und der Karibik sowie exquisiten Desserts und natürlich mit der legendären Eisparade. 39,50 EUR

Route 66
Erleben Sie auf der Route 66 die amerikanische Küche in seiner ganzen Vielfalt. Ob delikate Vorspeisen, ein Steak vom Grill, frisch für Sie zubereitet, oder Fisch. Die typischen amerikanischen Desserts laden zum Genießen ein. 39,50 EUR

Brunch-Buffet
Machen Sie den Sonntag zum Fest. Essen Sie so viel Sie können und trinken Sie so viel Sie wollen... Bei unserem Sonntags-Brunch erwarten Sie stets saisonal wechselnde Köstlichkeiten aus der regionalen und internationalen Küche. Inklusive Sekt, Säfte vom Buffet, Kaffee oder Tee. 37,00 EUR

Alle genannten Preise verstehen sich pro Person. Bei allen Themen-Buffets erhalten Sie einen Gutschein für 5 Stunden freies Parken in P26.

Traumschiff-Buffet
Jeden Freitag
18.00 – 22.30 Uhr, 39,50 EUR

Route 66-Buffet
Jeden Samstag
18.00 – 22.30 Uhr, 39,50 EUR

Brunch-Buffet
Jeden Sonn- und Feiertag
11.30 – 14.30 Uhr, 37,00 EUR

Reservierung
www.kempinski-airport.de
Tel. 089 9782 4500
Restaurant charles lindbergh

Abb. 1 Beispiel für Suggestiv-Werbung

Der

Leckerbissen für Genießer:

- 12-Zylinder Kompressor-Motor mit 420 PS
- Drehmoment von 512 Nm bei 3050 U/min
- Sportsitze mit Ledertapezierung
- Sportfahrwerk mit 17" Leichtmetallrädern
- Ultraschall-Alarmanlage uvm.

3-Jahres-/100.000-km-Werksgarantie

Abb. 2 Beispiel für eine Produktwerbung

Werbemittel

Als **Werbemittel** werden eingesetzt:

- das **geschriebene Wort**, z. B. bei Anzeigen, Werbebriefen/Mailings, Plakaten;
- das **gesprochene Wort**, z. B. bei Radio-Werbung oder bei Werbeansagen;
- **Bilder und Zeichen**, z. B. bei Fernsehwerbung, Film, Homepage, Leuchtreklame („city light");
- **Zugaben**, wie z. B. Werbe-Streichhölzer, Duschgel/Gästeseife mit Hotelaufdruck, Gutschein für Begrüßungsdrink an der Bar.

Häufig wird auch eine Kombination aus verschiedenen Werbemitteln eingesetzt.

Werbeträger

Medien, die zur Übermittlung von Werbebotschaften genutzt werden, bezeichnet man als Werbeträger. Dazu zählen:

World Wide Web, Fernsehen, Kino, Rundfunk, Tageszeitungen, Publikumszeitschriften, Anzeigenblätter, Werbebriefe, Postwurfsendungen/Flyer, Prospekte, Außenwerbung (z. B. Plakate, Verkehrsmittelwerbung, Bandenwerbung, Leucht- und Luftwerbung, Schaukästen vor dem Hotel).

Werbeprinzipien

Unter Werbeprinzipien versteht manbestimmte Grundsätze, die bei der Planung und Durchführung erfolgreicher Werbemaßnahmen zu beachten sind. Man unterscheidet die folgenden acht Werbeprinzipien.

- Die **Zielklarheit** ist im Auge zu behalten. Der beabsichtigte Werbezweck ist eindeutig und einheitlich anzustreben.
- Die **Wirtschaftlichkeit** der Werbung ist zu beachten. Werbeaufwand und Werbeertrag müssen im sinnvollen Verhältnis stehen.

- Die **Wirksamkeit** muss optimiert werden. Werbung muss deshalb geplant und – soweit möglich – kontrolliert werden. Die Frage dazu lautet: Gelang es, den/die Umworbenen zum Kaufentschluss zu veranlassen?
- Sie muss den Grundsätzen von **Ehrlichkeit und Wahrheit** entsprechen. Sie muss sachlich richtig sein, eindeutig informieren und darf nicht irreführen oder täuschen.
- Die **Einheitlichkeit** muss durch Abstimmung verschiedener Einzelmaßnahmen auf die Werbekonzeption hin erreicht werden.
- Durch **Modernität und Aktualität** soll zeitgemäß geworben werden.
  Was passt zum **Zeitgeist**, was liegt im **Trend?** Neue Ideen sind gefragt.
- Durch **Originalität** soll sich die Werbung von der Masse abheben. Die Werbung soll Besonderheiten des Hotels herausheben und betonen.
- Durch **Sozialverträglichkeit** bei der Werbemaßnahme soll vermieden werden, dass in der Außenwirkung ein falsches Image/eine Entfremdung – z. B. einer Urlaubsregion – entsteht.

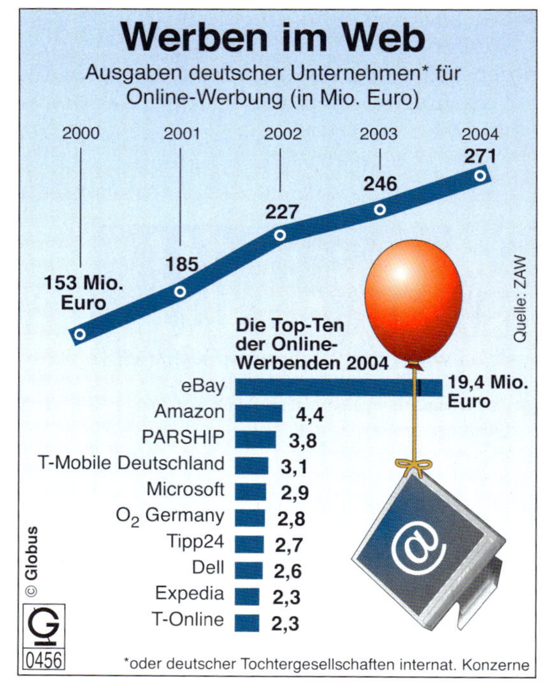

Abb. 1 Werbeträger Internet

6 Rechtsvorschriften *laws* *références (w) juridiques*

Das **Bundesdatenschutzgesetz (BDSG)**, Stand: 5. Sep. 2005

Auf der dem Buch beiliegenden CD ist der Gesetzestext nachzulesen.

Zweck dieses Gesetzes ist es, den Einzelnen davor zu schützen, dass er durch den Umgang mit seinen personenbezogenen Daten in seinem Persönlichkeitsrecht beeinträchtigt wird.

Wichtigste Aussage: Die Erhebung, Verarbeitung und Nutzung personenbezogener Daten sind nur zulässig, wenn der Betroffene dazu seine Einwilligung vorher gegeben hat.

Das **Gesetz gegen den unlauteren Wettbewerb (UWG)**, Stand: 3. Juli 2004

Auf der dem Buch beiliegenden CD ist der Gesetzestext nachzulesen.

Zusammenfassend sagt das Gesetz, dass **unlauterer Wettbewerb** verboten ist. Unlauter – im Sinne des Gesetzes – handelt, wer

- **irreführend wirbt** (§ 5),
- **vergleichend wirbt** (§ 6) und
- wer einen Marktteilnehmer **unzumutbar belästigt** (§ 7).

Beispiele:

- **Unlauterer Wettbewerb:**
  - Ein Gastronom wirbt mit Preisnachlässen („Happy hours“) für seine Bar, ohne die Bedingungen für ihre Inanspruchnahme (an welchen Tagen?, von wann bis wann?, zu welchen Preisen/Preisnachlässen?) klar und eindeutig anzugeben.
  - Ein Hotelier wirbt mit einem Preisausschreiben oder Gewinnspiel für sein Haus, ohne die Teilnahmebedingungen klar und eindeutig zu nennen.
- **Irreführende Werbung:**
  - Ein Restaurantbesitzer wirbt in Zeitungsanzeigen für seine *„Irische Spezialitätenwoche“*. Unter anderem preist er *„Geräucherten irischen Wildlachs“* an, der jedoch tatsächlich aus einer norwegischen Lachszucht stammt.
  - Ein Hotelier wirbt in Zeitungsanzeigen für seinen Silvesterball unter anderem mit dem Zusatz: *„Jeder Gast erhält ein Begrüßungsgeschenk!“*. Tatsächlich werden jedoch nur die Damen mit einem Präsent bedacht, die Herren gehen leer aus.

- **Vergleichende Werbung:**
  - Ein Hotelier wirbt im Internet für sein Haus: *„Unser Hotel X versteht es besser, auf Gäste einzugehen, als die beiden Mitbewerber-Betriebe vor Ort, das Hotel Y und das Hotel Z. Buchen Sie bei uns unter Tel.-Nr. …"*
    Oder: *„In unseren weichen Betten schlafen Sie besser als im Nachbarhotel Y!"*
- **Unzumutbare Belästigung:**
  - Ein Gast wird – ohne seine Einwilligung – wöchentlich mehrmals von einem Call-Agent angerufen, der die Angebote eines Hotelkonzerns empfiehlt.
  - Ein Gast erhält immer wieder Werbefaxe einer Hotelkette, obwohl er mehrmals geäußert hat, dass er dies nicht wünscht.

Dreck, Lärm, 20 Mücken im Zimmer

Hotel wirbt damit, der »mieseste Schuppen der Stadt« zu sein

Amsterdam. (dpa) Das »Hans Brinker Hotel« in Amsterdam ist der »mieseste Schuppen der Stadt« – das behauptet jedenfalls der Direktor. In seinen Prospekten wirbt das Hotel: »Jetzt noch weniger Service.« Auf Plakaten in Berlin und Frankfurt, London und Paris lockt Hans Brinker mit Angeboten wie: »Jetzt kostenloser Gebrauch der Notausgänge. Ab sofort noch mehr Hundehaufen vor dem Haupteingang. Alle Zimmer ohne Aussicht. Gratis-Schlafpillen an der Rezeption.« Hoteldirektor Rob Penris hat in seinem Büro die Beschwerdebriefe in dicken Aktenordnern abgeheftet. Über seinem Schreibtisch hängt ein Zettel mit der Aufschrift »Trottel«. »Ich war das ewige Gemeckere leid«, sagt er. »Wenn jetzt noch jemand kommt und sich beschwert, sage ich ihm: Was wollen Sie? Haben Sie unsere Broschüren nicht gelesen? Wir hatten Sie doch gewarnt.« Und das stimmt, die Gäste wissen, was sie erwartet: Lärm, Dreck und 20 Mücken pro Zimmer als spezielles Sommerangebot.

»Um Ihnen eine ungestörte Nachtruhe garantieren zu können, hat keines unserer Zimmer ein Telefon«, verspricht der Prospekt. Dafür gibt es zu jedem Zimmer einen eigenen Schlüssel und pro Doppelbett ein Kissen.

»Was braucht man als junger Mensch mehr?«, fragt Penris. »Die Leute kommen ja schließlich nicht des Hotelzimmers wegen nach Amsterdam.« Wer dennoch zu lang im Bett liegenbleibt, wird mit »Kammermusik« geweckt: Die röhrenden Staubsauger der Putzkolonne reißen ihn gnadenlos aus dem Schlaf.

Zur Zeit locken in der Amsterdamer City 200 in Hundehaufen aufgespießte Reklame-Fähnchen zu Hans Brinker. Ein Einzelzimmer kostet pro Nacht 70 Gulden (62 Mark) – ein stolzer Preis für »das schlechteste Hotel der Stadt«. »Wir sind sicher nicht preiswert«, sagt Penris ohne Umschweife. »Aber die Frage ist doch nicht, ob wir teuer oder billig sind, sondern, ob unsere Gäste zahlen.«

Und das tun sie. In diesem Jahr hat es Hans Brinker mit seinen 540 Betten in 143 Zimmern erstmals auf über 100.000 Übernachtungen gebracht. Gleichzeitig kamen so wenige Klagen wie schon lange nicht mehr. Das ist der Vorteil der Anti-Reklame: Die Erwartungen der Gäste sind von Anfang an so niedrig, dass sie schon angenehm überrascht sind, wenn sie nicht auf dem Fußboden schlafen müssen.

Abb. 1 Extremes Beispiel für Originalität in der Werbung (aus „Chamer Zeitung")

Aufgaben

1. Nennen Sie vier absatzpolitische Instrumente, die der Verkaufsförderung dienen.
2. Erklären Sie, warum die Produkt- und Sortimentsgestaltung gerade in der Gastronomie von besonderer Bedeutung ist.
3. Nennen Sie sechs Mittel, die bei der Durchführung von PR-Maßnahmen eingesetzt werden.
4. Welches jeweilige Ziel wird von den Bereichen Öffentlichkeitsarbeit und Werbung verfolgt?
5. Unterscheiden Sie nach der Zahl der Werbenden drei Arten der Werbung.
6. Unterscheiden Sie nach der Zahl der Umworbenen zwei Arten der Werbung.
7. Auf welche vier Teilbereiche erstreckt sich eine Werbe-Untersuchung/-Analyse?
8. Nennen Sie 7 Werbeprinzipien, die bei der Planung und Durchführung von Werbung beachtet werden sollten.
9. In welche vier Gruppen können Werbemittel eingeteilt werden?
10. In der Gastronomie werden oft Zugaben als Werbemittel eingesetzt. Nennen Sie 5 branchentypische Beispiele.

Fallstudie

Ein junges Paar, beide gelernte Fachleute aus der Gastronomie, wollen sich selbstständig machen und einen Gastronomiebetrieb pachten. Dazu suchen sie nun ein geeignetes Pachtobjekt, ein bereits bestehendes, eingeführtes Hotel mit Restaurant.

Bevor sie einen Pachtvertrag unterschreiben, prüfen sie schon Wochen vorher das Pachtangebot und sammeln Informationen über den Betrieb und den Markt. Sie führen eine **Standort- und Marktanalyse** durch, bei der sie

- die Infrastruktur der Umgebung,
- die Bevölkerungsstruktur,
- das Fremdenverkehrsaufkommen,
- den gastronomischen Markt (Mitbewerber, Angebot, Art, Umfang, Preisniveau, Auslastung ...) und
- die wirtschaftliche Situation des Gastgewerbes in der Region erfassen und auswerten.

Bei der **Betriebsanalyse** werten sie die betriebswirtschaftlichen Daten des Pachtbetriebes – soweit erhältlich – aus. Außerdem analysieren sie sowohl die kommunalen Daten (Gemeinde, Fremdenverkehrsverband ...) als auch die aktuellsten Zahlen aus Hotelbetriebsvergleichen. Ebenso untersuchen sie die Antworten, die sie bei persönlich durchgeführten **Gästebefragungen** erhalten. Auch Gäste des zukünftigen Pachtbetriebs wurden befragt, was sie dort gut – oder weniger gut – finden und welche Leistungen sie dort vermissen.

Erst jetzt sind die künftigen Pächter in der Lage, Marktlücken zu erkennen und ihre eigenen zukünftigen Marktchancen bzw. Verkaufschanchen einzuschätzen. Neben den Aussagen ihres Unternehmensleitbilds (Mission statement) lassen sie nun die Ergebnisse ihrer Standort- und Marktanalysen möglichst realistisch in die Formulierung der quantitativen und qualitativen **Marketingziele** einfließen.

Sie haben sich somit die Grundlagen ihrer Marketing-Planung erarbeitet.

Nun entwickeln sie ihre **Marketing-Strategie.** Sie entscheiden, welchen Weg sie zur Zielerreichung beschreiten wollen. Dabei konzentrieren sie ihre Kräfte auf die eigenen Standort-/Markt-Vorteile und betonen ihre Stärken. So schaffen sie sich Marktvorteile gegenüber den Mitbewerbern und die Voraussetzungen und Grundlagen für einen dauerhaften Erfolg. Sie wissen, dass es hier keine Patentrezepte gibt, ein unternehmerisches Restrisiko ist nicht ausschaltbar.

Als nächstes überlegen sie sich, welche Marketing-Instrumente (s. Seite 481) sie auf welche Weise gebündelt einsetzen wollen. Sie entscheiden über die Zusammensetzung und Gestaltung ihrer Angebote, z. B. Art, Anzahl und Umfang der à-la-carte-Gerichte oder der Weine auf der Weinkarte. Sie kalkulieren die Preise, überlegen sich eine passende Preispolitik, und sie entscheiden über die Organisation des Verkaufs bzw. der besten Verkaufswege. Besonderes Gewicht legen sie auf das Instrument der Kommunikation, denn sie wissen um die Bedeutung von Werbung (Publicity), Verkaufsförderung (Sales Promotion) und Öffentlichkeitsarbeit (Public Relations, siehe Seite 481). Sie entscheiden, mit welchen Maßnahmen sie bei ihren Zielgruppen das Nachfrage-Interesse wecken wollen.

Nun erst ist das junge Paar „reif" für die anstehende Entscheidung. Sind sie zu dem Ergebnis gekommen, dass ihre Schritte in die Selbstständigkeit richtig sind und von günstigen Ausgangsvoraussetzungen begleitet werden, unterschreiben sie nun den Pachtvertrag für diesen Betrieb.

WIRTSCHAFTSDIENST – HAUSDAMENABTEILUNG

Die Hausdamen-Abteilung *(housekeeping/service des étages)* umfasst die „Haushaltung" des gesamten Gastronomiebetriebes. Die Organisation, Durchführung und Kontrolle der Hotelreinigung werden als die Hauptaufgaben der Abteilung angesehen. Die Hausdame (the housekeeper/la gouvernante) eines modern geführten Hotels ist zuständig für folgende **Aufgaben:**

- **Reinigungs- und Wartungsverfahren**
  Entwicklung und Festlegung von Arbeitsabläufen auf Checklisten, Qualitäts- und Zeitstandards sowie Leistungsmaßstäben;
- **Mitarbeitereinsatz**
  Dienstpläne, Urlaubspläne, Mitarbeitereinsatzplanung nach Geschäftsprognose, Arbeitsüberwachung;
- **Mitarbeiterführung**
  Führungsstil, Motivation, Ausbildung, Training, Fortbildung;
- **Kontrollverfahren**
  Entwicklung und Anwendung einer permanenten Zimmerzustandskartei, Instandhaltungsmeldung, Wäschebestandskontrolle, Mobiliarkontrolle, Materialverbrauch, Kontrolle der in Außer-Haus-Verträgen festgelegten Standards, Kontrolle und Verwaltung von liegen gebliebenen Sachen sowie Fundsachen;
- **Leistungsverbesserung und Weiterentwicklung**
  Umsetzung von Vorschlägen zur Produktivitätssteigerung und Arbeitsvereinfachung, Festlegung der Arbeitsmethoden und der Leistungsstandards;
- **Gästebetreuung**
  Erledigung von Sonderwünschen der Gäste, VIP-Betreuung, Reklamationsbehandlung;
- **langfristige Planung** der Wäsche- und Materialbestände, des Maschinen- und Geräteeinsatzes sowie die Erstellung der Reinigungspläne, Ermittlung der zukünftigen Anzahl der Mitarbeiter.

Die 1. Hausdame eines modern geführten Hotels ist nicht die „1. Putzfrau". Sie ist vielmehr Managerin der Qualität in einer der wichtigsten Abteilungen eines Hotels!

Die 1. Hausdame trägt die Verantwortung für die Sauberkeit und den Zustand folgender Bereiche:

- die Gästezimmer, das Hauptprodukt eines Hotels;
- die sonstigen Räume des Hotelbetriebs: Hotelhalle, Bar, Restaurant, Frühstücksraum, Bankettabteilung;
- den Freizeit- und Fitness-Bereich:
  Hallenbad, Sauna, Massage- und Fitnessabteilung, Toiletten, Treppen, Flure, Aufzüge, Garderobe;
- die Wirtschaftsräume „hinter den Kulissen" wie Lager- und Verwaltungsräume;
- die Außenanlagen, inklusive aller Ein- und Ausgänge, der Anfahrt und der Parkplätze.

Die Hausdamenabteilung hat eine Schlüsselstellung für das Wohlbefinden der Gäste. Sie trägt somit ganz wesentlich zum Betriebserfolg bei!

1 Materialkunde – Grundlagen

1.1 Werkstoffe – Gebrauchsgegenstände und ihre Pflege

materials – utensiles and their maintenance
matériaux (m) – matériel (m) et son entretien

Werkstoffe sind Materialien, aus denen sich der Mensch von jeher die Gegenstände des täglichen Gebrauchs hergestellt hat.

- **Holz** → Essgeräte, Schüsseln, Möbel
- **Eisen** → Arbeitsgeräte, Gefäße, Kochtöpfe
- **Wolle** → Kleidung, Stoffe, Teppiche

Auch im gastgewerblichen Betrieb gibt es Gebrauchsgegenstände aus Werkstoffen der unterschiedlichsten Art. Werkstoffkunde bzw. die Kunde der aus ihnen hergestellten Gegenstände ist deshalb eine unerlässliche Orientierungshilfe und zielt darauf ab:

- Art und Eigenschaften der Werkstoffe kennenzulernen (z. B. Wolle, Leinen, Chromnickelstahl, Silber),
- Auswahlkriterien im Hinblick auf den zweckentsprechenden Einsatz zu erarbeiten (z. B. Tischwäsche, Essgeräte, Arbeitsflächen und Geräte der Küche),
- materialgerechtes Reinigen und Pflegen anzuwenden (z. B. Wolle, Leinen, Kupfer, Silber).

Metalle

Metalle sind sehr stabile Werkstoffe, sie werden deshalb zu vielerlei Zwecken verwendet. Eisen und Eisenmetalle nehmen hierbei einen vorrangigen Platz ein, da auch ihr natürliches Vorkommen mengenmäßig am größten ist.

Werkstoffe aus Eisenmetallen

Roheisen, Gusseisen und Stahl

steel *acier (m)*

Roheisen ist aufgrund seiner natürlichen Beschaffenheit nicht formbar. Durch die Behandlung mit Hilfe unterschiedlicher Verfahren erhält man die formbaren Werkstoffe Gusseisen und Stahl.

Alle drei Werkstoffe sind empfindlich gegenüber Feuchtigkeit und Sauerstoff sowie gegenüber Säuren und Laugen. Sie rosten und korrodieren.

Gusseisen ist schwer und hart und ist deshalb stoßempfindlich (Bruchgefahr). Andererseits ist es aber weniger anfällig gegenüber Rost und Korrosion.

Stahl ist formbares Eisenmetall, wobei für die Herstellung von Gebrauchsgegenständen Stahlbleche eine besondere Bedeutung haben. Es ist nicht weniger empfindlich als Roheisen, deshalb versucht man, durch unterschiedliche Behandlungsverfahren den zerstörenden Einflüssen entgegenzuwirken mit:

- Oxidieren → Schwarzblech
- Legieren → Edelstahl
- Beschichten mit Emaille oder Kunststoff

Abb. 1 Edelstahl in der Pâtisserie

Edelstahl

stainless steel *acier spécial (m)*

Für Gegenstände, die im Zusammenhang mit Lebensmitteln und Speisen gebraucht werden, gibt es einen Edelstahl, der mit Chrom und Nickel legiert ist. Diese beiden Metalle sind gegenüber Feuchtigkeit, Sauerstoff und Säuren sehr beständig und verleihen dem sogenannten

Gebrauchsgegenstände aus Eisenmetallen

Materialart	Gegenstände	Reinigungs- und Pflegerichtlinien
Gusseisen	• Herdplatten • Bräter, Schmortöpfe • Pfannen	→ feucht reinigen und gut nachtrocknen → vor Bruch schützen → heiß mit Salz und Papier ausreiben
Schwarzblech	• Backbleche, Backformen • Eisenpfannen	→ bei nasser Reinigung rasch und gut trocknen → heiß mit Salz und Papier ausreiben
Emaillierte Stahlbleche	• Kochtöpfe • Seiher • metallische Gehäuse (z. B. Küchenherde)	→ nass in Verbindung mit milden Reinungsmitteln oder flüssigem Scheuermittel reinigen → nicht kratzen oder anstoßen → extreme Temperaturunterschiede vermeiden
Chrom-Nickel-Stahl	• Gerätegehäuse, Spültische und Tischflächen • Töpfe und Schüsseln • Pfannen und Backformen • Gastro-Norm-Behälter	→ Universalspülmittel und geseifte Stahlwolle → sofort nachreiben, um Streifenbildung zu verhindern → gut trocknen → Tisch- und Möbelflächen u. U. mit Spezialöl oder Spezialglanzmitteln behandeln → mit Spezialglanzmitteln behandeln

Chrom-Nickel-Stahl (CN-Stahl) hochwertige Eigenschaften:

- rostfrei und korrosionsbeständig,
- geruchs- und geschmacksneutral,
- glatte und daher leicht zu reinigende Oberfläche.

Neben den Kennzeichnungen „rostfrei" oder „stainless" geben Einprägungen wie 18/8 oder 18/10 Hinweise auf die Art der Legierung: 18 % Chromanteile sowie 8 % bzw. 10 % Nickel.

Die Verwendung von emaillierten Geschirren ist nicht unproblematisch. Durch Stoß oder Überhitzung kann die Schutzschicht zerstört werden, sodass schadhafte Stellen entstehen. Daraus ergeben sich negative Auswirkungen:

- Gesundheitsgefährdende Emaillesplitter können in die Speisen gelangen,
- beschädigte Stellen rosten und sind Schlupfwinkel für Bakterien.

Emaillierte Geräte, die Beschädigungen aufweisen, sind aus hygienischen Gründen für die Verwendung im Lebensmittelbereich unbrauchbar geworden.

Werkstoffe aus Nichteisenmetallen

Kupfer[1], Zinn und Messing

copper, pewter, brass
cuivre (m), étain (m), laiton (m)

Diese Metalle zeichnen sich durch eine besondere Oberflächenbeschaffenheit aus.

Messing ist eine Legierung aus Kupfer und Zink und läuft wie Kupfer leicht an.

Zinn ist ein weiches und biegsames Material.

Silber

silver *argent (m)*

Reines Silber ist für Gebrauchsgegenstände zu weich und wird deshalb üblicherweise nur als Auflage verwendet. Der Untergrund bzw. der Grundkörper besteht aus einer harten Legierung (z. B. mit Kupfer). Spezielle Bezeichnungen sind in diesem Zusammenhang **Neusilber** oder **Alpaka.**

Alpaka ist eine Legierung aus 60 % Kupfer, 25 % Zink und 15 % Nickel.

Das Auflgegen der Silberschicht erfolgt im galvanischen Bad. Um den vorzeitigen Abrieb des Silbers zu vermeiden, wird die Auflage bei Bestecken an stark beanspruchten Stellen verstärkt. Man spricht dann von **Patentsilber.**

Die Kennzeichnung 80, 90 oder 100 bedeutet, dass für 24 dm^2 Oberfläche 80 g, 90 g bzw. 100 g Silber verwendet wurden.

Schweflige Verbindungen in der Luft und in Speisen (z. B. bei Eiern) sind die Ursache für einen festhaftenden bräunlichen bis schwarzen Belag, der nur durch entsprechende Reinigungsmaßnahmen auf- und abgelöst werden kann.

Zu Frühstückseiern sollten keine Silberlöffel und für Eiergerichte keine versilberten Platten verwendet werden.

Gebrauchsgegenstände aus Nichteisenmetallen

Materialart	Gegenstände	Reinigungs- und Pflegerichtlinien
Kupfer	● Kochgeräte und Chafing-dishes ● Kannen und Ziergeräte	→ feines Speisesalz und Wasser → spezielle Kupferputzmittel (gründlich nachspülen)
Messing	● Lampen und Schilder ● Beschläge und Türgriffe	→ spezielle Putz- und Poliermittel
Zinn	● Becher sowie Platz- und Zierteller ● Vasen und Leuchter	→ milde Reinigungsmittel → bei Flecken Spezialputzmittel → gut nachtrocken
Silber	● Bestecke, Weinkühler ● Menagen, Anrichtegeschirr ● Tabletts und Silberplatten	→ Silberputztuch, Silberputzpaste, Silbertauchbad → Silberputzmaschine → Aluplatte + Kochsalz, gründlich nachspülen und polieren

[1] Gefäße aus Kupfer müssen mit einer Schutzschicht versehen sein; reine Kupfergefäße dürfen nicht verwendet werden.

Wirtschaftsdienst

Nichtmetalle

Bei den nichtmetallischen Werkstoffen unterscheidet man natürliche und synthetische Stoffe.

Natürliche nichtmetallische Werkstoffe

Zu ihnen gehören Holz, Leder, Kork, Stein und Naturfasern.

Holz (s. auch Tabelle unten)

wood *bois (m)*

Holz ist ein „lebendiges“ Material, das auch nach seiner Aufbereitung zu Gebrauchsgegenständen noch „arbeitet“. Es kann reißen und sich verziehen.

Rohes, unbehandeltes Holz nimmt leicht Feuchtigkeit, Farbe und Gerüche auf. Deshalb ist es aus hygienischen Gründen (Geschmack, Bakterien) für Arbeitsflächen im Küchenbereich nicht geeignet.

Zum Schutz bzw. zur Verschönerung wird die Oberfläche des rohen Holzes auf unterschiedliche Weise behandelt:

- lasieren, lackieren und wachsen,
- versiegeln und polieren.

Kork

cork *liège (m)*

Von Natur aus ist Kork ein Oberflächenschutzgewebe der Pflanzen an Zweigen, Stämmen, Wurzeln und Knollen. Die *Korkeiche* in den Ländern des Mittelmeerraumes liefert den Kork, der zu den leichtesten Werkstoffen gehört. Die Korkzellen sind luftgefüllt und enthalten einen fettartigen Stoff, der die Durchlässigkeit von Wasser und Gas erschwert (Beispiel: Flaschenkorken).

Kork bietet Schutz gegen Wärme und Kälte und wird bei Wandflächen sowie als Bodenbelag zu *Wärme- und Schallisolierungen* verwendet.

Leder

leather *cuir (m)*

Leder wird aus Häuten und Fellen von Tieren aufbereitet, wobei dieses durch Gerben gefestigt und haltbar gemacht wird.

Das nebenstehende Gütezeichen weist darauf hin, dass zur gekennzeichneten Ware nur echtes Leder verwendet wurde.

Verwendungsmöglichkeiten für Holz

Oberflächenbeschaffenheit	Verwendung	Reinigungs- und Pflegerichtlinien
unbehandelt	• Fußböden	→ kurz mit warmer Reinigungsflüssigkeit behandeln
	• Vesperbrettchen	→ mit Naturbürsten behandeln
	• Holzteller	→ immer beidseitig benetzen, mit klarem Wasser gründlich nachspülen und nicht zu lange im Wasser liegenlassen, insbesondere nicht in der Spülmaschine reinigen (Holz saugt Wasser an und verzieht sich)
	• Kochlöffel	→ immer stehend, aber nicht in der Nähe von intensiven Hitzequellen trocknen lassen
lasiert, lackiert oder gewachst	• Türen	→ abstauben
	• Fensterrahmen	→ *notfalls* mit milder Reinigungsflüssigkeit feucht abwischen und *rasch* trockenreiben
	• Möbel	→ Möbeleventuell mit speziellen Möbelpflegemitteln behandeln
versiegelt	• Fußböden	→ feucht wischen
	• Treppenstufen	→ von Zeit zu Zeit mit Glanzemulsion oder Wischwachs behandeln
poliert	• Möbel	→ Möbelpolitur oder Wachs

Verwendung von Leder:

- Koffer, Taschen und Schuhe,
- Sitzmöbelbezüge sowie Verkleidungen auf Türfüllungen und Theken,
- spezielle Kellnerschürzen und Reinigungstücher.

Arten des Leders:

- Rauleder, Wildleder oder Waschleder,
- Nappaleder, Glacéleder, Saffianleder, Lackleder.

Die Reinigung und Pflege muss der Art des Leders angemessen sein. Beim Einkauf sind deshalb Informationen bezüglich des Produktes sowie der entsprechenden Reinigungs- und Pflegemittel unerlässlich.

Stein

stone *pierre (w)*

Darunter versteht man natürliche mineralische Körper mit unregelmäßig umrissener Form sowie von fester und harter Beschaffenheit. *Naturbelassen* verwendet man sie zu Dekorationszwecken. Durch Zersägen gewinnt man Platten oder in zerkleinerter Form Fliesen, die als Boden- und Wandbeläge dienen.

Marmor ist Kalkgestein, das nach dem Schleifen und Polieren besonders dekorative Eigenschaften besitzt.

Abb. 1 Badezimmer mit Oberflächen aus Marmor, Stein und Glas

Synthetische nichtmetallische Werkstoffe

Synthese heißt Vereinigung, Zusammenführung. Es handelt sich also um Werkstoffe, die sich durch das Vermischen verschiedener Werkstoffe ergeben.

Glas

glass *verre (m)*

Die zur Glasbereitung notwendigen Rohstoffe werden je nach der Zweckbestimmung in unterschiedlichen Mischungen verwendet und in einem Schmelzprozess zur Glasmasse verschmolzen:

- Quarzsand, Kalk, Natrium oder Pottasche,
- Bleioxid oder Mennige.

Je nach der Zusammensetzung der Glasmasse sowie deren Verarbeitung unterscheidet man verschiedene Glasarten.

- **Natronglas** (auch einfaches Gebrauchsglas genannt)
  - Fenster, Flaschen, Pressgläser
  - Leuchter und Pokale
  - Glasplatten und Glasteller
- **Kaliglas**
  - bessere Gebrauchsgläser
  - Vasen und Leuchter
- **Blei- und Bleikristallglas**
  - dekorative Trinkgläser, Vasen und Glasschalen
  - Glaswaren mit eingeschliffenen oder eingeätzten Verzierungen
- **Spezialgläser**
  - **hitzebeständiges Glas** (geringere Ausdehnung): Kochgeräte, Ceranfelder und Backformen, Kaffeemaschinen und Teegläser
  - **Verbundglas** (schlechter Wärmeleiter): Doppelfenster und Autoscheiben, Thermosbehälter
  - **Sicherheitsglas** (bricht im Ernstfall in kleine Stücke ohne scharfe Kanten – keine gefährlichen Splitter): Glastüren, Schaufenster und Autoscheiben, Terrassen- und Wintergartenfenster

Das Reinigen von Glas geschieht im Allgemeinen mit Universalreinigungsmitteln. Spezielle Besonderheiten sind im Abschnitt „Reinigung und Pflege" (Service, Seite 242) nachzulesen.

Keramik – Porzellan

pottery, porcelain
céramique (w), porcelaine (w)

Porzellan ist die Krönung in der Reihe der keramischen Werkstoffe. Die tonmineralhaltigen Ausgangsprodukte sind in Wasser schwer löslich und erhalten bei der Verarbeitung durch Brennen ihre feste Beschaffenheit. Vom einfachen Tonziegel bis hin zu hochwertigem Porzellan gibt es viele qualitative Abstufungen und Bezeichnungen:

- Irdene Waren, Steingut, Steinzeug,
- Feinkeramik: Terrakotta, Fayence, Majolika,
- Porzellan.

Terrakotta (gebrannte Erde) sind künstlerisch gestaltete Töpferarbeiten, Plastiken und Reliefs.

Fayence (Majolika) sind glasierte Tonwaren mit farbigen Mustern.

Porzellan ist ein Produkt aus Kaolin (Porzellanerde), Quarz und Feldspat. Die durch Mahlen und Mischen hergestellte Rohmasse wird beim Brennen dicht und wasserundurchlässig. Ein Überzug (die Glasur) erhöht die Widerstandsfähigkeit gegenüber Säuren, Laugen und Salzen. Neben rein weißem und buntfarbenem Geschirr gibt es solches mit unterschiedlich aufwendigem Dekor. Je nach der Zusammensetzung der Rohstoffe und dem Herstellungsverfahren gibt es Unterscheidungen:

- weiches und hartes Porzellan,
- weiche und harte Glasuren,
- Auf- und Unterglasurdekor,
- feuerfestes und nicht feuerfestes Geschirr.

Das sind wichtige Auswahlkriterien bei der Beschaffung von Hotelporzellan, das hohen Anforderungen gerecht werden muss.

Porzellan ist ein schlechter Wärmeleiter. Das bedeutet zunächst, dass Wärme nur langsam aufgenommen wird. Sie bleibt jedoch in gut vorgewärmtem Geschirr lange erhalten, sodass sich die darin befindlichen Speisen bzw. Getränke nur langsam abkühlen.

Reinigung und Pflege des Porzellans:

- Wegen der glatten und harten Oberfläche ist die Reinigung ebenso unproblematisch wie bei Glas.
- Pflegliches Behandeln ist wegen der Bruchgefahr und der Möglichkeit von Absplitterungen jedoch unerlässlich.
- Feuerfestes Geschirr darf wegen der Bruchgefahr durch gegensätzliche Spannungen (Ausdehnungen) nicht auf offenes Feuer gestellt und in heißem Zustand nicht zu plötzlich stark abgekühlt werden.

Beschädigtes Porzellangeschirr ist für den Gebrauch im Gastgewerbe nicht mehr geeignet.

Bei der *Verwendung von keramischen Gefäßen zu Büfetts* (insbesondere Salatbüfetts) muss sichergestellt sein, dass bei der Herstellung keine bleihaltigen Glasuren oder Farben verwendet wurden. Diese Substanzen können durch Säuren aufgelöst werden und, mit den Speisen aufgenommen, Schäden im Organismus hervorrufen.

Kunststoffe

plastics *matières plastiques (w)*

Kunststoffe, auch **Plaste** genannt, sind organisch-chemische Stoffe, die aus Erdöl, Erdgas und Steinkohle hergestellt werden. Anfangs wurden sie als Ersatzmaterialien für Holz, Keramik und Metall angesehen. Heute sind es selbstständige Werkstoffe, die aus der hochtechnisierten Industriegesellschaft nicht mehr wegzudenken sind. Ihre Verwendung ist sehr vielseitig:

- einfache Bestecke, Kochlöffel, Quirle, Eierlöffel,
- Schüsseln, Schalen, Tassen,
- Tischplatten und Schneidebretter,
- Gehäuse für verschiedenartige Geräte,
- Beschichtungen und Griffe für Möbel,
- Stühle und Sessel.

Kunststoffe werden in Thermoplaste, Duroplaste und Elastomere unterteilt.

Thermoplaste bleiben auch bei wiederholtem Erwärmen verformbar. Aus diesem Grunde sind sie im Küchenbereich nur begrenzt einsetzbar.

Duroplaste sind fest, relativ hitze- sowie säuren- und laugenbeständig. Das besonders hitzebeständige **Teflon** wird zur Beschichtung von Töpfen, Pfannen und Backformen verwendet. Es ist jedoch empfindlich gegenüber Druck und Abrieb.

Elastomere sind Kunststoffe mit gummielastischen Eigenschaften, die zu Badematten und Textilfasern verwendet werden.

Im Hinblick auf die Verarbeitung zu Gebrauchsgegenständen haben Kunststoffe viele Vorteile:

- Geringes Gewicht, niedrige Wärmeleitfähigkeit,
- elektrisch isolierende Eigenschaften,
- relative Beständigkeit gegenüber Säuren und Laugen,
- Geruchs- und Geschmacksneutralität.

Reinigung und Pflege von Kunststoffen:

- Als Reinigungsmittel eignen sich milde Spülmittel und Pflegeemulsionen.
- Ungeeignet sind scharfe und aufrauende Reinigungsmittel. Sie beschädigen die Oberfläche und begünstigen so das Festsetzen von Schmutz, Spülmittelresten und Bakterien.

Aufgaben

1. Beschreiben Sie die unterschiedlichen Eigenschaften von Gusseisen, Stahl und Edelstahl.
2. Was bedeutet auf Gebrauchsgegenständen aus Edelstahl die Einprägung 18/8 oder 18/10?
3. Warum ist bei der Verwendung von emaillierten Geräten in Verbindung mit Speisen besondere Vorsicht geboten?
4. Durch welche Behandlungsverfahren wird die Oberfläche von Holz gepflegt?
5. Nennen Sie zu folgenden Arten der Holzoberfläche Verwendungsbeispiele und beschreiben Sie Richtlinien für die Reinigung und Pflege:
   a) unbehandelt, b) lasiert, lackiert oder gewachst, c) versiegelt oder poliert.
6. Nennen Sie Verwendungsmöglichkeiten für Leder und Kork.
7. Nennen Sie Verwendungsmöglichkeiten für folgende Glasarten:
   a) Natron- und Kaliglas, b) Blei- und Bleikristallglas, c) hitzebeständiges Glas.
8. Welche Eigenschaften haben Verbundglas und Sicherheitsglas, und zu welchen Zwecken sind sie deshalb besonders geeignet?
9. Nennen Sie Bezeichnungen für einfache keramische Waren sowie für Waren der Feinkeramik.
10. Erklären Sie die Bezeichnungen Terrakotta, Fayence und Porzellan.
11. Welche besonderen Eigenschaften sind bei Porzellan in Verbindung mit Speisen von Bedeutung?

1.2 Natur- und Chemiefasern

natural and artificial fibers
fibres (w) naturelles et fibres (w) artificielles

Fasern sind Rohprodukte für die Herstellung von Textilien. Durch verschiedene Arten der Aufbereitung gewinnt man aus ihnen zunächst Garne bzw. Fäden, die dann auf unterschiedliche Weise zu textilen Flächen (z. B. Stoffe) verarbeitet werden.

Bei Fasern werden Natur- und Chemiefasern unterschieden.

Naturfasern

natural fibres *fibres naturelles (w)*

Ursprünglich wurden Textilien nur aus natürlichen Rohprodukten gefertigt. Es handelt sich dabei um tierische und pflanzliche Fasern bzw. Haare.

Tierische Fasern

animal fibres *fibres animales (w)*

Die Fasersubstanz besteht aus Eiweiß. Die grundlegenden Materialbezeichnungen sind Wolle und Seide.

Naturfasern	
Tierische Fasern	Pflanzliche Fasern
Wolle Seide	Baumwolle Flachs Jute und Hanf Kokos und Sisal

Abb. 1 Wolle

Abb. 2 Baumwolle

Abb. 3 Seidenkokons

Abb. 4 Reifer Flachs

Wolle

wool *laine (w)*

Wolle im engeren Sinne sind die Haare des Schafes. Im weiteren Sinne gehören zum Begriff Wolle aber auch die Haare anderer Tiere, jedoch muss dann in der Bezeichnung der Tiername mitgenannt werden.

Schurwolle ist das durch Scheren des lebenden Schafes gewonnene Rohprodukt.

Das internationale Wollsiegel darf nur für solche Erzeugnisse verwendet werden, die aus neuer, reiner Schurwolle hergestellt sind. Durch das Beimischen anderer Fasern werden die negativen Eigenschaften der Wolle ausgeglichen. Die Textilien besitzen eine erhöhte Strapazierfähigkeit.

Eine gute Kombination

80% Schur-Wolle
20% Polyester

Schur-Wolle mit Beimischung

Die Beimischung ist kennzeichnungspflichtig, wobei jedoch der Wollanteil mindestens 60 % betragen muss.

Mischungen aus Wolle und Chemiefasern zeichnen sich durch besonders vorteilhafte Eigenschaften aus.

Wolle hat folgende Eigenschaften:

- schützt gegen Kälte und Hitze
- bindet Raum- und Körperfeuchtigkeit
- knittert nicht und ist luftdurchlässig
- ist dehnbar, formbar und filzbar

Verwendung:

- Decken, Fußbodenbeläge und Möbelbezüge

Seide

silk *soie (w)*

Seide ist eine sehr kostbare Faser, die aus den Hüllen *(Kokons)* seidenspinnender Schmetterlingsraupen gewonnen wird. Man unterscheidet dabei zwischen **Wild-** und **Zuchtseide.**

Diese Kennzeichnung ist nach dem Textilkennzeichnungsgesetz nur dann erlaubt, wenn die Fasern ausschließlich aus den Kokons seidenspinnender Insekten hergestellt wurden.

Internationales Seidenzeichen

Seide hat folgende Eigenschaften:

- ist warmhaltend und kühl zugleich
- ist hautfreundlich
- ist leicht, reißfest und glänzend
- hat einen fließenden Fall

Verwendung:

- Kissenbezüge und Dekorstoffe

Pflanzliche Fasern

vegetable fibres *fibres (w) végétales*

Die Fasersubstanz ist Cellulose. Die grundlegenden Rohprodukte sind Baumwolle und Flachsfasern.

Baumwolle

cotton *coton (m)*

Die aus den reifen Fruchtkapseln des Baumwollstrauches hervorquellenden Samenfasern in Form von Wattebäuschen dienen als Rohprodukt für die Herstellung von Baumwolle. Die besten Baumwollsorten unter der Fachbezeichnung **Mako Baumwolle** kommen aus Ägypten.

Baumwolle hat folgende Eigenschaften:

- ist reiß- und nassfest
- ist saugfähig und kochecht
- ist geringfügig wärmend
- fusselt, läuft ein und knittert stark

Das internationale Baumwollkennzeichen bürgt dafür, dass zur Herstellung der Ware ausschließlich Baumwollfasern verwendet wurden. Auch die Eigenschaften der Baumwolle sind aus den vorangegangenen Aufzeichnungen bereits bekannt. Besonders hervorzuheben ist die Unempfindlichkeit gegenüber Hitze, die beim Waschen (kochecht) und Bügeln von Bedeutung ist. Angesichts der sonst negativen Eigenschaften muss Baumwolle je nach Verwendungszweck entsprechend veredelt werden (siehe „Ausrüstung von Textilien“, Seite 501).

Internationales Baumwollsiegel

Leinen

linen *toile (w)*

Die Pflanzengattung **Lein** bzw. die Stängel der **Flachspflanze** dienen als Rohprodukt für die Herstellung von Flachsfasern, die wiederum zur Produktion von **Leinen** verwendet werden.

Bei Leinen sind zwei Bezeichnungen zu beachten.

Reinleinen heißt, dass das Gewebe nur aus Flachsgarnen besteht (100 %).

Halbleinen ist ein Mischgewebe aus Baumwolle (Kettfäden) und Flachsgarnen (Schussfäden), wobei der Flachsanteil mindestens 40 % vom Gesamtgewicht betragen muss.

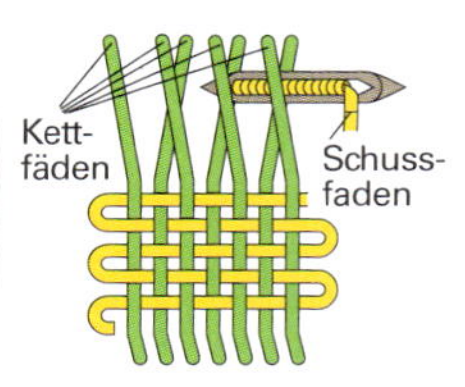

(Siehe Abb. Seite 497 Flachs)

Leinen hat folgende Eigenschaften:

- reiß- und nassfest
- kochecht
- fusselt nicht und knittert stark
- hat natürlichen Glanz und wirkt kühlend

Verwendung:

- Gardinen, Vorhänge, Möbelstoffe und Frottierwaren
- Tisch- und Bettwäsche
- Hand- und Geschirrtücher
- Gläsertücher
- Dekorationsstoffe

Sonstige Pflanzenfasern

Neben den feineren Produkten Baumwolle und Leinen gibt es Pflanzenfasern, die aufgrund ihrer natürlichen Beschaffenheit zu robusten Textilien verarbeitet werden:

- **Kokos** (Fasern der Kokosnuss)
  - Matten, Teppichfliesen und Auslegware
  - grobe Polsterauflagen, Bürsten
- **Sisal** (Faser von Agaven)
  - Teppichböden, Seilerware
  - Taue und Bürsten

Abb. 1 Teppichböden aus Sisal- und Kokosfasern

- **Jute** (Faser einer Stängelpflanze)
  - Säcke und Tragetaschen
  - Unter- und Stützgewebe für Teppichböden und Kunststoffbeläge
- **Hanf** (Faser einer Stängelpflanze)
  - Bindfäden sowie grobe Näh- und Bindegarne
  - Schwergewebe

Chemiefasern

chemical fibres *fibres (w) chimiques*

Chemiefasern werden aus der Cellulose von Pflanzen, z. B. Holz, oder aus Bodenschätzen wie z. B. Erdöl gewonnen.

Cellulosische Chemiefasern

Ausgangsmaterial ist die *Cellulose* aus dem Holz von Buchen und Fichten sowie aus Faserresten an den Samenkörnern der Baumwollpflanze, dem sogenannten *Baumwoll-Linters*. Durch chemische Behandlung erhält man eine spinnbare Masse und je nach angewendetem Verfahren unterschiedliche Fasern.

Acetatverfahren → Acetat, Triacetat
Viskoseverfahren → Viskose, Modal
Kupferverfahren → Cupro

Modal ist eine Viskosefaser mit merklich verbesserten Eigenschaften. Die Faser ist *kochecht, knittert weniger, trocknet schneller und ist einfärbbar.*

Synthetische Chemiefasern

Ausgangsmaterial sind Erdöl, Erdgas und Steinkohle. Durch gezielte Veränderung der Kettenmoleküle entstehen Stoffe, die chemisch synthetisiert werden, z. B. Polyester. Durch eine spezielle Weiterverarbeitung werden hieraus spinnbare Fasern gewonnen (s. Abb. 1–4 nächste Seite).

Synthetische Fasern haben positive Eigenschaften:

- Sie sind pflegeleicht, d. h. sie können unter Beachtung der Pflegeanleitung (siehe Pflegekennzeichen) in der Waschmaschine gewaschen werden, sie trocknen schnell,
- sie sind widerstandsfähig gegen Verrottung, Mikroorganismen und Mottenfraß,
- Flecken sind in der Regel leicht zu entfernen.

Synthetische Fasern sind **hitzeempfindlich,** weshalb beim Waschen und Bügeln die entsprechenden Pflegekennzeichen zu beachten sind. In vielen Fällen ist aber das Bügeln gar nicht erforderlich.

Chemiefasern	
Cellulosische Fasern	Synthetische Fasern
Acetat Viskose Modal Cupro	Polyamid, Polyester Polypropylen Polyacryl Elastan

Abb. 1 Polyester-granulat

Abb. 2 Glatte Filamente

Abb. 3 Texturierte Filamente

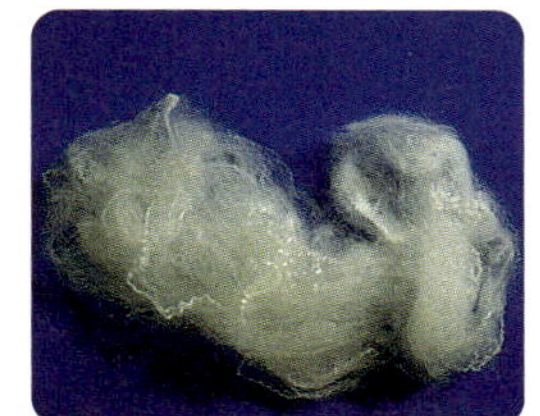

Abb. 4 Spinnfasern

Vliesstoffe werden meist aus Chemiefasern hergestellt. Wegen ihrer besonderen Eigenschaften gewinnen sie im Gastgewerbe immer mehr an Bedeutung.

Vliesstoffe haben folgende Eigenschaften:

- leicht
- gut faltbar
- saugfähig
- kostengünstig
- vielseitig verwendbar

Verwendung:

- Tischwäsche, Servietten und Sets
- Einwegwäsche (Tisch- und Bettwäsche)
- Putz- und Poliertücher

Abb. 5 Servietten aus Vliesmaterial

Textile Flächen

textiles *textiles (m)*

Textile Flächen haben je nach Art der verwendeten Garne oder Fäden sowie je nach Art ihrer Verflechtung bzw. Bindung unterschiedliche Bezeichnungen und Eigenschaften.

Arten der Verflechtung

- **Gewebe**
  Gewebebindung entsteht durch regelmäßiges Verkreuzen von Kett- und Schussfäden.

Abb. 6 Leinwand-bindung

Abb. 7 Gewebe in Leinwand-bindung

- **Maschenware**
  Sie entsteht durch Verstricken der Fäden bzw. das Ineinanderhängen von Schlaufen.

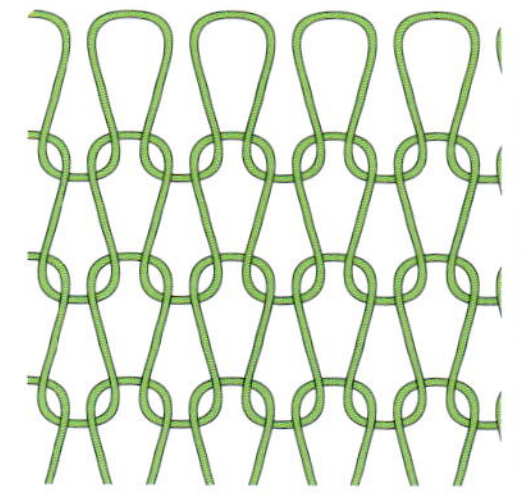

Abb. 8 Maschen

Abb. 9 Strickware

- **Vlies/Filz**
  Vlies entsteht durch Verkleben. Für Filz wird die Faser mechanisch bearbeitet. Diese Technik nennt man Walken.

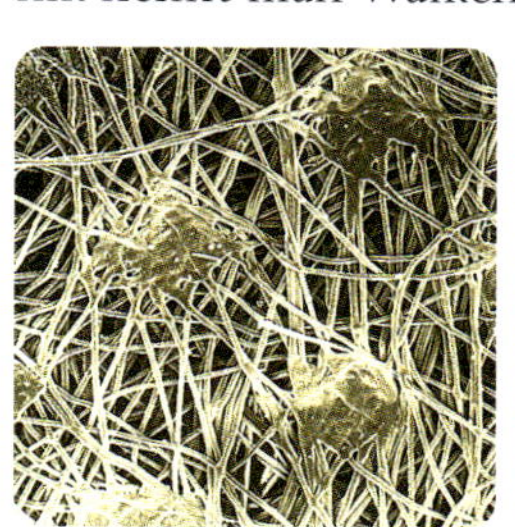

Abb. 10 Vliesstoff mit Punktschweißung

Abb.11 Wirrfaservlies

Textilkennzeichnung

Nach dem Textilkennzeichnungsgesetz müssen textile Flächen mit dem Namen der jeweils verwendeten Rohprodukte ausgezeichnet sein.

Die Kennzeichnung erfolgt auf Wäschefähnchen, in Webkanten oder auf Verpackungsetiketten der Textilien, z. B. Wolle, Baumwolle, Reinleinen, Viskose usw. (Einzelheiten siehe im Abschnitt „Wäschepflege“).

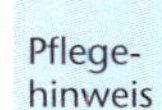

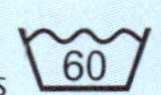

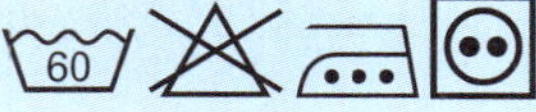

Farbiger Bettdamast aus gebleichtem Kettgarn und gefärbtem Schussgarn.

Ausrüstung von Textilien

Unter Ausrüstung versteht man veredelnde Maßnahmen an Textilfasern.

Die veredelnden Maßnahmen zielen darauf ab, die Rohstoffe zusätzlich mit zweckgerichteten Eigenschaften auszustatten und dadurch den Gebrauchswert der Textilien zu erhöhen, z. B.:

- Verbessern der Warendichte, des Griffs und der Oberflächenbeschaffenheit,
- Reduzieren der Knitterneigung, des Einlaufens und der Schmutzempfindlichkeit,
- Erhöhen der Luftdurchlässigkeit sowie der Feuchtigkeitsaufnahme bzw. -abgabe,
- Verbessern der Pflegeeigenschaften in Bezug auf das Waschen, Trocknen und Bügeln.

Die Fasern bzw. Gewebe werden entweder durch mechanische Einwirkung oder durch die Behandlung mit chemischen Mitteln zweckentsprechend verändert.

Antimikrobielle Ausrüstung: Durch chemische Behandlung wird das Wachstum von Mikroorganismen gehemmt.

Bügelfreie Ausrüstung: Vorwiegend werden Baumwolle, Leinen und Viskose behandelt. Die Textilien werden knitterarm und bügelfrei.

Flammschutz-Ausrüstung: Mit Hilfe von chemischen Mitteln werden Textilien, z. B. Vorhänge, schwer entflammbar gemacht.

Farbechte Ausrüstung: Durch die entsprechende Wahl der Farbstoffe und Färbeverfahren erzielt man Textilien mit hoher Farbechtheit. Je nach dem Zweck unterscheidet man: kochecht, waschecht, lichtecht oder wetterecht. Das Warenzeichen für farbechte Textilien ist **Indanthren.** Eine absolute Farbechtheit gibt es jedoch nicht.

Filzfreie Ausrüstung: Sie wird bei Wolle angewendet. Durch das Behandeln mit Kunstharzen sind Wollwaren im Schonwaschgang waschmaschinenfest, sie schrumpfen und verfilzen nicht.

Fleckgeschützte Ausrüstung: Aufgrund dieser Behandlung wird wasserlöslicher und fetthaltiger Schmutz nicht nur abgestoßen, auch anhaftender Schmutz kann nicht in das Gewebe eindringen.

Knitterarme Ausrüstung: Durch die Behandlung mit Kunstharzen bzw. chemischen Stoffen füllen sich die Hohlräume der Fasern mit einem stabilisierenden Gerüst. Die Textilien sind knitterarm und haben eine höhere Elastizität.

Appretieren: Durch Kunstharze oder Stärkemittel erhalten Stoffe einen fülligeren Griff und ein besseres Aussehen. Außerdem ist die Schmutzabweisung erhöht. Gute Appreturen behalten auch nach dem ersten Waschen oder Reinigen noch ihre Wirkung.

Imprägnieren: Bei diesem Verfahren werden Gewebe so beschichtet, dass die glatte und glänzende Oberfläche wetterfest, wasserdicht und schmutzabweisend ist. Trotzdem bleiben sie luftdurchlässig. Die Behandlung ist typisch für Regen- und Sportausrüstungen sowie für Schirme und Markisen.

Mercerisieren: Es handelt sich dabei um die Behandlung von Baumwolle, insbesondere für hochwertige Tischwäsche. Dabei werden unterschiedliche Eigenschaften erzielt: Glanz, der waschbeständig ist (durch chemische Behandlung), verminderte *Dehnfähigkeit* bei gleichzeitig erhöhter *Reißfestigkeit.*

Rauen: Mit Hilfe von Maschinen zieht man bei textilen Flächen die Faserenden an die Oberfläche. Die Ware erhält dadurch eine voluminösere, bauschige Oberfläche, einen weicheren Griff und eine besondere Wärmewirkung. Einseitig aufgeraut ist z. B. Flanell, beidseitig rau ist Molton.

Sanforisieren: Durch Behandlung mit Wasser und Hitze ist die spätere Formveränderung vorweggenommen. Die Wäsche kann nicht mehr einlaufen, sie ist formbeständig und außerdem knitterarm.

Aufgaben

1. Erklären Sie die Bezeichnung Schurwolle.
2. Woraus wird Seide gewonnen?
3. Beschreiben Sie die Eigenschaften von Wolle und Seide und nennen Sie Verwendungszwecke.
4. Beschreiben Sie die Fasern „Baumwolle“ und Leinen“:
   a) die Ausgangsware, b) die Fasereigenschaften, c) die Verwendungszwecke.
5. Beschreiben Sie die besonderen Eigenschaften von Vliesstoffen und Verwendungsmöglichkeiten.
6. Auf welche Weise erfolgt die Kennzeichnung der Textilien?
7. Erläutern Sie Zeichen/Siegel bei der Textilkennzeichnung.
8. Was bedeutet die Bezeichnung Ausrüstung?
9. Nennen und erläutern Sie Arten der Ausrüstung.

1.3 Reinigungs- und Pflegemittel

cleaning agents *produits (m) pour nettoyer et produits d'entretien*

Unter **Reinigen** versteht man das Entfernen von Schmutz

- trocken, z. B. durch Kehren, Saugen,
- feucht, z. B. durch Wischen, Waschen.

Pflegen ist darüber hinaus das Anwenden von Mitteln, durch die bestimmte Oberflächen ein schöneres Aussehen erhalten und vor chemischen oder mechanischen Einwirkungen geschützt werden.

Reinigungsmittel

Eine reinigende Wirkung haben vor allem Lösungsmittel, Seifenlaugen, Scheuermittel und wässrige Lösungen aus Tensiden, das sind künstlich hergestellte, seifenähnliche Stoffe. Durch mechanisches Einwirken wie Reiben mit Lappen, Baumwoll- oder Leinentüchern, Fensterledern, Schwämmen u. Ä. kann die reinigende Wirkung verstärkt werden.

Bevor ein Mittel angewendet wird, ist grundsätzlich zu klären:

- Woraus besteht das zu behandelnde Material und wie ist die Oberflächenbeschaffenheit?
- Um welche Schmutzart handelt es sich und wie stark ist die Verschmutzung?
- Welches ist das umweltfreundlichste Reinigungsmittel, das zur Schmutzentfernung verwendet werden könnte?
- Wie lauten die Dosierungsanweisungen und Bedienungsanleitungen?

Bedienungsanleitungen, Dosierungsanweisungen und Umweltschutzhinweise sind zu beachten! Mischen Sie nie verschiedene Reinigungsmittel!

Arten der Reinigungsmittel

Lösungsmittelfreie Reinigungsmittel

Ohne Scheuermittelanteil, zur Entfernung von leichtlöslichem bzw. weniger hartnäckigem Schmutz, auf Seifenbasis, mit natürlichen Tensiden bzw. Oberflächen-Entspannungsmitteln, z. B. für Kunststoff, Glas, Keramik, Steinzeug und Edelstahl: Schmierseife, Neutralseife, Grüne Seife, Spülmittel.

Mit Scheuermittelanteil,
- feinere Scheuermittel, z. B. für Bade- und Duschwannen: Scheuermilch;
- grobere Scheuermittel, z. B. für Toiletten, Waschbecken und für keramische Fliesen auf Mineralbasis: Schlämmkreide, „Wiener Kalk“, Bimsmehle, Marmormehle.
- **Zusätze von von synthetischen Tensiden,** für alle feucht abwischbaren Oberflächen, z. B. aus Edelstahl, Glas, Keramik, Kunststoff, Steinzeug: Universalreiniger, Allzweckreiniger
- **Desinfektionsmittel** auf Alkoholbasis zum Abtöten von Mikroben. Anwendung vor allem im Sanitärbereich.

Lösungsmittelhaltige Reinigungsmittel

Spezialreiniger, zur Entfernung von stark fetthaltigem Schmutz oder teerhaltigen Rückständen z. B. in Backöfen. Nicht anwendbar auf Flächen mit Farb- und Lackanstrichen bzw. aus Kunststoffen wegen der auflösenden Wirkung!

Aceton (Nagellackentferner), zur Entfernung von Harz-, Lack-, Klebstoff- und Teerflecken. Nicht anwendbar auf acetathaltigen Stoffen wegen der auflösenden Wirkung!

Fleckenwasser, zur Entfernung von Flecken jeglicher Art.

Salmiak, zur Entfernung von Farbflecken.

Bevorzugen Sie die umweltfreundlichen altbewährten Hausmittel mit natürlicher Reinigungskraft!

Diese sind biologisch leicht abbaubar und außerdem meist auch preiswerter:

Schmierseife oder **Neutralseife**, für Reinigungszwecke vielseitig einsetzbar. Ein Nachpolieren von Flächen ist erforderlich.

Verdünnte Essig- und/oder **Zitronensäure** als 3%ige Lösung sind zum Entkalken und zum Abwischen von Wasserflecken, z. B. auf Bad-Armaturen, bestens geeignet.

Spiritus für die Reinigung von Fensterscheiben, Glastüren sowie von Glasgegenständen wie z. B. Kristallleuchtern.

Vermeiden Sie nach Möglichkeit die Anwendung lösungsmittelhaltiger Reinigungsmittel. Wenn Sie sie benutzen, lüften Sie den Raum gut. Verzichten Sie auf den Einsatz von Mitteln, die Chlor, Phosphate, Formaldehyde oder Sulfate enthalten!

Pflegemittel

Pflegemittel geben Oberflächen ein schöneres Aussehen und schützen diese bei späteren Verschmutzungen. Außerdem können z. B. Möbelpflegemittel gut eingesetzt werden, um kleine Kratzer und Flecken weitgehend zu überdecken.

Um Arbeitsgänge zu sparen, werden Reinigungs- und Pflegemittel häufig als **kombinierte Mittel** angewendet. Dabei wird die zu reinigende Oberfläche in einem Arbeitsgang gesäubert und gleichzeitig mit einem glänzenden und widerstandsfähigen Schutzfilm überzogen.

Arten der Pflegemittel

Lösungsmittelfreie Pflegemittel

Selbstglanz-Emulsionen bzw. **Wischglanzmittel** oder Wischwachse, die auf Kunststoffböden sowie auf versiegelten und lackierten Holzfußböden einen glänzenden und schützenden Film hinterlassen. Sie ersparen das Nachpolieren.

Möbelwachs und Spezialmittel zur **Möbelpolitur.** Auch zur Oberflächenbehandlung von Türen und Holzwänden geeignet.

Poliermittel für Kunststoffgegenstände und Kunststoffoberflächen, für Leder.

Lösungsmittelhaltige Pflegemittel

Bohnerwachse, die auf **unversiegelten** und **unlackierten** Holzfußböden einen widerstandsfähigen und glänzenden Film bilden. Wegen ihrer Lösungsmittelbestandteile sind sie umweltbelastend und feuergefährlich.

Die aufsteigenden Dämpfe sind gesundheitsschädlich. Sollten solche Mittel dennoch zum Einsatz kommen, den Raum gut lüften!

Aus Gründen des Umweltschutzes sind lösungsmittelhaltige Pflegemittel weitgehendst abzulehnen!

(Siehe auch Umweltschutz in der Hausdamenabteilung, S. 526)

Reinigungsgeräte und Arbeitsmittel

Die Durchführung der Reinigungs- und Pflegearbeiten wird durch Maschinen und Geräte sowie weitere Arbeitsmittel wesentlich erleichtert.

Maschinen, z. B. Staubsauger, Kehrmaschinen, Teppich-Shampoonierer, Sprühextraktionsgeräte, Dampfreiniger, Hochdruckreiniger, Scheuersaugmaschinen, Nass-Sauger/Allzwecksauger, Bohner- bzw. Poliermaschinen, Waschmaschinen, Trockner;

Geräte, z. B. Etagenwagen, Putzwagen, Teppichkehrer, Feuchtwischgeräte, Nasswischmopps, Feuchtwischmopps, Fahreimer mit Presse, Wasserschieber, Leitern;

Arbeitsmittel, z. B. Staubtücher, Fensterleder, Poliertücher, Reinigungspads, Schwämme, Vliesschwämme, Stahlwolle, Besen, Handfeger, Bürsten, Schrubber, Scheuertücher, Eimer, Körbe.

Welche Maschinen, Reinigungsgeräte und Arbeitsmittel in den einzelnen Hotelbetrieben zum Einsatz kommen sollten, ist nach den örtlichen, baulichen Gegebenheiten, den verwendeten Oberflächenmaterialien und der sonstigen Raumausstattung zu entscheiden.

Abb. 1 Gereinigte Hotelhalle

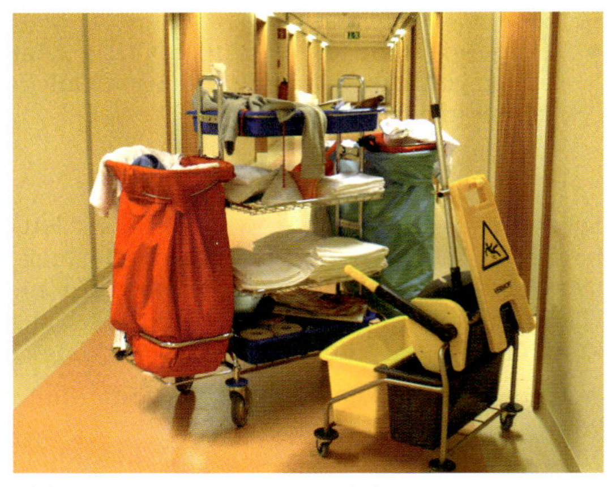

Abb. 2 Reinigungsgeräte auf der Etage

1.4 Reinigung von Wänden

cleaning of wall-coverings *nettoyage (m) des murs*

Je nach Material und Oberflächenbeschaffenheit werden unterschiedliche Reinigungs- und Pflegemittel bzw. Arbeitsmittel verwendet.

Wandoberfläche	Reinigungs-/Pflegemaßnahme
abwaschbar	
Dispersionsfarbe	mäßig feucht mit Lappen abwischen
Ölfarbenanstrich	mit milder Reinigungslösung vorsichtig abwaschen, trockenreiben
Keramische Fliesen	mit heißer, starker Reinigungslösung abwaschen, mit klarem Wasser nachwaschen, trockenreiben
Tapeten	mit milder Reinigungslösung vorsichtig abwischen. Keine Lösungsmittelhaltigen Mittel verwenden!
nicht abwaschbar	**→ weder Wasser noch Reinigungsmittel verwenden!**
Tapeten	mit Besen bzw. Staubsauger vorsichtig abstauben/absaugen
Stoffbespannungen	mit Besen bzw. Staubsauger vorsichtig abstauben/absaugen

1.5 Reinigung von Böden

floor cleaning *nettoyage (m) du plancher*

Je nach Material und Aufbau der Fußböden werden unterschiedliche Reinigungs- und Pflegemittel angewendet. Abgesehen von Teppichböden bzw. Teppichen geht bei allen anderen Böden das Entfernen von lockerem Schmutz durch Fegen oder Moppen als Vorreinigung den anderen Reinigungs- und Pflegemaßnahmen voraus.

Fußbodenmaterialien	Reinigungs-/Pflegemaßnahme
Holz-Parkett	Bei unbeschädigter Versiegelung mit Allzweck- oder Neutralreiniger mäßig feucht wischen; bei beschädigter Versiegelung mit Bohnerwachs behandeln.
Holz-Dielen	Zimmerböden aus Holz schonend, nebelfeucht mit Schmierseife wischen. Pflege mit Wachs als Oberflächenschutz.
Linoleum	Mit Seifenlauge feucht wischen, gelegentlich mit Wischglanz oder Selbstglanz-Emulsion pflegen, trocknen lassen. Absatzspuren mit Pads abreiben.
Kunststoff-, Laminat- und Gummiböden	Feucht wischen, gelegentlich mit Wischglanzmittel oder Selbstglanz-Emulsion behandeln, trocknen lassen
Steinfußböden, Naturfliesen, Kunststeinfliesen	Mit milder Reinigungslösung zur Grundreinigung feucht wischen bzw. mit Wischpflegemittel pflegen.
Keramikfliesen	Mit starker Reinigungslösung nass wischen oder schrubben.

1.6 Reinigung von Teppichen und Teppichböden

cleaning of carpets and carpet tiles *nettoyage (m) des tapis et moquettes*

Teppicharten

Unter Teppichen versteht man sowohl den klassischen Orientteppich als auch Teppichläufer, Brücken, Wandteppiche und die Auslegeware von Teppichböden und -fliesen. Bei der Herstellung können sowohl Naturfasern als auch Chemiefasern oder eine Mischung aus beiden verwendet werden. Wegen der großen Qualitätsunterschiede und der Vielzahl von Teppicharten sollte beim Kauf ein Fachmann zu Rate gezogen werden.

Abb. 1 Teppichsiegel-Beispiel

Tägliche Reinigung

Saugen

Die normale tägliche Reinigung von Teppichen im Hotel ist das Staubsaugen.

Vereinzelt werden zum Entstauben auch Teppichkehrmaschinen eingesetzt.

Zur anschließenden Fleckenentfernung auf Teppichen werden verschiedene Methoden angewendet.

Die Teppichsiegel haben sich als eine gute Orientierungshilfe erwiesen. Sie sind an der Unterseite von Teppichrollen angebracht und werden vom „Deutschen Teppichforschungsinstitut e.V., Aachen“, vergeben.

Detachieren

Flecken können mit Hilfe eines Feinwaschmittel-Schaumes und eines Frottierlappens befeuchtet und dann abgerieben werden.

Pulver-Reinigung

Die Pulverreinigung wird bei Bedarf – je nach Verschmutzungsgrad – zur oberflächlichen Florreinigung angewendet. Das Reinigungspulver wird mit rotierenden Bürsten auf dem Teppichflor verteilt. Das Pulver nimmt den Schmutz auf und kann nach der empfohlenen Einwirkungszeit mit dem Staubsauger entfernt werden. Dabei sollte gründlich gelüftet werden.

Grundreinigung

Zur **Grundreinigung** eignen sich die beiden folgenden Verfahren:

- **Shampoonier-Reinigung**
  Kurzflorige Teppiche mit einem feuchtigkeitsbeständigen Trägermaterial können nach diesem Verfahren gereinigt werden. Das Shampooniermittel enthält Tenside, fettlösende Mittel und keimabtötende Stoffe. Der Shampooschaum wird mit Hilfe einer Shampooniermaschine in Bahnen aufgetragen und dabei eingebürstet. Nach dem Trocknen des Schaums wird der Teppichflor aufgebürstet und abgesaugt. Mit den Shampooresten wird so der gelöste Schmutz entfernt.
- **Sprühextraktions-Reinigung**
  Dieses Verfahren ist bei allen Florarten geeignet. Die Spezial-Reinigungsmittel hierfür enthalten schaumarme Tenside, Reinigungsverstärker, Entschäumer und teilweise Phosphate. Das Mittel wird in Bahnen aufgesprüht und löst den Schmutz aus dem Teppichboden. Die Lösung aus Reinigungsmittel und Schmutz wird aufgesaugt und in einen Tankbehälter geleitet. Die Entsorgung erfolgt über das Abwasser.

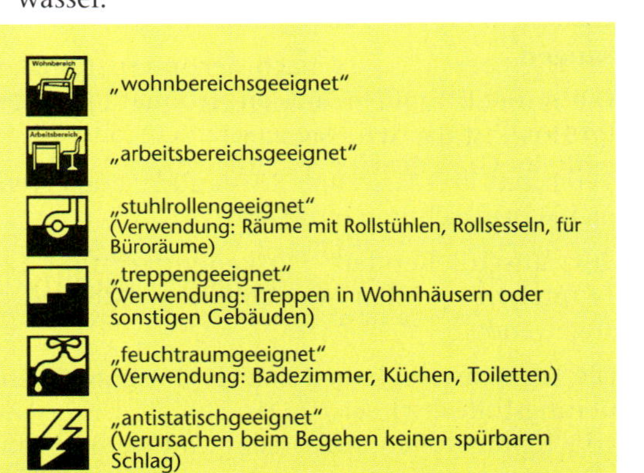

Abb. 1 Zusatzsymbole für Teppichböden

Bei der **Grundreinigung** von Teppichen ist zu beachten:

- Sie sollte jährlich nur einmal durchgeführt werden, da der Teppich dabei strapaziert wird.
- Eine eventuell vorhandene Fußbodenheizung ist rechtzeitig auszuschalten.
- Der Fußboden muss vorab gesaugt worden sein.
- Das Reinigungsmittel sollte auf die Verträglichkeit mit dem Belag geprüft worden sein.
- Beim Absaugen muss das Reinigungsmittel vollständig aus dem Flor gesaugt werden. Sonst könnte es zu einer schnelleren Wiederverschmutzung kommen.

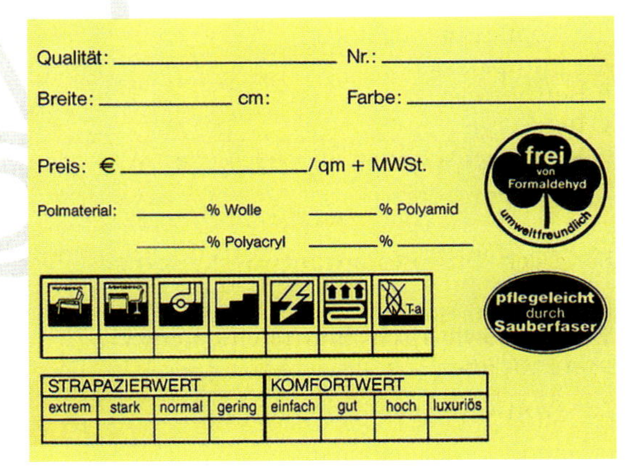

Abb. 2 Beispiel – Teppich-Karte als Kundeninformation

1.7 Wäschepflege

linen maintenance
soins (m) du linge

Wäsche gehört zu den Textilien, über die im Abschnitt „Natur- und Chemiefasern“ bereits Grundlegendes ausgeführt wurde.

Wäsche ist die Sammelbezeichnung für Textilien, deren regelmäßige Reinigung durch Waschen erfolgt. Dabei unterscheidet man Wäsche nach:

Gebrauch

- Leibwäsche (Unterwäsche)
- Bett-, Tisch- und Badewäsche
- Küchenwäsche

Feinheitsgrad

- Feinwäsche (feine Gewebe: z. B. für Damenwäsche, Pullover, Stores, Gardinen usw.)
- Grobwäsche (grobe Gewebe z. B. Berufs- und Schutzkleidung)

Farbe

- Weißwäsche
- Buntwäsche

Hotelwäsche

hotel laundry *linge (m) d'hôtel*

Die wichtigsten unterscheidenden Bezeichnungen für Hotelwäsche sind:

- Bettwäsche
- Tischwäsche *(table linen/linge de table)* und
- Frottierwäsche

Bettwäsche

Zweckbestimmende Bezeichnungen und Maße

Zur Bett- bzw. Etagenwäsche gehören:

- **Kissenbezüge**
  - Kopfkissen allgemein 80 cm × 80 cm
  - Europakissen 40 cm × 80 cm
- **Bettbezüge** 140 cm × 200 cm
- **Bettlaken** 160 cm × 260 cm
- **Matratzenschoner** in verschiedenen Größen

Tisch- und Frottierwäsche

Zur **Tisch-** bzw. **Restaurantwäsche** gehören:

- Moltons,
- Deck- sowie Tisch- und Tafeltücher,
- Mund- und Handservietten.

Zur **Frottierwäsche** gehören:

- Hand- und Badetücher sowie Waschlappen,
- Bademäntel und Badematten/Bettvorleger.

Bei der Herstellung von Frottierwäsche wird die Baumwolle in Leinwandbindung verarbeitet, bestehend aus einer straffen Grundkette und einer lockeren Schlingenkette mit ein- oder beidseitigen Schlingen. Aufgrund gekräuselter Oberfläche zeichnen sich die Textilien durch eine besonders gute Saugfähigkeit aus.

Reinigung und Pflege der Wäsche

Verschmutzte Wäsche muss in regelmäßigen Abständen gereinigt und gepflegt werden. Die Reinigungs- und Pflegemittel werden auf die Materialeigenschaften abgestimmt.

Reinigungs- und Pflegemittel

Wasser *water* *eau (w)*

Wasser ist das grundlegende Reinigungsmittel. Viele Vorgänge, die bei der Schmutzbeseitigung von Bedeutung sind, weisen darauf hin: Auflösen, Aufquellen, Zerteilen, In-der-Schwebe-Halten, Ausspülen, Wegspülen.

Waschmittel

detergents *produits (m) de lavage*

Durch Waschmittel wird die grundlegende Reinigungswirkung des Wassers ergänzt und verstärkt. Neben waschaktiven Bestandteilen enthalten Waschmittel darüber hinaus in unterschiedlicher Zusammensetzung Substanzen, die auf jeweils spezifische Zwecke ausgerichtet sind, z. B. wasserenthärtende Stoffe oder solche, die besondere pflegende Auswirkungen haben.

Waschaktive Substanzen wirken zweifach:

- Durch Verringern der Oberflächenspannung des Wassers erhöhen sie dessen Wirksamkeit und begünstigen insbesondere das gründliche Durchnetzen der Wäsche.
- Darüber hinaus heben sie den Schmutz vom Waschgut ab, emulgieren und umhüllen ihn, sodass er mit Hilfe des Wassers leichter ab- und ausgespült werden kann.

Wasserenthärtende Substanzen, auch Builder genannt, sind waschwirksame Alkalien, die den negativen Auswirkungen von kalkbildenden Salzen im Wasser entgegenwirken. Dieses enthält je nach den örtlichen Bedingungen unterschiedliche Mengen dieser Salze.

Die Wasserhärte hängt vom Gehalt an Calcium- und Magnesiumverbindungen ab. Je höher der Gehalt ist, desto härter ist das Wasser. Die Härte des Wassers spielt beim Waschen der Wäsche eine erhebliche Rolle. Je weicher das Wasser, desto weniger Wasserenthärter (bzw. Waschmittel(sind bei der Wäschepflege erforderlich. Bei der Dosierung sollte man sich an die Angaben der Waschmittelhersteller halten.

Unterschiedliche Härtegrade des Wassers

Im Härtebereich wird nach der internationalen Einheit Millimol Calciumcarbonat je Liter (mmol/l) gemessen. Sie ersetzt die alte Messeinheit „Grad deutscher Härte (°dH)“.

Härtebereich	Millimol Calciumcarbonat je Liter (mmol/l)	früher: °deutsche Härte
weich	< 1,5 mmol/l	< 8,4 °dH
mittel	1,5 – 2,5 mmol/l	8,4 – 14 °dH
hart	> 2,5 mmol/l	> 14 °dH

Die kalkbildenden Salze sind beim Waschen für eine ganze Reihe negativer Auswirkungen verantwortlich:

- Sie bilden unlösliche Verbindungen, wodurch die Reinigungswirkung vermindert wird.
- Durch Hitzeeinwirkung beim Waschen entsteht Kalkstein, der sich in den Wäschefasern festsetzt. Dadurch wird die Saugfähigkeit sowie der Geruch und die Haltbarkeit der Wäsche beeinträchtigt, weil die Fasern brüchig werden.
- Kalkablagerungen in der Waschmaschine vermindern die Leistungsfähigkeit und beschleunigen den Verschleiß.

Die wasserenthärtenden Substanzen des Waschmittels verhindern diese Auswirkungen, indem sie die kalkbildenden Salze binden und unwirksam machen.

Wäschepflegende Wirkstoffe werden Waschmitteln je nach dem beabsichtigten Zweck in unterschiedlicher Zusammensetzung zugesetzt:

- **Bleichmittel** geben Sauerstoff ab und entfärben organische Farbstoffe, die z. B. von Obst, Rotwein und Kaffee herrühren.
- **Vergrauungshemmstoffe** binden Schmutzteilchen und halten sie in der Schwebe, sodass sie sich nicht wieder in den Fasern festsetzen können.
- **Enzyme** bauen Fett und Eiweiß zu wasserlöslichen Formen ab und erleichtern dadurch das Ausspülen.
- **Schaumregulierende Stoffe** sorgen für eine der Waschtemperatur und dem Waschprogramm entsprechende Schaumbildung.
- **Weißtöner** bzw. optische Aufheller überdecken bei weißer Wäsche den möglichen gelben Schimmer.
- **Duftstoffe** überdecken die unangenehmen Gerüche, die aus der Waschlauge stammen, und verleihen der Wäsche eine duftige Frische.

Für Waschmittel gibt es je nach ihrer Zweckbestimmung unterschiedliche Bezeichnungen.

Vollwaschmittel sind besonders waschaktiv und vor allem geeignet für sogenannte Koch- oder Weißwäsche.

Feinwaschmittel sind in ihrer Wirkung auf empfindliche Fein- und Buntwäsche abgestimmt.

Spezialwaschmittel enthalten Bestandteile, durch die bei bestimmten Textilien eine jeweils zweckgerichtete pflegende Wirkung erreicht werden soll, z. B. bei synthetischer Wäsche, Wolle, Gardinen.

Waschhilfsmittel

Vor dem Waschen erfüllen sie vorbereitende Funktionen:

- **Einweichmittel** bilden im Wasser Laugen, durch die stark haftender und intensiver Schmutz so aufgelockert wird, dass er beim nachfolgenden Waschen leichter und vollständig ausgespült werden kann.
- **Enthärtungsmittel** dienen dazu, den Kalk in übermäßig hartem Wasser zu neutralisieren, damit seine nachteiligen Auswirkungen beim Waschen von vornherein ausgeschaltet sind (siehe weiter oben).

Nach dem Waschen werden Hilfsmittel verwendet, die bestimmten Textilien eine besondere Eigenschaft verleihen sollen.

- **Weichspülmittel** machen z. B. Frottierwäsche, Moltons und Wollwaren weich und flauschig.
- **Feinappreturen** bzw. **Steifungsmittel** (Stärke) dienen dazu, der Wäsche durch unterschiedlich intensive Aussteifung einen volleren und festen Griff zu verleihen sowie schmutzunempfindlicher zu machen, z. B. Hemden, Blusen, Tisch- und Bettwäsche.

Wichtiger Hinweis:
Wasch- und Reinigungsmittel können die Umwelt belasten. Darum:

- **maßvoll mit Waschmitteln sowie Reinigungs- und Pflegemitteln umgehen,**
- **auf nicht unbedingt notwendige Mittel ganz verzichten,**
- **umweltfreundliche Wasch-, Reinigungs- und Pflegemittel verwenden.**

Fleckentfernungsmittel

Flecken sind Schmutzeinwirkungen besonderer und intensiver Art, z. B. durch Rotwein, Obst, Kugelschreiber. Je nach Art des Schmutzes sind zur Entfernung unterschiedliche Mittel erforderlich. Grundlegende Hilfsmittel sind **Wasser**, **Essigwasser** oder **Feinwaschlauge**.

- Wasser
  - Zucker, Ei

  Die Wirkung von erwärmtem Wasser ist intensiver.

- Essigwasser
  zur Entfernung von
  - Rotweinflecken
  - Urinflecken

  zur Nachbehandlung von
  - Obstflecken

  Zur Entfernung von Rotweinflecken dienen auch aufgestreutes Salz und Zitronensaft.

- Feinwaschlauge

zur Entfernung von	zur Nachbehandlung von
• Bier, Blut	• Obst
• Limonaden, Milch	• Ruß
• Kaffee, Kakao	• Weißwein
• Schokolade	• Rotwein
• Likör, Ei	• Urin

Darüber hinaus gibt es **spezielle Fleckentfernungsmittel:**

Aceton	→ Nagellack, Schuhcreme
Benzin	→ Fett, Wachs
Benzol	→ Asphalt, Teer, Ruß, Schuhcreme
Salmiak	→ Obst, Weißwein, Tinte
Spiritus	→ Fett, Kugelschreiber, Kopierstift, Lippenstift, Parfüm
Terpentin	→ Ölfarbe
Wasserstoffperoxid	→ Stockflecken

Außerdem stehen ganz spezielle Mittel für Kaugummi, Tinte und Rost zur Verfügung.

Beim **Entfernen von Flecken** sind besondere Richtlinien bzw. Hinweise zu beachten:

- Als erstes ist festzustellen, um welches textile Material und um welche Art von Fleck es sich handelt.
- Je frischer der Fleck, desto leichter ist er zu entfernen.
- Getrocknete Flecken sind zunächst anzulösen.
- An einer nicht sichtbaren Stelle wird geprüft, ob das Lösungs- oder Fleckentfernungsmittel gegenüber der Faser und der Farbe unschädlich ist.
- Bei Fleckentfernungsmitteln sind die Hinweise des Herstellers zu beachten.
- Der Fleck wird mit dem jeweiligen Mittel betupft; bei Wiederholung ist eine andere, noch saubere Stelle des verwendeten Reinigungstuches zu benutzen.
- Das Abreiben darf nur mit leichtem Druck erfolgen und muss immer zum Fleckzentrum hin durchgeführt werden, um eine Ausweitung der Verschmutzung zu verhindern.
- Für das Aufnehmen der gelösten Fleckensubstanz saugfähiges Material verwenden.
- Wässrige Lösungen sind nach der Behandlung gründlich auszuspülen.
- Benzin, Benzol und Spiritus sind feuergefährliche Reinigungsmittel und dürfen deshalb nie bei offenem Feuer angewendet werden.

Pflege- und Behandlungssymbole für Textilien

Für die Art und Intensität der Reinigungs- und Pflegemaßnahmen sind jeweils die Art und die Beschaffenheit der Textilien ausschlaggebend. Zur Orientierung und Information sind diese deshalb mit jeweils entsprechenden Pflegesymbolen ausgestattet (s. Pflegesymbole und Waschvorgang S. 235).

Lagern, Tauschen und Zählen der Wäsche

Die Hotelwäsche gehört vom Neueinkauf bis zum Umfunktionieren verbrauchter Wäschestücke als Staubtücher in den Aufgabenbereich der Hausdame.

Lagern der Wäsche

Wäsche wird zugunsten einer guten Durchlüftung in offenen Regalen gelagert. Das Stapeln in Zehnereinheiten erleichtert die Ausgabe beim Wäschetausch. Frisch gewaschene Wäsche ist so einzuordnen, dass die bereits lagernde zuerst verwendet wird.

Die Wäsche wird mit der geschlossenen Seite nach vorn eingeräumt.

Tauschen der Wäsche

Der Wäschetausch gehört zu den täglichen Arbeitsabläufen und muss wegen der Kontrolle mit angemessener Sorgfalt durchgeführt werden:

- Entweder die Schmutzwäsche im Magazin vorzählen und entsprechende Mengen saubere Wäsche entgegennehmen,
- oder den Officebestand täglich gegen Anforderungsschein bis zum Sollbestand auffüllen.

Zählen der Wäsche

Im Hinblick auf die Bilanz (Warenwert) und auf Neueinkäufe sind die Wäschebestände in regelmäßigen Abständen durch Inventur zu ermitteln. Da sich die Wäsche ständig im Umlauf befindet, ist es erforderlich, das Zählen an allen Stellen gleichzeitig durchzuführen:

- Wäscherei
- Etagen- und Kelleroffice
- Zimmer
- Restaurants und Küche.

Wirtschaftsdienst

Aufgaben

1 Beschreiben Sie das Lagern, Tauschen und Zählen (Inventur) der Hotelwäsche.

2 Aus welchen Rohstoffen wird Bettwäsche hergestellt? Welche Vorteile und Nachteile haben die einzelnen Rohstoffe?

3 Beschreiben Sie die besondere Beschaffenheit der Frottierwäsche und die sich daraus ergebenden Eigenschaften.

4 Beschreiben Sie die Funktionen der waschaktiven und der wasserenthärtenden Substanzen in Waschmitteln.

5 Nennen und beschreiben Sie die Funktion von wäschepflegenden Wirkstoffen, die in Waschmitteln je nach beabsichtigtem Zweck enthalten sind.

6 Erklären Sie an Waschbeispielen die Unterscheidung der Waschmittel in Voll-, Fein- und Spezialwaschmittel.

7 Was versteht man unter Wasserhärte?

8 Nennen Sie Waschhilfsmittel, die vor bzw. nach dem eigentlichen Waschen eingesetzt werden und beschreiben Sie ihre Funktion.

9 Beschreiben Sie an Beispielen die Verwendung von Wasser, Essigwasser und Feinwaschlauge als Mittel der Fleckentfernung vor dem Waschen.

10 Zu welcher Art von Fleckentfernung werden folgende Mittel verwendet:
a) Aceton b) Benzin c) Benzol d) Salmiak e) Spiritus f) Terpentin?

11 Erläutern Sie wichtige Richtlinien, die bei der Fleckentfernung zu beachten sind.

1.8 Gästebetten

beds *lits (m)*

Wenn der Hotelier seinen Gästen beste Bedingungen für einen erholsamen Nachtschlaf bieten möchte, dann wird er ein besonderes Augenmerk auf die Qualität seiner Hotelbetten richten.

Ein Standard-Hotelbett besteht aus folgenden Teilen und Artikeln:

- Bettgestell,
- Matratzenunterbau oder Lattenrost,
- Matratzenschoner als Matratzen-Unterlage,
- Matratze,
- Bettwäsche,
- Deckbett/Einziehdecke,
- Kopf- und Nackenkissen.

Vor dem Kauf von Hotelbetten sollte unbedingt der Rat von Bettfachleuten eingeholt werden. Denn neueste medizinische Erkenntnisse und Herstelltechnologien führen zu Weiterentwicklungen auch auf diesem Gebiet. Ferner sollte ein möglichst einfaches Abziehen, Säubern und Neubeziehen des Hotelbetts gewährleistet sein. Nicht zuletzt sollten die Hotelbetten den verschiedenen Schlaf- und Liegebedürfnissen der Gäste, z. B. eher hart oder eher weich, entsprechen.

Abb. 1 Doppelbett mit Tagesdecke, Hotel Intercontinental, Prag

Bettgestelle

bedsteads *lits (m)*

Das Bettgestell ist der Rahmen für den Lattenrost – oder die Matratzenunterlage – und somit auch die Einfassung für die aufliegende Matratze. Bettgestelle sind meist aus Holz, manchmal auch aus Metall oder Kunststoff. An den Außenseiten sind viele Bettgestelle mit gepolstertem Stoff bespannt, der in Musterung und Farbe mit der Gesamtausstattung des Zimmers abgestimmt ist. Die Bettfüße sind häufig auf Rollen oder Gleitfüßen montiert, um die Arbeit des Personals zu erleichtern.

Bettgestelle sind in ihren Maßen auf die entsprechenden Matratzengrößen abgestimmt.

Einzelbett-Matratzen, Standardgrößen:

- 0,90 m × 1,90 m oder
- 1,00 m × 2,00 m → Single size bed

Doppelbett-Matratzen, Standardgrößen:

- 1,30 m × 2,00 m → Twin size bed
- 1,50 m × 2,00 m → Queen size bed
- 1,60 m × 1,90 m → Französisches Bett
- 1,80 m/2,00 m × 2,00 m → King size bed
- 1,90 m × 2,00 m → Grand lit

Matratzenunterbau und Lattenroste

Der Matratzenunterbau eines Bettes kann ein Spiralnetzrahmen bzw. Metallrost sein. Es gibt auch fest oder flexibel gelagerte Lattenroste. Bei Luxus-Hotelbetten besteht die Bettenbasis meist aus einem Federkern- bzw. Taschenfederkern-System mit gepolsterter Auflage.

Lattenroste mit fester Lagerung sind nicht höhenverstellbar. Die Federholzleisten sind auf einem Rahmen einzeln fest montiert.

Bei den **flexibel gelagerten Lattenrosten** sind die einzelnen Federleisten an den Enden mit beweglichen Trägerelementen aus Kunststoff oder Gummi (Kautschukkappen) gefasst. Diese Lattenroste sind am Kopf- und Fußende höhenverstellbar. Im mittleren Bettbereich sollten die Federleisten in ihrer Elastizität einzeln verstellbar sein, mit Zonen-Härteverstellung.

Abb. 1 Beispiel eines flexibel gelagerten Lattenrostes. Rahmen mit verstellbarem Kopf- und Fußteil, mit Zonen-Härteverstellung, Federleisten, Lagerung in Doppel-Kautschukkappen, Buche, Schichtholz.

Nur so kann eine individuelle und optimale Anpassung der Matratze an Körperform und Gewicht des jeweiligen Gastes gewährleistet sein. Es ist selbstverständlich, dass gute Lattenroste keine Geräusche verursachen dürfen.

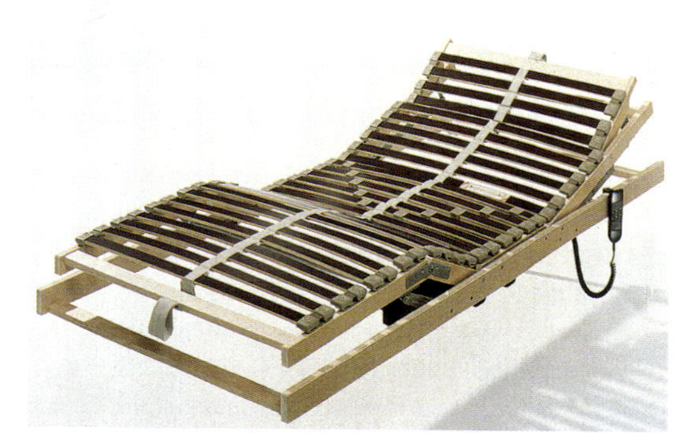

Abb. 2 Beispiel eines per Knopfdruck und Elektromotor variabel verstellbaren Betteinsatz-Lattenrostes.

Matratzen

🇬🇧 *mattresses*

🇫🇷 *matelas (m), sommiers (m) élastiques*

Die Qualität der Matratze in Kombination mit dem zugehörigen Lattenrost bzw. Matratzenunterbau ist mit entscheidend für den Schlafkomfort des Gastes. Matratzen sollen die Entspannung der Körpermuskulatur und Bänder fördern und die Wirbelsäule mit den Bandscheiben entlasten. Matratzen sollten deshalb punkt- und dauerelastisch, weder zu hart noch zu weich sowie druckfrei und atmungsaktiv sein.

Durch Luftzufuhr von unten sollten Matratzen dazu beitragen können, die Wärme und die Luftfeuchtigkeit zu regulieren, die durch Transpiration (ca. 0,2 *l* pro Nacht) während des Schlafs entsteht. Gute Matratzen haben deshalb ein atmungsaktives, natürliches Bezugs- und Polstermaterial, z. B. aus Baumwolle, Schafschurwolle, Rosshaar, Kamelhaar oder Kokosfasern. Für Rheumatiker ist eine gute Wärmeisolation der Matratze wichtig. Hotelmatratzen sollten ferner geräuschlos und schwer entflammbar sein. Seitlich sollten sie zwei Griffe zum Wenden oder Transportieren haben. Der Bezugsstoff von Schaumstoff-Matratzen (z. B. Latex) sollte abziehbar und waschbar sein.

Arten von Matratzen

Warenkunde in der Hotellerie: Hotelmitarbeiter sind über Matratzen miserabel informiert

„Welche Matratzen haben Sie?"

Antworten auf die Frage: „Ich möchte gern bei Ihnen ein Zimmer buchen, aber sagen Sie mir bitte vorher: Welche Matratzen hat Ihr Hotel?"

Wissen es nicht	72 Prozent
Behaupten, das werde sonst nie von den Gästen gefragt	44 Prozent
Verweisen auf die Hausdame	30 Prozent
Finden, das brauchten sie nicht zu wissen	28 Prozent
Verstehen den Sinn der Frage überhaupt nicht	19 Prozent
Erkundigen sich intern und nennen danach Matratzensystem oder Marke	17 Prozent
Nennen auf Anhieb ein Matratzen-System	12 Prozent
Kennen nur eine einzige Matratzeneigenschaft („hart" oder „weich")	12 Prozent
Nennen Selbstverständlichkeiten („Durchgehende Matratze")	8 Prozent
Geben zunächst Fehlinformation und korrigieren später	7 Prozent
Finden die Frage unpassend („Wir verkaufen Zimmer, aber keine Matratzen …!")	5 Prozent
Gebrauchen Markennamen als den Gattungsbegriff („Schlaraffia")	4 Prozent
Versprechen, es festzustellen, melden sich aber nie wieder	3 Prozent
Führen mehrere Matratzensysteme und können sie auch benennen	2 Prozent

Ergebnisse einer Umfrage bei 216 Hotels durch das Institut für Bildungs-Marketing, Hamburg und Feldkirchen (Mehrfachnennungen).

Zeitungsausschnitt, AHGZ

Matratzen werden in vier Arten unterschieden:

- **Schaumstoff-Matratzen**,
- **Schaumstoff-Matratzen mit Federkern**,
- **Federkern-Matratzen** und
- **Taschen-Federkern-Matratzen**.

Schaumstoff-Matratzen bestehen aus synthetischem Schaumstoff (Polyether oder Polyurethan) oder aus natürlichem Schaumgummi (Latex). Viele Luftkammern und kleine Luftkanäle sorgen für die Atmungsaktivität und die Elastizität der Matratze. Schaumstoff ist allerdings nicht gut zur Feuchtigkeitsaufnahme geeignet. Waschbare Baumwoll-Unterbetten als Auflage zu Schaumstoff-Matratzen sind aus diesem Grunde empfehlenswert.

Außerdem sollten Schaumstoff-Matratzen mit einem abzieh- und waschbaren Textilbezug ver-

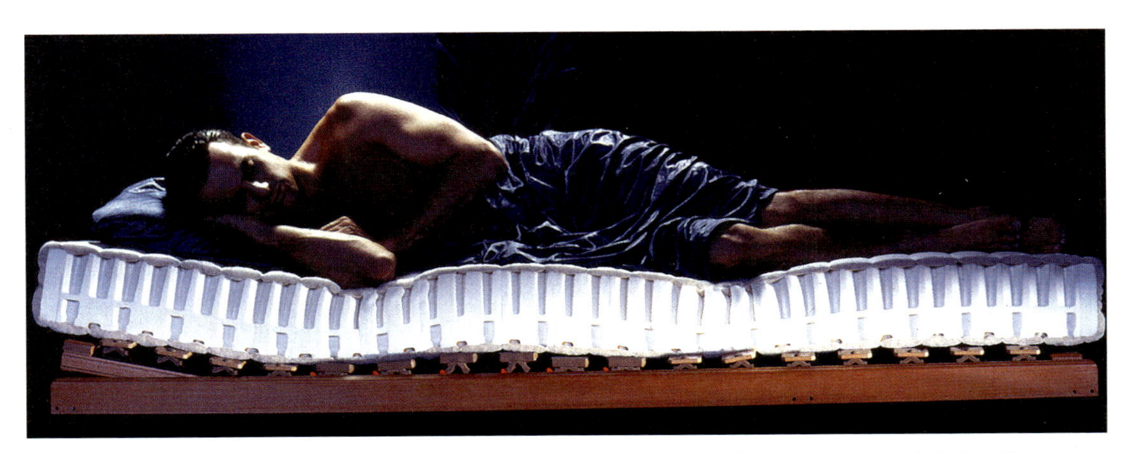

Abb. 1 Schnitt einer Latex-Matratze. In Kombination mit einem flexiblen Lattenrost wird eine überdurchschnittliche Punktelastizität gewährleistet; Garanten für einen bandscheibengerechten, optimalen Liegekomfort

sehen sein. Da Latexschaum eine keimabtötende Wirkung hat und weitgehend staubfrei ist, sind **Latex-Matratzen** besonders gut für Hausstaub- und Milben-Allergiker geeignet, ebenso für Asthmatiker.

Die Qualität von Schaumstoff-Matratzen wird nach dem **Raumgewicht (RG)** des verwendeten Schaumes in kg pro m^3 gemessen. Gute Schaumstoff-Matratzen verfügen über ein hohes Raumgewicht (siehe folgende Tabelle). Sie sind elastischer, haltbarer und tragfähiger als Matratzen mit niedrigem Raumgewicht.

Das Raumgewicht beschreibt nicht die Härte der Matratze, sondern das Wiederaufrichtevermögen.

Qualitätsklassen bei Schaumstoff-Matratzen:

- Geringe Qualität: < 30 RG
- Mittlere Qualität: 30–35 RG
  (RAL-Gütezeichen garantiert 36 RG)
- Gute Qualität: 40–50 RG

Schaumstoff-Matratzen mit Federkern verfügen über einzelne, voneinander unabhängige Federkernreihen, die in Längskanälen im Schaumstoff untergebracht sind. Diese Kanäle regulieren auch den Temperatur- und Luftaustausch der Matratze. Wegen der besonderen Elastizität sind diese Matratzen auf Lattenrosten mit höhenverstellbaren Kopf- und Fußteilen bestens geeignet. Einige der besten und teuersten Matratzen auf dem Markt sind dieser Kategorie zuzuordnen.

Abb. 1 Schaumstoff-Taschenfederkern-Matratze

Federkern-Matratzen verfügen über einzelne elastische Stahlfedern, die miteinander verbunden sind und dadurch ein Netz bilden.

Bei vielen Federkern-Matratzen ist dieses Netz von einem Metallrahmen umschlossen. Solche Matratzen sind deshalb für Betten mit höhenverstellbarem Lattenrost nicht geeignet.

Abb. 2 Innenansicht einer Natur-Federkern-Matratze

Metallrahmenlose Federkern-Matratzen hingegen lassen sich knicken und sind bei Betten mit höhenverstellbarem Lattenrost verwendbar.

Eine Federkern-Matratze besteht beidseitig aus verschiedenen Polsterschichten

Direkt unter und über dem Metall-Federkern befindet sich eine atmungsaktive Grobpolsterschicht aus Sisal-, Palm- und/oder Kokosfasern.

Darauf und darunter liegt jeweils eine stützende Zwischenpolsterschicht aus Ross-Schweifhaar, das den Temperatur- und Feuchtigkeitsausgleich regelt.

Eine Feinpolsterschicht aus Baumwollwatte und/oder Schafschurwolle bildet beidseitig die temperaturausgleichende Abdeckung der Matratze.

Ein strapazierfähiger Drellbezug aus Baumwolle, Halbleinen oder Baumwoll-Polyester-Mischgewebe, elastisch versteppt, schützt die Matratze von außen.

Bei **Taschen-Federkern-Matratzen** sind die einzelnen Spiralfedern in textilen Taschen, z. B. Leinen- oder Baumwoll-Säckchen, verpackt und zugenäht, um geräuschdämmend zu wirken.

Diese Matratzen zeichnen sich durch eine hohe Punktelastizität aus. Sie entlasten die Wirbelsäule und die Bandscheiben optimal.

Auch diese Matratzenart gehört zu der höchsten Qualitätskategorie und sie ist neben den Latex-Federkernmatratzen am teuersten.

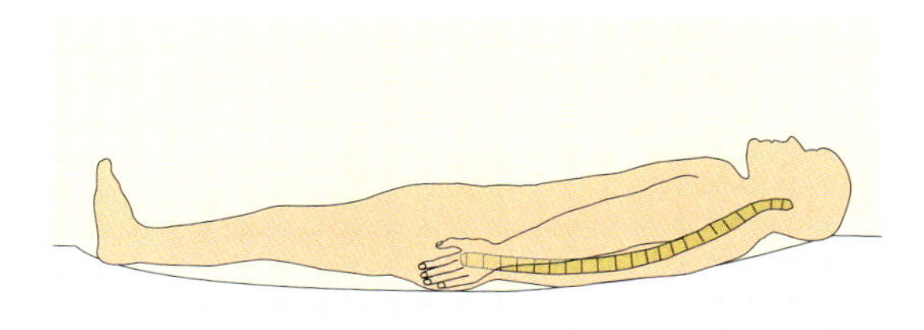

Abb. 1 Der Taschenfederkern reagiert punktelastisch.

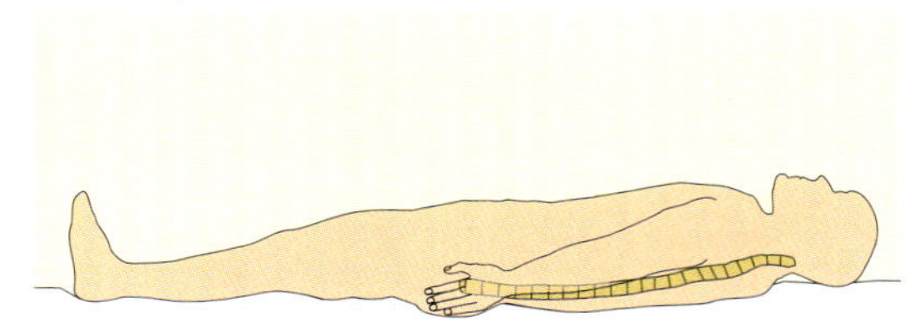

Abb. 2 Der Endlosfederkern reagiert flächenelastisch.

Bettwäsche

bed linen *linge (m) de lit, literie (w)*

Zur Bettwäsche gehören:

- Matratzenauflagen, Matratzenschoner,
- Bettlaken, Betttücher, Spannbetttücher,
- Deckbetten-Bezüge und Kissenbezüge,
- Bettvorleger.

Im Hotelbereich ist die Bettwäsche hauptsächlich aus den Rohstoffen Baumwolle, Leinen und Halbleinen hergestellt oder aus anderen Mischgeweben, wie z. B. Baumwoll-Viskose oder Baumwoll-Diolen (= Baumwolle/Polyester).

Baumwoll-Bettwäsche gibt es mit unterschiedlicher Ausrüstung. Darunter versteht man, dass die Wäsche vom Hersteller vorbehandelt wurde, um ihr bestimmte Gebrauchseigenschaften oder ein bestimmtes Aussehen zu verleihen. Beispielsweise gibt es Baumwoll-Bettwäsche in den folgenden **Qualitäten:**

- **Mako-Satin** wurde mercerisiert, d. h. mit waschbeständigem Glanz und erhöhter Reißfestigkeit versehen,
- **Biber** wurde aufgeraut,
- **Linon:** leinwandbindiger, gebleichter Stoff,
- **Jersey:** gewirkter, knitterarmer Stoff.

Matratzenschoner werden oftmals an der Oberseite aus 100 % Baumwolle, supergekämmt, und an der Unterseite aus einem Mischgewebe aus Baumwolle und Polyester hergestellt. Sie sollen die Matratzen als Auflagedecke vor Verunreinigungen schützen. An den vier Ecken sind diagonal verlaufende Gummibänder befestigt, mit deren Hilfe die Schoner auf der Matratze gehalten werden.

Bettlaken bzw. Betttücher müssen starke Punkt-Belastungen aushalten und sind deshalb meistens aus strapazierfähigen Rohstoffen wie Leinen, Halbleinen oder Baumwoll-Mischgeweben, z. B. Baumwoll-Diolen, hergestellt. Die Standardgröße für Bettlaken ist 160 cm × 260 cm.

Elastische **Spannbetttücher** gibt es in den Qualitäten Jersey, Biber und Frottee.

Sie sollten sanforisiert sein, d. h. sie sollten bei Kauf gegen das Einlaufen (Schrumpfen/Krumpfen) ausgerüstet sein. Bei der Größenangabe für Spannbetttücher richtet man sich nach der zugehörigen Matratzengröße. Der Überhang mit Gummizug an den vier Seiten wird bei der Maßangabe nicht berücksichtigt. Die Standardgröße eines Spannbetttuches für eine Einzelbett-Matratze ist 100 cm × 200 cm.

Deckbetten-Bezüge und **Kissenbezüge** sind im Hotelgewerbe meist aus reiner Baumwolle hergestellt. Die Bezüge werden über die Deckbetten bzw. Kopfkissen gezogen. Der praktische Hotelverschluss, bestehend aus einer Stofftasche für das Einstecken des Deckbetts bzw. des Kissenendes, ermöglicht ein schnelles Beziehen. Den Zimmermädchen bleibt beim Bettwäsche-Wechsel das lästige und zeitraubende Auf- und Zuknöpfen der Bezüge erspart.

Gängige **Größen bei Deckbetten-Bezügen:**	
Normalgrößen:	135 cm × 200 cm, 155 cm × 200 cm,
Übergrößen:	135 cm × 220 cm, 155 cm × 220 cm,
Französische Betten:	200 cm × 200 cm,
und **bei Kissenbezügen:**	80 cm × 80 cm, 80 cm × 60 cm, 60 cm × 40 cm, 40 cm × 40 cm.

Bettvorleger sind rechteckige Fußmatten, meist aus dickem Walkfrottier, wie sie auch im Badezimmer, bei Dusche und Badewanne bereitliegen. In First-class- und Luxus-Hotels gibt es diese Fußmatten auch im Bettbereich. Meist liegen sie zusammengefaltet auf einer Ablage des Nachttisches bereit. Gäste, die Bettvorleger benutzen möchten, platzieren diese dann selbst vor dem Bett. Eine gängige Größe für Bettvorleger lautet 80 cm × 60 cm.

Deckbetten, Inletts, Kissen

continental quilts and pillows

édredons (m) et oreillers (m)

Deckbetten

Deckbetten sollen eine angenehme, körpergerechte Schlaftemperatur ohne Wärmestau ermöglichen. Deckbetten sollen leicht, anschmiegsam und nicht belastend auf dem Körper liegen. Deckbetten mit Original-Federn und/oder Daunen gefüllt haben die Eigenschaft, dass sie atmungsaktiv, wärmespeichernd und zugleich wärmeregulierend sowie feuchtigkeitsregulierend wirken – und das auch bei einer sich ändernden Raumtemperatur.

Original-Federn und auch Daunen müssen von Enten oder Gänsen stammen.

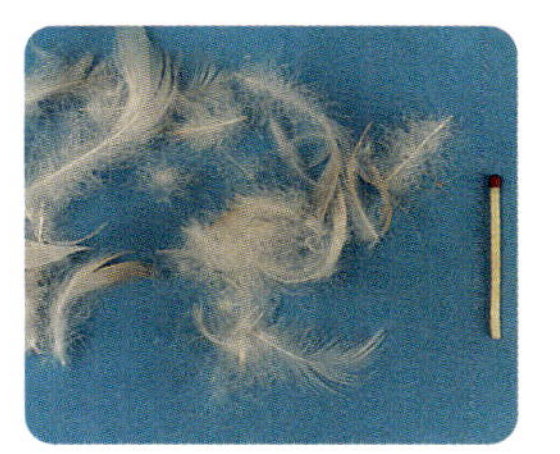

Abb. 1 Entenfedern

Abb. 2 Glänsefedern

Daunen sind kiellose, flockenartige Flaumfedern aus dem Gefieder junger Enten und Gänse. Daunen haben einen feinen Kern, an dem sich zahlreiche kleinste Härchen befinden. Daunen sind äußerst leicht und sehr teuer. Ein Deckbett mit Daunenfüllung ist umso teurer, je höher der Daunenanteil ist.

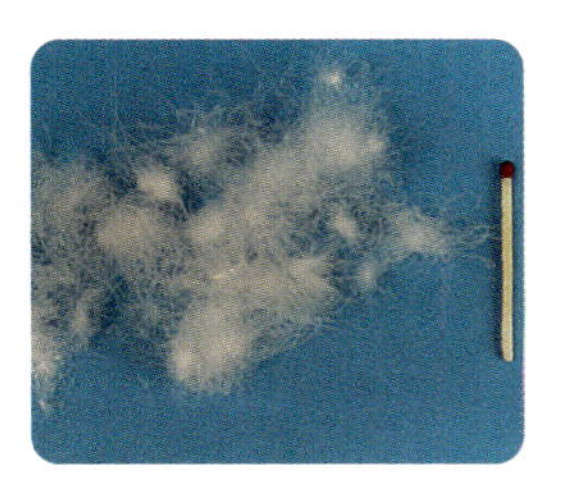

Abb. 3 Gänsedaunen

Abb. 4 handverlesene Gänsedaunen

Eiderdaunen sind die Daunen der Eiderente aus den nördlichen Ländern Island und Grönland. Sie haben mehr Füllkraft (Elastizität) als die kleineren Daunen von asiatischen Enten. Eiderdaunen sind die hochwertigsten und teuersten Daunen auf dem Markt.

Die Füllungen aus Bettfedern und/oder Daunen werden nach RAL-Bestimmungen beurteilt. (RAL = Ausschuss für Lieferbedingungen und Gütesicherung). Wird bei der Beschreibung die Bezeichnung „Originalware“ oder „Originalfeder“ verwendet, so handelt es sich um ungebrauchte, also nicht aufgearbeitete Enten- oder Gänsefedern. Je nach Gewichtsanteil der Daunen gibt es bei Federfüllungen folgende Handelsbezeichnungen:

Abb. 5 Eiderdaunen, beste Qualität

Bezeichnung	Daunen-Gewichtsanteil
Original reine Daune	100 %
Original Daune	90 %
Original fedrige Daune	50 bis 89 %
Original Dreivierteldaune	30 bis 49 %
Original Halbdaune	15 bis 29 %
Original daunenhaltige Federn	9 bis 14 %
Original Federn	0 %

Inlett

Inlett ist die Bezeichnung für den Stoff der Deckbetten, der die Federn und Daunen umhüllt. Dieser Stoff muss einerseits luftdurchlässig, andererseits daunen- und federdicht sein. Das heißt, er muss so dicht und eng gewebt sein, dass ihn die teils spitzenkleinen Federkiele der Füllung nicht durchdringen können.

Je nach Füllung werden unterschiedliche Inletts aus Baumwollbatisten, z. B. bei Bettfedern und Satins oder bei Daunen verwendet. Inletts müssen farbecht sein und sie sollten humanökologisch geprüft sein.

Damit die Bettfeder-Füllung des Deckbetts nicht verrutschen kann, werden die Inletts abgesteppt (Karo-Steppung) oder mit festverbundenen Stegen in quadratische Füllungskammern unterteilt (Steg-Steppung). Diese Stege ermöglichen eine extrahohe Füllung jeder Kammer. In Handarbeit werden dabei die Daunen in jedes Kästchen (Karo) gleichgewichtig abgefüllt und eingenäht.

Schadstoff geprüfte Textilien
Mit der Auszeichnung des Öko-Tex Standard 100 haben Sie die Sicherheit, dass keine schädliche Wirkung von unseren Textilien ausgeht.

Mit allergenfreiem Natur-Latex
Bei unseren Latex-Matratzen, die aus natürlichem und synthetischem Latex hergestellt werden, haben Sie die Sicherheit, dass keine Latexallergene enthalten sind.

Für Hausstaub- und Tierhaar-Allergiker geeignet
Spezielle Polster- und Bezugsvarianten lassen Hausstaub- und Tierhaar-Allergiker aufatmen. Sie unterstützen die antiallergischen Eigenschaften der hygienischen Latex-Kerne.

Abb. 1 Gütesiegel einer Bettenfabrik

Naturhaar-Füllungen stellen eine Alternative zu Bettfedern und Daunen dar.

Dafür werden verwendet:

- **Schurwolle:** von Schaf, Lamm und Ziege (Alpaka-, Kaschmir- und Mohair-Ziege),
- **Tierhaare:** Yak-, Lama-, Kamelhaar und Angora-Kaninchenhaar.

Naturhaar-Füllungen bilden wärmende Luftpolster, nehmen Feuchtigkeit gut auf, sind anschmiegsam und haben teilweise eine anti-rheumatische Wirkung. Viele Rheumatiker bevorzugen deshalb Deckbetten mit Naturhaar-Füllung (z. B.: Angora-Füllung).

Naturhaare und auch Bettfedern können **Allergien** auslösen. Deshalb kommen für manche Gäste Bettfedern und Daunen als Füllung der Deckbetten nicht in Frage, während andere Gäste keine Naturhaar-Füllungen in Deckbetten vertragen.

Für beide Gästegruppen stellen Deckbetten mit waschbarer Synthetikfüllung eine Alternative dar.

Synthetische Füllungen für Deckbetten und Kopfkissen bestehen aus kochwaschbaren Polyesterfasern (z. B.: „Rhombofil"), die mit Lufteinschlüssen versehen sind. Dadurch halten auch solche Füllungen warm, sind leicht, füllig und anschmiegsam.

Abb. 2 Beispiel für synthetisches Füllmaterial (hier „Rhombofil")

Kissen

Kissen sollen den Kopf während des Schlafes in der gewünschten Höhe stützen. Diesen Anforderungen entsprechen Deckbetten bzw. Kissen mit Bettfeder- und/oder Daunen-Füllung oder spezielle Nackenstützkissen.

Viele Allergiker und Asthmatiker fragen nach dem Füll-Material der Deckbetten und Kissen.
Diese Gäste sind oftmals auf kochwaschbare, synthetische Füllungen angewiesen, weil sie bestimmte natürliche Füllungen meiden müssen!

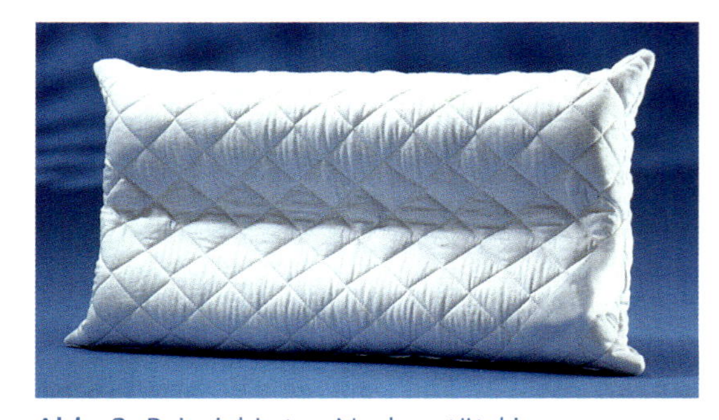

Abb. 3 Beispiel Latex-Nackenstützkissen

Aufgaben

1 Nennen Sie sieben Hauptaufgaben/Verantwortungs-Bereiche, für die eine Hausdame zuständig ist.

2 Erklären Sie, inwiefern die Hausdame mit ihrer Abteilung wesentlich zum Betriebserfolg beiträgt.

3 Worin besteht der Unterschied zwischen Reinigen und Pflegen?

4 Welche vier Vorüberlegungen sollten Sie anstellen, bevor Sie ein Reinigungs- bzw. Pflegemittel anwenden?

5 Nennen Sie die beiden Hauptgruppen von Reinigungsmitteln und zu jeder Hauptgruppe vier Beispiele.

6 Welche drei biologisch leicht abbaubaren Reinigungsmittel/bewährte Hausmittel sind aus Umweltschutz-Gründen besonders empfehlenswert?

7 Auf welche Reinigungsmittelart mit welchen vier Inhaltsstoffgruppen sollte man aus Umwelt- und Gesundheitsgründen verzichten?

8 Welchen besonderen Vorteil bieten „Kombinierte Reinigungs- und Pflegemittel"?

9 Nennen Sie je drei Beispiele für bestimmte Maschinen, Geräte und Arbeitsmittel, die zur Arbeitserleichterung im Hausdamenbereich beitragen können.

10 Schildern Sie die Reinigungs-/Pflegemaßnahme bei Verschmutzungen von
a) abwaschbaren Tapeten, b) nicht abwaschbaren Tapeten.

11 Wie sollte ein Holz-Parkettboden mit unbeschädigter Versiegelung gereinigt werden?

12 Wie sollte ein Boden mit Keramik-Fliesen gereinigt werden?

13 Schildern Sie zwei Methoden zur Fleckenentfernung auf Teppichböden.

14 Nennen Sie die beiden Verfahren zur Teppichboden-Grundreinigung und schildern Sie die jeweilige Vorgehensweise.

15 Welche fünf Punkte sind vor der Grundreinigung von Teppichböden zu beachten?

16 Aus welchen Teilen und Artikeln bzw. Rohstoffen besteht ein Standard-Hotelbett?

17 Nennen Sie die gängigen Matratzengrößen für Einbett- und Doppelbett-Matratzen.

18 Erklären Sie den Unterschied zwischen fest gelagerten und flexibel gelagerten Lattenrosten.

19 Welche vier Arten von Matratzen werden unterschieden?

20 Warum sind Latex-Schaumstoff-Matratzen für Asthmatiker und bestimmte Allergiker am verträglichsten?

21 Welche Matratzenart verfügt über eine hohe Punktelastizität?

22 Welche fünf Artikelgruppen zählen zum Oberbegriff Bettwäsche?

23 Was ist mit „Ausrüstung" bei Baumwoll-Bettwäsche gemeint?

24 Beschreiben Sie den „Hotelverschluss" bei Bezügen für Deckbetten und Kopfkissen.

25 Wie lauten die gängigsten Maße in cm für Deckbetten- und Kopfkissen-Bezüge?

26 Nennen Sie drei Gruppen von Füllungsmaterialien für Deckbetten und Kissen.

27 Was bedeutet „Originalware" oder „Originalfeder" bei der Beschreibung von Deckbetten oder Kissen?

28 Welche sieben Handelsbezeichnungen gibt es für die Beschreibung des Daunen-Gewichtsanteils bei Federfüllungen?

29 Welche Eigenschaften weisen einen guten Inlett-Stoff aus?

30 Welche Arten von Naturhaar werden für Füllungen von Deckbetten verwendet?

31 Auf welches Füllungsmaterial sind viele Allergiker und Asthmatiker angewiesen?

2 Arbeitsabläufe

organisation of work and cleaning, work program *déroulement (m) du travail*

2.1 Arbeitsvorbereitung

work preparation *mise (w) en place*

Zur rationellen Durchführung der umfangreichen Reinigungs- und Pflegearbeiten im Hausdamenbereich sind täglich bestimmte Vorbereitungsarbeiten zu erledigen. So müssen die Zimmermädchen-Etagenwagen überprüft, die Reinigungs- und Arbeitsgeräte kontrolliert und die Reinigungs- und Pflegemittel bereitgestellt werden (s. S. 507).

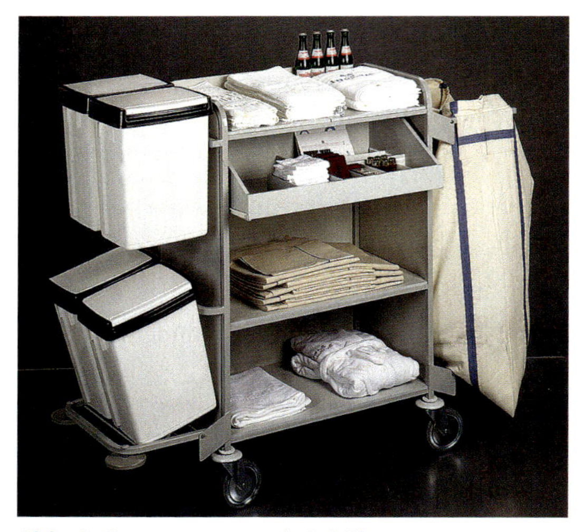

Abb. 1 Etagenwagen mit Behältern zur Mülltrennung und Wäschesack

Aufgefüllt werden alle Wäscheartikel für Gästebett und Badezimmer sowie die fehlenden **Gästeartikel** (complimentary articles oder guest supplies).

Gästeartikel

Gästeseife, Duschgel, Duschhaube, Hygienebeutel, Toilettenpapier, Kosmetiktücher, Schuhputzstreifen oder -handschuhe, Nähzeug, Werbezündhölzer, Briefpapier, Hausprospekt, Notizblock, Schreibstift, Wäschebeutel, Preisliste für Gästewäsche-Service, Minibar-Abrechnungsblock, Reparaturzettel für den Gast, Gästefragebogen, Speise- und Getränkekarte für Etagen-Service, Etagenfrühstück-Bestellzettel, TV-Programm und Pay-TV-Angebot, Werbeaufsteller, Bedienungsanleitungen.

Kontrolliert werden die **Reinigungsmaschinen** und **Arbeitsgeräte** auf Vollständigkeit und Funktionstüchtigkeit. Benötigt werden Staubsauger, Putzwagen mit Feuchtwisch-Gerät und -Mopp, Wasserschieber, Leiter. Bereitgestellt werden die benötigten Arbeitsmittel, wie z. B. Staubtücher, Fensterleder, Poliertücher, Reinigungspads, Schwämme, Vliesschwämme, Besen, Handfeger, Bürsten, Schrubber, Scheuertücher, Eimer, Körbe.

Eine gute Vorbereitung ermöglicht reibungslose und schnelle Arbeitsabläufe, vermeidet Zeitverluste und erspart unnütze Wege.

Die Hausdame wird die Einteilung der Zimmermädchen auf den Etagen vornehmen. Anhand der **Zimmerliste** des Empfangs (room status report) mit den **markierten Abreisen** und **Bleiben** wird sie ihren Mitarbeiterinnen eine bestimmte Anzahl von Abreise- und/oder Bleibezimmern zur Reinigung an diesem Tag zuteilen. Die Anzahl der zu reinigenden Zimmer (z. B. 18) während der regulären Arbeitszeit (z. B. in 8 Std.) wird als Leistungsmaßstab bezeichnet. Der Leistungsmaßstab kann von Hotel zu Hotel unterschiedlich hoch ausfallen, denn er hängt von Größe und Ausstattung der Zimmer und vom angestrebten Qualitätszustand ab.

Bei Dienstbeginn melden sich die Zimmermädchen bei der Hausdame. Sie erhalten dort ihre Pass-Schlüssel (master keys), die besonderen Arbeitsanweisungen des Tages sowie die Liste der zu reinigenden Abreise- und Bleibe-Zimmer. Zur Arbeitsplanung gehört auch eine Checkliste für den täglichen Gebrauch, auf der die Zimmermädchen die durchgeführten Arbeiten pro Zimmer abhaken können. Die Reihenfolge der auf der Checkliste genannten Punkte sollte den empfohlenen Arbeitsabläufen entsprechen.

Ferner werden auf dieser Checkliste zu erledigende Reparaturen und fehlende Artikel in Gästezimmern von der Zimmerfrau notiert. Die Hausdame überprüft diese Meldungen und veranlasst weitere Maßnahmen.

Abb. 2 und 3 Gästeartikel für das Badezimmer

2.2 Herrichten eines Gästezimmers bei Abreise

cleaning of a departure room

nettoyage (m) d'une chambre au départ

Befragungen zu dem Thema, worauf Gäste bei ihrem Hotel-Aufenthalt den größten Wert legen, haben ergeben, dass deutsche Gäste der Sauberkeit ihres Hotelzimmers die erste Priorität geben.

Ergebnis einer Gästebefragung:

Was macht ein gutes Hotel aus?	
1. Sauberkeit	48 %
2. Service	45 %
3. Gute zentrale Lage	39 %
4. Geräumige große Zimmer	28 %
5. Gutes Frühstück	27 %
6. Gutes Preis-/Leistungsverhältnis	17 %

Daraus kann für Hotel-Direktion und Housekeeping nur folgen, dass sie ihre besondere Aufmerksamkeit der Zimmerreinigung widmen müssen.

Um alle anfallenden Reinigungsarbeiten optimal ausführen zu können und um nichts zu vergessen ist eine gründliche Einarbeitung der Zimmermädchen durch eine Spitzenkraft des Hauses erforderlich. Beim Training wie bei der späteren Zimmerkontrolle wird auf folgende drei Punkte besonders geachtet:

- **Sauberkeit**
- **Funktionstüchtigkeit** und
- **Vollständigkeit.**

Bei der Einarbeitung sollte eine bestimmte Reihenfolge der Arbeitsschritte trainiert werden.

Mögliche Arbeitsreihenfolge wäre

- Etagenwagen in Zimmernähe abstellen;
- das „Bitte-nicht-stören!"-Schild beachten, ansonsten zweimal deutlich anklopfen, aufschließen, vorsichtig eintreten, Tür offen lassen, eventuell blockieren;
- Vorhänge öffnen, Lichter kontrollieren und ausschalten;
- Zimmer auf „liegen gebliebene Sachen" und auf „entwendete Gegenstände" hin kontrollieren, eventuell Empfang oder Hausdame benachrichtigen;
- Frühstückswagen oder -tablett, Getränkegläser usw. ins Etagen-Office bringen;
- Aschenbecher und Papierkorb am Etagenwagen entleeren, säubern, ins Zimmer zurückbringen
- Heizung zurückdrehen;
- Fenster/Balkontür zum Lüften öffnen;
- Bett und Kissen abziehen, dabei:
  - Matratzenauflage auf Sauberkeit kontrollieren, bei Bedarf auswechseln,
  - Matratze absaugen wegen der Haare, Schuppen, Milben und des Hausstaubs,
  - Deckbett zum Lüften auslegen,
  - auch unter dem Bett nachsehen und auf „verloren" gegangene Gegenstände achten;
- benutzte Bettwäsche und Badezimmerwäsche in den Wäschesack am Etagenwagen geben;
- auf dem Rückweg frische Wäsche mitnehmen.

Während das Gästezimmer lüftet, kann im **Badezimmer** weitergearbeitet werden:

- Abfallbehälter entleeren, auswischen und mit Plastiktüte versehen;
- Scheuerpulver bzw. Toilettenreiniger in Toilette und Bidet geben, einwirken lassen;
- Abluftgitter über der Badewanne/Dusche abwischen, Flusen entfernen;
- Wandfliesen über der Bade- bzw. Duschwanne und die Duschtrennwände abschnittweise von oben nach unten reinigen;
- Wasserablaufsiebe und Seifenablagen von Schmutz und Seifenresten befreien;

Abb. 1 Badezimmer im Hotel Traube Tonbach, Baiersbronn

Wirtschaftsdienst

- Badewanne und/oder Duschwanne mit Scheuermilch reinigen, mit Wasser nachspülen und trockenwischen;
- Wasserflecken auf den verchromten Wannen-/Dusch-Armaturen wegpolieren;
- Beleuchtung und Wandspiegel über dem Waschbecken mit Fensterleder abwischen und trockenpolieren;
- Ablage für Toiletten-Artikel reinigen;
- Zahnputzgläser spülen und mit extra Gläsertuch polieren;
- Stöpsel des Waschbeckens herausnehmen, Haare und Schmutz entfernen, säubern und wieder zurückstecken;
- Waschbecken, Armaturen, Seifenschalen und Wasserüberlauf abwischen und polieren;
- Syphon und Armaturen, auch unter dem Waschbecken, säubern;
- Toilettenbecken innen mit der Toilettenbürste reinigen, außen mit dem WC-Schwammtuch abseifen, Toilettensitz und -deckel beidseitig gründlich säubern;
- Badezimmerartikel nach Soll-Bestand auffüllen, z. B.: Gästeseife, Duschgel, Hygienebeutel, Toilettenpapier und Reserverolle, Kosmetiktücher, Schuhputzstreifen, Nagelfeile;
- Badezimmerwäsche nach hausüblichem Standard auffüllen, z. B.: 1 Badetuch und 2 Handtücher pro Person, eventuell Waschlappen und ein Saunatuch;
- Bodenfliesen wischen, Wasserablauf säubern, Badematte/n bereitlegen;
- letzte Kontrolle – Lichter im Bad ausschalten.

Nun kann mit den Reinigungsarbeiten im **Gästezimmer** fortgefahren werden:

- Matratze mit Bettlaken oder Spannbetttuch beziehen;
- Deckbett/en, Kopf- und Nackenkissen frisch beziehen, dabei schadhafte, beschmutzte oder fleckige Wäschestücke aussortieren;
- Deckbett/en und Kissen wie hausüblich auflegen oder – bei Tagesdecken-Einsatz – im vorgesehenen Schrankfach verstauen, dann Tagesdecke auflegen;
- Reinigungs- und Pflegemittel sowie Arbeitsmittel ins Zimmer bringen;
- Leder- bzw. Putzlappen anfeuchten und damit Staub wischen;
- Telefon inklusive Tastatur, Hör- und Sprechmuschel abwischen, Kabel ordnen; Notizblock, Schreibstift und Verzeichnis der Hausanschlüsse bereitlegen;
- Nachttischlampe und Radiowecker abstauben und Funktion überprüfen;
- Nachttischschublade auswischen, örtliches Telefonbuch mit Verzeichnis der Vorwahlen und die Bibel bereitlegen;
- Möbelstücke je nach Zimmereinrichtung und Material säubern und pflegen, ausrichten;

Abb. 1 Christian-Dior-Suite, St.-Regis-Hotel, New York

- Decken-, Wand- und Stehlampen kontrollieren, Lampenschirmnähte zur Wandseite ausrichten, Elektrokabel ordentlich hinlegen;
- Wandbilder und Bilderrahmen abstauben;
- Sockelleisten abwischen oder später beim Staubsaugen mit absaugen;
- Schreibtischablage und TV-Gerät abwischen, Aschenbecher mit Zündhölzern versehen;
- Gästeartikel bereitlegen: TV-Programmheft mit aufgeschlagener Tagesseite, Schreibmappe mit Briefpapier und Briefkuverts, Minibar-Abrechnungsblock und Kugelschreiber, Speise- und Getränkekarte für Etagen-Service, Hotel-Service-Informationsheft, Gäste-Fragebogen, Hotelzeitschrift;
- Minibar überprüfen: Soll-Bestand, Schraubverschlüsse, Entnahmen/Verbrauch auflisten und an die Hausdame weiterleiten, Gläser, Öffner, Mundeis-Behälter, Kühlung, Beleuchtung prüfen, Knabbereien, Minibar auffüllen;
- Schrank öffnen, Ablageflächen auswischen, Kleiderbügel ergänzen, z. B. pro Person 6 Kleiderbügel und 2 Hosen-/Rock-Spannbügel gleichmäßig einhängen;
- Zimmer-Preisaushang kontrollieren;
- Reserve-Wolldecke/n, Wäschebeutel, Preisliste für Gästewäsche-Service, Nähboy und Reparaturzettel kontrollieren bzw. ergänzen;
- Wandsafe mit Bedienungsanleitung kontrollieren;
- Hinweise für den Brandfall, Fluchtplan an der Tür und „Bitte-nicht-stören"-Schild kontrollieren, Türklinkenbereich abwischen;
- Fensterscheiben und -rahmen putzen, Fenster schließen;
- Heizkörper abwischen, entstauben;
- hinter den Vorhängen auf Spinnweben achten und entfernen.

Wenn das Zimmer mit einem **Balkon** ausgestattet ist, muss dieser gereinigt werden:

- Balkonpflanzen gießen und abzupfen;
- Balkonmöbel, Fensterbrett und Geländer abwischen, Balkonaschenbecher kontrollieren;
- Liegestuhl und Sonnenschirm bereitstellen;
- Fußboden fegen und wischen;
- Balkontüre reinigen und schließen.

Im **Gästezimmer** sind dann noch einige Arbeiten auszuführen:

- Heizkörper im Winter wieder leicht aufdrehen;
- Gardinen ordnen und Vorhänge mit der Wand abschließen lassen;
- Reinigungs-, Pflege- und Arbeitsmittel zurück auf den Etagenwagen stellen;
- Punkte der Checkliste abhaken und nachsehen, ob nichts vergessen wurde;
- Boden staubsaugen, in der entferntesten Ecke beginnend zur Zimmertüre hin arbeiten;
- Lichter löschen, Zimmer abschließen;
- Zimmer auf der Arbeitsliste abhaken;
- Zimmer für Hausdamenkontrolle markieren. Die Hausdame kann nun die durchgeführten Arbeiten in diesem Zimmer kontrollieren und die Freimeldung an den Empfang weitergeben.

Endarbeiten

Die Endarbeiten des Zimmermädchens sind:

- Staubsauger und Geräte entleeren und säubern,
- Putzlappen, Staubtücher, Gläsertücher zum Waschen geben,
- Zimmermädchen-Wagen auffüllen und für die nächste Schicht herrichten,
- Etagenoffice kontrollieren und ordentlich hinterlassen, Lichter löschen, absperren,
- Pass-Schlüssel (master key) der Hausdame übergeben.

2.3 Herrichten eines Gästezimmers bei Bleibe

cleaning of a stay-on room

 *nettoyage (m) d'une chambre permanente*

Die Reinigungsarbeiten in einem Bleibezimmer sind im Allgemeinen wie in einem Abreisezimmer. Jedoch ist auf folgende Punkte besonders zu achten:

Wenn Bargeld, Schmuck oder Wertsachen vermisst werden, tippen manche Gäste gleich auf Diebstahl und verdächtigen ihr Zimmermädchen. Deshalb:

- **Zimmertüre beim Arbeiten im Zimmer immer offen lassen;**
- **Bargeld, Schmuck und Wertsachen nicht berühren; beim Staubwischen die Ablagestellen dieser Dinge nicht bearbeiten;**
- **Kleiderschrank, Nacht- und Schreibtisch-Schubladen sowie Gepäckstücke nicht öffnen!**

Für die weiteren Arbeiten gilt:

- Kleidungsstücke, die am Boden liegen, aufheben, zusammenlegen und sichtbar auf ein Möbelstück legen, jedoch nicht in den Schrank;

- herumliegende Zeitungen, Zeitschriften, Bücher und alles, was für den Gast von Bedeutung sein könnte, nicht eigenmächtig wegwerfen, sondern ordnen;
- beim Entleeren des Papierkorbes auf Dinge achten, die im Allgemeinen nicht zum Abfall gehören, wie z. B. eine Armbanduhr; solche Dinge vorsichtshalber zurück auf den Schreibtisch legen;
- zum Reinigen der Ablage von Kosmetik- und Toilettenartikeln im Bad diese Gegenstände nach dem Putzen möglichst wie vorher geordnet zurückstellen;
- Badezimmerwäsche dem Hinweis entsprechend erneuern, d. h. nur die am Boden liegenden Handtücher werden ausgewechselt;

Zimmertüre beim Verlassen immer unbedingt schließen, eventuell absperren!

Weitere wichtige Verhaltensregeln für Zimmermädchen

- Zimmerschlüssel nie ausleihen!
- Keine Zimmertüren für fremde Gäste öffnen, es sei denn, der Gast kann sich mit dem dazugehörigen Zimmer-Pass ausweisen!
- Diskretion über die Gäste und deren Umfeld wahren!
  Keine Informationen weitergeben!
- Gäste-Eigentum, wie z. B. Parfüm, Hautcreme, darf nicht benutzt werden!
- Alle Gäste, die einem begegnen, mit dem entsprechenden Tagesgruß grüßen!
- Beschädigungen im Zimmer, z. B. an den Möbeln, der Hausdame sofort melden!

Durch bewusstes Handeln können Zimmermädchen Diebstähle auf der Etage verhindern helfen. Sie vermeiden Situationen, in denen sie selbst in Diebstahlverdacht geraten könnten.

2.4 Kontrolle eines Gästezimmers

checking of a hotel room, controlling measures

contrôle (m) des chambres aux étages

Für die hotelinterne Kontrolle der Gästezimmer ist die Hausdame als Abteilungsleiterin verantwortlich.

Sie achtet dabei besonders auf

- **Sauberkeit** im gesamten Zimmer, auf
- **Funktionstüchtigkeit** und auf
- **Vollständigkeit** aller Geräte und Teile.

Anhand eines festgesetzten Kontrollplans (Checkliste) überprüft sie vorrangig alle Abreisezimmer mit dem gesamten Inventar.

Eventuelle Mängel notiert sie auf der Checkliste und bespricht die Beseitigung mit dem zuständigen Zimmermädchen.

Erst wenn alle Mängel behoben sind, erfolgt durch die Hausdame die Freimeldung zur Neuvermietung an den Empfang.

Die ausgefüllten Checklisten werden regelmäßig ausgewertet und mit der Zimmerzustandskartei verglichen. Daraus ermittelt die Hausdame den Bedarf an:

- **Ersatzbeschaffungen**, wie z. B. neue Balkon-Markisen anstelle der beschädigten;
- **Ergänzungen**, wie z. B. Programmhinweise bzw. Werbeaufsteller zum neuen Pay-TV-Angebot des Hotels;
- **Reparaturen**, wie z. B. nicht funktionierende Abluftventilatoren in den Badezimmern.

Den Bedarf an Ersatzbeschaffungen und Ergänzungen meldet die Hausdame der Direktion, die über den Zeitpunkt der Durchführung und die Bereitstellung der finanziellen Mittel entscheidet. Reparaturmeldungen gibt sie zur Erledigung an die Abteilung Haustechnik weiter.

Die **Zimmerzustandskartei** ist ein wichtiges Hilfsmittel zur Zimmerkontrolle. Sie besteht aus einer Datensammlung für jedes Gästezimmer. Erfasst werden z. B.:

- **Kaufdaten** aller Inventar-Gegenstände;
- **Wartungstermine** für Geräte;
- **Reinigungsdaten**, z. B. der Teppich-Grundreinigung;
- **Renovierungsdaten**, z. B. der Malerarbeiten.

2.5 Sonstige Arbeiten auf der Etage

other duties of the housekeeping department

autres traveaux (m) par le service aux étages

Gänge, Foyers, Treppenhäuser, Lifte

Neben den Gästezimmern sind auch alle Gänge auf den unterschiedlichen Etagen, einschließlich der Wartebereiche vor den Aufzügen, zu reinigen und sauber zu halten. Ebenso die Treppenhäuser, Fluchtwege und alle Lifte.

Dazu zählt, dass regelmäßig die Aschenbecher kontrolliert und gesäubert werden, dass Klinken und Türgriffe feucht abgewischt werden und dass Fingerabdrücke von Glasflächen beseitigt werden.

Beispiel einer Checkliste für die Hausdame zur täglichen Kontrolle

Quality Room Inspection

Zimmer-Nr. ________ **Geprüft: (Name)** ________ **Datum:** ________

Zimmer	Bemerkungen
Eingang und Tür mit Kette	
Fluchtplan mit Eingang	
Schrank und Kleiderbügel	
Preisliste im Schrank	
Möbel und Schubladen	
Lampen: Birnen und Schirme	
Papierkorb	
Spiegel und Bilder	
Aschenbecher/Streichhölzer	
Fernseher und Radio	
Video-Qualität	
Telefon und Messagelampe	
Gardinen und Vorhänge	
Fenster	
Fußboden	
Wände/Decken	
Polstermöbel	
Tagesdecken	
Air conditioning und Heizung	
Sonstige Einrichtungen	
Supplies	
Briefmappe	
Briefbögen	
Briefumschläge	
Postkarten	
Kugelschreiber	
1 Wäschebeutel mit Reinigungs-Wäscheliste	
Bibel	
Hotel Directory	
Fernseh-Programm	
Gästefragebogen	
Schuhputzstreifen	
Koffergestell	
Bitte-nicht-stören-Schild	
Frühstück Doorknob Menü	
Telefonbuch	
Telefon-Preiskarte	
Telefonblock + Kugelschreiber	

Bad	Bemerkungen
Wanne und Duschvorhang	
Badezimmerkacheln	
Wasserhahn, Dusche	
Toilette mit Wasserbehälter	
Toilettenbrille	
Wandaschenbecher Toilette	
Fußbodenbelag/Kacheln	
Spiegel	
Abfalleimer	
Badezimmertür	
Badezimmerdecke	
Luftabzug	
Waschbecken u. Armaturen	
Kleenexkasten	
Handtuch-Ablage u. -Halter	
Sonstige Einrichtungen	
Supplies	
Badetücher	
Handtücher	
Waschlappen	
Seife und Schaumbad	
Shampoo, Duschhaube	
Toilettenpapier und 1 Rolle extra	
Badematte	
2 Wassergläser	
Minibar	
Saubere aufgestockte Minibar	
Eisfach (Sauberkeit)	
Gläser	
Preisliste	
Eiswürfelbehälter	

Bitte beachten: Original und Kopie in Duty-Manager-Buch.
Zimmer-Nr. in Duty-Manager-Buch eintragen.

Wirtschaftsdienst

Beispiel eines Auftrags- und Rechnungsblocks für Gäste-Wäscheservice auf der Etage

HOTEL GRAVENBRUCH

Kempinski Frankfurt

1 1 0 1 0

WÄSCHELISTE/LAUNDRY LIST

Bitte wählen Sie Nr. 7

NORMAL-SERVICE:
Auftrag bis 9.00 Uhr/Rücklieferung bis 18.00 Uhr, Auftrag nach 9.00 Uhr/Rücklieferung an folgendem Werktag bis 18.00 Uhr.

EXPRESS-SERVICE:
Auftrag bis 9.00 Uhr/Rücklieferung bis 14.00 Uhr (50 % Aufpreis). Auftrag zwischen 9.00 Uhr und 11.00 Uhr/Rücklieferung am selben Tag (100 % Aufpreis). Bügeldienst innerhalb von 2 Stunden. An Wochenden und Feiertagen bitten wir um Kontaktaufnahme mit dem Portier.

Please Dial No. 7

REGULAR SERVICE:
Received before 9.00 a.m./Returned before 6.00 p.m., Received after 9.00 a.m./Returned before 6.00 p.m. the following work-day.

SPECIAL SERVICE:
Received before 9.00 a.m./Returned before 2.00 p.m. (50 % extra charge). Received between 9.00 a.m. and 11.00 a.m./Returned within the same day (100 % extra charge). – Pressing within two hours. On weekends and Public Holidays please contact the Concierge.

Name ____________________

Zimmer-Nr. ____________________
Room No

Datum ____________________
Date delivered

Rücklieferung ____________________
To be returned on

Besondere Instruktionen ____________________
Special Instructions

Stückzahl/Count		Herren-Wäsche	Gentlemen's Linen	Preis/Price	€
Gast/Guest	Hotel			€	
		Oberhemden	Shirts	3,50	
		Smokinghemden	Evening shirts	4,50	
		Nachthemden	Night shirts	5,00	
		Schlafanzüge	Pyjamas	5,00	
		Unterhosen	Under-shorts	2,00	
		Unterhemden	Under-vests	2,00	
		Paar Socken	Pair of socks	1,50	
		Taschentücher	Handkerchiefs	1,00	
		Damen-Wäsche	**Ladies' Linen**		
		Blusen	Blouses	5,50	
		Nachthemden	Nightdresses	5,00	
		Schlafanzüge	Pyjamas	5,00	
		Unterhemden	Under-shirts	2,00	
		Unterkleider	Slips	3,00	
		Schlupfhosen	Panties	2,00	
		Büstenhalter	Brassiers	2,00	
		Taschentücher	Handkerchiefs	1,00	
		Paar Strümpfe	Pair of stockings	1,50	
Unterschrift des Gastes Signature			**Total:**		

HOTEL GRAVENBRUCH

Kempinski Frankfurt

1 1 0 1 0

Name
Zi.-Nr. Room No

Summe
Total € ____________________

Zuschlag
Extra charge € ____________________

Total € ____________________

Das Hotel haftet nicht für Schrumpfung und Farbechtheit der Artikel. Keine Verantwortung für Reklamationen, die einen Monat nach dem Abgabedatum gestellt werden. Für vorliegende Beschädigungen oder sonstige Fehler haftet das Hotel nur bis zum 15-fachen des für die Wäscherei/Reinigung berechneten Betrages.
The hotel is not responsible for shrinkage or fastness of color. Not resposible for any item not claimed after one month from date of deposit. The hotel is liable for the maximum of 15 times the value of the laundry or dry cleaning charge.

Ein Hotel der Kempinski Aktiengesellschaft

Öffentliche Toiletten

Für den sensiblen Bereich der öffentlichen Toiletten eines Hotels sollte die Hausdame einen Plan zur regelmäßigen Kontrolle und Reinigung durch einen bestimmten Mitarbeiter aufstellen. Jeder Kontrollgang sollte mit Uhrzeit und Unterschrift dokumentiert werden. Nur wenn Aufgaben eindeutig delegiert werden, ist die Versorgung und die Sauberkeit der Toiletten in den Bereichen Hotelhalle, Restaurant und Bankett gewährleistet.

Hallenbad, Sauna, Massage, Fitness-Bereich

Auch in diesen Abteilungsbereichen ist peinliche Sauberkeit geboten! In vielen Hotels werden diese Räume von speziell trainierten Reinigungskräften gesäubert. Gelegentlich werden hiermit auch Fremdfirmen beauftragt, die diese Arbeiten nachts durchführen. Die regelmäßige Kontrolle der Einhaltung der Sauberkeits-Standards obliegt in jedem Fall der Hausdame. Die Kontrolle der Hallenbad-Toiletten wird meist von den Mitarbeiterinnen der Badeabteilung mit übernommen.

Pflanzenschmuck

Zierpflanzen tragen wesentlich zum positiven Gesamteindruck eines Gastronomiebetriebes bei. Sie müssen regelmäßig gegossen und gepflegt werden. Nur bei genügend Licht, Wasser und Wärme können sie wachsen. Hydrokulturen sind erdlose Kulturen, meist von Zierpflanzen, die in einem neutralen Füllstoff mit möglichst guter Saugwirkung, z. B. Blähton stehen. Die Pflanzen entnehmen Wasser und Nährstoffe einer Nährlösung. Hydrokulturen erleichtern wesentlich die Pflege und Düngung der Pflanzen. Dabei sind folgende Hinweise zu beachten:

- Erst zwei bis drei Tage nach dem Tiefststand des Wasser-Anzeigers Wasser nachfüllen, damit wieder Luft an die Pflanzenwurzeln kommen kann.
- Zum Auffüllen des Wasserstandes nur warmes Wasser verwenden.
- Ionenaustauschdünger auf Kunstharzbasis verwenden, da sie keine Überdüngung verursachen können.
- Das Wasser sollte normales Leitungswasser sein und darf bei Ionenaustauschdüngern nicht enthärtet worden sein. Es sollte einen Härtegrad von mehr als 0,7 mmol/*l* aufweisen.
- Die relative Luftfeuchtigkeit der Umluft sollte nicht unter 30 % liegen, denn sonst droht Schädlingsbefall, wie z. B. die „Rote Spinne“.
- Hydrokulturen sollten nicht in Zugluft stehen, sonst reagieren die Pflanzen mit Blattfall.
- Die Pflanzen bzw. die Hydrokulturen können gedreht werden, sollten dann aber mindestens drei bis vier Wochen so stehen bleiben.
- Die Hinweise des Hydrokultur-Spezialisten sind zu beachten.

Gästewäsche-Service

valet service *valet (m) service*

Viele Hotels bieten ihren Gästen die Möglichkeit an, gegen Berechnung ihre Privatwäsche waschen oder reinigen zu lassen. Im Kleiderschrank des Gästezimmers oder im Badezimmer liegen hierfür Wäschebeutel und Auftragsblock mit Einzelheiten zur Verfahrensweise bereit. Meistens werden die Gäste gebeten, ihre Wäsche im beschrifteten Wäschebeutel mit ausgefülltem Wäschezettel dem Zimmermädchen bis 9:00 Uhr morgens zu übergeben, wenn die Wäsche noch am selben Tag geliefert werden soll. In manchen Luxus-Hotels wird darüber hinaus ein 5-Stunden-Express-Service angeboten.

Herrichten der Zimmer für die Nacht

In vielen First-class- und Luxus-Hotels werden die Gästebetten morgens mit Tagesdecken zugedeckt. Ein Abend-Zimmermädchen kümmert sich darum, die Tagesdecken wieder abzunehmen, die Betten herzurichten, die Gäste-Pyjamas und „Betthupferl“ bereitzulegen und das Bad zu kontrollieren.

VIP-Gäste erhalten eine besondere Aufmerksamkeit ins Zimmer gestellt.

Wirtschaftsdienst

Aufgaben

1 Erklären Sie, mit welchen Materialien ein Zimmermädchen-Wagen zur Arbeitsvorbereitung aufgefüllt wird.

2 Was versteht man unter dem Fachbegriff „complimentary articles“?

3 Nennen Sie jeweils sechs Beispiele für „complimentary articles“ aus dem Badezimmer- und aus dem Gästezimmer-Bereich.

4 Erklären Sie den Unterschied zwischen Arbeitsgeräten und Arbeitsmitteln und führen Sie jeweils fünf Beispiele dazu auf.

5 Was ist mit dem Begriff Leistungsmaßstab für Zimmermädchen gemeint?

6 Begründen Sie, warum der Leistungsmaßstab für Zimmermädchen von Hotel zu Hotel unterschiedlich hoch ausfallen kann.

7 Auf welche drei Schwerpunkte wird sowohl beim Training eines neuen Zimmermädchens als auch bei der späteren Zimmerkontrolle besonders geachtet?

8 Wodurch unterscheiden sich die Arbeiten des Zimmermädchens beim Herrichten eines Gästezimmers bei Bleibe vom Herrichten bei Abreise? Nennen Sie sechs Punkte.

9 Nennen Sie vier Empfehlungen, die einem Zimmermädchen helfen können, beim Arbeiten nicht in Diebstahlverdacht zu geraten.

10 Erklären Sie, warum in jedem Hotel die Kontrolle der gereinigten Abreise-Zimmer durch die Hausdame unbedingt notwendig ist.

11 Welchen Bedarf ermittelt die Hausdame bei der Auswertung der einzelnen Zettel ihrer Zimmer-Checkliste? Nennen Sie drei Bereiche.

12 Erklären Sie, welche Arten von Daten in einer Zimmerzustandskartei erfasst werden.

13 Entwerfen Sie eine Vorlage für ein Karteiblatt einer Zimmerzustandskartei. Gehen Sie dabei von den Gegebenheiten Ihres Ausbildungsbetriebes aus.

14 Wie werden Pflanzen in Hydrokulturen versorgt?

15 Nennen Sie sieben Voraussetzungen für Pflanzen bzw. Hinweise, die bei Hydrokulturen zu beachten sind.

16 Sie werden auf der Etage von Gästen gefragt, ob Ihr Haus auch einen Gästewäsche-Service anbietet. Erklären Sie Bedeutung und branchenübliche Verfahrensweisen.

3 Umweltschutz in der Hausdamenabteilung

environmental protection in the housekeeping department

protection (w) de l'environnement par le service aux étages

Gäste werden zunehmend umweltbewusst. Sie erwarten Umweltqualität nicht nur in Natur und Landschaft, sondern auch in allen inneren Bereichen des Gastronomiebetriebes. Einen Hotelbetrieb unter ökologischen Gesichtspunkten zu überprüfen und zu verbessern nennt man umweltorientierte Unternehmensführung oder Öko-Management.

Wie in anderen Hotelabteilungen, so ist auch im Hausdamenbereich ein umweltbewusstes Wirtschaften nur realisierbar, wenn alle Mitarbeiter in den aktiven Umweltschutz mit einbezogen werden. Das setzt regelmäßige Besprechungen, kontinuierliche Information und Weiterbildung sowie Kontrollen voraus.

Die Benennung eines/einer Umweltschutzbeauftragten für die Koordination und Betreuung aller Umweltschutz-Aktivitäten ist empfehlenswert. Außerdem sollte die Umsetzung des Umweltkonzeptes in den Stellenbeschreibungen der einzelnen Mitarbeiter verpflichtend geregelt sein.

Öko-Management hat viele Vorteile

- Kostensenkung für eine bessere Rentabilität
- Sicherung der Zukunftschancen für den Betrieb
- Vermeidung von Entsorgungsproblemen und Entsorgungskosten
- Stärkere Gästebindung und Erschließung neuer Gästekreise
- Wettbewerbsvorsprung und Festigung der Marktposition
- Meinungsbildende Signalwirkung in der Region
- Höhere Mitarbeitermotivation und mehr Freude am Beruf durch mehr Arbeitsqualität
- Unterstützung der örtlichen und regionalen Umweltschutzmaßnahmen
- Förderung eines qualitativen und umweltorientierten Konsum-Bewusstseins.

Auch die Gäste müssen durch entsprechende Informationen vom umweltorientierten Selbstverständnis des Hauses erfahren und mit einbezogen werden. Somit können die Voraussetzungen für das Erreichen der gesetzten Öko-Management-Ziele geschaffen werden.

Im Hausdamenbereich mit den Gästezimmern und Wirtschaftsräumen gibt es viele gute Ansatzpunkte für umweltbewusstes Wirtschaften, z. B. bei den Themen Reinigungmittel sowie Energie- und Wasserverbrauch.

„Keine Marktwirtschaft wird von dauerhaftem Bestand sein, die die verantwortliche ökologische Rücksichtnahme nicht zum Bestandteil ihres eigenen Mechanismus zu machen weiß.

Die Widerstände auf diesem Weg sind groß, doch haben wir keine Alternative."

Richard von Weizsäcker

Umweltbewusstes Wirtschaften im Hausdamenbereich lässt sich in sechs Bereiche gliedern:

- Energie sparen,
- Wasser sparen, Abwasser entlasten,
- Umweltschonende Reinigungsmittel und Reinigungsmethoden sowie Verbrauchsmaterialien,
- Waschmittel und Wäsche,
- Abfallvermeidung, Wertstoffnutzung,
- Einrichtung, Umbau und Renovierung.

Energie sparen

- Rationeller, bedarfsorientierter Verbrauch von Energie.
- Permanente Kontrolle der Energie-Verbrauchsdaten in der Abteilung unter ökonomischen und ökologischen Gesichtspunkten.
- Stoßlüftung bei der Zimmerreinigung, keine Dauerlüftung.
- Bei offenem Fenster die Heizung abdrehen.
- Die Raumtemperatur absenken, wenn die Zimmer nicht belegt sind.
- „Dauerbeleuchtung" auf Etagengängen mit Energiesparlampen ausstatten und nachts mit Zeitautomatik und Bewegungsmeldern steuern.
- Gästezimmer mit Energiesparlampen versehen.
- TV-Geräte abschalten, keinen „Stand-by"-Betrieb zulassen.
- Waschmaschinen wann immer möglich in der Niedrig-Tarifzeit, meist zwischen 22:00 Uhr und 6:00 Uhr, laufen lassen.

Wasser sparen, Abwasser entlasten

- Perlatoren an den Wasserhähnen vermindern den Wasser-Durchfluss um die Hälfte.
- Sparduschköpfe bei Duschen anbringen.
- WC-Spülkästen mit „Spartaste" ausstatten.
- Außenanlagen nicht mit Wasser aus der Leitung bewässern. Dazu Regenwasser auffangen und nutzen.

Umweltschonende Reinigungsmittel und Reinigungsmethoden sowie Verbrauchsmaterialien

- Lösungsmittelhaltige Reinigungsmittel nach Möglichkeit vermeiden.
- Reinigungsmittel vermeiden, die Chlor, Phosphate, Formaldehyde oder Sulfate enthalten.
- Bedienungsanleitungen, Dosierungsanweisungen und Umweltschutzhinweise beachten.
- Unterschiedliche Reinigungsmittel nicht mischen.
- Altbewährte Hausmittel mit natürlicher Reinigungskraft bevorzugen, wie z. B. Essig oder Essig- bzw. Zitronenreiniger anstelle der überflüssigen Desinfektionsreinigung oder chemischen Kalklöser.
- Auf „Duftsteine" im WC verzichten.
- Recycling-Toiletten-Papier einkaufen.
- Keine Möbelsprays verwenden, sondern flüssige Polituren, gegebenenfalls mit Pumpzerstäuber.
- Keine aggressiven Rohrreiniger verwenden. Akute Rohrverstopfungen mechanisch mit Saugglocke und Rohrspirale umweltfreundlich beseitigen.
- Auf Insektizide und sonstige Pflanzenschutzmittel verzichten. Unerwünschte Pflanzen von Hand beseitigen.
- Keine Einweg-Zahnputzbecher aus Kunststoff verwenden, statt dessen Zahnputzgläser bereitstellen.

EU-Umweltzeichen

Im Gegensatz zum deutschen Umweltzeichen „Der Blaue Engel" (siehe Seite 529) wird das offizielle Umweltgütezeichen der EU nur für Produkte vergeben, die in ihrer Gesamtheit umweltverträglich sind. Es reicht nicht aus, wenn die Verpackung umweltfreundlich ist. Das Gesamtprodukt muss bestmöglich biologisch abbaubar sein bzw. besonders langlebig und dann optimal wiederverwertbar sein.

Waschmittel und Wäsche

- Vollwaschmittel nur bei Bedarf einsetzen, meist reichen Feinwaschmittel.
- Waschmittel sollten keine Sulfate und Phosphate enthalten.
- Ab dem Wasser-Härtebereich 2 oder 0,7 mmol/l dem Waschmittel phosphatfreien Enthärter beigeben. Das spart Waschmittel.
- Keine Chlorbleiche verwenden, denn sie führt zu Giften im Abwasser.

Lieber Gast,
für Sie und für den Erhalt unserer Umwelt wechseln wir „alt" gegen „neu", ganz nach Ihrem Bedürfnis. Bestimmen Sie selbst und legen Sie zum Tausch bestimmte Handtücher in den Korb an der Wand.
Unsere Mitarbeiterinnen sorgen für neue Frische. Wir danken Ihnen für Ihre Unterstützung!

Abb. 1 Aufsteller im Bad zur Aktion „WIRF DAS HANDTUCH!"

- Flexibler Handtuch- und Bettwäschewechsel nach Bedarf.
- Hartnäckige Flecken mit Fleckensalz oder Gallseife vorbehandeln.
- Keine Weichspüler verwenden. Die meisten enthalten kationische Tenside, die schwer abbaubar sind und das Abwasser belasten.
- Vorwäsche nur bei stark verschmutzter Wäsche.

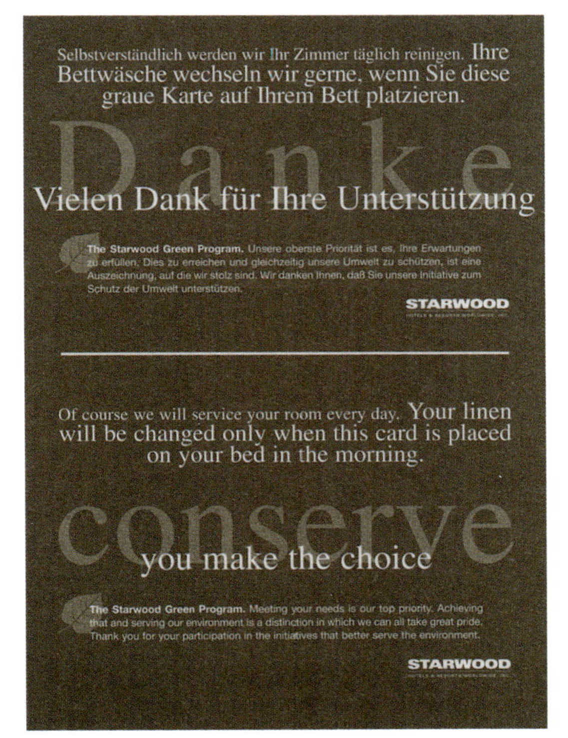

Abb. 1 Einladung zum flexiblen Bettwäschewechsel

Abfallvermeidung, Wertstoffnutzung

Abfälle vermeiden beginnt beim Einkauf durch Verzicht auf portionsverpackte Artikel und die Bevorzugung von Mehrwegverpackungen bzw. Großpackungen. Beispiele:

- Keine Portionspackungen für Seife, Duschgel und Shampoo einkaufen. Als kostengünstigere Alternative Duschgel-Dosierspender mit Mehrweg- Großgebinden in den Bädern anbringen.
- Reinigungsmittel in großen Gebinden und/oder Konzentrate verwenden, die für die Zimmer- und Putzhilfen in Literflaschen umgefüllt werden.
- Zimmermädchen-Wagen mit entsprechenden Behältern zur Mülltrennung einsetzen.
- Getrenntes Sammeln von Abfällen aus Papier, Glas, Metall, Kunststoff zur Wiederverwertung und von organischen Abfällen zur Kompostierung (s. S. 27).
- In den Minibars nur Getränke in Mehrwegflaschen, nicht in Dosen anbieten. Trinkgläser, keine Plastikbecher bereitstellen.
- Ausgediente Textilien, die nicht mehr „zweitgenutzt" werden können, in die Wiederverwertung geben.

Der „Blaue Engel"

Fast unübersehbar sind die Listen der Produkte, die mehr oder weniger berechtigt den Umweltgedanken auf ihre „Werbefahne" geschrieben haben. Hier hat es sich eine Institution zur Aufgabe gemacht, Licht in die verwirrende Vielfalt zu bringen:

RAL Deutsches Institut für Gütesicherung und Kennzeichnung e.V.

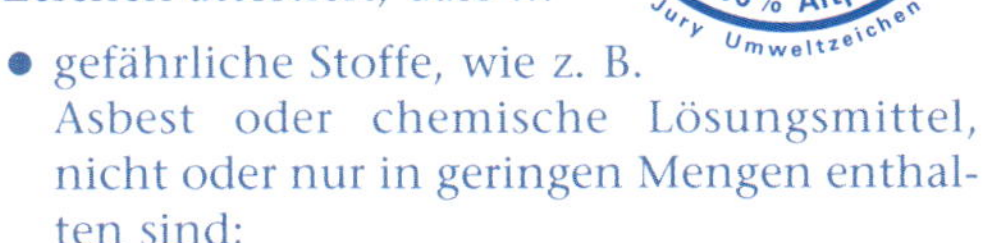

Eben jenes RAL-Institut – und dort eine unabhängige Jury – vergibt das Umweltzeichen nach strengen Kriterien. Das Zeichen attestiert, dass ...

- gefährliche Stoffe, wie z. B. Asbest oder chemische Lösungsmittel, nicht oder nur in geringen Mengen enthalten sind;
- das Produkt einen sparsamen Umgang mit Naturgütern erlaubt, wie z. B. wassersparende Armaturen;
- das Produkt aus Altstoffen hergestellt ist und damit zur Verringerung des Müllaufkommens beiträgt.

Einrichtung, Umbau und Renovierung

- Möbel sollten aus stabilem Massivholz bestehen, nach Möglichkeit aus einheimischen Hölzern.
- Polstermöbel und Stühle sollten Rahmen aus Vollholz und Sitzflächenpolsterung nach herkömmlichem Muster haben: Gurte, Federn, Füllungen aus Naturmaterialien wie Wolle, Rosshaar und/oder Kapok-Samenhaar. Die Abdeckung sollte aus Naturtextilien sein.
- Umweltfreundliche Baustoffe bei Umbau-Maßnahmen verlangen und planen.
- Einsatz umweltschädlicher Produkte ausdrücklich untersagen.
- Keine chemischen Holzschutzmittel in Innenräumen verwenden. Dafür Leinölfirnis oder Naturharz-Imprägnierung verwenden.

- Fugen nicht mit FCKW- und formaldehydhaltigen Mitteln ausschäumen lassen.
- Technikräume in ausreichender Größe einplanen, die in ihrer Anordnung der Logik der Arbeitsabläufe entsprechen.
- Kühl- und Lagerräume nicht an beheizte Räume grenzen lassen.
- Verzicht auf Kippfenster verhindert Energieverluste durch Dauerlüftung und zwingt zur „Stoßlüftung".
- Wärmeschutz durch Glasscheiben mit hohem Dämmwert, d. h. möglichst niedrigem „k-Wert" einplanen.
- Möglichkeiten für Wärme-Rückgewinnung und Wärmetauscher prüfen.
- Todesgefahren für Tiere beseitigen, z. B. verglaste Gänge oder große Fensterflächen mit Greifvogel-Silhouetten auffällig machen.
- Kurze Entsorgungswege schaffen.
- Außenanlagen des Hotels naturnah gestalten, standortgerecht bepflanzen.
- Hotelgarten für Küchenkräuter und Schnittblumen anlegen.
- An natürlichen Sichtschutz denken, z. B. als Parkplatz-Abgrenzung und -Unterteilung, oder vor den Wertstoff- und Abfallbehältern.
- Fassaden begrünen, wo es möglich ist, z. B. Efeu an Nord- und Nordwestfassaden.
- Standortgerechte Bäume dort neu anpflanzen, wo ihr Schattenwurf nicht stört.
- Zur Gartenbeleuchtung eignen sich Solarzellen-Lampen, die die tagsüber anfallende Sonnenenergie speichern und nachts abgeben.
- Zur Beleuchtung der Außenanlagen ab ca. 23 Uhr eignet sich besonders eine Infrarot-Sensorschaltung in Kombination mit einer Zeitschaltautomatik.

Beispiel für die Bedeutung, die ein führender deutscher Reiseveranstalter dem Umweltschutz in Vertragshotels beimisst:

TUI Umwelt Champions
Umweltqualität ist Urlaubsqualität

Entspannter Urlaub und eine intakte Umwelt gehören einfach zusammen.

Deshalb zeichnet die TUI bereits seit 1992 jährlich ihre besten Ferienanlagen in Bezug auf eine umweltgerechte und zukunftsorientierte Hotelführung aus. Alle Champions werden durch ein Punkte-Bewertungssystem ermittelt, das sowohl die Umwelt-Performance des Hotels als auch die Meinung unserer Gäste widerspiegelt.

Die Objektivität der Auswahl und des Bewertungsverfahrens wurde im Zuge der ISO-14001-Zertifizierung von einem unabhängigen Gutachter überprüft und bestätigt.

Alle aktuellen Umwelt-Champions können Sie, nach Urlaubsregionen sortiert, abrufen.

Umwelt-Champions 2007
Die aktuellen Top 10 der Umwelt Champions für 2007

Detaillierte Informationen zu den Top-10-Hotels unter folgender Adresse:

www.tui-deutschland.de/umweltchampion

TUI-Umwelt-Checkliste (Sektion)	Mindeststandard für die Qualifikation als TUI-Umweltchampion →	Die 100 weltweit besten Hotels werden als TUI-Champion ausgezeichnet	Maximal erreichbare Punktzahl
		Und so errechnet sich Ihre Punktzahl:	
Umweltmanagement (14.6)	Eigene offizielle Umweltpolitik und Einrichtung eines Umweltbeauftragten	Je 50 Punkte für eine Umweltpolitik und einen Umweltbeauftragten[1]	100
Wassersparmaßnahmen (14.2)	Mindestens 4 Wassersparmaßnahmen (aus der Auswahl an 9 Maßnahmen)	20 Punkte pro umgesetzte Wassersparmaßnahme, ab 7 Maßnahmen volle Punktzahl	140
Energiesparmaßnahmen (14.5)	Mindestens 2 Energiesparmaßnahmen (aus der Auswahl an 5 Maßnahmen)	20 Punkte pro umgesetzte Energiesparmaßnahme, ab 4 Maßnahmen volle Punktzahl	80
Nutzung regenerativer Energien (14.5)	–	25 Punkte für Nutzung regenerativer Energien[2]	25
Regelmäßige Verbrauchsmessungen (14.7)	Angabe des Wasser- und Stromverbrauchs pro Gast und Nacht	Je 25 Punkte für Angabe des Wasser-/Stromverbrauchs pro Gast und Nacht	50
Umweltorientierte Einkaufspolitik (14.8)	Mindestens 2 Maßnahmen (aus der Auswahl an 5 Maßnahmen)	Je 10 Punkte pro umgesetzte Maßnahme	50
Einsatz biologisch abbaubarer Reinigungsmittel (14.9)	Mindestens bevorzugte Nutzung (> 50 %) biologisch abbaubarer Reinigungsmittel	20 Punkte bei bevorzugter (> 50 %) und 40 Punkte bei ausschließlicher Nutzung	40
Abwasserbehandlung (14.1)	Anschluss an eine kommunale oder Betrieb einer eigenen Kläranlage	50 Punkte bei Anschluss an eine kommunale oder Betrieb einer eigenen Kläranlage	50
Abfallvermeidung (14.4)	Mindestens eine Maßnahme zur Abfallvermeidung (aus der Auswahl an 3 Maßnahmen)[3]	Je 15 Punkte pro umgesetzte Maßnahme	45
Abfalltrennung (14.4)	–	Je 5 Punkte pro getrennt entsorgter Abfallfraktion[4]	25
Informationen der Gäste zum Natur- und Umweltschutz im Hotel und in der Umgebung (14.13)	Maßnahme erfüllt	20 Punkte, wenn Maßnahme erfüllt ist	20
Unterstützung von Umweltprojekten (14.13)	Mindestens eine der beiden Maßnahmen erfüllt	30 Punkte, wenn Maßnahme erfüllt ist[5]	30
Unterstützung von Umweltorganisationen (14.13)		20 Punkte, wenn Maßnahme erfüllt ist[6]	20
Umweltzertifikate, Umweltauszeichnungen, Ökolabel, Umweltaudits (14.15)	–	75 Punkte pro aktuelle ISO-14001-Zertifizierung und/oder EMAS-Validierung, 25 Punkte für andere Umweltsiegel[7]	75
Bewertung Ihrer Umweltmaßnahme gemäß der TUI Gästebefragung[8]	–	Alle mit „2,25" und besser bewerteten Hotels erhalten Punkte[9]	250
		Maximal erreichbare Punktzahl für Ihre Umweltmaßnahmen	750
		Maximal erreichbare Punktzahl inklusive der Gästebewertung für Ihre Umweltmaßnahmen	1000

[1] Bitte fügen Sie Ihre vom TOP-Management (Hoteldirektor, Geschäftsführung) unterschriebene Umweltpolitik bei und geben Sie Name und Kontakdaten des Umweltbeauftragten an.
[2] Der Anteil regenerativer Energien muss mindestens 20 % des Gesamtenergieverbrauchs betragen. Bitte fügen Sie eine entsprechende Übersicht bei.
[3] Vermeidung von Portionsverpackungen (keine Portionsverpackungen bei Nahrungsmittel/Hygieneartikel), Einsatz von Pfandflaschen, Einsatz von Pfandbehältnissen für Großgebinde.
[4] Papier, Kunststoff, Glas, Metall, Biologische Abfälle.
[5] Bitte nennen Sie das unterstützte Umweltprojekt namentlich.
[6] Bitte nennen Sie die unterstützte Umweltorganisation namentlich.
[7] Bitte fügen Sie eine aktuelle Kopie des Zertifikats bei. Bei mehreren Auszeichnungen zählt nur einmal die höher bewertete.
[8] TUI-Gäste bewerten mit dem Gästefragebogen die Umweltmaßnahmen Ihres Hotels. Noten: 1 (sehr zufrieden) bis 5 (überhaupt nicht zufrieden).
[9] Alle Hotels, die von TUI-Gästen hinsichtlich ihrer Umweltmaßnahmen besser als der Durchschnitt aller TUI Hotels (2,25) bewertet werden, erhalten zusätzliche Punkte (z. B. 250 Punkte für die Note 1,0, 150 Punkte für die Note 1,5 oder 50 Punkte für die Note 2,0).

4 Arbeitssicherheit

accident prevention *prévention (w) des accidents*

Unfallursachen

Die meisten Arbeitsunfälle in der Hausdamenabteilung geschehen durch:

- **Ausrutschen** auf nassen und glatten Böden oder Treppen,
- **Stürzen** von Leitern oder Stühlen, die ungeeignet oder ungenügend gesichert waren, oftmals beim Fensterputzen, Ab- oder Aufhängen von Vorhängen und Übergardinen,
- **Stolpern** über elektrische Kabel, z. B. von Staubsaugern oder Reinigungsmaschinen.

Rutschgefahr

Stolpergefahr

Ferner kommt es gelegentlich zu:

- **Schnittverletzungen**, z. B. beim Waschen und Polieren von Zahnputz- und Minibar-Gläsern,
- **Verletzungen durch elektrischen Strom**, z. B. bei schadhaften Elektrogeräten, Kabeln und Anlagen,
- **Verletzungen durch Verätzungen**, z. B. beim Verdünnen von Säuren, Laugen oder sonstigen konzentrierten Mitteln.

Unfallverhütung

Für den Gefahrenbereich der **Böden, Treppen und Leitern** gilt:

- Geeignetes Schuhwerk tragen,
- rutschige Stellen, Ölflecken usw. unverzüglich beseitigen,
- Leitern mit mangelhafter Standfestigkeit nicht verwenden, Gefahr der Hausdame melden,
- Vorhänge nie bei geöffnetem Fenster ab- bzw. aufhängen,
- nicht auf Stühle mit Rollen steigen,
- elektrische Kabel von Arbeitsgeräten so verlaufen lassen, dass niemand stolpern kann.

Verletzungen durch elektrischen Strom

Diese lassen sich wie folgt vermeiden:

- Elektrokabel nur am Stecker aus der Steckdose ziehen, nicht am Kabel;
- Beschädigte Netzstecker und Steckdosen nicht mehr verwenden, durch den Hauselektriker reparieren lassen,
- Defekte und Störungen bei Elektrogeräten nur vom Fachmann beheben lassen;
- Vor den Reinigungsarbeiten an elektrischen Geräten den Netzstecker ziehen.

Gefährliche elektrische Spannung

Ätzende Stoffe

Verletzungen durch Verätzungen

- Gefahrenhinweise genau durchlesen (siehe auch Sicherheits- und Gebotszeichen, ab S. 41),
- empfohlene Schutzkleidung und Gummihandschuhe anziehen; außerdem eine Schutzbrille aufsetzen,
- Dosierungshinweise genau beachten,
- unterschiedliche Mittel nicht mischen.

Maßnahmen der Ersten Hilfe: ab S. 42

Gefahrenquellen gleich bei Arbeitsbeginn in jeder neuen Abteilung kennen lernen und die Unfallverhütungs-Hinweise gewissenhaft beachten!

5 Rechtsvorschriften

laws *référence (w) juridique*

Die entsprechenden Gesetzestexte, die das Kapitel Wirtschaftsdienst – Hausdamenabteilung betreffen, sind auf der dem Buch beiliegenden CD nachzulesen.

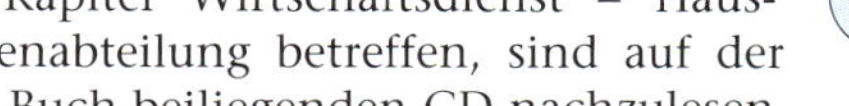

Das Wichtigste daraus hier in Kurzform:

Haftung aus unerlaubten Handlungen

Der **§ 823 Abs. 1 BGB** besagt: „Wer vorsätzlich oder fahrlässig das Leben, die Gesundheit, die Freiheit, das Eigentum oder andere Rechte von Personen widerrechtlich verletzt, der ist dem anderen zum Ersatz des daraus entstehenden Schadens verpflichtet.“

Für den Tatbestand einer unerlaubten Handlung müssen **drei Voraussetzungen** vorliegen:

- Es muss ein **Schaden** entstanden sein,
- es muss ein **Verschulden** vorliegen, z. B. durch Vorsatz, wie bei einer absichtlichen Schädigung, oder durch Fahrlässigkeit, d. h. die erforderliche Sorgfalt wurde außer Acht gelassen,
- es muss **Widerrechtlichkeit** vorliegen, d. h. für den entstandenen Schaden darf es keinen rechtlichen Grund geben.

Der Gastronom haftet auch ohne eigenes Verschulden im Rahmen seiner **Verkehrssicherungspflicht:**

Es besteht bereits beim Betreten eines Lokals eine „vorvertragliche Beziehung“. Das bedeutet, der Gastwirt haftet für bestimmte Schäden, die ein Gast erleidet, auch wenn er noch nicht Platz genommen hat. Der Gastwirt hat dafür zu sorgen, dass dem Gast auf den öffentlich zugänglichen Grundstücks- und Gebäudeteilen unverschuldet nichts passieren kann.

Beispiele:
- Der Hotelier lässt den Schnee auf dem Zugang zum Hotel räumen. Er sorgt dafür, dass gestreut wird.
- Der Hotelier lässt die schadhafte Treppenbeleuchtung reparieren, um Unfällen vorzubeugen.

Haftung für den Erfüllungsgehilfen

§ 278 BGB setzt voraus, dass zwischen dem Wirt und der geschädigten Person ein Vertragsverhältnis besteht, bei dessen Erfüllung der Mitarbeiter im Auftrag des Wirtes tätig war.

Beispiel:
- Ein Übernachtungsgast stolpert vor seinem Zimmer über ein Elektrokabel und verletzt sich. Das Zimmermädchen hatte beim Staubsaugen fahrlässig gearbeitet.

Haftung für den Verrichtungsgehilfen

§ 831 BGB nennt als Voraussetzung für die Haftung des Verrichtungsgehilfen, dass zwischen dem Wirt und der geschädigten Person **kein Vertragsverhältnis** besteht und der Gehilfe im Auftrag des Wirtes tätig geworden ist.

Beispiel:
- Ein Zimmermädchen fährt im dienstlichen Auftrag des Wirtes zur Chemischen Reinigung. Auf dem Weg dorthin verursacht sie einen Verkehrsunfall.

Grundsätzlich haftet der Wirt, weil das Zimmermädchen in seinem Auftrag tätig wurde. Eine Haftungsbefreiung ist möglich, wenn der Wirt nachweisen kann, dass er bei der Auswahl seiner Mitarbeiterin weder fahrlässig noch vorsätzlich gehandelt hat.

Erbringt der Wirt diesen Nachweis, so muss der Verrichtungsgehilfe selbst für den Schaden aufkommen.

Hinweise zu den Themen „Bewirtungsvertrag“, „Schadenshaftung des Gastwirtes“, „Pfandrecht des Gastwirtes“ und „Fundsachen“ befinden sich auf den Seiten 314 und 584.

Verpackungsverordnung – VerpackV, Stand 30. Dez. 2005

Diese Verordnung kann bereits den Einkauf von Waren durch die Hausdamenabteilung betreffen. § 1 besagt, dass Verpackungsabfälle in erster Linie zu vermeiden sind. Im Übrigen wird der Wiederverwendung von Verpackungen und der stofflichen Verwertung Vorrang vor der Beseitigung eingeräumt.

Die Abfallentsorgung ist nach jeweiligem Landesrecht geregelt.

Umweltschadengesetz – USchadG, Stand 30. April 2007

Im Gegensatz zum bereits gelteneden Umwelthaftungsgesetz, das sich auf natürliche oder juristische Personen sowie deren Besitz bezieht, regelt das USchadG Schäden, die in Ausübung der beruflichen Tätigkeit an der Umwelt selbst entstehen.

Dazu gehören sowohl der **Boden** und die **Gewässer** samt Grundwasser als auch geschützte Tier- und Pflanzenarten sowie deren Lebensräume. Diesen können nicht nur die Chemie- und Ölindustrie schaden, sondern auch Hotelbetriebe. Sie liegen oftmals in unmittelbarer Nähe eines Naturschutzgebietes oder eines Gewässers, an oder in dem geschützte Tierarten leben.

Beispiel mit rechtlicher Konsequenz:
- In der Küche eines Hotels befindet sich ein defekter Fettabscheider, der nie gewartet wurde. Monatelang lässt er Lebensmittelreste und Fett ins Erdreich gelangen. Diese Rückstände beeinträchtigen einen nahe gelegenen Teich und zerstören dort seltene Pflanzenarten. Die Behörden entdecken die Schäden und fordern den Hotelinhaber zur Sanierung des Teiches auf.

Aufgaben

1 Erklären Sie den Begriff Öko-Management.

2 Nennen Sie acht Vorteile des umweltbewussten Wirtschaftens.

3 Zählen Sie sechs Bereiche auf, in die sich umweltbewusstes Wirtschaften im Hausdamenbereich gliedern lässt.

4 Wie können Sie in der Hausdamenabteilung dazu beitragen, dass Energie eingespart wird? Schlagen Sie fünf Maßnahmen vor.

5 Durch welche Maßnahmen können Sie dazu beitragen, dass die Belastung des Abwassers verringert wird? Nennen Sie fünf.

6 Was versteht man unter „flexiblem Handtuchwechsel“ und warum wird dieser in den meisten Hotels praktiziert?

7 Schlagen Sie fünf Maßnahmen vor, die bei Umbau- bzw. Renovierungsarbeiten im Hotel berücksichtigt werden sollten.

8 Was besagt das deutsche Umweltzeichen „Der Blaue Engel“ und wofür wird dieses vergeben?

9 Was unterscheidet die Vergabe des EU-Umweltzeichens von der Vergabe des deutschen Umweltzeichens „Der Blaue Engel“?

10 Warum ist die Benennung eines Umweltschutz-Beauftragten für jeden Hotelbetrieb sinnvoll?

11 Nennen Sie drei typische Unfallursachen in der Hausdamenabteilung.

12 Geben Sie fünf Hinweise zur Unfallverhütung im „Gefahrenbereich Böden, Treppen, Leitern“.

13 Durch welche Maßnahmen können Sie dazu beitragen, dass Verletzungen durch elektrischen Strom verhindert werden?

14 Wie können Sie sich vor Verletzungen durch Verätzungen schützen und welche Erste-Hilfe-Maßnahmen sind anzuwenden?

15 Welche drei Voraussetzungen müssen für den Tatbestand einer unerlaubten Handlung im Sinne des § 823 BGB vorliegen?

16 Auf welche Gebiete erstreckt sich die „Haftung aus unerlaubten Handlungen“?

17 Was ist ein „Erfüllungsgehilfe“ und was ist ein „Verrichtungsgehilfe“ im Sinne des Gesetzes? Nennen Sie je ein Beispiel.

Projekt

Generalreinigung von Gästezimmern

Nach umfangreichen Renovierungsarbeiten sollen die 24 Gästezimmer auf einer Etage des Hotels Arberblick generalgereinigt werden. Die Hausdame beauftragt zwei Auszubildende, die Generalreinigung zu planen und den Bedarf an Zimmerfrauen, an Reinigungsgeräten, Arbeitsmitteln, Reinigungs- und Pflegemitteln vorzuschlagen.

Ist-Zustand der Gästezimmer

Entwerfen Sie eine Checkliste, mit deren Hilfe Sie den Ist-Zustand der Etage aufnehmen können.

Soll-Zustand der Gästezimmer

Definieren Sie den angestrebten Soll-Zustand pro Gästezimmer (Sauberkeitsgrad, Standardausstattung, Gästeartikel, ...).

Vorgehensweise und Arbeitsreihenfolge

1 Legen Sie fest, welche Reinigungsgeräte und Arbeitsmittel für welche Tätigkeiten eingesetzt werden sollten.

2 Legen Sie fest, welche Reinigungs- und Pflegemittel für welche Oberflächen/Materialien verwendet werden sollten.

3 Bestimmen Sie die Vorgehensweise und Arbeitsreihenfolge auf einem Info-Blatt.

Arbeitszeitbedarf und Verbrauchsmengen pro Gästezimmer

1 Halten Sie fest, wie viel Zeit ein Team von zwei Zimmerfrauen für die Generalreinigung eines Gästezimmers nach vorgegebenem Standard benötigt.

2 Stellen Sie die Verbrauchsmengen der Reinigungs- und Pflegemittel fest.

3 Ermitteln Sie den Bedarf an Gästeartikeln für die Wiederausstattung der Gästezimmer und Bäder.

Gesamtarbeitszeitbedarf und Materialverbrauchsmengen für die Hoteletage

1 Berechnen Sie den Arbeitszeitbedarf für die Generalreinigung der 24 Gästezimmer.

2 Ermitteln Sie den zusätzlichen Arbeitszeitbedarf für die Reinigung der Flure, Flurfenster, Wände und des Treppenhausbereichs.

3 Berechnen Sie den Gesamtarbeitszeitbedarf für die Hoteletage.

4 Berechnen Sie den Gesamtbedarf an Reinigungs- und Pflegemitteln für die Hoteletage.

5 Berechnen Sie, wie viele Zimmerfrauen bei einer reinen Arbeitszeit von 8 Std. pro Tag zur Arbeit eingeteilt werden müssen, wenn für die Generalreinigung der Etage nur eine Zeit von zwei (drei) Tagen zur Verfügung steht?

Bericht für die Hausdame

Verfassen Sie einen kurzen schriftlichen Bericht mit den Ergebnissen Ihrer Untersuchung.

WARENWIRTSCHAFT

Aufgabe der Warenwirtschaft ist es, die **r**ichtigen Produkte zum **r**ichtigen Zeitpunkt in der **r**ichtigen Menge und der **r**ichtigen Qualität am **r**ichtigen Ort zum **r**ichtigen Preis bereitzustellen (6-R-Formel).

Zur Warenwirtschaft (*purchasing, receiving, storing and issuing goods/acheter, recevoir, emmagasiner et livrer la marchandise*) zählen:

- **Wareneinkauf**,
- **Warenannahme**,
- **Warenlagerung** und
- **Warenausgabe**

innerhalb eines Betriebes.

Im Gastgewerbe handelt es sich hierbei überwiegend um **Lebensmittel** (Food) und um **sonstige Einkaufsgüter** (Non-food), d. h. Hilfsstoffe wie z. B. Büromaterial oder Dekorationsmittel, oder Investitionsgüter wie z. B. Gläser, Bestecke und Gebrauchsgegenstände.

In Großbetrieben werden die Lebensmittel meist von drei Mitarbeitern eingekauft:

- vom **Küchenchef** die Frischprodukte,
- vom **Sommelier** die Weine, Schaumweine und Spirituosen und
- vom **Einkäufer** (*purchaser/l'acheteur [m]*) alle anderen Lebensmittel sowie sonstige Einkaufsgüter.

Der **Magaziner** (*storekeeper/le magazinier*) ist für die korrekte Warenannahme, die fachgerechte Lagerung, die Lagerverwaltung und die Warenausgabe zuständig. In kleineren Betrieben werden diese Tätigkeiten und Bereiche, inklusive des Wareneinkaufs, oftmals nur von einer Person ausgeübt und betreut (siehe auch Kapitel Magazin, ab S. 286).

1 Wareneinkauf *purchasing goods* *faire des achats (m)*

Die Leistungsfähigkeit eines Gastronomiebetriebes hängt in hohem Maße vom qualifizierten Einkauf ab. Ein guter Einkäufer muss über genaue Waren-, Preis- und Marktkenntnisse verfügen. Wer laufend den Markt beobachtet und Preisvergleiche durchführt, kann bei Verhandlungen günstige Einkaufspreise erzielen. Diese müssen nicht zwangsläufig mit geringerer Qualität der Ware verbunden sein.

Abb. 1 Magazin eines Großhotels, mit mobilen Regal-Elementen

Was man im Einkauf einspart, muss nicht erst erarbeitet werden!

Kriterien für den Produktvergleich und die Beurteilung von Warenproben und Warenangeboten können sein: Aussehen, Farbe, Größe, Inhaltsmenge, Konsistenz, Geruch, Geschmack, Frische, Haltbarkeit, Lagerfähigkeit, Verfallsdatum, Preis, Gewicht, Qualität, küchentechnische Vorteile, Originalprodukte, Zusatzstoffe.

Bedarfsermittlung

Der Einkauf beginnt mit der Bedarfsermittlung. Die Größe des Warenbedarfs pro Artikel ist von mehreren Faktoren abhängig:

- von der vorhandenen Artikelmenge, Bestand,
- von dem durchschnittlichen Tagesverbrauch,
- von der vorhersehbaren zusätzlichen Absatzmenge, z. B. bei Sonderveranstaltungen,
- von der Bearbeitungsdauer im Hause,
- von der Lieferdauer in Tagen,
- von der Größe der Lager- und Kühlräume,
- von der Lagerfähigkeit bzw. Verderblichkeit,
- von der voraussichtlichen Preisveränderung, z. B. bei saisonalen Artikeln oder bei Sonderangeboten,
- von der Verpackungsgröße oder -einheit und
- von der Finanzierbarkeit.

Bezugsquellen

Auf Grund der bisherigen Einkäufe verfügt jeder Einkäufer über Marktkenntnisse, Geschäftsverbindungen und eine interne Bezugsquellen-Kartei. Bei guten Einkaufserfahrungen wird er von seinen bisherigen Anbietern vorrangig Angebote einholen. Um aber auch zukünftig günstige Einkaufsquellen und somit Wettbewerbsvorteile nutzen zu können, ist jeder Einkäufer gezwungen, den Beschaffungsmarkt genau zu beobachten und immer wieder neue Angebote einzuholen und zu vergleichen.

Neue Einkaufskontakte lassen sich knüpfen:

- beim Besuch von Gastronomie-Messen,
- durch Beitritt zu einer Hotel-Kooperation mit angeschlossenem Einkaufsverbund,
- über Kollegen-Empfehlungen,
- über Inserate in der Fachpresse,
- über Auskünfte der zuständigen IHK,
- über Branchen-Verzeichnisse, „Gelbe Seiten“ oder Adressbücher,
- mit Hilfe von Werbezusendungen und
- mit Hilfe von Internet-Online-Diensten.

	Listenpreis netto (ohne MwSt.)
–	Rabatt des Lieferers
=	Zieleinkaufspreis
–	Skonto des Lieferers
=	Bareinkaufspreis
+	Bezugskosten einschl. Verpackung
=	Bezugspreis (Einstandspreis)

Abb. 1 Formel für Angebotspreisvergleiche

Angebotsvergleich

Verschiedene Angebote werden verglichen, um die optimale Kaufentscheidung treffen zu können. Anzustellen sind ein:

- **Qualitätsvergleich**, d. h., die Eigenschaften der jeweiligen Ware werden bewertet.
  Dazu können zählen:
  - Frische (z. B. Frischkost, Tiefkühlkost Konserve, Trockenprodukt),
  - Haltbarkeit/Lagerfähigkeit (MHD),
  - Aussehen, Farbe, Geschmack, Geruch, Konsistenz,
  - enthaltene Zusatzstoffe (z. B. Farbstoffe und Konservierungsstoffe),
  - eventuelle küchentechnische Vorteile;
- **Produktvergleich**, d. h., ob es sich um ein Original-Markenprodukt oder um ein „No-Name-Produkt“ handelt;
- **Preisvergleich**, d. h., die Einkaufspreise für gleiche Mengen werden ermittelt. Dabei werden berücksichtigt:
  - Listenpreise
  - Rabatte, Skonti
  - Bezugskosten (z. B. Spedition, unfreies Paket)
- **Lieferervergleich**, d. h., Bewertung von
  qualitativen Kriterien wie
  - Produktqualität
  - Image
  - Garantien, Kulanz
  - Serviceleistungen und -qualität
  - Sortimentsbreite und -tiefe

  und *quantitativen Kriterien* wie
  - Termintreue
  - Zuverlässigkeit, Lieferschnelligkeit
  - Verfügbarkeit, Lieferbedingungen
  - Verkaufsbedingungen/Konditionen
  - Zertifizierung
  - Geschäftssitz/Herkunft

Methoden zur Auswahl eines Lieferers

Die Kriterien zum Lieferervergleich lassen sich manchmal schlecht einschätzen oder ihre Bewertung ist sehr aufwendig.

Es gibt aber Methoden, die eine Liefererauswahl optimieren. Dazu zählen

- die „Rating-Methode“ und
- die „TCO-Methode“.

Die Ergebnisse sind objektiv und vergleichbar.

Rating-Methode

Bei der Rating-Methode werden die Kriterien zum Lieferervergleich in drei Schritten systematisch gewichtet:

Schritt 1:

Alle Bewertungskriterien für die Auswahl eines Lieferers werden mit Punkten gewichtet. Beispiel: Gesamtsumme 100 Punkte, die aufgeteilt werden.

Gewichtung der Kriterien zur Lieferer-Auswahl (gesamt: 100 P.)			
Produktqualität	15	Termintreue	12
Image	5	Zuverlässigkeit, Lieferschnelligkeit	10
Garantien, Kulanz	10	Verfügbarkeit, Lieferbedingungen	5
Serviceleistungen und Qualität	3	Verkaufsbedingungen/Konditionen	25
Sortimentsbreite und -tiefe	5	Zertifizierung	5
		Geschäftssitz/Herkunft	5

Schritt 2:

Für jedes Kriterium wird eine Tabelle angelegt. Die Lieferer werden in Bezug auf das Kriterium verglichen und in eine Reihenfolge gebracht. Der *beste* Lieferer erhält jeweils die *höchste Rangordnungs-Punktzahl*. Beispiel:

Produktqualität Bestenliste	
Firma	**Rang-P.**
Gemüse Meier	4
Großhandels KG	3
Freshdeliver & Co.	2
MKG Logistics	1

Termintreue Bestenliste	
Firma	**Rang-P.**
Freshdeliver & Co.	4
Großhandels KG	3
MKG Logistics	2
Gemüse Meier	1

Konditionen Bestenliste	
Firma	**Rang-P.**
Großhandels KG	4
Gemüse Meier	3
MKG Logistics	2
Freshdeliver & Co.	1

Schritt 3:

Anschließend wird für jeden Lieferanten ein **Scoring-Wert** berechnet, indem die Gewichtungspunktzahl aus Schritt 1 mit der Rangfolge aus Schritt 2 multipliziert wird. Dieser berechnete Wert wird anschließend durch die Anzahl der bewerteten Lieferanten geteilt (hier: 4).
Beispiel: Für *Gemüse Meier* wird der Scoring-Wert errechnet.

Gemüse Meier	Rang-P.		Gewichtung		Lieferer		Scoring
Produktqualität	4	×	15	:	4	=	15
Termintreue	1	×	12	:	4	=	3
Konditionen	3	×	25	:	4	=	18,75
…	…		…		…		…
Scoring-Wert							**66,25**

Die Lieferer oder konkrete Angebote werden dann nach folgendem Schema eingestuft:

A-Rating	**85** Punkte bis **100** Punkte	„Auswahl uneingeschränkt möglich"
B-Rating	**50** Punkte bis **84** Punkte	„Lieferer-Entwicklung notwendig"
C-Rating	**0** Punkte bis **49** Punkte	„Lieferer entspricht nicht den Anforderungen"

Total Cost of Ownership-Methode (TCO-Methode)

Bei der TCO-Methode werden *alle* Kosten erfasst, die bei einem Warenbezug im Zusammenhang mit dem Lieferer anfallen, nicht nur die eigentlichen Bezugskosten.

Damit die Kosten besser erfasst werden können, werden sie zunächst in Kostenbereiche aufgeteilt:

- *Direkte Liefererkosten:* alle Kosten, die an den Lieferer gezahlt werden müssen
- *Bestellkosten:* Kosten, die im Rahmen einer Bestellung anfallen
- *Lagerkosten:* Kosten, die durch das Einlagern bzw. das Aufbewahren der Ware anfallen.

Alle Kostenbereiche werden dann nach dem Zeitpunkt, zu dem sie anfallen, weiter unterteilt:

	Direkte Liefererkosten	Bestellkosten	Lagerkosten
Vor Abschluss		Anfrage, Angebot	Raumkosten
Abschluss	Einkaufspreis, Bezugskosten	Erfassung der Bestellung	
Nach Abschluss	Reklamation	Warenannahme	Schwund, Verderb, Lagerzins

Durch die Betrachtung aller entstehenden Kosten können auch qualitative Kriterien, die sonst nicht oder nur schwer messbar wären, mit Zahlen versehen und vergleichbar gemacht werden.

Preisverhandlungen

Nach Vergleich und Auswertung der Angebote können bei Rücksprachen mit Anbietern oftmals noch günstigere Verkaufsbedingungen erzielt werden. So könnten beispielsweise günstigere Staffelpreise, Rabatte, Naturalrabatte und Zahlungsziele ausgehandelt werden. Im Interesse des Betriebes sollte der Kauf bzw. die Bestellung erst dann erfolgen, wenn alle Einkaufs-Chancen genutzt worden sind.

Bestellung

Mit Abgabe der Bestellung durch den Käufer und Annahme einer Bestellung durch den Verkäufer kommt ein rechtsverbindlicher Kaufvertrag zustande. Eine vollständige Bestellung enthält:

- die Warenart mit Qualitätsbezeichnung,
- die Menge mit Preisangabe,
- die Verpackung und
- die Verkaufsbedingungen, d. h. die Liefer- und die Zahlungsbedingungen.

Telefonische Vereinbarungen sollten vom Besteller gleich schriftlich, z. B. per Fax, E-Mail oder Brief, wiederholt werden. Zum einen lassen sich somit Irrtümer und Falschlieferungen vermeiden, zum anderen liegt für die Warenannahme ein Bestellschein vor. Zunächst gilt: Bestellt ist bestellt! Doch wenn eine Bestellung widerrufen oder geändert werden soll, dann muss der Widerruf oder die Änderung noch vor der Bestellung den Verkäufer erreichen oder zum selben Zeitpunkt wie die Bestellung beim Verkäufer eintreffen. Nur dann gilt die Willenserklärung des Bestellers/Kunden als widerrufen. Es ist dann so, als wäre sie nicht abgegeben.

Bestellmenge und Bestellhäufigkeit

Je nachdem, wie oft und in welcher Menge Waren bestellt werden, unterscheiden sich die anfallenden Beschaffungs- und Lagerkosten für den Betrieb deutlich.

Es darf nicht mehr Ware bestellt werden, als innerhalb des Mindesthaltbarkeitsdatums verbraucht werden kann. Vor allem bei Waren mit einem sehr langen MHD lohnt sich die Berechnung, ob lieber selten eine größere Menge oder häufiger kleinere Mengen bestellt werden sollen.

Beispiel einer Bestellung

Hotel Arberblick

Flurstraße 14
94234 Viechtach
Tel.-Nr. 09942 90500-0
Fax-Nr. 09942 90500-50

Hotel Arberblick · Flurstraße 14 · 94234 Viechtach

Weingut Dr. Bürklin-Wolf
z.Hd. Herrn Klaus Bauer
Weinstraße 65
67157 Wachenheim

Ihre Nachricht vom / Ihr Zeichen	Unsere Nachricht vom/unser Zeichen	Datum
	MM	03.01.20 . .

Bestellung

Sehr geehrter Herr Bauer,

hiermit bestellen wir:

60 Flaschen 2008 Wachenheimer Rechbächel, Riesling, Spätlese, trocken	à 13,00 EUR
48 Flaschen 2009 Ruppertsberger Gaisböhl, Riesling, Spätlese, trocken „Erstes Gewächs“	à 18,00 EUR
48 Flaschen 2009 Forster Jesuitengarten, Riesling, Spätlese, trocken „Erstes Gewächs“	à 19,00 EUR

Die Lieferung erfolgt frei Haus.
Bei Bezahlung der Rechnung innerhalb von 10 Tagen gewähren Sie uns 2 % Skonto.

Wegen mehrerer Sonderveranstaltungen in unserem Hause bitten wir um schnelle Lieferung.

Mit freundlichen Grüßen

Hotel Arberblick Viechtach

Markus Müller

Markus Müller
– Sommelier –

Hotel Arberblick · Flurstraße 14 · 94234 Viechtach · Geschäftsführung Peter Altenstein
Bankverbindung: Sparkasse Regen-Viechtach · BLZ 741 514 50 · Konto-Nr. 987 654 321

Beispiel für einen geprüften und unterschriebenen Lieferschein

Hotelberufsschule
Viechtach
Flurstraße 14
94234 Viechtach

LIEFERSCHEIN

Bei Schriftverkehr und Rückfragen unbedingt angeben:

Kunden-Nr.	Auftrags-Nr.	Datum
018665	76796	13.08.20..
		Blatt:

Wir liefern Ihnen zu unseren bekannten Liefer- und Zahlungsbedingungen
Auftrag vom 6. Oktober 20...
Versandart:

Pos.	Artikel-Bezeichnung	TK	Größe ca. cm	Stck. / Mtr.	Lagerplatz	Verpackungseinh./Inhalt
1	Nr:3000-3226 Frb:750-sortiert Geschirrtuch Qual. Delfin, Halbleinen, Zwirnkette	HI	50/70	200	431-43KF	4 à 50
	Komplettlieferung					

Ware vollständig erhalten,
am 16.10. ...
i.A. Th. Keßler

Ihr Fachberater:
Vertretung: Gierster Karl-Heinz
94474 Vilshofen
Tel. 08541 5518
Fax 08541 58151

TK = Textilkennzeichnungsschlüssel siehe Rückseite

Sollten Sie trotz ständiger Kontrollen Grund zur Beanstandung haben, muss dies innerhalb 8 Tagen nach Erhalt der Ware erfolgen. Teile in diesem Fall nicht waschen.

Zollner GmbH + Co. Weberei · Wäschefabrik | Postfach 1140 D-84131 Vilsbiburg | Veldener Straße 4 D-84137 Vilsbiburg | Telefon 08741 306-0 Telefax 08741 306-66 | Handelsregister: HRA 5521, AG Landhut

2 Warenannahme
receiving goods *réception (w) de marchandise*

Kontrollieren der Lieferung

In Anwesenheit des Lieferers ist die Lieferung mit den Angaben auf dem Lieferschein (delivery note) oder dem Frachtbrief (waybill) und mit den eigenen Bestellunterlagen zu vergleichen. Dabei werden kontrolliert:

- Art der Ware,
- Stückzahl oder Gewicht der verschiedenen Artikel,
- Qualität, Frische, Mindesthaltbarkeitsdaten und Unversehrtheit der Ware,
- Anlieferungstemperatur (lt. HACCP).

(Siehe auch Kapitel Magazin, S. 289)

Wareneingang

o.k.	nicht o.k.	
		Hygiene des Lieferanten
		Optischer Zustand der Ware
		Deklaration der Ware/MHD
		Vergleich mit Bestellung
		Temperatur: °C

Zurückweisung? ☐ **nein** ☐ **ja**

Name/Unterschrift: ____________

Bemerkung: ____________

Abb. 1 Wareneingangskontrollstempel des Hyatt-Regency-Hotels, Mainz

Erkannte Mängel müssen gleich reklamiert und auf dem Lieferschein vermerkt werden. Der Lieferer muss die Mängel durch Unterschrift bestätigen. Nicht bestellte Waren werden nicht angenommen.

Der Wareneingangsprüfung kommt auf jeden Fall eine hohe Bedeutung zu.

Im Handelsrecht (Handelsgesetzbuch – HGB) heißt es dazu:

§ 377 HGB (Untersuchungs- und Rügepflicht)

Ist der Kauf für beide Teile ein Handelsgeschäft, so hat der Käufer die Ware unverzüglich nach der Ablieferung durch den Verkäufer, soweit dies nach ordnungsgemäßem Geschäftsgang tunlich ist, zu untersuchen und, wenn sich ein Mangel zeigt, dem Verkäufer unverzüglich Anzeige zu machen.

Unterlässt der Käufer die Anzeige, so gilt die Ware als genehmigt, es sei denn, dass es sich um einen Mangel handelt, der bei der Untersuchung nicht erkennbar war.

Versteckte Mängel, wie sie oftmals erst bei der Weiterverarbeitung erkannt werden, sind unmittelbar nach der Entdeckung und spätestens 6 Monate nach dem Kauf zu beanstanden.

Der Mitarbeiter, der die Warenlieferung angenommen und kontrolliert hat, unterschreibt den Lieferschein. Eine Durchschrift erhält der Lieferer, das Original bleibt beim Empfänger.

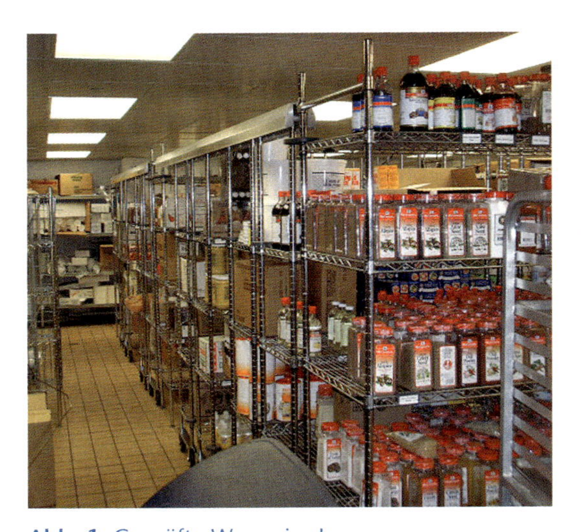

Abb. 1 Geprüfte Waren im Lager

Abb. 3 Warenlagerung nach dem FIFO-Prinzip (s. S. 291)

3 Warenlagerung

storage of goods *depot (m) de marchandise*

Tiefkühlkost und leicht verderbliche Lebensmittel werden unverzüglich und vorrangig – nach entsprechender Temperaturprüfung – in Kühlräumen fachgerecht einsortiert. Danach werden die anderen Artikel versorgt. Neu angekommene Ware ist nach dem FiFo-System hinter die noch vorhandene Ware einzuordnen, um einen gleichmäßigen Warenumschlag zu ermöglichen. (Siehe auch Kapitel Warenlagerung, ab S. 289)

Verbuchung des Wareneingangs

In großen Magazinen gibt es für jede Ware eine Lagerstelle, das Lagerfach. An der Lagerstelle befindet sich die **Lagerfachkarte** (bin card), auf der alle Bestandsveränderungen, d. h. alle Zugänge und Abgänge dieses Artikels eingetragen werden. Die neue Lieferung wird hier als Zugang verbucht und der neue Bestand wird errechnet und notiert. Die Bestandszahl auf der Lagerfachkarte kann jederzeit mit der vorhandenen Stückzahl im Lagerfach verglichen werden. Fehlmengen können somit schnell entdeckt werden.

Beispiel einer Lagerfachkarte

Nr. 248

Artikel: 2006 Becksteiner Pilgerpfad

Lieferant: Winzergen. Beckstein

Verp.-Einheit: 0,75 l

Höchstbestand:

Mindestbestand:

Meldebestand:

Buchungseinheit

Tag	Monat		Zugang	Abgang	Bestand	Tag	Monat		Zugang	Abgang	Bestand	Tag	Monat		Zugang	Abgang	Bestand
9.	09.		60		107												
10.	09.			17	90												
29.	09.			23	67												
4.	10.			10	57												
15.	10.			20	37												
18.	10.		120		157												
24.	10.			20	137												
30.	10.			20	117												
5.	11.			30	87												
16.	11.			14	73												

Beispiel einer Lagerkarteikarte****

WARE 2006 Becksteiner Pilgerpfad
LIEFERER Winzergenoss. Beckstein

TAG	VERMERKE	ZUGANG	ABGANG	BESTAND	PREIS
30.8.	ÜBERTRAG			77	394
1.9.			30	47	
9.9.		60		107	394
10.9.			17	90	
29.9.			23	67	
4.10.			10	57	
15.10.			20	37	
18.10.		120		157	389
24.10.			20	137	
30.10.			20	117	
5.11.			30	87	
16.11.			14	73	
	ÜBERTRAG				

WARE
LIEFERER

TAG	VERMERKE	ZUGANG	ABGANG	BESTAND	PREIS
	ÜBERTRAG				
	ÜBERTRAG				

Außerdem wird eine **Lagerkartei** (stores ledger) im Büro des Magaziners geführt. Sie besteht aus Karteikarten (stores ledger sheets), die für jeden Artikel angelegt werden. Neben den Bestandsveränderungen (wie auf der Lagerfachkarte) werden auch jeweils die Einkaufspreise festgehalten.

In **Wareneingangsbüchern** (receipt book) werden die Rechnungsdaten wie Lieferdatum, Lieferer, Warenart, Menge, Rechnungsbetrag, Skonti, Vorsteuer und Waren-Nettowert erfasst. Die Waren-Nettowerte werden nach Warenart, in die entsprechenden Sparten gegliedert wie z. B. Lebensmittel, Bier oder Wein, verbucht. Die Waren-Nettopreise dienen auch als Kalkulationsgrundlage zur Errechnung der Inklusivpreise in der Gastronomie.

Kontrolle der Rechnung

Wenn alle Waren eingeräumt und verbucht sind, werden Bestellunterlagen und Lieferschein bzw. Frachtbrief zusammengeheftet und vorläufig abgelegt. Diese Papiere werden beim Eingang der Rechnung für eine vergleichende und rechnerische Kontrolle durch die Buchhaltung benötigt.

Dabei wird geprüft, ob:

- die in Rechnung gestellten Warenmengen mit den laut Lieferschein tatsächlich gelieferten Mengen übereinstimmen;
- die in Rechnung gestellten Einzelpreise mit den laut Bestellung vereinbarten Einzelpreisen übereinstimmen;
- der Gesamtpreis richtig errechnet wurde;
- der Mehrwertsteuersatz stimmt und der enthaltene Mehrwertsteuerbetrag korrekt ist;
- die ausgehandelten Konditionen, wie Lieferbedingungen, Frachtkosten, Rabattstaffel und Skonto, korrekt berücksichtigt wurden.

Das Kapitel Wa**renlagerung**, ab Seite 289, behandelt ausführlich die Themen Grundsätze der **Lagerhaltung** sowie **Lagerräume**.

Beispiel einer Mängelrüge

Hotel Arberblick · Flurstraße 14 · 94234 Viechtach

Weinhandelsgesellschaft XYZ
z.Hd. Herrn Klaus Koch
Lindenallee 987
14050 Berlin

Flurstraße 14
94234 Viechtach
Tel.-Nr. 09942 90500-0
Fax-Nr. 09942 90500-50

Ihre Nachricht vom / Ihr Zeichen	Unsere Nachricht vom/unser Zeichen	Datum
	MM	03.05.20 . .

Mängelrüge

Sehr geehrter Herr Koch,

am 8. Januar . . . . lieferten Sie uns auftragsgemäß

60 Flaschen 2009 Assmannshäuser Höllenberg, Spätburgunder,
Spätlese, halbtrocken à 12,00 EUR

Die Rechnung Nr. XX0108-32 über 720,00 EUR haben wir am 1. Februar . . . . per Bank bezahlt.

Wie sich erst jetzt herausgestellt hat, verfügt dieser Wein über einen nicht flüchtigen, üblen Muffton.

Aufgrund dieses Qualitätsmangels, den wir Ihnen hiermit fristgemäß anzeigen, bitten wir Sie um unverzügliche Ersatzlieferung der gleichen Menge dieses Weines.

Sollte Ihnen dies nicht möglich sein, müssten wir unser Recht auf Wandelung gebrauchen und den Kaufvertrag rückgängig machen. Wir erwarten Ihre Antwort.

Mit freundlichen Grüßen

Hotel Arberblick Viechtach

Peter Altenstein

Peter Altenstein
Geschäftsführer

Hotel Arberblick · Flurstraße 14 · 94234 Viechtach · Geschäftsführung Peter Altenstein
Bankverbindung: Sparkasse Regen-Viechtach · BLZ 741 514 50 · Konto-Nr. 987 654 321

4 Warenausgabe und Bestandskontrolle

issuing goods and checking stocks *sorties (w) et des contrôles (m) du stock*

Neben der Erfassung von Wareneingang und Warenausgang zählen Bestandsüberwachung und Verbrauchsfeststellung zu den Hauptaufgaben der Lagerhaltung.

Warenausgabe

Die verschiedenen Betriebsabteilungen bestellen mit Hilfe von Warenanforderungsscheinen (requisition sheets) die benötigten Waren im Magazin. Der Magaziner bereitet die Warenausgabe vor und verbucht für jeden Artikel die Abgänge auf den Lagerfachkarten. Eine unkontrollierte Warenausgabe darf nicht stattfinden.
Keine Ware ohne Beleg.

Lagerbestand

stock *stock (m)*

Die Vorräte im Warenlager müssen so groß sein, dass Küche, Restaurant und Bar störungsfrei produzieren und verkaufen können.

- Zu geringe Lagerbestände führen manchmal zu teuren Eilbestellungen,
- zu große Lagerbestände binden das Kapital und erhöhen die Lagerkosten.

Erfahrene Magaziner wissen auch mit saisonalen Schwankungen in Angebot und Nachfrage umzugehen und behalten die Lagerkosten im Auge.

Bestandskontrolle

Werden Waren entnommen, so trägt man das in die Lagerfachkarte ein.

Bei einer Kontrolle vergleicht man den laut Lagerfachkarte rechnerisch ermittelten neuen Bestand, den **Soll-Bestand,** mit dem tatsächlich im Lagerfach vorhandenen **Ist-Bestand.**

Dieser Vergleich dient der Kontrolle der Lagerbuchhaltung. Sollten Ist- und Soll-Bestand voneinander abweichen, so ist die Ursache zu ermitteln.

Ursachen für Differenzen könnten z. B. Übertragungsfehler, Rechenfehler, unkontrollierte Entnahmen, Schwund, nicht eingetragener Bruch, Diebstahl oder Verderb sein. Aus diesem Grunde sind regelmäßige Kontrollen und zeitweilig die genehmigte Berichtigung von Warenbestandszahlen unerlässlich.

Beispiel eines Warenanforderungsscheins

Warenanforderung für Büfett (Muss mit Durchschrift übereinstimmen) — Datum: 16.11. . . . . — 38427

Menge	Stück Dosen Kilo Flaschen	Warenart	Ausrechnungen: Einkaufspreis	M	Verkaufspreis	M
10	0,75	Deidesheimer Hofstück				
7	0,75	Würzburger Stein				
14	0,75	Becksteiner Pilgerpfad				
8	1,0	Piesporter				
6	1.0	Kalterer				

Ware ausgeliefert: Mayr (Unterschrift) — Ware empfangen: Keßler (Unterschrift) — Gebucht: (Unterschrift)

Inventur

Laut HGB § 240 ist jeder Kaufmann einmal jährlich zur Aufstellung eines **Inventars** verpflichtet. Dies ist das Verzeichnis des Betriebsvermögens, der Schulden und des Reinvermögens. Zur Aufstellung dieses Verzeichnisses führt der Betrieb eine Inventur durch, bei der er seine Bestände zählt, misst oder wiegt. Die tatsächlich vorhandene Warenmenge, der Ist-Bestand, wird dabei ermittelt und auf **Inventurlisten** (stock sheets) erfasst.

Die Ermittlung des Inventars erfolgt in Kleinbetrieben meist durch eine **Stichtag-Inventur** am letzten Tag des Wirtschaftsjahres. Großbetriebe und Konzern-Hotels praktizieren meist eine permanente Inventur für Waren, Roh- und Hilfsstoffe.

Das bedeutet, dass die Inventur monatlich oder quartalsweise durchgeführt wird.

Die Kontrolle der Lagerbuchhaltung erfolgt durch Vergleich der Bestandszahlen laut Stichtag-Inventur mit den Eintragungen der Lagerkartei.

Beispiel einer Inventurliste

Inventur Bestandsaufnahme am 03.01. . . . . Blatt-Nr. 3

Lagerstelle/Abteilung Büfett Kostenstelle

Artikelgruppe Weine

	Gegenstand	Lager-Nr. Bestell-Nr.	Menge	Einheit kg Stück usw.			Inventurwert einzeln	Inventurwert gesamt	Bemerkungen
1	Piesporter	240	7	1,0			6,44	45,08	
2	Trollinger	223	22	0,75			6,99	153,78	
3	Deidesheimer	247	17	0,75			4,83	82,11	
4	Becksteiner	248	11	0,75			7,71	84,81	
5	Radebeuler	246	13	0,75			7,32	95,16	
6									
7									
8									
9									
22									
23									
24									
25									
26									
							Summe		

angesagt Me. geschrieben Ke.

Bestandskontrolle Huber Preiskontrolle Ke.

vorgerechnet Grü. nachgerechnet Müller

Keinen Übertrag machen! Seiten auf Sonderblatt zusammenstellen und addieren! Bei Berichtigungen wird dadurch das neuerliche Durchrechnen aller Seiten vermieden.

5 Wareneinsatzkontrolle

food cost control *contrôle (m) de la nourriture*

Der wirtschaftliche Erfolg eines Küchenleiters wird vorwiegend an der **Wareneinsatzquote** gemessen.

Diese Kennzahl steht für den Anteil des Warenaufwands am Netto-Verkaufserlös, z. B. der Küchenprodukte. Es werden die Zahlen desselben Zeitraums, z. B. eines Monats, Quartals oder Jahres herangezogen.

Die Wareneinsatzquote wird mit dem Küchenleiter geplant und nach Ablauf des Kontrollzeitraums errechnet.

Für eine gute Planung gilt:

- Die Soll-Wareneinsatzkosten für jeden Artikel erfassen und kalkulieren.
- Standardisierte Portionsgrößen, einheitliche Rezepturen und die Präsentation festlegen.
- Die Warenlieferungen des Magazins an die Küche sowie alle Abgaben von Lebensmitteln aus der Küche an andere Abteilungen, wie z. B. das Büfett, die Hausdamenabteilung, die Bar usw., möglichst genau belegen.
- Die Ist-Wareneinsatzkosten regelmäßig mit den Soll-Werten vergleichen.

Wareneinsatzkosten der verkauften Waren

Die am Monatsanfang durch Inventur in der Küche erfassten Waren werden bewertet. Dazu verwendet man die Netto-Einkaufspreise. Das Ergebnis ist der Waren-Anfangsbestand.

Hierzu werden alle Zugänge eines Monats addiert. Das sind die vom Magazin an die Küche gelieferten Waren, die ebenfalls mit den Netto-Einkaufspreisen bewertet wurden

Am Monatsende wird der Wert des Waren-Endbestandes per Inventur ermittelt und abgezogen. Außerdem wird der betriebsinterne Verbrauch wertmäßig erfasst und abgezogen.

Dies sind alle Privatentnahmen, geschäftlichen Bewirtungen sowie Mitarbeiter-Verpflegungen. Das Ergebnis ist der **Netto-Warenverbrauch**, der auch **Wareneinsatz** genannt wird.

Die Formel lautet:

	Warenanfangsbestand
+	**Waren-Zugänge**
–	**Waren-Endbestand**
–	**betriebsinterner Verbrauch**
=	**Netto-Warenverbrauch/Wareneinsatz**

Netto-Erlös

Die Gesamt-Verkaufserlöse der Abteilung Küche während des gewählten Zeitraumes werden ermittelt. Der Z-Abschlag der Restaurant-Registrierkasse zeigt diese auf. Die in den Inklusivpreisen enthaltene Mehrwertsteuer wird herausgerechnet. Das Ergebnis ist der Netto-Erlös.

$$\textbf{Wareneinsatz in \%} = \frac{\text{Wareneinsatz} \times 100}{\text{Netto-Erlös}}$$

Beispiel

Anfangsbestand 31.12. . .	4 000 €
Warenzugänge laut Magazinabrechnung im Monat Januar:	+ 54 000 €
Zwischensumme	= 58 000 €
Warenendbestand 31.1. . .	– 5 000 €
Betriebsinterner Verbrauch	– 3 000 €
Netto-Warenverbrauch oder Wareneinsatz	= 50 000 €
Netto-Erlös im Januar	150 000 €

Wareneinsatzberechnung in %:

$$\frac{50\,000 \times 100}{150\,000} = 33{,}33\ \%$$

Wird festgestellt, dass trotz exakter Datenerfassung und Berechnung der prozentuale Wareneinsatz zu hoch ausgefallen ist, so muss nach den Ursachen geforscht werden. Mögliche Gründe könnten sein:

- die Rezepturen wurden nicht eingehalten,
- einige Lebensmittel wurden nicht fachgerecht verarbeitet und mussten vernichtet werden,
- Waren wurden ohne Bon ausgegeben,
- es gab Lagerungsverluste, z. B. durch Bruch,
- es gab Überproduktion,
- Produktionsreste wurden nicht sinnvoll verwertet,
- es wurden Lebensmittel gestohlen,
- es wurde vergessen, den Eigenverbrauch zu berücksichtigen.

6 Warenwirtschaftssysteme

stock flow control systems *systèmes (m) de contrôle de la marchandise*

Zur **Warenwirtschaft** gehören neben der Erfassung der mengen- und wertmäßigen Warenflüsse auch alle erforderlichen Planungs-, Steuerungs- und Kontrollprozesse.

Während früher Lagerfachkarten, handgeschriebene Kassenberichte und manuell erstellte Ertragsberichte die Arbeit der Warenwirtschaft zu einer überaus zeitintensiven und lästigen Aufgabe gemacht haben, ermöglichen heute moderne computergestützte **Warenwirtschaftssysteme** eine schnelle und übersichtliche Kontrolle des betrieblichen Warenflusses.

WARE 2006 Becksteiner Pilgerpfad
LIEFERER Winzergenoss. Beckstein

TAG	VERMERKE	ZUGANG	ABGANG	BESTAND	PREIS
30.8.	ÜBERTRAG			77	394
1.9.			30	47	
9.9.		60		107	394
10.9.			17	90	
29.9.			23	67	
4.10.			10	57	
15.10.			20	37	
18.10.		120		157	389
24.10.			20	137	
30.10.			20	117	
5.11.			30	87	
16.11.			14	73	

WARE
LIEFERER

TAG	VERMERKE	ZUGANG	ABGANG	BESTAND	PREIS
	ÜBERTRAG				

Aufgabe von Warenwirtschaftssystemen

Ein Warenwirtschaftssystem **(WWS)** dient der Kontrolle der betrieblichen Warenströme. Mit seiner Hilfe soll es jederzeit möglich sein, Abweichungen von den betrieblichen Standards, die den Wareneinsatz betreffen, zu erkennen. Dazu muss es an allen Stellen des Betriebsprozesses im F&B-Bereich zum Einsatz kommen. Der typische gastronomische Betriebsprozess besteht aus dem Einkauf von Lebensmitteln, ihrer Verarbeitung zu Speisen und Getränken und dem Verkauf an die Gäste.

Um möglichst aussagekräftige Werte aus dem WWS entnehmen zu können, ist es unbedingt notwendig, die vorhandenen Daten genau zu pflegen. Alle Wareneingänge müssen erfasst werden.

Genauso muss von möglichst allen im Restaurant verkauften Speisen und Getränken eine Rezeptur angelegt und eingehalten werden. Diese umfasst nicht nur das tatsächliche Lebensmittel, sondern auch die Garnitur.

Außerdem müssen Abfälle, die während der Zubereitung anfallen, oder verdorbene Ware erfasst werden. Die Erfassung der verkauften Gerichte erfolgt üblicherweise durch das Kassensystem.

Bei der Erfassung sind auch andere Arten der Speisenausgabe wie z. B. Personalessen oder Kostproben zu berücksichtigen. Auch wenn durch sie kein Umsatz nach außen entsteht, beeinflussen sie die Wareneinsatzkosten.

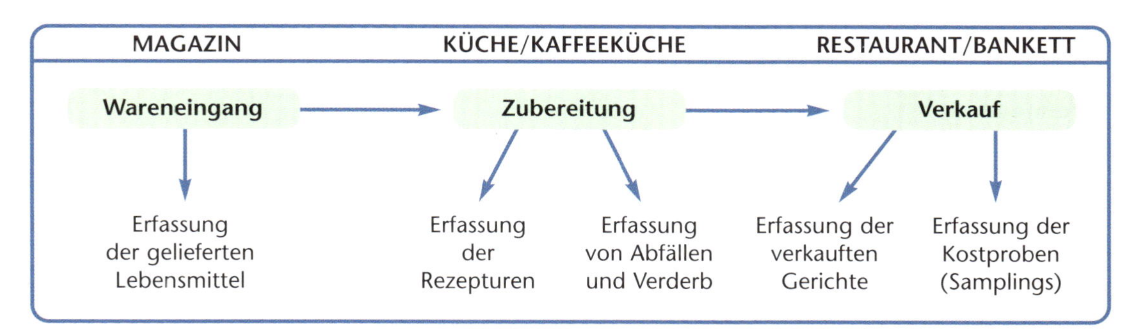

Abb. 1 Typischer Warenfluss im F&B-Bereich und Anknüpfungspunkte des Warenwirtschaftssystems

Aufbau/Elemente eines Warenwirtschaftssystems

Ein voll entwickeltes Warenwirtschaftssystem in der Gastronomie besteht aus mindestens sechs Elementen. Alle Elemente eines Warenwirtschaftssystems sind miteinander verzahnt.

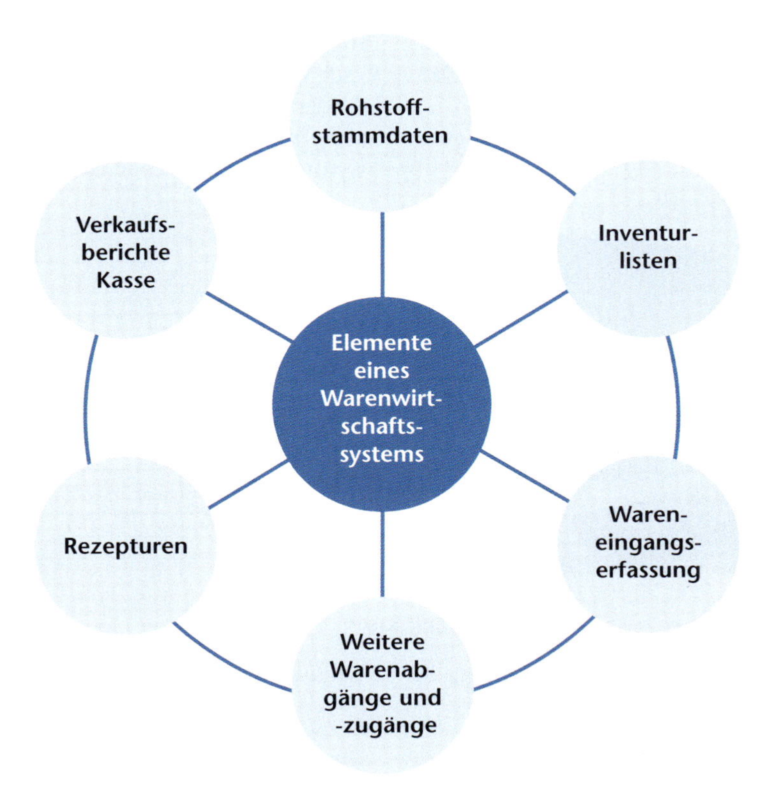

Abb. 1 Elemente eines gastronomischen Warenwirtschaftssystems

Rohstoffstammdaten

Für jeden einzelnen Rohstoff, egal ob es sich dabei um ein Lebensmittel oder ein Hilfsmittel handelt, wird ein **Stammdatenblatt** geführt. Dieses muss neben dem Namen, dem Lagerort und dem Einkaufspreis auch die Verpackungsgrößen enthalten.

Beispiel:

Bezeichnung	***Zwiebeln, frisch***		**Artikelnr:**	9312
Einkaufspreis je Grundeinheit	1,10 Euro		**Lagerort:**	Trockenlager
Gebinde	1	Stiege	**Zählreihenfolge:**	2
enthält:	6	Netze	**Meldebestand:**	18 kg
enthält:	2	kg (Grundeinheit)	**Mindestbestand:**	12 kg
			Inventurintervall:	täglich

Abb. 2 Rohstoffstammdaten von Zwiebeln

6 Warenwirtschaftssysteme

stock flow control systems *systèmes (m) de contrôle de la marchandise*

Zur **Warenwirtschaft** gehören neben der Erfassung der mengen- und wertmäßigen Warenflüsse auch alle erforderlichen Planungs-, Steuerungs- und Kontrollprozesse.

Während früher Lagerfachkarten, handgeschriebene Kassenberichte und manuell erstellte Ertragsberichte die Arbeit der Warenwirtschaft zu einer überaus zeitintensiven und lästigen Aufgabe gemacht haben, ermöglichen heute moderne computergestützte **Warenwirtschaftssysteme** eine schnelle und übersichtliche Kontrolle des betrieblichen Warenflusses.

WARE 2006 Becksteiner Pilgerpfad
LIEFERER Winzergenoss. Beckstein

TAG	VERMERKE	ZUGANG	ABGANG	BESTAND	PREIS
30.8.	ÜBERTRAG			77	394
1.9.			30	47	
9.9.		60		107	394
10.9.			17	90	
29.9.			23	67	
4.10.			10	57	
15.10.			20	37	
18.10.		120		157	389
24.10.			20	137	
30.10.			20	117	
5.11.			30	87	
16.11.			14	73	

WARE
LIEFERER

TAG	VERMERKE	ZUGANG	ABGANG	BESTAND	PREIS
	ÜBERTRAG				

Aufgabe von Warenwirtschaftssystemen

Ein Warenwirtschaftssystem **(WWS)** dient der Kontrolle der betrieblichen Warenströme. Mit seiner Hilfe soll es jederzeit möglich sein, Abweichungen von den betrieblichen Standards, die den Wareneinsatz betreffen, zu erkennen. Dazu muss es an allen Stellen des Betriebsprozesses im F&B-Bereich zum Einsatz kommen. Der typische gastronomische Betriebsprozess besteht aus dem Einkauf von Lebensmitteln, ihrer Verarbeitung zu Speisen und Getränken und dem Verkauf an die Gäste.

Um möglichst aussagekräftige Werte aus dem WWS entnehmen zu können, ist es unbedingt notwendig, die vorhandenen Daten genau zu pflegen. Alle Wareneingänge müssen erfasst werden.

Genauso muss von möglichst allen im Restaurant verkauften Speisen und Getränken eine Rezeptur angelegt und eingehalten werden. Diese umfasst nicht nur das tatsächliche Lebensmittel, sondern auch die Garnitur.

Außerdem müssen Abfälle, die während der Zubereitung anfallen, oder verdorbene Ware erfasst werden. Die Erfassung der verkauften Gerichte erfolgt üblicherweise durch das Kassensystem.

Bei der Erfassung sind auch andere Arten der Speisenausgabe wie z. B. Personalessen oder Kostproben zu berücksichtigen. Auch wenn durch sie kein Umsatz nach außen entsteht, beeinflussen sie die Wareneinsatzkosten.

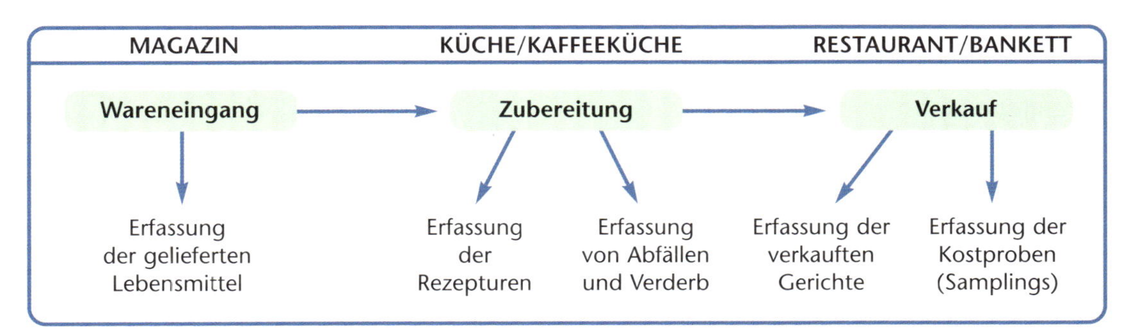

Abb. 1 Typischer Warenfluss im F&B-Bereich und Anknüpfungspunkte des Warenwirtschaftssystems

Warenwirtschaft

Aufbau/Elemente eines Warenwirtschaftssystems

Ein voll entwickeltes Warenwirtschaftssystem in der Gastronomie besteht aus mindestens sechs Elementen. Alle Elemente eines Warenwirtschaftssystems sind miteinander verzahnt.

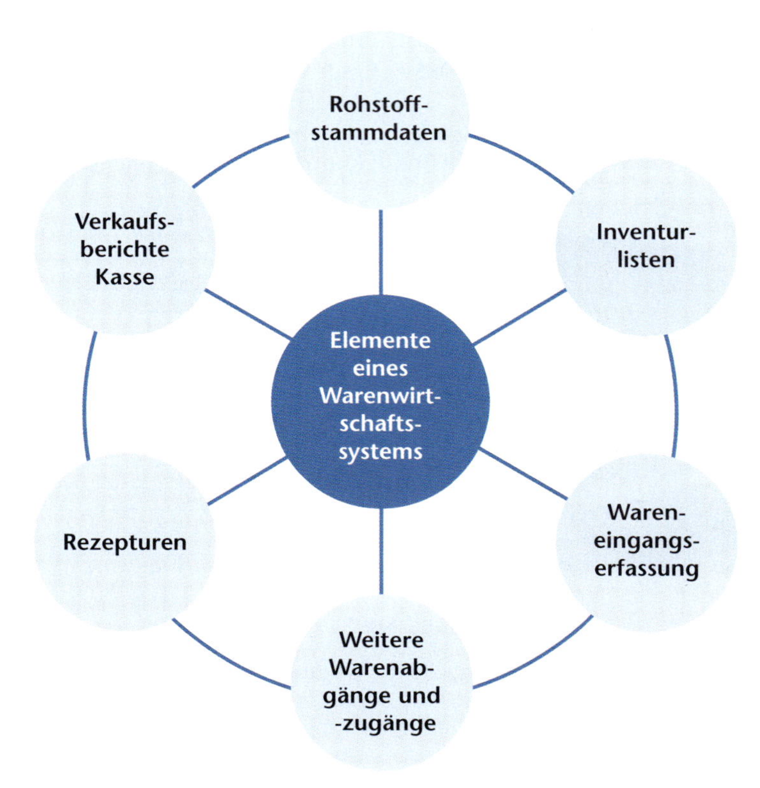

Abb. 1 Elemente eines gastronomischen Warenwirtschaftssystems

Rohstoffstammdaten

Für jeden einzelnen Rohstoff, egal ob es sich dabei um ein Lebensmittel oder ein Hilfsmittel handelt, wird ein **Stammdatenblatt** geführt. Dieses muss neben dem Namen, dem Lagerort und dem Einkaufspreis auch die Verpackungsgrößen enthalten.

Beispiel:

Bezeichnung	***Zwiebeln, frisch***		**Artikelnr:**	9312
Einkaufspreis je Grundeinheit	1,10 Euro		**Lagerort:**	Trockenlager
Gebinde	1	Stiege	**Zählreihenfolge:**	2
enthält:	6	Netze	**Meldebestand:**	18 kg
enthält:	2	kg (Grundeinheit)	**Mindestbestand:**	12 kg
			Inventurintervall:	täglich

Abb. 2 Rohstoffstammdaten von Zwiebeln

Da die Berechnung des Wareneinsatzes auf Grundlage des hier erfassten Einkaufspreises erfolgt, muss dieser immer aktuell gehalten werden. Die Erfassung der Gebindegrößen, des Lagerortes und der Zählreihenfolge sind für die Erstellung der Inventurlisten notwendig, um diese übersichtlich zu gestalten.

Das Stammdatenblatt wird in Kombination mit dem **Verzeichnis der Warenab- und -zugänge** auch **Materialkonto** genannt.

Ein ordentlich gepflegtes Warenwirtschaftssystem ist in der Lage, einen **Bestellvorschlag** abzugeben. Da der Bestellvorschlag durch das WWS mit Hilfe von Verbrauchswerten aus der Vergangenheit ermittelt wird, sollte er erst nach Überprüfung an den Lieferer geschickt werden. Dabei können aktuelle (Aktions-)Produkte ergänzt oder Mengen für außerplanmäßige Umsätze (z. B. Sonderveranstaltungen) abgeändert werden. Die Übermittlung der Bestellung an den Lieferer kann direkt aus dem WWS erfolgen.

Inventurlisten

Die Inventurlisten erstellt das Warenwirtschaftssystem auf Grundlage der hinterlegten Rohstoffstammdaten. Sie können täglich abgerufen und nach Lagerorten getrennt erstellt werden.

Beispiel:

Zählliste zur Tagesinventur
Zählort: **Trockenlager**

Gurken im Glas	_22_Karton(s)	_264_Gläser	_137_kg
Zwiebeln, frisch	_20_Stiege(n)	_120_Netze	_240_kg
Thunfisch, Dose	_15_Karton(s)	_720_Dosen	_180_kg

Abb. 1 Ausschnitt aus einer Zählliste zur Tagesinventur

Wareneingangserfassung

Nach Anlieferung der Ware müssen alle in das Lager aufgenommenen Produkte mit Hilfe des Lieferscheins erfasst werden. Da die Bestellung bereits über das Warenwirtschaftssystem erfolgte, muss nur noch eine Abweichung von der Bestellung (z. B. ein nicht lieferbarer Artikel) erfasst werden.

Wareneingang

Lieferantennummer: 016 — Lieferant: Gemüsegroßhandels KG
Bestellung von: 30.10. — Lieferung am: 2.11.

Artikelnr.	*Artikel*	*Bestellmenge*	*Liefermenge*	*Differenz*
6513.	Zwiebel, frisch	6	6	0
6563	Tomaten, kg	12	12	0
7932	Mais, Dose	4	4	0
8185	Eisbergsalat, St.	9	8	1

Abb. 2 Erfassung des Wareneingangs

Weitere Warenabgänge und Warenzugänge

Neben den üblichen Warenlieferungen durch den Lieferer müssen alle weiteren Warenabgänge und Warenzugänge in das WWS eingegeben werden. Hierzu gehören u. a. Transfers von Waren oder Ausgabe von Personalessen.

Rezepturenblätter

Das Bindeglied zwischen den Wareneingängen und den Verkäufen stellt im Restaurant die Zubereitung der Speisen dar. Im Warenwirtschaftssystem wird dies durch die Erfassung der **Rezepturen** abgebildet.

Rezepturen enthalten alle vorgegebenen Zutaten und Mengen für eine Speise. Beim Erfassen der Rezeptur werden die Artikel aus den Materialstammdaten mit den Produkten aus dem Verkaufsbericht in Beziehung gesetzt („verbunden“).

Auch Getränke können eine Rezeptur haben (z. B. Mischgetränke, Cocktails, Kaffeespezialitäten).

Rezeptur für:		**Toast Hawaii**
Menge	Einheit	Artikel
1	St.	Toastbrot
0,05	kg	Ketchup
0,01	kg	Zwiebel, frisch
1	Scheibe	Kochschinken
1	Ring	Ananas
1	Scheibe	Toast-Schmelzkäse

Abb. 1 Beispiel einer betriebsrelevanten Rezeptur

Verkaufsberichte

Die Verkaufsberichte werden mit Hilfe des Kassensystems erstellt. Verkaufsberichte liefern eine Übersicht über alle verkauften Speisen und Getränke des Tages. In der Regel sind Auswertungen enthalten, welchen Umsatzanteil ein bestimmtes Produkt am Gesamtumsatz hat. Auf diese Weise lassen sich Bestseller und „Ladenhüter“ schnell identifizieren.

Verkaufsbericht für den 05.11.20..

Menge	Artikel	Umsatz	Einzelpreis	Anteil %
63	Toast Hawaii	154,35	2,45	9,00
41	Steinpilzsuppe	184,50	4,50	10,76

Abb. 2 Ausschnitt aus einem Verkaufsbericht

Zusammenspiel einzelner Elemente eines Warenwirtschaftssystems

Wenn die Servicemitarbeiter jedes verkaufte Produkt an der Kasse erfassen, kann das WWS über die **Verkaufsberichte** mit Hilfe der hinterlegten **Rezeptur** und der **Rohstoffstammdaten** von jedem verwendeten Rohstoff den genauen Verbrauch während des Tages ermitteln. Dieser wird dann im Materialkonto des entsprechenden Artikels festgehalten.

Zusammen mit den **weiteren Zu- und Abgängen** verwaltet das WWS die Bestände. Es können tagesaktuelle **Inventurlisten** erstellt werden. Über die Informationen zu Melde- und Mindestbestand aus den **Rohstoffstammdaten** können automatisch **Bestellvorschläge** ausgelöst werden.

Wichtig ist, dass alle Ab- und Zugänge vollständig erfasst und alle Stammdaten immer aktuell gehalten werden. Nur so kann das WWS Steuerung und Kontrolle des Warenflusses erleichtern.

Verkaufsbericht für den 05.11.20..

Menge	Artikel	Umsatz	Anteil %
63	Toast Hawaii	154,35	9,00
41	Hawaii-Menü	184,50	10,76
...	...	...	...

Personalessen

_3_ Toast Forest
_8_ Toast Hawaii
_6_ Toast Country
... ...

Anzahl der verkauften Produkte (hier: 104) und Anzahl der kostenlos abgegebenen (hier: 8) Produkte (z. B. Personalessen) werden addiert.

Durch Rückgriff auf die Rezeptur wird der Verbrauch von 112-mal 0,01 kg Zwiebel errechnet.

Rezeptur für:		**Toast Hawaii**
Menge	Einheit	Artikel
1	St.	Toastbrot
0,05	kg	Ketchup
0,01	kg	Zwiebel, frisch
1	Scheibe	Kochschinken
1	Ring	Ananas
1	Scheibe	Toast-Schmelzkäse

Abfallliste 05.11.20..

0,9_kg	Thunfisch, Dose
3_kg	Zwiebeln, frisch
12_Scheiben	Toast-Schmelzkäse
...	...

Abfall wird ebenso unter den Abgängen erfasst.

Zwiebel, frisch

Datum	Anfangs-bestand	Zugänge		Abgänge			Bestand		
		Waren-lieferung	Transfer-Zugang	Verbrauch	Abfall/ Verderb	Transfer-Abgang	Soll-End-bestand	Inventur-bestand	Bestands-abweichung
Mo, 05.11.	82	425	0	112	3	0	392	390	–2
Di, 06.11.	390	0	0	135	5	0	250	251	1
Mi, 07.11.	251	0	0	142	7	40	62	22	–40
Do, 08.11.	22	500	0	160	10	0	352	390	38
Fr, 09.11.	390	0	40	137	2	0	291	291	0
Sa, 10.11.	291	0	0	128	1	0	162	162	0
So, 11.11.	162	0	0	141	1	0	20	20	0
Mo, 12.11.	20	400	0	98	0	0	322	319	–3
Di, 13.11.	319	0	0	121	2	0	196	194	–2
Mi, 14.11.	194	0	0	151	3	0	40	40	0
Do, 15.11.	40	550	0	172	8	0	410	412	2

Aus Anfangsbestand plus der Summe der Zugänge, abzüglich der Summe der Abgänge, ergibt sich der Soll-Endbestand, welcher mit dem Inventur- (Ist-)-Bestand übereinstimmen soll.

Abb. 1 Beispiel für das Zusammenspiel einzelner Elemente eines WWS

Planung, Steuerung und Kontrolle mit Hilfe von Warenwirtschaftssystemen

Ein Warenwirtschaftssystem unterstützt das F&B-Management nicht nur bei der Steuerung des Warenflusses, sondern auch an unterschiedlichen Stellen bei Planung und Kontrolle.

Erfassung von Bestellungen

Auf der Grundlage des bisherigen Verbrauchs errechnet das Warenwirtschaftssystem den zukünftigen Verbrauch und erstellt einen Bestellvorschlag. Einige WWS können dabei auch Sonderveranstaltungen mit berücksichtigen.

Sind auf Grund von Ferienzeiten, Sonderaktionen des Restaurants oder Veranstaltungen in der Nähe Schwankungen bei der Gästezahl zu erwarten, müssen sie individuell berücksichtigt werden. Hier ist zusätzlich zum WWS auch die Erfahrung des Managements gefragt.

Berechnung des tatsächlichen Wareneinsatzes

Im Materialkonto wird der Verbrauch eines Rohstoffes genau festgehalten. Mit Hilfe des in den Rohstoffstammdaten hinterlegten Einkaufspreises des jeweiligen Rohstoffes werden die Wareneinsatzkosten berechnet.

Die Wareneinsatzkosten kann ein WWS auf unterschiedliche Weise berechnen. Wird der Wareneinsatz aufgrund der ausgegebenen fertigen Produkte (einschließlich Abfall und Personalessen) berechnet, spricht man von **Soll-Verbrauch** und **Soll-Wareneinsatz.**

Soll-Wareneinsatz =
Soll-Verbrauch × Materialkosten

Wird der Wareneinsatz aus dem Verbrauch der Rohstoffe ermittelt, spricht man von **Ist-Verbrauch** (Differenz aus dem Inventurbestand zu Beginn und zum Ende des Tages) und **Ist-Wareneinsatz.**

Ist-Wareneinsatz =
Ist-Verbrauch × Materialkosten

Weicht der Soll-Wareneinsatz vom Ist-Wareneinsatz ab, kann dies mehrere Ursachen haben:

- Vielleicht werden nicht alle Produkte beim Verkauf im Kassensystem erfasst.
- Bei der Zubereitung werden die Rezepturen nicht beachtet.
- Eventuell wurden Warenlieferungen nicht korrekt erfasst.
- Es ist Ware aus dem Lager verschwunden (Diebstahl).

Über das WWS erkennt das Management Abweichungen frühzeitig und kann der Ursache auf den Grund gehen.

Wareneinsatzquote

Zum besseren Vergleich der aktuellen Zahlen mit den Daten aus dem Vorjahr oder Vormonat wird die Wareneinsatzquote berechnet. Die Wareneinsatzquote gibt das Verhältnis von Wareneinsatzkosten zu Nettoumsatz wieder.

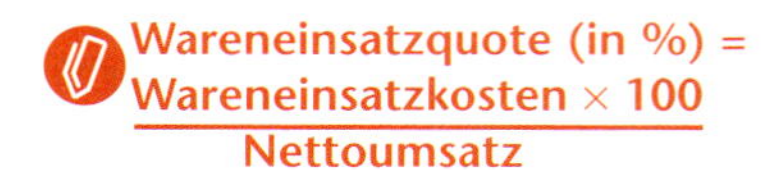

$$\text{Wareneinsatzquote (in \%)} = \frac{\text{Wareneinsatzkosten} \times 100}{\text{Nettoumsatz}}$$

Die Wareneinsatzquote wird auch **food-cost** genannt.

Verkauft ein Betrieb mehr Getränke als Speisen, ist es sinnvoll, zwischen der Wareneinsatzquote für Getränke und der Wareneinsatzquote für Speisen zu unterscheiden. Auch das berechnet das WWS automatisch.

Erkennung von kritischen Rohstoffen für den Wareneinsatz

Bei der Berechnung des tatsächlichen Wareneinsatzes wird der zahlenmäßige Verbrauch eines Artikels mit seinem Wert verbunden. Jetzt wird ersichtlich, welche Artikel einen hohen Anteil an den Wareneinsatzkosten haben.

Dies müssen nicht zwangsläufig die teuren Artikel sein. So können günstigere Artikel, die aber in großer Menge verarbeitet werden, einen sehr hohen Anteil am gesamten Wareneinsatz haben. Oft ist bei dieser Analyse zu erkennen, dass etwa 20 % aller Artikel für ungefähr 80 % aller Wareneinsatzkosten verantwortlich sind.

Das Management kann aufgrund einer solchen Analyse erkennen, welche die kritischen Rohstoffe sind. Das Einsparpotenzial für den Betrieb ist umso größer, je günstiger vor allem die kritischen Rohstoffe eingekauft werden können.

Analyse der Lagerbestände

Hohe Lagerbestände binden unnötig Kapital und können zum Verderb von Rohstoffen führen. Zu niedrige Lagerbestände bringen Nachteile wie mangelnde Verfügbarkeit von Rohstoffen (d. h., Gästewünsche können unter Umständen nicht erfüllt werden) oder häufige Nachbestellungen mit sich.

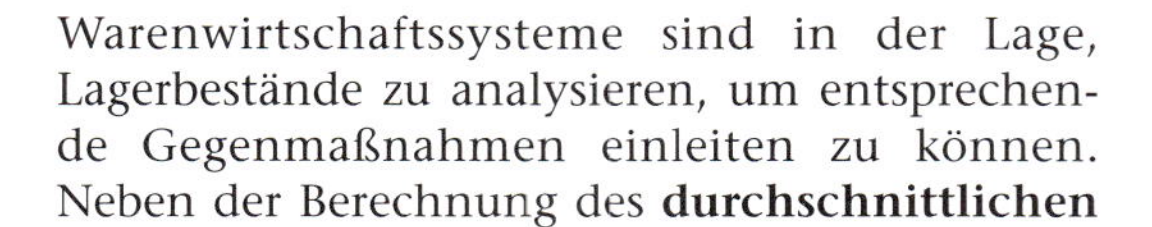

Warenwirtschaftssysteme sind in der Lage, Lagerbestände zu analysieren, um entsprechende Gegenmaßnahmen einleiten zu können. Neben der Berechnung des **durchschnittlichen Lagerbestandes** kann auch die Berechnung der **Umschlagshäufigkeit** zur Optimierung der Lagerbestände beitragen (siehe auch Kapitel Magazin).

Aus dem WWS-Werbeprospekt eines Software-Anbieters für die Gastronomie:

„Preise, Waren und andere Faktoren im Food & Beverage-Geschäft sind starken saisonalen, oftmals auch täglichen Schwankungen unterworfen. Daher ist es wichtig, Menüplanungen und Einkäufe schnell und vorausschauend zu erledigen. So kann es gelingen, Gewinnspannen zu maximieren und Verluste zu reduzieren.

Moderne computergesteuerte Warenwirtschafts-Systeme können viele wichtige Informationen in Relation setzen und verarbeiten. Dazu zählen: Warenbestände, Preise und Leistungen der Lieferanten, Rezept-Bestandteile, Vorlieben der Gäste, erwartete Nachfrage und tatsächliche Umsätze.

Diese Systeme können jederzeit anzeigen, je nach Rentabilität und nach aktuellem Warenbestand, welche Teile der Speisekarte verstärkt empfohlen werden sollten und welche eher zurückgehalten werden sollten. Die Überwachung von Bestellung, Einkauf und Lieferung erledigen die Systeme kostengünstig und fast wie von selbst. So können auf elektronischem Weg Warenbestellungen direkt versendet werden.

Moderne Software-Programme, wie z. B. „FIDELIO F & B", können als Einplatz-Installation oder in beliebig großen Gastronomiebetrieben innerhalb eines Netzwerks eingesetzt werden. In größeren Unternehmen können sowohl Einkäufer als auch Controller, Küchenchef und Direktoren Zugriff auf alle Daten haben. Informationen können so schneller weitergegeben werden und insgesamt kann wirtschaftlicher gearbeitet werden.

Alle wichtigen Daten gehen direkt ins Back Office/Verwaltung, damit sie dort für Rechnungen, Kontrollen, Statistiken und Geschäftsberichte jederzeit zur Verfügung stehen. ..."

Aufgaben

1. Welche vier Bereiche zählen zur Warenwirtschaft?
2. Welche Eigenschaften und Kenntnisse zeichnen einen guten Einkäufer aus?
3. Nennen Sie drei Mitarbeiter, die in gastronomischen Großbetrieben Waren einkaufen, und nennen Sie die Warenarten.
4. Nennen Sie sieben Faktoren, die die Größe des Warenbedarfs pro Artikel beeinflussen können.
5. Geben Sie sieben Wege an, wie der Einkäufer neue Bezugsquellen erschließen kann.
6. In welche drei Bereiche gliedert sich ein Angebotsvergleich?
7. Nennen Sie die Formel für Angebots-Preisvergleiche.
8. Welche Angaben ergeben eine vollständige Bestellung?
9. Anhand welcher Unterlagen kontrollieren Sie eine Warenlieferung?
10. Welche sechs Punkte kontrollieren Sie bei der Warenlieferung?
11. Was müssen Sie tun, wenn Sie bei einer Warenlieferung Mängel erkennen?
12. Innerhalb welcher Frist muss der Kaufmann einen versteckten Mangel bei seinem Händler reklamieren?
13. Nennen Sie fünf Punkte, die bei der Kontrolle einer Lieferer-Rechnung geprüft werden.
14. Wie ermittelt der Magaziner den Soll-Bestand und den Ist-Bestand einer Ware?

15 Was ist ein Inventar und was ist eine Inventur im Sinne des Gesetzes?

16 Wie unterscheiden sich eine permanente Inventur und eine Stichtag-Inventur?

17 Nach welcher Formel wird der Wareneinsatz einer Abteilung errechnet?

18 Nennen Sie acht mögliche Gründe für einen zu hohen Wareneinsatz.

19 Welche Vorteile kann ein Warenwirtschafts-System dem Betrieb bieten?

20 Beschreiben Sie den Warenfluss für verschiedene Artikel innerhalb Ihres Betriebes vom Wareneingang bis zum Gast.

21 Warum ist Kostenoptimierung im Bereich der Warenwirtschaft besonders wichtig?

22 An welchen Stationen innerhalb Ihres Betriebs wird ein Warenwirtschaftssystem (erkennbar) verwendet?

23 Nennen Sie mögliche Gründe für eine Änderung der in den Stammdaten des betrieblichen Warenwirtschaftssystems hinterlegten Rezepturen.

24 Auf welche Art und Weise werden in Ihrem Betrieb Wareneingang und verkaufte Produkte erfasst? Kennen Sie Alternativen, falls die bestehenden Systeme ausfallen?

25 Welche weiteren Arten der Speisenabgabe kennen Sie aus Ihrem Betrieb? Wie werden diese erfasst?

26 Beschreiben Sie mit eigenen Worten das Zusammenwirken der einzelnen Elemente eines Warenwirtschaftssystems.

27 Was ist beim Überarbeiten des automatischen Bestellvorschlages zu beachten?

28 Erklären Sie mit eigenen Worten den Unterschied zwischen Soll- und Ist-Wareneinsatz.

29 Was sagt die Wareneinsatzquote aus?

30 Welche Ursachen kann eine zu hohe Wareneinsatzquote haben?

31 Wie wirkt sich eine nachlässige Wartung der Materialstammdaten auf die anderen Elemente des Warenwirtschaftssystems aus?

32 Ist es nötig, sofort nach Wareneingang die gelieferten Waren im WWS zu erfassen? Bis wann sollte die Erfassung der Waren abgeschlossen sein?

33 Warum müssen auch Warenabgänge, die keinen Umsatz erzielen (z. B. Personalessen) dennoch im Warenwirtschaftssystem erfasst werden?

Projekt

Monatsinventur an der Hotelbar

Sie arbeiten als Auszubildende/r in der F & B-Abteilung des Hotels Arberblick. Die neue Hotel-Bar steht kurz vor der Eröffnung. Sie sollen die ersten beiden Inventuren, vor der Eröffnung und am Monatsende, planen, vorbereiten und durchführen. Der F & B-Manager möchte einen Bericht über das Inventurergebnis erhalten.

Planen und Vorbereiten der Anfangsinventur

1 Entwerfen Sie die Inventurlisten an Hand der Barkarte Ihres Betriebes.

2 Tragen Sie die Flaschen-Füllvolumen und die Netto-Einkaufspreise der einzelnen Artikel ein.

3 Legen Sie den günstigsten Zeitraum für die Durchführung der Inventur fest.

4 Stellen Sie die Hilfsgeräte bereit, die Sie zum Erfassen der Warenbestände benötigen.

Durchführen der Anfangsinventur

1 Ermitteln Sie die vorhandenen Mengen (Ist-Werte) bei allen Artikeln an der Bar.

2 Tragen Sie diese Mengen in die Inventurlisten ein.

3 Errechnen Sie den Netto-Einkaufswert für jeden Artikel und den Wert des gesamten Anfangsbestands.

Durchführen der Inventur am Monatsende

1 Ermitteln Sie wieder die vorhandenen Mengen bei allen Artikeln an der Bar und tragen Sie diese in die Inventurlisten ein.

2 Errechnen Sie den Netto-Einkaufswert für jeden Artikel und den Wert des gesamten Monats-Endbestands.

Auswerten der Monatsinventur

1 Ermitteln Sie die Netto-Verkaufserlöse (ohne Mehrwertsteuer) laut Z-Abschlag der Registrierkasse, am Monatsende an der Bar.

2 Errechnen Sie den prozentualen Wareneinsatz für diesen Abrechnungszeitraum.

Bericht an den F & B-Manager

Verfassen Sie einen kurzen Bericht über das Inventurergebnis für den F & B-Manager.

RESTAURANTORGANISATION

Unter dem Begriff Organisation wird das gesamte planerische Handeln eines Betriebes zusammengefasst. Gründliche Planung von Arbeit und sorgfältige Diensteinteilung sind wichtige Voraussetzungen für reibungslose Betriebsabläufe. Unvorhergesehene Situationen erfordern aber auch die Bereitschaft zur Improvisation.

Bei einer guten Organisationsstruktur ist jeder Mitarbeiter informiert, von wem er Anordnungen entgegennehmen muss, wem gegenüber er verantwortlich ist und bei wem er in besonderen Situationen Auskünfte und Hilfe erhält.

1 Die Servicebrigade *service team* *brigade (w) de service*

Damit für den Gast die Dienstleistungsaufgaben der Servicefachkräfte im Restaurant reibungslos ablaufen, ist es nötig, Stellen und Funktionen im betrieblichen Ablauf festzulegen. Wichtig dabei sind klare Aussagen über Unterweisungs- und Anweisungsbefugnisse sowie die betriebliche Überstellung und Unterstellung aller Mitarbeiter.

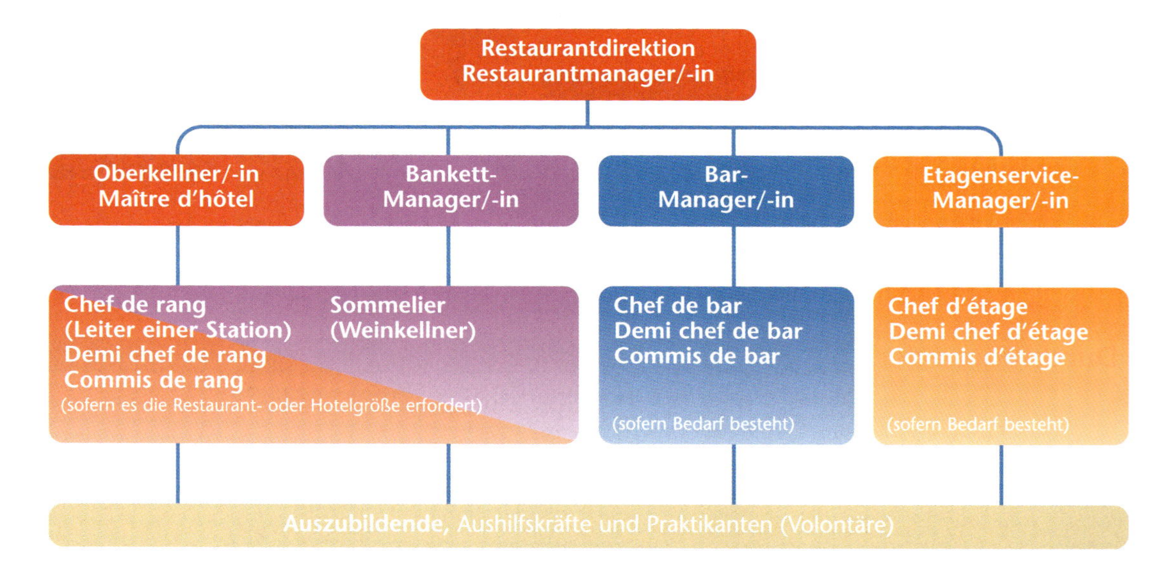

Stellenbeschreibungen

job descriptions *descriptif (m) de postes*

Die Stellenbeschreibungen stehen in enger Beziehung zur Aufbauorganisation eines Betriebes.

Neben den folgenden, spezifischen Beschreibungen haben alle im Service tätigen Mitarbeiter die grundsätzliche Aufgabe, Gäste freundlich zu empfangen, ihnen einen Tisch anzuweisen, sie fachgerecht, wenn nötig auch in einer Fremdsprache zu beraten und zuvorkommend zu bedienen.

Restaurantmanager/-in

Neben einer gründlichen Fachausbildung ist eine zusätzliche Qualifikation Hotelbetriebswirt/-in wünschenswert.

Der Aufgabenbereich umfasst:

- Repräsentantion und Verantwortung für den gesamten Restaurant- und Servicebereich,
- Verantwortung gegenüber der Hotelgesellschaft bzw. der Geschäftsleitung,
- enge Zusammenarbeit mit Küche und Rezeption,
- Erarbeitung von Speise- und Menükarten in Teamarbeit mit dem Küchenchef,

- Genehmigung von Dienst- und Urlaubsplänen,
- Organisation und Durchführung von Mitarbeiterschulungen,
- Organisation des Frühstücksservice und des À-la-carte-Service,
- Planung des Personaleinsatzes und Verteilung der Servicestationen,
- Zuständigkeit für den Bankettbereich in Betrieben ohne eigene Bankettabteilung.

Bankett-Manager/-in

(nur bei gesonderter Bankettabteilung s. S. 609)

Oberkellner/-in – Maître d'hôtel

Diese Position ist dem Restaurantmanagement unterstellt und den anderen Servicemitarbeitern überstellt.

Zu den fachlichen Anforderungen gehören:

- Beherrschen von mindestens zwei Fremdsprachen, vorbildliche Umgangsformen, Kontaktfreudigkeit, Organisationstalent, Menschenkenntnis, Verhandlungsgeschick sowie Personalführung,
- Kenntnisse im Arbeiten am Tisch des Gastes wie Tranchieren, Flambieren, Filetieren und Herstellung von Mixgetränken,
- Vertretung des Restaurantmanagements,
- Erfolgreich abgelegte Meisterprüfung.

Der Aufgabenbereich umfasst:

- Entgegennahme von Tischreservierungen,
- Führung von Verkaufsgesprächen mit Menüabsprachen und Wein- bzw. Getränkeberatung,
- Erstellung von Dienst- und Urlaubsplänen und Überwachung des fachgerechten Service,
- Unterweisung und Betreuung der Auszubildenden.

Chef de rang

Der Chef de rang ist dem Maître d'hôtel unterstellt und den Demi chefs, Commis und anderen Servicemitarbeitern überstellt.

Zu den fachlichen Anforderungen gehören:

- abgeschlossene Fachausbildung,
- Fremdsprachenkenntnisse,
- gepflegtes Aussehen und gute Umgangsformen.

Der Aufgabenbereich umfasst:

- Vorbereitung des Service (Mise en place),
- Beratung der Gäste und Verkauf von Speisen und Getränken,
- Bestellungsaufnahme und Bonieren,
- Servicedurchführung, im Bedarfsfall Tranchieren, Flambieren, Filetieren und Flaschenweinservice,
- Abrechnen mit Gästen und Betrieb,
- Anleiten und Kontrollieren der Mitarbeiter.

Sommelier (Weinkellner)

Der Sommelier arbeitet in der Position eines Chef de rang und hat sich besondere Weinkenntnisse angeeignet. Er betreut den Weinkeller und ist oft zuständig für den Weineinkauf, die Weinlagerung und den Weinverkauf. Im Restaurant nimmt er persönlich bei der Gästeberatung die Weinempfehlungen vor. Von ihm wird der Flaschenweinservice durchgeführt.

Demi chef de rang

Der Demi chef unterscheidet sich vom Chef de rang lediglich dadurch, dass er eine kleinere Station betreut und somit weniger Verantwortung zu tragen hat.

Seine Position ist die Übergangsstufe vom Commis zum Chef de rang.

Commis de rang

Der Commis untersteht dem Chef de rang oder dem Demi chef. Er nimmt von ihnen Anweisungen entgegen und arbeitet ihnen zu. Er ist berechtigt, Aushilfskräften und Auszubildenden Anweisungen zu erteilen.

Zu den fachlichen Anforderungen gehören:

- Erfolgreicher Abschluss einer Fachausbildung,
- gepflegtes Aussehen und gute Umgangsformen,

Der Aufgabenbereich umfasst:

- Mitarbeit beim Eindecken der Tische und Tafeln,
- Herrichten von Servicetischen,
- Durchführen des Getränkeservice,
- Auftragen und Vorlegen von Speisen,
- Abräumen des Geschirrs,
- Unterstützung des Chef de rang bei besonderen Serviervorgängen.

Auszubildende im Restaurantbereich

Auszubildende müssen ihre Ausbildung in allen Bereichen des Service und möglichst wechselnd an der Seite aller Servicemitarbeiter einschließlich der Restaurantleitung erhalten.

Darüber hinaus sollen sie auch eine längere Ausbildungsphase in der Küche absolvieren.

2 Organisation

organization *organisation (w)*

Das Betriebsgeschehen ist im Gastgewerbe einerseits darauf ausgerichtet, den Gast mit guten Leistungen zufriedenzustellen, andererseits für das Unternehmen den größtmöglichen wirtschaftlichen Erfolg zu erzielen.

2.1 Eckpunkte zur Organisation

main points for organization
points (m) principaux de l'organisation

Bei den vielfältigen Aufgaben zur Organisation im Restaurant sollten nachfolgende Eckpunkte berücksichtigt werden:

- Öffnungszeiten des Betriebes
- Arbeitsbeginn und Arbeitsende
- Zu verrichtende Tätigkeiten
- Aufgaben und Arbeitsverteilung
- Zur Verfügung stehende Einrichtung und Geräte
- In Frage kommende Räumlichkeiten
- Entscheidungsbefugnis, Kompetenz
- Verantwortungsbereich
- Zielsetzung

2.2 Ablauforganisation

methods and procedures
organisation (w) fonctionelle

Das Geschehen im gastgewerblichen Betrieb ist durch eine Vielzahl von Abläufen und Vorgängen gekennzeichnet. Sie werden in einfache und komplexe Abläufe eingeteilt.

Beispiele einfacher Abläufe:

- Eindecken einer Festtafel,
- Präsentieren und Öffnen einer Flasche Wein,
- Entgegennehmen von Tischreservierungen,
- Empfangen und Begrüßen eines Gastes,
- Anfordern von Tischwäsche.

Beispiele komplexer Abläufe:

- Vorbereiten eines kalten Büfetts,
- Vorbereiten und Durchführen eines Banketts,
- Vorbereiten/Durchführen einer Spezialitätenwoche,
- Durchführen der Jahresinventur.

Es ist unerlässlich, Abläufe so genau wie möglich zu organisieren und zu planen. Ansonsten würden die Einzeltätigkeiten in vielen Fällen planlos und willkürlich neben- und nacheinander erledigt werden. Wichtige Tätigkeiten würden vielleicht vergessen oder nicht richtig koordiniert.

Beispiel eines grob strukturierten Organisationsplans für ein À-la-carte-Restaurant mit 100 Sitzplätzen:

Vorbereitungsarbeiten (Mise en place)

- Servicetisch herrichten, Materialien für den Service bereitstellen,
- Tische je nach Mahlzeit oder Angebot eindecken,
- Speisekarten mit Menüangebot versehen.

Servicedurchführung

- Gäste freundlich empfangen, begrüßen und zum Tisch begleiten,
- Speise- und Getränkekarten aushändigen und gleichzeitig Aperitif anbieten,
- Gäste in einem Verkaufsgespräch beraten,
- Bestellung aufnehmen, bonieren und weiterleiten,
- Getränke und Speisen servieren,
- Geschirr abservieren,
- Dessert, Kaffee und Digestif anbieten,
- mit dem Gast abrechnen und ihn freundlich verabschieden,
- die Tische des Restaurants für einen neuen Service vorbereiten,
- mit dem Betrieb abrechnen.

Personalplanung

Für Bedarfsermittlungen, z. B. die Zahl der benötigten Mitarbeiter, empfiehlt es sich, die tägliche Anzahl der Gäste schriftlich zu erfassen und statistisch auszuwerten. So wird festgehalten, wie viele Gäste an den einzelnen Wochentagen das Restaurant zur Mittagszeit oder zum Abendservice besucht haben.

Aus diesem Ergebnis kann man **Erfahrungswerte** ableiten.

Beispiel für die Berechnung eines Mitarbeiterbedarfs für ein À-la-carte-Restaurant mit 100 Sitzplätzen an 25 Tischen, die mit 2, 4 und 6 Personen besetzt werden können:

Formelbeispiel für den Abendservice:	
Plätze im Restaurant	100
abzüglich der Reservierungen	30
freie Platzkapazitäten	70
70 : 1,5 (Erfahrungswert) =	47
plus Reservierungen	30
zu erwartende Gästeanzahl	**77**

Bei der Festlegung des benötigten Bedarfs an Mitarbeitern muss auch die Qualität des Service

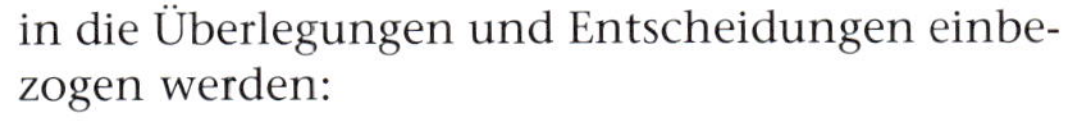

in die Überlegungen und Entscheidungen einbezogen werden:

- 3 Mitarbeiter bei einfachem Tellerservice mit einfachem Getränkeservice,
- 4 Servicekräfte bei Tellerservice mit Flaschenweinangebot,
- 5 Servicekräfte bei Vorlegeservice mit Weinservice,
- 6–7 Fachkräfte bei besonders aufwendigem Service mit Tranchieren, Flambieren oder Filetieren am Tisch des Gastes und Weinservice durch einen Sommelier.

2.3 Erstellen von Organisationsplänen

preparing of organization plans

préparation (w) des plans d'organisation

Organisationspläne werden für die verschiedenartigsten Zwecke erstellt und dienen dazu, dass Arbeiten reibungslos, sachgerecht und reklamationsfrei ablaufen.

Beispiele

Reservierungsplan (s. S. 308)

- Wie viele Tische sind an einem bestimmten Tag bereits belegt?
- Wie viele Plätze stehen noch für weitere Reservierungen zur Verfügung?

Veranstaltungsplan (s. S. 610)

- An welchem Tag werden in welchen Räumen Veranstaltungen durchgeführt?
- Welchen Zeitrahmen haben die Veranstaltungen?
- Welche Räumlichkeiten stehen noch zur Verfügung?

Tafelorientierungsplan (s. S. 616)

- Welcher Bereich einer Fest- oder Banketttafel wird welcher Servicefachkraft zugeordnet?

Dienstplan

- Welcher Mitarbeiter hat wo und wann Dienst?
- Wann ist das Einstellen von Aushilfskräften notwendig?

Dienstpläne werden als Wochenpläne erstellt, wobei für die personelle Besetzung im Arbeitsbereich Service ausschlaggebend sind:

- die Anzahl der zu erwartenden Gäste im Restaurant oder die Hotelbelegung z. B. für das Frühstück,
- Umfang der Leistungen und des Arbeitsaufwandes,
- die vom Betrieb erarbeiteten Leistungsmaßstäbe.

Wochendienstplan für Restaurantfachleute

Tag/Datum		Montag 6.		Dienstag 7.		Mittwoch 8.		Donnerstag 9.		Freitag 10.		Samstag 11.		Sonntag 12.	
		Frühst. Mittag	Abend	Frühst. Mittag	Abend	Frühst. Mittag	Abend	Frühst. Mittag	Abend	Frühst. Mittag	Abend	Frühst. Mittag	Abend	Frühst. Mittag	Abend
Gedecke (Prognose)		140	120	240	60	160	55	240	60	130	45	240	150	320	120
Leistungsmaßstab		50	30	50	30	50	30	50	30	50	30	50	30	50	30
Personalbedarf		3*	4	5	2	4	2*	5	2	3*	2*	5	5	6	4
Personaleinsatz	1	Früh			frei	Früh		Früh		Früh		Früh		Früh	
	2	Früh		Früh			frei	Früh		Früh		Früh		Früh	
	3		Spät	Früh			frei	Früh			Spät	Früh		Früh	
	4		Spät	Früh		Früh			frei		Spät		Spät		Spät
	5		Spät		Spät		Spät		Spät		frei		Spät		Spät
	6		Spät		Spät		Spät		Spät		frei		Spät		Spät
	7	Früh		Früh		Früh		Früh		frei		Früh		Früh	
Aushilfe	1			A		A				A		A**	A	A	
	2								A				A	A**	A
Personal im Dienst		3	4	5	2	4	2	5	2	3	2	5	5	6	4
frei			–		1		2		1		2		–		–

* mindestens 2 Bedienungen ** nur für Frühstück

Urlaubsplan

Jeder Arbeitnehmer hat Anspruch auf Urlaub. Um einerseits den reibungslosen Ablauf im Betrieb sicherzustellen, andererseits den Urlaubswünschen der Mitarbeiter entgegenzukommen, muss der Urlaub langfristig geplant, koordiniert und in Urlaubsplänen festgehalten werden. Gesetzliche Bestimmungen sind dabei zu berücksichtigen.

Bei der Erstellung von Dienstplänen müssen Urlaubspläne berücksichtigt werden.

Vertretungsplan

Krankheit und vielfältige andere oft unvorhersehbare Ereignisse sind Gründe, bei denen es zum Ausfall von Mitarbeitern kommt. Zur Aufrechterhaltung der Betriebsbereitschaft werden in solchen Fällen kurzfristig Vertretungspläne erstellt.

Mitarbeitern, die sich zur Vertretung bereit erklären, werden die zusätzlichen Arbeitszeiten gutgeschrieben. Ist das nicht möglich, müssen Aushilfskräfte eingesetzt werden.

Urlaubsplan für das Jahr .... Abteilung: ....

Name	Monate								Arbeitstage		
	Jan	Feb	Mar	Apr	Mai	Jun	Jul	Aug	Anspruch	erhalten	Rest +/–
Andor, V.	25. –	05.					23. –	03.	30	20	+10
Batic, S.					20. –	14.			15	18	–3
Grams, I.		12. –	10.						30	20	+10
Klever, J.	30. –	11.							18	10	+8
Patula, F.				26. –	10.				20	11	+9
Schmid, I.									20		
Simson, N.									21		
Weber, W.							31. –	12.	20	6	+14
Zumdik, K.			27. –	17.					15	15	0

Aufgaben

1. Erklären Sie an Beispielen den Begriff Organisation.
2. Beschreiben Sie den Unterschied zwischen einfachen Abläufen und komplexen Abläufen.
3. Sie erhalten den Auftrag, eine Woche lang die Organisation des Restaurants zu übernehmen. Um dies zufriedenstellend und sicher bewerkstelligen zu können, sollten Sie nach den im Text genannten Eckpunkten vorgehen. Fertigen Sie nach Ihren Möglichkeiten schriftlich einen Organisationsplan für ein À-la-carte-Restaurant.
4. Erstellen Sie nach dem grob strukturierten Organisationsplan von Seite 552 einen Plan, der im Detail deutlicher strukturiert ist.

GETRÄNKEPFLEGE UND -VERKAUF

„Anregend und genussreich, mit viel Stoff und Fülle!" – Die Schaffung von Weinatmosphäre ist ein erster Schritt, das Vertrauen der Gäste zu gewinnen, und hinterlässt bei diesen das Gefühl, gut beraten zu sein. Um ein guter Berater und somit auch ein guter Verkäufer zu werden, muss man sich mit der Materie gründlich befassen.

Ziel ist dabei die wohldosierte Beratung der Gäste. Kenntnisse über das harmonische Zusammenspiel von edlen Speisen und Menüs mit Wein sowie Weinbeschreibungen oder so genannte Expertisen sind hierbei sehr hilfreich. Dabei werden die Weine sensorisch charakterisiert. Die Beschreibung soll nicht auswendig gelernt und erst recht nicht wortgetreu übernommen werden, sondern dem Restaurantfachmann eine Hilfe für den Weinverkauf sein. Passagen diverser Weinexpertisen können auch beim Erstellen von Weinkarten hilfreich sein und mit verwendet werden.

1 Wein *wine* *vin (m)*

Abb. 1 Deutsche Weinlandschaft

Ergänzend zum Kapitel Getränkekunde (s. S. 208) werden weitere Gesichtspunkte zu deutschen Weinen aufgezeigt.

Bedeutende Weinorte im deutschen Weinbau

Die bedeutenden deutschen Weinorte sind in folgende bestimmte Anbaugebiete (b. A.) gegliedert:

- Ahr
- Mosel
- Mittelrhein
- Rheingau
- Nahe
- Rheinhessen
- Hessische Bergstraße
- Baden
- Württemberg
- Pfalz
- Franken
- Saale-Unstrut
- Sachsen

In den folgenden Übersichten sind den jeweiligen bestimmten Anbaugebieten die typischen Rebsorten und die Weinorte zugeordnet.

Ahr

Rebsorten: Spätburgunder, Portugieser, Riesling

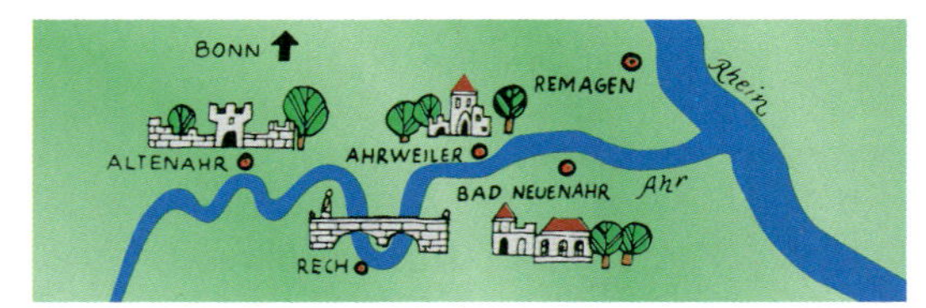

- Altenahr
- Mayschoß
- Dernau
- Marienthal
- Walporzheim
- Ahrweiler

Mosel

Rebsorten: Riesling, Elbling

- Zell
- Erden
- Traben-Trarbach
- Ürzig
- Kröv
- Wehlen
- Graach
- Bernkastel
- Brauneberg
- Piesport
- Trittenheim
- Wiltingen
- Ockfen
- Grünhaus
- Eitelsbach

Mittelrhein

Rebsorten: Riesling, Müller-Thurgau

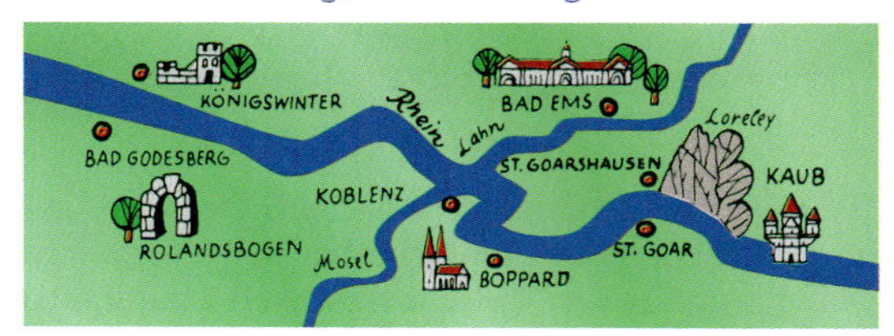

- Boppard
- St. Goar
- St. Goarshausen
- Bacharach
- Kaub
- Oberwesel

Hessische Bergstraße

Rebsorten: Riesling, Müller-Thurgau, Silvaner

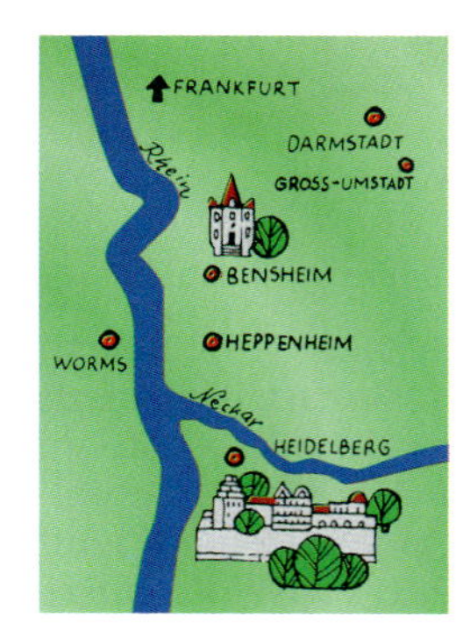

- Bensheim
- Heppenheim

Rheingau

Rebsorten: Riesling, Müller-Thurgau, Spätburgunder

- Lorch
- Assmannshausen
- Rüdesheim
- Johannisberg
- Oestrich
- Hallgarten
- Kiedrich
- Rauenthal
- Hochheim

Baden

Rebsorten: Müller-Thurgau, Spätburgunder, Ruländer, Gutedel

- Königshofen
- Weinheim
- Tiefenbach
- Sasbachwalden
- Kenzingen
- Ihringen
- Achkarren
- Mülheim
- Meersburg

Nahe

Rebsorten: Müller-Thurgau, Silvaner, Riesling

- Bad Kreuznach
- Schloßböckelheim

Württemberg

Rebsorten: Riesling, Trollinger, Spätburgunder, Silvaner, Lemberger

- Niedernhall
- Weikersheim
- Flein
- Weinsberg
- Bad Cannstatt
- Schnait

Rheinhessen

Rebsorten: Silvaner, Müller-Thurgau, Riesling, Portugieser

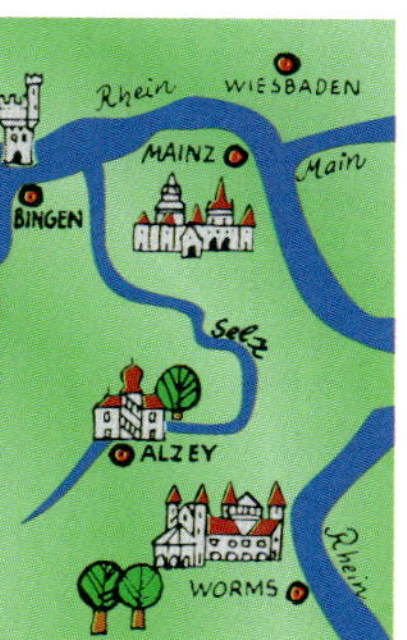

- Bingen
- Ingelheim
- Nierstein
- Oppenheim
- Bechtheim

Pfalz

Rebsorten: Müller-Thurgau, Silvaner, Riesling, Portugieser

- Kallstadt
- Forst
- Bad Dürkheim
- Wachenheim
- Maikammer
- Deidesheim
- Ruppertsberg

Franken
Rebsorten: Silvaner, Müller-Thurgau

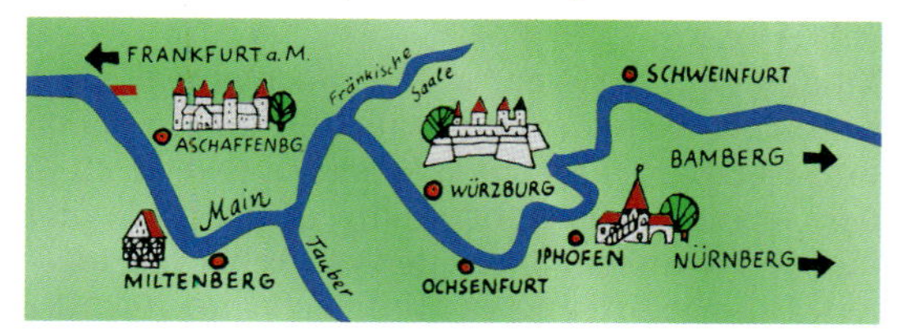

- Klingenberg
- Sommerach
- Randersacker
- Würzburg
- Iphofen
- Escherndorf

Saale-Unstrut
Rebsorten: Müller-Thurgau, Weißburgunder, Silvaner, Ruländer

- Naumburg
- Freyburg

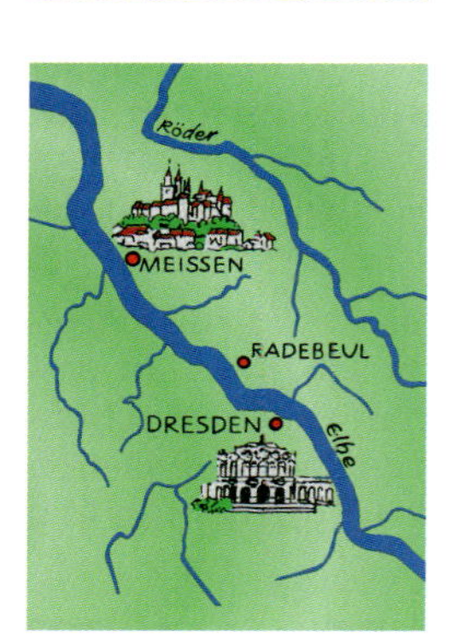

Sachsen
Rebsorten: Müller-Thurgau, Weißburgunder

- Radebeul
- Meißen

Etikettierung deutscher Weine

Die Weinetiketten enthalten vorgeschriebene sowie zulässige Angaben über den Wein.

Vorgeschriebene Angaben

Die Etiketten müssen in jedem Fall folgende Angaben enthalten:

- Verkehrsbezeichnung/Güteklasse (Landwein, Prädikatswein usw. siehe S. 214),
- das Nennvolumen (Menge des Flascheninhalts),
- den Alkoholgehalt (in %vol),
- den Namen (Firma) des Abfüllers sowie den Gemeindenamen seines Hauptsitzes oder den Namen des tatsächlichen Abfüllortes,
- den Erzeugerstaat bei Versand in andere Länder.

Zulässige Angaben

- Eine engere geografische Herkunftsangabe, z. B.:
  - Bereich → nur bei Land- und Qualitätswein
  - Gemeinde und Lage → nur bei Qualitätswein
  - Weinbaugebiet oder Untergebiet → speziell für Landwein
- höchstens zwei Rebsorten und der Jahrgang,
- Geschmacksangaben wie trocken, halbtrocken, lieblich, süß
- Weingut, Erzeugerabfüllung, Weinhändler, Winzer, Importeur, Burg, Domäne, Kloster, Schloss, Stift
- Prämierungen und Gütezeichen

Bei den Angaben „Jahrgang", „Rebsorte", „Weinort" und „Lage" müssen die namengebenden Anteile **85 %** betragen.

Beispiele für die Gestaltung von Weinetiketten unter Berücksichtigung der Vorschriften:

- **Verpflichtende Angaben** sind **schwarz** gedruckt.
- **Zusätzliche, zulässige Angaben** sind grün gedruckt.

Getränkepflege

1.1 Weinlagerung

wine store *stockage (m) de vin*

Modernen Önologen/Weinbaufachleuten ist es gelungen, Weine schon in jungen Jahren weich und trinkbar zu machen. Schätzungsweise 80 % der Weine werden heute in den ersten drei Jahren getrunken. Spezielle Weinkeller mit idealen Lagerbedingungen sind also nur für die 20 % der Weine erforderlich, die fünf, zehn oder noch mehr Jahre lagern sollen.

Grundsätzlich gilt:

Gerbstoffreiche Weine brauchen eine längere Lagerzeit als gerbstoffarme Weine. Weißweine sind meistens früher genussfähig als Rotweine – davon die leichten Rotweine früher als die schweren.

Damit solche speziellen Flaschenweine während ihrer Lagerzeit ohne störende Einflüsse optimal reifen können, müssen im Weinlager bestimmte **Lagerbedingungen** geschaffen werden.

Flaschenweine mit Naturkorken sollten grundsätzlich **liegend** gelagert werden, damit die Korken feucht bleiben und nicht austrocknen. Sonst würde Luftsauerstoff durch die Korken in den Wein gelangen, und er würde oxidieren. Bei Flaschenweinen mit Plastikkorken oder mit Schraubverschluss kann das nicht passieren. Deshalb dürfen diese Weine auch stehend gelagert werden.

Im Weinlager sollte eine relative **Luftfeuchtigkeit** von 70 % bis 80 % herrschen. Wenn sie darüber liegt, könnten die Weinetiketten schimmeln. Flaschen mit verschimmelten Etiketten kann man kaum noch verkaufen – das führt zu Lagerverlusten.

Abb. 1 Das Edelste für die Weinlagerung ist ein Regal aus einem atmungsaktiven weißen Tuffstein, der das Weinklima positiv beeinflusst.

Das Weinlager und seine Umgebung müssen **frei von fremden Gerüchen** sein. Eine Geruchsübertragung darf nicht stattfinden. Deshalb sollten Heizöl, Waschmittel und andere geruchsintensive Stoffe nicht in der Nähe des Weinlagers gelagert werden. Der Luftaustausch durch den Korken ist zwar gering, aber bei langjähriger Lagerung kann es zu negativen Veränderungen der Weine kommen.

Die ideale **Kellertemperatur** sollte bei 12 °C bis 14 °C liegen. Dabei ist nicht die absolute Temperatur entscheidend. Wichtig ist vielmehr, dass im Weinlager **keine starken Temperaturschwankungen** stattfinden, z. B. zwischen Tag und Nacht und zwischen Sommer und Winter. Eine Schwankung zwischen den Jahreszeiten von mehr als 6 °C sollte nicht vorkommen, denn die Weine würden vorzeitig altern und firn werden.

Das Weinlager sollte **dunkel** und ohne direkten Lichteinfall sein. Licht fördert den langsamen Verfall des organischen Stoffes Wein. Dann verändern sich Weißweine und werden goldgelb, Rotweine verblassen beim Abbau und Schaumweine mit „Lichtton" weisen bittere Geschmacksnoten auf.

Weinflaschen, die mehrere/viele Jahre gelagert werden sollen, müssen vollkommen **ruhig und erschütterungsfrei** liegen. Autoverkehr, Straßenbahnen und U-Bahnstrecken in der Nähe und Aufzüge im Hause sind unerwünschte Störfaktoren.

Als Alternative zum Weinlager sind **Weinklimaschränke** geeignet, denn sie bieten ideale Langzeit-Lagerbedingungen. Kein Vorteil ohne Nachteil: Sie sind ziemlich teuer und fassen nur einen Teil eines gut sortierten Weinkellers.

1.2 Weinprobe

wine tasting *dégustation (w)*

Bei einer Beurteilung des Weines durch die amtliche Prüfstelle wird dieser auch einer Sinnenprüfung unterzogen. Die Bewertung erfolgt nach Geruch, Geschmack und Harmonie. Eine solche Prüfung kann auch durch den Verbraucher in einer **Weinprobe** (Degustation) nachvollzogen werden.

Auch für das **Servierpersonal** sind solche **Proben von Bedeutung**, weil sie dazu befähigen, den Gast entsprechend zu beraten.

Wenn eine Weinprobe fachgerecht durchgeführt werden soll, sind verschiedene Rahmenbedingungen einzuhalten und bestimmte Ablaufregeln zu beachten:

- Den Raum gut lüften, er soll frei von fremden Gerüchen und hell beleuchtet sein. Es herrscht absolutes Rauchverbot.
- Die Tische zur besseren Farberkennung der Weine weiß eindecken.
- Schreibblöcke für Notizen bei der Verkostung auflegen.
- Einheitliche, farblose Degustationsgläser, Wassergläser, Brotkörbe und Spucknäpfe einsetzen.
- Alle Weine sollten die gleiche, je nach Weinart empfohlene Trinktemperatur aufweisen.
- Man beginnt die Probe mit Weißweinen, geht dann über zu eventuell vorgesehenen Roséweinen und verkostet danach Rotweine.
- Leichte Weine, d. h. Weine mit wenig Alkohol, vor schweren Weinen probieren.
- Trockene Weine, d. h. Weine mit wenig wahrnehmbarer Restsüße, vor lieblichen und vor süßen Weinen degustieren.
- Man beginnt bei jedem Wein mit der Sichtprüfung und beurteilt mit Hilfe der Augen Farbe und Klarheit.
- Es folgt die Geruchsprüfung mit Hilfe der Nase. Durch leichtes Schwenken des Glases reichert sich der Wein mit Luftsauerstoff an und kann dann sein volles Bukett entfalten.
- Die Geschmacksprüfung findet im Mund statt. Man schlürft den ersten und zweiten Schluck, lässt ihn über die Zunge rollen und „kaut" ihn noch ein wenig. Dabei kommt der Wein mit allen Geschmackspapillen der Zunge und des Gaumens in Kontakt. Geschmack und Harmonie können so beurteilt werden.
- Bevor ein nächster Wein probiert wird, sollte man seinen Mund mit Hilfe stillen Wassers und/oder schwach gesalzenen Weißbrots neutralisieren.

Abb. 1 Weinprobe

Fachvokabular für Weinbeschreibungen

wine tasting vocabulary *terminologie (w) pour des dégustations (w) de vin*

Farbbeschreibung für Weißweine		
Positive Wortwahl		Negative Wortwahl
Hellfarbig, glanzhell, grünlichgelb, strohgelb, zitrusgelb, gelb, goldgelb, altgolden, bernsteingelb	zunehmendes Alter	Farblos wässrig (bei jungen Weinen), hochfarbig, braun (bei älteren Weinen)

Farbbeschreibung für Rotweine		
Positive Wortwahl		Negative Wortwahl
Schwarzrot, rubinrot, kirschrot, pur-purrot, ziegelrot, granatrot	zunehmendes Alter	Rosé, hellrot (bei jungen Weinen), braunrot (bei älteren Weinen)

Geruchsbeschreibung		
Positive Wortwahl		Negative Wortwahl
Zart, duftig, blumig, fruchtig, aromatisch		Duftlos, flüchtig, aufdringlich parfümiert

Körperbeschreibung		
Positive Wortwahl		Negative Wortwahl
Leicht, zart, kräftig, vollmundig, ölig, von edler Fülle		Dünn, dick, plump

Restsüße-Beschreibung		
Positive Wortwahl		Negative Wortwahl
Durchgegoren, trocken, leichte Restsüße, harmonische Süße, reife, edle Süße	Steigerung	Süß, pappig süß

Reifebeschreibung		
Positive Wortwahl		Negative Wortwahl
Jung, frisch, lebendig, reif, auf der Höhe, abgelagert, edelfirn	zunehmendes Alter	Mostig, gärig, hefig, unentwickelt (bei jungen Weinen), firn, gealtert, müde, passé, tot (bei älteren Weinen)

Säurebeschreibung		
Positive Wortwahl		Negative Wortwahl
Mild, harmonisch, rassig, herb, stahlig		Weich, spitz, unreif, grün, ziehend, sauer

Alkoholbeschreibung		
Positive Wortwahl		Negative Wortwahl
Leicht, schwer		Arm, brandig, spritig

1.3 Verkauf von Wein

wine selling *vente (w) de vin*

Weinverkauf ist Vertrauenssache. Dieses Vertrauen, das unsere Gäste uns entgegenbringen, dürfen wir nicht enttäuschen, z. B. durch schlechte oder falsche Empfehlungen oder durch andere mangelhafte Serviceleistungen.

Restaurantgäste können mit gutem Recht erwarten, dass sie in einem gehobenen Gastronomiebetrieb kompetent beraten werden, dass alle Weinempfehlungen im Hause erprobt wurden und korrekt sind.

Voraussetzung hierfür ist, dass sich Restaurantfachkräfte beizeiten gute Kenntnisse zum umfangreichen Thema Wein und Speisen aneignen bzw. angeeignet haben und dass sie sich hierzu ständig weiterbilden.

Deshalb sollten sie z. B.

- Wein-Fachliteratur lesen,
- hotelinterne Mitarbeiterschulungen besuchen, z. B. des Sommeliers und des Küchenchefs, mit Speisen- und Wein-Verkostungen,
- Wein-Schulungsseminare besuchen, z. B. des Deutschen Weininstituts, Mainz, der Sommelier-Union, Coburg, oder der SOPEXA, Düsseldorf, und
- an professionell geführten Weinreisen durch Weinanbaugebiete teilnehmen.

Grundvoraussetzungen für gute Weinempfehlungen sind:

- **genaue Kenntnisse über die angebotenen Weine**, z. B. Weinart, Herkunft/Anbaugebiet, Lage, Rebsorte/n, Geschmack, Jahrgang, Güteklassenstufe, Prädikatsstufe, Winzer, Herstellung/Ausbau, Lagerung, Prämierungen;

Abb. 1 Wein- und Käseklimaschrank im Restaurant

- **genaue Kenntnisse über die angebotenen Gerichte**, z. B. Zubereitung und Geschmack der Speisen einschließlich der Beilagen und Saucen sowie der verwendeten Gewürze.

Dabei gilt:

Die geschmacksintensivste Zutat eines Gerichts, z. B. Fleisch, Fisch, Wild, Sauce oder Beilage auf dem Teller, bestimmt die Wahl des passenden Getränks.

Besonderheit Barriqueweine

Barriqueweine sind ausgesuchte Weiß- und Rotweine, die in relativ kleinen, 225 *l* fassenden aus Eichenholz hergestellten Fässern lagern und darin ausgebaut werden. Durch die Lagerung im Barrique reagiert der Wein mit dem Eichenholz und profitiert vom Gasaustausch durch das Fass mit der Luft. Es entstehen so die einzigartigen Geruchs- und Geschmacksstoffe, die sich zu einer faszinierenden Harmonie verbinden. Es entstehen viele Duftnoten. Neben der Rebsorte und dem Terroir (Weinbaugebiet) ist das Holz der dritte Einflussfaktor auf die Weinqualität.

Abb. 2 Weinkeller mit Barrique-Fässern in chilenischem Weingut

Weinkartei

Voraussetzung für einen gezielten Weinverkauf sind ein fundiertes Wissen über die eigenen Weine und klare Argumentationen für die Beratung.

Als hausinternes Hilfsmittel für Verkaufsschulungen der Mitarbeiter im Weinverkauf sollte man eine Weinkartei anlegen. Für jeden der angebotenen Weine der Weinkarte werden Informationen gesammelt und auf Karteikarten festgehalten. Dazu zählen:

- alle Etikettangaben,
- Wein-Analysedaten des Winzers,
- eigene Verkostungsnotizen sowie
- Informationen zum Wein aus der Fachliteratur, wie z. B. Gault-Millau-WeinGuide, Johnson, Eichelmann.

Karteikarten-Beispiele siehe nächste Seite.

2009 Siefersheimer Weißburgunder „S“ Q. b. A.

Erzeugerland: Deutschland

Best. Anbaugebiet: Rheinhessen

Erzeugerabfüller: Weingut Wagner-Stempel, Siefersheim, (VDP)

Rebsorte: Weißburgunder

Weinbeschreibung: „S“ = Selektionswein, sehr guter, eleganter Weißwein, im Holzfass spontan vergoren, lag lange auf der Hefe, 13 % vol. alc.

Trinktemperatur: 8–10 °C

Passt zu Braten von Kalb, gebratenem Seefisch, Meeresfrüchten

Optimale Genussreife: 2010–2014

Lagerfähigkeit: ca. 6–8 Jahre

EKP: € 13,00

Kartenpreis: € ...

2009 Bürgstadter Centgrafenberg, Riesling „R“, Spätlese, trocken Großes Gewächs

Erzeugerland: Deutschland

Best. Anbaugebiet: Franken **Erzeugerabfüller:** Weingut Rudolf Fürst, Bürgstadt, (VDP)

Rebsorte: Riesling

Weinbeschreibung: Exzellenter Weißwein aus der Spitzenlage, sehr guter Jahrgang 12,5 % vol. alc.

Trinktemperatur: 10 °C

Passt zu Spargelgerichten, gebratenem Geflügel, Seefisch

Optimale Genussreife: 2012–2015

Lagerfähigkeit: ca. 8–10 Jahre

EKP: € 26,00

Kartenpreis: € ...

2001 Château Pavie, 1er Grand Cru Classé Appellation Saint-Emilion Contrôlée

Erzeugerland: Frankreich

Anbaugebiet: Bordeaux, Saint-Émilion

Erzeugerabfüller: Consorts Valette in Saint-Émilion

Rebsorten: Cuvée aus Merlot, Cabernet Franc, Cabernet Sauvignon

Weinbeschreibung: Großartiger, unglaublich dichter und enorm feinsinnig strukturierter Rotwein, 12,5 % vol. alc.

Trinktemperatur: 16–18 °C

Passt zu großem Braten von Rind, Lamm und Wild sowie zu Wildgeflügel

Optimale Genussreife: 2007–2023

Lagerfähigkeit: ca. 25 Jahre

EKP: € 156,00

Kartenpreis: € ...

2005 Vulcano

Erzeugerland: Österreich

Anbaugebiet: Mittleres Burgenland

Erzeugerabfüller: Weingut Hans Igler, Deutschkreutz

Rebsorten: Cuvée aus Blaufränkisch, Cabernet Sauvignon, Zweigelt, Merlot

Weinbeschreibung: Weicher, harmonischer, trockener Rotwein, der 15 Monate im Barrique lag, 13,5 % vol. alc.

Trinktemperatur: 16–18 °C

Passt zu Braten von Rind, Kalb, Lamm, Wildgeflügel, Wild

Optimale Genussreife: 2010–2013

Lagerfähigkeit: ca. 10 Jahre

EKP: € 16,00

Kartenpreis: € ...

Mit diesen optimalen Vorbereitungen wird der Weinservice auch für junge Restaurantfachkräfte sicher und problemlos ablaufen. Perfekte Hilfen des Weinservice sind Temperaturgaranten, die ohne Eis und störendes Wasser die vorhandene Weintemperatur über einen längeren Zeitraum halten, sowie ein Degustierglas und Screwpull-Korkenzieher.

Abb. 1 Temperaturgarant für Schlegelflaschen

Abb. 2 Temperaturgarant für Dekantierkaraffe

Abb. 3 Degustierglas mit Thermometer

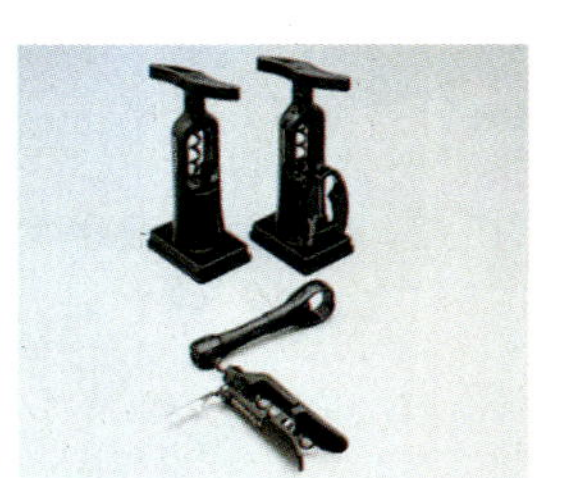

Abb. 4 Korkenzieher mit und ohne Kapselschneider

1.4 Kombination von Wein und Speisen

combination of food and wine *combinaison (w) des mets (m) et des vins (m)*

Wenn man ein gelungenes Zusammenspiel zwischen Weinen und Speisen erzielen möchte, muss man sich nach dem in Wein und Speisen vorkommenden, schmeckbaren Gehalt folgender Inhaltsstoffe richten:

- Alkohol
- Bitterstoffe
- Fett
- Gewürze
- Kohlensäure
- Salz
- Säure
- Süße

Diese einzelnen Stoffe üben bestimmte Einflüsse auf unsere Geschmacks- und Verdauungsorgane aus.

Der **Alkohol** erhöht den Eindruck der Süße, verstärkt die Wirkung von Gewürzen und verhilft zu einer guten Verdauung. Niedriger Alkoholgehalt im Wein lässt die vorhandene Restsüße stärker hervortreten. Durchgegorene Weine ohne Restsüße mit hohem Alkoholgehalt wirken süßer als durchgegorene Weine mit niedrigem Alkoholgehalt.

Bitterstoffe, die sich im Wein – oder durch Rösten, Grillen oder Schmoren in den Speisen – befinden, harmonisieren die Süßeempfindung und mäßigen die Säureempfindung. Auch die Bitterstoffe der Edelfäule bei Weinen ab dem Prädikat Auslese harmonisieren die Süßeempfindung. Bitterstoffe werden langsamer wahrgenommen, halten aber länger an. Sie sind bekömmlicher in Verbindung mit gerbstoffhaltigeren und alkoholkräftigeren Weinen.

Stark **fetthaltige Speisen** sind bekömmlicher mit Weinen, die reich an Säure, Gerbstoff (vor allem in Rotwein) und Alkohol sind.

Besonders diese Weinkomponenten beeinflussen Appetit und Verdauung positiv.

Kräftig **gewürzte Speisen**, z. B. mit Pfeffer, Chili, Curry, schmecken in Verbindung mit alkoholreichen Weinen noch kräftiger. Bei Weinen, die neben hohem Alkoholgehalt auch kräftige Säure haben, ist hier bei etwaiger Kombination Vorsicht geboten.

Kohlensäure im Wein und vor allem im Sekt verdeckt die Süßeempfindung teilweise. Zu Speisen getrunken, wirken diese Weine und Schaumweine süßer. Schaumweine der Geschmacksrichtung trocken/brut sind zum Essen besser geeignet als die milden. Ausnahmen bilden hier die Desserts.

Salz erhöht die Wahrnehmung der Aroma- und Bitterstoffe in Wein und Speisen. Kochsalz in niedrigen Konzentrationen kann leicht süß schmecken und die Süße, z. B. im Kuchenteig, verfeinern.

Säure bekräftigt die Süße, wie z. B. bei Zitronensaft auf Erdbeeren. Vorübergehend bedeckt Säure auch Bitterkeit. In Verbindung mit säurehaltigen Weinen werden säurehaltige Speisen unbekömmlich und können Sodbrennen verursachen. Fetthaltige Speisen werden jedoch durch eine gute Säure im Wein verdaulicher. Gerbsäure verzögert („bremst") den Übergang des Alkohols ins Blut.

Süße erhöht die Wahrnehmung der Aromastoffe im Wein und ermäßigt den Eindruck von salzig, bitter und sauer. Sehr trocken ausgebaute Weine werden in Verbindung mit Speisen, da diese Salz und Zucker enthalten, als milder und harmonischer empfunden.

Für die **Weinauswahl** zu bestimmten Speisen sind ferner von Bedeutung:

- die Rebsorte,
- deren Kelterungsart,
- das Anbaugebiet,
- die Zusammensetzung des Bodens,
- die Lage (flach oder steil),
- das Mikroklima,
- die Bodenbearbeitung,
- das Alter der Reben,
- der Ertrag pro Hektar,
- der Alkoholgehalt,
- die Geschmacksrichtung (trocken, halbtrocken, lieblich oder süß) und
- die Prädikate (von Kabinett bis zu Eiswein).

Nicht unerwähnt bleiben soll der Extrakt des Weins. Je höher der Extrakt (= Stoffe, die im Wein gelöst sind, wie Glyzerin, Säure, Zucker) ist, desto gehaltvoller und runder ist der Wein.

Die optimale Auswahl von Weinen zum Essen unterliegt einer weiteren Anzahl von sonstigen Kriterien, wie

- Tageszeit (mittags oder abends),
- Jahreszeit (Sommer, Winter ...),
- Raum-/Außentemperatur,
- Anlass (einfach, feierlich, ...),
- Gästekreis (Alter, Weinverständnis),
- Preisrahmen/Preisvorstellung der Gäste/des Gastgebers.

Getränkepflege

Die Weine sollten möglichst in folgender Reihenfolge serviert werden:

- leicht vor kräftig, d. h. alkoholarm vor alkoholreich,
- zart vor würzig,
- trocken vor mild/süß,
- weiß vor rosé und vor rot und
- kühl vor warm.

Ähnlich verhält es sich bei den **Speisen**, wo die Devise gilt:

- zart vor würzig,
- leicht vor kräftig und
- leicht salzig vor mild/süßlich.

(Quelle: DWI – Mainz)

Zu kalten Süßspeisen eignen sich besonders halbtrockene Schaumweine, zu warmen Süßspeisen empfehlen sich auch edelsüße Weißweine (z. B. Auslesen) oder liebliche Dessertweine (z. B. Tokajer, Samos, Muskateller).

Jede Regel hat bekanntlich auch ihre Ausnahmen. Letztendlich ist der Wunsch des Gastes entscheidend!

Abb. 1 Verschiedene Weinservice-Utensilien

Weißwein- und Rotwein-Rebsortentabellen

Die folgenden **Weißwein- und Rotwein-Rebsortentabellen** sollen helfen, die verschiedenen Rebsorten mit ihrem jeweiligen Charakter bestimmten **Speisen und Gerichten** zuzuordnen.

Weißweine

Rebsorte	Anbauländer	Farbe	Weincharakter	Speisen
Bacchus	Deutschland	Grüngelb bis hellgelb	Dezentes Muskatbukett, fruchtig, Kümmelaroma, schwarze Johannisbeeren, viel Extrakt	Fischklößchen, geräucherte Forelle, Artischocke warm, Spargelgerichte, Geflügelgerichte, milde Apfeldesserts
Chardonnay Morillon	Deutschland, Österreich, Frankreich, Italien, Spanien, USA und „Neue Welt“	Zitronengelb bis goldgelb	Großes Aromen- und Typen-Spektrum, von stahligem Ernst bis zu tropischer Üppigkeit	Barrique-Chardonnays zu Räucherfisch, Hühnchen und anderes helles Fleisch, asiatische Küche, Festtagsgans
Gewürztraminer	Deutschland, Frankreich, Italien	Goldgelb	Oft nach Rosen duftende, bukettreiche, fruchtige, würzige Weine	Fettreiche Vorspeisen wie z. B. Gänseleberterrine, würzige, fettreiche Käse, aromatische, fruchtige Desserts
Gutedel Chasselas	Deutschland, Schweiz, Frankreich	Blassgelb	Meistens leicht süffig, mit milder Säure; nach Bierhefe und Bittermandel schmeckend; erdige Note	Geräucherte Forelle, Eiergerichte mit Pilzen, Nudeln mit Tomatensoße, gekochte Lammkeule in Weißweinsauce

Rebsorte	Anbauländer	Farbe	Weincharakter	Speisen
Grauburgunder = Ruländer Pinot gris Pinot grigio	Deutschland, Frankreich, Italien	Glanzhell bis altgolden	Deutlicher Duft, oft nach Honig, ausdrucksvoller Geschmack, säurearme, aber körper- und extraktreiche Weine	Braten von Rind, Schwein, Kaninchen, Teigwarengerichte, reifer Käse, trockene Grauburgunder zu Meeresfrüchten
Kerner	Deutschland	Hellgelb bis strohgelb	Frische, rassige rieslingähnliche Weine, fruchtig mit deutlicher Säure, leichtes Muskataroma; erinnern an Eisbonbons/Drops	Braten von Kalb und Schwein, Schnitzelgerichte mit aromatischer Sauce, Spargelgerichte
Morio Muskat	Deutschland	Hellgelb	Bukettbetonte, blumige Weine mit gutem Gehalt; erinnert an Muskatnüsse, Lavendel	Süß-saure Gerichte, z. B. aus der asiatischen Küche, aromatische Speisen, pikante Ragouts
Müller-Thurgau = Rivaner	Deutschland	Blass bis hellgelb	Eher leichte, blumige Weine mit dezentem Bukett; milde, dezente Säure; zarte Muskatnote, Hefe, Apfel, schwarze Johannisbeeren	Geräucherte Forelle, Fischmousse, kalter Wildsalat, Wildpastete/-terrine, Artischocke, warme Spargelgerichte, Lauchtorte, Nudelgerichte
Muskat = Muskateller Muscat Moscato Moscatel	Deutschland, Österreich, Frankreich, Italien, Spanien	Hellgelb	Bukettreiche Weine mit viel Frucht und Würze, Muskattrauben, Feigen, Holunder, Rosen, Pfirsiche, Walderdbeeren	Gebratene Schweinekeule mit Himbeeressig, Honig-Sauce, asiatische Küche, Apfeltorte mit Vanillesauce, Fruit cake, Pudding
Riesling	Deutschland, Österreich, Frankreich, USA	Blassgelb, auch mit zartem Grünstich	Duft von Pfirsich, Apfel, Aprikose, rassige Säure, gute Lagerfähigkeit, leichter Körper	Zarter Seefisch und fettarmer, gedünsteter Flussfisch mit dezenten Saucen, Hähnchen in Rieslingsauce, Kalbfleisch, Frischkäse
Sauvignon blanc Fumé blanc	Frankreich, Österreich, Italien, Südafrika, Kalifornien, Australien, Neuseeland	Hellgelb bis strohgelb	Ausdrucksvolle, aromatische, oft grasige Weine, Aromen von Stachelbeere, Grapefruit, Litschipflaume	Reichhaltige Fischgerichte, Meeresfrüchte, Krebsessen, leichte Teigwarengerichte, Ziegenkäse
Scheurebe	Deutschland	Hellgelb bis goldgelb	Aromatische Weine mit feinem Bukett, pikant, mit rassiger Säure, Mango-Aroma, schwarze Johannisbeeren	Salat von Krustentieren, Wildterrine, Wildpastete, gebratenes Kalbsbries, Fasan mit Sauerkraut
Silvaner Sylvaner	Deutschland, Frankreich, Schweiz	Blass, fast wasserhell	Sehr verhalten, je nach Boden z. B. erdig geprägt, mild bis feinrassig	Gedünsteter Flussfisch, Huhn, Kalb, Gekochtes vom Rind, milder Schnittkäse

Rebsorte	Anbauländer	Farbe	Weincharakter	Speisen
Traminer Roter Traminer	Deutschland, Österreich	Hellgelb bis goldgelb	Fein differenzierte Weine; ab Spätlesen feinster Duft nach Quitten, Rosen und Akazienhonig	Zwiebeltorte, Weichkäse mit gewaschener Rinde, z. B. Limburger, Münster; Desserts mit Kakao und Schokolade
Weißburgunder Pinot blanc Pinot bianco	Deutschland, Frankreich, Italien	Blass bis hellgelb	Feinrassige Säure, dezentes mandelartiges Aroma	Meeresfrüchte, kräftiger Seefisch, Braten von Kalb, Rindfleisch und Jungwild

Rotweine

Rebsorte	Anbauländer	Farbe	Weincharakter	Speisen
Cabernet-Sauvignon	Frankreich, Italien, Spanien (und fast überall auf der Welt)	Dunkelrot	Langlebige, hochklassige Rotweine, Duft nach schwarzer Johannisbeere, Zedernholz, Lakritze; aromatisch, schwer	Gegrilltes und Gebratenes von Rind, Lamm, Haus- und Wildgeflügel, Schmorgerichte mit kräftigen Saucen
Dornfelder	Deutschland	Tief rubinrot, dunkelrot	Fruchtiger Charakter mit Aromen von Bittermandel, Brombeere, Sauerkirsche und Holunder	Wildterrine, Wildpastete, gebratenes Wildgeflügel, Wildschweinragout
Gamay	Frankreich, Schweiz	Violettrot	Leicht in Alkoholgehalt und Extrakt, sehr wenig Tannin, viel Fruchtsäure, kellerfrisch und jung zu trinken	Aufschnittplatte, Nudelgerichte mit gehaltvollen Saucen, Ziegenkäse, Fromage blanc, Edelpilzkäse
Lemberger = Limberger Blaufränkisch Kékfrankos	Deutschland, Österreich, Ungarn	Dunkelrot	Voll, samtig, rote Kirsche und schwarze Johannisbeere; hoher Säure- und Tanningehalt	Gebratene Lammkeule, Ente, Gans oder Wachtel mit Rotweinsauce, Reh- oder Hirschbraten, Hasenpfeffer, Brie, Camembert
Merlot	Frankreich, Italien, Spanien, „Neue Welt"	Rubinrot	Samtig, vollmundig, besonders pflaumenwürzig, mit süßen, malzigen Tönen	Kräuterwürzige Pasteten, Fasan, Taube, Ente, Gans und Wild, kräftige Schmorgerichte mit Merlot-Rotwein
Nebbiolo	Italien	Hellrot	Tanninreiche, langlebige Weine, Duft von Rosen und Teer; Aromen von Kirsche, Lakritz, Damaszenerpflaume, Backobst, Leder	Pasteten, ital. Salami, luftgetrockneter Schinken, gekochtes Fleisch (Bollito misto), herzhafte Schmorgerichte in Barolowein, Hasenpfeffer
Portugieser = Blauer Portugieser	Deutschland	Hellrot	Leicht, frisch, feinfruchtig mit leichtem angenehmem Bitterton, rote Johannisbeeren, Erdbeeren, Himbeeren, Pfirsich	Wildterrine, Geflügelgalantine, Nudeln mit Tomatensauce, gebratenes Hähnchen und Wildgeflügel

Rebsorte	Anbauländer	Farbe	Weincharakter	Speisen
Samtrot	Deutschland	Dunkelrot	Samtig, mit viel Frucht und Gehalt	Entenleber- und Wildpastete, Wildschweinragout
Sangiovese	Italien	Kirschrot	Würziger Duft von Waldbeeren, dichte Fruchtfülle mit Kirsche, Maulbeere, Pflaume, Gewürznoten, geschmeidige Tannine	Herzhafte Pastagerichte, gegrilltes T-Bone-Steak, Wild, Leber, Steinpilze, Gerichte mit Tomatensauce, würziger Käse
Schwarzriesling = Müllerrebe Meunier Pinot meunier	Deutschland, Frankreich	Mittel- bis dunkelrot	Mit viel Frucht und Eleganz, Reinette-Apfel, schwarze Kirschen, eingemachte Beeren und Pflaumen, Rumtopf	Geschmortes Kalbfleisch, kurzgebratenes Rindfleisch, gebratenes Lammfleisch, Wildgeflügel und Wildschwein
Spätburgunder = Blauer Spätburgunder Pinot noir	Deutschland, Frankreich	Hellrot bis dunkelrot	Schönste Frucht und Rasse, samtig, mit feiner Gerbsäure, Himbeeren, Erdbeeren, Brombeeren, Feigen, Kirschen	Geschmorter Schinken, Huhn in Wein, Bœuf bourguignonne, Roastbeef, Grillfleisch, Pilzgerichte, Edelpilzkäse, Brie, Camembert
Syrah Shiraz	Frankreich, Australien	Dunkelrot bis schwarzrot	Tanninstarke Weine mit bittersüßem, würzigem Beerenaroma, Schokolade, Veilchen, Tabak	Geschmortes Lamm, gebratenes Huhn, Truthahn, Perlhuhn, Rindfleischgerichte und Wild, würzige Hartkäse
Tempranillo Tinto Fino Tempranilla	Spanien, Argentinien	Rubinrot bis schwarzrot	Unterschiedliche Säure, runde, reife Tannine; üppiges Aroma, Erdbeere, Himbeere, Brombeere, schwarze Kirschen, Backpflaume, Tabak	Luftgetrocknete oder geräucherte Schinken, Wurst, z. B. Chorizo, Schmorgerichte, gegrilltes Lamm- und Rindfleisch, indische Gerichte, reifer Brie-Käse
Trollinger Blauer Trollinger Vernatsch = Schiava	Deutschland, Italien	Blassrot bis hellrot	Leicht, frisch, fruchtig, leichter Muskatton, schwarze Johannisbeere, Eisdrops, Kirsche, Rauchton, Bittermandel	Wildsalat, Nudelgerichte mit Tomatensauce, gebratenes Hausgeflügel, Wachtel, Hasenrücken, gegrilltes Kalbfleisch, Brie, Camembert
Zinfandel Primitivo	USA (Kalif.), Italien	Dunkelrot bis schwarzrot	Üppige Weine mit Aromen von Himbeere, Brombeere, Backpflaume, Dattel, Rosine, Nelke, Pfeffer	Gebratenes, dunkles Hausgeflügel, gegrilltes Lamm-, Rind- und Wildfleisch, gewürzreiche Speisen
Zweigelt Blauer Zweigelt Rotburger	Deutschland, Österreich	Rubinrot	Fruchtiges Bukett, samtiger Körper, dicht, stoffig, Kirsche mit pfeffrigem Kick	Nudel-Schinken-Auflauf, Pilzgerichte, gekochtes Lammfleisch, Grillspieße, Wildgeflügel, Schnittkäse

Mit Worten Appetit auf Wein machen

Gericht vom Fisch: Gedünstetes Chiemsee-Renkenfilet mit Rieslingsauce, Petersilienkartoffeln	Zu diesem leichten Fischgericht empfehlen wir Ihnen einen jungen Rieslingwein der Prädikatsstufe Kabinett aus dem Anbaugebiet Mosel. Es ist ein **2007er Kaseler Nies'chen** aus dem Weingut Reichsgraf von Kesselstatt, Trier.	
Gericht vom Kalb: Wiener Schnitzel, Bratkartoffeln, Salatauswahl vom Büfett	Die klassische Empfehlung hierzu wäre ein Weißwein aus Österreich. Wir könnten Ihnen unseren **2007er Mühlpoint, Grüner Veltliner, Federspiel,** aus dem Weingut Leo Alzinger, Unterloiben, Wachau, anbieten.	
Gericht vom Rind: Rosa gebratenes Rinderfiletsteak mit Bearner Sauce, Grilltomate, Brokkoli, Streichholzkartoffeln	Als eine ideale Weinempfehlung käme da ein **2006er Burkheimer Feuerberg, Spätburgunder, Spätlese, trocken,** in Frage. Dieser samtige Spitzen-Rotwein ist ein „Großes Gewächs" aus dem Weingut Bercher, Burkheim, aus Baden.	
Gericht vom Schwein: Gegrillte Schweinemedaillons mit Kräuterbutter, tournierte Karotten, Kaiserschoten, gebackene Kartoffelplätzchen	Wie wäre es mit einem **2007er Homburger Kallmuth, Silvaner, Spätlese, trocken?** Dieser feinrassige Spitzen-Silvaner stammt aus einer der besten fränkischen Terrassen-Steillagen. Wir beziehen ihn vom Weingut Fürst Löwenstein, Kreuzwertheim, Franken.	
Gericht vom Lamm: Gebratene Keule vom Salzwiesen-Lamm mit Rosmarinjus, Ratatouille, Kartoffelgratin	Hierzu sehr zu empfehlen ist der **2006er Fellbacher Lämmler, Lemberger, Spätlese, trocken.** Dieser Top-Rotwein aus dem Weingut Gerhard Aldinger aus Fellbach in Württemberg ist wegen seiner Ausgewogenheit und Finesse bei unseren Gourmetgästen sehr beliebt.	
Gericht vom Geflügel: Hühnerfrikassee mit Weißweinsauce, Tomaten-Kräuter-Reis	Wenn ich Ihnen hierfür eine Empfehlung nennen darf: Unser **2007er Chardonnay, Kabinett, trocken,** aus dem Weingut Bergdolt in Duttweiler, Pfalz, würde sehr gut mit dem Frikassee harmonieren!	
Gericht vom Wild: Gebratene Rehmedaillons, Hagebutten-Schaumsauce, Rosenkohl, Maronen, Steinpilze, handgeschabte Spätzle vom Brett	Gestatten Sie mir eine Weinempfehlung? **Der 2007er CaSaNova,** wie der Name schon sagt, ein Cabernet Sauvignon aus dem Weingut Kreuzberg aus Dernau an der Ahr würde hervorragend zu den Rehmedaillons passen!	
Kaltes Dessert: Mango-Halbgefrorenes mit Himbeersauce und exotischen Früchten, Teegebäck	Zu diesem Dessert bestens geeignet wäre ein fruchtiger, halbtrockener Champagner von der Côte des Bar. Es wäre der **Champagne Fleury, Rosé de Saignée.** Mit seiner intensiven Fruchtigkeit ist er ein idealer Begleiter.	
Warmes Dessert: Ofenwarme karamellisierte Apfeltarte mit Walnusseis und Vanillesauce	Dazu empfehlen wir sehr gerne den **2004er Kiedricher Gräfenberg, Riesling, Auslese,** vom Weingut Robert Weil aus dem Rheingau. Dieser edelsüße Weißwein vermählt sich ausgezeichnet mit den fruchtigen Apfel- und Karamellaromen dieser Süßspeise.	

2 Likörwein *dessert wine* *vin (m) à dessert*

Zu diesen Getränken wurden unter dem Stichwort Likörwein im Kapitel Getränke (s. S. 221) wichtige Informationen gegeben. An dieser Stelle sollen einige Ergänzungen zu den Likörweinen Sherry und Portwein ausgeführt werden.

Sherry

Das Produkt kommt aus der spanischen Provinz Andalusien rund um die Stadt Jérez de la Frontera.

Die bekannte Anbauregion ist Jérez, und die wichtigste Rebsorte ist Palomino.

Herstellungsmerkmale

Die Trauben werden einige Stunden auf Matten in der Sonne getrocknet.

Nach dem Keltern finden zwei Gärungen statt.

Die 2. Gärung wird in Eichenfässern durchgeführt.

Nach ca. 3 Monaten wird der Jungwein gefiltert und klassifiziert.

Der Sherry erhält seine Reife und Geschmacksnote durch:

- das Lagern in Eichenholzfässern,
- eine Florhefeschicht an der Oberfläche des Weines, die sherryspezifische Bukette entwickelt,
- das über mehrere Jahre wiederkehrende Verschneiden der verschiedenen Jahrgänge, Solerasystem genannt,
- das Aufspriten mit Weinbrand aus der Sherryregion.

Abb. 1 Sherry-Likörweine, ① Fino, ② Amontillado, ③ Cream

Geschmacksrichtungen

Sherry gibt es von hell bis dunkel und von trocken bis süß: Je trockener, desto heller, je süßer, desto dunkler. Man unterscheidet folgende Grundtypen:

Bezeichnung	Farbe und Geschmack
Manzanilla	• sehr hell, gelbweiß • sehr trocken, leicht salzig
Fino	• hell bis hellgold • trocken, wenig Säure • feines Mandelaroma
Amontillado	• bernsteinfarben • halbtrocken • mit feinem vollem Aroma
Oloroso	• dunkelgold • trocken bis halbsüß • mit feinem Nussaroma
Cream	• dunkel und dickflüssig • süß, lieblich und mild

Sherryservice

Sherry wird im speziellen Sherryglas (Copita) oder im Likörweinglas mit 5 cl serviert.

Gekühlt und als Aperitif werden angeboten:
- Manzanillas,
- Finos und
- Amontillados.

Als Digestif raumtemperiert werden angeboten:
- Olorosos und
- Cream Sherries.

Portwein

Dieser portugiesische Wein wird nach sehr strengen Weingesetzen, die staatlich überwacht werden, hergestellt, gelagert und versandt.

Herstellung

Der Most aus blauen Trauben wird mit Destillat aus der Region verschnitten, dadurch wird die Gärung gestoppt und die Restsüße erhalten. Die Reifung und Lagerung erfolgt in Holzfässern in staatlichen Bodegas (Lagerhallen). Die Lagerzeit beträgt mindestens 2 Jahre. Der fertige Portwein ist meistens ein Verschnitt mit ca. 20 % Alkoholgehalt.

Arten des Portweins

Name	Farbe	Geschmack	Temperatur
Ruby-Port	rubinfarben	fruchtig, süßlich	ungekühlt
Tawny-Port aus rotem und weißem Port	von rötlich über orange bis gelb	mild, süßlich	ungekühlt
White-Port	goldfarben	relativ trocken	gekühlt als Aperitif
Vintage-Port, mindestens 10 Jahre alt	intensives Rotbraun	fruchtig, süß	ungekühlt, bildet Depot

3 Schaumwein – Champagner

sparkling wine – champagne *le vin mousseux – le champagne*

Schaumwein ist der Oberbegriff für ein Weinerzeugnis mit natürlich gebildeter Kohlensäure. Der Kohlensäuregehalt bewirkt beim Öffnen der Flasche das Schäumen (Moussieren) und verleiht dem Getränk einen prickelnden, erfrischenden Charakter.

Neben den Produkten Schaumwein und Sekt (s. S. 222) gibt es den französischen Champagner.

Champagner

Er unterliegt strengen gesetzlichen Vorschriften:

- Gattungsname für das eng begrenzte Gebiet der Champagne,
- zur Herstellung sind nur drei Rebsorten zugelassen:
  - **Pinot Noir (Spätburgunder) – rote Trauben,**
  - **Pinot Meunier (Schwarzriesling) – rote Trauben,**
  - **Chardonnay – weiße Trauben,**
- außerdem ist die **méthode champenoise** anzuwenden (Flaschengärung).

Bei der Flaschengärung ist es notwendig, dass die Champagner-Flaschen durch Drehung in eine zunehmend steilere Position gebracht werden, damit sich die Hefe im Flaschenhals sammelt. Dies geschieht entweder von Hand oder durch eine elektrisch betriebene Rüttelanlage.

Abb. 1 Sektservice

Besondere Champagnerbezeichnungen

- **Blanc de blancs**
  nur aus den weißen Chardonnay-Trauben hergestellt
- **Champagne Crémant**
  Schaumwein mit geringerem Mousseux
- **Champagne millésimé**
  Jahrgangs-Champagner

Trockenen Sekt oder Champagner serviert man gerne mit kalten Vorspeisen wie Kaviar, frischen Austern und Hummer.

Zu warmen Süßspeisen kann man einen halbtrockenen oder süßen Sekt servieren.

4 Spirituosen 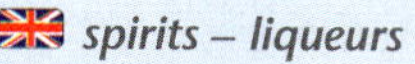 spirits – liqueurs 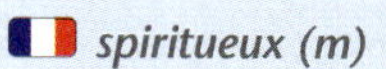 spiritueux (m)

© Stockfood

Abb. 1 Spirituosenwagen im Restaurant

- Spirituosen werden dem Gast direkt im geeigneten und mit Füllstrich versehenen Glas serviert.
- Je nach Spirituose sind die Getränke und die Gläser vorgefrostet, gekühlt oder raumtemperiert.
- In manchen Hotels und Restaurants bietet man mit einem fahrbaren Spirituosenwagen den Gästen Aperitifs und Digestifs zur Auswahl an.
- Der Wagen ist bestückt mit Spirituosenflaschen, Eiswürfeln und Gläsern wie Schwenker, Stamper mit und ohne Stiel, Likörschalen und Medium-Tumbler.
- Eiswürfel dürfen einem Getränk erst zugegeben werden, nachdem es dem Gast möglich war, die Füllmenge zu prüfen.
- Für den Aperitifservice können auch Sekt und Champagner mitgeführt werden.

© Stockfood/K. Newedel

Mit Worten Appetit machen

Zum Abschluss des schönen Wildmenüs möchte ich es nicht versäumen, Sie, liebe Gäste, auf unseren **Schlehengenuss** hinzuweisen. Dieses Getränk entstammt unserer Region und wir bieten es als klaren Schnaps oder als lieblichen Likör gerne nach dem Essen an.

Getränkepflege

Aufgaben

1 Welche Angaben müssen die Etiketten für deutsche Weine laut Gesetz enthalten? Nennen Sie die laut Gesetz zulässigen Angaben.

2 Notieren Sie zu jedem deutschen Weinanbaugebiet zwei verschiedene Weine mit Ort, möglichst mit Lage, und die Rebsorte.

3 Welche Faktoren beinhaltet die amtliche Qualitätsprüfung für Wein?

4 Beschreiben Sie die richtige Weinpflege.

5 Nach welchen Kriterien können Sie sich selbst Kurzbeschreibungen für Weine anfertigen?

6 Suchen Sie aus den Wein-Rebsortentabellen (ab S. 564 f.) zu Lamm geeignete Rebsorten heraus.

7 Beschreiben Sie den Weincharakter von zwei Weißwein-Rebsorten.

8 Nennen Sie je vier Arten von Sherry-Likörwein und Portwein. Benennen Sie die auf Seite 569 abgebildeten Sherry-Likörweine.

9 Welche drei Rebsorten werden für die Herstellung von Champagner verwendet?

5 Bar

bar *bar (m)*

Die Hotel-Bar ist ein wichtiger Kommunikationsbereich für unsere Gäste. Man trifft sich zur „Happy-hour" vor dem Abendessen, um zu plaudern und einen Drink einzunehmen, der zugleich Aperitif sein kann. Später, nach dem Essen oder nach einer Veranstaltung, wird die Bar wieder aufgesucht, um den Abend ausklingen zu lassen.

In vielen Häusern ist die Bar ein wichtiger Umsatzfaktor.

Zum Grundwissen, mit dem jede Restaurant-Fachkraft vertraut sein muss, gehören Kenntnisse:

- der Arbeitsgeräte,
- der Zutaten und Maßeinheiten,
- der Arbeitstechniken.

Abb. 1 Geräte der Bar: Messglas ①, Hamilton-Beach-Mixer ②, Eiswürfelbehälter ③, Früchtekorb ④, Rührglas ⑤, Shaker ⑥, Mixer ⑦, Saftpresse ⑧

5.1 Arbeitsgeräte

equipment *appareils (m) de travail*

Schüttelbecher (shaker)
Er besteht aus zwei oder drei Teilen, der Dreiteilige hat einen Siebeinsatz für Mixgetränke, deren Zutaten geschüttelt werden.

Barsieb (strainer)
Zum Abseihen der Mixgetränke.

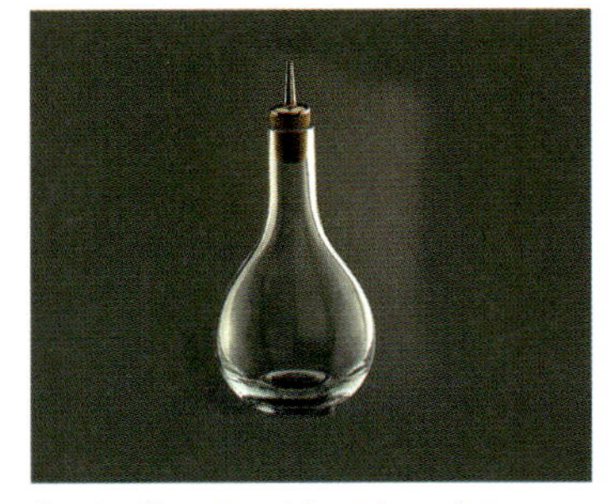

Spritzflasche (dashbottle)
Zur Dosierung von Spritzern (dashes) von hochkonzentrierten, häufig bitteren Flüssigkeiten (z. B. Angostura).

Rührglas (mixing glass)
Für Mixgetränke, deren Zutaten durch Rühren gemischt werden.

Boston shaker
Rührglas wird mit Metallbecher zum Boston-Shaker zusammengesteckt.

Roheisbehälter (ice bucket)
mit Siebeinsatz
Zum Vorrätighalten von Eiswürfeln; Schmelzwasser kann sich unter dem Sieb sammeln.

Eiszange (ice pincer)
Zum Entnehmen der Eiswürfel.

Messbecher (jigger)
Zum Abmessen von 2 cl oder 4 cl einer Flüssigkeit.

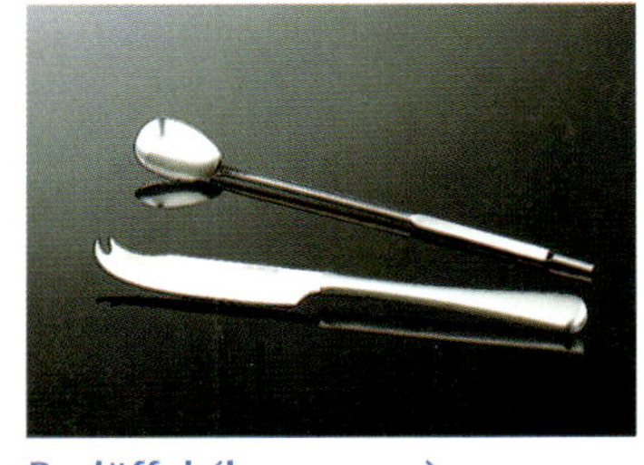

Barlöffel (bar spoon)
Langstieliger Löffel zum Rühren im Mixglas.

Barmesser (bar knife)
Zum Schneiden von Früchten und Richten von Garnituren.

Weitere Arbeitsutensilien sind:

Fruchtsaftpresse, Barzange, Eisschaufel, elektrischer Mixer, Holzsqueezer, Hamilton-Beach-Mixer, Schneidebrett, Untersetzer, Messzylinder und schöne, fachgerechte Bargläser.

Abb. 1 Bargläser

5.2 Zutaten und Maßeinheiten

ingredients and units of measure

ingrédients (m) et des unités (w) de mesurage

Die Zutaten sind von sehr unterschiedlicher Art und geschmacklich stark ausgeprägt.

Die folgende Aufstellung gibt einen Überblick:

- **Alkoholische Zutaten**
  - Campari
  - Zuckerrohrschnaps
  - Cognac/Weinbrand
  - Vermouth
  - Gin
  - Whisky/Whiskey
  - Rum
  - Wodka
- **Aromatische Zutaten**
  - Angosturabitter und andere Bitter
  - Zitronen-/Limettensaft
  - Liköre wie z. B. Maraschino, Cointreau, Curaçao, Crème de Cacao
  - Sirupe wie z. B. Läuterzucker, Grenadine, Kokosnuss, Mandel, Pfefferminze, Ananas
- **Füllende Zutaten**
  - Fruchtsäfte
  - Schaumwein
  - Wein
  - Portwein, Sherry
  - Wasser
  - Sodawasser
  - Limonaden wie Bitter Lemon
  - Milch
  - Tomatensaft
- **Garnituren**
  - Cocktailkirschen
  - Oliven
  - Minzeblätter
  - Melisse
  - Orangen
  - Limetten
  - Früchtespieße
  - Zuckerrand
  - geriebene Muskatnuss
  - Früchte wie: Beeren, Ananas, Sternfrucht, Physalis

Zur Kühlung der Bargeräte und Bargetränke wird **Eis** in verschiedenen Zustandsformen gebraucht:

- **Eiswürfel:**
  Man verwendet sie bei der Herstellung von Cocktails, wobei sie zusammen mit den Zutaten gerührt oder geschüttelt und dann abgeseiht werden.
- **Gestoßenes Eis (crushed ice):**
  In dieser Form verwendet man das Eis bei Longdrinks. Dabei wird die gemixte „Basis“ über das Eis im Glas gegossen und dann mit füllenden Zutaten aufgefüllt.

Maßeinheiten der Bar

1 Barlöffel (BL)	≙	**0,25 *cl***
1 Dash (d = ⅕ Barlöffel)	≙	**0,05 *cl***
1 Spirituosenmenge	=	**2 *cl***
1 Whisky	=	**4 *cl***
1 Likörweinmenge	=	**5 *cl***

5.3 Arbeitstechniken

techniques of preparation

techniques (w) de travail

Die grundsätzlichen **Herstellungsmethoden** für Mixgetränke sind:

- Rühren im Rührglas
- Schütteln im Shaker
- Bauen oder Anrichten im Trinkglas (s. S. 583)

Rühren im Rührglas (s. S. 582)

Anwendung bei Zutaten, die sich leicht mischen lassen.

Mit dem Barlöffel 10 bis 20 Sekunden auf Eis vom Gefäßboden nach oben rühren.

Schütteln im Shaker (s. S. 582)

Ist unerlässlich bei Flüssigkeiten, die sich nur schwer mit anderen Zutaten mischen lassen, wie z. B. Liköre, Sirup, Sahne, Eigelb oder Eiweiß.

Shaker in Längsrichtung mit beiden Händen umfassen und waagerecht in Schulterhöhe kräftig hin und her bewegen.

Herstellen von Cocktails durch Rühren im Rührglas

Eiswürfel in Rührglas und Cocktailschale

Schmelzwasser aus Rührglas abgießen und Zutaten abmessen

Spritzer Angostura zugeben

Cocktail rühren

Cocktail mittels Verwendung eines Strainers ins Glas seihen

Garnitur an den Glasrand anbringen

Herstellen von Cocktails durch Schütteln im Shaker

Eiswürfel in Shaker geben

Cocktailschale mit Eiswürfeln vorkühlen

Zutaten abmessen, in den Shaker gießen

Typische Shakerhaltung mit Grifftechnik

Cocktail ins Glas seihen

Garnitur anbringen

Bauen oder Anrichten im Trinkglas

Dies bedeutet, dass die Zutaten mit unterschiedlichen Konsistenzen direkt in einem Glas angerichtet werden.

In einem schlanken **Pousse-café-Glas** werden Getränke so aufeinander gegossen, dass dabei bunte Schichten im Glas entstehen.

Abb. 1 Pousse Café

Abspritzen

Ein kleines Stück Schale einer ungespritzten Zitrone, Limette oder Orange wird über dem Mixgetränke zusammengedrückt. Mit der Dashbottle wird tropfenweise ein Getränk aromatisiert.

Abseihen (s. Seite 582)

Dazu wird das Barsieb mit der Spirale nach innen in die Öffnung des Rührglases oder des Shakers eingesetzt, festgehalten, und der Inhalt wird in ein Cocktailglas umgegossen. Eis- und Fruchtstücke bleiben zurück.

Mixgetränke unterscheiden sich nach Menge und Zeitpunkt des Service:

- **Short Drinks 6 *cl***
  Kleine Mengen mit hoher Konzentration des Alkohols und der Geschmacksstoffe. Am bekanntesten sind die Cocktails.
- **Long Drinks 0,1 *l*–0,25 *l***
  Größere Mengen, wobei die Alkoholkonzentration durch füllende Zutaten geschmacklich abgeschwächt wird, z. B. Sours, Fizzes, Cobblers, Collinses.
- **Before-Dinner Drinks/Aperitifs**
  Trockene, eher bittere oder säuerliche Zutaten mit appetitanregender Wirkung, z. B. Martini-Cocktail.
- **After-Dinner Drinks/Digestifs**
  Zum harmonischen Ausklang des Essens sind auch aromastarke und süße Zutaten geeignet.

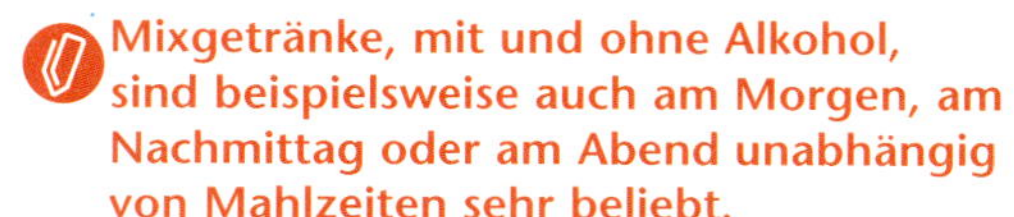

Mixgetränke, mit und ohne Alkohol, sind beispielsweise auch am Morgen, am Nachmittag oder am Abend unabhängig von Mahlzeiten sehr beliebt.

Grundlegende Arten der Mixgetränke

- **Cobblers**
  Cobblers sind besonders erfrischende Long Drinks. Die Basis ist Likörwein, Sekt oder Soda mit etwas Likör. Sie werden mit gestoßenem Eis in der Sektschale oder in einem Cobblerglas angerichtet, mit Früchten garniert, mit der Basis übergossen, mit Trinkhalm und Barlöffel serviert.

Abb. 2 Cobbler

- **Fizzes**
  Diese beliebten Getränke gehören zur Gruppe der Long Drinks. Die Zutaten Zitronensaft, Zucker sowie die Spirituosen werden im Shaker kräftig geschüttelt, bis er beschlägt. Im Tumbler mit Sodawasser auffüllen und mit Strohhalm rasch servieren.
- **Fancy Drinks**
  Es sind Fantasiegetränke, für die man kein klassisches Grundrezept kennt. Es gibt eine Vielzahl dieser Drinks mit und ohne Alkohol. **Bekannte Drinks:** Caipirinha, Bloody Mary, Screw driver

Abb. 3 Caipirinha

5.4 Rezepturen für Bargetränke *recipes for cocktails* *recettes (w) de cocktail*

Short Drinks (6 cl)

Cocktails	Rezeptur	Arbeitsweise	Barglas
Alexander	Eis, 2 cl Weinbrand oder Cognac, 2 cl Crème de Cacao, 2 cl Sahne	im Shaker	Cocktailschale
Daiquiri	Eis, 4,5 cl weißer Rum, 1,5 cl Zitronensaft, 2 BL Zuckersirup	im Shaker	Cocktailschale
Manhattan	Eis, 1 d Angostura, 2 cl Vermouth rot, 4 cl Canadian Whisky, Cocktailkirsche	im Rührglas	Cocktailschale
Martini Dry	Eis, 1,5 cl Vermouth dry, 4,5 cl Dry Gin, Olive	im Rührglas	Cocktailschale
Old Fashioned	Eis, 4 cl Bourbon Whiskey, 1 Stück Würfelzucker, 3 ds Angostura, Orangenscheibe, Zitronenscheibe, Cocktailkirsche	direkt ins Gästeglas	kleiner Tumbler
White Lady	Eis, 2 cl Zitronensaft, 2 cl Cointreau, 2 cl Gin	im Shaker	Cocktailschale
Whiskey Sour	Eis, 4 cl Bourbon Whiskey, 2 cl Zitronensaft, 1 BL Zuckersirup, Orangenscheibe, Cocktailkirsche (Sodawasser)	im Shaker	kleiner Tumbler

Long Drinks (mehr als 10 bis 25 cl)

Cocktails	Rezeptur	Arbeitsweise	Barglas
Americano	Eis, 3 cl Campari, 3 cl Vermouth rot, Sodawasser, Zitronenschale	direkt ins Gästeglas	großer Tumbler
Bloody Mary	2 cl Zitronensaft, 4 cl Wodka, 10 cl Tomasaft, 2 ds Worcestershiresauce, 2 ds Tabasco, Salz, Pfeffer	direkt ins Gästeglas	großer Tumbler
Caipirinha	Eis, 6 cl Zuckerrohrschnaps (Cachaça), 2 BL Rohrzucker, Limettenstücke	direkt ins Gästeglas	großer Tumbler
Gin Fizz	Eis, 2 cl Zuckersirup, 3 cl Zitronensaft, 4 cl Dry Gin, Sodawasser	im Shaker	großer Tumbler
Sektcocktail	1 Stück Würfelzucker, 1 d Angostura, Sekt Zitronenschale ins Glas	direkt ins Gästeglas	Sektschale

Alkoholfreie Drinks

Cocktails	Rezeptur	Arbeitsweise	Barglas
Florida	Eis, 1 cl Zitronensaft, 8 cl Orangensaft, 12 cl Ananassaft, 1 cl Grenadine	im Shaker	großer Tumbler oder Highball-Glas
Golden Ginger	Eis, 2 cl Orangensaft, 2 cl Grapefruitsaft, 2 cl Ananassaft, Ginger Ale	im Shaker	großer Tumbler

5.5 Garnituren für Mixgetränke

garnish techniques for mixed drinks *garnitures (w) pour des cocktails*

Mixgetränke werden vielfach mit bunten Garnituren versehen, die alle essbar sein sollten. Gut geeignet sind frische Früchte, besonders exotische Früchte, Kräuter und auch Gemüse wie Gurken, Tomaten, Fenchel, Oliven, Peperoni usw.

Daneben gibt es die Glasrand-Garnituren mit Zucker, Salz Gewürzen, gehackten Kräutern oder geriebenen Nüssen oder Mandeln sowie gehackten Pistazien und Kokosflocken.

Herstellung von Cocktail-Garnituren

Orangenspirale

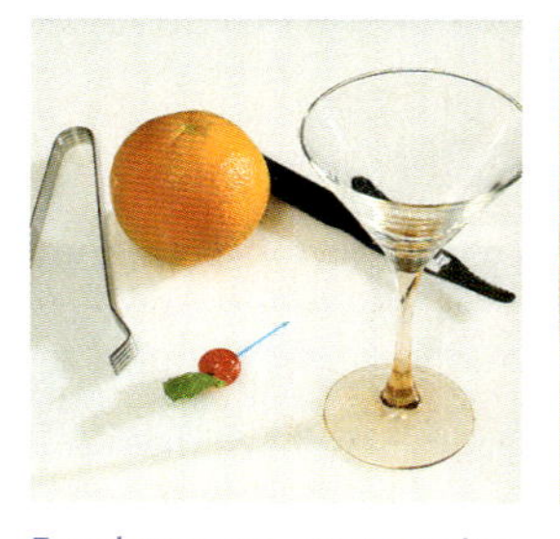

Fruchtzange, ungespritzte Orange, Zestenschneider, Cocktailglas, Kirsche, Stick, Pfefferminzblatt

Die Orangenschale wird dünn mit dem Zestenschneider rundum von oben nach unten geschnitten.

Mit der Obstzange legt man die Spirale ins Glas und steckt die Garnitur an.

Orangenspirale als Geschmackgeber für den Drink mit Cocktail-Kirsche und Minzblatt

Ananasspirale

Sägemesser, Ananas mit Ananaskrone, Kiwischeibe

Scheibe von Ananas abschneiden und achteln

Ananasachtel, Stick, Kiwischeibe und Physalisfrucht

Die Ananasgarnitur an den Rand des Glases stecken

Apfelfächer

Officemesser, Apfel, Stick, Fruchtzange, Kirsche, Glas

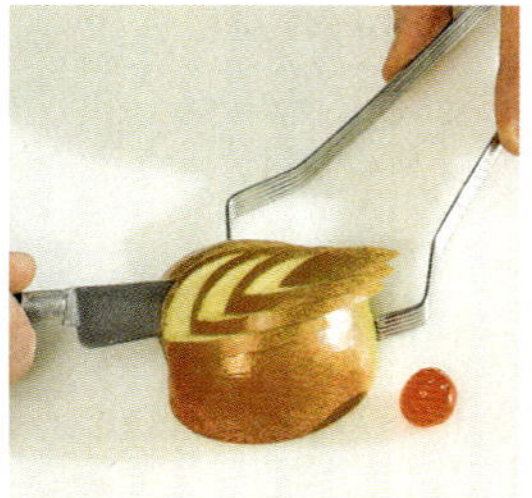

Apfelhälfte von oben mehrmals schräg einschneiden und verschieben

Apfelspalte und Kirsche mit einem Stick zusammenstecken

Garnitur an den Glasrand stecken

Kumquat-Margerite

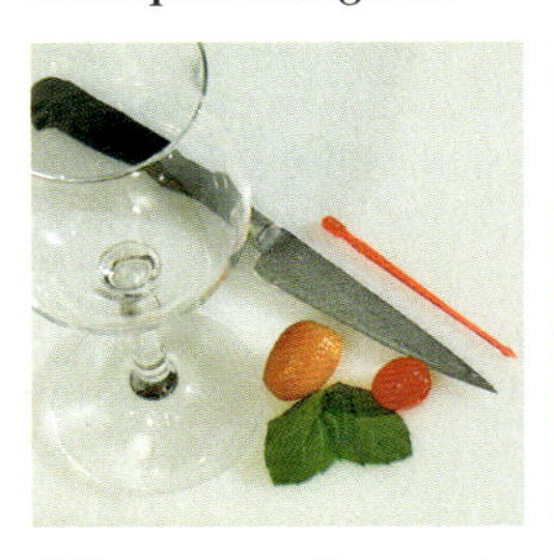

Officemesser, Kumquat, Stick, 2 Minzeblätter, Kirsche und Glas

Kumquat achtmal von oben nach unten einschneiden

Minzeblätter auf Stick stecken, dann Kumquat und Kirschehälfte

Kumquat-Margerite in das Glas geben

Glasrand-Garnitur für einen Strawberry Dream

Auf je einen Teller gibt man Grenadine-Sirup und Kokosraspeln

Den Rand eines kleinen Tumblers zuerst in den Sirup tauchen

Anschließend in die Kokosraspeln tauchen

Durch leichtes Klopfen am Glas fallen überschüssige Kokosraspeln ab

Beispiele von Drinks mit Garnituren

Batida-de-Coco-Crusta

Yellow Sun

Cool Cherry Kiss

Energy Cocktail

5.6 Barkarte *list of bar beverages* *carte (m) des boissons (m) au bar*

Beim Erstellen einer Barkarte gelten ähnliche Regeln wie bei der Erstellung einer Speisekarte (s. S. 429).

Inhalt und Aufmachung der Barkarte sollen so gestaltet sein, dass sie zum einen zur Atmosphäre der Bar passt, zum anderen den Gast anspricht und auf die jeweiligen Drinks neugierig macht. Somit ist die Barkarte eine entscheidendes Instrument zur Verkaufsförderung. Dabei soll durch Flyer oder Aufsteller (tent cards) auf besondere Aktionen, wie z. B. „Happy Hour", oder Spezialangebote für Sommer, Winter oder Wellness-Events aufmerksam gemacht werden.

Die Barkarte ist zur besseren Übersichtlichkeit untergliedert und soll so dem Gast helfen, möglichst rasch seine Bestellentscheidung zu treffen. Neben den Mixgetränken bietet eine Barkarte auch eine kleine Auswahl an regulären Getränken wie Aperitifs, Säfte, Wässer, Biere, Weine, Sekt, Champagner, Spirituosen und Heißgetränke.

Barkarte

APERITIF COCKTAILS

GIMLET Gordon's Gin, Roses Lime Juice 7,50 €

OLD PAL Canadian Club Whisky, Martini extra dry, Campari

NEGRONI Gordon's Gin, Campari, Martini Rosso

SPARKLING COCKTAILS

CUBA LIBRE Havana Club, Limette, Coca Cola 8,00 €

BIG BEN Gordon's Gin, Orangensaft, Zitronensaft, Grenadine, Bitter Lemon

COMFORT JULEP Southern Comfort, Ginger Ale

MARTINI JIGGER Martini Bianco, Limette, Bitter Lemon

SINGAPORE SLING Gordon's Gin, Cherry Brandy, Zitronensaft, Grenadine, Soda

CHAMPAGNER COCKTAILS

KIR ROYAL Crème de Cassis, Champagner 11,00 €

BELLINI Pfirsichmark, Champagner

PRINCE OF WALES Cointreau, Angostura, Champagner

SOURS

APEROL SOUR Aperol, Zitronensaft, Zucker 7,50 €

HEMINGWAY SOUR Gordon's Gin, Zitronensaft, Zucker

MOJITO Havana Club, Limette, Minze, Rohrzucker, Soda

CAIPIRINHA Berro Cachaça, Limette, Rohrzucker

FROZEN & FRUITY

MARGARITA CLASSIC Tequila, Cointreau, Zitronensaft 8,00 €

PINEAPPLE MARGARITA Tequila, Cointreau, Ananas, Zitrone

PEACH MARGARITA Tequila, Pfirsichlikör, Zitronensaft, frisches Pfirsichmark

DAIQUIRI CLASSIC Bacardi Rum, Zuckersirup, Zitronensaft

STRAWBERRY DAIQUIRI Bacardi Rum, Erdbeersirup, Zitronensaft, frische Erdbeeren

TEQUILA SUNRISE Tequila, Orangensaft, Zitronensaft, Grenadine

FROZEN BLUE LAGOON Smirnoff Vodka, Bombay Sapphire Gin, Zitronensaft, Zuckersirup, Curaçao Blue

Barkarte

DRINK & DRIVE

MONTE CARLO Ananassaft, Maracujanektar, Pfirsichnektar, Zitronensaft, Erdbeersirup — 7,00 €

FRESHMAKER Limette, Rohrzucker, Soda, Grenadine

MOSQUITO* Limette, Minze, Rohrzucker, Bitter Lemon, Tonic Water

LEUCHTTURM Ananassaft, Orangensaft, Kirschnektar, Grenadine, Tonic Water

ABENDSONNE Bananennektar, Orangensaft, Grenadine, Sahne

VIRGIN STRAWBERRY COLADA Ananassaft, Kokossirup, Erdbeersirup, Zitronensaft, Sahne

COCONUT KISS Kokossirup, Ananassaft, Orangensaft, Sahne

CHOCOLAT CREAM Schokosirup, Milch, Pfirsichnektar, Pfirsichsirup, Sahne

* created by Hilton Dresden

CARIBBEAN COCKTAILS

HILTON.DE* Smirnoff Vodka, Apricot Brandy, Pfirsichnektar, Orangensaft, Vanillesirup, Grenadine — 8,50 €

LADYKILLER Gordon's Gin, Cointreau, Apricot Brandy, Curaçao Blue, Ananassaft

PIÑA COLADA Bacardi Rum, Kokossirup, Ananassaft, Sahne

BANANA COLADA Bacardi Rum, Crème de Banane, Kokossirup, Bananennektar, Ananassaft, Sahne

BAILEY'S COLADA Havana Club, Bailey's, Kokossirup, Ananassaft, Sahne

SWIMMING POOL Smirnoff Vodka, Curaçao Blue, Kokossirup, Ananassaft, Sahne

FLYING KANGAROO Bacardi Rum, Vodka, Galliano, Kokossirup, Ananassaft, Orangensaft, Sahne

BAHAMA MAMA Havana Club, Kahlua, Zitronensaft, Ananassaft, Batida de Coco

PLANTER'S PUNCH Bacardi, Myers's Rum, Ananassaft, Orangensaft, Zitronensaft, Grenadine

ACAPULCO Tequila, Grapefruitsaft, Kokossirup, Ananassaft, Sahne

* created by Hilton Dresden

FIT 4 FUN

WILHELM TELL Apfelsaft, Orangensaft, Aprikosensirup, Curaçao Blue alkoholfrei, frischer Apfel — 7,00 €

BANANA KISS Banane, Kokossirup, Vanillesirup, Milch

STRAWBERRY KISS Erdbeere, Maracujasaft, Pfirsichsaft, Naturjoghurt, Milch

MAYA Maracujanektar, Brombeersirup, Naturjoghurt

CUJO Maracujanektar, Curaçao Blue alkoholfrei, Passionsfruchtsirup, Naturjoghurt

Projekt

Poolbar

Ihr Betrieb stellt Ihnen die Aufgabe, den Bereich im Garten mit Swimming-Pool für Zusatzgeschäfte zu nutzen. Sie planen, für die schönen Tage als besondere Attraktion eine Poolbar zu schaffen.

Vorüberlegungen

1 Wie sollte der Platz für die Poolbar beschaffen sein?

2 Welche Installationen wären nützlich?

3 Was wollen Sie dort anbieten?

4 Welche technischen Voraussetzungen sind nötig?

Vorbereitung

1 Erstellen Sie ein übersichtliches Getränkeangebot mit attraktiven Drinks.

2 Welche verschiedenen Arten von Drinks wollen Sie anbieten?

3 Prüfen Sie bei den beabsichtigten Drinks den Aufwand für die Herstellung.

4 Denken Sie sich schnelle, aber dekorative Garnituren für die Drinks aus.

5 Erstellen Sie für jeden Drink eine Rezeptur.

6 Sammeln Sie Ideen für eine themenbezogene Präsentation der Bar.

7 Welche Produkte neben den Drinks könnten Sie außerdem anbieten?

8 Benötigen Sie für zusätzliche Verkaufsprodukte besondere Geräte?

Kalkulation

1 Erstellen Sie auf Grund Ihrer Drink-Rezepturen eine Warenanforderung, pro Drink für 20 Personen.

2 Kalkulieren Sie die Materialkosten für die einzelnen Drinks.

3 Errechnen Sie die Kartenpreise für die einzelnen Drinks unter Verwendung eines Kalkulationsfaktors 5.

Durchführung

1 Fertigen Sie Listen für notwendige Einrichtungsgegenstände.

2 Listen Sie den Bedarf an Gläsern und Barutensilien auf.

3 Eröffnen Sie einen schnell improvisierten Barbetrieb und bieten Sie dort Drinks an.

FÜHREN EINER STATION

Sowohl im À-la-carte-Restaurant wie im Bankettbereich wird der Service in Stationen eingeteilt und von Restaurantfachkräften eigenverantwortlich betreut. Wichtige Voraussetzung zum Führen einer Station ist neben fachlichem Können die Orientierung zum Gast. Selbstständiges Arbeiten heißt, Verantwortung für sich und das Mitarbeiterteam zu übernehmen.

Der Gast wünscht sich qualitativ hochwertige Speisen und Getränke in einer gepflegten Atmosphäre zusammen mit einem unaufdringlich professionellen Service.

1 Anforderung zur Führung einer Station

demands on running a service area

exigences (w) pour travailler comme chef de rang

Ein wichtiger Faktor im Service ist die Kommunikation zwischen allen Beteiligten. Ohne sie ist eine effektive Teamarbeit nicht möglich.

Restaurantfachkräfte sollen einen Service bieten, der sich gut verkauft.

Diese hoch gesteckten Ziele erreicht man durch:

- sinnvolles Planen und Durchführen der Vorbereitungsarbeiten,
- die Betreuung der Gäste von der Begrüßung bis zur Verabschiedung,
- Führen von Verkaufs- und Beratungsgesprächen,
- Erkennen der Gästewünsche,
- Arbeiten am Tisch des Gastes,
- gastorientiertes Behandeln von Reklamationen im Interesse des Unternehmens (s. S. 312),
- fehlerfreies Anwenden der Abrechnungssysteme,
- fachgerechten Umgang mit besonderen Gedeckausstattungen und speziellen Gedecken.

2 Besondere Gedeckausstattungen

special equipment for laying covers

équipements (m) speciaux pour mettre des couverts

Im grundlegenden Kapitel Servierkunde (s. S. 261, 439) wurde bereits Wichtiges über das richtige Ausstatten von Grundgedecken und Menügedecken ausgesagt.

Bei der Planung von Menügedecken muss außerdem festgelegt werden, welche Besteckteile man eindeckt bzw. welche während des Menüservice nachgedeckt werden.

In den folgenden Ausführungen soll nun detailliert dargestellt werden:

- Die Zuordnung der richtigen Bestecke zu den verschiedenartigen Speisen,
- die Ausstattung vollständiger Gedecke für ganz spezielle Speisen.

Abb. 1 Gebratener Seeteufel

Bestecke zu Fischgerichten

• gegarter Fisch	• gedünstet, pochiert, gebraten oder frittiert	→ **Fischmesser** und **Fischgabel** → **Gourmetlöffel** zu Gerichten mit einer vorzüglichen Sauce
• geräucherter Fisch • marinierter Fisch	• Lachs, Aal • Matjesfilet, Rollmops, Bismarckhering	→ **Mittelmesser** und **Mittelgabel** der Fisch muss durch *Schneiden* zerteilt werden Nur zu geräucherten Forellenfilets reicht man wegen der zarten Beschaffenheit ein Fischbesteck.

Bestecke zu Vorspeisen und Zwischengerichten

• Vorspeisen-Cocktails	• aus Fisch und Krebstieren	→ Fischgabel und Kaffeelöffel
	• aus Fleisch, Geflügel, Gemüsen oder Früchten	→ Mittelgabel und Kaffeelöffel
• feine Ragouts • in Porzellanschalen oder in Pastetchen	• aus Fleisch oder Gemüse	→ Mittelgabel und Mittelmesser
	• aus Fisch sowie Krebs- und Weichtieren	→ Fischgabel und Fischmesser
• in Näpfchen oder Muschelschalen	• aus Fleisch oder Gemüse	→ Mittelgabel und Kaffeelöffel
	• aus Fisch sowie Krebs- und Weichtieren	→ Fischgabel und Kaffeelöffel

Entsprechende Gedeckbeispiele siehe im Kapitel Service Fachstufe.

Bestecke zu Eierspeisen und Teigwarengerichten

• Eierspeisen	• Rühreier und Omelett	→ große Gabel → große Gabel und großes Messer, **wenn** ergänzend bestimmte Zutaten gereicht werden, z. B. Gemüse, Geflügelleber
	• Spiegeleier	→ Mittelgabel und Mittelmesser
• Teigwarengerichte	• Spaghetti	→ großer Löffel (links) und große Gabel (rechts)
	• Cannelloni, Ravioli oder Lasagne	→ Mittelgabel und Mittellöffel → **oder** Mittelgabel und Mittelmesser

3 Spezial-Gedecke *special covers* *couverts (m) speciaux*

Spezialgedecke sind Gedecke für Spezialgerichte. Diese unterscheiden sich durch:

- die Art der Zubereitung,
- die Art des Anrichtens,
- die Art der Beilagen.

Aufgrund dieser Besonderheiten sind Spezialgedecke nicht nur mit besonderen Bestecken, sondern mit jeweils speisenspezifischem Tischgerät auszustatten:

- **Menagen**, z. B. Zucker, Pfeffermühle, Senf, Worcestershire-Sauce, Chilisauce, Ketchup, Tabasco.
- **Ablageteller** dienen zur Aufnahme von nicht verzehrbaren Teilen der Speise, z. B. Knochen, Gräten, Teile von Krebs- und Weichtieren.
- **Fingerschalen**, auch Fingerbowlen genannt, werden eingesetzt, wenn es üblich ist, die Speisen mit den Fingern anzufassen (s. S. 247).

Artischocke

Anrichteweise und Beigaben

Nach dem Kochen wird die ganze Frucht auf einer Platte mit Stoffserviette angerichtet. Die Serviette ist in die sogenannte „Artischockenform“ gebrochen.

Als Beigaben reicht man:

- Vinaigrette,
- holländische Sauce oder
- Mousselinesauce.

Art des Verzehrs

Der Gast bricht die Blätter mit den Fingern einzeln von der ganzen Frucht ab, dippt den dickfleischigen Teil des Blattes in die Sauce und streift diesen beim Essen zwischen den Zähnen aus. Der am Schluss verbleibende Artischockenboden wird mit dem Mittelbesteck zerteilt und gegessen.

Gedeck

- großer, flacher Gedeckteller
- Serviette und Mittelbesteck
- Brotteller und Ablageteller
- Fingerschale

Austern auf Eis

Anrichteweise und Beigaben

Zunächst werden die Austern in der Küche geöffnet. Dann entfernt man aus der tiefen Schale mit einem befeuchteten Pinsel eventuell anhaftende Schalensplitter. Auf einem großen Austernteller oder auf einer Silberplatte werden die geöffneten Austern auf gestoßenes Eis gesetzt.

Dazu werden gereicht:

- Zitrone und Chesterhappen
- Pfeffermühle sowie, je nach Gepflogenheit, Tabasco, Ketchup und Worcestershire-Sauce
- Chablis, ein trockener weißer Burgunderwein

Während die Zitrone bisher üblicherweise in Form von Ecken gesondert angerichtet wurde, gibt es heute Austernplatten mit einer Vertiefung, in die eine halbe Zitrone eingelegt wird.

Art des Verzehrs

Die Austerngabel dient dazu, den Austernbart zu entfernen und die Auster von der Schale abzulösen. Nach dem Würzen schlürft der Gast die Auster aus der Schale oder führt sie mit Hilfe der Austerngabel zum Mund.

Gedeck

- großer, flacher, kalter Teller und Serviette
- Austerngabel und Weißweinglas
- Brotteller und Fingerschale
- Salzmenage und Pfeffermühle

Ein Ablageteller ist nicht erforderlich, weil die Schalen auf den Austernteller zurückgelegt werden können.

Abb. 1 Gedeck für frische Austern auf Eis

Avocado in der Schale

Anrichteweise und Beigaben

Die halbierte und vom Kern befreite Frucht wird ein wenig mit Zitronensaft beträufelt und auf einem Mittelteller mit Serviette angerichtet.

Beigaben sind:

- Toast oder Graubrot, Salz und Pfeffer
- evtl. Mayonnaise, Cocktailsauce oder Ketchup

Die Frucht kann mit Krabben- oder Geflügelsalat gefüllt werden.

Art des Verzehrs

Der Gast löst das Fruchtfleisch mit Hilfe eines Löffels schichtweise aus der Schale und führt es mit dem Löffel zum Mund.

Gedeck

- Mittelteller mit Serviette
- Kaffeelöffel und Brotteller
- Salzmenage und Pfeffermühle

Für gefüllte Avocados werden ergänzt:

- bei Füllung mit Geflügelsalat eine Mittelgabel,
- bei Füllung mit Krabbensalat eine Fischgabel.

Bouillabaisse

Bouillabaisse ist eine französische *Fischsuppe*, die wegen der Einlagen auch als *Fischeintopf* bezeichnet wird.

Einlagen:

- Fleisch von verschiedenen Fischen
- Muscheln mit den Schalen
- Krebstiere im Panzer

Anrichteweise und Beigaben

Die Suppe wird in einer Terrine angerichtet und am Tisch in den Teller geschöpft. Als Beilagen werden Baguette und Butter gereicht.

Art des Verzehrs

Die „eigentliche" Suppe isst man mit dem Löffel, die Fischeinlage mit dem Fischbesteck. Muscheln und Krebstiere werden mit den Fingern aufgebrochen.

Gedeck

- Serviette
- Fischbesteck und großer Löffel
- Brotteller mit Buttermesser
- Ablageteller und Fingerschale
- Salzmenage und Pfeffermühle

Der tiefe, vorgewärmte Teller wird auf einen Unterteller gesetzt und zusammen mit dem Auftragen der Terrine am Tisch eingesetzt.

Eintöpfe

Anrichteweise

Eintöpfe, z. B. Irish Stew, Pichelsteiner, Lamm-Bohnen-Eintopf, werden entweder im Teller oder in einer Terrine angerichtet. Da im Eintopf bereits alle Zutaten enthalten sind, gibt es als Beigabe nur ein spezielles Brot.

Art des Verzehrs

Der Eintopf wird beim Essen mit dem Löffel geschöpft. Sofern er jedoch größere Fleischeinlagen als Tranchen oder Stücke oder ganze Würstchen enthält, müssen diese zuerst zerkleinert werden.

Gedeck

- Serviette
- großer Löffel und, falls erforderlich, großes Messer und große Gabel
- Brotteller sowie Salz-Pfeffer-Menage

Beim Anrichten in einer Terrine ist vor dem Auftragen der Speise ein tiefer, vorgewärmter Teller einzusetzen.

Bestecke zu Fondues	
• Käsefondue	• Käsefonduegabel zum Aufspießen des Brotes, das in die zähflüssige Käsemasse eingetaucht wird
• Fleischfondue	• große Gabel und großes Messer • Fleischfonduegabel, mit der die Fleischstücke aufgespießt, in den Fonduetopf eingelegt und nach dem Garen auf den Teller vorgelegt werden

Fonduegedeck

Stationsführung

Hummer

Anrichteweise und Beigaben

Die Küche bereitet den Hummer wie folgt vor:

- Die Scheren und Zwischenglieder werden vom Körper getrennt,
- der Körper wird über den Rücken in Längsrichtung halbiert,
- die Zwischenglieder werden in Längsrichtung gespalten,
- die Scheren werden an den Kanten aufgeschlagen.

Dann werden die Teile auf einer Silberplatte dekorativ angerichtet.

Als Beigaben werden gereicht:

- Toast oder Melbatoast
- Chantillysauce (siehe S. 333)
- Weißwein oder Champagner

Gedeck für kalten Hummer

- großer, flacher Teller und Serviette
- Mittelmesser, Mittelgabel und Hummergabel
- Brotteller mit Buttermesser sowie Pfeffer-Salz-Menage
- Ablageteller und Fingerschale
- Weißwein- oder Champagnerglas

Abb. 1 Gedeck für kalten Hummer natur

Obwohl der klassische Service dem Hummerservice das Fischbesteck zuordnet, ist das bei dieser Zubereitung nicht sinnvoll, weil es sich beim Hummerschwanz um ein festes Fleisch handelt, das durch Schneiden zerkleinert werden muss.

Für **warmen Hummer** wird ein großer, flacher, vorgewärmter Teller mit der Platte aufgetragen und am Tisch eingesetzt.

Krebse im Sud

Anrichteweise und Beigaben

Die Krebse werden zusammen mit dem Dünstfond in einer Terrine angerichtet.

Beigaben sind:

- Graubrot oder Stangenweißbrot (Baguette) und Butter
- Weißwein

Art des Verzehrs

Um an das von Panzern umgebene Fleisch zu kommen, verwendet man ein Spezialbesteck. Um zwischendurch immer wieder ein wenig von dem köstlichen Sud genießen zu können, schöpft man diesen in die zum Gedeck gehörende Sudtasse.

Gedeck

- Serviette
- Krebsmesser und Krebsgabel (eventuell Fischbesteck) sowie Hummergabel
- Spezialsuppentasse mit Kaffeelöffel
- Brotteller mit Buttermesser
- Ablageteller und Fingerschale
- Weißweinglas

Der vorgewärmte, auf einem Unterteller aufgesetzte tiefe Teller sowie die vorgewärmte Spezialtasse für den Sud werden zusammen mit der Terrine aufgetragen. Die Schöpfkelle und das Vorlegebesteck dürfen nicht vergessen werden.

Abb. 2 Gedeck für frische Krebse im Würzsud

Kaviar

Anrichteweise und Beigaben

Kaviar kann serviert werden:

- in der Originaldose oder im Originalglas, auf Eis angerichtet,

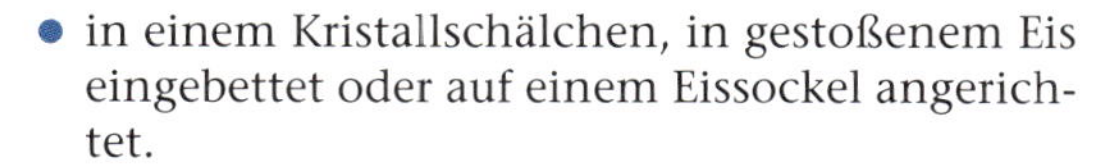

- in einem Kristallschälchen, in gestoßenem Eis eingebettet oder auf einem Eissockel angerichtet.

Man reicht dazu:

- Toastbrot und Butter
- manchmal auch Sauerrahm und Blinis (Buchweizenpfannkuchen)
- trockenen Sekt oder Champagner

Gedeck

- flacher Teller und Serviette
- Brotteller, Buttermesser und Kaviarmesser
- Sekt- oder Champagnerglas

Die Bestecke für den Kaviar sind wegen der Empfindlichkeit des Kaviars gegenüber Oxidation aus Horn oder Perlmutt.

Abb. 1 Gedeck für Keta-Kaviar auf Eis

Muscheln

Muscheln, vor allem Pfahlmuscheln, werden als Speise in zunehmendem Maße beliebter.

Anrichteweise und Beigaben

Die Muscheln werden im Dünstfond in einem tiefen Teller oder in einer Terrine serviert.

Als Beigaben reicht man:

- Graubrot, Kümmelbrot, Schwarzbrot, Baguette
- Weißwein

Art des Verzehrs

Beim Dünsten der Muscheln öffnen sich die Schalen. Das Muschelessen geht folgendermaßen vor sich:

Zuerst wählt man eine Muschel, deren beide Schalen am Gelenkende noch zusammenhängen, und nimmt das Muschelfleisch heraus. Die Doppelschale benutzt man dann wie eine Zange, mit deren Hilfe das Fleisch aus den weiteren Muscheln herausgelöst und zum Mund geführt wird. Es gibt aber auch Gäste, die das Muschelfleisch auslösen, auf dem Teller ablegen und dann mit dem Besteck essen. Ergänzend dazu isst man das Brot und genießt den Muschelfond (Dünstfond).

Gedeck

- Serviette und Salz-Pfeffer-Menage
- Fischgabel und Mittellöffel
- Brotteller, Ablageteller und Fingerschale
- Weißweinglas

Beim Anrichten in einer Terrine wird vorher ein tiefer, vorgewärmter Teller eingesetzt. Beim Auftragen der Muscheln wird eine Schöpfkelle angelegt.

Abb. 2 Muscheln im Dünstfond im tiefen Teller

Schnecken

Anrichteweise und Beigaben

Das Anrichten der Schnecken erfolgt

- entweder in Schneckenhäusern
- oder in den Mulden eines Schneckenpfännchens.

Die Schneckenhäuser bzw. die Mulden werden mit feiner Schneckenbutter zugestrichen.

In beiden Fällen werden die Schnecken vor dem Servieren im heißen Rohr oder im Salamander erhitzt.

Beigaben sind:

- Weißbrot oder Baguette
- Weißwein oder leichter Rotwein

Art des Verzehrs

Beim Anrichten in Schneckenhäusern wird das Haus mit der Schneckenzange aufgenommen und gehalten, die Schnecke mit Hilfe der Schneckengabel aus dem Haus herausgelöst und auf einen Löffel vorgelegt. Bevor man den Löffel zum Mund führt, wird noch die im Schneckenhaus befindliche Butter darübergegossen.

Gedeck

- Serviette sowie Salz-Pfeffer-Menage
- Schneckenzange und Schneckengabel
- Brotteller sowie Weißwein- oder Rotweinglas

Der vorgewärmte tiefe Teller, auf einem Unterteller mit Mittellöffel, wird zusammen mit den Schnecken aufgetragen und eingesetzt.

Beim Anrichten in der Schneckenpfanne die Schnecken mit Hilfe der Schneckengabel aus der Vertiefung herausnehmen und zum Essen auf Kaffeelöffel vorlegen. Die Butter mit Brot aus der Vertiefung heraustunken.

Gedeck

- Serviette und Weinglas
- Schneckengabel und Kaffeelöffel
- Brotteller

Vor dem Servieren wird das Schneckenpfännchen auf einen Unterteller gesetzt.

Abb. 1 Schnecken im Haus

Abb. 2 Schnecken im Pfännchen

4 Arbeiten am Tisch des Gastes

tableside working *travailler à la table des hôtes*

Unter „Arbeiten am Tisch des Gastes“ versteht man ganz spezielle Tätigkeiten, die am Tisch vor den Augen der Gäste ausgeführt werden.

Dazu gehören:

- Tranchieren,
- Filetieren,
- Flambieren,
- Zubereiten von Speisen.

Diese Fertigkeiten erfreuen sich bei Gästen wieder größerer Beliebtheit und stellen eine besondere Art der Erlebnisgastronomie dar.

Es handelt sich dabei um Arbeiten, die handwerkliches Geschick voraussetzen und darum nur durch intensive Übung zum Erfolg führen.

Abb. 3 Tranchier-, Flambier- und Filetiergeräte

4.1 Tranchieren am Tisch *tableside carving* *découpage (m) sur la table*

Tranchieren ist das portionsgerechte Zerteilen von Bratenstücken. Um diese Arbeiten sach- und fachgerecht ausführen zu können, sind einerseits technologische und andererseits rohstoffkundliche Kenntnisse unerlässlich.

Arbeitsgeräte und Arbeitsrichtlinien

Arbeitsgeräte

- Guéridon oder Wärmewagen,
- saubere und appetitlich aussehende Tranchierbretter und Tranchierbestecke,
- handliche, gut geschliffene Messer in unterschiedlichen Größen,
- entsprechende Vorlegebestecke,
- Tischrechauds zum Warmhalten der Platten,
- Speiseteller und Ablageteller,
- Platten mit Cloches.

Arbeitsrichtlinien

Das Tranchieren wird bei ganz leichtem Schneidedruck mit ziehendem Schnitt durchgeführt. Eine wichtige Voraussetzung dafür sind scharfe Messer, ohne die es zu folgenden Mängeln kommen kann:

- ungleich große Tranchen,
- raue Schnittflächen und ausgefranste Ränder,
- viel austretender Fleischsaft,
- bei Geflügel: vom Fleisch losgerissene Haut.

Ein sichtbares Zeichen für einwandfreies Tranchierwerkzeug und sachgerechtes Arbeiten ist es, wenn die Tranchen exakt zur ursprünglichen Form der unzerteilten Stücke zusammengesetzt werden können.

Im Einzelnen gelten folgende Arbeitsrichtlinien:

- Das Bratenstück dem Gast präsentieren.
- Die Speisen sollten heiß serviert werden, deshalb genügend Rechauds, Cloches und heiße Teller bereithalten.
- Die Schnittführung erfolgt im Allgemeinen quer zur Fleischfaser.
- Das Anstechen mit der Gabel vermeiden, damit kein Fleischsaft ausfließt.
- Die besten Stücke zuerst vorlegen.
- Reststücke für den Nachservice warm halten.
- Speisen nicht mit bloßen Händen berühren; Stoffservietten zum Halten bereitlegen.
- Knochengerüste (Karkassen), Knochenstücke und Abschnitte sofort abtragen.

Tranchieren von Steaks

Chateaubriand/Entrecôte double

Das Fleisch wird mit dem Gabelrücken von oben festgehalten, während gleichzeitig mit dem Messer die Tranchen geschnitten werden. Die Schnittführung erfolgt in schräger Richtung zur Gabel hin und unter der Gabel hindurch.

Dabei ergeben sich beim **Chateaubriand:**

- zuerst ein kleines Endstück,
- dann **4** Tranchen mit einer Dicke von etwa 1,5 cm,
- übrig bleibt ein zweites kleines Endstück.

Zum Zurücklegen auf die Platte schiebt man das Messer mit der Breitseite unter die Tranchen und hält diese gleichzeitig von oben mit der Gabel fest.

Beim **Entrecôte double**, das im Vergleich zum Chateaubriand aufgrund der ovalen Form etwas länger ist, ergeben sich **6** mittlere Tranchen.

Beide Steakarten serviert man in der Regel für zwei Personen. Dabei werden zuerst die mittleren Tranchen vorgelegt, während man die kleineren Tranchen sowie die Endstücke zum Nachservice anbietet.

Abb. 1 Entrecôte double

Beim Tranchieren von Steaks verwendet man heute anstelle des Servierbrettes häufig einen heißen Porzellanteller, weil sich der angesammelte Bratensaft von einem Teller leichter über das tranchierte Fleisch gießen lässt.

Abb. 1 Nach dem Präsentieren wird das Fleischstück am Guérdion von der Platte auf die Schneidunterlage gehoben.

Abb. 2 Erster Schnittansatz

Abb. 3 In sechs Fleischscheiben tranchiertes Chateaubriand

Abb. 4 Tranchiertes Chateaubriand zurück auf die Platte setzen

Abb. 5 Ausgetretenen Bratensaft über das Fleisch gießen

Abb. 6 Fachgerecht angerichteter Teller

Weinempfehlung

Zu den klassischen Fleischstücken vom Rind empfehle ich Ihnen mittelschwere bis schwere Rotweine aus Deutschland, zum Beispiel einen Spätburgunder aus Baden oder einen Lemberger aus Württemberg. Es passen aber auch französische Rotweine aus Burgund, Côtes du Rhone oder Bordeaux oder italienische Rotweine wie Bardolino oder Chianti classico.

Rinderkotelett/Porterhousesteak

In beiden Fällen sind vor dem Tranchieren die Fleischstücke von den Knochen abzulösen.

Beim **Rinderkotelett** wird zu diesem Zweck der Knochen an der fleischfreien Seite (in Verbindung mit einer Stoffserviette) erfasst, das Kotelett hochgestellt und dann das Fleisch am Knochen entlang vorsichtig abgelöst.

Das Tranchieren erfolgt in gleicher Weise wie beim Entrecôte double (s. S. 354).

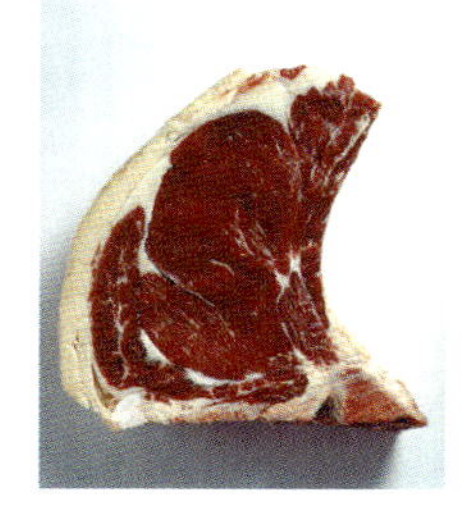

Abb. 7 Rinderkotelett vor dem Braten

Beim **Porterhousesteak** gibt es für das Vorbereiten zum Tranchieren zwei Möglichkeiten:

- Das Steak kann in flacher Lage bearbeitet werden. Dabei legt man zuerst den Rippenbogen (die Spitze der Rippe) frei. Dann werden die beiden Fleischstücke vom Knochen abgetrennt.
- Bei der zweiten Methode richtet man das Steak nach dem Freilegen des Rippenbogens auf und löst in dieser Stellung das Fleisch an den Knochen entlang ab. Dazu sind Vorsicht und etwas Geschick erforderlich, damit die Fleischstück beim Abtrennen nicht abstürzen.

Abb. 1 Gebratenes und angerichtetes Porterhousesteak

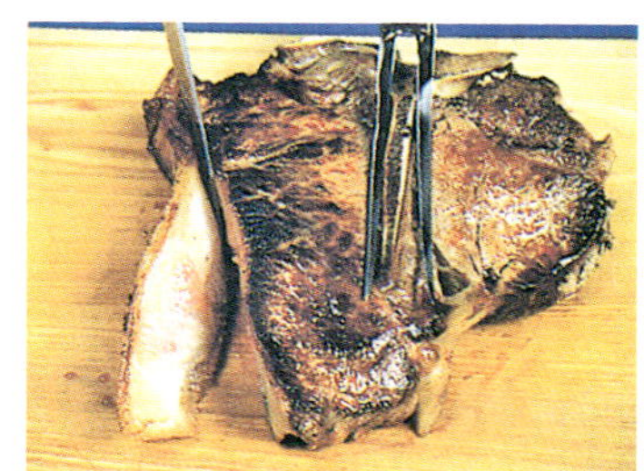

Abb. 2 Entfernen des Fettstreifens

Abb. 3 Auslösen der beiden Fleischteile vom T-Knochen

Das anschließende Tranchieren wird wie bei einem Chateaubriand und Entrecôte double durchgeführt.

Tranchieren von Keulen

Für das Tranchieren von Keulen, z. B. Lamm-, Frischlings- oder Rehkeule, verwendet man häufig ein Tranchierbrett mit besonderer Ausstattung.

Dieses besteht entweder aus einem speziellen Metallgestell oder aus Metalldornen. Beides dient dazu, der Keule einen guten Halt zu geben und das Ablösen des Fleisches zu erleichtern.

Für das Tranchieren gibt es zwei Methoden:

Methode 1

Bei diesem Verfahren löst man die Fleischteile zu beiden Seiten des Knochens als ganze Stücke, wobei Könner diese Arbeit nicht mit einem Messer, sondern mit einem Löffel ausführen.

Anschließend werden die Fleischstücke auf dem Tranchierbrett liegend in gleichmäßige Tranchen geschnitten. Auf diese Weise bearbeitet man die Kalbshaxe und das Eisbein.

Methode 2

Die Keule wird mit einer Serviette am Haxenknochen erfasst und senkrecht aufgerichtet. Dann wird tranchiert:

Von der Haxe ausgehend am Knochen entlang so weit herunter einschneiden, dass in Querrichtung zunächst 3 bis 4 Scheiben abgeschnitten werden können, dann vom anschließenden dickeren Fleischteil in horizontaler, leicht schräger Richtung auf den Knochen hin gleichmäßig dicke Scheiben schneiden und diese abschließend am Knochen entlang ablösen.

Tranchieren von Rücken

Der auf der Platte angerichtete Rücken oder das Teilstück eines Rückens wird den Gästen präsentiert und dann auf dem Guéridon abgestellt. Dann erst wird es mit Hilfe des Vorlegebestecks auf das Tranchierbrett gelegt.

Reh- und Hasenrücken

Rehe und Hasen haben im Bereich der Wirbelsäule sehr starke Sehnen. Damit man diese beim Auslösen der Rückenfilets nicht zusammen mit dem Fleisch abschneidet, wird bei der Bearbeitung dieser Rücken eine spezielle Technik angewendet:

Beim **Rehrücken** löst man das Fleisch am Gratknochen entlang nur so tief hinein ab, dass die starken Sehnen mit dem Messer nicht erreicht werden. Das weitere Ablösen der Rückenfilets erfolgt dann mit der Wölbung eines Löffels. Danach werden vom dickeren Ende her in schräger Schnittführung 1,5 bis 2 cm dicke Tranchen geschnitten.

Bei **Hasenrücken** ist es üblich, die Rückenfilets bereits vor dem Braten in der Küche durch leichtes Einschneiden am Gratknochen entlang zu lösen, sodass bei der Weiterbearbeitung am Tisch eigentlich kein Messer, sondern nur noch ein Löffel benötigt wird. Die Rückenfilets sind im Vergleich zum Reh kleiner und werden deshalb in Tranchen von nur 1 cm Dicke geschnitten.

Nun beginnt das eigentliche Tranchieren. Dazu werden die sogenannten Rückenfilets in 1 bis 1,5 cm dicke Tranchen geschnitten und dann, zwischen Tranchiermesser (Auflage) und Tranchiergabel (Halt von oben), auf dem Rückenknochen in die ursprüngliche Form zurückgelegt.

Beim „Tranchieren nach dem englischen Schnitt“ erfolgt das Schneiden der Tranchen in

Abb. 1 Hasenrücken auf Tranchierbrett heben

Abb. 2 Erstes Filet mit Hilfe des Löffelrückens abheben

Abb. 3 Zweites Rückenfilet ebenfalls abschälen

Abb. 4 Kleine Filets an Unterseite herausschneiden

Abb. 5 Rückenfilets in schräge Scheiben schneiden

Abb. 6 Angerichteten Hasenrücken mit Sauce umgeben

Längsrichtung, d. h. parallel zur Fleischfaser. Bei uns wird diese Art des Tranchierens nur selten angewendet, weil das tranchierte Fleisch bei dieser Schnittführung sehr rasch austrocknet.

Lammrücken werden nach dem gleichen Prinzip wie Rehrücken abgelöst und tranchiert.

Wenn bei Reh- und Hasenrücken die unter den Rippen liegenden kleinen Filets nicht schon vor dem Braten entfernt worden sind, löst man sie am Tisch mit dem Löffel heraus und schneidet sie in 3 bis 4 Stücke.

Weinempfehlung

Zum gebratenen Hasenrücken mit Preiselbeerbirne empfehle ich Ihnen einen mittelkräftigen Spätburgunder als Spätlese, 4 Jahre alt, halbtrocken. Ein Schwarzriesling oder ein kräftiger Lemberger mit Trollinger aus einem deutschen Anbaugebiet sind sehr geeignet.

Ich kann Ihnen aber auch französische Rotweine aus Burgund, Côtes du Rhone oder Bordeaux anbieten sowie italienische Rotweine wie Barolo oder Barbera empfehlen. Es passen ebenso kräftige Rotweine aus Chile, Südafrika oder Australien.

Tranchieren von Geflügel

Den Gästen wird zunächst die Platte mit dem unzerteilten Geflügel präsentiert. Dann erst beginnt man mit dem Tranchieren.

Hähnchen/Poularde

Das Geflügel mit dem Tranchierbesteck so anheben, dass der sich im Körper befindliche Bratensaft auf einen Teller abfließen kann.

Danach wird das Hähnchen so auf das Tranchierbrett gelegt, dass die Brustpartie zum Gast zeigt.

Mit der Gabel sticht man unterhalb des Schenkelgelenks, schneidet die Geflügelhaut dicht am Körper rund um den Schenkel herum durch und dreht die Keule mit Hilfe der Gabel vom Geflügelkörper ab.

Eventuell muss dabei noch ein wenig mit dem Messer nachgeschnitten werden. Die zweite Keule wird in gleicher Weise bearbeitet.

Beide Keulen werden dann im Gelenk durchgeschnitten und die vier Teilstücke sofort auf die warme Platte gelegt.

Man dreht nun das Hähnchen auf den Rücken und

- sticht die Gabel an der Stelle ein, an der sich die Keule befand, erreicht damit für das weitere Tranchieren einen festen Halt,

- macht dann oberhalb des Flügels in Richtung Brustknochen einen waagerechten Schnitt und führt diesen beim Verspüren eines Widerstandes bei einer gleichzeitigen Richtungsänderung um 90° nach unten zu Ende.

Die beidseitig abgetrennten Flügelstücke legt man auf der Platte ab.

Dann werden

- die beiden Brusthälften mit der Messerspitze am Brustbein entlang sowie von den Rippenknochen abgetrennt, längs halbiert und jeweils in **zwei** Stücke geschnitten,
- die in den Rückenblättern eingebetteten Nüsschen mit Hilfe eines Löffels herausgelöst
- und alle Teile auf der Platte angerichtet.

Poularden werden beim Tranchieren wie Hähnchen behandelt. Wegen der Größe schneidet man jedoch aus den beiden Brusthälften **drei bis vier** gleichmäßig starke Tranchen.

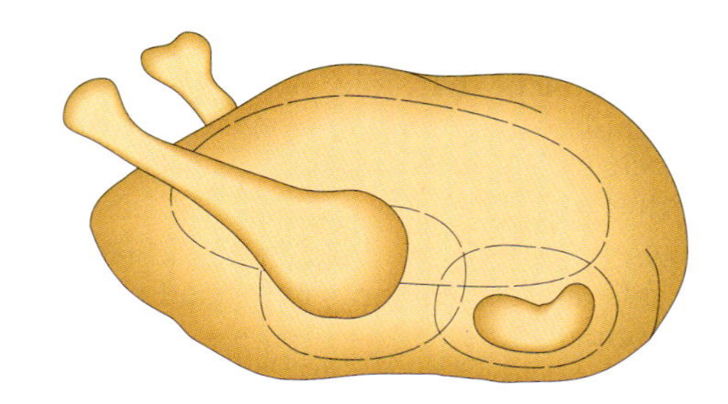

Abb. 1 Saft durch Schräghalten des Brathähnchens abtropfen lassen

Abb. 2 Keulen einschneiden und am Gelenkknochen durchtrennen

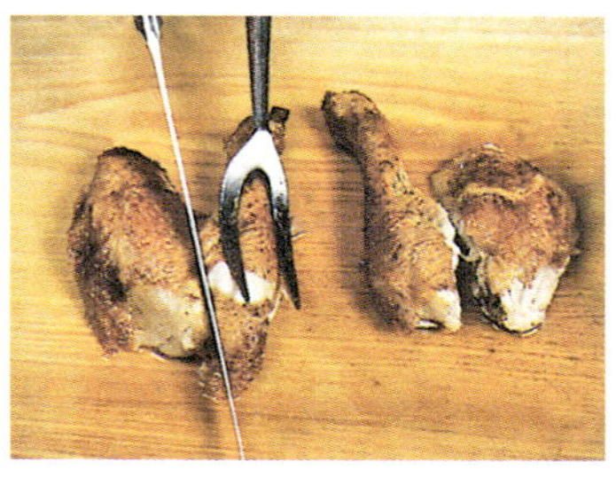

Abb. 3 Keulen in zwei Hälften teilen

Abb. 4 Flügelknochen am Gelenk durchtrennen

Abb. 5 Brust links und rechts des Mittelknochens abtrennen

Abb. 6 Brust schräg in mehrere Tranchen schneiden

 *Weinempfehlung*

Als feine Begleitung zum gebratenen Hähnchen offeriere ich Ihnen einen halbtrockenen oder milden Weißwein, zum Beispiel einen Weißburgunder aus Baden oder einen Müller-Thurgau mit blumigem Bukett sowie einen kräftigen und dennoch weichen Frascati aus Italien oder einen Gewürztraminer aus Südtirol.

Ente

Enten werden üblicherweise leicht rosa gebraten. Die verschiedenen Fleischteile brauchen bis zu dieser Garstufe jedoch unterschiedliche Garzeiten.

Daraus ergibt sich, dass z. B. das Brustfleisch zu einem bestimmten Zeitpunkt bereits die richtige Garstufe erreicht hat, die fleischigeren und außerdem dicht am Rumpf anliegenden Keulen aber noch blutig, in den Gelenken sogar noch halb roh sind.

Die abgetrennten Keulen müssen deshalb in der Küche oder auf einem Flambierrechaud nachgebraten werden.

In der Zwischenzeit wird dann zunächst einmal das Brustfleisch tranchiert und serviert.

Dafür gibt es zwei unterschiedliche Methoden:

Methode 1

Im Gegensatz zu Hähnchen und Poularden werden hier nach dem Abtrennen des Flügelstücks parallel zur Fleischfaser von der Brust unmittelbar am Körper 1 cm dicke Tranchen heruntergeschnitten.

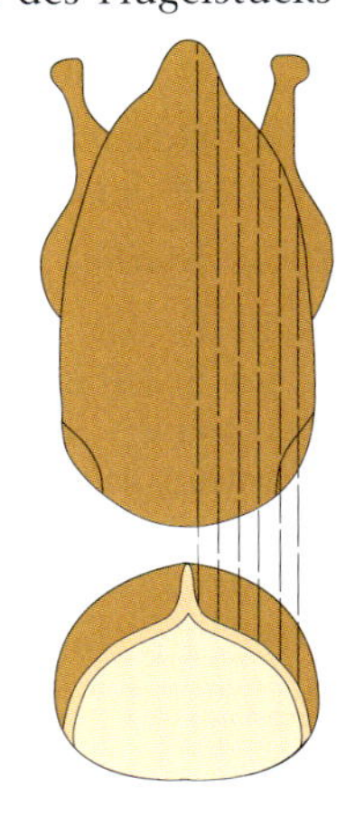

Methode 2

Dabei werden die in Längsrichtung geschnittenen Tranchen am Kopfende nicht einzeln abgetrennt, sodass sie zusammenhängend fächerartig an der Seite herunterfallen und auch später zusammenhängend vom Rumpf abgeschnitten werden können.

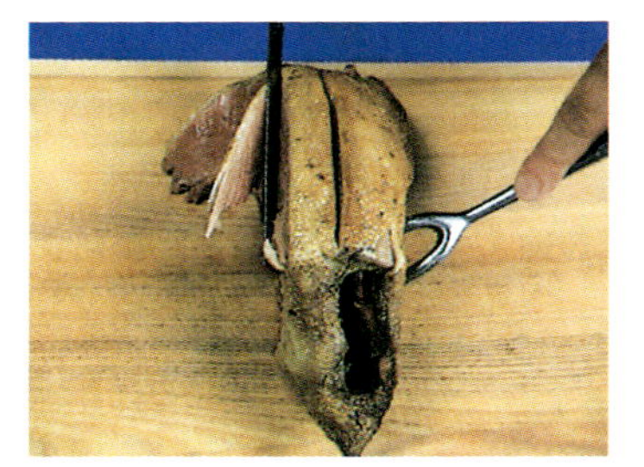

Abb. 1 Nach dem Abtrennen der Keulen wird die Brust portioniert.

Abb. 2 Vom Kopf aus in Längsrichtung die Brust fächerförmig einschneiden

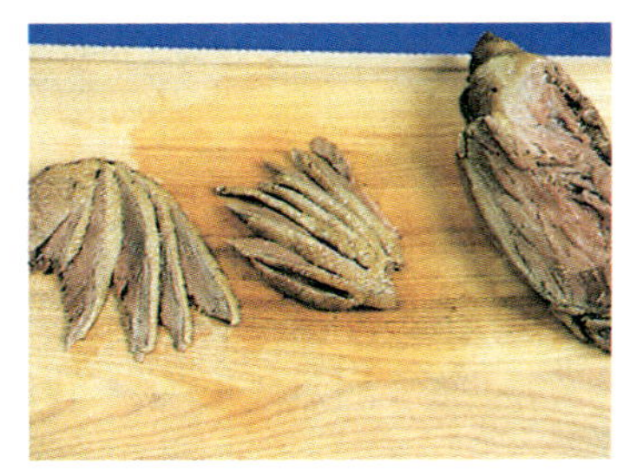

Abb. 3 Danach den Fleischfächer abtrennen und servieren

Diese Arbeitsweise ist zeitsparend, das Ergebnis wirkt dekorativ und gilt darum als besonders elegant.

Weinempfehlung

Zur Ente möchte ich Ihnen gerne einen mittelkräftigen Trollinger oder einen Portugieser von der Ahr empfehlen. Bevorzugen Sie ausländische Weine, so hätten wir für Sie einen Scorpius Merlot aus dem Valle de Colchagua aus Chile.

Fasan

Die Technik des Tranchierens ist hier grundsätzlich wie bei einem Hähnchen. Abweichend gibt es jedoch eine Besonderheit: Die Unterschenkel sind mit sehr starken Sehnen durchzogen. Wenn die Schenkel beim Essen mit vorgelegt werden sollen, dann ist es erforderlich, die Sehnen in der Küche vor dem Braten zu entfernen.

Weinempfehlung

Zum Fasan mit seinem herb schmeckenden Fleisch empfehle ich Ihnen einen kräftigen Spätburgunder von der Ahr oder einen vollmundigen südafrikanischen Shiraz. Ein argentinischer Cabernet Sauvignon würde ebenfalls gut zum Fasan passen.

Tranchieren von Räucherlachs oder Graved Lachs

Tranchiert werden bereits entgrätete Lachsseiten. Als Tranchiermesser dient ein langes, schmales und sehr scharfes Messer.

Übliche Methode des Tranchierens

Das Kopfende des Filets ist in diesem Fall auf dem Tranchierbrett oder dem speziellen Lachsbrett nach links gerichtet. Für das Tranchieren sind folgende Arbeitsrichtlinien zu beachten:

Mit dem Tranchieren wird ungefähr handbreit vom Schwanzende her begonnen, wobei die Schnittführung zum Schwanzende hin erfolgt.

Mit Hilfe des leicht schräg geführten Messers schneidet man möglichst dünne Scheiben, die entweder sofort auf einem Teller angerichtet oder zunächst fächerartig auf dem Tranchierbrett aneinandergereiht werden.

Beim Tranchieren ist darauf zu achten, dass die Silberhaut nicht mit angeschnitten wird.

Bei ganz frisch geräuchertem Lachs, der eine noch sehr weiche Struktur hat, sollte das Tranchiermesser nach jeder Schnittführung durch eine gut angefeuchtete Stoffserviette gezogen werden, andernfalls bleibt Lachs-fleisch am Messerblatt haften, sodass die erforderliche glatte Schnittführung nicht mehr möglich ist.

Abb. 2 Räucherlachs

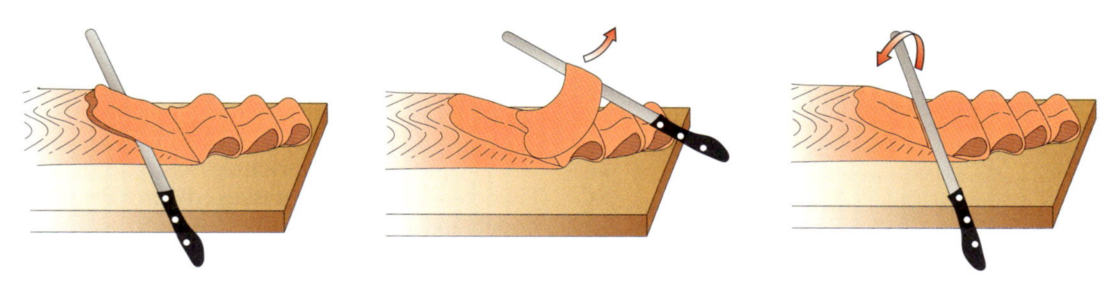

Abb. 1 Tranchieren von Räucherlachs oder Graved Lachs (S. 343)

Weinempfehlung

Ein vollmundiger Chardonnay aus dem Tal der Loire oder ein spritziger, trockener Riesling aus dem Anbaugebiet Rheinhessen wäre mein Vorschlag zu den würzigen Lachstranchen.

Tranchieren des Hummers

- Der ganze Hummer wird dem Gast präsentiert.
- Dann legt man ihn am Guéridon mit einer Handserviette von der Platte auf das Tranchierbrett, sodass der Schwanz nach rechts gerichtet ist.
- Die Scheren mit den Armteilen werden mit einer Stoffserviette gefasst, abgedreht und die Beine mit dem Tranchiermesser abgeschnitten.

Danach wird der Hummerkörper mit einem Tranchiermesser halbiert.

Der Magen mit Inhalt und der Darm werden mit Löffel und Gabel entfernt.

Der im Rückenteil befindliche Rogen (Coreil) wird dem Gast auf Wunsch mitserviert.

Das Schwanzfleisch mit Löffel und Gabel aus dem Panzer herausschälen und ganz oder tranchiert auf den Teller vorlegen.

Die Scheren werden nun von den Armen abgedreht. Durch Hin- und Herbewegen des Scherenteils wird das Kochwasser über einer Glasschale herausgepumpt.

Den beweglichen Scherenteil so abtrennen, dass aus dem großen Scherenteil auch der schildpattähnliche Knorpel (Chitinplatte) mit entfernt wird.

- Den großen Scherenteil mit der Hummerzange aufbrechen und das Fleisch mit der Hummernadel herauslösen.
- Die Armteile mit einem Messer in Längsrichtung aufschneiden.
- Alle Teile nun auf dem Teller anrichten, garnieren und dem Gast servieren.

Weinempfehlung

Zum gekochten Hummer würde ich Ihnen gerne einen trockenen bis halbtrockenen Riesling oder Weißburgunder servieren. Oder wünschen Sie lieber einen Chablis Premier Cru? Sehr gut passt auch Champagner zum Hummer.

4.2 Filetieren am Tisch

tableside filleting

filetage (m) sur la table

Fische werden filetiert. Man versteht darunter das Auslösen von Fischfilets und das fachmännische Zerlegen und Portionieren von Fischen, die im Ganzen zubereitet wurden.

Bei Rund- und Plattfischen (s. S. 337, 606) ergeben sich durch Form, Größe und Anzahl der Filets sowie durch die Lage und den Richtungsverlauf der Gräten beachtliche Unterschiede.

Arbeitsgeräte und Arbeitsrichtlinien

Arbeitsgeräte für das Filetieren

Man verwendet das **Fischbesteck**, mit dem die Haut abgezogen wird und die Filets von den Gräten abgetrennt werden.

Neben dem Fischbesteck gibt es folgende Arbeitsgeräte:

- Fischheber oder L-Paletten zum Abheben der Filets von großen Fischen, die wegen ihrer Größe und zarten Beschaffenheit leicht zerfallen würden.
- Löffel für das Abheben der Filets von kleineren Plattfischen.

Allgemeine Arbeitsrichtlinien für das Filetieren

Im Allgemeinen wird Fisch auf der Platte filetiert, auf der er von der Küche angerichtet wurde. Befinden sich auf der Platte mehrere Fische, so werden sie einzeln auf einen vorgewärmten Teller vorgelegt und dort zerteilt.

Eine spezielle Methode ergibt sich beim Anrichten von blaugekochten Fischen im Fischkessel, der gleichzeitig als Anrichtegeschirr und beim Filetieren als Arbeitsunterlage dient. Der Lochbodeneinsatz des ovalen Kessels kann an seinen Griffen herausgehoben und am Kesselrand eingehängt werden. Auf diese Weise liegt der Fisch nicht mehr im Sud, kühlt jedoch aufgrund des aufsteigenden Wasserdampfes nicht ab und kann außerdem beim Filetieren gut bearbeitet werden.

Filetieren von Rundfischen

Forelle blau

Zum Filetieren liegt die Forelle mit der Bauchöffnung zum Trancheur hin, der Kopf ist nach links gerichtet.

- Zunächst werden mit dem Fischmesser die Rücken- und Bauchflossen entfernt.
- Dann führt man das Fischmesser am Rücken entlang, um die Haut aufzuritzen.
- Das Fischmesser leicht unter die Haut schieben und diese damit zum Bauch hin ablösen.
- Nun wird das Filet durch leichtes Eindrücken der Fischmesserspitze hinter dem Kopf abgetrennt und anschließend mit dem Fischmesser vom Kopfende zum Schwanz hin von der Gräte abgehoben und auf den Teller vorgelegt.

Abb. 1 Forelle an Kopf und Schwanz einritzen

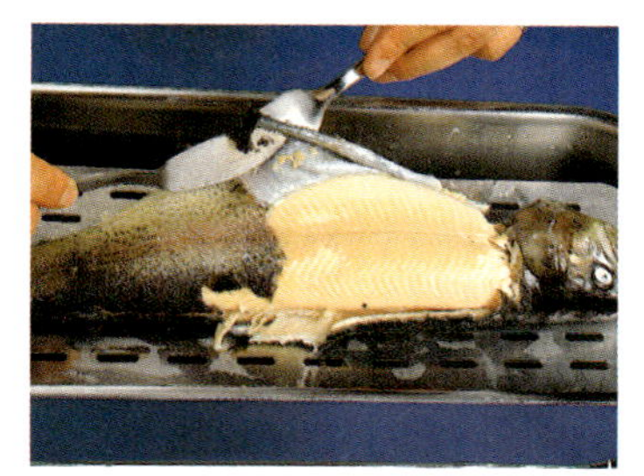

Abb. 2 Vom Rücken aus die Haut ablösen und entfernen

Abb. 3 Filets längs an der Mittellinie trennen, portionieren oder ganz filetieren

Abb. 4 Zweite Filethälfte ablösen und vorlegen

Abb. 5 Forellenbäckchen ausheben

Abb. 6 Angerichteter Teller mit zerlassener Butter

Weinempfehlung

Gut schmecken zur Forelle blau Weißweine von den Rebsorten Riesling, Weißburgunder, Müller-Thurgau oder, für besondere Liebhaber, die Kernerrebe aus Franken. Sollten Sie ausländische Weine bevorzugen, biete ich Ihnen gerne einen Chablis oder Loirewein oder einen Grünen Veltliner aus Österreich an.

Um festzustellen, ob das freigelegte Filet grätenfrei ist, streicht man mit der Gabelspitze leicht längs über das Filet hinweg. Beim Vorlegen ist es erforderlich, das Filet mit der Unterseite nach oben zu drehen, damit die zweite Hautseite abgezogen werden kann.

Abschließend werden noch die Forellenbäckchen vorsichtig aus den Wangen herausgehoben und auf einer kleinen Scheibe Tomate angerichtet.

In der Praxis ist es aber auch üblich, das Oberfilet ① und das Unterfilet ② getrennt voneinander abzuheben. Zu diesem Zweck wird das Filet auf der über die Mitte verlaufenden sichtbaren Trennungslinie ③ markiert und die beiden Teilstücke in getrennten Arbeitsgängen, von der Mitte ausgehend nach oben bzw. nach unten von der Gräte gelöst und abgehoben.

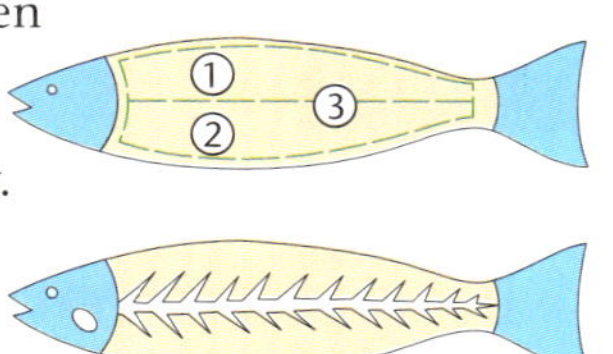

Um an das Filet der anderen Fischseite heranzukommen, wird die Gräte abgehoben. Dabei fährt man zu ihrer Lockerung zunächst mit der Gabel an den Grätenenden entlang. Dann wird die Gräte am Schwanzende zwischen den Gabelzinken eingeklemmt und das ganze Gerüst einschließlich Kopf mit einer leichten kreisförmigen Bewegung abgehoben.

Forelle nach Müllerinart

Im Gegensatz zur Forelle blau wird hier beim Verzehr die Haut nicht entfernt, denn durch das Braten ist eine gebräunte und sehr gut schmeckende Kruste entstanden.

Beim Filetieren ritzt man die Haut rundherum ein, entfernt die Flossen, löst das obere Filet in einem Stück von der Gräte ab und legt es zunächst neben der Forelle ab.

Nach dem Abheben des Grätengerüstes wird das untere Filet auf möglicherweise noch vorhandene Gräten hin überprüft und dann das obere

Filet auf das untere zurückgelegt. Die beiden aufeinanderliegenden Filets richtet man auf dem Teller an. Auch bei dieser Anrichteweise dürfen die Bäckchen nicht vergessen werden, obwohl das Herauslösen aufgrund des gebratenen Zustandes der Forelle etwas schwieriger ist.

Andere Rundfische

Alle kleinen Portionsfische werden wie die Forelle filetiert. Die Filets von großen Fischen (z. B. Lachsforelle, Zander oder Lachs) zerteilt man in kleine Stücke, indem man auf dem Filet mit der Spitze des Fischmessers in Längs- und Querrichtung Einschnitte markiert. Die nun erkennbaren Stücke werden, am Rücken beginnend, mit Hilfe der Fischgabel und eines Fischhebers abgehoben.

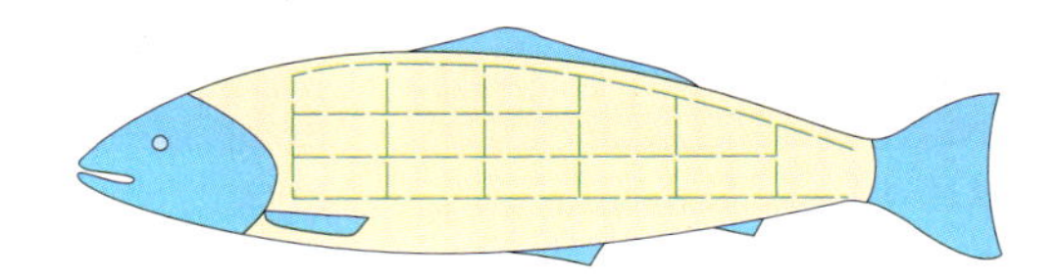

Filetieren von Plattfischen

Steinbutt, Heilbutt

Bei diesen größeren Plattfischen ist im Vergleich zu den kleinen Fischen eine andere Arbeitstechnik erforderlich.

Nachdem der Plattfisch wie nebenstehend skizziert vorbereitet ist, wird in der Mitte längs ein Schnitt gesetzt und dann das obere und untere Filet in Tranchen aufgeteilt.

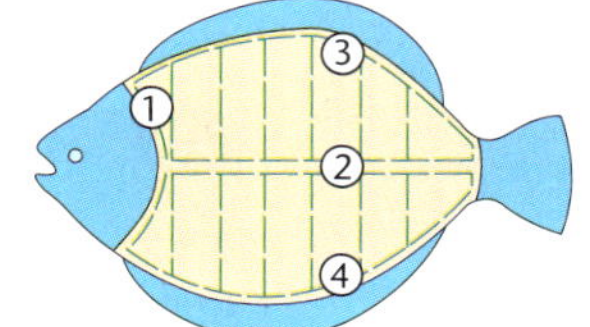

Schnitte:
① = rund um den Kopf
② = entlang der Mittelgräte
③ = entlang der oberen Seitengräten
④ = entlang der unteren Seitengräten

Seezunge, Rotzunge, Scholle

Zum Filetieren dieser kleineren Plattfische dienen Löffel, Fischgabel und Fischmesser. Tranchierbesteck ist das Fischbesteck.

Mit einem Fischmesser die Flossensäume beidseitig lockern, vom Fisch wegziehen, auf den Resteteller legen.

Fischmesser an der Mittelgräte entlang ziehen, dann die beiden Oberfilets ablösen.

Die Filets werden nun abgehoben und auf dem vorgewärmten Teller angerichtet.

Danach streicht man mit dem Löffel über die offenliegende Gräte, damit sie sich leichter löst.

Die Mittelgräte löst man nun von den unteren Filets, hebt sie ab und legt sie auf dem Resteteller ab.

Die Fischfilets werden auf dem vorgewärmten Teller schön angerichtet und mit den Zitronenscheiben belegt.

Eine **Variante** in der Filetiertechnik bei Plattfischen ermöglicht noch rascheres Arbeiten: Nach dem Entfernen des Flossensaums auf beiden Seiten der Mittelgräte mit dem Fischmesser längs einritzen.

Mit zwei Fischgabeln wird rechts und links der Mittelgräte durch die Gräten gestochen.

Die Ober- und Unterfilets werden gleichzeitig von der Gräte gelöst.

Dabei arbeitet man vom Kopf zum Schwanzende und legt die Filets vor.

Weinempfehlung

Meine Empfehlung zum gebratenen Fisch als korrespondierende Weine sind leichte bis mittelkräftige Weißweine. Zum Beispiel einen Silvaner Kabinett, trocken, aus Franken oder Rheinhessen, oder einen Gutedel aus Baden, einen Müller-Thurgau von der Pfalz sowie weiße Burgunderweine aus Frankreich oder italienischer Pinot Grigio.

4.3 Flambieren am Tisch

tableside flambéing

flambage (m) sur la table

Das Flambieren am Tisch des Gastes sollte in Grundzügen von jeder Restaurantfachkraft beherrscht werden. Ein gewisses Maß an Geschick, Routine und das Gefühl für die richtige Dosierung sowie einige Kochkenntnisse sind Voraussetzung, um beim Flambieren die gewünschte Qualität zu liefern und wohltuende Atmosphäre zu schaffen.

Abb. 1 Flambierwagen

Arbeitsgeräte und Arbeitsrichtlinien

Arbeitsgegenstände und -geräte

Flambiert wird auf einem gasbeheizten Flambierwagen oder mit speziellen Tischrechauds, die mit Spiritus, Brennpasten oder Gaskartuschen betrieben werden.

Darüber hinaus benötigt man:

- Vorlege- und Arbeitsbestecke (Löffel und Gabel),
- eine Gießkelle zum Dosieren der Spirituosen,
- eine Gabel, auf die eine halbierte Zitrone gesteckt ist, und die zum Rühren der Saucen gebraucht wird.

Abb. 2 Flambiergegenstände

Die für die jeweiligen Zwecke erforderlichen Spirituosen wie Edelbrände, Geiste und Liköre müssen bereitstehen, wobei die Flaschen jeweils mit einem Ausgießer versehen sein sollten.

Flambieren am Tisch setzt eine sehr sorgfältige und vollständige Vorbereitung voraus, denn der Flambiervorgang darf unter gar keinen Umständen unterbrochen werden.

Arbeitsrichtlinien

Flambiert werden Fleisch, ausgelöste Krebstiere, Süßspeisen oder Früchte. Beim Abflämmen mit Spirituosen wird deren Geschmack auf die Speisen übertragen und sie geben diesen eine besondere Note. Die Spirituosenmenge soll so dosiert werden, dass der Eigengeschmack der jeweiligen Speise nicht überdeckt wird.

Da es sich beim Flambieren um Hantieren mit offenem Feuer handelt, ist aus Sicherheitsgründen größte Vorsicht geboten.

Im Einzelnen ist zu beachten:

- Vor Arbeitsbeginn wird das Flambiergerät auf Funktionstüchtigkeit überprüft.
- Der Sicherheitsabstand zum Tisch des Gastes sollte etwa 1 Meter betragen.
- Die Pfanne darf beim Eingießen der Spirituose nicht zu heiß sein.
- Die Flamme kann auf unterschiedliche Weise entzündet werden:
  - entweder die Pfanne beiseiteziehen, die angemessene Spirituosenmenge zugießen, die Pfanne dann schräg über die Flamme des Rechauds halten, damit diese in die Pfanne überspringen kann,
  - besser ist es, die Spirituose in die Gießkelle (Louche) zu füllen, zu erwärmen und nach dem Entflammen über die Speise zu gießen.
- Die Höhe der Flamme sollte höchstens die Breite einer Hand betragen.
- Heiße Spiritusbrenner erst nach dem Abkühlen nachfüllen.
- Nach Beendigung des Flambierens muss bei gasbetriebenen Geräten das Sicherheitsventil der Gasflasche geschlossen werden.

Abb. 1 Flambierrechaud als Tischgerät

Abb. 2 Flambieren von Beeren

Flambieren von Sauerkirschen, Bananen und Crêpes Suzette

Flambierte Sauerkirschen

- Den Zucker in der Pfanne schmelzen lassen, bis zu goldgelber Farbe erhitzen,
- zusammen mit der Butter schaumig rühren,
- etwas Kirschsaft und Kirschlikör angießen und reduzieren,
- die Kirschen zugeben und heiß werden lassen,
- Kirschwasser zugeben und flambieren,
- den Fond bis zur richtigen Konsistenz einkochen lassen und neben das angerichtete Eis geben,
- sofort servieren.

Zutaten für 2 Personen

25 g	Zucker
20 g	Butter
0,1 l	Kirschsaft
1 cl	Zitronensaft
4 cl	Kirschlikör
200 g	Sauerkirschen, entsteint
4 cl	Kirschwasser
	Vanilleeis

Abb. 1 Mise en place der Zutaten auf Tablett stellen und zum Tisch bzw. Flambierwagen bringen

Abb. 2 Zucker in der heißen Pfanne karamellisieren lassen und dann Butter zugeben

Abb. 3 Mit Kirschsaft, Zitronensaft und Kischlikör ablöschen, etwas einkochen lassen

Abb. 4 Sauerkirschen in die Sauce einlegen und erhitzen

Abb. 5 Kirschwasser in Schöpfkelle (Louche) erhitzen und brennend über die Kirschen gießen

Abb. 6 Die flambierten Kirschen neben dem Vanilleeis auf dem Teller anrichten

 *Weinempfehlung*

Zu diesem schönen Dessert passt vorzüglich halbtrockener Sekt oder Champagner, aber auch ein lieblicher französischer Dessertwein wie ein Sauternes aus Bordeaux oder ein Côteaux du Layon aus dem Loire-Tal.

Flambierte Bananen

- Den Zucker in der Pfanne schmelzen,
- die Butter zugeben und schaumig rühren,
- den Orangensaft zugießen und gut durchkochen,
- die Bananenhälften in dem Fond erhitzen,
- mit dem Cognac bzw. Curaçao flambieren,
- Bananen herausnehmen und anrichten,
- den Fond bis zur angemessenen Konsistenz einkochen und über die Bananen gießen, garnieren.

Zutaten für 2 Personen

2	Bananen	4 cl	Orangensaft, frisch gepresst
40 g	Zucker	4 cl	Cognac oder Curaçao (Triple sec)
30 g	Butter		
2 cl	Bananenlikör		

Als **Garnitur** verwendet man einige Esslöffel Erdbeermark sowie Schokoladensauce oder Vanilleeis.

Abb. 1 Vorbereitete Zutaten

Abb. 2 Zucker-Butter-Karamell ablöschen

Abb. 3 Bananenhälften in Pfanne legen und mit Fond übergießen

Abb. 4 Mit Cognac und Curaçao flambieren

Abb. 5 Bananen auf Teller neben dem Vanilleeis anrichten

Abb. 6 Sauce angießen und mit Pfefferminze garnieren

Weinempfehlung

Hierzu passt ausgezeichnet eine kräftige, liebliche Scheurebe als Auslese aus Rheinhessen oder ein süßer Madeirawein aus Portugal. Gern serviere ich Ihnen auch ein Glas halbtrockenen Sekt oder Champagner.

Eine feine Geschmacksvariante ergibt sich bei dieser Süßspeise durch die Zugabe von Kokosnusslikör oder Kokosnusssirup bzw. auch durch Zugaben von ähnlichen Produkten aus Mango oder Maracuja.

Bei anderen Früchten wird das Flambieren ähnlich oder sogar auf gleiche Weise durchgeführt. Es unterscheiden sich lediglich die Zutaten.

Frucht	geeignete Spirituosen	sonstige Zutaten
Flambierte Birnen	Williamsgeist, Himbeergeist oder Rum	Birnensaft, heiße Schokolade, gehobelte, geröstete Mandeln
Flambierte Pfirsiche	Aprikosengeist, Kirschwasser oder Persiko (Pfirsichlikör)	Marzipanmus, Erdbeerpüree, Zitronen- und Orangensaft
Flambierte Erdbeeren	Grand Marnier und Tequila	Zitronen- und Orangensaft, grüne Pfefferkörner
Flambierte Feigen	Feigen- oder Kiwilikör, Cognac	Zitronen- und Orangensaft, Pinienkerne, frisch gemahlener, schwarzer Pfeffer

Flambierte Crêpes Suzette

Zutaten für 2 Personen

4–6 Crêpes
40 g Zucker
50 g Butter
2 Orangen (Saft)
1 Zitrone (Saft)
5 cl Grand Marnier
3 cl Cognac

- Den Zucker in der Pfanne schmelzen und bis zu goldgelber Farbe karamellisieren lassen; dabei gleichzeitig mit der an die Gabel gesteckten halben Zitrone rühren (glatte Schnittfläche zum Pfannenboden gerichtet),
- die Butter hinzufügen und zusammen mit dem Zucker aufschäumen lassen,
- die Flamme kleiner stellen, die entstandene Masse in die eine Hälfte der Pfanne schieben und den Orangensaft in die freigewordene Hälfte gießen,
- den Saft und die Zuckermasse mit Hilfe der aufgesteckten Zitrone vermischen und so lange rühren, bis sich der Zucker ganz aufgelöst hat,
- den Zitronensaft dazugeben, das Ganze aufkochen lassen und durch Einkochen reduzieren,
- den Grand Marnier dazugeben,
- die Crêpes nacheinander in die Pfanne nehmen, entfalten, durch die Sauce ziehen, zu einem Dreieck zusammenlegen und dann beiseiteschieben,
- in einer Schöpfkelle den Cognac direkt an der Flamme erwärmen, entzünden und brennend über die Crêpes verteilen.

Abb. 1 Zutaten mit vorgebackenen Crêpes

Abb. 2 Zucker karamellisieren und Butter zugeben

Abb. 3 Mit Zitronen- und Organensaft ablöschen

Abb. 4 Mit Grand Marnier würzen

Abb. 5 Crêpes in Sauce einlegen und darin wenden

Abb. 6 Die Crêpes zu Dreiecken falten

Abb. 7 Crêpes in der Sauce kurz durchkochen und flambieren

Abb. 8 Pro Gast zwei Crêpes anrichten

Abb. 9 Mit Sauce und gerösteten Mandelblättchen garnieren

4.4 Speisezubereitung am Tisch

tableside cooking *préparation (w) des mets à la table*

Pariser Pfeffersteak

Die Steaks werden in der Küche gesalzen, der Pfefferschrot angedrückt und gleich scharf angebraten. Anschließend wird das Pfeffersteak im Restaurant flambiert und fertiggestellt.

Zutaten für 2 Personen

2	Rinderfiletsteaks
20 g	Butter
10 g	Pfefferschrot schwarz
50 g	Zwiebelbrunoise
10 g	grüne Pfefferkörner
100 g	Rotwein
10 g	Öl zum Braten
100 g	Sauce Demiglace
50 g	Sahne
	Cognac zum Flambieren

- Die Zutaten werden am Guéridon bereitgestellt,
- Pfanne zur Saucenzubereitung auf dem Rechaud erwärmen,
- Butter in der Pfanne zergehen lassen und die Zwiebelbrunoise darin glasig anschwitzen,
- grüne Pfefferkörner zugeben,
- mit dem Rotwein ablöschen,
- Sauce Demiglace hinzufügen, würzen und aufkochen,
- Sahne unterrühren und die Sauce bei kleiner Flamme sämig einkochen lassen,
- die vorgebratenen Steaks in einer zweiten Pfanne in heißem Öl beidseitig bis zum gewünschten Bratgrad weitergaren,
- über dem Ablageteller Cognac in die Louche füllen, Pfanne beiseiteziehen, den Cognac über der Flamme erhitzen und entzünden,
- den Cognac mit Vorsicht über die Steaks gießen,
- nach dem Erlöschen der Flamme die Pfeffersteaks auf den Tellern anrichten,
- die Sauce nochmals kurz aufkochen und halbseitig über die Steaks nappieren,
- die fertig angerichteten Teller den Gästen einsetzen.

Abb. 1 Mise en place der Zutaten mit vorgebratenem Steak

Abb. 2 Angeschwitzte Zwiebelwürfel mit Sauce Demiglace aufgießen

Abb. 3 Sauce würzen und abschmecken

Abb. 4 Sahne und grüne Pfefferkörner dazugeben

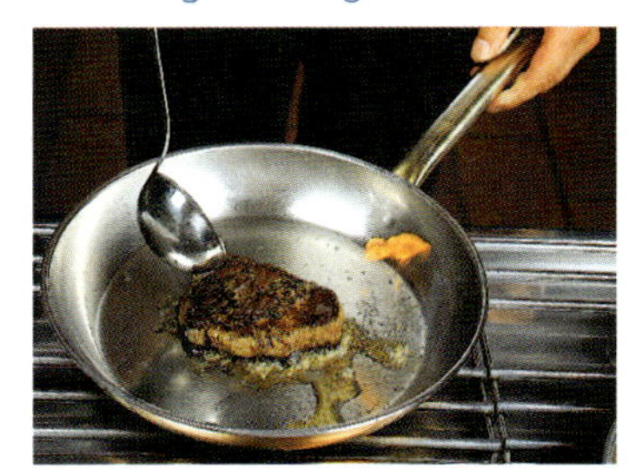

Abb. 5 Steak fertig braten und auf Wunsch des Gastes flambieren

Abb. 6 Steak auf heißem Teller mit Beilagen anrichten

Zubereiten von Salaten und Salatdressings

Dem Zubereiten von Salaten am Tisch kommt eine ganz besondere Bedeutung zu. Unmittelbar vor dem Verzehr zubereitete Speisen haben ein angenehmeres Aussehen und vermitteln einen höheren Genuss. Diese Art von Zubereitung ist allerdings sehr aufwendig und deshalb nur in begrenztem Umfang anwendbar (s. S. 164).

Geeignete Salate

Salate, die erst einige Zeit in der Marinade ziehen müssen, sind für das Zubereiten am Tisch des Gastes ungeeignet. Geeignet sind dagegen alle zarten Salate und Gemüse, die die Marinade oder Salatsauce (Dressing) rasch annehmen.

Geeignet
- alle Blattsalate
- rohe Gemüse wie Tomaten, Gurken, Karotten, Sellerie

Ungeeignet
- rohe Gemüse wie Rot- und Weißkohl
- gegarte Gemüse wie Bohnen, Blumenkohl
- Sellerie, Spargel

Bereiten von Salatsaucen

Wenn sich ein Restaurant dazu entschließt, Salatsaucen am Tisch frisch zuzubereiten, dann darf das nur auf entsprechendem Niveau geschehen.

Dabei sollten unbedingt folgende Voraussetzungen erfüllt sein:

- Erstklassige Zutaten müssen in angemessener Auswahl und Menge zur Verfügung stehen,
- die Bedienungsfachkräfte müssen so geschult sein, dass sie in der Lage sind, die Zutaten richtig zu dosieren und zusammenzustellen sowie den Salaten die geeigneten Saucen zuzuordnen.
- Bei der Herstellung der Salatsauce ist darauf zu achten, dass die Zutaten mit einem Tafellöffel oder einem Kaffeelöffel kontrolliert abgemessen werden.
- Die Salatsauce wird im Allgemeinen separat zubebereitet. Erst nach Fertigstellung der Salatsauce wird der Salat mariniert.

Dafür gibt es folgende Möglichkeiten:

- Die Salatsauce wird in einer Glas- oder Porzellanschüssel zubereitet, dann der Salat hinzugefügt, mit dem Dressing vermischt und auf Tellern angerichtet, oder
- die Salatsauce wird in einem tiefen Teller zubereitet, dann über den in einer Schüssel vorbereiteten Salat gegeben und untergemischt, oder
- das Dressing wird mit einem kleinen Löffel über die angerichtete Salatauswahl geträufelt.

Anrichten von Salaten

Salate können auf Glasplatten, in Glasschalen, in Glaspokalen oder auf flachen oder tiefen Tellern attraktiv angerichtet werden.

Zubereiten einer Cocktailsauce

Zutaten für die Sauce:
Mayonnaise, Ketchup, Tabasco, Worcestershire-Sauce, Salz, Pfeffer, Cognac

Alle Zutaten gründlich miteinander in einer Schüssel verrühren und danach mit einem Löffel über den bereits angerichteten Chicoreesalat ringförmig fließen lassen.

Zubereiten einer Essig-Senf-Sauce

Zutaten für die Sauce:
Dijonsenf, Olivenöl, Weißweinessig, Salz und Pfeffer aus der Mühle

Die Zutaten in einer tiefen Glasschüssel intensiv verrühren, danach den Feldsalat gründlich untermischen und auf den Salattellern anrichten.

Zubereitung eines Balsamico-Dressings

Zutaten für die Sauce:
Balsamico-Essig, Avocadoöl, Salz, Pfeffer aus der Mühle, gewürfelte Schalotten, gehacktes Basilikum

Die Zutaten in einen Suppenteller geben und mit einem Löffel gut verrühren, danach über die vorbereiteten Tomatenscheiben träufeln.

Obazda (Bayerische Käsecreme)

- Camembert in einem Suppenteller mit einer Gabel zerdrücken.
- Restliche Zutaten untermischen, würzen und abschmecken.
- Als Halbkugel oder pyramidenförmig anrichten und garnieren.

Zutaten für 2 Personen

150 g	reifer Camembert
20 g	weiche Butter
100 g	Doppelrahm-Frischkäse
30 g	feine Zwiebelwürfel
3 EL	helles Bier
	Salz, Pfeffer, Paprikapulver, Kümmel
5 g	geschnittener Schnittlauch

Servieren vom Wagen

Bei diesem Service werden die auf dem Wagen bereitgestellten kalten oder warmen Speisen bzw. Getränke an den Tisch des Gastes herangefahren, präsentiert und vom Wagen aus serviert, z. B.:

- kalte Vorspeisen oder Salate,
- frische Fischarten auf Eis zur Auswahl,
- kleine Speisenfolgen in der Reihenfolge Suppe, Hauptgericht und Desserts,
- Käse, warme und kalte Desserts oder Kuchen,
- Spirituosen als Digestifgetränke.

Bei dieser besonderen Servierart werden die auf Brettern, Platten, Chafing-dishes bzw. in Schüsseln angerichteten Speisen erst vor dem Gast auf Teller bzw. Schalen vorgelegt oder in Gläser gefüllt und serviert.

Präsentieren und Servieren von Käse

Nach einer Mahlzeit werden dem Gast verschiedene Käsesorten (s. S. 394) zur Auswahl angeboten. Die Käse sind auf einem Brett mit Glasglocke (Cloche) oder einem Käsewagen angerichtet und werden zum Tisch des Gastes gebracht.

Abb. 1 Brett mit Käseauswahl

Für die Käseempfehlung und den Service sollte fachlich geschultes Servierpersonal zuständig sein, um den Gästen die unterschiedlichen Geschmacksrichtungen der Käsesorten erklären zu können. Zum Zerteilen und Vorlegen der Käse müssen ausreichend Besteckteile zur Verfügung gehalten werden, um ein appetitliches Anrichten zu ermöglichen.

Zum Käse passende Garnituren sowie verschiedene Brotsorten müssen bereitgestellt werden.

Aufgaben

1. Welche Anforderungen sind nötig, um eine eigene Servicestation führen zu können?
2. Nennen Sie 6 Beispiele für Spezial-Gedecke und beschreiben Sie diese im Einzelnen.
3. Nennen Sie die Arbeitsgeräte und die Arbeitsrichtlinien für das Tranchieren.
4. Beschreiben Sie den Ablauf für das Tranchieren von Chateaubriand, Rehrücken und Ente.
5. Nennen Sie die Arbeitsgeräte und die Arbeitsrichtlinien für das Filetieren.
6. Erklären Sie Ihrem/r Kollegen/in das Filetieren einer Forelle blau und einer Seezunge.
7. Beschreiben Sie die Arbeitsgeräte und die Vorsichtsmaßnahmen, die beim Flambieren wichtig sind.
8. Welche Arbeitsrichtlinien gelten für das Flambieren?
9. Beschreiben Sie das Flambieren von Crêpes Suzette und Pariser Pfeffersteak.

5 Zigarrenservice 🇬🇧 *cigar service* 🇫🇷 *service (m) de cigares*

Dem Zigarrenservice wird im Restaurant eine besondere Aufmerksamkeit gewidmet. Neben einer speziellen Zigarrenkarte für den Gast erfordert diese Form von Service eine sachgerechte Pflege und Lagerung der Zigarren sowie deren Präsentation.

In vielen Hotels und Restaurants gibt es für den Genuss von Tabakwaren eigene Salons, in die sich die Raucher zurückziehen können. **Auf den Nichtraucherschutz muss geachtet werden.**

Pflege und Lagerung

Zigarren werden in der Regel in Klimaschränken, auch Humidors genannt, gelagert. Diese schaffen für die Zigarren ein perfektes Klima.

Es gibt auch die Möglichkeit, Zigarren in Klimakisten, auch Boitair genannt, aufzubewahren. Diese Kisten funktionieren aber nur im Zusammenhang mit einem Wein-Klima-Schrank, dabei wird die Box in der Rotweinzone gelagert. Durch Schlitze an der Rückseite und im Boden gelangt die ideal klimatisierte Luft der Rotweinzone mit 16 °C und 70 % relativer Luftfeuchtigkeit zu den Zigarren.

In der Klimakiste ist an der Deckelunterseite ein Klimakontroller untergebracht, bestehend aus einem abnehmbaren Hygrometer und einem fest installierten Thermometer. Der Hygrometer sollte alle drei Monate auf Funktionsgenauigkeit überprüft und neu justiert werden. Dazu legt man ihn für 30 Minuten auf ein gut angefeuchtetes Tuch. Er muss nach Ablauf der Testzeit 95 % Luftfeuchtigkeit anzeigen.

Verkauf und Präsentation

Eine attraktive Zigarrenkarte kann den Gästen zusammen mit der Digestifempfehlung gereicht werden.

Wollen die Gäste eine Zigarre auswählen, präsentiert man das Angebot immer am Guéridon.

Abb. 1 Präsentation von Zigarren

Der Boitair ist mit Zigarren aus verschiedenen Tabaksorten und mit unterschiedlichen Formaten bestückt.

Zigarrenservice

Für diesen Service werden bereitgestellt:

- Zigarrenabschneider und Zigarrenschere
- Kerze und Zündhölzer
- Fidibusse (dünne Zedernholzspäne)
- Aschenbecher

Nachdem der Gast sich eine Zigarre ausgewählt hat, bekommt er diese von der Restaurantfachkraft mit der Zigarrenzange gereicht. Mit dem Zigarrenabschneider bereitet er sich die Zigarre vor und erhält von der Restaurantfachkraft einen Fidibus, der an der brennenden Kerze entzündet wurde.

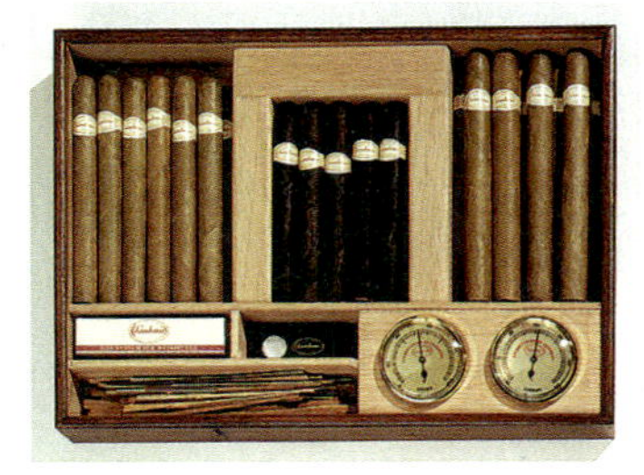

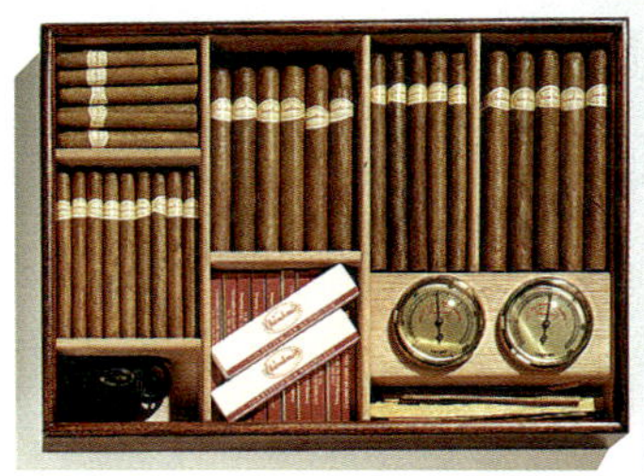

Abb. 2 und 3 Unterschiedlich bestückte Boitairs

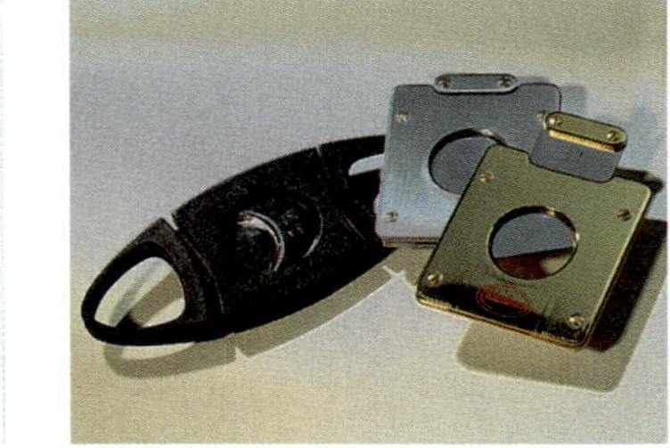

Abb. 4 Zigarrenabschneider

Projekt

Mitarbeiterschulung Servicepersonal

Ihr Chef bittet Sie, sich Gedanken über eine Mitarbeiterschulung für das Servicepersonal zu machen und diese durchzuführen. Dabei soll auch die Möglichkeit geprüft werden, inwieweit es heutzutage noch möglich ist, gehobenen Service ins Alltagsgeschäft einzubauen.

Planung

1 Lassen Sie sich von Ihren Kolleginnen und Kollegen Vorschläge machen, welche
- besonderen Serviertechniken,
- Spezialgedecke,
- Arbeiten am Tisch des Gastes wie Tranchieren, Filetieren, Flambieren und
- Speisenzubereitungen

gezeigt und geübt werden sollen.

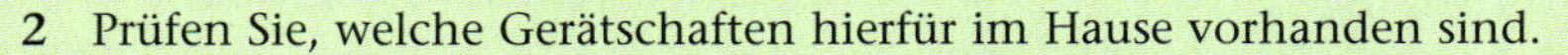

2 Prüfen Sie, welche Gerätschaften hierfür im Hause vorhanden sind.

3 Erstellen Sie eine Liste mit den Vorschlägen, besprechen Sie diese mit den Mitarbeitern und legen Sie dann gemeinsam den Umfang der Schulung fest.

4 Erstellen Sie einen Zeit- und Kostenrahmen für die Schulung.

Vorbereitung

1 Beauftragen Sie Kolleginnen und Kollegen mit den Mise-en-place-Arbeiten für die verschiedenen Schulungsinhalte.

2 Geben Sie hierzu im Einzelnen genaue Arbeitsanweisungen.

Durchführung

1 Lassen Sie die Materialien für die einzelnen Arbeiten herrichten.

2 Überprüfen Sie alle gemeinsam die Mise en place.

3 Lassen Sie die einzelnen Arbeiten nach und nach durchführen und geben Sie wenn nötig Hilfestellung.

ARBEITEN IM BANKETTBEREICH

Veranstaltungen wie z. B. Hochzeit, Firmung, Jubiläum sind in mittleren und größeren Häusern ein regelmäßiger, eigenständiger und wichtiger Bestandteil des Umsatzvolumens. Ihre Bedeutung wird durch die Tatsache unterstrichen, dass viele Hotels eine eigene Bankettabteilung unterhalten und dass es bereits ausgesprochene Veranstaltungs- und Tagungshotels gibt.

1 Organisationsstruktur

structure of organization — *structure (w) de l'organisation (w)*

Die Bankett- oder Veranstaltungsabteilung eines Hotels arbeitet nach einer anderen Organisationsstruktur als À-la-carte-Restaurants.

Die Abteilung wird vom Bankett-Management geleitet und betreut.

Bankett-Manager/-in

Neben einer gründlichen Fachausbildung ist eine zusätzliche Qualifikation als Hotelbetriebswirt/-in wünschenswert. Die Bankett-Abteilung hat eine kreative Ausrichtung. Der/die Bankett-Manager/-in hat darauf zu achten, dass kaufmännische Grundsätze, inbesondere Wirtschaftlichkeitsprinzipien, eingehalten werden.

Der Aufgabenbereich umfasst:

- Verantwortung je nach Betriebsstruktur gegenüber der Gesellschaft bzw. der Geschäftsleitung,
- Erstellung von Bankett-Arrangements und Veranstaltungsunterlagen,
- Führung von Beratungsgesprächen mit Gästen/Kunden,
- Abschließen von Bankettvereinbarungen,
- Information aller am Bankett beteiligten Abteilungen des Hotels.
- Koordinationspflicht mit den Abteilungen,
- Erstellung von Organisationsplänen,
- Verantwortung bei Vorbereitung, Durchführung und Abschluss eines Banketts.

2 Organisationsmittel

organization means — *moyens (m) de l'organisation (w)*

Für den Verkauf von Veranstaltungen ist es wichtig, dass sich das Unternehmen mit seinem Angebot auf dem Markt präsentiert und Werbung betreibt.

Dazu wird eine **Bankett- oder Veranstaltungsmappe** erstellt und diese auch im Internet präsentiert.

Bankett- und Veranstaltungsmappe

Die Mappe enthält:

- Hinweise auf den idealen Standort:
  - abseits vom Alltagslärm im Grünen gelegen,
  - dennoch günstige Anbindung zu Autobahnen,
  - in der Nähe eines internationalen Flughafens.
- Hinweise auf die Rahmenbedingungen des Hauses:
  - Räumlichkeiten mit Raumplänen und Raumgrößen, Nutzungsmöglichkeiten und Sitzordnungen,
  - Tagungs- und Kommunikationstechnik,
  - Vermittlungen von Bühnen, Musik, Laufstegen usw.
- Hinweise auf das Beherbergungs- und Bewirtungsangebot:
  - Anzahl, Art und Ausstattung der Gästezimmer,
  - Speisen- und Getränkeangebot,
  - zusätzliche Einrichtungen im Wellness- und Fitnessbereich.

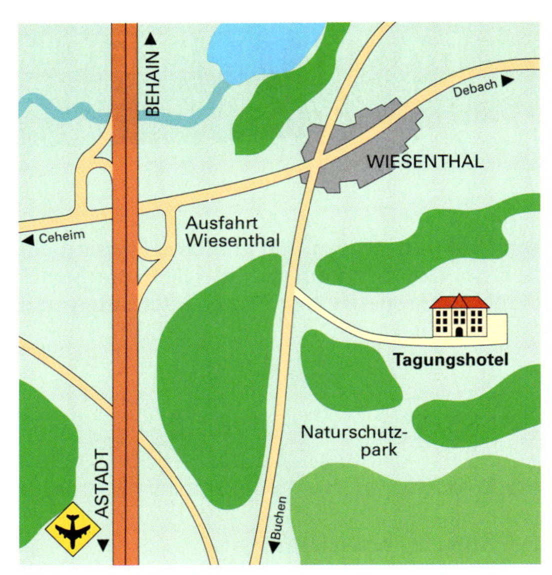

Abb. 1 Anfahrtsskizze zu einem Tagungshotel

Verkaufsabteilung

Um effektiv arbeiten zu können, sind folgende Voraussetzungen notwendig:

- ein Verkaufsbüro, eingerichtet mit allen gängigen Medientechniken,
- gut geschultes Verkaufspersonal, das in Kenntnis aller betrieblichen Möglichkeiten sachkundig fundierte und überzeugende Verkaufsgespräche führen kann.

Veranstaltungsplan

Der Veranstaltungsplan, in dem alle vereinbarten Veranstaltungen registriert werden, dient verschiedenen Zwecken:

- Er ist in Verbindung mit dem Veranstaltungs-Auftrag die Grundlage für das Erstellen der Veranstaltungsvorschau im Hinblick auf die jeweils kommende Woche. Die Vorschau dient zur Information aller Abteilungen des Hotelbetriebes und ist für die sorgfältige Vorbereitung und Durchführung der Veranstaltung außerordentlich wichtig.
- Der Plan ist darüber hinaus die Grundlage zur Vorbereitung der Informationstafel in der Empfangsabteilung für die zur Veranstaltung eintreffenden Gäste.
- Der Plan informiert außerdem die Verkaufsabteilung jederzeit darüber, welche Räume zu welchen Zeiten noch für weitere Veranstaltungen zur Verfügung stehen.

Beispiel siehe unten.

Hilfsmittel des Verkaufs

Es gibt eine ganze Reihe von Hilfs- und Organisationsmitteln, die dazu dienen, den Auftraggeber rasch und umfassend über das gastronomische Angebot zu informieren. Die Wünsche des Gastes können damit schnell, lückenlos und detailliert erfasst werden.

Veranstaltungsplan

Datum ↓ Raum →	Bad Soden	Eschborn	Kronberg	Königstein	Harz
Montag 3. 4.		19^{30} bis 22^{00} Lichtbildervortrag Kunstverein		16^{00} bis 20^{00} Weinprobe Fa. Reinhard	
Dienstag 4. 4.	10^{30} bis 13^{00} Empfang der IHK			13^{00} bis 20^{00} Skatmeisterschaft	10^{00} bis 16^{00} Symposion Innere Medizin
Mittwoch 5. 4.		11^{30} bis 16^{00} Familienfeier Rudolf			9^{00} bis 18^{00} Jahreshauptvers. d. Kleingartenv.
Donnerstag 6. 4.	9^{30} bis 15^{00} Wohnungsbauges. Herr Franke			10^{00} bis 14^{00} Jubiläumsempfg. Fa. Helm	
Freitag 7. 4.			11^{00} bis 17^{00} Hochzeitsfeier Lehnert		
Samstag 8. 4.			8^{30} bis 18^{00} Seminar „Betriebsberatung"		
Sonntag 9. 4.		12^{00} bis 16^{00} Konfirmation Fam. Huber			

Raumplan

Der Raumplan gibt Auskunft über die vorhandenen Räume sowie die unterschiedlichen Möglichkeiten der Nutzung. Der Plan macht die Raumgrößen, die Bestuhlungsvarianten und die damit im Zusammenhang stehenden Personenzahlen ersichtlich. Für eine Veranstaltung ist somit eine rasche Ermittlung der geeignetsten Räumlichkeiten gegeben.

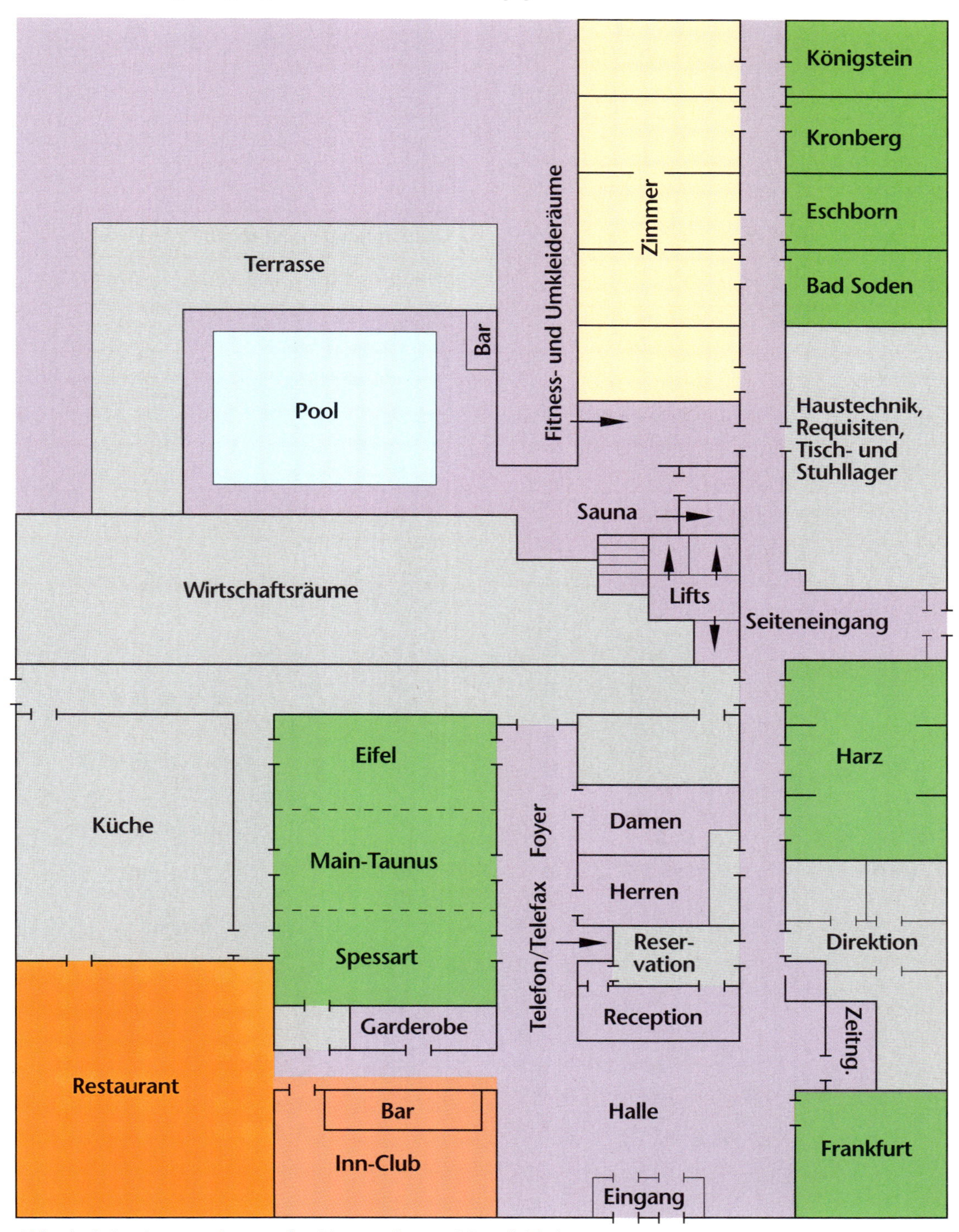

Abb. 1 Orientierungsplan zu den Veranstaltungs-Räumlichkeiten

Übersicht über Räumlichkeiten

Raum	m²	Länge in m	Breite in m	Höhe in m	Konferenzen, Tagungen, Seminare					Gesellschaftl. Anlässe		
					Parlament	Block	U-Form	T-Form	Theater	Cocktail	Büfett	Lunch/ Dinner
Bad Soden	27	7,55	3,60	2,55	20	18	18	17	30	30	–	20
Eschborn	27	7,55	3,60	2,55	20	18	18	17	30	30	–	20
Kronberg	27	7,55	3,60	2,55	20	18	18	17	30	30	–	20
Königstein	27	7,55	3,60	2,55	20	18	18	17	30	30	–	20
Harz	72	10,41	7,10	2,54	50	32	30	30	70	100	50	60
Frankfurt	54	7,00	7,70	3,20	28	26	24	20	45	60	35	40
Spessart	54	11,40	4,75	3,20	32	36	28-32	30	80	80	32	50
Main/Taunus	65	11,40	5,75	3,20	32	36	28-32	30	80	80	32	50
Eifel	57	11,40	5,00	3,20	32	36	28-32	30	80	80	32	50
2 Räume	120	11,40	10,00	3,20	70	Karree 56	42	40	170	160	70	120
Ganzer Saal	176	11,40	15,50	3,20	140	Karree 80	80	52	250	200	140	200

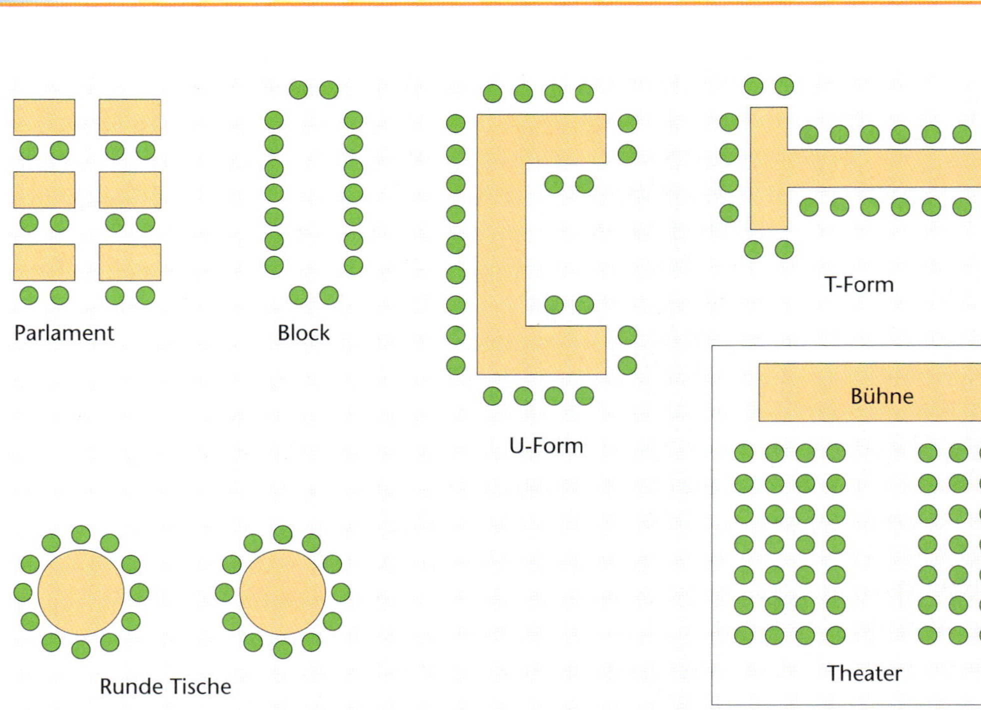

Abb. 1 Bestuhlungsplan und Tafelformen

Checklisten

Beim Verkaufsgespräch für eine Veranstaltung darf nichts vergessen werden.

Zu diesem Zweck gibt es Checklisten, in denen die entsprechenden Wünsche abgefragt, angekreuzt bzw. eingetragen und für die weitere Bearbeitung festgehalten werden.

Checkliste für Materialien und Vermittlungen

1. Stichwort der Veranstaltung: M-Seminar

2. Zeitraum: Anreise-Tag: 17.11. ..
Abreise-Tag: 19.11. ..

3. Teilnehmer:
Teilnehmerzahl: 28

4. Unterbringung:

	E-Zi.	D.-Zi.
Im Holiday Inn	24	2
Zusätzl. Hotel	–	–
Anzahl der Nächte	2	

5. Technische Anlagen und Ausstattung

Zur Verfügung stehen:	
☒ Rednerpult, Tischglocke	
○ Podium	
○ Standmikrofon	
○ Funkmikrofon	
○ Tischmikrofon	
○ Tischpult	
☒ Flip-Chart	
☒ Tafel und Kreide	
☒ Zeigestock/Pointer	
☒ Projektionswand + Tisch	
○ Beamer	
○ Filmprojektor	
☒ Internetanschluss	
☒ WLAN	
☒ Overheadprojektor	
○ Spotlight	
○ AV-Gerät	
○ Simultananlage	
○ Diktiergerät	
○ Videogroßwand	
○ Fernsehkameras	
○	
○ Computer	
○ Schreibmaterial	
○ Vervielfältigungsgerät	
○ Überraschung	
Wir vermitteln:	
○ Fotografen	
☒ Sekretärin	
○ Hostessen	
○ Floristen	
○ Grafiker	
○ Musiker	
○ Videoteam	
○ Ausflüge	
○ Damenprogramme	
○ Pressekontakte	

6. Drucksachen-Checkliste

Zu Ihrer Verfügung stehen:	benötigte Anzahl
☒ Hotelprospekte	28
☒ Wegweiser	1
○ Infomations-Prospekte	
☒ Frankfurt, Stadtplan	28
☒ Frankfurt, Veranstaltungskalender	28
○ Menükarten	
Wir organisieren für Sie zum Selbstkostenpreis den Druck von:	
○ Einladungen jeglicher Art	
○ Antwortkarten	
○ Veranstaltungs-Programmen	
○ Umschlägen	
○ Pressemitteilungen	
☒ Mappen	28
○ Tischkarten	

Checkliste für Speisen und Getränke

1. Tagungen, Konferenzen	(Gewünschtes bitte ankreuzen)	Ja	Nein
Zum Empfang der Teilnehmer:	Begrüßungsdrink	✘	
Empfangsparty am Vorabend:	als Poolparty		✘
	als Cocktailparty	✘	
	– mit Hors d'œuvres		✘
	– Fingerfood		
Zum Frühstück:	Büfett		✘
Erfrischungen:	Konferenzgetränke	✘	
Kaffepause vormittags:	mit gemeinsamem Imbiss	✘	
	ohne gemeinsamen Imbiss		
Mittagessen:	3-Gänge-Menü oder leichter Manager-Lunch	✘	
	Arbeitsessen		
Kaffeepause nachmittags:	mit Gebäck	✘	
	ohne Gebäck		
	kalte Getränke	✘	
Abendessen gemeinsam:	festliches Dinner		✘
	Grillparty (bei schönem Wetter)	✘	
	Spezialitäten-Büfett		
Abschlussabend mit Selbstbedienung vom Büfett:	**Original Hessenabend:** Hessische Spezialitäten, Getränke und Musik		
	Fiesta Siciliana: Italienische Speisen und Getränke mit italienischer Musik	✘	
	Pusztanächte: Ungarische Speisen und Getränke mit Musik		
	Soirée Parisienne: Französische Spezialitäten, Käse und Wein mit Original-Musik		
2. Feiern Zu jeglichem Anlass arrangieren wir für Sie:	Verlangen Sie unsere Vorschläge für:		
Betriebsfeiern:	Weihnachtsfeiern		
	Jubiläen		
Familienfeiern:	Taufe		
	Geburtstag		
	Konfirmation		
	Kommunion		
	Verlobung		
	Hochzeit von Grün bis Diamant		
Vereins- und Clubfeiern:	Kostümbälle		
	Ehrenabende		
	Sommernachtsbälle		
Platz für Ihre Ideen:			

Veranstaltungs-Auftrag

Die Ergebnisse des Verkaufsgesprächs und die in den Checklisten eingetragenen Wünsche des Bestellers werden in einem Veranstaltungs-Auftrag schriftlich festgehalten. Durch die Unterschrift des Auftraggebers erhält dieser vertraglichen Charakter und ist die Grundlage

- für die Vorbereitung und Durchführung der Veranstaltung von Seiten des Betriebes,
- für eventuelle Rückfragen und Klarstellungen,
- für das Abrechnen mit dem Auftraggeber.

Veranstaltungs-Auftrag/Bankett-Vereinbarung

Datum: Mittwoch	den 28. 5. ..		lfd. Nr. 183
Veranstalter: Verband Deutscher Makler			Art der VA: Konferenz
bestellt durch: Frau Steinhuber			Tel.: 03 47/56 35 07
			Fax: 03 47/56 35 07
Rechnungsanschrift: 31468 Immobilienstadt, Neuweg 7			
Text für Informationstafel: /			
angen. am: 20. 3. ..	durch: Reinhard	Tel. ☐ Korr. ☐	Pers. ☒ Fax ☐
Uhrzeit: von 7⁰⁰ bis 8⁰⁰	Personen: 68/Frühstück	Raum: Frühstück 1	Tischplan: /
Uhrzeit: von 9⁰⁰ bis 12³⁰	45/Konferenz	Harz	Parlament
Uhrzeit: von 13³⁰ bis 15³⁰	64/Diner	Großer Saal	runde 8er Tische
Uhrzeit: von bis			

Getränke:
Abrechnung nach Verbrauch – Berechnung nach Getränke-Karte

zur Konferenz: Mineralwasser und Säfte eingedeckt — ja ☒ nein ☐

Kaffeepausen: vorm.: Kaffee und Tee
nachm.: bereithalten

zum Empfang:

zum Essen: nach Wahl (kleine Getränkekarte erstellen, passend zum Menü)

nach dem Essen: Digestifgetränke anbieten

Speisen:

Tischreden: keine

Uhrzeit: 13³⁰ Personen: 68 Raum: Großer Saal

Tatar von gebeiztem Lachs

Brieskläßchen auf Lauchstreifen mit Safransauce

Sorbet von Ananas und Erdbeeren

Tournedos
Bearner Sauce
Feine Gemüseauswahl
Mandelkroketten

Crêpes Suchard

Preis: 35,00 €

Bemerkungen: Zur Kaffeepause vormittags belegte Brötchen (Schinken und Käse)
nachmittags Kuchen und Teegebäck

Menükarten: 64	à 3,00 €	Mikrofone: 2	Preis: 20,00 €
Blumen: 8 kleine Gestecke	à 20,00 €		
Tabakwaren:		Filmprojektor: 1	Preis: 30,00 €
Fotograf:	Zeit:	Beamer:	Preis: €
Bereitstellungskosten:		Overhead:	Preis: €
Garderobe: €	pauschal ☐ individuell ☐	Internetanschluss:	Preis: €
Kerzen: keine	Flipchart: ✗		
Podium:		Leinwand: 1	Preis: 10,00 €
Musik:	Tanzfläche:	Laufsteg:	Prüfungs-Verm.
GEMA:	Tanzerlaubnis:	Telefon:	
Datum: 20. 3. ..		Steinhuber Unterschrift des Bestellers/Veranstalters	

Bankettbereich

3 Vorbereiten und Durchführen eines Banketts

preparing and managing a banquet *mise (w) en place et la réalisation d'un banquet*

Bankette sind Sonderveranstaltungen, bei denen ein festliches Essen im Mittelpunkt steht. Die folgenden Ausführungen dienen dazu, an einem Beispiel alle organisatorischen Überlegungen und Maßnahmen aufzuzeigen. Grundlegendes zum Thema „Sonderveranstaltungen" sollte zunächst ab Seite 550 nachgelesen werden.

Bankettvereinbarung

Diese schriftliche Aufzeichnung (s. S. 623), in der alle mit dem Auftraggeber besprochenen Details festgehalten werden, ist die Grundlage:

- für die Vorbereitung und Durchführung des Banketts sowie für eventuelle Rückfragen und Klarstellungen,
- für den Mitarbeitereinsatz,
- für die Abrechnung mit dem Auftraggeber.

Planungsmaßnahmen

Den vorbereitenden Arbeiten kommt eine besondere Bedeutung zu, denn je sorgfältiger diese erledigt werden, desto wahrscheinlicher ist die reibungslose Durchführung des Banketts. Dabei ist zu unterscheiden zwischen den vorbereitenden Planungsmaßnahmen und den eigentlichen Vorbereitungsarbeiten, dem Mise en place.

Information

Alle betroffenen Abteilungen erhalten eine Kopie der Bankettvereinbarung. Sie informiert über den Zeitpunkt der Veranstaltung und ist gleichzeitig die Basis, mit der die Abteilungen ihre Arbeitsbeiträge planen können.

Tafelorientierungsplan

Wie aus dem Namen hervorgeht, handelt es sich um einen Plan, der zur Orientierung an der Festtafel dient: einerseits für die Gäste und andererseits für das Servierpersonal. Dazu erhält der Service aus der Bankettvereinbarung in unserem Beispiel folgende Hinweise:

- Personenzahl: 32
- Tafelform: U-Form

Darüber hinaus teilt der Veranstalter mit:

- Unter den Gästen befinden sich 8 Ehrengäste.
- Eine namentliche Liste der Gäste enthält die Reihenfolge für die Sitzordnung.

Aus diesen Vorgaben leitet sich der Aufbau der Festtafel ab (siehe oben).

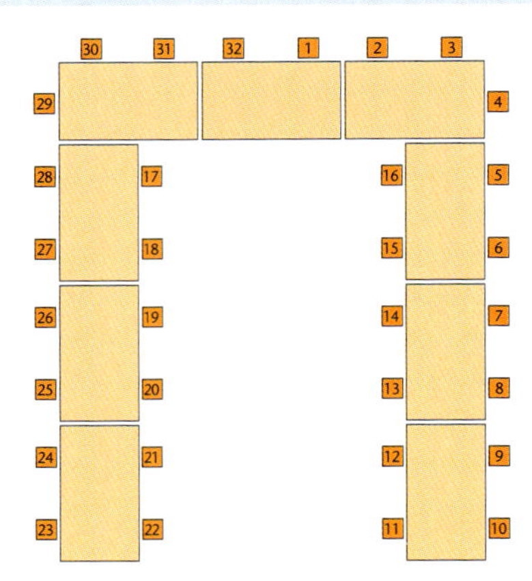

Eine ergänzende Liste informiert die Gäste über ihren Platz an der Festtafel. Diese wird, für die Gäste leicht zu erkennen, an einer Tafel im Eingangsbereich aufgestellt. Obwohl man bei kleineren Veranstaltungen im allgemeinen Tischkarten verwendet, soll an dieser Stelle beispielhaft die Gästeliste angedeutet werden.

Tafelorientierungsplan (Gäste)

Gästeliste			
Name d. Gastes	Platz-Nr.	Name d. Gastes	Platz-Nr.
Frau Domes	32	Frau Seibert	5
Herr Domes	1	Herr Neumann	6
Herr Reimann	2	Herr Rudolf	7
Frau Rosenbach	3	Frau Prange	8
Herr Dahlberg	4	Frau Libert	9
Frau Ahrend	31	usw. …	
Frau Brunner	30	…	
Herr Lehmann	29	…	

Abb. 1 Festliches Gedeck

Hotel STADT MÜNCHEN

Bankettvereinbarung

Veranstalter: Fa. Müller & Co. — Wochentag: Mittwoch

Besteller: Frau Bertram — Datum: 15. 11. ..

Bestelleranschrift: Hofgartenstr. 17 – 19, 80011 Imdorf

Rechnungsanschrift: 31468 Immobilienstadt, Neuweg 7

angenommen am: 31. 10. .. — durch: Reinhold Michel

Personenzahl: 32 — Raum: Paris — Tafelform: U-Form

Beginn: 13^{00} — Ende: ca. 15^{00}

Getränke	Menü
Aperitif: Sekt, Orangensaft, Sektcocktail zum Essen: Erdener Treppchen, trocken Glottertaler Rote Bur, Weißherbst Sekt nach dem Essen: Mokka, Cognac, Cremeliköre	Geräuchertes Forellenfilet Sahnemeerrettich Toast und Butter … Klare Ochsenschwanzsuppe mit Sherry … Kalbsmedaillons mit Morchelrahm Spargel, Erbsen, Karotten Dauphinekartoffeln Salatherzen … Birne Helene **Preis: 38,50 €**

Bemerkungen: Jubiläum des Hauptgeschäftsführers Domes
Tischreden: nach der kalten Vorspeise und nach dem Hauptgang

Menükarten: werden vom Haus bereitgestellt

Blumen: Bodenvasen, Tischgestecke — Kerzen:

Lautsprecheranlage:

Fotograf: — Uhrzeit:

Musik, Tanz: — Art der Bezahlung:

Gema, Tanzerlaubnis:

Garderobe:

Kopien an:
- Küche ☒
- Restaurant ☒
- Empfang ☒
- Technik ☐

31. 10. .. — Bertram

Datum — Unterschrift

Mise en place

Bereitstellen der Tisch- und Tafelgeräte

Gänge	Tafelgeräte und sonstige Geräte	Fest-tafel	Service-tisch
Vorspeise	● Fischbesteck ● Brotteller, Mittelmesser ● Weißweingläser	32 32 32	2 2 3
Suppe	● Mittellöffel ● Suppengedecke	32 –	3 35
Haupt-gang	● großes Messer und große Gabel ● Roséweingläser ● Menagen ● Vorlegebesteck • Löffel (Sauce) • Löffel und Gabel (Fleisch, Kartoffeln)	32 32 6 8 	3 3 2 16
Dessert	● Mittellöffel, Mittelgabel ● Sektgläser	32 32	3 3
außerdem	● Servietten ● Menükarten	32 32	6 6

Darüber hinaus sind bereitzustellen:

Zweck	Gegenstände
Aperitif	→ 50 Sektgläser
Mokkaservice	→ 36 Kaffeeuntertassen und Kaffeelöffel → 6 mal Sahne und Zucker
Spirituosen-service	→ 20 Schwenker → 20 Likörschalen
Sonstiges	→ 8 Serviertabletts

Abb. 1 Gedeck zum Menü

Zeit- und Arbeitsablaufplan

8:00 Getränke für Aperitif:

5 Flaschen Sekt (0,75 l) und 3 l Orangensaft kühl stellen

Getränke zum Menü:
6 Flaschen Erdener Treppchen (0,75 l) und
6 Flaschen Rüdesheimer Bischofsberg (0,75 l)
6 Flaschen Sekt (0,75 l) ebenfalls kühl stellen

In Reserve gekühlt:
Mineralwasser und Softdrinks

Cognac und Cremeliköre bereitstellen

Vorbereiten der Tisch- und Tafelgeräte
- Falten der Servietten

10:00
- Stellen und Eindecken der Festtafel
- Herrichten von zwei Servicetischen für die Servicebereiche I bis III und IV bis VI
- Herrichten eines Getränkebüfetts

12:00 Empfang der Gäste
- Garderobe versorgen
- Aperitif anbieten
- Bei der Platzsuche behilflich sein

Durchführen des Banketts

Bankette sind festliche Anlässe. Es ist deshalb wichtig, dass die Servierabläufe reibungslos und präzise ausgeführt werden. Dazu gibt es entsprechende Anweisungen:

Servicebereiche

Für den reibungslosen und optisch einwandfreien Ablauf des Service ist es unbedingt erforderlich, dass jede Bedienung weiß, welche Gäste sie an der Festtafel zu betreuen hat. Je Servicefachkraft werden vier bis sechs Gäste zugeordnet.

Zuordnung der Servierkräfte zu den Servicebereichen

Servicebereich	Gäste	Name der Bedienung
I	1–4	Anton
II	5–10	Dora
III	11–16	Gustav
IV	17–22	Jürgen
V	23–28	Martin
VI	29–32	Paula

Arbeitsrichtlinien

Gleichzeitigkeit der Bedienungsabläufe

Bei bestimmten Serviervorgängen von Speisen oder Getränken begeben sich die in Reihe „aufmarschierenden“ Restaurantfachkräfte jeweils zum ersten Gast innerhalb ihres Servicebereichs. Auf das Zeichen des Serviceleiters hin beginnen alle gleichzeitig mit dem Bedienungsablauf.

Servieren von Speisen

- Das **Einsetzen** der auf Tellern oder in Schalen angerichteten Speisen erfolgt grundsätzlich **von der rechten Seite** des Gastes mit Ausnahme der Teile, die links vom Gedeck stehen, z. B. Toast, Salat.
- Das **Anbieten** oder **Vorlegen** von der Platte wird **von der linken Seite** des Gastes ausgeführt.
- Die grundlegende Laufrichtung innerhalb des Servicebereichs verläuft beim Einsetzen von rechts nach links, beim Anbieten oder Vorlegen von links nach rechts.

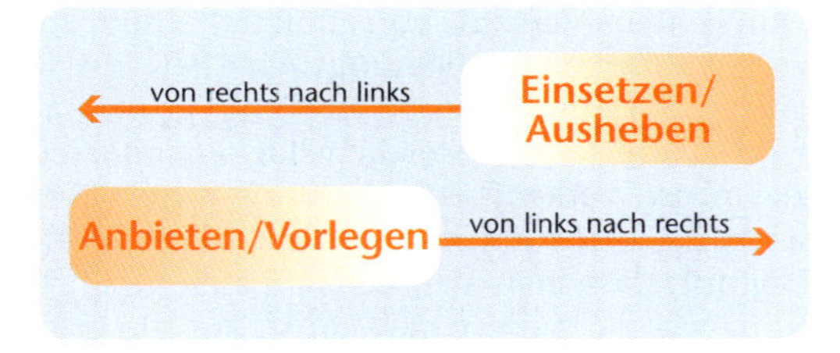

Im Beispiel gibt es bedingt durch die U-Tafel-Form eine Abweichung von dieser Grundregel:

Tafelorientierungsplan (Service)

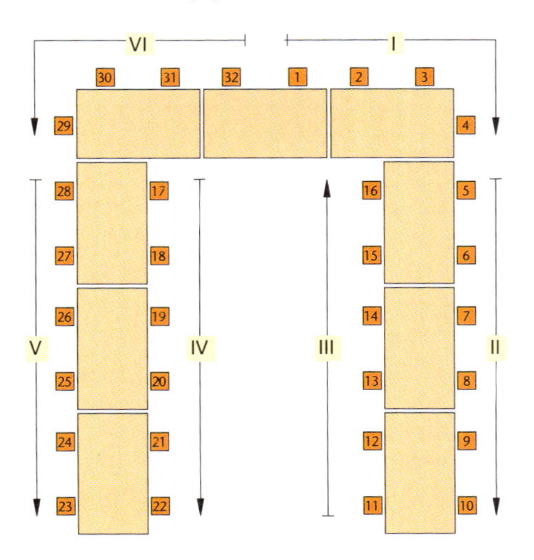

Im Bereich der Ehrengäste wird jeweils von der Mitte ausgehend nach beiden Seiten serviert (s. Tafelorientierungsplan, Servicebereiche).

- Für das Servieren von Speisen, bei denen die Beigaben bzw. Beilagen getrennt vom Hauptbestandteil angerichtet werden, sind verschiedene Gesichtspunkte zu beachten:
  - Steht für einen Servicebereich nur eine Bedienung zur Verfügung, dann serviert sie den Hauptbestandteil. Zuvor müssen dann jedoch beim ersten Gast des Servicebereichs die Beigaben eingesetzt werden, damit dieser sofort mit dem Selbstbedienen beginnen und die Speise daraufhin weiterreichen kann. Andernfalls sitzen die Gäste zu lange wartend vor ihren Tellern, die Speisen werden kalt und der Ablauf des Essens verzögert sich unnötig.
  - Stehen für das Servieren der Beigaben/Beilagen weitere Bedienungen zur Verfügung, folgen diese z. B. mit Gemüse, Kartoffeln oder Sauce jeweils der vorausgehenden Bedienung nach.
    Dabei ist es jedoch notwendig, dass die nachfolgende Servicekraft erst dann mit dem Vorlegen beginnt, wenn die vorausgehende beim übernächsten Gast angelangt ist, damit sie sich nicht gegenseitig behindern und außerdem den Gast nicht unnötig stören.
- Beim Hauptgang darf das Nachservieren nicht vergessen werden.
- Stellt man während des Servierens fest, dass der Gast ein falsches Besteck benutzt hat, wird dieses unaufgefordert und diskret ergänzt.

Ausheben

- Mit Ausnahme der Teile, die links vom Gedeck stehen, erfolgt das **Ausheben von der rechten Seite** des Gastes, die **Laufrichtung** ist immer **von rechts nach links.**
- Platzteller, Brotteller und Menagen werden im Allgemeinen nach dem Hauptgang ausgehoben. Gibt es nach dem Hauptgang Käse, so bleiben die Brotteller stehen.
- Die Bestecke frei gebliebener Plätze werden nach dem jeweiligen Gang mit ausgehoben, denn später eintreffende Gäste werden mit dem laufenden Gang bedient.
  Eine Abweichung gibt es nur dann, wenn der Gastgeber das Nachservieren der vorangegangenen Speisen ausdrücklich wünscht. In diesem Fall sind die entsprechenden Bestecke wieder einzudecken.

Servieren von Getränken

- Das Getränk ist jeweils vor dem Servieren der zugehörigen Speise einzugießen, weil es ein wenig auf die Speise einstimmen soll. Das **Eingießen** erfolgt **immer von der rechten Seite** des Gastes.
- Geleerte Gläser werden erst nach Befragen des Gastes nachgefüllt; vor Ansprachen sind grundsätzlich alle Gläser zu füllen, damit während der Rede unnötige Störungen vermieden werden.
- Im Rahmen der Speisenfolge werden die benutzten Gläser jeweils **nach** dem Eingießen des nächsten Getränks ausgehoben, damit die Gäste zu keiner Zeit ohne Getränk sind.

Hat ein Gast das Glas noch nicht leer getrunken, muss er befragt werden, ob es stehen bleiben soll, denn es könnte sein, dass er einen Wein zu Ende genießen oder ihn mit dem nachfolgenden vergleichen möchte.

4 Büfett-Service *self service from the buffet* *libre-service (m) du buffet*

Für viele Gäste ist das kalte Büfett nach wie vor der Inbegriff einer vielfältig-kulinarischen und farbenprächtigen Darbietung von Speisen.

Zu den verschiedensten Anlässen, zu Kongressen, Tagungen, Firmenjubiläen, Einweihungen, Bällen und privaten Festen wie Geburtstagen und Hochzeiten werden Büfetts von Gastronomie und Partyservice angeboten, immer mit dem Ziel, einer Vielzahl von Gästen gleichzeitig und schnell Köstlichkeiten zu verabfolgen.

Der Anlass zu einem Büfett spielt beim Gesamtarrangement wie auch bei der Zusammenstellung der Speisen, dem Büfettaufbau und bei der Wahl der Dekoration eine wichtige Rolle. Kreative Köche können hier zusammen mit den Servicemitarbeitern die organisatorischen und gestalterischen Möglichkeiten voll ausspielen.

4.1 Planung

planning *planification (w)*

Büfetts bieten dem Gast ein vielfältiges Angebot. Dies reicht vom festgelegten Programm für Speisen und Getränke bis hin zu der Möglichkeit, ein Fest individuell nach seinen besonderen Vorstellungen und Wünschen zu gestalten und zu organisieren.

Büfetts bieten aber auch dem gastronomischen Unternehmer die Möglichkeit, durch entsprechende Angebotsgestaltung auf sich und sein Haus aufmerksam zu machen. Dabei kann zusätzliche Flexibilität gezeigt werden, wenn ein Catering-Service eingerichtet ist. Das bedeutet, Büfetts außer Haus als Event-Erlebnis anzubieten, um somit Umsätze zu steigern.

Durch den Verkauf von Büfetts erhält man zudem eine genaue Planungssicherheit, die sich gerade auf die Personalbesetzung positiv auswirkt. Man weiß, an welchem Tag dies oder jenes zu tun ist. Verkauf setzt allerdings eine gut entwickelte Verkaufsstrategie voraus, die damit beginnt, dass man sich bereits einen guten Ruf in der Ausrichtung von Veranstaltungen erworben hat. Dazu gehören auch entsprechende Unterlagen wie:

- Büfettvorschläge,
- Getränkeangebote,
- Veranstaltungsvereinbarungen und
- Checklisten,

aber auch das Geschick, individuell auf den Besteller einzugehen, damit am Ende der Verhandlungen der geschäftliche Erfolg steht, also ein Geschäftsabschluss getätigt wird.

Grundlegendes

Das klassische kalte Büfett ist der Ursprung für die heute bekannten und angewandten unterschiedlichen Varianten von Büfettpräsentationen wie zum Beispiel:

- Lunch- und Brunch-Büfetts (kalt und warm)
- Salat-, Käse-, Süßspeisen- und Kuchenbüfetts
- das Büfett mit ausschließlich warmen Speisen
- das kombinierte kalt-warme Büfett
- Themen-Büfetts
- Büfetts mit internationalem Zuschnitt
- Büfetts mit regionalen Spezialitäten

- Fingerfood-Büfetts für Stehempfänge
- Flying Buffets mit kalten und warmen kulinarischen Miniaturen, die beim Stehempfang den Gästen laufend gereicht werden.

Planung im Service

Mittelpunkt des Büfett-Service ist, bis auf wenige Ausnahmen, die Büfett-Tafel, die es in verschiedenen Formen gibt. Form und Größe der Tafel werden bestimmt durch die

- Größe und den Zuschnitt der Räumlichkeit,
- Anzahl der Gäste.

Je nach Gäsetzahl können die Tafelformen variiert und den individuellen Bedürfnissen angepasst werden.

Der Büfett-Service ist auf die Selbstbedienung durch den Gast ausgerichtet. Da es sich im Allgemeinen um eine größere Anzahl von Gästen handelt, müssen Voraussetzungen erfüllt sein, die während des Essens störungsfreie Abläufe gewährleisten. Dabei ist vor allem auf die Tiefe der Tafel sowie auf ausreichende Büfettflächen zu achten.

Der Erfolg einer Veranstaltung bzw. eines Büfetts ist von dem hohen Qualitätsstandard, den Küche und Service zu bieten haben, aber auch sehr von der richtigen Wahl der Büfett-Tafelform abhängig.

So muss zum Beispiel vermieden werden, dass sich ein großer Gäste„Pulk" oder lange Warteschlangen bilden.

Formen der Büfett-Tafel

Lange Tafel

Sie kann sowohl an der Wand als auch frei im Raum stehend aufgebaut werden.

Hufeisen

Quadrat

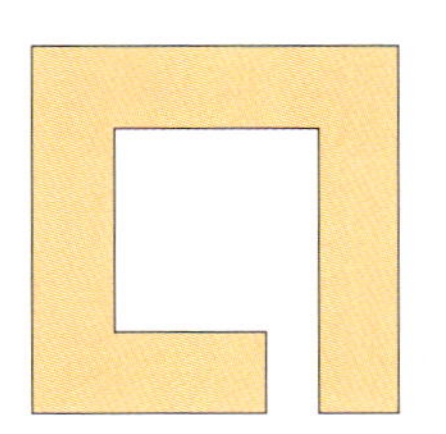

Es handelt sich dabei um Tafelformen, die frei im Raum stehen, wobei die Restaurantfachkräfte das Büfett von innen her betreuen, während die Gäste von außen an das Büfett herantreten.

Störungsfreie Abläufe während des Essens

Der Büfett-Service ist auf die Selbstbedienung durch den Gast ausgerichtet, und da es sich im Allgemeinen um eine größere Anzahl von Gästen handelt, müssen Voraussetzungen erfüllt sein, die während des Essens störungsfreie Abläufe gewährleisten. Dabei ist vor allem auf die Tiefe der Tafel sowie auf ausreichende Büfettflächen zu achten.

Tiefe der Büfett-Tafel

Die Fläche der Tafel darf nicht zu tief bzw. zu breit sein, damit einerseits die Gäste die angerichteten Speisen bequem erreichen und andererseits die Servicekräfte mühelos über die Tafel hinweg bedienen können.

Fläche der Büfett-Tafel

Sie muss auf die Anzahl der Gäste abgestimmt sein, damit sich diese am Büfett nicht behindern. Bei der Planung sind deshalb in bestimmten Fällen auch Überlegungen anzustellen, wie die Tafelfläche angemessen erweitert werden kann.

Es gibt dafür verschiedene Möglichkeiten:

In Verbindung mit der langen Tafel

- Es können zwei Tafeln, und zwar an gegenüberliegenden Wänden, aufgestellt werden.

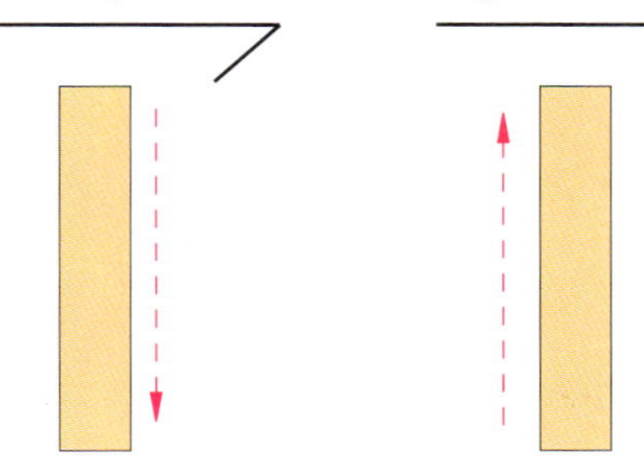

- Das Büfett kann in der Raummitte in doppelter Breite aufgebaut werden.

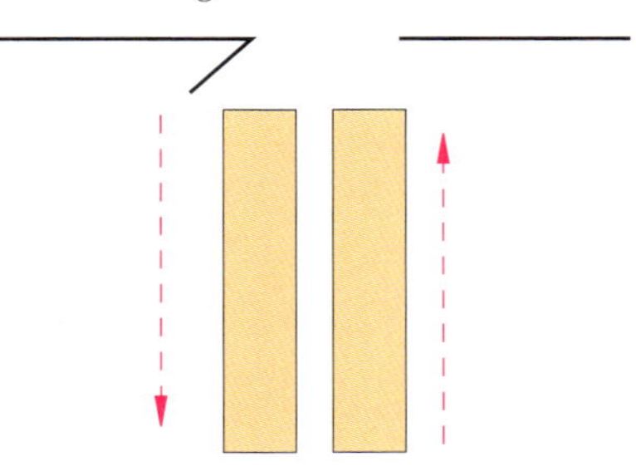

In beiden Fällen gibt es zwei sogenannte „Gästeläufe", wobei selbstverständlich jedes Büfett-Teil mit den gleichen Speisen ausgestattet sein muss.

In Verbindung mit dem Hufeisen und dem Quadrat

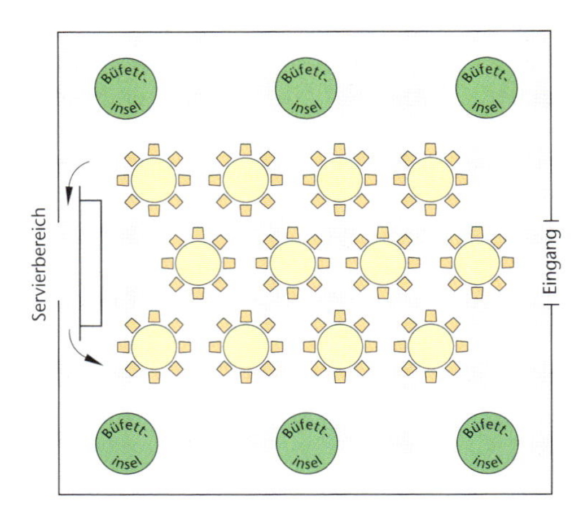

- Beide Tafelformen sind, in der Mitte des Raumes stehend, grundsätzlich schon auf eine größere Anzahl von Gästen ausgerichtet.
- Ferner kann durch die Einrichtung von zwei „Gästeläufen" eine zusätzliche Auflockerung erreicht werden. Dabei ist der Beginn des jeweiligen „Gästelaufs" durch das Platzieren von Tellerstapeln anzuzeigen.

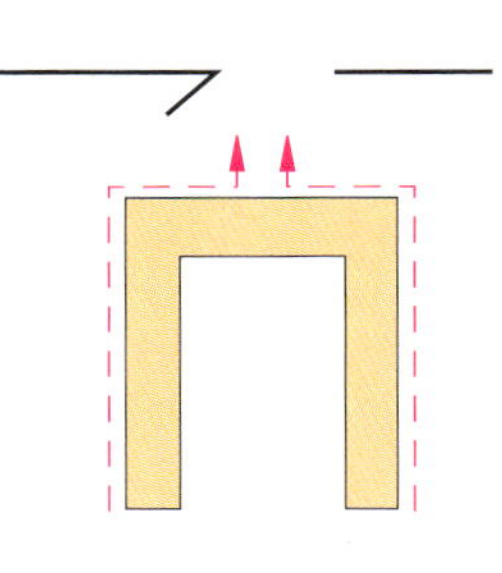

Eine Besonderheit bezüglich der Auflockerung des Büfetts sind sogenannte **„Büfett-Inseln"**. Aufgrund dieser Dezentralisierung können sich zwar einerseits in einem raschen Ablauf viele Gäste gleichzeitig mit Speisen versorgen, andererseits gehen jedoch der attraktive Charakter des Büfetts sowie die festliche Stimmung des Büfett-Service verloren.

Planung in der Küche

Die Planungen der Küche bewegen sich zwischen der Bereitstellung des erforderlichen Geschirrs und dem fertig aufgebauten Büfett.

Abb. 1 Diese Abbildung verdeutlicht die benötigten Geschirrteile, aber auch gleichzeitig deren Platzierung in Büfett.

Der Erfolg einer kulinarischen Sonderaktion beginnt mit einer wohl überlegten Detailplanung. Nachdem der Termin, die Lokalität, der Anlass, das Motto, die Büfettart und die Zusammensetzung des Büfetts, die Personenzahl, eventuell die Rezepturen und Warenanforderungen feststehen, wird ein zeitlicher Ablaufplan in Form einer Checkliste erstellt (s. S. 46).

Die Gesamtorganisation eines Büfetts erfordert ein rechtzeitiges Erstellen von Dienst-, Arbeitsablauf- und Einsatzplänen. Für die Erstellung eines Büfetts sind umfangreiche Vorbereitungsarbeiten notwendig.

Geklärt werden muss der Einsatz des Anrichtegeschirrs ebenso wie die verschiedenen Anrichteweisen auf Platten aus Glas, Silber, Holz, Porzellan oder Marmor.

Zur Planung gehört auch, festzulegen, welche und wie viele Etageren, Schüsseln und Saucieren zum Einsatz kommen. Entsprechend den vorausgegangenen Besprechungen müssen die benötigten Anrichtegeschirre sowie die richtige Anzahl der verschiedenen Vorlegebestecke bereitgestellt werden.

Abb. 1 Das komplett angerichtete Büfett von links: Tomatensalsa für Crostini; Etagere mit frischen Austern auf Eis mit Zitrone; Räucherfischmousse von Forellen; Marinierte Artischocken; Hähnchenbrustmousse mit Spinatfüllung; Ratatouille-Sülze; Andalusische Gazpacho; Marinierte Jakobsmuscheln; Getrüffelter Langustenschwanz auf Gemüsesalat; Laikan-Lachs mit Wachtelei; Melone mit Parmaschinken und gebratenem Hirschkalbsrücken; Salat mit Tintenfisch; Salat vom marinierten Kaninchen; Gefüllte Wachteln mit Gänseleber-Mousse; Carpaccio vom Rind; Bayerische Crème mit Himbeeren und Mango; Käse-Trauben-Salat und zwei Käseplatten

4.2 Durchführung *realization* *réalisation (w)*

Bei der Durchführung eines Büfetts sind, wie bereits bei der Planung, der Servicebereich gleichermaßen wie die Küche beteiligt.

Vorbereiten des Büfetts

Herrichten der Büfett-Tafel

Auf die mit Moltons überdeckte Tafel werden entsprechend große Tafeltücher so aufgelegt, dass sie bis fast auf den Boden herabhängen. Bei Tafeln, die an der Wand stehen, ist dies jedoch nur auf den vom Raum her einsehbaren Seiten erforderlich. Damit die Übergänge an den Ecken sowie die Überlappungen der Decken ordentlich aussehen, bedient man sich unterschiedlichster Hilfsmittel:

Abb. 2 Verkleidete Büfetttafel

- Wichtig ist eine geschickte Falttechnik.
- Darüber hinaus gibt es spezielle Hilfsmittel wie Klebe- oder Klettbänder.

Eine ganz besondere und gleichzeitig sehr dekorative Form seitlicher Verkleidung sind die nach individuellen Angaben angefertigten Snap-drape-Skirtings (schnappen und drapieren).

Platzieren der Speisen auf dem Büfett

Aus fachlicher Sicht besteht ein kaltes Büfett im Wesentlichen aus drei unterschiedlichen Elementen:

- **Schauplatten**, die als Blickfang dienen und mit einem hohen Materialaufwand und beachtlichem Arbeitsaufwand gefertigt werden,
- **einfachen Platten** oder „Füllern“ wie z. B. Platten mit aufgelegten Scheiben von Lachs oder Käse,
- **Salaten in Schüsseln** zur Ergänzung und Abrundung.

Die Speisen können entweder auf der ebenen Fläche der Tafel oder in Verbindung mit Aufbauten stufenweise auf verschiedenen Ebenen angeordnet werden. Durch diese Auflockerung wird das Büfett überschaubarer und optisch wirkungsvoller.

- Die Anordnung der Speisen innerhalb des Büfetts entspricht im Allgemeinen den kulinarischen Regeln, also der Speisenfolge. So befinden sich Cocktails, Terrinen, Pasteten

Die **Laufrichtung** der Gäste kann man durch die Platzierung der Teller beeinflussen, meist geschieht dies zum Wohle der Gäste.

und Galantinen am Beginn der Laufrichtung, Fisch und Braten im Zentrum, während Käse und Süßspeisen sowie Obst den Abschluss bilden.

- Dekorative Platten mit Langusten, Geflügel, Mastkalbs- oder Rehrücken sind attraktive Schaustücke, mit deren Hilfe auf dem Büfett optische Glanzpunkte geschaffen werden. Wenn es die Speisen zulassen, unterlegt man solche Platten außerdem mit Holzklötzchen oder Tellern. Durch die Schrägstellung wird die Draufsicht verbessert. Die Schauplatten haben ihren Platz in der vorderen Reihe, bei stufenförmigen Aufbauten auf der vorderen, unteren Ebene. Nebenplatten, Schüsseln und Saucieren werden dahinter auf den zurückliegenden Stufen angeordnet.
- Saucen werden in Saucieren angerichtet, auf Untertellern aufgesetzt und den zugehörigen Platten bzw. Speisen zugeordnet.
- Beilagen und Salate werden in Schüsseln angerichtet und so platziert, dass sie zu den danebenstehenden Hauptplatten passen.
- Brot und Partybrötchen haben ihren Platz bei den Tellern am Anfang des Büfetts oder werden auf den Gasttischen eingesetzt.

Vorlegebestecke werden bei Platten und Schüsseln so angelegt, dass sie der Gast leicht erreichen kann.

Dekorieren des Büfetts

In erster Linie muss die dekorative Wirkung von den Schauplatten sowie von der bunten Vielfalt der übrigen Platten und Schüsseln ausgehen. Darüber hinaus können aber noch andere Dekorationsmittel eingesetzt werden:

- Blumen in Form von Gestecken oder in wertvollen Vasen,
- Obstkörbe oder Obstschalen,
- Leuchter mit dem angenehmen Licht von brennenden Kerzen,
- Skulpturen aus Fett, Eis oder Zucker.

Bei den genannten Dekorationsmitteln ist unbedingt darauf zu achten, dass sie auf dem Büfett lediglich eine belebende Ergänzung darstellen und die optische Wirkung der Speisen nicht überdecken dürfen.

Bereitstellen von Tellern und Bestecken

Teller werden im Allgemeinen entweder auf gesonderten Tischen oder am Beginn des Büfetts bereitgestellt. Ferner ist es üblich, sie im Bereich von Süßspeisen und Käse in den Büfettaufbau mit einzubeziehen. Werden Suppen und warme Speisen angeboten, sind selbstverständlich auch in ausreichender Zahl vorgewärmte Teller und Suppentassen bereitzustellen.

Abb. 1 Gästegedeck für Büfetts

Bestecke sollten bereits auf den Gästetischen eingedeckt sein. Folgende Gedeckausstattung hat sich als zweckmäßig erwiesen: 2 Gabeln und 2 Messer sowie ein Brotmesser auf dem Brotteller. Werden auch Desserts angeboten, kann man das Gedeck auf den Tischen zusätzlich mit einem Dessertbesteck ausstatten. Darüber hinaus ist auf jeden Fall in Büfettnähe ausreichendes Reservebesteck bereitzustellen.

Bereitstellen von Getränken

Sind die Getränke zur Selbstbedienung im Büfett integriert, wird Bier vom Fass angeboten. Weine, Spirituosen, alkoholfreie Getränke werden auf Eis oder in Temperaturgaranten bereitgestellt. Passende Gläser stehen unmittelbar in der Nähe des jeweiligen Getränks.

Abb. 1 Bereitgestellte Büfett-Getränke

Durchführen des Büfett-Service

Der Büfett-Service erfordert vom Servierpersonal in hohem Maße Aufmerksamkeit und Sorgfalt.

Speisenservice

Er ist in erster Linie auf Selbstbedienung durch den Gast ausgerichtet. Es ist jedoch wichtig, Gäste bezüglich der angebotenen Speisen zu beraten und bei der Auswahl und beim Vorlegen auf den Teller behilflich zu sein. Von Gästen benutztes Tischgerät muss fortwährend abgeräumt werden, damit es sich nicht in unschöner Weise ansammelt. Der Gast darf sich niemals durch solches Geschirr behindert oder eingeengt fühlen.

Getränkeservice

Sind die Getränke nicht zur Selbstbedienung in das Büfett einbezogen, gehört es zur Aufgabe des Servicepersonals, die vorgesehenen Getränke anzubieten, Bestellungen entgegenzunehmen und auszuführen.

5 Blumendekorationen

flower arrangements *arrangements (m) de fleurs*

Neben der Qualität von Küche und Service tragen eine gepflegte Einrichtung und stilvolle Dekorationen zum Wohlbefinden unserer Gäste bei.

Nicht nur beim Büfett- und Bankettservice vermitteln Blumenarrangements eine frische, angenehme Atmosphäre.

Dies gilt auch auf dem Gästetisch im À-la-carte-Restaurant oder auf dem Frühstückstablett (s. S. 247).

Italienische Woche

Zubehör:

1 weiße Kugelvase (∅ 10 cm), Steckschaum, ca. 10 Drähte (5 cm), 7 weiße Zwerg-Margeriten, 15 rote Zwergrosen, 4 Stiele Petersilie, 3 rote Bartnelken, Farfallenudeln, Stoffband

Steckanleitung:

Blumendekorationen im Bankettbereich

- Sie sollen dem Anlass entsprechend arrangiert sein.
- Die Gäste dürfen durch die Größe und Höhe der Gestecke bei der Unterhaltung nicht gestört werden.
- Tische und Tafeln sollten nicht durch zu üppige Gestecke überladen wirken.
- Bei der Blumenauswahl ist darauf zu achten, dass sie nicht zu stark duften und keinen Blütenstaub absondern.
- Es sollten nur frische Schnittblumen verwendet werden.
- Blumentöpfe mit Erde sind aus hygienischen Gründen bei Büfetts oder Bankett-Tafeln ungeeignet.

Gestaltung von Blumengestecken

Die Gestecke werden in Größe und Form der Tafel angepasst. Ein rund oder kugelig arrangiertes Blumengesteck eignet sich für eine runde oder quadratische Tafel.

Auf langen Tafeln werden mehrere Gestecke in länglicher Form dekorativ verteilt.

Arbeitsrichtlinien

- Die verwendeten Steckschalen müssen einwandfrei sauber sein.
- Steckschaum wässern, zuschneiden und in die Schale einfüllen.
- Steckschaum immer 2 Fingerbreit über den Gefäßrand ragen lassen.
- Die Stängel von Blättern und Blumen werden mit einem scharfen Messer schräg angeschnitten und mit dem Ende etwa 2 bis 4 cm tief in den Steckschaum gesteckt.
- Die einzelnen Blüten sollen in ihrer Höhe abgestuft über- und untereinander angeordnet sein.
- Gesteck mit Blättern und Gräsern ausfüllen, bis der Steckschaum nicht mehr zu sehen ist.

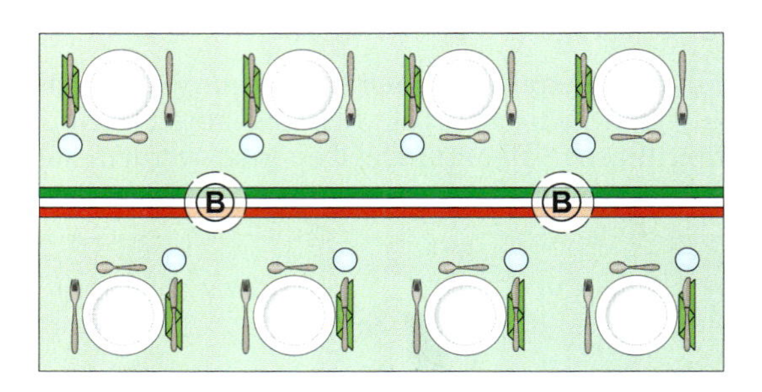

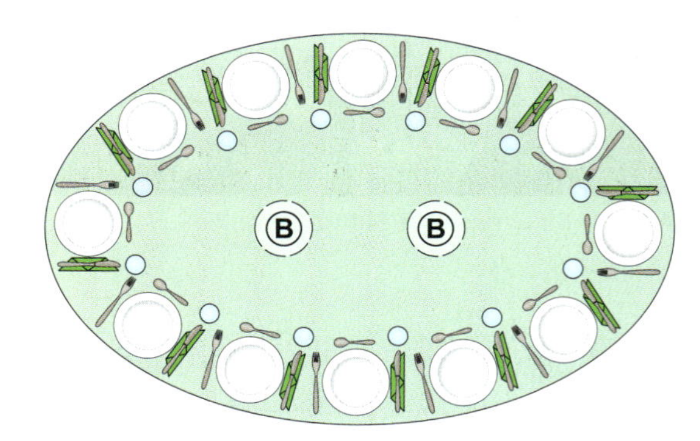

Abb. 1 und 2 Platzierungsmöglichkeiten von Blumengestecken (Ⓑ) auf Festtafeln

Asiatische Woche

Zubehör:

1 Teller, ∅ 25 cm, farbig (z. B. rot), Steckschaum, Moos, Steine, 2 Bambustriebe, 5 grüne Amaranthus, 8 Wasserbinsen, 3 große Anturienblätter, 2 Ampfertriebe, 3 rote Gerbera, 2 Chinaschilfblätter, 2 Scabiosen-Fruchtstände, 1 weißer Fächer

Steckanleitung:

Beispiele von Blumendekorationen für Tafeln, Gedecke und Räumlichkeiten

Aufgaben

1. Nennen Sie Beispiele für Büfetts.
2. Wählen Sie ein Büfettthema und arbeiten Sie es aus.
3. Sie beobachten an einem kalten Büfett, dass Unruhe bei den Gästen aufkommt und sich eine lange Schlange bildet. Wie können Sie beim nächsten Büfett hier Abhilfe schaffen?
4. Ihre Kollegin arbeitet zum ersten Mal im Bankettbereich und soll Gedecke für ein kaltes Büfett auflegen. Erklären und begründen Sie ihr die Gedeckausstattung.
5. Nennen Sie Dekorationsmittel für ein Büfett und beschreiben Sie Richtlinien ihrer Verwendung.
6. Nennen Sie Arbeitsrichtlinien für Blumengestecke.

Projekt

Planen eines Banketts

Aus einer Bankettvereinbarung sind nebenstehende und nachfolgende Vorgaben zu ersehen.

Sie sind für die Vorbereitung und Durchführung des Banketts verantwortlich.

An dem Bankett nehmen 32 Personen teil.

Der Fischgang und der Hauptgang werden den Gästen vorgelegt.

Für die Speisen- und Getränkefolge wurde nebenstehende Vereinbarung getroffen.

Getränkefolge	Speisenfolge	Anrichteweise
Aperitif: Sherry		
Weißwein 1	Perlhuhn-Galantine mit Sellerie-Apfelsalat	auf Tellern
	Tomatierte Kraftbrühe mit Basilikumklößchen	in Tassen
Weißwein 2	Seezungenfilets in Weißwein gedünstet Weißweinsauce Reis	auf 4 Platten in 8 Saucieren in 4 Schüsseln
Rotwein	Tournedos mit Béarner Sauce Gartengemüse, Strohkartoffeln	auf 4 Platten in 8 Saucieren auf 8 kleinen Platten
Schaumwein	Salat von frischen Früchten mit Maraschino	in Glasschalen

Tischformen und Tischtextilien

1 Wählen Sie geeignete Tafelformen aus, teilen Sie diese in Servicebereiche ein und bestimmen Sie eine angemessene Anzahl von Servicemitarbeitern.

2 Bestimmen Sie auf Grund der Gästeanzahl und der Tafelformen die Arten und Mengen der notwendigen Tisch- und Tafeltextilien.

Tisch- und Tafelgeräte

1 Erstellen Sie Bedarfspläne bzw. -listen über die Menge und Art der erforderlichen Tafelgeräte wie Besteckteile, Porzellan und Gläser.

2 Bestimmen Sie, welche und wie viele Porzellanteile vor dem Service im Tellerrechaud vorgewärmt werden müssen.

Korrespondierende Getränke

1 Wählen Sie aus Ihrem betrieblichen Getränkeangebot entsprechende Weine für das Bankett aus und benennen Sie diese. Ergänzen Sie das Getränkeangebot aufgrund von Erfahrungswerten.

2 Beraten Sie sich mit Ihren Kolleginnen und Kollegen im Service, welche Getränkemengen durchschnittlich für ein Bankett dieser Art benötigt werden. Benennen Sie die Art und Menge der Getränke, die vor dem Service kühl gestellt werden.

3 Berechnen Sie anhand der vorgeschlagenen Menge den ungefähren Getränkeumsatz des Banketts.

Projekt

Planen eines Banketts (Fortsetzung)

Tafeldekorationen

1 Bestimmen Sie den Einsatz von Platztellern und legen Sie die Serviettenform fest.

2 Überlegen Sie sich Möglichkeiten der Tischdekoration und bestimmen Sie die Art von Tischblumengestecken für das Bankett.

Service-Organisationspläne

1 Fertigen Sie einen Tafelorientierungsplan für die Gäste und die Servicemitarbeiter.

2 Wo bringen Sie die Tafelorientierungspläne an?

3 Erstellen Sie einen Serviceablaufplan einschließlich der namentlichen Zuordnung der Servicemitarbeiter.

Durchführung

1 Decken Sie die Festtafel ein; bereiten Sie einen Servicetisch und ein improvisiertes Getränkebüfett vor.

2 Kontrollieren Sie die Tafel und die Arbeitstische auf deren Vollständigkeit.

3 Führen Sie mit Ihren Kolleginnen und Kollegen eine Servicebesprechung durch und erklären Sie dabei auch, warum die Gleichzeitigkeit der Bedienungsabläufe der einzelnen Servicekräfte an der Festtafel wichtig ist und auf welche Weise dies sichergestellt wird.

SONDERVERANSTALTUNGEN

Sonderveranstaltungen sind heute ein wichtiger Teil der Erlebnisgastronomie. Dabei handelt es sich um besonders attraktive, wirkungsvolle Angebote, oft im Rahmen eines Banketts.

1 Der Gast im Mittelpunkt

the customer in the center of interest *client (m) au centre de l'intérêt*

Früher wartete man meist, bis der Gast ein Restaurant betrat, die Karte las und bestellte. Heute wird der Gast mit attraktiven Angeboten umworben. Seine Neugierde wird gezielt geweckt.

Vorlieben und Gewohnheiten von Stammgästen sind durch häufige Besuche des Restaurants bekannt. Mehr Informationen über Gäste und deren Wünsche können durch gezielte Fragebogenaktionen gewonnen werden. Sie werden nach Abschluss von Aktionen ausgewertet und bei unseren Planungen von Aktionstagen oder Aktionswochen berücksichtigt.

Den Erfolg einer Sonderaktion bestimmen letztlich allein die Gäste durch ihre Teilnahme.

2 Aktionen *campaigns* *actions (w)*

Sonderveranstaltungen dienen dazu, den Bedürfnissen unserer Gäste nach Abwechslung entgegenzukommen sowie eine aktive Verkaufsförderung und die damit verbundene Umsatzsteigerung zu erreichen.

Neben Gastorientierung und Wirtschaftlichkeit gibt es weitere wesentliche Aspekte, die bei Aktionen wichtig sind:

- Stammgästen wird etwas Besonderes geboten,
- neue Gästekreise werden erschlossen,
- in der Öffentlichkeit wird der Bekanntheitsgrad des Betriebes gefördert,
- Kapazitätsauslastung während ruhiger Betriebszeiten wird ermöglicht.

Aktionsbeispiele

Werbewirksam wird eine Aktion durch ein interessantes und deutliches Motto. Waren es bisher hauptsächlich die Fest- und Feiertage, die den Anlass und das Motto für eine Aktion lieferten, so bieten sich heute viele weitere Möglichkeiten an:

- **Produktbezogenes Angebot**
  Mögliche Themen: Kartoffeln, Pilze, Reis, Nudeln, Meeresfrüchte, Gerichte mit Bier, Gerichte mit Wein, Spargel, Tomaten, Vegetarisches, Wild, Fische, Lamm, Käse, Exotische Früchte.
- **Saisonbedingte Aktionen**
  Mögliche Themen: Spargel, Wild, Matjeshering, Maischolle, Austern, Muscheln, Krebse, Grünkohl, Beeren, Pilze, Eis.
- **Internationale Spezialitäten**
  Mit einem internationalen Angebot holt man bei den Gästen Urlaubsstimmung zurück oder stimmt sie auf eine bevorstehende Reise ein: USA-Woche, Viva España, Mittsommernacht.
- **Themenbezogene Aktionen**
  Historische Hintergründe (Fürstenhochzeit, Stadterhebung), Vollwertkost, Faschingsball, Silvester, Jazz-Brunch oder begleitend zu einer musikalischen Festwoche.
- **Jahrestage**
  Gedenkjahre für Dichter, Komponisten oder Schriftsteller des Ortes, Städtegründung usw.
- **Regionale Spezialitäten**
  Beispiele: Münsterländer Schmaus, Fränkisches Weinfest, Unterm bayerischen Himmel, Impressionen von der Waterkant.

Es gibt vielfältige Anlässe, die es ermöglichen, ein schönes Programm zusammenzustellen, bei dem nicht nur kulinarische Höhepunkte geboten, sondern auch die Dekorationen originell auf das Thema abgestimmt werden.

3 Planung und Durchführung

planning and realization *planification (w) et réalisation (w)*

Für die Mitarbeiter ist die Abwechslung mindestens genau so wichtig wie für die Gäste.

Die Einbeziehung möglichst aller Mitarbeiter bei der Planung und Durchführung von Aktionen bedeutet:

- Motivation durch die Herausforderung, Neues zu unternehmen,
- der Alltagsroutine etwas entgegenzusetzen,
- Teambewusstsein zu wecken,
- fachliches Können in einer besonderen Situation zu beweisen,
- sich der Konkurrenz gegenüber zu behaupten,
- aktionsbezogene Schulung und Fortbildung zu erhalten.

3.1 Jahresplanung

Zunächst sollten alle Mitarbeiter, also auch die Auszubildenden, Ideen zu möglichen und interessanten Aktionen vorbringen dürfen.

Aus diesen Vorschlägen werden die besten oder sinnvollsten ausgewählt und ein Jahres-Aktions-Plan erstellt.

Anschließend werden die unterschiedlichen Aufgaben den jeweiligen Abteilungen für die Vorausplanung übertragen.

3.2 Detailplanung

In der Abteilung **Service/Bankett** erarbeiten die Mitarbeiter Vorschläge für die Dekoration und eventuell für besonderes Besteck oder Porzellan. Sie denken über spezielle aktionsbezogene „Gags" nach, z. B. landesübliche Trachten, Kostüme des Mittelalters oder sonstige Requisiten.

Des Weiteren überlegen sie sich die Art und Weise des Servierens und machen Vorschläge für den Getränkeservice. Die Art und Menge der Getränke muss bestimmt werden. Sie suchen Rezepturen für Cocktails oder andere Mischgetränke und notieren deren Zubereitung.

Sonderkarten für den speziellen Anlass müssen erstellt werden.

Die **Empfangsabteilung** und das **Verkaufsbüro** erarbeiten mit ihren Mitarbeitern Wochenendarrangements und veranlassen ein rechtzeitiges Mailing (Briefinformation) an ausgewählte Gäste und besondere Persönlichkeiten. Von dieser Abteilung aus wird auch die Pressearbeit gesteuert, z. B. die Presse über die Aktion rechtzeitig und gezielt informiert.

Im **Hausdamenbereich** denkt man sich passenden Blumenschmuck für Tische und/oder Büfett-Tafeln und für Bodenvasen im Empfangs- oder Restaurantbereich aus.

Außerdem werden spezielle Tafeltücher, besondere Servietten und Dekorationstücher bereitgestellt.

Die Mitarbeiter der **Abteilung Küche** stecken den Rahmen für den kulinarischen Bereich ab. Sie suchen nach geeigneten Gerichten, informieren sich über deren Zubereitung, erstellen Rezepturen und Warenanforderungen. Die einzelnen Gerichte werden, wenn sie der Küche noch nicht bekannt genug sind, durchgekocht und erprobt. Die Geschmacksrichtung und die Anrichteweisen werden festgelegt.

Alle Arbeiten und Überlegungen in den einzelnen Bereichen müssen schriftlich erfasst werden. Checklisten und eventuell auch Fotos werden für den speziellen Einsatz erstellt.

3.3 Planungsbeispiel Service

Der Chef des Hotels Mozart in Kirchheim betreut gastronomisch alle Veranstaltungen im Schloss. Deshalb hat er auch die Möglichkeit, zusammen mit dem Verkehrsamt des Ortes im Festsaal Konzerte in Verbindung mit Gastronomie durchzuführen. Von den Mitarbeitern des Hotels kommt der Vorschlag, im Herbst eine Konzert-Gala über fünf Tage zu organisieren. Trotz des damit verbundenen Mehraufwands wird dem Plan begeistert zugestimmt. Die Aktion erhält den Namen:

„Kulinarisch-musikalischer Herbst"

Nachdem die Abteilungen **Küche** und **Service** sich auf einen Servierablauf (Menüservice, Büfett oder eine Kombination aus beiden) festgelegt haben, werden die weiteren Planungsarbeiten erledigt.

Das nachfolgende Beispiel ist im Besonderen für den **Ausbildungsberuf Restaurantfachmann/-fachfrau** gedacht.

Premieren-Gala-Menü

für den

kulinarisch-musikalischen Herbst

auf Schloss Kirchheim

Die gesamte Aktion erstreckt sich über fünf Abende. Am Premierenabend wird ein Gala-Menü für **100 Personen** im Hotel Mozart serviert.

Beim Service eines Menüs müssen die Anzahl und die Art der Gänge benannt werden, ebenso der Service eines Amuse gueule.

Geklärt werden müssen weiterhin Tellerart und Tellergröße zum Anrichten der Speisen. Außerdem wird überlegt, ob teilweise Plattenservice durchgeführt werden soll.

Das Fleischstück des Hauptgangs könnte von Köchen vor den Gästen tranchiert werden. Servicebrigade und Küchenbrigade präsentieren und servieren mit einer Parade das Dessert.

Die Regeln für die kulinarische Abstimmung müssen beim Erstellen des herbstlichen Menüs grundsätzlich beachtet werden (s. S. 413). Dabei sollten unbedingt auch die technischen und organisatorischen Möglichkeiten berücksichtigt werden, damit die Aktion letztlich ein Erfolg wird.

GALA-MENÜ

Herbstliche Blattsalate
mit marinierten Forellenröllchen

❁ ❁ ❁

Tomatierte Kraftbrühe
mit Basilikumklößchen

❁ ❁ ❁

Gebratene Kalbsnierenscheiben
in leichter Senfsauce mit Wildreis

❁ ❁ ❁

Feines vom Perlhuhn
mit glasierten Karotten,
Bohnengemüse,
gebackenen Champignons
und Schlosskartoffeln

❁ ❁ ❁

Himbeercreme im
Baumkuchen-Dinnerjackett
mit Kiwi- und Apfelspalten

Weil das festliche Menü mit einer kalten Vorspeise beginnt, verzichtet man auf den Service eines Amuse gueule.

Nachdem ein Gala-Menü komponiert wurde, müssen Rezepturen bzw. Warenanforderungen erstellt sowie eine Mengen- und Preiskalkulation durchgeführt werden. (Da die Preise landesweit unterschiedlich sind und sich im Lauf der Zeit auch verändern, wird in diesem Beispiel auf eine Preiskalkulation verzichtet.)

Geklärt werden muss der Einsatz des Anrichtegeschirrs. Wichtig sind dabei die Tellerart und Tellergrößen zum Anrichten der Speisen. Außerdem wird überlegt, ob es sinnvoll ist, den Hauptgang von Platten vorzulegen.

Für die Mitarbeiter im Service und der Küche ist es wichtig zu wissen, wie die einzelnen Speisen angerichtet werden. Deshalb wird die Anrichteweise schriftlich festgehalten und für alle Mitarbeiter in Küche und Service verständlich formuliert.

Ideal ist zusätzlich ein Farbfoto der angerichteten Speisen.

Kalte Vorspeise

Herbstliche Blattsalate mit marinierten Forellenröllchen

Anrichteweise
Kleines Bouquet aus Zupfsalaten seitlich auf einen Teller mit ∅ 28 cm setzen, mit Dressing marinieren, auf freie Fläche aus grüner Sauce einen kleinen Spiegel gießen, das Forellenröllchen darauf legen und Radieschenstreifen kreisförmig auf den inneren Rand des Tellers streuen.

Der Teller sollte so, wie auf dem Foto abgebildet, dem Gast eingesetzt werden.

Suppe

Tomatierte Kraftbrühe mit Basilikumklößchen

Anrichteweise
In Suppentasse oder kleinen Suppenteller Tomatenfleischwürfel, Staudenselleriescheiben und Topfen-Nockerl geben; mit heißer, klarer Tomatenkraftbrühe auffüllen. Danach Basilikumblatt anlegen. In vorbereitete Servietten-Seerose (S. 258) mit Unterteller stellen und sofort servieren.

Zwischengericht

Gebratene Kalbsnierenscheiben in leichter Senfsauce mit Wildreis

Anrichteweise
Auf einen quadratischen Teller mit ∅ 26 cm in die Mitte Senfsauce geben, darauf je drei Scheiben Kalbsniere anrichten und den angeschwenkten Reis ringsum aufstreuen, mit Schinkenstreifen garnieren.

Hauptgericht

Feines vom Perlhuhn mit glasierten Karotten, Bohnengemüse, gebackenen Champignons und Schlosskartoffeln

Anrichteweise
Perlhuhnteile und Schlosskartoffeln auf Platten, die Gemüse in Porzellanschalen (Légumiers) und die Sauce in Saucieren anrichten.

Nach dem Vorlegen soll das Gericht wie oben aussehen.

Dessert

Himbeercreme im Baumkuchen-Dinnerjackett mit Kiwi- und Apfelspalten

Anrichteweise
Auf Teller mit ∅ 28 cm einen Violinschlüssel mit Canache-Creme aufspritzen und Kiwisauce verteilen. Die Creme aus Timbalen stürzen, auf Teller setzen und mit „Fliege“ garnieren. Apfel- und Kiwispalten anlegen. Die ganzen Himbeeren gezielt auf Teller verteilen und das Hippenblatt an die Creme stecken.

Stewarding		
1 Tag vorher		
x	Gläser polieren und abdecken	
x	Bestecke polieren und abdecken	
x	Teller polieren (kühlen/wärmen)	
x	Platzteller polieren	
x	Servietten vorfalten für Küche	
x	Handservierer bereitlegen	
x	Teller kühlen (Vorspeise/Dessert)	
x	Menagen reinigen und auffüllen	

Service		
Aktionstag		
x	Tische und Stühle stellen	
x	Tischwäsche bereitlegen	
x	Moltons aufziehen	
x	Mundservietten und Seerose falten	
x	Tischtücher auflegen	
x	Dekorationsbänder drapieren	
x	Stühle ausrichten	
x	Platzteller auflegen	
x	Gedecke auflegen	
x	Gläser eindecken	
x	Blumenschmuck einstellen	
x	Kerzenleuchter platzieren	
x	Salzmenagen einstellen	
x	Mundservietten einstellen	
x	Menükarten einsetzen	
x	Tischkärtchen aufstellen	
x	Tafelorientierungsplan für Gäste	
x	Wärmerechauds einschalten	
x	Reservebestecke bereitlegen	
x	Reserveporzellan bereitstellen	
x	Reservegläser bereitstellen	
x	Teller warmstellen	
x	Vorleger ordnen und bereitlegen	
x	Endkontrolle der Festtafeln	
x	Endkontrolle Mise en place	
x	Einteilung der Servicebrigade	
x	Besprechung des Serviceablaufes	
x	Butterfässchen einstellen	
x	Kerzen anzünden	
x	Aperitif und Finger-Food anbieten	
x	Weinservice bzw. Wunschgetränke	
x	Vorspeisenservice mit Brot	
x	Suppenservice	
x	Nachservice von Weißwein	
x	Zwischengericht	
x	Rotweinservice	
x	Weißweingläser ausheben	
x	Gewärmte Hauptgangteller einsetzen	
x	Hauptgang vorlegen	
x	Supplement anbieten (Nachservice)	
x	Hauptgang abräumen	
x	Salzstreuer ausheben	
x	Tisch reinigen	
x	Dessertbesteck seitlich ziehen	
x	Getränk zum Dessert servieren	
x	Parade vorbereiten	
x	Dessertservice	
x	Zucker und Sahne einstellen	
x	Pralinen einstellen	
x	Kaffeeservice	
x	Spirituosen anbieten	
x	Endarbeiten am Gästetisch	
x	Blumenschmuck versorgen	

3.4 Weitere Aktionen

Die restlichen Abende sind im Rittersaal des Schlosses vorgesehen. In diesem Saal finden 250 Personen Platz. Das Hotel Mozart übernimmt das komplette Catering. Wegen der hohen Personenzahl ist es sinnvoll, das Bankett außer Haus in Form von täglich wechselnden warm–kalten Büfetts als kulinarische Höhepunkte anzubieten. Es ist damit zu rechnen, dass nur ein kleiner Teil der Gäste mehrmals an den Büfetts teilnimmt. Die Aktionen haben jeweils unterschiedliche Themen und Dekorationen zu Ehren der musizierenden Künstler.

Das nachfolgende festliche, warm-kalte Büfett wird zu Ehren eines bekannten Geigenvirtuosen aus Hamburg gegeben.

Impressionen von der Waterkant

Frisch geräucherte Kieler Sprotten, Räucheraale,
Schillerlocken, Heilbutt, Pfeffermakrelen

Galantine vom Zander mit Krabben
Heilbuttmedaillons mit Wachteleiern
Hausgebeizter Lachs in Dill-Senf-Sauce
Erlesene Fischterrinen mit Sauerampfersauce

Gefüllte Gurken mit Salat von geräuchertem Lachs
Krabbencocktail mit Champignons
Tomaten mit Thunfisch gefüllt
Gefüllte Eier mit Sardellenschaum
Salat von Matjes mit Äpfeln und Zwiebeln
Rollmöpse in verschiedenen Marinaden

Hamburger Aalsuppe
Suppe von Miesmuscheln mit Safranfäden

Labskaus
Hamburger Nationalgericht

Hechtklößchen in Kerbelschaum
Gebratene Seeteufelmedaillons mit Kräutern und Tomaten,
Blattspinat, Champignonreis, Petersilienkartoffeln

Rote und gelbe Grütze mit flüssigem Schmant
Weingelee mit Früchten · Rumcreme mit Rosinen
Früchtesavarin

Verschiedene Brotsorten und Butter

Für die anderen Tage des Musik-Festivals wurden drei weitere warm-kalte Büfetts zu Ehren der Künstler mit entsprechendem Motto geplant:

- Buffet Bella Italia
- Österreichische Schmankerln
- Zu Gast in Europa

3.5 Erfolgskontrolle durch Manöverkritik

Unmittelbar nach einer solchen Aktionswoche muss in einem gemeinsamen Gespräch eine Erfolgskontrolle mit Manöverkritik stattfinden.

Der Erfolg ist auf Grund der Umsatzzahlen leicht messbar. Doch der Schein kann trügen. Beispielsweise, wenn auf Grund des sehr attraktiven Angebotes zusammen mit dem guten Ruf des Hotels alle Veranstaltungen ausgebucht waren, die Aktionen und Ausführungen jedoch nicht das hielten, was die Gäste erwarteten.

In einer solchen Situation muss sofort reagiert und Schadensbegrenzung eingeleitet werden.

Daher ist es besonders wichtig, die Probleme zu erkennen. Das kann nur über Manöverkritik bei einer Nachbetrachtung der Veranstaltungen erreicht werden.

Erfolg oder Misserfolg beantworten Fragen wie:

- Waren die Gäste zufrieden?
- Gab es Reklamationen?
- Was hat die Veranstaltung für die Mitarbeiter gebracht?
- War die Zusammenarbeit der einzelnen Abteilungen in Ordnung?
- Wurde die Teamfähigkeit durch die Aktion gefördert?
- Wurde die Identifizierung mit dem Betrieb gestärkt?
- War der Umgangston trotz Hektik und starker Belastung fair?
- Bedarf es einer Klärung oder Entschuldigung?
- Waren die vorausgegangenen Schulungen und Fortbildungen sinnvoll und richtig?
- Wo sind personelle Engpässe entstanden?
- Waren die vorbereiteten Mengen ausreichend?
- War die gesamte Planung richtig?
- Gibt es Verbesserungsmöglichkeiten bei den Arbeitsabläufen?
- Stimmte die Qualität der gelieferten Waren?
- Wurden die Liefertermine eingehalten?
- Welche Gerichte schafften Probleme?
- Wie war die Resonanz in der Presse?
- Welche hier nicht angesprochenen Probleme sind aufgetreten?
- Welche Verbesserungsvorschläge können gemacht werden?
- Würde jeder einzelne Mitarbeiter eine solche Aktion gerne wiederholt haben?

Für die nächste Veranstaltung gilt: Negatives vermeiden, Positives ausbauen. Außerdem sollten positive Aspekte auch in den betrieblichen Alltag übernommen werden.

Aufgaben

1. Erstellen Sie jeweils eine Karte für die drei weiteren aufgeführten Büfetts von S. 645 (Buffet Bella Italia, Österreichische Schmankerln, Zu Gast in Europa) nach dem Muster des warm-kalten Büfetts „Impressionen von der Waterkant".
2. Arbeiten Sie für eines der vier Büfetts Rezepturen, Warenanforderungslisten und Arbeitsfolgen aus.
3. Erstellen Sie für die Büfetts eine Checkliste nach vorgegebenem Muster.
4. Unterbreiten Sie Dekorationsvorschläge für die einzelnen Büfetts.
5. Nennen Sie Getränke, die zu den verschiedenen Büfetts angeboten werden sollen.

Projekt

Festliches Essen

Besondere Anlässe und familiäre Feste wie Muttertag, Konfirmation/Kommunion oder runde Geburtstage werden gefeiert. Familien treffen sich, man geht aus. Für unser Restaurant sind das Gelegenheiten, besondere Angebote zu machen und damit unseren Ruf, unser Image zu stärken. „Bei diesem großen Anlass gehen wir doch zu xy". Wenn an der Stelle xy unser Haus steht, dann haben wir ein Ziel erreicht.

Bei diesem Vorhaben stellen wir zunächst Sätze aus einem Verkaufsgespräch der Bankettabteilung und die Situation der Küche voran.

Besondere Anlässe und familiäre Feste wie Muttertag, Konfirmation/Kommunion, runde Geburtstage werden gefeiert. Familien treffen sich, man geht aus. Für unser Restaurant sind das Gelegenheiten, besondere Angebote zu machen und damit unseren Ruf, unser Image zu stärken. „Bei diesem großen Anlass gehen wir doch zu xy". Wenn an der Stelle xy unser Haus steht, dann haben wir ein Ziel erreicht.

Bei diesem Vorhaben stellen wir zunächst Sätze aus einem Verkaufsgespräch der Bankettabteilung und die Situation der Küche voran.

Der Gastgeber, auf seine Wünsche befragt, antwortet: „Ja, eine klare Suppe soll es sein, so eine sehr schöne mit mehreren Einlagen, und dann den Hauptgang so schön von der Platte serviert, damit wir das Fest angemessen gestalten. Und dann noch: Fünf Gänge sollen es schon sein. Wir treffen uns so selten, dann wollen wir 24 Leutchen an diesem Tag schon richtig feiern und uns Zeit lassen."

Und jetzt die Information der Küche: „Um Gottes Willen, noch eine Gesellschaft. Wie sollen wir das schaffen? Wir haben an diesem Tag doch schon …"

Planen

1 Nachdem der Gastgeber für die Menügestaltung viel Freiheit lässt, ergeben sich vielfältige Möglichkeiten der Menüplanung. Wir planen das Fest zeitlich einmal für Juni und einmal für Oktober und nutzen das Angebot der jeweiligen Saison. Die Arbeitsbelastung für die Küche muss zusätzlich bedacht werden.

1.1 Wer gut plant, arbeitet leichter. Notieren Sie zunächst die Vorgaben aus dem Gespräch mit dem Gastgeber.
1.2 Erstellen Sie zwei Menüs, die den Vorgaben unter Berücksichtigung der Jahreszeit entsprechen. (Das sind dann vier Vorschläge, je zwei für Juni und zwei für Oktober.)
1.3 Welche Getränke passen zu den Speisenfolgen?

2 Wir gehen davon aus, dass die Gesellschaft in einem kleinen Nebenzimmer unter sich sein kann.

2.1 Welche Tafelformen sind grundsätzlich bei der Größe der beschriebenen Gesellschaft möglich?
2.2 Machen Sie zu jedem Termin einen Vorschlag für eine Tischdekoration.
2.3 Stellen Sie in einer Liste alle Geschirr- und Besteckteile für ein Gedeck zusammen.

Projekt

Festliches Essen (Fortsetzung)

Ausführen

1 Die Arbeiten zu diesem Projekt sind so umfassend, dass im Einzelfall ausgewählt werden muss, welche Gerichte hergestellt werden.

1.1 Erstellen Sie für die Ihrer Gruppe zugewiesenen Aufgaben eine Materialanforderung.
1.2 Fertigen Sie für Ihren Bereich einen Arbeitsablaufplan.

2 Führen Sie die Arbeitsaufträge aus.

Bewerten

Aus den einzelnen Arbeitsgruppen werden „Gäste" gewählt. Diese nehmen an der eingedeckten Tafel Platz und haben vorbereitete Unterlagen für eine Bewertung bei sich.

1 Bewerten Sie jede Zubereitung mit (mindestens zwei) Worten.

2 Ist das gesamte Menü harmonisch aufgebaut? Würden Sie bei einer Wiederholung etwas ändern? Zusammenstellung, Arbeitsablauf, Arbeitsbelastung.

INTERNET-ADRESSEN

Jedermann kann Informationen ins Internet stellen. Niemand prüft, ob die Aussagen wahr sind, ob sich die Hinweise als brauchbar erweisen.

Doch es ist anzunehmen, dass Firmen Aussagen zu ihrem Vorteil machen.

Darum muss man lernen auszuwählen. Begleitende Werbung kann Hinweise geben. Wer in eine Suchmaschine Firmennamen von Produzenten eingibt, erhält viele Treffer.

Hier eine Zusammenstellung von Institutionen, die verwertbare Informationen liefern.

Eine ausführliche, aktualisierte Linkliste ist unter www.restaurant-und-gast.de einzusehen.

www.restaurant-und-gast.de	Internetseite zu diesem Fachbuch
www.ahgz.de	Allgemeine Hotel- und Gaststättenzeitung
www.aid.de	Vielfältige Informationen zu Lebensmitteln
www.altavista.com	Übersetzungsprogramm
www.besser-kochen.netzwissen.com	Der gedeckte Tisch
www.bier.de	Alles über Bier
www.deutscheweine.de	Deutsches Weininstitut informiert über deutsche Weine
www.dge.de	Deutsche Gesellschaft für Ernährung
http://europa.eu/int/comm/ agriculture/foodqual/quali1_de.htm	Zusammenstellung der „geschützten Bezeichnungen"
www.fischinfo.de	Fischinformationszentrum
www.fleisch-teilstuecke.at	Sehr gute Informationen zu Benennung und Verwendung von Teilstücken von Schlachttieren.
www.gastronomische-akademie.de	Gastronomische Akademie Deutschlands
www.jagd-online.de	Deutscher Jagdschutzverband
www.kaffeeverband.de	Gute Informationen zu Kaffee
www.lebensmittellexikon.de	Ein gutes Lebensmittellexikon
www.mediatime.ch/gemuese	Umfassende Warenkunde Gemüse, Früchte, Gewürze
www.rezeptzentrum.com	Viele Rezepte, die auf jede gewünschte Personenzahl umgerechnet werden können.
www.ruhr-uni-bochum.de/ kochfreunde	Große Rezeptsammlung, Rezeptverwaltungsprogramm zum Herunterladen
www.uni-graz.at/~katzer/germ/	Sehr gutes Lexikon für Gewürze und Kräuter
www.univeg.de	Umfassendes Lexikon zu Gemüse und Obst
www.vkd.com	Verband der Köche Deutschlands
www.verbraucherministerium.de	Informationen der Bundesregierung
www.vsr-online.de	Verband der Serviermeister, Restaurant- und Hotelfachkräfte

BILDQUELLENVERZEICHNIS

Für das zur Verfügung gestellte Bildmaterial bedanken wir uns bei den nachfolgend aufgeführten Unternehmen und Verbänden.

Accor Hotellerie Deutschland GmbH, München 484
Achenbach Delikatessen Manufaktur, Sulzbach 408
AID, Bonn 93
Arabella-Sheraton Hotels, München 391, 475/2, 648
Asbach Uralt, Rüdesheim 268
Bayerischer Hotel- und Gaststätten Verband e.V., München 527
Bettenhaus Mühldorfer, Haidmühle 515/1–3+5, 516, 518/1
Billerbeck GmbH, Wuppertal 515/4
Bulls Press, Frankfurt 311, 312
Carma, Dübendorf (CH) 405/2+4+5, 406/1
Chambrair, Hamburg 569/1, 570/1–4, 615/1–4
Chemie für Schule und Beruf, Europa-Lehrmittel, Haan 72
CMA, Bonn 129, 283, 289, 394, 395, 396/1
Contacto Bander GmbH, Erkrath 106
Culinary Institute of America, Hydepark N.Y., USA 182/1, 183, 185/2, 185/3, 185/4, 186, 187/1–3, 189/1–3, 190/2–5, 273, 324/1
Degen, Jobst, Kessler, Stolzenberger, Filetieren, Tranchieren und Flambieren im Restaurant, Fachbuchverlag Pfanneberg, Haan 596, 597/2, 598/1–6, 599/1–3, 600/1–6, 601/1–6, 602/1–3, 605/1–6, 606/1–6, 609/1–6, 610/1–6, 611/1–9, 612/1–6
Der Junge Koch, Fachbuchverlag Pfanneberg, Haan 325/3, 326/1, 346/3, 350, 372/1+3, 373, 389, 400/3, 404/1, 310/9–10, 411/1, 412/1
Deutsche Lebensmittelwerke, Hamburg 167
Deutsche Weininformation, Mainz 198, 199, 209, 210
Deutscher Brauerbund e.V., Bonn 204, 207, 455/2
Deutsches Teebüro, Hamburg 200
Elysee Grand-Hotel, Hamburg 276
Eto – Dr. Oetker, Bielefeld 334/1, 364/1, 410/1–2
Globus Infografik GmbH, Hamburg 488, 530
Grand Hyatt Hotel, Santiago de Chile 465
Hecht-Sprung, Soltau 476, 481
Hepp, Pforzheim 267/1, 268, 269/3
Hilton Hotels, Frankfurt 478/2
Hofinger Tier-Präparationen, Steyrermühl 337, 338
Homann Lebensmittelwerke, Dissen 403/1+3
Hotel Adlon Kempinski, Berlin 474
Hotel Sonnengarten, Bad Wörishofen 261, 262, 272, 480
Hotel Traube Tonbach, Baiersbronn 309, 519
Hotelwäschefabrik Zollner, Vilsbiburg 232, 233/1, 233/3, 233/5, 501, 507, 512, 513, 631/2
Hupfer Metallwerke, Coesfeld 290
Hussmann und Hahn, Cuxhaven 385/1
Hutschenreuther-Bauscher, Weiden 424, 590
Hyatt Hotels, Köln 475/1
InterContinental, Berchtesgaden 478/2
Johnson & Wales University, Charlotte, USA 492, 540/1–2
Kalte Küche, Fachbuchverlag Pfanneberg, Haan 164, 275, 318, 320/3, 321, 322, 323, 326/2–3, 330, 334/2–4, 341/1, 342/3, 344, 346/3, 355, 368/2, 397/3–4, 398, 400/3, 405/1, 407, 408, 409/9–10, 420/4, 421, 628, 630, 631/1, 632/2, 645/1–4
Kempinski AG, München 510
Kempinski Hotel Airport, München 487/1
Kessler, Degen, Jobst, Getränkeservice für Hotelbar, Büfett und Restaurant, Fachbuchverlag Pfanneberg, Haan 284, 460, 461, 462, 463, 464, 580/1, 582
Keweloh, Mikroorganismen in Lebensmitteln, Europa-Lehrmittel, Haan 22, 23, 35
Kraft Jacobs Suchard, Bremen 161, 164, 166, 372, 373, 385
Landesvereinigung der Bayerischen Milchwirtschaft, München 271, 399
Lükon Lüscher-Werke, Täuffelen (CH) 246/2
Maschinenfabrik Dorhan GmbH, Dorhan 107, 108
Meggle, Wasserburg 335/1
Nestlé Foodservice GmbH, Frankfurt 405/3,6
Nestlé Schöller, Nürnberg 136
NH Hotel, Deggendorf 509, 549
Österreich Werbung Wien, A-Wien 486
Palux AG, Bad Mergentheim 33, 109, 110
Paulaner-Salvator-Thomasbräu, München 283
Rational, Landsberg/Lech 26, 113, 134
Rösle Metallwarenfabrik, Marktoberdorf 100, 101, 102, 128, 129, 360/2, 381/1
Rousseau, Brigitte, Paris 100
Schöller-Mövenpick, Nürnberg 98, 136
Schönwald Porzellanfabrik, Schönwald 244, 245
Schweizerische Käseunion, Bern 396/1–2
Servicebund Bundeszentrale, Lübeck 329, 338
Shake it, Fachbuchverlag Pfanneberg, Haan 270, 585, 586
Sheraton Hotel, Frankfurt 478/2
Siemens Haushaltsgeräte, München 112
Silit-Werke, Riedlingen 112
Sopexa, Düsseldorf 218
Stockfood, München 184/2, 184/3, 185/1, 190/1, 223/2, 339/1, 341/2, 342/2, 348/1, 357, 362/3, 366, 368/1, 370/4, 371/1, 392, 401/4–5, 403/4, 404/5, 430, 439, 455/1, 578/3, 579/2, 635/3
Testo AG, Lenzkirch 290

Teubner Fotostudio 120, 136/1, 163, 285, 327/1–5, 328/1+3, 339/4, 342/1, 343/2, 345/2, 346/1+2, 347/1–3, 348/2, 349, 351, 352/1–3, 353/3, 356/2+3, 358, 361/2+3, 362/1, 363/1, 365/4, 367/1, 368/3+4, 369, 372/2, 373/3+4, 376/1, 377/2, 378/1+2, 382, 383/3+4, 384, 385/2, 386/3+5, 387/1–4, 388/1–3, 391/2, 393/1+2, 396/3+4, 397/2, 400/1+2, 401/1+5, 403/6, 410/1–8, 411/2+4, 419, 420/1–4, 421, 443/1–4, 466, 563, 567, 573/1–4, 577, 583, 589, 597/1, 603, 608/2, 609/7, 616

Ullsteinbild GmbH, Berlin 504

Underberg, Rheinberg 579/1

Verband der Köche/Klaus Huber 638

Verband Deutscher Sektkellereien, Wiesbaden 222

Verlag Europa-Lehrmittel, Haan 233/2, 233/3, 497, 499, 500

Viabono GmbH, Rösrath-Hoffnungsthal 528

Villeroy & Boch, Mettlach 265

Vorratschutz GmbH, Laudenbach 24

Warsteiner Brauerei, Warstein 247, 248, 255, 256, 257, 633/2, 634

WMF, Geislingen 101, 231, 236, 237, 238, 239, 240, 246/1, 246/3, 252/1, 252/3, 279, 286, 340/2, 446, 469/2, 470, 580/2–7, 581, 592, 595, 607/4, 614, 633/1

Wpr communication, Hennef 365

Zwilling, Solingen 100, 101

Aus dem Archiv der Autoren 116/6, 148, 149, 151, 152, 153/1, 154, 155, 156, 157, 159, 160, 162, 164/1, 168, 169, 172, 173, 174, 175, 177, 178, 180, 181, 187/4, 188, 189/4, 191, 223/1+3, 230, 243, 249, 254, 258, 261, 262, 263, 264, 265/1, 267/2, 269/1–2, 272, 274, 276, 282, 284/4–7, 323/4–5, 324/2, 325/1–2, 329, 335/1–4, 339/3, 340/1–3, 343, 345/1, 353/1, 356/1, 358/1, 359/1, 361/1, 362/2, 363/2, 364/1, 367/2–3, 370/2, 371/2–3, 374, 377/1+3, 379/1, 380, 381/1–2, 383/1+3, 389, 390, 391/1, 393/3, 401/2, 402/1–3, 404/6, 405/7, 406/4, 410/10, 411/1, 412/1–2, 413/1–3, 442, 447, 448/1, 449, 450, 451, 467, 492, 495, 499, 500/5, 510, 515/1–5, 516/2, 525, 536, 540/1–2, 579, 607/2, 613/1–3, 624, 626, 640, 641, 648

SACHWORTVERZEICHNIS

A

à part 135
À-la-carte-Service 261
Abendessen 80
Abfall 144
Abfallvermeidung 529
abkühlen 34
Ablagesysteme 50, 295
Ablauf des Bonierens 469
Ablauf des Eindeckens 260
Ablauforganisation 560
Ablaufplan 47
Abnehmen von Tischtüchern 253
Abrechnen mit dem Betrieb 467, 472
Abrechnen mit dem Gast 467, 470
Absatzmethode 481, 483
abseihen 583
Absinth 224
abspritzen 583
Abtropfschüssel 106
Abwasser 28
Abwasser entlasten 528
abziehen 103
Aceton 503, 509
Aerobier 20
After-Dinner Drinks 583
Ahornblatt (Serviette) 255
Ahr 212, 563
Aktendeckel 295
Aktionen 638, 644
Aktionen, saisonbedingte 638
Aktionen, themenbezogen 638
Aktionsbeispiele 638
Aktionswoche 317
Anpassungsfähigkeit 302
Akvavit 228
Albumin 62, 63
Alexander 584
Alkohol 202, 571
Alkoholgehalt 454
Alleinwerbung 485
Allgäuer Emmentaler 394
Alpaka 493
alphabetisch 295
alphanumerisch 296
Alsterwasser 206
Alt 205
Altbier 205
Altpapier 27
Americano 584
Aminosäure 62
Aminosäure begrenzen 66
Aminosäure, essenzielle 65
Amontillado 577
Amuse bouche 407
Amuse gueule 407
Amuse-bouche-Menüs 408
Amylase 76
Amylopektin 53
Amylose 53
Anaerobier 20
Analyse 486
Ananas 390
Ananasspirale 585
Anbaugebiet 208
Anbaugebiet, bestimmtes 211
Anbauländer . . . . . 572 ff.
anbieten 617
Angebot 638
Angebot, produktbezogen 638
Angebotsform für Kaffee 267
Angebotsform für Tee 269
Angebotspolitik 481
Angebotsvergleich 287, 545
Anlagen, elektrische 39
Anlass 416
anmachen 167
Annakartoffeln 174
Anordnung der Getränke 426
Anrichten der Speisen 448
Anrichten im Trinkglas 583
Anrichten von Salaten 168, 613
Anrichteweise . . . . . 640 f.
Anteil, essbarer 144
antibakteriell 37
Antihaftbeschichtung 106
antimikrobielle Ausrüstung 501
Antioxidant 31
Aperitifs 421, 583
Äpfel 389
Apfel im Schlafrock 402
Apfelausstecher 102
Apfelfächer 585
Apfelsauce 334
Appenzeller 394
Appetit 84
Appetithäppchen 407
appretieren 501
Aprikosen 389
Aquavit 228
Arbeit 477
Arbeiten am Tisch des Gastes 596
Arbeiten auf der Etage 522
Arbeiten im Bankettbereich 617
Arbeiten mit Registrierkassen 468
Arbeitsablauf 461, 462, 518
Arbeitsablaufplan 626
Arbeitsanleitung 49
Arbeitsdruck 455
Arbeitsgeräte 580, 597, 604, 607
Arbeitsgeräte für das Filetieren 604
Arbeitsgestaltung 95
Arbeitskleidung 230
Arbeitsmittel 99
Arbeitsplanung 45
Arbeitsrichtlinien 597, 604, 607
Arbeitsschutz 26
Arbeitssicherheit 38
Arbeitsvorbereitung 518
Archivschachtel 295
Armagnac 227
Arten der Speisekarten 429
Arten der Werbung 485
Arten des Menüangebots 423
Arten des Service 261
Artischocke (Serviette) 258
Artischocken 151, 373, 592
Artischockenböden 151
Ascorbinsäure 68
Aspik 65
Assam 200
Auberginen 151, 373
Aufbewahrung 90
aufdecken 266
aufgeschlagene Saucen 333
aufgeschlossener Kakao 201
Aufgussgetränk servieren 284
Aufgussgetränke 198

Auflaufarten 400
Aufläufe 400
Auflaufform 245
Auflaufomelett 400
Auflegen von Tischtüchern . . 252
Aufmachung der Speisekarte . . 430
Aufnehmen von Tellern 263
Aufschneiden von Wurst 274
Aufschnittmaschine 118
Ausbeinmesser 101
Ausbeute 144
Ausbildung 14
Ausbohrer 100
Ausheben 266, 627
Ausheben von Gedecken 265
Ausheben von Tellern 264
ausländische Gäste 305
Auslese 214
Ausrüstung von Textilien 501
Ausrüstung, persönliche 230
Ausschenken von Bier 283
Ausstecher 102
Austern 346
Austern auf Eis 592
Austerngabel 239
Austernpilze 373
Austernpilze, gedünstet 163
Auswahl der Rohstoffe 415
Auszubildende 15, 559
Autoklaven 72
Avocado in der Schale 593
Avocados 390
a_w-Wert 19, 91

B

Babyananas 391
Bäckerinkartoffeln 174
Backform 245
Backrohr 111
Backrückstände 109
Backwaren 380
Baden 212, 564
Badezimmer 519
Badisch Rotgold 213
Bain-Marie 105
bakterizid 37
Ballaststoff 71
Balsamico-Dressing 613
Bananen 390
Bananensplit 404
Bankett 624, 627
Bankett, Vorbereiten und
Durchführen 624
Bankett- oder
Veranstaltungsmappe 617
Bankett-Manager/-in . . . 559, 618
Bankett-Service 261
Bankett-Tafel 446
Bankettvereinbarung . . . 624, 625
Bar 580, 582
Bar knife 580
Bar spoon 580
Barack 227
bardieren 369
Bargetränke 584
Barkarte 586, 587, 588
Bärlauchbutter 336
Barlöffel 580, 581
Barmesser 580
Barrique 216, 218, 569
Barsieb 580
Basen 19
Basishygiene 32
Bâtonnets 148
Bauchspeichel 56
Bauen oder Anrichten im
Trinkglas 583
Bauernart 148
Baumtomaten 391
Baumwoll-Bettwäsche 514
Baumwolle 232, 498
Baustoff 52
Bayerische Creme 402, 405
BE 84
Béarner Sauce 333
Becher 242
Becherglas 241
Bedarfsermittlung 286, 536
Bedienungsabläufe 627
Bedürfnispyramide 301
Beerenauslese 214
Beerenobst 389
Before-Dinner Drinks 583
Begleit- und Abrufbons 468
Begleitbons 468
Begleitstoff 52
begrenzende Aminosäure 66
Behandlungssymbol 235
Behandlungssymbole für
Textilien 509
Beherbergungsleistung 483
Behinderte 305
Beilagen 171, 371, 434
Beilagen aus Gemüse 371
Beilagen von Kartoffeln 385
Beistelltisch 249, 266, 449
Belästigung, unzumutbare . . . 489
Benzin 509
Benzol 509
Beratung 310
Bereich 212
Bereich, kritischer 19
Bergkäse 394
Berliner Weiße 205
Beschreibung 136
besondere Gedeck-
ausstattungen 590
Bestandskontrolle 544
Besteck 236
Besteck, großes 237
Besteck, kleines 237
Besteck, versilbert 236
Bestecke zu Eierspeisen und
Teigwarengerichten 591
Bestecke zu Fischgerichten . . . 591
Bestecke zu Fondues 593
Bestecke zu Vorspeisen und
Zwischengerichten 591
Besteckgruppen 237
Bestellmenge 286
Bestellung 439, 539, 540
Bestellungsannahme 310
Bestellzeitpunkt 287
bestimmtes Anbaugebiet 211
Bestuhlungsplan 620
betriebsbezogene
Unternehmensziele 477
Betriebsmittel 477
Betriebsräume 32
Betriebswerbung 486
Bettbezüge 507
Bettgestelle 510
Bettlaken 507, 514
Betttücher 514
Bettvorleger 514
Bettwäsche 507, 514
Beurteilung von Speisen 138
Bewertung 136
Bewirtungsvertrag 313
Bewusstlosigkeit 42
Bezugsquellen 537
Bezugsquellenermittlung 287
Biber-Bettwäsche 514
Bier 203
Bier ausschenken 283
Bier zapfen 283, 455
Bierart 205
Biergattung 205
Biermarken 470
Biermischgetränk 207
Biersorte 205
Bindegewebe 64, 350
Bindenadel 100
bioaktiver Pflanzenstoff 71
Biokatalysator 73
biologische Wertigkeit 65, 66
Birnen 389
Birnenkartoffeln 177
Biskuit 402
Bitter-Limonade 196
Bitterlikör 229

Bitterstoffe . . . 571
Blanc de Blancs . . . 218
blanchieren . . . 118
Blätterteig . . . 402
Blattgemüse und Blattsalate . . 372
Blattsalate . . . 166
Blaubeeren . . . 389
„Blauer Engel" . . . 529
Blaukochen . . . 339
Blaukraut . . . 154
Bleichmittel . . . 508
Bleichsellerie . . . 155
Bleikristallglas . . . 495
Bloody Mary . . . 584
Blume . . . 247
Blumendekorationen . . . 633 ff.
Blumengestecke . . . 634
Blumenkohl . . . 151, 372
Blütengemüse . . . 373
BMI . . . 80
Bock . . . 206
Bockbier . . . 206
Bodenbakterien . . . 23
Body Mass Index . . . 80
Bohnen . . . 153, 373, 374
Bohnenkerne . . . 374
Bombage . . . 20
Bonbuch . . . 467
Boniersysteme . . . 467
Bordeauxer Sauce . . . 331
Bordeauxglas . . . 241
Borschtsch . . . 327
Boston shaker . . . 580
Botulinus-Bakterien . . . 23
Botulismus . . . 23
Boucher . . . 95
Bouillabaisse . . . 327, 593
Bouillon . . . 328
Bouillonkartoffeln . . . 175
Bourbon Whiskey . . . 228
Bowle . . . 224, 270
Braisière . . . 105
Branchensoftware . . . 297
Brand . . . 40
Brandfaktor . . . 40
Brät . . . 64
braten . . . 123
Braten im Ofen . . . 124
Braten in der Pfanne . . . 123
Braten vom Kalb . . . 352
Braten vom Lamm . . . 361
Braten vom Rind . . . 356
Braten vom Schwein . . . 359
Bratenjus . . . 332
Bratenpfanne . . . 105
Bratkartoffeln . . . 176
braune Grundsauce . . . 331
Braunreis . . . 383
brennwertvermindertes Getränk . . . 196
Brick . . . 394
Bridiernadel . . . 100
Brie . . . 395
Brokkoli . . . 152, 372
Brombeeren . . . 389
Bröselbutter . . . 335
Brot . . . 380
Brotaufstriche . . . 392
Broteinheit . . . 84
Brotkorb . . . 247
Brotkrusteln . . . 325
Brotmesser . . . 238
Brotteller . . . 244
brühen . . . 64
Brühwürste . . . 365
Brunch . . . 279
Brunoise . . . 148
Buchweizen . . . 379
Büfett dekorieren . . . 632
Büfett vorbereiten . . . 631
Büfett-Inseln . . . 630
Büfett-Service . . 261, 628, 630, 633
Büfett-Tafel . . . 629
Büfett-Tafel herrichten . . . 631
Büfettkontrollen . . . 457
bügelfreie Ausrüstung . . . 501
Bündner Fleisch . . . 364
Buntschneidemesser . . . 100
Burgunderglas . . . 241
Burgundersauce . . . 331
Büroorganisation . . . 295
Büsumer Krabbensuppe . . . 327
Butter . . . 59
Butterkäse . . . 394
Buttermesser . . . 238
Buttermischungen . . . 335, 336
Butterschmalz . . . 59

C

C.I. . . . 478
Cabernet Franc . . . 210
Caipirinha . . . 584
Calciferol . . . 68
Calcium . . . 70
Calvados . . . 227
Cambozola . . . 395
Camembert . . . 395
Canadian Whisky . . . 228
Canapés . . . 319
Cannelloni . . . 382
Cappuccino . . . 268
Caseinogen . . . 62, 65
Cashewnüsse . . . 390
Casserole . . . 105
Cava . . . 223
Célestine . . . 328
cellulosische Chemiefasern . . 499
Ceylon . . . 200
Champagner . . . 223, 578
Champagnerbezeichnungen . 578
Champignons . . . 374
Champignons, gebacken . . . 162
Champignons, gedünstet . . . 161
Champignonsauce . . . 332
Chantillysauce . . . 333
Charlotte . . . 402
Château . . . 218
Chateaubriand . . . 354, 597
Checkliste . . . 46, 523, 621, 642
Checkliste für Materialien und Vermittlungen . . . 621
Checkliste für Speisen und Getränke . . . 622
Chef de rang . . . 559
Chemiefasern . . . 497, 499
Chemiefasern, cellulosische . . 499
Chemiefasern, synthetische . . 499
chemische Konservierungsstoffe . . . 94
Chester . . . 394
Chicorée . . . 152, 372
Chinakohl . . . 372
Chinois . . . 106
Choronsauce . . . 333
Chrom-Nickel-Stahl . . . 237, 493
Chromstahl . . . 237
chronologisch . . . 295
Ciabatta . . . 380
Clam Chowder . . . 327
Clementinen . . . 390
Cloche . . . 246, 266
Club Steak . . . 354
Cobblers . . . 583
Cock-a-leekie . . . 328
Cocktail-Garnituren . . . 585
Cocktailsauce . . . 166, 333, 613
Cognac . . . 227
Cola-Getränk . . . 196
Colbertbutter . . . 336
Commis de rang . . . 559
computergesteuerte Systeme . . 469
computergesteuertes Boniersystem . . . 467
Computerkasse . . . 469
Computersysteme . . . 458
Comté . . . 395
Consommé double . . . 324
Consommés . . . 324
Convenience . . . 178
Convenience Food . . . 96
Cook & Chill . . . 134
Cook & Hold . . . 134

Cook & Serve 134
Coq au vin 366
Cordon bleu 351
Corporate Behaviour 478
Corporate Communication . . 478
Corporate Design 478
Corporate Identity 478
Côte de bœuf 354
Cream Sherry 577
Crème brûlée 405
Creme von Granny-Smith-
Apfel 406
Cremespeisen 402
Cremesuppen 325
Crêpes 401
Crêpes Suzette 611
Croutons 325
Cru 218
CTC-Produktion 200
Cumberlandsauce 334
Currysauce 332
Cuvée 222

D

Daiquiri 584
Damenessen 416
Dampf-Schnellgargerät 112
Dampfdrucktopf 72, 112
Dampfdruckverfahren 267
dämpfen 121
Dampfnudeln 402
Danablu 394
Danbo 394
Darbieten von der Platte 449
Darjeeling 200
Darren 203
Dash 581
Dashbottle 580
Datenschutz 297
Datensicherung 297
Datenverarbeitung 296
Datteln 390
Dauerausscheider 22
Daunen 515
Debitoren 472
Deckbetten 515
Deckbetten-Bezüge 514
Deckservietten 234
Decktücher 234
degraissieren 58
Degustation 138, 220
dekantieren 463
Dekantieren von Rotwein . . . 463
Dekantierkorb 247
Dekorationsserviette 253
Dekorieren des Büfetts 632
Demi chef de rang 559
Demiglace 331
Depot 463
Desinfektionsmittel 26, 503
desinfizieren 26, 37
Dessert 266, 641
Dessertgedeck 265
Dessertlöffel 238
Dessertwein 221
Destillation 225
detachieren 506
Detailplanung 639
deutsche Sauce 332
deutsche Weine 452
deutscher Weinbrand 227
deutsches Weinsiegel 215
Dextrin 53, 55
Diabetikerkost 83
Diät 82
Diätbier 206
diätetisches Erfrischungs-
getränk 197
Diätpils 206
Dienstleistungen . . . . 474 f.
Dienstplan 561
Digestifs 423, 583
Dillsauce 332
Dips 164
dolce 219
Domaine 218
Doppelbon 467
doppelte Bischofsmütze
(Serviette) 256
doppelte Kraftbrühe 324
doppelter Tafelspitz 255
Drachenfrucht 391
dreifache Welle 254
Dressiernadel 100
Dressings 164
Drinks mit Garnituren 586
druckgaren 122
Druckkessel 110
Druckverband 42
Duftstoffe 508
Dukatennudeln 402
Dünndarmsäfte 56
Dunstapfel 405
dünsten 121
Durchführung von
Sonderveranstaltungen 639
Duroplaste 104, 496
Duxelles 162

E

E-Nummer 30
E-V-A-Prinzip 296
Eau-de-vie de vin 227
Eckpunkte zur Organisation . . 560
Edamer 394
Edelstahl 104, 492
Edelstahlbesteck 237
EDV-Systeme 549
Egerlinge 374
Egouttoir 106
Eichblatt 372
Eiderdaunen 515
Eier in Näpfchen 191
Eier, frittiert 191
Eier, gekocht 188
Eier, pochiert 121, 189
Eierkuchen 191
Eierplatte 245
Eierspeisen 330, 591
Eierstich 64, 324
Eigendruck 455
Eigenfertigung 96
Eigenkontrolle 35
Eigenveranstaltungen,
öffentlichkeitswirksame . . . 485
Eignungsprofil 140
Eignungswert 89
eindecken 266, 446
Eindecken, Ablauf 260
einfaches Menü 415
Einfachzucker 53
Einfühlungsvermögen 302
Eingießen des
Schaumweines 464
Eingießen des Weines 462
Eingießen von Rotwein 463
Einrichtung 529
Einrichtung eines Getränke-
büfetts 451
Einrichtungsgegenstände 33
Einsetzen 627
Einsetzen der Gläser 260
Einsparung von Energie 27
Einsparung von Rohstoffen . . . 27
Einteilung des Servicetisches . . 250
Eintöpfe 593
Einweichmittel 508
Einzeltisch 231
Einzelwerbung 486
Eisbein 360
Eisbergsalat 372
Eisen 70
Eiskaffee 268
Eisschokolade 270
Eisspeisen 404
Eistee 269
Eiswein 214
Eiswürfel 581
Eiszange 580
Eitererreger 22
Eiweiß 62

Eiweißabbau 65
eiweißarme Kost 83
Eiweißstoffe, faserförmige 62
Elastomere 496
elektrische Anlagen 39
Elektrolyte 197
Elektrolytgetränk 197
emaillierter Stahl 104
Empfangsschein 288
Empfehlung 136, 309, 318
Emulgator 31
Emulsion 58
Emulsionslikör 229
Endivien 372
Energie sparen 527
Energieaufnahme 79
Energiebedarf 77, 79
Energiedichte 85
Energieeinsparung 27
Energiegehalt 75, 86
Energiegehalt, Berechnung 88
Energiestoff 52
Energy Drink 196
enteisent 195
Enten 366, 594
Enthärtungsmittel 508
entkoffeinierter Kaffee 199
Entkoppelung 34
Entrecôte 354
Entrecôte double 354, 597
Entremetier 95
Enzian 227
Enzym, Wirksamkeit 74
Enzyme 73, 508
Erbsen 152, 373, 374
Erdbeeren 389
Erdnüsse 390
Erfrischungsgetränk, diätetisch 197
erlesene Delikatessen 321
Ernährung, vollwertige 77, 82
Ernährungsbedürfnis 416
ernährungsphysiologischer Wert 416
Ernährungspyramide 78
Erste Hilfe 42
Erstellen der Speisekarten 435
Erwartungshaltungen 302
erweiterte Menüs 415
erweitertes Grundgedeck 259
Espresso 268
essbarer Anteil 144
essenzielle Aminosäure 65
Essig-Senf-Sauce 613
Essigflasche 246
Essigwasser 508
Etagenfrühstück 272, 277
Etikettierung deutscher Weine 565
Eubakterien 17
exotische Früchte 390

F

Fachbegriffe . . . 37, 135, 141, 218, 219, 220, 266, 328, 344
Fachbezeichnungen für Fleischstücke 354
Fachbuch 45
Fachkraft im Gastgewerbe 15
Fachmann/-frau für Systemgastronomie 15
Fachzeitschrift 45
Fachzeitung 45
Fahne 135
Fallstudie 490
Fancy Drinks 583
Fantasienamen 435
farbechte Ausrüstung 501
Farbstoff 31
Farce 64, 107
Fasan 367
faserförmige Eiweißstoffe 62
Fäulniserreger 23
Fayence 496
Federkern-Matratzen . . . 512, 513
Fehlbestand 292
Fehlbon 472
Feigen 390
Feinappreturen 508
feine Ragouts 330, 353
Feinwaschlauge 509
Feinwaschmittel 508
Felchen 338
Feldsalat 372
Fenchel 152, 372
Fenchel, gebacken 132
Fenchel, gebraten 131
Fenchel, gedünstet 131
Fenchel, geschmort 132
Fenchelrohkost 132
Fenchelsalat 132
Ferment 73
Fertigpüree 179
Festlegen von Verkaufseinheiten 457
festliche Tafel 446
Festtafel 231
Festtagsangebote 425
Festtagsmenüs 423
Fett 57
Fett, naturbelassen 57
Fett, sichtbar 61
Fett, verborgen 61
Fett-Topf 108
Fettfische 337
Fettgehaltsstufen der Käse . . . 395
Fettsäure 57
Fettsäure, essenziell 60
Fettsäure, gesättigt 57
Fettsäure, ungesättigt 57
Fettverbrauch 60
Feuchtigkeit 19
Feuerlöscher 40
Feuerschutz 40
FiFo 291, 543
Filet Wellington 356
Filetgulasch 124
Filetgulasch Stroganoff 355
Filetieren am Tisch 604
Filetieren von Plattfischen . . . 606
Filetieren von Rundfischen . . 604
Filetiermesser 101
Filetsteak 354
Filz 233, 500
filzfreie Ausrüstung 501
Finderlohn 314
Fingerfood 409
Fingerschale 247, 400
Fino 577
Firmenzeichen 135
Fisch, Gerichte von gebackenem 342
Fisch, Gerichte von gebratenem oder gegrilltem 341
Fisch, Gerichte von gedämpftem 340
Fisch, Gerichte von gedünstetem 340
Fisch, Gerichte von pochiertem 339
Fischbesteck 239
Fischbrühe 324
Fische 337, 432
Fische, gebeizte 343
Fische, marinierte 343
Fischkessel 105
Fischkonserven 343
Fischmesser 238
Fischnocken 325
Fischsamtsauce 332
Fischschere 101
Fischwaren 343
Fischwaren, geräucherte 343
Fitness-Bereich 525
Fizzes 583
Flachsfaser 232
Flambieren am Tisch 607
Flambieren von Sauerkirschen 608
flambierte Bananen 609

flambierte Birnen 610
flambierte Erdbeeren 610
flambierte Feigen 610
flambierte Pfirsiche 610
Flammschutz-Ausrüstung 501
Flan 160
Flaschengärung 222
Fleckentfernungsmittel . . 508, 509
Fleckenwasser 503
fleckgeschützte Ausrüstung . . 501
Fleisch 350
Fleisch, Aufbau 350
Fleisch- und Wurstwaren 364
Fleischbrühe 120, 324
Fleischfondue 593
Fleischklopse 128
Fleischwaren 364
Fleischwolf 107
Fliege 24
Florida 584
Flossenschere 101
Flöte 242
Flunder 337
Flying Buffets 408
Folsäure 68
Fond 328
Food 536
Förderdruck 455
Forelle 337, 338, 344
Formen der Büfett-Tafel 629
Formen der Teigwaren 381
Fotosynthese 53
Foyers 522
Foyotsauce 333
Fragearten 306
Fragetechnik 306
Franken 212, 565
französische Käseauswahl 397
französische Weine 217, 452
Fremdfertigung 96
Fremdkörper 43
French Dressing 165
Freundlichkeit 302
Frischkäse 395
Frisée 372
Fritteuse 108
frittieren 125
frittierte Eier 191
frittierte Leberscheiben 125
frosten 92
Frottierwäsche 507
Fruchtcocktails 404
Früchtedesserts 404
Fruchtgemüse 373
Fruchtlikör 229
Fruchtnektar 196
Fruchtsaft 195
Fruchtsaftgetränk 196
Fruchtzucker 53
Frühkartoffeln 385
Frühlingszwiebeln 152, 373
Frühstück 80, 272
Frühstück servieren 276
Frühstücksbesonderheiten, nationale 272
Frühstücksbüfett 272, 279
Frühstücksei 273
Frühstücksgedeck 276
Frühstücksgericht 188
Frühstücksplatte 274
Frühstücksservice 275
Frühstücksspeise 273
Führen einer Station 590
Fundsachen 314
Fußboden 33, 38

G

Gala-Menü 640
Galantinen 321
Gallenflüssigkeit 76
Gallensaft 60
Gallerte 65
Gänge 522
Gänse 366
Gardemanger 95
Garderobenhaftung 315
garniertes Sauerkraut 360
Garnituren 581
Garnituren für Mixgetränke . . 585
Garprofile 113
Garprogramm 133
Garpunkt 355
Garstufe 355
Gartemperatur 120
Garverfahren 119
garziehen 121
Gast im Mittelpunkt 638
gastbezogene Unternehmensziele 477
Gäste-Wäscheservice 524
Gästeartikel 518
Gästeberatung 309
Gästebetreuung ... 481, 485, 491
Gästebetten 510
Gästefragebogen 480
Gästegrundtypen 303
Gästegruppen, Service bei speziellen 305
Gästeliste 624
Gästetypologie 303
Gästewäsche-Service 525
Gästezimmer 521
Gästezimmer, Kontrolle 522
Gastfreundschaft 13
Gastgewerbe 13
Gasthof 14
Gastro-Norm 106
Gaststättengesetz 315
Gastwirt 314
Gazpacho 327
Gebäcke 402
gebackene Champignons 162
gebackene Kartoffelstäbe 173
gebackener Fenchel 132
gebackener Käse 396
gebackenes Hähnchen 130
gebeizte Fische 343
Gebietscharakter 208
gebratene Hähnchenbrust ... 130
gebratene Kartoffeln 176
gebratene Poularde 130
gebratener Fenchel 131
gebratenes Kalbssteak 123
gebratenes Schweinekarree ... 124
Gebrauchsgegenstände 491
Gebrauchsgüter 474
Gebrauchszucker 53
gebundene Suppen 325
gedämpfte Kartoffeln 121
Gedeck ausheben 265
Gedeck für kalten Hummer . . 594
Gedeck für Keta-Kaviar auf Eis 595
Gedeckausstattungen 590
Gedeckbeispiele 441
Gedeckplätze 446
gedünstete Austernpilze 163
gedünstete Champignon 161
gedünstete Möhren 122
gedünstete Poularde 129
gedünsteter Fenchel 131
geeiste Kraftbrühen 326
Gefahrenpunkt 289
Geflügel 366, 433
Geflügel, tranchieren von ... 600
Geflügel-Cocktail 320
Geflügelbrühe 324
Geflügelrahmsauce 332
Geflügelsalat 321
Geflügelsamtsauce 332
Gefrierbrand 93
gefriertrocknen 93
gefüllte Kohlköpfchen . . 128, 157
gefüllte Teigwaren 184
Gegenfragen 307
Gegenprobe 37
gekochte Eier 188
gekochte Poularde 129
gekochter Reis 186
gekochtes Rindfleisch 120

gekochtes und gedünstetes Kalbfleisch . . . 353
Gelatine . . . 65
Gelees . . . 392, 404
Gemeinschaftshandtuch . . . 34
Gemeinschaftswerbung . . . 485
gemischte Salate . . . 169
Gemüse in brauner Butter . . . 159
Gemüse in Sahne . . . 159
Gemüse mit Butterkrüstchen . . 159
Gemüse, glasiert . . . 159
Gemüse, gratiniert . . . 159
Gemüse, Grundzubereitung . . 150
Gemüse, Schnittarten . . . 147
Gemüse, Zubereitungen . . . 374
Gemüse- und Kartoffelhobel . . 100
Gemüsehobel . . . 118
Gemüsekombination . . . 376
Gemüsemesser . . . 100
Gemüsenektar . . . 196
Gemüsereis . . . 384
Gemüsesaft . . . 196
Gemüsestäbe . . . 148
Gemüsestreifen . . . 147
Gemüsetopf, südfranzösischer . . . 158, 376
Gemüsewürfel . . . 148
Genever . . . 228
Genusswert . . . 89
geprüfte Sicherheit . . . 39
geräucherte Fischwaren . . . 343
Gerichte aus gekochtem Rindfleisch . . . 356
Gerichte aus gekochtem Schweinefleisch . . . 360
Gerichte aus geschmortem Kalbfleisch . . . 352
Gerichte aus geschmortem Rindfleisch . . . 357
Gerichte aus geschmortem Schweinefleisch . . . 359
Gerichte aus Hackfleisch . . . 362
Gerichte aus Teigwaren . . . 382
Gerichte vom Wild . . . 369
Gerichte von Austern . . . 346
Gerichte von Fischen . . . 339
Gerichte von gebackenem Fisch . . . 342
Gerichte von gebratenem oder gegrilltem Fisch . . . 341
Gerichte von gedämpftem Fisch . . . 340
Gerichte von gedünstetem Fisch . . . 340
Gerichte von geschmortem Lammfleisch . . . 361
Gerichte von Hausgeflügel . . . 366
Gerichte von Krebstieren . . . 345
Gerichte von Muscheln . . . 347
Gerichte von pochiertem Fisch . . . 339
Gerichte von Schnecken . . . 348
Gerichte von Tintenfisch . . . 347
Gerichte von Wildgeflügel . . . 367
Gerste . . . 379
gerührte Saucen . . . 333
Gesamtumsatz . . . 77
geschlossene Fragen . . . 306
Geschmackstest . . . 138
geschmorte Hähnchenkeulen . . . 129
geschmorter Fenchel . . . 132
Geschnetzeltes . . . 352
gesetzliche Vorschriften für Speisekarten . . . 438
Gestalten von Menükarten . . . 426
Gestaltung der Getränkekarten . . . 451
Gestoßenes Eis . . . 581
Gesundheitsschädigung . . . 29
Gesundheitswert . . . 89
Getränk, teeähnlich . . . 201
Getränke . . . 633
Getränke allgemeiner Art . . . 421
Getränke nach dem Essen . . . 423
Getränke vor dem Essen . . . 421
Getränke zum Essen . . . 421
Getränke zur Speisenfolge . . . 421
Getränkeabgabe . . . 457
Getränkeangebot . . . 451
Getränkebestandskontrollen . 457
Getränkebüfett . . . 451
Getränkekarte . . . 451
Getränkeservice . . . 282, 460, 633
Getränketasse . . . 244
Getränkeumlaufkontrollen . . . 457
Getränkezugang am Büfett . . . 457
Getreide . . . 379
Getreideerzeugnisse . . . 379
Getreidekorn . . . 379
Gewebe . . . 500
Gin . . . 228
Gin Fizz . . . 584
Glas . . . 495
Gläser . . . 241
Gläser einsetzen . . . 260
glasieren . . . 122, 135
Glasrand-Garnitur . . . 586
Glattbutt . . . 337
Gliederung des Speisenangebots . . . 429
Globulin . . . 62, 64
Glühwein . . . 224
Glycerin . . . 57
Glykogen . . . 56
Goldbarsch . . . 337
Golden Ginger . . . 584
Gorgonzola . . . 394
Gouda . . . 394
Gourmetlöffel . . . 330
Grahambrot . . . 380
Granatäpfel . . . 390
Granité . . . 410
Grapefruit-Cocktail . . . 320
Grapefruits . . . 390
gratinieren . . . 122, 135
Grauburgunder . . . 209
Graukäse . . . 394
Graved Lachs . . . 343, 603
Grenadillen . . . 390
Greyerzer . . . 394
Grießnocken . . . 182
grillen . . . 124
großes Besteck . . . 237
Grundbesteck . . . 237
Grundgedeck . . . 259
Grundgedeck, erweitert . . . 259
Grundreinigung . . . 506
Grundsaucen . . . 331
Grundtechniken . . . 115
Grundumsatz . . . 77
Grundwein . . . 222
Grundzubereitung Gemüse . . 150
grüne Bohnen . . . 373
Grüner Veltliner . . . 217
grüner Spargel . . . 156
Grünkern . . . 379
Grünkohl . . . 152, 372
Grützen . . . 404
GS . . . 39
Guaven . . . 390
Guéridon . . . 249, 266, 460
Gulaschsuppe . . . 327
Gumpoldskirchner . . . 217
Gurken . . . 153, 373
Gurkenrelish . . . 334
Guss . . . 104
Gusseisen . . . 492
Güter . . . 474
Gutscheine . . . 467, 470

H

HACCP-Konzept . . . 32
Hackbeil . . . 101
Hackbraten . . . 128
Hackfleisch . . . 362
Hacksteaks . . . 128
Hafer . . . 379
Haftung für den Erfüllungsgehilfen . . . 533

Haftung für den Verrichtungsgehilfen . . . 533
Hähnchen . . . 600
Hähnchenbrust, gebraten . . . 130
Hähnchenkeulen, geschmort . . . 129
halbfester Schnittkäse . . . 394
Hallenbad . . . 525
Haltbarmachungsverfahren . . . 90
Hamburger Aalsuppe . . . 326
Hämoglobin . . . 62
handfiltern . . . 267
Handkäse . . . 395
Handserviette . . . 234
Handtuch . . . 33
Hanf . . . 499
Hängemappen . . . 295
Härtegrade . . . 507
Hartkäse . . . 394
Härtung von Fett . . . 57
Harzer Käse . . . 395
Harzer Roller . . . 395
Hase . . . 369
Haselnüsse . . . 390
Hasenrücken . . . 599
Hauptbeilagen . . . 379
Hauptgericht . . . 641
Hauptmahlzeit . . . 80
Hauptwäsche . . . 34
Hausdamenabteilung . . . 491
Hausen . . . 344
heben . . . 38
Hecht . . . 337, 338
Hefe, obergärig . . . 204
Hefe, untergärig . . . 204
Hefeklöße . . . 181
Hefen . . . 18
Hefeteig . . . 402
Heilbutt . . . 337, 338
Heilwasser . . . 195
Heißluftdämpfer . . . 113
Hering . . . 337, 338
Herkunftsangabe . . . 212
Herrenessen . . . 416
Herrichten der Büfett-Tafel . . . 623
Herrichten der Zimmer für die Nacht . . . 525
Herrichten eines Gästezimmers bei Abreise . . . 519
Herrichten eines Gästezimmers bei Bleibe . . . 521
Herrichten von Tischen . . . 251
Herstellen von Cocktails . . . 582
Herstellmenge . . . 141
Herz . . . 363
Herzoginkartoffeln . . . 177
Hessische Bergstraße . . . 212, 564
Heuriger . . . 217
Hilfsbesteck . . . 237
Himbeeren . . . 389
Hirn . . . 363
Hirsch . . . 369
Hirse . . . 379
Hochdruckreiniger . . . 25
Höchstbestand . . . 287
Hochzeit . . . 416
holländische Grundsauce . . . 333
Holunderbeeren . . . 389
Holunderblütensirup . . . 389
Holz . . . 494
homogenisieren . . . 58
Hörnchen (Serviette) . . . 258
Hors-d'œuvrier . . . 95
Hotel . . . 14
Hotel garni . . . 14
Hotel-Systembesteck . . . 238
Hotelfachmann/-frau . . . 15
Hotelkaufmann/-frau . . . 15
Hotelwäsche . . . 507
Housekeeping . . . 643
Hühner . . . 366
Hülsenfrüchte . . . 374
Hummer . . . 594
Hummergabel . . . 239
Hummersauce . . . 332
Hummerzange . . . 239
Hunger . . . 84
Hürden-Effekt . . . 94
Hüttenkäse . . . 395
Hygiene, persönliche . . . 230
Hygieneplan . . . 35
Hygieneregeln . . . 33
Hygienevorschrift . . . 35
hygroskopisch . . . 54
Hypervitaminose . . . 67
Hypovitaminose . . . 67

I

Ice bucket . . . 580
Ice pincer . . . 580
Imprägnieren . . . 501
Induktionstechnik . . . 112
Infektion . . . 37
infizieren . . . 26
Informationsfragen . . . 306
Informationsgehalt der Speisekarte . . . 435
Informationswesen, innerbetriebliches . . . 485
Ingwer . . . 391
Inhaltsverzeichnis . . . 45
Inkubationszeit . . . 37
Inlett . . . 515
Innerbetriebliches Informationswesen . . . 485
Innereien . . . 363
Insekten . . . 24
Instant-Kaffee . . . 199
Insulin . . . 83
internationale Spezialitäten . . 638
Internet . . . 46
Internetauftritte . . . 485
Inventar . . . 545
Inventur . . . 547
Inventurliste . . . 459, 547
Irish Coffee . . . 268
Irish Whiskey . . . 228
Isolationsfehler . . . 39
isotonisch . . . 197
Ist-Bestand . . . 292, 546
Istwert . . . 114
italienischer Käse . . . 397
italienischer Wein . . . 219

J

Jagdessen . . . 416
Jägersauce . . . 331
Jahresplanung . . . 639
Jahreszeit . . . 415
Jakobinermütze . . . 254
Jersey . . . 514
Jigger . . . 580
Jo-Jo-Effekt . . . 85
Jod . . . 70, 337
Johannisbeeren . . . 389
Jubiläum . . . 416
Julienne . . . 147
Jute . . . 499

K

Kabeljau . . . 337
Käfer . . . 24
Kaffee . . . 267, 423
Kaffee, Angebotsform . . . 267
Kaffee, entkoffeiniert . . . 199
Kaffee, säurearm . . . 199
Kaffee-Ersatz . . . 199
Kaffee-Extraktpulver . . . 199
Kaffee-Konzentrat . . . 199
Kaffeelöffel . . . 238
Kaffeezubereitung . . . 267
Kaiserschote . . . 153
Kakao . . . 201, 269
Kakao, aufgeschlossen . . . 201
Kakaobruch . . . 201
Kakaobutter . . . 201
Kakaomasse . . . 201
Kakipflaumen . . . 390
Kaktusfeigen . . . 391

Kalb 351, 432
Kalbfleisch, gekocht und gedünstet 353
Kalbsbries 364
Kalbsbrust 352
Kalbsfrikassee 353
Kalbskotelett 351
Kalbslunge 364
Kalbsmedaillons 351
Kalbsnierenbraten 352
Kalbsrahmgulasch 352
Kalbsröllchen 352
Kalbssamtsauce 332
Kalbsschnitzel 351
Kalbsschnitzel Holstein 351
Kalbssteak 351
Kalbssteak, gebraten 123
Kalbsvögerl 352
Kaliglas 495
Kalium 70
Kalte Ente 224
kalte Suppen 326
kalte Süßspeisen 402
kalte Vorspeisen 318, 632
Kaltschalen 326
kandierte Früchte 392
Kaninchen 369
Kännchen 245
Kannelierer 101
Kap-Stachelbeeren 391
Karamell 54
Karamellcreme 402
Kardinalsauce 332
Karotin 68
Karotten 153, 372
Karpfen 337, 338
Kartoffelchips 173
Kartoffelgratin 385
Kartoffelklöße 179
Kartoffelkrapfen 178
Kartoffelkroketten 177
Kartoffeln 385
Kartoffeln, gebraten 176
Kartoffeln, gedämpft 121
Kartoffeln, Lyoner 176
Kartoffeln, Pariser 174
Kartoffeln, saure 176
Kartoffelnester 386
Kartoffelnocken 180
Kartoffelnudeln 180
Kartoffelplätzchen 177
Kartoffelpüree 177
Kartoffelsalat 170
Kartoffelschnee 176
Kartoffelstäbe, gebacken 173
Kartoffelstrauben 178
Kartoffelzubereitungen, Übersicht 172
Käse 394, 434
Käse schneiden 274
Käseauswahl 398
Käsebiskuits 324
Käsedesserts 400
Käsefondue 396, 593
Käsemesser 101, 240
Käsepräsentation 397
Käsespätzle 185, 382, 383
Kasserolle 245
Kastanien 390
Katalysator 73
Kaufdaten 522
käufliche Rohware 144
Kaufmotive 301
Kaufvertrag 313
Kaviar 343, 594
Kaviarersatz 344
Kaviarlöffel 239
Kaviarmesser 239
kcal 75
Keime 37
Keimvermehrung 22
Kelch 242
Kennzeichnung von Lebensmitteln 314
Keramik 495
Kerner 209
Kernobst 389
Kerze 248
Keulen tranchieren 599
Kilojoule 75
Kilokalorie 75
Kinder 305
Kippbratpfanne 109
Kirschen 389
Kissen 515, 516
Kissenbezüge 507, 514
Kiwi 391
kJ 75
klare Suppen 324
klassisches Menü 413
Kleber 62
Klebereiweiß 64
kleine Teller 244
kleines Besteck 237
Kleingebäck 380
Kleinlebewesen 17
Kleister 55
Klinge 99
Klöße 179, 387
Knäckebrot 380
knitterarme Ausrüstung 501
Knoblauch 373
Knochensäge 101
Knödel 179, 387
Knollensellerie 155
Koch-Zentrum 96
Koch/Köchin 15
kochen 120
Kochgeschirr 104
Kochkessel 110
Kochsalz 70
Kochtopf 105
Kochwürste 365
Koffein 199, 200
Kohlenhydrat 53
Kohlenhydratgehalt 56
Kohlenhydratversorgung 56
Kohlgemüse 372
Kohlköpfchen, gefüllt 128, 157
Kohlrabi 153, 372
Kohlrouladen 157
Kokos 499
Kokosnüsse 390
Kollagen 62, 65
Kolonien 17
Kölsch 206
Kombidämpfer 113
Kombination von Wein und Speisen 571
kombinierte Getränkekarten 451
kombinierte Salate 321
Kommunikation 483
Kommunikationsinstrumente 483
Kompensböden 104
Kompotte 404
Konditormesser 102
Konfitüren 392
Königsberger Klopse 128
Konservierung 90
Konservierungsmittel 31
Konservierungsstoffe, chemische 94
Kontakt 119
Kontamination 37
Kontrolle der Rechnung 544
Kontrolle eines Gästezimmers 522
Kontrollfragen 307
Kontrollieren der Lieferung 542
Kontrollpunkt 32, 35, 36
Konvektion 119
Kopfsalat 372
Korbkäse 395
Kork 494
Korn 228
Kornbrand 228
Körpergewicht 79
korrespondierende Getränke 421
Kost, eiweißarm 83

Kost, natriumarm 83
Kostenberechnung 143, 145
Kostformen 82
Kraftbrühen 324
Kraftbrühen, geeiste 326
Kräuterbutter 336
Kräuterlikör 229
Kräutersauce 332
Krebs-Cocktail 320
Krebsbesteck 239
Krebse im Sud 594
Krebstiere 345, 432
Kreolenreis 384
Kreuzkontamination 22
kritische Punkte 32
kritischer Bereich 19
Krokantmousse 405
Kroketten 330
Krokettenmasse 177
Krokettenpulver 179
Krone (Serviette) 256
Kuchengabel 238
Küchengabel 100
Küchenherd 111
Küchenmesser 100, 116
Küchenorganisation 95
kühlen 91
Kuhlenmesser 101
Kühlräume 33, 92, 290
Kumquat-Margerite 586
Kumquats 390
Kunststoffe 104, 496
Kupfer 493
Kürbis 373
kurzbraten 351
Kurzbratgerichte vom Kalb . . . 351
Kurzbratgerichte vom Lamm . . 360
Kurzbratgerichte vom Rind . . 354
Kurzbratgerichte vom Schwein 358
Kutter 107

L

Lab 65
Lachs 337, 344
Lachsmesser 101
Lage 212
Lagerbedingung 289
Lagerbestand 287, 293, 546
Lagerdauer 293
Lagerfachkarte 292, 543
Lagerhaltung 544
Lagerkarteikarte 544
Lagern der Wäsche 509
Lagerräume 286, 290, 544
Lagertemperatur 289
Lagerung 90
Lakto-Vegetarier 81
Lamm 360, 432
Lammrücken 600
Landesnichtraucherschutz-Gesetz 315
Langkornreis 383
Langres 395
Längsbrüche 251
Lardoir 101
Lasagne 382
Latex-Matratzen 513
Latte macchiato 268
Lattenroste 511
Lauch 153, 373
Laufrichtung beim Einsetzen 264
Läutern 204
Läuterzucker 54
Lebensbedingungen, Mikroben 91
Lebensmittel- und Futtermittelgesetzbuch 29
Lebensmittelabfälle 28
Lebensmittelhygiene-verordnung 32
Lebensmittelinfektion 21
Lebensmittelkennzeichnungs-verordnung 30
Lebensmittelkontrolleur 37
Lebensmittelüberwachung 37
Lebensmittelvergiftung 21
Leber 363
Leder 494
legieren 64, 328
legierte Suppen 325
Leichtbier 206
leichte Vollkost 82
Leinen 498
Leistungsbereitschaft 80, 302
Leistungsfähigkeit 302
Leistungsumsatz 77
Leitung 119
LFMG 29
Liaison 328
Lieferschein 288, 541
Lieferung kontrollieren 542
Lifte 522
Light-Getränk 196
Likörwein 221, 577
Lilie (Serviette) 257
Limburger 395
Limetten 390
Limonade 196, 270
Limonadendrink 270
Linolsäure 57
Linon 514
Linsen 374
Lipasen 76
Litschis 391
LMHV 32
LMKV 30
Logistik 642
Lollo rosso 372
Long Drinks 583
Lorettekartoffeln 178
Löschmittel 40
Lösungsmittel 73
lösungsmittelfreie Pflegemittel 503
lösungsmittelfreie Reinigungsmittel 502
lösungsmittelhaltige Pflegemittel 503
lösungsmittelhaltige Reinigungsmittel 503
Luftfeuchtigkeit 290, 566
Lymphbahn 60
Lyoner Kartoffeln 176

M

Madeirasauce 331
mälzen 203
Mängel 289
Mängelrüge 545
Magazin 286, 290
Magaziner 536
Magerfische 337
Magnesium 70
Mainzer Käse 395
Mais 373, 379
maischen 204
Maître d'hôtel 559
Makkaroni mit Käse 382
Mako-Satin 514
Makrele 337, 338
Maltasauce 333
Malzbier 206
Malzzucker 53
Mandarinen 390
Mandelkrusteln 178
Mandeln 390
Mangelkrankheit 67
Mangold 154
Mangos 391
Mangostanen 391
Manhattan 584
Manöverkritik 646
Manzanilla 577
Margarine 59
Marillenbrand 227
marinieren 167
marinierte Fischwaren 343
Marketing 475, 482

Marketing im Gastgewerbe . . . 474
Marketing-Instrumente 481
Marketing-Mix 481
Marketingerfolg 482
Marketingkonzept 479, 482
Marketingplan 481
Marketingstrategie 481
Marketing-Ziele 479
Markt 476
Marktanalyse 479
Marktforschung 479
Marmeladen 392
Marmite 105
Marmor 495
Marschierbons 468
Martini Dry 584
Märzen 206
Maschenware 500
Maschinen 39
Massage 525
Maßeinheiten 454, 581
Massenwerbung 486
Materialkunde 491
Matratzen 511
Matratzenauflagen 514
Matratzenschoner 507, 514
Matratzenunterbau 511
Maultaschen 382
Maus 24
medizinischer Tee 201
Meerrettich 372
Meerrettichsahne 334
Meerrettichsauce 332
Mehrkornbrot 380
Meinungswerbung 486
Meldebestand 287
Melonen 373
Menagen 246, 266
Mengenangabe 49
Mengenberechnung 144
Mengenelement 70
Mengenkennzeichnung 30
Menü 413
Menü mit Weinempfehlung . . 424
Menü, einfaches 415
Menü, erweitertes 415
Menüangebot 423
Menügedecke 259, 445
Menükarte 413, 423
Menüs für besondere
Anlässe 425
Menüs zusammenstellen 415
Menüschrittfolge beim
Zusammenstellen 419
Mercerisieren 501
Merlot 210
Mesculin 372
Messbecher 580
Messer 39, 99
Messergriff 99
Messing 493
Metalle 492
Methoden des Service 262
Mikrobe 17
Mikroben, Lebens-
bedingungen 91
Mikrobenvermehrung 22
Mikroorganismen 17
Mikrowellen 126
Mikrowellengerät 110
Milbe 24
Milchmixgetränke 198
Milchsäure 65
Milchzucker 53
Milieu 19
Mindestbestand 287
Mindesthaltbarkeits-
datum 31, 291
Mineralstoff 70
Mineralstoffgetränk 197
Mineralwasser, natürliches . . . 194
Minestrone 327
Minzsauce 334
Mirabellen 389
Mis en bouteille 218
Mischbrot 380
Mischgetränk 270
Mise en place 249, 266,
449, 460, 626
mitarbeiterbezogene
Unternehmensziele 477
Mittagessen 80
Mittelbesteck 237
Mittelbruch 251
Mittelrhein 212, 564
Mittelteller 244
Mixgetränke 421, 583, 585
Mixgetränke, Garnituren für . . 585
Mixing glass 580
Möbelpolitur 503
Möbelwachs 503
Möhren 153, 372
Möhren, gedünstet 122
Moltons 233
Moosbeeren 389
Morcheln 374
Mornaysauce 332
Mosel 212, 563
Moselweinglas 241
Mostgewicht 216
Motel 14
Motivierungsfragen 307
Motte 24
Mousse 321, 402
Mousse au chocolat 402
Mousse von brauner und
weißer Schokolade 406
Mousse von kanadischer
Pekan-Nuss 405
Müller-Thurgau 209
Müllerinbutter 335
Mulligatawny 328
Münchner Leberknödel-
suppe 327
Mundserviette 234, 253
Mundspeichel 56
Mürbteig 402
Muscheln 595
Muskelfasern 350
Mycel 18, 23
Myoglobin 62

N

Nachfragesituation 474
Nachlauf 226
Nachservice 450
Nachspeisen 399
Nager 24
Nahe 212, 564
Nährstoff 52
Nährstoffdichte 79, 84
Nährstoffgehalt 86
Nährstoffgehalt,
Berechnung 87
Nahrungsauswahl 78
Nährwerttabelle 86
nappieren 135
Nasenbluten 43
Nasi Goreng 384
Nasskonserven 160
nationale Frühstücks-
besonderheiten 272
Nationalsuppen 327
natriumarme Kost 83
Natronglas 495
Naturfasern 497
Naturhaar 516
natürliches Mineralwasser . . . 194
Nektarinen 389
Nennvolumen 456
Netto-Erlös 548
Neusilber 493
Neutralseife 503
Nichtmetalle 494
Nieren 363
Nocken 179, 387
Non-food 536
Normalgewicht 79
Normallager 290
Nudeln 183
Nudelteig 183
Nummerieren der Getränke . . 457

Nussbutter 335
Nusskartoffeln 174

O

Oberbruch 251
obergärige Hefe 204
Obergriff 263
Oberkellner/-in 559
Obst 389, 400
Obst als Speisenkomponente . 392
Obst-Arrangement 391
Obst-Etagere 391
Obsterzeugnisse 392
Obstler 227
Obstsalate 404
offene Rotweine 453
offene Weine 452
offene Weißweine 453
Öffentlichkeits-
arbeit 481, 484, 485
öffentlichkeitswirksame
Eigenveranstaltungen 485
Office 249, 266
Officemesser 100
Öffnen der Schaumwein-
flasche 464
Öffnen der Weinflasche 460
Ohnmacht 42
Öko-Management 527
Okra 373
Old Fashioned 584
Ölflasche 246
Olivenkartoffeln 174
Oloroso 577
Ölsäure 57
Omega-3-Fettsäure 60
Omelett 190, 273, 400
Omelette en surprise 400
Orangen 390
Orangenspirale 585
Ordner 295
Ordnungssysteme 295
Organisation 560
Organisationshilfe 642
Organisationsmittel 617
Organisationspläne 561
Organisationsstruktur 617
Originalbons 467
Osmose 197
österreichischer Wein 217
Ouzo 229
Ovo-Lakto-Vegetarier 81
Oxtail 328

P

Paëlla 384
Palatschinken 401
Palette 102
Palmitinsäure 57
Panna cotta 405
Papayas 391
Papierhandtuch 34
Paprika 373
Paprikaschoten 154
Paranüsse 390
Parboiled-Reis 383
Parfaits 321
Pariser Kartoffeln 174
Pariser Nocken 183
Pariser Pfeffersteak 612
Parmaschinken 364
Parmesan 394
Passe-sauce 106
Passionsfrüchte 391
Pasteten 321
Pastis 229
Pâtissier 95
Paysanne 148
Pecannüsse 390
Pellkartoffeln 120, 175
Pension 14
Perlhühner 366
Perlzwiebel 373
Personal 33
Personalplanung 560
persönliche Ausrüstung 230
persönliche Hygiene 230
Pfalz 212, 562
Pfandrecht 314
Pfannengerichte 351
Pfannkuchen 191, 330
Pfannkuchenstreifen 324
Pfeffermühle 246
Pfefferstreuer 246
Pfifferlinge 374
Pfifferlinge, sautiert 162
Pfirsiche 389
Pflanzenfett 59
Pflanzeninhaltsstoff,
sekundär 71
Pflanzenschmuck 525
Pflanzenstoff, bioaktiv 71
Pflanzenstoff, sekundär 85
pflanzliche Fasern 498
pflanzliche Kost 81
Pflaumen 389
Pflege der Wäsche 507
Pflege von Silberbesteck 240
Pflegemittel 502, 503
Pflegemittel, lösungsmittel-
freie 503
Pflegemittel, lösungsmittel-
haltige 503
Pflegesymbol 235
pH-Wert 19, 91
Pharisäer 268
Phosphor 70
Piccata nach Mailänder Art . . 351
Pilaw 186, 384
Pils 206
Pilsener 206
Pilze 161, 373
Pilzrasen 23
Pinienkerne 390
Pinot noir 210
Pistazien 390
planen 46
Planung 639
Planungsbeispiel Service 639
Planungsmaßnahmen 624
Platte 244
Plattenservice 262, 447
Plattfische 337
Plattfische filetieren 606
Plattiereisen 101
pochieren 121
pochierte Creme 402
pochierte Eier 121, 189
pochierter Eierrahm 405
Poissonnier 95
Poissonnière 105
Pökeln 94
Polenta 182
Poliermittel 503
Pomelos 390
Pommes frites 173
Porree 153, 373
Porterhouse Steak 354, 598
Portionsflasche servieren 284
Portugieser 210
Portwein 578
Porzellan 495, 496
Porzellan, Reinigung 245
Porzellangeschirr 243
Postenküche 95, 96
Potager 95
Poularde 600
Poularde, gebraten 130
PR 484
PR-Aktionen 485
Prädikatswein 214
Präsentation des Menü-
angebots 425
präsentieren 460
Präsentieren und Servieren
von Käse 612
Preisangabenverordnung –
PAngV 313
Preisauszeichnung 438
Preiselbeeren 389

Preisverhandlungen 539
Pressearbeit und Medienpflege 485
Primärbedürfnisse 301
Primeur 218
Probieren des Weines 462
Produkt- und Sortimentsgestaltung 483
produktbezogenes Angebot . . 638
Produkte, vorgefertigte 178
Produktionsfaktoren 477
Produktionsfluss 36
Produktionsmenge 141
Produktwerbung 486, 487
Profiteroles-Traube 406
Projekt . . 193, 285, 298, 317, 349, 378, 466, 535, 557, 588, 616, 636, 647
Proteasen 76
Protein 62
Prüfliste 46
Puddinge 400
Pull-Maßnahmen 484
Pulver-Reinigung 506
Pumpernickel 380
Punkte, kritische 32
Push-Maßnahmen 484
Puter 366

Q

Qualität im Service 302
Qualitätsnormen 89
Qualitätsschaumwein 223
Qualitätsverlauf 90
Qualitätswein 214
Qualitätsweine b.A. 212
Quellwasser 194
Querbrüche 251
QUID-Richtlinie 30
Quitten 389

R

Raclette 396
Radicchio 372
Radieschen 372
Radler 206
Raffination von Fett 57
Rahmkartoffeln 176
Rahmkäse 395
Rahmmorcheln 162
Rahmsauce 332
Rahmsuppen 325
Rambutan 391
Ratatouille 158, 376
Rating-Methode 538
Ratte 24
Räucherlachs tranchieren 603
rauen 502
Raumgewicht 513
Raumplan 619
Ravioli 184, 382
Rebhuhn 367
Rebsorte . . . . 208, 572 ff.
Rebsortentabellen . . . . 572 ff.
Rechaud 135, 246, 266
Rechnung, Kontrolle 544
Rechnungspräsentation 311
Rechtschreibfehler 436
Rechtschreibung auf der Speisekarte 436
Rechtsvorschriften . . 313, 488, 532
Recycling 27
Redewendungen 318
Reduktionskost 84
Regeln für die Speisenfolge . . 418
Regeln zur Aufeinanderfolge der Getränke 423
Regelwidrigkeiten in Menüs . . 428
regionale Spezialitäten 638
Regionalsuppen 326
Registratur 295
Registrierkasse 467
Regler- und Schutzstoffe 67
Reglerstoff 52
Reh 369
Rehrücken 599
reine Lebensmittel 289
reinigen 25
Reinigung von Böden 505
Reinigung von Porzellan 245
Reinigung von Teppichen . . . 505
Reinigung von Wänden 504
Reinigungs- und Pflegemittel 507
Reinigungsdaten 522
Reinigungsgeräte 503
Reinigungsmaschinen . . 503, 518
Reinigungsmethoden 528
Reinigungsmittel 25, 502
Reinigungsmittel, lösungsmittelfreie 502
Reinigungsmittel, lösungsmittelhaltige 503
Reinigungsplan 35
Reinigungsverfahren 491
Reinleinen 498
Reis 383
Reis Trauttmansdorff 384
Reis, gekocht 186
Reisfleisch 384
Reisgerichte 384
Reklamationen 312
Remouladensauce 333
Renke 337
Renovierung 529
Renovierungsdaten 522
Reparaturen 522
Reservierungsplan 561
Resorption 75
Restanten 472
Restaurant 14
Restaurantfachmann/-frau 15
Restaurantmanager/-in 558
Restaurantorganisation 558
Restauranttisch 249
Restsüße 216
Retinol 68
Rettiche 372
Rezept 49, 136
Rezeptbuch 50
Rezeptmenge 141
Rezeptordner 50
Rezepturen für Bargetränke . . 584
Rezeptverwaltungsprogramm . . 50
Rheingau 212, 564
Rheinhessen 212, 564
Rheinweinglas 241
rhetorische Fragen 306
Riboflavin 68
Richtlinien Service 262
richtungweisende Fragen 308
Riebelesuppe 327
Riefenschneider 101
Riesling 209
Rind 354, 433
Rinderkotelett 598
Rindfleisch, gekocht 120
Rippchen 360
Risipisi 384
Risotto 186, 384
Robertsauce 331
Roggen 379
Roggenbrot 380
Roheisbehälter 580
Roheisen 492
Rohgewicht 144
Rohmilchkäse 395
Rohstoffe, Auswahl 415
Rohstoffeinsparung 27
Rohware, käuflich 144
Rohwürste 365
Romadur 395
Romanesco 372
Römerglas 241
römischer Salat 372
Roquefort 394
Roquefort-Dressing 166
Rosé 213
Rosenkohl 154, 372
Rostbraten 354

rote Bete 154
rote Rüben 154, 372
Rôtisseur 95
Rôtissoire 105
Rotkohl 154, 372
Rotkraut 154
Rotling 213
Rotwein 213, 574
Rotwein dekantieren 463
Rotwein eingießen 463
Rotweine, offene 453
Rotweinservice 463
Rotzunge 337
Royale 328
Ruby-Port 578
Rücken tranchieren 599
Rucola 372
Rüdesheimer Kaffee 268
Rührei 189, 273
Rühren im Mixglas 582
Rühren im Rührglas 581
Rührglas 580
Ruländer 209
Rum 227
Rumpsteak 354
Rumpsteak vom Grill 125
Rundfische 337
Rundfische filetieren 604
Rundkornreis 383
Russ 206
Rye Whiskey 228

S

Saale-Unstrut 212, 565
Sachsen 212, 565
Sachwortverzeichnis 45
saisonbedingte Aktionen 638
Salat 388
Salat-Komposition 169
Salatbesteck 239
Salatbüfett 170
Salatdressings 613
Salate 434, 613
Salate, gemischt 169
Salate anrichten 168, 613
Salate zubereiten 613
Salathygiene 169
Salatsaucen 164
Salmiak 503, 509
Salmonellen 22
Salzburger Nockerl 401
salzen 94
Salzkartoffeln 120, 175
Salzstreuer 246
Salzwasserfische 338
Sammelwerbung 485
Samtsuppen 325
sanforisieren 502
Sardine 337
Satsumas 390
Sättigung 84
Sättigungswert 171
sauber 25
Saucen 330
Saucenlöffel 239
Saucenseiher 106
Saucier 95
Sauciere 244
saucieren 135
Sauerkraut 157
Sauermilchkäse 394, 395
säuern 94
Sauna 525
Säure 571
saure Kartoffeln 176
säurearmer Kaffee 199
Säuren 19
Sauteuse 105
sautieren 123
sautierte Pfifferlinge 162
Sautoire 105
Savarins 402
Savoyardkartoffeln 175
Schabe 24
Schadenshaftung des
Gastwirts 314
Schädling 24
Schädlingsbekämpfung 24
Schädlingsbekämpfungsmittel . . 24
Schale 242
schälen 116
Schalenobst 390
Schalotten 373
Schalottenbutter 336
Schankwirt 314
schaumregulierende Stoffe . . . 508
Schaumsauce 333
Schaumstoff-Matratzen 512
Schaumstoff-Matratzen mit
Federkern 512
Schaumsuppen 325
Schaumwein 222, 223, 578
Schaumwein eingießen 464
Schaumwein servieren 463
Schaumweinflasche öffnen . . 464
Schauplatten 631
Schellfisch 337
Scherg 344
Scherschnitt 107
Scheurebe 209
Schichtkäse 395
Schieler 213
Schillerwein 213
Schimmel 23
Schimmelpilz 18
Schinken 360
Schlachtfleisch 350
Schlachtschüssel 360
Schlagmesser 101
Schleie 338
schleifen 103
Schleimzucker 53
Schlosskartoffeln 174
Schlüsselsituation 32
Schlüsselzahl 141
Schmant 328
Schmelzbereich 59
Schmelzkartoffeln 174
Schmelzkäse 394
Schmelzpunkt 59
Schmierseife 503
Schmorbraten 126
schmoren 126
Schmorpfanne 105
Schmorsteak Esterhazy 357
Schmorsteaks 126
Schmutz 25
Schnecken 348, 442, 595
Schnecken im Haus 596
Schnecken im Pfännchen 596
Schneckenbutter 336
Schneckengabel 239
Schneckenpfanne 245
Schneckenzange 239
Schneidebewegung 117
Schneidedruck 117
schneiden 117
Schneiden von Käse 274
Schnellhefter 295
Schnellkocher 110
Schnepfe 367
Schnittarten bei Gemüse 147
Schnittarten bei Zwiebeln . . . 149
Schnittkäse 394
Schnittwunde 42
Schnitzelzubereitungen 351
Schokolade 201
Scholle 337, 338
schönen 216
Schorle 270
Schreibweise 437
Schriftsatz 426
Schrotbrot 380
Schurwolle 516
Schüssel 244
Schüttelbecher 580
Schütteln im Shaker 581, 582
Schutzleiter 40
Schutzvorrichtung 39
schwäbische Brotsuppe 327
Schwachstellen 302

Schwachstellen im Service ... 302
Schwanenhals (Serviette) 258
Schwarzwurzeln 155, 372
schwefeln 216
Schwein 358, 433
Schweinekarree, gebraten 124
Schweineöhrchen 402
Schwenker 242
Schwenkkasserolle 105
Scotch Whisky 228
secco 219
Seehase 344
Seelachs 337
Seerose (Serviette) 258
Seeteufel 338
Seezunge 337, 338
Segelboot (Serviette) 257
Seide 498
Sekt 223
Sektcocktail 584
Sektkelch 241, 242
Sektschale 241
Sektspitz 242
Sekundärbedürfnisse 301
sekundäre Pflanzenstoffe 85
sekundärer Pflanzen-
inhaltsstoff 71
Selbstglanz-Emulsionen 503
Sellerie 155, 372
Sémillon 210
Semmelknödel 181
Senfsauce 332
Senftopf 246
Senioren 305
Servant 249
Service 266, 629
Service bei speziellen
Gästegruppen 305
Service Fachstufe 439
Service, Arten 261
Service, Methoden 262
Service, Richtlinien 262
Servicebereiche 626
Servicebrigade 558
Servicestation 250
Servicetisch 249
Servicetisch, Einteilung 250
servieren 266
Servieren der Speisen 449
Servieren des Frühstücks 276
Servieren in
Portionsflaschen 284
Servieren vom Wagen 614
Servieren von Aufguss-
getränken 284
Servieren von Fischgerichten . 443
Servieren von kalten
Vorspeisen 441
Servieren von Schaumwein .. 463
Servieren von Speisen ... 440, 627
Servieren von Suppen 442
Servieren von Süßspeisen und
Käsegerichten 444
Servieren von Wein in
Flaschen 460
Servieren von Zwischen-
gerichten 441
Serviergerät 237
Servierkräfte 626
Serviertemperaturen 454
Servietten 234, 251
Serviettenknödel 181
Shaker 580
Shampoonier-Reinigung 506
Sherry 577
Sherryglas 241
Sherryservice 577
Shiitake-Pilze 163, 374
Short Drinks 583
Sicherheit, geprüfte 39
Sicherheitsglas 495
Sicherheitszeichen 41
Sicherungsmaßnahme 35
sichtbares Fett 61
Silber 493
Silberbad 240
Silberbesteck, Pflege 240
Silberfischchen 24
Silberputzmaschine 240
Silberputzpaste 240
Silvaner 209, 564
Sirup 195, 392
Sisal 499
Slibowitz 227
Sodawasser 194
Soll-Bestand 292, 546
Sollwert 114
Sommelier 559, 643
Sonderveranstaltungen 638
Sorbets 410
Sortencharakter 208
Spachtel 102
Spaghetti nach Bologneser
Art 382
Spaghetti nach
Mailänder Art 382
Spaghetti nach
neapolitanischer Art 382
spanischer Wein 219
Spannbetttücher 514
Spargel 155, 373
Spargel, grüner 156
Spargelheber 240
Sparschäler 100, 116
Spätburgunder 210
Spätkartoffeln 385
Spätlese 214
Spätzle 185
Speisebezeichnungen 438
Speisekarte 413, 429
Speisekarte, Aufmachung 430
Speisekarte, Informations-
gehalt 435
Speisekarte, Rechtschreibung .. 436
Speisekarte, Sprache 435
Speisekarte, Zeichensetzung .. 437
Speisekarte erstellen 435
Speisekarten-Beispiel 430
Speisen servieren 440
Speisenangebot 429
Speisenangebot, Gliederung .. 429
Speisenangebot, Umfang 429
Speisenfolge 413
Speisenproduktionssysteme .. 134
Speisenservice 633
Speisepilze 373
Speisequark 395
Speisereste 28
Speisezubereitung am Tisch .. 612
Sperrzeit 315
Spezi 270
Spezial-Gedecke 592
Spezialbesteck 237
Spezialkarten 430
Spezialmesser 101
Spezialreiniger 503
Spezialwaschmittel 508
spezielle Aperitifs 421
spezielle Gerichte aus
Lammfleisch 362
spicken 369
Spicknadel 100
Spickrohr 101
Spiegeleier 189, 273
Spinat 156, 372
Spirelli mit Schinken 382
Spirituosen 225, 579
Spirituosenglas 242
Spiritus 503, 509
Spitzsieb 106
Spore 18
Sportgetränk 197
Sprache der Speisekarte 436
Spritzflasche 580
Spritztüllen 102
Spritzwasser 25
Sprotte 337
Sprühextraktions-Reinigung .. 506
SPS 71, 85
Spülmaschine 25, 33

Spumante ... 223
Spurenelement ... 70
Sri Lanka ... 200
Stachelbeeren ... 389
Stahl ... 104, 492
Stahl, emailliert ... 104
Stammwürze ... 204
Stamper ... 242
Standardkarte ... 429
Stangenkäse ... 395
Staphylokokken ... 22
Stärke ... 53
Stärkeabbau ... 56
Stärkeabscheider ... 28
Steakmesser ... 239
Steaks, tranchieren von ... 597
Stearinsäure ... 57
Stechschutzhandschuh ... 39
Steifungsmittel ... 508
Stein ... 495
Steinbutt ... 337
Steinobst ... 389
Steinpilze ... 163
Stellenbeschreibungen ... 558
sterilisieren ... 93
Sternfrüchte ... 391
Stewarding ... 643
Stichtag-Inventur ... 547
Stichwunde ... 42
Stielbratpfanne ... 105
Stielglas ... 241
Stielkasserolle ... 105
Stielmangold ... 154
stilles Wasser ... 195
Stilton ... 394
Stoffhandtuchspender ... 34
Stoffwechsel ... 75
Stör ... 344
Strahlung ... 119
Strainer ... 580
Streichholzkartoffeln ... 173
Streugebiet ... 486
Streukreis ... 486
Streuweg ... 487
Streuzeit ... 487
Strohkartoffeln ... 172
Stromunfall ... 44
Strömung ... 119
Strudel ... 401
Stürze ... 38
südfranzösischer Gemüsetopf ... 158, 376
Südfrüchte ... 390
Südtiroler Speck ... 364
Südwein ... 221
Suggestiv-Werbung ... 486, 487
Suggestivfragen ... 307
Sülze ... 65
Suppen ... 324, 431, 641
Suppentasse ... 238, 244
Suppenteller ... 238
Supplément ... 450
Süßmilchkäse ... 394
Süßmost ... 196
Süßreserve ... 216
Süßspeisen ... 400, 434
Süßspeisenkombinationen ... 405
Süßwasserfische ... 338
synthetische Chemiefasern ... 499
synthetische Füllungen ... 516
synthetische Tenside ... 503
Szegediner Gulasch ... 360

T

Tabelle ... 48
Tabellenfunktion ... 47
Table-d'hôte-Service ... 261
Tafeldekoration ... 247
Tafelformen ... 620
Tafelgabel ... 238
Tafelgetränk ... 195
Tafellöffel ... 238
Tafelmesser ... 238
Tafelobst ... 404
Tafelorientierungsplan ... 561, 624, 626
Tafeltücher ... 233
Tafelwasser ... 194
Tafelwein ... 214
Tagesangebote ... 425
Tageskarten ... 430
Tagesmenüs ... 416, 423
taktische Fragen ... 306
Taleggio ... 394
Talon ... 467
Tangerinen ... 390
Tankgärung ... 222
Tannin ... 200
Taschen-Federkern-Matratzen ... 512
Tatarensauce ... 333
Tauben ... 366
Tauschen der Wäsche ... 509
Täuschung ... 29
Tawny-Port ... 578
T-Bone-Steak ... 354
TCO-Methode ... 539
Tee ... 199, 269
Tee, Angebotsform ... 269
Tee, medizinisch ... 201
teeähnliches Getränk ... 201
Teeblätter ... 402
Teemischung ... 200
Teigkneifer ... 102
Teigrädchen ... 102
Teigwaren ... 183, 330, 381, 432
Teigwaren, Formen ... 381
Teigwaren, gefüllt ... 184
Teigwaren, Verwendung ... 381
Teigwarengerichte ... 382, 591
Teller aufnehmen ... 263
Teller ausheben ... 264
Teller tragen ... 263
Tellergerichte ... 135
Tellerrand ... 135
Tellerservice ... 262
Temperaturgarant ... 570
Temperaturregler ... 114
Temperieren von Wein ... 460
Tenside ... 37
Terpentin ... 509
Terrakotta ... 496
Terrinen ... 244, 321
Terroir ... 216
Tête de moine ... 396
Teufelssalat ... 322
textile Flächen ... 500
themenbezogene Aktionen ... 638
Thermo-Frühstück ... 272
Thermoplaste ... 104, 496
Thermostat ... 114
Thiamin ... 68
Thunfisch ... 337
tiefgefrieren ... 92
Tiefkühlmesser ... 102
Tiefkühlraum ... 291
Tiefkühlware ... 160
Tierhaare ... 516
tierische Fasern ... 497
Tilsiter ... 394
Tischdekoration ... 247
Tischkutter ... 107
Tischläufer ... 247
Tischreservierungen ... 308
Tischtücher ... 233
Tischtuchunterlage ... 233
Tischwäsche ... 232, 251, 507
Toastbrot ... 380
Toiletten ... 33, 525
Tomaten ... 373
Tomatenfleischwürfel ... 156
Tomatensauce ... 332
Topfenkäse ... 395
Törtchen ... 402
Tortellini ... 185
Tortenmesser ... 102
Tournant ... 95
Tournedos ... 354
Tourniermesser ... 100, 116
Toxine ... 21
tragen ... 38, 292

Tragen von Tellern 263
Tranche 135
Tranchierbesteck 239
Tranchierbrett 246
tranchieren 135
Tranchieren am Tisch 597
Tranchieren des Hummers . . . 603
Tranchieren von Geflügel 600
Tranchieren von Keulen 599
Tranchieren von Räucherlachs 603
Tranchieren von Rücken 599
Tranchieren von Steaks 597
Tranchiermesser 101
Transvasierverfahren 222
Traubenzucker 53
Treppenhäuser 522
Trester 227
Tresterbrand 227
Trinkschokolade 270
Trinkwasser 72, 194
Trockenbeerenauslese 214
Trockenware 160
trocknen 93
Trollinger 210
Trüffel 374
Tuch 33
Tulpe 242
Tüte (Serviette) 256

U

überbacken 122
Überbrühverfahren 267
Übereinstimmungsfragen 307
Übergewicht 79
Überraschungsomelett 400
Übersicht Kartoffelzubereitungen 172
Überwachungsbeamter 37
Umbau 529
Umfang des Speisenangebots 429
Umgang mit Gästen 303
Umgangsform 230
Umluftgerät 111
Umrechnungszahl 141
Umschlagshäufigkeit 293
Umweltschadengesetz 533
umweltschonende Reinigungsmittel 528
Umweltschutz 26
Umweltschutz in der Hausdamenabteilung 526
Unfallschwerpunkt 38
Unfallursachen 532
Unfallverhütung 38, 532
Unfallverhütungsvorschrift . . . 39
unreine Lebensmittel 289
Unterbruch 251
untergärige Hefe 204
Untergriff 263
Unternehmensidentität 478
Unternehmensleitbild 477
Unternehmensleitung 477
Unternehmensziele 477
Unternehmensziele, betriebsbezogen 477
Unternehmensziele, gastbezogen 477
Unternehmensziele, mitarbeiterbezogen 477
Unternehmer 477
Unterscheidungsmerkmale von Fischen 337
unzumutbare Belästigung 489
Urlaubsplan 562

V

Vakuum 73
Veganer 81
vegetarische Gerichte . . . 410, 434
vegetarische Kost 81
Verabschiedung 311
Veranstaltungs-Auftrag . . 622, 623
Veranstaltungsplan 561, 618
verborgenes Fett 61
Verbrauchsdatum 31, 291
Verbrauchsgüter 474
Verbrauchsmaterialien 528
Verbrennung 43
Verbrühung 43
Verbundglas 495
Verdauung 75
Verderb, Ursachen 90
verdünnte Essigsäure 503
vergleichende Werbung 489
Vergrauungshemmstoffe 508
Verkauf 481
Verkauf im Restaurant 306
Verkauf von Speisen 318
Verkäufermarkt 476
Verkaufsabläufe im Restaurant 301
Verkaufsabteilung 610
Verkaufsförderung . . 306, 429, 483
Verkaufsgespräche 306
Verletzungen durch elektrischen Strom 532
Verletzungen durch Verätzungen 532
Verlust 144
Verpackungsverordnung 533
Verpflegungsleistung 483
verschneiden 216
versilbertes Besteck 236
Vertretungsplan 562
Vertrieb 483
Verwendung der Teigwaren . . 381
Vielfachzucker 53
Vignette 135
Vin de Pays 218
Vin mousseux 223
Vinaigrette 165, 334
Vino bianco 219
Vino frizzante 219
Vino rosso 219
Vino spumante 219
Vintage-Port 578
Vitamine 67
Vitaminerhaltung 147
Vitaminpräparat 67
Vitaminverlust 69
Vlies 233, 500
Vliesstoffe 500
Vollkornbrot 380
Vollkost 82
Vollkost, leichte 82
Vollmilch 197
Vollwaschmittel 508
Vollwerternährung 81
vollwertige Ernährung 77, 82
Vorbereiten des Büfetts 631
Vorbereiten und Durchführen eines Banketts 624
vorbereitete Ware 144
vorgefertigte Produkte . . . 96, 178
Vorlauf 226
Vorlegen 627
Vorlegen am Beistelltisch 449
Vorlegen von der Platte 448
vorlegen 447
Vorlegeservice 448
Vorrätighaltung 34
Vorschriften zur Preisauszeichnung 438
Vorspeisen 318, 431
Vorspeisen-Cocktails 319, 591
Vorspeisengedeck 265
Vorspeisenkompositionen . . . 322
Vorspeisenlöffel 238
Vorspeisenteller 244

W

Wacholder 228
Wachtel 367
Waffelkartoffeln 173
Walnüsse 390
Wände 33
Ware, vorbereitet 144
Warenanforderung . . 142, 458, 642
Warenanforderungsschein . . . 546

Warenannahme 34, 536, 542
Warenausgabe 292, 536, 546
Warenbeschaffung 286
Wareneingang 288, 543, 551
Wareneingangsbücher 544
Wareneinkauf 536
Wareneinsatz 143, 144
Wareneinsatzkontrolle 548
Warenfluss im Warenwirtschafts-System 547
Warenkosten 143
Warenlagerung 289, 536, 543
Warenwirtschaft 536, 549
Warenwirtschafts-System – WWS 549
Warmbiersuppe 327
warme Süßspeisen 400
Wartungstermine 522
Wartungsverfahren 491
waschaktive Substanzen 507
Wäsche 528
Wäsche lagern 509
Wäsche pflegen 507
Wäsche tauschen 509
Wäsche zählen 509
Wäscheliste 524
waschen 115, 235
Wäschepflege 506
wäschepflegende Wirkstoffe .. 508
Waschhilfsmittel 508
Waschmittel 507, 528
Waschplätze 33
Waschvorgang 234
Wasser 507
Wasser sparen 528
Wasser, stilles 195
Wasseraktivität 19
Wasserbadbehälter 105
Wasserbedarf 73
wasserenthärtende Substanzen 507
Wasserhärte 72
Wässern 115
Wasserstoffperoxid 509
Weichkäse 395
Weichspülmittel 508
Weichtiere 346
Wein 208, 563, 568, 569
Wein und Speisen, Kombination 571
Wein eingießen 462
Wein, Anbauländer ...... 572 ff.
Wein, französisch 217
Wein, italienisch 219
Wein, österreichisch 217
Wein probieren 462
Wein, spanisch 219
Wein-ABC 215
Weinauswahl 571
Weinbaugebiet 211
Weinbeeren 389
Weinbeschreibungen 568
Weinbrand, deutscher 227
Weincharakter .... 572 ff.
Weinempfehlung 568
Weinetikett 214
Weinglas 241
Weinkarte 452, 453
Weinkartei 569
Weinkäse 395
Weinkellner 559, 643
Weinlagerung 566
Weinorte im deutschen Weinbau 563
Weinprobe 220, 567
Weinschaumcreme 402
Weinschorle 224
Weinservice-Utensilien 572
Weinsiegel, deutsches 215
Weinverkauf 569
Weißbier 206
Weißbrot 380
weiße Grundsaucen 332
weiße Rüben 372
Weißherbst 213
Weißkohl 156, 372
Weißreis 383
Weißtöner 508
Weißwein 213, 572
Weißweine, offene 453
Weißweinsauce 332
Weißweinservice 460
Weiterbildungsmöglichkeit ... 15
Weizen 379
Weizenbier 206
Weizenbrot 380
Werbebotschaft 486
Werbemittel 487
Werbeprinzipien 487
Werbeträger 487
Werbung 429, 481, 484, 485
Werbung, vergleichende 489
Werkstoffe 477, 491
Werkstoffe aus Eisenmetallen 492
Wermut 224
Werterhaltung 91
Wertigkeit, biologische 65, 66
Wertmarken 467, 470
Wertstoffnutzung 529
westfälische Kartoffelsuppe .. 327
Wetzstahl 100
Whiskey 228
Whiskey Sour 584
Whisky 228
White Lady 584
White-Port 578
Wiener Backhähnchen 130
Wild 369, 433
Wildbrühe 324
Wildente 367
Wildgeflügel 366, 367, 433
Wildgrundsauce 331
Wildreis 187, 383
Wildschwein 369
Wirkstoff 52
Wirkstoffgruppe 73
Wirsing 157, 372
Wirtschaftsdienst 491
Wischglanzmittel 503
Wodka 229
Wolle 498
Worte, die Desserts verkaufen helfen 406
Worte, die verkaufen helfen .. 137, 328, 335, 352, 371, 381, 399
Würfelkartoffeln 173
Wurst aufschneiden 274
Wurstherstellung 64
Wurstwaren 365
Württemberg 212, 564
Würzbutter 336
Wurzel- und Knollengemüse .. 372
Wurzelsprossen 373
Würzsauce 246

Z

Zählen der Wäsche 509
Zander 337, 338
Zapfen von Bier 283, 455
Zeichensetzung auf der Speisekarte 437
Zeitleiste 47
Zellulose 53, 55
zentrale Restaurantkasse 471
Zersetzung von Fett 60
Zigarrenservice 615
Zigeunersauce 331
Zimmerliste 518
Zinn 493
Zitronen 390
Zitronensäure 503
Zitrusfrüchte 390
Zubereitungen für Gemüse ... 374
Zubereitungsreihe 127
Zubereitungsreihe Hackfleisch 127
Zucchini 157, 373
zuckern 94
Zuckerschoten 153, 373

Zuckerstreuer 246
Zunge 363
Zuordnung von Gemüsen
und Speisen 375
Zusammenstellen von
Menüs 415
Zusatzstoffe 30, 438
Zusatzverkäufe 310
Zutat 30, 49
Zweifachzucker 53
Zwickelbier 206
Zwiebelblättchen 149
Zwiebelbutter 335
Zwiebelgemüse 373
Zwiebeln 373
Zwiebeln, Schnittarten 149
Zwiebelpüree 158
Zwiebelringe 149
Zwiebelwürfel 149
Zwischengerichte . . 329, 431, 641
Zwischenmahlzeit 80
Zwischenprüfung 299
zwischenreinigen 33
Zwischenrippenstück 354